HANDBOOKS
IN
ECONOMICS

Series Editors
KENNETH J. ARROW
MICHAEL D. INTRILIGATOR

经济学手册

总主编

[美] K. J. 阿罗
[美] M. D. 英特里盖特

经济科学出版社

HANDBOOK OF DEFENSE ECONOMICS
DEFENSE IN A GLOBALIZED WORLD

VOLUME 2

Edited by
TODD SANDLER

and

KEITH HARTLEY

国防经济学手册

——全球化进程中的国防

第 2 卷

[美] 托德·桑德勒
[英] 基斯·哈特利 主编

姜鲁鸣　陈　波　罗永光　刘　群　郝朝艳
佘冬平　侯　娜　李小鹿　孙　虹／译
姜鲁鸣　陈　波／审校

经济科学出版社

"十五"国家重点图书

《经济学手册》（45卷）

宏观经济学手册（第1A卷、第1B卷、第1C卷）
Handbook of Macroeconomics Volume 1A. 1B. 1C

货币经济学手册（第1卷、第2卷）〔已出版〕
Handbook of Monetary Economics Volume 1. 2

国际经济学手册（第1卷、第2卷、第3卷）
Handbook of International Economics Volume 1. 2. 3

劳动经济学手册（第1卷、第2卷、第3A卷、第3B卷、第3C卷）
〔已出版第1卷、第2卷〕
Handbook of Labor Economics Volume 1. 2. 3A. 3B. 3C

计算经济学手册（第1卷）
Handbook of Computational Economics Volume 1

国防经济学手册（第1卷）〔已出版〕
Handbook of Defense Economics Volume 1

发展经济学手册（第1卷、第2卷、第3A卷、第3B卷）
Handbook of Development Economics Volume 1. 2. 3A. 3B

计量经济学手册（第1卷、第2卷、第3卷、第4卷）
Handbook of Econometrics Volume 1. 2. 3. 4

博弈论手册（第1卷、第2卷）
Handbook of Game Theory Volume 1.2

产业组织经济学手册（第1卷、第2卷）〔已出版第1卷〕
Handbook of Industrial Organization Volume 1.2

数理经济学手册（第1卷、第2卷、第3卷、第4卷）〔已出版第3卷〕
Handbook of Mathematical Economics Volume 1.2.3.4

自然资源与能源经济学手册（第1卷、第2卷、第3卷）
Handbook of Natural Resource and Energy Economics Volume 1.2.3

人口和家庭经济学手册（第1A卷、第1B卷）
Handbook of Population and Family Economics Volume 1A.1B

公共经济学手册（第1卷、第2卷）〔已出版第1卷〕
Handbook of Public Economics Volume 1.2

区域和城市经济学手册（第1卷、第2卷、第3卷、第4卷）〔已出版第1卷、第2卷、第3卷〕
Handbook of Regional and Urban Economics Volume 1.2.3

保健经济学手册（第1A卷、第1B卷）
Handbook of Health Economics Volume 1A.1B

收入分配经济学手册（第1卷）〔已出版〕
Handbook of Income Distribution Volume 1

图字：01-2011-0976

HANDBOOK OF DEFENSE ECONOMICS
VOLUME 2
DEFENSE IN A GLOBALIZED WORLD　　First edition 2007
Editors：Todd Sandler
　　　　　Keith Hartley
ISBN-13：978-0-444-51910-8
Copyright©2007 Elsevier B. V. All rights reserved

Authorized Simplified Chinese translation edition published by the Proprietor.
ISBN-13：9789812723604

Copyright©2011 by Elsevier（Singapore）Pte Ltd & Economic Science Press. All rights reserved.

Printed in China by *Economic Science Press* under special arrangement with Elsevier（Singapore）Pte Ltd. . This edition is authorized for sale in China only，excluding China Hong Kong SAR and Taiwan.
Unauthorized export of this edition is a violation of the Copyright Act. Violation of this Law is subject to Civil and Criminal Penalties.

本书简体中文版由 Elsevier（Singapore）Pte Ltd. 授予经济科学出版社在中华人民共和国境内（不包括中国香港、澳门特别行政区以及台湾地区）发行与销售。未经许可之出口，视为违反著作权法，将受法律之制裁。

本书封底贴有 Elsevier 防伪标签，无标签者不得销售。

《经济学手册》编译委员会

主任：高鸿业 蒋宝恩

编委（按姓氏笔画为序）：

王为国	王守志	王传纶	文　魁	方齐云	方福前
任明辉	史培军	平新乔	刘凤良	安虎森	孙鸿敞
张卫东	张建华	张培刚	张晓峒	张维迎	陈雨露
陈银娥	吴　明	吴汉洪	吴易风	李文溥	李晓西
李桐连	陆杰华	余学军	胡世凯	胡培兆	姜　洪
姜鲁鸣	郝寿义	钟学义	高鸿业	郭庆旺	郭熙保
徐长生	曹　阳	曹志刚	董克用	蒋宝恩	曾湘泉
蔡仁华	蔡继明	谭崇台	魏权龄		

《经济学手册》简介

本《经济学手册》是手册性质的系列著作,其目的在于为专业研究人员和高学位的研究生提供最有权威性的资料来源、参考文献和阅读素材。本系列手册中的每一本系对经济学中的每一门分支学科的最前沿的发展,根据其内容分成各章并做出全面的总结,而各章的执笔均为分支学科的有关领域的领先学者。总结的范围不但包括已被认同的成果,而且也涵盖来自职业杂志和探讨性文献所代表的较新近的发展。虽然各章含有一些第一手的资料,但各章的主要目的在于提供全面的和较易于看懂的总结。本《经济学手册》不但能为专业者的文库提供比较有用的参考著作,而且也为经济学研究生的高等课程提供有待于选用的阅读材料。

K. J. 阿罗
M. D. 英特里盖特

《经济学手册》中文版总序

编写《经济学手册》的目的和必要性在于对过去的经济学的研究成果加以总结，即删繁就简，使之条理化并加以适当的解释和评价，以便使读者花费较少的时间和精力就能够较全面和准确地理解成果的内容。因此，《经济学手册》是经济学研究人员的有用的参考著作和工具用书；它也能为高学位的研究生提供辅助性的阅读材料。

在整个西方经济学发展过程中，存在着两部影响较大的系列性的经济学手册。一部是在20世纪20年代开始出版的《剑桥经济学手册》，另一部便是这部由埃尔塞维亚科学出版社—北荷兰出版公司在20世纪80年代后陆续出版的《经济学手册》。大致说来，前者概述了第二次世界大战以前的西方经济学；后者则对其第二次世界大战后的发展，特别是70年代以后出现的新文献加以最高水平的总结。把二者加以对照就可以看到，手册的必要性越来越为明显。到了目前，甚至可以说，除非借助于手册类丛书，已经很难洞悉西方经济学的全貌，其原因在于：在20世纪中，特别在它的后半期，西方经济学得到了巨大的发展。

概述第二次世界大战前的西方经济学的《剑桥经济学手册》共有10册，涵盖当时的经济学的10个分支学科。总结第二次世界大战后的这部《经济学手册》已出版了近60册，目前包括25

个分支学科。二者相对照，分支学科增长了将近一倍。对照的结果表明：随着时间的进展，西方经济学的分工愈来愈为细微，而文献的数量日益增长。这种分工细微和文献剧增的事实使得学者和研究人员难于洞悉西方经济学的全貌。

由于西方经济学的发展主要出现于职业杂志的文献，我们在这里以职业杂志为例来说明在今天了解西方经济学全貌的困难。在第二次世界大战以前，知名的西方经济学职业杂志不超过10种，此外，它们一般并无分支学科的区别。然而，到了目前，这种杂志的数量已有数十种之多，而且分支学科的区别日益细微。不但金融、货币、管理、学说史、能源与发展等具有各自的专业刊物，而且，即使在原有的分支学科中，进一步区分的倾向已经出现。例如，在两年前，英国剑桥大学出版社开始发行《动态宏观经济学杂志》，在原有的宏观经济学的分支学科之上，又出现了专业动态分析的分工。

由于分工的细微和文献的剧增，如果说，在《剑桥经济学手册》的时代，学者尚有可能直接从第一手著作中得知西方经济学的全貌，那么，在今天，这种可能性已经不复存在。因为，一方面，个人已经不可能具有足够的时间来阅读如此巨大数量的文献。另一方面，分工的细微要求阅读者必须具备较深厚的专业技术知识才能理解文献的内容。再以宏观经济学为例，非线性的动态分析，随机变量在时间序列中的作用等方面的内容要求相当高深的数学、数理统计的知识，而这些知识又非短期内所能掌握的。因此，学者和研究人员需要总结性的著作的帮助，而这部《经济学手册》就是一部总结性的著作。

此外，这部《经济学手册》还具有下列三个特点，使它能对读者的帮助更为有效：

第一，权威性。上面已经指出，作为总结性质的著作的手册，编写者必须删繁就简、使之条理化并作出适当的解释和评价。换言之，编写者必须具有权威性，即具有足够的学术造诣才能圆满地完成这些任务，从而使读者受益。以此而论，这部《经济学手册》的权威性是无可置疑的。《经济学手册》的总主编为诺贝尔奖得主 K. J. 阿罗和数理经济学与计量经济学上享有盛名的 M. D. 英特里盖特。各分支学科以及其中每一章的编写者都是有关领域的居于领先地位的学者，一般都是知名的院校和研究机构的教授和专家。例如，宏观经济学分支学科中的"经济增长论"一章系由索洛所编写。索洛曾由于早年在经济增长论上的贡献而获得诺贝尔奖，而在此以后，一直从事于这一领域的研究。这种权威性使他能对"经济增长论"做出坚实可靠的总结。这一事实并不限于增长论，其他分支学科的主题也存在着类似的情况。例如，对这部《经济学手册》中的《区域和城市经济学手册》分册，西方著名的区域研究的评论写道："总之，这是一部由该领域内从事前沿研究的专家撰写的力作。……它将成为区域科学领域内科研和教学人员的一部标准参考资料。"

第二，全面性。上面提到的西方经济学分工的细微化，一方面使分支学科的数量增加，另一方面也使各分支学科的内容不断扩充。由于这部《经济学手册》不但能为新添增的分支学科设置分册，而且也涵盖了各分支学科内容的扩展，所以它具有全面性，即能对西方经济学整体内容做出面面俱到的总结。以分支学科在数量上的增加而论，这部《经济学手册》含有《博弈论手册》、《产业组织经济学手册》、《区域和城市经济学手册》、《自然资源和能源经济学手册》，甚至《国防经济学手册》等分册。以分支学科在内容上的扩充而论，这部《经济学手册》囊括了各分支学科扩充的每一个方面。以宏观经济学这一分支学科为例，当该分支学科于 20 世纪 40 年代最初形成时，其内容仅包括以 ISLM 为代表的基本理论再加上一些国民收入统计数据和政策建议。然而，在这部《经济学手册》中，宏观经济学分支学科却占有三卷的篇幅，由七个部分所组成。它们顺次为：宏观数据分析、动态分析方法、经济增长模型、消费与投资、经济周期模型、金融市场与宏观经济以及货币和财政政策。这七个部分足以代表宏观经济学在目前的整体内容。

第三，新颖性。西方经济学被认为是具有演变特色的学科。这就是说，随着时代的变迁，西方经济学的内容也会有所不同。后者不但反映了前者的变迁，而且必须改变自己，以便适合前者的需要。流行的西方教材往往每隔三五年便出现更新的版本就是一个显著的例证。从西方经济学的新发展中，可以窥测到西方社会结构的变动、思潮的转移、政策的改变等动向，因此，了解它的新发展是有其重要性的，而这部《经济学手册》编写的取向之一便是新颖性。例如，在它的原版简介中，两位总主编写道："本系列手册中的每一本系对经济学中的每一门分支学科的最前沿的发展，根据其内容分成各章并做出全面的总结。"在其后，他们又写道："总结的范围不但包括已被认同的成果，而且也涵盖来自职业杂志和探讨性文献所代表的较新近的发展。"又例如，对于《产业组织经济学手册》，西方的《制度和理论经济学杂志》的评价是："手册精选的文章令人难忘，它们为我们指明了产业组织经济学发展的新方向。"

很可能由于其权威性、全面性和新颖性，这部《经济学手册》成为西方经济学有史以来第二部影响较大的系列性的手册。根据西方人士计算出的判别影响力大小的"影响因素"，这部《经济学手册》的《产业组织经济学手册》的"影响因素"为6.02，超过了专门从事于总结西方经济学新发展的《经济学文献杂志》，其"影响因素"为5.55。其他的一部分分册的"影响因素"超过了一些久负盛名的西方职业杂志。例如,《国际经济学手册》和《劳动经济学手册》两个分册超过了《经济学季刊》,而《计量经济学手册》则超过了与计量经济学这一学科于20世纪30年代同时起步的《计量经济学杂志》。类似的情况也存在于其他的分支学科手册,这里不再一一列举。

这部《经济学手册》的影响力还随着出版年份的增加而扩大。例如,《公共经济学手册》被引用的次数在出版一年后为10次,第二年后为40次,在第三年后的几个年份中则被维持在50~60次的水平。如此看来,这部《经济学手册》在今后的年份中还会继续保持其影响。

这部在西方具有影响力的《经济学手册》也可以在我国发挥它应有的功能。对于这部《经济学手册》中的《公共经济学手册》,西方的《国际管理科学评论》的评语写道:"这部杰出的著作不仅会令美国的教师和学生感兴趣,而且会引起全世界经济学家的关注。它不仅是一部翔实的手册,而且是有关这一研究领域的现在及未来发展趋势的百科全书。"这一评语也应该适用于全部的《经济学手册》的各分册。以我国的情况论,改革开放政策的成功使我国对外的经济交往日益频繁;特别在今天,我国加入世界贸易组织之后,在日益频繁的交往中,我国不但要遵守国际公认的"游戏规则",而且还要参与"规则"的制定。这样,无论从借鉴吸收、洋为中用的方面,还是从知己知彼、筹谋对策的方面来看,这部《经济学手册》都是一部有用的参考著作,因而应该是我国的经济工作者和研究人员的工具书籍。此外,随着对西方经济学研究生的要求的提高,它也可以被用作我国高学位研究生课程的辅助性教材。当然,由于国情的差异,在使用这部总结西方经济学最近发展的《经济学手册》时,我们必须加以分析和鉴别,方能从中得到真正的益处。

这部《经济学手册》被国家新闻出版总署指定为"十五"国家重点图书。笔者被告知，这部《经济学手册》的中译本的版权费达200万元之多。笔者也深知，参与全部《经济学手册》翻译工作的众多学者都是对各个专业有造诣的人士和单位。可以看到，为了这部《经济学手册》而投入的资金和人力的巨大规模是我国学术和出版界不多见的。尽管如此，和它可能带来的社会效益相比，中译本的《经济学手册》仍然是值得为之而从事的工作，从而也是值得为之而庆幸的事。

高鸿业

2001年12月于中国人民大学

译者序

实践是驱动理论发展的永动机。《国防经济学手册》第2卷的问世，再次显示了实践发展之于理论创新的伟力。《国防经济学手册》第2卷的问世，与《国防经济学手册》第1卷时隔仅12年。在漫长的人类历史长河中，这一短暂的瞬间本来微不足道。但唯独这一瞬间，犹如一滴晶莹的水珠，折射出20世纪与21世纪之交的光彩，折射出人类经济生活和国际安全联系愈加密切的时空之光，透过它，人们可以见微知著，可以更加冷静理性地在经济全球化、安全环境变化和威胁重心移动的背景中重新审视国防经济。这部冠名以"全球化世界中的国防"的《国防经济学手册》第2卷，正是这样一部文献。

一

追忆数年前，《国防经济学手册》第1卷中文版的翻译出版，确实对当时国内国防经济学术界和实务界产生过不小的震动。通过它，一向自认为熟知国防经济学的我们，开始重新考量这门突然显得有几分生疏和深奥的学科。这部巨著展现给人们的，绝不仅仅是其庞大的研究体系、全新的研究视角和缜密的数理分析。它带给我们的感受是多重的。在它面前，我们常常会不由自主地感叹：面对现代国防经济学研究的快速进展，面对这个宽阔、深邃的研究领域，我们每个人都太渺小了！如果说，《国防经济学手册》第1卷全面展现了现代国防经济学主要的研究领域和研究方法，那么，作为其姊妹篇的《国防经济学手册》第2卷，在12年后又带给人们一些什么新的启示和思考呢？

一是国防经济学的研究背景正在发生更为深刻的变化。关于这一点，本书主编开宗明义，指出"《国防经济学手册》第2卷致力于研究当今全球化时代的防务需求、防务实践、安全威胁和防务政策（桑德勒、哈特利，本卷第20章）。"这是十分贴切的。众所周知，全球化并非始自21世纪初。但是，在冷战对抗的高潮期，人们关注的兴奋点相对集中，基本无暇顾及全球化对国防经济的影响。在经历冷战结束后一个时期之后，尤其是"9·11"事件以及其他重大事件接连发生之后，人们越来越多地把世界贸易迅猛发展和国际金融充分流动与安全、冲突这两个古老命题联系起来，重新思索我们生活的这个世界。在新技术驱动的全球化进程中，人类面临哪些新威胁、新风险、新机会与新资源？这些深刻变化对原来以国家防务经济为主要研究对象的国防经济学提出了哪些挑战？对诸如此类的问题，《国防经济学手册》第2卷各章作者均从不同角度作了新的诠释，进行了新的探索，是全球化时代国防经济研究和探索的大视野、大写意，其价值自然不言而喻。

二是国防经济学的研究主题也在不断变化。经济全球化的日益加深，直接推动了国防经济学的研究主题的拓展和深化。早期的国防经济学研究者认为，从某种意义上说，所有军事问题都是配置效率和资源利用的经济问题（希奇和麦基恩，1960）。因此，早期国防经济学特别关注军事或国防部门的效率，包括军事开支、武器采购、军事人力征募，以及战争资源配置及其类似问题的效率条件界定。现在，这些核心问题无疑仍然是现代国防经济学研究的基本命题。然而，当今时代所产生的种种安全问题似乎更加迫切需要进行新的、更为现实的经济学解读，于是，大量的"非主流性"问题开始"挤入"国防经济学家的视野，潜移默化地影响和改变着国防经济学既有的研究格局。我们注意到，在《国防经济学手册》第1卷中，除第1章导论和第2章理论回顾之外，在其余17章中论及军费问题的多达5章，而《国防经济学手册》第2卷对军费开支和军事联盟等问题均未设专题研究，而将主要研究聚焦于当前若干重大现实问题。《国防经济学手册》第2卷重点研究的问题大致上有两类：一类是对《国防经济学手册》第1卷中已有的恐怖主义、国防工业、军事人力、冲突、军备竞赛等问题，《国防经济学手册》第2卷进一步展开研究。比如，对冲突的根源进行了政治经济学和国际公共选择理论等多视角的考察，对统治方式与战争的经济计算等问题作了深度分析等。另一类是根据新的实践设置专章进行研究的问题，如内战、维和、经济制裁、和平经济等问题。《国防经济学手册》第1卷、第2卷研究格局的差异和变化及其背后所隐含的东西，还需要我们进一步思考和挖掘。

三是国防经济学的研究方法进一步发展。应对新安全的挑战也需要新的研究视角和研究方法。在这方面，《国防经济学手册》第2卷将研究当代安全问题的经济学文献尽括其中，展现了研究工具和方法的新进展、新动向。当然，从根本上说，国防经济学与其他应用经济学的主要区别在于研究对象的差别，在研究方法上并没有本质的区别。从这个意义上说，《国防经济学手册》第2卷所展示的方法，与其说是国防经济学的，毋宁说是现代经济学的。对此，我们在翻译本书过程中有了更深切的感受。在《国防经济学手册》第2卷中，除了我们所熟知的稀缺性、机会成本、理性、均衡、战略依赖、理性行为者模型等传统的国防经济学范畴和研究方法外，企业垂直边界、纵向一体化、实物期权理论等现代经济管理理论以及特征值检验、邹氏预测精度检验等现代经济学实证研究方法，在现代国防经济学文献中得到了更为广泛的应用。面对这种趋向，如果没有现代经济学、管理学的深厚背景，理解和应用现代国防经济学将会越来越困难。

简言之，这部书是以"手册"形式展现当代国防经济学研究文献的巨幅画卷，其所包含的范围之广、意境之高、内容之深，绝非译者上述三点概括所能企及。还是那句老话：若要真正领略其中的精妙，尚需读者自己走进这部书的世界。

二

《国防经济学手册》第 2 卷中文版的面世之于当代中国国防经济学无疑具有重要意义。早在 20 世纪 30～40 年代的抗日战争时期，中华民族一大批志士仁人为了民族前途和国家命运，对国防经济理论研究进行了开创性探索。从 20 世纪 80 年代开始，面对国家经济体制和军事战略转变，有责任心的老一代国防经济学者对中国国防经济学的发展付出了艰辛的努力。正因为有了他们的工作，中国国防经济学才能从无到有，学科体系、学科发展的基本框架才能得以初步确立，学科基础研究和应用研究才能取得如此骄人的业绩。但是，当历史的接力棒真的传到我们手里时，诚惶诚恐的我们日渐感受到肩上的压力。这也促使我们进一步思考当前我国国防经济学科建设中的几个重要关系。

一是国际化与本土化的关系。这些年来，国防经济学界围绕这一问题展开了热烈讨论。所谓国防经济研究的规范化，一般是指国防经济研究者要自觉遵循前人通过多次反复实践所总结出的、相对成熟的普适性原理、原则、方式、方法。这种相对成熟的普适性原理、原则、方式、方法，是构成国防经济学研究方法知识体系的基本内容。任何一项具体国防经济学研究的程序、方法及其成果，都必须接受整个国防经济学研究共同体的检验和评价。而进行这种检验和评价所依据的，也正是源于科学基本原则和程序的规范化研究方法。因此，从一定意义上说，国防经济学研究方法的规范性是衡量国防经济学研究整体水平高低的一项重要指标。没有相当程度的国防经济学研究方法的规范化，提高本学科的研究水平就只能是一句空话。

而国防经济学研究的本土化，主要是指在应用规范的、具有普适性的国防经济学研究方法时，要充分考虑到中国具体的国情和军情的特殊要求，尤其要充分考虑中国特色军事变革及其所依赖的政治、经济、文化、社会等环境因素对这种一般性研究方法的适用范围和条件的限定。从根本上说，作为探索国防经济现实问题的应用性学科，国防经济学自身包含着一定的社会、军事与文化特质。所以，需要通过一定形式的本土化改造，使这种方法更好地为我们认识国防经济领域中的各种规律服务。需要说明的是，国防经济学"本土化"的中心不在于知识分类，而在于知识原初经验的来源空间，规范化并不是要改变本土知识的性质，而是使其具备专业知识的样式。国防经济学的研究需要魄力和激情，更需要严谨的训练和交流，这样，才能使自己的成果变成别人能够理解的学术载体。所以，学术规范化是学术本土化不可或缺的条件，没有学术规范化，就不可能形成学术传统和流派，不可能形成学术共同体，学术本土化自然也就很难形成。

二是继承与创新的关系。这是一个常说常新的问题。毋庸讳言，中国国防经济学的健康发展，离不开继承和发展这两个基本条件，缺一不可。现在，这个问题再次凸显，实际上源于我们的一种感受。当我们环视国际国防经济学界发展态势之时，就会强烈感受到，目前我国主流的国防经济学与国际上的国防经济学界在研究内容、研究方法、研究对象等方面还存在不少差距。在很多场合和情景中，由于话语不同，我们还无法完全与世界对话，世界不知道我们在做什么；我们也不知道别人在做什么。面对这一略带尴尬的局面，人们不禁要问：这是继承有余而创新不足导致的吗？问题恐怕没有这么简单。

创新和继承从来都是一个事物的两个方面，我们在继承时不应故步自封，在创新时也不应忘记学科的传承。对当代中国国防经济学而言，目前主要还不是继承多了或者创新多了的问题，而是哪个方面都不够的问题。这些年来，我们虽然做了一些工作，学科建设取得了显著的进步，但我们对中国传统国防经济思想的挖掘、整理和对中国特色国防经济学的研究仍显不足。在学科建设中我们虽然意识到了创新，进行了一些创新性探索，但创新动力不足、创新不新的问题并没有得到根本解决。所以，在整个中国国防经济学发展过程中，应当是创新与继承并重，偏废任何一方都不可能有学科的科学发展。

三是学理研究与政策研究的关系。社会科学研究过程中，一个很突出的问题是学理研究还是政策研究。这一关系同样困扰着国防经济学者。毫无疑问，国防经济学的学科属性，决定了政策研究的地位和价值。国防经济学本质上是一门应用经济学科，具有强烈的政策取向，而不单单是一门"书斋里的学问"。因此，国防经济学的生命伟力，深深根植于实用价值的沃土。国防经济学的这种应用特性，决定了为国家防务经济提供有价值、有针对性和可操作性的研究是该学科的首要任务。离开了宏大的实践，任何研究成果即使在形式上再华美、内容上再高深，都将成为缺失生命力的枯树。但是，我们又不能据此将政策研究狭义地理解为从工作经验层面上对问题进行简单的归纳和概括。实际上，只有充分地而且是恰如其分地运用经济理论和分析工具研究重大国防问题，我们的研究才更具针对性和科学性；也只有在学理上充分认清国防经济政策的必要性、可行性和制度特征，才能制定出切实可行和具有生命力的政策。

学理性研究是对理论原理进行阐释的研究活动。学理研究应当关照现实，但同时又应当与实践保持适当距离。这就使学理性研究有了双重特性。对国防经济学科而言，学理研究与政策研究缺一不可。但我们在检视近年来学科研究的轨迹时却发现，现在的国防经济学研究似乎政策性研究过多，学理性研究略显不足；在政策性研究中，经验性推理多，研究论证的少。一大堆的学术论文都几乎在遵循"问题提出－缺点分析－对策建议"的思路。这几乎已经成为难以打破的学术八股。部分学者过分强调学理研究"到底有多少用"，研究基础理论与研究现实政策是否存在矛盾，等等。殊不知，一个学科发展要面向世界、面向现实、面向未来，首先需要把学理研究和政策研究紧密结合起来。如果国防经济学研究过于媚俗，过于强调对策性研究的功利追求，学科发展的独立性和学者的独立研究价值也将面临深刻危机。对此，我们应当时时怀有对真理追问的勇气、信心，还应当保持对真理持久追问的热情和能力。

四是定量研究与定性研究的关系。定量方法和定性方法是探讨国防经济问题时常用的两种方法，也可以将此解读为两种不同的研究视角和研究途径，其本身并无好坏优劣之分。"适用的就是最好的"。因此，从方法论角度研究和探讨定性研究与定量研究的本质特征，探讨两者所基于的特定假设、所遵循的特定逻辑、特别是二者所能够回答的问题类型，应当是今后国防经济领域定量方法和定性方法探讨的重点。国防经济学者应当有一个宽广的胸襟，给每一种方法以生存的空间，而不应当偏好自己熟悉的方法。

其实，作为科学研究中的两种基本方法，定量方法和定性方法各有优长和局限。在当前的国防经济研究领域中，恐怕不是哪个多哪个少的问题，而是两个都没有用好的问题。我们既缺乏言之有据、逻辑清晰的定性分析，也缺乏方法规范、推理严格的定量分析。现有的研究中，我们还不乏仅凭 5~6 年数据就作时间序列分析的，也不乏了解了一点现代经济学的原理就敢于断言自己进行了理论和方法创新的。而我们最缺乏的恰恰是对现代国防经济学的不同研究工具的作用和特征的辨识。从趋势上看，只有在坚持规范化运用两种研究方式的同时，注意到它们在本土实践中的各种障碍和局限，才能更好地运用这些方法。

在对中国国防经济学发展面临的重要问题和历史重任作上述分析之后，摆在我们面前的这本书，就显得格外厚重了。

三

　　这本书也是国防大学国防经济研究中心和中央财经大学国防经济与管理研究院长期合作的又一成果，翻译工作受到国防大学国防经济研究中心和"中央财经大学'211工程'三期"学科建设项目的支持。全书的翻译出版事宜由姜鲁鸣、陈波组织筹划，并审校了全书书稿。各章的翻译分工是：第20章，姜鲁鸣；第21章，姜鲁鸣、李小鹿；第22章，郝朝艳；第23章，罗永光；第24章，陈波；第25章、26章，余冬平；第27章，陈波；第28章、29章，侯娜；第30章，郝朝艳；第31章，罗永光；第32章，陈波；第33章、34章，刘群；第35章，陈波；作者索引，孙虹；主题索引，姜鲁鸣。这本重要文献中文版的翻译出版，历经两年。在此期间，特别感谢经济科学出版社刘怡斐编审所付出的艰辛努力，如果没有她以及经济科学出版社领导的大力支持和帮助，本书自然是不会问世的。我们还要感谢辛伟刚、王伟海、代恩献、张雅洁、李仁义、张程、刘磊、葛顺堂、刘西奎、宋海云、宋潇等博士、硕士研究生在翻译过程中所做的协助工作。参加翻译的几名同志分别毕业于国防大学、北京大学、伯明翰大学等，两位审校者曾先后在芝加哥大学、加利福尼亚大学和哈佛大学进行留学访问，这些经历为本书的翻译奠定了较好的基础。我们相信并期待，《国防经济学手册》第2卷中文版的出版发行将对中国国防经济学研究的科学化、规范化进程有所促进和推动。在本书翻译和审校中，尽管我们尽了最大的努力，但"十全十美"的境界在现实中似乎总是难以企及。我们真诚地期待广大读者的批评指正。

姜鲁鸣　于北京

陈　波　于剑桥

2009年5月

目　　录

第20章　导论：世界全球化中的国防
托德·桑德勒　基斯·哈特利/1

摘要/1

关键词/2

1. 引言/2
2. 国防经济学的过去与现在/4
3. 本书的主要内容/8
4. 本书的结构/9
5. 结束语/14

参考文献/14

第21章　世界全球化中的国防经济学
马丁·C·麦圭尔/16

摘要/16

关键词/16

1. 概述/17
   - 1.1　国防经济学：转型中的学科研究/17
   - 1.2　研究冲突根源的经济学/18
   - 1.3　政治经济学——国际公共选择：战斗与掠夺或工作与贸易/19
   - 1.4　统治方式与战争的经济计算/20
   - 1.5　经济学关于资源配置的核心问题依然是国防经济学的核心问题/22
2. 安全问题的世界趋势和大视野/23
   - 2.1　技术驱动全球化：新威胁、新风险、新机会与新资源的根源/24

2.2　世界大繁荣：更大的冲突成本收益/24
  2.3　在矛盾中退化的政府/26
  2.4　美国的霸权：衰退的垄断/27
  2.5　暴力/冲突的新的频率分布/28
  2.6　国防向何处去：交战的盟国集团？犯罪的混乱？
       割裂的全球安全？/30
3. 国防：经济学的规范性问题/31
4. 新世纪国防经济学研究中突出的领域/32
  4.1　冷战的残余或遗留问题/32
  4.2　来自传统地缘政治方面的安全问题：中国/32
  4.3　文化引起的冲突/33
  4.4　国防和媒体/33
  4.5　军事手段的道德—政治限制/34
5. 国防经济学的任务：两个特殊和适时的题目/34
  5.1　"无赖"国家、大规模杀伤性武器和失败国家：
       掠夺和暴政的经济分析/34
  5.2　联盟合作的新空间/35
6. 若干应用于国防分析的经济方法的例证/36
7. 结论：国防经济学未来的方向/39
参考文献/39

第22章　冲突经济学：概述
米歇尔·R·加芬克尔　S.什卡佩尔达斯/43

摘要/43

关键词/43

1. 引言/44
2. 冲突的技术/46
3. 冲突和力量决定的代表性模型/50
  3.1　资源竞争/51
  3.2　大炮和黄油/54
4. 在冲突的阴影下和解/60
  4.1　偏好于和解的原因/60

4.2 有多少军备？不同分配规则下的和解方式 / 64
5. 为什么要战争？/ 70
　　5.1 传统的解释：信息不对称、误解和非理性 / 70
　　5.2 未来不确定性下的不完全契约 / 71
6. 贸易、不安全与冲突 / 75
　　6.1 安全的自给自足与不安全的交换 / 76
　　6.2 不安全的资源，贸易限制和其他市场干预 / 78
7. 联盟与集团的形成 / 84
　　7.1 阶段1：集团之间的冲突 / 85
　　7.2 阶段2：集团内部的冲突 / 86
　　7.3 均衡配置 / 87
　　7.4 不同对称集团结构下的冲突水平 / 90
　　7.5 稳定的必要条件和均衡的集团结构 / 91
8. 动态与增长 / 93
9. 冲突管理与国家 / 95
　　9.1 科层治理 / 95
　　9.2 现代治理 / 96
10. 结束语 / 97
参考文献 / 99

第23章　内战

保罗·科利尔　　安克·赫夫勒 / 105

摘要 / 105

关键词 / 105

1. 引言 / 106
2. 概念和资料 / 106
　　2.1 内战的定义 / 106
　　2.2 内战强度的量度 / 108
3. 内战的原因 / 111
　　3.1 动机与可行性 / 111
　　3.2 叛乱理论 / 112
　　3.3 叛乱原因的证据 / 114

4. 持续时间 / 117
   4.1 理论 / 117
   4.2 证据 / 118
5. 内战的后果 / 119
   5.1 经济后果 / 119
   5.2 社会后果 / 121
   5.3 心理伤害 / 122
   5.4 政治后果 / 123
6. 冲突后 / 125
   6.1 冲突后恢复和再度恶化理论 / 125
   6.2 证据 / 126
7. 政策干预 / 126
   7.1 预防政策 / 127
   7.2 结束冲突的政策 / 128
   7.3 维护冲突后和平的政策 / 128
8. 结论和研究议程 / 129
参考文献 / 131

第24章 维和的政治经济学
宾雅明·所罗门 / 135

摘要 / 135

关键词 / 135

1. 引言 / 136
2. 背景 / 137
   2.1 维和分摊比额 / 139
   2.2 维和趋势与一般事实 / 141
3. 财政安排和负担分摊 / 145
   3.1 财政改革和收入来源 / 145
   3.2 维和联盟和负担分摊 / 148
4. 维和的经济评估、干预和政策含义 / 155
   4.1 理论模型 / 155
   4.2 实证结果 / 157

5. 战区维和与政策含义/158
    5.1 经济影响/160
    5.2 政策含义/161
6. 总结以及未来方向/162
    6.1 未来方向/163
参考文献/164

第25章 恐怖主义：博弈论方法
托德·桑德勒　丹尼尔·G·阿尔塞/168

摘要/168
关键词/169
1. 引言/169
2. 早期文献简介/171
3. 反恐：标准型表述/174
    3.1 积极措施与防御措施：2×2型标准表述/174
    3.2 3×3型威慑——先发制人博弈/176
    3.3 不对称目标和先发制人/177
    3.4 其他情形/178
4. 反恐：扩展型博弈/180
    4.1 连续选择情形下的先发制人和威慑/184
5. 选择的外部性/186
6. 国际合作的陷阱/190
    6.1 具体的例子1：冻结恐怖分子的金融资产/191
    6.2 具体的例子2：安全避难所/193
7. 博弈论与绝不向恐怖主义的要求让步/194
    7.1 惯常看法评价/196
    7.2 声誉/197
8. 信息不对称/197
    8.1 信号扩展：懊悔的其他形式/200
9. 结语性评论/201
参考文献/202

第26章 恐怖主义：实证分析
沃特·恩德斯/205

摘要/205

关键词/206

1. 引言/206
2. 恐怖事件类型的统计特征/208
   2.1 数据库比较/214
3. 反恐对策：替代效应/221
   3.1 HPF模型检验/222
4. 9·11事件后的恐怖主义/228
   4.1 对袭击方式的影响/229
   4.2 对恐怖地域的影响/234
5. 恐怖主义的经济成本测算/237
   5.1 个案研究/241
   5.2 恐怖主义的微观经济后果/242
6. 恐怖主义经济决定因素的测定/247
7. 结论与评价/250

参考文献/252

第27章 经济制裁的政治经济学
威廉·H·肯普弗 安东·D·洛文伯格/255

摘要/255

关键词/256

1. 引言/256
2. 制裁的经济影响/259
3. 发起国制裁政策的政治决定/264
4. 制裁对目标国的政治影响/269
5. 单一理性行动者与博弈论在制裁研究中的应用/273
6. 制裁的实证研究/276
7. 政治制度与制裁/280
8. 结论与进一步研究路径/286

参考文献/287

第28章　军备竞赛的计量经济学
J. 保罗·邓恩　罗恩·P·史密斯 / 294

摘要 / 294

关键词 / 295

1. 序言 / 295
2. 数据 / 297
3. 理论模型问题 / 300
4. 行动—反应模型 / 304
5. 博弈论模型 / 308
6. 面板和横截面模型 / 312
7. 结论 / 317

参考文献 / 318

第29章　军火贸易和军备竞赛：战略分析
加西亚·阿朗索　莱文 / 322

摘要 / 322

关键词 / 323

1. 引言 / 323
2. 产品和数据：事实 / 324
3. 军火进口需求 / 328
4. 供给：军火工业 / 328
5. 规制 / 330
6. 军火贸易模型的非技术性综述 / 332
   - 6.1　供给国目标与协调的收益 / 332
   - 6.2　进口需求和对规制的反应 / 334
   - 6.3　军火工业 / 335
7. 军火贸易的正规模型 / 337
   - 7.1　基本模型 / 337
   - 7.2　集体行动问题 / 340
   - 7.3　国内生产 / 341
   - 7.4　产业和市场结构 / 342
8. 结论性评述 / 346

参考文献/347

第30章 军工产业、军火贸易和发展中国家
乔根·布劳尔/351

摘要/351

关键词/352

1. 引言/352
2. 主要常规武器/354
   - 2.1 军火转让/354
   - 2.2 军火生产/361
   - 2.3 军火生产和贸易的国际化/365
   - 2.4 一个军火生产理论/367
3. 小型装备和轻型武器/371
   - 3.1 定义，数据及市场特征/372
   - 3.2 贸易额、产量、库存和价格/373
   - 3.3 供给技术及扩散/376
   - 3.4 小型装备和轻型武器需求/379
4. 非常规武器/381
   - 4.1 原子武器/381
   - 4.2 生物武器/383
   - 4.3 化学武器/384
   - 4.4 导弹技术和基于太空的活动/386
   - 4.5 ABC武器生产与进入/退出理论/387
5. 结论/389

参考文献/390

第31章 贸易、和平及民主：一个二分体争端的分析
所罗门·W·波拉切克　卡洛斯·西格利/397

摘要/397

关键词/398

1. 引言/398
   - 1.1 背景：单体与二分体分析/398

1.2 定义和平：一个贸易理论角度 / 399

1.3 和平需要：持续和平——一个稳定均衡的概念 / 400

2. 贸易影响冲突和合作模型的构建 / 401

2.1 "通过贸易达到和平"：一个自由主义假说的经济学模型 / 401

2.2 可选择的冲突 - 贸易理论 / 407

3. 理论检验 / 409

3.1 数据 / 409

3.2 统计分析：贸易 - 冲突理论的检验 / 421

4. 民主和平的应用：为什么民主政体不会相互开战 / 430

4.1 问题的提出 / 430

4.2 证据 / 433

4.3 关于民主和平的贸易 - 冲突模型的结论 / 434

5. 冲突 - 贸易模型的扩展 / 437

5.1 商品贸易 / 438

5.2 国外直接投资 / 438

5.3 国家的大小 / 439

5.4 多边互动 / 442

6. 结束语 / 446

参考文献 / 447

第32章 后冷战时代新国防人力经济学
贝丝·J·阿施　詹姆斯·R·霍谢克　约翰·T·沃纳 / 458

摘要 / 458

关键词 / 459

1. 引言 / 459

2. 后冷战时代的国防人力供给 / 460

2.1 征募供给 / 462

2.2 超期服役：模型与近期证据 / 472

2.3 军事部署：理论和证据 / 478

2.4 配偶及家庭：配偶收入的军事效应 / 483

3. 后冷战时代的人力需求与军队管理 / 485

3.1 人员生产力和高效力量组合 / 486

3.2 后冷战时代的人事管理 / 489
4. 薪酬问题 / 492
   4.1 以足够的薪水吸引合格兵员 / 492
   4.2 增加工资灵活度所得 / 495
   4.3 军队退役人员的民事收入 / 498
   4.4 增加的应享权利成本 / 499
   4.5 薪酬改革的主要障碍 / 500
5. 征兵经济学的新贡献 / 501
   5.1 近期贡献 / 501
   5.2 欧洲征兵制的终结 / 507
6. 小结 / 511

参考文献 / 513

第33章 国防工业、采办与产业政策
基思·哈特利 / 521

摘要 / 521

关键词 / 521

1. 引言 / 522
2. 国防工业 / 522
   2.1 定义 / 522
   2.2 世界国防工业 / 525
   2.3 国防工业经济学 / 530
   2.4 市场行为：竞争与军事-工业联合体 / 533
   2.5 市场绩效 / 538
3. 采办：理论与政策问题 / 543
   3.1 评价国防工业：成本效益分析 / 548
   3.2 政策问题与挑战 / 549
4. 工业政策 / 552
5. 结论 / 554

参考文献 / 555

第34章　十年大裁军中军转民的成败
迈克尔·布若斯卡／559

摘要／559

关键词／559

1. 引言／559
2. 分析军转民的若干要素／561
    2.1 军转民的定义／561
    2.2 冷战后的资源释放／562
    2.3 军转民：一种类型的改革／565
    2.4 军转民的测度／567
    2.5 军转民与经济学的宏观理论／569
3. 冷战后军转民的经济收益与成本／570
    3.1 政府预算的重新定位／571
    3.2 军事技术与研发设施的重新利用／572
    3.3 企业层面的军转民／574
    3.4 士兵与军事人员的再就业／579
    3.5 基地军转民／580
    3.6 军转民的地区效应／582
    3.7 销毁武器的净成本／583
4. 政府军转民政策／584
5. 结论／585

参考文献／587

第35章　和平经济学概述
查尔斯·H·安德顿　约翰·R·卡特／594

摘要／594

关键词／594

1. 引言／595
2. 和平经济学的本质和范围／595
    2.1 和平经济学定义／595
    2.2 国际体系内冲突的方式／598
3. 国家间军事冲突的决定因素／603

3.1 冲突周期 / 603
3.2 威特曼的战争期望效用模型 / 604
3.3 国家间武装冲突风险的评价 / 606
3.4 战争持续时间评估 / 609
4. 军备对抗、扩散和军备控制 / 610
4.1 定义 / 610
4.2 军备对抗模型 / 611
4.3 军备对抗和扩散的主要经验研究 / 616
5. 冲突的技术和地理因素 / 617
5.1 关于战争或和平的内在习性 / 617
5.2 兰切斯特理论和关于战争与和平的内在习性 / 618
5.3 进攻防御理论及其证据 / 621
6. 占有和交换理论 / 624
6.1 脆弱贸易的埃奇沃斯盒状图模型 / 624
6.2 生产、占有和交换的一般均衡模型 / 626
7. 和平经济学实验 / 628
7.1 实验方法 / 629
7.2 早期的实验 / 629
7.3 近期的实验 / 631
8. 结语性评述 / 633
参考文献 / 635

作者索引 / 643
主题索引 / 702

第20章
导论：世界全球化中的国防

托德·桑德勒
（美国得克萨斯大学经济学和政治政策学院）

基斯·哈特利
（英国约克大学国防经济研究中心）

摘要

　　冷战结束以后，世界面临着新的威胁，依然处在危险境地。这些威胁包括：区域性冲突、跨国恐怖主义组织、"无赖国家"、大规模杀伤性武器（即化学武器、生物武器、放射性武器与核武器）。因此，《国防经济学手册》第2卷致力于研究当今全球化时代的防务需求、防务实践、安全威胁、相关机构和防务政策。这一新的时代，蕴涵着新的技术、新的商务实践和增强的跨国流动。这一日益增强的跨国流动意味着，抵御那些令人生厌的新威胁似乎无需太多的军事装备和军队。

　　作为导论，本章以三种方式为本书的研究提供背景。第一，明确了冷战以来的安全威胁是如何发生变化的。例如，超级大国军备竞赛的终结带来了新的问题，这些新问题包括平息局部地区冲突、实施经济制裁的作用以及非对称战争的挑战等。在大多数国家裁减其军事力量的时期，人们又重新关注起军事人力、预备役军人的作用以及民用承包商等问题。第二，阐明了所选的论题以及这些论题是如何区别于第1卷的论题的。特别需要指出的是，我们设立的一些章节所论述的论题，是第1卷中未曾涉及的，如内战、维和、贸易与和平、经济制裁；一些章节对过去论及的问题在认识上又有了明显的深化，如冲突、恐怖主义、军备竞赛、军事人力；而另一些章节的论题则反映了全球化和新威胁因素的影响，比如恐怖主义、贸易与和平以及军工产业等。第三，对本书各章内容作了简要概括。

关键词：武装力量　军火贸易　军备竞赛　集体行动　冲突　国防工业　全球化　新技术　维和　采购　恐怖主义

1. 引　言

在20世纪90年代初，许多人对我们决定编辑《国防经济学手册》第1卷而困惑不解，因为冷战结束以后，核武器储备大幅削减，军火销售下降，人们对建立一个更为和平的世界也作出了承诺。当时，由于从军事部门转移出来的资金被用于民用部门，人们关注的问题主要是所谓和平红利的问题。在20世纪80年代，国防开支占国内生产总值（GDP）的比例为4.5%。至2000年，该比例下降为2.5%（北约，2000）。冷战以后，安全威胁的性质的确发生了变化，但是世界仍然面临着无数安全问题。在《国防经济学手册》第1卷出版后的10年间，尽管超级大国之间的核对抗已经终结，苏联和华沙条约也早已崩溃，但是，2001年9月11日的恐怖主义的袭击（以下称9·11事件），"无赖国家"的兴起以及内战的盛行，使安全问题又凸显起来。

《国防经济学手册》第2卷致力于研究当今全球化时代的防务需求、防务实践、安全威胁和防务政策。以信息革命为形式的新技术革命促进了全球经济的形成和军事革命的发生（如电子战和无人驾驶航空器）。军工承包商已经成为跨国公司，愈加依赖全球供给链。全球化凸显了不断增强的全要素跨国流动（如资本、劳动力、思想观念、货物等），其中也包括了公共产品和跨国外部性的成本收益方面的溢出，反映了两个或更多国家间的相互依赖性，这种相互依赖性通常是难以补偿的。这一日益增长的跨国流动意味着，军事装备和军队已不能有效抵御那些令人生厌的新威胁。各国边界地区充斥着难民营、污染、疾病、政治动乱、冲突、计算机病毒和有害生物。这些日益增加的跨国传播，给各国带来新的防务和安全需求以及其他相关问题。即使是不断增长的贸易和金融流动也带来了新的安全挑战和防务问题。而且，全球化还凸显了一系列新机构和新主体的重要性，前者如欧盟、其他区域性联盟、国际管理系统、跨国军工承包商和多国机构，后者如非政府组织和恐怖主义组织，这促使国外流动日益增加。在全球化的背景下，国内安全与国际安全的区别不再明显。于是，发生于一个遥远非洲国家的一场内战，有可能会断绝某种战略资源（如钛金属）的供给，引发疾病流行，或者影响邻国经济［默多克（Murdoch）与桑德勒（Sandler），2002，2004］。

全球化不仅引发了安全问题，还为各国采取共同行动提供了更加充分的依据。由于各国不会因集体利益的防务事务而牺牲其国家自主权，困难也由此而生。这样，全球化给集体安全提出了许多挑战。例如，面对恐怖主义的共同威胁采取先发制人，对"无赖国家"核武器、化学武器和生物武器的扩散予以控制，制止营利性的军火贸易，实施联合军备抵制，参与维和行动，以及消除发展中国家的内战，要处理这些事务通常是极端困难的。尽管目前这一系列安全问题可能还不会引起像冷战期间超级大国对抗那样严重的后果，但是，这些挑战引起的安全问题其成本可能与消除核对抗的成本是同样高昂的。显然，冷战结束以后，世界依然处在危险的境地。世界秩序缺乏捍卫者，很有可能是混乱无序的，世界秩序需要维护。有一种观点认为，在当前以及可以预见的未来，美国是世界上唯一一个可能充当世界秩序捍卫者角色的国家，这一捍卫者将在捍卫本国利益的同时又有可能服务于各国的"共同利益"。然而，长期的挑战是：在维护和履行世界和平职能方面，联合国是否能够发展成为一个有效的组织［麦克拉马拉（McNamara），1992］。根据其历史记载，联合国能否完成这一使命是值得怀疑的。

9·11事件表明，今天的安全威胁呈现出新的可怕的形式。一旦大规模杀伤性武器落入恐怖主义分子手中，恐怖主义分子就会使用大规模杀伤性武器进行攻击，与这种屠杀及其经济后果相比，9·11事件显然是微不足道的。在美国，国土安全部（DHS）的预算目前已经超过400亿美元，这还不包括用于与反恐有关的情报费用，这笔费用大致上也有400亿美元［恩德斯（Enders）与桑德勒，2006］。冲突与维和行动的成本如此高昂，因而使得美国及其盟国在阿富汗和伊拉克所采取的行动耗费巨大［桑德勒与哈特利（Hartley），2003］。美国的州、市和地方政府所采取的安全措施以及其他国家所采取的类似措施，其耗费也是巨大的。自然，在机场因安全检查而耽搁的时间也造成了巨大损失，由安检使乘客失去的权利和自由造成了进一步的损失。恐怖主义导致的耗费持续攀升，但却不能阻止恐怖主义袭击的发生。恐怖主义分子可以在富有的自由民主社会中攻击任何目标；而一个国家却不能对每一个可能遭受攻击的目标提供相应的安全保证。结果，由于恐怖主义分子往往采用新的、离奇的方式进行袭击（恐怖主义政策类似于"挤压气球"），较为薄弱的目标就只能在恐怖主义攻击的威胁下生存。处理核扩散也会引致代价很高的集体安全行动问题，在这里，某个单一的不结盟国家也能破坏合作国家长期积累的努力成果。今天，政府为应对每一项安全挑战所采取的措施都是成本高昂且难以奏效的，甚至就连采取有效的共同行动也变得十分困难。

编写第 2 卷的目的，在于分析全球化新时代面临的安全挑战，这种冲突包含了新的策略、新的技术、非对称战争（即发生在非对称对手之间的战争）、不同的发生地点以及令人恐怖的武器。其中的某些威胁将平民置于灾难之中，与传统战争危害相差无几。此外，本书注重研究军火贸易、军备竞赛、军工产业和军事人力等国防领域诸多问题的变化。由于当前军事部门不断削减，国防采购实践正在发生变化，这种变化反映了某些军工产业集中度的增加。伊拉克战争及其后果表明，今天的战略环境中确有一些重要的教训。第一，现代的高技术武器对军事人力的替代范围是有限的。第二，由于"胜利"之后平息动乱需要艰巨的维和行动，所以，伤亡率可能会大大增加。战败国迅速接受战败，使其保留了更多的军事装备可以用于发起动乱。第三，极为昂贵的军事装备可以被低廉简易的装备或反制武器击败（比如，一枚"毒刺"导弹可以击落一架阿帕奇直升机），这就佐证了赫什利弗（Hirshleifer, 1991）的力量悖论。赫什利弗认为弱者拥有战胜强者的战略优势。第四，如果美国要对抗"无赖国家"和核扩散的威胁（比如，基于发展一支能够在全球范围内实施军事行动的远程力量的需要），就必须对其军事人力的适度规模进行再评估。第五，在未来的冲突以及和平时期的军事采购（即国外军事采购）中，军事私人承包商的作用日益增加。

2. 国防经济学的过去与现在

国防经济学是一门运用经济学的工具研究国防以及与国防相关问题的学科。与国防相关的问题包括：国防政策、国防产业、冲突、军备竞赛、裁军、转轨、维和、暴乱、内战和恐怖主义在内的一系列问题。国防经济学家在运用这些工具时，必须使用理论的和经验的经济学方法分析国防问题和国防政策，同时对呈现出国防部门特点的制度问题展开研究。这就是说，国防工业以及新武器装备研发和生产所具有的那些因素，在其他很多产业是没有的。例如，在这个产业中，政府作为买家垄断方，或许并不了解一种武器的作战性能，而只是要求承包商为该项目提供成本高昂的军事专用资源。在这种情况下，双方将不得不签订一份适当的合同，用以提供效率激励、可接受的利润，同时确保支付承包商的成本。研究表明，参与美国军事采购实践的相关主体通常包括国会、军工承包商、军方以及武器装备研制地区的选民。正因如此，博弈论在国防经济学研究中正发挥着越来越显著的作用。博弈论在冲突、暴乱、维和、经济制裁、军备竞赛和军火交易的研究中也发挥着作用。

除了制度的特殊性之外，国防经济学还必须考虑参与者的性质。例如，如果恐怖分子或叛乱者的实力比政府一方弱，那么就必须考虑这一相对弱势所产生的影响。这可以通过士兵对叛乱军的高比率（有时甚至高于100∶1）来说明。在这种情形下，政府仍然不能镇压叛乱，由此构成了叛乱的特点（如，哥伦比亚和秘鲁）。关键的参与者包括：网络化的恐怖组织、内战的第三方干预者、私人承包商、叛乱者、预备役军人、军火走私者以及散居犹太人的支持者。参与者显示出异常的偏好，且拥有对手所不知的信息。尽管如此，参与者仍被视为在一个或多个条件约束下追求目标最大化的行为主体，这些约束条件会受其他参与者行为选择的影响。也就是说，政府努力保护恐怖分子袭击的潜在目标，会改变各种恐怖袭击方式的成本，例如，劫机与绑架的比较价格会使恐怖分子采用成本较低的袭击方式替代成本较高的方式（如用绑架、暗杀或爆炸替代劫机）。

在《国防经济学手册》第1卷和第2卷先后出版的10年间，国防经济学的定义并没有发生变化，改变的只是参与者的构成。如今的参与者还包括"失败国家"、"无赖国家"、跨国恐怖主义组织网络、快速部署部队、联盟支持的维和力量。科技上的变化带来了新的威胁（如恐怖分子利用互联网协调行动的能力）和挑战（如政府需要监控互联网）。在军事方面，精确制导武器的出现改变了作战方式，无人驾驶机使得资本越来越多地替代人力。有了这些新的参与者，威胁的性质发生了变化。人们对冷战时期超级强权之间核毁灭的恐惧让位于"无赖国家"诉诸核讹诈的威胁。此外，人们还担心大规模杀伤性武器（如化学、生物、放射性或核武器等）落入恐怖分子或叛乱者之手，他们可能会将其藏匿于大城市中。通常的假想是一个放射性装置或者是一枚由常规炸弹散播的含有放射性物质的"肮脏炸弹"。如果在像洛杉矶这样的主要港口城市上空发生爆炸，将会造成数十亿美元的损失。20世纪80年代后期，内战的出现使得邻国面临冲突扩散以及负面经济影响的风险增加。在大多数情况下，从冲突发生国涌出的难民会给接收国带来麻烦。边境冲突造成的外溢效应也会产生成本，如对基础设施的破坏，加强边境巡逻以及加固防御工事的需求［科利尔（Collier），2003］。

在过去的10年间，冲突的性质也发生了显著变化。美国对两个主权国家的入侵——2001年10月对阿富汗的入侵，2003年3月对伊拉克的入侵，与民主和平的原则背道而驰。对阿富汗的入侵是为了惩罚并解除在"9·11事件"中扮演重要角色的基地组织和全球恐怖主义；对伊拉克的入侵则是为了解除萨达姆的武装并摧毁其所谓的大规模杀伤性武器。这两次干涉行动都使得美国及其同盟以及阿富汗和伊拉克付出了惨重代价，其代价不仅限于冲突期间，而且还包括后续的维和任务。据有关评估，截至 2006 年，美国已为这两次冲突支付了超过 4 000 亿美元的军事开支（这还不包括美国民用经济的成本）。20 世纪 90 年代中期，非对称性战争开始盛行，这种冲突发生在能力上存在巨大差距的敌对双方之间。非对称战争使冷战时期的一些武器变得过时了，包括 B-2 轰炸机和 M-1 坦克。研究者也越来越关注国内战争、起义、跨国恐怖主义、"无赖国家"等。各国必须重构国防以应对这些新情况。这种重构不仅包括武器装备，还涉及军事人力及其必需的训练。

另一个涉及制度性关系的新变化还包括，北约东扩将俄罗斯、东欧诸国以及华约国家（如联邦德国、匈牙利和波兰）纳入北约之中。在遵守不记名投票规则的前提下，同盟内部必须进行讨价还价以确保采取一致行动，因此，北约未来对危机作出军事反应会变得更为缓慢。由此提出了北约最优规模的确定问题，这需要评估增加成员国对于已有成员国和新成员国的成本与收益。北约的未来还被视为有悖于欧盟安全与防务政策的发展，包括欧盟建立统一欧洲防务市场的努力。更多的变化已影响到国防工业，如电子工业的重要性愈加突出，大型国防合同承包商越来越集中［哈特利（Hartley）和桑德勒（Sandler），2003］。国家垄断的出现意味着采办过程中国内竞争的丧失，以及需要将军工合同承包商当作受管制的企业加以对待。一些承包商开展跨国经营，其在大西洋两岸均设有工厂，承包商对某些部件生产拥有自主权，这种发展使得政府的控制愈加困难。数量较少的承包商使得新型武器系统及平台设计的竞争变得更加困难，因而留给政府的调节空间变得更少，这种趋向通过不断增加的全球供应链得到进一步强化。另一个变化是联结恐怖分子之间的松散组织的出现，这使得政府试图渗透进恐怖组织的努力更加成问题。更重要的是，政府的科层组织很不适应与恐怖分子的非科层组织进行斗争。对于军事人力，依赖后备力量来承担作战任务不仅妨碍再次服役，而且产生了在战区过度使用后备力量等问题。类似的问题产生于军事外包及更多地使用民事承包商替代军事人力，这些任务（比如给养、训练和交通运输）传统上是由军队内部提供的。威胁的变化和新技术的出现对新型武器装备、力量结构调整以及采办方式提出了新的要求，这也对武装力量提出了挑战。由于既得利益的存在，武装力量通常不愿意进行变革（或者说，每一军种都试图保有其对陆地、海洋和天空领域的垄断所有权）。

后冷战时代产生了新的问题［参见 M. C. 麦圭尔（M. C. McGuire）的第 21 章和 M. 加芬克尔（M. Garfinkel）和 S. 什卡佩尔达斯（S. Skaperdas）的第 22 章］。超级大国对峙的终结及其利用代理人处理局部地区冲突的方式，对武装力量和国防工业转型均有影响［参见 K. 哈特利的第 33 章和 M. 布若斯卡

（M. Brzoska）的第34章]。代理人控制的冲突越来越少，军火贸易的重要性随之变小。在后冷战时代，民主的转播不仅对贸易而且对世界和平都有影响［参见S. W. 波拉切克（S. W. Polachek）、C. 西格利（C. Seiglie）的第31章和安德顿（C. H. Anderton）、J. R. 卡特（J. R. Carter）的第35章]。贸易流的增加巩固了国家间的联系，也限制了冲突的回报。国家内部冲突的增加，在20世纪80年代后期才真正开始。维和的需求给联合国维和能力带来了压力［B. 所罗门（B. Solomon）的第24章]。由此带来的结果是地区联盟作用的强化，特别是北约和欧盟不断发展的维和作用。因为维和具有很强的公共产品性质，这就提出了维和行动的负担分担和配置效率问题。经济制裁也面临着相似的负担分担问题，它是国际社会得以改变一国行为的一种方法（比如伊朗或伊拉克）［见W. H. 肯普弗（W. H. Kaempfer）、A. D. 洛文伯格（A. D. Lowenberg）的第27章]。

人们还对军事人力、预备役以及民事承包商的作用问题予以新的关注［见B. J. 阿施（B. J. Asch）、J. R. 霍谢克（J. R. Hosek）和J. T. 沃纳（J. T. Warner）的第32章]。民事承包商在军事外包中的重要性日益增加。伊拉克战争陷入泥沼，美军伤亡频频，美国有可能重返征兵制。冷战结束后，军备竞赛已更多地成为地区对手之间的局部竞争——如印度和巴基斯坦的核军备竞赛［见J. P. 邓恩（J. P. Dunne）、R. P. 史密斯（R. P. Smith）的第28章和M. C. 加西亚·阿朗索（M. C. Garcia-Alonso）、P. L. 莱文（P. Levine）的第29章]。需要特别指出的是，两国由来已久的仇恨确实令人担忧。由于国家内部冲突的增多，小型军队和轻型武器变得更加重要［见布劳尔（J. Brauer）的第30章]。轻型武器经常主导着局部冲突，并且很难对其进行国际性控制［见P. 科利尔（P. Collier）、A. 赫夫勒（A. Hoeffler）的第23章]。人们还关心大规模杀伤性武器会扩散至非政府组织，特别是恐怖分子之手。恐怖分子引发了一系列问题：（1）维护本土安全的成本不断上升；（2）协调政府间反恐行动的努力失败；（3）恐怖袭击导致的流血事件不断增多［见T. 桑德勒（T. Sandler）、D. G. 阿尔塞（D. G. Arce）的第25章及W. 恩德斯（W. Enders）的第26章]；（4）传统军事力量打击恐怖主义的有效性问题（如非对称作战）。

后冷战时期，国家更加深切地关注"大炮"与"黄油"之间的权衡。军事预算的增加必须以社会福利开支的缩减为代价，许多政府在试图缩减政府开支占GDP的比重。由于预算有限而且军事投入成本的增加（如新型战斗机单位成本的增加），防务政策制定者必须进行艰难的抉择。例如，重新评估一国武装力量所应承担的义务（如扮演全球性角色的成本）；寻求改进效率的方法

(如，竞争性采办政策和合同化)；各种力量角色的专业化及其相互之间的替代（如用空军代替一些陆军部队，用巡航导弹替代轰炸机）；预备役和文职人员对现役力量的替代；进口装备替代本国国防工业基础提供的武器。向全志愿兵役制的转变也会造成国防成本的增加。新安全挑战使得新武器系统的开发成本十分昂贵，特别是考虑到小批量生产（见 K. 哈特利的第 33 章）。今天的威胁要求武装力量承担新的角色，这反过来会造成转换成本。特别是在和平时期，改变武装力量的角色既需要时间也需要成本。从典型意义上说，武装力量发生变革的动力来自于战争和新威胁（包括在战争中的失败）、新技术、预算缩减，在偶然情况下还可能来自于国防部长的革新［如麦克纳马拉（McNamara）］。但是，武装力量本身缺乏私营工业所具有的激励以及市场结构特征。在市场中，消费者不断产生对新产品的需求，而成本较低的供应商则能够满足这种需求。然而，与私人市场相比，武装力量缺乏竞争，没有利润驱动并缺乏资本市场的支撑。对工业部门来说，资本市场是一种通过接管和破产威胁来进行监督管理的机制。

3. 本书的主要内容

促使我们推出《国防经济学手册》第 2 卷的动因有以下三个。第一，我们想把第 1 卷未曾涉及的论题纳入其中。这样，本卷就包含了内战、维和、经济制裁以及军备竞赛的计量经济学分析等章。新的论题还包括军火贸易、和平及民主，军转民研究以及和平经济学研究等问题。第二，过去在第 1 卷中有的章节所涉及的论题，这些年来又有显著发展。基于这种考虑，我们设立了冲突、恐怖主义、军备竞赛、军事人力和军事工业各章。在过去的 10 年中，上述每一个领域的研究文献都在急剧增加。第三，根据全球化的影响和变化中的威胁（例如，恐怖主义、内战、武器扩散），我们设置了一些章节。在某种情况下，由于某一论题往往涉及上述三项标准的两项甚至更多（比如恐怖主义），因而有关论题就具有包容性。

根据头两项标准，内战和其他形式的冲突所影响的范围不断扩大，已经导致了经济学和政治学的巨量研究文献的产生［参见第 23 章 P. 科利尔（P. Collier）与 A. 赫夫勒（A. Hoeffler）］。世界银行以及其他机构对这一研究提供了某些财力支持。毫无疑问，"9·11 事件"以后，对恐怖主义的理论研究和经验研究迅速发展。因此，本书的第 25 章和第 26 章分别对近年来的理论研究［T. 桑德勒与 D. G. 阿尔塞（D. G. Arce）］和经验研究［W. 恩德斯（W. Enders）]进行了回顾与评估。实际上，军备竞赛研究方面所取得的进展始终集中在理论和经验研究上。有鉴于此，第28章［J.P. 邓恩（J. P. Dunne）与R. P. 史密斯（R. P. Smith）］和第29章［M. C. 加西亚·阿朗索（M. C. Garcia-Alonso）与P. 莱文（P. Levine）］又分别对这两方面进行了研究。近年来，计量经济学研究方法的突破，使军备竞赛的动态研究更为精确。环境以及制度也发生了重大变化，与此相关，武装部队中的军事人力的作用和军工产业问题也凸显出来。就前者而言，第32章考察了军事人力资本的替代问题［B.J. 阿施（B. J. Asch），J.R. 霍谢克（J. R. Hosek）与J.T. 沃纳（J. T. Warner）]；而对后者来说，第33章（K. 哈特利）对厂商问题的研究则是空前的。关于第三个标准，本书的第21章不仅关注威胁本质的变化，而且还探讨了这些威胁对军费开支的影响［M.C. 麦圭尔（M. C. McGuire）］。

4. 本书的结构

除导论一章外，本书共分15章。第21章提供了本书的研究背景。这一章（M. C. 麦圭尔）论证了冷战结束后发生根本变化的国防的本质。当前，对安全的挑战更加多样化，它包括恐怖主义、"无赖国家"、大规模杀伤性武器、局部冲突以及隐性入侵者（如细菌和病毒）。M. C. 麦圭尔虽然也看到了美国在应对这些短期挑战中所发挥的整体性作用，但他却预测未来将出现"多级力量格局"。M. C. 麦圭尔从理解新安全重大事件的角度，阐述了国防经济学的含义及其作用。他还阐明了全球化对国防经济学转型的影响。

接下来的三章着重研究了有关冲突的种种问题。在第22章中，加芬克尔（Garfinkel）与什卡佩尔达斯（Skaperdas）对冲突经济学作了最新的回顾和总结，这是一个研究急剧扩张的领域。作者阐明了对那些利己主义的对手之间展开的冲突是如何建立模型的，这些对手通常要耗费资源以便增大自己在对抗中取胜的可能性。冲突理论的根基是寻租行为理论。杰克·赫什利弗（Jack Hirshleifer）与赫谢尔·格罗斯曼（Herschel Grossman）是冲突研究领域的开拓者。加芬克尔和什卡佩尔达斯探讨了冲突范例的核心因素，它包括"竞赛成功函数"和"冲突技术"。冲突问题涉及无数问题——内在生产、战争损害、风险厌恶以及贴现率，这些都要研究。第23章（P. 科利尔和A. 赫夫勒）分析了内战形式的冲突，这种冲突可能是由贪欲引起的，可能是愤恨所导致的，也可能是二者兼有。在后冷战时代，国家之间的战争让位于一个国家内部发生的战争，后者主要发生在发展中国家。历经冲突的国家的发展同样会受到严重阻碍，同时，冲突的波及效应还将殃及邻国。P. 科利尔和 A. 赫夫勒对计量经济学和理论研究的状况进行了回顾。首先，两位作者对内战作了清晰的定义，尔后转入对现有的国内冲突数据进行分析。内战的严重程度或是以内战致死情况或是以其持续的时间来衡量。作者研究了内战的起因、后果和持续时间。内战次数的增多，迫切需要联合国、北约组织、其他区域性联盟以及美国在维和方面做出更大的努力。第 24 章 [B. 所罗门（B. Solomon）] 研究了维和经济学。值得注意的是，他不仅考察了维和活动中可供选择的经费安排，而且还回顾了过去维和负担分摊的情况。冷战后维和活动的扩张，表明北约在波斯尼亚和科索沃地区履行复杂使命中发挥着更大的作用。在这两个地区，北约的重大利益受到了严重损害。而且，北约还调整了其力量结构以适应维和需求。

第 25 章（T. 桑德勒和 D. G. 阿尔塞）与第 26 章（W. 恩德斯）主要研究恐怖主义经济学。T. 桑德勒和 D. G. 阿尔塞运用博弈论方法研究了恐怖主义问题。首先，他们阐释了政府在应对恐怖主义威胁时究竟是采取防御性政策还是主动性政策所作的选择。当两个或三个国家面临着共同的跨国恐怖主义威胁时，人们往往更倾向于采取防御性的举措而非主动性的举措。防御性行动表明，各国都面临着一个由公共成本和私人收益组成的"共同性"问题；而主动性的反应行为则意味着，存在着一个由公共收益与私人成本组成的公共物品提供问题。在出现目标不对称即某个国家成为多数恐怖主义袭击对象的情况下，主要目标国将采取进攻性行动，这就为其他目标国提供了搭便车的机会。一个更为优化的应对方案是防御性举措与主动性举措的组合，这是应对国内恐怖主义的优化组合，因为当事国行动所产生的外部性可以内生化。在反恐怖主义研究上，该章使用了博弈论的常规形式（矩阵）和扩展形式。在博弈论扩展形式上，T. 桑德勒和 D. G. 阿尔塞的防御性方案与主动性方案研究处于重要的领先地位。扩展形式的博弈分析适用于研究那种劫持人质而又发誓绝不妥协的恐怖主义分子的情况。在第 26 章中，W. 恩德斯对运用计量经济方法研究恐怖主义的文献作了最新的回顾总结。自从"9·11事件"以来，很多文献的研究采用了许多新方法——诸如时间序列、面板数据估算、光谱分析等。W. 恩德斯首先向读者介绍了各类有关恐怖主义事件的数据集，他的研究反映了 20 世纪 90 年代以来恐怖主义性质的变化。尤其值得注意的是，当今的恐怖主义愈加死心塌地地追随占统治地位的原教旨主义的恐怖主义。他还对这两组数据的差别作了某种区分。而后，W. 恩德斯对过去人们所选择的反恐怖主义措施的效果作了测算，比如，在机场安装金属探测器、加强使馆安全保护以及对利比亚的报复性袭击。他强调指出，在诸如设置金属探测器屏障之类的情况下，往往会产生一种替代现象，即恐怖主义分子对工程设置之类的政策采取替代性的应对办法，他们采用一种相对价格更为低廉的袭击方式，替代原有的袭击方式。该章的最后部分对有关恐怖主义对总体经济和特殊部门的经济影响的最新研究进行了评估。

第 27 章 [W. H. 肯普弗、A. D. 洛文伯格] 研究了运用经济制裁方面的文献。由于对某一偏执国家实施经济制裁能使其明显屈服，由此产生了一个有趣的联合行动问题。在 1991 年的海湾战争之后，由于多种原因，对萨达姆·侯赛因政权实施了经济制裁。最近，伊朗还在努力成为拥有核武器的国家，这一挑战可能会招致新的经济制裁。正如 W. H. 肯普弗和 A. D. 洛文伯格指出的那样，经济制裁作为战争以外的一种手段，是国际社会对某些逆行国家所采取的强制性的行动。作者不仅考察了经济制裁引起的再分配影响，而且还研究了制裁的功效。在这方面，他们特别强调博弈论在战略研究上的作用以及政治机构的重要性。W. H. 肯普弗和 A. D. 洛文伯格的论证达成了这样一个共识：专门对某一特殊群体实施的"敏捷性制裁"比相对宽泛的制裁效果要好。第 27 章还对有关经济制裁的经验研究文献进行了回顾。在这一研究过程中，他们凸显了许多与经济制裁计量相关的估计问题。

接下来的两章主要内容为军备竞赛。第 28 章（J. P. 邓恩与 R. P. 史密斯）主要研究有关对手之间军备竞赛的计量经济学问题。为提供一种均衡的计量经济学方法，该章的作者充分考虑了这一领域中的基础理论、相关数据和统计规范。由于两个敌对国家或敌对联盟之间是一种长期对手关系，军备竞赛反映的是一种动态关系，因而从统计学的角度进行研究极为困难。其中，一个主要的问题涉及军备竞赛的变量问题：究竟是用军事开支、军事资产、军事人力还是采用某种组合指标来衡量呢？另一个问题是：军备变量每年增加多少才构成"竞赛"？作者提出了四种军备竞赛的计量经济学范例：理查森行动—反应模型的时间序列估计；非连续性博弈论模型的马克夫（Markov）转换估计；横截面估计模型；面板估计模型（时间序列的和横截面的）。理查森模型的时间序列分析由印度和巴基斯坦的数据检验，而马克夫转换估计则由希腊和土耳其的数据检验。这两类并行变量反映了冷战结束后全球化时代的局部性军备竞赛的特征。该章大大丰富了由布里托（Brito）与英特利盖特（Intriligator）在《国防经济学手册》第 1 卷（1995 年）一章中的研究，当时，这一章的研究并没有涉及计量经济问题。他们突出了经验研究，并将计量经济学方法应用于其他方面的研究，比如，对国防开支如何影响经济增长进行计量分析。在第 29 章中，加西亚·阿朗索和莱文以博弈论为基础对军火贸易和军备竞赛展开了研究。作者关注了军火贸易所产生的积极影响和消极影响。就积极影响而言，军火出口在为盟国提供安全的同时，可能会有助于 GDP 的增加；就消极影响来说，军火出口因其助长地区的不稳定又降低了安全度。况且，出口的军火还有可能落入敌国之手。简言之，军火出口具有正负两个方面的外部性。该章作者在研究中运用了某些反映军火贸易供求关系的时段模型，并探讨了主体间的战略互动问题。按照作者观点，忽略了外部性，合作往往失败，因而纳什均衡将是非效率的。可能性更大的假定是，过多的军火贸易可能助长区域性的军备竞赛，对国际社会将产生消极后果。在改进为数众多的集体行动问题上，本章还探讨了可能存在的规制机构方面的问题。

在第30章中，J. 布劳尔（J. Brauer）集中探讨了发展中国家的军工产业和军火贸易问题。该章的一个重要亮点，是重视跨国化的军工产业及其对发展中国家意义的研究。也就是说，在范围很大的军备生产体系中，发展中国家只占据了一部分，虽然某些发展中国家有时也被认为是武器装备生产的平台。J. 布劳尔认为，某些发展中国家（如巴西、中国、印度、俄罗斯、南非）的军工生产与某些发达国家（如澳大利亚、瑞典、加拿大）是大致相当的。他还认为，在当今全球化时代，无法防止相关理念、知识和技术的跨国扩散。在这一章的最后部分，分析了小型和轻型武器装备的市场。这类武器通常在发展中国家的内战中导致大量的死亡。此外，该章的研究还特别强调了发展中国家的扩散问题。

第31章 [S. 波拉切克（S. Polachek）与 C. 西格利（C. Seiglie）] 开辟了《国防经济学手册》的新论题，体现了融经济学和政治学于一体的理念。S. 波拉切克和 C. 西格利研究的实质问题是：能否通过营造一种营利性（即贸易所得）的互动关系，使贸易联系减少冲突；而这种营利性的互动关系通常又会遭受冲突和争执的破坏。该章为分析两个国家之间的冲突与合作的问题确立了理论基础。冲突又称"走上邪路的贸易"，它可能起源于未能在贸易机会中获利，也可能发端于非贸易国家之间为争夺贸易机会而展开的竞争，还可能因为感受到进出口贸易比率的不公平。该章作者还回顾了过去人们对贸易作为冲突障碍的经验检验，由此提出了许多估计问题，也包括数据的可用性问题。他回顾和评论了大量的经验模型，包括时间序列模型、横截面模型、面板数据估计模型。此外，波拉切克和西格利认为，依据"民主的和平"研究文献，民主国家几乎不可能与其他民主国家交战或主动挑起争端。如果这种观点是正确的，那么，民主政治在促进一个更加和平的世界过程中就会发挥积极作用。

自从 J. T. 沃纳和 B. J. 阿施在《国防经济学手册》第1卷中撰写研究文献以来，军事人力发生了很多变化。第一，北大西洋公约组织（NATO）成员国的军事人员大幅削减，比如，美国军人数量由 1985 年的 220 万人削减至 2004 年的 140 万人，同期德国军人数量由 49.5 万人削减至 25.2 万人，法国军人数量由56万人削减至35.7万人[NATO（2005）]。第二，美国军队为在阿富汗和伊拉克地区作战而作出了重大的军事部署。第三，北约支持在波斯尼亚和科索沃地区进行长期的综合性的维和。第四，更多的欧洲国家已转而采用志愿兵制。第五，预备役在伊拉克战争中发挥了整体性的作用。在第32章，B.J. 阿施、J.R. 霍谢克和J.T. 沃纳依据上述后冷战时代的变化和其他变化，奉献给人们新的军事人力经济学。在这些论题中，作者根据美国服役期延长和不断攀升的伊拉克战争伤亡率，研究了美国应招高素质军事人员能力的问题。军事人力招募供给涉及广告、奖金、教育性福利以及其他相关问题。第32章为研究后冷战时代军事人力供给和需求的问题提供了一个均衡的概述。该章还研究了工资、退休金和权利等补偿问题。另外，作者还探讨了回归征兵制的可能性问题。

在第33章，K. 哈特利依据冷战结束以后实践的发展，考察了国防工业基础、采购方式和产业政策。公司的合并显著减少了竞争，最终在某些大型军事系统中仅保留了一家或两家国内厂商。为在较小生产规模时期取得规模经济的优势，某些政府（如美国政府）曾鼓励企业合并。不过，在发展的高峰和低谷时期如何维持国防工业基础，尚存在着挑战和成本问题；同时，如何维护国内采购的竞争，也是一个问题。该章所探讨的问题包括国外军事采购、合资经营的绩效、美军的内部效率以及国防工业的盈利能力。在当今全球化世界，国际竞争得到强化，对采购方式和军工企业的未来产生了深远的影响。哈特利的研究表明，为适应全球化以及新技术和新威胁的变化，国防工业是如何进行调整的。

第34章[M. 布若斯卡（M. Brzoska）]分析了后冷战时代的军转民（即从投入上由军工生产转向民用生产）问题。在多数国家，这种投入通常是以国防投入占GDP的比重来表示的。M. 布若斯卡首先认真分析了军转民的含义、军转民的诸多不同方式及其达到"成功"的指标测度问题。尽管M. 布若斯卡将主要研究聚焦于过去10年期间军转民的一般概念及其测度问题，但在研究中他仍然引用了大量的案例研究以支撑其论点。在几处研究中，他对西方和东方国家之间的军转民实践进行了富有启发意义的对照和比较。该章还强调并评估了政府促进军转民的政策。军转民涉及土地、劳动力、研究能力、资本等要素的再配置，其中的每一项都有其特殊的问题。这一章还评估了军转民对军队和国防工业的作用和影响。

在第35章，C.H. 安德顿（C.H. Anderton）与J.R. 卡特（J.R. Carter）展示了当代创新性的和平经济学研究文献。作者首先区分了国防经济学与和平经济学在论题和研究方向上的差异。而后，他们考察了冲突研究的数据来源，这些数据在内战、国家间的战争、非常规冲突（如恐怖主义）的计量经济学研究方面发挥了极其重要的作用。作者使用的这些数据反映了冲突的新趋势。在这一章中，有相当的篇幅是用以分析由理查森（Richardson，1960）、兰彻斯特（Lanchester，1916）和英特利盖特（1975）完成的有关军备竞赛的原创性著作。该章的研究向人们展示了很多有关这些模型的富有魅力的扩展形式。在本章后面的研究中，作者认为模型的构建应当考虑占有和交易两个方面，而经典经济学模型通常只关注交易和生产，却忽略了占有问题。最后，作者还回顾了20世纪50年代以来和平经济学的实验情况。

5. 结束语

与《国防经济学手册》第1卷的研究目的相同，编写《国防经济学手册》第2卷的目的，也在于为未来的研究提供参考文献来源、教学工具和相应的激励。本书的读者为经济学、政治学和军事学领域中的学者、研究人员和研究生。本书还对武装部队、国防部门、国土安全部、北约、欧盟和联合国的有关国防政策制定者以及国防工业中的职员和决策者及和平组织的职员均有所裨益。

发端于冷战结束的军事削减至今仍在延续。因此，需要对处在变化中的军事人力需求和调整中的国防工业展开进一步研究。武器扩散所引发的集体行动的难题仍然存在，对此必须进行研究。全球化将进一步改变商务方式，这必将影响国防工业。尽管许多国防市场要高度保护，但在创建一个开放的全球化的军工市场方面依然存在着障碍（如欧盟国家通过运用296条款保护其国防工业）。在国防采购方面，优先采购和关税保护意味着政府建立的市场是失败的。最后，非对称战争的出现和恐怖主义威胁的上升表明，处在军事力量调整中的国家，调整问题并没有得到充分的解决。当今面临的威胁，需要我们根本改变和抛弃传统战争方式。显然，这样的转型将是困难的，而且成本也将是高昂的。

参考文献

Brito, D. L., Intriligator, M. D. (1995). "Arms races and proliferation". In: Hartley, K., Sandler, T. (Eds.), Handbook of Defense Economics, vol. 1. North-Holland, Amsterdam, pp. 109 – 164.

Collier, P., Elliott, V. L., Hegre, H., Hoeffler, A., Reynal-Querol, M., Sambanis, N. (2003). Breaking the Conflict Trap: Civil War and Development Policy. World Bank and Oxford University Press, Washington, DC.

Enders, W., Sandler, T. (2006). The Political Economy of Terrorism. Cambridge University Press, Cambridge. Gray, C. S. (2004). The Sheriff: America's Defense of the New World Order. University Press of Kentucky, Lexington, KY.

Hartley, K., Sandler, T. (2003). "The future of defense firm". Kyklos 56, 361–380.

Hirshleifer, J. (1991). "The paradox of power". Economics and Politics 3, 177–200.

Intriligator, M. D. (1975). "Strategic considerations in the Richardson model of arms races". Journal of Political Economy 83, 339–353.

Lanchester, F. (1916). Aircraft in Warfare, the Dawn of the Fourth Arm. Constable, London.

McNamara, R. S. (1992). "The post-Cold War world: Implication for military expenditure". In: World Bank (Ed.), Proceedings of the World Bank Annual Conference on Development Economics 1991. World Bank, Washington, DC, pp. 95–125.

Murdoch, J. C., Sandler, T. (2002). "Economic growth, civil wars and spatial spillovers". Journal of Conflict Resolution 46, 91–110.

Murdoch, J. C., Sandler, T. (2004). "Civil wars and economic growth: Spatial dispersion". American Journal of Political Science 48, 137–150.

NATO (2000). Financial and economic data relating to NATO defence. NATO Press Release M-DPC-2 (2000) 107. NATO headquarters, Brussels, Belgium.

NATO (2005). NATO-Russia compendium of financial and economic data relating to defence. NATO Press Release (2005) 161. NATO headquarters, Brussels, Belgium.

Richardson, L. F. (1960). Arms and Insecurity: A Mathematical Study of the Causes and Origins of War. Homewood, Pittsburgh.

Sandler, T., Hartley, K. (Eds.) (2003). The Economics of Conflict, vols. I-III. Elgar, Cheltenham, UK.

第21章
世界全球化中的国防经济学

马丁·C·麦圭尔

（美国加利福尼亚大学）

摘要

在一个被冲突和暴力持续困扰的世界里，对国际安全和防务问题展开实证研究，一直被视为是在过去10年的经济学领域内与学科共同快速发展的一种现象。毫无疑问，形成这一趋势的部分原因是全球化产生的革命性影响以及全球化对世界安全和稳定提出的新挑战。目前对安全的挑战有其新的根源。这些挑战预示着新的危险，要求我们采取新措施并提出新概念。国防经济学的研究领域因此而大大拓展了，从整个经济学中开发新思想的机会也相应地增加了。

本文主要研究关于国际政治经济学模型的新发展，是如何与世界战略形势及安全面临的挑战这类现象的演变发生关联的。在全球化时代的国防经济学中，传统的思维方式面临着被淘汰的危险，笔者对此类国防经济学研究文献提出了自己的看法。研究主要集中于三方面：(1) 研究领域所发生的变化，新安全挑战与所需要的新的研究方法之间的关系；(2) 关于冲突、掠夺以及统治的发展思想是如何渗透并极大影响着国防经济的；(3) 如何确定早期研究中哪些是应该保留、哪些是应该抛弃的问题。

关键词：军事联盟　冲突　债务　威慑　全球化　统治　风险　威胁

1. 概 述

1.1 国防经济学：转型中的学科研究

绝大多数人都认为，正确地提出问题要比提供精确的答案重要得多。按照这一格言，国防经济学似乎已经告别了一个搞清问题的时代，进入了界定问题本身成为一个中心内容的新时期。然而，在冷战时期，国防经济学主要研究如何对已有的研究对象进行恰当、清晰的预先界定，今天，该学科已经更加热衷于对新的研究对象进行界定。10年前，当《国防经济学手册》第1卷出版时，正值苏联崩溃不久。当时人们普遍认为，需要对国防政策、国防力量和其他国防工具作出一定的调整。今天，我们可以看到，世界安全问题的根源、结构和多样性的确发生了重大变化，这些变化对我们重新认识和辨别应对这些挑战所需要的政策工具的能力提出了挑战，也对我们再塑应对安全问题变化的思维方式的能力提出了挑战。这样的经济学，在过去通常被看作是研究相关行为主体面对激励、稀缺资源、信息和相互关系是如何做以及应当怎样做出反应的学问，现在不仅已经发展成为管理世界安全的学科，而且还包含着世界安全自身的定义问题。以下各章的焦点，证明了学术界必须解决的问题具有多样性，只有认识到这种多样性，才能对安全和冲突问题形成新的界定。

因此，绝不能再将国防经济学视为由西方国家在有效配置防务资源问题上进行自我服务的一门学问。其部分原因是2001年9月11日恐怖主义袭击所产生的后果。而更为深刻的原因则在于，现在人们已经认识到，冷战的终结标志着一种结构性变化的开端——在经历数世纪嬗变之后，欧洲国家的领土安全问题似乎已经基本解决。但是，这种状况并不能代表世界其他地区的情况，比如，从台湾以南和以西到亚洲大草原等地区就不属于这种情况。这就告诉我们，在当今时代，孤立的美国强权与最大限度隐蔽化的强国之间发生的冲突，应当被视为进入某种新阶段的过渡，在这个新阶段，新的强国将围绕资源以及影响力和领土问题展开斗争。因此，面对诸如此类的大量问题，我们的主要任务应当是研究其经济动因和战略动因，基于这种动因，理性考虑可能会导致国家安全及其防务上的新的路线错误。

各个时期无疑是相互联系的，但却存在两个时期相互重叠的问题，这种分期并不是很严格的。就中期而言，美国可以继续拥有毋庸置疑的、独一无二的强权，它面临的问题是：遏制恐怖主义、处置"无赖"国家问题、控制大规模杀伤性武器、变革那些失败国家的统治方式。但是，对稍长一个时期来说，向新的多极权力结构和格局过渡以及分享或者分割势力影响范围还是可能的，而如何维持平稳过渡而不致发生战争则更是一项非凡的任务。就长期而言，单靠美国或者整个西方国家谁都无法成为当今时代的垄断性力量；比较动态经济学是不认可这种状态的。然而，就过渡时期来说，在新的超级强权或者势力影响范围尚未建立起来之前，美国的安全自然成为全球性的了。这恰好解释了为什么这种垄断性力量允许美国以各种方式干涉各国国内冲突和内战，所以，国防经济学有责任论证何时干涉是明智的——由此发展了一种何时进行积极干预才是恰当的标准。由于冷战时期的军备、后勤和思维方式极不适用于新的重大事件，尤其不适用于确定何时制止干预的时机问题，因而建立上述标准并非易事。

在当今世界处于转型之际，最紧迫的安全问题还没有明显出现，当然也没有在大规模的军事力量较量中得以解决。这种反常的国防需求比冷战时期已经扩张了。当今时代，美国安全的义务和职责具有全球性，充分认识那些危险的对手、麻烦制造者、不稳定的盟国和不可靠的朋友的行为动机也就显得更为必要。因此，国防经济学比以往任何时候都更加注重强调动机研究。安全挑战问题无疑是经济分析的重要任务，它要关注与他方的信任关系是如何发展的，以及如何获得他方信任的。

1.2 研究冲突根源的经济学

从即刻发生和未来较长时期两个角度来认识或理解冲突的根源，是经济学至关重要的命题。领土问题已经退居次要地位，至少在当前如此，取而代之的是经济问题。这些经济问题包括：
- 全球性需求的陡增所产生的稀缺资源约束。
- 环境恶化和人类健康问题的产生、限制和改善。
- 进出口贸易的垄断和买家独家垄断的不公平。
- 人员和资本流动以及相应的租金再分配。
- 国际货币体系、资本市场和风险转移。

在这里，国防经济学的作用应当是研究这些趋势和结构是如何导致国际冲突和军事不安全的。以健康问题为例。在这种案例中，国防的作用并不是治愈或治疗疾病，而是当发生国际人口流动问题时，能够控制边境地区；如果因健康危害问题而引发人口流动问题，能够派出军队而非警察实施更加强有力的控制。第二个例证是，货币不稳定和财富转移成为权力再分配和安全冲突的原因。

1.3 政治经济学—国际公共选择：战斗与掠夺或工作与贸易

在 21 世纪中，世界安全所面临的新挑战确有其政治经济方面的根源。这些根源包括：世界经济中不断加剧的不平等和经济动荡或骚乱；社会内部存在的剩余租金以及特权精英们的猎取，与在平民中更加平均的分配形成了反差，这种奇特的现象仍在不断演变。因此，为了更加深入地探讨国际安全的定义，国防经济学必须与政治经济学和国际公共选择理论紧密结合起来。例如，忽视专制社会的结构和动力问题就有可能导致非效率政策和违背自身利益的决策，2003 年入侵伊拉克及其后果就是如此。目前，和平受到的和将要受到的挑战比北约和华约集团的范例还要复杂，它和全球化以及商业文化安全的相互依赖性密切地联系在一起。此类的例证很多，包括中国台湾地区—中国大陆问题中的金融、贸易、政治、战略特点的相互依赖。

幸运的是，在 [博尔丁（Boulding, 1962），格罗斯曼（Grossman, 2002），格罗斯曼与金（Kim, 1996），格罗斯曼与门多萨（Mendoza, 2004），赫什利弗（Hirshleifer, 1988, 1989, 1994, 2001），奥尔森（Olson）与泽克豪泽（Zeckhauser, 1966），波拉切克（Polachek, 1980），桑德勒（Sandler, 2000），谢林（Schelling, 1960, 1966, 1967）与塔洛克（Tullock, 1974）] 等人开拓性研究的推动下，冲突系统经济学研究近 10 年来取得了实质性的进展。当前，国防经济学面临的挑战是这些新概念的应用问题，即如何在政策制定过程中将其运用于实践。例如，志愿型公共产品模型的应用问题。在实践中究竟如何促使世界上的各种官僚克服搭便车现象？这不仅存在于已经建立的集团中，而且还存在于组建安全促进俱乐部的过程中。通过周密地制定 Stackelberg 战略或者采用综合方式，能否达到这种状态呢？由此需要在金融、环境、人口流动、疾病控制、恐怖主义等诸多领域中，就如何实现这一目标的问题展开应用研究。

在这个问题上，另一个例证是：经济学家们一致认为，产权保护的本质是维护经济增长和社会成功，而腐败则会破坏社会中必不可少的法统和信任 [塔洛克（1974），康拉德（Konrad）与什卡佩尔达斯（Skaperdas, 2005），奥尔森（1981），麦圭尔（McGuire）与奥尔森（1996），坦齐（Tanzi, 1998）]。如此一来，新兴国家通过国防资源配置和政策，如何才能建立和培养合理的统治方式，以必须或足够的力量支持权利保护而不致发展成为腐败和财产充公？这方面的绩效对国际的整体稳定形势发生了影响，进而对我们的国防产生了直接影响（比如中美洲地区）和间接影响。

1.4 统治方式与战争的经济计算

当然，最重要的国防经济学研究例证，应当包括如何从政治经济学的角度研究统治体系对众多国防问题发生影响的问题。以马利·康德（Immanuel Kant，1795）提出了关于统治制度（特别是民主代议制度）与和平动因之间存在着正相关关系。这一概念的提出应当是对战争和国防问题展开政治经济学研究的一个切入点。尽管许多康德的追随者赞同这种观点，但在探索战争的成本收益影响与敌对方的统治体系之间的数量差异关系上，经济学家们尚需发挥作用。要认定这是一种经济现象，最基本的根据可能源于安杰尔（Angell，1910）提出的观点：在一种体现民意和最具有代表性的民主政治中，所有的公民都分担战争成本，所有的公民都分享战争收益。沿着这一逻辑，建立在体现民意基础上的民主政治应当避免使国家陷入失去平衡的战争。而且，战争的决策是由公民作出的，如果国家损失了，每个公民也会受到相应损失〔安德顿（Anderton，1999），汤普森（Thompson，1974），汤普森与希克森（Hickson，2001）〕。在多数情况下，这种决策体制能够避免带来损失的战争，而且还能避免那些虽然能赢但不值得打赢的战争（麦圭尔，2002）。另外，对于与之对立的极端的非代议制社会而言，如果其独裁统治者赢得了战争并获取了所有的收益，他就没有支付任何战争成本（或仅支付了很少的成本），这样，独裁者就很有可能参与战争，甚至会赢得那些总体上对"他的"国家并无好处的战争。在战争中他的损失是什么呢？尽管作为独裁者本人并没有失去什么，但其国家则会遭受巨大损失。表21-1所列内容概括了这一思想，其中的成本和收益是既定的。

表21-1所列内容仅代表争执中的一方，它假定目前尚无证据来证明民主国家在能够赢得战争时也会放弃战争中的获利。当然，其他的表格也许可以反映别的假定，也许本表还很不完善，但它却提出了一系列值得国防经济学研究的问题。例如：

- 从总体上考察的战争潜在收益（包括所有相关方及其利益），其总和究竟为零还是为正？这一问题的答案将取决于：在计算整个社会以及双方的专制统治者、精英阶层和劳苦大众的价值时，究竟从哪一方及其利益出发呢？
- 如果将采取合作、选择帕累托最优、避免战争等方式的动因与采用更具有暴力倾向的非合作方式的动因进行比较，军事联盟、信息和承诺在促使敌对方在战争或谈判的动机形成过程中究竟有哪些作用？

表 21-1

统治体系的成本收益分类	战争结果	
	战胜	战败
极权统治的独裁政体		
独裁者的成本	0	0
独裁者的收益	RF	-RH
体现民意的民主政体		
社会的成本	C	C
社会的收益	0*	-RH

注：C=本国对战争支付的社会成本；RF=独裁者从国外战败者那里所获取的剩余租金；RH=独裁者从其国内民众那里所搜集的剩余租金。如果战败，独裁者即放弃同一数量的剩余租金。表中所假设的剩余租金与获胜者在赢得战争后从本国国内民主社会中获取的剩余租金相同。

＊体现民意的民主社会因赢得一场战争所获得的收益也可能为某一正数，而防止战败、避免损失则应观察赢得战争与国内生产力二者之间的协同作用，这种国内生产力是由企业合并或贸易而产生的。

- 外界干预（如额外支付）能够影响或者改变发动战争的动机吗？如果能，那么，专制政权组织或者民主政权组织是否赞同这种解决方式呢？
- 地理形式和（或）时间形式的成本收益是否有利于在难以维持的"研究—投资—生产—贸易"问题上达成义务性的协议？这种动机随着统治类型的不同而呈现系统性的变化吗？

以上只是一个简短的罗列，更为关键的问题在于，国防经济学研究方向应当拓展到和平与战争的制度及其组织的影响问题。幸运的是，在不断涌现的大量研究文献中，人们将上述许多问题都集中在新制度经济学研究上（例如，汤普森、希克森，2001），以及政治掠夺行为的经济学逻辑研究上［安德顿（2000）、格罗斯曼和金（1996）、什卡佩尔达斯（1992）、什卡佩尔达斯和瑟罗普洛斯（Syropoulos，2002）］。康德关于租金再分配的观点已经成为所有战争理性分析的基础，但是这一观点并非总能与现代理论分析相吻合。他提出的法则比较符合现代公共经济学理论，这些理论认为，研究战争的经济学方法应当将战争视为国家之间和国家内部进行再分配的工具。这些受第二次世界大战和冷战精神滋润而发展起来的理论，通常将战争看做是爱国主义的产物，或者视为由整个国家支持的公共产品，代表着全体民众的意志或福利。根据这一理论范畴，每个人都会获益，每个人也都可以避免损失（战败损失），成本则以某种合理、公正的方式被广泛地分摊。显然，这种关于战争的看法在当今西方社会已经不再占据主导地位，但它却能够再度出现并对未来的战争测算发生不良影响。

第二个关于战争的范畴基于对手之间的再分配,即一种为了该国享有某种特权的小集团的私人利益而发起的战争,战争针对的是该国的统治者及其支持者,或者是对立的反对派,就像艾森豪威尔(Eisenhower)的"军事工业联合体"理论所预言的那样。人们认为,在过去的50年里,美国的军事行动都是基于这种分配的,这种观点在当前的研究中颇为盛行。但与此相反的奥威尔案例(Orwellian Case)则认为,受到压制的社会集团可能会煽动战争,希望他们的统治者能被打败并被推翻,隐藏在这种理念背后的假设就是,现代恐怖主义其实是一种形式的内战,其信徒只能借助于境外活动。当然,这种研究确实存在着使国防经济学政治化的风险,这肯定是不受欢迎的,但谨慎地分析国家内部战争的成本收益及其影响,应当有助于我们识别和阐述从事恐怖主义和起义尤其是非洲和伊斯兰世界从事此类活动的动机及其真正的本质。

在战争被看做是双方理性选择的结果而非出于某种错误决策产物的情况下,这种观察国际冲突问题的方式,在过去的20年里已被证明越来越具有洞察力。这种方法还可以证明,在缺乏诉诸武力的实际能力时,采取提高另一种能力的方式是如何产生帕累托最优结局的。这样的结果实际上说明了一个问题:双边的、"对大众有好处的"民主战争作为一种不合作的平衡之表达是很有可能的,这种表达是为了解决信息的不足,或者因为出于交易成本或各种约定问题而不能在未来达成有约束力的协议[加芬克尔(Garfinkel)与什卡佩尔达斯,2000;加芬克尔,2004]。这一类研究以事例说明,贸易让步、经济援助、提供庇护以及其他方式将会因冲突的经济结构不同而产生不同的影响。他们的研究以及受公共选择熏陶的经济学家的一致看法反映出,冲突、战争和统治方式都包含着复杂的经济结构问题。这些都是国防经济学的前沿问题,它运用创新政治经济学和公共选择理论的观点并使之发生组合。

1.5 经济学关于资源配置的核心问题依然是国防经济学的核心问题

国防经济学研究领域以这种方式不断拓展,这一学科也在不断吸收来自制度分析的政治经济学的新观点,这不由得使我们再次想起"经济学的"方法在这一问题研究中的独特作用。实际上,人们所要关注的并非是忽视该学科研究的核心问题,并非是要抛弃已有的国防经济学研究框架。如果没有资源稀缺性、"效用"或纯收益最大化、个体之间的互动（是竞争性的还是战略性的）、信息以及合理激励等一系列问题的定位，我们将在乱如团麻的认识问题上随波逐流、无所适从。我们的任务（本书所收的论文拓展了这项任务）应当是，将产生于早期和简单安全环境的经济学方法、观点改造成适用于当今不安全的更为复杂的世界，不使其干扰我们的视野。我们在认识和理解国防与安全究竟是国家性的还是全球性的问题上所提供的任何文献，都包含了这些原则的应用问题：

● 第一，在国防领域也通行着资源稀缺性这一铁律，即使在"最富有的"国家集团中也是如此。"支付任何价格都要承担相应负担"，使用这一定律并不足以判定多大的国防规模在实际生活中是过度的［昂托旺（Enthoven）与史密斯（Smith，1971）］。

● 第二，作为规范研究领域的国防经济学或安全经济学，始终关注着对效率问题以及与此相关的概念问题、测度问题和执行问题的研究。

● 第三，国防经济学必须始终关注激励作用的问题，这种激励问题包括我们自身的、来自盟国的和对手的，还要始终关注那些影响我们长期收益激励问题发生的可能性。能够体现安全和国防领域激励特点的特殊例证，是在那种小的互动性集团内我们与其他主体的行为的相互依赖性，这种小的互动性集团内的激励明显区别于常规的大型的竞争性市场。

2. 安全问题的世界趋势和大视野

冷战结束的意义远不止一种历史性对抗的终结。冷战铁幕的落下融化了我们关于对手的假设概念，那些用于说明国家安全问题的参数也随之融化，变得不可理喻。伴随着冷战的到来出现了全球化现象。正是由于这两个因素相互渗透而形成了新的环境。结果，在世界范围内的国防机构重组问题上，在多数国家向单一超级大国世界做出暂时妥协问题上，以及在对武装力量和国防工业等的强行调整问题上，人们付出了艰难的、探索性的努力。尤其是对待命的后备兵士的需求已经演变为对在职维和人员的需求。国防工业调整也因遭受无情的压力而经历了戏剧性的变化。这些压力是：规模收缩、关闭、替换以前受到批评的武器系统，开发由现代数字革命所创造的新技术无疑也增加了这种压力。随着安全威胁布局的变化，维和人员也发生了变化。这是一种极有可能发生且会产生难以用语言形容的大灾难，来自这种安全的威胁是难以抗拒的。我们所面对的是一种发生概率极高的暴力，这种暴力是令人生厌但又是质量较低、重复出现或持续出现的。现在，美国已经越来越多地参与到持续进行的实际行动之中，而不是袖手旁观，不使用全面的报复性力量，并希望永远不动用他们的能力。区域性冲突和准区域性冲突的蔓延需要维和行动，这种蔓延似乎是国防的新特征，虽然这种特征是令人遗憾的，但是，在可以预见的未来或者直到世界再度被对立的集团瓜分之时，这种特征绝不可能减弱或者弱化。这里，笔者仅仅勾画出几个经过挑选的参数，这些参数可以反映出这种正在发展中的冲突—安全环境的特点，而且，对冲突—安全环境进行任何经济分析都要以这些参数为条件。

2.1 技术驱动全球化：新威胁、新风险、新机会与新资源的根源

技术、文化和权力转移类型的变化在满足新的安全需要的同时，也提供了新的国防资源。值得注意的是，这些新因素能够限制我们应对新威胁时必须采用的那些手段，以及能够限制传统手段的运用。例证之一是无力制定"报复"政策。1960年美国曾经宣称，如果遭受古巴袭击，它将公然屠杀2亿无辜人口；而在2001年"9·11事件"后美国官方宣称的惩罚性报复的基调充其量算做低调的。这两起事件的不同军事反应给笔者留下了深刻印象。尽管在"9·11事件"后对塔利班采取了军事行动，但是，其目的似乎是出于防御而非对未来的袭击进行惩罚性报复的承诺。当时，缺乏事先宣布实施报复政策的做法是不足为怪的，这种政策能够以恐怖主义分子理解的方式使其受到损害。但值得注意的是，甚至在今天，我们仍然没有报复政策和关于其好处的公开讨论，因为很难事先知道谁对未来的袭击负责，或者事先让一个政府或准政府实体负责。以色列应对恐怖炸弹的这种策略似乎是无效的，这或许可以解释为什么美国没有采取这种策略。

2.2 世界大繁荣：更大的冲突成本收益

在研究面临的新威胁时，我们还应当看到，在过去的几十年里，由于几十亿人口受益于绿色革命和对主要疾病大规模传播的有效控制，人类绝大多数生命群体变得更加安全和富有了，认清这一点是十分有益的。这一情形究竟如何影响人们选择对抗、窃取方式还是选择发展生产、贸易方式的？它们之间当然是高度相关的，但具体情况还难以辨明。

全球化使我们所有人都变得更为富有，但遭受攻击的脆弱性也增加了。随着生产、交易和联系规模的扩大，强化安全、相互保护以及防卫的需要也增加

了。由此，建立更大规模的冲突管理机构的需要也随之增加。同理，通信技术及目标锁定技术的进步也增加了精确打击战争的可能性，但它还是被时刻关注并喜爱夸张的媒体夸大了。作为和平时期繁荣的象征，因特网依赖或国际负债也是特别容易遭受攻击的薄弱点，国际负债对某些国家构成了沉重的负担，它们在发生紧急情况时可能需要外部的金融援助。人们或者将移民视为本国劳动力和武装力量人员配备的一个来源，但在考量其显著收益时必须将相应的安全脆弱性所产生的成本一并考虑。笔者认为，这些影响的结果表现为当前整个国家冲突的净机会成本增大了。虽然，在某些国家内部，这些净机会成本对很多集团来说已经减少了。可以说，形成这种情形的原因在于，平均生产率的增长已经超过了从战争—盗窃方式中所获取的支付，人们在和平环境下工作所得到的回报似乎已经远远超过了战争、征服和压迫方式的所得。高生产率和现代技术驱动的社会进步绝不是通过压迫或者奴役民众就能够得到的。

这些以技术进步和全球化为动力而形成的发展趋势和历史进程对国防和武装力量规划产生了若干影响。（1）这些趋势和进程产生了一种相对成本的变化，即敌手从事毁坏的成本与我们因阻止、防护、击败敌手以及毁坏修复所导致的成本之比发生变化。因此，这些趋势使我们控制战胜对手的成本的有效手段发生了变化。例如，就迄今为止我们所经历的恐怖主义活动规模而言，敌人所造成的 1 美元受损价值要远远高于他们所付出的成本（当然，这种情形可能随着更大的恐怖主义规模而改变）。为挫败或防护敌人 1 美元的毁损计划，可能需要我们付出大于 1 美元的费用，从而使这样的防护变得毫无意义，由此刺激了采用诸如威慑、报复和惩罚等其他阻止方式。（2）毫无疑问，分析和辨明上述全球化影响应当成为国防经济学的一项主要任务。在这方面可能的例证是，相对于恐怖主义分子有限的资源水平而言，其恐怖主义活动成本要低得多，也远远低于我们的防卫成本。（3）全球化如何影响防护、报复和保险等方面的相对成本效率？也就是说，我们反恐怖主义的各种方案选择的比较成本效率会是怎样的呢？（4）在评估防护来自传统国家的传统威胁时也会产生同样的问题，例如，为确保日本—中国—美国的共同安全（中国防务安全问题涉及所有三方利益这一点是可以理解的），日本和美国之间应当如何分摊防务成本和划分任务呢？

上述趋势也引起了信息、谣言、希望和恐惧的广为传播，紧随而至的是政府在媒体管控上所面临的挑战（如中国与非典型肺炎），在这种情形下，媒体在国家安全或国际安全中的作用确实是一个值得研究的新领域，也应当纳入情报研究。因此，人们可能期望避免一种多米诺效应，就像第一次世界大战前一样。现代信息的雪崩和文化态度的革命混杂在一起，对媒体这部巨大的机器注入了生机，它限制了政府行为，引起了恐惧，或许还点燃了仇恨——所有这些汇集在一起，构成了一系列引发不稳定的麻烦问题。在这种条件下，国防研究的清晰含义是，政府理解并引导公众舆论的职能已经极大地拓展了。这样，对政府主管情报和公众意见主要机构的分析就再次成为国防经济学更为重要和恰当的焦点问题。成功要求社会精英和一般公众要付出稳定的持久的努力，政府权力的衰退甚至领导的无能和缺乏说服力则将产生一种特殊的甚至是不吉利的影响。

2.3 在矛盾中退化的政府

所有这些发展都意味着各个政府和多边政府机构的新责任，进而意味着各个执行和协调层次需要建立新的有效权力。然而，具有讽刺意味的是，政府的权力既经受挑战，又为同一类力量所削弱。在技术和文化巨大变化的共同作用下，全球化修正了国家间边界和集团间界限的作用。边界已经难以阻挡居民、商品、服务、信息、资金、武器、法律和思想观念的流动。全球化给政府施加了巨大的压力，提高了解决经济和安全问题工作绩效的需求，但同时又对政府权力造成了破坏。例如，边界的渗透性和制度性漏洞会破坏政府控制恐怖主义分子财源的能力。各个层次的政府必须拥有资源和税收权力。但是，跨国公司的出现和人口流动及通讯设施的便利削弱了政府获取资源的权力，即削弱了税收的权力或为战争而进行必要征募兵员的权力。这种安全基础性的变化进而削弱了政府控制全球性威胁的能力。由于出现了如此众多的引人注目的非传统组织性权力主体（诸如现代跨国公司、因特网金融体、现代破坏性的利益集团），如何控制和调配资源，如何控制信息、舆论、居民流动以及如何组织社团自然就更加困难。因而产生了一种极其矛盾的现象，政府喜爱采用以前从未用过的技术方法，采用更具有某种原始意义的权力，但很难控制事态。尽管政府依然是现代冲突管理的中枢，但是，全球化似乎已经对控制中枢的权力产生了新的限制。

不过，对经济学家而言，这类问题并非新问题。俱乐部以及民族国家的经济理论作为一种特殊形式的俱乐部理论，始终关注着私人部门的规模经济与政府机制背景下的规模不经济之间的平衡问题，前者需要集体的权威机构制定私人规则［奥尔森，1969］。因此，公共组织和私人组织的最佳规模之间的不协调，以及管理者与被管理者之间的不协调，是跨国管理的问题所在［阿莱西纳（Alesina）与斯波劳雷（Spolaore，1997，2003）］。

2.4 美国的霸权：衰退的垄断

2.4.1 美国经济和安全的特权地位瓦解

目前无限的霸权模式肯定是过渡性的。笔者相信，未来会证明，过去的10年和即将到来的20年是过渡性的，会走向一个新时代。在这个时代里，作为对手的亚洲人、经济力量和战略力量的中心是决定全球战争与和平的要素。全世界好像乐于坐享其成、不劳而获，享受美国霸权的种种好处，而美国也为此付出了代价。而一旦美国不能再付账了，就不能再操纵一切。基本的文化特征也将强烈地影响下一代的局势，比如军队征兵的方式朝着趋利性军队的征兵方向发展。这些因素使新的战略格局非常难以预测，但是预测新的战略格局对形成我们近期的战略力量要求又是必不可少的。

另外，某些影响在中期是可以预测的，比如人口趋势和国家债务或国际债务。同样，在影响力的自然领域中，地理是一个十分固定的因素，特别是太平洋的影响因素。因此，南美战略的重要性的增强就是可以预见的，因太平洋的门罗主义而发生冲突也不再令人难以置信。为什么是南美呢？是由于技术变革引起太平洋的战略收缩，为了掌握这一理念，设想从上海到旧金山的经度位移是30度而不是120度。那么，南美作为一个对抗北美的潜在前沿阵地的战略重要性就很清楚了。

2.4.2 债务和世界影响

过去几年，美国全部的军事预算实际上是在国外借款筹措的，这是巧合吗？历史不容误解地显示出，借贷能力对进行战争是必须的［尼尔（Neal，2004）；格罗斯曼与哈恩（Hahn，1993）］。将这个历史事实和表21-2对比让我们有理由感到不安。该表显示了美国的海外私人和公共净资产要减去外国私人和公共持有的美国不动产和金融资产。对某些预想来说，总量数值更能表现出弱点，或者作为风险资产评估更能说明问题。

表21-2　　　　美国在国际投资中的地位　　　　单位：亿美元

	1976	1985	1995	2004
1. 净差额	+165	+54	-458	-2 484
2. 美国海外资产	457	1 287	3 486	9 053
3. 美国的外国资产	292	1 233	3 945	11 537

注：经四舍五入后，行1的数值等于行2减去行3。
资料来源：美国商务部，2005年。

然而，美国目前惊人的债务已经到了破产的地步（债务呈指数级增长），这一现状将极大地限制未来美国应对新出现的大国的能力。虽然国际债务状况可能不会对伊拉克行动的能力产生很大影响，但一旦膨胀2个或3个量值，它必将会在未来某个时候影响对付中国的能力。"这可能是我们的债务但却是他们的问题，"如果美国在未来的军备竞赛中需要数以万亿美元计的装备投入以超过一个新对手，这种说法根本站不住脚。无论美国能否在不毁灭自己和他国的前提下逆转其巨额国外债务，债务的庞大规模表明建立金融联盟将比以往更为重要。这样的联盟将是西方长期战略的核心，也是未来国防经济学研究的核心，这是因为管理这样的债务确实是一个集体国际安全问题，也是因为更平等协作的伙伴关系必将取代美国的霸权，而且美国的霸权确实因其债务而削弱了。如果没有这种对债务的宽容，外国人将被迫大量增加从美国的进口，尽管他们已经耗尽了整整一代人的心血去建立对美国出口的能力。

2.5 暴力/冲突的新的频率分布

与冷战相比，我们面临的另一个戏剧性变化是威胁格局的变化。笔者指的是这样的变化：从罕见的灾难性危险（如，超级大国的核战争）转向更可能出现的、频繁的并且是正在进行着的非终极性的威胁（如，自杀性炸弹袭击者、劫机、互联网"罢工"）、次国家组织发动的最显著的恐怖主义和较小的威胁。持续的冲突暴力化的军事和准备状态的后果需要国防经济学群体进行更严肃的研究。比如，这个变化对正规军、后备役、国民警卫队和警察的相对作用所产生的影响需要研究，也需要媒体敏感地进行处理。

我们现在不必时刻准备在欧洲打一场500个师参加的大战，但却要不得不进行持续的维和行动。目前我们所面临的并不是1亿人遭受1/10 000伤亡率的风险，而是人数在比如每年从1 000至200 000之间的实际伤亡（这取决于计算冲突中伤亡的人数是仅指士兵还是也包括旁观者及难民）。这些威胁被看做疾病或瘟疫的根源，实际上即使真的发生了这些灾害，其严重性也无法与热核毁灭相比。也就是说，新的安全环境的一个重要特征或原则是，我们主要关注的已不再是防止一个不可言状的大灾难。这种忧虑以后可能会再现，然而，在这些过渡性的年代里，世界冲突（像在伊拉克发生的那样）会基本破坏正常的商务活动和人口流动，其特征可能是几十万士兵、民兵、维和人员、游击队和犯罪分子或长或短地参与其中。笔者并不想弱化一个稳定国家的平衡所面对的悲剧、灾难和不可接受性，这里所要强调的是，其后果与热核战争威胁还是有区别的。我们今天在世界威胁的名单上甚至不能漏掉反复发生的低当量核事件。这些确实会在人类灾难史上竖起新的里程碑，因此它们要求我们坚决反对核扩散。虽然如此，这样的威胁与 H. 卡恩（Herman Kahn，1959）描绘的世界也是完全不同的。

面对范围更广的威胁，我们理应对国防资源有更大、更多样化的需求预期。由于美国的国防机构往往受威胁评估驱使，这可以解释美国的军费开支为什么会如此"铺张"。然而，批评者们可能会得出结论说，别的国家能花那么少的原因正是美国花了那么多。不考虑这个辩证法，这样假设也不为过：更广泛的国防需求会在未来引起更大的资源压力，而不仅是抵销了从冷战项目中所获得的节余。

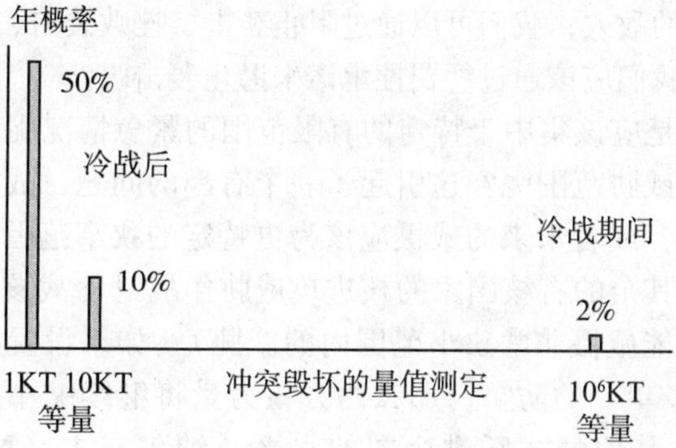

图中横轴：冲突毁坏的量值测定；纵轴：年概率

- 1KT 10KT 等量（冷战后）：50%、10%
- 10^6KT 等量（冷战期间）：2%

图 21 – 1

为了看清这一点，假定可以用美元衡量世界范围的暴力损失和发生暴力的可能性。那么，图 21 – 1 表明了笔者的看法——对比冷战期间和当前，受威胁的损失的分布发生了变化。该表用数字说明了这样的理念：在冷战期间，我们面临着很小可能的核灾难（2%）和很大可能（98%）的非暴力"和平"之间的均衡。与此相比，在今天的世界，持续的低烈度战争的风险很大（50%可以说明），小规模核事件的风险也不可忽视（10%），所以真正的非暴力活动的可能性反而不是很大（40%）。虽然与苏联对抗发生令人恐惧的毁灭性损失的可能性很小，但我们目前的境况是：引起比之小得多的损失的可能性则要大很多很多——我们的计划、准备状态和最重要的心态都是由此决定的。图 21 – 1 描绘了低当量核事件或同等烈度常规打击的情景，这些灾难无论如何不能和热核冲突引起的灾难相提并论，而热核冲突问题影响了 40 年来所有的国防政策。这种对威胁可能性的修正，概括和总结了我们国防/安全挑战的变化，即由 1950 ~ 1990 年间集中于一个确切的灾难转变到目前多层次的、模糊的、散状的安全问题。

但是这对国防经济学提出了一个关键问题：威慑在这个新环境中起作用吗？如果起了，又是什么作用呢？威慑以一种特殊的方式阻止敌人的行动：它作用于对手的激励和动机，因为事先就建立起一旦越界就要受到惩罚的承诺是令人置信的。但是威慑假定可以认定一个责任实体，它就是某一类政府。目前图 21 – 1 中给出的概率分布表明，现在面临的挑战似乎越来越表现为挫败进攻，或者限制其对我们人口和资产的损失和破坏，某些持续且反复出现的损失发生的概率是很高的，对此我们已有明晰的认识。

惩罚袭击者（如果我们知道他是谁而且他还没找到避难所）的选择可能被证明是很难的。当然，我们想遏止袭击是不言而喻的。如果我们面对一个理性而且善于算计的敌人，我们可以通过阻止袭击、挫败袭击、使其改变袭击方向实现劝阻。但我们应该通过惩罚性承诺来遏止袭击吗？

未来的威慑是应该集中于特定的有限范围的紧急情况呢？还是应当集中于更广泛的暴力威胁范围呢？这引起了一个有趣的问题，战略武器是否应该为多种意图服务？或者未来的威慑应该为更特定的狭窄范围的紧急情况而设计——只用来对其余的有核国家的核进攻威胁作战（冷战核储备是极端的单一用途武器，只能威慑非常狭小范围内的威胁）？如果设置核力量在未来只是为了高度特定/单一的防御，那么西方核力量将继续缩小，核能力可能削弱到只需要遏止其他蛙式跃进企图的水平［纳尔布夫（Nalebuff, 1988），奥尼尔（O'Neill, 2001）］。

但是，人们能够创造出有效的无核威慑吗？如图 21 – 1 所示，更为广泛多样的威胁范围将需要更为多样化、专用性更强的防御资源与之相适应，现在的资源总量需求比冷战时期更大了，这种情形是很容易出现的。现在唯一站得住脚的结论似乎是，未来的威慑种类与冷战时期相比可能会有显著的区别。

2.6 国防向何处去：交战的盟国集团？犯罪的混乱？割裂的全球安全？

"美妙的孤立主义"已不再可能存在，除此之外，在下一代，人口、资源、技术、财富和统治模式将怎样发展并形成国际体系，这不是一个经济学家能猜想到的。恐怖主义或者那种总体上更加趋于分裂、缺乏协调的族群对族群的暴力将代替民族国家之间的对抗，在笔者看来，这种猜测是一种糟糕的预测。真正能经得起时间检验的是这样的经济理念：这个体系是由各种激励驱使的，合作或竞争的激励、建设或破坏的激励、生产或掠夺别人的激励。对美洲、欧洲和东方的朋友来说，建立新的联盟来平衡崛起的亚洲强国的力量将至关重要，目的是实现所有各方继续投资、生产、贸易而不是发生暴力冲突，这是一种较好的选择。最能引起人兴趣的是预测50年内世界强国们将怎样控制竞争，广阔的太平洋将成为中美冲突的屏障，还是会由不断进步的技术联结起来。

3. 国防：经济学的规范性问题

这个很长且分散的安全变化表使人们在冷战后思考和构建规范的国防问题更加困难了，因为这时候人们不再将所有的目标都集中于实施遏制的目标上。但目标仍然是实现对风险和冲突的帕累托最优解。

虽然基本的环境发生了很大变化，但同样的规范性要求在某种程度上仍然存在。假定武装力量可以推进这些目标，那么，传统规范要求包括以下内容：

● 避免或最大限度地降低全球性战争或大国之间的战争，如果一旦发生战争则要取胜。

● 转移或将核战争减少至最低限度，如果一旦发生核战争则应将损失最小化并获取胜利。

● 防止或将核战争、化学、生物恐怖主义或其他进行中的重大犯罪事件减少至最低限度。

● 使有利于民主理想和民主国家利益的和平的政治和经济发展更为顺畅。

● 管理或最大限度地限制那些能够引发多种形式的国家间暴力行为的"自由骑士"。

● 在那些适宜压制或削弱国家内部暴力的地方，采取相应的压制或削弱行为。

虽然这一"传统"的目标在国防经济学争论中遭到一方的非议，但至今它仍然是国防经济学的核心问题。因此，国防经济学涉及的规范性问题是：(1) 如何明确这些目标及其他目标（由于列表不完全，所以还有其他目标）；(2) 如何衡量这些目标并确定其权重；(3) 推荐实现这些目标的领域；(4) 以最小的成本实施（这种成本是综合界定的）。在国家和国际政策的层次上，由国防专家组成的学术团队仍然处于边缘地带。况且，经济学还面临着竞争：整个国际关系学科都在致力于理解冲突的更深根源。然而，即使在大战略这一层次，经济学仍然有重要作用——明确政策和目标之间的关系、寻求有效的解决方式。在这里，罗森多夫（Rosendorff）与桑德勒的著作（2004）为经济学家们提供了一个好的范例，它警告人们，国际体系中最主要、最突出的目标往往会产生过分的反恐压力，这种压力会不自觉地刺激恐怖主义分子的招募活动。

4. 新世纪国防经济学研究中突出的领域

笔者希望不只是泛泛而论，所以现在尝试列出一系列要关注的问题，更多地是以国际冲突和暴力史为结构和基础的，当然，这些范畴并非是周详全面的。

4.1 冷战的残余或遗留问题

冷战冲突的某些方面仍然是需要分析的问题，其威胁需要警惕和耗费资源。有些问题是因冷战终结而起的，而不是冷战的延伸或遗留。在这方面，核不扩散的安全问题就是其中一个例证，这一问题比全球分为敌对的两大阵营时变得更难控制。显然，这与苏美两国过量而且危险的弹头库存的退役和销毁密切相关，由此也与防止其落入我们不希望落到的人手里密切相关。在这一领域，有用的经济分析是应该计算诸如纳恩－卢格（Nunn-Lugar）活动中各种组成部分的收益与成本，以便排出不同项目的优先次序。比如，这些包括：购买然后销毁过多的苏联核武器和发射系统，援助俄罗斯的核武器拆除项目，用于保卫原子能设施和库存武器的安全，监控与核安全相关的犯罪活动的合作项目。

另一个例证涉及遗留机构的地位，很明显，它包括北约的构成和作用。北约军事作用越来越不确定。虽然在国际防卫中，该组织的政治、经济和财政作用仍然很重要，但是，包括在全球安全中如何重新运用北约在内的问题，仍然悬而未决。在新的战略时代，北约和美国政策利益的重叠越来越少，比较优势的经济概念怎么能对北约/美国的协调与合作发挥作用呢？

还有一个有关遗留问题的例证，是对美国前沿基地（它本身在实质上就是冷战时期人为的产物）重要的成本效率分析。更为概括地说，在当前这是一个对常规战争能力需求进行质疑性经济批判的例证。这种持续存在的问题将集中于在亚洲和中东背景下洲际地面战能力的需要、力量结构的隐性变化特别是联合力量整合的项目。

4.2 来自传统地缘政治方面的安全问题：中国

当亚洲地区人口众多的国家发展之际，将会产生各种问题。比如，因领土和势力范围而引起的国际冲突是否会再次以常规的形式出现——因资源匮乏和其他经济因素的变化而引起追逐资源的竞争。这些错误路线很快会取代恐怖主义而成为目前最重要的问题。

在这个问题上，当前世界面临的可以预见的主要安全挑战是中美并存——这一问题与西方政治体系、美日联盟、国际贸易和金融之间形成了如此紧密的关联。谁又能预测经济发展和技术进步的道路是否会使中国台湾地区问题在中国关键的战略利益上具有更为重要的地位呢？中国是个核国家，战略力量和范围不断增长。在这个领域，以前的核威慑和防护之间的紧张关系还会再现，关于核战争的辩论还会再起。对西方利益来说，继续拥有威慑和击败核进攻的能力问题也将再度出现。但这个需要和隐含的要求——同时在那么多独立的领域内保持先进——会很大地增加维持防卫能力优势的庞大资源成本。美国最终将无法承受这个负担。这个负担能由同盟国分摊吗？答案是在分摊问题上美国会达到前所未有的程度。

4.3 文化引起的冲突

在此范畴中，首先出现在人们脑海中的是世界性的伊斯兰教主义者和精神恐怖主义的威胁［亨廷顿（Huntington，1993）］。经济学能提高我们对如何管理这些冲突的理解吗？特别是对怎样决定介入、什么时候才是合理的问题。假定应该是常规力量不介入冲突——这是由2003年伊拉克战争得到的教训。这些冲突特别要求非常规部队发挥更多的作用、隐蔽的行动和提供情报——这些任务融入了警察和边境安全作用，提高了对警察、反毒品、反恐技能/能力的需要。同样，这样的威胁可能使自由社会负担起新的繁重的成本，这些成本包括：以失去隐私和自由流动所衡量的成本，授权进行经常性监控机制的成本，以及延长隐蔽斗争的成本。在这些问题上，需要采用经济分析来揭示防护和国防活动的所有成本。虽然经济学家偶尔也会进入这一范畴［诺德豪斯（Nordhaus），2002］，但还有更多工作要做。

4.4 国防和媒体

受稀缺法则这一铁律的制约，政府需要资源以提供防卫。在民主权利分散的经济体中，这通常取决于政府的税收能力以及在必要和可能的时候征募的能力。在现代社会中，辅助性的要求是，政府需要影响民意、重塑民意，或者运用它在通信规模上的优势，以取得团结的、重振民意的支持。这意味着，对西方式的民主来说，世界媒体既是安全的资源也是对它的制约。作为一个研究领域，需要对"媒体和国防"展开更为细致的分析，因为媒体经常要求政府采取行动，而且也是对政府行为的制约。笔者相信，这种约束和手段的相互作用可能会更加显著。比如，朝鲜独裁统治的力量和弱点都在于支持它的群众是孤立的。打破信息垄断必须冲破暴君的羁绊，这显然还有很长的路要走。

4.5 军事手段的道德—政治限制

在国防经济学新出现的一系列需要研究的重要领域中，有一个新因素，这就是对军队使用的新限制。这是因教育和文化全球化而产生的。几代人之前会迅速引发军事反应（包括报复）的事件今天不会再引发军事反应了。应对军事反应已经变得越来越警察化，需要特殊的管理。因此，对这样的问题需要更加细致地审视：什么时候战争的预先准备会引起敌对状态？什么时候会起反作用（罗森多夫、桑德勒，2004）？军事力量大棒的运用与胡萝卜政策问题似乎需要我们进行更加富有自我批判精神的对比研究。

5. 国防经济学的任务：两个特殊和适时的题目

5.1 "无赖"国家、大规模杀伤性武器和失败国家：掠夺和暴政的经济分析

新的报道通常集中在大规模杀伤性武器的惊人技术或灾难性场面上，经济学所关注的是那些威胁要使用大规模杀伤性武器者受激励驱使的行为。发展冲突理论为我们认识这些不同形式的统治行为（如独裁者、寡头政治、议会型政府和非政府组织）会发生怎样的变化提供了某些线索。比如，赫什利弗（Hirshleifer, 1991）的新作《权力的悖论》应当使我们明白，随着时间的变化，"斗争"和"生产"的得失结构是如何确定对付"无赖"国家的手段的。我们更好地理解了起作用的激励，就可以找到对付这些威胁更好的工具。

冲突和财产—权利模式的一个重要应用是分辨一个管理良好的政府必须动用多少部队和动用什么类型的部队［比如，赫格雷（Hegre）、桑德勒，2002］。那些所谓的失败国家，甚至包括那些有暴政因素的失败国家，都无力管辖自己的人民，这会削弱它们控制发生于境内的非政府暴力的能力。某些失

败的国家陷入了冷战、第一次世界大战和第二次世界大战等其他战争留下的尘埃里。我们关于独裁统治、盗贼统治、掠夺政治的经济模式和它们蕴含的激励结构的经济模式，究竟能产生什么有用的政策来对付独裁者和失败的国家呢？

经济学对分析行动偏离可以接受的规范界限的"无赖"国家有着特殊的贡献，这些国家走私毒品、伪造钞票、绑架外国人或者剥削自己的人民。典型地看，这些国家是能够受经济激励影响的国家——经济上的胡萝卜或大棒。对残暴的行为奖以胡萝卜，有刺激更多或其他模仿者的风险。惩罚作恶的人会是令人痛苦的，因为他们用自己的人民形成了保护伞。在"无赖"国家中，我们怎样跃过障碍、在没有权力的被压迫者中争取支持？但并非所有的"无赖"国家都是没有救的，有些国家已经得到恢复（如柬埔寨、利比亚，可能还有越南）。我们希望为了将来，政府能吸取这些教训。

5.2 联盟合作的新空间

"无赖"国家的另一个例证是，存在着一种与联盟构成及管理的新问题特别相关的发展，因为它对一个联盟成员的搭便车行为具有强烈的多方面诱惑。与"无赖"国家暗中合作可能对一个"盟国"的个体利益非常有利，这不只是节省了合作行动的开支，通常还有益于"搭便车"的政府成长。以开创性的文献（桑德勒，1977）和近期成果［桑德勒（1999），桑德勒与哈特利（2001）］为基础，我们的经济学家们对设计未来的联盟安排能有什么帮助呢？能够对我们的激励机制设计模型有所帮助吗？贝利（Bailey，2001）会非常肯定地说：有。美国会丧失不受挑战的领导角色吗？或者我们能帮着设计分摊体系吗？在促使集团团结的激励结构构建上具有创造性应当有特别高的回报。围绕着国防轴心，在没什么共同点的国家之间会发展出单一功能的联盟式的协议。若干例证表明，这些协议包括关于情报收集和分享、金融安全、集体犯罪、毒品控制、侵犯人权、囚犯管理、世界财富或者太空探索。在这个问题上，可以回顾一下国际能源署在2005年卡特里娜飓风之后的石油库存发放中所起的作用。在经济联盟成功的地方，战略冲突往往可以更有诚信地得到解决。另外，在即将到来的回归权力中心多元化的时代，经济合作的收益将表现为维持军事协作所必要的黏合剂作用。这样，从国防经济学的角度来说，国家和集团之间的经济协作将会产生至关重要的、不同维度的外部经济；一个维度的成功可能预示着一个更正式的联盟。由联盟产生的共同产品应该根据比较优势来确定贡献额度，人们经常听到这样的理念［麦圭尔（1990）］。如果我们写出标准的纯公共产品模型，用i表示国家，Y_i表示用货币汇率本位计算的收入贡献，C_i表示每个国家对纯集体产品的贡献，用 X 表示纯集体产品，那么，联盟成员的利益 U^i 可以写为：

$$U^i[(Y_i - C_i), X(\sum C_i)] \qquad (21-1)$$

考量不同贡献的比较优势，则公式则可变为：

$$U^i[(Y_i - C_i), X(C_1, C_2, C_i, \cdots, C_N)] \qquad (21-2)$$

公式（21-2）仅反映"非总和"消费—总量技术的情况，这是由赫什利弗（1983）在"最薄弱环节"和"最佳射手"理论中最早提出的，在科尔内斯（Cornes）和桑德勒（1996）以及米勒（Mueller，2003）的著作中得到了进一步创新和广泛发展。另一种虽然不那么标准但同样值得研究的公式，反映了贡献的比较优势，其中不同的国家由非求和总量控制的共同贡献产生的不同产品 $X_i = f^i(C_1, C_2, C_i, \cdots, C_N)$ 如下：

$$U^i[(Y_i - C_i), f^i(C_1, C_2, C_i, \cdots, C_N)], \quad i=1, \cdots, n \qquad (21-3)$$

如同国际能源署的情况一样，国际风险管理是另一个关于经济协作对安全存在强烈外部性的适宜例证。这包括针对供给中断拟定保险，这是一个特别好的例证，它要求经济学把其关于降低风险、保险和风险分担的庞大知识体系都纳入集体行动模型。这里，相互保险的集团的动力和限度可能显著区别于改进其共同风险预测的集团［伊霍里（Ihori）、麦圭尔，2006］。更为一般的情况是，国防经济学面临的挑战应当包括关于公共财政［伊霍里（2006）］、公共选择和国际关系所提出的见解，这些见解有助于更好地理解新世纪国家分组的问题，其中包括何时限制成员身份或者何时完全排除某些主体的标准问题。例证包括将俱乐部理论、委托代理理论、寻租行为理论以及获得新近发展的风险分析和保险理论，运用到国家间的相互作用上。运用埃利希（Ehrlich）和贝克尔（Becker，1972）关于自我保护、自我保险的分析以及联盟构成的市场保险、分配行为和稳定的分析，将是非常适宜的［伊霍里和麦吉利夫雷（2006）］。

6. 若干应用于国防分析的经济方法的例证

我们用了 10 年时间（1955~1965 年）才制定出主导冷战的威慑—防卫战略（在最后的分析中是成功的），同样，我们还得制定一个全面的新战略。这一战略包括：新限制、资源、手段；可达到的新的目标；我们愿意承担的新风险和损失。在这里，学术界和国防分析家们相对孤立，这是特别不好的。学术专家关注的应当是怎样使最近的研究成果运用到政策问题上。在与安全研究特别相关的很多经济学领域，我们的认识确实有很大提高。这种提高有很多与已经发现的新的激励结构有关，对非对称信息及其对市场影响的研究就是一例。拓展的其他领域还包括金融风险管理研究的发展，开辟了金融工程的全新领域，以及提高了对代理人在部分和有限理性条件下的激励结构的认识。另一个例证是我们对介于生产性贸易行为与征用掠夺行为之间的混合激励结构有了更好的掌握，对财富、安全和统治形式之间的相互作用也有了更深的理解。这些都有助于我们阐明以下重要问题，比如：如何削弱恐怖主义者，如何在发展中国家引入当地的安全协作，如何才能更好地组织和解读情报，以及何时惩罚背信行为、何时贿赂以取得合作。

就具体情况而言，我们可以思考一下胡萝卜与大棒的问题。这些是我们经常听到的词汇。经济学能有助于明确究竟什么时候用胡萝卜或大棒更有效吗？我们应该尝试着把这个问题说清楚。小查尔斯·沃尔夫（Charles Wolfe Jr.）曾向笔者建议，有一个无需证明的假定反对使用胡萝卜而支持使用大棒！如果一个代理人的效用 $U(X)$ 随着其财富 X 以递减的比率增长，那么将其财富增加 $\$\Delta$ 作为前提或奖励不那么有效果，不如将其财富减少同样的数目 $-\$\Delta$ 作为威胁或惩罚。$U''<0$ 时，如果 $+\Delta$ 和 $-\Delta$ 对"我们"的成本是相同的，我们用胡萝卜的影响比大棒小。当然，这只是开始，因为对我们来说成本可能是不一样的，而且这个简单的 $U(X)$ 公式可能需要进一步区分胡萝卜的受益者和大棒的受害者。在我们想影响其行为的国家中，奖和罚可能会影响到不同的代理人，而且不同的代理人对激励将产生不同的反应。所以我们不能轻易地赞成惩罚、不赞成贿赂。不过，这意味着比较研究胡萝卜与大棒工具是国防经济学研究中的一个有益的问题。况且，在对委托代理分析中，我们研究这个问题已经有一个现成的结构。

另一例证是用国防经济方法研究国土安全，在结构上有些类似于防卫核攻击。人们常听到一种悲观的劝告，在防卫恐怖主义袭击上，我们不能把一切都保护起来，或者恐怖主义者将打击我们没有保卫的目标。在历史上，国防经济学的标准分析方法［例如，麦圭尔（2004）］确实曾经对处理这样的问题有很大帮助。为了说明如何从解决以前问题的方法中得到对解决目前问题的启示，让我们的研究聚焦于保卫一个国家交通网的问题上。其实，任何分散的基础设施体系也都可以用以说明这个问题。

这里呈现的是一个防卫者 π 的保卫（即，是打败而不是威慑或惩罚）其铁路和航空基础设施不受恐怖主义者或其他敌人 γ 袭击的问题。表 21-3 表明损失决定于袭击的目标是什么、什么目标受到了保护。这里仅以显示"纯粹的"集中配置作简化说明。

表21-3

$L_{JK}^{\pi} = \pi$ 防卫目标 J 而 γ 又袭击目标 k 时 π 的损失	袭击者 $= \gamma$ 袭击者的预算 $= M^{\gamma}$	
防卫者 $= \pi$	$k = 100\%$ 的航空	$k = 100\%$ 的铁路
防卫者的预算 $= M^{\pi}$ $J = 100\%$ 的机场或飞机保护	L_{AA}^{π}	L_{AR}^{π}
$J = 100\%$ 的铁路保护	L_{RA}^{π}	L_{RR}^{π}

在 L_{JK}^{π} 中，$J, K =$ 航空或铁路，它不仅取决于技术因素和提到的相对成本，也取决于可用资源或者预算。所以，这里有一个重要的经济问题与防卫者如何分配一笔 M^{π} 美元的预算有关（如果 γ 是一个有组织的社会，有自己的基础设施，因此就有可能对 γ 进行对应的报复，那么类似的矩阵可以把 γ 作为防卫者、π 作为袭击者，但这在恐怖威胁的背景中是不太可能的）。

这一博弈分析问题在起源于冷战早期关于确保相互摧毁的大量研究文献中都可以找到［埃弗里特（Everett，1963），皮尤（Pugh，1964）］，解决方法取决于信息分配和时间选择、移动次序等。除了给分配问题提供解决之道，该方案提出了如何防护的重要问题，而问题的回答则主要取决于相关的背景。例如：防卫者的损失只是袭击者收获的负数吗（想想2005年伦敦的炸弹袭击）？在目前的背景下，回答是"可能不是"。对某些特殊目标（世界贸易中心）的象征价值，袭击者和防卫者的看法一致吗？防卫者通过在另一维度强加成本，比如，保证对"他"的村庄进行报复性打击（谢林，1967），以确定使袭击特殊目标的代价更大，给袭击者制造成本，这是更聪明的做法吗？还有，必须由袭击者发出最后一击吗？如果是这样，防卫者如何利用这个事实？防卫者应该怎样权衡损失 L 和预算成本（为挫败2000亿美元财富的5%损失的风险，一个社会支付多少才是理性的）？如果袭击者不理性或是随意的，那这个问题怎么变化？对这种问题的回答可能有很大的不同，但它们提出的问题在任何冲突的博弈论的应用中都会反复出现。

对国土安全和防卫恐怖主义展开理性分析可以运用庞大的知识基础——技术、经济、人口统计学和战略信息，这只是一个例子［如，恩德斯（Enders）和桑德勒（1999，2004）］。既然已经收集信息，怎样有效地保卫、保卫什么的问题就更加清楚了。国防经济学对这样的分析大有裨益，其中也包括这样的观点：虽然防卫不可能是完美的，但这并不能成为忽视防卫的理由。

7. 结论：国防经济学未来的方向

笔者希望这篇论文可以说明，"国防经济学"至关重要而且在不断发展。但它和经济学中那些"纯粹"的领域——如微观理论，或公共财政，或国际贸易——存在着两个重要方面的显著区别。

第一，其研究目标严格地以学科之外的事件为研究条件。比如，国际贸易经济学的主要发展来源于关于经济学本身内在的求过于供的市场情况的经济理念。但是，国防经济学的挑战很大程度上起源于外部事件，如在越南的损失、冷战的终结，或是2001年9月11日的袭击。

第二，经济学对国防有重要贡献，但不是决定性的智力因素。国防、安全、战争与和平并不属于货币或贸易政策那样的经济学领域。相反，国际关系和政治学构成了国防研究的核心。同样，经济学不是一个国家健康系统投送的核心，而医学是。

所以，在某种意义上，国防经济学研究的问题和难题并不是由它自身的内在发展所作出的选择，而是被赋予的；研究的对象也是变换的。尽管如此，国防经济学不断追踪处于变化中的目标，能够提供很多极其重要的文献。理性行为的经济模型聚焦于计量问题，聚焦于成本收益的测算，聚焦于目标最大化的激励和测算，还有行为主体之间的竞争，它继续为我们如何处理战争与和平的困境提供了至关重要的见解。

参考文献

Alesina, A., Spolaore, E. (1997). "On the number and size of nations". Quarterly Journal of Economics 112, 1027 – 1056.

Alesina, A., Spolaore, E. (2003). The Size of Nations. MIT Press, Cambridge, MA.

Anderton, C. H. (1999). "Appropriation possibilities in a simple exchange economy". Economic Letters 63, 77 – 83.

Anderton, C. H. (2000). "Exchange of goods or exchange of blows? New directions in conflict and exchange". Defense Economics 11, 55 – 71.

Angell, N. (1910). The Great Illusion: A Study of the Relation of Military Power in Nations to Their Economic and Social Advantage. Heinemann, London.

Bailey, M. J. (2001). Constitution for a Future Country. Palgrave Press, London.

Boulding, K. (1962). Conflict and Defense. Harper Torchbooks, New York.

Cornes, R., Sandler, T. (1996). The Theory Externalities, Public Goods, and Club Goods, second ed. Cambridge University Press, New York.

Ehrlich, I., Becker, G. (1972). "Market insurance, self-insurance, and self-protection". Journal of Political Economy 80, 623–648.

Enders, W., Sandler, T. (1999). "Transnational terrorism in the post-Cold War era". International Studles Quarterly 43, 145–167.

Enders, W., Sandier, T. (2004). "An economic perspective on transnational terrorism". European Journal of Political Economy 20, 301–316.

Enthoven, A., Smith, W. Y. (1971). How Much Is Enough, Shaping the Defense Program, 1961–1969. Harper & Row Publishers, New York.

Everett, H. M. (1963). "Generalized Lagrange multiplier method for solving problems of optimum allocation of resources". Operations Research 11, 399–417.

Garfinkel, M. R. (2004). "Stable alliance formation in distributional conflict". European Journal of Political Economy 20, 829–852.

Garfinkel, M. R., Skaperdas, S. (2000). "Conflict without misperceptions or incomplete information: How the future matters". Journal of Conflict Resolution 44, 793–807.

Grossman, H. (2002). "Make us a king': Anarchy, predation, and the state". European Journal of Political Economy 18, 31–46.

Grossman, H., Han, T. (1993). "A theory of war finance". Defence Economics 4, 33–44.

Grossman, H. I., Kim, M. (1996). "Predation and accumulation". Journal of Economic Growth I (3), 333–351.

Grossman, H. I., Mendoza, J. (2004). "Annexation or conquest? The building of the Roman empire". Mimeo. Brown University.

Hegre, H., Sandier, T. (2002). "Economic analysis of civil wars". Defence and Peace Economics 13, 429–433.

Hirshleifer, J. (1983). "From weakest-link to best-shot: The voluntary provision of public goods". Public Choice 41, 371–386.

Hirshleifer, J. (1988). "The analytics of continuing conflict". Synthese 76, 201–233.

Hirshleifer, J. (1989). "Conflict and rent-seeking success functions". Public Choice 63, 101–112.

Hirshleifer, J. (1991). "The paradox of power". Economics and Politics 3, 177–200.

Hirshleifer, J. (1994). "The dark side of the force". Economic Inquiry 32, 1–10.

Hirshleifer, J. (2001). The Dark Side of the Force, 2001. Cambridge University Press, New York.

Huntington, S. P. (1993). The Clash of Civilizations and the Remaking of World Order. Simon and Schuster, New York.

Ihori, T. (1996). "International public goods and contributions of productivity differentials". Journal of Public Economics 61, 139 – 154.

Ihori, T., McGuire, M. C. (2006). "Collective risk control and group security: The unexpected consequences of differential risk aversion". Meetings of the American Economic Association, Boston, MA, January 5 – 8.

Kahn, H. (1959). On Thermonuclear War. Princeton University Press, Princeton.

Kant, I. (1795). "Perpetual peace: A philosophical sketch". In: Reiss, H. (Ed.), Kant's Political Writings. Cambridge University Press, Cambridge, pp. 93 – 130 (1970).

Konrad, K. A., Skaperdas, S. (2005). "The market for protection and the origin of the state". Mimeo. University of California-Irvine.

McGuire, M. C. (1990). "Economic models of nation specific vs. alliance wide benefits of defense contributions to NATO". Defence Economics 1, 17 – 35.

McGuire, M. C. (2002). "Property distribution and configurations of sovereign states: A rational economic model". Defence and Peace Economics 13, 251 – 270.

McGuire, M. C. (2004). "Economics of strategic defense and the global public good". Defence and Peace Economics 15, 1 – 24.

McGuire, M. C., Olson, M. (1996). "The economics of autocracy and majority rule: The invisible hand and the use of force". Journal of Economic Literature 34, 72 – 96.

Mueller, D. (2003). Public Choice III. Cambridge University Press, New York.

Nalebuff, B. (1988). "Minimal nuclear deterrence". Journal of Conflict Resolution 32, 411 – 425.

Neal, L. (1994). War Finance. Edward Elgar Publishing, Brookfield, VT.

Nordhaus, W. (2002). "The Economic consequences of a war with Iraq". Mimeo. Yale University.

O'Neill, B. (2001). "Risk aversion in international relations theory". International Studies Quarterly 45, 617 – 640.

Olson, M. (1969). "The principle of fiscal equivalence". American Economic Review: Papers and Proceedings 59, 479 – 487.

Olson, M. (1981). The Rise and Decline of Nations. Yale University Press, New Haven.

Olson, M., Zeckhauser, R. (1966). "An economic theory of alliances". Review of Economics and Statistics 48, 266 – 279.

Polachek, S. W. (1980). "Conflict and trade". Journal of Conflict Resolution 24, 55 – 78.

Pugh, G. E. (1964). "Lagrange multipliers and the optimal allocation of defense resources". Operations Research 12, 543 – 567.

Rosendorff, B. P., Sandler, T. (2004). "Too much of a good thing.?: The proactive response dilemma". Journal of Conflict Resolution 49, 171 – 182.

Sandler, T. (1977). "Impurity of defense: An application to the economics of alliances". Kyklos 30, 443 – 460.

Sandler, T. (1999). "Intergenerational public goods: Strategies, efficiency and institutions". In: Kaul, I., Grunberg, I., Stern, M. A. (Eds.), Global Public Goods: International Cooperation in the Twenty-First Century. Oxford University Press, New York, pp. 20 – 50.

Sandler, T. (2000). "Economic analysis of conflict". In: Sandler, T. (Ed.), Journal of Conflict Resolution 44, 723 – 729.

Sandler, T., Hartley, K. (2001). "Economics of alliances: The lessons for collective action". Journal of Economic Literature 39, 869 – 896.

Skaperdas, S. (1992). "Cooperation, conflict, and power in the absence of property rights". American Economic Review 82, 720 – 739.

Skaperdas, S., Syropoulos, C. (2002). "Insecure property and the efficiency of exchange". Economic Journal 112, 133 – 146.

Schelling, T. C. (1960). The Strategy of Conflict. Harvard University Press, Cambridge, MA.

Scheiling, T. C. (1966). Arms and Influence. Yale University Press, New Haven.

Scheiling, T. C. (1967). "The strategy of inflicting costs". In: McKean, R. N. (Ed.), Issues in Defense Economics. Columbia University Press, New York, pp. 105 – 127.

Tanzi, V. (1998). "Corruption around the world: Causes, consequences, scope, and cures". IMF Staff Papers 45 (4).

Thompson, E. A. (1974). "Taxation and national defense". Journal of Political Economy 82, 755 – 782.

Thompson, E. A., Hickson, C. (2001). Ideology and the Evolution of Vital Institutions: Guilds, The Gold Standard, and Modern International Cooperation. Kluwer, Amsterdam.

Tullock, G. (1974). The Social Dilemma, Economics of War and Revolution. Center for Study of Public Choice, University of Virginia, Charlottesville.

US Department of Commerce (2005). "Net investment position of the United States". Bureau of Economic Analysis. News release, June 30.

第22章
冲突经济学：概述*

米歇尔·R·加芬克尔
S. 什卡佩尔达斯
（加州大学欧文分校）

摘要　在这一章中，我们回顾了最近有关冲突和掠夺的文献。考虑到冲突的可能性，就等同于认识到无法完美和无成本地实施产权的可能性，这代表着对传统经济学范式的重大偏离。然而我们强调这项研究采用了经济学的视角。尤其是，它运用传统最优化技术和博弈论工具来研究在相互竞争的活动——生产性活动和掠夺性活动中分配资源的问题，例如除保护自己的产品和财富外，抢夺他人的产品和财富。与其他通过生产函数将投入品协同结合起来的经济活动相反，掠夺活动的投入品是通过冲突技术对抗地结合起来的。

本项研究的主要目的是确定冲突对经济结果的影响：产出（或力量）分配的决定因素，以及单个参与者的份额如何会与其边际生产率成反比；在有可能发生冲突的情况下何时能够和解，以及更长的时间跨度会导致冲突而不是和解的情况下何时会发生公开的冲突；冲突和掠夺如何减少对贸易的诉求；集团形成的决定因素和集团内部承诺的重要性；在存在冲突时资本积累和创新的动态激励如何被扭曲；以及治理在冲突管理中的作用。

关键词：无政府状态　讨价还价　冲突技术　经济增长　交易　治理　联盟形成　公开冲突　力量　未来的影响

---

* 笔者感谢弗朗西斯科·冈萨雷斯、拉格纳·托维克和卡尔·韦内吕德，以及本卷书所有的编辑，感谢他们对本章早先书稿的有益评论。什卡佩尔达斯感谢加州大学欧文分校全球和平和冲突研究中心以及民主研究中心的资助。

1. 引 言

人们很难从传统的经济学角度来理解冲突。困难来自于这一学科强调交易的双赢以及从贸易中获得的收益方面,这样做的代价是忽略了不完美界定和不完美实施产权的情况。而后一种情况恰是冲突产生的典型环境。在这一章中我们回顾和综述了近期从经济学视角讨论冲突的研究。本文同传统经济学一样,采用了经济主体自利行为的假定。然而与传统经济学不同的是,这里没有假定经济主体仅仅通过生产和贸易来谋生。他们也会参与掠夺,抢夺他人的产品或者保护他们自己生产的东西。

对冲突及其结果进行经济学分析的核心是生产和掠夺之间的权衡,这也是我们本章的重点。就我们所知,哈韦尔莫(Haavelmo,1954)是首位将生产和掠夺间的基本选择模型化的经济学家,他也首次在一般均衡的框架中分析了这个问题。哈韦尔莫对将掠夺纳入经济学模型中很感兴趣,因为他认为这对理解经济发展是十分重要的。但似乎其他经济学者并不赞同他的观点。他在这个领域中的著作并没有产生明显的影响,这与他在计量经济学中的研究形成了鲜明对比。但在过去的十五年甚至更多的时间里,我们已经看到了主要由杰克·赫什利弗(Jack Hirshleifer)和赫胥尔·格罗斯曼(Herschel Grossman)带领下取得的日益丰富的学术研究,他们试图将"冲突和掠夺"放在经济学所谈论和考察的范围之内,我们这一章所涉及的内容要归功于他们的直接贡献,也同样归功于他们的启发。

在本章中我们还要强调,冲突的经济学分析的另一个重要特征在于将冲突模型化为一个竞赛——也就是一个博弈,在其中参与人增加军备使用的资源以提高一旦冲突实际发生时获胜的可能性。实际上,只要军备作为一个谈判的工具,并且在更大的经济背景中发挥震慑作用,公然的冲突就未必一定会发生,正如现实中经常出现的那样。

我们在第 2 节中会研究竞赛的关键因素,"竞争成功函数"或者"冲突的技术"。这些技术表明获胜概率如何随着那些可能卷入冲突的国家的不同军备水平而变化。对于冲突和掠夺理论来说,它们(竞争成功函数或者冲突技术——译者注)类似于生产理论中的生产函数和消费理论中的效用函数。我们会讨论已被采用的不同类型的函数形式,并且回顾它们的公理基础或随机推导。

在第 3 节中我们考察了两个基本的冲突模型,一个刻画了参与者争夺一份外生的奖金，在另一个模型中所有的产品都是内生的，并且被竞争双方所争夺。这里我们推导出在均衡时模型中力量决定的一些比较静态结果，以表明考虑冲突和掠夺后，怎样改变了传统经济学理论的标准结论。

在接下来的一节中，我们回顾了近期在这一研究领域中取得的一些进展，它们大部分是以两个基本模型中某一个的变形为基础的。第4节回顾了不同的因素，例如战争的破坏性影响，风险规避和生产以及消费中的互补性，它们会使得对手们在短期内偏好于谈判及和解，而不是战争。因为承诺是不可能的，公开的冲突不能被排除。因此，在有可能发生冲突的情况下达成了和解。但军备也使参与者在讨价还价中处于更有利的位置。我们指出，适当的谈判规则，以及潜在冲突参与各方共同认可的规范对和解时出现的军备水平至关重要。

虽然有很多理由推测敌对双方在短期内会和解，但是我们仍然经常看到公开的冲突和战争。特别是，冲突被认为是信息不完全和信息不对称的结果，或者甚至是误解和不理性的结果。在第5节中，我们将关注公开冲突产生的另一个可能的重要假说。尤其我们似乎可以合理地认为，战争改变的是对手们在未来的战略地位，而相继出现的短期和解则不是。在这种情况下，尽管短期和解会带来好处，认为未来很重要的一方可能会选择战争。这类选择与建立在完全信息基础上的、理性的、具有前瞻性的行为相一致。如果一个或一个以上的参与方认为未来非常重要，那么我们预期战争将会爆发。

第6节研究交换和贸易如何影响不安全与冲突，以及如何受到它们的影响。当跨越国界的贸易是不安全的，而国内贸易（或自给自足）安全时，参与方很可能选择自给自足，即便这样做会限制他们的生产机会，因为贸易情况下的执行成本太高了。但是在这一节中，我们更为详细地研究了另一种形式的不安全的含义——也就是，一种被争夺的资源可以进行贸易的情况。在存在被争夺资源的情况下，贸易和自给自足一般会引起不同程度的军备；并且对比贸易和自给自足状态下的福利水平很难直接得出结论，因为贸易所引发的军备的额外成本将超过从贸易中获得的收益。因此，不安全和冲突的出现可以帮助我们解释对交换的某类限制和市场干预，而且当可以完美且无成本地执行产权时，这些现象则无法得到解释。

在第7节中，我们转而探讨掠夺行为的主体不是单一的行动者，而是由个体组成的联盟时会出现的一些问题。我们发现，相对于个体之间相互竞争被争夺资源的情况，联盟形成往往会降低冲突的整体严重程度，尽管严重性随着不同的联盟结构而不同。如果我们假设联盟在某种程度上能够事先承诺在他们获胜时遵从一定的奖金分享规则，那么冲突的严重程度将随着联盟的规模而递减，而且大联盟（由全部个体组成的单一联盟）将是有效的结构。但是，这里我们认为在联盟内部分配奖金的冲突并不是那么容易解决的。即使考虑到冲突的这种额外来源,稳定的联盟形成会减少冲突的严重程度。然而,只要在管理联盟内部冲突方面存在某些成本,一般情况下大联盟就不是有效的结构。均衡中会出现较大还是较小的联盟关键取决于联盟相对于个体拥有的管理冲突的优势,并且如果有,优势有多大。

第8节和第9节将回顾冲突和掠夺的一些动态影响,以及国家在冲突管理中的作用。我们在前几节中探讨的很多静态无效性在动态环境下被放大了,而且激励被扭曲偏向于掠夺性投资,而不是对创新进行投资。近期关于政府组织和制度的研究简要总结了如何减少冲突和冲突管理。传统的科层治理会减少内部冲突,但取而代之的是专治统治者之间更高层次和更有组织性的冲突。现代治理可以提供更为持久的解决冲突的方式,但对于它如何发挥作用,如何与经济增长相互影响的研究基本上才刚刚开始。我们将在第10节中总结我们的综述。

2. 冲突的技术

武器的使用已经并且仍然是冲突的一个关键因素,例如使用剑、矛、大炮、炸弹、枪支,等等。从经济学的角度看,武器可以被认为是冲突的投入品。然而,不同于普通的经济性生产中投入品协同结合起来以产生出有用的产品,冲突的投入品是以一方针对其他参与方采取对抗的方式贡献出来的。我们可以合理地认为冲突的产品是胜利和失败,而不是有用的产品。因此,冲突的投入品——武器,如何转化为不同冲突参与方的胜利或失败就成为我们首先要考察的主题了。

赫什利弗(1989)首先命名了"冲突技术"这样的函数,在整章中我们将使用这一术语。考虑有两个竞争方,标记为 $i=1$ 和 $i=2$,并用 G_1 和 G_2 表示他们选择的武器(如"枪支")。对于任何给定的枪支组合,我们能推测到每个参与方都有一个获胜的概率和一个失败的概率(僵局或者"平局"的概率被认为是零,但我们在下文中会简要谈到这个假设不成立的情况)。将 $i=1$ 一方获胜的概率记为 $p_1(G_1, G_2)$,将 $i=2$ 一方获胜的概率记为 $p_2(G_1, G_2)$。

$p_i(G_1, G_2)$,$i=1, 2$ 作为概率,它们的取值应该在 0 和 1 之间,并且加总在一起为 1,或者等价于它们必须满足下面的条件:$0 \leqslant p_2(G_1, G_2) = 1 - p_1(G_1, G_2) \leqslant 1$。此外,我们可以认为一方枪支的增加会增加他自己获胜的概率,并降低其对手获胜的概率;也就是,$p_1(G_1, G_2)$ 应随着 G_1 的增加而增加,随着 G_2 的增加而减小。

有一大类技术已经经过了验证,它们采取下面的加成形式:

$$p_1(G_1, G_2) = \begin{cases} \dfrac{f(G_1)}{f(G_1) + f(G_2)} & \text{如果} \sum_{i=1}^{2} f(G_i) > 0; \\ \dfrac{1}{2} & \text{其他情况} \end{cases} \quad (22-1)$$

这里 $f(\cdot)$ 是非负、递增的函数。这一类函数应用在很多领域中,包括广告经济学[施马伦泽(Schmalensee,1972)],体育经济学[希曼斯基(Szymanski,2003)],寻租理论[塔洛克(Tullock,1980),尼灿(Nitzan,1994)],以及一般的竞赛理论[参见康拉德(Konrad,2005)最近的一篇综述]。卢斯(Luce,1959)将这一与效用理论相关的概率选择函数公理化了,而什卡佩尔达斯(Skaperdas,1996)提供了一个与竞赛相关的公理。这两个公理的关键之处是一个"无关选择的独立性"属性。在发生冲突的情况下,这一性质要求任何双方之间冲突的结果仅仅取决于当事双方所拥有的枪支的数量,而不依赖于冲突第三方拥有的枪支数量。

(22-1)式中的这类冲突技术有一个独特的、吸引人的特征,就是它可以自然地扩展到超过两方冲突的情况。因此,如果有 n 方参与冲突,定义第 i 方的枪支选择为 G_i,所有其他方 $j \neq i$ 枪支选择向量用 G_{-i} 表示,那么第 i 方获胜的概率可以表示如下:

$$p_i(G_i, G_{-i}) = \begin{cases} \dfrac{f(G_i)}{\sum_{j=1}^{n} f(G_j)} & \text{如果} \sum_{j=1}^{n} f(G_j) > 0; \\ \dfrac{1}{n} & \text{其他} \end{cases} \quad (22-2)$$

虽然我们将在第7节及包括本节剩余内容的其他部分都会涉及多于两个参与方的情况,我们仍将着重讨论 $n=2$ 这一简单情形。

最常用的函数形式是令 $f(G_i) = G_i^m$ 得到的,这里 $m > 0$(并且通常来说,因为技术的原因,$m \leq 1$),也就是:

$$p_1(G_1, G_2) = \frac{G_1^m}{G_1^m + G_2^m} \quad (22-3)$$

这种函数形式有时也被称为"幂式"或者"比率形式",塔洛克(1980)和随后出现的大量寻租理论的文献中都采用了这种形式。它也是冲突经济学中主要的函数形式。正如赫什利弗(1989)曾经指出的,在这种情况下获胜的概率取决于参与双方所拥有枪支的比例 $\dfrac{G_1}{G_2}$。换句话说就是,这种冲突技术在枪支数量上是"零阶齐次"的。对于参与方数目(n)为任意值的一般情况而言,

$p_i(tG_i, tG_{-i}) = p_i(G_i, G_{-i})$ 对于所有的 $t>0$ 成立。(22-3) 式的这一性质非常便于分析,这也是它在应用中受欢迎的主要原因,就像生产函数中的柯布—道格拉斯形式一样。

另一个著名的函数形式是下面的"符号逻辑(logistic)"的形式,也就是令 $f(G_i) = e^{kG_i}$,这里 $k>0$,因此有:

$$p_1(G_1, G_2) = \frac{e^{kG_1}}{e^{kG_1} + e^{kG_2}} = \frac{1}{1 + e^{k(G_2 - G_1)}} \qquad (22-4)$$

赫什利弗(1989)也曾经指出,而且从上面的表达式也可以明显地看到,这一形式意味着获胜的概率取决于当事双方在枪支数量上的差距。因此在一般情况下,每一方的枪支数量增加一个常数 C,这些概率是不变的——例如,对于任意的 j,对于所有使得 $G_j + C > 0$ 成立的 C,都有 $p_i(G_i + C, G_{-i} + C) = p_i(G_i, G_{-i})$。[1] 虽然逻辑或者差分形式也具有解析方面的优势,但它并没有像 (22-3) 式中的幂形式使用得那么多。原因在于对于很多定义良好的模型(包括我们在下面第 3.1 节中所考察的一个模型,它类似于基本的寻租模型)不存在纯策略纳什均衡。

但是,(22-4) 式有一个引人注目的特点,就是它可以被随机地推导出来,这也解释了它为何被广泛应用在离散选择的计量经济学当中[2]。尤其是,假设每一方的"枪支"分配是它在战斗中"表现"的噪声预测因子,那么第 i 方的表现等于 $G_i + \varepsilon_i$,这里 ε_i 是一个随机误差项。如果误差项的分布服从于一个特定的分布(例如,极值分布),并且战斗的结果取决于哪一方表现得最好[或者更确切地说,$p_1(G_1, G_2) = prob\{G_1 + \varepsilon_1 > G_2 + \varepsilon_2\}$],那么就得到了 (22-4) 式中的函数形式。

据我们所知,在赫什利弗和赖利(Hirshleifer & Riley, 1992)之前,(22-3) 式中的幂式不存在相似的随机推导。赫什利弗和赖利在其著作的第 380~381 页放了一个练习题,要求读者证明在 $n=2$ 个参与者的情况下,即如 (22-3) 式所示但令 $m=1$,当第 i 方的表现为 $\theta_i G_i$ 时,能够推导出幂式,这里 θ_i 是一个服从指数分布的乘积误差项,即证明:$prob\{\theta_1 G_1 > \theta_2 G_2\} = \frac{G_1}{G_1 + G_2}$。这一结果只是在最近才被扩展到 $m=1$ 和 $n=2$ 之外的情况。尤其是希亚(Jia, 2005)在假设误差 θ 的概率密度函数为 $g(\theta) = am\theta^{-(m+1)} exp(-a\theta^{-m})$ 的条件下,对 $m>0$ 和 $n \geq 2$ 的更为一般的情况推导出 (22-3) 式,这里 $a>0$

---

[1] 赫什利弗(1989)以及赫什利弗(1995b)的第 4 部分和赫什利弗(2000)提供了很多关于冲突技术富有见地的讨论,以及 (22-3) 式和 (22-4) 式中函数形式的比较。
[2] 参见麦克法登(1984)和很多计量经济学教科书。

且 $\theta > 0$。希亚证明了 m 如何被解释成为一个"噪声"参数，在决定谁是竞赛的获胜者时更大的 m 值所导致的噪声较少。这就是说，给定参与方的某种枪支水平，更高的 m 值倾向于更为激烈的竞争。因此从对手的角度来讲，当 m 值较高而不是较低时，以枪支成本表示的提高获胜概率的代价是比较低廉的。m 的水平根据冲突的"决定性"或者"有效性"来确定。在本章的剩余内容中，我们将使用后一个词。

这样，不管是（22-3）式中的"幂"函数形式还是（22-4）式中的"符号逻辑"形式，都既能公理性地也能随机地推导出来。我们还应该提到，在 $p_1(G_1, G_2) = prob\{G_1 + \varepsilon_1 > G_2 + \varepsilon_2\}$，$\varepsilon_i$，$i = 1, 2$ 服从正态分布的假设下，能够推导出概率（probit）函数，但我们所回顾的文献并没有采用，很可能是因为没有解析函数形式可以表示它。

只有参与方及其对手拥有的枪支数量对结果才是重要的，从这个意义上说，(22-1) 式所代表的类型以及 (22-3) 式和 (22-4) 式中特定的函数形式都具有对称性或无记名性。因此，当双方拥有相同数量的枪支时，他们获胜或失败的概率相等。每一方生产枪支的成本可能是不同的，所以导致了他们之间策略的不对称性，并因此造成了非对称的枪支解（即 $G_1 \neq G_2$）；然而，对于各个参与方拥有的每一支枪，冲突的技术并不会有利于一方超过另外一方。

但也存在这样的情况，尽管双方拥有相同数量的枪支，但一方比另一方可能更受偏爱。导致这种不对称性的一个显而易见的情形是一个参与方相对其对手处于防御位置。防御方总是但并非一直拥有优势。我们要扩展（22-1）式以容许这种不对称的可能性，下面的式子提供了一种简单的方法：

$$p_1(G_1, G_2) = \frac{\varphi f(G_1)}{\varphi f(G_1) + (1-\varphi) f(G_2)} \qquad (22-5)$$

这里 $\varphi \in (0, 1)$③。需要注意的是，当每一方拥有相同数量的枪支时，$G_1 = G_2 > 0$，参与方 $i = 1$ 获胜的概率等于 φ，参与方 $i = 2$ 获胜的概率等于 $1 - \varphi$。因此，当 $\varphi > \frac{1}{2}$ 时，参与方 $i = 1$ 有优势，而当 $\varphi < \frac{1}{2}$ 时，参与方 $i = 2$ 有优势，并且 φ 越是接近 0 或 1，一方相对于另一方的优势就越大。克拉克和里斯（Clark & Riis, 1998）已经在幂式函数 [即，这里 $f(G) = G^m$] 情况下将这一非对称的形式公理化了，为了区分进攻和防御，格罗斯曼和金（Grossman & Kim,

---

③ 沿用 (22-1) 式的形式，在非对称情况下，只要 $\sum_{i=1}^{2} f(G_i) = 0$ 就假设对于 $i = 1, 2$，$p_i(G_1, G_2) = \frac{1}{2}$，似乎有些随意。另一种可选择的并且更加合意的函数形式是令 $p_1(G_1, G_2) = \varphi$，于是这意味着 $p_2(G_1, G_2) = 1 - p_1(G_1, G_2) = 1 - \varphi$。

1995）也采用了这一形式。

对于到目前为止我们已经回顾的冲突技术，所有参与方获胜概率之和为1。但是存在这样的情况，平局或僵局可能是一个合理的结果。也就是说，战斗能够恰好使得敌对方在讨价还价中处于同战前一样的相对地位。布拉瓦茨基（Blavatsky，2004）证明了对（22-1）式和（22-5）式可以做如下合理的扩展，他使用了这样一个概率：

$$p_1(G_1, G_2) = \frac{f_1(G_1)}{1 + f_1(G_1) + f_2(G_2)} \qquad (22-6)$$

这里 $f_1(\cdot)$ 和 $f_2(\cdot)$ 都是非负的增函数。根据这种一般化的形式，平局的概率由 $1 - p_1(G_1, G_2) - p_2(G_1, G_2) = \frac{1}{1 + f_1(G_1) + f_2(G_2)}$ 给出，它总是正的。还要注意到让 $f_1(\cdot) = \varphi f(\cdot)$ 和 $f_2(\cdot) = (1-\varphi)f(\cdot)$，就直接将（22-5）式中非对称形式一般化了。在（22-6）式分母中出现的"1"并没有任何特殊含义，因为如果我们用任意正数乘以（22-6）式的分子和分母，我们将会得到一个等价的函数形式。分析（22-6）式的一种方法是考虑第三方，比如说"自然"，他拥有恒定数量的"枪支" G'，它由 $f(G') = 1$ 确定（这里 $f(\cdot)$ 是非负、递增的）。当自然"获胜"时，就出现了平局。布拉瓦茨基（2004）已经将（22-6）式扩展为超过2个参与方的情况，但并没有直接使用（22-2）式扩展（22-1）式的方法。

我们在本节中所回顾的冲突技术已经被公理化或者随机地推导出来了，这样，冲突技术就具有可以与生产函数和效用函数相比较的基础。然而，与生产函数的情况不同，就我们所知，目前还没有关于冲突技术的经验性估计。因此，在未来研究中这是一个有待开展的课题。

3. 冲突和力量决定的代表性模型

在这一节中，我们阐述关于冲突的两个基本模型，每个模型都将上面提到的冲突技术引入到最优化行为的经济学框架中。从不存在必须对其负责的上级权威的角度讲，这种模型化冲突的方法有效地把单个参与方之间的关系设想为无政府状态，就如同主权国家那样。[④] 在没有更高权威的情况下，只有参与方自身能够执行契约，他们之间的契约才可能是有意义的。但既然执行契约的动

[④] 尽管这项研究对国家间的相互作用有着重要的意义，但是这些相互作用并不是我们关注或关心的主要内容。

力最终来自于使用武力的可信威胁，在无政府状态下，各个参与方不会签订将会消除武装或者排除使用暴力的可执行的契约。这就意味着这种研究方法严重偏离了新古典经济学的悠久传统，新古典经济学在很大程度上忽视了契约的不完美性，认为产权可以被完美地和无成本地执行。但这种方法与自私的基本假设非常一致，因为真正的"经济主体"将不会避免使用武力，如果这样做可以提高他的物质福利的话。

人们希望法律、制度和规范的出现可以限制和约束经济主体使用武力，因为他们追求自身利益。⑤尽管如此，在无政府状态下个人持有枪支似乎成为确定他与其他人相对地位的最重要的因素，也因此成为影响交易条件的最重要的因素。当然，这种影响会带来成本，因为生产枪支必须把有价值的资源从其他用途中转移出来，而且使用枪支会对福利造成其他更多直接的消极影响。

我们在第1小节介绍的模型概括了单个参与方的生产决策，因此它可以被看作是一个局部均衡的分析框架。不过它与基本的寻租模型关系密切，例如参见尼灿（Nitzan，1994），而且它如此简洁使我们突出了参与方在竞争给定资源时，他们之间相互作用的逻辑关系。在之后的小节中，我们介绍一个扩展模型，敌对双方争夺资源的多少由他们在生产和掠夺之间的决策内生确定。这种扩展把分析的重点更多地转移到了如何在大炮和黄油之间进行权衡，使我们能够直接看到生产枪支的机会成本。总而言之，在这里我们的中心目标就是要强调放弃新古典主义经济学假设的含义，新古典主义经济学假定在以下两种情形中产权是安全的：（1）决定收入的均衡，和（2）收入分配，或者等价于在本模型中力量的确定。

3.1 资源竞争

考虑一个由两个同质的、风险中性的经济主体参与的情况。这些经济主体可以被看作是个体或者是个体的集合——比如部落或国家。但我们概括的是集体行动的全部问题，而到目前为止并未考虑任何有关集体形成的问题。⑥这里，我们把每一个经济主体当做一个单独的参与者，并假定他们争夺 $\bar{R} \equiv 2R$ 单位可直接消费的资源。每个经济主体可以主张对一半甚至更多的资源拥有所有权。然而，由于不完美的治理和执行制度，任何权利主张只能通过公开的冲突来解决，或者等价地，在这种情况下通过生产"枪支"或"武器"（G_i）引

---

⑤ 参见第4.2.4节。
⑥ 我们在第7节中会讨论这些问题，到那时我们会明确地考虑联盟形成的可能性。

发冲突的威胁下来解决。尤其是，按照第 2 节中描述的方法，我们把争夺 $\bar{R}$ 的冲突用模型表示为一个"获胜者全拿（winner-take-all）"的竞赛：对于所有的 $i=1, 2$，$p_i(G_1, G_2)$ 表示经济主体 i 成为获胜者的概率，这样，他可以要求全部资源（$\bar{R}$）作为他的战利品，而不留给他的对手 $j\neq i$（对 $i=1, 2$）任何东西。为了明确这些想法，我们假设 $p_i(G_1, G_2)$ 是对称的，并采用（22-3）式中的函数形式。

与第 2 节中讨论的一般类型的冲突技术一样，这一表达式意味着对于所有的 $i=1, 2$，经济主体 i 赢得资源 $\bar{R}$ 的可能性 $p_i(G_1, G_2)$ 随着他选择枪支数量 G_i 的增加而增加，随着其对手 $j\neq i$ 选择数量 G_j 的增加而减小。因此，每个经济主体的期望总获胜收入 $p_i(G_1, G_2)\bar{R}$ 也类似地随着他自己生产枪支数量 G_i 而增加，随着对手的数量 G_j 而减小，$j\neq i$，且对于所有的 $i=1, 2$ 成立。然而枪支生产不是没有成本的。特别如上面所指出的那样，生产枪支会将有价值的资源从其他有益的，能够提高福利的活动中转移出来。⑦ 无论经济主体是否在竞赛中获胜，他都要承担生产枪支的这种成本。这样，经济主体 i 的期望收益，$V_i(G_1, G_2)$，可以表示为：

$$V_i(G_1, G_2) = p_i(G_1, G_2)\bar{R} - G_i, \quad i=1, 2 \qquad (22-7)$$

这里 $p_i(G_1, G_2)$ 由（22-3）式给出。注意，在其他情况下，如果不把（22-3）式解释为可能性，而是假定经济主体根据他们在给定枪支选择下各自的获胜概率 $p_i(G_1, G_2)$ 来分配被争夺资源，上面所示的期望收益将等价于经济主体事后的收益。还要注意到，这种解释等价于我们对（22-3）式作出的概率解释，把它看作是一个获胜者全拿的竞赛。这种等价性产生于一系列不同的假设条件（包括这里特别提到的风险中性假设）下，它反过来意味着，在事前的意义上，经济主体认为分配资源 $\bar{R}$ 的这两种竞赛方式是无差异的。但每一种方式的实际结果和得到的相应收益却大相径庭。⑧

根据（22-3）式所给出的冲突技术，把对手的枪支选择视为给定，每个经济主体 i 选择 G_i 以最大化他的期望收益（22-7）式。一般来讲，冲突技术意味着如果经济主体 i 的对手不采取任何掠夺性的努力（$G_j=0$，$j\neq i$），经济主体 i 只要生产一个无穷小数量的枪支就几乎可以肯定获得全部的 $\bar{R}$。但是任何一个经济主体都不会不去利用这样的机会。因此，"和平"的结果，$G_i=0$，$i=1, 2$ 不会成为一个均衡结果，经济主体 i 优化枪支选择需要满足下面的一

---

⑦ 在一个阐述得更加充分明晰的情景中，比如下一节要介绍的模型里，这种机会成本可以用模型更加明确地表示为，用于目前和/或者未来消费的产品的减少量。

⑧ 此外，正如下面一些详细内容所讨论的那样，在合理的情况下事前的等价性就不成立了，这表明如果预计到会发生冲突，通过谈判解决争端的方式更受欢迎（参见第 4 节）。

阶条件：

$$\frac{\partial V_i(G_1, G_2)}{\partial G_i} = \frac{\partial p_i(G_1, G_2)}{\partial G_i}\bar{R} - 1 = 0, \quad i = 1, 2 \quad (22-8)$$

这个条件左边（RHS）的第一项表示枪支的边际收入。保持其他情况不变，经济主体 i 多生产一支枪可以提高他赢得奖金（$\bar{R}$）的机会，或者等价地表示为提高他的"力量"。从（22-3）式我们可以直接证明，在给定 $G_j > 0$ 时，这个边际影响等于：

$$\frac{\partial p_i(G_1, G_2)}{\partial G_i} = \frac{mG_i^{m-1}G_j^m}{(G_1^m + G_2^m)^2}, \quad j \neq i, \quad i = 1, 2 \quad (22-9)$$

（22-8）式右边的第二项代表枪支的边际成本，对参与双方而言，它是一个等于 1 的常数。⑨

根据我们所规定的参与者的期望收益（22-7）式和冲突技术（22-3）式，对于 $i = 1, 2$，（22-8）式所示的一阶条件和（22-9）式一起定义了唯一对称的纯战略（纳什）均衡：

$$G_i^* = G^* = \frac{m}{2}R, \quad i = 1, 2 \quad (22-10)$$

它意味着每一个参与方 i 都有相同的机会赢得 $\bar{R}$：对于 $i = 1, 2$，$p_i^* = p^* = \frac{1}{2}$。⑩ 这样每个参与人期望的获胜收入等于 $p^*\bar{R} = R$，这里 $R = \frac{1}{2}\bar{R}$。正如之前所定义的那样，它以人均的方式衡量了被争夺资源的数量。但是，参与者的期望收益也受到了他们生产枪支的负面影响。更准确地说，把解 G^* 代入（22-7）式，把 $\bar{R}$ 换成 $2R$，我们可以证明，在这个对称的均衡中，经济主体 i 的期望收益 $V_i(G^*)$ 由下面的式子给出：

$$V_i(G^*) = V^* = \left[1 - \frac{m}{2}\right]R, \quad i = 1, 2 \quad (22-11)$$

因此，通过假设 $m \in (0, 1]$，这个表达式表明即使生产枪支要付出成本，每个参与者都愿意参与到竞赛中。

从这些解中我们立即可以得到这样的一个结论：以人均量表示的"奖金" R 越大，分配给枪支的部分就越多，也因此会引致更多的冲突。但是，增加的冲突成本被随之增加的每一方总的期望获胜收入所超出。也就是说，增加 R

---

⑨ 由于收益递减，认为边际成本递增可能是更合理的。尽管假设掠夺行为的边际成本是常数在这里并不关键，但在下面的讨论中却很重要，我们要分析联盟形成的可能性。也可以参考埃斯特班和雷（2001）的文章。

⑩ 参见什卡佩尔达斯和瑟罗普洛斯（1997），在规定了更一般的生产函数的情况下所给出的条件和证明。

带给每一个经济主体期望收益的净效应是正的，$\frac{dV^*}{dR}=1-\frac{m}{2}>0$。这些解进一步表明，冲突有效性参数 m 对参与人最优枪支选择 G^* 有正的影响，这样它对每个经济主体在对称均衡中的期望收益 $V(G^*)$ 就产生了负面影响。竞争者选择的溢出效应产生了这样一种可能性，如果能够在选择上作出某种协调，双方的情况都会改善。特别是，如果两个参与者能够达成可信的协议，不威胁使用武力来平分 $\bar{R}$（也就是，不生产枪支，$G^*=0$），那么每一方得到的收益为 $V(0)=\frac{1}{2}\bar{R}=R$，这表明收益增加了 $V(0)-V(G^*)=\frac{m}{2}R$，这也正是每个经济主体要承担的冲突的成本。然而在这里，共同受益的可能性本身并不足以引致一个更好的结果。这项研究对长期存在的新古典主义方法的关键性偏离，使它排除了经济主体通过契约来消除冲突和武装的可能性，同时也引起了实现这些收益可行性的重要问题。在下文中我们还会回到这个问题，寻找在无政府状态下可能限制军备的其他方法。

3.2　大炮和黄油

冲突经济学文献的一个基本前提假设是，经济主体经常要在生产商品和掠夺他人的产品之间作出权衡。事实上，生产和掠夺之间的权衡是研究无政府状态下各个参与方相互关系的核心。在这一节中，我们将扩展前面建立的模型，把生产以及掠夺纳入其中，以更加正式地研究这种权衡。[⑪] 这一扩展使我们更加明确了枪支的机会成本，并突出了它在确定两个经济主体之间力量分布中的作用。

在这个冲突模型中，每个经济主体 i 拥有 R_i 单位安全的初始资源，$i=1$,2。可以把这种资源想象成由劳动力和土地构成，但不能直接用于消费。这种资源被分配在两种活动上：(1) 有益的生产性活动，它最终可以生产出用于消费的商品（如黄油）；(2) 掠夺性活动，它最终决定这些消费品在参与方之间的分配。说得更准确些，每个经济主体 i 将他的初始资源（R_i）以一比一的比例转化为枪支（G_i），以一比 β_i 的比例转化为中间投入品（X_i），具体情况

[⑪] 这个模型的早期形式是由赫什利弗（1998）首先提出的，在他之后的出版物包括赫什利弗（1989，1991，1995a）中都可以找到。然而，此类模型中真正的第一个一般均衡模型出现在经常被人们忽略的哈韦尔莫（1954，第 91～98 页）的著作中。最近做出贡献的其他学者包括加芬克尔（1990），格罗斯曼（1991），什卡佩尔达斯（1992），格罗斯曼和金（1996），埃斯特班和雷（1999），威特曼（2000）以及梅勒姆，莫尼和托维克（2003）。也可参考什卡佩尔达斯（2003）对这些文献所做的详尽回顾。

如下：
$$R_i = G_i + X_i/\beta_i, \quad i=1, 2 \qquad (22-12)$$

正如下文将要表明的那样，β_i 衡量了经济主体 i 生产黄油的边际产品。重新整理（22-12）式我们看到，参与方生产的 X_i 与他的初始资源 R_i 中除去分配给掠夺性活动的资源 G_i 的净值正相关，也与生产率参数 β_i 正相关：

$$X_i = \beta_i[R_i - G_i], \quad i=1, 2 \qquad (22-13)$$

为了说明这一点，我们从现在开始假定 $\beta_1 \geq \beta_2$。因此，经济主体 $i=1$（$i=2$）是生产能力更高（更低）的竞争者。

给定这些分配情况，参与双方即 $i=1$ 和 2，把他们的中间投入品 X_i 合并起来投入到一个联合生产过程中，生产出 $\bar{B}$ 单位黄油用以消费，生产按照下面的形式进行：

$$\bar{B} \equiv F(X_1, X_2) = \sum_{i=1}^{2} \beta_i [R_i - G_i] \qquad (22-14)$$

我们在（22-12）式中规定了初始资源转化的单位和技术，经济主体 $i(i=1, 2)$ 用以联合生产黄油的中间投入品的数量 X_i，应该与这个经济主体在产权界定清晰并完美执行的竞争世界中得到的补偿相一致。这个假设性的补偿随着经济主体自身边际产品 β_i 的增加而增加，也随着他选择用于有益的生产性活动的那部分初始资源的增加而增加，$X_i = R_i - G_i$。[12]（在接下来的内容中，在不会引起混淆的前提下，我们会把 $F(X_1, X_2)$ 写成 $F(G)$，这样就强调了这个函数对经济主体枪支选择的依赖，同时节省了标记，枪支选择用矢量 G 来表示）。

但是，在我们这里所研究的无政府状态下，两个经济主体联合生产的产品 $\bar{B} \equiv F(G)$ 受到了质疑，我们希望在一个获胜者全拿的竞赛中解决这些疑问，在模型中假定每一个经济主体获胜的概率取决于他持有枪支的相对数量。用这种方式分配联合生产得到的产品会激励经济主体将他们的初始资源投入到枪支生产上，因此他们要在（22-12）式中的掠夺（G）和有益的生产（X）之间进行权衡。也就是，根据（22-3）式的冲突技术和（22-13）式的生产技术，每个经济主体 i 选择 G_i 以最大化他的期望收益，而把其他人的枪支选择

---

[12] 我们可以假定联合生产技术 $F(X_1, X_2)$ 具有更加一般化的形式，它是线性齐次且递增的函数，但在每个投入水平上都是严格凹的，并且表现出要素之间具有一定的互补性：$F_i > 0$, $F_{ii} < 0$, $F_{ij} > 0$，对于所有的 $j \neq i$，$i=1, 2$，这里下标表示偏导数。对于后文中所描述的模型，什卡佩尔达斯（1992），内亚里（1997），什卡佩尔达斯和瑟罗普洛斯（1997）提供了更加一般化的处理方法。既然（22-14）式规定的总产出的形式假设了产出在两种投入品 X_1 和 X_2 上是可分的，在这里，我们就可以把表达式简单地看作是总产出，它依赖于两个独立的生产技术，每种生产技术属于一个经济主体。

(G_j) 视为给定。而期望收益等于只属于胜利者的奖金——也就是联合生产得到的黄油的总量，乘以他在冲突中获胜的概率。利用（22-14）式所定的总产出的形式，这一期望收益可以表示如下：

$$V_i(G_1, G_2) = p_i(G_1, G_2) \sum_{j=1}^{2} \beta_j [R_j - G_j], \quad i = 1, 2 \quad (22-15)$$

这里，$p_i(G_1, G_2)$ 由（22-3）式给出。[13]

同前面一样，尽管（22-3）式给出的冲突技术暗示了和平（即，$G_1 + G_2 = 0$）不会是一个纳什均衡的结果，经济主体 $i = 1$ 和 2 不同的参数值 β_i 和 R_i 意味着一般来讲我们不能够排除这样的可能性，即两个经济主体中的一个把他全部的初始资源都用于枪支生产，$G_i = R_i$，这说明对于 $i = 1$ 或 2，$X_i = 0$。[14] 但为了把注意力集中在我们关心的中心议题上，我们假设下面的一阶条件在内部最优点上实现：

$$\frac{\partial V_i(G_1, G_2)}{\partial G_i} = \frac{\partial p_i(G_1, G_2)}{\partial G_i} \sum_{j=1}^{2} \beta_j [R_j - G_j] - \beta_i p_i(G_1, G_2) = 0, \quad i = 1, 2$$

$$(22-16)$$

这一条件左边（疑为"右边"——译者注）的第一项代表了枪支生产的边际收益，它反映了当经济主体 i 生产额外一单位枪支时所增加的在竞赛中获胜的可能性，如（22-9）式所示。同前面的模型一样，对于双方参与者而言，增加枪支生产的边际效应乘以被争夺商品的数量得到枪支对经济主体 i 边际收益的表达式，它是双方参与者枪支选择的函数。不过在这个模型中，经济主体所竞争的商品——即 $\bar{B} \equiv F(G)$，它本身是内生的。一阶条件左边（疑为"右边"——译者注）第二项代表了经济主体生产额外一支枪的边际成本——即导致黄油产出减少的量，还要乘以他在竞赛中获胜的概率，因为只有胜利（更少的）奖金才能变为现实。每个经济主体 i 的边际成本与他生产 X_i 的边际产品 β_i 正相关。在一个内部最优点，每个经济主体 i 使他的边际成本与边际收益相等，这样（22-16）式中的条件隐含定义了武器生产的均衡解，即对于

---

[13] 给定我们的假设：（1）参与者是风险中性的；（2）产品总量是线性齐次的，并且对两个要素 X_i 是可分的，我们把冲突解释为获胜者全拿的竞赛，这又一次相当于做出了非概率解释，因为我们把获胜概率看作是消费份额。在非概率解释的情况下，给定（22-14）式总产出的可分性形式，可以把经济主体 i 的消费份额 $p_i(G_1, G_2)$ 理解为在占有自己的产品 X_i（如果他成功的保护了自己的产品）再加上其他人生产的产品 X_j（如果在给定 G_j 的情况下，用他选择的 G_i 能够获取到的话，$j \neq i$）的比例。对于区分掠夺中的防御和进攻的分析，请参见格罗斯曼和金（1995）。

[14] 确定地说，给定（22-15）式中的收益函数和（22-14）式的生产函数的具体形式，我们在（22-3）式中规定的冲突技术的形式使得其存在唯一的纯策略纳什均衡。尤其是，存在性要求 $p_i [\partial^2 p_i / \partial G_i^2] < (\partial p_i / \partial G_i)^2$，均衡的唯一性由（22-1）式的一般特征得到，而（22-3）式的具体形式满足了这种特征。参见什卡佩尔达斯和瑟罗普洛斯（1997）。

$i = 1, 2, G_i^* \in (0, R_i)$。

3.2.1 对称的结果

在经济主体为同质的特殊情况下——即对于 $i = 1, 2$，$\beta_i = \beta = 1$ 并且 $R_i = R$ 的情况——这些条件表明在 $G_i = G^* < R$ 时存在一个唯一的纯策略纳什均衡，并且相应的每个经济主体有相同的机会在冲突中获胜：对于 $i = 1, 2$，$p^* = \frac{1}{2}$。更准确地说，根据（22-3）式和（22-16）式，我们直接可以证明：

$$G_i^* = G^* = \frac{m}{m+1}R, \quad i = 1, 2 \tag{22-17}$$

这个式子随着冲突有效性参数（m）以及初始资源（R）的增加而增加。反过来，从（22-14）式中我们可以发现经济主体联合生产了 $\bar{B} = F(G^*) = \frac{1}{m+1}2R$ 单位的黄油。因此，（22-15）式意味着在这个对称的均衡中，每个经济主体 i 获得的期望收益 $V_i(G^*)$ 等于：

$$V_i(G^*) = V^* = \frac{1}{m+1}R, \quad i = 1, 2 \tag{22-18}$$

上式随着冲突有效性参数 m 的增加而减小，但随着每个经济主体得到的初始资源 R 的增加而增加。这些也正是第 3.1 节中介绍的更简单模型的含义。

即使我们放松了对称性的假设，转而认为 $R_1 \neq R_2$，但仍保留两个经济主体生产率相同的假设条件，即 $\beta_1 = \beta_2 = 1$，我们还是可以得到一个对称的均衡。也就是，令 $\bar{R} \equiv \frac{1}{2}[R_1 + R_2]$ 表示两个参与者初始资源的平均值，并且假定存在内部最优点，[15]（22-16）式给出的条件暗示了如下的枪支的解：

$$G_i^* = G^* = \frac{m}{m+1}\bar{R}, \quad i = 1, 2 \tag{22-19}$$

在这种情况下，尽管他们初始禀赋不同，当事双方却拥有相同数量的枪支（$G_1^* = G_2^*$），所以经济主体的期望收益是相同的，表示为：

$$V_i(G^*) = V^* = \frac{1}{m+1}\bar{R}, \quad i = 1, 2 \tag{22-20}$$

这意味着不安全消除了初始资源禀赋在不同部门间变化对个人收益的影响。杰克·赫什利弗（1991）把这种趋势命名为"力量的悖论"，并把它归因于

---

[15] 当任何一方都不会把全部资源用于枪支生产时，内部最优的充分必要条件如下：如果 $R_i > R_j$，那么 $R_j > \frac{m}{2+m}R_i$。这个条件要求两个参与者初始资源的差距不能太大。

相对贫穷的一方认为掠夺的边际回报比起有益的生产的边际产品要相对高些。⑯ 因此，较贫穷的一方倾向于把初始资源的相对较大比例用于掠夺。但这个结论并不必然能够扩展到生产函数 $F(X_1, X_2)$ 为一般形式的情况，即生产函数是线性齐次，并且是递增的，但在每个产出水平上是严格凹的 [参见什卡佩尔达斯和瑟罗普洛斯（1997）]。

3.2.2 非对称的结果

现在假设经济主体在他们的初始资源 R_i 和他们的边际产品 β_i 上都各不相同。特别假定 $\beta_1 > \beta_2$，这样经济主体 1 在有益的生产方面具有比较优势。进一步假设存在一个完全的内部最优点。⑰ 下面来看经济主体 $i=1$ 的一阶条件同经济主体 $i=2$ 的一阶条件的比率，根据（22-16）式和（22-9）式，经过整理后有：

$$G_2^* / G_1^* = [\beta_1 / \beta_2]^{\frac{1}{m+1}} \tag{22-21}$$

或者当且仅当 $\beta_1 > \beta_2$ 时，$G_2^* > G_1^*$。那也就是说，从有更大可能在冲突中成为获胜者并独自享有全部产出 $\overline{B}$ 的意义上讲，在有益的生产方面生产率较低的经济主体将是更有力量的经济主体：$p_1(G_1^*, G_2^*) < p_2(G_1^*, G_2^*)$，或者等价地，从（22-21）式和（22-3）式得到：

$$p_1^* = \frac{1}{1+(\beta_1/\beta_2)^{\frac{m}{m+1}}} < \frac{1}{2} < 1 - p_1^* = p_2^* = \frac{1}{1+(\beta_2/\beta_1)^{\frac{m}{m+1}}} \tag{22-22}$$

对一阶条件进行进一步处理，对 $i=1, 2$，（22-16）式给出如下的枪支均衡解：

$$G_1^* = \frac{\frac{m}{m+1}[\beta_1 R_1 + \beta_2 R_2]}{\beta_1[1+(\beta_2/\beta_1)^{\frac{m}{m+1}}]} < G_2^* = \frac{\frac{m}{m+1}[\beta_1 R_1 + \beta_2 R_2]}{\beta_2[1+(\beta_1/\beta_2)^{\frac{m}{m+1}}]} \tag{22-23}$$

这些解和（22-14）式给出的生产函数形式进一步表明，经济主体联合生产的黄油等于 $F(G^*) = \frac{1}{m+1}[\beta_1 R_1 + \beta_2 R_2]$。那么我们很容易证明，经济主体 i 预期在均衡时获得的收益，记为 $V_i(G^*) = p_i^* F(G^*)$，$i=1, 2$，对于生产率较低的参与者 $i=2$，这个收益较高，仅仅是因为 $p_2^* > p_1^*$，这里 p_i^* 等于

---

⑯ 力量（或者消费份额）在有着不同初始资源的参与者之间均等化的情况被赫什利弗概括为悖论的"强形式"。他也解释了"弱形式"，就是消费份额的差距小于初始资源禀赋差距的情况。

⑰ 如在前面的例子中所描述的，一个内部最优点，即对所有的 $i=1, 2, X_i > 0$ 的点，要求经济主体之间所有的非对称性都是相当小的。尤其是在假定 $R_i > R_j$ 的条件下，（22-23）式所示的解能够成立的充分必要条件为 $[1+(m+1)(\beta_i/\beta_j)^{\frac{m}{m+1}}]\beta_j R_j > m \beta_i R_i$。

(22-22)式所示的掠夺解。在这里有一点是很重要的,如果黄油的生产函数形式要比(22-4)式所假设的更加一般化,不等式 $\beta_1 > \beta_2$ 并不必然表示经济主体 $i=1$ 有着相对较高的生产率。不管怎样,产权是不安全的,与对手相比谁有着相对较高的生产率,谁就只有更小的机会享受自己生产的产品。[18]

这一结果乍看起来似乎让人吃惊。毕竟它与新古典经济理论的预测形成了鲜明的对比。新古典经济理论以明确定义的产权和完美且无成本地执行产权为基础,因此经济主体根据他们相对的边际生产率获得补偿。但这里的结果完全与经济理论相符。特别是它建立在自私性假设之上,认为每个经济主体都会充分发挥自身的比较优势。此外,尽管这个结论产生于一个简单的模型中,但它是十分强健的。尤其是在对称冲突技术的一般类型下它仍然成立,也就是生产技术的形式要比我们这里假定的更加一般化。[19]

(22-21)式显示了这个模型另一个惊人的结果,类似于上文提到的"力量的悖论"。也就是,给定枪支生产的资源约束,$R_i - G_i \geq 0$ 或者 $X_i \geq 0$ 不是紧的,[20] 力量的均衡分布仅仅取决于参与者边际产品 β_i 和冲突有效性参数 m 的相对值。初始资源 R_i 在经济主体 $i=1,2$ 之间的分布不起任何作用。这一发现可以归因于以下两个假设的综合作用:(1)经济主体是风险中性的;和(2)生产(投入要素之间)或者消费(不同类型的消费品之间)不具有互补性。如果放松这两个假设条件中的任意一个,资源禀赋的不对称将破坏敌对双方的枪支选择,进而影响到力量的确定。在这种情况下,一个经济主体获胜的概率将与他相对于其对手的资源禀赋规模正相关。[21]

生产率和力量之间的这种反向关系有助于我们理解大多数人类历史的经验规律:那些享受最高的物质回报的人,或者拥有至高权利的人,同时也是暴力专家。国王、贵族、爵士以及武士将他们生活的物质标准归功于强权而不是他们的经济生产率。正如米尔格龙(Milgrom,1988)及拉詹和津盖尔斯(Rajan & Zingales,2000)所认为的,在现代组织中,如果缺少足够的约束力限制这些组织有影响力的活动的话,类似的趋势就仍然存在。

最后,关于冲突有效性 m 的定性影响,在这种情况中与在前一节的简单模型中是一样的。特别是,较大的 m 值表示所有经济主体有着更大的动机使

---

[18] 关于经济主体投入品之间替代或者互补弹性的更加详细的讨论和分析请参见什卡佩尔达斯和瑟罗普洛斯(1997)。

[19] 参见什卡佩尔达斯和瑟罗普洛斯(1997)。这个结果在动态环境中对于激励创新的含义将在下面的第8节中讨论。

[20] 参见非对称结果的第一个脚注(原文第17个脚注,译者注)。

[21] 资源禀赋差异在这种情况下至关重要,而不管参与者的生产率是否相同($\beta_1 = \beta_2 = 1$)。参见什卡佩尔达斯和瑟罗普洛斯(1997),他们提供了这方面的研究结果。

用武力，结果是黄油的产量和物质福利也就更少。

4. 在冲突的阴影下和解

我们的论述到目前为止并未区分产生或然性结果的冲突和产生确定性结果的冲突，在前者中每一个竞争者以一个概率获胜，而在后者中每一方得到部分他们所争夺的财产。在风险中性的假定下可以推导出对代表性模型的或然性解释和确定性解释是等价的。然而，风险中性既不充分也非必要。实际上，在无政府状态下的相互作用尤其可以使互动双方在很大程度上迁就融合，公开的冲突（或者战争）只是最后的解决手段，但冲突与和解状态下的结果是截然不同的。

为了说明什么样的条件可能更有利于和解，也就是各个参与方之间的谈判（一场"冷"战）将更有可能代替公开的冲突（一场"热"战）来分配被争夺的商品，我们把参与者之间的相互作用设想为一个两阶段博弈，下面是行动规则：

阶段1：参与方各自独立并且同时作出枪支选择。

阶段2：给定这些选择，他们就如何分配被争夺的物品进行谈判。

    2.1 如果他们就分配达成一致，就相应地分享物品。

    2.2 如果谈判陷入僵局，他们的谈判以冲突结束，获胜者得到全部战利品，不给另一方留下任何东西。

是否发动战争的决策在第2阶段作出。显然，双方不得不达成某个特殊的分配以求和解会是一个均衡结果，但只要一方必须决定发动战争，其结果就是公开的冲突。对于双方来说存在很多令人信服的原因使他们在第2阶段偏好于和解，我们将在下面的内容中首先简单讨论一些主要原因。然后我们会描述在各种分配规则下和解结果的特征。

4.1 偏好于和解的原因

4.1.1 公开冲突的破坏性和附加成本

与我们在前一节模型中暗含的假设相反，公开冲突通常会破坏产出和资源，并且在武力使用方面超出了能够使双方谈判和解所必需的数量。在战争不能产生任何收益的合理假设下，谈判和解应该是可行的——也就是如果双方有公开的渠道进行交流。

举例来说，我们回到第3.2节的基准模型，任何特定的枪支选择都可能已在第1阶段作出，如 G'_i，$i=1,2$，根据（22-14）式给出的技术约束，它将使黄油按照下面的形式进行生产：$F(G) = \sum_{i=1}^{2} \beta_i [R_i - G'_i]$。我们假定，在这种情况下如果发生战争，黄油的总产出 $F(G)$ 中只有 $\varphi<1$ 的部分留给胜利者，而剩余的 $1-\varphi$ 部分在战争中毁掉了。与此相反，在和解的情况下，这一产出按照获胜概率进行分配。那么，如果给定（22-1）式中的冲突技术，公开冲突下的期望收益将是 $p_i(G'_1, G'_2)\varphi F(G)$，$i=1,2$。和解避免了战争的损失，参与者的收益为，对于 $i=1,2$，$p_i(G'_1, G'_2)F(G)$。给定 $\varphi<1$，双方都有同意根据获胜概率来划分全部"蛋糕"的激励。需要指出的是，尽管假设了双方是风险中性的，这种激励仍会出现，这表明仅仅知道他们对风险的态度还不足以确定他们相对于公开冲突更喜爱和解的偏好。

当然，还有很多其他的方式来分配"蛋糕"，但每个参与者会终止谈判并发动战争的选择限制了这些可能的方式。那就是说，在公开冲突下每个经济主体的期望收益定义了在各种分配规则中经济主体愿意接受的最小收益，而它取决于他们事先的拥有枪支的选择。同时，经济主体拥有枪支有助于和解方案的执行。因此，这些协议的可行性并不依赖于第三方的强制力，可以在无政府状态下实现。在下文中，我们要介绍一个既包含掠夺也包含生产的模型，并假设经济主体是同质的，正如这个模型所要讨论的那样，在一系列分配规制中，至少存在一个在无政府状态下可以实现的分配规则（即那些当事双方都能接受的规则）要严格占优于我们已经考虑过的单纯以获胜概率为基础的分配规则。因此，在这里我们证明了在最不利于出现偏好于和解的条件下这一偏好出现的可能性。

4.1.2 风险规避和冲突的不确定性

公开冲突的结果通常会受到很多不确定性的影响。尽管我们已经在模型中考虑了这种不确定性，但同时我们也保留了竞争者是风险中性的假设，即认为他们不关心公开冲突的结果带来的风险。但是，事实是大多数人都是风险规避的，尤其是在非常不确定的事件将会发生时——比如说战争，这些事件会极大地影响人们的工作、职业发展、健康，更一般的情况是影响人们的生命。如果可能的话，他们将避开风险，但是如果不可能避开这些风险，人们将尽量免受其影响。我们认为这种对待风险的态度会转移到政治和军事领导人身上，并且会影响到整个国家层次上的风险偏好。因为战争是不确定的，但是特定的和解方案是确定的，我们能够认为会有一系列的谈判和解方案被双方所青睐。

这个逻辑从我们第3.2节的基准模型中可以看到。我们再次考虑在阶段1作出的特定的枪支选择，如 G'_i，$i = 1$，2。那么（22 - 14）式给出的生产函数意味着黄油的总产出如下：$F(G) = \sum_{i=1}^{2} \beta_i [R_i - G'_i]$。为了把风险规避的重要性单独分离出来，我们假设（黄油）在战争中没有损失：$\varphi = 1$。一个严格凹的冯·诺依曼—摩根斯坦利效用函数，即 $U(\cdot)$，$U_B > 0$，$U_{BB} < 0$ 表明经济主体是风险规避型的，这里下标表示偏导数。那么，一旦发生了冲突，经济主体 i 的期望收益会是 $p_i(G'_1, G'_2)U(F(G)) + [1 - p_i(G'_1, G'_2)]U(0)$。相对地，在和解情况下，每个参与者都会以他的获胜概率，或者 $p_i(G'_1, G'_2)F(G) + [1 - p_i(G'_1, G'_2)]0 = p_i(G'_1, G'_2)F(G)$ 为比例得到一定份额的黄油，他的收益为 $U(p_i(G'_1, G'_2)F(G))$。由于 $U(\cdot)$ 是严格凹的，对于给定的枪支选择的集合 G'_1 和 G'_2，和解情况下的收益严格大于战争状态下的期望收益。因此，风险规避会促使双方同意按照他们的获胜概率分配蛋糕。[22] 这样可以避免争斗。

实际上，认为不确定性有多种来源是非常合理的，而我们假设了一种——谁会胜利，谁会失败——概率为 $p_i(G'_1, G'_2)$，$i = 1$，2，且为双方所共知。但我们的结论是否低估了经济主体对和解的偏好呢？只假定不确定性的一种来源确实传递给双方相当多的信息。但考虑更多的不确定性来源（如不同的预期，预测的或然性等）会使得风险规避的参与者更加保守，并更愿意谈判，虽然这一点不是直接能够看到的。就我们所知，还没有人正式地考察过在如此复杂的情况下风险规避会产生的影响。有一项非常著名的且与我们所讨论问题相关的结论，那就是在存在不完全信息时，每个参与方关于他们之间相互作用的信念集合是不同的，竞争者在均衡时更加可能选择公开的冲突［布里托和英特利盖特（Brito & Intriligator，1985）以及贝斯特尔和韦内吕德（Bester & Wärneryd，2006）］。[23]

4.1.3 生产和消费的互补性

公开冲突除了产生获胜者和失败者外，还会导致另一个结果，就是被争夺的物品在参与方之间的分配会大大偏离生产或消费的最优水平。例如，考虑两

---

[22] 在下文中我们会再次表明，按照经济主体获胜的概率来分配蛋糕并不一定是最好的规则，因此对于和解的偏好可能要强于这些计算所显示的情况。

[23] 风险规避也会产生类似于前文所考察的分配效应。参见什卡佩尔达斯（1991）和康拉德以及施莱辛格（1997）。

个经济主体争夺某些领土。在战争情况下,获胜方能够获得所有被争夺的土地,但要减去本国那些可能流亡到失败方剩余领土上的人们。在这种情况下,相对于可利用的劳动力而言胜利者可能拥有了过多的土地,而失败国的土地相对于可利用的劳动力来说则是不足的。在谈判和解的情况下,两个国家能够避免这种失衡,因此双方的境况都会好于预期在战争情况下得到的条件。类似的,最终的消费品之间也存在着互补性,相似的推理显示人们更倾向于谈判和解的方式。

为了使这种推理更加清晰,我们必须考虑一个略微不同的冲突模型。根据我们前面的讨论,可能要对第 3.2 节中的基准模型进行一些修正。在修正后的模型中,两个经济主体,$i=1,2$,并不争夺他们的产出。相反地,与第 3.1 节中的模型一样,他们竞争一种生产性资源,即我们用 T 来表示的领土或土地。用 T_i 代表国家 i 拥有的土地,无论是在获胜者全拿的公开冲突中,还是以获胜概率进行分配的和解方案中,T_i 根据第 2 阶段谈判过程的结果而实现。与此同时,与第 3.2 节中的模型一样,这个修正的模型假定每个经济主体被赋予了一种安全资源,即 $\hat{R}_i$ 单位的人力资本,他会把这些人力资本分配在掠夺性活动 (G_i) 和生产性活动 (L_i) 上,并满足约束条件 $\hat{R}_i = G_i + L_i/\beta_i$。㉔ 如果用 T_i 和 L_i 表示每个经济主体 i 的投入品,他根据如下的技术函数生产黄油 B_i,$B_i = F(T_i, L_i)$,$i = 1, 2$,(给定 G_i 时) 它对 T_i 和 L_i 是递增的和严格凹的,并且表现出投入要素之间具有一定的互补性,$F_{T_iL_i} > 0$,下标表示偏导数。现在再一次假定在阶段 1,每个经济主体选择某个数量的枪支 G'_i,为黄油生产留下 $L'_i = \beta_i[\hat{R}_i - G'_i]$ 单位的劳动力。那么,在公开冲突的情况下,经济主体 i 的期望收益将是 $p_i(G'_1, G'_2)F[T, L'_i] + [1 - p_i(G'_1, G'_2)]F[0, L'_i]$。在谈判和解的情况下,每一方按照等于其获胜概率的份额得到部分被争夺的资源 $T_i = p_i(G'_1, G'_2)T$,每个经济主体 i 得到的收益将是 $B_i = F[p_i(G'_1, G'_2)T, L'_i]$。尽管每个经济主体被假定为风险中性的,对于任何给定的枪支选择 G'_i,$i = 1, 2$,$F(\cdot, L_i)$ 对土地的严格凹性使得参与者谈判和解的收益严格大于他们各自在战争状态下的期望收益。

㉔ 给定在这里我们要研究生产中的互补性,不仅区分安全和不安全的资源禀赋是非常重要的,区分不同类型的投入要素也是如此。因此,尽管我们在第 3.2 节的模型中把安全资源 R 看做是劳动、土地、资本以及其他投入要素的组合体,我们必须把修正后框架中的安全资源 $\hat{R}$ 限定到除去土地这种不安全资源之外的一个更小的范围里。就在这个修正后的框架中所有的土地都是不安全的,这一点对我们的分析意图并不重要。但是,如果我们放松这一假定,衡量 T_i 时要把经济主体 i 的安全的土地数量包括其中。

— 63 —

4.2 有多少军备？不同分配规则下的和解方式

由第3.2节所描述的基准模型可以变形出很多不同的两阶段冲突模型，以这些模型为基础，并结合前面规定的行动准则，我们证明了存在很多不同的情形使得人们比公开冲突更加偏好于和解。对于符合我们前面规定的行动准则的博弈，和解将会是任意完美均衡的一部分。然而，我们至今还没有触及到和解对于军备的意义。回顾一下，在无政府状态下，各个参与方不会作出关于枪支选择的可信的承诺。在未来达成谈判和解的预期能减少参与方相对于预期战争状态下所选择的军备数量吗？此外，在众多可能的谈判和解方案和双方都接受的分配规则中，哪些会成为双方都期望使用的呢？是否存在一些比其他更好的分配规则，如果是这样，在什么意义上是更好的呢？尽管我们不能回答所有这些问题，但在这一小节中我们说明不同的分配规则如何影响军备和物质福利。尤其是，我们证明了军备和福利对分配规则的敏感性。

为了继续分析，我们回到第3.2节的基准模型，对它仅作一点修改，即公开的冲突是破坏性的[25]。具体来说，假设如果战争爆发 $1-\varphi$ 部分的黄油会丧失掉。为方便起见，进一步假设两个经济主体在生产率方面是同质的：$\beta_1 = \beta_2 = 1$。但我们仍然允许他们在初始资源 R_1 和 R_2 上存在差异，让 $\tilde{R} = \frac{1}{2}[R_1 + R_2]$ 代表平均值。如果公开的冲突在第二阶段发生，那最终的黄油的产量为 $\bar{B} = F(G)$，向量 G 表示双方的枪支选择。正如（22-12）式和（22-14）式所显示的那样，当 $\beta_i = 1$ 时，这意味着经济主体 $i = 1, 2$ 的预期收益由在战争中未被破坏的黄油的总产量乘以（22-3）式规定的获胜概率 $p_i(G_1, G_2)$ 来决定：

$$V_i^W = p_i(G_1, G_2)\varphi[2\tilde{R} - G_1 - G_2] \qquad (22-24)$$

其中 $i = 1, 2$。

在谈判和解的情况下，双方同意根据一定的规则划分他们的联合产品，$\bar{B} = F(G)$，它至少部分地取决于参与者们的枪支选择。现在我们假定，根据这个规则，经济主体 i 得到的总黄油产量的份额是 $\delta_i(G_1, G_2)$，这意味着和解情况下的收益为：

---

[25] 如我们前面讨论中所指出的，无论风险规避还是生产或消费中的互补性都同样可以为双方和解创造短期的激励。然而，假定公开的冲突具有一个破坏性因素，会使计算更加容易。对于存在互补性的情况下，安巴尔西、什卡佩尔达斯和瑟罗普洛斯（2002）对可选择的分配规则进行了比较。

$$V_i^S = \delta_i(G_1, G_2)[2\tilde{R} - G_1 - G_2] \qquad (22-25)$$

其中 $i = 1, 2$。

4.2.1 公开冲突下的均衡

为了做进一步的比较，我们考虑这样一种结果，如果双方都预期谈判会破裂，他们将在第 2 阶段公开冲突。带着这种预期，每个经济主体 i 会在第 1 阶段以（22-3）式的冲突技术为约束条件，选择 G_i 以最大化他的期望收益 V_i^W，而把对方的选择视为给定。假定存在一个内部最优解，那么经济主体最优化问题的一阶条件由 $\frac{\partial V_i^W}{\partial G_i} = \frac{\partial p_i(G_1, G_2)}{\partial G_i}\varphi[2\tilde{R} - G_1 - G_2] - \varphi p_i(G_1, G_2) = 0$，$i = 1$，2 给出。我们发现 $\varphi > 0$，它可以从每个经济主体一阶条件左侧（疑为"右侧"——译者注）的第一项和第二项中约掉，第一项是枪支的边际收益，而第二项是枪支的边际成本。这样，对于 $i = 1, 2$，上述条件可以简化为从第 3.2 节模型中推导出的（22-16）式，但要取 $\beta_1 = \beta_2 = 1$。从以上条件以及（22-3）式和（22-9）式中我们可以很容易地证明，最优解 G_i^W 可以表示为：

$$G_i^W = G^W = \frac{m}{m+1}\tilde{R}, \quad i = 1, 2 \qquad (22-26)$$

它等于我们假定战争不具破坏性情况下的解（22-19）式。[26] 这些解反过来意味着力量的平均分布：对于 $i = 1, 2$，$p^W = \frac{1}{2}$。这样把（22-26）式和（22-14）式合并在一起得到，在考虑到战争的破坏作用之后，可以用于消费的黄油的数量为：$\varphi F(G^W) = \frac{2\varphi}{m+1}\tilde{R}$。因此在战争情况下各参与方 i 的期望收益 V_i^W 为：

$$V_i^W = V^W = \frac{\varphi}{m+1}\tilde{R}, \quad i = 1, 2 \qquad (22-27)$$

它随着战争的破坏性（$1 - \varphi > 0$）和冲突的有效性（m）的增加而减小，但随着初始资源平均值（$\tilde{R} \equiv \frac{1}{2}[R_1 + R_2]$）的增加而增加。

---

[26] 因此，当战争具有破坏性时，内部最优条件与战争具有破坏作用情况下概括出的条件是相同的（见 3.2.1 中的第一个脚注）。

4.2.2 和解下的均衡：根据获胜概率进行分配

现在我们假定双方都预期到在第 2 阶段他们将会就按照获胜概率分配总产出达成一致，即根据：$\delta_i(G_1, G_2) = p_i(G_1, G_2)$，概率由 (22-3) 式定义。给定这种预期，每个参与方 i 在第 1 阶段以 (22-3) 式为约束条件选择 G_i 以最大化 V_i^S，而把其他经济主体的选择视为给定。在这种情况下，相应的一阶条件为：

$$\frac{\partial V_i^{PS}}{\partial G_i} = \frac{\partial p_i(G_1, G_2)}{\partial G_i}[2\tilde{R} - G_1 - G_2] - p_i(G_1, G_2) = 0, \quad i = 1, 2$$

这与预期战争会发生时的一阶条件是相同的，因为 φ 可以从后者的表达式中约去，这意味着以 G_i^{PS}，$i = 1, 2$，表示最优的枪支选择，在这种情况下等于预期阶段 2 会发生公开冲突时的最优选择，即 $G^{PS} = G^W$，G^W 如 (22-26) 式所示。

我们不应该对这一结果感到惊讶。给定风险中性和产出对投入要素 X_i，$i = 1, 2$，的可分离性，在以 $\delta_i(G_1, G_2) = p_i(G_1, G_2)$ 为分配规则的和解情况下，枪支边际收益相对于边际成本的比例等于公开冲突中的这一数值。如果激励结构在边际意义上保持不变，双方会自然地同冲突情况下一样，分配同样多的资源到枪支（的生产）上，这样每一个参与者都确保相对于战争情况下他们各自的力量状况而言，他的对手在谈判时在讨价还价的地位方面不会取得任何优势。结果就是，双方在和解情况下投入到联合生产的中间产品的数量和战争情况下的数量相等，总的黄油产量也保持不变。

然而，预期发生战争情况下和预期和解情况下参与者为枪支生产分配资源数量的等价性不应当被认为它表明了战争破坏作用的无关性。战争的破坏性影响确实重要，因为和解情况下可分配产品的数量 ($F(G^{PS})$) 与战争情况下可分配产品的数量 ($\varphi F(G^W)$) 之间的差值，由 $F(G^{PS}) - \varphi F(G^W) = \frac{2(1-\varphi)}{m+1}\tilde{R}$ 给出，根据我们对战争具有破坏性的假设，$1 - \varphi > 0$，它是正数。虽然在考虑到经济主体会避免公开冲突的破坏性影响后，经济主体在和解时的分配方案恰好与公开冲突时的一致（对于 $i = 1, 2$，$p^{PS} = p^W = \frac{1}{2}$），以 $\delta_i(G_1, G_2) = p_i(G_1, G_2)$ 的规则和解会为双方带来更高的收益 V_i^{PS}，表示如下：

$$V_i^{PS} = V^{PS} = \frac{1}{m+1}\tilde{R}, \quad i = 1, 2 \tag{22-28}$$

它超过了 (22-27) 式所表示的在战争情况下得到的期望收益 V^W。上文中给出的差值 $\frac{1}{2}[F(G^{PS}) - \varphi F(G^W)]$ 是正的，并且随着初始资源 $\tilde{R}$ 的平均值，以及战争对产出的破坏性影响 $1-\varphi$ 的增加而增加，但随着冲突有效性 m 的增加而减小。m 的负面影响可以归结为它对和解即战争情况下的黄油生产造成了相同的负面影响，而仅仅在后一种情况中这种影响才受制于破坏性。

4.2.3 和解情况下的均衡：分割剩余的分配规则

一定有人还想知道，是否有可能让经济主体按照一定的规则分配联合生产的产品以达到和解，而不用在枪支生产方面投入太多资源。一个可选的分配规则是平分相对于战争爆发临界点的剩余；因此，我们把这一规则叫做"分割剩余"一点儿也不奇怪。在风险中性的假设下，这一规则符合规定，这些规定保证了对称的谈判解，也包括纳什谈判，并且这个规则可以通过很多不同的博弈非合作地实施［见穆托（Muthoo,1999）或奥斯本和鲁宾斯坦（Osborne & Rubinstein, 1990）］。对于任意给定的 G_1，G_2，令 $V_1^S - V_1^W = V_2^S - V_2^W$，我们就可以很容易地得到这个规则，这里，$p_1(G_1,G_2) = p(G_1,G_2)$，$p_2(G_1,G_2) = 1 - p(G_1,G_2)$，$\delta_1(G_1,G_2) = \delta(G_1,G_2)$ 和 $\delta_2(G_1,G_2) = 1 - \delta(G_1,G_2)$：

$$\delta(G_1,G_2) = \varphi p(G_1,G_2) + \frac{1}{2}(1-\varphi) \tag{22-29}$$

我们继续使用（22-3）式所示的幂函数形式。在和解条件下每个参与方占有总产出的份额，对于经济主体 $i=1$ 是 δ，对于经济主体 $i=2$ 是 $1-\delta$，它们是以下两种可能的规则的加权组合：

（1）概率型的竞争成功函数 $p(G_1,G_2)$，和

（2）直接把产出五五分成。

相对权重是由破坏参数 $1-\varphi$ 决定的。当 φ 较小时表明更多的产品在战争中被破坏了，冲突技术在决定最终产品的分配方面起着较小的作用，并且每一方的枪支选择对和解结果的影响也较小。

当经济主体预期到在第二阶段他们将会同意以（22-29）式为基础分配他们的联合产品时，他们在第 1 阶段做出的最优枪支选择又会是对称的，但不同于他们预期到公开冲突会发生时的选择（或者等价于他们预期到和解时根据各自的获胜概率来划分联合产品时的选择）。特别的，对经济主体 $i=1,2$，最优化问题的一阶条件在这种情况下分别由下面的式子给出：

$$\frac{\partial V_1^{SS}}{\partial G_1} = \frac{\partial p(G_1,G_2)}{\partial G_1}\varphi[2\bar{R} - G_1 - G_2] - \delta(G_1,G_2) = 0,$$

$$\frac{\partial V_2^{SS}}{\partial G_2} = -\frac{\partial p(G_1,G_2)}{\partial G_2}\varphi[2\bar{R} - G_1 - G_2] - [1 - \delta(G_1,G_2)] = 0,$$

$\delta(G_1,G_2)$ 由（22-29）式给出，利用（22-3）式和（22-9）式，我们

可以发现在对称均衡中，经济主体分配给枪支的资源，记为 G_i^{SS}，可以表示为：

$$G_i^{SS} = G^{SS} = \frac{\varphi m}{\varphi m + 1}\tilde{R}, \quad i = 1, 2 \qquad (22-30)$$

因为 $\varphi < 1$，在使用这一规则的和解情况下，分配给枪支的资源少于战争条件下的：$G^{SS} < G^{PS} = G^W$。在分割剩余这种分配规则下，经济主体枪支选择的影响力越小，它造成的均衡时武器数量就越少，而且要少于无论是公开冲突还是以 $\delta_i = p_i$ 为分配规则的和解情况下会出现的武器数量。此外，当战争变得更具破坏性（即当 φ 减小）时，枪支对 $\delta(G_1, G_2)$ 的重要性进一步减小，结果它对均衡时分配给枪支资源的重要性也是如此。因为两个经济主体生产同样数量的枪支，$p^{SS} = 1 - p^{SS} = \frac{1}{2}$ 意味着每个参与方在谈判中的处境可以争取到一半的总产量：$\delta = 1 - \delta = \frac{1}{2}$。根据（22-14）式给出的生产函数形式，如果继续假定冲突是破坏性的 ($1 - \varphi > 0$)，经济主体枪支选择带来的总产出 $F(G^{SS}) = \frac{2}{\varphi m + 1}\tilde{R}$，会超过战争情况下的总产出 $F(G^W)$。产量解和以 $\delta = \frac{1}{2}$ 为基础的分配规则说明，在使用分割剩余规则进行分配的和解情况下，参与方 i 可以得到收益 V_i^{SS}，它等于：

$$V_i^{SS} = V^{SS} = \frac{1}{\varphi m + 1}\tilde{R}, \quad i = 1, 2 \qquad (22-31)$$

上式严格大于 V^{PS}，也大于 V^W。在这种情况下，来自和解的潜在短期收益，由 $V^{SS} - V^W = \frac{m(1-\varphi)}{(m+1)(\varphi m + 1)}\tilde{R}$ 来表示，它是初始资源的平均值 ($\tilde{R}$) 和战争的破坏性因素的增函数，战争的破坏性因素和以前一样表示为 $1 - \varphi$，并且也随着冲突的有效性 (m) 的增加而增加。m 的正面影响可以归结于，给定任意 m，相对于公开冲突的情况而言，这种特殊的分配规则下减少了参与者生产武器的激励。也就是说，在和解的情况下黄油生产对 m 增加的敏感程度小于公开冲突的情况。尽管随着 m 的增加，冲突及和解情况下黄油的产量都下降了，但对于任何给定的 m 的增加幅度，$F(G^{SS})$ 下降的程度小于 $F(G^W)$ 下降的程度，因此和解可能的收益扩大了。

4.2.4 讨论：分配规则与行为准则

存在各种各样其他的分配规则，它们对经济主体枪支选择的敏感性各不相同。在另外一个更为复杂的，类似于上述第 4.1.3 节中描述的环境，安巴尔西、什卡佩尔达斯和瑟罗普洛斯（Anbarci, Skaperdas & Syropoulos, 2002）考察了在和解情况下，参与者武器选择相对于分配规则的敏感性，而和解方案产生于三种可供选择的谈判解概念。在分析中他们发现，一个规则依赖参与方威胁点的程度（即他们在冲突情况下的期望收益）对和解情况下该规则引致枪支产量有正面影响，而他们在讨价还价时的相对地位却不受影响，并因此对参与者的收益产生负面影响。[27] 他们的发现表明，在无政府状态下"规范对抵制威胁"有积极的作用。尤其是，这些规范可以影响参与者的行为，降低他们使用武力的激励，却不会在实质上改变和解的条款，从而即使在缺少更高权力机构的情况下提高了物质福利。其他的规范和制度同样在无政府状态下限制了军备，虽然我们不期望它们能完全代替枪支。枪支将永远存在，因为当其他途径都不奏效时，它们是传达使用武力的可置信威胁的"最后手段"。但如果规范、制度和组织被广泛认可为与解决争端有关，那么在相当大的程度上，外交和政治可以用来代替军备。

在可以追溯到阿克塞尔罗德（Axelrod, 1984）的一系列相关文献中，社会学家已经把规范、机构和组织的演化模型化为无限期重复超博弈的合作均衡。在这样的博弈中，各个参与方越是重视未来，可行结果（即那些在无政府状态下可以实现的结果）的集合就越大，与公开的冲突相比，所有的利益相关参与者都更偏好于这些结果。这种方法利用了具有动态策略的重复博弈，为采用规则或者要求降低枪支开支的规范提供了基本原则，这样可以为黄油生产留下更多的资源。[28] 不过，鲍威尔（Powell, 1993）以及什卡佩尔达斯和瑟罗普洛斯（1996a）发现，在不同的环境中，未来不确定性的时期越长就越会增加参与者在冲突情况下使用武力的激励。此外，正如我们将在下一节中看到的，未来不确定性的时期更长，能够逆转他们对和解及战争的偏好顺序，转而偏好于战争。

---

[27] 所分析的规则包括：（1）当存在基数偏好时的分割剩余规则；（2）平等的牺牲规则，它分割了参与方最大的、可行的收益与他们各自在冲突情况下收益的差值；（3）Kalai－Smorodinsky规则，它实际上就是前两项规则的加权平均。在这些规则中，平等的牺牲规则引致的枪支产量最小，而分割剩余规则处于产量范围的另外一端，Kalai－Smorodinsky规则则位于这两个极端之间。安巴尔西，什卡佩尔达斯和瑟罗普洛斯（2002）指出，即使我们偏离了对称的情况，只要差距不是变得过大，这些趋势仍然保持不变。在我们设定的简单情况中，只要帕累托边界是线性的，所有分配规则将会产生相同的解。

[28] 加芬克尔（1990）表明，对于一个给定的分配规则，这个集合如何受到外在因素的限制——也就是，如何从参与者初始资源禀赋中（相同地）提炼出分布的均值和方差。一个更大的均值增加了那个集合，而均值保留展型则减小了该集合。

5. 为什么要战争？

既然我们的讨论明确了很多不同的因素，它们通常形成短期内和平优于公开冲突的偏好，那么在整个历史中出现的国家之间和国内的战争就似乎令人费解了。在下面的内容中，关于为什么我们会看到公开的冲突，我们简要介绍了一些长期存在的和较新的解释。

5.1 传统的解释：信息不对称、误解和非理性

人们经常把战争归因为误解、误会，或简单地归结为非理性和本能。但是，那些在"理性"行为假说下寻求解释的人们常常把战争的原因归结为在信息不对称情况下出现的各种问题，此时卷入冲突的参与人被假设为在以下方面比对手更了解自己：他们自身对被争夺物品的估价，他们对承担战争风险的意愿，以及他们自己军事实力的强弱。如果参与方在谈判过程中可以就他们私人掌握的但无法核实的信息与对手交流，并使对手相信，那他们就更容易实现和平解决。正如上面所讨论的，这样的结果比公开冲突更受欢迎。然而也存在谎报信息的动机。具体来说，每一个参与方都想表现得比他们的真实情况更加"强硬"——不仅在他们斗争的决心方面，而且在他们的军事实力方面也是如此——这样可以在谈判中获得更有利的位置。因此，任何通过口头交流揭示私人信息的努力都不可能非常成功。但布里托和英特利盖特（1985）在他们的开创性著作中指出，战争作为一种昂贵的沟通手段会出现在一个分离均衡中。费伦（Fearon, 1995）沿着相似的思路指出，在信息不对称的情况下，一个国家可能选择战争，这是一种先发制人的举动，他以高昂的成本向在未来谈判中可能遇到的对手展示了自己的实力。桑切斯·帕热斯（Sánchez-Pagés, 2004）扩展了这一推理分析，他假设有关敌对双方实力的信息能够在谈判前或谈判期间的有限战争的战场上传递，直至最终达成和解或者谈判破裂，而后者会导致一场全面战争。阿藏和梅纳尔（Azam & Mesnard, 2003）以及贝斯特尔和韦内吕德（Bester & Wärneryd, 2006）给出了信息不对称条件下，不可能达成和平协议的条件。[29]

---

[29] 可以肯定的是，在有些情况下信息不对称可以缓解冲突。特别是韦内吕德（2003）指出，与双方中只有一方完全了解奖金价值的情况相比，如果双方对被争夺奖金的价值拥有同样的信息，那么他们之间的冲突会更为激烈，也因此导致了均衡时有更多的武器。

5.2 未来不确定性下的不完全契约

然而如果完全不考虑信息的问题，战争可能是合理的。最近由费伦（1995），鲍威尔（2006），以及我们自己在加芬克尔和什卡佩尔达斯（2000）中提出了这样一种可供选择的解释，它有两个重要的组成部分：

（1）尽管根据军备情况并在冲突的威胁下可以签署短期契约，但敌对双方无法执行关于军备的长期契约。

（2）相对于存在冲突威胁情况下的和平契约，公开冲突以不同的方式改变了敌对双方在未来的战略地位。

为了说明这些，我们把第3.1节中的一期模型扩展到两个时期，用时期 $t=1$ 代表现在，用时期 $t=2$ 表示未来，并且假定战争有破坏性，$\varphi<1$。[30] 在每个时期 $t=1, 2$ 的期初，有 $R=2R$ 单位可以被直接消费的初始资源。各个时期内的行动顺序都按照前一节中规定的进行：在时期 t 的第一阶段，每个参与方作出枪支选择；在时期 t 的第二阶段，给定他们的枪支选择 G_{it}，$i=1, 2$，他们决定就资源 R 的分配达成和解还是发动战争。我们假设在和解情况下，按照（22-29）式分配资源，即平均分割剩余。[31] 一旦在 $t=1$ 时发生了战争，获胜方则独自占有除去战争破坏性影响后剩余的被争夺资源 φR 用以消费，而不给战败方留下任何东西。为了以最方便的方法强调战争的长期影响，我们进一步假设，在未来战败一方会完全被消灭。[32] 在这种情况下，获胜一方除拥有今天的资源禀赋之外，还可以享有未来的资源，而不必借助任何一种冲突，也因此无须使用武力。[33] 但是目前和未来的资源禀赋都会受到现阶段战争破坏作用的影响。

---

[30] 在加芬克尔和什卡佩尔达斯（2000）中，我们在上述第3.2节中描述的掠夺和生产模型的框架下继续了这里的讨论。在其他的相关研究中，麦克布赖德和什卡佩尔达斯（2005）考察了这个模型的无穷期形式，这种修正考虑到冲突的最后赢家不得不赢得多次战役的可能性。以相关的有限和无限期模型为基础，贝斯特尔和康拉德（2004，2005）扩大了分析的范围，考察了竞争者之间非对称性的影响，这些竞争者考虑是否对某特定领土发起攻击。

[31] 在参与者都是风险中性且枪支的机会成本是常数，使得帕累托边界为线性的情况下，所有对称的公理性的谈判解会得到相同的结果，这也正是这个规则给出的结果。

[32] 在如什卡佩尔达斯和瑟罗普洛斯（1997）描述的更一般的情况下，生产和生产技术呈现出回报递减，且参与双方投入品具有互补性时，只要假设条件不是那么极端，就能够得到这一推理的定性结果。所要求的条件只是在公开冲突的情况下，战败一方在第二个时期的初始资源相比胜利者来说要足够小。

[33] 严格地说，（22-3）式规定的竞争成功函数要求剩余的一方在军备上投入一些资源。但仅仅需要无穷小数量的枪支就能得到全部的 φR。但为了使问题简化，我们假设在第一阶段毫无收获的参与者不能参与第二阶段的博弈。

在这一动态环境下，参与者在 $t=1$ 时期的两个阶段中采取的行动都会影响他们在 $t=2$ 时期可用的资源数量。理性的、具有远见的参与者在 $t=1$ 时期做决定时会把这个影响考虑在内。但是，这样做需要他们知道对于 $t=1$ 时期发生的每个可能的结果（战争还是和解），在 $t=2$ 时期将会发生什么。这一观点符合"子博弈完美"的概念，对于这样的动态博弈它是一个恰当的均衡概念。因此我们用倒推法求解模型，从第二期也是最后的时期开始。

5.2.1 开端：第二个时期的结果

在博弈的第二个时期也是最后时期，参与双方都不必考虑他们的选择对未来的影响，因为在这一时期之后没有未来。因此，第二时期的条件和有效约束与单期模型中的相同。

当和解出现在第一个时期。如果参与双方在 $t=1$ 时期都没有被战争消灭，他们在 $t=2$ 时期面对的选择与单期模型情况下的选择是相同的。也就是我们在下面会证实的，战争造成的破坏作用让人们产生了对和解的短期偏好。相应的，参与人 i 的枪支选择要最大化 $V_{i2}(G_1,G_2) = \delta_i(G_1,G_2)\bar{R} - G_i$，$i=1,2$，这里 $\delta_1(G_1,G_2)$ 由（22-29）式给出，$\delta_2(G_1,G_2) = 1 - \delta_1(G_1,G_2)$。我们可以很容易证明，对枪支的选择为：

$$G_{12}^S = G_{22}^S = \frac{\varphi m}{2}R \tag{22-32}$$

和前文一样，这里 R 被定义为以人均数量表示的被竞争的资源。这一表达式显示出对枪支的最优选择随着冲突有效性参数 m，和被竞争的资源 $R = \frac{1}{2}\bar{R}$ 的增加而增加。此外，因为参与者按照（22-29）式规定的分配规则确定他们各自享有的被争夺资源的份额，而每个参与者的枪支选择对各自份额的影响与战争的破坏性 $-\varphi$ 负相关，所以和解情况下的枪支生产也与 $-\varphi$ 负相关。实际上，给定战争的破坏性影响（$\varphi < 1$），在以（22-29）式的分割剩余方式为分配规则的和解情况下得到的枪支解小于战争情况下的解，这与第3.2节中包含了生产和掠夺的模型一样（见（22-10）式）。

因为 $G_{12}^S = G_{22}^S$，每个参与者获得同等份额的被竞争资源，$\delta = 1 - \delta = \frac{1}{2}$，这意味着 $t=2$ 时期的收益如下：

$$V_{12} = V_{22} = \left[1 - \frac{\varphi m}{2}\right]R \tag{22-33}$$

当 $\varphi < 1$ 时，（22-33）式大于（22-11）式所表示的冲突情况下各个参与方

的预期收益。因此,如上文所述,当战争具有破坏性时,在这个模型中再次出现了对和解的短期偏好。

当战争出现在第一个时期。当 $t=1$ 时期爆发了战争时,获胜方在 $t=2$ 期不需要分配任何有价值的资源到军备上以确保能获得一定份额的资源,因为我们假设了失败方会被消灭,其收益为零。在消灭了对手后,获胜方可以避免 $t=2$ 时期冲突的成本。然而,$t=1$ 时期战争的破坏性作用也会影响到 $t=2$ 时期,这样仅有 $\varphi \bar{R} = \varphi 2R$(这里 $\varphi < 1$)单位的资源留给获胜方享用。我们把这些假设总结如下:给定战争在 $t=1$ 时期爆发,在 $t=2$ 时期不需进行任何的选择,并且收益可以表示为:

$$V_{i2} = \begin{cases} \varphi 2R & \text{如果 } i \text{ 在战争中胜利} \\ 0 & \text{其他情况} \end{cases} \quad (22-34)$$

$i=1,2$。在这种情况下,或者 $V_{12}>0$,$V_{22}=0$ 或者 $V_{12}=0$,$V_{22}>0$。

5.2.2 和解还是战争?第一时期的选择

在第一个时期,各个参与方关心他们在两个时期内获得的收益总和。也就是说,参与方 i 两时期的目标函数可以描述为:

$$W_i = V_{i1} + \lambda V_{i2} \quad (22-35)$$

对于 $i=1,2$,这里 $\lambda \in (0,1]$ 代表参与方相同的时间偏好。如(22-33)式和(22-34)式所显示的那样,第二期的收益以一种离散的方式取决于第一期的选择。这样,实际上两期的收益 W_i 仅仅取决于在第一阶段发生了什么,也就是取决于参与方第一期的军备水平以及战争还是和解的决定。

当战争爆发时。利用(22-34)式和(22-35)式,并且令 $p(G_{11}, G_{21})$ 代表参与方 1 在 $t=1$ 时期获胜的概率,用 $1-p(G_{11}, G_{21})$ 代表参与方 2 在 $t=1$ 时期获胜的概率,给定 G_{i1},$i=1,2$,战争的收益为:

$$\begin{aligned} W_1^W &= p(G_{11}, G_{21})\varphi 2R - G_{11} + \lambda p(G_{11}, G_{21})\varphi 2R \\ &= p(G_{11}, G_{21})\varphi(1+\lambda)\bar{R} - G_{11} \end{aligned} \quad (22-36a)$$

$$\begin{aligned} W_2^W &= (1-p(G_{11}, G_{21}))\varphi 2R - G_{21} + (1-p(G_{11}, G_{21}))\lambda \varphi 2R \\ &= (1-p(G_{11}, G_{21}))\varphi(1+\lambda)\bar{R} - G_{21} \end{aligned} \quad (22-36b)$$

要记住这些是期望收益:是参与方 i 在 $t=1$ 时期发生战争情况下获胜时的收益,它由两个时期的收益加总而成,并且要乘以参与方获胜的概率。

当存在和解时。和前面一样,在给定 G_{i1},$i=1,2$ 及和解情况下第二时期协商的分配规则,令 $\delta(G_{11}, G_{21}) \in (0,1)$ 代表参与方 1 在第一时期第二阶段获得的份额，这样 $1 - \delta(G_{11}, G_{21})$ 代表参与方 2 获得的份额。㉞ 那么，根据（22 – 33）式和（22 – 35）式，在和解条件下的两期收益可以写成：

$$W_1^S = \delta(G_{11}, G_{21})2R - G_{11} + \lambda\left[1 - \frac{\varphi m}{2}\right]R$$

$$= \left[\delta(G_{11}, G_{21}) + \frac{\lambda}{2}\left(1 - \frac{\varphi m}{2}\right)\right]\bar{R} - G_{11} \quad (22-37a)$$

$$W_2^S = (1 - \delta(G_{11}, G_{21}))2R - G_{21} + \lambda\left[1 - \frac{\varphi m}{2}\right]R$$

$$= \left[1 - \delta(G_{11}, G_{21}) + \frac{\lambda}{2}\left(1 - \frac{\varphi m}{2}\right)\right]\bar{R} - G_{21} \quad (22-37b)$$

与战争情况下（22 – 36a）式和（22 – 36b）式的两期收益相比，这些收益是确定的。

对于给定的任何枪支组合（G_{i1}, $i = 1, 2$），只要存在至少一个 λ，对于所有 $i = 1, 2$ 满足 $W_i^S \geqslant W_i^W$，双方都会愿意和解。如果 $p = \frac{1}{2}$㉟并且

$$\varphi > \frac{1 + \lambda}{1 + \lambda + \lambda m/2} \quad (22-38)$$

这样的 λ 不存在。因为在战争不具破坏性（$\varphi = 1$）这种有限的情况下，不管其他参数如何取值（$m \in (0, 1]$ 并且 $\lambda \in (0, 1] > 0$），这一条件总是成立的，这意味着存在明确的对战争的长期偏好。此处的推理是这样的：当 $\varphi = 1$ 时，战争与和解的收益在第一个时期是相同的。但是，在 $t = 1$ 时期发起战争可以有效地消灭下个时期的竞争对手之一，并也因此消除了对军备的需求。换言之，在战争没有破坏作用的情况下，在 $t = 1$ 时期发动战争，会产生一个净的总收益和个人收益。

更一般地，条件（22 – 38）式表明对战争的长期偏好受战争破坏性影响的制约。此外，该条件还显示，参与方对发动战争的偏好正向取决于未来的影响 λ。这里的思想如下：在这个动态模型中，战争相对于和解带给获胜方的好处不仅体现在当前时期，而且体现在未来时期。根据参与方相对于未来消费偏好于当前消费的程度，他们可以将未来的收益进行贴现。但是，更高的贴现因

㉞ 给定参与方 1 在 $t = 2$ 时期得到的份额，$\delta(G_{11}, G_{21})$ 由 $\delta^e = \delta(G_{11}, G_{12}) = \varphi p(G_{12}, G_{22}) + \frac{1}{2}(1-\varphi)$ 来确定，在参与方于 $t = 1$ 时期和解的假设下，在我们求解 $t = 2$ 时期子博弈的解 $\delta(G_{12}^*, G_{22}^*) = \frac{1}{2}$ 时，我们已经发现了这一表达式。

㉟ 在下文以及在单时期模型的情况下我们都看到，$p = \frac{1}{2}$ 在均衡时总是成立的。当 $p \neq \frac{1}{2}$ 时，找到这样一个 λ 的条件甚至更为严格。

子表明参与者更加看重未来(也就是,折算掉的未来收益较小),这将进一步扩大当前发动战争相对于和解在收益上的差距。㊱ 条件(22-38)式还表明,参与方对战争的偏好正向取决于冲突技术的有效性 m。从直觉上说,在和解情况下一个更有效的冲突技术会引致更多的枪支生产,这一点在(22-32)式中也能看到,并且扩大了消灭对手以及在整个第二时期内不必进行军备的潜在收益。因此,一个较长的未来的影响(λ)和一个更有效的冲突技术(m)使得每一参与方更能容忍战争的破坏性影响。

虽然在无政府状态下签署关于军备的长期契约是不可能的,战争的破坏性影响给予参与方一个短期和解的激励,但未来的重要性以及获胜方享有战争的复合回报使得参与方选择了战争而不是和解。也就是说,发动战争不是简单地带来了获得全部战后留下的被争夺资源的机会,而且还有潜在的更吸引人的在下一期没有任何对手的前景。在做出战争决定时并不能忽视其负面风险——即战败以及在未来被消灭的可能性,或者更一般的情况是被对手削弱或只能在未来分得较少产品的可能性。尽管存在负面风险,当两个参与方在最初实力大致相等时,每一方都期望通过战争获得一个正的净收益,因为不对称的战斗意味着他们未来的相对位置以及随之而来的减少军备的情况。因此,即使不引入误解或关于另一方偏好或能力的不完全信息,发动战争而不是和解的选择也可以得到合理解释。

6. 贸易、不安全与冲突

截至目前,在每个参与方的选择中我们已经强调了生产和掠夺之间的权衡。然而根据传统的经济学分析,另一种生存的方式是贸易。这一分析是建立在完美地保护资源禀赋,以及完美地执行安全资源的假设的基础上。将冲突引入到贸易研究的关键是要放松这一假设,要考虑不完美或者高成本地执行产权的情况。不安全和潜在的冲突会阻止贸易吗?在存在掠夺和冲突成本的情况下,对于重新分配初始资源禀赋的交换、补贴、税收以及土地改革进行限制仍然会是(受到约束下)有效的吗?在类似的情况下自给自足会优于自由贸易吗?更接近于当今现实的问题是,全球化在不安全的情况下总是有益的吗?我们将在这一节中探究这些问题。一旦把这个题目纳入到正确的框架中(我们相信我们这里的就是正确的框架),就很容易揭示出它本身具有的重大

㊱ 如果我们扩展模型的时间跨度,使得未来的不确定性更为重要,我们将得到一个类似的结果。

现实意义和历史意义，但很不幸也很奇怪的是，它被经济学家们忽视了。在这里这样一个简短的回顾中，我们考虑两种情况和主题。第一，我们考虑这样的情况，所有可交易的商品都是不安全的，各个参与方要在安全但缺乏效率的自给自足方式与以贸易为目的不安全但有利可图的生产之间作出选择。第二，对贸易的各种各样的限制条件以及在最优情况下被视为无效率的其他做法，在考虑到冲突的成本后，它们可能就是有效的行为了。在带有不安全资源的模型中，我们考察了这种可能性。在接下来的内容中，我们将在冲突情况下讨论大量问题，它们随工资补贴、土地改革以及全球化影响的变化而变化。

6.1 安全的自给自足与不安全的交换

如果各个参与方希望进行贸易，但他们并不能完全确保拥有他们所希望交易的商品，那么他们必须采取措施保护这些商品不被他人偷窃。我们假定他们通过军备达到这样的目的。但如果军备或一般意义的防务的成本太高，他们可能选择不参与市场活动，不进行贸易。

为了表明这些观点，我们考察了第 3.2 节模型的一个适度扩展形式。假定除（22-12）式所示的生产枪支（G_i）和黄油（X_i）的机会之外，每个参与方能够生产数量为 Y_i 的黄油的次级替代品（比如，人造黄油或者只是"闲暇"）。因为劣于黄油，我们假设这种消费品被假设为不会被对手抢夺。对同质的参与者（对于所有的 i，$R_i = R$ 且 $\beta_i = 1$）而言，资源约束可以表述为：

$$R = G_i + X_i + Y_i/\gamma, \quad i = 1, 2 \tag{22-39}$$

这里，为了表示 Y 劣于 X，我们令 $\gamma < 1$。我们可以认为黄油的总量（$\bar{B} \equiv F(X_1, X_2) = 2R - G_1 - G_2$）是两个参与方合作或者"交换"的一个必须的数量，它使得参与双方都生产一个正的数量的黄油，以便任意一个参与者能够消费其任意的数量㊲。在标准的新古典主义世界中，产权得以完美的执行，每个参与方都可以收获他们生产的黄油，不存在对枪支的需求，也没有动机去生产劣等商品即人造黄油。在这样的理想情况下，每个参与方将生产 R 单位黄油，并全部保留用于自己的消费。我们把这种结果定义为"极乐世界"或者"无冲突"的结果。

在枪支数量决定黄油的分配，且人造黄油的生产是安全的情况下，参与方 i 可以得到如下期望收益：

㊲ 当然，如果使用一个更一般的函数形式，$F(X_1, X_2)$，考虑到互补性，我们的例子中的主要观点将得到增强，并且更加令人信服，但是要付出更加高昂的分析成本。

$$V_i(G_1, G_2, Y_1, Y_2) = p_i(G_1, G_2)(2R - G_1 - G_2) + \gamma Y_i, \quad i = 1, 2 \quad (22-40)$$

在这种情况下，如下两个性质上存在差异的结果之一会在均衡中出现：

（1）自给自足。双方仅生产人造黄油：$Y^* = R$，这意味着 $G^* = 0$ 和 $X^* = 0$。在这一对称均衡中的收益为 $V_i^* = V^* = \gamma R$, $i = 1, 2$。需要注意，这总是一种可能的结果，因为双方都需要生产黄油以便每一方都有黄油可以消费。㉝ 也就是，给定一方仅生产人造黄油，另外一方最好的反应就是也只生产人造黄油。但是，当 $\gamma > \dfrac{1}{m+1}$ 时，这个结果是唯一的均衡。

（2）交换。和第 3.2.1 节中的均衡一样，参与双方生产正的数量的黄油和大炮，$G_i^* = G^* = \dfrac{m}{m+1} R$，并且 $X_i^* = X^* = \dfrac{1}{m+1} R$, $i = 1, 2$，但不生产人造黄油，$Y_i^* = 0$, $i = 1, 2$。这个均衡只有在 $\gamma \leqslant \dfrac{1}{m+1}$ 时才会出现，其收益为 $V_i^* = V^* = \dfrac{1}{m+1} R$, $i = 1, 2$。

第二种类型的均衡是，存在交换但要求各参与方拥有枪支作为后备力量的情况。为了得到这样一个均衡，要求：（1）自给自足要足够地缺乏收益性（γ 足够低），（2）冲突并不是太有效（m 足够小）。否则，唯一的均衡就是每个参与方自给自足的生产，而没有交易发生。然而，即使存在交易均衡的条件，在实际中交易也不一定必须被执行，因为自给自足总是一个均衡，这依赖于各种参数的取值，它可能是一个风险占优的均衡。

当然，这两种类型的均衡产生的收益都低于在完美保护产权情况下的理想结果。这也与很多历史事实相一致，这一简单的模型也有助于我们理解商人和武士为什么总是那么难以区分，或者至少商人不得不寻求武士的保护。在 15 世纪和 16 世纪欧洲探险家无意中来到了美洲，或者开辟了绕过好望角通往东方的道路，他们希望通过抢劫、贸易或者共同采取两种方式以获得财富。为了达到这个目的，他们确实必须拥有充足的武器供给。远航的商人全副武装，在贸易的同时进行抢劫，并不仅仅出现在欧洲探险家身上。古雅典人、北欧海盗、俄罗斯人、热那亚人和威尼斯人，英国和荷兰的东印度公司都在贸易的同时进行战争。在其他地区，来自沙漠的贝都因人在伊斯兰教来临之前就已经开始掠夺和从事长途贸易，而随后伊斯兰教通过诱导商人勇士改变宗教信仰才使得自身得以传播。还有，中国的皇帝派出了大规模的海军远征东非，可能要比

㉝ 和前面所述相同，如果我们用一个更一般的函数形式，$F(X_1, X_2)$，并考虑到 X_1 和 X_2 之间的互补性，来代替这个假设和较简单的线性形式的黄油总产量，我们也能得到类似的结果。

欧洲探险家早几十年，它超过了欧洲探险家的远征而且给人的印象更为深刻。

可以肯定的是，贸易可能不存在的基本原理并不简单，正如我们一直强调的那样，举例来说，在迪克西（Dixit，2004）近期有影响力的分析中指出，另外一方或者通过不支付，或者通过不提供所承诺的商品的方式进行欺诈。这里的基本原理反而是以高成本的措施为基础的，参与方都采取这些措施以避免成为骗局的受害者。这就是说，（用枪）进行贸易的成本是相当高的。里德尔（Rider，1993），安德顿、安德顿和卡特（Anderton, Anderton & Carter, 1999），豪斯肯（Hausken，2004）以及安德森和马库伊勒（Anderson & Marcouiller, 2005）发现了这些在分析上和概念上可以明晰地解释交换难以进行的原因。特别是这些论文进行分析的模型基础都比上文中提到的更为复杂，它们分析了影响交换是否出现的一系列因素。

6.2 不安全的资源，贸易限制和其他市场干预

除贸易本身的不安全外，不安全感和对特殊资源的争夺也是产生另一种形式的不安全的因素。无论是在多国之间还是一国之内，这些不安全在历史上是常见的，并且在今天依然盛行［参见克拉雷（Klare，2001）］。石油、钻石、净水都是最近引起关注的被争夺资源的例子。里海的石油不仅被周边国家的政府所争夺，而且也被远离其海岸线的国家的政府和私人利益集团以及周边国家的各种私人利益集团所争夺。这里我们有兴趣探讨这些资源可贸易性的影响。尽管可贸易性意味着可以从贸易中获得古典收益，但它同时也引致了不同的——可能是更高的——军备水平。也就是说，要评估贸易的影响，我们需要比较来自贸易的收益和贸易带来的（可能是）过度的军备水平。

我们利用什卡佩尔达斯和瑟罗普洛斯（2001）中有关国际冲突模型的简化形式，以及加芬克尔、什卡佩尔达斯和瑟罗普洛斯（2006）中有关国内冲突模型的简化形式来说明这些主要观点。和以前一样我们假设有两个参与方，根据不同的情况，他们可以是国家、组织或个人。假设只有土地和资本两个生产要素。参与方不拥有对土地的安全的要求权。也就是说，所有可以使用的土地，用 T_0 来表示，都是被争夺的资源。不过每一个参与方 i 都有一种安全的资源禀赋即 R 单位的劳动力，它可以一比一的比例转换成枪支或者与土地相结合生产出对消费非常重要的最终产品。为了与我们在本章中使用的符号相一致，我们假设这种商品是"黄油"，即产出 B。下面的柯布-道格拉斯生产函数描述了在给定投入品土地数量 T 和劳动力数量 L 的情况下，产出 B 的生产情况：

$$B = T^\alpha L^{1-\alpha}, \text{这里 } \alpha \in (0, 1) \tag{22-41}$$

行动的时间顺序如下：

阶段1：每个参与方 i 选择其劳动力的分配 G_i，$i=1,2$，用于枪支生产，剩余的 $R-G_i$ 用于黄油生产或者进行贸易。参与双方同时做出选择。

阶段2：给定枪支的选择和（22-3）式所描述的冲突技术，并令 $m=1$，被争夺的土地根据获胜概率来分配。这时，第 i 方（新）的资源禀赋由 $p_i(G_1,G_2)T_0$ 单位的安全的土地，以及 $R-G_i$ 单位剩余的劳动力组成。

阶段3：这些新的资源禀赋可以在国内进行贸易，或者根据贸易体制在国际上进行交易。因此，给定每个参与方 i 拥有投入品的新的数量，他们根据（22-41）式生产黄油。每一参与方的目标都是最大化黄油产量。

为方便起见，假设双方把土地、劳动力和枪支的价格视为给定不变。因为枪支是与自己的劳动按一比一的比例生产出来的，把劳动——也是枪支看作是计价单位，令 π_{iT} 代表与参与方 i 相关的以劳动力、黄油或者枪支价格衡量的土地的相对价格。在自由贸易中，这一价格由世界市场给出。在自给自足的经济中，它由适当的国内市场出清条件内生决定。给定在每个贸易体制中确定的 π_{iT}，按照阶段2存在冲突威胁的情况下对 T_0 进行分配的方法，在阶段3开始时各个参与方 i 的资源禀赋的价值可以记为：

$$\pi_{iT}T_i + L_i = \pi_{iT}p_i(G_1,G_2)T_0 + R - G_i \qquad (22-42)$$

我们需要注意这一价值是如何取决于双方选择的枪支数量的。

我们能够证明，给定在阶段1作出的枪支选择，每个参与方 i 在第三阶段以（22-42）式为约束条件，选择 T_i 和 L_i 以最大化（22-41）式的最优化问题的解，可以得到下面的值函数：

$$V_i(G_1,G_2;\pi_{iT}) = \eta(\pi_{iT})[\pi_{iT}p_i(G_1,G_2)T_0 + R - G_i], \quad i=1,2 \qquad (22-43)$$

其中 $\eta(\pi_{iT}) \equiv (1-\alpha)^{1-\alpha}[\alpha/\pi_{iT}]^\alpha$ 代表收入的边际效用。这些值函数反映了参与方在给定他们第一阶段枪支选择的情况下，最优化了第三阶段的选择，我们现在可以转而研究自给自足和自由贸易情况下第一阶段的选择了，进而我们可以探究两种贸易体制对军备和福利的意义。

6.2.1 自给自足情形下的结果

当壁垒阻止国与国之间的贸易时，每个参与方 i 在服从（22-3）式中冲突的技术且令 $m=1$ 和劳动力资源的约束 $G_i \leq R$ 的条件下，在阶段1选择 G_i 以最大化各自的收益 $V_i^T(G_1,G_2;\pi_{iT})$，如在（22-43）式中所示，把 $\pi_{iT} = \pi_{iT}^A$ 视为给定。

决定 π_{iT}^A 的特定的市场出清条件取决于参与方是国家（卷入国家间冲突），还是一个国家内部的对手（卷入国内冲突）。在前一种情况下，对每个参与方

i 而言，自给自足经济中的价格作为参与方各自的劳动力和土地资源的函数是内生决定的：$\pi_{iT}^A = \frac{\alpha}{1-\alpha}[R - G_i]/T_i$，在对称性假设下，它对于 $i = 1, 2$ 来说是相等的。当参与方是一国内的对手时，在他们之间进行贸易的可能性意味着，自给自足经济下的价格是由总的国内市场出清条件内生地决定，这些条件对他们每一方都相同：$\pi_T^A = \frac{\alpha}{1-\alpha}[2R - G_1 - G_2]/T_0$。但需要注意的是，在我们对冲突技术的确定性解释下——即，T_0 根据参与方获胜的概率进行分配——事前的对称性意味着事后的对称性，这样在自给自足的经济中，国内参与方之间的贸易实际上并没有发生。因此，在前面所显示的两个市场的出清解中，自给自足经济价格的均衡值是相同的，这在下文中可以看到。

在没有国际贸易的情况下，各个参与方最优化问题的一阶条件为：

$$\frac{\partial V_i^A}{\partial G_i} = \eta(\pi_{iT}^A)\left[\pi_{iT}^A T_0 \frac{\partial p_i}{\partial G_i} - 1\right], \quad i = 1, 2 \tag{22-44}$$

这里每个参与方的枪支选择对土地份额的边际影响如（22-9）式所示，但要 $m = 1$。这些条件和 π_{iT}^A 的每一个解——适用于国际冲突或者适用于国内冲突的解，意味着在自给自足经济中存在一个唯一的、内部的、对称的枪支解 G_i^A：

$$G_i^{A*} = G^{A*} = \frac{\alpha}{2-\alpha}R, \quad i = 1, 2 \tag{22-45a}$$

其中：

$$\pi_T^{A*} = \frac{4\alpha}{2-\alpha}\frac{R}{T_0} \tag{22-45b}$$

各个参与方对枪支的最优选择与他的劳动力资源 R 成比例，并与 α 正相关，而 α 衡量了土地在黄油生产中的重要性。

6.2.2 贸易情形下的结果

当消除了贸易壁垒后，每个参与方 i 在服从资源约束 $G_i \leq R$ 的条件下，在阶段 1 选择 G_i 以最大化（22-43）式所示的各自的收益，这里 $\pi_{iT} = \pi_T$，由世界市场给定。对于 $i = 1, 2$ 而言，这个问题的一阶条件为：

$$\frac{\partial V_i^T}{\partial G_i} = \eta(\pi_T)\left[\pi_T \frac{\partial p_i}{\partial G_i} T_0 - 1\right] = 0, \quad i = 1, 2 \tag{22-46}$$

和（22-9）式一起，这些条件在本质上与自给自足经济中（22-44）式类似问题的一阶条件（$i = 1, 2$）是相同的。但是，在 π_T 是外生给定的情况下，这些条件可以推出下面的枪支选择均衡解：

$$G_i^{T*} = G^{T*} = \frac{1}{4}\pi_T T_O, \ i = 1, 2 \tag{22-47}$$

注意在贸易情况下对枪支的最优化选择是如何随被竞争资源的价值 $\pi_T T_O$ 的增加而增加的，而在自给自足经济中枪支均衡选择 G^{A*} 中（22-45a）式与被竞争的资源没有任何关系，而是与安全的资源 R 及其表示这种资源在黄油生产中的相对重要性的参数有关。因此，在两种体制中进行军备的动机是完全不同的。这些性质上的差异反过来意味着：(1) 当土地的资源禀赋相对于劳动力（T_O/R）较大时，(2) 当土地价格相对于劳动力价格（π_T）较高时，(3) 当土地在生产中相对不重要时（α），贸易情况下军备的动机会大于自给自足下的动机。

6.2.3 对自由贸易的相对诉求

在什么时候贸易能够导致生产更多的枪支，并且冲突所增加的成本足够大以至于超过了贸易相对于自给自足的好处？为了回答这些问题，我们现在比较两种体制下均衡的福利水平。

把枪支解（22-45a）式和市场出清价格（22-45b）式以及收益函数（22-43）式结合在一起，我们就可以发现每个参与方 i 在自给自足的条件下获得的均衡收益 V_i^{A*}：

$$V_i^{A*} = V^{A*} = \left[\frac{1}{2}\right]^\alpha \left[\frac{2(1-\alpha)}{2-\alpha}\right]^{1-\alpha} T_O^\alpha R^{1-\alpha}, \ i = 1, 2 \tag{22-48}$$

同样地，把（22-47）式和（22-43）式结合起来，就得到了贸易情况下参与方的均衡收益 $V_i^{T*}(\pi_T)$：

$$V_i^{T*}(\pi_T) = V^{T*}(\pi_T) = \eta(\pi_T)\left[\frac{1}{4}\pi_T T_O + R\right], \ i = 1, 2 \tag{22-49}$$

这些均衡收益，同所有资源都是安全的这一常规假设下得到的收益类似，表现为对土地价格 π_T 是严格拟凸的，在某一价格 $\pi_T^{\min}$ 处达到最小值。正如我们所知，在所有的资源都是安全的，因此既没有国内冲突又没有国际冲突的情况下，最低价格等于自给自足经济下的价格。然而，在资源不安全的情况下，这一临界价格严格高于自给自足经济中的价格 π_T^{A*} ㊴。进一步地，给定 $V^{T*}(\pi_T)$ 的严格拟凸性，存在另一个由条件 $V^{T*}(\pi_T^{A*}) = V^{A*} = V^{T*}(\pi_T')$ 唯一定义的价格 $\pi_T' > \pi_T^{\min}$。

根据 π_T 的这些临界值，模型的主要结论可以显示在图 22-1 中。特别是，

㊴ 利用（22-49）式，我们可以很容易地证明 $\pi_T^{\min} = \frac{4\alpha}{1-\alpha}R/T_O > \pi_T^{A*} = \frac{4\alpha}{2-\alpha}R/T_O$

这个图形将参与方在自由贸易情况下的收益（$V^{T*}(\pi_T)$）相对于自给自足经济中的收益（V^{A*}）描绘成了土地相对价格（π_T）的函数。

（1）对于 $\pi_T < \pi_T^A$ 和 $\pi_T > \pi_T'$，自给自足经济中的福利高于存在贸易时的福利（$V^{A*} > V^{T*}(\pi_T)$）。

（2）对于 $\pi_T^A < \pi_T < \pi_T'$，存在贸易时的福利高于自给自足经济中的福利：($V^{T*}(\pi_T) > V^{A*}$)。

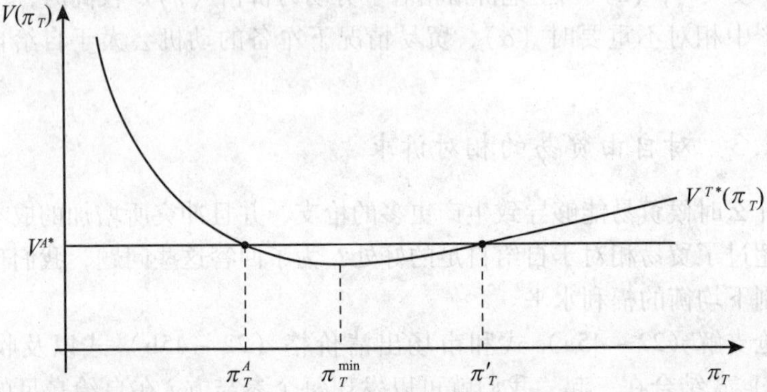

图 22-1 冲突情况下自由贸易和自给自足经济的对比

这里潜在的逻辑是很直接的：当土地的国际价格足够低时（即 $\pi_T < \pi_T^A$），两个参与方相对于他们在自给自足经济中的选择，都会在枪支方面投入较少的劳动力资源，因为他们知道在第三阶段他们能够利用其劳动力在全球市场中便宜地购买土地。因此，从自给自足的体制到自由贸易的转换，带给人们的不仅是我们已熟悉的来自贸易的利益，而且还有冲突成本的减少。当价格等于自给自足经济中的价格时，$\pi_T = \pi_T^A$，来自贸易的收益为零，且自给自足状态下冲突的成本和贸易情况下相等。但是，当被争夺资源的国际价格高于自给自足经济中的价格时，$\pi_T > \pi_T^A$，冲突的风险会更高，因此，会导致参与方在贸易体制下比在自给自足体制下分配给枪支更多的劳动力资源，而且由冲突增加的成本超过了从贸易收益中得到的补偿。在这种情况下，从自给自足状态到贸易的转变会导致福利损失。只有当土地的价格足够高时（例如，$\pi_T > \pi_T'$），从贸易中的获益将会再次高于贸易情况下枪支的额外成本。

因此，存在对有价值资源的冲突时，贸易会降低福利。我们做了价格接受行为的特定假设仅仅是为了方便，且它可以很容易地被放松而不会改变主要发现。例如，什卡佩尔达斯和瑟罗普洛斯（2002）考虑了对土地价格的讨价还价，而什卡佩尔达斯和瑟罗普洛斯（1996b）考虑了对贸易条件的影响。出于同样的原因，这些发现并不会随着模型化冲突的特定方式而发生变化。举例来说，芬德利和阿明（Findlay & Amin, 2000）考虑了一个贸易模型，在这个模型中安全被视为一种公共产品，并随着一个国家国防开支的增加而增加，随着其他国家国防开支的增加而减少。他们同样都发现了战争带来的更高的防务成本超过了来自贸易的收益。

6.2.4 其他含义

现在可以确定的是，我们刚刚分析的模型稍加修改后就可以既适用于国家间冲突，又适用于国内冲突。一直到第二次世界大战前，国家间的冲突一直非常频繁且代价高昂。特别是第一次世界大战爆发在第一个全球化大时代之后，同时也是大国之间激烈争夺殖民地和资源的时代。然而，自第二次世界大战以来，尽管国家间战争的频率已经降低了，但国内战争却日益频繁。事实上，第二次世界大战以来，大多数的大屠杀，很多经济停滞乃至衰退都被证实是由于内战造成的［参见科利尔等人（Collier et al., 2003）］。

我们这里采用的方法也为"自然资源诅咒"提供了一种解释，即自然资源丰富的国家尽管它们的出口价格很高，但增长率很低甚至是负的。贸易相对于自给自足体制而言，不仅恶化了被争夺资源出口国的情况，而且使得他们更易于受到福利降低的损害，因为他们出口价格的增加往往会增加国内冲突的成本。如梅勒姆、莫尼以及托维克（Mehlum, Moene & Torvik, 2006）所讨论的那样，关键是潜在被争夺资源的安全与治理。已经解决了有关资源冲突问题的国家运转得很顺利，而那些没有解决这一问题的国家面临着福利水平降低，尽管石油或其他出口产品的更高的价格会带来表面的（和短暂的）繁荣。

对许多情况而言，自给自足和完全贸易开放的对比过于极端。事实上，国家、组织，甚至个人可以运用很多其他的方法以最小化更加开放的贸易和交换带来的潜在有害的冲突成本。很多作者在不同但类似的情况下讨论说，一般来讲，在面对从普通犯罪到低层次的政治冲突，再到叛乱、内战和国家间战争等各种类型的冲突时，工资补贴［扎克（Zak, 1995）和格罗斯曼（Grossman, 1995）］、土地改革［霍罗威茨（Horowitz, 1993）和格罗斯曼（1994）］和市场干预［达尔·博、达尔·博（Dal Bo & Dal Bo, 2004）］是可以最优化的。

另外一种分析冲突成本的方法是我们经常讨论的，但到目前为止很少被模型化或用于实践的"交易成本"概念，我们在本节与贸易和交换有关的部分已经对它进行了探讨。考虑到这些成本表明在次优世界中交换可能既不出现，也不一定是最优的，而且可以解释在一个执行和冲突成本为零的世界中，为什么许多实践和制度难于理解。

7. 联盟与集团的形成

在这一章中我们综述的研究路径已经大大提高了我们理解冲突如何在经济生活的许多不同方面证明自己。然而，关于可能的"解"这项研究仍留下了许多没有回答的问题。例如，我们如何解释在两次世界大战前后冲突性质的变化？我们能预期这一变化是持久的还是最终它自己会逆转回来吗？此外，为什么只有一些国家能够解决安全和治理的问题？尽管我们认为这里采用的方法能够为这些重要问题提供有益的见解，可能是过于乐观或者自命不凡，我们似乎可以合理地假设，在存在分配冲突的情况下，一个好的开始将有助于发展出一个可行的集团形成的理论。

在冲突模型中，主要的参与方通常被看作成一个整体。这一假设大大简化了这些问题，避免我们考虑其他直接与黄油和大炮间权衡的事情。在考虑为什么个体希望成为联盟者时，人们很自然地认为是因为存在成本节约的优势，这些优势只有当他们加入联盟以保护他们的产权来对抗共同的敌人时才能实现 [内（Noh, 2002）][40]。或者沿着相似的思路，人们会认为共同努力的影响要大于个体努力影响的总和 [什卡佩尔达斯（1998）]。在这种情况下，个体形成集团可以充分利用随冲突技术而递增的收益（或者超可加性）。当然，由专业化和生产中的递增收益带来的好处也会为集团形成提供一些基础。

但是有人可能会说，个体搭便车的动机可能会削弱集体行动的有效性 [奥尔森（Olson, 1965）]。例如，当个体聚集到一起争夺某些资源时，每一个个体为集体努力做贡献的意愿会随着联盟规模的增大而减少，这是因为不管竞争的资源是什么，一旦获胜，他必须与其他成员一起分享，而所付出的成本却要由个体自己承担。同时我们确信，这一推理表明，联盟之间冲突的严重性将随着联盟的形成而减小。然而，我们必须承认，随着集团的形成，可能会出现另外一种冲突的来源——即如何在集团成员之间分配集团生产或掠夺的产品。集团形成以及集团管理他们成员之间冲突的能力如何影响均衡时冲突的严重性？什么类型的集团结构更有利于在总的集团水平上减小冲突的严重性？这

---

[40] 也可参见桑德勒（1999）。在一个相关的但不同的研究思路中，阿莱西纳和斯波劳雷（2006）考虑了国际冲突在均衡决定单一民族国家的规模和数目时的重要性。

些结构在均衡时或多或少是稳定的吗——也就是不受偏离的影响？

奇怪的是，尽管有大量关于军事联盟的文献[41]和近期的有关集团内生形成的文献，但很少有文献在分配冲突模型框架下讨论集团形成。在本节中，我们要回顾相关的文献，突出迄今为止在这些及其相关问题上所取得的进展。

7.1 阶段1：集团之间的冲突

我们围绕着一个简化的序贯冲突模型来组织我们的讨论，它以第3.1节中介绍的框架为基础，沿着韦内吕德（1998）以及埃斯特班和沙科维奇（Esteban & Sákovics，2003）的思路来进行。[42] 存在 N 个同质的、风险中性的个体，$\mathscr{I} = \{1, 2, \cdots, N\}$，他们参与一个两阶段博弈。在第一个阶段，所有的个体参与一个获胜者全拿的竞赛争夺资源 $\bar{R}$，它可以直接被消费。他们或者与其他人一起共同参与或者单独参与，按照集团结构所规定的那样行动，而我们假设集团结构是给定的。我们把一个集团定义为全部个体的任意一个子集，$\mathscr{A}_k \subseteq \mathscr{I}$，成员人数为 $n_k \geq 1$，其中 $k = 1, 2, \cdots, A$，其中 A 表示联盟的总数。为了后面便于参考，令 $S = \{n_1, n_2, \cdots, n_A\}$ 表示集团的结构，而联盟的顺序满足 $n_1 \geq n_2 \geq n_3 \geq \cdots \geq n_A$。根据定义，所有的个体属于一个集团。然而，一个集团不一定包含的个体就多于1，更进一步，这一框架承认每个人走到一起形成单个集团的可能性，即形成一个"大联盟"：$\mathscr{A}_1 = \{1, 2, \cdots, n\}$。

对于任意给定的集团配置，集团 k 的成员中，每一个个体 i 选择 g_i，即选择他对他所在集团的掠夺性努力 $G_k \equiv \sum_{i \in \mathscr{A}_k} g_i$ 的贡献。那么，联盟 k 获胜并成功拥有全部资源 $\bar{R}$ 的概率由联盟的分配 G_k 相对于所有其他联盟的分配 G_{-k} 的比例决定：

$$p_k(G_k, G_{-k}) = \begin{cases} \dfrac{G_k^m}{\sum_{j=1}^A G_j^m} & \text{如果} \sum_{j=1}^A G_j^m > 0 \\ \dfrac{1}{A} & \text{其他情况} \end{cases} \quad (22-50)$$

上式对于所有的 k 都成立。这一表述是以 n 个参与方的对称冲突技术为基础的，如（22-2）式所示，采用 $f(\cdot) = G^m$ 的函数形式。为了描述集团与个体相比在掠夺性活动中所具有的特别的优势，我们可以假定，按照什卡佩尔达斯

---

[41] 这些文献可以追溯到奥尔森和泽克豪泽（1996）的开创性论文。参见桑德勒和哈特利（2001）对这些文献的更新。

[42] 一个扩展的分析建立在包含生产的模型上，见加芬克尔（2004a，2004b）。

(1998) 所述，关于 g 的超可加性会使得 $f(\sum_{i\in\mathcal{A}_k} g_i) > \sum_{i\in\mathcal{A}_k} f(g_i)$，或者给定 $f(\cdot) = G^m$，$m > 1$。㊸ 然而，我们在这里把这些优势进行了概括，假设为 $m = 1$。这一假设大大简化了分析，让我们更清晰地看到集团的存在如何影响激励结构，并因此影响总的冲突强度。一个重要的影响涉及到竞争 $\bar{R}$ 时军备的公共物品性质。特别的，一个给定集团中不同成员的掠夺性努力是另外一个的完全替代品。不管是谁提供了额外的努力，由此带来的以更大可能性获得资源为所有成员共享。

7.2　阶段 2：集团内部的冲突

为了进行说明，我们假定联盟 k 是第一阶段竞赛的获胜者，$n_k > 1$。不属于这一联盟的个体，$i \in \mathcal{A}_{k'}$ 得不到任何东西，这里 $k' \neq k$，这意味着他们在第一阶段努力的结果会导致两个阶段的损失。㊹ 然而，获胜联盟的每一个成员，$i \in \mathcal{A}_k$，将继续参加第二阶段的竞赛以决定如何在联盟成员之间分配 $\bar{R}$。尤其是，我们假设由个体 $i \in \mathcal{A}_k$ 享有资源的"份额" σ_{ik}，依赖于他的努力 s_i 和与他同组的其他每一个人的努力 s_j，$j \neq i \in \mathcal{A}_k$ 或者 s_{-i}，而 s_i 与 g_i 是截然不同的。但是他的份额并不必完全取决于这些努力。对于 $n_k > 1$，我们把个体 i 的份额更正式地表示为：

$$\sigma_{ik}(s_i, s_{-i}) = \begin{cases} \dfrac{1-\mu}{n_k} + \dfrac{\mu s_i}{\sum_{j \in \mathcal{A}_k} s_j} & \text{如果 } \sum_{j \in \mathcal{A}_k} s_j > 0 \\ \dfrac{1}{n_k} & \text{其他情况} \end{cases} \quad (22-51)$$

这里 $\mu \in (0, 1]$ 对于所有的 $i \in \mathcal{A}_k$ 成立。对于只有一个成员的集团（$n_k = 1$），不存在内部竞争，意味着 $s = 0$。

(22-51) 式假设了对于 $n_k > 1$，集团的成员必须要竞争一定份额（$\mu > 0$）的奖金，这和其他人的假设不同——例如，鲍伊克和李（Baik & Lee, 2001），内 (2002) 以及布洛克、桑切斯·帕热斯和苏贝朗（Bloch, Sánchez-Pagés & Soubeyran, 2006) 假设了有可能在集团成员之间就分配规则达成有约束力的

㊸　什卡佩尔达斯 (1998) 指出，在 $n = 3$ 的情况下，超可加性是使得集团成员严格好于他们在个人冲突情况的必要条件。内 (2002) 得到了一个类似的结论，他使用了一个略微不同（非对称）的形式，考虑了集团在防御中有某些成本优势的可能性。

㊹　如下面所述，个体的收益将是 $V_{ik} = -g_i$。换言之，第一阶段的冲突大大削弱了个体 $i \in \mathcal{A}_{k'}$，以至于在第二阶段他们不可能试图从获胜方偷走产品。

承诺。[45] 然而,这种一般化的形式也承认这样一种可能性,即社会制度可以调解集团内部的冲突,且这样做对集团间的冲突也具有启示意义。[46] 在这个模型的背景下,$1-\mu \geq 0$ 衡量了已有的冲突管理机制在不依赖于成员目前掠夺性活动的情况下决定联盟产品分配的有效性。换句话说,较小的 μ 值反映出一个更强的社会制度会以更小的成本解决集团内部冲突。但下面的内容中,我们将抽象掉这些影响,并假设 $\mu=1$,这不仅是为了简化问题,而且也是为强调在获胜的集团内部成员之间继续存在冲突的重要性。[47]

7.3 均衡配置

每个个体的目标是最大化他们两个阶段的期望收益,由下式表示:

$$V_{ik}^e = p_k(G_k, G_{-k})[\sigma_{ik}(s_i, s_{-i})\bar{R} - s_i] - g_i \qquad (22-52)$$

并且要服从 $m=1$ 时的 (22-50) 式和 $\mu=1$ 时的 (22-51) 式的约束条件,这里 $G_k = \sum_{i \in \mathcal{A}_k} g_i$,和前面定义的一样。方括号里面的表达式代表了个体的收益,它根据他所在的联盟在第一阶段竞赛获胜的情况而定。根据他所在集团赢得竞赛的概率,这种或然收益等于他所分享的被争夺资源减去他为获得这些资源所付出努力的净值。第二项是他在第一阶段的竞赛中为集团努力做出贡献所造成的效用成本。在他选择为集团努力做出贡献时,他不仅要考虑成本——这是他必须独自承担的成本,而不管在第一阶段这个集团获胜还是失败,而且要考虑该贡献通过冲突成功函数对第二阶段选择的影响。因此,我们采取在本章前面内容所使用的策略,它们与子博弈完美均衡的概念相一致。也就是,我们从第二阶段也是最后阶段开始,用倒推法求解模型。

第二阶段的结果。属于获胜联盟 k 的每一个个体 i,以 $\mu=1$ 时的 (22-51) 式为约束条件,把联盟中其他成员的选择 s_{-i} 视为给定,选择 s_i 最大化 $V_{ik} = \sigma_{ik}$ $(s_i, s_{-i})\bar{R} - s_i - g_i$。(22-51) 式中的冲突技术在 $\mu > 0$ 时通常意味着,对于所有 $i \in \mathcal{A}_k$,$s_i = 0$ 不会成为一个均衡结果。同样地,对于所有的 $i \in \mathcal{A}_k$,一个内部最优解一定要满足下面的条件:

---
[45] 在那些模型中,在第一阶段之后实际上并不存在冲突。
[46] 当然,这种分析并未涉及这种制度的出现过程。热尼科和什卡佩尔达斯 (2002) 专门研究了集团内部个体对冲突管理的投资。相关分析还包括加芬克尔 (1994),以及赫斯和奥法奈兹 (1995,2001),他们更加专门地考虑了民主政治制度和国际冲突之间的相互关系。
[47] 对于以 (22-51) 式为基础的更一般的分析,参见加芬克尔 (2004b)。也可以参见尼乌和塔恩 (2005),他们在两个联盟的情况下考虑了 (22-51) 式的一些变形。

$$\frac{\partial V_{ik}^e}{\partial s_i} = \frac{\sum_{j \neq i \in \mathcal{A}_k} s_j}{\left[\sum_{j \in \mathcal{A}_k} s_j\right]^2} \bar{R} = 1 \tag{22-53}$$

集团成员的对称性反过来意味着 $s_i = s > 0$。利用这一结果，对于 $i \in \mathcal{A}_k$，(22-51) 式可以与 (22-53) 式结合起来证明下面第二阶段的纳什均衡：

$$s(n_k) = \frac{n_k - 1}{n_k^2} \bar{R}, \tag{22-54a}$$

$$V_i(n_k) = \frac{1}{n_k^2} \bar{R} - g_i, \tag{22-54b}$$

在这个均衡中，获胜集团中的每一个成员以相同的份额分享战利品 $\sigma(n_k) = \frac{1}{n_k}$，它随着集团规模 n_k 的增加而减小。同时，一个更大的 n_k 意味着更多的努力从其他（很可能是有价值的）活动中转移到安全上。同样，个体的收益是集团规模平方的减函数。

第一阶段的结果。现在考虑集团之间在第一阶段的冲突，再一次假定集团结构是给定的。每一个属于集团 k 的个体 i 在满足 $m = 1$ 时的 (22-50) 式的条件下，选择 g_i 以最大化 (22-54b) 式的"期望"值，由下式给出：

$$V_i^e(n_k) = p_k(G_k, G_{-k}) \frac{1}{n_k^2} \bar{R} - g_i \tag{22-55}$$

这里 $G_k = \sum_{i \in A_k} g_i$。所有在 A 集团中的个体同时做出选择。(22-55) 式第一项的权重为 $\frac{1}{n_k^2}$，它反映了上面提到的集团规模的负面影响——战利品 $\bar{R}$ 损失得越多，与战利品正相关的有价值的努力被转移走的也越多。这些影响减少了个人从第一阶段冲突中对集团的集体努力所做贡献中获得的期望收益。相对而言，个体做出这些贡献的成本独立于集团的规模。因此，人们能预计到他对 g_i 的选择与他所在集团的规模负相关。

尽管 (22-50) 式所示的冲突技术意味着当 $A > 2$ 时，对于所有的集团结构并不能保证存在一个完全的内部解 $\sum_{j=1}^{A} \sum_{i \in \mathcal{A}_k} g_i > 0$。这就是说，一个或者更多个集团成员可能会选择 $g_i = 0$。但是，一个既定结构的稳定性要求所有集团积极参与到第二阶段的冲突中[48]。下面的分析考虑了这种解。因此，个体在第二阶段的选择满足下面的等式：

---

[48] 基本的观点是，当作为一个独立的集团参与集团间冲突时，任意个体能够保证他得到一个严格正的期望收益，这超过了那些根本从未参与冲突集团中的个体所获得的零收益。见加芬克尔(2004a)

$$\frac{\partial V_i^e(n_k)}{\partial g_i} = \frac{\sum_{i' \notin \mathscr{A}_k} g_{i'}}{\left[\sum_{j=1}^A \sum_{i' \in \mathscr{A}_j} g_{i'}\right]^2} \frac{\bar{R}}{n_k^2} = 1 \qquad (22-56)$$

如果我们继续关注集团内部是对称的这种情况,[49] 可以发现,以（22-56）式为基础,给定集团的结构 $S = \{n_1, n_2, \cdots, n_A\}$,属于规模为 n_k 的集团 k 的每一个个体所做出的均衡努力为:

$$g(n_k, S) \equiv \frac{A-1}{n_k H^2}[H - (A-1)n_k^2]\bar{R} \qquad (22-57)$$

对于所有的 k 都成立,其中 $H \equiv \sum_{j=1}^A n_j^2$。[50]

当对所有的 k, $g_k > 0$ 成立时,对于任意给定的集团结构,$g(n_k, S)$ 的解揭示了在集团内部冲突中,均衡时集团 k 的个体成员所做出的努力随着集团规模 n_k 的增加而减小,而集团的总的努力水平 $G_k = n_k g(n_k, S)$ 也是如此。因此,在阶段 2 的冲突中获胜的概率,对于 $A > 1$,由 $p(n_k, S) = \frac{1}{H}[H - (A-1)n_k^2]$ 给出,也随着集团规模 n_k 的增加而减小。利用 $p(n_k, S)$ 的这一表达式,（22-55）式和（22-57）式,在第一阶段开始时,集团 k 的每个成员的期望收益 $V^e(n_k, S)$,对于所有的 $k = 1, 2, \cdots, A$ 来说,可以写成:

$$V^e(n_k, S) = \frac{1}{n_k^2 H^2}[H - (A-1)n_k^2][H - (A-1)n_k]\bar{R} \qquad (22-58)$$

因此就不必奇怪,给定集团的任意结构 S,对于 $k = 1, 2, \cdots, A$, $g_k > 0$ 时,属于较大集团的个体预期得到收益小于那些属于较小集团的个体预期得到的收益:

$$V^e(n_1, S) \leq V^e(n_2, S) \leq \cdots \leq V^e(n_A, S) \qquad (22-59)$$

这里假定 $n_1 \geq n_2 \geq \cdots \geq n_A$。[51] 当然,这种排序并未涉及个体从一个集团转移到

---

[49] 因为赢得 $\bar{R}$ 的概率取决于集团的努力 G_k,而不仅是取决于个体成员的努力 g_i,对于 $i \in \mathscr{A}_k$,只有集团的总的努力水平是被唯一确定的;个体的努力 g_i 则不是。在给定集团中的个体成员为同质的假设下,我们对集团内部对称性的关注似乎是最自然的了。

[50] 特别是,如果我们把（22-56）式重写为 $\bar{R}(\bar{G} - n_k g_k) = \bar{G}^2 n_k^2$,其中 $\bar{G} \equiv \sum_{j=1}^A G_j$ 代表了在竞赛第一阶段的总的努力水平,把所有的集团 $k = 1, 2, \cdots, A$ 的值加总起来得到 $A\bar{R}\bar{G} - \bar{R}G = \bar{G}^2 \sum_{j=1}^A n_j^2$。简化并重新整理后发现,在均衡时,$\bar{G} = \bar{R}(A-1)/H$,利用上面 g_k 和 $\bar{G}$ 表示的第一个表达式,可以得到（22-57）式。需要注意的是,只要 $H > (A-1)n_k^2$ 对于 $n_k = n_1$ 成立,而 n_1 是最大的联盟的成员数目,我们要求对于所有的 k 值,$g_k > 0$ 成立。

[51] 我们可能推测这一排序取决于将集团间冲突中的努力成本是线性的假定,我们在本文中使用的这个假设在文献中也是常用的。通过分析集体行动模型（实际上只有一层冲突）,埃斯特班和雷（2001）指出,如果这些成本随着努力（或者有些情况就是钱）增加得足够快的话,那么集团赢得冲突的概率将随着其规模的增加而增加。然而,他们也同样发现,和前面的分析一样,如果战利品是纯私人的,每个成员的期望收益是集团规模的减函数。

另一个集团的激励,因为它没有解释这种假定的转移对第二阶段冲突中任何个体的努力水平 g 的影响,或者对其他人相应的发生转移的激励的影响。然而,在这种情况下集团形成会产生正的溢出效应,这一点应该是很清楚的。

7.4 不同对称集团结构下的冲突水平

只是为了给集团结构如何影响冲突的剧烈程度加点味道,我们把注意力放在对称的结构上。在所有集团的规模都相等的情况下,即 $n \geq 1$, $S \equiv \hat{S} = \{n, \cdots, n\}$[52],(22-57)式中显示的解可简化为 $g(n, \hat{S}) = \dfrac{N-n}{N^2 n^2}\bar{R}$。我们对两个在对称情况下的极端例子感兴趣:(1)当 $n=1$ 和 $A=N$ 时的个体冲突,以及(2)当 $n=N$ 和 $A=1$ 时的大联盟。在个体冲突的情况下,解可进一步简化为 $g(1, \hat{S}) = \dfrac{N-1}{N^2}\bar{R}$。相比而言,当大联盟形成时,解为 $g(n, \hat{S}) = 0$。我们可以很容易证明,在另一种可选情况下,即给定 $N(=An)$, $1 \leq n \leq N$ 时,不那么极端的对称结构中,$g(n, \hat{S})$ 是 n 的减函数,或者等价的是 A 的增函数。然而,要解释集团结构对冲突水平的影响,我们希望把在两个阶段都爆发的冲突考虑在内。特别的,我们计算代表性集团在集团之间和集团内部的冲突中获得的"期望"分配,然后把 A 中所有的集团加在一起。要注意到,对于所有的 k,当 $n_k = n$ 成立时的对称的集团结构,我们有 $p(n, N) = \dfrac{1}{A} = \dfrac{n}{N}$;并且,从(22-54a)式中我们得到 $s(n) = \dfrac{n-1}{n^2}\bar{R}$。将这些式子放在一起经过简化后得到:

$$A[ng(n, \hat{S}) + np(n, N)s(n)] = \frac{1}{Nn^2}[N - n + Nn(n-1)]\bar{R} \quad (22-60)$$

利用这一表达式我们可以看到,在给定个体的总数 N 时,冲突的强度是集团规模 n,$n>1$ 的单调"递增"函数。因此,当我们从一个集团数量小但规模大的结构转移到个体冲突时,冲突的强度将减弱。

可以肯定的是,利用(22-58)式我们可以证明在对称的集团结构中,即 $n>1$ 时,个体预计可获得的收益严格大于他在个体冲突中的期望收益(也就是当 $n=1$ 的情况)。然而,这一差异随着每个集团($n>1$)规模的增加而

---

[52] 我们忽略对称情况下的整数问题,$A = N/n$ 且 $H = Nn$。

减小，且当 $n=N$ 或者 $A=1$ 时等于 0。这也就是说，一旦个体配成对，对称集团结构中的潜在收益是递减的，并随着集团规模的增加继续减小，一旦集团由全部人口组成或者说形成大联盟时，潜在收益最终消失了。

在这个简单的模型中，对 $1<n<N$，来自（对称）集团形成的预期收益，以减少在被争夺资源 $\bar{R}$ 上的冲突的严重性这样一种形式出现。当 $n>1$ 时，没有哪个集团成员完全将他在冲突中努力的收益内在化了，因此也很自然地减小了努力投入。在对称的结果中，其他每个人的行动都恰好相同，因此，当与个人冲突（$n=1$）的情况相比较时，没有人在争夺 $\bar{R}$ 的冲突中获得了相对于其他人的优势，尽管每个人此时都有更大的机会获胜，$\frac{1}{A} > \frac{1}{N}$。然而，当 $n>1$ 增加以及集团之间第一阶段冲突弱化时，集团内部在第二阶段关于分配 $\bar{R}$ 的冲突加剧了；从事前角度来看，集团内部冲突加强所增加的成本超过了集团间冲突弱化减少的成本。当 n 趋近于 N 时，集团形成的期望收益变为零。当然，在 $n=N$ 时集团形成情况下的真实结果将不同于个体冲突下的相应结果，这是由于在两种结果下冲突的性质不同。但是，根据我们的假设 $\mu=1$，集团在解决冲突方面并不比个体依靠自己解决更为有效；因此，在风险中性的假设下，从期望收益的角度看，从规模为 $n=1$，数量为 $A=N$ 的集团之间的冲突转移到 $A=1$ 个集团内部 $n=N$ 个个体之间的冲突时，并未产生任何结果。㊸尽管如此，对于 $n<N$，对称集团的形成提高了期望福利。

7.5 稳定的必要条件和均衡的集团结构

预期收益是使一个对称的集团结构 $\hat{S}$ 成为稳定均衡的充分条件吗？如果隶属于一个集团并不能带来任何特殊的利益（也就是，在冲突或生产技术方面），那么应当非常明显地，对于任何给定的集团结构 S，每个个体都有很大的激励背离他自己的集团，形成一个单独的集团。这里的逻辑是很简单的。和早先讨论的一样，每个成员在第一阶段争夺 $\bar{R}$ 的竞赛中为集体努力做贡献的激励随着他所在的集团规模而递减。因此，一旦他从所在的集团独立出来，给定其他所有集团和他原来所在集团的成员数，任意个体在争夺 $\bar{R}$ 的冲突中做

㊸ 如果一个集团的成员能够可信地就在没有军备（$s=0$）的条件下平均分享产品达成一致，在这种情况下由 $V^e(n,S) = \frac{1}{N^2n}[N(n-1)+n]X$ 给出的对称集团形成时的期望收益会随着 n 而增加，因此集团形成相对于个体冲突的预期收益，由 $\frac{n-1}{Nn}\bar{R}$ 给出，也将随着 n 增加，并且当 $n=N$ 时它严格为正。

出努力的激励提高了。同时，这种背离行为很可能会减少那些没有被它直接影响的集团成员的努力程度。通过建立一个单独的集团，个体就可以在第一阶段争夺 $\bar{R}$ 时使他自己处于一个有利的位置以赢得竞争，并且他可以把所有的资源据为己有。

而这种推理的方式对原始结构的稳定性提出了质疑，人们也可以进一步质疑背离本身的稳定性，因为其他个体也会有动机背离他们各自所在的联盟。这恰好是内生集团结构的非合作博弈理论的分析方法——参见布洛克（Bloch，1996），赫韦（Chwe, 1994），雷和沃赫拉（Ray & Vohra, 1999），以及伊（Yi, 1997）——该方法最近被应用于分配冲突的集团形成中。这种方法通过在可能的背离上加上了某些内部一致性的要求而定义了一个稳定的均衡。在赫韦（1994）提出的"远视稳定性"概念的基础上，一个极端的可能性认为个体能看到背离后的最终结果。也就是，在他们估计来自一个给定背离的潜在收益时，他们会考虑其他个体随之发生的全部背离的可能性，以及由此造成的对期望收益的影响。在这个模型中，尽管任何个体都会受益，比如在给定其他集团和他原来集团成员数的情况下，通过脱离他的集团形成一个独立的集团，但这种背离最终将引发向个体冲突的逆转，使得每个人包括最初的背离者情况恶化。因此，这种背离本身被认为是无利可图的，从而也就不会对我们这里考虑的集团结构的稳定性构成威胁。事实上，使用远视稳定性这个概念扩展了个体之间"合作"的机会，而他们采取的是非合作的行动方式。

在这种具有正的溢出效应的环境中，集团结构稳定性的一个共同必要条件是集团基本上具有同样的规模［伊（1997）］。不对称的结构产生更大的背离激励，尤其是对那些较大集团中的成员，当 N 很小时更是如此。当只有 3 个个体时，一个稳定的集团结构是不可能的［埃斯特班和沙科维奇（Esteban & Sákovics, 2003）］，除非这个集团在冲突技术上享有某种优势［什卡佩尔达斯（1998）和内（2002）］。更一般地，在这种情况下，对于任意的 N，结果通常是大联盟作为一个稳定的集团结构没有出现。然而，我们不能把失败的原因仅仅归结为集团形成的正的溢出效应上。例如，布洛克、桑切斯·帕热斯和苏贝朗（2006）在存在溢出效应的情况下，仍然预言大联盟会出现。实际上，在那个模型中大联盟是有效的结果。原因是这种解的概念以布洛克（1996）为基础，假设不管赢得的是什么，集团成员能够坚持以相等的份额进行分配，这样集团内部的冲突也就一起被抽象掉了。对比之下，当解决集团内成员之间的冲突和解决任意两个个体之间的冲突所支付的成本相同时，较小规模的集团会更有效［加芬克尔（2004a）］。即使当我们假定集团拥有冲突管理方面的优势（$\mu<1$）时，仍然存在这样一种趋势，即较小规模的集团结构会为所有人带来

一个更高的期望收益［加芬克尔（2004b）］。尽管集团更善于管理冲突（$\mu<1$）时，大联盟可能更加稳定，但从每个人的角度来看，仍然存在着严格好于它的其他结构。

因为学者们刚刚开始研究集团形成以及它对冲突与和平的影响，进一步研究的方法还有很多。对集团内部冲突管理的研究具有特别的重要性。我们或许可以采用动态的方法，认为一个集团的长期存在需要建立和维护"规范"和制度，它们可以使集团成员以更低的成本实现一个更加"和平的"产品分配。[54] 此外，文献对非对称性关注的还不够。在假设稳定的结构确实存在的条件下，个人的异质性对集团的组成和冲突的解决提出了一些很重要也很有趣的问题。

8. 动态与增长

到目前为止，我们只在第5.2节中明确地考察了动态问题。由于篇幅的限制，我们无法建立一个模型来检验文献中已分析过的大部分问题。作为代替，我们在下面几段中总结了一些核心议题。[55]

相比没有冲突的情况，长期冲突的成本降低了福利。这个结论是很显然的，所有该领域的论文都对此有相同的发现，但实际上它却没有出现在控制着这个领域思想的其他增长模型中。类似地，有关经济发展的研究也大大忽略了冲突的成本和更一般的非生产性活动的成本［斯图尔曾尼格和托马西（Sturzenegger & Tommasi, 1994）以及巴雷利和佩索阿（Barelli & Pessoa, 2004）已经关注了这个问题］。这些成本在实际中的重要性也很明显，最近世界银行的一项研究［科利尔等人（2003）］和赫斯（2003）的经验分析也再次证实了这种重要性，因此对它的忽略非常令人惊讶。[56]

存在冲突的情况下，生产性创新的激励会严重降低。关于保护产权对活跃生产性创新的重要性，鲍莫尔（Baumol, 1990）提供了一个直观的讨论。但是人们可以利用适当的模型超越这种基本的直觉而形成深刻的见解。特别是，

---

[54] 参见热尼科和什卡佩尔达斯（2002），他们在模型中把冲突管理设定为一个动态环境中的投资决策。

[55] 感兴趣的读者可以参考相关的文献，包括斯图尔曾尼格和托马西（1994），赫什利弗（1995a），格罗斯曼和金（1996），李和什卡佩尔达斯（1998），巴雷利和佩索阿（2004），以及冈萨雷斯（2005，即将出版）。

[56] 例如，赫斯（2003）仅从冲突对于消费的影响的角度估计了冲突的福利成本，他利用147个国家从1960～1992年间的数据表明这一成本平均为稳态消费水平的8%。对于一些国家这种影响较低（例如，美国仅为3.2%），但对其他国家的影响，尤其是那些低收入国家，估算的影响是相当高的（例如，在伊拉克是65%，在安哥拉是40.5%）

以第 3.2 节基准模型的结论为基础，冈萨雷斯（Gonzalez，2005）的分析表明，当产权不是足够的不安全时，经济主体可能会选择不采用先进技术（即，那些带有较高 β_i 的技术）。这并不是简单地因为人们预期到创新的回报中有一部分会被剥夺走。另外的原因是这是一种博弈策略。也就是说，一方采用新技术将会导致其他人生产相对更多的武器，从而使进行了创新的一方处于不利的地位。因此，即使先进技术的成本为零，创新使人们更易遭到掠夺的影响，这导致了他们拒绝创新而支持落后技术，这是冈萨雷斯经过合理推论得到的一个结论，它与很多历史时期的情况都是一致的。

生产性资本积累对掠夺性资本积累。 生产和掠夺之间的权衡并不是仅仅存在于耐久性短的产品中。毕竟更为典型的例子如，枪支能够使用多年，兵营、防御工事或者城防武器也是如此。这些物品可以被看做是资本的另一种形式，一种非生产性的，并且我们可以叫做"掠夺性的"或者"强制执行的"资产。我们甚至可以这样说，在农业革命后的很多历史时期中，这种类型的资本比普通的生产性资本在数量上更加重要，技术上更加复杂。当然，很多城堡或者城防武器的技术比起任何用于民用和原材料使用的技术都要先进得多。对于常备军的组织效率也同样如此，因为在民用领域不存在同等意义的组织。李和什卡佩尔达斯（1998）考察了这个问题，在掠夺性资本投资与生产性资本投资存在竞争的环境中，他们发现长期的经济绩效受到了阻碍；而且，当涉及技术选择时，这一影响是相当令人瞩目的。因此，统治上的差异可能会导致资本积累的差异。这些差异因而也能够解释（金融的、流动性的）资本从穷国转移到富国的现象，在产权是完美的且可以无成本执行的传统模型中，此移动方向是相反的。

在冲突和掠夺的动态模型中已经被研究过的其他主题还有最初资源禀赋的非对称性造成的影响［斯图尔曾尼格和托马西（1994）］，以及产权执行的程度［冈萨雷斯（即将出版）］。和非对称竞赛模型在静态条件下的结果一致，斯图尔曾尼格和托马西（1994）发现初始禀赋的不对称会减少用于掠夺的资源总量，并且相对于对称的情况能够得到更高的福利水平。因为斯图尔曾尼格和托马西的分析是以确定性模型（它通常会使用结构动力学）为基础，很有意思的是它考察了给冲突技术赋予概率解释（即，获胜者全拿）的情况，并且假设竞赛的获胜方将获得一个优势并且可以把这一优势保持到未来两方遭遇时。�57 冈萨雷斯（即将出版）利用了（22-5）式中的非对称冲突技术来确定

�57 另一个让人感兴趣的领域是同时考察掠夺性冲突和开放式资源。鲁文尼和马克斯韦尔（2002）已经建立了这样一个有希望的动态模型。然而，要区分确定性模型和概率模型必须进行数字模拟，而那些独立于在特定模拟中使用的参数的结果则无法得出。

产权安全程度的参数，它表明在中等安全水平上，福利如何会低于安全水平更高或更低的情况。这就是说，福利对产权的安全程度是非单调的。因此，人们在建议提高产权的执行力度时必须谨慎，特别是中等收入国家处于渐进增长阶段时。同时，考察其他衡量产权安全程度的方式也是很有价值的，例如，通过分离出一方产出中不会被其他人掠夺的那部分，可以确定安全程度。

我们也只是仅仅触及冲突动态影响的表面问题。正如最近的研究指出的那样，如果政策和制度对经济增长是重要的，这些影响通过我们的动态模型能够帮助我们深入理解制度不完美时将发生什么情况。然而，最终更大的问题是制度和治理本身如何发展来减少冲突和掠夺。赫什利弗（1995a）指出了一个会导致无政府状态"崩溃"的因素：冲突技术非常有效以至于只有一方会获胜。在一方掌权之后将会发生什么呢，尽管我们猜测大概会建立一个垄断的"政府"，但这是另外一个重要的话题了。

9. 冲突管理与国家

怎样才能减少冲突呢？这当然是一个极为重要的问题。近期的文献描述了两种减少冲突的方式，这些文献也体现了长期存在的哲学和社会科学的思想传统。用赫什利弗的术语来表达就是，能够通过以下方式减少或者消除冲突：(1)"垂直的"，"霍布斯主义的契约"，或者(2)"横向的"，"洛克主义的契约"。前者可以被认为是专有的、赢利性的科层统治，而后者则是契约机制，与现代治理机制密切相关。最终这两种治理形式都依赖于国家以暴力方式实行垄断或近似垄断的能力，但是它们也反映出两种不同的国家类型。

9.1 科层治理

如果一方果断地打败所有对手，因而有效地获得了对武装力量的垄断地位，那么在获胜者和失败者之间会出现长期的等级契约。获胜方将会维持一定武装力量以便能够镇压或阻止失败方的重大起义；失败方将不会在军备上投入任何资源，但无论与其境遇相符的物质补偿是什么，他们都不得不接受；而获胜方占有优势的强制性地位赋予了他更多的回报。绝大部分有文字记载的历史都带有科层治理的特点，比如地主、国王和皇帝位于科层组织的顶部，平民大众在底层。在政治组织中，对武力的垄断越强（或者国家越强大），冲突的剧烈程度就显得越低。然而，历史资料并没有显示出与科层治理相关联的冲突全面地减少了。相反,似乎冲突已经变化到了一个不同的层次:与其他国家的冲突和国内的持续争斗。

据我们所知,芬德利(1990)首先明确地将国家模型化为一个"所有者",其动机是要建立模型分析很多不发达国家的治理问题,他使用了格罗斯曼和内(1994)所描述的性质。格罗斯曼和内(1994)提供了一个类似的动态模型来分析统治者幸存内生化的影响,并进而分析了有效的贴现因子对经济政策的影响。麦圭尔和奥尔森(McGuire & Olson, 1996)进行了更深入地研究,并讨论了独裁对刺激投资和经济增长的可能的效果,他们把统治者比作一个"惯匪",具有"最广泛的利益",因此它会限制强制性的税收,并同时提供高水平的公共产品。

然而,具有至高剥削力量的强大统治者的动机并不是那么明确。首先,一个长的时间范围是统治者具备"最广泛的利益"所必需的,而它还远远不足以促进经济增长。如鲁滨逊(Robinson, 1997)曾说过的,很多这样的政策常常是以牺牲他们的统治为代价的:促进贸易意味着商人变得更加富有,并且会要求更多的权利和分享力量;推广教育会使更多的人日益意识到他们的从属地位,并因此要求改革,要求改变现状;甚至修建公路都会使叛乱者更容易直捣黄龙,把统治者驱逐出境。在瑞士保藏数十亿资金对统治者来说是更好的。其次,统治者掠夺能力如此之强,以至于他承诺实行非强制性税率都是非常困难的[莫塞勒和波拉克(Moselle & Polak, 2001),康拉德和什卡佩尔达斯(2005)]。而且,由于内部和外部对统治者的挑战,统治时间缩短了,而其不确定性增加了。

总体来说,尽管传统的等级统治能够减少冲突并且提供其他的公共物品,但它往往在更高和更有组织的水平上再次制造冲突问题。实际上,统治者有可能从其国民身上榨取租金,在此诱惑下,历史上统治者们一直不间断地与邻国的统治者征战。此外,强制性力量在统治者与被统治者之间的严重不对称问题,并没有从本质上解决与冲突相关的很多无效率问题。在许多方面,它解决了由冲突造成的高度武装和破坏的无效率,取而代之的往往是专制主义者对创新和投资的低动态激励所造成的无效率。没有人能够保证统治者不会肆意苛税。这种类型的统治在历史上也曾经间断的出现过,但在过去的两个多世纪变得更加普及,它提供了另一种减少和管理冲突的模型。

9.2 现代治理

冲突管理科层统治的另一种可选机制是对手之间的契约安排。要注意到这种契约不像我们在第 4 节和第 5 节中所考察的和解协议，因为那些协议是以军备赋予的讨价还价能力做后盾的。我们这里所关注的契约会引起局部或者全面裁军。[38] 因为最终武装是在不安全环境中主要的强制执行方式，这种契约提出了一个重大的世界性难题：当契约本身的规定就是其（如武器）执行方式时，怎样执行契约呢？

对这一难题没有完全的或者永久的解决方案，因为在某个时点上某个人在某个地点一定有动机违反或最终违反这个契约。现代治理已经通过一个复杂的执行系统部分地解决了这个问题，它把威胁点从卷入实际战争处改变到其他的包括转向法院、立法机构、官僚裁决、选民等。分权制衡原则，民主力量的扩展，官僚统治机构自由裁决权的取消，以及现代国家的其他机制都倾向于建立力量广泛分散和多边制裁机制来应对任何企图非法使用武力的人。

一旦一个现代国家巩固了它的主要制度，像西方的富裕国家那样，发动一场军事政变将会异常困难。当然抗议、罢工、暴动和其他形式的社会冲突仍不时会发生，但有组织的战争实际上已在现代国家中消失了。这种情况是怎么发生的，在很大程度上仍然是一个谜——或者，一个世界性的难题，但是，许多学者已开始了揭开这一谜团的巨大任务。

这些研究工作超出了我们所要综述的范围，但在所有检验现代治理产生的研究中都重点描述的那些冲突，是我们应该提及的。长时期冲突和持续冲突的威胁已经成为过渡到力量分享安排的有力支撑，这发生在不同地点和不同条件下，如中世纪的热那亚［格瑞夫（Greif, 1998）］，17 世纪的英格兰［诺思和温加斯特（North & Weingast, 1989）］，民主力量在西方世界的扩大［阿塞莫勒和鲁滨逊（Acemoglu & Robinson 2000）］，以及南非从种族隔离统治转变过来（罗森多夫（Rosendorff, 2001），阿塞莫勒、约翰逊和鲁滨逊（Acemoglu, Johnson & Robinson, 2004）在对该领域近期研究的综述中也重点描绘了冲突在那些促进现代经济增长的制度建设中所起到的作用。我们对此很赞同。现代治理之谜也和现代经济增长一样都是冲突中出现合作之谜的共同内容。

10. 结 束 语

我们对近期从经济学视角分析掠夺和冲突的文献提供了一个综述。冲突是

---

[38] 参见埃斯特班和沙科维奇（2006），他们在不使用武装的冲突威胁的基础上推导出一个谈判解。

自私这个基本经济学假设的自然结果，但只是最近才开始从经济学的角度来研究它。通过说明一般经济环境中的冲突和掠夺，我们不仅解释了与冲突本身相关的问题，也可以更深入地理解经济增长的来源，这个问题涉及哈韦尔莫（1954）在半个多世纪以前，以及当时其他学者们在制度和经济发展领域中的研究。最后，我们想强调一下我们所回顾的这些研究中某些更令人惊讶但非常重要的结论：

——由冲突引起的成本在经济学上是非常重要的，它包括从投资和消费中转移出来，直接用于军备的宝贵资源，以及在冲突中被破坏的资源，贸易的减少和生产性资本积累的减少。世界银行［科利尔等人（2003年）］和赫斯（2003）尤其对于低收入国家，估计了各种各样的成本，它们在经济上很重要；相比而言，一般的经济性"扭曲"就不那么重要了。因此，经济学家直到最近正开始注意这些成本，即使不是令人震惊的，也是令人惊讶的。

——一般情况下，存在冲突时的资源配置与不存在冲突或者无冲突成本时的资源配置是截然不同的。毫无疑问补偿与生产率负相关；以零成本可获得的卓越创新可能会被拒绝；激励经常会偏向于非生产性的投资。因此，在存在冲突的情况下假设补偿与边际生产率或者所有的投资正相关是有益的，而在实证研究中却是不可取的。

——在存在不安全的情况下，贸易可能不存在或者是次优的。在贸易中，面对不安全的参与方很可能选择生产率较低但更安全的替代品，并且因此放弃贸易。那些确实选择贸易的国家将不得不为保护他们的财产而进行投资，这样许多商人同时也是武士就成为历史中的一个普遍现象。争夺不安全资源的成本也会把所有的贸易一起排除掉。

——未来长期的不确定性并不一定有助于取得和平。相反，当战争改变了对手的长期战略地位时，尽管冲突在短期会带来成本，若从长远角度考虑则很可能还会引发冲突。这是冲突的一个来源，与其他来源，如非理性或信息不对称相比，人们对这个来源重视得还不够。

——不要说消除冲突，人们对如何减少（冲突）还知之甚少。但是，以近期对制度和经济增长，以及集团形成的研究为基础，我们猜测治理发挥着重要的作用。而且，冲突本身在治理的出现和演化中也扮演着一个重要的角色。冲突、治理和经济增长是紧密联系在一起的，而经济学家和其他社会科学家们正开始尝试着把它们分解开来。

参考文献

Acemoglu, D., Robinson, J. A. (2000). "Why did the West extend the franchise? Democracy, inequality and growth in historical perspective". Quarterly Journal of Economics 115, 1167–1199.

Acemoglu, D., Johnson, S., Robinson, J. A. (2004). "Institutions as the fundamental cause of long-run growth". Unpublished manuscript. Department of Economics, Massachusetts Institute of Technology, Cambridge, MA.

Alesina, A., Spolaore, E. (2006). "Conflict, defense spending, and the number of nations". European Economic Review 50, 91–120.

Anbarci, N., Skaperdas, S., Syropoulos, C. (2002). "Comparing bargaining solutions in the shadow of conflict: How norms against threats can have real effects". Journal of Economic Theory 106, 1–16.

Anderson, J., Marcouiller, D. (2005). "Anarchy and autarky: Endogenous predation as a barrier to trade". International Economic Review 46, 189–213.

Anderton, C. H., Anderton, R. A., Carter, J. R. (1999). "Economic activity in the shadow of conflict". Economic Inquiry 37, 166–179.

Azam, J.-P., Mesnard, A. (2003). "Civil war and the social contract". Public Choice 115, 455–475.

Axelrod, R. (1984). The Evolution of Cooperation. Basic Books, New York.

Baik, K. H., Lee, S. (2001). "Strategic groups and rent dissipation". Economic Inquiry 39, 672–684.

Barelli, P., Pessoa, S. D. (2004). "Rent-seeking and capital accumulation". Unpublished manuscript. Department of Economics, University of Rochester, Rochester, NY.

Baumol, W. J. (1990). "Entrepreneurship: Productive, unproductive, and destructive". Journal of Political Economy 98, 893–921.

Bester, H., Konrad, K. (2004). "Delay in contests". European Economic Review 48, 1169–1178.

Bester, H., Konrad, K. (2005). "Easy targets and the timing of conflict". Journal of Theoretical Politics 17 (2), 199–215.

Bester, H., Wärneryd, K. (2006). "Conflict and the social contract". Scandinavian Journal of Economics 108, 231–249.

Blavatsky, P. (2004). "Contest success function with the possibility of a draw: Axiomatization". Unpublished manuscript. University of Zurich, Switzerland.

Bloch, F. (1996). "Sequential formation of coalitions with fixed payoff division". Games and Economic Behavior 14, 90–123.

Bloch, F., Sánchez-Pagés, S., Soubeyran, R. (2006). "When does universal peace prevail? Secession and group formation in conflict". Economics of Governance 7, 3–29.

Brito, D., Intriligator, M. (1985). "Conflict, war and redistribution". American Political Science Review 79, 943 – 957.

Chwe, M. S. Y. (1994). "Farsighted coalition stability". Journal of Economic Theory 63, 299 – 325.

Clark, D. J., Riis, C. (1998). "Contest success functions: An extension". Economic Theory 11, 201 – 204.

Collier, P., Elliott, V. L., Hegre, H., Hoeffler, A., Reynal-Querol, M., Sambanis, N. (2003). "Breaking the conflict trap: Civil War and development policy". World Bank Policy Report. World Bank and Oxford University Press, Washington, DC.

Dal Bo, E., Dal Bo, P. (2004). "Workers, warriors and criminals: Social conflict in general equilibrium". Unpublished manuscript. Haas School of Business, University of California, Berkeley, CA.

Dixit, A. (2004). Lawlessness and Economics: Alternative Models of Governance. Princeton University Press, Princeton.

Esteban, J. M., Ray, D. (1999). "Conflict and distribution". Journal of Economic Theory 87, 379 – 415.

Esteban, J. M., Ray, D. (2001). "Collective action and group size paradox". American Political Science Review 95, 663 – 672.

Esteban, J. M., Sákovics, J. (2003). "Olson vs. Coase: Coalition worth in conflict". Theory and Decision 55, 339 – 357.

Esteban, J. M., Sákovics, J. (2006). "A theory of agreements in the shadow of conflict". Unpublished manuscript. University of Edinburgh, Edinburgh, UK.

Fearon, J. D. (1995). "Rationalist explanations for war". International Organization 49, 379 – 414.

Findlay, R. (1990). "The new political economy: Its explanatory power for the LDCs". Economics and Politics 2, 193 – 221.

Findlay, R., Amin, M. (2000). "National security and international trade: A simple general equilibrium model". Unpublished manuscript. Department of Economics, Columbia University, New York, NY.

Garfinkel, M. R. (1990). "Arming as a strategic investment in a cooperative equilibrium". American Economic Review 80, 50 – 68.

Garfinkel, M. R. (1994). "Domestic politics and international conflict". American Economic Review 84, 1292 – 1309.

Garfinkel, M. R. (2004a). "Stable alliance formation in distributional conflict". European Journal of Political Economy 20, 829 – 852.

Garfinkel, M. R. (2004b). "On the stable formation of groups: Managing the conflict within". Conflict Management and Peace Science 21, 43 – 68.

Garfinkel, M. R., Skaperdas, S. (2000). "Conflict without misperceptions or incomplete information: How the future matters". Journal of Conflict Resolution 44, 793 – 807.

Garfinkel, M. R., Skaperdas, S., Syropoulos, C. (2006). "Globalization and domestic conflict". Unpublished manuscript. Department of Economics, University of California, Irvine, CA.

Genicot, G., Skaperdas, S. (2002). "Investing in conflict management". Journal of Conflict Resolution 46, 154–170.

Gonzalez, F. M. (2005). "Insecure property and technological backwardness". Economic Journal 115, 703–721.

Gonzalez, F. M. (2006). "Effective property rights, conflict and growth". Journal of Economic Theory. In press.

Greif, A. (1998). "Self-enforcing political systems and economic growth: Late Medieval Genoa". In: Bates, R., Greif, A., Levi, M., Rosenthal, J.-L. (Eds.), Analytic Narratives. Princeton University Press, Princeton.

Grossman, H. I. (1991). "A general equilibrium model of insurrections". American Economic Review 81, 912–921.

Grossman, H. I. (1994). "Production, appropriation, and land reform". American Economic Review 84, 705–712.

Grossman, H. I. (1995). "Robin Hood and the redistribution of property income". European Journal of Political Economy 11, 399–410.

Grossman, H. I., Kim, M. (1995). "Swords or plowshares? A theory of the security of claims to property". Journal of Political Economy 103, 1275–1288.

Grossman, H. I., Kim, M. (1996). "Predation and accumulation". Journal of Economic Growth 1, 333–351.

Grossman, H. I., Noh, S. J. (1994). "Proprietary public finance and economic welfare". Journal of Public Economics 53, 187–204.

Haavelmo, T. (1954). A Study in the Theory of Economic Evolution. North-Holland, Amsterdam.

Hausken, K. (2004). "Mutual raiding and the emergence of exchange". Economic Inquiry 42, 572–586.

Hess, G. D. (2003). "The economic welfare cost of conflict: An empirical assessment". CESifo Working paper no. 852. Munich, Germany.

Hess, G. D., Orphanides, A. (1995). "War politics: An economic, rational-voter framework". American Economic Review 85, 828–846.

Hess, G. D., Orphanides, A. (2001). "War and democracy". Journal of Political Economy 109, 776–810.

Hirshleifer, J. (1988). "The analytics of continuing conflict". Synthese 76, 201–233.

Hirshleifer, J. (1989). "Conflict and rent-seeking success functions: Ratio vs. difference models of relative success". Public Choice 63, 101–112.

Hirshleifer, J. (1991). "The paradox of power". Economics and Politics 3, 177–200.

Hirshleifer, J. (1995a). "Anarchy and its breakdown". Journal of Political Economy 103, 26–52.

Hirshleifer, J. (1995b). "Theorizing about conflict". In: Hartley, K., Sandler, T. (Eds.), Handbook of Defense Economics, vol. 1. North-Holland, Amsterdam, pp. 165 – 189.

Hirshleifer, J. (2000). "The macrotechnology of conflict". Journal of Conflict Resolution 44, 773 – 792. December.

Hirshleifer, J., Riley, J. (1992). The Analytics of Uncertainty and Information. Cambridge University Press, New York, NY.

Horowitz, A. W. (1993). "Time paths of land reform: A theoretical model of reform dynamics". American Economic Review 83, 1003 – 1010.

Jia, H. (2005). "A stochastic derivation of contest success functions". Unpublished manuscript. Department of Economics, University of California, Irvine, CA.

Klare, M. T. (2001). Resource Wars: The New Landscape of Global Conflict. Henry Holt and Company, New York, NY.

Konrad, K. A. (2005). Strategy in Contests. WZB-Berlin, Germany (book manuscript in preparation).

Konrad, K. A., Schlesinger, H. (1997). "Risk aversion in rent-seeking and rent-augmenting games". Economic Journal 107, 1671 – 1683.

Konrad, K. A., Skaperdas, S. (2005). "The market for protection and the origin of the state". Unpublished manuscript. Department of Economics, University of California, Irvine, CA.

Lee, J., Skaperdas, S. (1998). "Workshops or barracks? Productive versus enforcive investment and economic performance". In: Baye, M. R. (Ed.), Advances in Applied Microeconomics, vol. 7. JAI Press, Greenwich, CT.

Luce, R. D. (1959). Individual Choice Behavior. Wiley, New York, NY.

McBride, M., Skaperdas, S. (2005). "Explaining conflict in low-income countries: Incomplete contracting in the shadow of the future". Unpublished manuscript. Department of Economics, University of California, Irvine, CA.

McFadden, D. L. (1984). "Econometric analysis of quantitative response models". In: Griliches, Z., Intriligator, M. (Eds.), Handbook of Econometrics, vol. 2. North-Holland, Amsterdam, pp. 1396 – 1456.

McGuire, M., Olson, M. (1996). "The economics of autocracy and majority rule: The invisible hand and the use of force". Journal of Economic Literature 34, 72 – 96.

Mehlum, H., Moene, K., Torvik, R. (2003). "Predator or prey? Parasitic enterprizes in economic development". European Economic Review 47, 275 – 294.

Mehlum, H., Moene, K., Torvik, R. (2006). "Institutions and the resource curse". Economic Journal 116, 1 – 20.

Milgrom, P. (1988). "Employment contracts, influence activities, and efficient organization design". Journal of Political Economy 96, 42 – 60.

Moselle, B., Polak, B. (2001). "A model of a predatory state". Journal of Law, Economics, and Organization 17, 1 – 33.

Muthoo, A. (1999). Bargaining Theory with Applications. Cambridge University Press, New York, NY.

Neary, H. M. (1997). "Equilibrium structure in an economic model of conflict". Economic Inquiry 35, 480 – 494.

Niou, E. M. S., Tan, G. (2005). "External threat and collective action". Economic Inquiry 43, 519 – 530.

Nitzan, S. (1994). "Modelling rent seeking contests". European Journal of Political Economy 10, 41 – 60.

Noh, S. J. (2002). "Resource distribution and stable alliance with endogenous sharing rule". European Journal of Political Economy 18, 129 – 151.

North, D. C., Weingast, B. (1989). "Constitutions and commitment: The evolution of institutions governing public choice in seventeenth-century England". Journal of Economic History 49, 803 – 832.

Olson, M. (1965). The Logic of Collective Action. Harvard University Press, Cambridge, MA.

Olson, M., Zeckhauser, R. (1966). "A theory of alliance formation". Review of Economics and Statistics 47, 266 – 279.

Osborne, M. J., Rubinstein, A. (1990). Bargaining and Markets. Academic Press, San Diego, CA.

Powell, R. (1993). "Guns, butter, and anarchy". American Political Science Review 87, 115 – 132.

Powell, R. (2006). "War as a commitment problem". International Organization 60, 169 – 203.

Rajan, R. G., Zingales, L. (2000). "The tyranny of inequality". Journal of Public Economics 76, 521 – 558.

Ray, D., Vohra, R. (1999). "A theory of endogenous coalition structures". Games and Economic Behavior 26, 286 – 336.

Reuveny, R., Maxwell, J. W. (2001). "Conflict and renewable resources". Journal of Conflict Resolution 45, 719 – 742.

Rider, R. (1993). "War, pillage, and markets". Public Choice 75, 149 – 156.

Robinson, J. A. (1997). "When is a state predatory?". Unpublished manuscript. Department of Economics, University of Southern California, CA.

Rosendorff, B. P. (2001). "Choosing democracy: The transition in South Africa". Economics and Politics 13, 1 – 29.

Sánchez-Pagés, S. (2004). "The use of conflict as a bargaining tool against unsophisticated opponents". Unpublished manuscript. University of Edinburgh, Edinburgh, UK.

Sandler, T. (1999). "Alliance formation, alliance expansion, and the core". Journal of Conflict Resolution 43, 727 – 747.

Sandler, T., Hartley, K. (2001). "Economics of alliances: The lessons for collective action". Journal of Economics Literature 39, 869 – 896.

Schmalensee, R. (1972). The Economics of Advertising. North-Holland, Amsterdam.

Skaperdas, S. (1991). "Conflict and attitudes toward risk". American Economic Review 81, 160 – 164.

Skaperdas, S. (1992). "Cooperation, conflict, and power in the absence of property rights". American Economic Review 82, 720 – 739.

Skaperdas, S. (1996). "Contest success functions". Economic Theory 7, 283 – 290.

Skaperdas, S. (1998). "On the formation of alliances in conflict and contests". Public Choice 96, 25 – 42.

Skaperdas, S. (2003). "Restraining the genuine homo economicus: Why the economy cannot be divorced from its governance". Economics and Politics 15, 135 – 162.

Skaperdas, S., Syropoulos, C. (1996a). "Can the shadow of the future harm cooperation?". Journal of Economic Behavior and Organization 29, 355 – 372.

Skaperdas, S., Syropoulos, C. (1996b). "Competitive trade with conflict". In: Garfinkel, M. R., Skaperdas, S. (Eds.), The Political Economy of Conflict and Appropriation. Cambridge University Press, New York, NY, pp. 73 – 95.

Skaperdas, S., Syropoulos, C. (1997). "The distribution of income in the presence of appropriative activities". Economica 64, 101 – 117.

Skaperdas, S., Syropoulos, C. (2001). "Guns, butter, and openness: On the relationship between security and trade". American Economic Review, Papers and Proceedings 91, 353 – 357.

Skaperdas, S., Syropoulos, C. (2002). "Insecure property and the efficiency of exchange". Economic Journal 112, 133 – 146.

Sturzenegger, F., Tommasi, M. (1994). "The distribution of political power, the costs of rent-seeking, and economic growth". Economic Inquiry 32, 236 – 248.

Szymanski, S. (2003). "The economic design of sporting contests". Journal of Economic Literature 41, 1137 – 1187.

Tullock, G. (1980). "Efficient rent seeking". In: Buchanan, J. M., Tollison, R. D., Tullock, G. (Eds.), Toward a Theory of the Rent Seeking Society. Texas A&M University Press, College Station, TX, pp. 3 – 15.

Wärneryd, K. (1998). "Distributional conflict and jurisdictional organization". Journal of Public Economics 69, 435 – 450.

Wärneryd, K. (2003). "Information in conflicts". Journal of Economic Theory 110, 121 – 136.

Wittman, D. (2000). "The wealth and size of nations". Journal of Conflict Resolution 44, 868 – 884.

Yi, S.-S. (1997). "Stable coalition structures with externalities". Games and Economic Behavior 20, 201 – 237.

Zak, P. J. (1995). "Institutions, property rights and growth". Unpublished manuscript. Department of Economics, Claremont Graduate School, Claremont, CA.

第23章
内　战

保罗·科利尔　安克·赫夫勒
（英国牛津大学经济学系）

摘要

内战是一种十分复杂的社会、政治和心理现象。由于可以把许多传统的个案分析令人满意地并列在一起，经济学对内战的分析具有深刻的洞察力。实际上，从经济分析中得出的政策结论，有时可能对一些约定俗成的东西提出质疑。此外，经济理论和统计数据的使用，有助于避免从个别内战中推演出某种普遍性结论的做法，而这种以偏概全的研究方法，往往因解释上的不准确或宣传意味较重而显得苍白无力。对内战进行缜密的经验研究，不仅要求对其不确定性进行明确界定，而且要求为合理的不同意见者保留足够的研究空间。因此，我们的研究将从一些样本数据的选择开始，构建主要数据库，并通过这个数据库来研究内战的持续时间和激烈程度。

传统上，人们大多从意识形态、宗教和种族差异的角度来研究内战爆发的原因。与此相反，经济理论不是从思想意识或身份地位的框架，而是从动机和约束的框架来解释内战爆发的原因。在这个框架内，经济学家分析的是内战的不同经济特征：一支叛军之所以会出现和存在下去，可能是因为它发起叛乱的理由和条件更具吸引力和合理性。通过既强调叛乱的动机又强调叛乱的约束条件，并把这两者结合起来研究，经济学家认为，经济特征、经济水平、经济增长速度和收入分配结构对内战的爆发具有重要影响。此外，经济方法也可以用来解释内战爆发的时间及持续时间，还可以用来评估内战的成本和后果，而这又是进行内战政策干预的成本收益分析必不可少的一步。

关键词：内战　冲突后　发展　援助　自然资源　博弈论　预防　干预　成本　数据收集　面板数据　健康　难民

1. 引　言

这一章主要涉及内战的经济分析。本章将运用经济理论和计量经济学方法，集中研究内战的原因、持续时间、后果和代价。经济学之外有大量有关内战的文献，我们在研究中只是利用其资料，而不对其结论正确与否进行综合评价。所有的内战都是错综复杂的社会、政治和心理现象，每个内战都要求有适合自身特点的分析。例如，冲突涉及人性、领导方式等。不过，现代经济学由于可以将不同的具体案例令人满意地并列在一起，进行综合研究，可以避免其他以个案为主的研究中存在的以偏概全、模棱两可的解释以及极端化宣传现象，因而它对内战的分析具有洞察力和解释力。

对内战的缜密经验研究，不仅要求对其不确定性进行明确界定，而且要求为合理的不同意见者保留足够的研究空间。第1节，我们讨论构建主要数据库的一些要素的选择，这个数据库是用来描绘内战持续时间和激烈程度的；第2节，我们从理论和实践经验两个方面对内战进行解释；第3节，我们考虑冲突的激烈程度，潜在地说，激烈程度可以通过许多方面来描绘，比如：持续时间、人员死亡率、地理区域范围等，但是到现在为止，只有冲突持续时间被作为支持讨论的证据而得到充分研究。接下来的两节，我们分析内战的代价和后果以及战后10年内复原或再度恶化的过程；第6节，我们讨论政策的含义以及政策的效果；在最后一节，我们将讨论深化研究的途径。

2. 概念和资料

什么是内战？这是一个难以明确回答的问题。我们首先从最为普通的定义和数据库开始，然后讨论衡量内战激烈程度的三个方面：死亡人数、持续时间和扩散范围。

2.1　内战的定义

目前广泛使用的两个数据库是辛格（Singer）和斯莫尔（Small）（1982，1994）在"战争比较"（Correlates of War，COW）项目中的描述和格莱迪奇（Gleditsch）等人（2002）最近收集的"武装冲突数据库"（Armed Conflict

Data set，ACD）。两个数据库的源数据提供的都是关于跨国和国内战争的数据。更有意义的数据收集是由费伦和莱廷（Fearon and Laitin，2003）等研究者努力完成的"国家失败项目"①（State Failure Project）及其数据库。在这些数据库中，具有代表性的内战的定义，建立在使用暴力和叛乱领导者没有目标或没有冲突结果的基础上。

"战争比较"和"武装冲突数据库"都是数据收集上的巨大成就，为便于广大研究者从事数据研究，这些数据被制成电子表格的形式。"战争比较"数据库对内战的定义建立在四个特征上，这些特征包括：有组织的军事行动；至少要造成1 000人死亡；为了区别种族灭绝和大屠杀，必须要有有效的抵抗，弱势方的人员死亡率在5%以上；更进一步的条件是，冲突期间政府积极介入。强调政府的介入，是为了把国内战争与内战区分开来，比如，反抗殖民主义的解放战争就是最明显的国内战争。正是因为这个缘故，安哥拉［Angola（1961～1975）］、默赞比奎［Mozambique（1964～1975）］和威斯腾·萨哈拉［Western Sahara（1975～1983）］等人没有对内战作出定义，而是用"体制外战争"（extra-systemic wars）来代替。

2002年，格莱迪奇等学者认为，可以从两个方面来定义战争。其一，根据参与者和爆发地点，可以将暴力冲突分为四种类型：（1）体制外冲突（实质上是殖民主义和帝国主义的战争）；（2）国家间的战争；（3）国内战争和（4）国际化的国内战争。其二，暴力的程度和水平，可以用作战人员死亡人数来衡量：每年导致25个以上相关作战人员死亡的冲突，称为较小程度的冲突；每年导致25个以上相关作战人员死亡，并且在整个冲突历史过程中相关作战人员死亡累计超过1 000人的冲突，称为中等程度的冲突；而每年导致1 000个相关作战人员死亡的冲突，则称为战争。图23-1使用了这个定义来计算全球内战的发生率。冷战时期，国内暴力冲突的发生率有一个明显上升的趋势，全球暴力冲突的峰值出现在1992年，为37次。自1992年起，暴力冲突的数量开始下降，到2004年已经下降到21次。

作为一个阈值标准，人员死亡的绝对数被广泛地用来定义冲突，而经常用来对战争进行分类的相对阈值，如冲突中被杀人数占全国总人口的比例，则很少用来对冲突进行分类。但是，就像其运用于战争分类那样，相对阈值也许可以用来对冲突的强烈程度进行分类。因为，对于小国来说，只有很少几个人的死亡就可以定义为一场内战，而对于大国来说，则需要大量的人员死亡才能说爆发了内战。

以上定义出现了一个模棱两可的现象，即通常所说的起义。起义很可能导

---

① 参见 http：//www.cidcm.umd.edu/inscr/stfail/sfdata.htm。

致大量人员丧命，但它与叛乱存在着很大的不同：缺乏有组织的叛军、持续的时间不长。起义的例子包括1978~1979年的伊朗革命、1989年的罗马尼亚和其他东欧国家的革命。有关此类起义的理论，库兰（Kuran, 1989, 1991）和爱泼斯坦（Epstein, 2002）已经作了分析，并且提供了一个令人感兴趣的模型。但是我们不打算在这一章中对这一现象作进一步的分析。

2.2 内战强度的量度

与内战定义密切相关的是对内战强度的测定。如上所述，大多数人把内战的定义建立在相关战斗人员的绝对死亡数上，然而还有许多其他的方面需要研究者分析。这里，我们把研究集中在内战的持续时间、冲突的人员伤亡和卷入冲突的地理范围三个方面。

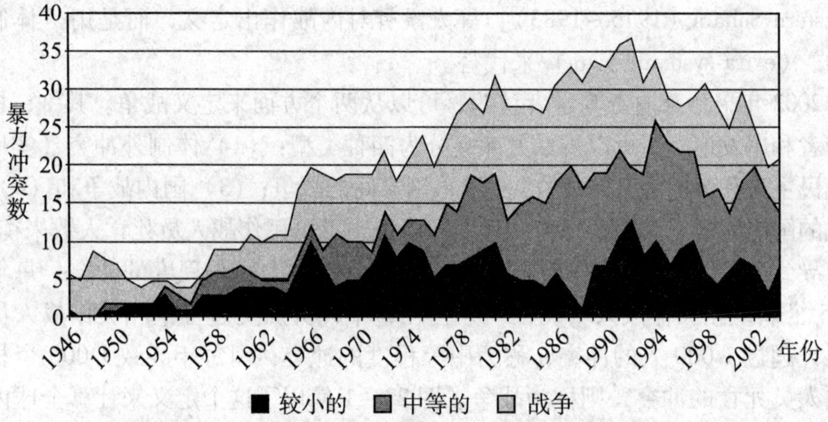

图 23-1 全球内战事件：1946~2004年

资料来源：格莱迪奇等（2002）。

2.2.1 持续时间

最近出版的一些著作 [如费伦（Fearon, 2004）、科利尔、赫夫勒和瑟德布姆（Collier, Hoeffler and Söderbom, 2004）] 分析了内战的持续时间。持续时间分析的焦点在于：为什么一些战争比其他战争持续的时间长得多？冲突的持续时间是不是可以像冲突爆发的原因那样被解释为决定因素？冲突的持续时间分析要求能够明确地得到冲突开始和结束的日期。通常，触发事件的日期可以确定，而这个日期则可以作为暴力的开始。例如，在许多数据库中，1994

年3月6日卢旺达总统的被杀就被认为是内战的开始。然而,通常的情况是,暴力在其达到一定阈值、可以定义为一场内战以前,往往会在一段时间内不断升级。战争往往因一场军事胜利、和解或停战而结束。桑巴尼斯(2000)认为,大约一半的内战因战败而告终,这使日期的测定比和平协定更加容易,因为后者往往并没有带来使所有军事行动都停下来的结果。

战争持续时间不仅取决于测定其开始和结束的日期,而且取决于暴力阈值的定义。比如,用每年相关作战人员死亡1 000人来定义内战,就比用较低阈值来定义内战,战争平均持续时间更短。举例来说,战争开始的第一年导致了1 000多个相关作战人员的死亡,如果第二年相关作战人员的死亡数下降到低于阈值的水平,但在第三年它又开始上升,达到了定义的要求,在这种情况下,严格运用绝对阈值标准就会导致分类上的混乱。因为按这种分类法,两个冲突可以归类为高阈值定义,一个冲突可以归类为低阈值定义。因此,有关冲突开始和结束时间测定的问题,不仅对于分析冲突与和平的持续时间十分重要,而且对于分析内战的再次爆发也十分重要。沃尔特(Walter,2004)把内战的再次爆发定义为,相同的参战者为实现与原先战争相同的目标而进行的那些战斗。

2.2.2 人员的代价

正如2.1所讨论的那样,相关作战人员的死亡是定义内战的主要特征之一。但获得确切的人员死亡数目是很困难的,因为冲突双方都有少报自己死亡人员而夸大对方死亡人数的企图。在战争人员代价方面,拉齐纳(Lacina)和格莱迪奇(2005)的研究做得最好,他们提供了一个以年度为单位、自1946年以来所有战争相关人员代价的统计。在研究中,他们把人员的代价分成三类:战斗人员的死亡、作战死亡和战争死亡。与此形成对比的是,其他数据库大都没有对作战死亡和战争死亡做出明确的区分,往往只统计整个冲突的死亡率。具有代表意义的是,战斗人员死亡可以用来评估战争状态下的战略选择,作为一种规范的评价,战斗人员死亡占参战总人数的比例经常被引用。作战死亡则指战斗中所有人的死亡,包括在战斗中丧命的作战人员和平民。人们普遍认为,它最适合用来评估军事接触的规模、范围和本质。对战争人员代价更加准确的描述,可以用因暴力升级而导致的人员死亡和因战争带来饥饿、疾病传播而导致的人员死亡来说明。拉齐纳和格莱迪奇把这个描述用术语"战争死亡"来分类。从他们的研究中,人们可以看到大量这样的事实:冷战结束以来,大量人员因内战而死亡,而且这种死亡大多数发生在非洲。表23-1显示,战斗人员死亡占战争死亡总人数的比率较低。比如,对刚果民主共和国的调查表明，在战争死亡的总人数中，只有大约6%的人死于直接的军事行动。

表23-1　　　　　　　　非洲冲突的人员死亡情况

国家	年度	战争总死亡数	战斗人员死亡	战斗人员死亡占战争死亡百分比（%）
苏丹（安雅叛乱）	1963~1973	25 000~75 000	20 000	3~8
尼日利亚（比夫拉叛乱）	1967~1970	500 000~2 000 000	75 000	4~15
安哥拉	1975~2002	1 500 000	160 475	11
埃塞俄比亚（不包括厄立特里叛乱）	1976~1991	1 000 000~2 000 000	16 000	<2
莫桑比克	1967~1992	500 000~1 000 000	145 400	15~29
索马里	1981~1996	250 000~350 000（到90年代中期）	66 750	19~27
苏丹	1983~2002	2 000 000	55 000	3
利比里亚	1989~1996	150 000~200 000	23 500	12~16
刚果民主共和国	1998~2001	2 500 000	145 000	6

资料来源：拉齐纳和格莱迪奇（2005）。

战斗人员死亡在战争总死亡人数中的比例之所以比较低，可以有很多种解释。如，武器装备差；除政府军以外，一些有组织的武装力量可能没有经常与敌对力量进行直接的战斗；叛军经常伤害和杀死平民；等等［这方面的例子，参见赫伯斯特（Herbst, 2000），凯恩斯（Cairns, 1997）］。由于大多数战争发生在低收入国家，这些国家的基础设施很差、医疗服务有限，使得战争死亡率相对增高。特别是在一些因战争而导致饥荒的国家，比如埃塞俄比亚和苏丹，这种死亡的现象尤其悲惨。

2.2.3 地理分布

另一个评估内战激烈程度的方法是战争的地理分布。这种方法首先要确定冲突发生的地区。一些数据库［比如，战争比较项目和格莱迪奇等（2002）］既提供了主要参与者和介入者的相关信息，也说明了战争发生在什么地方，这为区分内战发生国与介入国提供了可能。然而，有关介入的本质则只有很少的信息，也就是说，是仅仅在后勤上支持就算做介入，还是需要派遣军队才算介入？② 对于诸如库尔德人叛乱那样跨越几个国家的情况，研

---

② 里根（2002）提供了有关介入的资料，并把介入分为三类：外交、经济和军事介入。

究者们把它设定为两个不同的战场（在库尔德人的叛乱的例子中的土耳其和伊拉克）。

只有很少的数据库给出了有关内战国家战争涉及的地理范围的情况。"国家失败项目"为相关国家受战争影响的大小提供了一个序数指标，但这个数据库并没有提供相关国家的哪些地区受到战争影响的信息。布豪格和盖茨（Buhaug and Gates, 2002）提出了一个更详细的地理学上的测定战争范围的方法，他们在提供何处发生了军事行动信息的基础上，确定了冲突的中心和区域，并以冲突中心为圆心画圆来测定冲突的绝对范围。此外，他们还提供了冲突中心与首都在地理上的距离。

3. 内战的原因

3.1 动机与可行性

内战与众不同的特色是它的爆发和叛军坚持的时间，这是必须做出解释的现象。令人满意的解释应该包括动机和可行性两个方面。因为，内战很少不是因为某些情况诱发私人军队的形成，很少不是因为某些条件使得这些军队的存在具有合理性，所以，从原则上说，动机和可行性对内战都具有相当大的解释力。

实际上，在动机与可行性的研究上，人们一直更加关注前者。在有关动机的研究上，近来在区分"贪婪"或"委屈"的问题上似乎出现了一些争论。有关反叛的研究文章，总是从弥补客观委屈需要的角度来解释反叛的动机，这往往只触及问题的表面。但是，潜在地，反叛也可能因具有组织暴动谋取私利的较好时机而诱发。大量的研究把冲突的分类建立在不同的委屈上。可以经常看到的"冲突问题"包括：领土、陆地和海域、民族独立和非殖民化、种族、宗教或区域自治、意识形态和体制冲突、国家权力的冲突、国际和地缘政治力量冲突、资源的取得和分配的冲突等。这种把冲突分成不同类型的方式虽然很明确，但经常使有关冲突原因的假设变得没有争议。假如对反叛者声称的动机作一些起码的独立考察，暴力叛乱的动机有时可以推断为显示偏好。进一步说，所谓的委屈有时可被测定。例如，社会是否更不平等、更具有反叛的倾向，其程度是可以测定的。

719

3.2 叛乱理论

有关暴力冲突的理论研究大量存在，实证分析方面的文献也在不断增加。分析内战原因的经济理论可采用两种独特的方法。第一种方法关注的是动机，并且在研究中运用博弈论，通常把反叛者作为博弈的一方而把政府作为博弈的另一方；第二种方法关注的是可行性，研究中把反叛组织看作一个只有在特殊条件下才能兴盛的独特企业类型。我们依次讨论这两个方面。

3.2.1 博弈论分析

对内战分析的标准博弈模型在赫什利弗（1991，1994，2001）的著作中已经有了基础，这个模型假定，在具有掠夺性行为的两个博弈者之间，存在着经济上的差异。也就是说，博弈方在生产活动中可以是生产性的或非生产性的，其实力可以是强大的或弱小的。非生产性但强大的一方就有对生产性但弱小的一方实施掠夺的冲动。按照分析者的不同政治见解，这种掠夺可以说成是合理合法、公平公正或敲诈勒索的。虽然政治见解可能不同，但分析的基本结构是相同的。需要指出的是，这种分析模型即使在其本身的话语体系中，也存在几个不能自圆其说的问题。

因为掠夺行为是需要付出高昂代价的，如果生产性但弱小的一方在再分配上占有先机，两个博弈者就会通过暴力来改善其资源的再分配。实际上，一个与阿藏（1995）和罗默（Roemer，1985）的结论十分接近的线性分析认为，资源禀赋的不同应该导致再分配的改变而不是叛乱。但在这个框架内解释叛乱依然是一个挑战。因为明显存在三种可能性。一种是假定信息不对称：博弈者的任何一方都不知道对方的军事实力。如果两个博弈者都过分乐观，那么双方都认识到的、作为互利基础的和平就可能不会出现。一旦战争方发现他们的手已经伸得太远，它就与"赢者魔咒"有点类似。第二种可能性是相互之间的仇恨，仇恨促使一方去伤害另一方，并从中获取好处。第三种可能性是强化占有再分配先机的能力。在资源禀赋方面，除了增加这些解释，后来对内战的解释则没有什么不同。

第二个困难之处在于内战的每一方都是由许多人组成的大集团。如果叛乱的成本来自于叛乱集团和不断扩大的更加广泛的受惠社区，也就是说，如果叛乱的目标在于为公众谋利益（这是大多数叛乱集团的主张），那么它将面临一个标准的搭便车问题。在政府缺位的情况下，公共产品的供应极度不足，反叛者利用政府公共产品的空间十分有限，其为公众提供公共产品的能力也就更有限,这就会使那些声称为公众谋利益的反叛者的目标落空。既然目标不能实现,反叛的理由也就不能成立。这样,内战将会很少而不是大量爆发。解决这个困难的途径在于,反叛者供给联合产品,即部分公共产品和部分只有其参与者才能获得的私人产品。

3.2.2 叛乱组织

一个可供选择的博弈论方法是把内战看作一些不正常条件的结果,这些条件使得一个商业组织——反叛集团——得以在长期的暴力冲突中自行发展壮大。毋庸讳言,在冲突中,叛乱组织受到不断获取利益的刺激。实际上,对于刺激而言,其方式可能是完全不可知的。在一定限度内,我们可以假定:无论在什么地方产生和发展,无论动机是什么,一个叛乱组织的最初议程就是占据有利地位。潜在地,分析生存和发展条件,可能不是严格意义上的叛乱动机研究。例如,如果在某地存在一个特殊集团,这个集团有着非常强烈的委屈感,可以忍受风险和困苦,那么叛乱就可能只是自发形成的。但是,这种方法特别强调不同的装备对生存能力的影响:为一支部队提供装备、资金的能力(科利尔,2001)以及在政府军队打击下的生存能力等,这个问题已经通过竞争成功函数进行了广泛的探究(参见本手册的第 22 章)。尽管这种方法对于叛乱的动机来说是不可知的,但如果在冲突持续多年的条件下,用它来关注冲突中利益的增加,则是很合适的。一个对叛乱最愤世嫉俗的解释,是把叛乱看作一种机会的刺激,一种在冲突期间得到获取更多利益机会的刺激。在一篇充满闪光思想的论文中,温斯坦(Weinstein, 2005)提出了一个叛乱者征募新兵的理论。他认为,在存在获取更多利益机会的地方,叛乱集团的构成将会朝着获取私人利益的内在动机转变,叛乱也将在内在动机的选择上出现逆转。一种代替内在动机的方法认为,叛乱集团本质上是一种通过暴力来显示力量的势力。因此,它很有可能吸引那些在这些特征上具有明显倾向的人。许多叛乱都依靠儿童士兵和吸毒者,这些特征在经济模型中没有得到的体现。叛乱的领导者不断从战争中得益,但是他们因不能得到同情而在政府采取措施前逃离险境。因此,叛乱可能只需要与贫困儿童结合、最初的武器装备供应和持续的资金支持,这种资金支持无论是通过掠夺还是捐赠都行。

盖茨(2002)和格罗斯曼(Grossman, 1991, 1999)提出了一个有点互补性质的叛乱组织微观经济模型,在这个模型中,私人获得是作出决策的动机。盖茨从叛乱领导者的角度,强调必须克服代理的问题。格罗斯曼从拥有家庭的潜在农民新兵的角度,讨论他们如何在劳动生产、当兵和参与叛乱之间分配其劳动时间。在劳动时间的分配和各种不同活动获取收入的可能性之间，统治者和农民通过互动达到均衡。一个可能的均衡结果是，如果时间分配给了叛乱，就会产生一个相对于机会成本而言更高的收入预期。

库兰（1989）研究了参与叛乱活动的可能性。具有强烈革命偏好的个体很可能是最先加入的；革命偏好不怎么强烈的个体在叛乱成功的可能性较高时更愿意加入；如果其他人已经加入了，那么他们也愿意加入；如果偏好是均匀分布的，那么叛乱最有可能因"随大流"效应而得到广泛的支持；群体偏好的社会不愿意经受叛乱的蹂躏。

有关国家武装力量的动员问题没有受到更多的关注。在这方面，赫伯斯特（2004）对非洲的情况进行了分析。他认为，相比较而言，非洲的军队规模比较小，实力比较弱，国家在应对内战的威胁时经常存在很大的困难：恶劣的体制环境、缺乏公共财政的支持、消息来源闭塞、没有预警系统。一旦内战爆发，政府进行成功镇压叛乱的动员十分困难。在大量的案例中，当政府面临实实在在的内部威胁时，动员往往是失败的。赫伯斯特主张，可以通过增加诸如援助等财政资源、提高自然资源的收入（最具代表性的是来自石油的收入）等方法，来帮助政府解决动员问题。

3.3 叛乱原因的证据

暴力冲突的原因，在宗教、种族、阶级及经济差异之外，还存在一些不同的观点。其中引用最为广泛的例子包括："文明冲突"的假设［亨廷顿（Huntington），2002］和"不平等与叛乱之间联系密切"的断言［森（Sen），1973，第一章］。事实上，某些冲突的爆发，或多或少与文明和不平等有关，所以这些说法在某种程度上是可信的。虽然如此，由于这些广泛认可的原因迄今为止没有一个经受了经验的检验，所以它们可能不是暴力冲突的主要"触发器"。对于这个问题，大量的论文进行了研究［费伦和莱廷（2003），米格尔、萨蒂亚纳（Satyanath）和塞尔更蒂（Sergenti）（2004），科利尔和胡夫勒（2004a）］。由于可以利用冲突的电子资料，大量的研究者把内战编成二分变量，并且运用面板数据分析法来分析战争爆发的原因。不少学者认为，由于一些因素的存在，某些国家更可能爆发内战。但是在到底是哪些因素对内战的爆发起着决定作用的问题上，学者们尚未达成一致。科利尔和胡夫勒（2004a）认为，种族和宗教多样化的程度越高，则国家发生冲突的可能性越小。然而，如果存在一个处于支配地位的种族，则那里的内战风险更高，所以这种说法与事实不符。因此，种族多样化和战争之间是一种非线性关系。此外，历史也很重要，那些有过冲突历史的国家更有可能重新爆发冲突。在冲突结束后的5年间，重新爆发冲突的概率约为44%。但是这种爆发冲突的概率会随着和平时间的推移而逐步降低。和平时间每增加一年，爆发冲突的风险便下降一个百分点。科利尔和胡夫勒最重要的发现是，诸如发展水平、增长速度和收入分配结构等经济因素在分析战争爆发方面具有重要意义。1960~1999年间，比较贫穷的国家、低增长率的国家和初级产品出口额在GDP中所占份额高的国家，爆发战争的可能性更大。

计量分析已经有了很快的发展，它现在可以合理地解释变量之间的因果关系。比如，尽管冲突与经济增长率、收入之间都存在着逆向因果关系，但计量分析法还是可以在低增长和低收入与冲突风险的关系中，找出并解释其中具有因果关系的方面。低收入和低经济增长率的国家意味着机会的缺乏，这使得叛乱军队招募新兵来扩大力量变得更加容易。这至少与世界价值调查报告中的证据一致：较快的经济增长降低了革命的嗜好［佩齐尼和麦卡洛克（Pezzini and MacCulloch），2004］。

一国初级产品出口额在GDP中所占的比重越高，其爆发冲突的可能性便越大。主要出口初级产品，意味着自然资源比较丰富，意味着叛乱者可以利用这些自然资源来为其军事行动提供资金。叛军筹措资金可以有许多途径，掠夺自然资源便是其中之一。但对于通过掠夺自然资源来筹措资金的观点，目前还存在着较大的争论。除了从叛军资金来源角度解释冲突，人们还从政策的角度解释冲突的原因。认为，自然资源丰富的经济体之所以具有较高的叛乱风险，原因在于其具有特殊的政治经济政策。研究表明［参见汉弗莱（2005）和《冲突的消解》杂志（2005）中其他文章的相同观点］，自然资源丰富的国家经受着"资源魔咒"的折磨，不仅平均经济增长率比较低，而且制度建设也比较弱。在制度建设方面的核心观点是，资源丰富国家的领导人没有必要向大众征税，受到选举人的审查和监督较少［贝茨（Bates，1981），鲁滨逊、托维克和维迪尔（Robinson, Torvik and Verdier, 2002），科利尔和胡夫勒（2005）］，选举中只要收买公共部门的保护人就可以获得支持。以上分析，无论是从资金来源角度，还是从政策制度角度，似乎都有一定的道理。2005年，卢亚拉（Lujala）、格莱迪奇和吉尔摩（Gilmore）在其著作中提出，如果叛乱者控制了自然资源丰富的地区，那么叛乱持续的时间将会更长。也就是说，他们支持的是资金来源的观点而不是弱势政权的观点。另外，叛乱者招募新兵可能也会受到资源的影响。温斯坦（2005）认为，只要资源条件允许，机会主义的叛乱领导人就会排斥意识形态的领导人。作为结果，这些机会主义的叛乱者甚至比那些具有意识形态动机的叛乱者更不愿意去促进经济和社会的发展。

在叛乱原因的研究上，最具竞争性的一个问题是缺乏一些重要变量，尤其是缺乏委屈那样最能从本质上解释叛乱的那些变量。从各个方面去找出政治权力的方式也是没有什么意义的（科利尔和胡夫勒，2004a），甚至会引起含糊不清的效果。一些研究者提出，由于反民主（anocracy）比独裁或充分的民主更具危险性，政治权力的影响是非单调的［赫格雷等（Hegre et al.，2001），格尔（Gurr）和马歇尔（Marshall）（2005）］。但是这些结果一直被怀疑。赫格雷（2003）发现，民主的效果要视收入水平的情况而定。在低收入社会，冲突的风险将会增加；而在中等收入社会，冲突的风险将会降低。雷诺兹·克罗尔（2005）提出，本质上说，代表制比民主的水平更重要。她的研究结果是，政治制度的设计很重要，一国实行按比例分配代表的制度，其发生暴力冲突的可能性更小。也有证据显示，大赦国际所监控的公民权利的滥用，也是暴力冲突的一个主要指标（费伦，2004），政治权利和公民自由能使革命的意愿下降（佩齐尼和麦卡洛克，2004）。

尽管人们对不平等问题进行了大量的研究，但得出的结果似乎是，不平等总体上对冲突没有什么大的影响。斯图尔特（Stewart，2001）认为，从文明程度上界定群体之间的不平等，可以称为"水平上的不平等"，是与居民间的垂直不平等相对的，前者可以用来解释冲突。她虽然进行了大量的研究，但没有用国家的剖面数据来对这个假设进行经验上的检验。费伦和莱廷（2003）所进行的检验，试图说明遭到歧视的小群体与这个小群体发动叛乱可能性之间是否存在相关关系。在检验中，他们使用精心收集的规模庞大的全球样本，但没有得出什么有意义的结论。同时，他们发现，种族仇视严重的情况也与此结果相类似。

有两个研究对累积的经验结果的稳健性进行了评估。桑巴尼斯（2004）对不同内战定义的结果的敏感度进行了检验。因为在内战的定义上存在广泛分歧，所以这是一个重要的问题。他发现，对于广泛的定义而言，很多结果是稳健的。赫格雷和桑巴尼斯（2004）评估了不同模型、不同国家、不同年度和不同覆盖范围的各种结果的稳健性。他们构建了一个普通数据库，并且运用萨拉·伊·马丁（Sala-i-Martin，1997）在增长回归中使用的综合回归序列方法来进行分析。他们发现，稳健的风险因子是人口众多、低收入、低增长率、近来政局不稳、民主制度不协调以及处于一个易于发生战争的地理位置或有一个不民主的邻国。

数量上的经验研究之所以容易引起争论，部分原因是因为它与业已占据内战研究优势地位的案例研究形成了鲜明的对比，若干"N"的数量研究方法必定会遗漏许多重要的细节；部分原因是因为这种研究对某些特定的冲突作出了不合适的理解和预测。但是，这些研究分析从根本上指出了经济发展是维持和平的关键，在国际政策层面已经得到了运用，对于降低冲突发生率确实起到了一定的作用。

4. 持续时间

4.1 理论

内战最突出的特征是它会持续很长的时间，往往是国与国之间战争的 10 倍以上。由于持续时间的长短也潜在地说明了冲突的原因，所以内战持续时间本身就是一个重要的现象。然而，对内战持续时间的研究认为，决定战争持续时间的因素与决定战争爆发的因素是不同的［费伦（2004），科利尔、胡夫勒和瑟德布姆（2004）］。因此，在分析内战发生率时，把持续时间与开始时间联系起来似乎存在一些问题。③

内战的动机是致力于和平。当和平的动机比较弱时，战争将继续。对于和平动机为什么经常比较弱，有三种不同的解释：缺乏"锁定"（lock in）、叛乱集团获得了资金支持和最初信息不对称的调整。

因为缺乏锁定机制，内战的参与者很可能不能兑现一个可信的和平解决方案［艾迪生和穆尔希德（Addison and Murshed），2002］。通常用来解决国际冲突的两个机制，对内战也不起作用。一是强制性地通过国际协议对内战不能起作用，到现在为止国际社会还不能使用这类协议来解决国内问题。二是国际战争和解后战争双方均可保持军事力量，以使和平并不必然取决于任何一方的军事优势，这一机制也不起作用。因为，内战和解后政府的武装力量可以继续维持，维护社会稳定对政府军队来说是一种正常情况；而叛乱部队则会因和平时间的延长而逐渐瓦解，不管它是由于缺乏资金支持还是由于职业前景暗淡的原因所致。

为了使内战持续的时间长些，叛乱组织必须在冲突的过程中得到好处。好处可能来自对自然资源的掠夺、获取战利品期货及相关利益［罗斯（Ross），

---

③ 厄尔巴达维（Elbadawi）和桑巴尼斯 2002 年的一篇论文对内战的发生率进行了考察。雷诺兹和克罗尔（2002）使用他们的方法发现宗教分化会导致战争发生率的提高。这个结果可能是由于发生率变量的持续时间的长短不同。在分化的社会维持叛乱军队的团结在战争期间可能更容易。

2005]、得到来自侨居国外的人士或友好政府的支持。也就是说，无论叛乱产生的原因是什么，叛乱组织都要成为一个能自行壮大的经营机构。在这里，没有必要使用"贪婪"概念，因为不断获取好处对任何自行发展壮大的组织来说都是一个必然选择，其领导人对此都是坚持不懈的（科利尔，2001）。和平可能会使叛乱组织失去在冲突中发展起来的比较优势和利益。

正如本章第2节所论述的那样，如果冲突的原因是军队过分乐观，那么我们希望这种判断上的错误能够借助经验来修正。但这只能表明在某个特殊的时期结束冲突的可能性，而不表明可以确切地预测冲突结束的时间。说得更确切些，如果信息不对称是发生冲突的重要原因，那么我们将预期：随着参与者了解到武装力量的真实情况，在一些特殊时期出现和平的机会将会逐渐增加。

4.2 证据

冲突持续时间的经验分析，要与和平动机的理论框架相一致。在冲突持续时间及收入水平、收入不平等之间都存在十分密切的关系。在低收入和高度不平等的社会中，冲突持续的时间将会很长（科利尔、胡夫勒和瑟德布姆，2004），因为这样的社会维护和平的意愿较弱。相对于高收入社会而言，低收入社会发生冲突的相对成本比较低，而结束冲突所带来好处也比较少。由于巨大的不平等意味着在赢者和输者之间存在着更大的差异，所以任何阻碍和平的因素，无论是信息不对称、可靠锁定的缺乏，或者是暴力的收益率，对高度不平等社会的冲突来说，很可能都是关键因素。

我们回到这三个关键因素的分析上来。在国内和解锁定的困难方面，存在相当多的证据。在计量经济学的层面，最直接的证据也许是冲突重新爆发的高风险：如果冲突的结束是因为和解而不是因为彻底的军事胜利，那么重新爆发冲突的风险很高。这方面的证据来自沃尔特的案例分析（沃尔特，2001）。在分析中，沃尔特考察了和平进程如何随着时间的推移而遭到破坏：随着叛乱分子对信息的逐步掌握，和平的隐患也在逐渐增大。然而，事实上几乎没有什么迹象显示，和平隐患大小的变化遵循的是这种渐进的方式。这说明不能过于相信这种解释。有关冲突持续时间对暴力收益率的影响，没有多少经验上的研究。一个研究发现，在有大量自然资源出口的国家，当自然资源的出口价格比较高时，和平的机会降低，这与前面的解释相一致（科利尔、胡夫勒和瑟德布姆，2004）。

5. 内战的后果

如果把"军事斗争"这个有些赞美的词汇翻译成经济学术语,叛乱就可以理解为一种社会生产性投资。这种说法是否合理,取决于冲突过程中付出的代价和冲突后的结果。虽然把内战放进成本收益框架来进行分析还仍然处于起步阶段,但有大量的证据对"军事斗争"的说法提出了挑战,认为它是根本性的误导。由于内战带来了严重的后遗症,所以,与其把内战看作是有价值的投资,倒不如把它看作代价高昂的投资,看作一种可以避免的、具有严重持久反作用的灾祸。由于内战,国家将会持续受困于高水平的军费开支,资本持续以异乎平常的高比率流向国外,传染病发生率保持在一个很高的水平,甚至经济政策、政治制度和政治上的自由也出现恶化。当然,找出几个能够被合理地视为引领社会进步的现代内战也总是可能的,但平均起来看,现代内战正朝着其相反的方向发展。

5.1 经济后果

在冲突期间,内战会导致增长的下降,这并不令人吃惊。最明显的经济代价来自于基础设施和其他资产的直接破坏。科利尔(1999)进一步列出了内战影响经济的四个方面:公共资源从生产活动流向暴力活动;存在一种投资期限缩短的机会主义倾向;资金及人员都纷纷逃往国外;易受攻击的经济活动向那些像农业那样仅能维持生计的、不易受攻击的经济活动转移。

科利尔和胡夫勒(2004c)对内战的经济成本进行了评估。他们评估的主要是内战的地方性和区域性成本。由于没有把内战引起的全球成本计算在内,所以他们的评估是保守的。实际上,内战引致的全球成本规模巨大,只是在成本的分摊上存在困难。国内冲突更是导致三个世界性灾难——毒品生产、艾滋病和国际恐怖主义肆虐30年的主要原因。

经验显示,一国的国内冲突持续1年,其经济增长率将下降2.2%左右。如果国内冲突平均持续7年时间,那么到冲突结束时,经济将因此而损失15%。虽然冲突后恢复期的经济增长速度较快,大约以高于其正常增长率的1%的速度增长,随着时间的推移可以逐步抵消内战对经济的破坏,但整体来说,需要21年左右的时间才能回到具有优势的、没有冲突时的GDP水平。此外,由于战争结束后许多成本都在自然增加,这又使这21年间的GDP累计损失 105% 个原值 GDP（以冲突爆发的时间为计价基点，现在的价值均折成原值）。公众的福利因战争时期和战后军费开支的增加而进一步降低，这部分额外成本折成现值约占 GDP 的 18%。

从区域的层面考察，研究者指出，邻国的经济增长率和军费开支在战争时期和战后也都受到了影响。④ 平均来说，每个国家有 2.7 个邻国，采取以上的概念和方法计算，邻国的收入损失为 115% 个原值 GDP——直接影响甚至要大于内战国家本身。由于邻国的军备竞赛，区域的军费开支也将提高，这方面引致的成本约占一国 GDP 的 12%。

内战导致本国和区域的其他成本，包括被迫移民和疾病的流行，虽然整体上难以量化，但一般认为，"具有典型意义的"内战，其总成本约为原始 GDP 的 250%。需要指出的是，迄今为止，对内战成本的估计在某种程度上都是偏低的。同时，在酝酿战争到战争爆发的时间内，冲突也会使低收入国家的 GDP 平均下降 200 亿美元上下，结果一场单一战争的成本都在 500 亿美元左右。

除了这些直接的经济成本，冲突还对人类的健康带来严重影响。这方面的成本可以用伤残影响生命年 [Disability Affected Life Years (DALYs)] 来计算。战争每年平均导致约 50 万个伤残影响生命年的损失。假定在 21 年恢复期内，总共需要提供净现值为 500 万个伤残影响生命年的健康成本（基期为战斗开始的时候），每个伤残影响生命年的价值按 1 000 美元计算（这与许多处于风险国家的个人平均所得相当），一场典型战争对人类健康伤害的成本大约为 50 亿美元。

成本提高的更深层面是所谓的"冲突陷阱"：刚刚拥有内战经验的国家更有可能爆发进一步的冲突。⑤ 1965 ~ 1999 年间，在 21 个爆发和结束战争的国家中，出现 5 年以上冲突风险的可能性在战前平均为 22.3%，但是战后上升到 38.6%。要使风险下降到战前水平，需要 15 年以上的时间，这部分额外成本约为 100 亿美元。因此，一场单一战争引起本国和区域的总成本约为 650 亿美元。这些评估虽然是粗略和近似的，但可以为内战的成本收益分析提供一个有用的基准。

---

④ 为了详细分析内战的空间影响，参见默多克和桑德勒（2002，2004）；为评估区域军备竞赛的影响，参见科利尔和胡夫勒（将出版）。

⑤ 布鲁姆伯格和赫斯（Bloomberg and Hess, 2002）也分析了冲突陷阱的动力学；另外一个重要的冲突陷阱分析参见默多克和桑德勒（2004）。他们不仅分析了冲突对一个国家长时期内的风险，而且还把分析延伸到冲突对邻国即时影响的各个方面。

5.2 社会后果

死亡率只是冲突给人类带来的后果的一个方面,但是它却是一个对危机及其影响进行综合评估的重要指标。死亡率的评估虽然可能不是很准确,但比起其他健康指标来往往更好、更容易获取,因为健康指标会受到不同定义和不同文化解释的影响[基利(Keely)、里得(Reed)和沃尔德曼(Waldman),2000]。尽管冲突还带给了人类诸如心理影响等方面的其他伤害,但死亡率一直是紧急事件下最容易、最准确的评估指标之一。古哈·萨皮尔(Guha-Sapir)和范潘胡伊斯(van Panhuis)(2002)收集了国内冲突死亡率的大量案例资料,结果发现,冲突结束后的死亡率更高,并且冲突对成年人死亡率的影响比对婴儿死亡率的影响要大得多。

比死亡率的研究更进一步,拉西特(Russett)、古巴拉赫(Ghobarah)和胡思(Huth)(2003)在其研究中发现,内战严重降低了居民的健康状况。使用世界卫生组织对1999年伤残调整生命年[Disability Adjusted Life Years(DALYs)]的方法,他们估计,1991~1997年间,世界所有内战带来的直接后果是844万人伤残调整生命年的丧失,而内战结束后在相同的时间内又进一步带来了801万人伤残调整生命年的丧失。内战虽然结束,但内战导致的传染病发生率的持续增加并由此带来了伤残调整生命年的损失。因此,冲突期间与冲突后伤残调整生命年损失的大体相当,是内战后遗症的重要表现。导致贫穷国家人口死亡的最主要原因是传染病,冲突结束后死亡率之所以过高,也是因为这些传染病。在非洲死亡的人口中,大约有70%是死于当地十分流行的艾滋病的传染、疟疾和儿童疾病。⑥ 例如,1999年卢旺达内战,导致了疟疾的流行,其结果是平均每人减少了1.8个月的寿命。由于内战,艾滋病的感染率也在上升。军队中的新兵大多数是年轻、性生活活跃的男人,而且往往是未婚的。军队人员中,包括艾滋病在内的性病感染率趋于升高。据统计,军队人员在这方面的感染率比处于和平时代总人口的感染率高出2~5倍。由于远离家乡,在性关系上的社会控制较低,艾滋病病毒感染的可能性就更高,部队周围的卖淫窝点也扩大了传染病的传播。在战争期间,染上艾滋病或其他性病的人数与在战斗中阵亡的人数相比,其可怕程度要低得多。虽然没有叛乱军队艾滋病感染方面的可靠数据,但可以参照政府军艾滋病患病率的有

---

⑥ 在非洲死亡总人口中,18%是由艾滋病病毒的传染所致,17%是由疟疾所为,15%死于儿童疾病。笔者自己整理计算。资料来源:世界卫生组织(2001)。

关数据，它们与正规军相比，在艾滋病患病率上至少应该一样高。战争期间，强奸发生率也往往会大幅提高，难民以及被掳的妇女和年轻姑娘尤其易受伤害。据统计，在卢旺达战争中，超过20万人女性难民被强奸［卡巴罗（Carballo）和索尔比（Solby）（2001）］。因此，许多国家战争结束后的艾滋病患病率比战前高得多。

战争破坏了社会结构和物质基础设施，使卫生系统不能诊断与人体免疫缺损病毒/艾滋病感染有关的疾病，不能筛选血源，导致了疾病的广泛传播。战争还破坏了教育系统，使得预防疾病的教育更加困难。艾滋病也导致了政治的不稳定：留下了上百万孤儿，许多教师、卫生工作者和文职人员因此而丧命。冲突和艾滋病病毒的相互促进关系，使许多国家在战后社会发展战略中，把物质基础设施的重建作为压倒一切的首要任务。但由于资源非常有限，不少国家无力增加卫生健康教育的投入，所以难以有效防止艾滋病病毒的进一步扩散。此外，由于以前的作战人员的艾滋病患病率比较高，所以在把他们重新整合进文明社会的过程中，也带来了一个特别的健康问题（卡巴罗和索尔比，2001）。

人口的转移是人的成本的又一个方面。联合国难民署（UNHCR）提供了一些跨国家、跨年代的有关"需要关心的人口"的统计资料。按照联合国难民署的定义，"需要关心的人口"包括：难民、寻求庇护者、归来的难民和国内流离失所者。最详细可靠的系列资料也许是工业化国家中的寻求庇护者的数量。联合国难民署的难民统计主要来自接受过该署援助的人口数，但由于大量的难民没有接受过该署的援助，所以其统计数据与实际数据是有较大偏差的。类似地，内战波及地区难民数量下降的趋势，即图23-2中难民数量从1993年峰值的1 700万人下降到2004年末的920万人，也是一个保守的估计。由于战争的类型在过去的数十年已经发生了从跨国战争到国内战争的变化，需要提供援助的内部转移人口在比例上总体有了明显的提高。到2004年底，接受联合国难民署援助的人员中，大约28%是内部转移人口。

5.3 心理伤害

由于死亡率容易统计，所以有关内战对人口死亡率的定量研究是可行的。在另一端需要测定的范围是内战对人们心理的伤害。由于在冲突期间和冲突结束后心理健康服务十分缺乏，所以这方面的证据更不完整。但是这些心理伤害作为问题提出来，将是不会令人惊奇的。因为内战对心理的伤害不仅大而且持续时间长。内战中的幸存者失去了家庭成员、朋友、生活、熟悉的工作和身份，他们的心灵创伤不会随着枪炮声的停止而消失，而会在战后继续下去（见图23–2）。

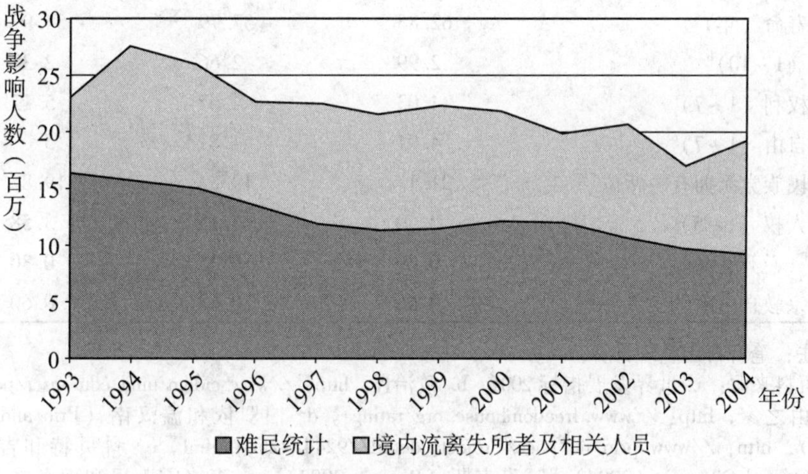

图 23–2　难民、境内流离失所者及其相关人员

资料来源：联合国难民署统计年度报告（各年度）。

同时，难民营的生活或转瞬即逝的安定可能对心理带来"二次伤害"。大多数的个体将经历一个低级别但持续时间很长的心理恢复过程［麦当劳（McDonald），2002］。拉西特、格伯拉哈和胡思（2003）的研究发现，内战对育龄妇女的自杀现象产生了间接的影响，这也许反映了被强奸者受到的心灵创伤。

5.4　政治后果

另一个内战的后遗症是社会价值的丧失：它使人们的行为发生了转变，从一个期待诚信的均衡状态转变为一个期待腐败的均衡状态。一旦丧失了对诚信声誉的追求，保持诚信行为的动机在未来就会变得十分微弱。内战虽然不是使社会变得更为腐败的唯一途径，但诚实守信的丧失会使社会在冲突结束后很长一段时间内付出代价，其中的道理是很简单的。

内战也有其某些可取之处，最有益处的方面可能是政策、政治制度和人权的改善。在这些方面，内战影响的程度，是可以衡量的。

表 23-2　　　　　　　　内战是变化的促进因素

	和平国家	战前 5 年	战后 5 年
人均 GDP 增长率（%）[a]	1.73	0.82	3.64
平均寿命（年）[a]	62.85	57.79	54.97
民主（1~10）[b]	2.99	2.66	2.38
政治权利（1~7）[c]	4.03	4.67	5.12
公民自由（1~7）[c]	4.01	4.81	5
少数民族党派拥有的席位[d]	21.1	19.84	19.86
侵犯人权（1~5）[e]	2.50	3.15	3.58
暗杀（总死亡）[f]	0.09	0.35	0.30
国家宗教自由率[g]	0.66	0.63	0.60

注：笔者自己整理计算。

资料来源：a. 世界发展指标 2005。b. 政治Ⅳ，http：//www.cidcm.umd.edu/inscr/polity/。c. 自由之家，http：//www.freedomhouse.org/ratings。d. 伯罗依和温汉南（Prio and Vanhanen），http：//www.prio.no/page/Project_detail//9244/42504.html。e. 科贝特和吉伯尼（Corbett and Gibney）（2004）。f. 班克斯（Banks，2002）。g. 森格雷莱尼和理查兹（Cingranelli and Richards）（2004）。

在表 23-2 中，我们列出了一些政治和经济方面的指标。我们以在 1960~2004 年间保持和平的国家的数据为基准。保持和平的国家平均每年的人均 GDP 增长率为 1.7%；对于爆发战争的国家，我们衡量了其战争开始前 5 年的经济平均增长率，并在最后一列提供了战后 5 年的相关数据。战前的增长率不足保持和平国家增长率的一半，平均增长仅为 0.8% 左右。在战争结束以后的 5 年间，平均增长率则比保持和平国家高得多，大约 3.6% 左右。这说明战后经济具有收获实质性和平红利的潜力。平均寿命项表明，内战导致的健康问题继续在缩短人的生命，即使在战争结束后也是如此，战后的平均寿命比战前缩短了 3 年，这充分体现了冲突后社会需要经济和政治上的变化。在表 23-2 中我们也提供了政治系统和制度方面的数据。我们对政治制度民主程度的衡量，资料来自标准政治科学指数——政治Ⅳ。典型的和平援助接受国拥有 2.99 个分值，而战争国家在战前平均为 2.66，战后第一个 5 年和平期间的平均分值只有 2.38。因此，平均起来看，内战导致了政治制度的恶化而不是改善。一个相关的衡量标准是由自由之家（Freedom House）采集的政治权利指标。这个指标以最高为 7 的分值来衡量一国的政治权利。与其他的指标不同，该指标的低分值比高分值更好。战前和战后的分值分别为 4.67 和 5.12。所以，又一次说明内战留下的后遗症是权利的降低而不是增加。同样地，内战没有提高少数民族的地位，少数民族党派在国会所拥有的席位在战前与战后相同。侵犯人权一直是以 1~5 的数值来度量的。战后比战前出现了更多侵犯人权的现象，再一次说明内战使情况变得更糟。冲突后的社会存在更为严重的暴力倾向，平均暗杀起数要比从来没有爆发过内战的国家高得多。表 23-2 的最后一行说明的是内战没有提高社会允许其公民宗教自由的比例。总而言之，内战后的和平虽然可以潜在地产生相当大的经济利益，但这似乎不能说明内战是政治改善的促进因素，恰恰相反，它带来了政治上的堕落。

6. 冲 突 后

6.1 冲突后恢复和再度恶化理论

冲突结束后，在冲突风险和经济增长上存在着不同：冲突风险远远高于平均值；经济增长率虽然也会异乎寻常得高，但也受到许多变量的制约。因此，冲突后的情况在理论上可以合理地分为冲突再度爆发风险理论和经济恢复进程理论。

为什么冲突结束后再度爆发冲突的风险如此之高？这在理论上包括两个效应：固定效应和后遗症效应。风险之所以高的第一个解释是因为该国具有潜在的和不变的易于发生冲突的特征，或者是因为冲突提高了再度爆发冲突的风险。很显然，只有后者可以成为明显的理论依据。暴力留下了仇恨的后遗症，这个解释参数可能是内生的。但是，我们已经注意到，仇恨总体上说似乎不是大规模有组织暴力冲突的原因，用仇恨来解释暴力冲突也不是很有说服力。第二个解释是持续的冲突使利益格局得到重组：组织发展所需要的资本和经验，只有在继续冲突的背景下才有用武之地。因为维持这些组织的运转并使其有持续的利益，在和平条件下是很困难的。比如，南部苏丹新的和平就面临着那里有 30 支独立武装力量的挑战。第三个解释已经在我们的持续讨论之中：因为叛乱集团的力量相对削弱而政府有一个违约激励，所以和解是脆弱的。事实上，和解在时间上容易出现不一致。潜在的，这给政府带来了传递其意向的余地：通过锁定减少进一步冲突风险的选择，例如，大规模地削减军费开支（科利尔和胡夫勒，2006）。

经济恢复理论关注的是降低冲突对经济的具体影响，这已在第 5 节作了讨论。例如，把农村经济逐步整合进市场。但这些效应不可避免地要与冲突再度爆发的高风险联系起来。如果风险被认为是很高的，那么在冲突期间典型的资本大量外逃的趋势将不会减退（科利尔等，2003）。但是如果再度爆发冲突的风险被认为是很低的，那么大量资本外逃已经过去的事实，将实质性地带来一个快速恢复的大机遇。

6.2 证据

有关再度爆发冲突的研究表明，高风险的原因同样可以近似地分为长期倾向和以前冲突的后遗症两个方面。后者随着时间的推移而衰减，但衰减的比率还不能得到充分的评估。有证据显示，政府通过高水平军费开支的方法来回应冲突后再度爆发冲突的高风险。具有代表性的是冲突后的10年间，军费开支更接近战时而不是平时。联系前面提到的信号理论，由于控制的内生性，如此高的军费开支似乎会使再度爆发冲突的风险提高（科利尔和胡夫勒，2006）。也有一些证据显示，控制的内生性以及大量散居在发达国家人口的存在，会使再度爆发冲突的风险增高。这与散居国外的人群比居住国内的人群更加极端的证据一致，部分原因也许是他们不能忍受冲突复原成本。然而，如果考虑到半数以上的内战国家是在冲突结束后崩溃的，那么冲突结束后的风险演变情况比起那些业已认可或接受的理论主张来，则还需要做更多的数量经验分析工作。

有关经济复原方面的证据也是初步的。诸如投资回报之类的市场结构在战后如何变化的问题，目前的分析还仅处于案例分析的层面。至于整体增长与政策选择及援助之间的关系问题，还只是关注单方面的定量研究（科利尔和胡夫勒，2004b）。在面板数据分析中，科利尔和胡夫勒使用时间虚拟后发现，在冲突后的10年间，增长率趋于更高，但增长的高峰期出现在10年间的中期而不是冲突结束后立即出现。

7. 政 策 干 预

以往的大量分析已经涉及政策，包括易于爆发冲突国家的政府政策和国外行动者的政策。在某种程度上，问题的关键在于内战的成本相当高，并且这些成本中的一大部分对于积极的参与者来说是外部的，因为这部分成本是由邻国或下一代来承担的。多数内战的高成本和令人忧郁的后果说明，那些发动内战的人声称内战是社会进步的手段，这是在愚弄他们自己和其他人。因为存在大的外部性，国外行动者有推动和平的正当利益，所以内战是可以避免的。刑事处分认为，预防显然比治愈更好。然而，在通过预防来减少冲突、采取措施结束正在发生的冲突，制定政策降低冲突再度爆发风险三种政策措施之间，哪一种机会余地更大，目前并不清楚。因为许多社会都面临着可能爆发冲突的若干风险，预防政策往往是漫无目标的。相比之下，结束冲突和降低再度爆发冲突风险的干预情况，可以重点关注几个国家。大约半数的内战是因为冲突结束后再度萌发所致。

7.1 预防政策

预防冲突的政策，超越了冲突后的内容。这类政策可以分成三种：针对可能的叛乱集团的委屈的政策、针对成功叛乱的实质可行性的政策和针对更多经济政治发展的一般政策。

处于风险中的政府有时向委屈者喊话，但是也许更普遍的做法是，当潜在叛乱集团领导人暴露出来的时候，政府采取收买他们的策略。这个策略是由安赞（2000）以正式途径提出的。但是，这可能是在收买一个叛乱集团和经济充分增长之间进行的一场交易：现在的收买可能带来有保证的当前和平，但它损害了长期的经济增长。从长远来看，不收买对当前的和平带来了威胁，但可能使经济获得增长并因此而实现和平。收买战略的另外一个问题是，政府并不总是很清楚地知道应该收买谁。在存在多个叛乱组织的条件下，从过去的经验可以判断出哪个叛乱组织对国家政权构成了严重威胁，但从事物发展变化的预期上则往往难以清楚地判断应该收买哪个集团。

一个具有说服力的例子是乍得的情况。乍得总共有60支小军队，这是一个更好理解采取收买战略还是采取军事行动的结构。因为处于石油含量丰富的地区，所有集团都有资源再分配的要求，所以存在着一个实质性的国家分裂威胁。为此，收买便成了补偿特殊集团合理委屈的一个核心理由，但这样做是否能显著地降低内战的风险，则存在着更多的争论。存有合理委屈的集团可能因力量太弱而不能叛乱，而编造虚假委屈的有实力的集团则最有可能叛乱。我们的看法是，夸大的合理委屈与叛乱之间，存在着密切的关系。

缓解矛盾的另一个极端方法是镇压。只有少量的证据表明，这样做是有效的。因为在专制社会中，不完全的民主往往比叛乱的风险更大。叛乱风险的强制性校正，意味着主要依赖军费开支来应对叛乱风险，但军费开支往往不能发挥其应有的威慑作用（科利尔和胡夫勒，2006）。这样，当一国处于面临叛乱风险而政府又不能有效发挥其威慑力的时候，国际行动者则因可以截断叛乱组织的资金和武器装备来源而在遏制叛乱上拥有更多的机会，但这些观点最近才在国际政策中得到体现。

最可靠的预防策略是发展经济。经济水平、增长和收入结构都是显著的风险因素。快速的经济发展可以通过直接的增长率、逐渐提高的收入水平和间接的经济多样化来降低叛乱风险。治理不善所带来的经济发展机会的丧失比其所产生的不满相比，可能更是冲突的原因。对低收入国家的援助，除了带来了更多减少贫困的传统利益外，在冲突的预防上也有一些作用。援助对于降低冲突风险似乎没有什么系统性的直接作用，但援助可以通过对增长的影响来间接发挥作用（科利尔和胡夫勒，2002）。然而，一个评估援助回报率的研究认为，援助的回报与援助成本大体相当，因此，降低叛乱风险可能不是对低收入国家提供援助的核心原因（科利尔和胡夫勒，2004c）。

7.2 结束冲突的政策

处于冲突中的政府既可以通过战场的胜利也可以通过妥协来结束冲突。证据显示，战场上的胜利，如果是可行而且合理的，会带来一个更可靠的和平。但是，取得胜利需要投资，这可能在短时间内导致军费开支大规模增加。例如，安哥拉政府把军费开支升高到约占GDP的20%，才击溃了规模庞大的尤尼塔（UNITA）叛乱集团，实现了和平。与其形成对照的是，哥伦比亚政府一直把军费开支确定为占GDP的2%，尽管经过4年的谈判和做出了包括割让部分国土给叛乱组织的妥协，到现在却依然在与规模很小的哥伦比亚革命武装力量（FARC）展开战斗。科利尔、胡夫勒和瑟德布姆（2004）对通过国际干预来结束内战的情况进行了评估。他们发现，尽管国际干预在个别案例中有效，但总体上，国际上的军事和经济干预对结束内战都没有显著的系统性影响。时间一致性问题，前面已经讨论，我们的观点是，只要其具有可靠性且期限较长，国际干预可以潜在地做出重要贡献，但两者的结合是很困难的。

7.3 维护冲突后和平的政策

假定经济增长在和平建设中具有重要意义，假定冲突后经济成果的分配具有高度可变性，冲突后政府的政策选择对维持和平来说就显得特别重要。这与科利尔和胡夫勒（2004b）得出的"冲突后10年间增长对政策特别敏感"的结论是一致的。科利尔和胡夫勒还通过一些证据证明，政府必须注意政策的优先次序。也就是说，与其他情况相比，政府应该更加注意宏观经济的稳定，注意经济政策的社会包容。

人们一直认为，援助对冲突后的复原具有重要作用。实际上，成立世界银行的初衷也是为了战后重建。类似的研究表明，国外援助的高峰期可能出现在冲突结束后的 4~6 年而不是立即出现在冲突结束后，虽然援助对冲突后的经济增长具有一定作用，但不具典型意义。如果冲突复原期复发冲突的风险很高，政府将以维持高水平军费开支的方式来对此作出反应，这是不会令人惊奇的。冲突后的军费开支似乎更接近战时而不是平时。科利尔和胡夫勒对高军费开支是否能内生地降低战争风险进行了考察。研究表明，冲突后的高军费开支对降低冲突风险不仅没有什么效果，反而明显地加大了进一步冲突的风险（科利尔和胡夫勒，2006）。

即使管理得好，经济复原也需要 10 年左右的时间。在这之后内战再爆发的风险才会有实质性的降低。既然如此，一些维护和平的暂时补救措施就是必要的。由于冲突后维持高军费开支不利于生产，那么外部军事的稳定便是唯一选择。在这方面的记录是模糊不清的。科利尔和胡夫勒对塞拉利昂冲突后的外部军事干预进行了成本收益分析，得出的结论是外部军事干预的成本相当高（科利尔和胡夫勒，2004c）。同时，外部干预可能只是在特殊的情况下才能成功。

在冲突后复原的路径选择方面，最近也有人进行了研究。由于他们没有考虑所考察的国家最近是否有过战争经历，而是采用其为贫困国家设计的一般模型来分析，结果各种宏观经济改革的相对重要性及其排列次序都不能得到很好的解释。尽管人们对安全、冲突和发展之间的关系有了日益清楚的认识，但在为冲突后的社会设计旨在促进经济增长和发展的政策框架时，似乎没有注意到安全问题。查默斯（Chalmers，2005）是在这方面提出忠告者之一，他把安全看作是一种重要的服务供给，认为安全与健康、基础设施和教育等其他必不可少的服务供给一道，能够为处于脆弱国家中的贫困人口提供服务。

由于大多数冲突后的政府都异常软弱，跨范围的经济、政治和军事援助的国际干预就承担着一个重要的角色。到目前为止，国际行动者已经满足了这些需要，但在协调上没有一个合适的框架［桑德勒，（2004，第 9 章）］。对于这个问题，国际社会已经有了充分的认识，2005 年联合国决定建立一个和平建设委员会。但该委员会应该承担什么职责、应该赋予怎样的权力才能发挥效力，仍将是一个重要的研究课题。

8. 结论和研究议程

内战的经济分析毋庸置疑地向虔诚的人类学的一些观点提出了挑战。在理论层面上，它从动机的框架而不是意识形态或身份地位的框架来分析内战原因，评价政府决策的优劣。在实践层面上，它对过去文献中最强调的因素能否正确地描述其所分析的事件提出了质疑。经济分析从来不能穷尽事件的全部，由此无论在理论上还是在实践上，都为经济研究工作留有很大的研究空间。

其他学科也有很大的研究空间。到目前为止，内战的研究一直被政治学者主导。对这一现象的先验判断，本质上也还是政治性的。然而，由于许多叛乱活动与政治党派或抗议活动存在很大的差异，人们在研究中开始摆脱把叛乱集团和有组织犯罪进行政治性类比的做法。其他方面的研究可能也是硕果累累的，比如，叛乱集团可能类似于宗教社区的外围，集团中易受骗的新兵被有感召力的统治者骗到可以牺牲自己生命的程度，就像琼斯镇和韦科的情况那样。经济学家可能需要与心理学家联合起来，以便可以根据叛乱者的内在动机来分析其选择过程。同时也有与历史学家结合的必要，因为内战经常可以从长期暴力和敌意的历史角度来解释。我们有理由怀疑，既然大多数社会过往都有暴力冲突的历史，那么叛乱与遥远的历史并不存在显著的因果关系，而是现行的条件有利于叛乱。叛乱组织的领导人将对过去进行梳理，以赋予他们和叛乱理由以历史合法性的外观。一旦全球历史资料被合适地编纂，这个问题就能得到正式的考察。

在理论层面上，最有成效的方面可能是对内战各个方面进行分解的博弈论分析。确实，内战事前没有叛乱方，潜在地，任何人都可以招募一支小的私人军队。为了给出两个例子，韦恩斯坦的著作，开创性地讨论了反叛组织上述招募新兵的过程。在叛乱时间范围方面，也有人对冲突后的政治背景下选民为什么倾向于支持极端分子的问题进行了研究。

在实践层面上，进步也可能摆脱崩溃。一个方面是空间上的：到现在为止几乎没有著作分析叛乱组织的地理定位；另一个方面是时间上的：几乎没有著作分析冲突后复发冲突风险的演变过程。富有成效的研究，有时高度受益于现场的观察，这方面的观察可以理解地缺乏。韦恩斯坦对叛乱者招募新兵的富有洞察力的分析，就是依靠这种对叛乱组织的直接观察。与此相类似的是著名的芝加哥贩毒集团的分析［莱维特和文卡特斯（Levitt and Venkatesh），2000］，这也许意味着要与人类学家协作。最后，基于内战问题的正确分析，我们估计内战的社会成本每年大约为1 000亿美元。目前，冲突风险国的政府政策和国际行动者的策略都已经以没有多少偏见的方式公之于众，我们相信，随着掌握的信息的不断增多和研究的进一步深化，内战这种类似于天花的现象，将在21世纪得到彻底根除。

参考文献

Addison, T., Murshed, S. M. (2002). "Credibility and reputation in peacemaking". Journal of Peace Research 39, 487 – 501.

Azam, J. -P. (1995). "How to pay for the peace? A theoretical framework with references to African countries". Public Choice 83, 173 – 184.

Azam, J. -P. (2000). "Looting and conflict between ethnoregional groups: Lessons for state formation in Africa". Journal of Conflict Resolution 46, 131 – 153.

Banks, A. (2002). "Cross national time-series data archive". Retrieved 12 September 2005, from http://www.databanks.sitehosting.net.

Bates, R. (1981), States and Markets in Tropical Africa: The Political Basis of Agricultural Policy. Series on Social Choice and Political Economy. University of California Press, Berkeley.

Bloomberg, S. B., Hess, G. D. (2002). "The temporal links between conflict and economic activity". Journal of Conflict Resolution 46, 74 – 90.

Buhaug, H., Gates, S. (2002). "The geography of civil war". Journal of Peace Research 39, 417 – 433.

Cairns, E. (1997). A Safer Future: Reducing the Human Cost of War. Oxfam Publications, Oxford.

Carballo, M., Solby, S. (March 2001). "HIV/Aids, conflict and reconstruction in Sub Saharan Africa". Paper presented at the conference: Preventing and Coping with HIV/Aids in Post-Conflict Societies: Gender Based Lessons from Sub-Saharan Africa, Durban, South Africa.

Chalmers, M. (2005). "Supporting security in fragile states". Mimeo. Department of Peace Studies, University of Bradford. http://www.brad.ac.uk/acad/peace/tmp/staff/chalmers_m/.

Cingranelli, D., Richards, D, (2004). "The Cingranelli-Richards human rights coder manual". Retrieved 4 October 2005, from http://ciri.binghamton.edu/web_version_7_31_04_ciri_codingguide.pdf.

Collier, P. (1999). "On the economic consequences of civil war". Oxford Economic Papers 51, 168 – 183.

Collier, P. (2001). "Rebellion as a quasi-criminal activity". Journal of Conflict Resolution 44, 839 – 853.

Collier, P., Hoeffler, A. (2002). "Aid, policy and peace". Defence and Peace Economics 13, 435 – 450.

Collier, P., Hoeffler, A. (2004a). "Greed and grievance in civil wars". Oxford Economic Papers 56, 663 – 695.

Collier, P., Hoeffler, A. (2004b). "Aid, policy and growth in post-conflict countries". The European Economic Review 48, 1125 – 1145.

Collier, P., Hoeffler, A. (2004c). "Conflicts". In: Lomborg, B. (Ed.), Global Crises, Global Solutions. Cambridge University Press, Cambridge, UK.

Collier, P., Hoeffler, A. (2005). "Democracy and natural resource rents". Mimeo.

Collier, P., Hoeffler, A. (2006). "Military expenditure in post-conflict societies". Economics of Governance 7, 89–107.

Collier, P., Hoeffler, A. (in press). "Unintended consequences: Does aid promote arms races?". Oxford Bulletin of Economics and Statistics.

Collier, P., Elliot, L., Hegre, H., Hoeffler, A., Reynal-Querol, M., Sambanis, N. (2003). "Breaking the conflict trap: Civil war and development policy". World Bank Policy Research Report. Oxford University Press, Oxford, UK.

Collier, P., Hoeffler, A., Söderbom, M. (2004). "On the duration of civil war". Journal of Peace Research 41, 253–273.

Corbett, L., Gibney, M. (2004). "Political repression and human fights abuse". Mimeo. University of North Carolina at Asheville.

Elbadawi, I., Sambanis, N. (2002). "How much civil war will We see? Explaining the prevalence of civil war". Journal of Conflict Resolution 46, 307–334.

Epstein, J. M. (2002). "Modeling civil violence: An agent-based computational approach". Proceedings of the National Academy of Science 99. 14 May 2002 Supplement: 7243–7250.

Fearon, J. (2004). "Why do some wars last so much longer than others?". Journal of Peace Research 41, 275–301.

Fearon, J., Laitin, D. (2003). "Ethnicity, insurgency, and civil war". American Political Science Review 97, 75–90.

Gates, S. (2002). "Recruitment and allegiance: The microfoundations of rebellion". Journal of Conflict Resolution 46, 111–130.

Gleditsch, N. P., Wallensteen, P., Eriksson, M., Sollenberg, M., Strand, H. (2002). "Armed conflict 1946–2001: A new dataset". Journal of Peace Research 39, 615–637.

Grossman, H. I. (1991). "A general equilibrium model of insurrections". American Economic Review 81, 912–921.

Grossman, H. I. (1999). "Kleptocracy and revolutions". Oxford Economic Papers 51, 267–283.

Guha-Sapir, D., van Panhuis, W. G. (2002). Mortality Risks in Recent Civil Conflicts: A Comparative Analysis. CRED.

Gurr, T. R., Marshall, M. (2005). "Peace and Conflict: A Global Survey of Armed Conflicts, Self determination Movements, and Democracy". Center for International Development and Conflict Management, University of Maryland.

Hegre, H. (2003). "Disentangling democracy and development as determinants of armed conflict". Paper presented at the Annual Meeting of the International Studies Association, 27 February 2003, Portland, Oreg.

Hegre, H. , Sambanis, N. (2004). "Sensitivity analysis of the empirical literature on civil war onset". Mimeo. Hegre, H. , Ellingsen, T. , Gates, S. , Gleditsch, N. P. (2001). "Towards a democratic civil peace?". American Political Science Review 95, 33 – 48.

Herbst, J. I. (2000). States and Power in Africa: Comparative Lessons in Authority and Control. Princeton University Press, Princeton, NJ.

Herbst, J. l. (2004). "African militaries and rebellion: The political economy of threat and combat effectiveness". Journal of Peace Research 41, 357 – 369.

Hirshleifer, J. (1991). "The technology of conflict as an economic activity". American Economic Review, Papers and Proceedings 81, 130 – 134.

Hirshleifer, J. (1994). "The darker side of force". Economic Inquiry 32, 1 – 10.

Hirshleifer, J. (2001). The Dark Side of the Force: Economic Foundations of Conflict Theory. Cambridge University Press, Cambridge, UK.

Humphreys, M. (2005). "Natural resources, conflict and conflict resolution: Uncovering the mechanisms". Journal of Conflict Resolution 49, 508 – 537.

Huntington, S. P. (2002). The Clash pf Civilizations: And the Remaking of World Order. Free Press, London. Keely, C. B. , Reed, H. E. , Waldman, R. J. (2000). "Understanding mortality patterns in complex humanitarian emergencies". In: Keely, C. B. , Reed, H. E. (Eds.), Forced Migration and Mortality: Roundtable on the Demography of Forced Migration. National Academy Press, Washington, DC.

Kuran, T. (1989). "Sparks and prairie fires: A theory of unanticipated political revolution". Public Choice 61, 41 – 74.

Kuran, T. (1991). "The East European revolution of 1989: Is it surprising that we were surprised?". American Economic Review, Papers and Proceedings 81, 121 – 125.

Lacina, B. , Gleditsch, N. P. (2005). "Monitoring trends in global combat: A new dataset of battle deaths". European Journal of Population 21, 145 – 166.

Levitt, S. D. , Venkatesh, S. A. (2000) . "An economic analysis of a drug selling gang's finances". Quarterly Journal of Economics 115, 755 – 789.

Lujala, P. , Gleditsch, N. P. , Gilmore, E. (2005). "A diamond curse? Civil war and a lootable resource". Journal of Conflict Resolution 49, 538 – 562.

McDonald, L. (2002). "The international operational response to the psychological wounds of war: Understanding and improving psychosocial interventions". Working Paper no. 7. Feinstein International Famine center. Tufts University.

Miguel, E. , Satyanath, S. , Sergenti, E. (2004). "Economic shocks and civil conflict: An instrumental variables approach". Journal of Political Economy 112, 725 – 753.

Murdoch, J. C. , Sandler, T. (2002). "Economic growth, civil wars, and spatial spillovers". Journal of Conflict Resolution 46, 91 – 110.

Murdoch, J. C. , Sandier, T. (2004). "Civil wars and economic growth: Spatial dispersion".

American Journal of Political Science 48, 138 – 151.

Pezzini, S., MacCulloch, R., (2004). "The role of freedom, growth and religion in the taste for revolution". Tanaka Business School Discussion Paper TBS/DP04/26, London.

Regan, P. M. (2002). "Third-party interventions and the duration of intrastate conflicts". Journal of Conflict Resolution 46, 55 – 73.

Reynal-Querol, M. (2002). "Ethnicity, political systems and civil war". Journal of Peace Research 4, 29 – 54.

Reynal-Querol, M. (2005). "Does democracy preempt civil wars?". European Journal of Political Economy 21, 445 – 465.

Robinson, J. A., Torvik, R., Verdier, T. (2002). "Political foundations of the resource curse". CEPR Discussion Paper no. 3422.

Roemer, J. E. (1985). "Rationalizing revolutionary ideology". Econometrica 53, 85 – 108.

Ross, M. (2005). "Booty futures". Mimeo. UCLA.

Russett, B., Ghobarah, H., Huth, P. (2003). "Civil wars kill and maim people-long after the shooting stops". American Political Science Review 97, 189 – 202.

Sala-i-Martin, X. (1997). "I just ran two million regressions". American Economic Review 87, 178 – 183.

Sambanis, N. (2000). "Partition as a solution to ethnic war: An empirical critique of the theoretical literature". World Politics 52, 437 – 483.

Sambanis, N. (2004). "What is a civil war? Conceptual and empirical complexities". Journal of Conflict Resolution 48, 814 – 858.

Sandier, T. (2004). Global Collective Action. Cambridge University Press, Cambridge, MA.

Sen, A. K. (1973). On Economic Inequality. Clarendon Press, Oxford.

Singer, D. J., Small, M. (1994). Correlates of War Project: International and Civil War Data, 1816 – 1992. Inter-University Consortium for Political and Social Research, Ann Arbor, Michigan.

Small, M., Singer. J. D. (1982). Resort to Arms: International and Civil War, 1816 – 1980. Sage, Beverly Hills.

Stewart, F. (2001). "Horizontal inequality: A neglected dimension of development". 2001 Wider Annual Lecture. UN WIDER, Helsinki.

UNHCR Statistical Yearbook (various issues). Geneva.

Walter, B. F. (2001). Committing to Peace: The Successful Settlement of Civil Wars. Princeton University Press, Princeton, NJ.

Wailer, B. F. (2004). "Does conflict beget conflict? Explaining recurring civil war". Journal of Peace Research 41, 371 – 388.

Weinstein, J. M. (2005). "Resources and the information problem in rebel recruitment". Journal of Conflict Resolution 49, 598 – 624.

WHO (World Health Organization) (2001). World Health Statistics Annual. Geneva.

第24章
维和的政治经济学

宾雅明·所罗门*
(加拿大国防总局)

摘要 从经济学的视角来研究维和完全是新近出现的现象。本章综述了经济学家在分析维和时所关注的三个主要研究领域。第一部分进行了维和融资和负担分摊的理论和实证研究,第二部分主要关注减少冲突过程中第三方干预的效果,最后一部分利用案例总结了东道国维和的经济结果。

总体上,研究显示维和有一个相比较大比例的纯公共收益性质,从全球视角看这种性质导致了对维和资源的更次优配置。对第三方干预的研究没能对研究问题提供确切的答案。特别是,关于干预的理论模型显示,干预可能会(也可能不会)引起冲突的减少,因为战争各方以及干预者之间的战略互动作用带来的间接影响并不总特别很明确。

实证研究同样不太明确。一方面,多维的维和/和平建设任务往往显著地增加了和平的机会,而传统的维和(诸如观察团)则不能。更新的研究显示,国际组织干预并不是降低冲突持续时间的显著要素,而另外一些研究则发现联合国的早期干预有显著降低冲突的作用。

最后,通过对海地(一个维和东道国)的案例研究,论文分析了维和的成本和收益,该分析可以被推广到其他维和东道国。在经济非常脆弱地区,东道国可能在很大程度上将联合国任务视为军事基地、收入来源和就业机会。如果这样一个经济来源被减少或取消,则有可能产生逆向激励,并增加不稳定性。

关键词: 维和 联合国 负担分摊 联合产品模型 逆向激励 次优

---

* 非常感谢基思·哈特里和托德·桑德勒的富有帮助性的评论。包含在文中的观点和主张是作者的,并不必然反映加拿大国防部的观点。

1. 引　言

尽管从来没有在联合国宪章中明确阐述和展望过,但维和已经成为联合国行动中一个不可或缺和高度引人注目的组成部分。这些工作中的一部分已经获得了成功,例如联合国在波黑(1995~2002年)的行动,以及联合国对东帝汶(1999~2002年)的过渡管理。这两次任务都提供了可持续的治理结构和法律规则。然而,其他一些任务,诸如联合国在前南斯拉夫(1992~1995年)的保护部队,以及联合国在索马里(1992~1993年)的军事行动,则是明显失败的,除其他因素外,这大多是由于人力资源和政治意愿缺乏、不明确或不充分的授权所致[联合国(UN, 2005b)]。

联合国(UN)发起的维和行动已经有超过40年的历史,但在冷战后更近一段时期以来这种军事行动才变得越来越频繁、复杂和高成本。例如,在财政方面,冷战结束之前联合国每年的维和成本一般是2亿美元(以2000年不变美元为基准)左右。但从那时起其每年的维和成本已平均达到约20亿美元。1994年维和成本更是达到了37亿美元(均以2000年不变美元为基准:见图24-1)①的最高点。尽管(财政支出)增长显著,但相对而言支出仍然捉襟见肘。在其他行动中,维和支出大约只等于大部分发达大城市的警察和消防部门的预算。

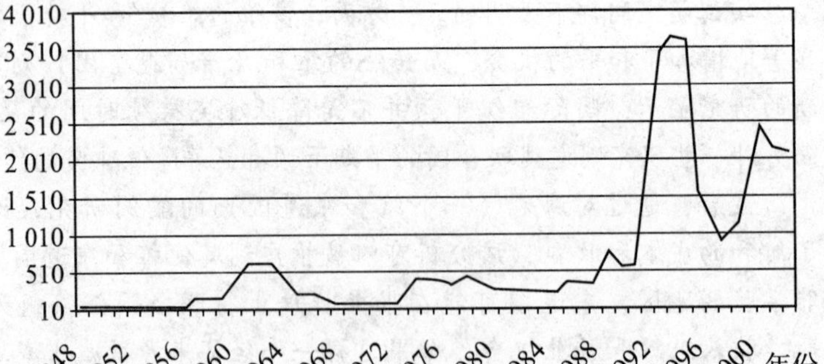

图24-1　维和支出趋势(2000年不变美元价格)

---

① 除非另有说明,所有的数字都是以美元计算。

虽然对其进行经济研究很大程度上是由于维和预算的多重增长而引发的，然而对这一问题的解释，以及随后使用的研究方法在不同文献中具有相当大的不同。文献第一部分，源于冷战结束，通过新的资助计划、常备军或其他机制检视联合国的加强。大部分这些研究在实质上是规范的，试图寻求（在联合国）这一国际体内自给自足的解决方案。其他一些研究则利用一些传统经济学研究工具，分析得出结论：财政问题或"危机"是与维和行动的增加和联合国成员国不能或不愿按时缴纳其应付的财政义务联合在一起的。本质上，联合国制度以这样的方式被构造形成，即通过它的一个（或几个）成员国努力单方面所带来的和平与稳定，在其所有成员国之间被平等地分享（即纯公共产品）。然而，这一单方面行为的成本则完全由发起国自己承担。

文献的第二部分检视联合国干预的功效。过程功效的评价有赖于对构成成功要素的界定。尽管受定义的限制，这部分中的研究者仍试图通过对问题各个方面的研究，来从理论上总结第三方干预对冲突减少的影响。例如，第三方是否肯定是公正的或是偏袒的？早期干预是否是最优的？

最后一部分基于案例研究聚焦重点问题。这些研究提供了在揭示可能被一般的理论框架所错过的一些定性方面下，一般理论研究与案例研究之间的一些必然联系。例如，为什么国家参与维和行动（PKOs）？对提供者和东道国，维和行动的成本和收益是什么？另外，案例研究可以揭示为什么某些干预没有起到作用，或者是什么因素促进了冲突的快速解决。

所有这三个组成部分或研究问题，在本章接下来的几节中都得到认真考察。尤其是，第3节进行了维和资助和负担分摊的理论和实证考察，而第4节评估了与第三方干预在减少冲突中的功效相关的一些问题。第5节介绍了一些案例研究，以量化和平使命对东道国和提供国的收益和成本。第6节对这章进行了小结，对尚未解答和新兴研究课题提出了未来研究方向。然而，在正式考察文献之前，我们要对维和的定义、典型事实以及维和制度等方面在下一节进行一个简要的介绍。

2. 背　　景

在给安理会的一份报告中，布特罗斯·加利（Boutros-Ghali，1992）提出了以下关于维和的定义和维和的相关组成部分：

——"调停"是引导敌对方达成协议的行动，其基本是通过和按照联合国宪章第六章所预见的那些和平手段所进行的［布特罗斯·加利（1992）］。

——"维和"是联合国力量在该地区的部署，迄今为止在所有有关各方同意的情况下，通常包括联合国军事和/或警察人员，以及常见的文职人员。维和是一门艺术，它同时扩大了冲突预防和和平调解的可能性［布特罗斯·加利（1992）］。

——"和平构建"包括冲突后的参与与支持结构，这往往使和平得到加强和巩固，以避免重蹈冲突覆辙。

为提供背景，确认联合国宪章中处理国际冲突的两章也是非常重要的［UN（1945）］。该宪章第六章表明：

Ⅵ.33条

1. 任何争端之当事国，于争端之继续存在有可能危及国际和平与安全时，应尽先以谈判、调查、调停、和解、公断、司法，诉诸于地区性组织或机构、或其他他们自行选择的和平方式，求得解决。

2. 安理会认为必要时，应敦请各当事国以此类方式，解决其争端。

如果当事国没有得到上文所说的解决，他们可以诉诸于安理会。如果认为适当，安理会转而可能提出解决方式建议。第六章可被视为预防外交和和平调解的一种形式。另一方面，第七章更适合于像海湾战争等的情况。尤其是，第七章包括：

Ⅶ.39条

安理会应断定任何和平之威胁、和平之破坏、或侵略行为是否存在，并应依据第四十一条和第四十二条规定的办法，提出建议或作出决议，以维持或恢复国际和平及安全。

如果这些被认为不合适，那么紧随其后的就是制裁和断绝外交关系（41条）：

Ⅶ.42条

安理会如认为第四十一条所规定之办法为不足或已经证明为不足时，得采取必要之空海陆军行动，以维持或恢复国际和平及安全。此项行动包括联合国会员国之空、海、陆军示威、封锁、及其他军事举动。

根据符合逻辑的解释和安理会的意愿行动，39条到42条依据威胁渐进反应。此外，正如我们今天所了解的以及在和平纲领中所规定的定义，维和没有出现在联合国宪章中。第七章在更大程度上是"和平维护"，且并不必然需要交战方同意，而第六章则是和平调解的经典定义。多维使命往往含有大量的民事成分，包括监督选举、训练或监督警察、监督人权，以及在某种情况下暂时管理国家。因为民事组成部分包括非政府组织（NGO），国际和地区性组织，它有时候作为一个多任务外交使团被提及。因为它代表联合国宪章没有设想到的一种发展情况，维和使命有时作为联合国宪章第六章半被提及。

第一次维和任务源于1956年的苏伊士危机，当时埃及总统纳赛尔决定将苏伊士运河收归国有，这使法国和英国大为错愕。法国和英国占领运河的行动（以"防止它在以色列入侵期间遭受危险"）遭到了包括美国和加拿大等国的反对。为了避免敌对行动升级，当时的加拿大外交部长［L. B. 皮尔逊（L. B. Pearson）］建议立即实施停火令，并且提供"大量警察部队驻扎到以色列－阿拉伯边境以维持和平"［联合国安理会（1956）］。安理会采纳了这一建议并且组建了联合国紧急部队（UNEF）。

多维使命维和也可以被看做是和平构建活动［多伊尔和桑巴尼斯（Doyle & Sambanis, 2000）］。和平构建带给武装部队所谓"任务蠕变"的特别挑战。有两种形式的任务蠕变②，即水平的和垂直的。当军事特遣队被要求参加与维安任务无关的活动时，水平任务蠕变就出现了（需要额外的设备和除了步兵以外的军事人员的配合）。这些活动包括建设学校，运送食物以及提供医疗帮助。例如，联合国代表团在海地最初使命是协助政府维持治安和稳定，但是之后包括了护送运粮车队，承担主要供给线的道路改进，以及承担和完成大约330个小规模的社区项目［所罗门（Solomon, 1998）］。

垂直任务蠕变是在部队数量保持不变（军队的规模可能不足，交战规则变得很模糊）情况下的使命扩展。例如，部队可能现在被授权去护卫车队，保护选举的官员或加上附加的责任区。前南斯拉夫的联合国保护部队被迫在人力和装备没有相应增加的情况下，保护更大责任区内的大批平民，这导致了1995年斯雷布雷尼察（Srebrenica）的大屠杀。这些都在资源配置、不同和平参与者之间的竞争，以及对东道国生产过程中的不正当经济激励（例如，食品援助将在短期内破坏生产）等方面具有经济层面的挑战。

2.1 维和分摊比额

关于资助方面的研究，维和负担分摊和资源配置起先是从联合国维和分摊制度的功效讨论开始的。1974年之后已查明的几乎所有联合国维和行动［除了1988年联合国巴基斯坦问题斡旋团 UNGOMAP-UN 在阿富汗和巴基斯坦的行动］都是通过基于联合国对经常预算会费分摊比额的一个分摊账户而得到

---

② 这一定义是由皮尔逊加拿大维和训练中心的亚历克斯·莫里森（Alex Morrison）和他的（全体）工作人员提出的。

资助。试图通过自愿捐助来资助（维和）行动证明是行不通的［杜尔克（Durch，1993）］。每一次维和行动都是单独摊款，且基于联合国对经常预算的分摊比额表。

会费分摊账户是基于支付能力标准上的费用分摊。对这些账户的支付是独立于每年的成员国会费外的。维和行动筹资基于联合国经常预算的会费分摊比额表，但包括对账户一个尽管复杂但透明的调整，以使成员国有能力支付。如表24-1所示，成员国被置入按字母表A到J排列的十个组中的一组中。A组留给安理会常任理事国，而且这些成员被确定承担比联合国经常预算更高的比例。通常，A组成员国支付比它们的经常预算比率高22%的比率［UN(2001, 2003)］。

大多数工业化的国家或地区被划入B组，它们对维和的分摊比例等同于它们的经常预算（分摊）比率。实际上这些国家或地区获得的是零折扣。C组国家或地区分摊比率大约比它们的经常预算（分摊）比率低7.5%。最不发达的国家（J组）或地区仅支付它们经常预算（分摊）比率的10%。从D组到I组的国家支付它们各自经常预算（分摊）比率的80%~20%。由从C到J水平的成员国的经常预算分摊比率调整而产生的"折扣"，由安理会常任理事国按比例承担。

表24-1　　　　　　　　所选成员国的维和分摊比额表

成员国	平均分摊（%）2004~2006年	经常预算（%）	人均收入美元（$）（2004~2006年）	分组
美国	26.832	22.00	N/A	A
日本	19.629	19.629	N/A	B
科威特	0.1508	0.163	N/A	C
韩国	1.4464	1.808	<10188	D
巴巴多斯	0.006	0.01	<9169	E
沙特阿拉伯	0.2876	0.719	<8150	F
阿根廷	0.2892	0.964	<7131	G
波兰	0.1392	0.464	<6112	H
巴基斯坦	0.0112	0.056	<5094*	I
埃塞俄比亚	0.0004	0.004	N/A	J
G7	77.9	70.4	—	—
北约	67.6	59.9	—	—

资料来源：UN（2001，2003）。

* $5094是所有会员国在1996~2001年间的人均国民总收入。

成员国分为十个等级是基于1996~2001年期间所有成员国的人均国民生产总值。该平均值是5094美元。人均收入低于两倍该平均值10188美元的成员国被分到D组，而人均收入低于平均值的成员国被分到了I组。组E到组H，以美元计价，其门槛是基于成员国人均收入的1.2~1.8倍不等［UN (2001)］。最大的7个工业国捐助了维和预算的大约80%，北约成员国大约分摊了预算的70%。

联合国维和行动的成本不仅包括对部队捐助的偿还（每月每支部队1000美元），还要偿还成员国对自身装备使用，援助函以及死亡和伤残费用。"援助函（LOA）"经常在这种情况下使用，即如果联合国提供的资源不充分，或者如果成员国说服联合国它自己的资源更适合即将到来的特殊任务。援助函稍后将用来向联合国要求支付。通常由于不按期支付常规会费和维和分摊款项，在成本发生和偿还之间有一个明显的时滞。注意联合国无权收取延期支付的利息，而且对不支付的唯一制裁措施是在联合国大会上失去投票权（联合国宪章第19条，在本章3.2节简要讨论）。

2.2 维和趋势与一般事实

冷战时期，维和行动的频率和规模是有节制的。维和活动的增加在某种程度是由于对更强大国际体（源自冷战结束后更少分歧的安理会）的乐观主义、增加的维和热情，以及对包括人权保护、人道主义和经济发展主动权等方面国际干预的扩大等所引发［布特罗斯·加利（1992）］。除了由新近维和行动的复杂性所引起的财政紧张增长，还存在维和死亡人员的类似增加。图24-2表明了从1948年到2005年维和死亡人数的趋势。2005年的数据仅截至8月。大约60%的死亡事故发生在冷战后时期。1961年有一个尖峰，这与在刚果的行动正好吻合，大多数观察家认为这是一次和平维护行动。尽管在1948~2005年期间有超过50次的行动产生了死亡事故，但是一半的死亡人数发生在仅仅5次行动中。这除了在刚果的行动外，还有在联合国保护部队UNPROFOR、黎巴嫩、塞拉利昂和索马里的行动。这些死亡事故的原因包括意外事件（42%），敌对行动（30%）以及疾病和其他事故（28%）。

除了任务增加和复杂性，维和还有其他一些发展情况需要讨论。首先，人们越来越担心发展中国家在联合国维和部队中的人数正在越来越不成比例地增加，这一迹象表明工业化国家正在越来越多地放弃维和角色，而将维和任务扔给发展中国家［西格利（Seiglie, 2005）］。有很多理由解释为什么发展中国家比富国为联合国（维和）行动捐助了更多的部队。如同将在随后的章节中所讨论的，富国，特别是北约成员国，日益卷入非联合国资助的和平行动中，例如波斯尼亚、科索沃和阿富汗。同样，西格利（2005）指出富国对生命价值的强调意味着富国在和平行动中宁愿捐助更少的部队而愿捐助更多的技术。博布罗和博耶（Bobrow & Boyer，1997），以及杜尔克（1993）指出，每支部队每月1000美元的费用对一些发展中国家是有吸引力的，联合国也正是照此在维和行动中补贴发展中国家部队的。

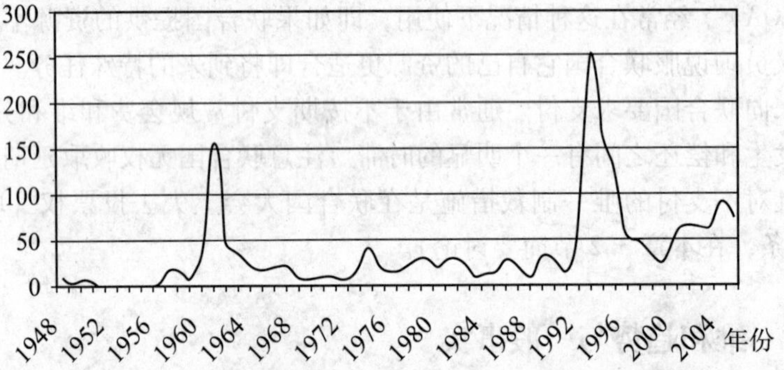

图 24-2　维和行动中的死亡人数（1948~2004年）

后一种说法已经得到详尽分析。事实上，正如桑德勒和希米祖（Sandler & Shimizu，2002，2003）所指出的，有关发展中国家的部队成本和其他国防支出的数据并不容易得到。表24-2使用了桑德勒和希米祖（2002，2003）的国防支出率来合计从总部队实力到部队代理成本，以此来评估发展中国家对联合国行动的部队捐助收益（如果有的话）。③ 显然，对整个国防预算的使用高估了人事预算。

表24-2中所显示的5个国家在1996~2005年这段时期内经常成为排名前十位的捐助者。例如，孟加拉国在整个10年期的考察中一直都处于前10位，而加纳和印度9次进入前10名。即使有可观的代理成本，联合国的返还还是多于补偿他们应付的维和分摊和每年的部队成本。相反，和平任务的成本对于发达国家来说却相对较高。例如，加拿大，这个维和任务的经常参与国，分摊了大约3%的联合国维和预算。2003年这一数字达到了7 800万美元，而加拿大对联合国行动的部队捐助在2003年大概为200人。从联合国那里收到的补

---

③ 希米祖和桑德勒（2003）曾使用这种代理类型方法来估计非联合国资助的行动的成本，这些研究及其负担分摊的意义将在这章中稍后进行讨论。

偿估计大约为 240 万美元。加拿大在 2003 年支付的（维和）分摊比表 24 – 2 所列 5 个国家部队成本之和还要多。

表 24 – 2　　　　1996～2005 年期间联合国行动的最多部队捐助者

成员国	出现在前 10 名的次数	估计的部队成本（百万美元，2003）	支付的维和摊款（百万美元，2003）	估计的联合国补偿（百万美元，2003）	盈余（百万美元）
孟加拉国	10	23.5	0.029	54.8	31.3
加纳	9	2.1	0.074	12.7	10.5
印度	9	7.1	3.5	26.1	15.5
约旦	6	29.6	0.77	30.4	0.03
巴基斯坦	8	10.6	0.46	14.5	3.4

资料来源：联合国（2003，2005a）以及作者的计算（盈余通过从联合国补偿中减去支付的金额和估计的部队成本计算得出）。

如同早先提到的，并不是捐助国承担的所有联合国成本都是人员补偿。在加拿大的案例中，每年与和平使命（包括非联合国资助的任务）联系在一起的边际成本是 6 亿美元。注意"增加"的人员成本，包括如配给、膳宿、通信支持、运输（战场中的部署、调动、轮换）等等。表 24 – 2 提供了发展中国家（维和）部队捐助的首要的近似财务优势。对部队捐助者，还有其他一些非量化的收益。如印度可能是出于加强其国际身份和政治形象的需要。事实上冷战年代很少看到维和活动，也许是由于安理会对超级强权否决权的犹豫不决，可能迫使诸如加拿大和挪威这样的中等力量国家，承担其相对于北约维和负担而言一个不成比例的份额。对加拿大、斯堪的纳维亚以及其他西方国家维和参与的一个可供选择的解释是，联合国和平行动参与可能被当作联合国中"中等力量"地位的一个先决条件。本质上，维和，尤其是冷战期间的维和在很大程度上显示出"俱乐部产品"的特征。迄今为止一些被观察国的维和特定利益的定性特征已阻碍了实证检验。在第 5 节中，对所选择任务维和可能收益推断的研究，呈现出与事实情况相反的证据。

后冷战时代维和任务的复杂性和频率使联合国感到不安，而且显示出其无法适应不断变化的地缘战略环境。因此，存在着由诸如欧盟（EU），以及北大西洋公约组织（NATO）这样的地区性组织领导的和平任务增长的情况。除了支付联合国维和成本较大比例的分摊外，发达国家同样也资助和捐助部队给这些非联合国领导的行动。如表24-3所示,多数这些行动开始于20世纪90年代且跨越全球。如果说北约成员国对兵力投送能力(如航空和海运)的采购已经显示出一些迹象的话,那么可以预料这一组织,尤其是规模较大的成员国,会支持更多的非联合国资助的行动,并因此承担日益增加的维和负担[希米祖和桑德勒(2002,2003)]。注意表24-3没有包含所有的非联合国资助的行动。见希米祖和桑德勒(2002)的明细表。

表 24-3　　　　　　　　非联合国资助的和平支持行动

行　动*	持续期间	地点
多国部队和观察员	1982~	埃及/西奈
• ISAF(国际安全援助部队):	2001~	阿富汗
KFOR(北约领导的科索沃部队)	1999~	科索沃
• SFOR(北约领导的稳定部队):	1996~	波斯尼亚
北约阿尔巴尼亚部队	1999	阿尔巴尼亚
多国保护部队	1997	阿尔巴尼亚
东帝汶的国际部队	1999	东帝汶
• 俄罗斯/独联体的维和部队:	1992~	格鲁吉亚/阿布哈兹
索马里的联合特遣部队	1992~1993	索马里
欧盟:肯考迪亚行动	2003	马其顿
欧盟在民主刚果的军事行动	2003	民主刚果
欧盟在马其顿的军事行动	2003	马其顿
欧盟在ITURI的行动	2003	民主刚果
布隆迪的非洲行动	2003~	布隆迪
欧盟班吉协定监测团	1997	中非共和国
ECOMICI(科特迪瓦西非经济共同体各国代表团)	1990~1998;2003	科特迪瓦
西非经济共同体国家(ECOWAS)军事观察团	1998~2000	塞拉利昂
西非经济共同体国家(ECOWAS)	2003	利比里亚
南非国防军在波莱亚斯的行动	1998~2000	莱索托
• 北/南观察行动("禁飞区")	1992~2003	伊拉克

*兵力超过1 000人的行动。

除了上述讨论的地区组织,还有一些关于私人部门或单个国家能否有效地担负维和任务的讨论。私人部门的一些方面和可能的研究领域在这一章的第6节中讨论。到此为止已经确定了关于维和的一些背景知识和典型事实,下一节将重点集中于维和筹资的第一个研究问题,尤其是负担分摊。

3. 财政安排和负担分摊

当看到自 1945 年联合国创建以来，世界上超过 100 次大的主要冲突已经导致了 2 000 万人死亡，布特罗斯·加利（1992）指出了维和行动激增的事实和原因。联合国对处理许多这些危机是无能为力的，因为否决权—它们中的 279 票—集中在安理会手中。然后他指出随着冷战的结束，从 1990 年 5 月 31 日起已经没有这样的否决权了［布特罗斯·加利（1992）］。20 世纪 90 年代早期出版的大部分论文，往往主要从一个规范性的角度来考虑联合国维和预算和筹资，很少或不讨论执行的机制。这些论文将在下面简要地讨论。

3.1 财政改革和收入来源

麦克纳马拉（McNamara, 1992）对布特罗斯·加利就冷战结束后，作为安理会更少分歧结果的更强国际体的审慎乐观给出了回应。麦克纳马拉（1992）对新的世界秩序的先见之明，看到了冷战结束后世界和平和更强国际体的巨大机会，这将可能有助于减少发展中国家的国防支出。另外，麦克纳马拉建议联合国在全球范围内提供安全保障，而且建议发达国家使用援助手段以减少军备或防务开支（与援助挂钩）。然而，如果从经济学的观点来看，这一观点有些太过理想化。哈特利（Hartley, 1992）对围绕"新的世界秩序"和"和平红利"的挑战与神话进行了评论。哈特利（1992）特别指出，国际组织面临着灵活应对的挑战，所以联合国在解决集体行动本身的问题（比如免费搭车），以及联合国安理会投票结构的可能变化（从全体一致到多数同意或否决）的同时，需要发展快速反应能力。

麦克纳马拉（1992）同样建议控制发展中国家的武器进出口，但是没有考察国内国防工业发展的潜在结果。另外，监测军售是困难的，因为警察会取代武装部队，并且诸如化学品、核力量以及车辆这样的军民两用产品，可以轻易地被整合到民用工业结构中［哈特利（1992）］。

莫里森（Morrison, 1993）敏锐地注意到国际体大规模结构改变的困难。如他（1993）指出了建立联合国部队存在几个潜在困难：参与国不愿意让它们的军队服从一位联合国指挥官的领导，军队中貌似"合理的"种族和地域平衡的判断，以及建立有效的军事司令部、职业平等准则和薪级等方面的困难

［莫里森（1993）］。

通过潜在的收入来源为维和行动不断增加的成本提供资金，吸引了联合国和许多研究者的注意。亨德森和凯（Henderson & Kay，1995）建议成立一个联合国安全保险机构（一个国家将决定从联合国购买保险，如果保险成本低于维持它自己的武装力量的成本），而费利克斯（Felix，1995）和门德斯（Mendez，1995）则提出了托宾税（一个小型的统一税，用来对至少所有主要货币的外汇兑换交易征税）。然而，这些研究都没有对如何达到一致同意，以及如何实施这种国际税收提供严格的分析。[④]

克莱因和马尔瓦（Klein & Marwah，1996）则考虑建立一个联合国常备军（大约有100万军事人员和每年500亿美元业务预算）的经济影响。按笔者的看法，这一军事力量的筹资将会是这样，即没有一个国家将会支付超过其国内生产总值（GDP）的0.5%。笔者同样提供了关于这一武装力量对世界宏观经济指标（例如，通货膨胀、增长、贸易等）影响的计量经济分析。如笔者声称如果早期部署一部分常备军在前南斯拉夫，那么不但将阻止国内冲突，而且到1997年世界出口量会增加160亿美元。除了莫里森（1993）对建立一支联合国常备军在管理和后勤困难方面不无道理的批评，实际情况也的确存在一些困难。首先，世界生产总值没有平均分布在这个世界上。世界GDP的1/4由一个国家所占据，这就是美国。虽然每年500亿美元对较大的经济体来说可能仅是一个增量，但是还有一些国家没有能力资助当前维和行动从2亿美元到3亿美元价格标签中哪怕是最小的部分。一个累进税制方案可能被提出，这将在后面讨论。

其次，克莱因和马尔瓦（1996）并不能提供足够的证据表明一支联合国常备军是比其他安排（诸如现存的由选定的成员国负责的支持安排）更好的解决方案。帕劳伊（Parai，1998）研究了丹麦人提出的待命部队高度警备旅（SHIRBRIC），断定由成员国负责的支持安排比一支常备军在经济上更有效率。其论点是基于以下事实，即成员国捐助给联合国维和的军事资源将被更有效地使用，因为军事力量捐助成员国的军事力量，担负服务本国和维和任务的双重职责。

在设法为联合国解决眼前问题的同时，各国不愿意按时支付它们被分摊的款项，更严重的是，缺乏分摊应付款的原则指导方针，克莱因和马尔瓦（1997）考察了成员之间财政负担分摊的客观标准。研究了不同的税收计划，

---

④ 其他关于收入来源的类似文章包括伊萨尔德和费希尔（Isard & Fischer，1997），以及费希尔和哈托里（Fischer & Hattori，1999）的研究。

期望找到一个相对 180 个国家，考虑不同支付能力（由 GNP 来代表）、差别较大的累进税与衡平法的衡量标准。⑤ 作者首先考察了一个税制方案，即最低和最高级基于该国占世界总产值（WGP）的比例来设定。最高者被设定为占 25% 的分摊额，略高于美国所占的 WGP 份额（大于 20%）。最低者被设定为占 0.001% 的分摊额，为世界上最穷国家的分摊额。其余国家支付最高与最低等级之间的单一税或整笔税款。

作者使用了一个二次函数将累进税引入到税制中，以在计算分配和 6 个支付方案（范围从单一税制到用来说明累进税的更加复杂的非线性函数）时保持容易性和透明度［克莱因和马尔瓦（1997）］。作者确实达到了客观、易于使用和透明这样的分摊标准。然而，有人可能认为另一个可供选择方案是对现存分组指定的重新计算。缩短对经济增长移动平均计算的时间，将其从当前的 7～10 年减到最近 3 年，将更准确地确定那些增长越来越快，从而有能力支付较大份额的国家。这其实不是一个新的想法，联合国现在（实际）已经将它使用到了维和分摊比额表中。

这里的关键不是我们对支付方案进行的可能改进，而是需要我们考虑诸如免费搭车［康纳和桑德勒（Khanna & Sandler, 1997）］，以及维和的非纯公共品特征［康纳等（1998），博布罗和博耶（1997）］等这些基本因素，以处理联合国维和行动的资金问题。此外，正如哈特利和桑德勒（Hartley & Sandler, 1999）所指出的，当北约不断卷入维和行动，而且联合国将不得不日益依赖北约成员国的兵力投送能力时，维和负担可能已经越来越多地转移到北约较大同盟国身上。

所罗门（1998，1999a）研究了这样一种可能性，即将联合国维和任务转包给一个国家，以避免设立成本和与多国部队行动联系在一起的运作兼容性问题。笔者认为如果安理会给予同意，那么该国的威信将被提高。如果通过维和活动该国的中间力量身份地位被提升，那么这些国家可能也愿意去承担和平使命。然而，也需要考虑一些限制因素。首先，转包的国家在接手之前无论如何需要有相当的经验和声誉，如同最近在塞拉利昂的例子。尽管不是转包国家的一个案例，但印度在塞拉利昂领导的维和任务，成为恐怖袭击的受害者，原因是训练的不充分及其部队指挥官和部队的信誉问题。其次，它同样可以导致"转包"国家产生这样一种状况，即它们能够在该区域操纵冲突后的环境（诸如澳大利亚在东帝汶，或北约在波斯尼亚和科索沃）。与此问题相关，存在关

---

⑤ 现存的制度下，联合国安理会五个常任理事国支付拨款总额的 56%，而 78 个发展中国家预计支付 0.001%。加拿大，世界七大经济体之一，仅仅支付大约 3.1%。

于一些区域集团种族混合的担心。考虑到非洲最不稳定地区的多种族性，如果该部队包含处于冲突中的民族集团的成员，那么一个非洲联盟领导的任务可能就不会被认为是公平的。

冲突中国家的商业损失，或强加给穿过危险空域、水域和地面道路的高额保险费可能促使一些公司资助联合国维和任务一些份额的经费。然而，冲突并不必然地阻止国际贸易，因为国家可以通过第三国或虚拟企业继续做生意。

3.2 维和联盟和负担分摊

维和行动可以被定义为纯公共的，尤其考虑遏制冲突的行动，或允许需要帮助的人不受限制地获得人道主义援助。这种情况下，通过国际社会或一些国家提供的和平，将要遭受与这些"产品"联系在一起的问题，也就是国际体系中成员国的免费搭车。由一个国家或国际体努力所实现的全球和平收益，将平等地被所有成员国分享，但维和行动的成本则完全由维和国家或国际体所承担。维和支出结构和成员国的不愿支付，作为一个负担分摊问题已引致了许多理论和实证研究，以及政策分析。

为便于表述，这一部分先从康纳和桑德勒（1997）的研究开始，接着介绍康纳、桑德勒和希米祖（1998）的研究及维和需求模型［康纳，桑德勒和希米祖（1999）］。康纳和桑德勒（1997）是最早从实证角度检验维和负担分摊对北约影响的研究者之一。该研究覆盖从20世纪70年代中期开始到1994年为止这一时间段，并使用了额外的负担分摊量度（诸如外国援助、维和捐助和征用调整）数据。后者是想检验将它们的部队整体或部分提供给征募部队的盟友，是否通常承担比其国防支出所显示的更大的防务负担，因为军事人员所获薪金一般低于其真实的机会成本。

康纳和桑德勒（1997）的研究表明，即使根据征用调整后的数据，也没有证据显示在灵活反应时代北约中存在免费搭车。然而就维和，该论文发现了一些免费搭车的证据。⑥ 考虑到用于对外援助和维和的支出规模大大小于典型盟友的防务负担，作者推断，对维和和对外援助的高捐助没有补偿掉防务中的低捐助［康纳和桑德勒（1997）］。

康纳、桑德勒和希米祖（1998）扩展了联合产品模型。除其他外，该模型被桑德勒和福布斯（Sandler & Forbes, 1980）在诸如北约这样的国际组织

---

⑥ 哈特利和桑德勒（1999），以及桑德勒和默多克（2000）指出，从维和角度看，北约当前的危机反应姿态可能意味着联合国正在免费搭北约的车。

范围内所阐明。康纳等（1998）假定维和存在多重产出（支持联合产品模型），比如和平推动者等地位上的收益⑦，或靠近不稳定地区捐助者所获得的特定国家利益。作者还指出，如果选民不考察涉及的程度，那么维和中的"高捐助"对政府可能在政治上和财政上是合宜的。其研究的实证部分与先前负担分摊的研究沿着同一路线设计，即，通过寻找负担（在这一研究中维和捐助作为 GDP 的一个比例：PK/GDP）和 GDP 之间非参数的秩相关。然而，康纳等（1998）没有将部队捐助加入到整个维和负担中。在理想情况下，维和总成本应该包括工资以及部队捐助。不幸的是，由于缺乏样本期内的详细数据，因此没有将其包含在负担程度内［康纳等（1998）］。作者认为将部队捐助包含在内，只会夸大较大国家承担更大负担这样一个事实。

可供选择的负担分摊代理被认为可以包含维和捐助和人均捐助。康纳等（1998）认为，既然 GDP 和捐助是制度基础，所以高度相关的结果没有什么意义。作者检验了纯公共品假设（国家 GDP 和维和负担 PK/GDP 之间的关系），发现在 1976~1990 年这段时期内不存在正相关，而在 20 世纪 90 年代选定的年份则存在显著关系。作者总结说，在 20 世纪 90 年代有证据表明联合国维和支付中存在不成比例的负担分摊。作者还考虑了非联合国资助的行动，比如特种部队（Ops）禁飞行动，特别行动执行部队（IFOR），联合保护稳定部队（SFOR）以及海湾战争，对诸如美国、英国、法国等较大捐助者所进行的必要调整。北约领导和资助的维和则在 GDP 和维和之间表现出较明显的关系。作者强调未来在任何地点、时间的部队和装备的运输、运送可能将扩展联合国的局限性，联合国将可能不得不依赖北约，从而加剧北约盟友不成比例的负担分摊。

康纳等（1998）的论文为联合国成员国间，以及北约有关负担分摊问题的明智决策提供了基础。如果维和收益可以被量化，则相关的负担-收益分析可能就非常有意义，尤其是考虑如地位等这样的定性收益对所谓的"中间力量"国家来说，往往成为压倒一切的事实。

康纳，桑德勒和希米祖（1999）扩展联合产品模型，为联合国在 1975~1996 年之间的维和实证检验提供了简化形式的需求方程。维和活动被假定产生两个联合产品，一个是国家特定产出或特性（x），一个是全球纯公共特性（z）。这些都在一个固定比率技术下生产出来，故：

$$x^i = \alpha q^i \tag{24-1}$$

---

⑦ 卡姆勒（1997）和哈特利（1997）讨论了将位置物品（国家地位）作为对国家一个独特激励的必要性。

$$z^i = \beta q^i \quad (24-2)$$

在式（24-1）和式（24-2）两个等式中，$i=1,\cdots,n$，α，β 是正参数。同时注意公共特性 Z 可以被归为该国自身的维和捐助与其他 $n-1$ 个国家维和捐助之和 [康纳等（1999）]。因此：

$$Z = z^i + \tilde{Z}^i \quad (24-3)$$

式中 $\tilde{Z}^i = \sum_{i \neq j}^{n} z^j$，表明来自维和活动所获得的全球稳定性的溢出。如果其他私人和国家的特定行动用 y^i 来表示，那么第 i 国的效用函数为：

$$U^i = U^i(y^i, x^i, Z, E) \quad (24-4)$$

E 表示偏好转换参数。在康纳等（1999）的论文中，总贸易量被当作偏好参数，其被用来评估贸易依赖国是否更愿意支持维和。将式（24-2）代入式（24-3）中，Z 的公共产品特性可以被表示为：

$$Z = \beta(q^i + \tilde{Q}^i) \quad (24-5)$$

此外，$\tilde{Q}^i = \sum_{i \neq j}^{n} q^j$ 表示除了 i 国外其他国家的维和活动之和。当在维和和其他活动之间选择时，每个国家都面临一个预算约束：

$$I^i = y^i + p^i q^i. \quad (24-6)$$

注意 p^i 是第 i 国的维和相对价格，I^i 是第 i 国的收入（GDP）。

将等式（24-1）和式（24-5）代入式（24-4），并考虑式（24-6），则对各国，非合作或纳什最大化问题可以被描述为

$$\max_{y^i, q^i} \{ U^i[y^i, \alpha q^i, \beta(q^i + \tilde{Q}^i), E] \mid I^i = y^i + pq^i \} \quad (24-7)$$

各国效用函数被假定为递增和严格凹的。当各国满足了其一阶条件时，就实现了纳什均衡：

$$\alpha MRS^i_{xy} + \beta MRS^i_{zy} = p, \quad (24-8)$$

第一个 MRS 是维和活动的私人、国家特定边际支付意愿，第二个 MRS 是维和纯公共收益的边际支付意愿。这些加权的边际估值之和等于维和活动的相对价格。根据 α 和 β 的值，可以看到维和可以从纯私人的（$\alpha=1$，$\beta=0$）到纯公共的（$\alpha=0$，$\beta=1$）。从而，联合产品模型为维和提供的国家特定收益和全球收益都提供了一个似为有理和全面的估计 [康纳等（1999）]。

与需求方程 Q 相对应的计量经济学形式为：

$$Q_{it} = f(GDP, Spill, Q_r, T_r, e) \quad (24-9)$$

Q_r 是其他非样本国维和支出的残差，T_r 是总贸易量，e 是残差。注意偏好转移参数（这种特定活动的总贸易量）也被加入到效用函数中，以解释可能影响维和需求的任何因素 [康纳等（1999）]。贸易变量的一般解释是贸易依赖国一般支持维和行动，主要是为了保护贸易通道，且在某种程度上获得

"旗帜下的贸易"。

相比前者的保持不变（对其他国家的最优反应水平），非离散或离散的维和溢出是外生的，而且后者被作者作为常量处理。既然经常预算集体分摊更有利，安理会成员就可能更愿低付他们应捐助的维和会费，且推卸其维和责任。

基于基本理论，作者假定估计变量的符号为：

- 维和联合产品公共产出和国家特定产出可能是互补的，这样 $Spill$ 项的系数可能是正的。
- 如果其与其他产品互补，Q_r（非样本国剩余捐助）的系数可能为正。负的就意味着免费搭车。
- GDP 的系数为正意味着维和是一个正常品。然而，考虑维和捐助的大小，因为其占 GDP 的比例相对很小，所以可能找不到任何统计关联。
- 贸易（进出口之和）被当作一个偏好参数使用，以捕获其他影响，这些影响可能触发对全球稳定的国家特定反应，考虑在世界贸易中大的支柱国更关心全球稳定，故其符号预期为正［康纳等（1999）］。

估计程序被进一步补充以说明 $Spill$ 变量并不独立于需求方程的事实（所有国家本质上都需要相同的总离散捐助）。利用工具变量估计程序以消除偏差，且作为所有外生变量的函数被估计［康纳等（1999）］。为了具简化代表性，作者也对变量的替代，特别是 $Spill$ 和 Q_r 之间（因为不同的经济与政治发展，GDP 和贸易量预期随样本国的不同而不同）的替代性进行了检验。不同国家的 $Spill$ 和 Q_r 之间可能存在相关性，尤其是如果在基于联合国分摊比额表的分组下进行检验。同一个等级中的国家可能表现出同样的免费搭车动机或面对相应的维和责任。康纳等（1999）的研究中将样本划分为三组：安理会成员国；维和分摊与经常预算分摊比额相等的国家；维和分摊低于经常预算分摊比额的国家。

25 个样本国包括 16 个北约成员国，外加奥地利、澳大利亚、中国、芬兰、爱尔兰、日本，苏联，瑞典和新西兰（这些国家占据了维和分摊应付款的 95%）。所用的维和捐助是实际与自愿捐助之和。所有的变量都使用 1987 年的美国价格减缩指数转换为实际美元。

研究结果表明 GDP 并不是决定维和捐助的一个显著因素。康纳等（1999）认为随着维和捐助变大，收入效应将会被颠倒过来（变为正的）。溢出效应被发现是解释维和捐助的最重要的变量，因为样本 25 个国家中有 19 个显示出显著的正相关（0.05 显著性水平下，一个国家在 0.10 显著性水平下）。结果显示联合产出的私人和公共收益之间存在互补性。25 个样本国中的 6 个贸易系数为正且显著，两个国家表现为负显著。尽管没有被群组（即安理会，组 B 等）拒绝，但全部样本的 Q_i（剩余捐助）和 Spill 参数估计的假设检验相同，被拒绝。这使得作者将 Spill 变量限制在群组内以提高估计的功效。这一模型重估再次显示 25 个样本国中的 6 个其贸易系数为正显著，3 个为负显著。另外，相对分摊份额也扮演一定的角色，因此所有的维和资助应该通过分摊账户来进行。资助来源产生的差异（尽管许多国家没有每年都履行它们的义务，分摊账户似乎克服了免费搭车的动机）给了剩余捐助一个弱反应，但给分摊溢出效应一个相对较强的反应。

还有一些问题没有被康纳等（1999）在这一重要论文中提到。第一，GDP 和维和之间缺乏显著关系应当被进一步探究。可以想象，对一国来说维和不是一个普通的物品。只有在诸如地位等额外利益或国内外压力逼迫承诺的情况下，（维和）捐助才成为必然。第二，贸易（进出口）变量的检验结果没有作者预期的那样强。如果开放和贸易密集型的国家有动机对维和做出捐助，那么合适的变量应该是它这个地区之外的贸易额（例如，加拿大贸易总额的 80% 是同美国进行的，因此其应该被排除在外）。第三，如同作者指出的那样，序列中存在一连串明显的结构性断裂：相当大部分原因是因为冷战的结束，20 世纪 90 年代后的维和任务规模和复杂性大大提高，维和成本确实成了一个问题。

因此，一旦有足够的可获得数据，就需要一个更详尽的时间序列分析。例如维和捐助可能被惯性（承诺从来都不是短期的，一旦承诺的记录建立，它多少都会在未来被预期）所影响的因果检验就很能说明问题。

3.2.1 负担分摊-其他研究贡献

除了上面讨论的康纳等（1998，1999）的贡献之外，其他如博布罗和博耶（B&B，1997）通过推导捐助者和他们的动机，以及通过联合国对捐助趋势的全面统计进行了推断。该作者认为维和行动是公共产品，但是可能有私人、国家特定利益。作者通过例子明确说明维和行动可能不是纯公共产品：利益的分解具有这样一种含义，即利益出现在直接受益的地区（例如，邻国），而捐助者往往是在一定时滞情况下的边际或间接受益者（通过全球稳定或评价值的上升）。此外，他们还指出战斗人员从维和中所获在某种程度上是一个私人物品，如同那些从维和行动参与中制造"利润"（如更早前在表 24-2 中的显示）的小国。

直到最近，一些国家特别是日本和德国具有反派兵到境外的长期政策。类似地，因为显而易见的后勤和相应的成本原因，澳大利亚和新西兰可能并不希望派出部队到远离其基地的地方。博布罗和博耶提到了联合国的财务分摊，特别是事实上安理会成员承担了一个较大比例的支付，这是它们不愿支付的原因之一。

至于特殊利益是博布罗和博耶从选定的对维和行动较高捐助国的长时期观察中得出的。笔者认为行为是习惯形成的（它可能同样无视国内国际环境）。如果先前的承诺导致了未来的参与，那么维和需求模型应该纳入并且至少检验一个内生滞后变量的显著性。另外，为什么它会成为一种习惯？国家内部是否有一些人从维和行动参与中受益？维和行动是否不仅对国家具私人性，而且对国家中的集体也具有私人性？

维和行动可能是习惯形成的，因为承诺从来都不是短期的，并且一旦承诺记录被确立，它多少会在未来被预期。防务建设中的一些人可能发现维和提高了他们的曝光率，因此可能游说更多的任务，从而获得更高的预算，这使人想起公共选择的解释。或者，国家可能从中学到专门技能，这些技能可能导致在维和行动中的比较优势。国内的一个族群如果在早前成功游说到维和任务，其就可能从维和任务中受益。

其他更近期的负担分摊论文集中于非联合国资助的行动及其对维和负担的相关影响。希米祖和桑德勒（2002，2003）通过将可获得的部队捐助人员数量转换为支出，间接估计了非联合国资助任务的成本。特别是作者使用了从该国现役人员预算，到整个国家军事预算等一些替代变量。显然，使用人员预算低估了成员对非联合国任务的支持，因为它仅仅考虑了维和部队的人员开支，忽略了诸如装备、运作和维护这样的相关成本。另一方面，使用整个防务支出则高估了成本。作为一种另外的替代选择，希米祖和桑德勒（2003）在对负担分摊的估计中使用了这两个极端的平均值。发展中国家军事成本和资源配置战略信息的缺乏，所以替代变量更是经常使用的。

这些近期的研究发现指出一个事实，即维和更大部分具有纯公共收益。相应地，较大的北约盟友承担了更大的负担，鉴于随着时间推移，维和任务的复杂性增加，这可能导致维和资源的更次优配置。在对联合国维和分摊制度的分析中，希米祖（2005）的研究表示，分摊本身通过增加其捐助者的特定收益，增加该国的捐助。例如，根据联合国宪章第19条，如果一个成员国的欠款达到或超过了它在前两个整年欠联合国的总额，这个成员国可能会丧失它在成员大会上的投票权。鉴于随着维和支出的增加，未支付的联合国维和分摊越来越多这样的事实，即摊款制度和第19条并不能给会员国足够的激励使之及时付款。然而，希米祖（2005）指出分摊制度并不必然是无效的，特别是考虑到占据总分摊额75%~80%的7个大的经济体，以及它们保持的较小累积债务

(欠款)。另外,希米祖(2005)将分摊和自愿机制进行对比,推出分摊制度在揭示捐助者特定收益或属于捐助者的特定损失中是有效的。康纳等(1999)同样找到了一些实证证据,支持分摊账户可以克服免费搭车动机这一事实。

属于捐助者的损失,可能表现为与盟国或贸易伙伴的关系紧张在所难免,既然分摊制度有效地将191个国家组织分为7个最富国加上所有其余国[希米祖(2005)]。属于捐助的影响就被纳入标准的效用最大化模型,以显示通过分摊的再分配来增加国家捐助的理论可能性[希米祖(2005)]。尽管希米祖(2005)的研究没能提供一可行的代理量以揭示一国收益的真实值,但它阐明了维和的非纯公共产品性质,以及联合国财政制度安排重新制定过程中利益的角色。

希米祖(2005)提出了一些改善财政制度以揭示成员国偏好的方法,而西格利(2005)则提出了关于通过可销售或可交易债券以增强维和部队捐助的制度。尽管西格利的建议应用了公共经济学的观点,但他也注意到发达国家对人员伤亡的不满,以致引起相对最优维和部队(规模)的低供给。假定在给定的国防水平下,军方寻求产出成本的最小化,这一最优化问题就是与人力(士兵)和资本(武器和武器库存)有关的边际评价。西格利(2005)提出了这样的观点,即随着人力(士兵)补偿相对值的提高,防务水平给定情况下的最优策略是向更资本或武器密集化转变。因此,发达国家有更少派部队的动机,或者当不得不介入冲突时,它们更倾向于使用技术密集型资源。

西格利(2005)同样建议由缴付能力和收益原则等因素结合构成税收政策。这种政策通过根据用户支付能力所提供的服务来配置成本,以及根据个体偏好来分配收益,以避免"免费搭车"问题。例子,一国可能从一次维和行动中受益,而且如果它相对富裕,他将会成为负担维和会费或资助的目标国,而其他从行动中受益但无力负担的国家将被要求以某种(如提供基地、领空、部队等)方式提供援助。这是负担分摊争论和解决的一个有意思的扩展,至少在理论上是可行的。另外,债券市场可以提供给各种本身就存在风险的军事行动,或在其地区进行和平行动对本国收益等的一个明确的货币价值。然而,基于可恶的风险厌恶,发达国家和发展中国家部队捐助不匹配的假设可能是不准确的。正如本章第2部分所指出的,发达国家越来越多地参与非联合国任务,使用更多的部队和技术在复杂和危险的维和任务中进行部署。

4. 维和的经济评估、干预和政策含义

第三方干预和维和干预的评估是要在这章处理的第二个研究问题,即,联合国或第三方干预在减少冲突中的功效。第三方干预是有赖于赫什利弗(Hirshleifer,1988)冲突模型的一个更新的研究部分,该模型提出了一个整合冲突以及常态或和平经济相互作用的所有变量的一般均衡框架。拨款和相关支出,诸如军事力量、武器装备存量和导致暴力行为的冲突,被设定保护其他的资源或防止资源流失到他人手中。赫什利弗建立了一个包含资源分割函数、竞争—收入生产函数、战斗力函数以及收入分配函数的模型。下面综述的一些论文中接受了该方法,以评价维和效用以及其旨在抑制冲突所带给冲突的另外一些特点。

4.1 理论模型

卡芒和罗兰兹(Carment & Rowlands,1998,2004),西格利(1999)以及西凯拉(Siqueira,2003)很好地总结了关于第三方干预的理论文献。所有的这些论文使用了一个具完全信息博弈,以及具冲突总成本最小化的目标函数。西格利(1999)没有直接评价维和干预,但是评价了一国决定以援助或武力介入冲突的原因和过程。按照他的观点,给予的援助数量将由"中间选民的偏好"(捐赠国)来决定。

使用这一理论分析,他宣称国外援助与利他主义程度和中间选民的收入水平呈正相关。也与由因动荡产生的平民伤亡人数呈正相关。国外援助与接受国的大小(每个家庭的援助水平不变),以及接受国中没有受到所提供的全额援助的家庭比例成反比[西格利(1999)]。

在国内冲突中使用自己军事力量的动机同样取决于中间选民的福利状态。因此,如果在这些情况下中间选民的福利更大,或者如果干预的成功率被预期很高,以建立秩序、救济努力或稳定政府的军事干预将被选择。更进一步,如果干预的成本较小,或者如果受害群体的程度和规模更大,那么由捐赠国提供的转移(援助)的规模就更大[西格利(1999)]。

西格利(1999)通过外显干预国中间选民行为模型,揭示了为什么交战各敌对派别可能正确,或不正确低估第三方(干预)的决心,或干预可能不会立即发生的原因。后面(4.2节)一些有意义的实证结果讨论,也为捐赠国

中间选民的角色提供了可能的理由。

西凯拉（2003）利用寻租冲突模型研究维和（第三方）干预和冲突中的对手。他假设第三方根据敌对派别，对行动和力量的承诺是可信的。在由第三方决定的移位参数为正、外生且努力的条件下，各派系（参与方）成本函数为凸且递增，目标函数可以被描绘成：

$$U_i = \frac{e_i}{\varphi + e_i + e_j} R - C_i(e_i \alpha_i \beta_i) \qquad (24-10)$$

式中 i 和 j 代表交战方，各方付出努力 e 以获得对资源的控制或租金 R（有两个目标函数）。各方的成本函数由干预方正的移位参数决定。第三方的中立政策由 β 表示，有偏干涉用 α 表示。考虑对交战双方成本函数均增加，因此经济制裁被视为中立干预。而撤回援助或攻击一方是一个典型的有偏干预。

西凯拉（2003）在赢取固定总租金或资源 R 的概率中增加了一个附加因子（φ），以表明即使政府的努力为零，叛乱方仍需要付出一些正的努力。这说明政府在本质上是"不易改变的"这一事实。在给定其他方努力水平的情况下，各方的最佳反应函数由最大化等式（24-10）的一阶条件给出。西凯拉（2003）的贡献是揭示了一方考虑了一方对另一方行动的战略反应，或根据优化用语，即对"局部交叉"的评价。特别是：

1. 每当某一方有更高的成功概率，第三方应该"量身定做"它的政策以攻击较弱的一方。

2. 如果干预者的意图是降低全面作战努力，目标针对较弱一方优于援助较强一方。

3. 中立干预或针对双方最好给出不明确的结果。

虽然耐人寻味的结果是基于这样一种方式，在这种方式下"几乎任何事情都会发生"，联合国的影响仍然是重要的。尤其是西凯拉（2003）模型是基于对稳定和平力量，以及第三方有决心和承诺的简单限制性假设。这是对联合国非常有利的一些条件，但结果显示即使在这种情景下，冲突减少仍然不能得到保证［西凯拉（2003）］。

考虑完全和不完全信息博弈，包含冲突总成本最小化的目标函数是一个特例，以及参与者能力（技术、初始禀赋等）的差别，阿梅加希和库特索阿迪（Amegashie & Kutsoati，2005）扩展了西凯拉（2003）模型，提出一个更为复杂的模型。其结果一般都是对西凯拉（2003）所揭示的合适反应，但是其结果对干预者的意图非常敏感。比如说，如果第三方对交战方和其余的人同等看待，那么它将"不会干预"。如果第三方更关心交战方，除非它给予较弱派系福利更大的重视分量，否则它将介入并可能帮助较强的派系。此外，如同西格利（1999）所指出的，如果冲突的成功对努力极其敏感，第三方可能干预。在军事干预情况下，如果发现第三方非常关心其他人口，或关心战后所剩的净经济资源，它将进行干预［阿梅加希和库特索阿迪（2005）］。因此，干预模型的假定越现实，结果或干预的理由越不明确。

4.2 实证结果

干预的理论模型被证实同时提供了希望和沮丧的一面，实证结果也同样暧昧不清。比如，多伊尔和桑巴尼斯（2000）发现多维维和或和平构建任务显著增加了和平机会（成功以冲突两年后的情况作为代理值），而传统的维和，如观察团，对成功机会没有作用。里甘（Regan, 2002）发现第三方干预往往"延长"预期的冲突持续时间，而国际组织干预并不是降低冲突持续时间的显著因素。另一方面，小德鲁昂（DeRouen, 2003）则发现联合国的早期干预显著降低了冲突。

里甘（2002）明确检验了一些关于第三方干预对冲突持续时间影响的假说。这些假说都源于现存的关于国内冲突，以及影响其持续时间因素的文献（例子，见 23 章）。为简单并表达干预的作用，里甘像西凯拉（2003）一样假定，干预是冲突管理的一种形式。尤其是对于现在调停或继续战斗，干预试图最大化每个参与者的期望效用。里甘（2002）对影响冲突持续时间的因素提出了六项主张或假设：

1. 冲突早期，支持政府的单方面干预将缩短预期的冲突持续时间。
2. 早期对反叛团体的支持会延长冲突持续时间。
3. 干预者的武力将缩短冲突的预期持续时间。
4. 与晚期武力干预相比，早期武力干预会缩短冲突。
5. 引起了反干预的干预将增加冲突的预期持续时间，且
6. 中立的或多边干预将导致更短的预期冲突持续时间［里甘（2002）］。

对于前两项主张，里甘（2002）发现不管什么样的类型和目标，干预往往"增加"冲突的持续时间。对于第 3 项到第 5 项主张，实证证据表明干预的时间选择对（冲突）持续时间影响很小，而且敌对的干预往往使冲突恶化。最后，大多数联合国托管地及与第 6 项假设联系的公正和中立表达，与更长的冲突相联系［里甘（2002）］。显然，这一大有前途的研究仍处于早期阶段，需要更好地整合可检验的理论规范、明确界定的数据和尖端统计技术的组合方法，以更好地理解和评估干预的影响。

第一，在理论和实证模型中都没有得到充分解决的是，对联合国作为一个

干预机构，以及干预原因和决策过程的全面理解。在某些情况下，联合国干预比在内战中的干预更为广泛，其包括国内、国家间（内战排除了第一次海湾战争、朝鲜战争这样的国家间战争）。此外，如同小德鲁昂（2003）指出的，使联合国卷入的因素实际上使它很难取得成功。例如，联合国可能有针对性地选择那些可能具有很长持续时间的冲突，因为它不太可能指望解决。同样，由于对冲突的厌倦，交战方对干预的需求可能会增加。小德鲁昂（2003）利用两阶段过程以校正这种选择，并解释了里甘（2002）和其他人的这种反直觉发现。

第二，第三方干预的研究假定冲突管理是干预的首要目标。然而，对联合国领导的任务，尤其是那些在联合国宪章第七章列举下的任务，事实并非如此。同样，我们可以排除对那些非联合国资助或制裁任务，比如阿富汗战争和第二次海湾战争的冲突管理。

第三，被用于第三方干预评估的数据可能不足以支撑对联合国维和任务足够数量的观察。冷战期间，联合国和其他对国内冲突的国际干预相当罕见，因此小德鲁昂（2003）对内战中第三方干预的评估可能同样经历了有限的观察。下面是冷战时期联合国对内战的干预：刚果（1960～1964年），黎巴嫩（1958年），塞浦路斯（1964），多米尼加共和国（1965～1966年），以及津巴布韦（1966）。此外，如何界定冲突持续时间和严重性可能同样会对实证结果产生影响。我们回想一下西格利（1999）的研究，如果将中间选民的行为明确整合进干预模型，那么在伤亡人数和任务持续时间之间是逆向关系。从本质上说，更短的任务持续时间是干预失败的标志。

与冲突数据、定义有关的方法争论以及内战识别等会在第23章进行一些细节讨论，用在这里主要是因为它们与国内冲突中的第三方干预有关。如同前节讨论的联合产品模型，亦需要理论和实证相协调。例如，如果理论模型在动机和决心上起重要作用，那么实证模型应基于衡量暴力行为的严重程度和升级的数据。尤其是运筹学的一些发展，如根据激烈程度对冲突类型分组或对簇整数规划，可能改善一些数据问题。

5. 战区维和与政策含义

这一节着眼于战区中PKO（维和行动）的经济影响。本节试图回答对维和提供者和东道国，关于维和行动的成本和收益的第三个研究问题，并推出其对特定的目标群（如维和任务东道国，部队捐助国或特定和平任务）的政策含义。这些类型的研究在国防经济学文献中，特别是在早期基于国防生产过程特定部门评估的传统运筹研究中比较普遍。

案例研究，尽管它们较窄地集中于选定的任务或国家，但是也为维和任务功效的绩效测量设计提供了基础。例如，从一个维和指挥官的角度看，胜利可以通过迈向"正常状态"（即，平民敌对状态的结束和生存基本需求的发展）来衡量。假定在安理会中有一个严格定义的授权令。或者如果它是非联合国任务，则是一份协议或框架。大部分授权令或框架的履行也可以被看作是对成功的一个衡量。

在典型的维和行动中，各种和平参与者（如军队和 NGO——非政府组织，译者注）对当地经济注入大量资金。这不可避免地对当地经济有重大影响。此外，NGO 和联合国机构往往复制它们的人道主义和发展项目。多德（Dodd, 1994）描述了在卢旺达的援助机构之间的地盘斗争问题。例如，NGO 和联合国拒绝与政府合作，而且互相之间拒绝合作，从而引起（维和）努力的重复。按照世界银行官员的说法，NGO 已经使卢旺达的外汇、租金和工资过度泛滥〔多德（1994）〕。由 NGO 存在带来的溢出效应可能不会出现在东道国。首先，NGO 并不照章纳税，拒绝政府建立急需的基础设施财政资源。其次，这些组织的工作人员更喜欢在非官方市场兑换他们的薪水，这引起了经济系统中更深层次的漏出〔多德（1994）〕。

所罗门（1998）以联合国在海地的任务（UNMIH）为案例，通过运用改进的投入—产出（I-O）模型，研究 PKO 对东道国经济的影响。他承认需要修改 I-O 方法，因为即使在发达国家，I-O 表的准确度和产生年代也限制了这一模型的使用〔所罗门（1998）〕。这一模型的研究将在 5.1 节中讨论。

索贝尔（Sobel, 1998）试图通过考察由现有的联合国政策引起的汇率变动来回答如何衡量维和任务效果这一问题。尤其是使用汇率变动幅度作为联合国政策效果的一个可计量量度。由于这一汇率检验需要东道国具有独立的浮动汇率，其缺憾在于仅将样本大小限定在两个国家，即黎巴嫩和南非。除了样本大小的限制外，汇率市场的使用也很重要，因为这些市场是有效的，且对新的信息作出即时反馈〔索贝尔（1998）〕。作者使用了一个简单的随机游走形式对汇率进行建模，许多研究已经表明，这种模型的效果已经赶上甚至超过了那些考虑价格、货币供给和利率的复杂模型〔索贝尔（1998）〕。从模型透视看，（该模型的）目的是看模型的残差和联合国干预之间的是否有显著的相关关系。结果显示，在黎巴嫩案例中，联合国维和更多引起了黎巴嫩货币较长时期的升值。因为阿拉伯联盟（一个区域性组织）也在危机期间进行干预，且在其授权期间引起了同样的长期货币升值，这就显示了一个事实，即联合国在提供可靠的维和方面没有比较优势［索贝尔（1998）］。强加于南非的制裁没有任何的长期影响。关于制裁的公共选择理论已经表明，国家特定影响（对制裁国强加的高成本制裁被避免）已经干扰了这一过程，这种情况下这种结果并不令人感到意外［索贝尔（1998）］[⑧]。

鉴于干预越来越多地发生在失败国家和动荡地区，浮动汇率的选择对变量是有限制的。索贝尔（1998）建议使用黑市汇率。作为一种汇率，这一变量受多重反应的支配。比如，索贝尔（1998）没有解释干预力量通过他们单纯的存在，和其他对商品和服务的需求可能引起货币升值的可能性。尤其是干预是否是作为未来稳定的一个信号，或者维和者和联合国是否需要影响汇率变动的通货，这些并不明确。

5.1 经济影响

迄今为止战区维和任务的经济分析相对被忽视。通常，东道国详细数据的缺乏是造成这一领域实证文献缺乏的主要原因。事实上，维和任务之前的政治和经济动荡，往往会扭曲宏观经济变量，如 GDP 增长、通货膨胀、贸易平衡和财政平衡。鉴于这些限制和高质量数据的普遍缺乏，形成了两个研究问题。首先，和平任务对东道国的经济后果是什么？其次，其对联合国、东道国和捐助者的政策含义是什么？

所罗门（1998）利用联合国财务统计表作为出发点来估计直接流入海地的支出。通过结合联合国和可利用的采访数据，这一方法可以扩展到任何一次任务。例如，从采访数据得到的维和任务人员的消费模式［所罗门（1998）］显示了高储蓄（即，储蓄占到了每日津贴的66%）；这一水平的储蓄与为了短期任务而驻扎在加拿大偏远地区的军事人员的情况相一致［帕劳伊等（Parai et al.，1996）］。一般地，如果驻扎是临时性的，购买就被限于杂费和基本费用。

同样地，由于海地缺乏发达的工业基础设施，和平使命所要求的很多运营与维护（O&M）需要资源供给，这容易引起人们得出其间接的和诱发的经济影响可能有限这样的结论。作为直接和间接影响的后果，诱发影响引起就业和收入的增加［所罗门（1998）］。

根据上述讨论的一般观察，所罗门（1998）估计了 UNMIH（联合国海地特派团）可能的经济影响，显示在表 24 - 4 中。这一时期联合国总的支出为

---

⑧ 见第 27 章对经济制裁进行的详细讨论。

13 460 万美元（全部以美元现值记）。联合国最大的支出是军事和文职人员成本，包括国际警察部队、联合国志愿者、当地工作人员和其他文职雇员。其支付总量大约为 9 500 万美元。按照联合国文献和采访数据，这一总量的大约 80% 补偿给派出部队的国家，作为标准的部队成本偿还。同样巨大数量的运输和设备支出也漏出或没有保留在海地经济中［所罗门（1998）］。考虑这些额外的漏出后，估计有 2 880 万美元留在海地经济中流通。这是联合国最初支出给 UNMIH 费用的大约 21%（表 24 – 4）。

表 24 – 4　UNMIH 经济影响总结（1995 年 8 月 1 日 ~ 1996 年 2 月 29 日）

主要成本项目（美元现值）	最初支付数量（美元）	保留在海地的数量（美元）	占最初支付的比例（%）
军事和文职人员薪水	95 445	18 550	19
膳宿和基础设施维修	3 227	2 985	92
运输	13 357	2 818	21
通信	668	75	11
设备、补给和服务	17 932	3 583	20
公共信息	159	159	100
空中和水面货运	937	38	4
其他联合国管理费用	2 896	579	20
总计	134 621	28 785	21
保留在海地的比例（%）		21	
副产品（乘数 1.2）		34 254	
影响占 GDP 的比例（%）	2		

资料来源：所罗门（1998），UN（1995，1996）。

考虑到较大的漏出，所罗门（1998）将海地的局势同加拿大一个有军事基地的独立社区进行比较，其使用了一个类似的乘数来估计和平使命的副产品效应。这种情况下，1995 ~ 1996 年间其对海地经济的直接、间接和诱发影响估计总计为 3 450 万美元［所罗门（1998）］。

一般而言，所罗门（1998）的结果可以通过利用联合国财务数据，扩展到对发展中国家其他的和平使命，以及工业化国家独立军事社区的刻画上。

5.2　政策含义

不考虑联合国或任务授权者的意图，（维和）行动对东道国有一个经济影响。估计留在海地的 3 450 万美元大约是其本国 GDP 的 2%（表 24-4）。

如果一个像海地这样没有必要基础设施的国家设法从和平使命中每年争取到占其 GDP 2% 的经费，那么其他像克罗地亚这样相对发达的国家（联合国支出截至目前已逾 50 亿美元，且还在增加）可以从和平使命中产出显著的副产品。这可能导致为保持（维和）任务进行的逆向激励。因此，东道国开展的经济活动对其当前经济需要来说充其量只是暂时的和外部的。当维和任务从范围到规模相继减少，东道国就面临一个经济危机，这可能导致不稳定、冲突和新一轮和平使命［所罗门（1998）］。

索贝尔（1998）使用汇率历史（数据）来估计在黎巴嫩维和使命的功效。黎巴嫩是理想的分析对象，而海地和大部分的维和东道国则不是。另外，人们可以在一个随机游走框架内对选择的宏观变量建模，特别是通过多期干预模型，暂时或永久评估联合国政策或行动。暂时即指在考虑如汇率、通货膨胀、增长等的情况下，变量很大但抵消掉了的变化。

使用了转移函数模型的实证分析可能显示，在和平使命的早期阶段，其对稀缺住房和熟练工人的需求，往往暂时或永久性地增加一般价格水平。此外，转移函数模型可以被用来估计该国被强加的经济或武器制裁功效。

6. 总结以及未来方向

从经济学角度对维和进行研究是新近以来的现象。前三部分回答了与维和经济学相关的一些经济问题。本章着重研究的主要问题是：

- 维和是一个纯公共产品吗？负担分摊的含义是什么？
- 维和或第三方干预有效吗？干预是否一定是公平的？
- 为什么国家会参与维和行动？维和行动对提供者和东道国的成本和收益是什么？

筹资和负担分摊研究的主要发现是维和具较大比例的纯公共收益性，从全球视角看这导致对维和资源的更次优配置。负担分摊的言外之意是大国将继续担负不成比例的维和成本部分。负担分摊研究还表明存在维和的国家特定收益（一个地区内冲突的减少等），因此在理论上存在通过摊款再分配来增加捐助，或通过设计可销售或可交易的债券来提高维和部队捐助的可能性。

关于第三方干预的研究试图回答第二个研究问题，即关于维和功效以及干预成功或失败的原因。这些研究，不论是理论的还是实证的，都未能对研究问题提出合适的答案。具体说来，关于干预的理论模型表明，干预可能会、也可能不会导致冲突的减少，因为敌对方和干预者之间的战略互动以及干预者带来的间接影响并不总是很明确的。第三方（联合国维和力量）是否是公正的或有偏的，这个问题的答案似乎有利于有偏干预；然而，这一策略要求有交战方能力的完全信息，并且有能力"量身定做"一个干预政策来攻击弱小一方。

实证研究也同样是模棱两可的。一方面，多维的维和或和平构建任务往往显著地增加了和平机会，而传统的维和（如观察团）则不会。更近期的研究显示国际组织的干预在降低冲突持续时间方面不是显著因素，而另一些研究则发现联合国的早期干预会显著降低冲突。

最后一个关于维和成本和收益的研究问题是通过对海地（一个维和东道国）的案例研究来解决的。该分析可以被推广到其他维和东道国。例如，东道国可能更多地将联合国维和使团当做一个军事基地，其在很小的经济贫困社区被当做收入和就业的来源。如果这种经济来源被减少或消除，将可能导致逆向激励和增加不稳定性，从公共选择的角度看，维和东道国的公民可能相比有效需求，需要更多的维和资源，因为该国并不支付国际维和的全部成本。

6.1 未来方向

维和是非常具有深入研究潜力的一个领域。维和负担分摊研究受益于国防经济学丰富的联盟研究文献，这些方法在维和研究中的应用是富有成效的。然而，这一研究也揭示了许多需要更加深入研究的领域。例如，维和可能会成为习惯性，这或者是因为（维和）任务需要多于1年的时间来完成，或者是因为官僚机构的利己主义支撑维和的持续参与。而这需要更多的时间序列数据来进行全面的计量经济和格兰杰因果关系分析，以此有效地研究处理维和中的惯性问题。

一些冲突数据的存在有助于促进第三方干预的研究，尤其是在诸如干预对持续时间的影响等方面。然而，在数据解读以及对干预成功及功效的绩效衡量标准选择方面，尚存在很大的差别。例如，维和行动指挥官的成功标准就大大不同于联合国、东道国或其他诸如世界银行这样的国际组织所持的成功标准。同样地，明确地界定研究问题（干预是否降低了冲突的持续时间或强度），确定适当的度量和研究方法（校正选择偏差），这些可能有助于增加对第三方干预研究所揭示的模棱两可结果问题的进一步研究。

虽然对海地的个案研究提供了关于维和任务对东道国后果的一些重要见地，但对捐助者的影响还不能直接检验。考察捐助者收益的一个简单框架是通过估算成本和收益,以及与现在事实相反的一些证据来进行的。例如,加拿大卷入海地可能包含一些国家特定利益,比如,对其区域不稳定的牵制,对其与美国之间双边安全安排的帮助与捐助,以及身份地位等方面的考虑。假定收益至少等于成本,加拿大的收益可以通过部署和维持成本、它支付的对特定任务的摊款,以及经济或其他类型的补助来估计。同样的,美国通过一些反事实的证据:如,美国单边部署所付的成本、边境巡逻的成本以及由增加的难民交通引起的管理成本等(的异常),可能察觉或推出加拿大参与(维和)的收益。

已经有关于不同的维和参与者(比如非政府组织和军队)之间合作的挑战与机遇问题的研究,但是还没有一个是从经济学的角度。伍德科克和戴维斯(Woodcock & Davis,1999)提供了一个运筹学视角,而所罗门(1999b)使用了决策支持模型来揭示当区分任务的优先权时,非政府组织之间共谋的一些特征。非政府组织之间为资助而进行的日益激烈的竞争,以及不断有新的参与者(竞争者)加入以支持人道主义任务(迄今为止非政府组织涉足的唯一领域),这都迫使非政府组织重组并采取商业过程和结构。这倒与基于评估的经济学比较一致。例如,非政府组织是否以获得援助资金最大化合谋?非政府组织对东道国和促进和平构建有什么影响?

最近的维和任务的另一个特征是为军队和非政府组织(NGO)的战场特遣队提供后勤和其他支援的以营利为目的的公司的凸显。对维和的私人供应(不管是以后勤支援还是安全供给的角色)的成本和收益进行深入研究还有很大的余地。例如,私人军事公司是否有足够规模以有效的方式涉足维和行动尚不明朗。另一个需要深入研究的问题是私人安全供应的可行性及成本效益。当然,一些政治和管理约束,比如反对"招募、使用、资助和训练雇佣军"的国际公约,需要加以解决。最近如弗雷德兰德(Fredland,2004)利用交易成本方法的研究认为,因为不可避免的合同风险,公司的战斗支援作用是有限的。

参考文献

Amegashie, J. A., Kutsoati, E. (2005)."(Non) Intervention in intra-state conflicts". University of Guelph economics discussion papers 2005 – 04.

Bobrow, D. B., Boyer, M. A. (1997). "Maintaining system stability: Contributions to PKO". Journal of Conflict Resolutions 41, 723 – 748.

Boutros-Ghali, B. (1992). An Agenda for Peace: Preventive Diplomacy, Peace-Making and Peacekeeping. United Nations, New York.

Carment, D., Rowlands, D. (1998). "Three's company: Evaluating third party intervention in intrastate conflict". Journal of Conflict Resolution 42, 572–599.

Carment, D., Rowlands, D. (2004). "Force and bias: Towards a predictive model of effective third party intervention". Mimeo. Earlier version available as BCSIA Working Paper 2001–08, JFK School of Government, Harvard University.

DeRouen Jr., K. (2003). "The role of the UN in international crisis termination, 1945–1994". Defence and Peace Economics 14, 251–260.

Dodd, R. (1994). "Do goodism is ruining this country". Gemini News Service, December 9.

Doyle, M. W., Sambanis, N. (2000). "International peace building: A theoretical and quantitative analysis". American Political Science Review 94, 779–801.

Durch, W. J. (1993). "Paying the tab: Financial crisis". In: Durch, W. J. (Ed.), The Evolution of UN Peacekeeping: Case Studies and Comparative Analysis. Macmillan Press, Pennsylvania, pp. 39–59.

Felix, D. (1995). "The Tobin tax proposal". Futures 27, 195–200.

Fischer, D., Hattori, A. (1999). "Economics of war and peace: Overview". In: Kurtz, L. (Ed.), Encyclopaedia of Violence. Peace and Conflict. Academic Press, San Diego.

Fredland, E. (2004). "Outsourcing military force: A transactions cost perspective on the role of military companies". Defence and Peace Economics 15, 205–219.

Henderson, H., Kay, A. F. (1995). "The flexibility of a United Nations security insurance agency: Update and summary". Report to the Global Commission to Fund the United Nations. United Nations, New York.

Hartley, K. (1992). "Comment on R. S. McNamara 'The Post Cold War World: Implications for Military Expenditures in the Developing Countries'". In: Proceedings of the World Bank annual conference in development economics. International Bank for Reconstruction and Development. The World Bank, Washington.

Hartley, K. (1997). "The Cold War, great-power traditions and military posture: Determinants of British defence expenditure after 1945". Defence and Peace Economics 8, 17–36.

Hartley, K., Sandler, T. (1999). "NATO burden sharing: Past and future". Journal of Peace Research 36, 665–680.

Hirshleifer, J. (1988). "The analytics of continuing conflict". Synthese 76, 201–233.

Isard, W., Fischer, D. (1997). "On financing and reorienting the United Nations". Peace Economics, Peace Science and Public Policy 4, 1–10.

Kammler, H. (1997). "Not for security only: The demand for international status and defence expenditure, An introduction". Defence and Peace Economics 8, 1–16.

Khanna, J., Sandler, T. (1997). "Conscription, peace-keeping, and foreign assistance: NATO burden sharing in the post-Cold War era". Defence and Peace Economics 8, 101–121.

Khanna, J., Sandler, T., Shimizu, H. (1998). "Sharing the financial burden for UN and

NATO peacekeeping: 1976 – 1996". Journal of Conflict Resolution 42, 176 – 195.

Khanna, J., Sandler, T., Shimizu, H. (1999). "The demand for UN peacekeeping, 1975 – 1996". Kyklos 52, 345 – 368.

Klein, L., Marwah, K. (1996). "Economic aspects of peacekeeping operations". In: Gleditch, N. P., Bjerkholt, O., Chapplen, A., Smith, R. P., Dunne, J. P. (Eds.), The Peace Dividend. Elsevier Science, Amsterdam, pp. 533 – 553.

Klein, L., Marwah, K. (1997). Burden Sharing in Support of United Nations. United Nations Studies, Yale University.

McNamara, R. S. (1992). "The post Cold War World: Implications for military expenditures in the developing countries". In: Proceedings of theWorld Bank annual conference in development economics. International Bank for Reconstruction and Development. The World Bank, Washington, D. C..

Mendez, R. P. (1995). "Harnessing the global foreign currency market: Proposal for a Foreign Currency Exchange (FXE)". In: Commission on Global Governance, Issues in Global Governance. Kluwer Law International, Amsterdam.

Morrison, A. (1993). "The fiction of a UN standing army". Unpublished paper. Pearson Peacekeeping Centre, Cornwallis Park.

Parai, L. (1998). The Benefits and Costs of Alternate Peacekeeping Arrangements. CSDRM Solicited Research, RMC, Kingston.

Parai, L., Solomon, B., Wait, T. (1996). "Assessing the socio-economic impacts of military installations on their host communities". Defence and Peace Economics 7, 7 – 19.

Regan, P. (2002). "Third-party intervention and the duration of intrastate conflicts". Journal of Conflict Resolutions 46, 55 – 73.

Sandler, T., Forbes, J. F. (1980). "Burden sharing, strategy, and the design of NATO". Economic Inquiry 18, 425 – 444.

Sandler, T., Murdoch, J. C. (2000). "On sharing NATO defence burdens in the 1990s and beyond". Fiscal Studies 21, 297 – 327.

Seiglie, C. (1999). "Altruism, foreign aid and humanitarian military intervention". Conflict Management and Peace Science 17, 207 – 223.

Seiglie, C. (2005). "Efficient peacekeeping for a New World Order". Peace Economics, Peace Science and Public Policy 11 (2). Article 2.

Siqueira, K. (2003). "Conflict and third-party intervention". Defence and Peace Economics 14, 389 – 400.

Shimizu, H. (2005). "An economic analysis of the UN peacekeeping assessment system". Defence and Peace Economics 16, 1 – 18.

Shimizu, H., Sandler, T. (2002). "Peacekeeping and burden sharing: 1994 – 2000". Journal of Peace Research 39, 651 – 668.

Shimizu, H., Sandler, T. (2003). "NATO peacekeeping and burden sharing: 1994 – 2000".

Public Finance Review 31, 123 – 143.

Sobel, R. S. (1998). "Exchange rate evidence of the effectiveness of United Nations". Public Choice 95, 1 – 25.

Solomon, B. (1998). "The economic consequences of a peacekeeping mission on the host country: Haiti". In: Woodcock, A., Davis, D. (Eds.), Cornwallis III: Analysis for Peace Operations. Canadian Peacekeeping Press, Cornwallis, pp. 166 – 182.

Solomon, B. (1999a). "Economic analysis for a peacekeeping mission". Peace Economics Peace Science and Public Policy 5. Article 2.

Solomon, B. (1999b). "Prioritizing tasks in peace mission". In: Woodcock, A. Davis (Ed.), Cornwallis IV: Analysis of Civil-Military Interactions. Canadian Peacekeeping Press, Cornwallis, pp. 252 – 261.

United Nations (1945). The Charter of the United Nations. The United Nations, New York.

United Nations (1995). Report of the Secretary-General on the United Nations Mission in Haiti, S/1995/305. United Nations, New York.

United Nations (2001). Scale of assessments for the apportionment of the expenses of United Nations peacekeeping operations (A/55/712). United Nations, New York.

United Nations (2003). Implementation of general assembly resolutions 55/235 and 55/236 (A/58/157). United Nations, New York.

United Nations (2005a). Monthly summary of contributions (as of 31 August 2005). United Nations, New York.

United Nations (2005b). The official United Nations web site: http://www.un.org/Depts/dpko/glossary/p.htm, accessed February 21, 2005.

United Nations General Assembly (1996). Agenda Item 133: Financing of the United Nations Mission in Haiti A/50/363/Add. 3. The United Nations, New York.

United Nations Security Council (1956). Resolution 118 (1956) [adopted by the Security Council at its 743rd meeting]. The United Nations, New York.

Woodcock, T., Davis, D. (Eds.) (1999). Cornwallis IV: Analysis of Civil-Military Interactions. Canadian Peacekeeping Press, Cornwallis.

第25章
恐怖主义：博弈论方法[*]

托德·桑德勒
（得克萨斯大学）

丹尼尔·G·阿尔塞
（罗氏学院）

摘要

本章主要审视博弈论在以往恐怖主义研究中的应用。通过分析恐怖分子和目标针对国政府之间的战略互动，我们发现博弈论是一个非常有效的研究恐怖主义与反恐的工具。博弈论已被用来研究目标针对国政府之间的相互作用、恐怖组织内部各派系之间的互相联系，以及其他相关机构（例如，其他恐怖组织）之间的相互影响。本章分析确定了反恐对策的多种外部效应及其战略意义。此外，本章也表明了将博弈论运用于与对恐怖主义有关问题（如集体合作以加强边界等）研究的新方向。

我们应用标准型博弈将反恐区分为积极策略和防御策略。虽然这两种策略类型可以由类似的博弈来表示，但我们还是要确定这些策略类型之间主要的策略差异。通常情况下，当目标针对国政府必须在反恐措施之间配置资源时，在打击跨国恐怖主义方面，防御对策通常比积极对策更具优势。结果表明了次优均衡的存在。对国内恐怖主义事后决策更好，因为中央政府可以将选择目标之间的外部性内化。

对跨国恐怖主义，当反恐作为连续选择变量来探究时，则困境就出现了。太多的行动和防御措施有联系，而太少的行动和积极措施相关联。这是因为对于目标针对国政府而言防御反应是战略互补，而积极反应是战略替代。这些相同的战略观点对理解恐怖组织政治和军事

---

[*] 作者从基斯·哈特利（Keith Hartley）、彼得·马修斯（Peter Matthews）、凯文·西奎拉（Kevin Siqueira）的早期研究中获益匪浅。文中任何不当之处由作者承担全部责任。

两翼（派系）之间的相互作用至关重要。博弈论的观点也启示我们：在相互依存的安全选择中，处于危险中的行为体所要实现的安全目标，不仅取决于其自身的预防措施，也取决于其他行为体的预防措施。合作博弈特别适合于分析国际合作的多方面陷阱，例如，冻结恐怖分子资产和拒绝庇护。我们确定了许多影响国际合作的路障。

关于人质谈判，我们发现了政府永不让步的政策取决于至少在实践中很难站得住脚的5个未知假设。因此，即使是不让步政策最坚定的支持者，在适当的环境下也会背信弃约。我们也揭示了增强忠诚的方法。

本章还研究了在恐怖分子更了解政府的自身实力时所形成的信息不对称的影响。提出了基于恐怖分子报复或决策偏好基础上的两个可选择性方法模型，讨论了信息不对称与恐怖主义研究的最新成果。

关键词： 恐怖主义　囚徒困境　反恐　保证博弈　外部效应　人质谈判　非对称信息　积极措施　国际合作　防御措施　威慑　相互依存风险

1. 引　言

"恐怖主义"是个人或次国家组织通过胁迫除直接受害者之外的大量受众，有预谋地使用或威胁使用暴力，或武力反对非战斗人员，以此来获取政治或社会方面的收益。虽然在对恐怖主义有关受害者、肇事者和受众等方面的界定不完全相同，但在其是由恐怖分子运用暴力来实现政治或社会目的这一点的认识上却是一致的［恩德斯和桑德勒（Enders & Sandler, 2006a），霍夫曼（Hoffman, 1998），怀特（White, 2003）］。恐怖分子通过恐怖行动的随意性，扩大除目标受害者之外的受害范围，从而使人人感到自危。一连串的街头或公共交通工具的爆炸事件，可能使城市中的每个人感到无论去哪里都处于危险之中，尽管其自身成为受害者的可能性很低。

恐怖主义有两个基本类型。"国内恐怖主义"是在一国之内，紧随该国制度、公民、财产和政策而成长壮大的。国内恐怖主义包括的肇事者、受害者和目标来自国内。任何与国内恐怖事件有关的要价，都由事发国公众或机构承担。"跨国恐怖主义"通过恐怖事件的受害者、目标、支持者、恐怖分子或恐怖影响等使其影响远远多于一个国家。2001年9月11日（此后被称为9·11

事件）世界贸易中心（WTC）塔楼的倒塌是跨国恐怖事件，因为受害者来自许多国家，其任务在国外策划，恐怖分子是外国人，9·11事件的影响是全球性的（例如，金融市场的反应和后来所采取的安全措施）。跨国恐怖袭击可能形成跨越国界的外部效应，在那里当局（例如，他们的政策）或一国恐怖分子通过恐怖行动把无可挽回的成本或收益强加于另一国民众或财产上［见如，阿尔塞和桑德勒（Arce & Sandler, 2005a），恩德斯和桑德勒（2005a, 2006b），希尔和孔鲁瑟（Heal & Kunreuther, 2005），孔鲁瑟和希尔（2003），桑德勒等人（1983）］。因此，一国所采取的诸如捣毁对若干国家都构成威胁的恐怖组织训练营的积极行动，将为所有处于危险中的国家提供正的外部效应。因为恐怖主义所产生正负外部效应是无所不在的，故而对其所代表的威胁进行战略思考就是必不可少的了。

博弈论之所以成为研究恐怖主义的合适方法，原因众多。其一，博弈论反映了恐怖分子和目标针对国政府之间的战略互动，他们的行动是相互依存的，因为各方根据其对手的行动进行反应。其二，博弈论框架抓住了恐怖事态关注理性行为人之间相互作用的观点，这些人试图按照他们所想已他们对手会采取的行动或反应来行动。互动可能在恐怖集团内部派系之间，也可能在恐怖集团之间、目标针对国政府之间或恐怖分子和政府之间进行。博弈的参与者可以是选民、媒体、或国际组织。从满足约束条件下，最优化其目标这个意义讲，这些参与者是理性的。其三，博弈论允许对手发出战略优势的威胁和承诺——例如，没有谈判的承诺，以限制劫持人质或对国家资助人的报复威胁，以遏止他们的支持等。其四，博弈论中的讨价还价可用于人质谈判和由恐怖活动所导致的谈判，例如要求一省自治。讨价还价优势的决定因素和谈判的长度，使我们知道决策者可选讨价还价策略的可能后果。其五，博弈论融合了不确定性和能够描述恐怖主义各个方面策略环境中的学习（这两个因素）［见如，布埃诺·德梅斯基塔（Bueno de Mesquita, 2005a）］。在恐怖活动事态中，很多行为体与非对称信息间互相影响：例如，恐怖分子可能知道政府的能力，而政府可能不知道恐怖分子的能力，故而必须根据以往的袭击模式来更新观念［见阿尔塞和桑德勒（出版中），拉潘和桑德勒（Lapan & Sandler, 1993），奥弗高（Overgaard, 1994）］。

作为一个弱对手，恐怖分子必须有策略地采取行动，以给强大的对手制造更大的威胁。恐怖分子已善于利用一系列不对称性来获取优势［参见如，桑德勒（2005），桑德勒和恩德斯（2004）］。恐怖分子在政府已分配用于防卫的开支"后"通过确定软目标获得后动优势。国家的目标是多样的，而恐怖分子的目标则是少的。恐怖分子克服集体行动的障碍，并与其他恐怖组织形成网络。相比之下，即使面对同样的恐怖威胁，各国政府都不太愿意就此与其他国政府进行合作。这种集体行动失灵保护了许多软目标，引起防卫措施的过度支出，以及积极策略的支出不足。恐怖分子则比他们所袭击的自由民主国家所受到的限制更少［见如，霍夫曼（1998），李（Li，2005），威尔金森（Wilkinson，1986，2001）］。此外，恐怖分子战略上一般选择松散的网络式组织结构，以更好地应对目标针对国政府僵化的科层结构［阿尔奎拉和龙费尔特（Arquilla & Ronfeldt，2001）］。恐怖分子还利用信息不对称，使其对立面政府不确定其必要的防卫水平或对其抵抗反应是否合适。这种信息缺失可能导致政府对资源有限恐怖分子的让步懊悔不已（见第8部分）。

这一章有很多目的。第一个目的是通过对一些博弈论应用相关文献的综述，并通过例子来阐明博弈论是如何加深我们对恐怖主义和反恐政策的认识的。同样，本章也从非传统博弈理论方面（见第2-4，6部分）研究了反恐。这项研究阐述了遏制恐怖主义国际合作的无数陷阱。第二个目的是要确定影响恐怖活动其他外部因素及其对政策的影响（如见第5部分）。第三个目的是利用博弈论来对劫持人质的各方面进行研究（见第7部分）。第四个目的是研究当恐怖分子在对抗政府时信息的作用（见第8部分）。第五个目的是强调了未来的研究方向（见第9部分）。

2. 早期文献简介

桑德勒等人（1983）最先使用博弈论来研究恐怖主义，他发现恐怖分子的选择受到政府对策的制约，同样政府的选择也受到恐怖分子行动的制约。恐怖分子在恐怖活动和依法抗议两方面分配资源，前者包括向目标针对国政府提出要求，政府更倾向于向低要求而非高要求让步。恐怖分子面对"机会制约"，即确保接受政府在特定限度内让步的概率大于或等于其他概率。相比之下，政府选择向恐怖分子让步，是为了最大化其效用，同时也受限于预算约束和连任的可能性，受限于选民对恐怖主义威胁的评价，以及考虑政府作出让步时，是失去还是获得更多的选举支持。

作者以纳什反应路径来描述谈判过程，即恐怖分子的要求取决于预期政府所作出的让步，而政府自身又取决于恐怖分子的要求。该模型基本参数的变化（例如，恐怖资源的水平或恐怖行为的边际成本）受到政府政策选择的影响，而政府的政策选择可以改变反应路径，并使谈判僵局变成对其中一个对手有利的解决结果。虽然模型有点简单，但它清晰地显示出，在孤立状态下没有一个对手的决策能得到检验,这已被实践所证实。此外,作者强调了部分恐怖分子的理性,以及他们如何以可预见的形式对政府的对策决定进行反应。这些反应中有一些对政府有利,另一些则不利。因此,用心良苦的对策可能会产生意想不到的后果。

接下来,阿特金森等人(Atkinson et al., 1987)利用一个讨价还价模型研究表明,人质事件的持续期取决于讨价还价行动,如虚张声势(即威胁不执行的行动)或最初要求与让步之间的差异(即,不一致扩展)。这些作者假设高的讨价还价成本导致恐怖分子降低他们的要求,而政府增加其让步。此外,对任一方而言讨价还价成本的增加,减少了该事件的时间。阿特金森等人(1987)基于现实的恐怖事件检验了讨价还价假设。

随后的两篇文献也以博弈论研究了劫持人质事件。塞尔腾(Selten, 1988)提出了一个劫持人质博弈的扩展型模型,该模型中,恐怖分子首先尝试绑架人质,如果成功的话,就会勒索释放人质的赎金。一旦人质被担保,这一事件可能以赎金支付和人质被释放,或根本没有支付赎金和人质被杀害结束。在塞尔腾模型中,博弈终点的收益肯定是众所周知的,因此可选途径或决定的预期值是可以计算出来的。在一个信息完整的确定性形式中,该博弈的解决办法在起始时就是众所周知的,因为在关联不存在的情况下,一个完美信息的有限博弈有其独特的子博弈完美均衡。因此,塞尔腾的表述不提供各种各样的结果。

相比之下,拉潘和桑德勒(1988)劫持人质的扩展型表述,至少有一个节点的收益是不确定的,例如,政府不屈服于恐怖分子要求的损失。这种创新意味着真正均衡途径只有在这种不确定性被解决时才为我们所知(见第7部分)。这种不确定性,可能会导致政府作出承诺,例如,绝对不向恐怖分子的要求让步——因为他们可能会因为不屈服所产生的损失而失去声望。因而,政府可能在一连串行动中以与承诺不一致的时间方式行动,一旦一个决策节点实现并使信息披露,他们随后就会放弃。

在另一篇文献中,桑德勒和拉潘(1988)研究了恐怖分子的目标选择,该模型是一个三方参与者博弈,包含两个目标场地,和一个共同的恐怖威胁。恐怖分子青睐具有更大预期收益的目标。任一场所所采取的防御措施,减少了恐怖分子运筹成功的可能性,限制了恐怖分子的预期回报。在其他方面保持不变的情况下,一个场地所采取的不断增强的防御措施使其他场地变得似乎"更软"了,因此成为一个相对更具吸引力的目标。他们的分析值得关注,因为他们首先确认与反恐对策相联系的一系列外部性的。通过保护其他地点的来客和使任何袭击不太可能实现,更具防御性的反应提供了正的外部性。这种防御行动通过取代对另一个地点的袭击，同样也产生了负的外部性。正和负的外部性的提出，意味必须在该问题上考虑更多的结构性以得到清晰的结果。例如，如果一个袭击对从其他场地来的来客并未造成间接损害，就有防卫过当的倾向［同样见桑德勒和西凯拉（Sandler & Siqueira, 2006）］。其他情况，可能会导致包括太少防卫措施的其他结果。

在早期的关于恐怖主义的博弈论文献里，李（Lee，1988）认为对恐怖组织的报复因其具有纯公共品特性，所以可能引起搭便车。李（1988）利用一个2×2博弈矩阵来说明"两国家"下的情形。如果报复是纯公共性的，没有国家成为袭击的主体，则李（1988）认为该结果具有两国都不报复的囚徒困境特征。然而，如果一国成为袭击的主体，和获得一些国家特定收益（如取代国外袭击），李的研究表明，此时博弈就不再是一个囚徒困境。尤其是当目标针对国以报复为占优策略时，其他国最好的选择可能是追随这一反应。当李（1988）的研究考虑到"有偿搭便车"或通过向恐怖分子提供避难所而"卖出"报复的公共性这种能力时，事情变得更复杂和有趣。就像希腊对所谓的11月17日（革命）组织，和法国曾经对巴斯克恐怖分子所做的那样。"有偿搭便车"的选择占优于"免费搭便车"和报复的选择。因此，该最终结果是最不理想的，即一国与恐怖分子和解，而其他国则不打击报复恐怖分子［也参见李和桑德勒（1989）］。李（1988）的分析清楚地认清了目标针对国在独立应对恐怖主义威胁时，在自相矛盾情况下是如何通过创造负的外部性来运作的。该研究还表明，恐怖分子是如何行动以最大化这种外部性的。

在博弈理论框架内考虑信息不对称的第一篇论文是拉潘和桑德勒（1993）的论文。在其框架内，恐怖分子了解政府的能力，但政府并不知道恐怖分子的实力，因此必须在第一期袭击水平基础上校正其早先的认识。在显现的完美贝叶斯均衡中，政府可能因向弱恐怖组织让步而感到后悔，该弱恐怖组织第一期袭击使政府误判，以为该恐怖组织非常强大以致以为对其未来的袭击代价很高。奥弗高（1994）考虑到复仇心较轻的恐怖分子，在让步没有达成时，其不会用尽他们仅剩的最后资源——袭击，因此他修改了拉潘-桑德勒的模型。在奥弗高（1994）看来，恐怖分子更多是政治性的而非军事性的。我们在第8部分为这两个分析提供了一个一致的模型。近年来，不完全信息成为许多恐怖活动博弈理论分析的特征［例如，布埃诺·德梅斯基塔（2005a, 2005b），桑德勒和阿尔塞（2003）］。研究已放宽了理性的标准观念，更加重视基本行为的动态演化和自由民主在减少暴力方面的作用［见如阿尔塞和桑德勒（2003）］。

3. 反恐：标准型表述

有两类主要的反恐策略，包括积极措施和防御措施。积极的或进攻性措施，直接采取行动，打击恐怖分子或其资助者，包括报复国家资助者，摧毁恐怖分子训练营，潜入恐怖组织内部，搜集情报，冻结恐怖分子资产，或实行先发制人的打击。对跨国恐怖主义，积极反应往往引起私人（提供者）成本增加，但对所有处于危险中的国家则有纯公共收益。但是，如果积极措施引发不满，那么它也可能引起我们稍后要提及的纯公共成本［罗森多夫和桑德勒（Rosendorff & Sandler，2004）］。相反，随着袭击转向更少驻防的场所［见如，恩德斯和桑德勒（1993，2004，2005a，2006b）］，以及私人（提供者）获益，防御性或被动措施产生公共成本，这些措施包括设置技术障碍（例如，炸弹嗅探设备和金属探测器），确保边界安全，加强处罚力度，改进监测手段，以及加固目标等。防御性措施意在通过或使肇事者更难成功，或使肇事者的负面后果增加来阻止袭击。

3.1 积极措施与防御措施：2×2 型标准表述

在图 25-1（a）中，作为其他积极情况的代表，我们展示了一个先发制人的博弈。在该博弈中，两个目标针对国，分别由 1（行参与者）和 2（列参与者）表示，都拥有两个策略：先发制人或维持现状。如果，比如说国家 1 先发制人而国家 2 不行动，那么国家 1 所获净收益为 $B-c$，因为它从公共收益 B 中扣除其成本 c，这是它在与国家 2 的博弈中所获得的。因此，国家 2 获得免费搭车收益 B。当角色颠倒，回报也相应发生变化。如果这两国都试图进行先发制人，每个国家在各自 c 成本的情况下从该行动获得 $2B$ 的收益，那么每国的净收益都是 $2B-c$。如果两国没有一个先发制人，则他们的净收益都为 0。如果我们假设 $2B>c>B$，则囚徒困境在各个国家什么都不做的占优策略下是适用的。每个国家都不会单方面偏离纳什均衡，也就是在相互维持现状的结果下什么也不做。纳什均衡收益在图 25-1 中用黑体表示。很明显，其他博弈情况，取决于 $2B$、c 和 B 的相对顺序，也可能适合于先发制人的情况。目前，我们支持囚徒困境。

		国家2	
		先发制人	维持现状
国家1	先发制人	$2B-c, 2B-c$	$B-c, B$
	维持现状	$B, B-c$	**0, 0**

$(2B>c>B)$

(a) 2×2 先发制人博弈

		国家2	
		维持现状	威慑
国家1	维持现状	0, 0	$-C_1, b-C$
	威慑	$b-C, -C_2$	**$b-C-C_1, b-C-C_2$**

$(C+C_i>b>C)$, $i=1, 2$

(b) 2×2 威慑博弈

图 25 – 1　标准型先发制人和威慑博弈

在图 25 – 1 (b) 中，我们描绘一个 2×2 威慑博弈，代表其他防御的情况，在此威慑只是国家 i 在 $b>C$ 的假设下，以成本 C 赋予它一个 b 的好处。此外，被动国家 j 当它招致更多袭击时承担了一个 C_j 的成本，因为它在 i 的防御措施下变得相对弱势。两国都不采取行动就没有净收益，而相互行动给每个国家 $b-(C+C_i)$ 的回报，其被假定为负 [见如，阿尔塞和桑德勒（2005a）]。这个典型的威慑博弈也是一个有占优策略威慑的囚徒困境，和一个以黑体收益表示的相互威慑的纳什均衡。

		国家2		
		先发制人	维持现状	威慑
国家1	先发制人	$2B-c, 2B-c$	$B-c, B$	$B-c-C_1, B+b-C$
	维持现状	$B, B-c$	0, 0	$-C_1, b-C$
	威慑	$B+b-C, B-c-C_2$	$b-C, -C_2$	$b-C-C_1, b-C-C_2$

$(2B>c>B)$ and $(C+C_i>b>C)$, $i=1, 2$

图 25 – 2　3×3 先发制人——威慑的博弈

考虑一种可替代的威慑博弈，在这个博弈里，除了相互威慑给每个行为体

在 C 供应成本下（净转移报酬）一个为 $\bar{b}$ 的收益外，其收益与图 25 – 1（b）中的相同。这种情况因为相互威慑降低了收益，所以 $b > \bar{b}$，但对 $i = 1, 2, \bar{b}$ 不一定等于 $b - C_i$，就像图 25 – 1（b）中的那样。甚至可能存在相互威慑的净收益，所以 $\bar{b} - C > 0$。假定 $\bar{b} - C > - C_i$，图 25 – 2 和图 25 – 3 所显示的大部分结果，将在这种替代性情况下保持不变；即相互威慑总比成为招致袭击的弱目标要好。在这一假设的前提下，修改过的威慑博弈仍是一个如纳什均衡一样带有相互威慑的囚徒困境。此外，如果 $\bar{b} - C < 0$，图 25 – 2 和图 25 – 3 中的所有结果均成立。今后，除非另外注明，我们使用图 25 – 1（b）所描绘的情况。

即使先发制人和威慑博弈可能都是囚徒困境，其区别也是存在的。就像所描述的，先发制人博弈类似于公共品贡献博弈，其行动是理想的，但不行动是占优的；而威慑博弈类似于开放式公地博弈，其不行动是理想的，但行动是占优的 [阿尔塞和桑德勒（2005b）]。社会最优和纳什均衡是站在相反的立场上，即对于威慑来说相互维持现状是社会最优，而对于先发制人来说相互行动是社会最优。将双方博弈扩大到 n 个国家，只是增加了与纳什均衡相联系的次优性。对先发制人，激励相容收买，可能被用于激励行为体把诚实的偏好显示看作占优策略。驱使威慑博弈中不行动的类似机制，问题更大。因为惩罚必须足够大以反映相关的公共成本 [桑德勒和阿尔塞（2003）]。此外，行为体往往厌恶限制他们威慑的权利，即使这种限制提高效率。

3.2　3×3 型威慑——先发制人博弈

我们现在考虑每个国家有三种策略：先发制人、维持现状和威慑。在图 25 – 2 这个 3×3 博弈矩阵中，图 25 – 2 的西北 2×2 粗体框矩阵描绘前面的 2×2 先发制人博弈，而东南 2×2 粗体框矩阵代表先前的 2×2 威慑博弈。如果一个国家先发制人而另一个威慑，则前者收益为 $b - c - C_i$，而后者收益为 $B + b - C$，就如 3×3 矩阵对角线外相反两端的两个单元格所显示的那样。基于到目前为止的假设，如果每个目标可以选择策略或维持现状，这个矩阵使我们能够确定哪个反恐策略选择占优。对这两个国家而言，占优策略是威慑，因为由于 $b - C > 0 > B - c$，收益比与另外两个策略相联系的相应收益要高。当两个目标针对国采取其占优策略时，就会产生相互威慑的纳什均衡粗体的收益。这个结果像一个"囚犯困境的平方"，由此得到 9 个单元格当中最小总收益——从总收益的立场来看，任何其他的策略组合更受偏好。在上述嵌入式叠加的 2×2 囚徒困境博弈中的两个纳什均衡中，帕累托次优均衡占支配地位。

当初次面对这种相当令人困惑又非常有意思的结果时，我们的直觉是把它看作仅是从迄今为止所做的假设而得出的，但事实是，当假设改变时，其具有回弹性［阿尔塞和桑德勒（2005a）］。例如，如果我们考虑相互不行动，引起负收益，因此嵌入式先发制人博弈是一个"斗鸡"博弈时，占优策略仍然是威慑。只有当先发制人的收益仅在两个国家都先发制人的情况下才能实现，从而嵌入式先发制人博弈是一个保证博弈，相同的相互威慑的纳什均衡才能产生。如果我们设想另一个既先发制人又威慑的策略选择，那么一个 4×4 矩阵（未在图 25-2 中扩展显示）将是适用的。图 25-2 西北将是 3×3 嵌入式矩阵［见阿尔塞和桑德勒（2005a）］。像最右边栏位的 4 个收益一样，底部一行的 4 个"收益对"和最右一栏的 4 个"收益对"都能很容易地计算出来。给定图 25-2 的假设，可以表明，威慑战略仍然占优。实际上，任何威慑和先发制人的组合，威慑都是占优的。

3.3 不对称目标和先发制人

我们接下来转向在一个 4×4 博弈矩阵西北，嵌入的一个粗体 3×3 矩阵，见图 25-3。其中我们最初忽略两个策略都采取的情况。在 3×3 矩阵中除了在先发制人行中国家 1 的收益，其他收益和图 25-2 中是一样的。添的新情况是国家 1 是恐怖分子的首要目标，且吸引了较大份额的袭击。这对美国来说是真实的，即使在美国本土发生的很少，其人民和财产仍承受了 40% 的跨国恐怖袭击。假设国家 1，从自己单方面先发制人中获到的收益，比与国家 2 协商相比的收益更大。特别是，假设国家 1 的先发制人给自身带来了 $2B$ 的好处，给国家 2 带来了 B 的溢出收益。按照图 25-2 的假设，在其他各种条件保持不变的情况下，即先发制人仍需付出成本 c，国家 1 从国家 2 的行动中获得恰为 B 的先发制人收益。此外，威慑的情况和收益仍然跟以前一样。在 3×3 矩阵第一行，按照新假设而得出的国家 1 收益，超过了图 25-2 中相对应的收益 B。对该嵌入式博弈，国家 2 的占优策略仍然是威慑；因此，在这个 3×3 博弈中唯一可能的纳什均衡是（先发制人，威慑）或（威慑，威慑）。前者证实了国家 1 从单独先发制人中获得的收益比从单独威慑中获得的多，即 $2B - c > b - C$。在这种情况下，首要的目标针对国存有先发制人的激励，因为恐怖分子针对其利益会发动更多的袭击。这种类型和我们在现实世界所观察到的情况是一致的：首要目标国，像美国和以色列，在打击跨国恐怖分子方面反应很积极。因此，当面对跨国恐怖主义时，恐怖分子设定目标的非对称性，可能促使一国拒绝单单依赖防御措施的强烈倾向。

		国家2			
		先发制人	维持现状	威慑	同时采取
国家1	先发制人	$3B-c$, $2B-c$	$2B-c$, B	$2B-c-C_1$, $B+b-C$	$3B-c-C_1$, $2B-c+b-C$
	维持现状	B, $B-c$	$0, 0$	$-C_1$, $b-C$	$B-C_1$, $B-c+b-C$
	威慑	$B+b-C$, $B-c-C_1$	$b-C$, $-C_1$	$b-C-C_1$, $b-C-C_2$	$B+b-C-C_1$, $B-c+b-C-C_2$
	同时采取	$3B-c+b-C$, $2B-c-C_2$	$2B-c+b-C$, $B-C_2$	$\mathbf{2B-c+b-C-C_1}$, $\mathbf{B+b-C-C_2}$	$3B-c+b-C-C_1$, $2B-c+b-C-C_2$

$(2B>c>B)$ and $(C+C_1>b>C)$, $i=1, 2$

图 25-3 有 3、4 个选择的非对称优势

这种对防御措施的很少依赖是国内恐怖主义的特征。对国内的袭击,积极措施对其他国家不产生溢出收益,因为就其本质而言,其他国家没有成为目标。此外,一国也从不会从另一国的积极措施中"免费搭便车"。因此,对于国内恐怖主义,国家采取防御和积极措施,此时所有的收益都被内化了。

接着,我们考虑图 25-3 中的 4×4 博弈矩阵,其中对两国中的每一国,既威慑又先发制人的第四种选择被考虑进来,7 个新的收益对像以前那样计算。例如,假设国家 1 采取既威慑又先发制人的策略,而国家 2 只是先发制人。国家 1 便从两个先发制人反应中获得 $3B-c$ 的收益,从威慑中获得 $b-C$ 的收益。而国家 2 从两个先发制人反应中获得 $2B-c$ 的收益,从国家 1 的威慑中获得 $-C_2$ 的收益。其他 6 对收益以类似的方式计算。虽然图 25-3 中的矩阵显得复杂,唯一的纳什均衡也是较容易定位的。因为 $2B-c>0$,国家 1 采取双重策略是占优策略。因为 $B-c<0$,对国家 2,威慑是占优策略。由于每个国家采取其占优策略,结果就是粗体的纳什均衡(同时采取,威慑)。我们观察到既采取防御又采取积极措施的首要目标针对国,如美国在保卫本土安全上投入巨大,同时牵头行动以摧毁基地组织和其资产。

3.4 其他情形

截至目前,先发制人假使以纯公共收益为特征。一个严重的先发制人在带来公共收益的同时,可能因为造成公共成本 C 上升,也可能引起民怨。20 世纪 60 年代,法国人在阿尔及利亚进行的严厉镇压,帮助恐怖分子吸引了更多的成员,而且使阿尔及利亚公众对法国武力转向反对的观点,就像电影"阿

尔及尔之战"所表现的那样。我们研究了图 25-4 中作为不对称两国例子这一不满情况，其中国家 1 是首要目标，其从它自身的先发制人中获得 $2B$ 收益，从国家 2 的先发制人中获得 B 收益。先发制人者必须弥补它的提供成本 c。每一单位的先发制人现在产生 B 的公共收益和 C 的公共不满成本。如果国家 1 单独先发制人，那么它收到 $2B-c-C$ 的收益[从它获得的收益（$2B$）和其相关的提供及不满成本（$-c-C$）计算得出]，而免费"搭便车"者国家 2，根据溢出收益和成本，获得 $B-C$ 的收益。如国家 2 单独先发制人，那么它便得到 $B-c-C$ 的收益，而免费"搭便车"国家 1 获得 $B-C$ 的收益。最后，相互先发制人给国家 1 带来 $3B-c-2C$ 的收益，而给国家 2 比较小的收益 $2B-c-2C$，因为国家 2 只从它自身行动中获得仅为 B 的收益。

		国家 2	
		先发制人	维持现状
国家 1	先发制人	$3B-c-2C$, $2B-c-2C$	**$2B-c-C$, $B-C$**
	维持现状	$B-C$, $B-c-C$	0, 0

$(2B>c+C>B)$

图 25-4　不对称优势和先发制人的征募成本

我们假定 $2B>c+C>B$，以使单独行动对首要目标国 1，而不是非首要目标国 2 产生净收益。给定这些假设，国家 1 的占优策略是先发制人，而国家 2 的占优策略是什么也不做。国家 1 的纳什均衡是单独先发制人。这是在如假设的那样，在考虑 $2B>c+C$ 的前提下，无论 $B-C>0$，还是 $B-C<0$ 的情况下所得出的结果。这种情况所引起的困境，是首要目标针对国所采取的积极反应可能导致国家 2 "被迫搭便车"，因为如果 $B-C<0$，由于国家 1 的行动，它的净福利恶化了。西班牙可能是这种情形的较好例子，如对阿布格莱布监狱虐囚丑闻的强烈反应，以及随后作为对西班牙参与伊拉克"自愿联盟"的有力回应，在 2004 年 3 月 11 号发生的市郊火车爆炸事件等。

罗森多夫和桑德勒（2004）也考虑了以政府和恐怖组织作为参与者的博弈理论来描述积极征募效应的情况。如果政府反应过于激烈，那么它的行动可能引发征募，并且导致引起许多人死亡的大规模恐怖事件。但是，如果政府反应过于温和，恐怖分子也会发起大规模的恐怖事件。为了避免这些大规模的袭击，政府必须选择一个既不太小也不太大的积极回应。这些作者的分析可以被扩展到考虑三个参与者的情形——两个目标针对国政府和一个恐怖组织，以及由袭击选择所带来的公共收益和成本。本扩展强调一些国家的政府，可能会由于其他国家政府的过激反应而处于危险之中。

大量的替代博弈形式,包括保证和合作,是否可以应用到积极和防御反应中,取决于收益的模式[阿尔塞和桑德勒(2005a),桑德勒和阿尔塞(2003)]。例如,当两个目标针对国政府正试图渗透到恐怖组织中时,单个国家的渗透预期风险最小,误差也有限。因为这样,合作博弈适应于一国需要采取行动,而另一国却什么也不做的情况。其他的例子将在第 6 部分被详细研究。

反恐的多样博弈形式,在希尔和孔鲁瑟(2005)的相互依存风险和航空公司安全的有趣研究中,尤为明显。在他们的分析中,每个行为体所面临的风险是由它自身的努力和其他行为体的努力所决定的,他们的努力是要限制没有采取足够防范措施的任何行为体所引起的灾难性事件的发生。作者给出了飞机货舱中行李的例子,其中行李包只在最初起飞的航班上被检查。当转移到其他航班上时,不对其进行重新检查。1988 年 12 月 21 日,泛美航空公司的 103 号班机在苏格兰洛克比上空爆炸,因为在一个包内装有炸弹,在马耳他没有很好地进行检查,其随之在法兰克福被转移到飞往伦敦的航班,然后再在伦敦的希思罗机场被转移到泛美航空公司 103 号班机。在相互依存风险的 2×2 表述中,希尔和孔鲁瑟(2005)显示了许多不同的博弈形式(如保证、合作和不对称优势)可以被应用,这些根据每程的安全费用、灾害的相对几率以及灾难中的损失等来定。他们的模型显示,每个航空公司并不完全内化相关的负外部性,负外部性是指他们对行李不负责任的检查会给其他航空公司带来的影响。因为航空公司认识到他们检查的努力,可能并不足以转移灾难,他们自身执行的激励就会因此而减少,尤其是当他们的努力产生了很小的安全影响时。因为不进行认真检查的航空公司数目增加,从而使得该问题变得日益严重。也就提出了若干政策建议,包括确定和改变一个或更多航空公司的行为,以使该制度达到一个具有更强安全防范的均衡。拥有很多支线航班的航空公司属于这一类。其还讨论了其他公共政策的制定,如税收、补贴和规制的使用。其分析强调了在存在恐怖主义时外部性是如何大量存在的。此外,公共收益及其成本,以及私人收益及其成本的搅和也促使了其结果的产生。

4. 反恐:扩展型博弈

让我们回到桑德勒和拉潘(1988),以及塞尔腾(1988)的研究,扩展型博弈也同样与反恐实践相联系[同样见罗森多夫和桑德勒(2004)、桑德勒和西凯拉(2006)]。在图 25-5 中,我们考察了两个国内目标的威慑决定——

一个商业目标（B）及一个旅游目标（T）。假设恐怖分子各个时期在同一地点上，发起他们的袭击。此外，恐怖组织在某种意义上被假定为是狂热的，即使任务失败，它也能获取正收益，因此该组织将会对两个场所之一发起袭击。该模型在某些情况下，可以被很容易地扩展到没有袭击考虑——博弈的第五个节点〔桑德勒和拉潘（1988）〕。

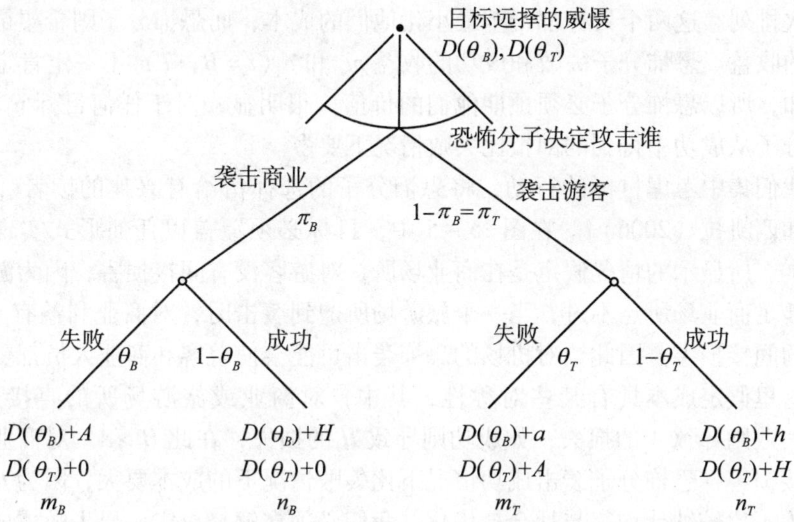

图 25-5 国内目标的威慑博弈树

图 25-5 描述了相关的威慑博弈树，其中替代目标先行动，选择他们持续的威慑水平 D，或威慑成本，依次地，确定恐怖分子袭击商业场所失败的感知可能性 θ_B 和袭击游客场所失败的感知可能性 θ_T。很明显，$1-\theta_B$ 和 $1-\theta_T$ 是这些各自场所袭击成功的概率。在相关的失败概率情况下，威慑成本以递增的比率增长。因此，这些费用被假设为是凸的。威慑代表了在不考虑结果的情况下被支付的保险对策。

恐怖分子随后行动，而且决定袭击两个目标中的哪一个，其中对应于 $i(=B,T)$ 的袭击概率 π_i 取决于他们的感知失败概率，即对 $i,j=B,T$ 和 $i\neq j$，$\pi_i(\theta_i,\theta_j)$。这个概率函数假设在 $\partial\pi_i/\partial\theta_i<0$ 和 $\partial\pi_i/\partial\theta_j>0$ 下其是连续的，所以对各种恐怖分子的信念和价值而言，信息是不完全的。我们可能考虑让自然去确定恐怖分子类型，其中 π_i 的内生函数是该模型的一部分，而且恐怖分子在 4 个节点的收益都有随机因素〔见桑德勒和西凯拉（2006）〕。假定 π_i 函数的偏导数与目标转移一致：即目标 i 限制恐怖分子成功的努力，只是取代了

对于目标 j 的袭击，反之亦然。目标转移代表了负的外部性，在此恐怖分子以较高的预期收益袭击目标。如果两个目标同样具有吸引力，那么各个目标感知的受袭击机会是 50 - 50。恐怖分子坐视不理，并等待目标国部署防御措施，以便他们可能利用后发优势来袭击弱势目标。

博弈以 4 种结果结束：恐怖分子在商业目标上失败或成功，或恐怖分子在旅游目标上失败或成功。在图 25 - 5 中，商业、游客和恐怖分子的收益从上到下依次排列。这两个目标都希望最小化他们的成本，而恐怖分子则希望最大化他们的收益。恐怖分子失败和成功的收益 m_i 和 $n_i(i = B, T)$ 不一定肯定为我们所知，所以恐怖分子必须预期他们的价值。很明显，对于任何目标 $n_i > m_i$，恐怖分子从成功中得到的回报比失败情况下要多。

我们集中考虑目标的行动，将恐怖分子的选择留给有兴趣的读者 [见桑德勒和西凯拉（2006）]。在图 25 - 5 中，目标必须覆盖以任何形式实现的威慑成本。所显示的情况假定是在商业场所，对游客没有间接损害，因为游客通常不涉足商业场所。不过，当一个旅游场所遭到袭击时，对商业利益有一个 a 或 h 的间接损害。因此，对机场的恐怖袭击可能会使游客和商业人员都受到影响。这里假定成本具有某些对称性，其中，对商业或旅游场所的直接袭击，如，失败则导致 A 的损失，如成功则导致 H 的损失，在此 $H > A$。对商业利益的间接损害，恐怖分子袭击成功情况下比失败情况下的成本要大，因为 $h > a$。

为了比较纳什均衡与社会最优化，我们必须在解释决定威慑失败或成功概率的同时，说明对商业和旅游两个场所的袭击，所引起的商业和旅游利益的预期成本。对商业场所袭击对商业利益的预期成本是：

$$l(\theta_B) = \theta_B A + (1 - \theta_B)H, \tag{25 - 1}$$

而对游客场所袭击对游客的类似成本是：

$$l(\theta_T) = \theta_T A + (1 - \theta_T)H, \tag{25 - 2}$$

对游客场所袭击对商业利益的间接损害是：

$$v(\theta_T) = \theta_T a + (1 - \theta_T)h, \tag{25 - 3}$$

而商业场所袭击对游客利益的间接损害是：

$$v(\theta_B) = 0, \tag{25 - 4}$$

给定我们对这些成本表达构成的假设下，对 $i = B, T$，当 θ_i 增加时，$l(\theta_i)$ 降低。而当 θ_T 增加时，$v(\theta_T)$ 降低，因为当恐怖分子更趋于失败时，预期损害减少。当单独行动时，预期对商业袭击，存在预期成本 C_B，其满足：

$$C_B = D(\theta_B) + \pi_B l(\theta_B) + \pi_T v(\theta_T) \tag{25 - 5}$$

由于在商业场所不存在对游客利益的间接损害，所以对游客的预期成本 C_T 满足：

$$C_T = D(\theta_T) + \pi_T l(\theta_T) \tag{25-6}$$

纳什均衡对应于各个目标群体在考虑给定的其他目标威慑选择变量的同时，依据它自身的威慑变量，最小化其预期成本。

社会理想模型是建立在通过将两个地方的威慑决策者视为同一行为体而实现的。因此，选择 $\theta_i (i = B, T)$，最小化总成本 C：

$$C = D(\theta_B) + D(\theta_T) + \pi_B(\theta_B, \theta_T)[l(\theta_B)] + \pi_T(\theta_B, \theta_T)[l(\theta_T) + v(\theta_T)] \tag{25-7}$$

为确定对商业纳什威慑选择的相对低效率，我们首先找到关于 θ_B 最小化 C_B 的一阶条件。最终表达式包括边际威慑成本、转移到旅游场所的袭击对商业利益的潜在损害，以及转移袭击的边际收益和对其本土利益的有限损害。接下来，我们就进行式 (25-7) 中关于 θ_B 社会成本 C 的最小化。最后，我们求 θ_B 满足纳什均衡 $\partial C_B / \partial \theta_B = 0$ 的社会成本一阶条件，以 θ_B^N 表示。该估计的结果为：

$$l(\theta_T^N) \frac{\partial \pi_T}{\partial \theta_B} > 0 \tag{25-8}$$

因为对商业场所的袭击对游客没有间接损害。该项表示商业点威慑的加强造成旅游场所的外部转移成本。给定成本函数的凸性，方程 (25-8) 表明商业（场所）倾向于过度威慑。

由于在旅游场所袭击对商业利益所造成间接损害的相反外部性，这种情况对游客的威慑决定尚不清楚。随着旅游点防御的增强，在游客场所由于对商人的保护而产生外部收益的同时，通过转移袭击也给商业利益添加了外部成本。通过使袭击的可能性较小和限制袭击的损害，造成后者出现。如果我们在 θ_B^N 下求合作的一阶条件，我们发现：

$$\pi_T v'(\theta_T^N) + v(\theta_T^N) \frac{\partial \pi_T}{\partial \theta_T} + l(\theta_B^N) \frac{\partial \pi_B}{\partial \theta_T} \lessgtr 0 \tag{25-9}$$

其中，如无进一步的假设，其符号是不确定的。外部收益由 (25-9) 式中左边前两个表达式表示，而外部转移成本则通过 (25-9) 式左边的第三个表达式获得。如果转移的外部性比前两项的绝对值小，则旅游场所威慑不足，没有达到对商人应该提供的保护程度。

对国内恐怖主义，这些外部性可能被负责防御措施的中央政府内化，如 9·11 事件后美国联邦运输安全管理局（TSA）在美国机场所做的那样。对跨国恐怖主义，外部性更令人担忧，其目标分散在不同的国家，且目标针对国通过威慑竞赛来将袭击转移到国外，或者通过不保护外国游客将威慑转到低水平，就像李（1988）、李和桑德勒（1989）首先所认为的那样。这里所表示的博弈设定，依据外部成本和收益组合的不同，可以被应用在各种各样的情形下。更进一步，额外的行为体——如更多的目标针对国，可以被引进来。

举例来说，比尔等（Bier et al.，即将出版）检验了一个政府对恐怖分子多机会目标偏好具不完全信息的模型。该分析概括了防务政策分析中的"公地悲剧"现象［阿尔塞和桑德勒（2005a）和第3部分］，在这种情况下，恐怖分子的反应不再是被动的，并证实了分散威慑导致过度花费的早期发现［桑德勒和拉潘（1988）］。在比尔等人（即将出版）的研究中，政府首先行动并对不同的目标施加防御措施（满足预算约束下），由此确定相关的成功概率。不同于桑德勒和西凯拉（2006）的研究，在其研究中间接损害不发生。在成功的可能性给定时，恐怖分子（其对目标的偏好未知）以其最大预期收益袭击目标。研究有两个重要发现：首先，先动者的优势非常大，因此相比同时行动方式中政府选择保密的情况，这时政府更加青睐于对策公开的情况。其次，即使目标之间的资源配置是集中的，也并不表示政府会（无成本地）将目标的脆弱性减弱到零。最关键的考虑因素是目标的"相对"脆弱性，因为恐怖分子袭击破坏性较小的目标时，政府可能会考虑成功的正向可能性。当政府像斯坦克尔伯格领导者（Stackelberg leader）模型那样行动时，便随之产生了恐怖分子最好反应的认识。这一观点在威慑情况存在下，恐怖分子行动的被动模型中是没有研究的。

4.1 连续选择情形下的先发制人和威慑

在近期文献中，桑德勒和西凯拉（2006）使用扩展型博弈来对比跨国恐怖主义的先发制人和威慑，在此单一恐怖分子网络把两个国家作为目标。这些学者仅把公共收益和先发制人联系起来。在他们的方案中，各国对共同恐怖威胁的先发制人反击表示为战略替代。设 $q^i(i=1,2)$ 是代表国家 i 在先发制人方面的努力。因为各国先发制人表现为消除共同恐怖威胁的纯公共贡献的替代，各国在图25-6中的纳什反应路径就如所显示的那样呈下降状态。N_1 是指国家1的纳什反应路径，而 N_2 表示国家2的纳什反应路径。如果先发制人是正常品，那么 N_1 肯定比斜率为 -1 的直线要陡，而 N_2 肯定比斜率为 -1 的直线要平坦［科尔内斯和桑德勒（Cornes & Sandler, 1996）］。这一结果肯定了在 N 处的纳什均衡是单一和稳定的，其中国家1对先发制人贡献 q^{1N}，国家2对先发制人贡献 q^{2N}。在 P 处的社会最优必须比这两国的纳什均衡包含更大的先发制人，因为他们两个都没有包括边际利益，在决定先发制人水平时，这个边际收益和其他目标是一致的。

第25章 恐怖主义：博弈论方法

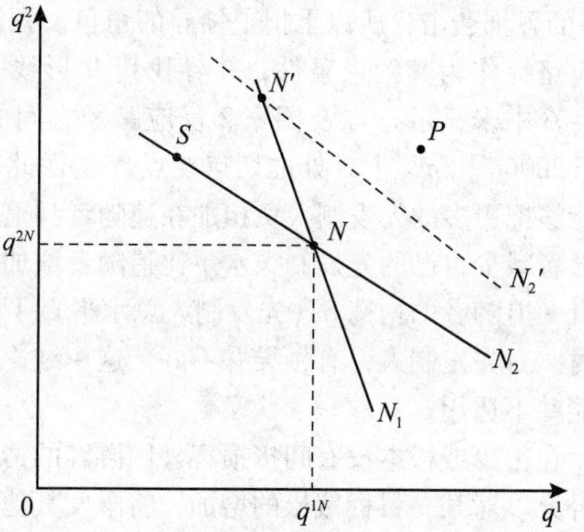

(a) 先发制人情况

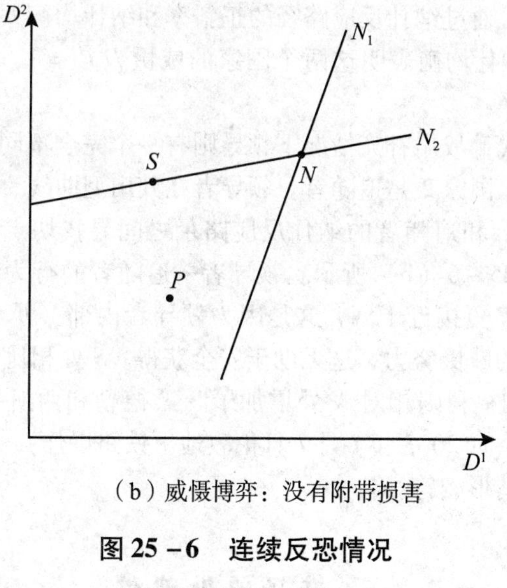

(b) 威慑博弈：没有附带损害

图 25-6 连续反恐情况

如果恐怖主义的威胁只是瞄准国家 2，那么它的纳什反应路径将转移到虚线路径 N_2'，对国家 1 的每一先发制人水平，国家 2 会以更高的水平先发制人。在 N_2' 中的新纳什均衡使国家 2 相对于国家 1 增加了更多的先发制人；因此，先发制人的总数量增加了。与帕累托最优（图 25-6 中未显示）相关的 N_1 和 N_2' 的纳什反应路径，比威胁前 P 处的最优包含更多的 q^2。

接下来，我们返回到最初的纳什反应路径，并研究领导的影响。假设国家

1 因为吸引了更多的恐怖袭击,所以承担了领导的角色。领导意味着领导人把国家 2 的纳什反应路径作为其约束条件,并寻找其 U 形线——收入约束的等效用曲线(图 25-6 中未显示)以及国家 2 反应路径之间的相切点[详情见桑德勒和西凯拉(2006)]。N_2 上 S 处之切点在点 N 的西北部。因此,这个作为领导者的国家能够把更多的先发制人负担加在追随者身上,如图 25-6(a)中所示。因为领导者减少自己的先发制人水平比追随者增加它的先发制人水平要多,从而领导者—追随者的均衡 S(先发制人总水平)下降。因此,当产生纯公共安全收益时,对先发制人,有领导并不好。这一结论在公众不满成本占支配的情况下可能并不适用。

如果威慑发生在很少或根本没有间接损害外国游客的情况下,那么这种威慑只是一个战略补充。对某一目标威慑的增加,将激发其他目标增加其自身的威慑力,以使自己不受袭击。各个目标针对国都寻求保护自己的国土和使袭击转向,因此不惜卷入威慑竞赛以获得更大威慑。在图 25-6(b)中两种方法反映了这种情况:通过纳什反应路径的正斜率和纳什均衡 N,以及帕累托最优 P 的相对位置。纳什均衡表明这两个国家的威慑 $D^i(i=1,2)$ 都超过了 P 处的帕累托最优水平。

相比战略替代,战略补充情况下领导则有一个完全不同的后果。再次假设国家 1 是领导者、国家 2 是追随者。领导者在其山型曲线、收入约束等效用曲线(图中未显示)和追随者的纳什反应路径之间寻找切点。这一领导者—追随者均衡 S 如图 25-6(b)所示。领导者—追随者的行为减少了过度威慑的数量,因为 S 比 P 更接近于 N。这是因为领导者内部(承认)其威慑努力将导致其他方更多的威慑努力,这无助于安全获得。S 处相比 N 处威慑的总水平下降了。S 处两国福利则相对 N 处增加了[桑德勒和西凯拉(2006)]。在任何重大袭击之后(如 2005 年 7 月 7 日伦敦地下铁路爆炸),东道国承担了领导地位,这与上述情形相符。

5. 选择的外部性

对反恐,第 4 部分显示的政府的策略选择,暗含了一系列的外部性。当袭击转向较弱目标时,威慑引起转移外部性。而先发制人在纯公共收益形式下往往产生正外部性。外部性,以及他们所暗含的策略行为,是由恐怖主义的许多其他方面所引起的。西凯拉(2005)研究了同一恐怖组织其政治与军事两翼之间的外部性,其中各方行动在产生组织范围内收益(如融资,起因宣传)

和成本（如减少选民支持）的同时，也产生各方特定收益。政治和军事方面的四种互动情形的研究包括：相互增强行动和战略互补、相互增强行动和战略替代、通过政治方加强行动和通过军事方减少行动、通过军事方加强行动和通过政治方减少行动。这些情况产生了不同的结果和政策建议。作为战略互补，西凯拉认为两方的竞争并不一定引起不同意见活动的加剧，因为独立行动派系往往比那些协同行动的派系组织要更少地卷入活动。西凯拉阐述了当各方特定收益足够大时，一方可能在组织目标下围绕着不同的目的而工作。在这种情况下，一个精明的政府可能利用这之中的分歧。

这种有意义的分析还可以扩展到对共同代理问题的分析［见如，伯恩海姆和惠恩斯顿（Bernheim & Whinston, 1986）］，在这个代理问题里，恐怖组织的领导是单独的行为体，其两翼（如政治和军事）是两个首脑，他们可能会有相互冲突的目标，因此当其首脑对该代理者追逐另一方首脑的目标惩罚时，其促使该组织按照其利益行动的能力就可能导致次优结果，当这种处罚及与之相关的低效率超过一定限度时，该组织就会解体［例如，来自巴勒斯坦解放组织（巴解组织）的阿布尼达尔或来自巴解组织的巴勒斯坦人民解放阵线（解放巴勒斯坦人民阵线）］。因此，西凯拉的分析可能被扩展到解释新的组织是怎样从旧的组织中分离出来的。

西凯拉（2005）的研究为反恐实践带来一个全新的视角。在存在战略互补情况下，对各派系之间行动的加强，西凯拉证实根据不同情况的反恐策略可能更为有效。例如，如果政府的对策有效地针对一个单一派别活动，其他派系也将减少其活动，即使这些活动本质上并不受政府行动的限制。把一个单独的派系作为目标的针对性反恐政策，可能会对战略替代的选择产生不良后果。西凯拉（2005）成功地展示了反恐的药方可能不得不解决恐怖组织内部派系之间的战略互动。关于这种互动的必需信息需要充分了解恐怖组织及其构成。当恐怖组织存在可能会加强或抵抗相互目标的派系时——该情况并不鲜见，其研究就为反恐实践提供了一种新观点。由于存在战略互补和替代，西凯拉的结果借助于图表在图25-6进行阐释。

桑德勒和阿尔塞（2003）也认为恐怖组织内部相互竞争各派可能会对冲突解决提出新难题。他们分析了一个讨价还价模型，在该模型里政府对恐怖组织权力架构内，温和派和强硬派具有不完全的信息。政府面临着在平息强硬派暴力所获得的高收益，以及这样做的政治成本之间进行权衡取舍。此外，政府也知道强硬派和温和派都会接受平息强硬派的出价，而只有温和派会稍微做些让步。如果强硬派要约的接受成本是难以达到的，只能安抚温和派的小的出价最终可能引致"逆向选择"，因为整个组织中只剩下了强硬派恐怖分子。自相矛盾的是，成功的谈判反而导致暴力的增加。在此模型中，强硬派自身暴力行动的成本是决定因素。当暴力活动被资助（例如，通过散户或国家资助），潜在的解决政府和强硬派之间敌意的其他可行方法可能无法实施。

在不同背景下，布埃诺·德梅斯基塔（2005b）还研究了恐怖组织内的派系和部分通过惩罚使其内化的相关外部性。与对立派别之间的直接互动不同，布埃诺·德梅斯基塔聚焦于恐怖派系和政府之间的战略互动。在他的框架内，正的外部性源于这两个代理人在道德风险博弈（即隐蔽行动）和学习之间的合作。政府根据恐怖主义派系来压制恐怖主义，但不知道实现这一目标到底有多难。对政府而言在他们反恐角色中，这些合作者的技能是未知的，政府只有利用结果的观察来更新其之前对关于恐怖分子效能的认识。通过选择性威胁和政治让步的承诺，政府激发恐怖主义密友。在决定让步时，政府在激发其合作者所获得的边际收益和相关的边际成本之间进行权衡比较。但这篇论文既没有研究恐怖组织合作派系和其公共选民之间的战略互动，也没有研究恐怖组织派系之间的相互作用。后者是尤为关键的，因为一个派系对政府的选择性价值对与其合作的派系施加了负的外部性。这是一个亟待分析的基本外部性。

新近的两篇博弈论论文已研究了恐怖支持和相关的外部因素。布埃诺·德梅斯基塔（2005c）提出了一个有目标针对国政府、恐怖组织和大量潜在恐怖支持者的三方参与者博弈。其中政府反恐措施可以产生相反的外部性：即降低恐怖分子的能力（对社会而言是正的外部性）和煽动恐怖分子支持（对社会而言是负的外部性）。后者源自失去的经济机会和不断加强的潜在恐怖支持者间的愤怒。他的分析为观察恐怖组织"为质量选拔志愿者"（515页）提供了理论框架。源于衰退的经济机会的减少也可以增加恐怖新兵的征募，从中高质量的个体被派出执行任务。西凯拉和桑德勒（2005）开始上述三个行为体的研究，在此恐怖组织和被围困的政府争夺民众的支持。另类情形显示反恐措施对于恐怖潜在支持者可能有不同的净影响。与同时行动的均衡相比，当恐怖分子压制袭击以防止被政府所镇压时，无论是恐怖分子或政府领导都会减少恐怖主义。在这两种情况下，弱参与者担任领导者。西凯拉和桑德勒（2005）接着显示了第四个代理人——外部资助人（例如，国家资助者或特许者）在当对手双方付出更多的努力时可能增加暴力。资助者可以抵消对因争夺支持者出价所产生暴力的一些自然限制。

在新近的论文中，西凯拉和桑德勒（2006）提出了一个包含恐怖分子、当选决策者和选民的三阶段先行一步博弈。通过这样做，作者在对面临相同跨国恐怖威胁的两国反恐措施研究中引入国内政治因素。各个目标针对国的中间选民在第1阶段选举一个决策者。这个决策者接着在第2阶段对一般的恐怖威胁做出积极反应的决定。在第3阶段，恐怖分子和其支持者确定对两国政府反击的恐怖活动。对他国对策的免费搭车，以及限制恐怖分子对其国积极反应的报复性袭击两方面的考虑促使选民作出选择。积极水平下的博弈结果比通常假定的要低。该结果源于一个委托问题，在该问题里当选民们对增加的"免费搭便车"激励反应时，选民们的领导对目标针对国的福利产生损害。国内政治为解决共同恐怖威胁增加了总体上新的低效率。

大量的外部性与恐怖主义挂钩的"任何"代理人的子集有关。此前，当我们对飞机上的炸弹采取预防措施时，强调了来自航空公司之间相互依存风险的负外部性。在这种情况下，外部性是其目标之一。另一个外部性源自媒体和恐怖分子，前者可以增加后者在其报道中搜寻的焦虑。此外，媒体通过其报告可能有意无意地帮助恐怖分子传播其创新，而同时限制政府反恐创新的有效性。举例来说，对 D. B. 库珀1971年如何从劫持飞机勒索赎金到跳伞的详细描述产生了太多的模仿，造成 DC - 8，DVC - 9，和波音727不得不重新设计其后舱门以使其在飞行中无法打开［朗德（Landes，1978）］。关于突击队员如何进入停机坪上被劫持飞机的报告，使恐怖分子在其后所有的劫机事件中会防范这些行动。

恐怖分子之间的外部性也比比皆是。例如，恐怖分子可以彼此学习"最佳实践"或互相学习后勤创新的有效性。比更（Begin）的《造反》就包含这样的实践，其仍被包括今天袭击以色列的巴勒斯坦恐怖分子在内的许多恐怖组织所应用；乌拉圭的图帕马罗斯（Tupamaros，1968~1972年）提炼了其他组织所采用的城市巷战实践［恩德斯和桑德勒（2006a）］。所幸的是，这一外部性引起了恐怖创新的供给不足！恐怖分子还试图从别的恐怖分子的成功爆炸中"免费搭车"，这使很多团体往往声称对同一事件负责。这种做法导致恐怖分子发展具有自身特色的袭击，或使用不同的手法以限制"免费搭车者"。就积极方面而言，一些恐怖组织已经通过使其训练营对与他们有共同敌人的其他恐怖组织可用（通常是收费的），使其训练的外部性内化。

因此迄今为止，我们认为，与今天行动相伴的同期外部性带来当前一段时期内无偿的相互依存。恐怖主义也和跨期外部性有关，使得今天的行动能够创造出现在或未来的无偿相互依存。任何政府（国家）对恐怖分子要求的让步，可能会诱使恐怖分子想从其他方面获得比预期更大的收益。相应的，恐怖分子把人质劫持与更高的预期净获得联系起来，促使其劫持更多人质。2004年在伊拉克，菲律宾政府为了解救一名被恐怖分子威胁斩首的菲律宾籍卡车司机（安吉洛 - 克鲁斯，Angelo de la Cruz）而向恐怖分子作出让步，造成恐怖分子提高了他们预期让步的可能性，因此绑架更多的人质。西班牙、意大利和法国政府也曾对恐怖分子作出过让步。跨期外部性也同样来自各方后勤和技术创

-189-

新。直到更好地规避措施被制定出来前,有效的炸弹勘测设备多年来一直保护着航空乘客免受威胁。显然,塑胶枪的出现限制了金属探测器在安检中的作用,所以无论是恐怖分子还是各国政府都热衷于有利于自身的内部创新。

各国政府高压的主动措施可能会引起愤恨,可能导致若干年后,被杀害的恐怖分子亲属会因该事件发动另一场恐怖袭击。例如,1984年2月8日,为报复其对美国海军陆战队军营的轰炸,美国"新泽西战舰"对黎巴嫩山进行了炮击,这直接导致对其愤愤不平者数年后对美国的报复事件[米茨科鲁斯等(Mickolus et al., 1989)]。因此,今天的对策可能导致明天的恐怖事件。如果引起的愤恨极其强烈,这一突如其来的行动可能会导致未来出现一个大范围甚至是"惊心动魄"的恐怖袭击。此外,失败的恐怖任务可能会卷土重来:1993年轰炸世贸中心计划的失败,导致大约8年后的9·11事件完成了其当初的使命。惊心动魄事件同样引起了跨期外部性,因为这个事件会常驻人们的脑海并引起人们长期不安,而这种不安在周年纪念活动上尤为严重。

6. 国际合作的陷阱

在被同样的恐怖组织作为靶子时,这些政府在面对战略困境和合作失败时,博弈论尤其有用。我们已探讨了反恐措施的积极和防御的博弈方面,这里的重点是关注其他问题。当恐怖分子克服其集体困难联合起来反对目标国时,政府却不能采取联合行动以共同对付恐怖分子,这时一个具有讽刺意味的不对称便出现了[桑德勒和恩德斯(2004年),桑德勒(2005)]。恐怖组织之所以与他们的同行成功合作,是因为恐怖主义的领导者们终生任职,因此他们视他们的互动持久而没有终点。这意味着,不合作所蒙受持久损失的有效贴现率较低,因此,他们倾向于合作。此外,恐怖分子相对于他们的对手是弱的,恐怖分子除了合作没有别的选择。恐怖分子经常就谁是敌人达成一致。相比之下,政府的贴现率高,因为任期很短且任期终点是固定的。政府官员不同于他们所代表的公民,并不看重从合作中所得到的未来收益多少。此外,各国政府认为没有太大必要与其他国家政府合作,因为他们认为与恐怖分子相比他们自身是强大的。就何者是恐怖分子,各国政府意见往往不一致,例如很多国家的政府不认为哈马斯或真主党是恐怖组织。

这种不对称的合作反应导致了"最大外部性"。通过他们的合作,恐怖分子可以为其下次袭击找出最弱的一环,例如最不安全的国家,并会派出他们最有能力的团队。他们的合作能让他们发动最可怕的袭击。在未能合作的情况下，目标针对国将一直作为共同恐怖分子的具吸引力的"弱"对手出现。因此，恐怖分子能够并且确实在很大程度上一直在利用政府集体行动的失败。这对今天的一些恐怖组织尤其如此，这些恐怖组织通过全球网络，把分散在全世界的行动和"休眠"的（恐怖）细胞连接在一起。

6.1 具体的例子1：冻结恐怖分子的金融资产

我们给出两个合作失败的案例，其中目标针对国之间在对付恐怖威胁时行动并不一致。第一个例子关注的是冻结恐怖分子的金融资产。如果国家可以减少这些资产，那么这一行动就转向恐怖分子的预算约束，并限制所有类型的恐怖袭击。9·11事件之后，许多国家和世界组织（如联合国和国际货币基金组织）呼吁冻结恐怖分子的资产。首先，许多国家遵守这一要求，最终2亿美元的资产被冻结［白宫（2003）］。然而，恐怖分子还是设法找到了没有跟随冻结的许多的国家与其合作，同时也设法把资金转换成小股数额以逃避检查［莱维特（Levitt，2003）］。

为了显示与冻结资产相关的困境，我们使用一个"猎鹿"的保证博弈来说明这一问题，我们以两个国家的情况（其中恐怖分子仅在两个国家拥有资产）开始。当他们制定相同的措施来冻结资产时，这两个国家获得的最好收益是 F。当一国单独采取行动时，这个国家获得最小收益 B，另外一个什么也没做的国家获得第二大收益 E。最终，没有任何行动获得第二最小收益 A，这里 $F>E>A>B$。这个博弈就是在图25-7中所展示的，国家1是行参与者，国家2是列参与者。$E>A$ 时收益的相对顺序意味着，不跟随冻结资产要求的国家不但可以从恐怖分子那里获得利润，而且还不用惧怕（恐怖分子）对其国内还是在海外利益的袭击。然而，如果（对金融冻结）不合作的国家其利益受到袭击，那么就变为 $F>A>E>B$。这时解决办法如后面所显示的，就不一样了。现在，我们保持 $E>A$。

		国家2	
		冻结	不冻结
国家1	冻结	F, F	B, E
	不冻结	E, B	A, A

图25-7　冻结资产：对称博弈

给定 $F>E$ 和 $A>B$，该保证博弈没有占优策略。不过，有两个纯战略纳什均衡：两个国家都冻结资产或都不冻结资产。另一个纳什均衡涉及混合战略，其中每个纯战略以概率的形式出现。为确定这种混合战略均衡，我们计算国家 2 在冻结恐怖分子资产（"使国家 1 在冻结和不冻结间无所差别"）情况下的概率 q。类似地，我们得出国家 1（使得国家 2 在两种战略间无差别）行动的纳什均衡概率 p。一旦 p 和 q 确定了，则什么都不做而维持现状的均衡概率，对国家 2 是 $1-q$，对国家 1 是 $1-p$。计算 q（或 p，下未列出）如下：

$$qF+(1-q)B=qE+(1-q)A \qquad (25-10)$$

从中我们得到：

$$q=(A-B)/[F-B+(A-E)] \qquad (25-11)$$

由于对称性，可以得到 p 相同的表达式。当 p 和 q 都超过此值时，以两个国家都冻结恐怖分子资产的形式进行合作，是最好的战略选择。如果，例如 q 超过（25-11）等式的右边，则国家 1 的最佳战略选择是冻结恐怖分子的资产。（25-11）式中的比率代表各国对其他国家想要制定自身冻结政策所需要的依附概率。较小的均衡依附概率，有利于成功的合作，因为国家需要其伙伴对冻结资产的意图更少确定性，以便其进行本国的冻结。

我们可以比较（25-11）式中的 q（或 p）的静态变化，以弄清某一特定战略组合的较高收益，是促进还是阻碍了合作？例如，通过减少所需的依附概率，来自相互冻结 F 的较大获得，或维持现状的更小收益 A，促进了冻结反应。像 9·11 事件或马德里火车站爆炸事件那样惊心动魄的袭击，不仅提高了 F，而且降低了 A，因为国家认识到限制恐怖分子金融资产的获益和什么都不做的悲惨后果。在 E 上的增长增加了依附需求，并使得相互冻结可能较小。最后，与单独行动相联系的收益 B 的增长，通过降低 p 和 q 增加了合作的可能性。

当博弈推广到 n 个同质的国家时，如果各个参与者获得 F 的收益，所有 n 个国家就必须冻结资产，这样达成冻结资产协议的现实障碍是显而易见的。因为对少于 n 个参与者的冻结，每个追随者收益只有 B，而不追随者的获得为 E。因为一国对其他国遵守冻结的意图不确定，任何时间当一国认为 $n-1$ 个另外参与者以比 q 大一点的集体概率跟随时，冻结资产是一个可取的政策。因此，在这个集体中的各个国家，至少被预期通过 q 的 $(n-1)$ 次根的概率来冻结资产。即使对适度规模的组织，如含 10 个国家、q 为 0.5，每个国家都几乎可以肯定地被视为追随者［桑德勒和萨金特（Sandler & Sargent, 1995）］。这对于有效冻结并不是一个好兆头，尤其是当一个或两个国家都不能对该组织的努力做些什么的时候。此外，这些令人不得不信服的依附概率意味着许多国家将不会被吸引（参加）冻结，除非其被首要的目标针对国所说服。由这些国家所发出的惩罚，促使其遵守冻结增加 $(A-E)$，因为 p 和 q 在价值上降低，从而加强了合作。在惩罚不遵从中至少有两个现实问题：（1）确定接受恐怖分子资金的国家，和（2）使冻结追随者确信惩罚不追随者。为以免报复和失去信誉，国家隐藏了自己与恐怖分子之间的相互作用。惩罚的实施提出了一个与其自身集体行动问题有关的囚徒困境博弈。如果不合作国已被国外恐怖分子袭击了其利益，则 E 降低且有可能引起 $A>E$。其后果是该依附概率下降了［见（25-11）式的分母］。因此，恐怖分子必须十分小心，千万不要对隐藏恐怖分子资产的国家造成间接损害。

当一个人意识到像1993年WTC轰炸那样的恐怖事件花费成本很小时，一个非参与者为了撤销合作者的努力而冻结的能力得到了强调。虽然如此，不管如何地普遍，冻结稍微限制了恐怖分子发动袭击的能力，并且当很多国家参与时会产生某种正的收益。如果这个收益对于至少 k 个参与者是正的，其中 $k<n$，那么一个参与国要求其他国家的追随概率是 q 的 $(k-1)$ 次根。k 值越小，冻结将会有足够支持者的预测就更有希望。

6.2 具体的例子2：安全避难所

第二个例子涉及安全避难所，从中恐怖分子可以筹划他们的行动或利用避难来为未来袭击作计划和训练。阿富汗为基地组织提供了一个安全避难所，而叙利亚为巴勒斯坦总指挥部（巴勒斯坦人民解放阵线，PFLP-GC）提供了一个安全避难所。关于安全避难所的博弈论分析类似于对冻结资产的分析。当双方都否认向恐怖分子提供安全避难所时，各国的收益最大，用 N 表示。如果恐怖分子承诺不袭击其保护者，以 $S_i(i=1,2)$ 为第二最大的获得被单独提供安全避难所的国家而得到。在另一国给恐怖分子提供活动基地下，拒绝安全避难所的最小收益为 $E_i(i=1,2)$。最后，次最小收益 S 与给恐怖分子提供安全避难所的这两个国家都有关。

		国家2	
		拒绝避难所	安全避难所
国家1	拒绝避难所	N, N	E_1, S_2
	安全避难所	S_1, E_2	S, S

$(N>S_i>S>E_i, i=1,2; S_2>S_1; E_1>E_2)$

图 25-8　安全避难所：非对称博弈

在图25-8中，我们展示了一个 2×2 非对称博弈矩阵，其中国家2从提供安全避难所的单独行动中获得的收益比国家1多（即 $S_2>S_1$）。而且，当国家 2 单独拒绝提供安全避难所时,它的收益比国家 1 低(即 $E_1 > E_2$)。正如所显示的,这个博弈是一种没有占优策略和存在两个纯战略纳什均衡的保证博弈:双方都拒绝提供安全避难所或都提供安全避难所。共同拒绝提供的帕累托(效应)要比共同提供的占优。让 q 代表国家 2 拒绝提供安全避难所的概率,并设 p 代表国家 1 拒绝提供安全避难所的概率。对于混合战略均衡,粘附概率是:

$$p = \frac{S-E_2}{N-S_2+(S-E_2)} > \frac{S-E_1}{N-S_1+(S-E_1)} = q \qquad (25-12)$$

这种差异是因为更大的 S_i 增加了拒绝提供安全避难所的黏附概率。同样,更小的 E_i 增加了拒绝提供安全避难所的黏附概率。因为国家 2 相比国家 1 从让恐怖分子容身中获益,所以国家 2 更倾向于如(25-12)式所显示的那样做。我们迄今为止都发现国家 2 从给恐怖分子提供安全避难所中所获最大。在这种情况下,国家 2 有一个占优策略——给恐怖分子提供安全避难所。

这一分析允许考虑更多国家会是这种结果的情况,因为更多国家中没有一个给(恐怖分子)提供安全避难所也几乎是不可能的。当一些国家同情恐怖分子或对一些首要目标针对国有敌意时,这种情况尤其如此。安全避难所的确定性,并不是一个有希望的发现,但其却与我们自 20 世纪 60 年代后期及现时代所观察到的跨国恐怖主义情况一致。即使达成了反恐条约,其有效性也是相当令人失望的。例如,禁止劫持人质或其他恐怖手段的条约已经没有什么显著作用 [恩德斯等(1990a,1990b)]。

7. 博弈论与绝不向恐怖主义的要求让步

在这一部分,我们聚焦于拉潘和桑德勒(1988)对劫持人质事件的研究,因为它仍代表了迄今为止最完美的博弈论分析。他们的研究很有趣,因为它强调隐含假设,即政府恪守承诺,绝不向劫持人质者的要求让步这一假设必须成立。绝不让步政策的可取性,关键在于惯常的常识,即如果恐怖分子提前知道,他们从(自身)让步中什么也得不到,那么他们将永远不会绑架人质。实质上,惯常的常识意味着一个子博弈完美均衡,在其中所有节点的值是事先知道的,而且恐怖分子从其让步中所获得的收益也只能是这样的。

人质事件的扩展型博弈树描绘在图 25-9 中,图中政府首先行动,选择威慑水平 D,这就决定了恐怖分子失败的可能性,即恐怖分子以概率 θ 失去他们绑架人质的获得。如果人质绑架获得成功,政府必须随后决定是否屈服于恐怖分子的要求。博弈可能以四种方式结束:(1)没有袭击,(2)袭击失败,

（3）袭击成功，但谈判失败，以及（4）袭击成功，谈判也成功。在每个节点，上部的收益是政府的成本，而下部的收益是恐怖分子的成本或收益，恐怖分子判断政府屈服的概率是 p。

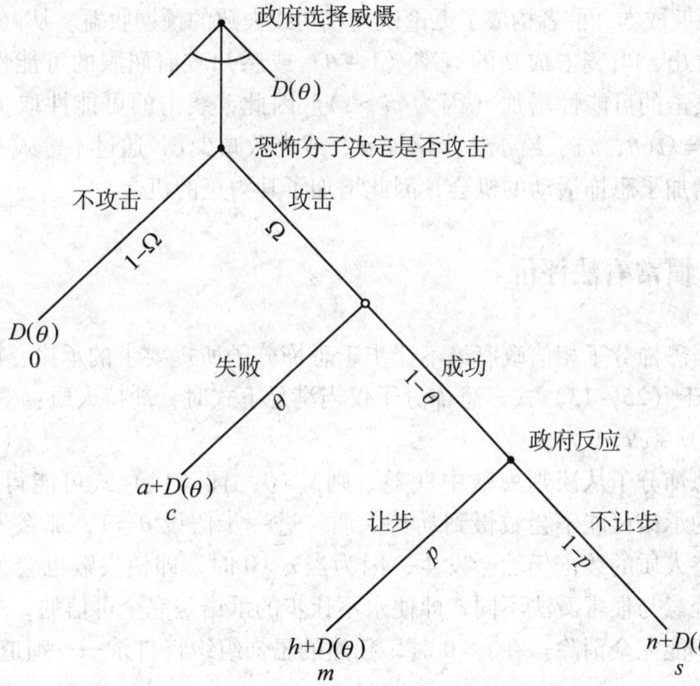

图 25-9　人质事件的博弈树

在每一个偶然事件中，政府必须支付威慑成本，这就像保险金一样无论结果如何，必须支付。如果恐怖分子企图制造事端，但失败的话，政府的成本是 $D(\theta)$ 加 a。后者代表平息事件所花费的支出，例如，在制止事件计划阶段所花费的资源。当这一事件成功时，政府除了威慑成本，其如果屈服就要花费 h，其如果不屈服就要花费 n。h 和 n 的相对值部分取决于他们所获人质的价值。政府被激发选择 D 来最小化其成本。从恐怖分子的角度看，他们如果不袭击，什么也得不到。失败袭击带给他们的收益是 c。如果他们获取了人质，那么他们会在谈判成功情况下得到 m，在谈判失败情况下得到 s 的收益，此时收益按如下顺序排列：$m > s > c$。此外，c 通常是负的，而 s 可能是正的或是负的，其取决于恐怖分子如何看待这一事件所引起的宣传价值。媒体关注可以引起该事件正的净收益，即便谈判失败。

基于博弈树，假定恐怖分子看到了他们会有预期的正收益，那么他们将会劫持人质。也就是说，下列不等式成立：

$$(1-\theta) \times [pm + (1-p)s] + c\theta > 0 \qquad (25-13)$$

(25-13)式中，(恐怖分子)从成功中所得到的预期收益超出了从失败中所付出的预期成本。前者构成了无论谈判成功或失败的预期收益。从(25-13)式中可以看出，当袭击成功的概率$(1-\theta)$或感知政府屈服的可能性p上升时，恐怖袭击的可能性增加（因为$m>s$）。因此，袭击的可能性取决于θ和p，所以$\Omega = \Omega(\theta, p)$。给予让步增加$m$，或失败减少$c$，通过不等式左边的不断增大，增加了恐怖活动的机会，因此增加了其为正的机会。

7.1 惯常看法评价

假设当恐怖分子相信政府绝不让步于恐怖分子所提要求的承诺，因此$p=0$。那么基于(25-13)式，恐怖分子仅当满足下式时，劫持人质：

$$(1-\theta)s + c\theta > 0 \qquad (25-14)$$

如果恐怖分子从谈判失败中获益，则$s>0$，且(14)式可能得到满足，因此政府的承诺可能不会威慑到劫持人质。进一步假设$\theta = 1$，那么失败是必然的。劫持人质的袭击仍然会发生，因为当$c>0$时，即使失败也会为恐怖分子带来好处。与惯常看法不同，即便永不让步的承诺是完全可信的，劫持人质的袭击也不能完全消除。在$c>0$时，狂热的恐怖组织将自杀——殉道或监禁，看作正收益。

显然，当政府的承诺没有完全被恐怖分子相信时，劫持人质更具吸引力。在这种情况下，$p>0$及相关不等式(25-13)式，超过了(25-14)式左边$(1-\theta) \times (pm-ps)$。当来自成功谈判的预期收益$(1-\theta)m$大时，政府的承诺不具足够的威慑。因此，这也就是为什么尽管政府一再承诺绝不让步，在很多情况中人质劫持还是屡有发生。

因为这是一个互动的框架，我们下一步必须研究当恐怖分子并没有因劫持人质受到威慑时，政府会怎样做。首先假设投降成本h，或不投降成本n，肯定是确知的，且$h>n$。在这种情况下，政府坚持其承诺。因为人质的身份是不知道的，当n或h事前不知道的时候，那么结果就不同。如果n的显示值超过h，政府会违背其承诺。因此，正常的人质——如中央情报局特工、学龄儿童、士兵，或议会议员——可能诱使政府妥协于恐怖分子。因此，绝不让步对策至少取决于至少5个隐含假设：(1)政府的威慑大的足以叫停所有袭击；(2)政府的承诺对所有潜在人质劫持者是完全可信的；(3)恐怖分子从劫持人质中所得，只源于他们要求的实现；（4）政府因人质被绑架所付出的有关费用，不存在不确定性；（5）来自政府让步的成本总是超过死命坚持的成本。

7.2 声誉

拉潘和桑德勒（1988年）也考虑了包括投降所带来的声誉影响在内的多期博弈。声誉成本 R，将政府投降损失扩大到 $D(\theta) + h + R$，因为一期让步增加了恐怖分子从劫持人质中感知所获，并刺激了更多绑架。如果人质无危险，那么当 $h + R$ 超过了 n 时，政府将不会屈服。任何引起声誉成本上升的事件——如自由民主国家中选民的负面反应，都会使政府比在没有这些成本时更少可能让步。禁止让步的管理制度有效增加了 R，以期在其所有获得中，都使得 $h + R$ 比 n 更大，因此政府从不会屈服。这种规则使 $p = 0$，从而限制了这些组织劫持人质，而上述组织将后勤或谈判失败看作是向恐怖分子提供了正收益。

8. 信息不对称

拉潘和桑德勒（1993）和奥弗高（1994）研究了信号模型，其中政府更新了其基于过去袭击的强度而对所面对的恐怖分子类型的认识。因为恐怖分子可以观察到政府所采取的反恐措施，而政府却不知道恐怖分子可获得的资源水平，所以就出现了信息不对称，这也是不完全信息的来源。

两种模型的区别是恐怖分子偏好假定的形式。在拉潘和桑德勒（1993）的研究中，恐怖分子是好战或复仇心重的，因为如果他们最初的袭击没有引起让步，他们将要再次袭击这个政府。好战恐怖分子认为连续袭击不屈服的政府具有正收益。这亦与当前那些具无形政治目的和无节制使用其暴力的带原教旨主义烙印的恐怖分子是一致的［霍夫曼（1998）］。另外，奥弗高（1994）研究了具有政治动机的恐怖分子的行动，他们利用政治资源能够得到好处，而不是花费在一次袭击上。此外，如果袭击不会引起让步，这些恐怖分子就会回复到对其资源的纯政治利用。各个研究都侧重于事后后悔的发生，在此在完全信息下，政府让步于它不应让步的低资源类型。

图 25-10 对应的情况是，恐怖分子可能利用初始高水平的袭击，来促使政府作出让步。这种方法在拉潘、桑德勒（1993）和奥弗高（1994）的模型中是一致的，因为其均考虑了既好战又有政治动机的恐怖分子。从对恐怖分子资源的不完全信息转到对恐怖分子偏好的不完全信息是可能的，因为在拉潘-桑德勒的论述中，低资源恐怖分子具有能促使政府让步的初始资源水平，如果

他们以足够的力量（R^*）来袭击的话。在奥弗高的论述中，出于政治动机的恐怖分子同样具必要的资源水平。正如霍夫曼（1998）所提出的那样反或震慑（恐怖分子）的最直接挑战是确定谁是恐怖分子这一难题。

图25-10中模拟的不完全信息，自然（N）首先行动，且或根据政治动机（P）或根据好战（M），来选择恐怖分子类型。恐怖分子进入每期资源水平R，其类型由其在该两期模型中对行动的偏好来定义。在第一期中，恐怖分子可能在水平A或a袭击，其中$A>a$，$A \geq R^*$，且$R \geq R^*$。袭击是零和博弈：恐怖分子的收益相当于政府的成本（G）。

政府不知道恐怖分子的类型，只能观察到他们的袭击水平。由虚线连接的节点G_A或G_a，表示政府在A或a水平袭击后的相应信息集。在各个信息集里，政府或者让步（C），或者不让步（D）。让步对政府而言涉及一个$S>0$的附加成本。如果政府在第一期袭击后立场坚定，第二期就由M类型袭击，且吸收进袭击的贴现值βR，其中β是贴现因子。这种收益结构与拉潘和桑德勒（1993）文中的结构是一致的。在奥弗高（1994）的研究中，G的收益没有被指定；相反，袭击的临界水平则由G让步所给出（这里是R^*）。

第二期恐怖活动因其类型不同而有差别。如果G不让步，P类型以政治手段来利用所有的第二期资源，预计到其二期收益构成要素为βR。根据第一期袭击水平，P类型的收益因此要么是$R-A+\beta R$，要么是$R-a+\beta R$。相比之下，M类型以所有剩余资源袭击。举例说，如果G在第一期A袭击后没有让

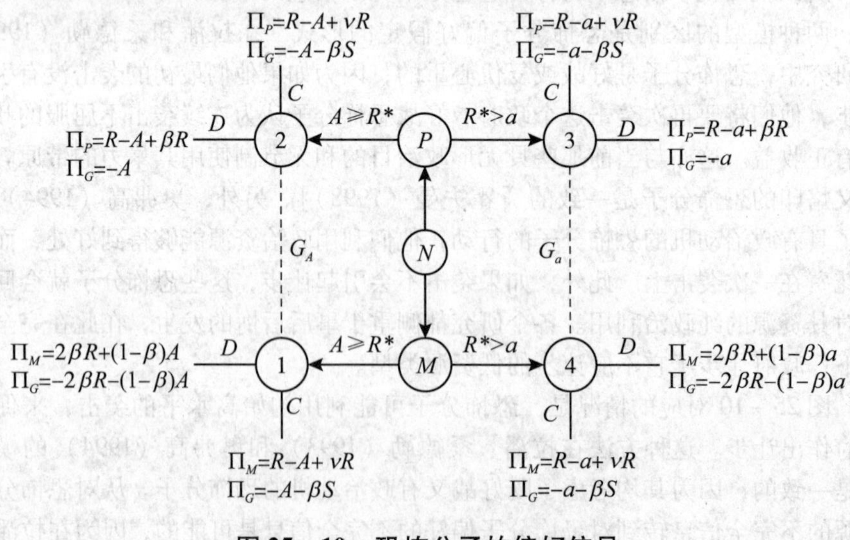

图25-10 恐怖分子的偏好信号

步，M 类型获得 $A+\beta(R-A)+\beta R=(1-\beta)A+2\beta R$ 的总收益。再次，一次袭击的结果对 G 的收益是零和的。最后，如果政府让步，恐怖分子收到 vR 的收益，这里，$v>\beta$ 是第二期资源的一个"胜利"参数。在让步的情况下，袭击对恐怖分子是一个成本，因为它减少了可用于政治目的的资源总量。这对任一恐怖类型都是适用的。让步导致恐怖分子的收益等于 $R-A+vR$ 或者 $R-a+vR$。

给定 M 和 P 类型行动，G 有一个信念集 $\{\mu_i\}_{i=1,2,3,4}$，因此在 G_A 水平 $\mu_1+\mu_2=1$，在 G_a 水平 $\mu_3+\mu_4=1$。沿均衡路径，这些信念与贝叶斯规则是一致的。如果 $E_G[C|G_A]=-(A+\beta S)\geq -[2\beta R+(1-\beta)A]\mu_1-A\mu_2=E_G[D|G_A]$，政府在 G_A 水平让步。在 G_A，利用信念的附加条件，我们得到

$$\mu_1\geq S/(2R-A) \qquad (25-15)$$

当政府对 M 类型的信念正好或者超过（25-15）式右边的下限时，政府在 G_A 水平让步。该下限的特性是直观的。第一，恐怖分子整体资源（$2R$）增加，下限必然减少，从而增加了让步的可能性。第二，如果政府采取强硬路线的立场，反对让步，则 S 增加，从而减少了默许的可能性。第三，任何恐怖类型都将设定 $A=R^*$，因为 A 是一个高成本的信号。相反，下限是 R^* 的增函数，意指持强硬路线的政府会对让步设定更高的门槛。注意如果（25-15）式颠倒的话，G 不会让步，该条件我们写为（25~15）。

如果 $E_G[C|G_a]=-(a+\beta S)\geq -[2\beta R+(1-\beta)a]\mu_4-a\mu_3=E_G[D|G_a]$，政府在 G_a 水平上让步，则有：

$$\mu_4\geq S/(2R-a) \qquad (25-16)$$

（25-16）式中所给出的 G_a 让步下限比在（25-15）式中所给出的 G_A 让步下限要小。这是由于在第一期遭受 M 类型集聚大量资源袭击升级的考虑。

拉潘-桑德勒和奥弗高研究所关注的是紧随让步的事后后悔，以及为避免后悔所付的情报价值。因此，我们研究具有这些特征的均衡。举例来说，如果（25-15）式及（25~16）式的条件满足，A-混同均衡就会发生，这意味着在 G_A 处 G（地方政府）的战略是 C，而在 G_a 处的战略是 D，记做 CD。对于 P 类型，$\Pi_P(A,CD)=R-A+vR\geq R-a+\beta R=\Pi_P(a,CD)$，而对 M 类型，$\Pi_M(A,CD)=R-A+vR\geq 2\beta R+(1-\beta)a=\Pi_M(a,CD)$。这些可分别简化为：

$$R\geq (A-a)/(v-\beta) \text{ 和 } R\geq [A-(1-\beta)a]/[(1-\beta)+(v-\beta)] \qquad (25-17)$$

通过正向归纳，P 类型在 a 袭击时，更有可能发出"出均衡"的信息。因此，我们设 $a=0$，因为对 P 类型，a 是一个纯成本。把 $a=0$ 代入（25-17）不等式，且比较这两式，我们可以得到 $R\geq A/(v-\beta)$ 作为具约束力的资源约束。在这一均衡，事后后悔的潜在可能性存在，因为 G 可以让步于完全信息下不会让步的 P 类型。

如果（25-15）式及（25-16）式成立，那么 a 混同均衡发生，这意味 G 的策略是 CC。显然，因为 $A>a$，有 $\Pi_P(a, CC) \geq \Pi_P(A, CC)$ 和 $\Pi_M(a, CC) \geq \Pi_M(A, CC)$。这里的论点是，政府为避免第二期出现更大的袭击而让步。结果，事后后悔的可能也存在。拉潘-桑德勒的研究与奥弗高关于事后后悔研究之间的差异是，后悔是否与相应的 A 或 a 袭击相联系。因为没有任何类型的混同均衡在其他研究中出现，这里的模型是新颖的，因为它将事后后悔的任何一种潜在形式看作恐怖分子类型不确定性的函数。

拉潘和桑德勒（1993）认为，事后后悔确立了情报价值的衡量标准。这也与霍夫曼（1998）关于需要确定恐怖组织类型的论述是一致的。情报价值是政府不让步于 P 类型恐怖分子的收益与让步时均衡收益之差。在任一混同均衡中，该值等于 βS。仅与政府对让步的强硬立场 S 有关。恐怖分子资源在这项措施中没有出现。这意味着采取坚定立场反对让步的政府，为了避免事后后悔必须对情报做出相称的投资。

8.1 信号扩展：懊悔的其他形式

阿尔塞和桑德勒（即将出版）扩展了这一模型，在其模型里考虑了政府通过提升其防御态势来对 A 级袭击进行回应，从而减少后继袭击成功的可能性。这种方法对恐怖分子资源形成跨时间替代，并对恩德斯和桑德勒（2002，2005b）实证所记录的高、低恐怖主义时期具有指示性作用。当升级袭击可能在均衡中发生时，事后后悔的一种新形式将会发生在不让步政府将紧接着遭到 M 类型的袭击，这使他们不得不在完全信息情况下有所让步。对这种后悔的形式，情报的价值受政府冻结资产（减少 R）能力的影响，并且和政府的强硬派立场（S）呈负相关。这是因为强硬立场和致力于经受第二期袭击是相类似的。

事后后悔的可能性也出现在巴苏乔杜里和拉佐利尼（Basuchoudhary & Razzolini, 2006）的研究中，他们研究了一个恐怖威慑模型（如航空公司安全），使用了如紧握的拳头、服饰（如夏季穿战壕大衣）、种族、姓名、出生国等个人特征，以确定是否使个人接受安全检查。他们的研究表明，种族貌相（或基于任何公共信号的貌相）在正向归纳下不可能作为均衡存在；相反，安全部队必须随机搜查，而且恐怖分子必然模仿一般大众。恐怖分子能否通过详细检查的能力，受到能够展现一般大众特征的征募人员成本的限制。例如，在电影《阿尔及尔的战斗》中妇女作为西化阿拉伯人（或作为欧洲妇女）通过的能力，这在过去常常被用于通过检查站而走私军火。这些征募成本降低了事后后悔的可能性，事后后悔现在不以搜寻后来被证明是恐怖分子的人来界定。

9. 结语性评论

鉴于与恐怖主义相联系的任何行为人间的战略互动性，博弈论已成为研究恐怖主义各个方面的基本工具。通过研究反恐、替代外部性、国际合作、绝不让步的事先承诺和信息不对称，就可验证这一观点。博弈论经常产生令人惊讶的分析结果：例如，当政府不联合进行反恐决策时，信息共享可能导致效率更加低下［恩德斯和桑德勒（1995），桑德勒和拉潘（1988）］。另一个意想不到的结果是积极和防御反应的组合，可能会导致比只选择积极措施更低效的结果。一般情况下，博弈论能够证明，当做反恐决策时，由于缺乏协调和最大化自身收益的期望，政府往往为不同的目标而努力。博弈论分析显示各国政府的独立行动导致太多的防御措施和太少的进攻行动。为了修正这些结果，政府必须与所有的反恐政策方合作。一旦国家较好地认识到不合作的结果能够为恐怖分子提供战略优势时，合作最终可能发生。遗憾的是，只有在恐怖事件比9·11事件更加严重下，这一点才能实现。

还有许多可以用博弈论工具来分析的其他问题。例如，目前尚未对恐怖行动深入研究的多期分析，其中恐怖分子必须为3个或3个以上的时期选择袭击模式。而截至目前信号博弈分析仅考虑了两个时期。又如研究恐怖周期和活动的未知环境，包括不完全监控的重复博弈，以及与具短见的民选官员更迭的长期恐怖分子斯塔克伯格领导的可能性。合作博弈理论尚没有被应用于对目标针对国形成集体执行边界，以节省成本等方面的反恐研究。恐怖分子的网络行为也可以用合作博弈理论来研究。

今后研究的另一领域是关于用微分博弈论来研究恐怖组织——人员和资源，如何受到成功和失败任务的影响。通过应用一个微分博弈框架，分析者可以表现恐怖分子和政府战略选择的动态情况，在该战略选择中，基于恐怖分子行动和政府对策选择，基本条件约束捕获资源供应的时间变化率。恐怖组织的产生和灭亡也可以基于战略考量而被分析。举例来说，如果能更好地弄清楚这种灭亡，则政府可以更好地筹划其反恐对策。

未来研究的另一个方向是关于信息的不对称。双方信息不对称可以被引入，因为敌对双方对其对手的资源都是信息不明的，而且必须根据当期行动显示来更新其以前的认识。

参考文献

Arce, D. G., Sandler, T. (2003). "An evolutionary game approach to fundamentalism and conflict". Journal of Institutional and Theoretical Economics 159, 132 – 154.

Arce, D. G., Sandler, T. (2005a). "Counterterrorism: A game-theoretic analysis". Journal of Conflict Resolution 49, 183 – 200.

Arce, D. G., Sandler, T. (2005b). "The dilemma of the Prisoners' Dilemmas". Kyklos 58, 3 – 24.

Arce, D. G., Sandler, T. (2007). "Signaling and the value of intelligence", British Journal of Political Science 37. In press.

Arquilla, J., Ronfeldt, D. (Eds.) (2001). Networks and Netwars. RAND, Santa Monica.

Atkinson, S. E., Sandler, T., Tschirhart, J. (1987). "Terrorism in a bargaining framework". Journal of Law and Economics 30, 1 – 21.

Basuchoudhary, A., Razzolini, L. (2006). "Hiding in plain sight-Using signals to detect terrorists". Public Choice 128, 245 – 255.

Bernheim, B. D., Whinston, M. (1986). "Common agency". Econometrica 54, 923 – 942.

Bier, V., Oliveros, S., Samuelson, L. (2007). "Choosing what to protect: Strategic defensive allocation against an unknown attacker". Journal of Public Economic Theory. In press.

Bueno de Mesquita, E. (2005a). "Conciliation, commitment and counterterrorism: A formal model". International Organization 59, 145 – 176.

Bueno de Mesquita, E. (2005b). "The terrorist endgame: A model with moral hazard and learning". Journal of Conflict Resolution 49, 237 – 258.

Bueno de Mesquita, E. (2005c). "The quality of terror". American Journal of Political Science 49, 515 – 530.

Cornes, R., Sandler, T. (1996). The Theory of Externalities, Public Goods, and Club Goods, second ed. Cambridge University Press, Cambridge.

Enders, W., Sandler, T. (1993). "The effectiveness of anti-terrorism policies: A vector-autoregression-intervention analysis". American Political Science Review 87, 829 – 844.

Enders, W., Sandler, T. (1995). "Terrorism: Theory and applications". In: Hartley, K., Sandler, T. (Eds.), Handbook of Defense Economics, vol. 1. North-Holland, Amsterdam, pp. 213 – 249.

Enders, W., Sandler, T. (2002). "Patterns of transnational terrorism, 1970 – 1999: Alternative time-series estimates". International Studies Quarterly 46, 145 – 165.

Enders, W., Sandler, T. (2004). "What do we know about the substitution effect in transnational terrorism?". In: Silke, A. (Ed.), Research on Terrorism: Trends, Achievements and Failures. Frank Cass, London, pp. 119 – 137.

Enders, W., Sandler, T. (2005a). "After 9/11: Is it all different now?". Journal of Conflict

Resolution 49, 259 – 277.

Enders, W., Sandler, T. (2005b). "Transnational terrorism 1968 – 2000: Thresholds, persistence, and forecasts". Southern Economic Journal 71, 467 – 482.

Enders, W., Sandler, T. (2006a). The Political Economy of Terrorism. Cambridge University Press, Cambridge.

Enders, W., Sandler, T. (2006b). "Distribution of transnational terrorism among countries by income classes and geography after 9/11". International Studies Quarterly 50, 367 – 393.

Enders, W., Sandler, T., Cauley, J. (1990a). "UN conventions, technology, and retaliation in the fight against terrorism: An econometric evaluation". Terrorism and Political Violence 2, 83 – 105.

Enders, W., Sandler, T., Cauley, J. (1990b). "Assessing the impact of terrorist-thwarting policies: An intervention time series approach". Defence Economics 2, 1 – 18.

Heal, G., Kunreuther, H. (2005). "IDS models of airline security". Journal of Conflict Resolution 49, 201 – 217.

Hoffman, B. (1998). Inside Terrorism. Columbia University Press, New York.

Kunreuther, H., Heal, G. (2003). "Interdependent security". Journal of Risk and Uncertainty 26, 231 – 249.

Landes, W. M. (1978). "An economic study of US aircraft hijackings, 1961 – 1976". Journal of Law and Economics 21, 1 – 31.

Lapan, H. E., Sandler, T. (1988). "To bargain or not to bargain: That is the question". American Economic Review Papers and Proceedings 78, 16 – 20.

Lapan, H. E., Sandler, T. (1993). "Terrorism and signalling". European Journal of Political Economy 9, 383 – 397.

Lee, D. R. (1988). "Free riding and paid riding in the fight against terrorism". American Economic Review Papers and Proceedings 78, 22 – 26.

Lee, D. R., Sandler, T. (1989). "On the optimal retaliation against terrorists: The paid-rider option". Public Choice 62, 141 – 152.

Levitt, M. (2003). "Stemming the flow of terrorist financing: Practical and conceptual challenges". Fletcher Forum of World Affairs 27, 59 – 70.

Li, Q. (2005). "Does democracy promote or reduce transnational terrorist incidents?". Journal of Conflict Resolution 49, 278 – 297.

Mickolus, E. F., Sandler, T., Murdock, J. M. (1989). International Terrorism in the 1980s: A Chronology of Events, 2 vols. Iowa State University Press, Ames.

Overgaard, P. B. (1994). "The scale of terrorist attacks as a signal of resources". Journal of Conflict Resolution 38, 452 – 478.

Rosendorff, B. P., Sandler, T. (2004). "Too much of a good thing? The proactive response dilemma". Journal of Conflict Resolution 48, 657 – 671.

Sandler, T. (2005). "Collective versus unilateral responses to terrorism". Public Choice 124, 75 – 93.

Sandler, T., Arce, D. G. (2003). "Terrorism & game theory". Simulation & Gaming 34, 319 – 337.

Sandler, T., Enders, W. (2004). "An economic perspective on transnational terrorism". European Journal of Political Economy 20, 301 – 316.

Sandler, T., Lapan, H. E. (1988). "The calculus of dissent: An analysis of terrorists' choice of targets". Synthèsis 76, 245 – 261.

Sandler, T., Sargent, K. (1995). "Management of transnational commons: Coordination, publicness, and treaty formation". Land Economics 71, 145 – 162.

Sandler, T., Siqueira, K. (2006). "Global terrorism: Deterrence versus preemption". Canadian Journal of Economics 39, 1370 – 1387.

Sandler, T., Tschirhart, J., Cauley, J. (1983). "A theoretical analysis of transnational terrorism". American Political Science Review 77, 36 – 54.

Selten, R. (1988). "A simple game model of kidnappings". In: Selten, R. (Ed.), Models of Strategic Rationality. Kluwer Academic, Boston, pp. 77 – 93.

Siqueira, K. (2005). "Political and militant wings within dissident movements and organizations". Journal of Conflict Resolution 49, 218 – 236.

Siqueira, K., Sandler, T. (2005), "Terrorists versus the government: Strategic interaction, support, and sponsorship". Unpublished manuscript. University of Southern California, Los Angeles, CA.

Siqueira, K., Sandler, T. (2006). "Terrorist Backlash, terrorism prevention, and policy delegation". Unpublished manuscript. University of Texas at Dallas, Richardson, TX.

White, J. R. (2003). Terrorism: 2002 update, fourth ed. Wadsworth/Thomson Learning, Belmont.

White House (2003). "Progress report on the global war on terrorism". At http://www.state.gov/s/ct/rls/rpt/24087.htm. Accessed 5 February 2004.

Wilkinson, P. (1986). Terrorism and Liberal State, revised ed. Macmillan, London.

Wilkinson, P. (2001). Terrorism Versus Democracy: The Liberal State Response. Frank Cass, London.

第 26 章
恐怖主义：实证分析

沃特·恩德斯

（阿拉巴马大学）

摘要

本章综述有关恐怖主义度量、反恐政策有效性、恐怖主义经济后果和恐怖主义经济起因的经验研究文献。第 2 部分，根据恐怖事件的类型、受害者和所在地对其进行分组。结果表明，在 20 世纪 90 年代中前期，各地区的恐怖事件呈稳步下降趋势（欧亚大陆交界地带除外）。然而一般恐怖事件的危害强度却随时间呈上升趋势。为判定几个可选择的获取和编码数据方法的可靠性，文中也对几个不同的数据库进行了比较分析。第 3 部分讨论了针对总的恐怖主义层面，以及其不同亚组成部分反恐策略的一系列经验研究。与理性行为者模型相一致，某种恐怖活动"相对价格"的增加将形成对该种恐怖活动的替代，并形成新的花费相对较低的恐怖活动。逻辑上相似的（恐怖）活动显示出最大的替代可能性。另外，恐怖主义高发期的持续时间短于低发期。这与恐怖主义者受资源约束的概念是一致的。第 4 部分特别关注了 2001 年 9 月 11 日后恐怖主义的变化和反恐政策的结果变化。研究显示，9·11 事件之后，反恐策略牵制了基地组织（al-Qaida）指挥复杂恐怖行动（比如暗杀和人质绑架事件）的能力。9·11 事件的主要影响是综合性的，而不是仅限于对恐怖主义的总体影响。针对美国目标的严重恐怖袭击活动产生了棘轮效应，9·11 事件后，相应地美国本土安全得到了加强，因此美国人留在家中比起在国外更安全。第 5 部分综述了大量试图估计恐怖主义宏观和微观经济成本的经验论文。首先这些被综述的论文显示恐怖主义的总体宏观经济成本并不高。但受到争议的是，对各种不同国家截面数据的恐怖主义宏观经济成本估计方法的复杂性几近难以克服。恐怖主义宏观经济成本估计最好以不同国家为单位进行。该部分接着综述了恐怖主义对所选择国旅游、外国直接投资净额、国际贸易流量和金融市场等微观经济成本等方面的经验研究。第6部分考虑了恐怖主义的经济决定因素。尤其是对人们通常所认为的恐怖主义起因是由于缺乏经济机会给予了特别的关注。第7部分给出了全文的结论和后续研究建议。

关键词： 反恐 数据库 理性行为者模型 替代效应 9·11事件 基地组织 经济后果 宏观经济成本 旅游 国内恐怖主义 外国直接投资

1. 引　言

本章目的在于综述有关反恐策略效果、恐怖主义经济后果和恐怖主义经济原因的经验文献。对分析中所涉变量的清晰连贯定义，是任何经验研究成功的前提。为此，有必要对"恐怖主义"这一术语的一般含义进行认真思考。

恐怖主义，是指个体或次国家组织，预谋使用或威胁使用暴力，恐吓比直接受害者更多的受众，以获取某种政治或社会目标。对本文来说，这一定义有两个关键要素。第一个是只有具有政治或社会动机的犯罪才属于恐怖主义，比如，在科隆比纳暴乱中，枪手埃里克·哈里斯（Eric Harris）和戴兰·克莱宝德（Dylan Klebold）的行动不带任何政治动机，因而他们并不算是恐怖分子。第二个要素是行动的意图必须使直接受害者之外的受众受到恐吓，由于实施暴力活动的恐怖分子的目的是强迫政府在政治上做出让步，所以个体行动的动机对界定十分必要。例如，暗杀林肯总统的约翰·威克斯·布斯（John Wilkes Booth），因为他无意于恐吓更大范围的大众，故而他不是恐怖分子；而安瓦·萨达特（Anwar Sadat）的谋杀者克哈里德·伊斯拉姆鲍里（Khalid Islambouli）却是一个恐怖分子，因为他的行为明显针对全世界范围的受众，企图使之受到影响。当一国（恐怖）事件中涉及他国的罪犯、受害者、机构、政府和民众时，恐怖活动就成了跨国的了。

内战、叛乱和其他形式的政治暴力活动即便不符合以上情况，但也可能将恐怖活动作为一种策略。战争和恐怖活动的通常区别是，攻击武装力量和侵占军事设施属于战争，而袭击平民则属于恐怖活动。维和者和被动军事目标被故意袭击，应属于哪一类仍存在一定程度的模棱两可性。正如恩德斯和桑德勒（Enders and Sandler, 2006a）所讨论的，美国国防部把袭击伊拉克的路边车队界定为恐怖活动。就我们的目的而言，聚焦于最精确的"恐怖主义"定义并不是最重要的。相反，这种模棱两可性正好给使用恐怖活动数据进行经验研究的研究者有益的警示。不管实际使用的术语是否精确，研究中使用一个贯穿整个数据前后的定义非常重要。使用广义恐怖主义定义和狭义恐怖主义定义来源的混合数据，容易导致有偏结果。同样，在时间序列研究中如果不使用前后一致的定义，数据组成的周期性和趋势则可能被错误识别。例如，在接近样本期末扩大定义范围，就很可能证明恐怖主义出现了明显上升的趋势。

虽然对前后一致定义的需求似乎是明显的，但对特定数据库的编码可能会引起定义的一些细微变化。如 2003 年，美国国务院（根据不同细则）在"全球恐怖主义模式"（PGT）下发布了一个"重要"恐怖事件年表，但选择的标准却从未明确说明。在某一年有新闻价值或重要的事件，在其他年份或许看上去就很平常。例如，PGT 报告了在 1993 年 2 月 4 号，一个燃烧弹被扔进停在埃及开罗附近一个宾馆外的巴士上，但却没有造成人员受伤的事例。尚不清楚在更新的发布中，这类袭击会否进入年表。为公平起见，任何列入年表的恐怖事件必须要遵循相同的编列标准。那些来源于二手资料（如报纸和媒体报道）的数据库，如果没有报道价值，可能就会被排除到考虑之内。由于这一原因，许多恐怖行动（比如非特定威胁），不被媒体所知，也就未能进入数据库。此外，由于犯罪是否是真正恐怖活动的标准并不总是明确，所以编列也必须经过自己的判断。例如，在确定犯罪者身份之前，其犯罪行为是否有政治动机就可能不清楚。

本章其余部分按如下组织：第 2 部分考虑大量不同恐怖活动度量的统计特性。当根据事件类型、受害者和发生地点，把所有的恐怖事件分组后，对该时间恐怖活动变化特征的度量就是可能的。为判别供选择的数据获取和编码方法的可靠性，也对几个不同的数据库进行了比较。第 3 部分讨论了一些针对整体恐怖主义，以及恐怖主义不同亚组成部分反恐策略效果的经验研究。第 4 部分特别关注了 2001 年 9 月 11 日之后，恐怖主义的变化和反恐策略结果的变化。第 5 部分讨论了一些尝试对恐怖主义宏观和微观经济成本进行估计的经验论文。该部分首先表示对各种不同国家截面的恐怖主义宏观经济成本估计方法的复杂性几近难以克服，恐怖主义宏观经济成本估计最好以不同国家为单位进行；该部分接着概述了恐怖主义对被选定国旅游、外国直接投资净额、国际贸易流量和金融市场等微观经济成本等方面的经验研究。第 6 部分考虑了恐怖主义的经济决定因素。尤其是对人们通常所认为的恐怖主义的起因是由于缺乏经济机会给予了特别关注。第 7 部分包括结论和未来研究方向。

2. 恐怖事件类型的统计特征

除非另有说明，本文所用数据均来自米茨科鲁斯等人（Mickolus et al., 2004）所开发的《国际恐怖主义：不同属性恐怖事件》（ITERATE）。该数据库明确排除了国内恐怖事件，也排除了诸如叛乱、攻击和占有军事设施、对军事目标采取游击战，以及公然宣战等行动。然而，ITERATE 却把当该袭击意在为实现其政治目标制造紧张气氛时，袭击文职人员、袭击军事承包商和提供军事支持人员的这类行动归为恐怖行动。ITERATE 对恐怖事件的分类有赖于报纸和电子媒体对各事件关键方面数据，诸如事件日期、开始地点、结束地点、袭击类型、受伤人数、死亡人数、恐怖分子国籍（如果知道）、受害者数量和国籍等的记录。在撰写本文时，数据库所包含的 12 803 个事件的时间跨度从 1968 年 1 月 1 日开始，至 2004 年 12 月 31 日结束。

表 26-1 不同类型的（恐怖）事件数量（1968~2004）（ITERATE 的数据）

事件分类编号	事件类型	事件数量（件）
1	绑架	1 267
2	设路障和扣留人质	181
3	占领公用设施，不扣留人质	76
4	信件或包裹炸弹	452
5	燃烧弹、纵火和燃烧瓶	1 018
6	爆炸物爆炸	4 032
7	武装袭击（包括导弹）	48
8	武装袭击（其他，包括发射迫击炮、火箭筒）	1 363
9	劫持飞机	363
10	劫持非空中运输工具	59
11	暗杀、谋杀	1 101
12	破坏（不包括爆炸和纵火）	32
13	污染（包括化学和生物药剂）	25
14	与核有关的武器袭击	1
15	无后续恐怖行动的威胁	1 127
16	偷窃，设备破坏	111
17	阴谋从事恐怖活动	281
18	愚弄（例如，宣称不存在的炸弹）	322
19	其他行动	402

第 26 章 恐怖主义：实证分析

续表

事件分类编号	事件类型	事件数量
20	狙击（在建筑物或其他设施里）	130
21	与警察发生枪战	46
22	武器走私	92
23	汽车炸弹	193
24	自杀式汽车炸弹	40
25	自杀式炸弹	30
	未分类	11
累计总数		12 803

恐怖事件共分 25 个类型，如表 26-1 所示。其中总共有 7 176 个炸弹事件（"爆炸"）（也就是 4~8 和 23~25 类型的数量之和），占全部记录事件的 56%；绑架和扣留人质事件（1, 2, 9, 10 类型事件）大约占总数的 15%。

图 26-1 显示了按所选事件，从 1968~2004 年期间年度总数所绘的时间序列图。其中图 26-1 (a) 显示了全部事件（"所有"）和爆炸事件的年度序列图。由于爆炸事件是"全部"序列中最大的组成部分，所以没必要惊奇两个序列总跟踪在一起。尽管自 20 世纪 80 年代开始，恐怖事件的总数开始下

（a）全部事件和爆炸事件

(b) 伤亡和死亡事件

(c) 伤亡事件所占比例

第 26 章 恐怖主义：实证分析

（d）全部人质事件

（e）武装袭击

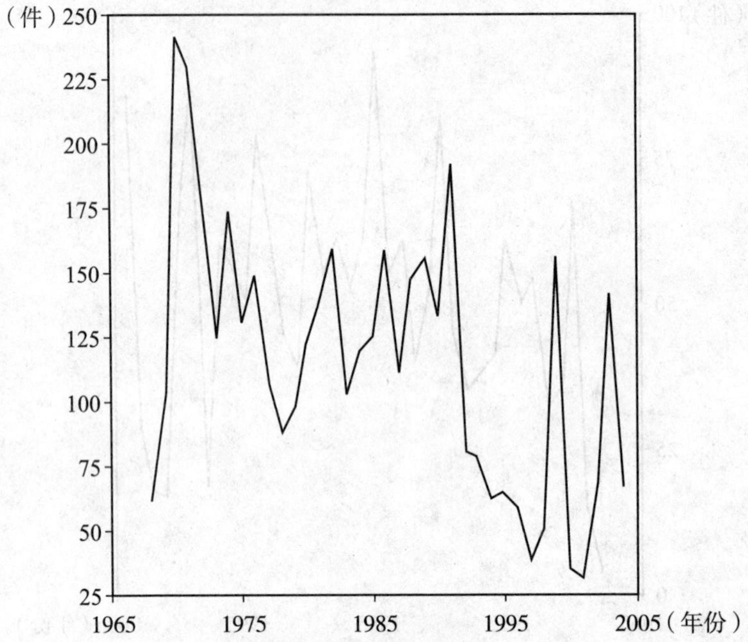

(f) 对美国目标的袭击

图 26 – 1　不同类型的恐怖事件

降，但任一曲线并没有表示出明确可辩的下降趋势。相反，两条曲线在 20 世纪 70 年代和早期 20 世纪 90 年代早期却呈现出大幅下降走势。然而，现实是爆炸事件所占比例在 20 世纪 70 年代初期至 20 世纪 80 年代末期有所下降，但 2001 年又开始增加。例如，爆炸事件占整个事件的比例在 1967～1977 年间是 67.8%，在 1978～2000 年间是 50%，在 2001～2004 年间是 55.6%。

图 26 – 1 (b) 中显示了至少引起 1 人伤亡和至少引起 1 人死亡的恐怖事件的数量。通过图 26 – 1 (b) 可清楚看出，在整个 20 世纪 70 年代，引起人员伤亡和死亡的恐怖事件数量稳步增长，在 20 世纪 90 年代前期暴跌，而在 2003 年和 2004 却又急剧增加。非常重要的是应注意典型恐怖事件随时间变化造成的人员伤害更大。大约从 1995 年起，伤亡序列和死亡序列事实上已经重合表明，现在很少有事件是只造成个体受伤的。另外，图 26 – 1 (c) 所表示的伤亡事件在全部恐怖事件中所占的比率，从 20 世纪 90 年代早期开始后也远比以前的更高。图 26 – 1 (d) 显示绑架和劫持人质恐怖事件随时间的变化曲线，标为"人质"，由 1、2、9、10 四类恐怖事件数量加总而来。可是这一曲线表现得非常怪异，在整个序列水平上看不出明确的变化趋势。相反，"武装袭击"

(类型7和类型8)却表现出许多结构性突变。在经历了20世纪70年代渐进稳定增加之后,序列达到稳定水平,这一水平一直延续到20世纪80年代后期。在该点武装袭击急剧增加,在20世纪90年代初,其又迅速下降到更早期的水平。尽管恐怖袭击的主要关注点是美国和美国民众,但从20世纪90年代早期开始,直接针对美国目标袭击的事件数量则有所下降。但在1999年,针对美国目标袭击的事件数量却从51起跃升至157起,2003年这一数量则从68起跃升至142起。

表26-2显示了几个抽样期内,所选恐怖事件类型(包括自杀式恐怖袭击)的平均数和标准误差。正如上述讨论,20世纪80年代和2000~2004年间所有子样本的平均数明显不同于每年345.73的所有样本均值。有意思的是,2000~2004年间死亡事件的序列样本均值与整个时期的样本均值并无明显差异,而同期的均值标准误差[SE($\bar{x}$) = 18.19]却远高于全部时间段的标准误差。这是由于在2003年和2004年,死亡事件数量大幅增加。人质、爆炸和针对美国目标的袭击事件在均值标准误差上有类似情况,其与整个时间段的明显不同。在2000~2004年,跨国自杀袭击事件(类型24和类型25)数量跃升至前所未有的高度,平均每年11起。

表26-2 所选恐怖事件类型的样本平均数(年度事件数)

年份 项目		1968~2004	1968~1979	1980~1989	1990~1999	2000~2004
所有事件	$\bar{x}$	345.73	364.80	464.60	334.10	171.00
	SE($\bar{x}$)	22.59	20.55	18.03	47.86	38.80
死亡	$\bar{x}$	63.81	50.50	83.80	64.30	68.40
	SE($\bar{x}$)	4.63	5.91	5.28	8.14	18.19
爆炸	$\bar{x}$	193.95	236.60	242.40	168.60	94.20
	SE($\bar{x}$)	14.63	23.82	13.68	31.71	27.62
人质	$\bar{x}$	50.54	45.80	61.40	56.30	43.20
	SE($\bar{x}$)	3.53	3.67	5.00	6.49	14.05
武装袭击	$\bar{x}$	38.14	16.90	43.10	63.10	31.20
	SE($\bar{x}$)	4.72	2.61	4.18	12.51	6.49
自杀式袭击	$\bar{x}$	1.89	0.00	1.10	0.40	11.00
	SE($\bar{x}$)	0.86	0.00	0.31	0.31	4.89
所占比例	$\bar{x}$	0.305	0.248	0.293	0.307	0.477
	SE($\bar{x}$)	0.016	0.013	0.005	0.015	0.010
以美国为目标的袭击	$\bar{x}$	115.89	152.00	134.20	92.00	68.40
	SE($\bar{x}$)	8.53	16.76	6.55	16.08	19.92

注:平均数($\bar{x}$)表示被讨论样本(或子样本)数值的平均数,SE($\bar{x}$)表示平均值的标准误差。

图 26-2 显示了与全球恐怖活动样式（PGT）相同分类的恐怖事件地区分类情况，这些地区包括西半球、非洲（不含北非）、亚洲（南亚、东亚、澳大利亚和新西兰）、欧亚大陆（中亚、俄罗斯和乌克兰）、欧洲（西欧和东欧）和中东（含北非）。按此，大部分伊斯兰人居住在中东、欧亚大陆和亚洲地区。从特点看有趣的是，在20世纪90年代前到中期，各个地区（欧亚大陆除外）发生的恐怖事件呈明显的稳定下降态势，而非洲的恐怖活动在1999年和2000年则达到顶峰。2002年，亚洲和中东地区的恐怖主义大幅显著增加，且一直保持高水平。

2.1 数据库比较

除了 ITERATE（《国际恐怖主义：不同属性恐怖事件》）外，也有其他许多记录恐怖事件的公开可获得的数据库。国家预防恐怖主义纪念研究所［The National Memorial Institute for the Prevention of Terrorism (2005), MIPT］1968年支持进行了一个可免费获得使用，并定期更新的在线数据库。和 ITERATE 一样，人们可以根据日期、战术、目标和开始地点等获取恐怖事件的有关信息。从1998年起，MIPT 数据库包含了所有的国内和跨国恐怖主义事件。该数据库的主要缺陷是只能获取以地区为基础的恐怖事件信息，无法获得以国家为基础的恐怖事件信息。

另一个网上数据库由国际反恐对策研究所［IPIC (2005)］提供。IPIC (2005) 选择收录了1986～2002年发生的1427个跨国恐怖事件，其网站也没有给出恐怖事件选取的标准，而这是很重要的，因为 ITERATE 和 PGT 都有将同期发生的恐怖事件数量多次记录的情况发生。例如，相比图26-1中所列的 ITERATE 的序列数据，IPIC (2005) 数据库中1988年仅列了22件恐怖事件，1989年仅列89件，1990年仅列26件，1991年仅列37件。即使排除许多事件，IPIC 的数据库也有超报告的问题。而且，许多事件看上去更像是犯罪，而不是恐怖活动，一些巴勒斯坦人对以色列的袭击行为即使完全发生在国内，也被认为是跨国的。仔细研究在1994年7月23日发生的一个事件，该记录这样描述："两个不知名的巴勒斯坦人在耶路撒冷老城的阿拉伯人居住区刺中了一个美国妇女，使其受了重伤。袭击者安全逃脱。"由于没有人对这一行为负责，实施这一行动的组织就被认为是"不知名"。把这次袭击当作犯罪的例子也是有道理的。实际上，IPIC 数据库中包含着许多来自中东地区的不成比例的恐怖事件。由于该数据库由设在以色列赫兹利亚的多学科中心（http：//www.ict.org.il）负责维护，因此出现这一现象就不足为奇了。

如上所述，美国国务院编写的《重要恐怖事件年表》（分年度），也作为附录出现在每一期《全球恐怖主义模式》刊物上。围绕所谓的"战胜恐怖"，在一些恐怖事件可能被遗漏这一争论出现以后，美国国务院停止了《全球恐怖主义模式》（GPT）刊物的出版。一些不同意见者关注，在伊拉克针对美国军队的袭击活动是否应该记入 2004 年的数据中。2003 年 6 月，在不得不承认初始报告存在遗漏，对恐怖事件数和致死数不得不进行全面修正时，这种政治困境就随之出现。2004 年恐怖事件数量难以准确获得，尚不清楚后续的恐怖主义报告如何实施。但按照 2656f 款，代号为 22 的美国法典，要求美国国务院每年就恐怖活动给美国国会提供一个完整的报告。

图 26 – 3 对 ITERATE、MIPT 和 PGT 统计的每年恐怖事件总量进行了一个对比。为了增强可比性，图中 ITERATE 的事件总数中排除了威胁和愚弄事件。原因是从 1996 年起，ITERATE 不再使用国外广播的《每日报告》信息服务，致使这以后的数据与早期的数据就失去了直接可比性。由于被省略的许多恐怖事件可能是威胁和愚弄，因此所有此类事件从图 26 – 3 中 ITERATE 数据中排除掉。

三条时间序列曲线在总体形状上有些相似，都从 1968 年和 1969 年的每年略多于 100 件恐怖事件，上升到 20 世纪 80 年代的持续高水平。从 1991 年开始，三条序列开始下降。尽管如此，三条曲线仍有较大差别，经验研究的结果

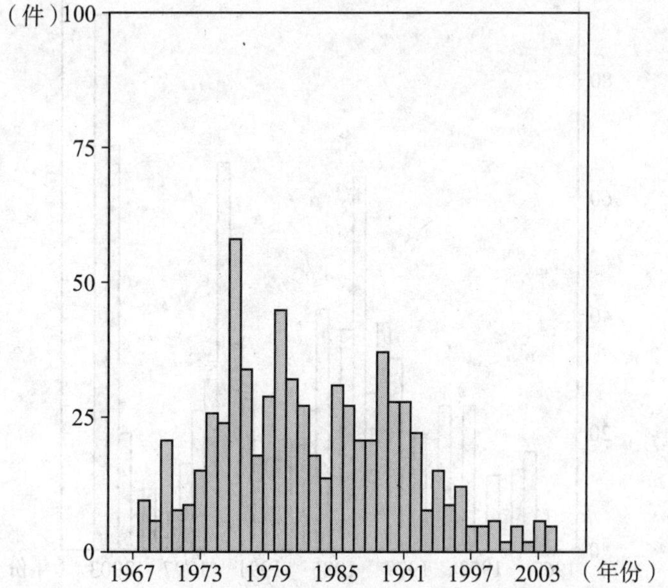

（a）西半球

（b）亚洲

（c）中东地区

第 26 章 恐怖主义：实证分析

（d）欧亚大陆

（e）欧洲

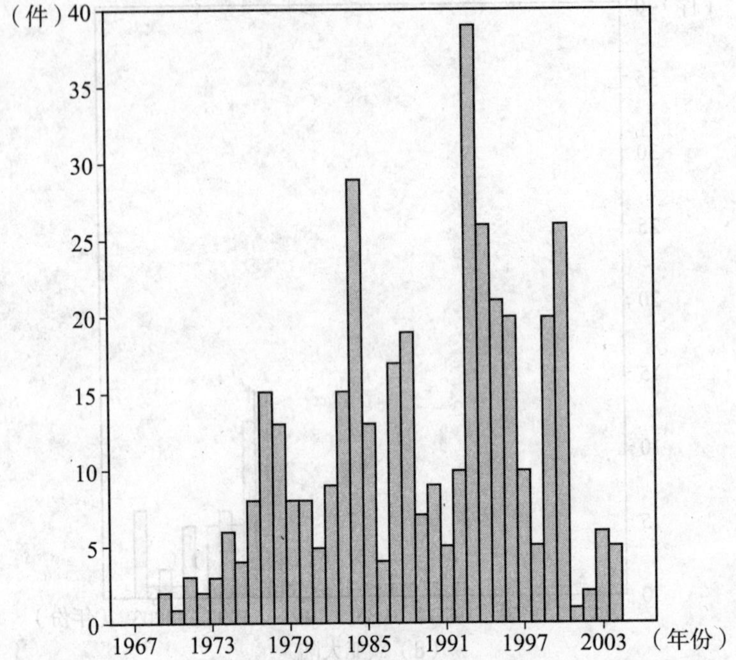

（f）非洲

图 26-2　恐怖事件的地区分布

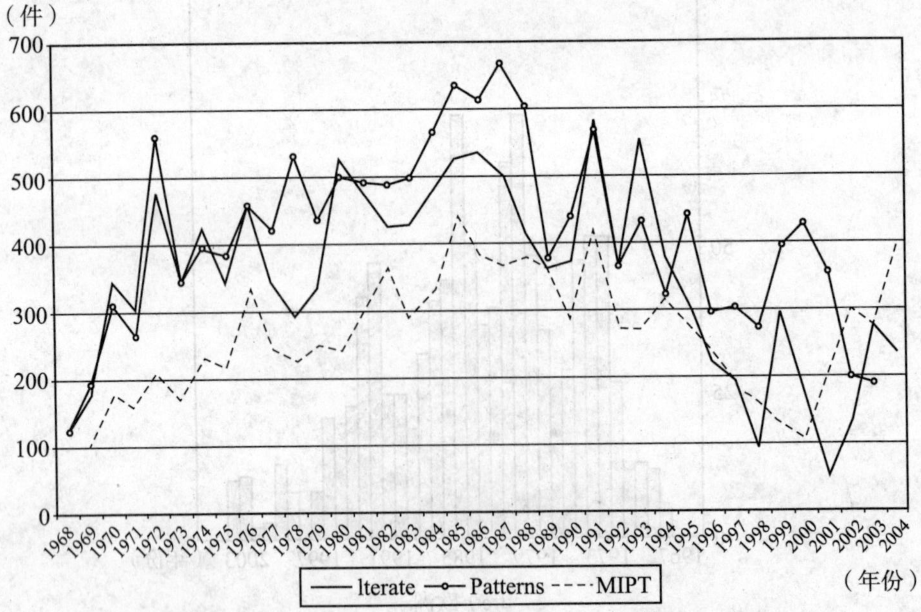

图 26-3　ITERATE、MIPT 和 PGT 恐怖事件比较

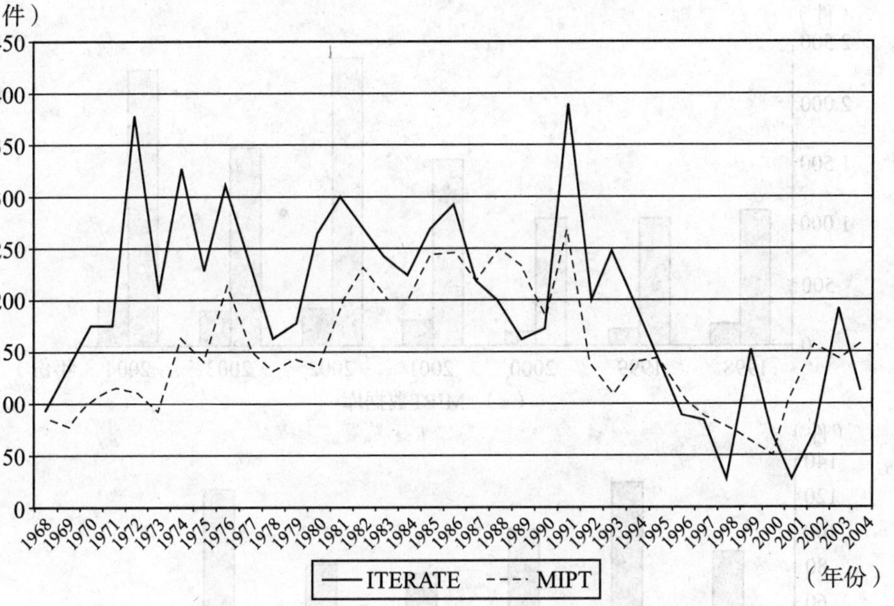

图 26 - 4　ITERATE 和 MIPT 爆炸事件总量比较

可能取决于研究中使用了三个数据库中的哪一个。值得注意的是，PGT 序列的值普遍大于其他两个序列的值，这一现象在 20 世纪 70 年代中期，以及整个 20 世纪 80 年代尤其明显。即使 ITERATE 统计数据中加上被省去的威胁和愚弄事件，两条序列之间的差距仍然很大。还要注意到在 20 世纪 70 年代后期，当 MIPT 和 ITERATE 数值显示下降时，PGT 却显示了恐怖活动的增加。9·11 事件之后的恐怖事件数，PGT 数据显示突然下降，而 ITERATE 数据却显示了可观的增加。ITERATE 和 MIPT 序列之间的单相关系数为 0.66，而 ITERATE 和 PGT 之间的为 0.65，MIPT 和 PGT 序列之间的单相关系数却为 0.78。

分类比较：看起来似乎主要恐怖事件在任一合理的年表中都有体现。区别主要在恐怖事件类别上，例如爆炸类事件。爆炸类事件通常占全部恐怖事件的近一半。但一个炸弹邮件事件被记为单个恐怖事件，还是当作真正收到的邮件炸弹并不明确。图 26 - 4 记录了 ITERATE 和 MIPT 数据库跨 1997 年的每年爆炸事件总数，但整个 20 世纪 70 年代 ITERATE 数据库报告事件数，远多于 MIPT 数据库报告数。两个序列之间的单相关系数仅为 0.52。

国内恐怖事件和跨国恐怖事件：尽管跨国恐怖袭击比国内恐怖袭击更能引起媒体的注意，但国内恐怖事件数仍远远大于跨国恐怖事件数。图 26 - 5 中的（a）图显示了 MIPT 数据库中每年的国内和跨国恐怖事件总数。跨国恐怖事件

（件）
2 500
2 000
1 500
1 000
500
0
1998 1999 2000 2001 2002 2003 2004（年份）
（a）MIPT数据库

（件）
140
120
100
80
60
40
20
0
1998 1999 2000 2001 2002 2003 2004（年份）
■ 国内　　　■ 跨国
（b）全球恐怖主义模式

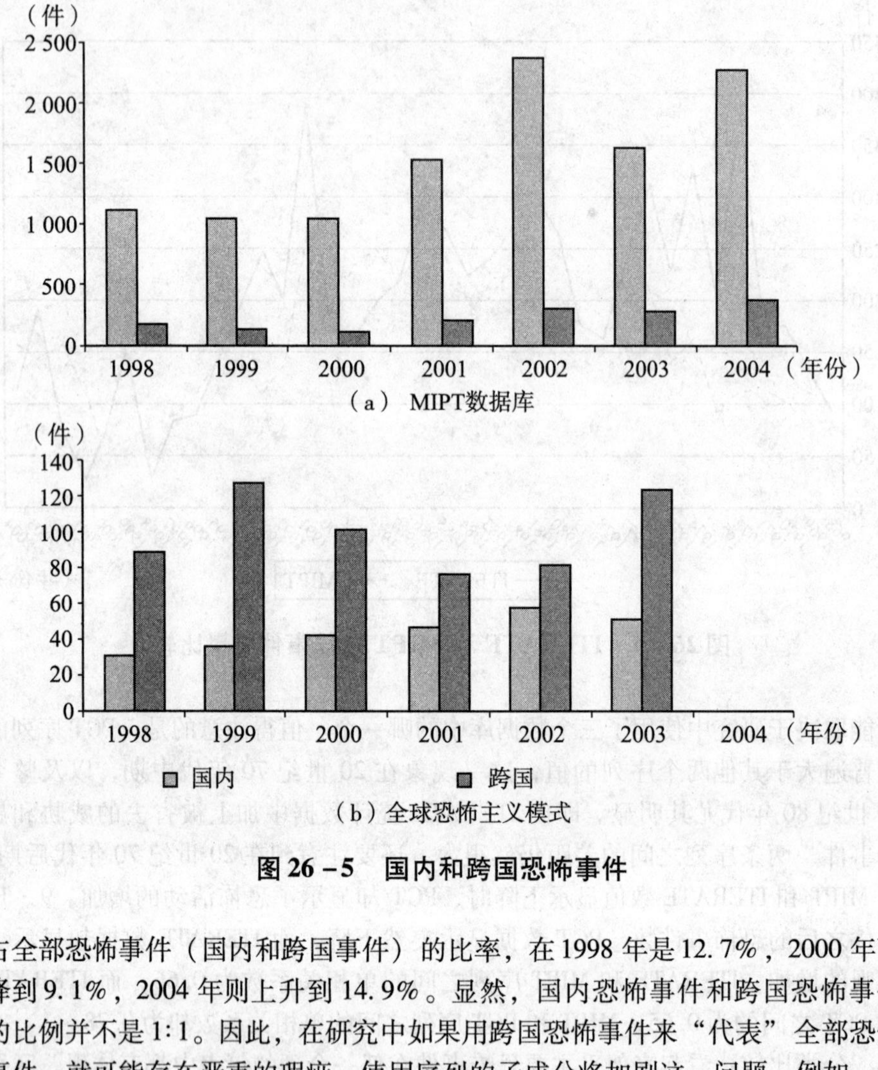

图 26-5　国内和跨国恐怖事件

占全部恐怖事件（国内和跨国事件）的比率，在 1998 年是 12.7%，2000 年下降到 9.1%，2004 年则上升到 14.9%。显然，国内恐怖事件和跨国恐怖事件的比例并不是 1∶1。因此，在研究中如果用跨国恐怖事件来"代表"全部恐怖事件，就可能存在严重的瑕疵。使用序列的子成分将加剧这一问题。例如，大部分欧洲大陆的国内恐怖事件被当作跨国事件，而以色列却把许多跨国恐怖事件看作国内事件。

比较《全球恐怖事件模式》所选的 1998~2003 年的恐怖事件总数是很有意思的事。笔者用和 ITERATE 相似的分类体系，对 PGT 中每一个恐怖事件进行重新编码①。图 26-5 中的图（b）列出了以时间路径表示的国内和跨国恐怖事件数。笔者注意到，尽管国内恐怖事件数相比跨国恐怖事件数有所增加，

---

① 在这些资料的准备上，丁秦（Ting Qin）和阿斯勒·艾伦（Ashley Allen）给予了特别的帮助。

但跨国恐怖事件数却有一个较大偏差。这种增长部分反映了美国国务院对不同恐怖事件类型的选择偏好发生了变化。这表示使用某一数据库的风险在于，其隐含对"所选"事件的甄别。

3. 反恐对策：替代效应

任何低估恐怖分子所拥有资金和智谋的反恐对策必定要导致失败。为了预测新的恐怖袭击方式、对特定目标或特定地域袭击的可能性，以及恐怖分子对初步反恐行动可能的反应行为，有必要总结恐怖行为理论。理性行为者模型可以做一些关于恐怖网络或单元行为的简单预测。该模型主旨是说，恐怖分子利用其稀缺资源，追求预期效用最大化。这并不是说，在任何意义上，恐怖分子的偏好值得称道。相反，它告诉我们，在偏好选择集给定的情况下，恐怖分子将选择能给它带来最大化偏好产出的选择。与此相反，如果假定恐怖分子是完全非理性的，那么将无法预期他们对未来事件会如何反应。此外，理性行为者模型的许多简单预测已经被证明与数据库中的记录完全一致。

加里·贝克尔（Gary Becker，1971）为分析家庭组织决策，开发了家庭生产函数（HPF）模型。恩德斯和桑德勒（1993）在形式上扩展了HPF模型以研究理性恐怖分子的行为。其模型的基本前提是，恐怖组织能从共同的政治目标中获得效用。共同的目标可能是建立宗教政体，或消除源自收入不均、种族或宗教歧视、意识形态差异、缺乏政治或经济自由等方面的非确定性不满。这种目标可以从消费诸如引起媒体关注、政治动荡、获取公众支持和制造恐惧或恐吓气氛等基本商品中获得。各种基本商品都能使用许多可供选择的政治和经济战略进行生产。极端情况下，组织可以简单选择诸如广告诉讼、提交国会讨论或推出自己的候选人等法律手段，还可以采取诸如阻止别人进入学校或政府办公大楼，或在实行种族隔离的午餐柜台静坐等文明抵抗行为；另一种极端情况，组织也可诉诸直接的武装冲突或小股袭击。关键是组织必须从不同的方式中选出能够产出基本商品的行为方式。如果某组织选择使用恐怖战术，它就可能在诸如劫机、绑架或自杀式炸弹袭击等恐怖袭击方式中选择。

恐怖组织可以使用包括金融资产、武器、建筑、人员和企业家才能等有限的资源。在资源给定的情况下，理性的恐怖组织选择能使其预期共同目标最大化的行动集合。由于恐怖分子能够有意识地"节约"资源以备未来袭击之用，理性的恐怖分子就会合理安排他们的袭击时机，以提高整体效果。当然，诸如巴基斯坦解放组织（即巴解组织，PLO）和爱尔兰共和军（IRA）等组织为谋求更大的共同政治目标，已经开始混合使用法律手段和非法手段。

恐怖组织的选择主要受到不同恐怖和非恐怖行动价格的影响。任何特定袭击方式的足价包括计划和执行袭击所使用的资源的价值，以及组织成员伤亡所造成的成本。袭击方式比其他更可能暴露要抓捕的组织成员的数量。自杀式炸弹袭击的价格包括炸弹的直接成本、确保爆炸者能够执行行动的费用，以及在袭击失败时保护组织安全的费用。位于恐怖行动范围另一端的威胁和愚弄只需要很少的投入。

反恐策略的关键特点应该是影响实行恐怖活动的价格、资源供给和收益。增强机场安检将会增加劫机的难度，提高劫机的代价。同时，如果政府部门不加大进口港的检查力度，有赖于走私的恐怖袭击将会变得相对廉价。同样道理，如果移民官员提升了恐怖分子入境美国的难度，恐怖组织就会更多地袭击位于国外的美国利益（例如游客和公司）。因此，政府采取的增加某种类型恐怖袭击成本的政策，将会引起另外一种成本较低的替代性的恐怖袭击方式。

恩德斯和桑德勒（1993，2004）总结了4个关键命题，如下：

命题1 某种恐怖活动相对成本的提升，将会促使恐怖组织停止实施这种成本相对较高的恐怖活动，转而从事价格相对低廉的恐怖活动或非恐怖活动。

命题2 步骤或基本产出相似的恐怖袭击方式存在最大的相互替代可能性。因为互补事件的效果互相加强，所以一种行动成本的上升（下降）将引起这种行动和全部替代行动的数量下降（上升）。

命题3 所有恐怖行动价格的增加，或非恐怖行动价格的下降，将减少整体的恐怖主义水平。

命题4 对正常物品，恐怖组织拥有的资源基础的增加（减少）会引起其非恐怖行动水平的增加（减少）。

3.1 HPF 模型检验

恩德斯和桑德勒（1993）通过检验一些反恐措施如何促使不同恐怖袭击方式产生替代，来检验命题1和命题2。尽管他们考虑了许多替代可能性，但发现包含劫机（Sky）、人质（$Hostage$）事件、暗杀（$Assns$）、威胁与敲诈（Th）和其他恐怖事件类型（OT）5个变量检验的"模型2"似乎更有用。[②] 由于数据统计开始于1968年第1季度（1968：1），结束于1988年第4季度（1988：4），因此数据不包含ITERATE停止使用《日报》信息期间的恐怖事

---

② 为避免序列交叠，所有未涉及劫机的人质事件均算作人质事件，OT 主要指爆炸事件。

件。干预对策被作为虚拟变量,主要表示在机场安装金属探测器($Metal$)、修建两道大使馆屏障($Emb76$ 和 $Emb85$)和对利比亚的报复性空袭($Libya$)等。尤其是,1973 年 1 月,美国机场开始安装金属探测器之后不久,世界范围内的主要国际机场便都安装了这种装置。$Emb76$ 表示 1976 年以后美国使馆两倍以上的安保费用,$Emb85$ 代表 1985 年 10 月由《国际公法》98 - 553 带来的另外一项使馆安保费用的提高。1986 年 4 月,由于利比亚参与了拉伯尔迪斯科舞厅(LaBelle Discotheque)的恐怖爆炸事件,美国对其实行了报复性空袭。由于空袭效果是暂时的,$Lybya$ 也是一个短期虚拟变量,在 1986 年第 2 季度,其值为 1。干预变量的数学特征在表 26 - 3 中列出。

表 26 - 3   五类恐怖事件序列间的互动与干预

	SUR 残差相关系数矩阵					方差分解:八季度水平对比				
	Sky	Hostage	Assns	Th	OT	Sky	Hostage	Assns	Th	OT
Sky	1.000	0.103	-0.159	0.364	-0.129	85.2	4.90	5.38	2.54	2.00
Hostage		1.000	0.098	0.093	0.040	13.9	68.7	0.62	1.20	15.8
Assns			1.000	0.311	0.196	13.1	6.85	61.0	0.564	18.5
Th				1.000	0.211	34.4	7.97	11.4	35.7	10.5
OT					1.000	4.97	3.34	10.5	9.33	71.9
	干预的短期效应					干预的长期效应				
Metal	-14.1***	11.6***	6.58**	1.75	11.3	-13.0ª	5.3ª	4.1ª	-9.5ª	17.8ª
Emb76	2.51*	-1.41	3.56*	8.67***	-18.6*	0.98ª	-0.20ª	8.2ª	11.8ª	-21.1ª
Emb85	0.100	3.54*	-0.967	-5.31*	-2.81	0.52ª	5.4ª	-1.7	4.1ª	-5.4
Libya	-4.83	-1.62	1.57	50.5***	58.4**	NA	NA	NA	NA	NA

干预变量说明:

$Metal$:1973 年 1 月 5 日,美国开始在机场安装金属探测器。$t<1973:1$ 时,$Metal = 0$;其余时间,$Metal = 1$。

$Emb76$:1976 年 10 月开始,美国双倍支出加强和确保使馆安全。$t<1976:4$ 时,$Emb76 = 0$;其余时间,$Emb76 = 1$。

$Emb85$:1985 年第 4 季度起,美国大使馆的安保开支明显增加。$t<1985:4$ 时,$Emb85 = 0$;其余时间,$Emb85 = 1$。

$Libya$:1986 年 4 月,美国因利比亚参与拉伯尔迪斯科舞厅爆炸事件而对其进行空袭。$1986:2$ 时,$Libya = 1$;其余时间,$Libya = 0$。

a 表示在 VAR 中变量相互影响的情况下,干预变量仍能显著影响或产生显著的间接效应。在 10% 的显著水平上,所有的长期效应(除了针对暗杀和其他恐怖事件 $Emb85$)是显而易见的。$Libya$ 事件只有短期效应。

* 表示 10% 的显著性。

** 表示 5% 的显著性。

*** 表示 1% 的显著性。

考虑包含虚拟变量的增补标准向量自回归（VAR）模型，以捕捉四项干预的影响：

$$\begin{bmatrix} Sky_t \\ Hostage_t \\ Assns_t \\ Th_t \\ Ot_t \end{bmatrix} = \begin{bmatrix} A_{11}(L) & \cdots & A_{15}(L) \\ A_{21}(L) & \cdots & A_{25}(L) \\ \vdots & \ddots & \vdots \\ A_{51}(L) & \cdots & A_{55}(L) \end{bmatrix} \begin{bmatrix} Sky_{t-1} \\ Hostage_{t-1} \\ Assns_{t-1} \\ Th_{t-1} \\ Ot_{t-1} \end{bmatrix}$$

$$+ \begin{bmatrix} c_{11} & \cdots & c_{14} \\ c_{21} & \cdots & c_{24} \\ \vdots & \ddots & \vdots \\ c_{51} & \cdots & c_{54} \end{bmatrix} \begin{bmatrix} Metal \\ Emb76 \\ Emb85 \\ Libya \end{bmatrix} + \begin{bmatrix} \varepsilon_{1t} \\ \varepsilon_{2t} \\ \varepsilon_{3t} \\ \varepsilon_{4t} \\ \varepsilon_{5t} \end{bmatrix} \quad (26-1)$$

在公式（26-1）中，$A_{ij}(L)$ 在 $A_{ij}(L) Sky_{t-1} = a_{ij}(1)Sky_{t-1} + a_{ij}(2)Sky_{t-2} + a_{ij}(3)Sky_{t-3} + \cdots$ 中表示一个多项式，L 代表滞后算子，c_{ij} 表示干预 j 对恐怖事件类型 i 的同步影响，ε_i 表示对恐怖事件类型 i 回归分析的误差。

恩德斯和桑德勒（1993）详细描述了估算方法，恩德斯（2004）对 VAR 方法论的背景进行了仔细分析。就我们的目的而言，由于所有的方程有相同的回归集，这足以说明普通最小二乘法（OLS）能对系数 $a_{ij}(k)$ 和 c_{ij} 进行充分有效估计。重要的是要注意 c_{ij} 值的统计显著性意指干预类型 j 对恐怖事件类型 i 有着同步效应。同样也应注意到，在变量干预类型 j 对恐怖事件类型 i 有滞后效应时，不同的 $A_{ij}(L)$ 表示变量之间丰富多彩的互动。例如，如果系数 $A_{12}(L)$ 不等于0，那么人质事件就对劫机事件产生了滞后影响。最后，事件类型 i 和干预类型 j 之间的同步互动由 ε_i 和 ε_j 之间的相关系数表示。

图26-6中的破折连线表示劫机、人质、暗杀和其他恐怖事件的真实季度值，实线是不同介入系列的提前一步预测的时间路径估计。在这一直观视图中，垂线代表4种干预措施的起始时间。

从图26-6中，可以看出从1973年第1季度开始，劫机、人质和其他恐怖事件发生了急剧变化。如表26-3中数值所示，金属探测器的安装使劫机事件每季度减少了14.1起。然而，正如HPF方法所观测的那样，劫机成本的增加促使了相类似的替代恐怖事件类型的增加。我们可以看到，金属探测器的安装影响是使每季度的人质绑架事件增加了11.6起，暗杀事件增加6.58起，但对威胁欺诈和其他恐怖事件的影响在统计上并不显著。因此，这些有力证据表明，恐怖分子以更为复杂的人质绑架和暗杀事件来替代劫机。

第26章 恐怖主义：实证分析

（a）劫机

（b）暗杀

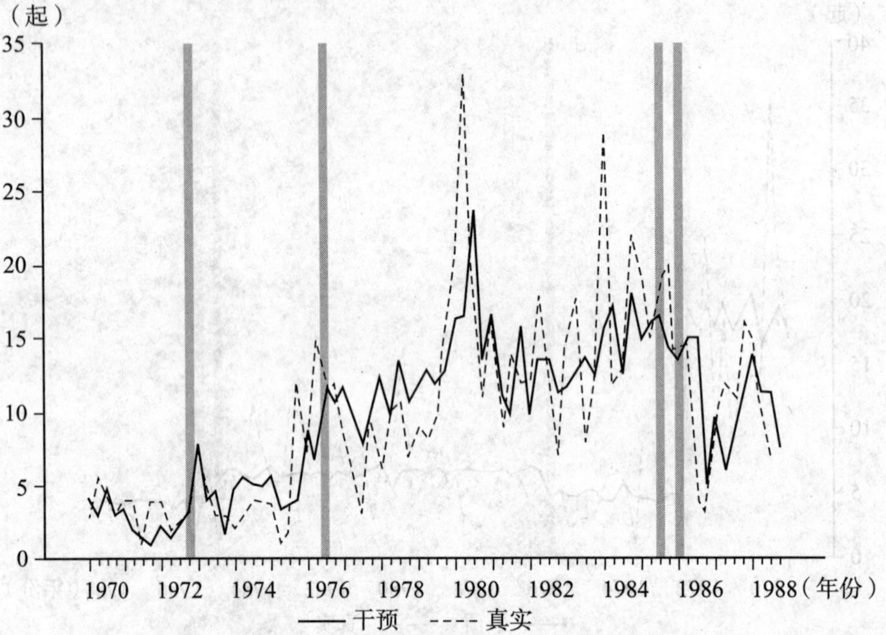

(c) 人质事件

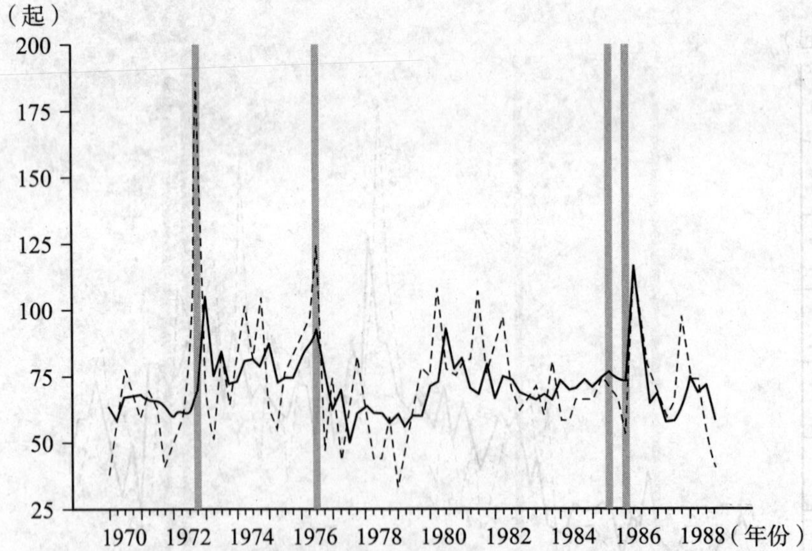

(d) 其他恐怖事件

图 26-6　恐怖袭击方式间的替代关系

美国大使馆第一次增加防护开支（$Emb76$）几乎没有多少重要影响。在 5%

显著水平，威胁和欺诈表现出显著的跃升，而其他事件却没有显著变化。当然在其他系列水平没有变化的情况下，威胁和欺诈可能增加，因为威胁和欺诈需要较少的资源。另一个有意思的替代是，大使馆第二次增加防护（$Emb85$）使每季度的威胁事件降低了大约 5.51 次，但却使每季度的人质事件增加了 3.54 起。

安装金属探测装置以后，其他恐怖事件似乎轻微增加了，但这种增加在统计上并不显著。大使馆安保的加强似乎对其他系列事件并无显著影响，金属探测安装的唯一显著介入影响是利比亚爆炸事件，它使得其他恐怖事件（OT）的数量急剧攀升，然后又回落到介入前的平均水平。由于爆炸、威胁和欺诈比较简单易行，与其他类型的恐怖行动相比在后勤支持上只需较少的资源，因此这类事件的数量极易形成棘轮行动。

不同恐怖事件之间的相互关系，可以利用脉冲反应函数求得。表 26-3 的右上部分显示了从 8 个季度水平预测中求得的脉冲反应。劫机可以解释其自身 85.2% 的预测误差方差，而其他事件的解释力还达不到劫机行动的 5.38%。这与劫机行动方式比较复杂，不易被其他恐怖事件所代替的推断非常相符。尽管如此，劫机仍对人质、暗杀和其他恐怖事件分别产生 13.9%、13.1% 和 34.4% 的影响。也要注意人质、暗杀和其他恐怖事件对其相应自身预测误差方差的影响分别是 68.7%、61.0% 和 71.9%。与此相比，低资源投入的威胁和欺诈，是对其观测误差方差影响最小（仅为 35.5%）的恐怖事件。原因可能是威胁和欺诈对其他恐怖事件变化的反应很强。

恩德斯和桑德勒（1993）没有报告来自其似然不相关回归（SUR）估计的交叉方程残差相关。但从表 26-3 报告中，可以发现来自 Th 方程与来自 Sky 和 $Assns$ 方程的残差相关分别为 0.364 和 0.311。由于每个方程有 80 个残差，所以两个的概率值都低于 0.01。因此，威胁欺诈与劫机和暗杀事件是互补的，因为其各自的创新都是正相关的。在 5% 显著水平上，威胁欺诈（Th）和其他事件（OT）之间的交叉相关系数轻微显著，其他恐怖事件在此显著水平上的交叉相关系数也接近于零。

在另外一项研究中，恩德斯和桑德勒（2005b）通过比对恐怖事件发生持续时间和周期长短，间接检验了命题 4。基本思想是，在相对安静期，恐怖分子可能在补充和积蓄资源、招募新成员、筹集资金、筹划未来的恐怖袭击。恐怖事件能够保持较低水平，直到一个使情况转变成恐怖活跃期的事件发生。这是因为每一次恐怖活动都要耗用稀缺的资源，恐怖活动高发期不可能维持较长时间。相反，由于较少的恐怖事件能够节省资源，使得恐怖活动低发期却能较好地维持。

在 1968：1—2000：4 期内，通过线性处理，Cas 系列似乎得到较好估算（括号中是 t 统计量）：

$$Cas_t = 5.91 + 0.261 Cas_{t-1} + 0.310 Cas_{t-2} + 0.209 Cas_{t-3} + \varepsilon_t \quad (26-2)$$
$${}_{(2.83)}{}_{(2.98)}\phantom{Cas_{t-1} + 0.31}{}_{(3.59)}\phantom{0Cas_{t-2} + 0.2}{}_{(2.40)}$$

恩德斯和桑德勒（2005b）的研究发现，这一线性规定似乎足够满足标准诊断检验，在常规水平下系数是显著的，单位根检验表明 Cas 系列是稳定的，杨-博克斯（Ljung-Box）Q 统计检验表明残差是序列不相关的。作为一种替代办法，他们采用了二状态门限自回归（TAR）过程估计了 Cas 系列。认为：

$$Cas_t = [17.87 + 0.189 Cas_{t-1} + 0.237 Cas_{t-2}] I_t$$
$${}_{(3.19)}{}_{(1.83)}\phantom{89 Cas_{t-1} + 0.23}{}_{(1.83)}$$
$$+ [3.92 + 0.423 Cas_{t-1} + 0.398 Cas_{t-3}] (1 - I_t) + \varepsilon_t \quad (26-3)$$
$${}_{(1.48)}{}_{(2.97)}\phantom{3 Cas_{t-1} + 0.398}{}_{(3.12)}$$

其中，当 $Cas_{t-2} < 25$ 时，$I_t = 0$；其他情况，$I_t = 1$。

门限自回归（TAR）模型包含了恐怖活动低发期和高发期两个状态。当处于低发期时（即每季度恐怖事件 $Cas_{t-2} < 25$），$I_t = 0$，因此人员伤亡方程可以写为 $Cas_t = 3.92 + 0.423 Cas_{t-1} + 0.398 Cas_{t-3}$；当处于高发期时（即每季度恐怖事件 $Cas_{t-2} \geq 25$），$I_t = 1$，因此人员伤亡方程可记为 $Cas_t = 17.87 + 0.189 Cas_{t-1} + 0.237 Cas_{t-2}$。

门限模型与线性模型相比在 Cas_t 系列的变化上产生不同的影响。线性形式在恐怖的高发期和低发期运算中没有区别，导致自回归衰减度是一常数。尤其是，由于线性形式的最大特征根为 0.88，所以持续度很大。对 TAR 形式，两种状态各种的调整速度是不同的。在恐怖活动高发期，事件数量向吸引子 31.1 [= 17.87 ÷ (1 - 0.189 - 0.237)] 收敛。根据最大特征根预测，当恐怖事件处于高发期时，大约 60% 的恐怖事件预计将会持续到下一周期，此时调整速度为 0.59。与此相对，在恐怖事件低发期，事件数量收敛于 21.9 [= 3.92 ÷ (1 - 0.423 - 0.398)]，最大特征根为 0.88，表明低发期将会得到最好维持。因而，当恐怖事件的数量低于 25 阈值时，只有很小的返回长期平均值的趋势。同样，恐怖事件低发期远较高发期容易维持。恩德斯和桑德勒（2005b）的解释是，高发期的恐怖活动必定消耗其大量资源。因此相比较，恐怖事件较少时期能够得到长时间的维持。他们在研究全部恐怖事件、死亡事件、爆炸事件、暗杀和人质事件等各不相同的持续度时，发现了相似的情况。唯一的例外是威胁和欺诈（Th）系列，原因是这类事件在恐怖事件高发期比低发期更容易持续。当然，由于威胁和欺诈耗用相对较少的资源，出现这一结果也并不让人意外。因此，很长时期内 Th 值可能是高的。

4.9·11 事件后的恐怖主义

9·11 事件前所未有的恐怖袭击，引发了前所未有的反恐措施。美国主导的入侵阿富汗,《美国爱国主义法案》(USA Patriot Act)的通过,国土安全部的成立都影响了恐怖组织的组织和行动能力。例如,根据《美国爱国主义法案》建立了反恐基金、联邦调查局(FBI)技术支持中心、国家电子犯罪特别攻坚队,允许政府更大范围地窃听或扣押包括语音邮件信息在内的通信信息。法案也鼓励国内外执法机构通力合作,要求更严格地管制金融流动以减少世界范围内的洗钱行为。国土安全部(DHS)创立,合并了22个不同机构,使他们能够在一个内阁部内工作。这一"对恐怖主义作战"的结果使得大约2/3的基地头目或者被处决,或者被抓获。盖尔盖斯和艾沙姆(Gerges & Isham, 2003)的报告认为,9·11事件之后已经有超过3400名的基地疑犯被逮捕。白宫报告(2003)显示9·11事件后,恐怖组织超过2亿美元的网上资产已经被冻结。同时,伊拉克战争似乎也激发这些人对美国及其盟友澳大利亚和英国的不满。扫除基地组织行动成功后,菲律宾和西班牙已经从伊拉克撤出了他们的军队,预计恐怖组织将会加大征募愿意为恐怖行动效力的新成员的力度。

4.1 对袭击方式的影响

恩德斯和桑德勒(2005a)使用了几种可选择的方法来测定9·11事件后,整个恐怖活动情况和所利用的恐怖袭击方式发生了怎样的变化。对所考虑的袭击方式,他们使用以下形式的介入模型进行估计:

$$y_t = a_0 + A(L)y_{t-1} + \alpha_1 D_P + \alpha_2 D_L + \varepsilon_t \tag{26-4}$$

其中,y_t 表示收益系列,D_P 和 D_L 是关于2001年9月11日的虚拟变量。在方程(26-4)中,D_P 虚拟变量在 $t=2001:3$ 时有 $D_P=1$;其他情况下,$D_P=0$。如果9·11事件袭击只对 $\{y_t\}$ 系列产生短期改变,那么这类"脉冲"变量就是合适的。α_1 的大小表示9·11事件对 y_t 的初始影响,其衰减率由 $A(L)$ 的最大特征根决定。考虑到9·11事件对 $\{y_t\}$ 水平有可能产生持续效应,方程(26-4)中的第二个虚拟变量 D_L 在 $t<2001:3$ 时,$D_L=0$;当 $t \geq 2001:3$ 时,$D_L=1$。"水平"虚拟变量对 $\{y_t\}$ 的影响效应由 α_2 给定,D_L 对 $\{y_t\}$ 的长期效应由 $\alpha_2 / (1-\sum a_i)$ 决定。在详细进入估计方法前,(我们知道)估计方程的主要特征是,对任何已知的恐怖袭击方式,"脉冲"虚拟变量在统计上并不显著。因而,9·11事件并未对任何恐怖事件系列的行为引起统计上的显著短期效应,而且,也只有"人质"(事件)系列,水平转换虚拟变量才是显著的。对人质事件的短期效应是,在2001年第3季度该事件下降了6.05起,长期效应是平均每季度大约下降9起。然而,即使这种发现也是有问题

的，因为如果我们对人质事件认真审视（见图 26-1），不难发现人质事件的大幅下降事实上在 1999 年发生。

尽管鲜有证据证明不同恐怖袭击方式在袭击水平上的转换，恩德斯和桑德勒（2005a）仍使用统计方法对整个时间段内的"所有"恐怖事件系列组成变化进行了检验。尤其是他们利用方程（26-4）形式的介入模型对各类恐怖事件占"全部"恐怖事件的比率进行了估计。对"死亡"事件占"全部"事件的比率（P_Death）和"伤亡"事件占"全部"事件的比率（$P\text{-}Cas$），脉冲虚拟变量在统计上是显著的。在冲击下，死亡事件的比率上升了 54 个百分点，伤亡事件的比率上升了 48 个百分点。然而水平虚拟变量在常规水平上并不显著，因此死亡事件所占比率（P_Death）和伤亡事件所占比率（$P\text{-}Cas$）的跃升并不持久。

"水平"虚拟变量对人质事件所占比率（$P\_Hostage$）和爆炸所引起的致死事件所占比率（P_Death_B）具有高显著性。短期效应使人质事件在所有事件中的比率大约从 13% 降至 4%，9·11 事件之后，人质事件的比率几乎接近于零。他们也发现，暗杀事件占"所有"事件比率（P_Assns）估计显著下降了 16%。与之相反，爆炸所引起的致死事件（P_Death_B）估计却上升了 20 个百分点。

结论是，9·11 事件后的反恐策略极大地牵制了基地组织直接发动复杂恐怖行动（诸如暗杀和人质绑架等）的能力。另外，9·11 事件对"所有"恐怖系列的主要影响在结构上，而不是在水平上。特别是，9·11 事件之后，人质事件和暗杀事件已被致命爆炸所替代。结果，死亡事件所占比率由于爆炸而上升，而人质绑架和暗杀事件所占比率却下降了。其结果是，基地组织已经从策划复杂恐怖行动（例如人质绑架和暗杀）转向策划更为简单的恐怖爆炸上来。

这些结论存在的一个弱点是，在结构上或许存在多重结构性突变。恩德斯和桑德勒（2000）的研究发现，恐怖主义发生显著变化，与原教旨主义宗教有关的恐怖增加，而与苏联有关的恐怖活动消失。估算方程任何结构突变的疏漏会导致可能遮盖 9·11 事件影响的回归方程误设。一个研究策略是通过包含所有这些疏漏的虚拟变量，重新估计方程（26-4）。然而，恩德斯和桑德勒（2005a）警告说，这种策略也可能存有问题，原因是所选的突变点如果是由于观察角度的变化所引起，就有"事后"相称的危险。另外，由于样本大小的增加不会增加两个突变点之间点的数量，因此，估计的功效可能也不会依赖于自回归通常的渐近性。恩德斯和桑德勒（2005a）接着使用全数据驱动程序来选择中断日期。贝和佩龙 [Bai & Perron（1998，2003）] 开发了一个程序，该程序能对结构中断次数不明，发生日期不详情况下的模型进行估计。贝-佩龙程序的主要特点是，中断次数和时限与自回归系数一同估计。贝和佩龙（1998，2003）也指明了如何判定中断日期的置信区间。这是非常重要的，因为已有可见证据（见图26-1）表明，一些恐怖事件系列的主要变化事实上在9·11事件前已经开始。因此有必要确定这些变化是否归因于9·11事件，或是已在进程中被迫发生的。贝-佩龙的规定形式就是所谓的局部变化模型：

$$y_t = \alpha_j + \sum_{i=1}^{p} a_i y_{t-i} + \varepsilon_t \tag{26-5}$$

其中$j=1,\cdots,m+1,m$，表示是中断次数。方程（26-5）考虑了通过自回归过程截距的变化所表现出的中断次数m。这一概念是如$m+1$次的截距项由α_j表示。第一次中断发生在t_1，结果是第一种状态的持续时间$t=1$到$t=t_1$，第二种状态持续时间从t_1+1到t_2。因为第m次中断发生在时间$t=t_m$，所以最后一种状态的持续时间从t_m+1一直到数据库的终点。在实际应用中，有必要明确说明中断的最大数，我们估计考虑的最大中断数为5。该过程也要求明确说明最小规模状态的情况（即中断期间最小的观察数）。由于数据时间持续到2003年第2季度，为使一个中断发生在如2002年第1季度晚，就要使用6个最小中断大小。原则上，可能允许所有系数（包括自回归系数）改变，但这需要计算每种状态下的分离$AR(p)$模型。由于只收集到很少的9·11事件后的观测数据，所以这样的计算过程很难进行。作为替代，贝和佩龙（1998，2003）所谓的"局部变化"模型被采用，结果是每种状态下只需估计一个新系数（即截距）。

表26-4列出了5类恐怖事件中，每个中断期的点估计，在95%的置信区间上，上、下限的范围大约在中断日期左右（相应的上、下限），第一种状态的样本平均数（初始均值）、短期（SR）和长期（LR）变化都受到突变的影响。其中，突变j的短期效应由$\alpha_{j+1}-\alpha_j$算出，长期效应则由$(\alpha_{j+1}-\alpha_j)\big/\left(1-\sum a_i\right)$计算。

表26-4 多重结构突变估计

系列	突变日期	下限	上限	初始均值	短期效应	长期效应
All	1994:3	1993:4	1996:4	106.62	-46.46	-62.63
Hostage	2000:3	2000:1	2002:3	13.79	-6.69	-9.94
Bombings	1994:1	1993:3	1996:1	61.50	-33.92	-40.43
Bomb_Cas[a]	1992:3	1989:4	1993:3	15.79	11.20	17.17
	1994:1	1994:1	1996:1		15.64	23.97
Deaths	1975:3	1973:2	1976:2	8.89	7.17	11.01
	1996:2	1994:2	1998:4		-5.81	-8.91

a. Bomb_Cas 表示至少有一人伤亡的爆炸事件。

使用贝—佩龙程序的结果强化了根据介入模型所得到的发现。如单一的结构突变（非在9·11事件中）在"所有"恐怖事件中都被发现。这一突变估计最可能出现在1994年第3季度，在95%置信区间下这一突变日期的时间跨度从1993年第4季度延续到1996年第4季度。95%置信区间下这些突变期的关键点不包括9·11事件。由于爆炸事件几乎占了"全部"恐怖事件的一半，相似的结构突变特征也出现在1994年第1季度的爆炸事件系列中。

人质事件在2000年第3季度以后有个单一突变（即新的状态开始于2000年第4季度）。据估计其对每季度事件的短期和长期效应分别为-6.69和-9.94。由于2001年第3季度包含在95%置信区间内，所以可以推断，人质事件数量长期平均值的下降（从13.79降到大约3.85，13.79-9.94=3.85）可能是受了9·11事件的影响。没有暗杀事件系列突变的证据。注意其他事件系列中都不含与9·11事件有关的突变。但仔细观察表可以发现，突变似乎与伊斯兰原教旨主义的上升，以及冷战的消失有较大关系。对不同比率恐怖事件系列分析的结果似乎强化了这一模式。

由于ITERATE数据库中2004年第4季度之前的数据现在都可以使用，因而可以对上述研究做一修正。在下面的分析中，由于在早期年度恐怖事件数量的记录相对较少（见表26-1），所以研究中排除了前两年的数据。在贝—佩龙程序中使用这些修正后的数据，分析（结果）并无实质性变化。取代贝—佩龙程序，如非常小心，在这里不考虑恩德斯和桑德勒（2005a）的警告也是可能的，使用多重干预模型进行估计：

$$y_t = a_0 + \sum_{i=1}^{p} a_i y_{t-i} + \alpha_1 FUND + \alpha_2 POST + \alpha_3 D_P + \alpha_4 D_L + \varepsilon_t \quad (26-6)$$

其中，p表示滞后量，y_t表示在t时期内某种特定类型恐怖事件的数量，c是常数，a_i和α_i是未定系数，ε_t是误差项。方程（26-6）是增含4个虚拟变量的标准自回归模型，虚拟（干预）变量D_P和D_L表示9·11事件的潜在影响。方程（26-6）中也包含控制原教旨主义宗教（FUND）和后冷战时期（POST）的虚拟干预变量，如恩德斯和桑德勒（2000）所确定的，FUND虚拟变量从1979年4季度起取值为1，POST虚拟变量从1992年1季度起取值为1。对每类恐怖事件系列，滞后长度由$p=8$时的估计模型决定。如果在5%水平上，第p次滞后的值不显著，就把p值减1，重新估计模型。由于没有各类恐怖事件系列确定性趋势的证据，因此，检验中并没有把时间作为回归量。

如表26-5所示，在全部恐怖事件中，统计上显著递减的是"脉冲"虚拟变量，而不是"水平"虚拟变量。其中爆炸事件、对美国目标的袭击事件和除威胁欺诈外的其他事件都表现得非常相似。注意任何类恐怖事件系列的

"水平"虚拟变量在统计上都不显著。图 26-1 中的（d）图揭示了 9·11 事件后，"人质"事件不再显著下降的原因。在数据库的最后季节，"人质"事件很明显地跃升接近创纪录水平。

恐怖事件所占比率系列中，除爆炸事件所占比率（$P\_Bombing$）外，9·11 事件也没有显示出持续效应，D_L 的所有系数都在 0 到 1.96 的标准离差内。在爆炸所占比率方程中，D_L 系数是 0.12。由于自回归系数之和大约为 0.26，所以其长期增加估计为 16.2 百分点 [$0.12/(1-0.26) \cong 0.162$]。这一数值在数据中被其他的结构突变所控制，由此可以得出从 9·11 事件时期开始，在恐怖活动袭击方式上几乎没有显著变化。

表 26-5 利用干预模型对恩德斯和桑德勒（2005a）研究的更新[a]

系列	滞后量	DW	截距	FUND	POST	Pulse	Level
All	5	2.00	49.92	16.08	-31.12	-34.04	-2.98
			(3.76)	(1.80)	(-2.67)	(-4.28)	(-0.33)
Allnt	5	2.00	42.74	9.67	-23.45	-29.34	-0.49
			(3.53)	(1.30)	(-2.40)	(-3.84)	(-0.06)
Deaths	2	2.05	4.80	1.89	-1.56	-2.75	3.98
			(3.72)	(1.42)	(-1.12)	(-1.16)	(1.67)
Cas	2	2.13	8.09	2.14	-3.07	-4.34	3.19
			(3.58)	(0.95)	(-1.28)	(-1.57)	(1.09)
Bombing	5	2.00	35.43	2.03	-20.93	-18.67	2.55
			(4.04)	(0.32)	(-3.12)	(-3.50)	(0.46)
UStgts	1	2.04	33.45	0.04	-17.26	-16.51	4.82
			(7.51)	(0.01)	(-4.38)	(-4.22)	(1.12)
Arm	7	1.99	1.67	2.38	0.20	-1.34	-0.83
			(2.34)	(1.62)	(0.11)	(-0.66)	(-0.43)
Hostage	7	2.06	11.99	4.25	-0.98	-4.71	-4.87
			(5.38)	(2.98)	(-0.71)	(-1.25)	(-1.50)
不同恐怖事件在全部事件中的比率							
P_Deaths	8	2.15	0.07	0.00	0.04	0.52	0.08
			(2.85)	(-0.27)	(2.27)	(10.96)	(1.87)
P_Cas	4	1.88	0.13	0.00	0.05	0.44	0.06
			(3.51)	(-0.25)	(2.00)	(12.00)	(1.40)
P_Bombing	1	2.03	0.50	-0.09	-0.07	-0.05	0.12
			(8.55)	(-4.11)	(-2.69)	(-1.30)	(2.75)
P_UStgts	2	2.04	0.13	-0.03	0.02	-0.04	0.02
			(2.77)	(-0.93)	(0.51)	(-1.20)	(0.39)
P_Arm	1	2.07	0.04	0.04	0.07	-0.08	0.00
			(5.46)	(3.85)	(3.45)	(-4.15)	(0.19)
P_Hostage	4	1.97	0.07	0.00	0.07	0.13	-0.05
			(2.97)	(0.34)	(3.20)	(2.78)	(-1.24)

a. 括号中是 t 统计量。

4.2 对恐怖地域的影响

恩德斯和桑德勒（2006b）使用相似的方法来检验如图26-2所示的6类地区内的恐怖事件地域变化。考虑的是全部（All）、伤亡（Cas）、针对美国目标（UStgts）和针对美国目标造成伤亡的事件（CasUS）等恐怖事件类型的季度值。为估计9·11事件对上述四类恐怖事件的影响，他们使用方程（26-6）给出的干预形式对这四类事件进行估计。由于系列计数和一些系列数据稀少，他们就使用泊松分布对缺失数据进行了极大似然估计。正态分布变量可以是正值，也可以是负值，而极大似然函数对均值是对称的。使用泊松分布对数据进行模拟计算的优点是，可以排除y_t取负值的可能性，能够得到正的条件均值。此外，使用泊松分布还能更好地得到许多0或接近于0的系列。图26-7中的图（a）为均值均为3、方差也均为3的正态分布和泊松分布。尽管看上去有些相似，但正态分布曲线下大约16%的面积位于零以下区域。这说明，使用单变量正态近似法存在的主要问题是，因为有关估计系数的推断（例如t-检验和F-检验）不精确，所以事实上还是要使用泊松分布。只是，当变量的均值增加时，两个分布将逐渐趋同，这个问题将会不复存在。例如，图26-7中的图（b），每个分布的均值都是7，正态分布函数的方差保持为3。可以发现，在泊松分布和正态分布的右侧部分区别已经很小。不过，在实际应用中，正态分布有一个好处是可以单独估计均值和方差。而泊松分布中，均值和方差必须相等③。

用x_t表示回归量FUND、POST、D_P和D_L的集。该回归量集存在的必要条件是，在泊松模型中假定y_t符合以下概率密度函数：

$$f(y_t \mid x_t) = e^{-\mu_t} \mu_t / (y_t!) \qquad (26-7)$$

其中，条件均值μ_t，可由下式求得

$$\mu_t = \exp\left[c + \sum_{i=1}^{p} a_i \ln(y_{t-i} + bI_{t-i}) + \alpha_1 FUND + \alpha_2 POST + \alpha_3 D_P + \alpha_4 D_L\right]$$

$$(26-8)$$

方程（26-8）中I_{t-i}是指示函数，当$y_{t-i} > 0$时，$I_{t-i} = 0$；当$y_{t-i} = 0$时，$I_{t-i} = 1$。

条件均值方程中滞后值的存在关注了系列的持续性。由于自然对数函数中y_{t-i}取值为非负数，可对其加上一个接近于0的微小增量b。通常的过程是在区间$0.1 \leq b \leq 0.9$中进行格点搜索，选取最合适的b值。

---

③ 负二项式分布具有泊松分布的一些优点，但使用负二项式分布也存在估计问题。

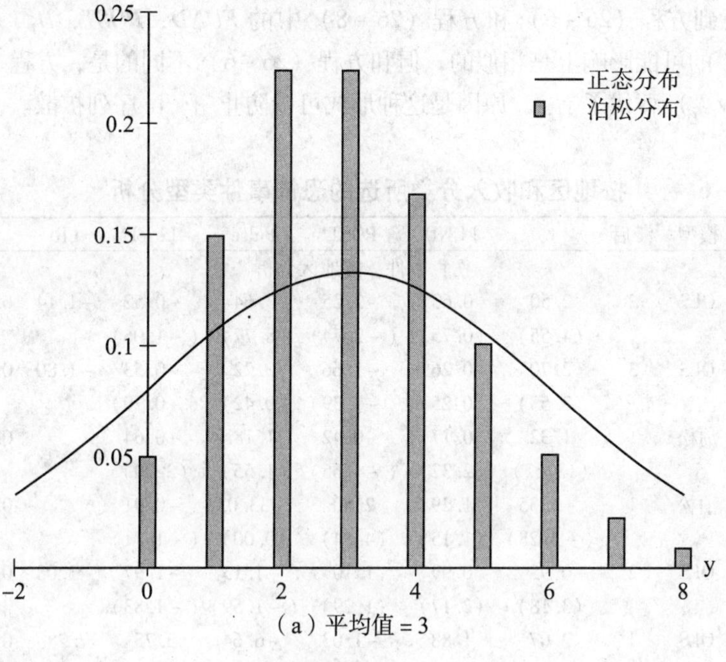

图 26 – 7　正态分布和泊松分布比较

注意到方程（26-6）和方程（26-8）中的 FUND，POST，D_P，和 D_L 在对均值 y_t 的可能影响上是相似的，但和方程（26-6）不同的是，方程（26-8）中用 $\ln(y_{t-i})$ 替代了 y_{t-i}。原因是这种形式可以防止 $\{y_t\}$ 序列扩散。

表 26-6 按地区和收入分类所选的恐怖事件类型分析[a]

地区	模型	滞后	c	FUND	POST	Pulse	Level	LR	F	Q(4)
伤亡事件：按地区分析										
西半球	OLS	2	2.50	0.63	-2.25	3.64	-0.52	-1.14	0.00	0.85
			(4.55)	(0.75)	(-2.74)	(8.77)	(-1.06)			
欧洲	OLS	3	2.70	0.26	-1.66	0.22	-0.53	-1.80	0.78	0.98
			(3.53)	(0.25)	(-1.39)	(0.42)	(-0.70)			
	泊松	1	1.32	0.17	-0.42	1.18	-0.64		0.06	
			(13.62)	(2.32)	(-4.65)	(1.55)	(2.20)			
欧亚大陆	泊松	1	-3.35	1.29	2.50	-33.03	-0.91		0.23	
			(-3.28)	(1.15)	(4.54)	(0.00)	(-1.71)			
非洲	OLS	2	0.92	0.99	1.10	-1.13	-1.97	-3.08	0.00	0.58
			(3.18)	(2.17)	(1.29)	(-1.59)	(-1.83)			
中东	OLS	1	2.07	1.88	-1.03	-6.64	3.75	7.28	0.00	0.21
			(3.66)	(2.38)	(-1.02)	(-3.17)	(1.69)			
亚洲	OLS	1	1.16	1.53	0.12	-3.37	2.01	2.77	0.00	0.31
			(3.71)	(2.73)	(0.19)	(-3.03)	(1.57)			
全部事件：按收入情况分析										
低收入	OLS	1	34.54	24.38	-16.90	-27.79	-11.92	-13.89	0.00	0.59
			(6.24)	(3.84)	(-2.77)	(-3.89)	(-1.41)			
高收入	OLS	2	22.13	2.87	-16.99	-1.99	-1.16	-2.27	0.54	0.97
			(4.91)	(0.77)	(-2.71)	(-0.76)	(-0.26)			
袭击美国目标造成伤亡的事件：按收入情况分析										
低收入	OLS	2	2.75	0.96	-1.31	-6.62	3.56	5.11	0.00	0.82
			(4.79)	(1.60)	(-1.90)	(-4.03)	(2.09)			
低收入	泊松	1	1.24	0.28	-0.35	-33.52	0.75		0.00	
			(14.60)	(2.85)	(-3.22)		(4.99)			
高收入	泊松	1	0.75	-0.10	-1.20	1.23	1.09		0.00	
			(7.26)	(-0.67)	(-4.58)	(2.29)	(3.11)			

a. 括号内为 t-统计量。

表 26-6 对所选恐怖事件系列重新进行了计算。结果发现在非洲、中东和亚洲的伤亡事件的显著增加与原教旨主义有关。尽管非洲部分地区居住着大量的穆斯林人，但预计最大的影响在中东和亚洲。冷战的结束使西半球伤亡事件显著下降，但却使欧亚大陆的伤亡事件显著上升。有证据显示 POST 使欧洲的

伤亡事件下降,尽管在常规水平下 OLS 估计是不显著的,但泊松估计却是负和高显著的。对西半球,D_P 为正且非常显著,因此可以推断 9·11 事件后的一段时间,西半球的伤亡事件短暂增加,而此时中东和亚洲的此类事件却短暂下降了。OLS 估计显示,9·11 事件后伤亡事件的地区表现没有显示出长久和显著的变化(在 5% 的水平上)。欧洲伤亡事件的下降仅在泊松估计下是显著的。恩德斯和桑德勒(2006b)也发现,较少证据显示 9·11 事件持续促进伤亡事件相比"全部"事件的下降。

恩德斯和桑德勒(2006b)也根据恐怖袭击发生国的收入水平对事件进行分类。尤其是,他们根据世界银行(2000)的报告,选出 31 个国家作为人均国民收入(GNI)水平最高的国家作为高收入国家(组)(HIC),而其他为低收入国家(组)(LIC)。这 31 个高收入国家包括大多数经合组织成员国(OECD)和另外一些国家。如表 26 - 6 中间部分所示,以这种方法对国家进行分类后,原教旨主义(FUND)与低收入国家跨国恐怖袭击事件大幅显著增加(每季度约 24.38 起)有关。因为冷战后(POST)的系数对高收入国家不显著,这种分类研究表明原教旨主义的影响完全集中在低收入国家。冷战后(POST)与两类收入国家恐怖事件都减少有关。D_P 虚拟变量为负且仅对低收入国家具显著性。D_L 虚拟变量在每种收入组下都不显著。表 26 - 6 中的最后部分给出了对针对美国目标袭击造成伤亡事件所进行的经验分析结果。应当注意其重要特点是 D_L 虚拟变量为正,且对两种收入组都表现出统计显著性。同样,9·11 事件也与反对美国的严重恐怖袭击密切相关。9·11 事件之后,美国人在本土比国外更安全,而且美国也加强了国土安全。

5. 恐怖主义的经济成本测算

恐怖活动的直接成本很容易度量。根据经济分析局(Bureau of Economic Analysis,2001)的评估,9·11 事件对建筑和固定资产袭击的直接成本为 162 亿美元。再加上 100 亿美元的清扫费用和停工两天在工资薪水上损失的 25 亿美元,总直接成本小计约为 274 亿美元。纳瓦罗和斯潘塞(Navarro & Spencer,2001)估计,人员生命的价值为 66.7 亿美元。考虑到近 3000 人死于 9·11 袭击事件,总直接成本将会再增加 200 亿美元。另外,9·11 事件还间接为美国带来了许多额外经济成本。痛苦伤害成本和由于伤害造成产出损失的价值很难估价。联邦政府本期的大部分预算赤字就是由于用来追加了反对"恐怖主义战争"的军事和安全支出。同样,商业公司也增加了新的安全措施,引起了大量额外的保护他们免受另一场灾难性恐怖袭击的保险成本。从某种意义上说，对恐怖活动的恐惧好像对整个经济征了税。考虑到现有的方法不可能计算和求出恐怖行动众多直接和间接成本的和，这使得研究者开始使用新的方法。一个可选的计量恐怖事件全部成本的方法是，比较恐怖活动高发和低发国家或地区的整体经济绩效。当然，比较也可放在回归分析框架内进行，其中恐怖主义可以作为影响经济增长的一个变量。从这个意义上说，有可能掌握能够可能影响经济增长的所有因素，高和低恐怖主义国家间经济增长率的差别就是恐怖主义的估计成本。

布隆伯格、赫斯和奥法奈兹（Blomberg, Hess & Orphanides, 2004）（后称 BHO）利用从 1968~2000 年 177 个国家的截面数据来测算各恐怖变量对实际人均 GDP 增长的影响。为单独分析恐怖主义对增长的影响，他们使用虚拟控制变量来研究非洲国家和非石油输出国往往具较低增长率这一事实。其他控制变量还包括各国初始收入水平、投资占实际 GDP 的比率，和表示一国是否经历国内和（或）国外冲突的虚拟变量。BHO 发现，如果一国在其样本期内在其土地上"每"年都发生跨国恐怖事件，那么其在"整个"样本期内人均收入增长率将会下降 1.587 个百分点。按照这样的情况，各年恐怖主义引起的平均增长率下降仅为 0.048%（=1.587/33），因此，恐怖主义对特定年（经济增长）的影响其实很小。

BHO 的初始恐怖主义度量（T_{it}）为：如果国 i 在时期 t 内经历了一次或多次跨国恐怖事件，则 $T_{it}=1$；反之，则 $T_{it}=0$。这一度量对如以色列（每年有许多恐怖事件）这样的国家和每年仅一次威胁或欺诈事件的国家用相同的方式同样对待。稍显不足的是他们的模型没有考虑恐怖主义的强度和水平如何影响经济增长。此外，即使某些样本国事实上发生了许多国内恐怖主义，文章也只使用了"跨国"恐怖主义事件。如图 26-5 所示，国内恐怖事件的数量远超过跨国恐怖事件。因此，"国内冲突"这一虚拟变量更可能抓住国内恐怖主义对增长的一些影响因素。总体影响是恐怖活动成本可能正趋于下降。

为检验稳健性，BHO 按非民主国家、经合组织（OECD）国家、非洲国家、中东国家和亚洲国家把这些国家分为不同组群，使用不同的估计模型。令人惊奇的发现是，除了非洲国家外，恐怖活动变量对其他类国家都不显著。然而，在整个抽样时间内，非洲国家每年发生恐怖事件的数量最低（见图 26-2）。此外，由于许多非洲国家已经遭受的负增长原因，恐怖活动的存在不比艾滋病的存在、公开战争和经济管理不善等有更大的关系。同样令人惊奇的是，全面板估计（相比上面讨论的横截面估计）指出，个别年份的恐怖活动使人均 GDP 增长率减少了 0.5 个百分点以上。没有理由提出来解释在整个样本中，恐怖活动对经济增长的平均影响为何未能在中东和亚洲国家的"任何"地区反映出来。

在另一个面板估计中,BHO（2004）用一国国内人均恐怖事件的数量代替虚拟变量 T_{it},来度量恐怖主义水平。人均恐怖事件度量意味着单一恐怖事件在人口较少国家内比其在人口更多国家内的影响更糟。使用这一替代方法计算的结果是,恐怖主义显著影响了所有样本国、非民主国家、OECD 成员国和非洲国家人均 GDP 的增长。恐怖主义的影响在所有样本国和子样本中各不相同,所以未能得出度量恐怖主义成本的统一方法。但作者却给出了一个恐怖主义影响增长机制的有趣解释。在第二个面板估计里,BHO 发现恐怖主义能够增加政府开支,减少私人投资。按此,他们认为政府承担反恐行动所增加的安全支出,"挤出"了私人投资。投资的减少使国家的资本存量减少,因而制约了增长。

塔瓦雷斯（Tavares,2004）也证实恐怖主义的总体宏观经济成本并不高。他所选的国家很多,但未列明,时间从 1987~2001 年,估计方程为:

$$\Delta y_{it} = \beta_1 \Delta y_{it-1} + \beta_2 Y_{it} + \beta_3 \text{Terrorism}_{it} + \text{Control Variables} + \varepsilon_{it} \qquad (26-9)$$

其中,Δy_{it} 是国家 i 在 t 时期的实际人均 GDP 增长率,Y_{it} 是国家 i 在 t 时期的实际人均 GDP 水平,Terrorism_{it} 或者是人均袭击数,或者是人均伤亡数,Control Variables（控制变量）包括自然灾害指数和通货危机指数。

如果塔瓦雷斯（2004）进行恐怖度量的数据来自 IPIC,因为这一数据库是经过高度选择的,那么他的研究结果就有一定问题。另外,和 BHO 不同,塔瓦雷斯（2004）没有对国内冲突量进行控制。尽管如此,使用工具变量修正恐怖主义和实际人均 GDP 增长率之间的联立性后,塔瓦雷斯发现恐怖主义变量对年度 GDP 增长有 0.038% 的负面影响。这一估计值大小与 BHO 的估计结果是相近的。但是,一旦把增长的其他决定因素（如教育变量、贸易开放度、初级产品出口和通货膨胀率等）引入估计方程,恐怖主义变量就不再具有统计上的显著性和（或）消极影响。由于这些附加的变量通常都包含在标准的经济增长分析中,因此有理由相信第一种结果是不合适的。恐怖主义的增长成本基本为零这一结果是难以令人相信的。当然,一个解释是面板数据估计达到广泛不同国家恐怖活动成本的平均数。另一个可能的解释是恐怖活动与教育变量、贸易开放度、初级产品出口、和（或）通货膨胀相关,因此系数的大小和通常的 t-检验都被误导了。

塔瓦雷斯（2004）也比对了民主国家和非民主国家恐怖活动的成本。他处理政治权力回归方程的关键部分为:

$$\Delta y_{it} = 0.261 \Delta y_{it-1} - 0.029 T_{it} + 0.121(T_{it} \times R_{it}) + 其他解释变量 \qquad (26-10)$$

其中，R_{it} 是国家 i 在 t 年政治权利的大小，R_{it} 从 0 到 1，样本均值为 0.53。

和塔瓦雷斯在方程（26-9）中给出的初始形式相比，这一 R_{it} 方程的所有系数在统计上都是显著的。互作项 $(T_{it} \times R_{it})$ 的值系数为正，意指随着政治自由度的提高，一般恐怖袭击的影响下降。存有争论之处是民主政府是否比更少缺乏灵活性制度的其他类型的政府能更好地承受恐怖袭击。这与恩德斯和桑德勒（2006a）所讨论的在民主国家比其他形式政府的国家恐怖袭击成本更低这一观点是一致的，原因在于其依靠市场配置资源。点估计表明国家 i 在 t 年发生的个别恐怖事件对经济增长造成的影响是 $(-0.029 + 0.121 R_{it})$ 百分点。因此，对政治权力较小的国家（R_{it} 接近于 0），恐怖活动降低年度经济增长约 -0.029 个百分点。由于这个模型是动态的，故其对经济增长的影响具有一定的持续性。然而，这个结果仍然有一点问题，原因是系数的点估计暗含恐怖活动能够促进经济增长。对于政治权力为平均水平的国家（例如 $R_{it} = 0.53$），恐怖袭击对经济增长的影响为 $+0.03513$ 个百分点。如果把 T_{it}、R_{it} 和 $(T_{it} \times R_{it})$ 作为解释变量，那么结果将会是十分有意思的。用这种方法，R_{it} 对经济增长的单独影响将能被确定。由于 R_{it} 的单独影响也能被从回归分析中排除，$(T_{it} \times R_{it})$ 的系数或许就有上升趋势。

古普塔等人（Gupta et al., 2004）利用联立方程方法专门分析了经济增长、冲突和政府赤字之间的（联系）途径。如果我们对他们的符号稍做修改，那么这个增长方程就可以写为：

$$\Delta y_{it} = \beta_0 + \beta_1 Y_{it} + \beta_2 Edu_{it} + \beta_3 Def_{it} + \beta_4 Age_{it} + \beta_5 Conf_{it} + \beta_6 Inv_{it} + \varepsilon_{it} \quad (26-11)$$

其中，y_{it} 表示国家 i 在 t 时期的实际人均 GDP 增长率，Y_{it} 表示国家 i 在样本期初始年份的实际人均 GDP 水平，Edu_{it} 表示在样本初始年份中学注册人数，Def_{it} 表示国防支出在整个政府支出中所占份额，Age_{it} 是人口的年龄分布情况，$Conf_{it}$ 是国内冲突和恐怖主义的大小，Inv_{it} 则是总投资占 GDP 的大小。时间下标涉及的 4 个时期为 1980~1984 年、1985~1989 年、1990~1994 年和 1995~1999 年，因此估计实际使用了变量的 5 年平均值。

模型的其他两个方程确定了国防支出（Def_{it}）和税收（Tax_{it}）公式。由于他们承认 Def_{it} 和 Tax_{it} 是冲突变量的函数，因此实际上有两个冲突可能影响经济增长的途径：冲突直接影响 Δy_{it}，以及冲突影响 Def_{it}，Def_{it} 再直接影响经济增长。

为了使 $Conf_{it}$ 成为内生变量，估计方程使用了广义矩方法（GMM）。在原始模型中，Def_{it} 为负值，对经济增长统计上具负效应（$\beta_3 = -0.37$），冲突使 Def_{it} 显著增加。只是，他们把冲突作为一个总量来测算，没有把恐怖活动对经济增长的单独影响分离出来。在这种情况下，他们只是简单报告了恐怖活动能够显著抑制经济增长，却没有提供对所研究的任何国家实际恐怖成本的估计。此外，多数宏观经济学家都认为政府赤字能够提高利率，减少实际投资，继而降低经济增长率。因此，尚不清楚为什么古普塔等人（2004）把 Inv_{it} 作为一个独立变量来处理。

总之，从这些研究中几乎不能得到明确的结论。所有这些文章使用了不同的控制变量，从不同方面对恐怖事件的成本进行了度量。在计量经济学中，如果变量与因变量不相关，那么就可以忽略这一变量。可是，如果被忽略的变量与恐怖主义相关，研究的关键结果将会有偏。例如，如果恐怖活动在自由民主国家（民主促进增长）更普遍，所有截面和面板研究都需要考虑到国内的民主变化水平。由于一国人口的年龄分布和教育水平可能影响增长率和恐怖主义，同样的问题也会出现。在是否要把恐怖活动作为（0，1）虚拟变量，或是通过恐怖事件数量、人均恐怖事件数量，或作为全部冲突变量的一部分来进行测算上，至今仍未达成共识。但似乎严重的恐怖事件类型（例如，带有死亡和伤亡的恐怖事件）的确比其他类型的恐怖事件影响更大。

5.1 个案研究

埃克斯坦和齐登（Eckstein & Tsiddon，2004）使用四方程 VAR 模型来研究以色列的恐怖活动（T）对实际人均 GDP（GDP）、投资（I）、出口（EXP）和非耐用品消费（NDC）的影响。作者使用了 1980~2003 年间的季度数据。VAR 模型如下：

$$\begin{bmatrix} GDP_t \\ I_t \\ EXP_t \\ NDC_t \end{bmatrix} = \begin{bmatrix} A_{11}(L) & \cdots & A_{14}(L) \\ \vdots & \ddots & \vdots \\ A_{41}(L) & \cdots & A_{44}(L) \end{bmatrix} \begin{bmatrix} GDP_{t-1} \\ I_{t-1} \\ EXP_{t-1} \\ NDC_{t-1} \end{bmatrix} + \begin{bmatrix} c_1 T_{t-1} \\ c_2 T_{t-1} \\ c_3 T_{t-1} \\ c_4 T_{t-1} \end{bmatrix} + \cdots + \begin{bmatrix} \varepsilon_{1t} \\ \varepsilon_{2t} \\ \varepsilon_{3t} \\ \varepsilon_{4t} \end{bmatrix}$$

(26 – 12)

其中，公式 $A_{ij}(L)$ 是滞后算子为 L 时的多项式，c_i 度量恐怖主义对变量 i 的滞后影响，ε_i 是回归误差，右侧其他变量包括实际利率和季度虚拟变量。

恐怖活动是以在以色列发生的国内和跨国恐怖袭击所造成致命、受伤和非伤亡事件数量的加权平均数来测度。替代性滞后长度实验表明，恐怖活动对经济活动初始影响时间为一季度。还应注意到，方程（26 – 12）把恐怖活动作为一个能同时影响 4 个内生宏观经济变量的先决变量。

研究发现，恐怖活动对经济的最大影响是影响出口和投资，尤其是，T_{t-1}

对投资的影响3倍多于其对非耐用品消费的影响，两倍多于其对GDP的影响。这和我们的观念是一致的，面对恐怖主义浪潮，投资人都会不假思索地把他们的资金转移到相对安全的地区。如果知道各个c_i的点估计，就可能估计出恐怖活动对以色列经济（发展）的成本。这一预测的前提假设是或者没有后续恐怖行为，或者恐怖事件要超过2000年第4季度到2003年第4季度之间的恐怖行动水平。埃克斯坦和齐登（2004）第一个反应用的假定是，假定所有的恐怖活动都在2003年第4季度之前结束（可使$j > 2003:4$时，$T_j = 0$）。在这种情况下，到2005的第3季度的年度GDP增长率估计为2.5%。相反，如果恐怖活动稳定在2000年第4季度到2003年第4季度的平均水平，GDP的增长率将会是0。因而，恐怖活动保持在稳定水平倒会使以色列经济受到损失，影响其实际产出的增长。

阿巴迪和加德亚萨瓦尔（Abadie & Gardeazabal，2003）对西班牙巴斯克地区因恐怖主义对人均GDP所造成的损失进行了估计。奥斯卡迪·塔·阿斯卡塔色娜（Euskadi Ta Askatasuna，ETA）和其他的更小分离组织，已经发动了25年的反抗西班牙政府运动，以谋求区域自治。阿巴迪和加德亚萨瓦尔（2003）认为，恐怖活动增加了不确定性和预期的投资回报。因此，依靠国际资本流动的开放经济（体）应当因恐怖活动蒙受大的损失。为证明他们的观点，笔者构造了和巴斯克地区各方面情况都很相似，但没有恐怖主义的经济（地区）。尤其是，这一模拟的巴斯克地区被构造成在各方面达到西班牙其他地区的加权平均数。该权重选择在与恐怖活动发生"前"的巴斯克地区几近产生同样的实际人均GDP、投资占GDP份额、人口密度和人力资本水平的地区。这样这一模拟地区就可以作为"对照组"，从而使笔者可以对实际巴斯克地区所获的经济增长与无恐怖活动模拟地区所获的经济增长进行对比。应当注意的是巴斯克地区和反事实地区在恐怖运动开始前呈现出相似的人均GDP值。但在1976~1996年间，反事实地区的实际人均GDP比巴斯克地区大约高出10%，该差距在恐怖活动高发期扩大到12%，在恐怖活动低潮期则缩小至8%。阿巴迪和德亚萨瓦尔（2003）也构造了一个包含巴斯克地区业务适当公司的普通股投资组合。1998年后期，当ETA宣布停火后，投资组合净值增加10.14%；当14个月停火失败后，相同的投资组合净值下跌了11.21%。另一包括非巴斯克地区"对照组"的投资组合，于相应的停火声明则没有表现出明显波动。

5.2　恐怖主义的微观经济后果

无论恐怖活动对宏观经济的影响有多大，必有某些经济部门所受恐怖活动冲击大于其他部门。由于对来自产业的数据合并难度较大，许多测算恐怖事件经济成本的研究都使用了时间序列模型（与面板数据相对）来分析恐怖活动的微观经济成本。

5.2.1 旅游

恐怖分子袭击旅游胜地的一个原因是引起媒体注意，促使游客重新改变其旅游计划去相对安全的地方，减少当地旅游收入。恩德斯和桑德勒（1991）使用 VAR 法对 1970~1991 年期间的西班牙情况进行了研究，在这期间，奥斯卡迪·塔·阿斯卡塔色娜（ETA）和其他独立组织发动了大量恐怖袭击运动。1985~1987 年间，ETA"导演"了针对西班牙旅游业的爆炸和威胁活动，甚至发信警告欧洲的旅行社。使用每月的数据进行测算，结果显示原因是单向的：恐怖活动影响旅游业，相反则不成立。据估计，每起跨国恐怖事件，吓阻的游客超过 140 000 人（每月的影响都包括）。如果乘以每名游客的平均消费，这就会转换为相当可观的收入损失。由于 ETA 组织的许多恐怖袭击都是跨国的，意在赶走外国旅游者和 FDI，因此可以用跨国恐怖袭击的数量来粗略表示恐怖活动的数量。尽管西班牙也存在一些国内恐怖活动，由于这些国内袭击事件大多都在远离旅游胜地发生，故此仍可使用 ITERATE 数据。

恩德斯等人（1992）使用传递函数来对 1974~1988 年的奥地利、西班牙、意大利 3 个国家跨国恐怖事件对旅游业的影响进行了研究，这 3 个国家在此期间发生了许多明显针对外国游客的跨国恐怖袭击。"传递函数"分析非常适用于用来估计恐怖袭击对一国旅游产业的短期和长期影响。（他们）考虑恐怖袭击影响意大利旅游业的传递函数模型如下：

$$y_t = A(L)y_{t-1} + B(L)x_t + C(L)\varepsilon_t \tag{26-13}$$

其中，y_t 表示 t 时期意大利旅游产业收入所占份额的对数，x_t 表示 t 时期意大利恐怖事件的数量，L 是滞后算子，ε_t 表示误差项。该方程表示意大利在任何时期其旅游收入所占份额都受其过去所占份额 $A(L)y_{t-1} + C(L)\varepsilon_t$ 的影响，也受意大利当前和过去恐怖事件数量的影响，即 $B(L)x_t$。起先，这个传递函数可能看上去像一个关于 y_t 的两方程 VAR。但本质区别却是，因为其被假定独立于当前的旅游水平，故 x_t 的现值可能出现在传递函数中。$A(L)$ 和 $C(L)$ 系数记录不同旅游水平的持续性，$B(L)$ 系数记录恐怖活动对旅游的当前和滞后影响。如果恐怖活动对旅游没有影响，则所有 $B(L)$ 系数应该都等于 0；如果恐怖活动减少了旅游，那么系数之和就应该是负值。

有关传递函数估计的细节见恩德斯（2004）的研究。重要的是传递函数分析能用来估计恐怖活动对旅游所造成的间接影响。一旦估算出 $A(L)$、$B(L)$

和 $C(L)$，就能进行没有恐怖活动的 y_t 的反事实分析（也就是，所有 $x_{t-i} = 0$）。关于意大利的最后估计方程如下④：

$$y_t = \frac{-0.0022 x_{t-1}}{1 - 0.876L + 0.749L^2} + \frac{(1 + 0.293L^4)\varepsilon_t}{1 - 0.504 - 0.245L^2} \quad (26-14)$$

利用方程（26-14）可以通过假定 x_{t-1} 系数为 0（代替估计值 -0.0022），构建反事实系列 y_t'，那么反事实 y_t' 值与真实 y_t 值间的区别就是由于恐怖主义的影响所致。可以发现，恐怖活动对旅游业将产生显著的负面滞后效应，其影响程度根据旅游在各国所占的份额而不同：意大利减少 1 成，希腊减少 3 成，奥地利减少 7 成。由于游客修改旅行计划需要一段时间，这种滞后也就可以理解了。各国的损失也不相同：奥地利损失 33.7 亿特别提款权（SDRs），意大利损失 8 610 亿特别提款权，希腊损失 4 720 万特别提款权。笔者也给出了一些人从欧洲国家转向较安全的北美而造成的收入损失。

德拉科斯和库兰（Drakos & Kutan，2003）把恩德斯—桑德勒—帕里塞（Enders-Sandler-Parise）的方法用于对 1991~2000 年期间希腊、以色列和土耳其的研究。笔者使用了取自 ITERATE 的月度跨国恐怖活动数据。除了对本国影响的研究外，德拉科斯和库兰还饶有兴趣地研究了跨国家的或"溢出"-正负效应，也就是说，发生在以色列的跨国恐怖袭击有可能把将要到以色列的游客转移到相对安全的意大利、希腊或另外的地方。他们估计了各个国家游客所占份额的传递函数，研究表明，希腊旅游业所占的份额取决于：希腊游客过去所占份额，希腊当前和过去发生的恐怖袭击，以色列当前和过去发生的恐怖袭击，以及土耳其当前和过去发生的恐怖袭击。也有一个意大利游客所占份额的方程，那里是相对安全的避风港。基于跨国恐怖袭击的研究，作者推断希腊失去其旅游市场份额的 9%，土耳其失去其旅游市场份额的 5%，以色列损失其旅游市场份额不到 1%。由于恐怖事件所造成的欧洲近 89% 的旅游业损失流向其他国家更安全的旅游地区。德拉科斯和库兰也发现了显著的溢出效应——以色列低强度的恐怖袭击减少了希腊的旅游收入。

5.2.2 外国直接投资净额

正如游客会避免前往可能遭受恐怖袭击的地区一样，国际投资者也会回避恐怖事件高发地。显然，恐怖袭击可能破坏基础设施，促使商业中断。公司也会寻求避免由于潜在袭击保护设备所要增加的成本。这些成本包括直接保护设

---

④ 这个估计方程与恩德斯等人（1992）的方程稍有不同。恩德斯（2004）记录了详细的估计过程。

备的成本、对雇员安全调查的支持费和另外的保险费用。由于许多人不愿在恐怖事件频发地区工作，公司的招聘成本也可能增加。此外，由于恐怖活动提高了不确定性的一般水平，NFDI 将重新定向转向更安全地区。这表明，恐怖活动增加在该国做生意的成本。在这种情况下，外国公司将为其设备寻找更安全的场所，国内公司将试图将其公司迁往到国外。

恩德斯和桑德勒（1996）对欧洲两个相对较小国家——希腊和西班牙的恐怖活动对其 NFDI 的影响进行了估计。一些较大国家，如法国、德国、英国等有许多吸收外资流入的渠道，似无可观的外资流入转向，能够承受恐怖袭击。大国在恐怖袭击后，也能更好地采取防御措施，重建信心。由于希腊和西班牙在 1968~1991 年样本期内都遭受了数次针对外国商业利益的跨国恐怖袭击活动，故而选择它们来进行个案研究。

由于西班牙的恐怖活动没有即刻影响到 NFDI，故而使用传递函数的形式证明是合适的。但由于希腊存在潜在的内生问题，故使用了 VAR 模型。在西班牙，恐怖事件出现到 NFDI 发生反应，中间会有 11 个季度的较长延迟。反事实分析表明，西班牙的典型跨国恐怖事件估计减少 NFDI 约 2 380 万美元，跨国恐怖事件平均"每年"降低西班牙 NFDI 13.5%。希腊的情形类似，跨国恐怖事件减少该国年度 NFDI 11.9%。这对在样本期内，严重依赖 NFDI 作为储蓄来源的两个小经济体，损失是相当可观的。

5.2.3 贸易影响

在最新的研究中，尼奇和舒马赫（Nitsch & Schumacher, 2004）使用标准贸易引力模型（standard trade-gravity model）估计了跨国恐怖活动对双边贸易流动的影响。在他们的模型中，贸易合伙人之间的贸易流动由恐怖袭击、两国之间的距离、收入变量、人均收入变量和一些虚拟变量决定。他们正式估计了所有贸易合伙国中各国恐怖活动的影响。数据库涵盖 1968~1979 年间 217 个国家和地区。恐怖活动数据来自 ITERATE，且只包括跨国恐怖袭击，忽略了即便能同样影响贸易流动的国内恐怖活动。作者发现，首次跨国恐怖袭击几乎减少了 10% 的双边贸易，这是一个相当可观的影响，可能还会加大国内恐怖活动的影响。尼奇和舒马赫还发现，恐怖事件的数量加倍将减少双边贸易 4%。因此，恐怖事件高发国将会极大地减少贸易量。

5.2.4 金融市场

陈和西姆斯（Chen & Siems, 2004）应用事件研究法研究了 1915 年后 14 次恐怖袭击或军事袭击所引发的证券交易平均收益变化。这一事件研究测算了

14次事件（如日本袭击珍珠港，泛美航空公司107坠机事件和9·11事件等）发生后股票每日盈余－赢或亏。特别是，股票 j 在日期 t 的日超额回报率（AR_{jt}）由股票在这一天的账面收益（R_{jt}）减去近期前的平均收益（$\bar{R}_j$）而得：

$$AR_{jt} = R_{jt} - \bar{R}_j \qquad (26-15)$$

其中，平均收益 $\bar{R}_j$ 计算方法为：

$$\bar{R}_j = 0.05 \sum_{t=-30}^{-11} R_{jt} \qquad (26-16)$$

假如把事件发生的那天指定为0，那么平均收益就是最近20天收益的平均值。当然，如果恐怖事件对股票价格没有影响，事件发生那一天的收益就应该等于平均收益，故而 AR_{jt} 就应为0。研究结果显示，恐怖事件即便对大型股票交易有影响，也会非常短暂，大型恐怖事件的影响也仅有1~3天。唯一的例外是，9·11事件使道琼斯指数40天后才恢复正常。研究还显示，反弹周期与证券交易所有关，挪威、雅加达、吉隆坡和约翰内斯堡的交易市场反弹时间较长，而伦敦、赫尔辛基、东京和其他地方反弹时间则较短。大多数恐怖事件对主要证券交易很少或根本没有影响。文章继续指出，美国资本市场比过去更有弹性，比世界其他资本市场更容易从恐怖袭击影响下恢复。尽管文章认为美国更稳定的金融部门促进了证券市场的稳定这一观点有些似是而非，但也有另外的原因来解释最近的证券市场为何比以往恢复更快。不像印度国际航空公司（1985年7月）、韩国航空公司（1987年11月）、泛美航空公司（1988年12月）的击落事件，早期事件（包括路西塔尼亚的爆破事件、德国侵略法国、珍珠港事件和朝鲜进攻韩国等），都标志着较大的长期冲突。

埃尔多尔和梅尔尼克（Eldor & Melnick, 2004）应用时间序列方法来对2000年9月27日后，以色列恐怖活动对特拉维夫100种股票指数（TA100）和汇率的影响情况进行了研究。在恐怖袭击持续发生情况下，时间序列法就非常合适。作为单位根是否存在的初步检验，埃尔多尔和梅尔尼克进行了数据的增补Dickey-Fuller检验，且发现股票价格和汇率都是不稳定的。在这种情况下，他们使用一阶差分进行估计，方程形式为：

$$\Delta x_t = \alpha + \beta f_t + \gamma_0 T_t + \gamma_1 T_{t-1} + \gamma_2 T_{t-2} + \varepsilon_t \qquad (26-17)$$

其中，x_t 是 TA100 或汇率的对数，f_t 是市场基本面（market fundamentals）测算，T_t 表示以色列在时期 t 的恐怖活动水平。

如果恐怖变量的系数是统计显著的，就能推出恐怖活动对 x_t 具重要信息含量的结论。如果系数 $\gamma_0 + \gamma_1 + \gamma_2$ 的和接近于0，恐怖活动对 x_t 就只有暂时影响；否则，恐怖活动对 x_t 的影响就是长期性的。当 x_t 是 TA100 的对数时，自杀式袭击、导致人员死亡或受伤的袭击事件都能对股票价格水平产生长期效应。而如果 T_i 表示对交通运输的袭击，或是整体袭击程度时，其效应就是暂时的。与其他时间序列研究类似，他们构造反事实情况，通过使用时间序列估计模型，并在恐怖袭击中指定回报率为0，以此来测算恐怖袭击对 TA100 指数值所造成的影响。其分析估计，由于恐怖活动，2003 年 7 月 30 日的 TA100 下降了 30%，但他们发现任何形式的恐怖活动对汇率的影响却很小。

在研究恐怖活动对主要股指影响外，德拉科斯（2004）研究了 9·11 事件对航空公司股票的影响。用 R_{it}、R_{ft} 和 R_{mt} 分别表示在时期 t 航空公司股票 i、无风险资产和市场投资组合的相应回报率，其估计方程为：

$$(R_{it} - R_{ft}) = \beta_i (R_{mt} - R_{ft}) + \varepsilon_t \qquad (26-18)$$

β_i 的值表示股票 i 的超额收益是如何与整个市场收益率与无风险资产收益率之差有关的。如果 9·11 事件对航空公司股票的系统风险没有影响，9·11 事件前和 9·11 事件后的 β_i 值就应该相等。相反，如果市场参与者觉察到持有航空公司股票的风险增加了，β_i 的值就会上升，以补偿资产持有者增加的风险。与此相同，如果 9·11 事件对股票波动没有影响，$Var(\varepsilon)$ 在 9·11 事件前后的值也应该相等。德拉科斯（2004）发现，在 13 种股票中有 11 种在 9·11 事件后的系统风险增加了，只有荷兰航空公司（KLM）和（澳大利亚）康达斯帝国航空公司（Qantas）（两家非美国的运输公司）的系统风险没有增加。此外，9 个公司的方差增加也意味着航空公司股票的风险增加了。

6. 恐怖主义经济决定因素的测定

在许多实例中，可以直接指出特定组织的不满，指明这些不满是其发动恐怖活动的原因。爱尔兰共和军（IRA）是为了谋求爱尔兰独立，伊尔根（Irgun）（英国统治时在巴勒斯坦进行地下活动的犹太复国主义右翼组织）是为了建立犹太人自己的国家，巴解组织（PLP）反对以色列的斗争是为了建立独立的巴勒斯坦国。然而，社会学家关心的是为什么一些组织选择使用恐怖斗争策略，而另一些却不如此选择。毕竟，一些恐怖组织［如红色旅（Red Brigades）和奥姆真理教（Aum Shinrikyo）］未能实现他们的最终目标，而有些组织使用法律手段却获得了成功。真正的问题是寻找为什么某一组织选择使用恐怖手段，而不是其他策略来减轻自己的不满。

霍夫曼（Hoffman，1998）认为自由民主型政府比其他政府形式更容易引发恐怖活动。在民主社会里，恐怖分子和非恐怖人员享有同样的自由，他们能够自由地互相联合，自由地互相交流和传播不同政见，还能和社会其他成员一样获得资金和武器。此外，恐怖袭击造成的政治压力也可能促使政府对恐怖分子的要求做一些让步。在这种情况下，在自由民主社会里促使一些组织诉诸恐怖行为有更多的动因。一些研究，包括李（Li, 2005）、温伯格和尤班克（Weinberg & Eubank, 1998）的研究似乎证明了这一结果，问题似乎是直截了当的，所涉及的政策意义也不大。更有趣的争论是认为是贫穷和贫寒的经济条件滋养了恐怖活动。

如果恐怖事件的动机是纯经济原因，而非政治策略，那么就可能很容易地得出贫困的减轻也能减少恐怖活动。但很少能从统计上证明是贫困"引起"恐怖活动。在一个非正式的研究中，萨格曼（Sageman, 2004）从公开可获得的信息里收集整理了大约400个沙拉菲圣战者组织（Salafi Mujahedin）恐怖成员的个人信息，发现大约75%的恐怖成员来自上层或中层社会，64%的人上过大学。此外，许多人都有专业背景，63%的人已经结婚。由于萨格曼（2004）取样的方法不太科学，所以也可能认为许多代表性较强的恐怖成员都从他的数据库里漏掉了。然而在一个更正式的研究中，克鲁格和马莱奇科瓦（Krueger & Maleckova, 2003）发现市场机会缺乏和恐怖活动之间关系很小。他们分析由巴勒斯坦政策调查研究中心（PCPSR）所组织的民意调查。从2001年12月19日到24日，PCPSR调查了居住在约旦河西岸和加沙地带的18周岁及其以上年龄的1357名巴勒斯坦人。调查结果令人震惊的是，至少72%的教育和职业团体支持（或强烈支持）对以色列目标进行武装袭击。引人深思的是，对武装袭击的支持率并没有随着收入和教育水平的提升而下降。事实上，学生和最低收入的失业群体对此尤为支持。比较已经战死的129个真主党好战分子和黎巴嫩相同人数的经济特征，就可以得到确切证据。其中，好战分子中28%的人比较贫困，而普遍人口中贫困人口占33%。另外，真主党好战者中大部分都是中学毕业。

克鲁格和马莱奇科瓦（2003）应用美国国务院的数据正式检验了恐怖活动和收入之间的关系。用n_i表示在1977~2002年间国家i发生的由个人所引起的恐怖事件数。进行控制仅对人口做一个简单的回归分析，就可以发现n_i和人均GDP之间存在负相关关系，这也和通常的看法相符。但是，最贫穷的国家通常拥有更低水平的公民自由。如果在回归中加入表示公民自由程度的量，GDP变量在统计上就不显著了。此外，不论回归方程的形式如何，公民自由变量在0.02水平以上总表示出显著性，这说明催生恐怖行为的是政治自由的缺少，而不是贫穷。

在最新的研究中，布隆伯格、赫斯和维拉帕纳［Blomberg, Hess & Weerapana（BHW），2004］利用1968到1991年间127个国家的面板数据，估计了经济状况和恐怖活动水平之间的关系。目的是测算商业周期对一个国家恐怖活动水平的影响程度。为此，BHW 把人均 GDP 负增长期界定为紧缩，把人均 GDP 正增长期界定为扩张⑤。来自 ITERATE 的恐怖活动变量值为 (0, 1)，以此来表示一国在 t 年是否是恐怖袭击的目标。结果显示在高收入和民主国家，经济紧缩和恐怖活动水平增加之间存在一些联系。在 t 年有 4 种状态，这主要取决于经济是处于紧缩或扩张，国家是否经历恐怖袭击。假定，如果所讨论国在时期 $t-1$，处于和平状态，就有 $P_{t-1}=0$，否则就有 $P_{t-1}=1$（即如果这个国家在 $t-1$ 时期至少经历了一次恐怖袭击，就有 $P_{t-1}=1$）。同样，如果所讨论国在 $t-1$ 时期为经济紧缩，即设 $C_{t-1}=1$，反之则设 $C_{t-1}=0$。作为一种数学记号，可把 $t-1$ 年发生经济扩张，但没有恐怖事件的状态记为 $C_{t-1}=0$、$P_{t-1}=0$。这样一来，4 种各不相同的状况就可以描述为：($C_{t-1}=0$，$P_{t-1}=0$)、($C_{t-1}=0$，$P_{t-1}=1$)、($C_{t-1}=1$，$P_{t-1}=0$) 和 ($C_{t-1}=1$，$P_{t-1}=1$)。

要解决的问题是不同国家如何在这 4 种状态下容易地转换。换言之，是否高恐怖、低增长的国家易于保持这种状况，而高恐怖、高增长的国家却易于转换成低恐怖、高增长的状态？设 $PR(P_t|P_{t-1}=C_{t-1}=1)$ 表示在 t 时期，P_{t-1}、C_{t-1} 均等于 1 情况下，国家未发生恐怖事件的概率。同样，可用 $PR(C_t|P_{t-1}=C_{t-1}=1)$ 表示在 t 时期，P_{t-1}、C_{t-1} 均等于 1 情况下，国家处于紧缩情况的概率。遵循这一记号方法，就可以确定在 P_{t-1} 和 C_{t-1} 均等于 1 情况下，国家处于高恐怖状态的概率为 $PR(T_t|P_{t-1}=C_{t-1}=1)=1-PR(P_t|P_{t-1}=C_{t-1}=1)$。

表 26-7   高恐怖状态的转移概率

	全部	低收入	高收入
$PR(T_t|P_{t-1}=C_{t-1}=1)$	0.197	0.171	0.252
$PR(T_t|P_{t-1}=1, C_{t-1}=0)$	0.196	0.177	0.211
$PR(T_t|P_{t-1}=0, C_{t-1}=1)$	0.694	0.577	0.782
$PR(T_t|P_{t-1}=C_{t-1}=0)$	0.654	0.515	0.718

不同的转移概率可以通过最大似然法进行估计。表 26-7 总结的是 BHW 研究内容的一些主要结果。表 26-7 中前两行显示，对所有国家，不论是否处于经济紧缩，从和平状态转换成高恐怖状态的概率几乎都是 0.20。也即，在当前没有遭受恐怖袭击的国家，将有 80% 的机会把这一状态维持下去。高收入国转变为高恐怖状态的概率稍高于低收入国。此外，由于高收入国 $PR(T_t|P_{t-1}=$

---

⑤ 注意这不是定义商业周期扩张和紧缩的常规方法。典型的衰退和扩张定义通常表示一种相对长时期趋势。经济负增长国家，例如，许多非洲国家等，通常不说正经受经济衰退。

$C_{t-1}=1) > \text{PR}(T_t | P_{t-1}=1, C_{t-1}=0)$，可知已为高收入水平国的经济紧缩与恐怖活动联系紧密。表 26－7 的后两行显示，无论国家经济是否紧缩，其保持高恐怖状态的概率都非常高。如果没有经济紧缩，概率为 65.4%；如果有，就为 69.4%。因而，恐怖状态和非恐怖状态都有很强的持续性。可以发现其在高恐怖状态下的概率总是大于高收入国的。同样，高收入国比低收入国往往有更多的恐怖活动。最后，高收入国的 $\text{PR}(T_t | P_{t-1}=1, C_{t-1}=0) > \text{PR}(T_t | P_{t-1}=0, C_{t-1}=1)$，因此又一次说明经济紧缩与（已为）高收入水平国的恐怖活动关系密切。

7. 结论与评价

有关恐怖主义的实证文献，显然还需要更多的学习。事实上，恐怖主义的博弈模型似乎比这里综述的许多经验论文更为复杂。部分原因是在于度量恐怖活动的数据种类存有差异。即使大多数恐怖主义的定义包含了袭击平民的政治犯罪，也在恐怖事件的范围、编码和可获得数据库的一致性等方面存在重大差异。ITERATE、PGT 和 MIPT 数据库在长期模式上具有相似性。但像 IPIC 等有些数据库中所"选"的恐怖事件年表，似乎不太适于研究之用。不幸的是，从 2004 年起，由于政治原因 PGT 数据库暂停更新。从经济学角度看，由于信息的收集和广泛传播具有公共品特性，包括获得某些形式的政府补贴，暂停毫无意义。尽管 MIPT 数据库可以公开获得，但由于该数据库不包含特定国的分类恐怖事件，导致难以使用。完整的 ITERATE 数据库可以获得，但其昂贵的费用使得一些潜在的研究者望而却步。虽然国内恐怖事件数量远远超过跨国恐怖事件，但却缺少国内恐怖事件的长时间序列数据。

尽管存在数据方面的问题，但恐怖分子的理性行为者模型已经成为许多经验检验的主题。特别是，相对成本增加的恐怖活动类型，将会促使自身被成本相对较低的恐怖活动所代替。相似的恐怖活动确实显示出最大的替代可能性。此外，恐怖高发期似乎也比低发期持续时间短。这与恐怖分子受到资源约束的观念相符。恐怖分子仅在有足够的资源维持战斗时，恐怖活动才能保持在提升状态。一旦资源衰竭，恐怖组织就要重新补充资源、资金和人员，恐怖活动的强度就会下降。

9·11 事件后，恐怖活动的方式特征发生了很大变化，已经不同于媒体上曾报道过的那些典型事件。跨国恐怖事件的数量没有明显增加，相反，9·11 事件后的反恐措施大大牵制了基地分子组织资源密集和行动复杂恐怖袭击的能力。在与暗杀和人质事件同样的成本下，爆炸事件的比例上升。恐怖事件构成比例上的另外一个变化是努力袭击美国利益的事件增多。但是作为恐怖分子努力和不断提高的美国本土安全结果，美国人呆在国内比在国外更安全。

有关恐怖活动宏观经济成本远比其对特定国和特定产业的成本知道得更少。面板数据估计结果表明，恐怖活动对整体经济的成本实际上为零。只不过，这是对恐怖活动的个案研究直接比较的结果。直观上一些国家（如美国、伊拉克、菲律宾、阿富汗、巴基斯坦、西班牙和英国等）当前的经济环境与假使9·11事件从未发生的情况很不相同。恐怖主义宏观经济成本的截面和面板数据的研究结论非常明显。这样的研究能促使许多一旦获得更大自由度的国家分享他们的经验。许多国家遭受不同恐怖活动的事实能帮助我们对恐怖活动的后果进行统计识别。但这些所得似乎被一些难题给抵消了。一些国家的差距太大似乎很难把它们汇集到一个方程下，对存有很大差异的机构和政府也很难进行足够的控制。在恩德斯和桑德勒（2006a）的讨论中，实行市场经济和民主政府的国家对恐怖事件的回应与实行非市场经济和（或）非民主政府的国家非常不同。价格制度和经济自由允许一个国家以这种方式重新配置资源以承受恐怖袭击的冲击。与此相似，大型多元化的公司能够比只有少数几个部门的小型公司更好地承受恐怖事件的冲击。如此一来，就不用对恐怖活动宏观经济成本研究的面板数据对被用于面板研究的某些特定组比较敏感而感到惊奇。此外，对恐怖活动微观经济成本的研究表明，可能要一段时间后恐怖活动影响的效果才能显露出来。这些延迟因素是很难在截面框架中分析的。

在所有试图测算恐怖活动成本的研究中，一个流行的问题是如何测算恐怖活动的水平和烈度尚不明确。一些研究，如恩德斯和桑德勒（1996）、尼奇和舒马赫（2004）的研究，利用在某一地区所发生恐怖事件的数量来度量恐怖活动水平。埃克斯坦和齐东（2004）则使用发生在以色列的致死、致伤和非伤亡性恐怖事件数量的加权平均数。BHO（2004）选择使用（0，1）这一虚拟变量来表示一年内某国是否遭受了恐怖行动，以及一国国内人均恐怖事件的数量，而塔瓦雷斯（2004）使用的则是人均恐怖袭击数量和人均总伤亡数。

本文努力所综述的恐怖主义的经济决定因素似乎更是问题重重。确实许多加入恐怖组织的并不是生活最穷困的人，高收入国家比低收入国家面对更多的恐怖活动，非经济因素（例如，美国在沙特阿拉伯的存在）不时也激发恐怖活动。然而，考虑关于贫困和犯罪（非政治目的）之间关系的大量现存文献仍是非常具启发性的。社会科学家间的共识是单单贫穷并不引发犯罪，然而，两者之间存在微妙的联系（例如，两个其他方面相似，但存有巨大收入差异的组织）。2005年秋季，法国的骚乱事件为"恐怖行为可能来自于一些社会成员缺乏经济机会"这一观点提供了有力的佐证。

参考文献

Abadie, A., Gardeazabal, J. (2003). "The economic cost of conflict: A case study of the Basque country". American Economic Review 93, 113 – 132.

Bai, J., Perron, P. (1998). "Estimating and testing linear models with multiple structural changes". Econometrica 66, 47 – 78.

Bai, J., Perron, P. (2003). "Computation and analysis of multiple structural change models". Journal of Applied Econometrics 18, 1 – 22.

Becker, G. (1971). Economic Theory. Alfred Knoff, New York.

Blomberg, S. B., Hess, G., Orphanides, A. (2004). "The macroeconomic consequences of terrorism". Journal of Monetary Economics 51, 1007 – 1032.

Blomberg, S. B., Hess, G., Weerapana, A. (2004). "Economic conditions and terrorism". European Journal of Political Economy 20, 463 – 478.

Bureau of Economic Analysis (2001). "Business situation". Survey of Current Business 81, 1 – 7.

Chen, A. H., Siems, T. F. (2004). "The effects of terrorism on global capital markets". European Journal of Political Economy 20, 249 – 266.

Drakos, K. (2004). "Terrorism-induced structural shifts in financial risk: Airline stocks in the aftermath of the September 11th terror attacks". European Journal of Political Economy 20, 436 – 446.

Drakos, K., Kutan, A. M. (2003). "Regional effects of terrorism on tourism in three Mediterranean countries". Journal of Conflict Resolution 47, 621 – 641.

Eckstein, Z., Tsiddon, D. (2004). "Macroeconomic consequences of terror: Theory and the case of Israel". Journal of Monetary Economics 51, 971 – 1002.

Eldor, R., Melnick, R. (2004). "Financial markets and terrorism". European Journal of Political Economy 20, 367 – 386.

Enders, W. (2004). Applied Econometric Time Series, second ed. John Wiley & Sons, Hoboken, NJ.

Enders, W., Sandler, T. (1991). "Causality between transnational terrorism and tourism: The case of Spain". Terrorism 14, 49 – 58.

Enders, W., Sandler, T. (1993). "The effectiveness of antiterrorism policies: A vector-autoregressionintervention analysis". American Political Science Review 7, 829 – 844.

Enders, W., Sandler, T. (1996). "Terrorism and foreign direct investment in Spain and Greece". Kyklos 49, 331 – 352.

Enders, W., Sandler, T. (2000). "Is transnational terrorism becoming more threatening? A time-series investigation". Journal of Conflict Resolution 44, 307 – 332.

Enders, W., Sandler, T. (2004). "What do we know about the substitution effect in transnational terrorism?". In: Silke, A. (Ed.), Research on Terrorism: Trends, Achievements and Failures. Frank Cass, London, pp. 119–137.

Enders, W., Sandler, T. (2005a). "After 9/11: Is it all different now?". Journal of Conflict Resolution 49, 259–277.

Enders, W., Sandler, T. (2005b). "Transnational terrorism 1968–2000: Thresholds, persistence, and forecasts". Southern Economic Journal 71, 467–482.

Enders, W., Sandler, T. (2006a). The Political Economy of Terrorism. Cambridge University Press, Cambridge.

Enders, W., Sandler, T. (2006b). "Distribution of transnational terrorism among countries by income classes and geography after 9/11". International Studies Quarterly 50, 367–393.

Enders, W., Sandler, T., Parise, G. F. (1992). "An econometric analysis of the impact of terrorism on tourism". Kyklos 45, 531–554.

Gerges, F. A., Isham, C. (2003). Sign of weakness? Do overseas terror strikes suggest al Qaeda inability to hit US? ABC News, November 22.

Gupta, S., Clements, B., Bhattacharya, R., Chakravarti, S. (2004). "Fiscal consequences of armed conflict in low-and middle-income countries". European Journal of Political Economy 20, 403–421.

Hoffman, B. (1998). Inside Terrorism. Columbia University Press, New York.

International Policy Institute for Counterterrorism (2005). Terrorism Database [http://ict.org.il], accessed December 15, 2005.

Krueger, A. B., Maleckova, J. (2003). "Education, poverty, and terrorism: Is there a causal connection?" Journal of Economic Perspective 17, 119–144.

Li, Q. (2005). "Does democracy promote transnational terrorist incidents?". Journal of Conflict Resolution 49, 278–297.

Mickolus, E. F., Sandler, T., Murdock, J. M., Flemming, P. (2004). International Terrorism: Attributes of Terrorist Events, 1968–2003 (ITERATE). Vinyard Software, Dunn Loring, VA.

National Memorial Institute for the Prevention of Terrorism (2005). MIPT Terrorism Database [http://www.mipt.org], accessed December 15, 2005.

Navarro, P., Spencer, A. (2001). "September 11, 2001: Assessing the costs of terrorism". Milken Institute Review 4, 16–31.

Nitsch, V., Schumacher, D. (2004). "Terrorism and international trade: An empirical investigation". European Journal of Political Economy 20, 423–433.

Sageman, M. (2004). Understanding Terror Networks. University of Pennsylvania Press, Philadelphia.

Tavares, J. (2004). "The open society assesses its enemies: Shocks, disasters and terrorist attacks". Journal of Monetary Economics 51, 1039 – 1070.

United States Department of State (various years). Patterns of Global Terrorism. US Department of State, Washington, DC.

The White House (2003). "Progress Report on the Global War on Terrorism" [http://www.state.gov/s/ct/rls/rpt/24087.htm], accessed 5 February 2004.

Weinberg, L. B., Eubank, W. L. (1998). "Terrorism and democracy: what recent events disclose". Terrorism and Political Violence 10, 108 – 118.

World Bank (2000). World Development Report. Oxford University Press, New York.

第27章
经济制裁的政治经济学[*]

威廉·H·肯普弗
（科罗拉多大学）

安东·D·洛文伯格
（加州州立大学）

摘要

冷战结束后，作为军事冲突的替代物，国际经济制裁越来越重要。本文综述了经济学与国际关系文献里关于经济制裁研究的各种方法。

制裁可能不是为了给目标国带来最大的经济破坏，而是为了表达或说明某种目的。而且，制裁对目标国的政治影响有时是相反的，可能会对制裁国的（物品）需求产生更高程度的政治抵制。

制裁对目标国贸易制裁的经济影响反映在它们的贸易条款上，多边制裁比单边制裁的影响更大。投资制裁最初提高了目标国的资本回报率，但最终减少了外国新资本的流入，又制约了目标国的发展。

按照内生政策利益集团模型，制裁的实施程度取决于制裁国国内竞争性利益集团的相对影响。而通常只有那些对政权支持者和反对者具不同影响的制裁，才能促使目标国政权改变他们那些不得人心的政策。

博弈论模型认为制裁的成功取决于冲突期望和承诺程度。很多制裁策略只会停留在威胁状态，而不会真正付诸实践。因此，采用实际制裁数据进行的实证研究，可能会存在选择性偏差。一般而言，引发制裁的过程和决定其结果的过程有着本质的联系。对制裁的实证研究尝试利用联立方程方法来解决这些问题。实证研究文献也分析了政治制度的类型，具体即民主还是非民主等，对国家实施制裁以及在制裁成功方面所起的作用。

---

[*] 笔者感谢基斯·哈特利、伊尔凡·努尔丁和托德·桑特勒的有价值评论。德里克·洛文贝格为手稿的最后形成提供了技术支持。所有错误当由作者自身负责。

关键词：经济制裁　贸易政策　贸易制裁　金融制裁　利益集团　内生政策　博弈论

1. 引　言

国际经济制裁作为彰显力量或影响他国政府行为，而无需诉诸武力的手段，常常受到一些国家和国际组织的青睐。制裁作为一种外交政策工具，其效用已被其在国际外交中的长久存在，以及冷战结束后其在国际外交中运用的越来越流行所证明。从历史看，经济制裁至少可以追溯到公元前 435 年雅典的《麦加拉法令》，1806 年拿破仑在推行《大陆计划》、1807 年托马斯·杰斐逊在《禁运法案》、1935 年国际联盟在反对意大利时都使用了经济制裁。近年来，赫夫鲍尔等（Hufbauer et al., 1990）对经济制裁进行了大范围的分类。接着 HSE 记录了 1914 年起的 116 个案例。随着 1990 年苏联解体，经济制裁活动不断加速，这反映在其被国际组织大量运用，也反映其被唯一现存的世界霸主美国所频繁应用。①

从根本来看，制裁研究是一国或国家集团的政策偏好，如何传导到另一目标国的机制这一更为广泛研究的一部分。发起国在不进行军事干预的情况下，如何引起目标国的政策变化？显然，经济压力是渠道之一，经济影响会使其在国际舞台上承受压力。其他当然还包括外交劝告、非经济和文化禁运等。经济制裁包括贸易制裁，即对目标国进出口的限制；投资制裁，包括对目标国资本流动的限制，或在某种情况下（从目标国）强制撤资；还有更精确定位的制裁，即所谓"敏捷"制裁，比如冻结目标国统治精英成员的个人海外资产，对政府官员和党务干部的旅行禁令等。在所有这些情况中，经济制裁的目的是对目标国，尤其是对该国统治者，通过制裁强加一些类型的痛苦，促使其改变其政策，以迎合制裁发起国的需求，从而避免进一步的制裁伤害。②

---

① 1945～1990 年，联合国安理会仅对罗得西亚（津巴布韦旧称，译者注）实行过强制性多边制裁，对南非实施过更少覆盖性的武器禁运。然而 20 世纪 90 年代，安理会实行的制裁不下 13 次。1993～1996 年，美国自己就对 35 个国家进行了制裁［肯普弗和洛文伯格（1999），英国议会（1999）］。

② 正如柯什纳（Kirshner, 1997, p.42）观察到的那样，人们对经济制裁如何起作用的一般认识是，通过其对目标国、其政权和核心支持人群造成损害。经济制裁会促使目标国领导者哪怕从简单的成本—收益演算考虑，改变其令人反感的政策。实际上，其假定目标国在经济损失与政治变革之间存在一个相对应关系——价值越被剥夺，就越有可能政治解体［加尔通（Galtung, 1967, p.388）］。按照麦克和康纳（Mack, Khana, 2000, p.281）的观点："传统经济制裁理论的一个核心假设是制裁给目标国公民所带来的痛苦，会使得他们给予政府变革的压力，而这种变革正是制裁者想要达到的目的。"

第 27 章 经济制裁的政治经济学

就像其他对国家间货物和要素流动的限制措施一样，经济制裁会带来总福利的减少，但其对制裁实施国和目标国之间都存在再分配效应。这些再分配效应对决定发起国所实施制裁的性质，以及制裁对目标国的影响都十分重要。对于后者，区分经济影响或是政治影响十分重要。无疑，物品和资本流动禁运或限制造成了目标国，尤其是经济中合作群体的福利成本变化，这些成本如何转化为目标国的政策变化，尤其是如何朝着制裁方所期望的方向变化，还有很大的不确定性。加尔通（Galtung, 1967）是最早研究制裁的学者之一，他注意到，紧随制裁的往往是目标国政治一体化的升级。所谓"团结在国旗周围"效应已吸引了许多经济制裁研究者的眼球。因此，梅奥尔（Mayall, 1984, 第631页）写道：制裁"往往会产生事与愿违的后果，（制裁能增强）民族凝聚力和（战胜制裁的）决心，创造一种前所未有的众志成城的精神，在逆境中取得胜利"。在这种情况下，制裁使得目标国统治政权获得更多大众拥护的情形并不罕见〔麦克和坎（Mack and Khan, 2000, 第282页）〕。另外，据加尔通（1967）观察，受益于国际孤立，适得其反的制裁可能使目标国产生一些新的权贵。例如，塞尔登（Selden, 1999）注意到，从长远来看，制裁往往会促进目标国国内产业的发展，因此会降低目标国对外部世界的依赖，也会降低制裁者通过经济胁迫影响目标国行为的能力。③

就所提到的制裁本身的特性，加尔通（1967）和其他几位理论者〔伦威克（Renwick, 1981），莱顿－布朗（Leyton-Brown, 1987），伦德伯格（Lundborg, 1987），策伯利斯（Tsebelis, 1990）〕指出实施制裁通常不是为了工具性目的，也就是说，不是为了给制裁国带来最大的破坏，或使目标国迎合制裁者的需求，而是为了所表示或流露的目的。如政府可能迎合国内部分群体对目标国行为"做些什么"的愿望，在并不产生显著成本的条件下，对被制裁国实施某些制裁。或者，实施制裁也可能是为了在盟友和敌人眼里显示某种决心，或建立声誉的一种信号。④

制裁所表现出的重要性也给制裁文献带来了棘手难题。即如何判断一项特定制裁是否成功实现了其目标，更重要的，制裁是否真正发挥了作用。当然，答案取决于"何为发挥效用"？在 HSE 所列出的 116 个案例中，有 34% 被作

---

③ 关于制裁的长期意外后果，也可参见多克塞（Doxey, 1980, 1996）。
④ 伦威克（1981, 第85页）认为，在众多经济制裁运用的案例中，"不满的流露已经成了主要目的"。如果一国政府"想要向国内以及国际公众表明其地位，或者想赢得国内外的支持"，它也许会认为制裁在这方面是很有用的〔伦威克（1981, 第85页）〕。类似地，莱顿－布朗（1987, 第305页）坚持认为，经济制裁的通常目的并不是设计用来实现顺从，而是向目标国以及本国人民发出一种信息，这种讯息可能是愤怒、坚定或团结。策伯利斯（1990）认为经济制裁就是一种信号的发出，尤其是针对一些小的国家，指出他们的某种行为已经无法再容忍了，并非是为了达到某种政策目的。

者认为成功实现了其政治目标。有些学者仅凭眼睛来观察制裁表现情况，这种判断未免过于武断。因此，鲍得温（Baldwin，1985）给出了制裁成功的广义概念。认为制裁措施即使不能胁迫目标国改变其令人生厌的政策，但他们可以通过给目标国的行为附加成本，或提升制裁者的国际声望而施加影响。⑤ 相比之下，佩普（Pape，1997，第97页）给出了关于制裁成功的一个更为严格的定义。该定义认为在不存在其他内在或外在压力的条件下，如果（制裁）目标国向制裁国的需求有部分显著让步，那么制裁才算成功。也就是说，对目标国行为方面的改变，除了制裁之外没有其他的更可信的解释。佩普不同意HSE的结果，指出在所有的被认为制裁成功的案例中，存在另外一些因素，如军事干预，可能促成了这一有利的结果。根据佩普关于制裁成功的定义，制裁"自身"所带来的政治屈从，其并不超过HSE数据事件的5%［佩普（1997，第93页）］。⑥

经济学家和政治科学家所写的本领域经济制裁的文献已（基本）解决了上述讨论的问题，以及其他一些问题。不足为奇的是，由于议题的性质，文献中通常采用的是政治经济学的方法，而本章也遵循这一传统。本章的后续部分按照这样的结构组织：第二部分简短陈述制裁对目标国的经济影响，主要关注贸易制裁和撤资。第三部分分析了发起国制裁政策的政治原因，将制裁看作政治中利益集团模型框架下的内生政策结果。第四部分运用一个类似的利益集团模型，描述制裁对目标国国内的政治影响，着重强调了精确—目标制裁或选择性制裁的作用。第五部分考虑了制裁的单一理性行为者和博弈论法。第六部分综述了制裁的实证研究结果，第七部分讨论了政治制度的影响，尤其是政体类型对制裁实施和结果的影响。第八部分总结并提出了进一步研究的路径。

---

⑤ 类似地，罗杰斯（Rogers，1996）指出即便经济制裁在终止战争方面不成功，并不意味着他们在获取其他目的时是没有用的。维迪尔（Verdier，2005）指出，经济制裁通过帮助揭示敌对国的决心水平，充当有益的信息功能。诺萨尔（Nossal，1989，第315页）认为，如果我们想要运用经济制裁去改变目标国某种政策或行动，这往往是失败的。"报复性惩罚，这是其本性使然"。不论经济制裁后续效应是什么，它毕竟是对遭受方的一种惩罚［霍夫曼（Hoffman，1967，第144页）］。

⑥ 阿斯卡里等（Askari et al.，2003）赞同在达到其政治目标上制裁几乎没有效果。其更进一步对人们所广泛认可的成功制裁进行的研究表明，事实上制裁不是目标国政策改变的主要原因。因此，以最近的一项案例研究为例，达达克（Dadak，2003）证实20世纪90年代对南斯拉夫实施的制裁，很多人认为可以以之结束塞尔维亚对巴尔干的侵ација，但这由于通过保加利亚向南斯拉夫走私大量商品而没有了效果。达达克认为不是制裁，而是1995年北约的轰炸活动和战场的不断受挫，使塞族人加入代顿协议结束战争。另外，一些作者［例如，科特赖特和洛佩斯（Cortright & Lopez，2000），沙利文（O'Sullivan，2003）］认为联合国对利比亚的制裁是政策成功的范例。科特赖特和洛佩斯（2000，第204页）认为，尽管通常情况下单独进行制裁不能大幅度地改变目标国的行为，但是制裁"如果他们对动态讨价还价有积极、持续的影响，或者他们有助于孤立或削弱滥用政权的力量"，这种制裁就应当被视为是成功的。科特赖特和洛佩斯（2004）同样指出，即使制裁不能使目标国政府改变它令人反感的政策，但如它们能减少该政府的可用资源，制裁也应当是有效的遏止工具。例如，他们认为尽管对伊拉克实施的制裁，没能使萨达姆·侯赛因服从联合国的决议，但是这种制裁，确实在遏制他对邻国实施侵略政策的能力方面发挥了重要作用。

2. 制裁的经济影响

我们先从考虑贸易制裁的影响开始。制裁国和目标国在制裁之前的贸易程度，往往是决定目标国能否为其商品找到替代供应来源和替代市场的重要因素，因此也决定其对贸易条件的影响。肯普弗和洛文伯格（Kaempfer，Lowenberg，1992b，1999）使用供给曲线模型，尤其有助于研究贸易制裁对进出口相关价格的影响。供给曲线或相互需求曲线，显示了一些国家在各种价格水平下，所期待达到的进口贸易和出口贸易水平。通过使用供给曲线来检验贸易制裁结果，我们不仅可以表示贸易条件对相关国家的影响，还可以得出制裁的福利效应。

图 27 – 1 显示了多边经济制裁中潜在目标国的初始供给曲线均衡。潜在目标国的供给曲线为 T，世界上其所有贸易伙伴国的供给曲线为 W。水平轴表示的是 T 国出口商品量 X_T，纵轴表示 T 国进口商品量 M_T。T 曲线上任一点表示 T 国国际贸易的均衡点，该点是进口的福利最大化量，它可以在特定价格比率下，以一定出口量为代价获得。价格比率或贸易条件，恰为出口与进口的比率，其由原点引出的供给曲线的切线的斜率表示。一般而言，T 国沿着其供给曲线从原点向上运动，由于单位进口的出口成本更低，因而可以进口更多的商品。也就是说，其贸易条件改善，沿着该国供给曲线从原点往上的移动意味着该国福利增加。

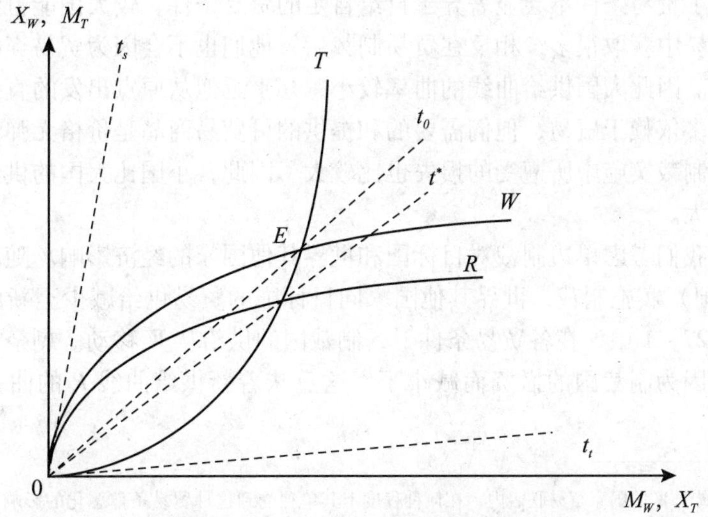

图 27 – 1 制裁下的国际贸易均衡

图 27-1 显示了所有其他国家的复合供给曲线 W。这条供给曲线本质上是世界上所有贸易的一个合成，也是目标国的净贸易额。这时，世界出口的商品即为目标国进口的商品——竖轴（$X_W = M_T$）表示的商品量；其所进口的目标国出口商品，以横轴（$M_W = X_T$）表示。我们假设目标国在横轴表示的商品 X_T 上具有世界比较优势。换句话说，至少在初始时目标国是世界市场上商品 X_T 的唯一供应商，其他国家是该商品的潜在进口商和第二种商品 M_T 的出口商。两条供给曲线 W 与 T 的交点 E，是两产品供给曲线模型下的国际贸易均衡点。该点表示在给定贸易条件 t_0 下，两种产品供给与需求的联立方程，亦即两产品进口与出口达到均衡。现在考虑 W 国对 T 国实施多边贸易制裁的情形。为简化分析，在此假设 W 和 T 国之间实施完全的贸易禁运。这种完全的禁运消除了 W 和 T 之间的任何贸易机会，使得 T 国从其贸易均衡点 E 回到原点 0 这种自给自足状态，此时贸易条件由 t_0 恶化为 t_t。不管怎样，图 27-1 也清楚地表示出了制裁国和目标国的禁运成本。通过对其贸易伙伴 T 的制裁，世界也使自己回到自给自足状态，相比 T，其自身的贸易条件恶化为 t_s。这样贸易均衡的变动使制裁国和目标国福利都受到损失，制裁者的贸易条件从 t_0 移至 t_s，表示其净可进口产品的价格增长。[7]

但是什么要素决定贸易条件的变化呢？本质上，在给定的情况下，贸易条件移动多远取决于该贸易曲线的曲率大小，该曲率反过来又是贸易供给价格弹性和贸易国规模的函数。当较大国参与到贸易中时，相对于贸易额来讲其经济规模确保了贸易条件不会显著异于自给自足的贸易条件。较大国能自给自足而无须从贸易中获取很多，相反在贸易制裁后，他们也不会因为贸易弃权而遭受更多损失。因此大国供给曲线的曲率较小，几乎近似从原点出发的直线。而小国往往更多依赖于贸易，他们需要的和提供的可贸易商品是价格无弹性的，因而他们在制裁实施中所遭受的损失也比较大。因此，小国比大国的供给曲线曲率往往更大。

现在我们考虑单边制裁对目标国和世界其他国家的经济影响。随着制裁国 S（对他国）实施制裁，世界其他国家同目标国的贸易供给减少至新的供给曲线 R。图 27-1 中，在各贸易条件下，制裁国的供给从 W 移动。剩余供给曲线的弹性也因为制裁国的撤资而减小了，这意味着新供给曲线 R 的曲率一定比

---

[7] 在属于 W 的国家贸易联盟内，在何种程度上其单独受到这种贸易条件恶化的影响可能存在很大差异。在集团内，一些原来从目标国进口的国家，可能真正变成净产品出口国。所以，制裁可能使这些国家受益，可是，从总体看，制裁不能引起 W 的贸易条件净改善。

原始曲线 W 的曲率更大。⑧ 然而，有机会继续与这些没有参与制裁的国家进行贸易表明，目标国还没有如第一个例子那样减少到闭关自守状态。而且，目标国的继续贸易在一定程度上使贸易条件 t^* 更遭。这里目标国贸易条件恶化的程度，取决于 W 曲线向 R 曲线移动的距离和与之有关的贸易弹性。目标国在受到制裁前其贸易占制裁国份额越大，或者制裁国的数量比非制裁国数量越多，从 W 到 R 的移动量就越大。随着制裁国数量的增加，我们进入多边制裁。此时，目标国的贸易条件为 t^*，接近封闭情况下的贸易条件 t_t。世界其余国家的供给曲线 R 的弹性越小，目标国贸易条件的恶化程度就越大。⑨ 虽然这在图 27-1 中没有显示出来。目标国的贸易条件恶化越多，目标国的供给曲线就越无弹性。⑩

与多边制裁情形相比，单边制裁对制裁国的影响相对较小。对 S 国而言，制裁的实施使它丧失了进口廉价资源的机会，也丧失了有吸引力的出口市场。在极端情况下，如果我们假定在 R 国的其他同盟国中没有 S 国的替代市场，运用制裁反对目标国的决策使制裁国（自己）回到封闭状态：无法获得其所需的进口，制裁国发现实施制裁后其本国的情况比目标国还要糟，因为尽管目标国的贸易条件恶化了，但它同其他国家间还保留有市场。⑪

图 27-1 所呈现的贸易模型表明在通常情况下，贸易禁运使得制裁国和目标国都变得更差。⑫ 对这些国家实施制裁的成本，取决于其他愿意继续与其维持贸易的国家数量和规模，以及这些国家贸易供给的弹性。单边制裁与包括大量参与国在内的多边制裁相比，会使目标国的贸易条件恶化的小一些。而且，由制裁所引起的贸易商品的价格扭曲，不可避免地为非制裁第三国、中转商和

---

⑧ 其他国的供给曲线是将目标国之外的其他国家的进出口总和相加而得到的。这与将供求表中各价格水平上，单个供求数量相加而导出的市场供给和需求曲线一般均衡水平相同。当制裁国讨价还价曲线从其他国讨价还价曲线中移除时，在每个贸易条件下，贸易的剩余供给更接近于最初的水平，且价格弹性更小。

⑨ 由于越来越多的国家参与到经济制裁当中，R 的弹性进一步减少，直到我们最终进入多边情况。

⑩ 关于制裁对目标国国内需求和供给弹性的影响，参见布莱克和库珀（1987）、多莱里和莱布兰特（1987）、肯普弗和洛文伯格（1988b）、范贝格艾克（1994）的研究。

⑪ 当然这种通过非（制裁）参与国进行的活动不承担目标国进口和出口的转运。如果在这些国家间贸易的物品都是完全可互换的，那么禁运将使所有国家——目标国、制裁国和其他国家——如其禁运前基本一样，仅增加少量的涉及物品转运的额外交易成本。另外，如果制裁国和目标国均是参与一方市场的较大国家集团的成员，制裁将不会干涉任何国家参与一些贸易的能力。当然，制裁国和目标国会发现，制裁后一定程度上他们的贸易条件有所恶化，具体的受害程度取决于所涉各方的贸易弹性。哈克尼斯（1990）研究了制裁影响一些（但不是所有）制裁国和贸易国间的贸易流动情况。他表示这种制裁对制裁国贸易条件和贸易均衡的影响，取决于其出口和进口需求的弹性。

⑫ 贸易制裁会同时提高目标国与制裁国的成本，这也是人们认为经济制裁没有其他形式的外交手段有效的原因之一。例如，摩根和施韦巴克（Morgan & Schwebach，1997）在空间讨价还价模型中指出，经济制裁不可能明显改变结果使得双方都能接受。因为，对目标国来讲，制裁成本越高，制裁者的成本也相应越高。

走私者创造了维持与目标国贸易以攫取租金的机会（在世界价格之下买目标国的出口商品，在世界价格之上卖给目标国需要的进口商品）。这些租金的大小以及由此违反制裁的动机，作为贸易条件影响的反映，会随着制裁严重程度的增加而增加，因之多边制裁情况下也比单边制裁情况下更大［肯普弗和洛文伯格（1999）］。在单边制裁下，大部分制裁的租金来自于非制裁第三国贸易者的自然增长。而在多边制裁下，许多违反制裁的活动可能包含目标国自己的贸易者，因此相当一部分租金通过该渠道流入本应受到制裁惩罚的国家［肯普弗和洛文伯格（1999）］。荒谬的是，如果他们能参与破坏制裁的贸易，制裁租金甚至会使制裁目标国的统治者本人发财。[13]

现在我们再转向投资制裁的影响，考虑从目标国撤资的单商品经济收支方程：

$$P_X NX = F\{q, P_X MP_K(L, K)\}, \quad F_1 > 0, F_2 < 0. \quad (27-1)$$

这里，P_X 是产品 X 的价格，NX 是产品 X 的净出口，F 是净资本流出，q 是撤资程度（后面要进一步讨论），L 和 K 是目标国经济中的劳动力和资本总量，为研究方便此处将其作为外生变量，MP_K 是资本边际产出。等式 (27-1) 的左边是净出口，即名义出口值减去名义进口值。等式右边表示净资本流出，即投资资金流出减去外资的流入。等式左右两边的值必须相等，因为按一国收支平衡的定义：如售给外国的商品和服务比购买的外国商品和服务更多，则获得外国通货，过去常常用其来资助购买外国的金融和实物资产。实际上，贸易盈余为支付国外资本流入提供了外币。如果净出口是负的，也就是说，如本国居民从外国购买的商品和服务多于卖出的，那么贸易赤字需要用流入的净资本来弥补。这样，外国投资资金为弥补本国贸易逆差提供了所需的外币资金。

在方程 (27-1) 的右边，净资本流出是撤资程度 q 的正函数，是目标国经济资本存量边际产品值 $P_X MP_K(L, K)$ 的负函数。撤资是指外国变卖其在目标国所拥有的资产并收回收益，这引起资本从目标国流出。或者，如果强制撤资阻碍了外国投资者在目标国原先的投资，那么将会导致资本流入的减少。无论是哪种方法，撤资程度的增加都会使从目标国净资本流出增加。资本的边际产出值是最后一单位资本产出的美元价值。目标国资本资产的生产率越高，那么部分国外和本国居民持有这些资产的动机就越强：这样更多的外国资本就会

---

[13] 因此，例如罗（Rowe, 2001）的研究为罗得西亚政府控制本国烟草市场的能力提供了证据。在联合国实行的"石油换食品"计划中，萨达姆·侯赛因（Saddam Hussein）通过将一些非法的附加费加到卖给中间商的石油价格中，攫取了可观的收入［华尔街邮报（Wall street Tournal, May 2, 2002, PA1)］，米洛舍维奇（Milosevic）政权通过国家垄断和集中进行商品分配，占有了大量的制裁租金［肯普弗和洛文伯格（1999）］。

流入该国，而国内居民更倾向于将他们的资金投入国内而不是国外。因此，资本边际产出值的增加会导致净资本流出的减少。

目标国国内资产的回报率 r 定义如下：

$$r = \{P_X MP_K(L, K)\} / \{P_K(q, K)\}, \quad P_{K1} < 0, \quad P_{K2} < 0. \qquad (27-2)$$

意即资本回报率是资本的边际产出值与资本价格之比。偏导数 P_{K1} 估量目标国资本对外国资本的替代程度。全部撤资意味着目标国所有外资都将出售。由于不允许国外财富拥有者拥有这些资产，所以目标国公民将会低价获得这些资产。因此，正如方程（27-2）所示，$\partial r/\partial q = (\partial r/\partial P_K)P_{K1} > 0$。$q$ 的上升将引起 P_K 的下降和 r 的上升。这就形成"火灾中受损物品的减价销售"现象，即通过外国资产所有者的撤资，提高了目标国本国资本所有者的回报率。⑭

如果撤资仅发生在部分单个国家或很少几个国家，或者有足够的外国财富持有者对目标国和外国资产无动于衷，那么目标国资产的价格及其回报率都不会有任何变化。当然，居间情况是最容易发生的。一般而言，随着撤资程度加大——从少数几个公司到很多公司、从少数几个国家要求必须遵守的政策，到其为大多数甚至所有国家的政策，影响不断扩大。因为从程度上看，目标国资产仅是对其他国家资产的不完全替代。⑮ 这个过程有降低目标国资产价格的作用，这将鼓励国内财富持有者收购这些资产。这种收购可能以两种方式筹款：通过出售目标国居民持有的外国资产，或通过增加目标国的净出口。⑯

因此，撤资的直接影响是净资本流出的增加。但由于生产性资产价格的下降，目标国的资本回报率将上升。本国资产价格的下降使得国内资产更具吸引力，从而降低了净资本流出。也就是说，由撤资所引起的资本流出增加，可以被目标国净出口增加或本国资本资产价格下降所弥补，意即，回报率的增加足以引起目标国的财富持有者出售其国外资产，以购买更便宜的国内资产。一定程度上，可能由于与资本制裁相伴的贸易抵制，以及调整国内资产价格下降的负担，目标国净出口不可能增加。

正如肯普弗和洛文伯格（1986，1992b）以及洛文伯格和肯普弗（1998）所研究的那样，上述分析表明撤资制裁可能有加强目标国追求其令人反感行为能力的有害影响。现有的外资存量——先前由外国人所拥有的生产工厂和生产能力，在减价时被国内资本所有者购买，引起和促使目标国国民出售其外国资产，

---

⑭ 有关减价销售的积极影响讨论，见肯普弗和洛文伯格（1986，1992b，第7章），洛文伯格和肯普弗（1998，第8章）。

⑮ 不同国家资产的替代程度取决于几个方面的因素，尤其是国家风险的不同。每个国家都存在着替代关系，在某种程度上，国家之间一定程度的资本流动或资产的可替代性可能正好吻合，但由于资产市场要处理大的资本流动，这种替代性就被打破了。

⑯ 制裁的贸易条件和汇率影响见肯普弗和莫菲特（1988）更为详细的研究。

而替换成回报率更高的国内资产。回报率的增加是由于在"火灾中受损物品的减价销售"价格下生产性资产的收购,转变成国内资本持有者的意外收入,从而增加税基,使得政府有能力资助其政策的实施,包括原先引起制裁的政策。

在长期,如果撤资继续,随着外企的专利和技术许可不再可得,从国外流入的新资本品将会减少。这样,外生资本存量K,将会减少。从方程(27-2),可得:

如果 $|(\partial MP_K/\partial K)P_K(q, K)| < |MP_K(L, K)P_{K2}|$

则 $\partial r/\partial K = \{P_X(\partial MP_K/\partial K)P_K(q, K) - P_X MP_K(L, K)P_{K2}\}/P_K(q, K)^2 > 0$

意即,K的减少将引起资本边际产出MP_K和资本品价格P_K的同时增加。这两个作用引起资本回报率r向相反两个方向变动。资本边际产出的增加引起r的上升,但是资本品价格的增加使r减小。上述结论表明:如果资本边际产出的影响小于资本品价格的影响,那么K的下降将引起资本回报率的下降。在此条件下,提高资本品的价格P_K,引起K的降低,K的降低将会降低资本回报率。实际上,由于资本稀缺性的增加,目标国的企业将面临更高的生产成本和更低的利润,因而降低了政府用税收收入来支持其令人厌政策的能力。然而,如波特(Porter,1979,第590~591页)所指出的那样,国际撤资的长期影响从本质上是一个与增长相关的现象,很难在一个静态模型中刻画。尽管任何新旧投资的下降都会降低目标国人均GDP的增长率,且可能会降低目标国实施遭非议的政策的能力,但是制裁到底会给目标国带来多大程度的伤害,最终还是取决于目标国在无外资的情况下所遇到的困难。

3. 发起国制裁政策的政治决定[17]

这一节我们用内生政策的利益集团模型来刻画发起国实施制裁政策的决定。[18] 根据这种方法,制裁国所实施制裁的性质和程度,是由本国具有不同动机的利益集团对政治制度所施加的压力决定的。这些压力是相关利益集团的部分成员追求其私人效用最大化的结果。虽然利益集团是以共同利益来界定的,但许多集团成员的政治参与,会因希望搭集体游说的"便车"而有所降低。

考虑某些个体i是某些国家总人口I中的成员。其个体最大化效用由下式

---

[17] 这节和下节的材料引自于肯普弗和洛文伯格(1988a)。参见肯普弗和洛文伯格(1992b,第4章和第8章)以及洛文伯格和肯普弗(1998,第5章)。

[18] 利益集团模型以源自施蒂格勒(Stigler,1971)、佩尔茨曼(Peltzman,1976)、贝克尔(Becker,1983,1985)的规制经济理论为基础。

给出：

服从 $Y^i = Y^i(S)$，$Y^i(0) = Z^i$，$Y_1^i \gtreqless 0$，$Y_{11}^i = 0$

$\text{Max } U^i = U^i(Y^i)$，$U_1^i > 0$，$U_{11}^i < 0$ (27-3)

其中，Y 是收入，Z 是初始禀赋，S 是表示制裁水平的非负、连续变量。假定制裁以固定比率增加或减少个人收入。另外，如其他贸易限制一样，制裁也会引起失真，即 $\sum_i Y_1^i < 0$，尽管他们增加了特定利益群体成员的收入，但这是以牺牲他人利益为代价的。

制裁水平变化所引起的效用变化为：

$\partial U^i / \partial S = U_1^i Y_1^i \gtreqless 0$ (27-4)

设 $I = \{J, K\}$，对所有 $j, k \in J, K$（相应地），有 $Y_1^j > 0$，$Y_1^k < 0$，这可以把制裁问题具体化为受益方和受害方的单独需求函数。对集团 J，所有成员愿意为追加的 1 单位制裁所支付的价格可以相加得出：

$P_S = D^J(S) = \sum_j \partial U^j / \partial S = \sum_j U_1^j Y_1^j$，$D_1^J < 0$ (27-5)

其中，P_S 是制裁的单位价格。该价格是集团 J 中个体通过政治市场，为达到一定水平加强制裁的效用，所愿意支付的边际美元数额。

由于 $Y_1^k < 0$，集团 K 成员愿意为避免受到制裁而进行支付，这表示制裁需求减少。表示为制裁水平增加的函数时，需求函数变为：

$P_S = D^K(S) = -\sum_k \partial U^k / \partial S = -\sum_k U_1^k Y_1^k$，$D_1^K > 0$ (27-6)

该表达式被定义为从 S 变化到 Y 变化边际效用总和的负数。这样我们把 P_S 看做集团 K 成员为保持制裁增加所愿支付的边际数额。

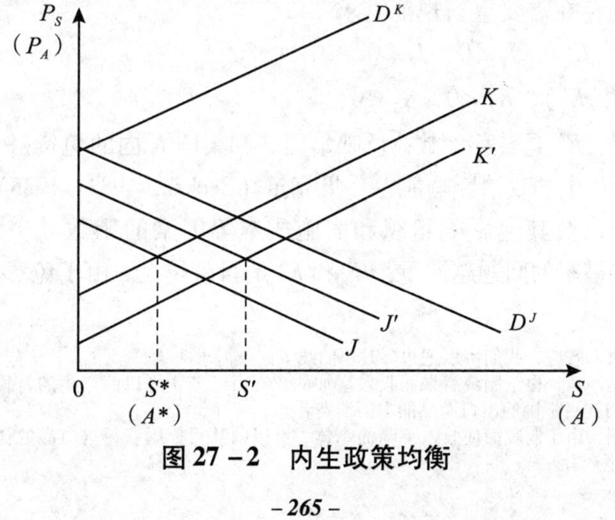

图 27-2 内生政策均衡

直观地,图 27-2 中以 D^J 标示的需求曲线显示,受益于 S 利益集团的边际效用,其与 S 的增加程度有关。[19] 以 D^K 标示的曲线表示 S 的对立面从 S 水平减少中所获的边际效用(此处先忽略变量 A,但也在图 27-2 横轴上标出,此变量将在第 4 部分讨论)。D^J 曲线的高度反映的是为获取更多一单位 S,政策 S 的支持者愿意支付以产生政治影响的资源量。类似的,D^K 曲线的高度表示为防止更多一单位被提供,S 政策的部分反对者所愿意支付的量。

由于 S 政策的分配效应提升了制裁政策受益者的实际收入,因而 S 的需求者愿意支付政策的增量。[20] 这种支付意愿表现在政治市场里,需求者可以通过各种方式来"支付" S,包括政治捐款或为支持 S 政策的候选人做义务工作,愿意为 S 政策所造成影响的商品的更高价格买单,或单方对不涉此问题的集团支付等。因为随着 S 水平的增加,需求者的边际收益递减,因此需求曲线具有传统的负斜率特征。

在图 27-2 中,D^K 曲线实际上是 S 的供给曲线,表示政府执行 S 政策的能力。S 的水平越高,集团 K 成员的情况越差。[21] 这就使他们有动机去参与一些政治活动,而这会增加政府成本。这些成本可以以支持反对派候选人的形式,也可以以非暴力的持不同政见者,到公民抗命等各种抗议形式表现出来。集团 K 降低 S 水平的需求价格,也是政府增加 S 水平的供给价格。供给曲线之所以向上倾斜,是因为 S 的增加将引起那些境况变差者边际效用损失增加。

考虑制裁需求就必须考虑这类政策的公共品性质。需求函数(27-5)和(27-6)由集团 J 和集团 K 成员愿意为更多或更少制裁的最大支付得出。然而,试图免费搭其他成员便车的企图,使所有成员有表现低支付意愿的激励。这种免费搭车的能力大小,削弱了集团需求,决定了该集团的政治影响。集团内免费搭车的存在需要重新规范需求:

$P_S = J(S, E^J)$, $J_1 < 0$, $J_2 < 0$, (27-5′)

$P_S = K(S, E^K)$, $K_1 < 0$, $K_2 < 0$, (27-6′)

其中,E^J,E^K 是转移参数,反映集团 J 和集团 K 内的免费搭车情况,进而决定两集团所产生的政治影响能力〔贝克尔(Becker,1983,1985)〕。免费搭车是集团大小,以及其他影响组织和实施成本等因素的函数〔奥尔森(Olson,1965)〕。免费搭车的问题越严重,E^J 和 E^K 的量就越大。由于免费搭车降低了两

---

[19] 剔除了收入效应,我们可以把边际效用曲线等同于需求曲线。

[20] 在制裁的国家,由于制裁后果而收入增加的,有由于禁止进口而产生的替代生产者,也包括在本国对以前出口到目标国的出口商品的本国消费者。

[21] 在制裁国,由于制裁而使收入下降的个体,有以前从目标国获得进口品的消费者,以及禁止出口商品的国内生产者。

集团成员的支付意愿，由此降低了其需求价格，所以 J_2 和 K_2 都是负的。

更多制裁需求的（27-5）或（27-5'），与更少需求的（27-6）或（27-6'）相等，政治市场出清。支持最大化的政治家通过逐渐提高其最低 0 点之上的制裁水平，直到支持更高制裁的边际压力，被反对更高制裁的压力所抵消为止，来实现市场出清。也就是说，像其他政府规制一样，制裁达到最大化供给点，在该点，受益者用它们的政治影响或效应衡量的边际效用，等于以影响衡量的受损者的边际负效用［施蒂格勒（Stigler，1971），佩尔茨曼（Peltzman，1976），贝克尔（1983）］。该均衡存在的一个必要条件是两个利益集团对政治影响都显示递减回报，即随着集团财富规模转移的增加，各集团的政治压力以递减的速度增加。② 在下述追加假设给定的前提下，图 27-2 描述了这样一个关于制裁的政治市场。第一，假定最初没有因制裁而产生严重损失，因此，制裁仅在制裁制度下一次性再分配转移，意即 $\sum_i Y_1^i = 0$。第二，假定在 $S=0$ 的邻域中，所有个体的边际效用都是相等的。第三，假设两集团在有效控制免费搭车和施加政治影响方面是同样的。这样，在制裁的一个无穷小水平上，因为假定集团 J 的收益恰等于集团 K 的损失，因此，集团 J 追求更高制裁的支付意愿，等于集团 K 追求更少制裁的支付意愿。政治市场因此出清为：$D^K = D^J \Rightarrow S = 0$。

制裁的增加对集团 J 沿 D^J（移动）有积极价值，但是由于假定 Y 的边际效用是递减的，因而制裁也是以递减的速率增加的。同样地，由于 Y 的递减增加了边际负效用，因此集团 K 将愿意支付增加量，以阻止制裁升级。因为在这种情况下制裁是无分配效应的纯再分配，所以 J 和 K 货币收入的边际效用相等时（在零制裁水平时出现），达到政治均衡。

现在假设制裁是对市场的扭曲干预。就像关税、配额和其他保护措施一样，它们也是有自重成本的，即 $\sum_i Y_1^i < 0$。自重成本与再分配政策一起有增加财富总额的作用，这些财富必须在减少转移给接受者总额时从受损者手中获取。因此对于制裁的所有增量，集团 K 成员必须放弃更多的财富，而集团 J 成员获取更少财富。因而，集团 K 为阻止实施的制裁的每个增量的支付意愿在增加，而集团 J 为获取制裁每个增量的支付意愿在减少。即使我们仍然假定两集团在施加政治影响时具有同样的效果，D^K 曲线也是上移，D^J 曲线也是下移的。D^K 和 D^J 曲线之间的垂直距离，就是因为制裁政策所造成的资源的浪费。这是由于制裁是重新分配集团 K 和集团 J 收益的极其低效的方式，尤其是与简

---

② 政治影响的递减回报可能是由于现金收入的边际效用递减，如当前模型，或是由于政治压力发挥的边际产出递减。

单的现金补贴相比较。㉓

通过引起 D^K 曲线的上移和 D^J 曲线的下移，自重成本在制裁的负水平上产生均衡——排除 S 的非负假设。政治市场出清的制裁水平因此为零。实际上，那些从制裁中收入增加的个体的制裁压力，不但不得不抵消那些在制裁中受损的个体的反制裁压力，也必须补偿配置扭曲和制裁所引起的低效率。而且，如果政府由于实施制裁引起管理成本，这将进一步增加制裁政策的自重成本，并进一步扩大 D^K 和 D^J 曲线之间的距离。

因此，如果不同利益集团的政治影响是无差异的，那么由于制裁只会增加各国政府的政治压力，因而不会被各国政府所采用。正如贝克尔（1985，第344页）所说："如果所有集团产生政治影响的大小和技术都是同样时，那些会降低社会产出的政策就不可能存活，因为反对总比支持有更大的影响。"然而，集团 J 和集团 K 的政治低效性将会影响其各自的需求曲线 $J(S, E^J)$ 和 $K(S, E^K)$，移至 D^J 和 D^K 下。如果 J 是个小集团，其中每个成员从制裁的增加中获取收入增加的显著份额，例如，目标国出口替代的生产者，相比那些从进口限制中受损的消费者，集团 J 就比集团 K 具有更大的政治影响。㉔ 因而，如果 E^J 比 E^K 小，那么在 D^J 下的 $J(\cdot)$ 下移就足可能比 D^K 下的 $K(\cdot)$ 下移小，制裁所产生的政治市场出清水平在图 27-2 中用 S^* 表示。

总的来看，经济制裁的政治压力出现，不仅是因为某利益集团成员消费机会的增加所引起的制裁收入效应，而且是因为制裁自身效用具有增强属性。㉕ 也就是说，制裁可以被看成是一种公共好（或坏）品，通过亲自感受该国为某目的而实施的外交政策，这些个体的满足（或不满足）直接影响效用（或负效用）。一些个体可能会视其对制裁政策的贡献为私人物品，因此，事实上制裁具有提供公共物品和私人物品的联合属性［科尔内斯和桑德勒（Cornes & Sandler, 1984）］。㉖

制裁对个体效用的直接影响使人想到重设效用函数：

$$U^i = U^i(Y^i, S) \tag{27-3'}$$

求关于 S 的微分，该微分表示实施制裁效用的直接和间接影响：

㉓ 规制性转移的无效性，见塔洛克（Tullock, 1989，第 11~27 页）。

㉔ 这是集中收入，分散成本的经典案例。在一个多数政治制度中，往往会导致社会效率低下的再分配政策。

㉕ 正如已经指出的那样，禁运除了对目标国经济损失的工具性动机，也对感到应作为道义和政治责任所实行的制裁者具表达性价值。进一步讲，那些给目标国带来所希望结果的经济制裁，很可能在制裁国得到进一步支持，而没什么作用或者伤害到无辜群体的经济制裁，也许就得不到进一步的支持了。

㉖ 科尔内斯和桑德勒（1984）的研究表明，某些关于公共品具有联合生产公共与私人产出的某些标准观点已经不再成立。例如，联合产品是希克斯（Hicksian）互补物时，当集团规模增大时，免费搭车问题可能竟会减少。也就是说，由于其他公共消费的增加，主体的公共消费也会增加。比如慈善活动，既可以使贡献者获得个人收益，也可以使其获得公共收益。

$$\partial U^i/\partial S = \partial U^i/\partial S| + U_1^i Y_1^i$$
$$|Y_1^i = 0 \qquad\qquad (27-7)$$

初始假设直接效应，即等式（27-7）右边的第一项是正的，意指"亲制裁"集团 J 所带来的压力将增加，因此，图 27-2 中对制裁的需求曲线从 J 移动到 J'。与此同时，虽然集团 K 在制裁中收益受到损失，但其成员却从制裁实行中获得了直接正效用。例如一些个体为了与某个邪恶外国政权中止贸易，可能放弃货币收入。在这种情况下，集团 K 成员将更少施加反制裁压力，这意味着制裁被减少，图 27-2 中制裁需求曲线由 K 下移到 K'。因此，当 I 的所有成员都从制裁中获得直接效用时，制裁的均衡水平将从 S^* 上升到 S'。

这部分的分析表明制裁国制裁实行的实际水平，是该国国内亲制裁集团和反制裁集团之间相对政治影响力的函数。采取贸易限制的制裁形式，本质上有减少财富总额和再分配的性质，这就是为什么制裁一定要与带给目标国的最大化经济破坏相配合。现在我们将注意力转向目标国的情况。

4. 制裁对目标国的政治影响

首先，像制裁国一样，我们假定目标国的政体由两个主要利益集团所组成。其中之一是集团 J，通过支持再分配政策的政治市场来施加压力，我们将其定义为 A，它由目标国政治支持最大化的政治家所提供，且被制裁国亲制裁利益集团认为是该反对的。另一个利益集团 K，从事幕后反对 A 活动。[27] 除了来自政治市场出清过程的内生政策产出，由 A 的水平替代了制裁水平外，这一节所用的利益集团模型与前一节模型相同。

目标国政治市场的出清机制用等式（27-3）～式（27-6）和图 27-2、图 27-3 表示，用令人反感的政策水平 A 代替 S（制裁水平 S 的决定，已经在第三节进行了讨论。目标国令人反感的政策水平 A，在本节是利益的内生变量。为节省图的数量，S 和 A 亦用图 27-2 中的横轴标绘）。图 27-2 中 J 和 K 曲线反映假定——政策 A 的受益者集团 J，在产生政治影响力上比集团 K 更有效。该假定将导致均衡政策结果处于正水平 A^*。集团 K 的相对政策低效可能是由于该集团受到的政治压制或该集团被排除在决策之外，那么留给该集团成员唯一的政策选择是如反叛或公民抗命等昂贵的代价，这些将会降低他们支付

---

[27] 这样的利益集团例子有南非支持与反对种族隔离的集团，以及在塞尔维亚地区米洛舍维奇政权的支持者和反对者。

更低水平 A 的意愿披露。

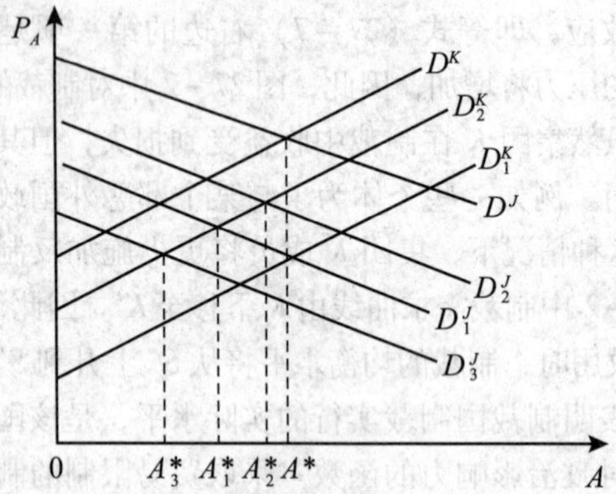

图 27-3　制裁对目标国政策 A 均衡水平的影响

图 27-3 显示了制裁对政策 A 政治市场出清水平的可能影响。我们从最初的需求函数 D^J、D^K，和在 A^* 点的政治均衡开始。这两个利益集团现在都被假定由于遭受制裁，收入水平有所下降。㉘那么或者 J 情况下的政策 A，或者 K 情况下 A 的降低，都会降低各自显示的需求价格。随着收入的下降，A 的需求者对此政策的支付意愿将更低，A 的需求曲线将下移到 D_1^J。然而，由于 A 的反对者所遭受的对收入的负面影响，政府供给 A 的政治成本也将下降。反 A 政策的利益集团成员个人收入的下降，也削弱其配置资源以从事抗拒活动的能力。政府提供 A 的供给价格下降，减弱了政府对 A 的供给曲线，即因为降低 A 水平，集团 K 的需求曲线移至 D_1^K。因此，二者的边际效用曲线将从其各自的初始水平 D_1^J 和 D_1^K 下移，由于其取决于相对移动量，因而关于 A^* 的影响是不确定的。图 27-3 中 A^* 不变。然而，可以设想，如果集团 K 比集团 J 成员的个人收入减少更多的话，制裁的收入效应可能很好地承担了 A^* 的增加。因之，为了降低目标国让人反感政策的实施，制裁应最大限度地损害政策的主要受益者，而不是反对群体。㉙

㉘　一般情况下这种假设是错误的。例如，见波特（1979）针对制裁对目标国收入群体不同影响的详细研究。制裁通过限制目标国的进口，可能增强进口替代品的市场力量［塞尔登（1999）］。正如第 2 部分中所指出的，撤资的经济制裁可以导致贱卖外国人所有的国内资产，这样进一步导致目标国以较低的价格获得该资产，使得财富转向目标国。

㉙　然而，如果 A 对集团 J 是次要的，那么负的收入效应会使 D^J 上移，引起 A^* 增加。例如制裁减少南非白人工人的收入，那么就可能导致对保护他们免受黑人劳动力市场竞争的规则需求的增加，也即对种族隔离制度的需求上升［肯普弗等（1987）］。

然而，除了其收入影响，制裁还会影响两集团的政治效能参数 E^J 和 E^K。例如，反 A 政策的集团 K 成员，可能会视制裁的实施为外国支持他们奋力反对"A 政策生产者"政府的信号，[30] 或是政府部分削弱的迹象。[31] 在任一种情况下，"搭便车"的行为都将被削弱，集团 K 在实施政治影响上将更有效。图 27-3 中，E^K 的下降将引起集团 K 的需求曲线从 D_1^K 上移到 D_2^K，使 A 的均衡水平从 A^* 降到 A_1^*。正如塔洛克（Tullock, 1971）已经指出的，任何成功政治抗拒可能性的增加，或者对政治参与者个人预期成本的降低，都会导致抵制活动的增加。肯普弗和洛文伯格（1992a）运用集体行动的门限模型来解释，诸如制裁等外在压力是如何在国内群体支持者民众中产生广泛蔓延的。[32]

制裁对亲 A 集团 J 政治效应的影响是不确定的。一个可能的原因是集团 J 成员可能将制裁看作是对国家主权的不受欢迎的外来侵犯，这样他们就会紧密团结在一个旗帜下，集团作为一个整体在有利于政策 A 的政治影响产出上将支出更多资源。这种团结效应使统治者更易为其政策动员更多支持。实际上，集团 J 内"搭便车"的动机将会降低，引起集团的政治低效参数 E^J 减少。结果在图 27-3 中，A 的需求曲线从 D_1^J 右移至 D_2^J，A 的均衡水平从 A_1^* 上升到 A_2^*。

不过，如果集团 J 的个体成员因制裁影响收入减少，而对支持 A 失望的话，他们在亲 A 政策产出的压力下，"搭便车"的激励将会增加。例如，如果发现外国经济压力增加，统治政权失去其权力的可能性，或制裁者威胁在未来更大地降低其收入，或制裁者允诺如目标国政权撤销其令人反感政策，就取消制裁的话，通常支持统治集团的个体可能会阻止这样做。政权支持者的这种失望使 E^J 增加，图 27-3 中集团 J 的需求曲线由 D_1^J 下移至 D_3^J，导致 A 的均衡水平从 A_1^* 减少到 A_3^*。[33]

上述分析表明制裁的信号或威胁效应会带来 A^* 的变化，这与制裁对目标

---

[30] 当然了，这种影响还取决于制裁者的个性。如果制裁国不主张（制裁）被目标国的民众高度重视，那么制裁可能实际上对国内的反对工作起阻碍作用。

[31] 这种削弱可能依据金融资源或大众合法性。它可以被反对政策 A 的集团解读为政治机会，动员其成员，不管这些成员是否从外国制裁行动中得到好处。

[32] 肯普弗和洛文伯格（1992a）的分析确定了目标国内，将制裁与利益集团的政治影响力联系在一起的几种机制。首先，当目标国成员个人发现在一些政策目标下，外国人公开宣称他们的信仰，那么这些成员可能会修正他们的私人信仰或偏好。持有某种观点的人越多，目标国成员的私人信仰与偏好改变，接近于这种观点的人就越多。第二，外国的压力可能使支持国内某一利益集团的个人获得更多名誉好处，通过选择性激励增加这些利益集团回馈其支持者的影响力。第三，制裁或外国利益集团的幕后活动可能对国内利益集团所主张的政策增加"集体情感"。按照库兰（Kuran, 1986, p.46）的定义，集体情感是接受特定政策立场的人所占份额的典型个人预期。

[33] 芬德利和伦达尔（Findlay & Lundahl, 1987）给出的例子认为，南非白人工人会通过让步，减少种族隔离，以回应外国股东们的撤资压力，以此来防止他们的生活标准受到侵蚀。

国收入的影响完全没关系。实际上，产生最大经济破坏的制裁㉞不一定必然引起 A^* 的下降，甚至可能会使其增加。大的负收入效应将使图 27-3 中的 D^J 和 D^K 曲线大幅下移，但除非集团 J 所受损失比集团 K 要大很多，因此 D^J 曲线比 D^K 曲线下移更多的话，否则 A^* 将不会减少。如果 K 的收入比 J 的收入减少更多的话，D^K 将比 D^J 下移更多，A^* 将增加。因而制裁的这些经济影响将会对 A 的均衡水平产生不确定的、潜在的负面影响。

从本章对制裁利益集团的分析可知，仅那些对 A 政策的支持者和反对者有"选择性"影响的制裁才会引起目标国政策的变化。产生这种选择性影响的一种方法是，设计一种更看重讯号或威胁效应，而不是收入效应的制裁战略。对政治对手目标的支持讯号，和/或对政权支持者的进一步伤害威胁，会改变这两个利益集团的政治低效参数，因而产生所希望方向上的内生政策改变。因此利益集团分析支持只针对目标国特定利益团体的敏捷制裁策略。事实上，在制裁文献中达成了许多共识，即查明那些最支持令人反感政策集团是非常有价值的。例如，摩根和施韦巴克（Morgan & Schwebach, 1996）认为，经济制裁对目标国的影响，无论是直接影响还是间接影响，最好把它抽象为这一制裁政策对目标国政治精英的影响。㉟

肯普弗和洛文伯格（1999）认为，相比那些泛泛的具有收入效应的贸易制裁和投资制裁，非经济制裁或文化制裁更可能对精确定位集团产生选择性效应。而且，因为象征性制裁通常都以制裁国和目标国之间有密切的文化关系为

㉞ 如前面部分所说，选择制裁的标准不一定必须对目标国造成破坏。而是要设计制裁使其显示制裁国利益集团的偏好。破坏最为严重的制裁如基础较为广泛的多边贸易禁运、强制撤资或撤除国际信贷。

㉟ 阿莱拉索尔（Alerassool, 1993）、史密斯（1996）、达什蒂·吉布森等（1997）和塞尔登（1999）持类似的观点。按照科特赖特和洛佩斯（2000，第 245 页）的话："当其目标国的决策者对任何错误（的决策）负责，并能拒绝对这些决策精英非常有价值的资产和资源时，制裁最可能有效果"。敏捷制裁不仅在实现其目标时对 GNP 的简单减少有效，而且对目标国内的无辜群体更少可能产生"附带损害"，这种损害对政权的巩固有潜在的不良影响，也延缓了中产阶级和文明社会的形成。[哈斯（1998，第 202 页）]。亦见韦斯（1999）、科特赖特和洛佩斯（2000）、洛佩斯（2001）、科特赖特、洛佩斯和罗杰斯（2002）、科特赖特、米勒和洛佩斯（2002）、科特赖特和洛佩斯（2002a, 2002b）的研究。在美国对伊拉克的贸易和金融制裁案例中，托尔巴特（2005）注意到这些制裁，当提供强大的经济打击时，很少有政治上成功的。作为替代选择，托尔巴特提倡使用直接针对执政的神职人员施加压力的敏捷制裁，同时从总体上避免对伊拉克民众的负面影响。柯什纳（Kirshner, 1997, pp. 56 – 63）提供了美国在 1960~1962 年，对多米尼加共和国特鲁希略（多米尼加首都，现又恢复圣多明各称呼。——译者注）政权的制裁，如何对国内反对派提供了重要的支持和鼓励这样令人信服的例子。而传统的看法是，制裁应适合对目标国内统治精英及其核心支持群体的损害[柯什纳（1997, pp. 56 – 63）]并对反对方有益，或至少不伤害。梅杰和麦甘恩（2005）认为，在某些情况下，相对无关的旁观者群体应首当其冲感受到制裁。这些群体，因为他们较少地重视统治者的这些令人反感的政策，通常会花非常小比例的资源去游说支持或反对这一政策。因此对这些群体产生成本的制裁，将比针对高显著群体的制裁，如无论是统治精英或反（统治）精英，将在反对那些令人反感政策的游说费用方面产生更大的增加。然而，评估敏捷制裁效力的潜在障碍在于很难获得数据，以去度量这些制裁对目标国群体的影响。

先决条件，因而该制裁通常是单边而非多边的，或至少仅包含非常少的制裁者。㊱

敏捷制裁对独裁目标政权是非常理想的一种方式，因为这种制裁不仅能削弱独裁者的权力，也会减少独裁政权主要支持者的可用资源，而且还不会给被压迫的国民带来伤害［肯普弗等（2004）］。按照温特罗布（Wintrobe，1990，1998）的专政模型，独裁者通过两种投入巩固权力，即镇压和忠诚。将温特罗布模型应用到制裁中，肯普弗等（2004）的研究显示制裁能增加独裁者的预算，因此如果他可以从贸易条件的改变获取租金的自然增长的话，制裁就可以巩固他的地位。如果制裁对目标国的经济危害达到使贫困市民受到影响这种程度的话，国内反对派施加影响的能力就会被削弱。进而，如果贫苦大众更容易控制的话，独裁政权镇压异议的能力就会加强。这种情况下，镇压的代价就更低，独裁统治者就会选择更多的镇压而不是忠诚增强其权力。另外，如果制裁限制了统治者获取镇压的设施工具，例如警察和军事装备等，或者如制裁给反对方组织集体行动提供支持的话，镇压的代价就会提高。制裁对忠诚的影响取决于制裁实施时国内利益集团的倾向。接近统治者的集团为了给自己攫取更多的制裁租金，可能会因制裁而促使他们增加对统治政权的支持，统治者从这些集团获取忠诚的价格就降低了。然而，政权的反对者可能会投入更多的努力在反抗上，或至少变得不太支持政权，这种情况下，独裁政权从反对者那获取忠诚的价格就会增加。镇压数量的变化也会给供给统治者忠心的数量产生收入效应，因为镇压在总量上会使财富减少。制裁所引致的势力价格上的变化，对独裁者的预算约束有收入和替代双重效应。这些效应的相对大小决定了制裁对权力大小的影响，以及独裁者最大化其效用的消费选择。

5. 单一理性行动者与博弈论在制裁研究中的应用

前两节从政治过程中利益集团理论的观点方面探讨了制裁的行为和政治影响。根据这一理论，国际关系中观测到的政策和其后果，可以被看作发起国和目标国国内利益集团政治配置的结果。政府或多或少可以被看作是竞争性国内利益集团压力的公正仲裁者。政府自身没有独立的政策偏好或议程。这种方法

㊱ 肯普弗和洛文伯格（1999）给出了一个例子，它是有关对种族隔离的南非进行体育方面禁运的一个例子。该禁运是由一批有橄榄球和板球运动的国家强制执行的，其相比最严重的经济制裁来讲，对南非的白人有更大的影响，但对黑人的影响却很小。有关对限制文化体育方面权利禁运的研究，见汉隆和奥蒙（Hanlon & Omond，1987，第25页）。

与新古典经济学方法论的利己主义相一致,从这个意义上讲,利益集团行为以部分单个集团成员效用最大化为前提。㊲

然而,很多国际关系学者和经济学家已利用单一理性行动者方法对制裁进行了研究,在此有关分析单位不再是单个利益集团成员、选民或政客,而是整个国家。按照这种方法,国家是国际舞台上的主要选手,是否或如何实施制裁?是否遵守还是抗拒制裁都由国家决定。单一理性行为者理论的观点与利益集团理论不一定完全一致。更确切地说,这两种方法关注点是不同的问题。利益集团方法的主要关注点是要说明国家政策选择如何反映政体内选民集团的利益。然而,单一理性行为者模型的主要目的是要表明,一国的国际政策决定是如何既影响他国,也被他国的政府决定所影响。这种决定通常是战略性的,博弈论通常被用来分析国家行为。

因此,如德雷兹内(Drezner,1998,1999)明确表示拒绝国内—政治方法,支持经济胁迫的博弈论模型,在该模型中,制裁的发起者和目标,都被视为是国家(组织),在他们的决策中吸收考虑了未来冲突预期和胁迫的短期机会成本。德雷兹内提出的"制裁悖论"就直接归因于冲突预期。该悖论既预期到在将来会与目标国频繁发生冲突的制裁国,会比那些预期到有较少冲突的发起国更可能挑起制裁。同时,又预期到在将来会与发起者发生冲突的目标国,更少可能遵从制裁国的需求,因为担心现在的让步,将会在将来被利用,而这可能威胁他们的安全[德雷兹内(1998,p.711)]。由此,相比同盟国,发起者更倾向于向敌对方实施制裁,但是更可能从同盟者那里获取更多的让步,因为后者预期将来发生冲突的可能性很小,因而更少关心坚持相对获得(该获得可使将来讨价还价有一个好的位置)。德雷兹内(1998,2001)发现了支持冲突预期模型的实证证据。而且,德雷兹内(1999)排除了国内政治作为发起制裁原因的解释,并在现实中发现制裁大都与危机有关,在这些危机中国家利益受到直接威胁。另外,并不像国内政治假说所预测的那样,制裁事件在"所有"国际危机中往往并不是随机分布的。

在制裁的博弈理论处理方面,最有名的文献当数伊顿和恩格斯(Eaton & Engers,1992,1999)的研究。应用不完全信息讨价还价理论,伊顿和恩格斯(1999)证实,发起国制裁威胁的成本,比其改变目标国行为的所得相比较低时,制裁越容易成功。同样,对目标国制裁的成本,要相对高于目标国接受发起者的需求成本。虽然该结果相当直观,但是该模型也产生了一些有意义的启示。在完美信息的世界里,制裁将永远不会付诸实践:如果制裁威胁足够有

㊲ 关于国际政治经济学中方法论的个人主义,参见肯普弗和洛文伯格(1992年,第3章)。

效,目标国会立刻遵守(制裁国的)要求,消除了实施制裁的必要。而如果制裁是无效的,发起者将不首先发起威胁。事实上据观测,制裁(发生)意味着,或者制裁者低估了目标国遵守制裁的成本,这种情况下制裁失败,或者目标国低估了制裁者的决心,这种情况下制裁成功。

虽然在多数情况下仅使用制裁威胁就足以使目标国遵从制裁国的要求,但是还有不完全信息情况下的情况,在不完全信息下发起国实施制裁,而目标国则会坚持不让步。例如,某些目标国的顺从成本要高于其制裁成本,但是发起国可能也会对这样的目标国进行制裁,这可能是因为发起国希望增强其声誉,也可能是因为发起国不能确信目标国到底是顺从国还是坚决抵抗国[伊顿和恩格斯(1999)]。莱西和尼乌(Lacy & Niou, 2004)应用多阶段博弈模型证明了:当制裁不太可能成功的时候,却最有可能被实施。而当制裁可能会成功,也确实会威胁到对方的话,(可能)根本就无须实施制裁。用伊顿和恩格斯(1992,第902页)的话说就是"在均衡条件下,制裁即使没有被实施,它也是很有效的"。根据人们对实际运用的制裁观测可以得知:即使大多数制裁在威胁阶段是成功的,但(总体上)制裁却基本没有作用。基于观测到的制裁实证研究,仅在对成功制裁的认识上就存在很大分歧。然而,伊顿和恩格斯(1999)也指出一个坚定的制裁者,仅仅是为了表示其决心,也可能会反复实施制裁,因此造成一段时间内目标国不断选择遵从的形式,从而从观测上就会得出制裁非常有效(的结论)。在这种情况下,基于制裁实施实际观测的实证分析所得出的支持制裁成功的结论就是有偏的。一般而言,真正实施的制裁"还构不成冰山之一角"[伊顿和恩格斯(1999,第410页)]。下一节我们还回到制裁实证研究中有偏选择这一难题。

在制裁国和目标国之间以重复博弈为特征不断进行的相互作用中,伊顿和恩格斯(1999)的研究显示,如果目标国犹豫的话,制裁国对真正实施制裁的承诺是制裁成功的重要决定因素。通过承诺一直都会使用制裁而不是据情况而定的话,制裁者就会打消目标国犹豫的动机,这种动机可能会使目标国心存侥幸试图把制裁推到将来[伊顿和恩格斯(1999,第413页)]。㊳目标国接受制裁的程度不仅取决于双方的制裁成本,而且取决于双方的耐性。伊顿和恩格斯(1992)基于双方承担制裁成本的意愿发展了(对目标国)"韧性"的度量。目标国的耐性越小,发起国的成本越低,制裁越有可能成功。然而,一个有耐性的发起者和目标国的高成本,可能实际妨碍(其选择)服从。既然这

㊳ 然而,多鲁森和莫(Dornssen & Mo, 2001)证实,承诺策略通过帮助国家提高他们在讨价还价中的地位,使得冲突解决更加困难,因此会延长制裁持续时间。

样一个高成本的制裁预期足以强制目标国选择遵从,在任何时期威胁实施制裁就不再是可信的。因为一个有耐性的发起者将不会高频率地使用制裁,目标国可能利用发起者的耐心来推迟屈从[伊顿和恩格斯(1992,第902页)]。在这种情况下,对目标国危害较小的制裁(如象征性制裁或只会影响目标国总贸易额较小份额的贸易制裁)在重复实施时更可信,因此有时更有效。[39]

6. 制裁的实证研究

有大量的文献试图解决这样一个问题,即什么因素决定制裁对实现其国家目标是否有效。这方面最初的文献来自于HSE的创造性工作,HSE给其数据库中每个制裁分配了一个从1到16的成功分值。[40] HSE认为如果其成功分值大于8,该制裁就是成功的,[41] 然后继续确定了制裁成功的18个潜在关联项。他们应用多重回归模型检验了这些关联对制裁成功分值的影响。然而,HSE模型的解释力和预测成功力比较弱,只占成功分值变化的21%[博内蒂(Bonetti,1997),莱茨尔(Leitzel,1987)]。弱结果的其中一个主要的原因是HSE使用普通最小二乘法估计,而这种技术不太适合如制裁成功分值这样有限因变量的情形[博内蒂(1997),范贝格艾克(Bergeijk,1994)]。[42]这个难题已经被许多学者用离散因变量估计解决了。[43]

这些文献的结论非常混乱,其结果对模型的具体形式有很大的依赖性,[44]但我们也发现了一些规律,即制裁成功与目标国政治不稳定和经济疲软正相关[HSE,拉姆(1990),范贝格艾克(1989,1994)],且与制裁者和目标在制

---

[39] 然而,摩根和施韦巴克(1996,1997)认为,如果制裁成本相比股权价值足够大,那么制裁将会对预期的结果分布影响最大。特别是,摩根和施韦巴克的空间讨价还价模型揭示了这样一点,即只要经济制裁给目标国社会政治力量强大的那一部分带来明显的成本,相对突出这些部分对所争论问题的重视,那么这样的制裁对于他们在目标国想要达到的政治目的来讲就是成功的。

[40] 每个事件结果值从1(失败)到4(成功),制裁对这一结果的贡献值也从1(没有)到4(显著),制裁事件总的成功分值是结果分数与贡献分数之积。

[41] 然而,如同博内蒂(Bonetti, 1997,第334~335页)指出的那样,既然"结果"分值和"贡献"分的预期值都是2.5,那么所有结果和贡献相等的随机事件的预期成功分大概是6.25,这可能是制裁成功的更合适基准。

[42] 范贝格艾克(1994, p73),拉姆(Lam, 1990,第241页)也批判了HSE回归分析方法。因为该方法使用制裁成功大小(包括制裁对达到其目的的重要性)作为因变量。这种度量需要预先判断一定经济制裁引起目标国政策变化的程度,其正好应是回归方程的右式。

[43] 例如,范贝格艾克(1989,1994)、德鲁里(1998)、德赫贾和伍德(1992)利用分对数模型,拉姆(1990)和哈特(2000)利用概率单位模型,博内蒂(1998)使用逻辑斯蒂回归查明了成功和失败可能高水平发生的情况。

[44] 最新的结果综述和一些新的贡献,见英等(Jing et al, 2003)。

裁实施前的紧密关系正相关［HSE，拉姆（1990），范贝格艾克（1998）］——所以 HSE 广为知名的格言是：制裁朋友比制裁敌人要好的多。尽管不是所有，㊺ 实证研究发现，以占目标国 GNP 百分比表示的制裁成本，与制裁成功之间有显著的正相关关系［HSE，拉姆（1990），德赫贾和伍德（Dehejia & Wood, 1992），达什蒂 - 吉布森等（1997），德鲁里（Drury, 1998），哈特（Hart, 2000）］，拉姆（1990）也发现制裁者的制裁成本与制裁成功之间是负相关关系。一些学者认为制裁者讨价还价的力量，以及其给目标国施加成本的能力，取决于制裁前两国之间的贸易联系程度［米亚贾瓦（Miyagawa, 1992），达什蒂 - 吉布森等（1997），博内蒂（1998），德鲁里（1998），哈特（2000）］。因此，如范贝格艾克（1994，第 77~87 页）的发现，目标国的潜在福利损失，尤其是以比率来衡量的贸易联系——制裁国流入目标国的贸易额占目标国 GNP 的百分数，是决定制裁成功的重要因素。用德鲁里（1998，第 502 页）的话说："与目标国的更密切联系，加强了发起者观察对目标破坏的能力，而根据常识，破坏越大，制裁就越有效。"然而，德鲁里发现，制裁前的贸易流量对制裁结果没有明显影响，因而他得出这样的结论："制裁前的贸易重要是因为它允许发起者对目标的破坏观察……就是这种由 GNP 成本度量的破坏，增强了制裁的有效性"（1998，第 507 页）。

虽然大多数研究表明制裁者间的多边合作对制裁成功有负面影响，㊻但德鲁里（1998，第 502 页）的研究显示这一结果仅在国际组织没有卷入制裁的情况下成立。而且，第三国对目标国的援助通常预期会降低制裁成功的概率［HSE，博内蒂（1998）］，德鲁里（1998）发现当且仅当目标国的进口原来仅依赖于制裁国时这种情况才是正确的。文献中对制裁成功有关的另一个研究是制裁目标的性质，过于雄心勃勃的目标通常与成功之间显现负相关关系［达什蒂 - 吉布森等（1997）］，这主要是因为这种目标通常都很难实现。㊼然而，德鲁里（1998）发现目标的雄心勃勃对制裁结果没有显著影响。平均来看，经常诉诸制裁的国家比很少实施制裁的国家更少可能成功［帕尔伯格（Paarlberg, 1983），达什蒂 - 吉布森等（1997）］，在制裁持续效果一定的情况下还

㊺ 有关相反发现，见英等（Jing et al., 2003）。
㊻ 例如，见 HSE 和博内蒂（1996）。这一发现看上去与人们的直觉不太一样，因为如第二部分中所指出的那样，多边制裁对目标国来讲要比单边制裁有更多的贸易条件影响，然而，肯普弗和洛文伯格（1999）认为，多边制裁实际上并没有单边制裁有效，恰是因为更大的贸易条件影响会产生的更多的制裁租金，其通常被目标国统治者所攫取。同样，大的贸易条件影响也会使多边联盟成员有强的动机进行欺骗，与目标国在违反制裁协议下贸易。因此会对目标国政府送上适得其反的信号。迈尔斯和摩根（2002）应用多维空间模型证明多边制裁比单边制裁有更高失败率。
㊼ 例如，推翻目标国政权的目标，相比单纯引起目标国政府政策边际改变的目标更难实现。

存在一些争论：达乌迪和达贾尼（Daoudi & Dajani，1983），以及布雷迪（Brady，1987）认为制裁的福利成本随时间而增加，因此持久的制裁比短命制裁更有效。[48]另一些学者则发现制裁持续时间与成功呈负相关关系［宁契奇和瓦伦斯腾（Nincic & Wallensteen，1983），莱顿－布朗（Leyton-Brown，1987），HSE，范贝格艾克（1989，1994），马丁（1992），米亚贾瓦（1992），博尔克斯和阿尔索沃尔（Bolks & Al-Sowayel，2000）］。[49]

由于 HSE 的数据仅包括那些真正实行的制裁，所以制裁的实证文献常被批评存在选择偏差。有许多另外的例子，这些例子中制裁被考虑或威胁使用，但最终没有真的实施（因为如前几节所指出的，制裁可信威胁对引出屈从已经足够了）。费伦（Fearon，1994）指出，一般而言，实际观测到的冲突样本来自完全不同的人群，而不是仅仅被威胁的人群。在制裁背景下，摩根和迈尔斯（Morgan & Miers，1999），哈特（2000），努尔丁（Nooruddin，2002）认为经济胁迫一般仅应用于最棘手的情况，在此，制裁者和目标者之间不可调和的矛盾，使制裁不可能成功地改变目标国的行为。因之这些仅关注被实施制裁的研究结果将对制裁成功有偏向性。为解决这一问题，德雷兹内（2001，2003）列举了那些以追求经济或规制为目标的制裁。在这些制裁类别中，威胁通常在制裁实施前公之于众，这为选择偏差提供一个理想的检验。与前面所讨论的伊顿和恩格斯（1992，1999），以及莱西和尼乌（2004）的理论分析相符，德雷兹内的研究结果表明有重大让步的制裁通常都会在威胁阶段终止。德雷兹内在解释他的研究结果时认为，经济胁迫的重要意义可能被大大低估。与他们不同，近期文献中已形成许多共识，即经济制裁通常是达不到其政治目的的，而人们之所以会继续使用制裁，多数是一种非工具主义动机，也就是为了履行某种程序而继续使用，如制裁国的国内政治。但是，制裁实证研究倾向于不利于制裁成功的观点无论如何并不普遍。正如前一节提到的，坚定的制裁者可能会重复使用制裁手段，创造目标国服从的激励［伊顿和恩格斯（1999）］。基于对实际实施制裁观测基础上的实证研究，将偏向于支持制裁成功。如果发起国仅当他们认为是制裁发挥作用的最好时机时，实施制裁的战略性行为举止也有助于制裁成功。

---

[48] 加尔通（1967）认为，由于制裁成本随时间而攀升，由于严重的经济破坏和政治解体威胁，目标国很可能最终会顺应制裁者的需要，尽管在更低成本水平下风靡团结效应。

[49] 这一结果可能是由于这样一个事实：即时间的推移会使国际制裁联盟破裂［马丁（1992）］，加强目标国的信心［米亚贾瓦（1992），博尔克斯和阿尔索沃尔（2000）］，有利目标国发现另外的市场和进口替代［伦威克（1981，第81页）］。或因为失败的制裁者往往在认识到惨败后，会极不情愿地放弃他们的制裁计划［莱顿－布朗（1987）］。

第27章 经济制裁的政治经济学

表 27 – 1　制裁效果的决定因素：独立变量 = 制裁成功分值

独立变量	赫夫鲍尔等(1990)	拉姆(1990)	德赫贾和伍德(1992)	范贝格艾克(1994)	达什蒂·吉布森等(1997)	博内蒂(1998)	德鲁里(1998)	哈特(2000)	博尔克斯和阿尔索尔(2000)	努尔丁(2002)	英等(2003)
目标国的政治不稳定	+										+
目标国的经济疲软	+	+	+								+
制裁前的密切关系	+	+	+								+
对目标国实施制裁的成本	+	+	+		+			+			
发起者实施制裁的成本		–									
发起者和贸易国同的贸易关系				+							
发起者之间的多边合作	–	–									
第三方对目标国的援助							– †				
制裁目标不明确					–		– ††				
发起者常为制裁者						–					
目标国与发起者规模之比	–						–		–		
贸易与金融制裁*										+	
制裁的持续时间	–				–						
民主与专制目标国**									+		

注意：+ 表示在统计上对制裁成功有显著正效应的独立变量；– 表示在统计上对制裁成功有显著负效应的独立变量。
* ：+ 指贸易制裁比金融制裁更有效；– 指金融制裁比贸易制裁更有效。
** ：+ 指相对针对专制目标国的制裁相比，针对民主目标国的制裁更有效。
† 仅在国际组织未卷入制裁时。
†† 仅在目标国进口依赖发起者时。

选择偏差是引起广泛争论问题的一部分，即决定是否使用制裁的因素与决定制裁成功的因素之间是否存在内在的更紧密联系［史密斯（1996），摩根和迈尔斯（1999），哈特（2000），博尔克斯和阿尔索沃尔（2000），努尔丁（2002），英等（2003）］。这一观点被伊顿和恩格斯（1999，第413页）进一步明晰化："任何对（制裁）发起者真正诉诸行动的（制裁）分析可能会对国际秩序中制裁的角色汇一幅误导的图景：当发起者认为它能实现什么，该措施可能就会在很少情况下采用，或在目标没有满足发起者意愿的很少情况下采用……任何试图量化'制裁'效果的研究必须首先考虑导致其发生的环境。要做到这点就需要在理论中更坚定地采用计量方法。"

从实证的角度看，比较难的是政策工具的选择，如贸易制裁、金融制裁或军事干预，是政治过程内生的，尤其是对制裁者追求的政策结果而言。[50]但是工具的选择也影响制裁的结果，因此许多解释制裁效果的变量，如被选择的制裁类型或制裁战略设计，它们自身由另外的右手变量解释。英等人（2003）用联立方程模型解决了该内生争论，在该模型中制裁政策结果与发起者接受不同制裁工具的可能性被联合决定。[51]他们的结果证实了许多早期文献的结论，但也揭示了一些关键的差别。与早期研究相符的是，制裁者和目标之间的关系越密切，制裁越有效，制裁的目标国，无论是经济还是政治越强大，制裁就越低效。然而，与早期的一些研究相反，英等（2003）发现相对于目标国，制裁者的规模越大，制裁成功的可能性越小，且对制裁者或目标国，无论是目标还是制裁成本，制裁效果受第三国的援助影响并不显著。另外，英等（2003）的研究没有对贸易制裁和金融制裁的相对效果给出明确的结论，这与HSE，阿莱拉索尔（1993），达什蒂-吉布森等（1997），德鲁里（1998）以及塞尔登（1999）的研究相左，后者坚持认为金融制裁比贸易制裁更有效。[52]

本节和下节讨论的有关制裁成功原因的实证发现总结在表27-1中。

7. 政治制度与制裁

另外，政治科学家中，最流行的制裁文献所关注的重点是，本国制度和政

---

[50] 比如军事干预，对制裁者来讲，通常要比贸易制裁和金融制裁的成本都要大，因此，其仅在追求最雄心勃勃、最高优先级的政策产出时，军事干预才最有可能使用。

[51] 另一个被用来处理政策工具选择以及效果联立性（偏误）难题的两阶段估计方法是简缩的概率单位模型，例如努尔丁（2002）的研究，其贡献将在下一节继续进行讨论。

[52] 预计金融制裁比贸易制裁更有效，可能是因为金融制裁经常对目标国政体内的特定群体，尤其是富裕的精英，更有选择性影响这样一个事实。

治在决定制裁使用的可能性和制裁政治结果中的作用。[53]国内制度一个最重要的方面就是目标国和制裁国政治制度的性质，这可以民主或非民主为特征。制裁学者对政体类型的兴趣来自所谓民主和平论的国际关系文献，该理论认为，民主"国家对"比非民主或（民主与非民主）混合"国家对"更少可能产生军事冲突。[54]支持这一理论的一般主张是，民主政治竞争揭示了国家决心水平的信息，因而防止了纠纷升级为暴力冲突［莱克奇安和苏瓦（Lektzian & Souva, 2003, 第647页）］。[55]另一个更进一步的主张是，民主政治家对广大选区的责任，给了他们实施成功外交政策和保护其公民免遭战争的成本的更大激励［布埃诺·德梅斯基塔等（Bueno de Mesquita et al., 1999, 2003）］。[56]相比之下，专制政权更少关注公共福利，因此更可能使其国卷入军事冲突。

布埃诺·德梅斯基塔和西韦松（Bueno de Mesquita & Siverson, 1995）的经验证据发现卷入战争对所有类型领导者的官职存在都是危险的事，尤其是民主党人。沿着类似线路，麦吉利夫雷和史密斯（McGillivray & Smith, 2000）

---

[53] 因此，艾伦（Allen, 2005）发现目标国国内的政治结构会很强地影响他们对制裁的反应。博尔克斯和阿尔索沃尔（2000）显示了目标国制度，以及目标国政权的政治脆弱性都会显著地影响制裁的持续时间。

[54] 民主和平假说以及证实民主的和平收益的实证检验更清楚的叙述见拉西特（Ressett, 1993），狄克逊（Dixon, 1994），奥尼尔和拉西特（Oneal & Russett, 1997），穆索（Mousseau, 1998），拉西特和奥尼尔（Russett & Oneal, 2001），狄克逊和塞内斯（Dixon & Senese, 2002）等人的研究。这方面的文献综述见拉西特和斯塔尔（Russett & Starr, 2000）以及威德（Weede, 2004）等的文章。对民主和平主张及其不同诽谤的分析论述见津内斯（Zinnes, 2004）的文章。穆索（2003）指出民主国家之间的和平仅局限于市场去向的国家，他将其归因于从共同的经济结构中所获得的共同利益。事实上，有证据表明民主的冲突减少效应以收入水平为条件。例如，穆索（2000）发现，在发达国家收入水平的这种效应差不多是其他"国家对"的两倍，在共同民主易发生冲突的最贫穷的1/10国家的连续对中，该效应则不具统计的显著性。民主和平理论的变体是自由和平理论，该理论假设贸易有和平效应［见奥尼尔和拉西特（1997, 1999a, 1999b, 2001, 2003），拉西特和奥尼尔（2001），奥尼尔（2003），奥尼尔等（2003）］。贸易不仅对和平有直接的影响，还有间接影响，在某种程度上，它也对繁荣和民主有贡献［威德（2004, 第170页）］。对贸易会引起和平的批判见巴比里（Barbieri, 1996, 2002）的研究，她指出贸易伙伴之间经济的相互依赖会引起他们之间的矛盾增多。然而，她的分析基础已经受到人们的质疑，有人认为她没有对国家在相当大距离上发动战争的相对能力进行控制，也有人指出其测量贸易份额的方法有偏向于她关于贸易有加强冲突效应的结果［威德（2004, pp. 169 – 170）］。

[55] 它也假定在非民主国家领导人中缺乏自由民主标准，这将使部分民主国家的领导人产生侵略意图的预期和敌意推定［见法纳姆（Farnham, 2003）］。加尔茨克（Gartzke, 2000）将民主国家之间的军事争端很少归因于民主国家之间的相似偏好，而西韦松和埃蒙斯（Siversool & Emmons, 1991）则将其归因于民主国家间高的联盟率。

[56] 它们之间的因果关系也许正好相反，这一点当然也是可信的，也就是说，人们可以用战争对民主国家的消极影响来解释民主国家之间的可观察到的战争为什么是很罕见的。例如，国家在准备发动战争时会变得更加专制似乎也是合理的假定。穆索和希（Mousseau & shi, 1999）检验了这一假定，但他们也发现争端国家引起战争爆发期间，如变得更专制一样，事实上也可以同等的可能性变得更加民主。詹姆斯等人（1999, 2000）拒绝了仅是特定简缩形式、缺少因果推断的民主与战争之间关系的单一方程估计。按他们的观点，合适的方法是把结构方程作为联立方程组的一部分，在其中民主和冲突都被当做内生（变量）处理。应用联立方程模型，鲁文尼和利（Reuveny & Li, 2003）研究发现"国家对"之间的军事争端减少了共有民主，同时共有民主又减少了军事化争端。

主张,如果他们不能成功地与外国合作,本国有责任感的政治家就会招致公众支持水平减少形式的代价。如果领导人在国际合作安排中欺骗,可以被其选民很容易取代的话,他们就可能可信地承诺积极合作[麦吉利夫雷和史密斯(2005)]。因此,失去工作的前景驱使有责任的领导者(必须)在外国人眼里更值得信任,促进更大的国际合作。另外,当更换领导人困难时,合作不那么牢固,这常会导致国家之间的敌对行动[麦吉利夫雷和史密斯(2000)]。另外,就像布埃诺·德梅斯基塔等人(2003)所指出的,独裁国家的领导者从范围狭小的选民中获得支持,历任独裁者通常依靠支持群体的相互排他(获取支持)。因而,不同利益集团的再上演导致了领导层的变化,相应地,政策被修正。然而,民主的领导者必须求助于更广泛的选民,领导层的更替,(这些选民的)组成并没有非常明显的变化。结果,政策,包括对外经济政策,不可能随着民主领导的变化而变化太多[梅杰和麦甘恩(Major & McGann, 2005, pp. 346 - 347)]。在贸易关系的实证研究中,麦吉利夫雷和史密斯(2004)证实,民主国家间领导层的颠覆对贸易的影响比独裁制下的影响要小得多。㊼

然而,由于许多学者在其逻辑基础和经验证据上存在争论,所以民主和平理论绝非没有争议。㊽尽管如此,它在制裁文献中显然是有影响力的。因此莱克奇安和苏瓦(Lektzian & Souva, 2003),考克斯和德鲁里(Cox & Drury, 2006)研究了民主国家间是否存在着类似的"经济和平",意指是否民主政体相对不太可能采取经济制裁反对其他民主政体。民主政体中提倡和平的相同因素——更有能力发出其决心的明确信号,以及民主政治家对成功政策的更多指望,期待用于制裁领域[莱克奇安和苏瓦(2003,第647页)]。莱克奇安和苏瓦(2003)以及考克斯和德鲁里(2006)的研究结果都表明,民主政体比其他政权类型更多实施制裁。莱克奇安和苏瓦假定这种制裁倾向是由于民主政体的执政联盟包含更多元化的利益集团,所以,需要满足这些利益集团的需求(2003,第644~645页)。当仍致力于信奉自由贸易体制时,贸易制裁作为对

㊼ 这一发现也会扩展到经济领域。因此,麦吉利夫雷和斯塔姆(2004)指出,非民主制下制裁国和目标国领导层的改变与制裁的最终结果是息息相关的,而民主制下领导层的改变与制裁持续时间没有什么联系。莱克奇安和苏瓦(Lektzian & Souva, 2001)发现,一旦制裁开始实施,都为民主的"国家对"间的贸易相比非民主或混合民主"国家对"间的贸易会更快地恢复到制裁前水平,人们把这归因于民主制下交易成本的下降和信任度的提升等特点。

㊽ 例如赫斯和奥法奈兹(Hess & Orphanides, 2001)指出,因为在面对穷困的经济绩效时,现任的民主国家领导者必须保持其权力,所以他们有时会有发动国际冲突,以拯救其在本国地位的动机。罗萨托(Rosato, 2003)在对民主和平论的因果逻辑基础进行批判性研究后得出,民主国家间当然存在和平,但这种和平可能并不主要是由于这些国家的民主特性。亨德森(Henderson, 1999, 2002)对第二次世界大战后民主"国家对"间的稳定性,不是归因于共同的民主,而是归因于以两极、核威慑、联盟成员以及贸易联系为特征的国际安全制度的出现。塞内斯(1999)研究发现制度的成熟性与制度的类型在决定二元冲突强度方面一样重要。

国内产业合法性保护的方法对民主政府尤其有益［考克斯和德鲁里（2006）］。⑤考克斯和德鲁里还认为由于非暴力措施不太会引起公众的注意和反对，所以民主政体可能会选择制裁而不是军事行动。

然而，莱克奇安和苏瓦（2003），考克斯和德鲁里（2006）也都同时发现，民主国家相比其他民主国家，更可能制裁非民主国家。考克斯和德鲁里认为出现这种结果主要是因为民主国家实施制裁的两个最常见原因——促进民主和惩治侵犯人权，经常被独裁目标国使用。按照定义，所谓民主国家就是不会出现滥用公民政治或人权（方面）犯罪的国家。另外，根据莱克奇安和苏瓦（2003，第648页）的研究，假使民主国家的领导人的当务之急是追求成功的对外政策的话，他们一般宁可选择非民主国家作为目标，因为民主目标"在为其广泛获胜联盟成员源源不断提供公共物品的持续努力中，采取一切必要的手段来抵消或反制裁"。⑥

认为民主国家比非民主国家更有动机使用制裁，以及抵制外国制裁需求的观点部分源于费伦（1994）的受众成本概念。该成本就是当公众对国家领导人的能力产生怀疑时，在放弃政治支持下由国家领导人所引发的成本。按照费伦的研究，在国际危机中，国内受众成本高的民主国家，一般比非民主国家更不可能落入公开对抗境地，因为非民主国家的受众成本更低，因而在面对国外压力时有更大的灵活性以改变其政策。⑥因此民主的制裁目标国所发出的表示其决心的信号，相比独裁目标国所发出的信号要更可信，所以潜在的民主制裁者，因为其自身受制于国内政治制度要避免对外政策失败的制约，⑥更少可能发起制裁反对另一民主目标国［莱克奇安和苏瓦（2003，第648页）］。加尔通（1967）通过指出民主国家具更大的合法性，因而比独裁国家更有可能团结本国公民聚集在抵抗制裁的旗帜下，进一步给出了民主目标相对更有弹性的凭据。

然而，就像在民主和平文献中其对立面政治一样，经济和平假说也是有争议的。尤其是，主张民主目标比独裁国家更少可能对制裁让步的说法被很多学

---

⑤ 如同肯普弗和洛文伯格（1988a）指出的那样，大多数民主政权更容易受到来自利益集团的压力实施制裁。他们有时是出于道义上的愤怒，反对外国政权的不良行为，但经常仅被贸易限制中的稍加伪装的（贸易）保护主义利益（集团）所左右。

⑥ 莱克奇安和苏瓦（2003）也发现，为获得成功的外交政策以及对其公众造成最小的伤害，民主国家政体相比非民主国家，更易采用金融制裁而非贸易制裁。因上述相同的原因，民主国家更倾向于追求较小的外交政策目的，而不是想给目标国带来大的政策变动。

⑥ 在费伦的实证检验当中，帕特尔和帕尔默（Partell & Palmer, 1999）发现尽管相对国家能力也是重要的，但本国政治受众对那些危机中的国家，可能取得成功有着强有力的影响。

⑥ 哈特（2000）认为，民主国比非民主国一般是更成功的制裁者，因为受众成本有民主政府来面对，保证他们发起制裁，只需考虑制裁的成功举行。

—— *283* ——

者否决了。例如，努尔丁（2002，第69~70页）认为：正是因为民主国家的政治领导人不得不考虑其公众的偏好，因而民主的目标国政府可能同意制裁者的要求，以使制裁取消，减轻其选民的损失。类似地，博尔克斯和阿尔索沃尔（2000）的研究显示，由于其选民加给他们的国内政治成本，民主国家的政府一般也不会对制裁抗拒太长时间。相同的主张也被诺萨尔（Nossal，1999，第130页）的研究所支持，他注意到目标国的政治领导人如果不能改变他们的行为，以尽快终止由于制裁危害造成的经济痛苦，那么就会被踢出政府。[63]相反，佩普（1997，第93页）的研究指出，在非民主国家，不受欢迎的统治者，却经常可能通过把制裁的经济负担转嫁到被剥夺权利集团的身上，来保护他们自己和他们的支持者。[64]按照博尔克斯和阿尔索沃尔（2000）的研究，当一国的领导权集中在少数人手中的话，领导层就能更好地采取一些反制措施，来打破制裁引起的经济困难带给政府的孤立。不民主和非自由的政体发现，他们可以特别容易地应对制裁的破坏，因为他们可以"轻而易举地将制裁成本转嫁给被统治者，并且可以依靠军队来恐吓那些对其政策不满的政敌"［诺萨尔（1999，第134页）］。[65]此外，弥漫的民族主义情绪经常会使非民主国家的公民宁可忍受惩罚，也不愿意放弃可能对国家利益有益的政治政策［佩普（1997，第93页）］。科特赖特和洛佩斯（Cortright & Lopez，2000，第214页）认为"制裁给主权政府提供了一个'团结－围绕－旗帜'效应的杠杆，这可作为镇压国内反对派的一种手段。"[66]达姆罗施（Damrosh，1993，第299页）认为，制裁几乎不可避免地对专制政权有益，因为该政权比普通民众通常有更好的位置控制外部交易和内部经济。按照达姆罗施的观点，从贸易走私和稀有物品中牟取暴利的犯罪集团的出现与增多意味着，即使最有技巧的针对目标的制裁也只能使统治名流的力量更牢固。

博尔克斯和阿尔索沃尔（2000），努尔丁（2002，第73页）提供了这样的证据：即针对民主国家的制裁要比针对专制国家的制裁更容易取得成功。努尔丁（2002，第69~70页）得出合乎逻辑的结论是：制裁者相比非民主国家

---

[63] 通过运用大量的跨国面板和时间序列数据，马里诺夫（Marinov，2005）发现了经济压力对目标国领导破坏性影响的经验证据。

[64] 佩普（1997）给出了伊拉克的案例，尽管他们遭受了有史以来最具破坏性的经济制裁，在伊拉克，48%的GNP遭到了破坏，但也没（能使伊拉克）屈从。

[65] 因此在有关内战的相关文献当中，独裁社会被发现在一定程度上叛乱的风险要比部分民主的国家低，这是因为独裁者具有成功压制不同政见群体的能力。参见科利尔和赫夫勒（Collier & Hoeffler，2007）（本《手册》第23章）。

[66] 制裁往往会加强"鹰派"，削弱"鸽派"，见威利特和贾拉利加扎尔（Willett & Jalalighajar，1983/84）。

更可能制裁民主国家，正是因为民主国家更容易让步。⑥7其更进一步宣称，民主国家倾向于以制裁反对民主的敌对者，观测发现，当面对与其他民主国家的国家间争端时，民主国家宁可选择非军事胁迫，包括制裁等，代替对外政策的军事化工具［帕尔默等（Palmer et al., 2002），摩根和帕尔默（Morgan & Palmer, 2003）］。⑥8

表27-2 提供了关于对制裁和本节所述政治制度文献贡献的一个汇总。

表 27-2　政权类型和制裁文献总结

专制政体比民主政体更可能对制裁让步	民主政体比专制政体更可能对制裁让步	民主政体比专制政体更可能实施制裁	民主国家实施的制裁要比专制国家实施的制裁更容易取得成功	民主国家相比专制国家更可能成为制裁的目标	专制国家比民主国家更可能成为制裁的目标
莱克奇安和苏瓦（2003）	达姆罗施（1993）	雷克兹安和苏瓦（2003）	哈特（2000）	努尔丁（2002）	雷克兹安和苏瓦（2003）*
	佩普（1997）	考克斯和德鲁里（2006）			考克斯和德鲁里（2006）*
	诺萨尔（1999）				
	博尔克斯和阿尔索沃尔（2000）				
	科特莱特和洛佩斯（2000）				
	努尔丁（2002）				

＊如果制裁发起者是民主国家。

---

⑥7 然而，这一发现并非是对民主国家经济和平观点的驳斥，经济和平是一种二元现象［莱克奇安和苏瓦（2003，第64页）］；它要求一对民主国家与一对非民主国家或一对民主－非民主国家相比，更不容易卷入经济制裁。尽管努尔丁发现民主国家更容易成为制裁的"目标"，但他并没有证实是否民主国家同样也比非民主国家更可能"实施"制裁。事实上，努尔丁的数据也仅包括美国所实施的制裁（2002，第63~70页）。

⑥8 然而，有一些证据表明，民主国家更喜欢使用积极的经济激励，而非制裁，尤其是在针对其他民主国家时［戴维森和香博（Davidson & Shambaugh, 2000），德雷兹内（2000）］。

8. 结论与进一步研究路径

制裁文献中许多领域的研究已经有了一些共同看法。例如，对敏捷制裁有效性的一致认同——一种专门设计对目标国内特定群体有选择性作用的制裁。另外，经济学家和政治学家已共同认识到，对发起国制裁政策形成政治进程的考虑，以及通过制裁在目标国产生政策结果政治进程的考虑，是解决制裁政治经济学中两个主要问题的关键所在。这些问题是：（1）当制裁作为影响国际关系的首选工具时，什么因素决定它；（2）什么因素决定了在实现其政策目标时，制裁成功与失败的可能性？用博弈论分析可知这两个问题之间存在必然的联系：可观测到的制裁案例仅代表制裁战略中一个很小的亚样本，许多制裁其实没有真正实施就结束了。这一理解也已转入实证研究，在这些研究中，现在大多数作者也承认在观察样本数据上存在潜在的选择偏差。联立方程方法，适合用来处理工具选择与成功的联合决定问题，因此已经成为该方面的标准方法。此外，在制裁国和目标国中，学者们已越来越认识到政治制度，在影响制裁实施决定，以及达成其目标的制裁效力方面的重要性。

尽管毫无疑问对产生制裁过程和决定其成功的知识体扩大了，近年来有关对制裁理论和实证的研究也更加精致，但仍有一些难题需要进一步解决。例如，为什么后冷战时代频频使用制裁，为什么一些国家比另一些更频繁地使用制裁？后一个问题尤其针对美国，它是迄今为止世界上主要的制裁国。[69] 如果没有对这些问题的进一步研究，我们就只能猜测它们的答案。或许苏联的解体引起了制裁活动的井喷，因为制裁国不再需要在意他们的行为会加剧冷战期间超级集团之间的紧张关系。[70] 或许最喜欢依靠制裁的是那些对纷争，如与潜在（制裁）目标在历史、殖民地和文化上的纷争，对这些纷争带来的政治压力没有其他渠道可以选择的国家。

为解决这些问题，必须比迄今为止已在制裁文献中占主导地位的标准经济和政治因素给予更多考虑。我们相信已被文献忽视的国家文化和历史特征，将来在对制裁行为及效力进行研究时需要被考虑。研究经济增长和发展的经济学家已经不断应用政治经济学模型，来解释国家的文化和标准属性是

---

[69] 有关美国诉诸制裁的情况，见赫夫鲍尔（1998）。
[70] 维迪尔（Verdier，2005）认为，现在国家的效忠不如冷战期间透明，因此经济制裁在将竞争对手隔离为"做"与"不做"两种类型时是很有用的。

如何在决定制度、政策选择和经济绩效方面扮演重要角色的。[21]此外，民主和平文献认为，相比缺少这种制度的国家，有分享参与政治制度的国家在国际纠纷承诺和决心水平显示方面可能处于更有利的地位。一般来说，有相似政治和经济制度的国家可以预期有相似的对外政策偏好，因而不太可能卷入冲突［苏瓦（2004）］。[22]对于其他维度方面类似的国家，包括文化和历史传承方面，也可以作类似的假设。有着广泛文化共同特征的国家，可以被认为在它们的集体偏好和意愿交流方面上比存在文化差异的国家更有效，因此有可能减缓冲突，也增加了成功解决国家间纠纷的可能性。经济制裁未来扩展研究的高优先领域将顺应更广泛的经济学新兴潮流，具体说，就是相比在制裁的传统研究中所应用到的，应当考虑更广泛的一系列行为决定因素。

参考文献

Acemoglu, D., Johnson, S. H., Robinson, J. A. (2001). "The colonial origins of comparative development: An empirical investigation". American Economic Review 91, 1369 – 1401.

Acemoglu, D., Johnson, S. H., Robinson, J. A. (2004). "Institutions as the fundamental cause of long-run growth". NBER Working Paper No. 10481. National Bureau of Economic Research, Cambridge, MA.

Alerassool, M. (1993). Freezing Assets: The USA and the Most Effective Economic Sanction. St. Martin's Press, New York.

Allen, S. H. (2005). "The determinants of economic sanctions success and failure". International Interactions 31, 117 – 138.

Askari, H. G., Forrer, J., Teegen, H., Yang, J. (2003). Economic Sanctions: Examining Their Philosophy and Efficacy. Praeger, Westport, CT.

Baldwin, D. A. (1985). Economic Statecraft. Princeton University Press, Princeton.

Barbieri, K. (1996). "Economic interdependence: A path to peace or a source of interstate conflict?". Journal of Peace Research 33, 29 – 49.

Barbieri, K. (2002). The Liberal Illusion: Does Trade Promote Peace? University of Michigan Press, Ann Arbor.

Becker, G. S. (1983). "A theory of competition among pressure groups for political influence".

---

[21] 这方面的例子包括拉·波特等人（La Pora et al., 1999）, 阿塞莫勒等人（Acemoglu et al, 2001, 2004）, 罗德里克和苏布拉马尼安（Rodrik & Subramanian, 2003）, 塔贝利尼（Tabellini, 2005）的研究。

[22] 苏瓦（2004）的实证结果证实那些制度相似的二元体，尤其是经济制度相类似的国家，发生军事冲突的可能性减小。

Quarterly Journal of Economics 98, 371 – 400.

Becker, G. S. (1985). "Public policies, pressure groups and dead weight costs". Journal of Public Economics 28, 329 – 347.

van Bergeijk, P. A. G. (1989). "Success and failure of economic sanctions". Kyklos 42, 385 – 404.

van Bergeijk, P. A. G. (1994). Economic Diplomacy, Trade and Commercial Policy: Positive and Negative Sanctions in a New World Order. Edward Elgar, Aldershot.

Black, P. A., Cooper, H. (1987). "On the welfare and employment effects of economic sanctions". South African Journal of Economics 55, 1 – 15.

Bolks, S. M., Al-Sowayel, D. (2000). "How long do economic sanctions last? Examining the sanctioning process through duration". Political Research Quarterly 53, 241 – 265.

Bonetti, S. (1996). "Predicting the outcome of economic sanctions". Working Paper. Department of Economics, University of St. Andrews, Scotland.

Bonetti, S. (1997). "The analysis and interpretation of economic sanctions". Journal of Economic Studies 24, 324 – 348.

Bonetti, S. (1998). "Distinguishing characteristics of degrees of success and failure in economic sanctions episodes". Applied Economics 30, 805 – 813.

Brady, L. J. (1987). "The utility of economic sanctions as a policy instrument". In: Leyton-Brown, D. (Ed.), The Utility of International Economic Sanctions. St. Martin's Press, New York, pp. 297 – 302.

Bueno de Mesquita, B., Siverson, R. M. (1995). "War and the survival of political leaders: A comparative study of regime types and political accountability". American Political Science Review 89, 841 – 855.

Bueno de Mesquita, B., Morrow, J. D., Siverson, R. M., Smith, A. (1999). "An institutional explanation for the democratic peace". American Political Science Review 93, 791 – 808.

Bueno de Mesquita, B., Smith, A., Siverson, R. M., Morrow, J. D. (2003). The Logic of Political Survival. MIT Press, Cambridge, MA.

Collier, P., Hoeffler, A. (2007). "Civil war". In: Sandler, T., Hartley, K. (Eds.), Handbook of Defense Economics. Defense in a Globalized World, vol. 2. Elsevier, Amsterdam. This volume.

Cornes, R., Sandler, T. (1984). "Easy riders, joint production, and public goods". Economic Journal 94, 580 – 598.

Cortright, D., Lopez, G. A. (2000). The Sanctions Decade: Assessing UN Strategies in the 1990s. Lynne Rienner Publishers, Boulder, CO.

Cortright, D., Lopez, G. A. (2002a). "Introduction: Assessing smart sanctions: Lessons from the 1990s". In: Cortright, D., Lopez, G. A. (Eds.), Smart Sanctions: Targeting Economic Statecraft. Rowman and Littlefield, Lanham, MD, pp. 1 – 22.

Cortright, D., Lopez, G. A. (2002b). Sanctions and the Search for Security: Challenges to UN

Action. Lynne Rienner Publishers, Boulder, CO.

Cortright, D., Lopez, G. A., Rogers, E. S. (2002). "Targeted financial sanctions: Smart sanctions that do work". In: Cortright, D., Lopez, G. A. (Eds.), Smart Sanctions: Targeting Economic Statecraft. Rowman and Littlefield, Lanham, MD, pp. 23 – 40.

Cortright, D., Millar, A., Lopez, G. A. (2002). "Smart sanctions in Iraq: Policy options". In: Cortright, D., Lopez, G. A. (Eds.), Smart Sanctions: Targeting Economic Statecraft. Rowman and Littlefield, Lanham, MD, pp. 201 – 224.

Cox, D. G., Drury, A. C. (2006). "Democratic sanctions: Connecting the democratic peace and economic sanctions". Journal of Peace Research 43, 709 – 722.

Dadak, C. (2003). "The 1992 – 1996 Bulgarian trade data puzzle: A case of sanctions breaking?". Cato Journal 22, 511 – 532.

Damrosch, L. F. (1993). "The civilian impact of economic sanctions". In: Damrosch, L. F. (Ed.), Enforcing Restraint: Collective Intervention in Internal Conflicts. Council on Foreign Relations Press, New York, pp. 274 – 315.

Daoudi, M. S., Dajani, M. S. (1983). Economic Sanctions: Ideals and Experience. Routledge and Kegan Paul, London.

Dashti-Gibson, J., Davis, P., Radcliff, B. (1997). "On the determinants of the success of economic sanctions: An empirical analysis". American Journal of Political Science 41, 608 – 618.

Davidson, J., Shambaugh, G. (2000). "Who's afraid of economic incentives? The efficacy-externality tradeoff". In: Chan, S., Drury, A. C. (Eds.), Sanctions as Economic Statecraft: Theory and Practice. Macmillan, London, pp. 37 – 64.

Dehejia, R. H., Wood, B. (1992). "Economic sanctions and econometric policy evaluation: A cautionary note". Journal of World Trade 26, 73 – 84.

Dixon, W. J. (1994). "Democracy and the peaceful settlement of international conflict". American Political Science Review 88, 14 – 32.

Dixon, W. J., Senese, P. D. (2002). "Democracy, disputes, and negotiated settlements". Journal of Conflict Resolution 46, 547 – 571.

Dollery, B. E., Leibbrandt, M. V. (1987). "On the welfare and employment effects of economic sanctions: Comment". South African Journal of Economics 55, 292 – 296.

Dorussen, H., Mo, J. (2001). "Ending economic sanctions: Audience costs and rent-seeking as commitment strategies". Journal of Conflict Resolution 45, 395 – 426.

Doxey, M. P. (1980). Economic Sanctions and International Enforcement, second ed. Oxford University Press, New York.

Doxey, M. P. (1996). International Sanctions in Contemporary Perspective, second ed. Macmillan, London.

Drezner, D. W. (1998). "Conflict expectations and the paradox of economic coercion". International

Studies Quarterly 42, 709 – 731.

Drezner, D. W. (1999). The Sanctions Paradox: Economic Statecraft and International Relations. Cambridge University Press, Cambridge.

Drezner, D. W. (2000). "The trouble with carrots: Transaction costs, conflict expectations, and economic inducements". Security Studies 9, 188 – 218.

Drezner, D. W. (2001). "Outside the box: Explaining sanctions in pursuit of foreign economic goals". International Interactions 26, 379 – 410.

Drezner, D. W. (2003). "The hidden hand of economic coercion". International Organization 57, 643 – 659.

Drury, A. C. (1998). "Revisiting 'Economic Sanctions Reconsidered'". Journal of Peace Research 35, 497 – 509.

Eaton, J., Engers, M. (1992). "Sanctions". Journal of Political Economy 100, 899 – 928.

Eaton, J., Engers, M. (1999). "Sanctions: Some simple analytics". American Economic Review Papers and Proceedings 89, 409 – 414.

Farnham, B. (2003). "The theory of democratic peace and threat perception". International Studies Quarterly 47, 395 – 415.

Fearon, J. D. (1994). "Domestic political audiences and the escalation of international disputes". American Political Science Review 88, 577 – 592.

Findlay, R., Lundahl, M. (1987). "Racial discrimination, dualistic labor markets and foreign investment". Journal of Development Economics 27, 139 – 148.

Galtung, J. (1967). "On the effects of international economic sanctions, with examples from the case of Rhodesia". World Politics 19, 378 – 416.

Gartzke, E. (2000). "Preferences and the democratic peace". International Studies Quarterly 44, 191 – 212.

Haass, R. N. (Ed.) (1998). Economic Sanctions and American Diplomacy. Brookings Institution Press, Washington, DC.

Hanlon, J., Omond, R. (1987). The Sanctions Handbook. Penguin Books, Harmondsworth.

Harkness, J. (1990). "Marshall, Lerner & Botha: Canada's economic sanctions on South Africa". Canadian Public Policy 16, 155 – 160.

Hart, R. A. (2000). "Democracy and the successful use of economic sanctions". Political Research Quarterly 53, 267 – 284.

Henderson, E. A. (1999). "Neoidealism and the democratic peace". Journal of Peace Research 36, 203 – 231.

Henderson, E. A. (2002). Democracy and War: The End of an Illusion? Lynne Rienner Publishers, Boulder, CO.

Hess, G. D., Orphanides, A. (2001). "War and democracy". Journal of Political Economy 109, 776 – 810.

Hoffman, F. (1967). "The functions of economic sanctions: A comparative analysis". Journal of Peace Research 2, 140 – 160.

Hufbauer, G. C. (1998). "Sanctions-happy USA". Institute for International Economics, International Economics Policy Brief No. 98 – 4, Washington, D. C.

Hufbauer, G. C., Schott, J. J., Elliott, K. A. (1990). Economic Sanctions Reconsidered: History and Curent Policy, second ed. Institute for International Economics, Washington, D. C.

Oneal, J. R., Russett, B. M. (2003). "Modeling conflict while studying dynamics". In Schneider, G., Barbieri K., Gleditsch, N. P. (Eds.), Globalization and Armed Conflict. Rowman and Littlefield, Lanham, MD, pp. 179 – 188.

Oneal, J. R., Russett, B. M., Berbaum, M. L. (2003). "Causes of peace: Democracy, interdependence, and international organizations, 1885 – 1992". International Studies Quarterly 47, 371 – 393.

O'Sullivan, M. L. (2003). Shrewd Sanctions: Statecraft and State Sponsors of Terrorism. Brookings Institution Press, Washington, D. C.

Paarlberg, R. (1983). "Using food power: Opportunities, appearances, and damage control". In: Nincic, M., Wallensteen, P. (Eds.), Dilemmas of Economic Coercion: Sanctions in World Politics. Praeger, New York, pp. 131 – 153.

Palmer, G., Wohlander, S. B., Morgan, T. C. (2002). "Give or take: Foreign aid and foreign policy substitutability". Journal of Peace Research 39, 5 – 26.

Pape, R. A. (1997). "Why economic sanctions do not work". International Security 22, 90 – 136.

Partell, P. J., Palmer, G. (1999). "Audience costs and interstate crises: An empirical assessment of Fearon's model of dispute outcomes". International Studies Quarterly 43, 389 – 405.

Peltzman, S. (1976). "Toward a more general theory of regulation" Journal of Law and Economics 19, 211 – 240.

Porter, R. C. (1979). "International trade and investment sanctions: Potential impact on the South African: economy". Journal of Conflict Resolution 23, 579 – 612.

Renwick, R. (1981). Economic Sanctions. Center for International Affairs, Harvard University, Cambridge, MA.

Reuveny, R., Li, Q. (2003). "The joint democracy-dyadic conflict nexus: A simultaneous equations model". International Studies Quarterly 47, 325 – 346.

Rodrik, D., Subramanian, A. (2003). "The primacy of institutions (and what this does and does not mean)". Finance and Development 40, 31 – 34.

Rogers, E. S. (1996). "Using economic sanctions to control regional conflicts" Security Studies 5, 43 – 72.

Rosato, S. (2003). "The flawed logic of democratic peace theory". American Political Science Review 97, 585 – 602.

Rowe, D. M. (2001). Manipulating the Market: Understanding Economic Sanctions, Institutional Change, and the Political Unity of White Rhodesia. University of Michigan Press, Ann Arbor.

Russett, B. M. (1993). Grasping the Democratic Peace. Princeton University Press, Princeton.

Russett, B. M., Oneal, J. R. (2001). Triangulating Peace: Democracy, Interdependence, and International Organizations. W. W. Norton, New York.

Russett, B. M., Starr, H. (2000). "From democratic peace to Kantian peace: Democracy and conflict in the international system". In: Midlarsky, M. (Ed.), Handbook of War Studies, second ed. University of Michigan Press, Ann Arbor, pp. 93 – 128.

Selden, Z. (1999). Economic Sanctions as Instruments of American Foreign Policy. Praeger, Westport, CT.

Senese, P. D. (1999). "Democracy and maturity: Deciphering conditional effects on levels of dispute intensity". International Studies Quarterly 43, 483 – 502.

Siverson, R. M., Emmons, J. (1991). "Birds of a feather: Democratic political systems and alliance choices in the twentieth century". Journal of Conflict Resolution 35, 285 – 306.

Smith, A. (1996). "The success and use of economic sanctions". International Interactions 21, 229 – 245.

Souva, M. (2004). "Institutional similarity and interstate conflict". International Interactions 30, 263 – 280.

Stigler, G. J. (1971). "The theory of economic regulation". Bell Journal of Economics and Management Science 2, 3 – 21.

Tabellini, G. (2005). "Culture and institutions' Economic development in the regions of Europe". Working Paper. Innocenzo Gasparini Institute for Economic Research, Bocconi University, Milan, Italy.

Torbat, A. E. (2005). "Impacts of the US trade and financial sanctions on Iran". World Economy 28, 407 – 434.

Tsebelis, G. (1990). "Are sanctions effective? A game-theoretic analysis". Journal of Conflict Resolution 34, 3 – 28.

Tullock, G. (1971). "The paradox of revolution". Public Choice 11, 89 – 99.

Tullock, G. (1989). The Economics of Special Privilege and Rent Seeking. Kluwer, Boston.

United Kingdom Parliament (1999). http://www.publications.parliament.uk/pa/cm 199900/ cmselect/cmintdev/ 67/6707. htm#n 12, London.

Verdier, D. (2005). "Sanctions as revelation mechanisms". Working Paper. Department of Political Science, Ohio State University, Columbus, OH.

Wall Street Journal (2002). May 2, p. Al.

Weede, E. (2004). "The diffusion of prosperity and peace by globalization". The Independent Review 9, 165 – 186.

Weiss, T. G. (1999). "Sanctions as a foreign policy tool: Weighing humanitarian impulses".

Journal of Peace Research 36, 499 – 509.

Willett, T. D., Jalalighajar, M. (1983/84). "US trade policy and national security". Cato Journal 3, 717 – 727.

Wintrobe, R. (1990). "The tinpot and the totalitarian: An economic theory of dictatorship". American Political Science Review 84, 849 – 872.

Wintrobe, R. (1998). The Political Economy of Dictatorship. Cambridge University Press, Cambridge.

Zinnes, D. A. (2004). "Constructing political logic: The democratic peace puzzle". Journal of Conflict Resolution 48, 430 – 454.

第 28 章
军备竞赛的计量经济学*

J. 保罗·邓恩[①]
（西英格兰大学）

罗恩·P·史密斯[②]
（伦敦大学）

摘要

军备竞赛——是指相互敌对势力之间持久的对抗，并促使对抗者竞争性获得军事能力的一种普遍现象。从已过去的美国和苏联冷战时的竞争，到现在如印度和巴基斯坦的局部对抗，军备竞赛仍是被持续关注的事件。

本章综述了对抗者竞争性获得军事能力的军备竞赛模型估计的计量经济学问题。因为计量经济学是包含理论、数据和统计方法的综合，所以在进行军备竞赛的计量经济学综述时，我们除了关注统计方法，也同样重视理论和数据。在专门讨论数据选择和理论设定问题之后，我们考察了四类模型：以印度和巴基斯坦为例的经典理查森行动-反应模型的时间序列估计；以希腊和土耳其为例的，博弈论模型的马尔科夫域变（Markov switching）估计；横截面模型和面板模型。

我们第一个总的结论是：理论研究表明军备竞赛相互作用的参数是不可能随时间变化而保持恒定的，实证文献也几乎完全地证实了这一点。不过，由于他们可以估计平均相互作用的效果，从而可以计算出一个国家军费增加所产生溢出效应的成本，因而横截面和面板估计也是有用的。

---

* 我们非常感谢基斯·哈特利、托德·桑德勒编辑，感谢我们的共同作者玛丽亚·加西亚-阿隆索、保罗·莱文，于尔根·布劳尔、沃尔特·贝克以及参加 2005 年 6 月在布里斯托尔召开的第九届经济学与安全年会的参加者对（论文）早期版本的评论。
① 经济学教授。
② 应用经济学教授。

我们第二个总的结论是：全球化意味着我们不可能将注意力仅仅局限在两个国家的二元相互作用上，而不考虑更为广阔的战略背景。考虑到更易于估计的缘由，本文献强调的是定量的对称军备竞赛。但是，这个强调有可能引起误导，定性的非对称的军备竞赛，尤其是政府与其非政府对手之间的军备竞赛，可能更加重要。

关键词：军备竞赛　计量经济方法　博弈论　军事能力测度

1. 序　言

军备竞赛是指互相敌对势力之间的持久对抗，并促使对抗者竞争性地获得军事能力的一种普遍现象。从冷战时美国和苏联之间的竞争，到希腊和土耳其、印度和巴基斯坦、中国大陆和中国台湾地区，或是朝鲜和韩国之间的局部对抗，军备竞赛仍是被持续关注的事件。这种关注，源于军备竞赛消耗稀缺的资源；源于在全球化的世界里，军备竞赛尤其是核武器的竞赛会引起整个国际社会的反响；源于军备竞赛可能增加战争爆发几率的危险性。吉布列尔等（Gibler et al., 2005）提供了军备竞赛是否导致战争的新近实证研究贡献。

在这篇文章里我们重视的问题是：如何运用军事能力数据去估计和检验军备竞赛模型。我们的综述聚焦于：解释两方或以上势力之间的军事能力相互决定的经验研究论文。包含各种问题，如军备竞赛的影响、认为军备竞赛理所当然和提供界定军备竞赛的标准。例如，吉布列尔等（2005）对军备竞赛的定义为：当对抗双方国家在3年内，每年增加其军费或人员数的8%或以上，并且存在着定性的历史证据显示这些增加是与敌对双方之间的动态竞争相关的。基于其特定目的，这个定义是有意义的，但是其他形式的定义也是可能的。

计量经济学是包括理论、数据和统计方法的综合③。因此在综述军备竞赛的计量经济学时，除了统计方法外，我们会同样关注理论和数据。在能够考虑估计和检验之前，我们需要理论提供正规框架以定义军备竞赛模型的组成。军备竞赛理论有两种主要形式：一是两个参与方两种选择的博弈，且每个国家有一个武装或非武装的离散选择；二是理查森（Richardson）类型的动态行动-

---

③　"计量经济学可以被定义为：基于当前理论和观察发展，应用合适的推理方法，对实际经济现象的量化分析"[Samuelson et al., (1954)]。

反应过程，该过程确定军事能力的连续量度。军备竞赛理论已经被格莱迪奇和恩约尔斯达德（Gleditsch & Njolstad, 1990），布里托和英特利盖特（Brito & Intriligator）（1995）及英特利盖特和布里托（2000）进行了充分评述。史密斯（Smith, 1995）讨论了军费需求函数的估计，但是其很大程度上视外国的军费为外生，然而军备竞赛模型的中心点是军事能力的相互决定。默多克（Murdoch, 1995）则处理了与军备竞赛更迭的联盟问题。在本卷中，加西亚·阿朗索和莱文（Garcia – Alonso & Levine）在第29章，布劳尔（Brauer）在第30章分别研究了军备竞赛是如何推动军火贸易和军火生产的。史密斯等（2000a, 2000b）提供了下文提到的一些技术性时间序列问题的更多细节。文献太多了，我们的评述远不能将其充分地综合。一些统计技术［如安德烈乌等（Andreou et al., 2003）使用基因进化模糊认知图对希腊和土耳其军备竞赛的研究］我们也没有讨论到。

在进化生物学中，种内或种间的军备竞赛驱动协同进化的观点在经验上已成果丰硕。如果你在谷歌学术搜寻上输入"军备竞赛"，大多数的搜索结果是生物学的。罗布森（Robson, 2005）为经济学家提供了一个评述。相反的，军事军备竞赛的计量经济证据却不那么令人信服。桑德勒和哈特利（Sandler & Hartley, 1995, 第4章）在他们对军备竞赛实证分析的综述中评论道："就数据而言，对实证结果能够做出的最好描述是——令人失望。"布劳尔（2002）在一篇对希腊和土耳其的文献综述中评论道："当前形成的文献达到了成果迅速衰退的地步。运用越多的单一或联立回归方程，即使结合所有的数学统计学的最新奇特技术，也未必会比我们本质的知识更先进。"随后的文献并没有采纳布劳尔的建议。作为"数学统计学的最新奇特技术"的教师，我们需要区分两种人：一种是使用军备竞赛数据来说明其是能够把最新统计模型做工具的人；另一种是寻求能够最好地描述数据的可用统计模型的人。我们怀疑模型对数据的描述能力，却不应该对数据统计分析的需要持怀疑态度。

在评价此类统计分析时，我们需要考虑下面三个判断经济计量模型的标准［佩萨兰（Pesaran）和史密斯（1985）］。第一，模型与特殊目的的相关性。不同的模型适用于不同的目的——如预测、政策分析或理论评价。第二，模型是否提供了对数据的足够的描述。这不仅仅只是拟合的问题，也涉及到诊断检验，用以保证假设——特殊估计量合适性的假设能被满足，以及模型与可供选择的其他模型之间的可比性。第三，模型和理论的一致性。这使我们可以在更广泛的历史和分析框架内，对结果进行解释。此类理论性的解释常常要求恰可识别的假设，但他们在本质上无法被检验。在实际操作中，需要对这三个标准进行权衡取舍。可供选择的军备竞赛模型之间可能具有非常相近的拟合，但其理论解释却很不同，或者可能出于不同的目的，而解释不同的因变量。这将不可避免地使得评价复杂化。

第2部分讨论数据。第3部分是理论设定问题。第4部分以印度和巴基斯坦为例，考察行动-反应模型的时间序列估计。第5部分以希腊和土耳其为例，考察博弈论类型模型的马尔科夫域变估计。第6部分考察面板和横截面数据模型。第7部分给出结论。

2. 数 据

虽然一般很少讨论，但关于模型问题最重要的可能是对军备测度的选择。布劳尔（2002）以希腊和土耳其为案例，讨论了此类问题，并对各种选择的文献进行了综述。在一些情况下，明显的测度是某种特定武器的数量。英特利盖特和布劳尔（2000，第46页）注意到，在冷战时期的东西方军备竞赛之间，几乎所有的军备竞赛都是海军的：陆军是劳动力密集型的，而海军是资本密集型的。第一次世界大战之前，英国曾有着保持和其竞争者相匹配的战舰的政策，引起一种典型的理查森反应函数。这是一个量化的（战舰的数量）、对称的（双方拥有相同的武器）军备竞赛。克拉夫特（Craft, 2002）考察了1922年华盛顿海军协议对海军费用的影响，认为它导致资源转移到了更为先进和昂贵的系统。麦圭尔（McGuire, 1977）利用对各种核武器的测度，分析了另一个量化的对称的军备竞赛，即美国和苏联之间的军备竞赛。德赛和布莱克（Desai & Black, 1981）批评了麦圭尔模型，麦圭尔（1981）对此进行了回应。这个讨论预计到了许多时间序列问题，而这些问题成为其后文献的中心内容。这些问题包括：军事能力测度、动态调整、设定的敏感性、长期关系的存在和性质，以及对称和不对称模型的比较等。

定性的不对称军备竞赛是指在中世纪后期，筑防者和围攻者之间的军备竞赛。在此，双方的技术都在逐步发展，直到火药的出现给围攻者带来了筑防者无法匹敌的优势。马科斯（Markose, 2005）讨论了演化的军备竞赛的形成方式，认为其具有改变动态结构的战略创新这样的特点。正如英特利盖特和布里托（2000）所强调的，当前军事技术的规模收益递增，导致了美国在军事力量上，具有实质性的垄断。而这种垄断，刺激其对手们选择非对称战争和非对称军备竞赛。

难以避免地，估计定性的非对称性军备竞赛存在困难，所以我们将把注意力更多集中于定量的对称性军备竞赛。这是一个较为明显的约束，因为当前最重要的军备竞赛，即政府和其恐怖分子对手之间的军备竞赛，本质上是定性和不对称的。恐怖团体的准备活动，和其实际的袭击明显不同，这样的数据的是难以获得的。9·11事件委员会④估计，利用4架飞机进行袭击的准备费用在400 000美元和500 000美元之间。这和典型的军费相比，是非常小的开销。在本卷中，桑德勒和阿尔塞（Sandler & Arce）在第25章、恩德斯（Enders）在第26章讨论了恐怖分子的反应过程模型，即恐怖分子根据国防的投资作出反应，并在不同种类的目标之间进行选择。拥有少量资源的一方可能获胜的原因在于：他们被理性地激发，而更努力地战斗，在冲突中投资更多。赫什利弗（Hirshleifer，2001，第3章）称之为力量悖论。他们也可能是因具有后发优势，去攻击富有一方的软肋［邓恩等（Dunne et al.，2006）］。

对于卷入长期敌对关系的国家而言，注意的中心必然是军事能力，即在冲突中占据优势的概率。军事能力是自身军力水平——用军事资本（军队、武器存量等）来测度，以及其对手相关水平等变量的函数。然而，能力也取决于这些军力如何被使用，即战略、战术、训练和领导。使用大量的战斗为样本，罗特和施米特（Rotte & Schmidt，2003）证明了相对军力规模，是胜利的弱预测指数。相反，很多的量化分析认为各方采取的战略是决定战争胜利的最重要决定因素［赖特（Reiter，1999）］。

在真正的冲突发生之前，测度事先的军事能力本身就存在问题。测度军力更容易一些，但是对组成军力结构的多种组成，却不是使用一个数字就可以很好地总结的。特别是，对不同种类（人员、研究和开发，R&D，采购等）的支出累加，可能并不是加总的合适形式。邓恩等（2004）提出了一种加总的形式：

$$K_i = N^v \left[\sum_{j=1}^{N} (u_{ij} m_{ij})^\alpha \right]^{1/\alpha} \tag{28-1}$$

其中，m_{ij}表示i国$j=1,2,\cdots,N$类型武器系统的数量，u_{ij}表示武器系统的质量，N为系统的总数目。参数α度量不同类型系统之间的替代弹性，参数v度量拥有多样化武器系统所带来的收益。因此，这里在武器存量的系统种类数量和每个系统的质量和数量之间存在着权衡取舍。尽管很多军事运筹研究在一些特殊的事态背景下构建了这样的军力加总，虽其在理论上是有用的，但实证运用仍很困难。

---

④ 美国恐怖主义袭击事件全国调查委员会（也称之9·11委员会）是一个通过国会立法和总统乔治W. 布什签名的，独立的两党派的委员会，创建于2002年底。它被特许负责准备一份对2001年9月11日的恐怖主义袭击前后背景进行全面和详尽的说明报告，包括对袭击的准备、袭击的即时反应以及提供建议。2004年7月22日，委员会发布了公开的报告，可下载：http：//www.9-11commission.gov/。

军力水平反映着折旧后的过去存量加上军费的投资支付。对部队的支付代表着对军事人力资本的投资。军费转化为有效军力的过程也不是简单直接的，而是反映着军火工业和人事政策（例如，使用志愿制或征募制）的效率。有太多的例子显示：高水平的军费并没有产出有能力的军队。此外，比起使用某种特定武器的存量，大多数的经验研究使用基于军费的测度：或使用军费水平 M_t，或使用其所占国内生产总值（GDP）的份额 M_t/Y_t，或使用军费的增长率 $(M_t - M_{t-1})/M_{t-1}$，或采用如下计算得出的存量形式 $K_t = M_t + (1 - \delta)K_t - 1$（此处，$\delta$ 表示折旧率，初始存量 K_0 通过估计或假设得到）。原则上可以对可选的测度进行检验，但这并没有经常被做。

因为两个国家的军费必须统一单位，这就涉及合适的汇率和价格指数的选择问题。军费数值的测度对这些选择非常敏感。例如，SIPRI（斯德哥尔摩国际和平研究所）（2005）估计中国的军费：在市场汇率下，为 350 亿美元；在购买力平价汇率下，为 1 610 亿美元。由于所占份额是纯比率，所以不存在这样的问题。但是份额可能对 GDP 的测度敏感。大多数的研究者使用 SIPRI，或者使用美国政府发布的数据《世界军费开支与军火转让》（WMEAT）。两种来源的数据往往存在很大的差别〔莱博维奇（Lebovic, 1999）〕。此外，数据经常被修订。布劳尔（2002，第 90 页）注意到，尽管同样基于 SIPRI 数据，两篇关于希腊和土耳其军备竞赛的研究所用的军费数据序列却存在着较大的差异。

原则上，政府通过下述考虑来确定军费水平：首先战略性地评估威胁，以及军费对抗威胁的有效性。然后，在给定的、可获得的国家产出水平下，权衡战略评估和军费的机会成本。这种从政治经济学角度考虑的结果是，选择产出分配给军费的份额。在下述情况下，军费可能得到较小的份额：因为威胁被认为较小；面对威胁时，和其他形式的措施（例如信心建立的倡议）相比，军费显示出较低的效率；或者机会成本较大。显然，军费占产出的份额是对优先权的测度，而并非能力的测度。军备竞赛应该在优先权上被反映出来。因此在某种背景下，份额可能是一种更有意义的测度。

美国中央情报局（CIA）1975 年，对其估计的苏联军费进行了修正。这次修正正好说明了上述问题。CIA 计算苏联的军费的过程为：首先，根据情报信息，估计苏联购买的商品与服务，即部队、坦克、战舰、士兵等的数量；然后估计美国购买同样数量的商品与服务所需要的支出的美元数值；再后，利用估计的卢布/美元汇率，将美元数值转换为以卢布为单位的数值。这样一来，就可以根据 CIA 估计的苏联的国民生产总值 GNP，计算出苏联的军费所占其 GNP 的份额。1975 年，CIA 认为苏联的国防工业比先前料想的效率低很多，于是决定调整卢布/美元的汇率。调整以后,估计的苏联军费所占其 GNP 的份额从 6% ~8% 提高到了 11% ~13%。尽管修正和调整并没有改变 CIA 对苏联军力的估计,也没有改变苏联军费的美元数值,而是对苏联的军费所占其 GNP 份额的修正。这种修正却在美国被广泛解读为——苏联威胁增加的显示。事后看来,我们了解到的苏联经济比 CIA 料想的效率更低。因此,实际上苏联的军费占其 GNP 的份额可能超过了 20%。

军事能力测度的选择以及数据的不可靠性都成问题,但是却没有得到应有的关注。无疑数据是非常贫乏的,史密斯(1995)注意到,面对这样的情况,在实证文献中,存在着两种不同的反应:一种认为在确知数据存在局限性的条件下,应该使用最简单的模型;另一种则认为只有最复杂的技术才能够从背景干扰中,提取出主导数据的信号。

3. 理论模型问题

军备竞赛分析的理论自然以囚徒困境,或者相似的两个参与方两种选择的博弈为出发点,桑德勒和哈特利(1995,4.1 节)也是这样开始的。虽在实证方面的文献中很少,军备竞赛的理论文献中却使用了大量的各种类型的博弈。对希腊-土耳其军备竞赛的来龙去脉,布劳尔(2002,p.102)评论道:"现存的经济学文献从来没有从博弈论的视角处理过争议和冲突。"在理论文献中,军备竞赛博弈往往被描述为或是复杂博弈的一个阶段:例如军备竞赛之后的战争决定,或军备竞赛之前存在的协商阶段〔见巴利加和舍斯特伦(Baliga & Sjostrom, 2004)提供的关于这方面的文献综述〕,或是一个重复博弈。英特利盖特和布里托(2000)注意到:由于存量现象的存在,意味着军备竞赛不是一个马尔科夫(Markov)过程,即不是只取决于上一期的状态。他们认为,为了把军备竞赛的动态经济模型转化为重复博弈模型,需要做出以下充分的假设——选择集是离散的;没有收入效应;对武器的投资是可逆的。我们将在第 5 部分给出博弈论模型。

大多数的实证研究是从理查森(1960)的模型开始的。该模型认为,i 国($i=1, 2$)在 t 时间的连续军事准备 $m_i(t)$ ——军备竞赛动态过程可以用一对连续时间内的微分方程来表示:

$$\frac{dm_1(t)}{dt} = a_1 + b_1 m_2(t) - c_1 m_1(t)$$

$$\frac{dm_2(t)}{dt} = a_2 + b_2 m_1(t) - c_2 m_2(t) \qquad (28-2)$$

理查森对系数的解释为：a_i 是外生的"委屈"项；b_i 是"反应"或防卫项；c_i 是"疲劳"项。这个系统可以被写为离散的时间形式：

$$\Delta m_{1t} = a_1 + b_1 m_{2t} + c_1 m_{1,t-1}$$
$$\Delta m_{2t} = a_2 + b_2 m_{1t} + c_2 m_{2,t-1} \qquad (28-3)$$

在此，$b_i \geq 0$，$c_i \leq 0$。我们在下一部分还会回到这些计量经济分析。理查森系统是描述性的。也就是说，它既没有基于最优化的行为基础或其他清晰的决策形式，也没有预算约束。许多方法可以提供这些基础，其中，英特利盖特（1975）提出了一个早期的例子。我们对建立在莱文和史密斯（1995）文献基础上的模型进行考察。

考虑两个国家 $i, j = 1, 2$，每个国家在国民收入 Y_{it}、消费 C_{it}、军事商品和服务的数量投资 M_{it}，及其相对的价格 P_{it} 下有预算约束：

$$Y_{it} = C_{it} + P_{it} M_{it} \qquad (28-4)$$

军备积累的存量依照：

$$K_{it+1} = (1 - \delta_i) K_{it} + M_{it} \qquad (28-5)$$

其中，δ_i 是折旧率。任何时期的福利 W_{it} 是安全 S_{it} 和消费的 CES（恒定替代弹性）的函数：

$$W_{it} = [(1-a_i) C_{it}^{-\rho_i} + a_i S_{it}^{-\rho_i}]^{-1/\rho_i} \qquad (28-6)$$

其中，$\sigma_i = 1/(1+\rho_i)$ 是安全和消费之间的替代弹性。安全由 j 国成功进攻 i 国所需的 i 国军力函数 $\beta_i K_{it} + \alpha_i$ 和 j 国实际军力水平之差来表示：

$$S_{it} = \beta_i K_{it} + \alpha_i - K_{jt} \qquad (28-7)$$

因为每个时期福利都是存量的函数，所以我们就有一个动态博弈，它要求一个跨期效用函数：

$$U_i = \sum_{t=0}^{\infty} \mu_i^t W_{it} \qquad (28-8)$$

其中，μ 为折现率。

解是一个完全信息的开环纳什均衡，该均衡是已知路径外生变量、收入和价格的函数。为了求出该均衡，我们定义国家1的拉格朗日函数为：

$$L_1 = \sum_{t=0}^{\infty} \lambda_1^t \{ W_{1t} + \mu_{1t+1} [(1-\delta) K_{1t} + M_{1t} - K_{1t+1}] \} \qquad (28-9)$$

该函数是关于 M_{1t}，K_{1t} 和共态变量 μ_{1t}（利用预算约束消去 C_{1t} 后）的最大化。这样就得出了一组一阶导数条件，利用这些结果，就可以解出一个决定 S_{1t} 的非线性微分方程。给定 Y_{1t}，P_{1t}，K_{2t} 和初始存量 K_{10}，可以得到决定 K_{1t}，

M_{1t} 和 C_{1t} 序列的方程组。同理，可以得到类似的国家 2 的方程组。解合并的方程组，就产生了开环纳什均衡——表示为由已知路径的外生变量 P_{it} 和 Y_{it} 组成的函数。

为了理解这个解法的特征，可以从动态中摆脱出来，并考虑零增长的稳定状态，即 $S_{it} = S_i$，$C_{it} = C_i$ 等。在稳定状态下，安全和消费的比率由下式决定：

$$\frac{S_i}{C_i} = \left\{ \frac{\beta_i a_i \mu_i}{(1 - a_i)[1 - \mu_i(1 - \delta)]P_i} \right\}^{\sigma_i} = \phi_i \tag{28-10}$$

且稳态均衡反应函数为：

$$K_i = (\beta_i + \phi_i P_i \delta_i)^{-1}(-\alpha_i + K_j + \phi_i Y_i) \tag{28-11}$$

这与当疲劳项调整完成时，理查森型方程组导出的长期关系是一致的。他们将一个国家持有的（武器）存量作为另一个国家持有的（武器）存量的函数。两国之间价格和收入表现出明显差异，且估计的长期系数是基本参数和价格的复杂函数。莱文和史密斯（1995）讨论了该方程内解存在的条件。

这是一个完全信息模型，但在实际中，我们必须顾及预期。为了引出这个问题，我们可以考虑这样的情况：只有国家 1 做出反应，而国家 2 自主地确定其军费。假定国家 1 的损失函数根据折现率和惩罚进行预期，其中惩罚包括：（a）两国之间的军费的差别（可容易地从上述方法归纳出）；（b）由于调整成本，其自身军费的变化。假设成本为二元的，这就使该函数最小化为：

$$L_t = \sum_{i=0}^{\infty} \mu^i \left[\frac{1}{2}(m_{1t+i} - m_{2t+i})^2 + \frac{\theta}{2} \Delta m_{1t+i}^2 \right] \tag{28-12}$$

该式表现为欧拉（Euler）方程形式为：

$$\mu m_{1t+1} - (1 + \mu + \theta^{-1})m_{1t} + m_{1t-1} = -m_{2t}\theta^{-1} \tag{28-13}$$

解出这个欧拉方程需要获得 2 个根：$v_1 < 1 < v_2$。而 v_1 和 v_2 是下面的特征方程的解：

$$\delta v^2 - (1 + \delta + \theta^{-1})v + 1 = 0 \tag{28-14}$$

我们称 v 小于 1 的根为稳定根，然后可以使用部分平差方程给出最优化政策，该平差方程与上述的理查森函数一致：

$$\Delta m_{1t} = (1 - v)(\widehat{m}_{2t} - m_{1t-1}) \tag{28-15}$$

但是它包含一个预期的目标

$$\widehat{m}_{2t} = (1 - \mu v)E_t \left[\sum_{i=0}^{\infty} (\mu v)^i m_{2t+i} \right] \tag{28-16}$$

如果 m_{2t} 的时间序列过程已被设定，对预期值的估计可以从 m_{2t} 的观测值和确定其时间序列过程的参数中获得。如假定

$$\Delta m_{2t} = g(1 - \rho) + \rho \Delta m_{2t-1} + \varepsilon_t \tag{28-17}$$

其中，g 是长期增长率，从而：

$$\Delta m_{1t} = \frac{\mu\nu(1-\nu)(1-\rho)g}{(1-\mu\nu)(1-\rho\mu\nu)} + \frac{1-\nu}{1-\rho\mu\nu}\Delta m_{2t} + (1-\nu)(m_{2t-1} - m_{1t-1}) \quad (28-18)$$

这是误差修正模型 ECM——一种普遍采用的估计形式。需要注意的是，它和理查森方程的不同之处在于它不仅包含了理查森方程中的 m_{1t-1}，也包含 m_{2t-1}。被估计的系数不仅是偏好和调整参数 μ 和 ν 的函数，也是预期过程参数 g 和 ρ 的函数。这样，就成了常见的卢卡斯批判（Lucas Critique）问题，如果国家 2 预期的行为发生了变化（g 或 ρ 改变），则国家 1 的反应函数的参数也将发生变化。

考虑到战略环境的确表现出十分显著的变化，这就可能使我们怀疑军备竞赛模型可能的结构稳定性。默多克和桑德勒（1984）讨论了影响 NATO 联盟的模型参数因素如何从大规模报复的教条转变为灵活反应。其中，史密斯（1989）估计了 1951～1987 年英国和法国的军费份额作为美国和苏联的军费份额函数的结构稳定模型。但是和苏联一样，发表后一年该函数就崩溃了。另一种形式的结构不稳定性可能是由于军备竞赛中武器的替换：例如，如果一国在常规武器竞争中失败，它就可能转换到发展核武器上，或者去支持恐怖主义，这样的替换可能无法在军费总量中得到显示。

上述的领导—追随者（Leader - Follower）模型是一个简单的特例。如果两国都反应且理性预期，就可能不存在唯一解，从而使问题变得更加复杂。可能存在着无限数量的理性预期均衡。每一个均衡中，两国的预期都证实了他们的自我实现（Self - fulfilling）功能，且均衡都与不同的国防开支增长率相关联。此外，也可能是短暂的"泡沫"，正像金融资产市场上的泡沫一样。对他国正在搞军备的设想，导致国家间爆发性地对抗，这样的时期就是一种"泡沫"。而且在此时期，这种设想被事件所证实。这种形式的动态将反映出设想和调整滞后。理论给出的这方面的指导很少，所以大多是实证选择。

主要是基于数学方面的考虑，以及基于理论对于合适的函数形式的指导较少，上述模型都是线性的。考虑到多重均衡：存在于军备的低水平和高水平，以及稳定区域和不稳定区域，非线性的反应函数可能多于一次的相交[布里托和英特利盖特（1995）]。所以，可以观察到从一个均衡到另一个均衡的跳跃，而这种现象在理查森型的模型中没有被注意到。同时，多重均衡现象的存在，为军备控制提供了一项任务，即使系统稳定在低水平的支出均衡上。

这个非常简短的理论综述的第一个结论是：我们可以怀疑如基本参数可能的结构稳定性问题。一些可能十分稳定（例如，安全和消费之间的替代弹性或折现率），但另外许多则可能不稳定。军事技术的变化以及战术的改进将会

改变折旧率 δ_i，以及决定 j 国成功攻击 i 国所需要的军力的参数：$\alpha_i + \beta_i K_i$。战略环境的变化将改变一国被视为威胁的状况，调整和设想过程的参数也引起相似的关注。此外，正如上文所注意的，逐步发展的文献指出：这种敌对的相互作用可能引起改变动态结构的战略创新，因此我们将看到：结构的不稳定性是军备竞赛模型计量经济估计的一个普遍特点。

第二个结论是：我们可能应该怀疑建立在两个孤立的国家之上，这种纯二元分析框架的适宜性。在相互依存、全球化的世界中，这样的对抗发生在更为广阔的战略背景下，这需要在理论和实证模型中更为重视。

4. 行动—反应模型

上节介绍的理查森系统的"结构式"，如果添加一个随机误差项，并写为离散的时间形式，则为：

$$\Delta m_{1t} = a_1 + b_1 m_{2t} + c_1 m_{1,t-1} + \varepsilon_{1t}$$
$$\Delta m_{2t} = a_2 + b_2 m_{1t} + c_2 m_{2,t-1} + \varepsilon_{2t}$$
(28 – 19)

其中，通常假设：
$E(\varepsilon_{it}) = 0$，$E(\varepsilon_{it}^2) = \sigma_{ii}$，$E(\varepsilon_{it}\varepsilon_{jt}) = \sigma_{ij}$，$E(\varepsilon_{it}\varepsilon_{j,t-s}) = 0$，$s \neq 0$；$i, j = 1, 2$

正如上部分结尾所提到的，军备竞赛发生在更为广阔的战略背景下。因此，这些结构性的冲击 ε_{it}，将会部分由特定因素（如，希腊的巴尔干事件和土耳其的库尔德人冲突）引起；部分由普遍因素（塞浦路斯事件或 NATO 共同）。所以，我们不应该预期结构性冲击之间是相互独立的。它们可能和回归量也不是相互独立的。也有可能当事实上两国军费都对共同的不可观测的冲击反应时，这样的系统表明这两国之间存在着军备竞赛。

右侧的军费是内生的且同时被决定的，所以与误差项相关联。然而，系统是恰被识别的且可以被估计，例如利用二阶段最小二乘法。当然，恰被识别的约束（$m_{1,t-1}$ 不出现在 Δm_{2t} 的方程中，反之亦然）可能被受到质疑。例如在上面得到的考虑期望的 ECM 模型——方程（28 – 18），约束就不再有效。对系数的解释也不是直截了当的，例如，理查森（1960）将 c_i 解释为疲劳项，经济学家往往将其解释为调整系数，政治学家则视其为官僚机构的惰性度量。我们遵循经济学的常规，将模型写为：

$$\Delta m_{1t} = \lambda_1(\alpha_1 + \beta_1 m_{2t} - m_{1t-1}) + \varepsilon_{1t}$$
$$\Delta m_{2t} = \lambda_2(\alpha_2 + \beta_2 m_{2t} - m_{2t-1}) + \varepsilon_{2t}$$
(28 – 20)

当调整参数满足条件 $-1 < \lambda_i < 1$ 时，这个模型是稳定的。在此情况下，模

型有与 (28-11) 式相似的两个长期反应函数：$m_i = \alpha_i + \beta_i m_j$，且只要 $\beta_i \beta_j \neq 1$，就存在一个稳定的长期均衡：$m_i = (1 - \beta_i \beta_j)^{-1}(\alpha_i + \beta_i \alpha_j)$。反应函数在 m_1，m_2 空间内，界定了两条直线，且当其不平行时相交一次，非线性反应函数则可能不止一次地相交。

结构式中，内生变量现值出现在方程的右侧。这种一般形式的方程组可以从多种不同的理论中导出。结构式的系数是系统中基本参数的函数，如在前面部分的理论模型中，它们是价格（价格数据非常少）、收入、武器折旧率、描述冲突性质的战略参数、折现率，以及安全与消费之间替代弹性等变量的函数。即使可以连贯地估计结构式系数，也不可能从中还原出理论所指的基本参数。

如果用前定和滞后变量，则系统的简约式可以被表示为一阶向量自回归（VAR）的向量误差修正模型（VECM）形式：

$$\Delta m_{1t} = \frac{a_1 + b_1 a_2}{1 - b_1 b_2} + \frac{c_1 + b_1 b_2}{1 - b_1 b_2} m_{1t-1} + \frac{b_1(1 + c_2)}{1 - b_1 b_2} m_{2t-1} + \frac{\varepsilon_{1t} + b_1 \varepsilon_{2t}}{1 - b_1 b_2}$$

$$\Delta m_{2t} = \frac{a_2 + b_2 a_1}{1 - b_1 b_2} + \frac{c_2 + b_1 b_2}{1 - b_1 b_2} m_{1t-1} + \frac{b_2(1 + c_1)}{1 - b_1 b_2} m_{2t-1} + \frac{b_2 \varepsilon_{1t} + \varepsilon_{2t}}{1 - b_1 b_2} \quad (28-21)$$

或

$$\Delta m_{1t} = \pi_{10} + \pi_{11} m_{1t-1} + \pi_{12} m_{2t-1} + u_{1t}$$
$$\Delta m_{2t} = \pi_{20} + \pi_{21} m_{1t-1} + \pi_{22} m_{2t-1} + u_{2t} \quad (28-22)$$

在此，$E(u_{it}) = 0$，$E(u_{it}^2) = \omega_{ii}$，$E(u_{it} u_{jt}) = \omega_{ij}$，$E(u_{it} u_{j,t-s}) = 0$，$s \neq 0$，$i, j = 1, 2$。简约式中的每个方程都可以使用最小二乘法进行一致性估计。如果 $\pi_{21} \neq 0$，从 m_1 到 m_2 存在格兰杰因果关系（Granger Causality）；如果 $\pi_{12} \neq 0$，从 m_2 到 m_1 存在格兰杰因果关系。西格利和利乌（Seiglie & Liu, 2002）考察了一些发展中国家军备竞赛中的格兰杰因果关系。可是，格兰杰因果关系可能与经济的因果关系并不一致。例如，假定 $b_1 = 0$，国家 1 没有进行军备竞赛。但是只要 $c_2 \neq 0$，m_1 将仍然格兰杰引致（帮助预测）m_2。此外，预期意味着：在经济学中结果可以先于原因——天气预报格兰杰引致天气。除非模型能被识别，简约式对同时期的相互作用或预期，是无法提供信息的。

如果变量是 I(1)⑤ 的，即相当于包含一个随机趋势，那么就存在着伪回归的危险。尽管两个 I(1) 变量之间没有关联，将一个变量对另一个变量进

---

⑤ 如果一个变量必须经过 d 次微分才能变成协方差平稳，则称之为 I(d)，即 d 阶自积。如果一个变量的期望值、方差和自协方差都是恒定的，其可能是在去除一个确定性的趋势之后成为恒定的，则称这个变量为协方差平稳。因此 I(0) 变量是稳定的。如果存在两个 I(1) 变量的线性组合，此线性组合为 I(0)，那么这两个 I(1) 变量被称为协整。

行回归的时候，随着样本数量的增加，R^2 将可能趋近 1，且 t 比率非零。非伪回归要求两个变量协整。在这种情况下，过程可以被描述为上述的 VECM 约束形式。如果 $m_{1t} = \beta m_{2t}$ 形式的长期关系存在，则非均衡或误差修正项可以由 $z_t = m_{1t} - \beta m_{2t}$ 测度，z_t 为 $I(0)$，该 VECM 将采取如下形式：

$$\Delta m_{1t} = \pi_{10} + \alpha_1 z_{t-1} + u_{1t}$$
$$\Delta m_{2t} = \pi_{20} + \alpha_2 z_{t-1} + u_{2t} \qquad (28-23)$$

其中，如 $\alpha_1 \leq 0$，$\alpha_2 \geq 0$，且至少有一个非零时，反馈是稳定的。在上面讨论的 $I(0)$ 情况下，存在两个长期的反应函数，且双方军费往往都是恒定的。在 $I(1)$ 协整的情况下，双方军费都被一个随机趋势所驱动，而表现为任意范围的随机游走。但是，由于两者之间存在着一个单一的长期关系，即存在协整向量，两个序列是同步移动的。可以使用几种不同的方法来估计和检验协整向量，其中包括约翰逊（Johanson，1988）提出的最大似然法。

在国防经济学文献和军备竞赛研究中，单位根检验（Unit Root Tests）、VAR 和协整被广泛采用。但是，这些技术存在着一些问题：单位根检验（用来确定自积的阶数）和协整检验往往都功效偏低，从而决定自积的阶数和协整都不是简单直接的。这些检验对滞后阶数的选择、确定性元素的处理、结构突变的存在、非线性以及其他各种因素都十分敏感。由于自积的阶数并不是序列的结构性特征，而是对样本时间序列特点的描述，所以解释也存在问题。短期呈现 $I(1)$ 的数据在长期则常常表现为 $I(0)$。英国军费份额的上百年数据，明显表现为 $I(0)$，但是短期的数据却表现为 $I(1)$。尽管协整使我们可以估计长期均衡，但其并不能帮助识别短期的结构性相互作用。

如上所述，理查森模型缺少预算约束。这个问题可以通过添加 GDP 来解决，见第 3 部分的模型。在 VAR 中添加额外变量需要十分谨慎。随着变量的增加，参数的数量将迅速地增长，而大的 VAR 存在着非常不良的小样本特性。如果系统中有 m 个变量和 r 个协整向量，则存在着 $m-r$ 个随机趋势。当存在 r 个协整向量的时候，对每个协整向量的解释都需要有 r 个恰被识别的约束。当 $r=1$ 的时候，约束仅是常态性选择因变量；而当 $r>1$ 的时候，则可能很难找到恰被识别的约束去解释得到的结果。

很多文章估计了希腊和土耳其军备竞赛的 VARs 和 VECMs。布劳尔（2002）提供了详细的综述，并给出结论：行动—反应型军备竞赛证据充其量是混合的。邓恩等（2003a）描述了一个不成功的设定搜查。但是，印度和巴基斯坦的军备竞赛却有更多的证据。德格和森（Deger & Sen，1990）发现了非常好的结果，奥贾尔（Ocal，2003）应用 1949~1999 年期间的数据也发现一个较好的反馈。奥贾尔使用的是平滑迁移回归，其模型考虑到了对军费增长率反应的非线性,而且可能加速了结构突变。

邓恩等(2003a,2003b)的研究发现:利用 SIPRI1960~1996 年的数据,各种检验均表明印度和巴基斯坦的实际军费(而不是对数或份额形式)存在着 2 阶自积 VAR,而且 GDP 并不格兰杰引致军费。和对确定性元素的处理无关,使用两国军费序列的 VECM,通过迹(trace)和特征值(Eigenvalue)检验,他们发现了一个协整向量。即 $Z_t = MI_t - 2.0MP_t$。印度的军费(MI_t)和巴基斯坦的军费(MP_t)通常有一个长期关系,前者是后者的两倍(加上一个常数项)。VECM 显示了两个方向的显著反馈和有趣动态。方程通过了各种设定检验,特别是累积和与累积和平方检验表明,方程是结构稳定的。

当把数据更新到 1960~2003 年时,利用修正的 SIPRI 数据,对 1962~1996 年进行重新估计,也显示出一个协整向量,但有轻微差别,即:$Z_t = I_t - 2.51P_t$。这个差别可能是由基年的重定和数据修订所引起的,估计的 VECM 之系数和拟合度与之前的都非常相似。当数据扩展到 1962~2003 年时,与上述相比,很少有证据支持协整的存在。添加的 7 年并没有使估计的协整系数发生大的变化,却增加了其标准误差。1962~1996 年的系数(标准误差)为 -2.51(0.09),而 1962~2003 年的系数(标准误差)为 -3.04(0.30)。但是,动态却发生了显著的变化。印度方程中,误差修正项的反馈系数,从 1962~1996 年的大且显著,变为 1962~2003 年的小且不显著。印度的方程中也没有变量是显著的,从而看起来像是一个随机游走。巴基斯坦方程中,反馈系数从 0.11(0.04)变为 0.05(0.02),并保持显著。对印度方程而言,邹氏预测精度检验(Chow forecast accuracy test)($p = 0.02$)和参数相等性(Parameter equality)检验都拒绝了 1996 年之后的结构稳定性。使用 1996 年之前的数据估计方程大大低估了其后的印度军费。巴基斯坦的方程也低估了其随后的支出,但没有印度方程那么程度大。而且对巴基斯坦方程,尽管参数相等性检验($p = 0.03$)拒绝了结构稳定性,预测精度检验($p = 0.08$)却没有拒绝结构稳定性。

为了研究变化的性质,我们考虑在突变可能发生的时间——1996 年,存在截距和趋势的突变。做法为,在协整向量中添加外生变量:一个 1996 年之后为 1 的虚拟变量 D_t 和一个 1996 年开始的趋势 DT_t。此做法还原了迹检验和最大特征值检验结果,即存在着协整,协整向量(标准误差)为:

$$MI_t = 2.51MP_t + 921D + 272DT + Z_t \quad (28-24)$$
$$\quad\;\,(0.85)\quad\;(437)\quad(88)$$

这是一个长期均衡关系,Z_t 是对均衡的偏离。巴基斯坦军费系数与前期的估计十分相似且显著。虚拟变量和突发趋势都是显著的。方程显示 1996 年之后，印度的军费相较于早期均衡稳定地增长。当然，除非存在理论性的解释，包含确定性结构突变是基于特定目的和环境的。一种可能的解释为突变与两个国家核武器试验的准备相关联。

误差修正方程为：

$$\Delta MI_t = 566 + 0.37\Delta MI_{t-1} + 0.14\Delta MP_{t-1} + 0.43Z_{t-1}$$
$$\qquad\quad (132)\ \ (0.17)\qquad (0.55)\qquad (0.13)$$
$$R^2 = 0.23; \text{SER} = 373 \qquad\qquad\qquad\qquad\qquad (28-25)$$

$$\Delta MP_t = -57 - 0.07\Delta MI_{t-1} + 0.37\Delta MP_{t-1} - 0.12Z_{t-1}$$
$$\qquad\quad (30)\ \ (0.04)\qquad (0.12)\qquad (0.03)$$
$$R^2 = 0.41; \text{SER} = 83 \qquad\qquad\qquad\qquad\qquad (28-26)$$

误差修正项 Z_{t-1} 和自身军费的滞后变化都是显著的，但是他国军费的滞后变化却不是显著的。系数和拟合方式都与 1962~1996 年的十分相似。尽管巴基斯坦方程没有通过一阶序列相关检验，但就异方差性、正态性和方程类型而言，误差修正方程没有显示出误设（Misspecification）问题。考虑突变之后，两个方程都通过了结构稳定性的累积和与累积和平方检验。

上面描述的 VECM 方法在时间序列方法论中，是标准的（虽然可能不是没有问题），且在本质上是源于理查森模型的。但是，从本部分的综述中我们得出的结论是：由于各种原因，对军备竞赛数据而言，它可能并不有效。第一个原因可能是：结构稳定性的假设可能并不合适。印度和巴基斯坦的例子可能并不普遍。因为相同的殖民地历史传统，两国具有相似的决策规则，因此其战略关系可能被官僚机构化。尽管支持其军备竞赛稳定性的证据是混合的，印度和巴基斯坦对核武器的拥有可能已经改变了他们之间的关系。第二个原因是：对更为广泛的战略环境的忽略。印度可能对中国进行反应，而如上所述，明显的军备竞赛应是由于共同的冲击产生的。中国军费的数据质量会使得相关的检验成为困难。印度和巴基斯坦都处于更加广阔的战略环境中：印度有成为更广泛地区的海军强国的野心，而巴基斯坦则受到阿富汗事件的影响。对这些因素的忽略，将会产生误设问题。因此，时间序列检验应该支持这两个我们基于理论分析而表述的问题。

5. 博弈论模型

如前所述，分析军备竞赛理论自然的出发点是囚徒困境。类似两个参与者两种选择的博弈以及更加复杂的博弈已经对军备竞赛理论产生了重要影响。史密斯等（2000b）对希腊和土耳其军备竞赛的分析，对估计简单的2乘2博弈进行了经验性描述。该模型表示，每个国家选择高或低水平的军费，其支付取决于对方的选择。这样一来，就有四种可能的情况及其相关联的支付。考虑支付条件下，国家选择其策略。这是一个每年进行的重复博弈。可以想象，在年度预算周期中，每个国家选择它的策略，在已知其对手当年的选择但是不知道对手下一年行为的条件下，一国选择其下一年的军费是高还是低水平。他们下一年选择的策略将以当年的情况为条件。条件策略的一个熟知例子是以牙还牙：以合作开始，然后在下一阶段，根据对手在当前阶段做法选择自己的做法。这可以在囚徒困境博弈中，给出良好的支付：如果好，则为将来的进一步合作提供激励；如果不好，则立即对背叛进行报复。

"以牙还牙"是一个纯策略，以当期的情况为条件，确定下阶段高或低的策略。但是，在重复博弈中，纯策略是能预见的，因而可以被利用。在另外的选择下，为了减少预计性，国家可以遵循混合的策略：选择高水平的几率为 p，选择低水平的几率为 $(1-p)$。对很多博弈而言，混合策略是最优的。该文假设，国家选择条件性的混合策略。在当期情况的基础上，选择高或低的几率，并且试图估计这些策略，从而研究其模型对希腊和土耳其的军费相互作用的解释。这是通常的博弈论方法的倒转，其首先确定支付，然后确定最优的策略。在此，支付是不可观测的。但是参与者采取的策略，选择高还是低是可以观测到的，这就可以对博弈的特性进行推断。

该博弈论方法和理查森方法有下列几个方面的区别：第一，博弈论方法在本质上，处理了非线性和结构突变——从高水平到低水平的跳跃，而理查森方法并非如此。第二，所有其他的因素，在回归的方法中，被视为确定性影响。而在该方法中被随机处理：根据选择高或低的条件概率进行反应。第三，现在，军费是离散的，并取两种值：高和低，而并不是在理查森模型中是连续的。显然，只有当结果被两分的方法是合理的情况下，此方法才能被应用。为此，它不能应用在趋势上上升的军费，和没有自然对军费高和低进行分类的情况中。但是，它可以被应用于军费的份额或增长率的分析中。希腊和土耳其的份额和他们之间的关系存在着清晰的有标记的变化。就最先的近似估计而言，序列被很好地描述为：围绕明显不同的高和低水平的变化。因此，做出模型——简单的高—低的选择加上随机误差，可能并不是不现实的。

在简单的2乘2博弈中，各方选择高或低，其策略估计可以使用二元汉密尔顿（Hamilton，1989）离散状态转换模型。在此有四种状态或制度：（1）均高；（2）希腊高，土耳其低；（3）希腊低，土耳其高；（4）均低。待估参数是高或低两种情况，以及迁移矩阵。状态参数包括：每个国家的高或低的平均值、方差和冲击之间的协方差——共有 7 个。序列的演变被描述为一个 4 乘 4 的迁移矩阵 Π，其元素为 π_{ij}。π_{ij} 给出从时间 t 时的状态 1，迁移到时间 $t+1$ 时的状态 2 的几率，$i, j = 1, 2, 3, 4$。因此，π_{11} 表示保持在状态 1 的几率，即考虑到当前阶段两国都是高的份额，两国都会在下一阶段，选择高的军费份额。由于在下一阶段，系统必须移动到四个状态中的一个，迁移矩阵中 4 列的每一列的总和都是 1。因此，无约束的迁移矩阵有 12 种自由概率，和 7 个状态参数放在一起，总共给出 19 个自由参数。通过使用最大化似然函数得到参数的估计量。在估计的基础上，可以计算出每年状态的几率。考虑历史过程，可以得到四个状态中，处于每个状态的几率：例如，$P(s_t = 1)$ 给出两个国家在某年都处于高的状态几率。如果四状态模型是对过程的良好描述，这些几率应该近似于 1 或 0，以显示四个状态之间的清晰分离。

无约束的例子中，两国的决策可存在无限依赖。此文章也考虑了三种约束的迁移矩阵。第一个假设是每个国家独立地决定其军费的份额。如果事件 A 和 B 是独立的，他们同时发生的几率是每个单个发生几率的乘积：$P(A \cap B) = P(A)P(B)$。相似地，保持在状态 1，即均高的状态的几率，正是希腊处在高的状态的几率和土耳其处在高的状态的几率的乘积：$\pi_{11} = \pi_{GH} \pi_{TH}$。在独立情况下，只存在着 4 种自由概率：希腊处于高的状态 π_{GH}、土耳其处于高的状态 π_{TH}、希腊处于低的状态 π_{GL} 和土耳其处于低的状态 π_{TL}。

第二种和第三种约束版本假设：一个国家（扮演）领导（角色），另一个国家扮演追随领导者（角色）并实施存在时滞的以牙还牙策略。跟随者总是选择领导者上一阶段时的状态。在这种情况下，只存在两种自由概率：领导者处于高的状态或者领导者处于低的状态。假定希腊（扮演）领导（角色），而土耳其追随"以牙还牙"。因而土耳其将总是处于希腊的上一阶段状态中。从而只有两种自由概率，即代表着希腊的策略：π_{GH} 和 π_{GL}。如果希腊在当前阶段处于高的状态，土耳其将在下个阶段处于高的状态，因此任何土耳其处于低的状态的几率都为 0。引起这一状态的是希腊处于高或低状态的几率。如果土耳其领导希腊，分析类似。

这个技术被应用到 SPRRI 年度数据：1958~1997 年的希腊和土耳其军费的份额。首先，无约束的马尔科夫结构被估计，其迁移矩阵可允许 12 种自由概率存在。希腊低的状态的平均值为军费占 GDP 的 4.37%；希腊高的状态的平均值为高出低的状态 2.16%，且其迁移十分显著，其 t 比率超过了 15。土耳其低的状态的平均值为军费占 GDP 的 3.86%；土耳其高状态的平均值为高出低状态 1.44%，高和低状态的平均值也有着显著的差别。与希腊相比，土耳其显示出较高的以平均值为中心的方差：冲击的标准偏差，希腊的为 0.43，而土耳其的为 0.55。因此，以平均值为中心的军费份额方差大约是 GDP 的 0.5%。冲击之间的协方差是正的，且处于5%的显著水平的边缘。

无约束的一般模型中，处于四个制度中的每一个的几率显示出非常清晰的制度分离：概率近似于 0 或 1，且和时间序列的印象相符。序列都从低的状态（状态4）开始；在1961年（大约是土耳其军事政变的时间）迁移到希腊低，土耳其高的状态（状态3）；保持到1967年（希腊军事政变的时间），然后迁移回均低的状态（状态4）并持续至1973年。在1974年（入侵塞浦路斯），迁移到均高的状态（状态1）直至1983年（土耳其军事统治的结束）。1984～1988年，是希腊高而土耳其低的状态（状态2）。从1989年（冷战结束）到1997年，军费份额处于均低的状态（状态4）。尽管存在着一些符合的地方，但是状态的分隔与军事统治并不完全相符。军事统治的时期为：1967～1974年的希腊，1960～1961年、1971～1973年及1980～1983年的土耳其。

第一个约束检验是：每个国家不同状态之间迁移的几率是独立的（即每个国家有自己迁移的几率，并不取决于另一个国家所处的状态）。这将迁移矩阵中的自由参数的数目从12减少到了4，其中每个国家两个。这就是如下的情况：如果每个国家只对自己的国内政治经济或策略关注而反应，而不考虑他国处于高的还是低的状态，从而决定本国处于高或是低状态的几率。独立性的设立将最大化对数似然量从15.2减少到了10.6，这在任何惯例的水平上，都不是显著的减少。似然率检验给出：LR = 9.2 而 5% 的临界值下的 $\chi^2(8)$ 是 15.51。系数的估计和样本在四个状态中的分配几乎没有因为独立性的约束而改变。另外，对迁移的几率估计看起来是持久的，并且十分显著——其值分别为 $\pi_{GH} = 0.96$，$\pi_{GL} = 0.95$，$\pi_{TH} = 0.86$，$\pi_{TL} = 0.93$。如果两国进入状态4（低-低），他们将会有高的几率保持在这个状态中：$\pi_{44} = \pi_{TL}\pi_{GL} = 0.95 \times 0.93 = 0.88$。两国迁移几率的独立性并不意味着两个序列是独立的或者他们的状态不能同时改变。因为误差项中的正的协方差、冲击（如塞浦路斯）对他们有同样的碰撞（影响）。

第二和第三个约束检验是一国独立地决定其状态而另一国进行以牙还牙，即跟着领导者在上一阶段的状态。希腊领导土耳其，或者土耳其领导希腊的限制导致了最大化的对数似然量的较大减少。使用似然率检验，两种约束在1%的水平上都被拒绝了。

当然可以考虑更加复杂的博弈，但是2乘2的简明博弈使我们可以检验理论主张鲜明的假设，而这在回归的框架中很难做到。独立性假设可以被解释为：决定迁移的为其他因素，而非希腊-土耳其敌对关系，或者每个国家进行混合的策略，此策略并不以另一国的行为为前提条件。在传统的行动-反应类型的军备竞赛中,军费表现为对他国的军费的外在威胁的反应。故上面的两种解释都不被传统的行动-反应类型的军备竞赛所支持。反而,迁移几率的估计与内在解释更一致:政治或官僚机构的惯性意味着一国一旦进入了特定的状态——低或高,持续此状态的几率会是很高的。

将简单的理论模型转化为相对复杂的实证模型也是十分有意义的。为应用简单的无约束 2 乘 2 博弈选择到观测的数据,要求 19 个自由参数。但是,这些参数可以直接地和博弈策略相关联,而在基于回归的军备竞赛模型中,并非如此。关于参与者实行的可能策略——例如独立或以牙还牙,可大大减少参数空间。这样的模型只在一些情况下有用,即只有在观测值可以被分为高或低两类的情况下,模型有效,但却并不能很好地进行预测。尽管在上面的例子中并不是问题,但是考虑到估计中的数字的问题、获得收敛的困难性,以及对初始状态选择的敏感性,这些模型中的似然函数可能会有很差的表现。存在着其他的各种制度迁移模型,其中迁移取决于观测的变量,而非如此例中的潜在状态,这将可能成为今后研究的议题。

6. 面板和横截面模型

横截面模型估计已经是长期以来的传统,其将一国的军费用其邻国或敌国的军费及其他经济、政治变量来解释。罗什(Rosh,1988)引进了"安全网"概念,并定义为邻国和可以影响一国安全的其他国家(例如地区强国)。罗什计算一国安全网的军事化程度为:网内国家的军费占 GDP 的份额的平均数,并发现其对一国的军事负担有着显著的正的影响。科利尔和赫夫勒(Collier & Hoeffler, 2004)使用邻国军费的总和占邻国 GDP 总和的比率,而非平均的军费份额。他们给出了印度的例子,印度和中国与尼泊尔接壤,但是其面对的威胁水平却被中国的军费所主导。更一般地,溢出效应已经受到越来越多的重视[例如,默多克和桑德勒(2002,2004)]。面板研究则少一些且是最近才出现的。

一个很自然的反对意见是,由于不包含动态,横截面回归不能成为军备竞赛的模型。为分析这个问题,从面板模型开始是有用的。假定我们有一些成对国家,$j=1, 2, \cdots, J$ 之间的军备竞赛数据,$t=1, 2, \cdots, T$,他们采取包含增补外生变量的常见理查森形式:

$$\Delta m_{j1t} = \lambda_{j1}(\alpha_{j1} + \beta_{j1} m_{j2t} + \gamma_{j1} x_{j1t} - m_{j1t-1}) + \varepsilon_{j1t}$$
$$\Delta m_{j2t} = \lambda_{j2}(\alpha_{j2} + \beta_{j2} m_{j2t} + \gamma_{j2} x_{j2t} - m_{j2t-1}) + \varepsilon_{j2t} \qquad (28-27)$$

这提供给我们一个 $N = 2J$ 个国家的面板情况。科利尔和赫夫勒（2004）的研究包括：内部和外部的威胁测度 x_j、人均 GDP 对数、人口对数（其可能获取规模或公共产品作用）和民主测度。将 J 个分别的军备竞赛看待为一个面板是否存在优势，取决于他们之间是否存在联系。如果国家之间的反应是类似的，或者所有这些国家面对共同的碰撞冲击时，误差之间存在着协方差，那么利用参数相等性限制，这些联系将会使估计更有效。

假定两个国家有相同的参数，去掉 j 和 t 的下标，军费的均衡水平将是：

$$m_1 = \frac{\alpha}{1-\beta^2} + \frac{\gamma}{1-\beta^2}x_1 + \frac{\beta\gamma}{1-\beta^2}x_2$$

$$m_2 = \frac{\alpha}{1-\beta^2} + \frac{\beta\gamma}{1-\beta^2}x_1 + \frac{\gamma}{1-\beta^2}x_2 \tag{28-28}$$

因此，考虑到动态和相互作用，x_1 的一个单位的增加将会引起国家 1 $\gamma/(1-\beta^2)$ 的军费长期增加，和国家 2 $\beta\gamma/(1-\beta^2)$ 的军费长期增加。我们下面再回到这个问题。

为了考察横截面测度，将国家 1 的模型写为：

$$m_{it} = a_i + b_i m_{kt} + c_i x_{it} + d_i m_{i,t-1} + \varepsilon_{it} \tag{28-29}$$

在此，$i = j_1$，$k = j_2$，$a_i = \lambda_{j1}\alpha_{j1}$，$d_i = (1-\lambda_{j1})$ 等。然后取各国时间段中数据的平均值，得：

$$\overline{m_i} = a_i + b_i \overline{m_k} + c_i \overline{x_i} + d_i \overline{m_{i-1}} + \overline{\varepsilon_i} \tag{28-30}$$

在此，$\overline{m_i} = \sum_{t=1}^{T} m_{it}/T$，$\overline{m_{i-1}} = \sum_{t=0}^{T-1} m_{it}/T$ 等。如果我们定义 $\Delta_T m_i = m_{iT} - m_{i0}$，注意 $\overline{m_{i-1}} = \overline{m_i} - \Delta_T m_i$。我们可以将其写为：

$$\overline{m_i} = a_i + b_i \overline{m_k} + c_i \overline{x_i} + d_i (\overline{m_i} - \Delta_T m_i) + \overline{\varepsilon_i} \tag{28-31}$$

解出 $\overline{m_i}$，给出长期参数作为系数：

$$\overline{m_i} = \frac{a_i}{1-d_i} + \frac{b_i}{1-d_i}\overline{m_k} + \frac{c_i}{1-d_i}\overline{x_i} - \frac{d_i}{1-d_i}\Delta_T m_i + \frac{\overline{\varepsilon_i}}{1-d_i} \tag{28-32}$$

$$\overline{m_i} = \alpha_i + \beta_i \overline{m_k} + \gamma_i \overline{x_i} - \psi_i \Delta_T m_i + \frac{\overline{\varepsilon_i}}{1-d_i} \tag{28-33}$$

式中 ψ_i 是平均时滞。如果我们假设长期参数是随机的，独立于回归量的平均水平，例如 $\alpha_i = \alpha + \eta_{\alpha i}$。我们得到平均数据的标准横截面回归：

$$\overline{m_i} = \alpha + \beta \overline{m_k} + \gamma \overline{x_i} + u_i \tag{28-34}$$

误差项为：

$$u_i = \eta_{\alpha i} + \eta_{\beta i}\overline{m_k} + \eta_{\gamma i}\overline{x_i} - \psi_i \Delta_T m_i + \frac{\overline{\varepsilon_i}}{1-d_i} \tag{28-35}$$

对大 T，增长项 $\Delta_T m_i$ 和水平项不相关，且如参数是随机的，则 $\eta_{\cdot i}$ 项独立于回归量。如 x_{it} 是严格外生的，$\bar{x}_i$ 将和 $\bar{\varepsilon}_i$ 不相关。佩萨兰和史密斯（1995）得到了小样本偏差且考虑了各种普遍性。因此，和在时间序列情况下讨论的一样，此处应关注的唯一问题是 $\bar{m}_k$ 和 $\bar{\varepsilon}_i$ 之间的协方差，无疑它是非零的。在时间序列中，变量的滞后值提供了可能工具，但是此处却并非这样。然而，对 $\bar{m}_k$，自然其工具应是 $\bar{x}_k$。这样一来，军备竞赛中长期反应方程的平均斜率就可以从横截面回归中得到。利用这些回归，可以计算一国的外生变量变化所引起的平均长期影响：对其本国的军费的影响为 $\gamma/(1-\beta^2)$；对其对手军费的影响为 $\beta\gamma/(1-\beta^2)$。科利尔和赫夫勒（2004）利用类似方法测量了外生冲击对本国军费及他国军费的影响。

在运行横截面回归时，存在一些明显的实践性的问题：如何确定威胁和联盟模式？在什么时间段平均？应用哪种军事能力测度方法？如何加总联盟国集团或者敌对国集团的支出？邓恩和珀洛·弗里曼（Dunne & Perlo-Freeman, 2003a）利用冷战期间（1981~1988年）和冷战后（1990~1997年）的平均数据，估计了发展中国家的横截面需求函数。其因变量为军费份额的对数。解释变量为：人口的对数（可能是公共品效果的代理）、潜在敌人军费总和的对数、安全网中国家（包括潜在敌人）军费总和的对数、民主的测度、内战、外部战争和地区虚拟变量。几乎没有证据表明冷战结束改变了基本的横截面关系，尽管正如我们将要看到的这并不是一个有力的结论。

利用横截面数据，而非单个国家的时间序列，很大程度上增加了样本的规模，且可以测量往往因国家不同而不同变量的影响效果。这一优势的代价则是：需要假设所有国家的军备竞赛和联盟的参数是一样的，或者其差别是随机的，独立于右侧变量。这些假设十分苛刻。如果可以获得面板数据，各个国家的单独模型可以被估计，并可检验均质性或独立性假设。

在面板数据中，可以使用更大的样本并且考虑不同国家反应的非齐次性。面板中对异质性的处理和解释是一个中心问题，也是这里要集中讨论的问题，为此，我们忽略在第4部分着重讨论的反馈问题，集中于单一方程。当考虑面板 VAR 和 VECM 估计时，情况变得更为复杂。富尔特斯和史密斯（Fuertes & Smith, 2005）对此进行了讨论。史密斯和塔西兰（Smith & Tasiran, 2005）利用军火进口需求，比较了可供选择的面板估计量。如果考虑处理非齐次性的不同方式和组间的相互依赖，就存在着大量的各种面板估计量。

选择估计量的中心问题是 N 和 T 的相对规模。传统的面板文献处理了大规模 N 和小规模 T 的情况，可能只有2或者3个时间段。使 $N\to\infty$，可以作出渐近分析。而时间序列文献处理大规模 T 和小规模 N 的情况，并且使 $T\to\infty$，进行渐近分析。最近，有意思的是在面板时间序列分析中，N 和 T 以同样类型的规模，并以某种方式使 $N\rightarrow\infty$ 和 $T\rightarrow\infty$，从而得到渐近分析。三种情况下估计量的合适估值是不一样的。

定义国家和总体的均值为：

$$\overline{m}_i = T^{-1}\sum_{t=1}^{T} m_{it} ; \overline{m} = (NT)^{-1}\sum_{i=1}^{N}\sum_{t=1}^{T} m_{it} \qquad (28-36)$$

因变量的总方差是国家内和国家间方差的总和：

$$\sum_i\sum_t(m_{it}-\overline{m})^2 = \sum_i\sum_t(m_{it}-\overline{m}_i)^2 + T\sum_i(\overline{m}_i-\overline{m})^2 \qquad (28-37)$$

回归量的总方差类似。主要面板估计量的区别在于他们如何处理之内和之间的方差。

如果参数是随机的，国家内和国家间的回归将估量同样的事项。但是，如果他们不是随机的，横截面（国家间）估计可能与平均时间序列（国家内）的估计就非常地不同。i 国可能不对 j 国军事能力的短暂变化作出反应，从而使时间序列估计十分小。横截面中如果使用时间均值，选取固定组成，系数则可能较大。如果 α_i 和 $\overline{x}_i$ 相关，国家间的估计量 β_B 和国家内的估计量 β_W 将会不同。如果国家从传统的盟友变成敌人的时候，这两个估计量可能甚至有着相反的符号。

更多的问题出现在动态模型中。考虑国家内（固定效应、最小二乘虚拟变量）的估计量：

$$m_{it} = a_i + b'x_{it} + cm_{it-1} + u_{it} \qquad (28-38)$$

在此，$(k\times 1)$ 向量 x_{it} 包含其他国家的军费和其他变量。这里假设截距不同但斜率一样。对于大 T，估计具有一致性。但是对于固定 T，大 N，估计则并非一致。在这种情况下，滞后的因变量 $\hat{c}$ 的估计系数是向下偏差的。这是在有滞后因变量的模型中，OLS 估计量的标准小样本 T 偏差。此情况下，存在着不同的工具变量估计量。可如果真实的模型是异方差的：

$$m_{it} = a_i + b'_i x_{it} + c_i m_{it-1} + u_{it} \qquad (28-39)$$

斜率的均质性是不当强加的，估计：

$$m_{it} = a_i + b'x_{it} + cm_{it-1} + v_{it} \qquad (28-40)$$

即使是大 T，国家之内的估计量也是不一致的［佩萨兰和史密斯 (1995)］。这是因为误差项将会是：

$$v_{it} = (b_i - b)'x_{it} + (c_i - c)m_{it-1} + u_{it} \qquad (28-41)$$

即使参数是随机的，也将存在着序列相关。滞后的因变量 $\hat{c}$ 的估计系数向上偏向 1（如通常情况，假设回归量正向序列相关）。对不同偏差的各种估计量比较，可以使我们推断哪一个偏差是最重要的。

面板数据考虑到可能影响所有国家的、未被观察到的战略因素引起的组间的相互依赖，我们已经认为这是重要的。佩萨兰（2004）认为考虑这些因素的一个简单而有效的方法，是在异方差的方程中包含有每一年的平均值。定义 $\bar{m}_t = \sum_{i=1}^{N} m_{it}/N$，并估计包含变量平均值的横截面模型：

$$m_{it} = a_i + b'_i x_{it} + c_i m_{it-1} + d_{0i}\bar{m}_t + d'_{1i}\bar{x}_t + u_{it} \qquad (28-42)$$

世界的平均军费产生全球性的战略效果。对于大 N 和大 T，该估计量具有一致性。

加德亚等（Gadea et al., 2004）估计了 NATO 国家军费的异质面板模型：（a）考虑到了内生决定的结构性突变；（b）利用佩萨兰（2004）的方法，即包括平均的军费份额，以控制组间残差的相互依赖，并且作为威胁的一种代理。他们发现了很多结构性突变，且该结果对于单个国家很难解释。在其他领域里，这种发现是普遍的。在面板研究中，当时间段足够大，并使之可以估计每一个国家的分别的时间序列模型时，这个模式往往尽管平均效应是灵敏的，但是对不同国家的特定估计中，所存在的大量非齐次性，可能不表现灵敏性。

邓恩和珀洛·弗里曼（2003b）估计了与邓恩和珀洛·弗里曼（2003a）十分相似的模型：使用同样的解释性变量，解释了军费份额对数。不同的是这次他们使用的不是数据的平均，而是 1981~1997 年 98 个发展中国家年度数据的不平衡面板。静态固定效应的估计和他们在横截面中的发现，十分相似。但是，在考虑到动态并使用滞后的因变量后，结果则非常不同。估计过程为：通过对数据的一次微分来消除固定效应，然后设置因变量的滞后变化为工具变量，此工具变量则与微分后得到的误差项相关。和横截面结果相反，在动态的面板模型中，发现冷战期和冷战后间存在结构性突变证据。

科利尔和赫夫勒（2004）利用 5 年平均值的混合静态面板，解释了军费份额。他们使用的变量为：国际战争、内战、外部威胁、民主政府、邻国军费、1995 年后的战后迁移、人口对数、人均 GDP 对数、援助占 GDP 的份额以及以色列的虚拟变量。这些是经过显著变量的设定搜寻而选择出来的。他们发现邻国军费的作用十分大，这表示军费的增加会在邻国之间逐步升级，这使它们成为地区性公害。他们也考察了一些变量的内生性，并发现一旦开始，军费就不能威慑反抗。

在我们已经对时间序列模型综述的结论中，我们不大可能发现结构稳定性的动态行为-反应系统，而后在决定多方军事能力，及长期阶段持续的情况下，横截面和面板估计可能被证实是有效的。此外横截面和面板估计，提供了更大的样本并考虑到了对应于不同国家的非齐次性，他们可以估计平均的相互作用的效应。这使计算一国军费增加溢出效应成本成为可能，从而可以对各种政策结论进行推测。这种方法显然值得进一步研究。

7. 结　论

军备竞赛正如同金融市场上的泡沫：大多数人承认它的存在，但是对它们明确地定义、估计或是检验他们的存在性却是非常地困难。我们认为对该困难有两种解释：结构不稳定和全球化。

由于方程被解释为，在给定他国军事能力的条件下，一国政府的军事能力的最优反应函数，所以，理论并不认为结构稳定。最优化的反应取决于，感知的来自另一国政府的威胁、可获得的军事能力类型、可获得的军事能力成本和相对的有效性，以及相关的预算约束。这些因素，也是决定军备竞赛模型的基本参数，似乎不可能随着时间的变化而保持恒定。因此，我们应该预期到结构不稳定性，计量经济学也似乎确认了这一点。如以印度和巴基斯坦为例，这在过去看起来是稳定的行动－反应模式，却在我们最近的估计中被推翻。尽管通过机械地考虑结构性变化的存在，上例可以在一定的程度上被挽救。当然，表面上的结构不稳定性可能是误设问题的产物，所以我们应当期望在这个方向上的进一步的研究：对不同的设定、函数形式、估计方法等进行实验。此外，存在着多样的模型，通过平滑或突跃迁移制度的转换，以及迁移中观察变量或潜在状态的函数，来考虑内生的结构性不稳定。就合理性而言，估计这样的模型需要清晰的理论基础以及基于历史的解释，而非对统计技术的机械应用。这里也存在着由于出版偏见所产生的危险：即只有"起作用"的军备竞赛模型，才能被发表。

第二个解释是全球化。如前面讨论中所强调的，希腊和土耳其，或印度和巴基斯坦并不是存在于二元隔离体中：他们受到多种其他战略因素的影响。对这些因素的忽略会造成变量遗漏，并引起有偏系数，且由于战略性的相互作用的变化，偏差也将随时间而变化。

我们并不是主张在解释特殊样本中特殊国家军费需求的方程中，敌人和联盟军费的作用是显著的这种例子不存在，许多这样的例子的确存在。我们的主张是，不应当期望决定多方军事能力的结构稳定的、动态的行动－反应系统，在长期内保持不变。但是，因为考虑到了平均相互作用效果的估计，从而使得可以计算在一国内增加军费所引起的溢出效应的成本，所以横截面和面板估计可能是有用的。科利尔和赫夫勒（2004）从他们对这样的溢出效应的估计中，得出了多样的政策结论。军备竞赛对军事控制有着鲜明的意蕴，特别在是在存在多重均衡的时候。但在计量经济学文献中普遍的线性模型没有考虑多重均衡。

由于易于估计，此文献的重点是定量的对称军备竞赛。但是，这个重点可能引起误导。定性的不对称军备竞赛，尤其是政府和其非政府对手之间的军备竞赛，可能更加重要。这是强调战略创新改变军备竞赛动态结构的进化文献所要研究的［如，马科斯（2005）］。这似乎也具有重要历史意义。阿雷金·托夫特（Arreguin - Toft，2001）评论道："物质的力量对理论的构造是有用的，这是因为它是可计量且可测量的，而勇气、领导力和偶然的运气却不……然而，战略互动论文表明，通过凸显其重要程度的条件发现，相对物质力量具有一定的局限性。"和赖特（1999）一样，阿雷金·托夫特的论点是：战略是紧要的（决定性的）。当战斗者以同样的方式战斗，更强壮的一方获胜；但是当以不同的方式战斗，弱者则有优势。我们可能遗漏了对手准备以不同的方式战斗的重要军备竞赛。

参考文献

Andreou, A. S., Mateou, N. H., Zombanakis, G. A. (2003). "The Cyprus puzzle and the Greek-Turkish arms race: Forecasting developments using genetically evolved fuzzy cognitive maps". Defence and Peace Economics 14, 293 – 310.

Arreguin-Toft, I. (2001). "How the weak win wars: A theory of asymmetric conflict". International Security 26, 93 – 128.

Baliga, S., Sjostrom, T. (2004). "Arms races and negotiations". Review of Economic Studies 71, 1 – 19.

Brauer, J. (2002). "Survey and review of the defense economics literature on Greece and Turkey: What have we learned?". Defence and Peace Economics 13, 85 – 108.

Brito, D. L., Intriligator, M. D. (1995). "Arms races and proliferation". In: Hartley, K., Sandler, T. (Eds.), Handbook of Defense Economics, vol. 1. North-Holland, Amsterdam, pp. 109 – 164.

Collier, P., Hoeffler, A. (2004). "Military expenditure: Threats aid and arms races". Unpublished manuscript. Department of Economics, University of Oxford.

Craft, C. B. (2000). "An analysis of the Washington Naval Agreement and the economic provisions of arms control theory". Defence and Peace Economics 11, 127 – 148.

Deger, S., Sen, S. (1990). "Military security and the economy: Defence expenditure in India and Pakistan". In: Hartley, K., Sandler, T. (Eds.), The Economics of Defence Spending. Routledge, London, pp. 189 – 227.

Desai, M., Blake, D. (1981). "Modelling the ultimate absurdity: A comment on 'A quantitative study of the strategic arms race in the missile age'". Review of Economics and Statistics 63, 629 – 632.

Dunne, J. P., Perlo-Freeman, S. (2003a). "The demand for military spending in developing countries". International Review of Applied Economics 17, 23 – 48.

Dunne, J. P., Perlo-Freeman, S. (2003b). "The demand for military spending in developing countries: A dynamic panel analysis". Defence and Peace Economics 14, 461 – 474.

Dunne, J. P., Nikolaidou, E., Smith, R. (2003a). "Is there an Arms Race between Greece and Turkey?". Peace Economics, Peace Science and Public Policy 11 (2). Article 1. http://www.bepress.com/peps/vol11/iss2/1.

Dunne, J. P., Nikolaidou, E., Smith, R. (2003b). "Arms race models and econometric applications". In: Levine, P., Smith, R. (Eds.), Arms Trade, Security and Conflict. Routledge, London, pp. 178 – 187.

Dunne, J. P., Garcia-Alonso, M. D. C., Levine, P., Smith, R. (2004). "Military procurement, industry structure and regional conflict". University of Kent Working Paper 05/02.

Dunne, J. P., Garcia-Alonso, M. D. C., Levine, P., Smith, R. (2006). "Managing asymmetric conflict". Oxford Economic Papers 58, 183 – 208.

Fuertes, A.-M., Smith, R. P. (2005). "Panel time series, Cemmap course notes". http://www.econ.bbk.ac.uk/faculty/smith/.

Gadea, M. D., Pardos, E., Perez-Forniez, C. (2004). "A long run analysis of defence spending in the NATO countries (1960 – 1999)". Defence and Peace Economics 15, 231 – 250.

Gibler, D. M., Rider, T. J., Hutchison, M. (2005). "Taking arms against a sea of troubles: Conventional arms races during periods of rivalry". Journal of Peace Research 42, 131 – 148.

Gleditsch, N. P., Njolstad, O. (Eds.) (1990). Arms Races, Technology and Political Dynamics. Sage Publications, London.

Hamilton, J. D. (1989). "A new approach to the economic analysis of nonstationary time series and the business cycle". Econometrica 57, 357 – 384.

Hirshleifer, J. (2001). The Dark Side of the Force: Economic Foundations of Conflict Theory. Cambridge University Press, Cambridge.

Intriligator, M. D. (1975). "Strategic considerations in the Richardson model of arms races". Journal of Political Economy 83, 339 – 353.

Intriligator, M. D., Brito, D. L. (2000). "Arms races". Defence and Peace Economics 11, 45 – 54.

Johansen, S. (1988). "Statistical analysis of cointegrating vectors". Journal of Economic Dynamics and Control 12, 231 – 254.

Lebovic, J. H. (1999). "Using military expenditure data: the complexity of simple inference". Journal of Peace Research 36, 681–697.

Levine, P., Smith, R. P. (1995). "The arms trade and arms control". Economic Journal 105, 471–484.

Markose, S. M. (2005). "Computability and evolutionary complexity: Markets and complex adaptive systems". Economic Journal 115, F159–F192.

McGuire, M. (1977). "A quantitative study of the strategic arms race in the missile age". Review of Economics and Statistics 59, 328–339.

McGuire, M. (1981). "A quantitative study of the strategic arms race in the missile age: A reply". Review of Economics and Statistics 63, 632–633.

Murdoch, J. C. (1995). "Military alliances: Theory and empirics". In: Hartley, K., Sandler, T. (Eds.), Handbook of Defense Economics, vol. 1. North-Holland, Amsterdam, pp. 89–108.

Murdoch, J. C., Sandler, T. (1984). "Complementarity, free riding and the military expenditures of NATO allies". Journal of Public Economics 25, 83–101.

Murdoch, J. C., Sandler, T. (2002). "Economic growth, civil wars, and spatial spillovers". Journal of Conflict Resolution 46, 91–110.

Murdoch, J. C., Sandler, T. (2004). "Civil wars and economic growth: Spatial dispersion". American Journal of Political Science 48, 138–151.

Ocal, N. (2003). "Are the military expenditures of India and Pakistan external determinants for each other: An empirical investigation". Defence and Peace Economics 14, 141–149.

Pesaran, M. H. (2004). "Estimation and inference in large heterogeneous panels with a multifactor error structure". Unpublished manuscript. Faculty of Economics, University of Cambridge. Available on: http://www.econ.cam.ac.uk/faculty/pesaran.

Pesaran, M. H., Smith, R. P. (1985). "Evaluation of macroeconometric models". Economic Modelling 2, 125–134.

Pesaran, M. H., Smith, R. P. (1995). "Estimation of long-run relationships from dynamic heterogeneous panels". Journal of Econometrics 68, 79–114.

Reiter, D. (1999). "Military Strategy and the outbreak of international conflict: Quantitative empirical tests, 1903–1992". Journal of Conflict Resolution 43, 366–387.

Richardson, L. F. (1960). Arms and Insecurity: A Mathematical Study of Causes and Origins of War. Boxwood Press, Pittsburgh.

Robson, A. J. (2005). "Complex evolutionary systems and the Red Queen". Economic Journal 115, 211–224.

Rosh, R. M. (1988). "Third World militarisation: Security webs and the states they ensnare". Journal of Conflict Resolution 32, 671–698.

Rotte, R., Schmidt, C. M. (2003). "On the production of victory: Empirical determinants of battlefield success in modern war". Defence and Peace Economics 14, 175 – 193.

Samuelson, P. A., Koopmans, T. C., Stone, J. R. N. (1954). "Report of an evaluative committee on Econometrica". Econometrica 22, 141 – 146.

Sandler, T., Hartley, K. (1995). The Economics of Defense. Cambridge University Press, Cambridge.

Seiglie, C., Liu, P. (2002). "Arms races in the developing world: Some policy implications". Journal of Policy Modeling 24, 693 – 705.

SIPRI (2005). Armaments, Disarmament and International Security, Stockholm International Peace Research Institute. Oxford University Press, Oxford.

Smith, R. P. (1989). "Models of military expenditure". Journal of Applied Econometrics 4, 345 – 359.

Smith, R. P. (1995). "The demand for military expenditure". In: Hartley, K., Sandler, T. (Eds.), Handbook of Defense Economics, vol. 1. North-Holland, Amsterdam, pp. 69 – 87.

Smith, R. P., Tasiran, A. (2005). "The demand for arms imports". Journal of Peace Research 42, 167 – 182.

Smith, R. P., Dunne, J. P., Nikolaidou, E. (2000a). "The econometrics of arms races". Defence and Peace Economics 11, 31 – 44.

Smith, R. P., Sola, M., Spagnolo, F. (2000b). "The Prisoner's Dilemma and regime-switching in the Greek-Turkish arms race". Journal of Peace Research 37, 737 – 750.

第29章
军火贸易和军备竞赛：战略分析[*]

加西亚·阿朗索[①]
（肯特大学）

莱文[②]
（萨里大学）

摘要

本章我们将介绍军火贸易研究中所涉及的主要特点和问题：产品的定义、数据以及军火贸易和规制的战略观点。我们使用关于军火贸易的最新理论和实证文献描述这些方面。文章综述了军火贸易研究的复杂性。出口国在出口控制和出口政策制定中的相互作用特性，提高了出口控制和产业政策合作的收益。而在这两种政策中，如果有一种政策出现合作失败，往往会增加偏离另一种政策合作协议的动机。因此，要强调军火贸易规制联合统一方法的重要性。在诸如出口国对安全认知的差异、母国偏差、出口企业之间的竞争等方面的问题，都可能会使出口控制的实施面对更大的挑战。有趣的是，尽管不确定性一般会使事态恶化，但如果其减少了出口企业对生产更高质量武器的追求，不确定性可能并不见得是坏事。我们认为，即使供应方的控制可能对进口国的福利有正效应，供应方的规制也不足以制止军火在最初非生产国之间的扩散。

另外，我们介绍了一个蕴涵问题多战略视角的军火贸易模型，此模型主要基于下列著作：莱文和史密斯（Levine, P. & Smith, R. P., 1995）的《军火贸易和军备控制》（《经济期刊》第105期，第471~484页）；莱文和史密斯（1997a）的《军火贸易》（经济政策，10月

---

[*] 笔者受益于基思·哈特里、托德·桑德勒、罗恩·史密斯、阿舍尔·蒂施勒对本文早期初稿所提供的评论。通常的免责声明适用于本文。
[①] 经济学讲师。
[②] 经济学教授。

号，第337~370页）；以及邓恩、加西亚·阿朗索、莱文和史密斯（Dunne, P., García-Alonso, M. D. C., Levine, P. & Smith, R. P., 2005）的《军事采购、产业结构和地区冲突》（讨论稿0502，肯特大学）。其将过程描述为：首先，在特殊的供应体制中，购买国和卖方的最优化过程将决定价格和数量。其次，讨论了供应国建立军火出口控制制度所要面对的集体行动问题。最后，我们对模型进行了普遍化处理，以考虑生产不同军事技术企业的内生数目。我们使用此模型研究了军事部门市场结构的决定因素，以及全球化如何影响军火生产国政府不断增长的军火进口意愿的形成。

关键词：国防工业基础　军事采购　市场结构　军火贸易　军备竞赛

1. 引　言

冷战期间，西方联盟的军事准备具有公共品成分：一国军事力量对他国具有溢出效益。因此对联盟的军火转让可以增加联盟的能力，且增强互用互作性。另外，拥有国内防务部门被认为对本国安全具有战略重要性。冷战结束后，人们对安全的认知发生了改变，即不再有明确的敌人。而且随着国内防务部门的成本增加，国防工业出现了高集中度、合理化和全球化的趋势。国家主义拥护者对共同出口市场的竞争日益激烈[③]。然而该过程在所有国家中并不是相同的。在一些例子中，如苏联，变化中的安全恰好与适应一个全新的经济制度的困难交织在一起[④]。尽管存在这些变化，由于军火出口国都承认军火出口可能对国家安全有负面影响，国防工业依然是独特的。另一方面，仍然存在维持本国防务部门的偏好。因此，军火贸易受出口控制和出口补贴的严格规制，并且常常追求自相矛盾的目标：如促进本国国防工业、军火出口限制和（或）为保证国家安全的军火出口质量的限制。需要注意的是，许多武器进口国都卷入过冲突和军备竞赛，这一情况十分重要，其也构成军火贸易市场的另一个特性。

在这样的背景下，军火贸易文献得到了发展。本章所描述的军火贸易的经济学分析主要集中于主要武器系统。此处的国际市场主要被认为是不完全竞争

[③] 金塞拉（Kinsella, 2003）使用社会网络分析，论证了在共同市场上日益增加的武器出口者份额。也可见布若斯卡（Brzoska, 2004a）以及马尔库森（Markusen, 2004）。

[④] 见戴维斯（Davis, 2002）对俄罗斯防务部门的分析。

性的。因此，此文献使用新贸易理论、产业组织与规制理论原理，并结合安全认知和（母国偏向）采办等原理，分析出口控制政策和产业政策如何影响国家安全、国防工业结构和进口国的福利［安德顿（Anderton，1995，1996）］。实证文献的贡献在于提供了冷战后军火贸易市场的演进，以及因其存在而产生的安全后果图景。

这篇文献的主要研究目的是：（1）提供军火贸易市场分析的总体框架，捕捉其主要特征，例如，公司、生产国政府和进口国决策者之间的战略性相互作用；（2）评估安全认知改变对如军火出口量、国内采购和国际国防工业集中度等变量的影响；（3）分析政府和其国家主义拥护者之间关系变化对军火出口控制实施能力的影响；（4）考察在安全和产业政策中国际合作的收益；以及最后（5）分析出口控制对进口国福利与扩散动机的影响。

本章按照如下结构组织：第2~4部分通过主要的数据资源与可获得的实证研究，描述了国际防务工业的主要程式化事实。第5部分提供了军火贸易控制的总体讨论。第6部分在对最近围绕研究主题构建军火贸易模型这一非技术性因素概述的背景下，详尽阐述了这些规制问题。第7部分在文献回顾的基础上，提供了军火贸易一般模型的技术性描述。最后，第8部分给出了一些结论性评注，和一些可能的未来研究路线。

2. 产品和数据：事实

军火贸易文献通常涉及敏感性的和（国家）安全有关产品的贸易。这样的产品、服务和技术具有潜在的当前或将来军事应用（价值）。大致上可以将它们分为：大规模杀伤性武器（WMD），一般核、生物和化学武器（NBC）；主要武器系统；小型武器和轻武器；两用品，即拥有军事和商业用途的（NBC和其他）物品；以及服务，包括无形技术转让，如军事和工业人员的培训。主要武器系统相对容易监控和测度。例如，国会研究服务部（CRS）（2005）报告指出：2001~2004年期间，主要武器提供国⑤向近东国家⑥交付的武器包括：1 677辆装甲车、156艘战舰、101架超音速战斗机和1 887枚地对空导弹。其他种类均非常难以监控和测度。这些困难部分是由于定义产品或服务为军事用途时存在难度（例如，如何对强力来复枪归类，军事的还是体育的）。

---

⑤ 其包括美国、俄罗斯、中国、欧洲和其他国家，非加总的数据可以从 CRS（2005）中获得。
⑥ 包括阿尔及利亚、巴林、埃及、伊朗、伊拉克、以色列、约旦、科威特、黎巴嫩、利比亚、摩洛哥、阿曼、卡塔尔、沙特阿拉伯、叙利亚、突尼斯、阿拉伯联合酋长国和也门。

部分是由于很多这样的贸易是秘密进行的。获得军火转让数量信息非常困难，获得其价格信息就更为困难。军火可能免费转让给联盟⑦：大多数合同是非常复杂的，不仅包括武器也包括军需品、培训和备用品等，而且也涉及实物贸易（物物交换）的安排、供给国的资助，和多种类型的补偿⑧。因此，对武器实际支付的价格只是部分反映了其真实价格。军火转让也通常呈"起伏"状态，即出口或进口可能在某一特定年份很大，而这可能仅仅是因为一次特殊的大规模交付所致，所以（军火贸易）数字可能在年际之间波动。

分析军火贸易市场时，传统上一般使用两个主要（数据）来源，即斯德哥尔摩国际和平研究所（SIPRI）和世界军费开支与军火贸易（WMEAT）数据。世界军费开支与军火贸易数据之前由美国军备控制和裁军署（ACDA）提供，最近则由美国国务院核查和信守局提供。正如史密斯和塔西兰（Smith & Tasian，2005）所论述的，两个来源都有其优缺点。SIPRI提供了主要武器系统转让数量的年度数据，但不包括小型武器的转让 [SIPRI年鉴，2005]。因为其数量是被乘以趋势指数值而非实际支付的价格，所以此数据是一个数量测度。WMEAT提供了转让的价值，因此考虑了实际支付的价格，并且包括了小型武器。尽管WMEAT的数据在2003年中止，但美国国会研究处的报告完全能够代替 [CRS（2005）]。这些报告提供了转让到发展中国家军火价值的最新数据。CRS报告给出了军火转让协议（即军火定购）和军火转让交付的各自数据，而SIPRI集中于军火转让交付的数据。

表 29-1　CRS* 和 SIPRI** 1997~2004 年的军火转让交付

年份	CRS	SIPRI	比率
1997	51 581	24 832	2.08
1998	46 007	23 325	1.97
1999	45 964	21 257	2.16
2000	37 776	15 840	2.38
2001	30 567	16 618	1.84
2002	30 266	15 692	1.93
2003	35 629	17 178	2.07
2004	34 755	19 162	1.81

注：* 以价值表示，按2004年不变价格计，百万美元。
　　** 以数量表示，按1990年不变价格计，百万美元。

---

⑦ 尽管如今发生这种情况的频率日益减少，参见布若斯卡（Brzoska，2004a）。
⑧ 有关补偿的防务文献综述和例子参见布劳尔和邓恩（Brauer & Dunne，2002，2004）。

表 29-1 对 1997~2004 年⑨CRS 的军火转让价值和 SIPRI 的军火转让数量作了比较。第 3 列给出了两者之间的比率。这个比率的变化可以作为反映转让价格变化的一个指标，但也可以作为测度误差的指标［史密斯和塔西兰（2005）］。此比率没有显示任何的趋势，而从 2000 年的 2.4 变动至 2001 年的 1.8。两个序列显示出大致相同的情况：1997~2002 年间，转让趋于下降，2002 年之后则趋于增加。单个国家的出口或进口数值往往显示出较大差别。

表 29-2 和表 29-3 给出了世界范围内最高（军火）供应国的军火转让协议和交付数据，并给出这些转让流向发展中国家的百分比。可以看出，大多数的军火转让流向发展中国家（总协议的 58.90% 和总交付的 64.60%）。事实上，在过去几年中，发展中国家作为进口市场的相对重要性不断增强⑩。2004 年发展中国家的协议和交付都是自 2000 年之后总量最高的［CRS（2005）］。2004 年，美国与发展中国家军火转让交付和协议，都是排在第一位的。而发展中国家的市场，2000 年以来，则由俄罗斯和美国共同主导。表 29-4 提供了发展中国家中，军火转让交付的最主要接受者。其中大多数国家或者卷入冲突之中，或者与邻国展开军备竞赛⑪。总之，尽管可获得的数据是不全面和不完备的，它却清晰地显示出国防工业的国际结构——几个发达国家是主要的武器出口国和生产国。至少是在近期，其产品对发展中国家的进口依赖不断增强。这些武器进口的发展中国家，许多都卷入了地区或国内冲突。

表 29-2　2004 年世界范围最高（军火）供应国的军火转让协议（按 2004 年不变价格，百万美元）

供应国	世界范围的协议（2004 年价值）	发展中国家（占总量的百分比）
美国	12 391	55.5
俄罗斯	6 100	96.7
英国	5 500	58.2
法国	4 800	20.8
中国	600	100
意大利	600	100
德国	200	0

⑨ 布劳尔（Jurgen Brauer）在此《手册》的第 30 章提供了 1950~2004 年军火贸易的长期趋势。

⑩ 这可能是对国内产品较小偏好，和开发新一代武器成本增加的征候。也可能是相较发达国家，发展中国家冲突增加的结果。随后我们将看到，军火贸易文献经常描述卷入与相似国军备竞赛的非武器生产国。

⑪ 军事协议的数据提供了类似的国家集。

续表

供应国	世界范围的协议 （2004年价值）	发展中国家 （占总量的百分比）
所有其他欧洲国家	4 300	30.2
所有其他国家	2 500	92
总量	36 991	58.9

表29–3　2004年世界范围最高（军火）供应国的军火交付

（按2004年不变价格，百万美元）

供应国	世界范围的交付 （2004年价值）	发展中国家 （占总量的百分比）
美国	18 555	51.5
俄罗斯	4 600	97.8
法国	4 400	95.5
英国	1 900	68.4
德国	900	55.6
中国	700	85.7
意大利	100	100
所有其他欧洲国家	1 200	41.7
所有其他国家	2 400	50
总量	34 755	64.6

表29–4　2004年发展中国家及地区主要（军火）接受国及地区的军火交付（当前百万美元）

排名	接收国	协议价值（2004）
1	阿拉伯联合酋长国	3 600
2	沙特阿拉伯	3 200
3	中国	2 700
4	印度	1 700
5	埃及	1 700
6	以色列*	1 500
7	中国台湾地区	1 100
8	巴基斯坦	900
9	韩国	800
10	南非	500

* 对CRS将以色列归类为发展中国家，至少对于其国防工业而言可能存在着争议。以色列是一个主要的武器出口国，其生产与欧美国家相媲美的高科技武器［谢菲和蒂施勒（Shefi & Tishler, 2005）］。

3. 军火进口需求

不同种类军火的需求受对内部或外部威胁的安全认知以及价格和收入的影响，后者决定一国的可负担水平。国家选择成本更加有效的方式：在国内开发和生产武器；与其他国家合作开发和生产武器；使用别国已经开发的武器，并在许可制度下进行生产；或者进口想要的武器。进口选择并不是一次性的：它一般包含销售者提供技术支持协议，因此它包括了进口国和供应国之间一定程度的相互依赖性。如果他们决定进口，则必须从世界市场上可获得的竞争系统中进行选择。在军火市场上，行贿受贿和腐败盛行，因此供应国的政策难题是在什么程度下，采取反腐败措施[古普塔，德梅洛和沙兰（Gupta, De Mello & Sharan, 2001），贝里曼（Berryman, 2000）]。但价格是重要的，因此制约主要武器系统扩散的主要因素是，很少国家可以负担得起。史密斯和塔西兰（2005）通过将其作为本国军费（威胁代理[12]）、价格衡量[13]和一国收入等变量的函数，进行了军火需求的计量经济估计，在这些估计中，需求对价格敏感。在威胁不变的情况下，价格1%的上升，引起军火进口需求量大概1%的下降[亦见莱文，穆扎基斯和史密斯（Levine, Mouzakis & Smith, 1998）]。

需求方因素的变化可能影响武器需求。最常见的用来分析非生产国武器需求的经济模型是两个对手（国）之间的军备竞赛。和平协议或者对威胁判断的降低将减少对武器的需求。

4. 供给：军火工业

防务工业同时在军事和经济上具有战略产业特性。就 R&D 密集、溢出效应和反映规模经济与学习单位成本递减而言，它们在经济上有全局性战略意义[桑德勒和哈特利（Sandler & Hartley, 1999），哈特利和桑德勒（2003）]。由于固定的 R&D 成本较高和单位产品成本的递减，产量就成了决定单位总成本的主要因素。冷战结束后的裁军，导致了新项目减少和国家订单减少，从而给

---

[12] 国内的军费一般会取决于联盟和敌人的军费、感知的威胁和福利函数内较之其他变量，给予安全的比重。

[13] 他们使用出口的价值（使用 WMEAT 的数据）与出口的数量的比率作为价格的代表。

军工企业带来了压力，迫使他们寻求出口市场和降低产品成本。⑭

当技术与政府对国内产品及所有权的态度导致供方变化的时候，国内采购需求也发生了变化。作为针对技术所进行的必要反应（即对竞争者和潜在对手，需要保持技术优势），增加公司总生产成本中 R&D 的比例，以合同形式将零部件外包生产，以降低成本。安全认知的变化引起了对本国防务工业基础战略需求的怀疑，这使得生产国更愿意进口。从而迫使军工企业在日益全球化的军火贸易市场上进行竞争。同时，作为对成本压力的反应，军火生产者增加使用商业现货（COTS）部件，商业现货是由没把自己视为军火工业的生产商生产的［克莱因（Klein，2000），库尔韦和斯米特（Kulve & Smit，2003）］。

作为上述变化的结果，防务工业的结构也发生了变化。通过分析主要军火生产商的数据，邓恩等（Dunne et al.，2003）指出，尽管冷战结束时国际军工产业相对不怎么集中，但在 1990~1998 年期间，集中度则显著增加，尽管证明这与企业的平均规模增加并没有相关性。邓恩等（2003）一直认为，如果我们将其与其他类似的民用产业相比，防务工业仍然相对不算集中。

同时，政府和防务企业之间关系的本质也发生了变化。在过去，国家军火企业几乎普遍是政府的延伸，而且他们常常是公共所有的。现在政府和国家军火企业呈现出日益相互独立的趋势，这种变化的最初动因是为了提高武器生产的效率。这种情况强化了企业和政府战略互动的重要性，也引发了与之有关的信息不对称问题。

当任何一方的决策影响到其他方报酬的时候，双方之间的战略互动就会发生。在军火贸易市场上，战略互动不仅发生在本国企业和政府之间，而且发生在国外企业和政府之间（国外的销售可能影响本国企业的利润和安全），以及不同的政府之间（其他政府的规制将影响本国的福利）。

博弈论模型描述了不同参与方之间的交易（不对称信息）差别，如何引起一系列的市场失灵。这里，市场失灵使得无法依赖市场实现资源的有效配置。由于政府使用国内防务采购合同，与独立性增强的国内防务供应商相互作用，企业成本和其产品质量的不确定性就成了效率实现的障碍。当然，即使企业为政府所有的时候，企业也可能追求政府名义上的控制，而由厂商利益决定政策。公共企业管理者和政府之间也存在信息不对称问题。但当国际军火市场竞争增加，防务企业更加国际化，国家之间的合作项目更加普遍时，不确定性就更成问题。不确定性相关因素接着会扩展影响到国外（生产和出口）企业的成本和质量。其他国家的政府在选择规制工具、权衡安全或企业利润时，也

---

⑭ 柯克帕特里克（Kirkpatrick，1995，2004）分析了国防工业中影响成本压力的其他因素。

可能受到影响。

正是这些不同的相互作用和政府的权衡取舍，所以政府必须在支持本国防务工业，与其关注军火出口对国家安全可能的影响之间进行选择，这就使得军工产业具有独一无二的特性。下面的部分紧接着会讨论这种权衡取舍。

5. 规 制

和大多数其他商品贸易相比，军火贸易受到更广泛控制。生产国利用一些工具规制军火贸易：基本是军火出口控制，或者是诸如生产、R&D 和出口补贴这样的产业政策控制。

单边国家出口控制制度是多边控制的基础。这从相对不正式的生产商俱乐部，到十分正式的包括条约和广泛核查制度，如与核不扩散条约（NPT）相关的核查制度。[15]

我们可以将出口控制分为定量和定性控制。[16] 定量出口控制包括武器出口到单个国家或一组国家的总体或部分限制。定性出口控制包括控制目前最高水准的技术转让，以保持出口国对其潜在对手的技术优势，以及控制非常敏感技术的转让。[17]

当规制军火工业时，武器生产国拥有各种不同的安全和经济目标，而这两类目标常常存在相互矛盾。生产国可能将出口市场视为一种手段，即通过其实现利润，以帮助支付部分新武器的日益增加的高开发成本，并保留本国的防务部门。由于与安全敏感的商品被 WTO 规则所豁免，因此国家可以自主制定其贸易政策，以实现其自身目标最大化［马尔库森（Markusen, 2004）］。主要武器市场的不完全竞争性，提供了单方设置战略性贸易政策的激励，其政策常包括出口补贴。此外，由于规模收益递增的存在，国内采购本身也可作为一种间接的出口补贴。换而言之，国内生产和出口是互补而非替代［加西亚·阿朗索（1999）］。但是，军火出口市场的存在，对出口国的国家安全产生了潜在的负面影响。例如，进口国可能是出口国将来的威胁，此威胁直接或通过使出口国卷入地区冲突（伊拉克正是最近的例子）而发生。另外，军火转让可

---

[15] SIPRI 年鉴提供了最新的出口控制协议。加西亚·阿朗索（Garcia – Alonso）和史密斯（Smith）（正在出版中）提供了此方面的非技术性综述。

[16] 见帕诺夫斯基（Panofsky, 1990）的类似分类。

[17] 对此的一个例子为：当出口先进的系统时，美国常常使用"黑匣子"软件，不提供来源码，因此购买国无法得知系统如何运作或者对其改变。英国国防部无法使用"支奴干"（Chinook）HC3 运输直升机因为其无法核实软件［NAO（2004）］。

第 29 章 军火贸易和军备竞赛：战略分析

能造成国内冲突和贫困，而这些需要包括出口国在内的国际帮助［布兰顿（Blanton，1999），克拉夫特和斯莫尔登（Craft & Smaldone，2003），桑吉安（Sanjian，2003）及旺（Wang，1998）］。[18]

不仅是数量，出口武器的质量也可能影响出口国的安全。尽管当时最高水平的技术没有被转让，但早在冷战时期敌对势力就已将他们的对抗性技术扩展到他们所选择支持的进口国。后冷战时期，这一状况在很多方面发生了变化：军火供应国在当前更全球化的出口市场竞争中，面对经济利润的刺激。这种"非故意"情况的安全后果是：出口市场上质量的竞争引起进一步改进军事技术的动机，以保持本国最高水平技术和出口技术的代差。布赞和赫林（Buzan & Herring，1998）共同把这个过程背后的力量称为"技术驱动"［也可参考金塞拉（Kinsella，2001）］。在这样的认识下，出口质量的制约常常要追赶一个不断变化的目标：即当前最高水准的技术。这就使军火贸易的规制制定变得更加复杂。此外，增加使用两用技术和军事—民用协作以合理化军工产品的情况，使得对军事产品的定义更加困难。从而，使得出口控制更难设计和实施。一个显著的例子是数字信息的技术。在此领域，大多数最近的军事开发实际上是源自最初的民用创新，这种两用技术的扩散非常快而且难以控制［史密斯和尤迪斯（Smith & Udis，2001）及斯托斯凯（Stowsky，2004）］。

对在什么程度上军火出口销售应该得到生产国政府的补贴，存在着大量的争论。换言之，即生产国所追求的利润目标通常要比其安全目标要重要得多。英格拉姆和伊斯比斯特（Ingram & Isbister，2004）认为，由于补贴和采购选择的失真，军火出口对英国是有害的。查默斯等（Chalmers et al.，2002）则提供了英国维持军火出口收益和成本的详细估计，认为削减军火出口的经济影响相当小，且主要是一次性的［也可参考马丁（Martin，1999）］。但是查默斯等（2002）认为，军火出口工业对国家福利的影响应该不仅仅包括经济因素，也包括出口对安全的影响，但这样的实证分析任务更难完成。

正如已经提到的，目标在于增加本国企业出口利润的产业政策，和目标在于增加本国安全的出口控制政策常常是自相矛盾的：当出口控制通常增加（军火）潜在获得国的进口成本时，出口和生产补贴却相反，鼓励军火出口。R&D 补贴也可能加剧技术的势在必行问题。然而也存在这种情况，即目标在于限制军火出口的政策，也增加了企业的利润。供应者卡特尔可能对出口利润

---

[18] 金塞拉（Kinsella，1998）认为：顾客和武器供应者之间的独立性，可能抵消了军火出口对地区冲突的负效应。但是，如金塞拉（Kinsella）自己所承认的，冷战后时期的共同出口市场，预见了独立性作为阻止冲突因素重要性的减少。也见加西亚·阿朗索和哈特利（2000）对垄断市场实施出口控制能力的讨论。

和出口国安全（通过出口的缩减）都有正面效应。这些问题将在第 6 部分和第 7 部分进一步探究。

6. 军火贸易模型的非技术性综述

如第 5 部分所讨论的，军火贸易问题包含许多追求不同、有时甚至相互冲突目标的机构之间的互动。尽管政府关心本国企业，但政府同样关心其安全目标。国内和企业内战略的互动，通常无法实现全球最佳，因而引起对国家政策国际协调的需要。由于协议需要强制执行，但惩罚并不总是可信，所以这样的协调实际上很难实现。

新贸易方面的研究文献描述了关于国家以支持本国不完全竞争产业为目标的问题。多阶段博弈描述了政府承诺一项政策工具（如出口补贴或生产补贴），这项政策往往在企业进入国际市场竞争之前实施。军火贸易文献往往以此作为对主要武器系统和某些可能的两用品市场进行分析的合适框架。进口需求十分复杂的国家常常参与地区性军备竞赛，而出口国政府也想优化其安全目标，从而在它们之间形成战略互动，这都增加了研究的难度。

多数军火贸易模型具有多阶段博弈的特点。在这种多阶段博弈中：首先，政府承诺军备控制和产业政策；其次，企业通过选择价格、数量或者 R&D 投资以实现其最大化利润的目标；最后，进口国选择进口，从而市场出清，世界价格确定。不同的模型通常集中于军火贸易的不同方面：协调的利益、国家安全认知的变化对军火贸易和安全本身的影响、R&D 政策，以及出口国政策对进口国政府福利和进口国决策对其本国产业结构的影响。

总之，覆盖产业出口和军备竞赛的全球军火贸易模型，必须重视和详细说明大量不同模型的特征。其中包括：(1) 安全的定义；(2) 模型中敌人的定义和范围；(3) 军火生产国内，政府和防务企业的关系；(4) 军火生产国除外的，其他国家之间军备竞赛的范围；(5) 采购规则（防务产品的定价方法）；(6) 出口企业之间在国际市场上相互作用的本质；(7) 防务产品的种类（多样性）；以及 (8) 政府在决定其安全水平时所遵循的规则。下面，我们围绕研究主题组织、提出新近军火贸易模型的非技术性综述。

6.1 供给国目标与协调的收益

最近研究军火贸易的论文通常将供给国政府的福利表示为安全的函数，而安全本身是军火出口和（或）军火出口质量的负函数。尽管对联盟的出口可能有着正的外部性，军火出口一般被表示为对出口国，以及其他国家产生负的安全外部性。取决于被研究产品的种类，军火贸易模型使用不同的国际武器出口及其质量函数，来表示出口国安全。当然，出口国可能有不同的安全关注。

尽管面对的是同一个对手，但是，当生产国以非合作的方式决定武器出口的数量和质量时，其单独的出口量要高于它们在可以实行合作的情况下共同决定出口的数量。其原因在于：国家都只关心出口对其本国安全的负效应。换言之，它们都最大化各自的福利函数。这是负外部性的一个典型特征，也存在于其他情况中如 CO_2 的排放[19]。军火出口市场上的额外的困难是：出口国之间的战略互动不仅发生在安全水平上，也发生在纯粹的市场竞争水平上。

在出口市场上竞争的国家有提供出口或 R&D 补贴的单边动机，以增加其市场份额。这可能导致出口国和接受国双方都得到更少的安全和福利。邓恩等（2005），加西亚·阿朗索（2000），加西亚·阿朗索和莱文（2005），及莱文和史密斯（1995，1997a，2000b）提供了捕捉这些相互作用模型的例子。出口国甚至可能引起一个与其自身的技术军备竞赛，即不得不开发优于其先前出口武器的新一代武器。生产国不能协调设置出口控制，在有些时候可以导致反向思考的情形。例如，一个关注安全的国家可能想要补贴敏感技术的开发，从而禁止其出口。与关注安全较少国家的企业相比，这会给其本国企业带来更高的质量优势。由于竞争者可能会在出口市场上被击败，上述的质量优势会降低竞争者投资新技术的动机［加西亚·阿朗索（2000）］。

尽管出口国之间的不合作均衡效率低，合作的协议经常难以执行。但也存在着许多特殊因素，激励单个国家偏离多边出口控制协议，如信息不对称（国内和国家之间）、军火出口市场的结构（武器出口而产生的利润）、出口国之间不对称的安全关注、长期安全后果的不同折现率、可获得的被限制军事产品国家的数量、被控制的武器种类、控制系统的监控能力或对偏离企业或国家的惩罚策略的可信性［加西亚·阿朗索和哈特利（2000），史密斯和尤迪斯（2001），桑德勒（2000，2004）］。

如第 5 部分提到的，减少武器出口数量的协议并不总是出口控制协议。出口者之间的合作协议，如卡特尔和国际合并将往往提高出口价格，从而与出口关税和直接出口控制一样，也减少了出口。莱文和史密斯（1995，1997a）提供了对卡特尔协议的分析（见第 7 部分对这些模型的技术性描述）。合并和卡

---

[19] 如桑德勒和阿尔塞（Arce）在本《手册》第 25 章所示，此处讨论的外部性与和反恐怖主义相关的外部性也是类似的。

特尔也减少潜在偏离者的数量，并减少不对称信息问题，从而加强了出口控制协议。但是，对下面这一点的注意是很重要的：武器生产者之间的这些和其他合作协议，如合资研究，可能造成更高的 R&D 投资。这样，我们就拥有更高的潜在质量的出口品。因此，除非与直接的质量出口控制结合，单独企业之间的合作可能导致更高的出口质量［邓恩等（2005）］。

另一个原则上帮助出口控制协议的实例是，将军火贸易包括在 WTO 规则之内，禁止出口补贴。因为单个的生产国有给予出口补贴的激励，所以与被包括在内相比，军火工业被排除在 WTO 规则之外的情况，会使之往往产生更多的军火出口。此外，由于特定的偏离可能引致更高的利润增加，这些补贴可能增加单个生产国叛离标准出口控制协议的动机［加西亚·阿朗索和莱文（2005）］。最后，布若斯卡（2004b）讨论了使用军火出口的国际征税作为减少军火贸易的途径。多边的出口税收将会拥有与卡特尔或禁止出口补贴相似的效果：更高的出口价格，从而更少的出口。因为如果多边的出口补贴取消，将会增加出口利润，所以从供应方来看，取消出口补贴可能是最易合理化的，且其与已经建立的贸易规则一致。由于税收的收入将会成为一项国际基金，故布若斯卡（2004b）建议的军火出口税收更上了一个台阶。这样的基金可以用来减轻一些冲突的负面影响。因为需要对税收和基金的转移支付两者都具可置信的承诺，所以这样的安排事实上更难执行。然而，它例证了这样的观点：像污染一样，军火贸易对所有的国家产生负外部性，出口国必须承认这一点。

我们在下面部分将会看到，供应方的协议依然常常不足以控制军火扩散。

6.2 进口需求和对规制的反应

出口控制对进口国福利的总体影响是复杂的。尽管对所有相关当事人，质量或数量的出口控制可能减少冲突[20]，获得这些军用品成本的增加（有时候是禁止的），不仅减少武器，还包括其他商品的消费，尤其是武器进口价格弹性低的时候。然而，对安全正的影响可以抵消对消费负的影响。因而尽管一些情况下必须和对进口国的收入转移相联系，这样的影响（仍然）引起了正的福利效应［莱文和史密斯（1995，1997a，2000b）和邓恩等（2005）］。

即使进口国的福利通过出口控制或出口者卡特尔而增加，进口国依然拥有单边寻求其他军事能力建设的方式，以构建对其对手的优势。问题自然是他们的对手将会做出同样的行为，从而再次导致冲突的升级。这种情况解释了为什

---

[20] 莱文和史密斯（1997b）指出，军火出口价格对进口国间的地区性军备竞赛有重要影响。

么出口控制有时有着难以预料的后果。遭受禁运或控制的国家，或者担心将来会遭受禁运的国家，可能发展其本国的军火工业以生产他们无法进口的武器。另外，有较少安全关注的其他潜在出口国，在其他国家出口控制的情况下，可能有发展本国出口工业的激励。例如，在卡特任内美国对拉丁美洲国家实行的禁运证明，这是一些国家如巴西建立其自身（军火）工业的主要动机，且部分是通过出口筹资的。为试图避免此后果，出口控制制度通常与防止相关技术向其他国家扩散措施相结合（如导弹技术控制制度）。这提高了获得本国产品的成本，但却使（获得）成为可能。莱文和史密斯（2000a），莱文、穆扎基斯和史密斯（2000）讨论了出口控制和扩散的相互作用（更多详细资料见第7部分）。另外，戈尔德和蒂施勒（2004），马丁和蒂施勒（2004）也认为世界价格的增长，可能将发展中国家从现代武器系统市场上挤出，而迫使他们开发和使用"便宜和劣质"的武器系统。而单独通过出口控制以阻止扩散的能力有限，这也被布劳尔（Brauer，2000）所强调，他认为单独的供方控制不足以避免扩散[21]：其必须与对减少武器需求的措施相结合。

6.3 军火工业

军火贸易文献分析了出口国安全需求的变化，这种变化已经影响了国际军火市场的特点，以及生产国实施出口控制的能力。出口国政府日益将防务供应商与其他采购供应商同等对待。此变化被反映在军火贸易模型中，其将政府和防务企业视为独立的决策者，他们与竞争企业和政府均战略互动。亦如前面提到的，如今政府常常面对信息不对称：不仅对其本国企业，也对其他出口国企业和政府。这个问题也在文献中得到研究。政府和国家主义拥护者间在出口质量透明度方面的缺乏，刺激利润最大化的企业方出口被禁止的技术，或向被禁止国出口（武器）。这将迫使政府引入足够强硬的惩罚制度，以阻止企业违反出口控制。然而在出口控制规制中，可能的违反者一方承担有限责任，这种情况限制了此类惩罚的实施[22]。政府可能不愿意使企业陷入破产[23]：从而由于被发现违反的惩罚较小，企业进行欺骗的期望值就会增加。不对称信息对出口控制实施可能并非总是负面效应。如果不对称信息的来源是采购国政府不确定本国企业的成本效益，那么出口数量可能减少。这种现象的原因在于，政府很难

---

[21] 作为此的一个例子，我们有1967年发布的，法国对以色列的禁运，其为以色列国防产业发展的重要的催化剂之一［谢菲和蒂施勒（2005）］。
[22] 见拉丰特（Laffont，1995）在环境学文献中对此问题的分析。
[23] 尽管日益减少，维持本国的防务基础依然被视为具有战略重要性时，这就是一个重要问题。

给企业行为更有效的激励。这将导致成本增加，从而最优价格上升，均衡出口下降［邓恩等（2005）］。另一个出口控制（广义定义）不对称信息的正效应例子是：当进口国政府不确定进口军用品的质量，或是否适用于将来的替代需要［加西亚·阿朗索、莱文和莫尔加（Garcia‑Alonso, Levine & Morga, 2004）］，理论上，这将减少进口需求。然而它也可能增加发展本国防务工业的动机。

军火工业集中度变化在军火贸易文献中也有反映。邓恩等（2005）将集中度、军事采购、国际贸易、地区冲突与内生的市场结构和质量联系起来，构建了全球军火工业模型。集中度被证明取决于生产者因其军事需求进口的意愿，以及非生产者外部市场的相对规模。集中度增加可以用开放度增加和外部市场重要性增加来解释。在数据部分，我们看到发展中国家，主要是非生产国军火进口比例增加。这可能与相对发达生产国，（非生产者）外部市场重要性的增加相一致。武器需求的下降可能是支持此趋势的原因之一。该文也分析了影响企业数量的其他因素，如生产国间的合作及 R&D 成本变化。[24]

其他文章分析了全球军工产业的结构。戈尔德和蒂施勒（2004）分析国际军火市场及其外生的市场结构。通过应用两个生产者集团多阶段博弈模型，他们得出防务企业数量越少，净防务成本越低的结论。布卢姆和蒂施勒（Blume & Tishler, 2000）提出了针对军事部门的内生市场结构简单模型，该模型中，企业生产同质的产品，政府外生决定从所有本国企业采购同样的数量。他们分析了不同的采购定价规则对世界军火贸易、净防务成本和政府防务支出的影响。他们也得出越低的目标安全水平，导致越少数量防务企业的结论。马丁和蒂施勒（2004）模拟了生产异质防务商品和防务工业市场结构情况下，美国与西欧防务需求之间的相互作用。他们指出当防务企业的数量少，防务商品的世界价格高时，美国和西欧的净防务成本较低。

本部分综述显示了军火贸易研究所涉及问题的复杂性。我们看到，出口者设置出口控制和出口政策相互作用的本质，在于提高了出口控制和产业政策合作的收益。我们也看到，这两种政策之一合作的失败，将往往增加从另一政策合作条款中偏离的动机。因此，其强调对于军火贸易规制统一方式的重要性。问题在于如出口者安全认知的差异、母国偏差、出口企业之间的竞争特性，都可能会使出口控制实施面临更大挑战。有意思的是，尽管不确定性一般会使事态恶化，但如果其减少了出口企业对生产更高性能武器的努力，不确定性可能并不见得是坏事。

我们也认为，即使供方控制可能对进口国福利有正效应，供方的规制也不

---

[24] 此模型的一个版本在本章第 7.4 部分中出现。

足以制止军火在最初非生产者之间的扩散。

最后，我们看一些模型，它们是如何解释近几十年来军火贸易市场演进的。下面给出（军火贸易的）正规分析。

7. 军火贸易的正规模型

借鉴上一部分的非技术性文献综述形式，我们现在介绍主要基于莱文和史密斯（1995，1997a）以及邓恩等（2005）著作的正规模型。我们将过程描述为：首先，在特殊的供应体制中，买方和卖方的最优化决定价格和数量。其次，讨论供应国建立军火出口控制制度所面对的集体行动问题。最后，我们把该模型进一步一般化，考虑生产不同军事技术企业的内生数量，我们也使用该模型研究军事部门市场结构的决定因素。

7.1 基本模型

假定世界可被分为两组国家。存在着大量的购买国，并都卷入与其邻国的地区军备竞赛（如印度和巴基斯坦；希腊和土耳其）。卷入军备竞赛的购买国被标记为 $b=1,2,\cdots,r$。存在着少量供应国（标记为 $s=1,2,\cdots,\ell$），其具有建造主要武器系统的能力。供应国也具有全球安全利益（如通过他们的国外直接投资）。

7.1.1 需求方

在需求方面，购买者从时间 t 到将来，最大化多期折现福利 U_{bt}[25]：

$$U_{bt} = \sum_{i=0}^{\infty} (1+r_b)^{-i} W(C_{b,t+i}, S_{b,t+i}) \qquad (29-1)$$

式中 $W(\cdot)$ 是安全 S、消费 C 的单期效用函数。r_b 是其折现率。他们第 b 个军备竞赛对手，以星号标记，拥有相似的福利决定函数 U_{bt}^*。安全取决于购买国及其对手的军事能力。总的来说，军事能力是军事人员与累积武器存量的函数。如果人力和武器之间存在着很小的替代性，那么军事能力就简化为武器存量的函数。我们可以将安全函数写为：

$$S_{bt} = S(K_{bt}, K_{bt}^*) \qquad (29-2)$$

---

[25] 类似的模型在本《手册》第 28 章中被用到。

式中 $\partial S/\partial K_b > 0$, $\partial S/\partial K_b^* < 0$。武器存量取决于对进口的投资 M_b、国内武器 D_b 以及前期存量的折旧：

$$K_{bt} = f(D_{bt}, M_{bt}) + (1-\delta)K_{b,t-1} \qquad (29-3)$$

$f(D_{bt}, M_{bt})$ 分别计量进口和国内武器对军事存量的贡献。

军事存量函数通常的便利形式为 CES 形式：

$$f(D_{bt}, M_{bt}) = [w_b D_{bt}^{\frac{\sigma-1}{\sigma}} + (1-w_b)M_{bt}^{\frac{\sigma-1}{\sigma}}]^{\frac{\sigma}{\sigma-1}} \qquad (29-4)$$

式中 $\sigma \in (0, \infty)$ 是国内生产和进口武器之间的替代弹性。当 σ 接近于零时，我们往往采用柯布－道格拉斯函数 $f(D_{bt}, M_{bt}) = D_{bt}^{w_b} M_{bt}^{1-w_b}$，表示它们为不完全替代，当 σ 接近于 1 时，它们成为完全替代，$f(D_{bt}, M_{bt}) = w_b D_{bt} + (1-w_b)M_{bt}$。预算约束为：

$$Y_{bt} = C_{bt} + p_{bt}D_{bt} + P_t M_{bt} \qquad (29-5)$$

此处 Y_{bt} 为总产出，P_{bt} 和 P_t 分别为国内和进口武器的单位成本。国内企业必须遵循的参与约束为：

$$p_{bt}D_{bt} - C(D_{bt}) = 0 \qquad (29-6)$$

其中 $C(\cdot)$ 是成本函数。㉖

而后，购买国与其可用类似方法描述的对手，在他们可买到的产出及价格（进口与国内武器）情况下，其最优选择共同决定武器的纳什均衡。莱文和史密斯（1995）紧随安德顿（1995）对此进行了讨论，其假设方程（29-2）是线性的，且卷入地区军备竞赛的购买国没有国内（武器）生产。在防务存在正的固定收益时（即防御者具内在优势），图29-1 描绘此动态博弈的纳什均衡稳态。BN 和 AN 分别为国家 1 和国家 2 的线性反应函数㉗，N 是唯一的纳什均衡。国家 1 相对给定最高效用 K_b^2 的无差异曲线绘出 BN。相似地，国家 2 相对于给定的最高效用 K_b^1 的无差异曲线绘出 AN。两国通过点 N 的无差异曲线下方的阴影区域，为提高两国福利（即帕累托改进）的点集，图 29-1 中军事存量的福利最大化水平在 0 点为零，或者完全裁军。㉘

从而，由于合作失败，纳什均衡将会通常无效率。国家可以通过增加军事能力来增加其安全；但一国的安全是其对手的不安全。双方都清楚安全具有负外部性。由于缺少可靠的协调机制，国家对于避免此外部性无能为力。地区性

㉖ 此成本函数设定假设针对国内使用和出口生产同样的产品，且在进行影响军火生产和贸易的决策时，供给者面对的要素价格是给定的（即模型是局部均衡变化）。

㉗ 如果反应函数是非线性的，则可能存在着多重均衡。

㉘ 如果存在防御的固定收益，则完全裁军是仅有的有效结果。如果存在攻击的固定收益，则攻击者拥有内在优势，这样尽管纳什均衡仍可见，国家对军火支出依然过多，完全裁军不再是有效的结果［见莱文和史密斯（Levine & Smith, 1995）］。

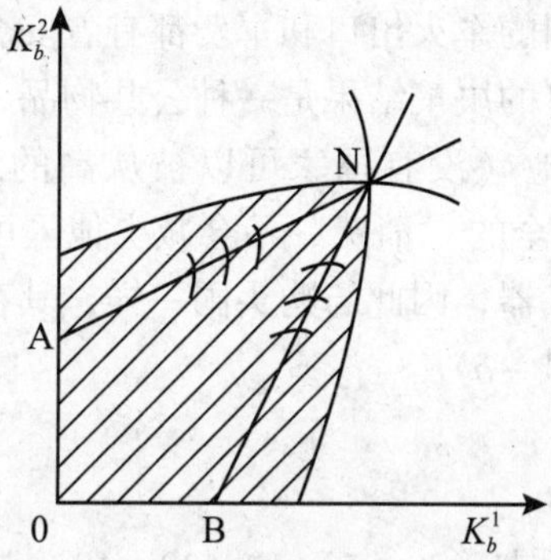

图 29-1 进口国的纳什均衡

对手之间的军备控制制度,即共同对军事能力水平取得一致意见,将会内在化此外部性,产生较低的军费和武器进口。但是给定他们间的敌对关系,其不可能同意这样的制度。在多重平衡情况下,存在着从高军备到低军备纳什均衡转变的可能性。

这个博弈产生了购买国的进口武器需求函数,该需求是价格、来自对手的威胁和可获得产出的函数。在莱文、穆扎基斯和史密斯(1998)对这种需求函数的计量经济估计中,其使用横截面数据估计了显著的负需求价格弹性。对军备竞赛的动态而言,价格也是重要的。如果增加的需求提高了价格,那么一般情况下,对此的反馈将通常使军备竞赛趋于稳定。布里托和英特利盖特(Brito & Intriligator, 1999)认为:如果武器生产存在显著的规模递增效应,增加的需求则可能降低价格,而造成反馈的不稳定或多重均衡。

7.1.2 供给方

在供给方面,卖方政府最大化类似的福利函数:

$$U_{st} = \sum_{i=0}^{\infty} (1 + r_s)^{-i} W(C_{s,t+i}, S_{s,t+i}) \qquad (29-7)$$

然而,由于他们是全球性而非地区性关注,他们的安全取决于包括自己在内的全世界的武器存量(即每对购买国 $b = 1, 2, \cdots, r$ 的存量及每个供应国 $s = 1, 2, \cdots, \ell$ 的存量):

$$S_{st} = S(\cdots, K_{bt}, K_{st}^*, \cdots; \cdots K_{st}, \cdots) \qquad (29-8)$$

在冷战后的很多情况下(如海湾战争和前南斯拉夫国家),地区性武器存量的增加对供应国的安全已经产生负面影响,$\partial S_s / \partial K_b < 0$。其他的供应国是联盟,其武器存量有着正的影响 $\partial S_s / \partial K_s > 0$。在这种情况下,从供应国的角度来看，其自身和其他供给国的军火出口和军费都有着安全外部性。生产国们对于本国军事能力和军火出口的决策结果是一种公共物品，并以地区共同安全的形式表现出来。它是非排他（没有国家可以被从高的地区安全"消费"中排除），且非竞争的（对安全的"消费"不会减少他国可获得的量）。

供给国也可以进口武器，因此与购买国一样，其存量为：

$$K_{st} = f(D_{st}, M_{st}) + (1-\delta)K_{s,t-1} \quad (29-9)$$

预算约束为：

$$Y_{st} = C_{st} + p_{st}D_{st} + P_t M_{st} \quad (29-10)$$

需要注意的是预算约束（29-5）和（29-10）是贸易平衡条件。

和购买国不同，供应国选择出口水平 X_{st} 进行军火出口。并在给定（国内）需求、出口需求和成本条件下，设定军火的国内价格 P_{st}，以保持国内生产能力。国内企业的参与约束为：

$$p_{st}D_{st} + P_t X_{st} - C(D_{st} + X_{st}) = 0 \quad (29-11)$$

其中 $C(\cdot)$ 是成本函数。对购买国而言，出口消费品资助军火进口；对供应国而言，出口军火资助消费品进口。供应国则共同决定 X_{st} 和 D_{st}，$s=1, 2, \cdots, m$，服从其产出、需求和市场结构。而后，军火世界价格 P_t 调整，以达到市场出清，因此：

$$\sum_{b=1}^{\ell+r}(M_{bt} + M_{bt}^*) = \sum_{s=1}^{\ell} X_{st} \quad (29-12)$$

这个框架太过于概括，由此而无法得到更为清晰的分析结果，但是许多特殊情况已在文献中得到考虑。这些文献使用不同函数的特殊形式，且可以解出函数参数的特殊数字值。

7.2 集体行动问题

前面初始框架中所要表述的中心问题是：影响 X_{st} 和 D_{st} 决定的市场结构或国际体制形式。体制形式由供应者在三个维度上的合作，或非合作选择决定。第一，供应者可能，也可能不共同规制军火出口，就如供应者卡特尔的方式运作。第二，供应者可能，或者可能不以同盟形式运作，来共同决定其军费。第三，供应者可能，或者可能不通过学习曲线、规模收益递增和分摊固定费用等的收益，来合作生产以减少 $c(D_{st} + X_{st})$。

在上述假设下，$\partial S_s/\partial K_b < 0$，该框架中军火出口是"有害的"。从而由于限制供给和提高价格，垄断（军火出口控制）是有益的。这对购买国有两种影响。第一是对贸易条件的影响，其明显减少了购买国的福利：更多用于军火

支付,就很难再有更多(资源)用于其他。第二影响是军火的较高价格,造成军费向民用消费转移。作为对价格上升的反应,军火存量的减少改变了军备竞赛的反应函数。这促使纳什均衡更靠近效率高的消费—军事支出组合,而如果成对的购买国能通过一些军备控制过程而合作,他们将会选择该组合。该影响可能比贸易损失条件更重要,由于卡特尔的形成和更高价格,可能使购买国更富裕。如果 $\partial S_s / \partial K_b < 0$,供应国从内化地区稳定的外部性中也可受益。这些结果认为,军火工业最优化市场结构可能是合作生产国的卡特尔。在这些假设下,军火供应者明显有组成卡特尔的共同兴趣。莱文和史密斯(1995)的研究结果显示,接收国(进口国)也可能受益,尤其是其与军火出口税收向接收国再分配相联系的时候。当然,供应者卡特尔,以及对接收国转让的提出都取决于模型的设定,特别是供给者安全函数的形式,且其明显受可实施困难的控制。此外,任何关于合作的提议都不可避免地需要处理集体行动卡特尔的稳定性问题,即考虑到任何特殊供给者的短期偏离动机,而维持这种制度的稳定性问题。桑德勒(2000)讨论了合作制度规则中的核查信守与强制条例的集体行动问题。他认为尽管信守核查可能随时间而改进,但强制信守仍将是一个一直有待重视的问题。

假定供应国解决了集体行动问题,且解决了如联合垄断者合作控制军火出口问题。接着,他们将面对莱文、森和史密斯(1994)所分析的可信性问题。如果购买者如方程(29-1)中所示的富有远见,且存在某种承诺机制[29],那么供给者就可能事先可信地承诺其将来的出口数量,他们可能使用这些宣告去改变接受国的行为。然而,如果供给者不能事先承诺,他们将被强制采用更低效的时间一致性策略:实行各阶段的最优策略。在军火贸易中,关于未来供应或禁止承诺的可信性,对未来冲突中备用和军需品的再供应尤其重要。

最后,即使供给者解决了集体行动和可信性问题,他们也会面对这样的问题:一定程度上出口控制的有效性,抬升(军火)价格,降低(军火)数量,这将为购买者建立其本国自身的防务工业基础提供激励。

7.3 国内生产

使用第2部分中的静态版框架,莱文、穆扎基斯和史密斯(2000)的研究显示,存在着一个阈值——在此国家从完全依赖进口转向建立本国(生产)

---

[29] 这种承诺机制需要谨慎考虑。一个可能是在世界上遵守承诺,以保持名誉的愿望,其中存在着两种类型的决策者:一种是(绝大部分)投机行为,通过违背承诺,抓住机会来改善自身处境;另一种是仅进行原则承诺。名誉均衡属于模仿第二种的第一种类型决策者。

能力。足够高的价格能促使确定敌对关系的购买者从进口武器转向国内生产。与敌对国依赖进口武器相比，这个转向导致更高水平的军费、军事能力和无效率。建立国内生产的更高固定成本，增加了军事能力的阈值水平，在此阈值水平上建立军事生产才是有效率的。模型假定国内生产和进口是不完全替代的。建立国内工业的激励也有赖于于安全和消费的替代。莱文和史密斯（2000a）通过引进不确定性和不可撤回的投资扩展了这个分析。使用实物期权理论[30]，他们发现未来军事需求与成本具有更大的不确定性，实际上降低了一国进行国内生产能力投资的可能性。

7.4 产业和市场结构

截至目前，我们假设每个供应国生产单一的同质军用品，且不同的市场结构仅仅出现在供应国共谋这些产品的生产和出口这个程度上。在邓恩等（2005）研究的基础上，我们现通过引入有差别的产品，和允许企业的自由加入和退出来扩展这个分析。现在市场结构变为内生的。在此部分我们假设每期100%的折旧率（$\delta = 1$），从而模型成为静态的。因此时间下标为多余的。我们也假设 r 购买国没有国内军事部门，且为非生产者。

考虑供应国 $s=1$，生产 D_{1j}，$j=1, 2, \cdots, n_1$，即为国内生产质量为 q_{1j} 的军用品；M_{1j}，$j = n_1 + 1, n_1 + 2, \cdots, N$，即出口质量为 u_{1j} 的产品。后者可能比出口国生产的各种其国内使用产品的质量低，这是军火出口控制采用的一种形式。军事实力使用广义的迪克希特－斯蒂格利茨（Dixit-Stiglitz）CES 效用函数形式：

$$[w_1 n_1 + (1 - w_1)(N - n_1)]^v \times \left[w_1 \sum_{j=1}^{n_1} (q_{1j} D_{1j})^{\frac{\sigma-1}{\sigma}} \right.$$
$$\left. + (1 - w_1) \sum_{j=n_1+1}^{N} (u_{1j} M_{1j})^{\frac{\sigma-1}{\sigma}} \right]^{\frac{\sigma}{\sigma-1}} \qquad (29-13)$$

其中 $\sigma > 1$ 为替代弹性且 $v > 0$。在上述（29-13）式中，对 $f(D_{st}, M_{st})$ 一般化，如果我们给出 $v = 0$，$w = 1/2$，式（29-13）则缩减为在新贸易和内生增长文献中常见的迪克希特－斯蒂格利茨（Dixit-Stiglitz）效用函数形式。但是如贝纳西（Benassy，1996）所指出的，这种效用形式被制约，即意味着品种偏好与替代弹性之间存在着一一对应性。引入附加参数则打破了这种关系。另外，参数 v 简单代表一体化技术，该概念表示灵活应用不同武器系统的

---

[30] 见迪克西和平代克（1994）。

整合，提供军事能力 [塞特和蒂施勒（2004）]。[31]

生产国 1 政府的预算约束现在变为：

$$Y_1 = C_1 + \sum_{j=1}^{n_1} p_{1j} D_{1j} + \sum_{j=n_1+1}^{N} P_j M_{1j} \qquad (29-14)$$

对各个生产质量为 q_{1j} 的单一品种 j 企业，其国内生产 D_{1j}，出口 X_{1j} 必须遵守的参与约束为：

$$p_{1j} D_{1j} + P_{1j} X_{1j} - c(D_{1j} + X_{1j}) - F - f q_{1j}^\beta = 0 \qquad (29-15)$$

和前面（29-6）中的一样，（29-15）式中的前两项分别构成生产者 $s=1$ 在价格 p_{1j} 水平下，国内采购的收入和在价格 P_{1j} 水平下，出口的收入。第三和第四项分别是可变和固定成本。最后一项是新的，表示提供质量 q_{1j} 的成本。我们假定 R&D 成本参数 $\beta > 1$，从而这个成本是凸的。然后在各个种类的出口和进口的世界市场出清条件下，完整的模型为：

$$\sum_{b=1}^{\ell+r} (M_{bj} + M_{bj}^*) = \sum_{s=1}^{\ell} X_{sj} \qquad (29-16)$$

为解出此模型的均衡，我们需要设定下列事件的次序：

1. 生产者的国内采购。给定军费、生产国 1 政府，设定在价格水平 p_{1j} 下，采购数量为 D_{1j}、质量为 q_{1j} 的国内产品，$j = 1, 2, \cdots, n_1$。政府也制定计划，在世界市场均衡价格水平 P_{1j} 下，进口质量为 u_{1j}、数量为 M_{1j} 的产品，$j = n_1 + 1, n_1 + 2, \cdots, N$。所有决定都服从预算约束和国内企业的非负利润参与约束。采购价格可能比国际市场价格高或低。已经参与国际市场的企业一般将会接受采购价格高于边际成本的国内采购。在采购价格给定时，每个国内企业的参与约束而后决定这类企业的数量。因此，在设定政府选择的实际采购价格下，第一阶段博弈"内生决定"了国内企业的数量。

2. 企业间的垄断竞争。此阶段的博弈中，在设定价格均衡下，承诺生产 D_{1j}，生产国 1 的企业设定世界价格 P_{1j}，向国家 i ($i = 2, \cdots, \ell + r$) 出口质量为 u_{1j}、数量为 X_{1j} 的军火。一般而言，世界市场价格可能取决于阶段 1 的采购决定。但是，对于大的 $\check{N}$（分析中假设），在由 $P_{1j} = P = \dfrac{\sigma c}{\sigma - 1}$ 给定的价格下，具垄断竞争，其仅取决于边际成本 c 和弹性 σ。注意质量已经在第一阶段由采购国政府所决定。

3. 非生产者的军费和所有国的进口需求。给定世界市场价格 P_j、质量 u_{ij}

---

[31] 塞特和蒂施勒（2004）定义一体化技术为"信息和通信技术使得分离的单个系统能够以联合、协调及协作的方式工作而成为一个整体系统。"在其论文中，他们内生一体化技术的选择，也使用了不同的函数形式。为简单化，我们保持了一体化技术的外生性。

和军费，生产国和非生产国 i ($i=1, 2, \cdots, \ell+r$) 政府都购买质量为 u_{ij} 的进口产品 M_{ij}，$j=1, 2, \cdots, N$。对生产国 $i \neq j$，$i=1, 2, \cdots, \ell$。非生产者预先进行这些在消费和军费之间的配置资源的决定。

这个框架可以被用来研究国防工业基础规模如何被下列因素所影响：对国内产品的母国偏差（参数 w_s）、决定系统 j 质量 q_{sj} 的 R&D 成本，以 u_{sj} 记录的出口控制，以及地区军备竞赛特性。与采购中供应国之间可能合作有关的集体行动问题、R&D 和出口控制决定也可能在此框架中受到重视。取自邓恩等（2005）的图 29-2 和图 29-3 刻画了该模型提供的一些见解。我们检视这些结果，一个对称均衡中，所有生产国在各个方面都是一致的，非生产国亦然。生产者间的福利函数和企业间的成本条件是一致的。这样一来的后果是各个国家的采购价格和企业数量都是相等的。

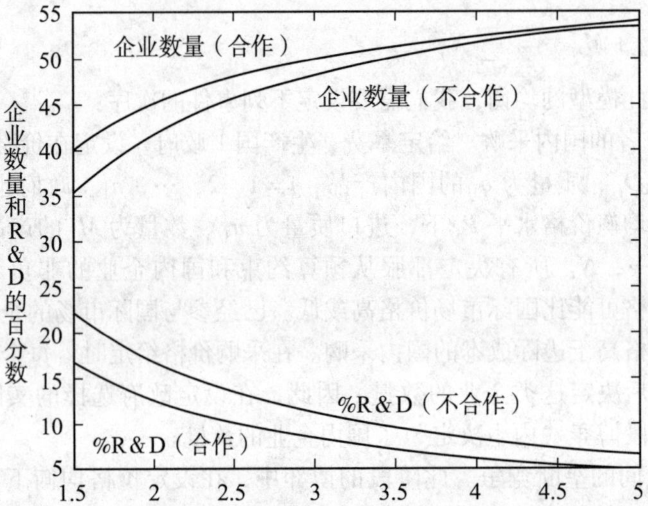

图 29-2　当 R&D 成本参数 β 增加时，每个国家企业数量：不合作与合作的比较

图 29-2 中，该对称均衡内生决定的企业数量，被表示为 R&D 成本参数 β 的函数。该图显示了如何存在的"质量和品种间的权衡取舍"：成本参数 β 的增加，增加了进入壁垒，抑制了新企业和品种的出现（由于在我们的设定中，每个企业只生产单一品种）。总成本中质量和 R&D 成本的百分比将随着企业从质量转向数量而降低。图 29-2 还描绘了合作的两种影响：减少 R&D 中的重复投资和增加品种。合作下后一种情况由于各个供应国生产的品种种类，作为正的外部性而进入其他生产国的效用而出现。

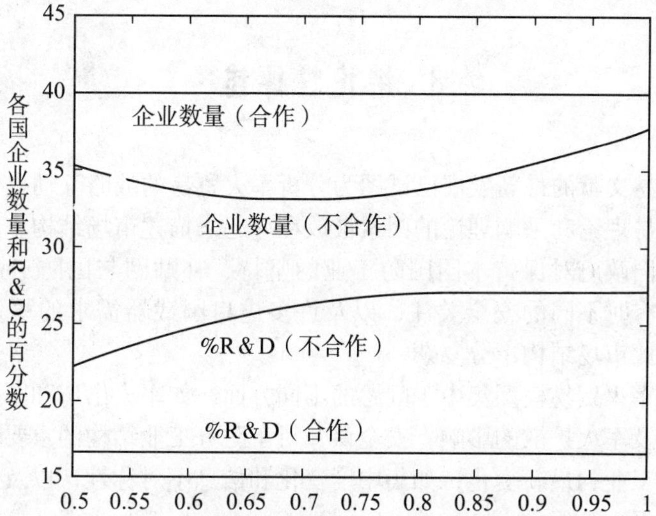

图 29-3　当母国偏差参数 w 增加时，各国的企业数量：不合作与合作的比较

图 29-3 中，针对母国偏差参数 $w \in [0.5, 1]$ 绘出对称均衡中内生的企业数量。W 值从自给自足 $w=1$，下降到没有母国偏差的情况 $w=0.5$，可被视为国际防务工业全球化的一个方面，即国家更愿意通过进口来满足其军事需求。与不合作相比，采购合作再次增加了品种和降低了 R&D 投资。此外，在合作下，由于母国偏差在合作决定中被内生化，所以它的改变没有影响。在不合作下，母国偏差增加，对质量和品种投资的意愿都会增加（由于对这些的进口规模更小）。但是在没有偏差的值 $w=0.5$ 附近，R&D 与品种之间的权衡取舍为：以品种为代价，更多的 R&D 投资，因此最初的企业数量下降。当 w 进一步增加时，R&D 成本凸性的特性意味着在图 29-3 的某值处（大概为 $w=0.7$），R&D 的增加消失而品种开始增加。模型的预期为：因为母国偏差值 w 接近自给自足值，全球化（w 的降低）引起企业数目的减少，因此国际市场集中度增加。

模型也能预期：如果质量和 R&D 支出保持固定或实际上提高，那么另一种意义上的全球化存在，即外部市场的相对规模增加，以及更强出口更高质量武器的意愿，将减少企业数量。把我们的结论放在一起考虑，则对新近国防工业集中度增加背后的驱动力，提供了一种解释［见邓恩等（2003）］。

8. 结论性评述

军火贸易文献的最新发展已试图为分析军火贸易的战略互动提供合适的框架。战略贸易理论和采购理论的因素被放在一起来描述市场结构。由于许多原因,如生产国政府对保持本国国防工业的坚持、补贴网与国防工业的控制特征、出口国有时不同的安全关注,以及许多进口国武器需求的军备竞赛等方面,都使得此市场结构十分复杂。

不同的军火贸易模型集中于问题的不同方面,如军火出口和军火出口控制对军备竞赛及军火扩散的影响,安全认知对于防务工业结构的重要性和合作的收益。国防工业的最新变化,如集中度变化和信息不对称性,以及这些变化背后的力量也得到分析。

我们也给出了一些正规模型简报,提供一个经济与安全目标整合的解释性框架,以能够分析军火贸易制度,尤其是该国与国际规制体制和市场结构。当然,在任何理性行为者模型中,诸如上述对偏好或行为者目标的设定是非常重要的。在这方面安全设定是中心。对于购买者,军备竞赛项的设定似乎获取了许多非常重要的例子,尽管其并不覆盖实际战争或内部威胁。出口者的安全存在更多问题,但确认他们可能与购买者发生冲突,也可能与其他供应国进行结盟的设定,抓住了军火出口控制的很多重要原因。

模型包括了一些重要却常常被忽视的因素。正如1989年石油价格崩溃以及1997年亚洲金融危机后,军火需求下降所显示的,预算约束明显地十分重要。如在20世纪90年代,供应不变而由于战略性原因引起的需求下降,主要武器系统价格下降以及计量经济研究都显示,价格很重要。正规模型强调了与其他产业相比,军事部门有以下几个根本的不同:第一,对卷入地区军备竞赛的军火购买者,价格上升实际上可以通过抑制军备竞赛而提高其福利。从这些消费者的角度看,军火供应者之间的竞争因而是有害的,垄断市场结构可能是最优的。第二,该产业中存在很高的母国偏差。新近的全球化趋势(母国偏差的降低),可以帮助解释所观测的军事部门企业数量减少和集中度的增加。第三,在主要武器系统能力中,R&D扮演着关键性的角色。R&D和品种之间的权衡取舍则指出了可能解释该部门中企业数量减少的另一个因素。最后,军事部门,尤其是军火贸易,远比其他产业受到更多的控制。可是,规制体制可能产生有害的激励。控制可能促进扩散:即通过提高价格,增加本国生产的动机。相反的,未来进口军火供应的不确定性,价格和数量的可获得性,则可能降低扩散的可能性。在更加注重发出清晰信号需要的文献中，这个特性似乎没有得到广泛的认可。

关于今后研究的路线，从我们的综述中可明显地得到，即在用以检验理论文献所主张的许多假设的实证研究中，存在着很大的空间。如在生产和数据部分所见：军火贸易好的及可信数据的缺乏，可以解释在此领域内实证研究的相对缺乏（已经引用的除外）。而第二个原因可能是概念测量的困难，如出口国安全、母国偏差程度或甚至是军火产品本身的定义。恐怖活动的出现和国家间战争前景的下降加强了此概念的挑战性。与此相关的是，所谓的两用品重要性提高［克莱因（2000），加西亚·阿朗索（2003），库尔韦和斯米特（2003）及斯托斯凯（2004）］。在理解这些新趋势及其对防务工业的意义中，安全与国际合作一起展现出许多需要将来研究的紧迫问题。

参考文献

Anderton, C. H. (1995). "Economics of the arms trade". In: Hartley, K., Sandler, T. (Eds.), Handbook of Defense Economics, vol. 1. North-Holland, Amsterdam, pp. 523–590.

Anderton, C. H. (1996). "What can international trade theory say about the arms trade?". Peace Economics, Peace Science, and Public Policy 4, 7–30.

Benassy, J. P. (1996). "Taste for variety and optimum production patterns in monopolistic competition". Economic Letters 52, 41–47.

Berryman, J. (2000). "Russia and the illicit arms trade". Crime, Law and Social Change 33, 85–104.

Blanton, S. L. (1999). "Instruments of security or tools of repression? Arms imports and human rights conditions in developing countries". Journal of Peace Research 36, 233–244.

Blume, A., Tishler, A. (2000). "Security needs and the performance of the defense industry". CIC Working paper No. FS IV 00–04.

Brauer, J. (2000). "Potential and actual arms production: implications for the arms trade debate". Defence and Peace Economics 11, 461–480;

Reprinted in: Levine, P., Smith, R. P., Arms Trade Security and Conflict. Routledge, 2003, pp. 21–36.

Brauer, J., Dunne, J. P. (2002). Arming the South. Palgrave, Basingstoke.

Brauer, J., Dunne, J. P. (2004). Arms Trade and Economic Development: Theory, Policy, and Cases Studies in Arms Trade Offsets. Routledge, London.

Brito, D. L., Intriligator, M. D. (1999). "Increasing returns to scale and the arms race: The end of the Richardson paradigm". Defence and Peace Economics 10, 39–54.

Brzoska, M. (2004a). "The economics of arms imports after the end of the Cold War". Defence and Peace Economics 15, 111 – 123.

Brzoska, M. (2004b). "Taxation of the Global Arms Trade? An overview of the issues". Kyklos 57, 149 – 172.

Buzan, B., Herring, E. (1998). The Arms Dynamic in World Politics. Lynne Rienner, Boulder.

Chalmers, M., Davies, N., Hartley, K., Wilkinson, C. (2002). "The economic costs and benefits of UK defense exports". Fiscal Studies 23, 343 – 367.

Congressional Research Service (2005). Conventional Arms Transfers to Developing Nations, 1997 – 2004. CRS Report for Congress (downloadable from CRS Web).

Craft, C., Smaldone, J. P. (2003). "Arms imports in Sub-Saharan Africa: Predicting conflict involvement". Defence and Peace Economics 14, 37 – 49.

Davis, C. (2002). "Country survey XVI: The defense sector in the economy of a declining superpower: Soviet Union and Russia, 1965 – 2001". Defence and Peace Economics 13, 145 – 177.

Dixit, A. K., Pindyck, R. S. (1994). Investment Under Uncertainty. Princeton University Press, Princeton.

Dunne, J. P., García-Alonso, M. D. C., Levine, P., Smith, R. P. (2003). "Concentration in the international arms industry". University of the West of England Discussion Paper No. 03/01.

Dunne, P., García-Alonso, M. D. C., Levine, P., Smith, R. P. (2005). "Military procurement, industry structure and regional conflict". Discussion Paper 0502, University of Kent.

García-Alonso, M. D. C. (1999). "Price competition in a model of the arms trade". Defence and Peace Economics 10, 273 – 303.

García-Alonso, M. D. C. (2000). "The role of technology security in a model of trade with horizontal differentiation". International Journal of Industrial Organisation 18, 747 – 772.

García-Alonso, M. D. C. (2003). "National-security export quality restrictions in segmented and nonsegmented markets". European Journal of Political Economy 19, 377 – 390.

García-Alonso, M. D. C., Hartley, K. (2000). "Export controls, market structure and international coordination". Defence and Peace Economics 11, 481 – 504.

García-Alonso, M. D. C., Levine, P. (2005). "Arms export control regimes, export subsidies and the WTO exemption". Scottish Journal of Political Economy 52, 305 – 322.

García-Alonso, M. D. C., Smith, R. P. (2006). "The economics of arms export controls". In: Joyner, D. H. (Ed.), The Future of Multilateral Non-proliferation Export Controls. Ashgate, Aldershot. In press.

García-Alonso, M. D. C., Levine, P., Morga, A. (2004). "Export credit guarantees, moral hazard and export quality". Bulletin of Economic Research 56, 311 – 328.

Golde, S., Tishler, A. (2004). "Security needs, arms exports, and the structure of the defense industry determining the security level of countries". Journal of Conflict Resolution 48, 672 – 698.

Gupta, S., De Mello, L., Sharan, R. (2001). "Corruption and military spending". European

Journal of Political Economy 17, 749-777.

Hartley, K., Sandler, T. (2003)."The future of the defense firm". Kyklos 56, 361-380.

Ingram, P., Isbister, R. (2004). Escaping the Subsidy Trap, Why Arms Exports are Bad for Britain. Published jointly by BASIC, Saferworld and Oxford Research Group.

Kinsella, D. (1998). "Arms transfer dependence and foreign policy conflict". Journal of Peace Research 35, 7-23.

Kinsella, D. (2001). "Global arms transfers and regional security complexes: Some time-series evidence". Mimeo. School of International Service. American University.

Kinsella, D. (2003). "Changing structure of the arms trade: A social network analysis". Mimeo. Hartfiel School of Government, Portland State University.

Kirkpatrick, D. (1995). "The rising unit costs of defense equipment: the reason and the results". Defence and Peace Economics 6, 263-288.

Kirkpatrick, D. (2004). "Trends in the costs of weapon systems and the consequences". Defence and Peace Economics 15, 259-273.

Klein, H. (2001). "Technology push-over: defense downturns and civilian technology policy". Research Policy 30, 937-951.

Kulve, H., Smit, W. A. (2003). "Civilian-military co-operation strategies in developing new technologies". Research Policy 32, 955-970.

Laffont, J. J. (1995). "Regulation, Moral Hazard and Insurance of Environmental risks". Journal of Public Economics 58, 319-336.

Levine, P., Smith, R. P. (1995). "The arms trade and arms control". The Economic Journal 105, 471-484.

Levine, P., Smith, R. P. (1997a). "The arms trade". Economic Policy, 337-370. October.

Levine, P., Smith, R. P. (1997b). "The arms trade and the stability of regional arms races". Journal of Economic Dynamics and Control 21, 631-654.

Levine, P., Smith, R. P. (2000a). "Arms export controls and proliferation". Journal of Conflict Resolution 44, 885-895.

Levine, P., Smith, R. P. (2000b). "The arms trade game: from laissez faire to a common defense policy". Oxford Economic Papers 52, 357-380.

Levine, P., Smith, R. P. (2003). Arms Trade Security and Conflict. Routledge, London and New York.

Levine, P., Sen, S., Smith, R. P. (1994). "A model of the international arms market". Defence and Peace Economics 5, 1-18.

Levine, P., Mouzakis, F., Smith, R. P. (1998). "Prices and quantities in the arms trade". Defence and Peace Economics 9, 223-236.

Levine, P., Mouzakis, F., Smith, R. P. (2000). "Arms export controls and emerging domestic producers". Defence and Peace Economics 11, 505-530;

Reprinted in: Levine and Smith (2003).

Mantin, B., Tishler, A. (2004). "The structure of the defense industry and the security needs of the country: A differentiated products approach". Defence and Peace Economics 15, 397–419.

Markusen, A. (2004). "The arms trade as illiberal trade". In: Brauer, J., Dune, J. P. (Eds.), Arms Trade Offsets: Theory, Policy and Case Studies. Routledge, London (Chapter 5).

Martin, S. (1999). "The subsidy savings from reducing UK arms exports". Journal of Economic Studies 26, 15–37.

Mouzakis, F. (2002). "Domestic Procurement as an alternative to importing arms". In: Brauer, J., Dunne, J. P. (Eds.), Arming the South. Palgrave, Basingstoke, pp. 129–160.

NAO (2004). Battlefield Helicopters, HC486 National Audit Office.

Panofsky, W. (1990). "Barriers to negotiated arms control". In: Arrow, K., et al. (Eds.), Barriers to Conflict Resolution. Norton, London.

Sandler, T. (2000). "Arms trade, arms control and security: Collective action issues". Defence and Peace Economics 11, 533–548; Reprinted in: Levine, P., Smith, R. P., Arms Trade Security and Conflict. Routledge, 2003, pp. 209–220.

Sandler, T. (2004). Global Collective Action. Cambridge University Press, Cambridge.

Sandler, T., Hartley, K. (1999). The Political Economy of NATO. Cambridge University Press, Cambridge.

Sanjian, G. S. (2003). "Arms transfers, military balances, and interstate relations. Modeling power balance versus power transition linkages". Journal of Conflict Resolution 47, 711–727.

Setter, O., Tishler, A. (2004). "The role of integrative technologies as a "force exponent" on military capability". Mimeo. University of Tel Aviv.

Shefi, Y., Tishler, A. (2005). "The effects of the world defense industry and US military aid to Israel on the Israeli defense industry: A differentiated products model". Defence and Peace Economics 16, 427–448.

SIPRI (2005). Armaments, Disarmament and International Security, Stockholm International Peace Research Institute Yearbook. Oxford University Press.

Smith, R. P., Tasiran, A. (2005). "The demand for arms imports". Journal of Peace Research 42, 167–182.

Smith, R. P., Udis, B. (2001). "New challenges to arms export control: whither Wassenaar?". The Nonproliferation Review 8, 81–92;

Reprinted in: Levine, P., Smith, R. P., Arms Trade Security and Conflict. Routledge, 2003, pp. 94–100.

Stowsky, J. (2004). "Secrets to shield or share? New dilemmas for military R&D policy in the digital age". Research Policy 33, 257–269.

Wang, T. Y. (1998). "Arms transfers and coups d'etat: A study on Sub-Saharan Africa". Journal of Peace Research 35, 659–676.

第30章
军工产业、军火贸易和发展中国家*

乔根·布劳尔

（奥古斯塔州立大学）

摘要

本章讨论了发展中（非高收入）国家参与主要常规武器部分或全部组件的生产、贸易，它们融入国际化全球军火工业中，以及使这种参与和融入成为可能的、潜在的工业方面的必要条件。根据企业垂直边界文献，本章提供了一种理论来解释冷战后军火生产组成和布局变化的一些情况。进一步讨论了小型装备和轻型武器工业的特征。这个高度危险的行业对公众健康、教育、法律规章制度，并因此对工作激励和投资环境会产生的深远的负面影响，这意味着企业横向边界理论，特别是产品周期假说或许能够解释小型装备的生产、技术和供给在空间和时间上的扩散。我们还讨论了新近出现的关于小型装备需求的文献。除此之外，本章还考察了非高收入国家越来越多地参与生产大规模杀伤性武器生产的现象。并运用垂直契约理论和R&D/专利竞赛理论分析了核武器生产的例子。

本章的主要结论包括：数据来源贫乏，军火生产和贸易理论仍未成熟，尽管不扩散制度可能减少了武器的扩散，但并未能禁止武器扩散。我们观察到所有类型军火生产都有行业进入现象存在，未来我们预计会看到越来越多的非高收入国家参与进来，只要他们选择这样做。这是非高收入国家生产能力逐步发展的自然结果。但我们也发现，尽管这些国家拥有这种能力，他们有时也会退出或者选择不参与军火工业。

---

* 本章部分内容是作者在新南威尔士大学和位于澳大利亚堪培拉的澳大利亚国防学院任客座教授期间研究和撰写的。非常感谢该学校及其商学院和图书馆提供的帮助。瑞典斯德哥尔摩国际和平研究所的伯恩·哈格林和马克·布罗姆利提供了1950~2004年主要常规武器转让的趋势指标值，英国牛津大学的菲利普·基利科特提供了1990~2005年AK47黑市价格的数据。感谢来查尔斯·安德顿、基斯·哈特利和托德·桑德勒教授的有益评论，也非常感谢米洛斯·尼克利克在研究方面的帮助。所有的错误当由作者负责。

关键词： 弹药　军火工业　军火生产　军火贸易　军火转让　发展中国家　主要常规武器　小型装备和轻型武器　非常规武器　补偿贸易　大规模杀伤性武器

1. 引　言

对暴力冲突的预期迫使人们，包括个人和团体，例如，国家，获取武器。从自己生产到贸易，获取武器的方式有很多。但通过盗窃而获得武器尤其是小型装备，或通过非法转移，包括关键生产技术的秘密转让而获得武器，也并非不寻常。尽管农业生产和狩猎工具能够而且也曾经被用做武器，然而今天大批量的武器生产是一种为实现政治目的而开展的专业化的工业活动，即通过在自然空间领域或利益领域针对敌对国家的暴力威胁达到自卫或征服的目的。

国家在武器生产方面并不是自给自足的。事实上没有一个常规或非常规武装力量是完全靠本国生产的军火武装起来的。相反，使用从其他地区进口的武器作为自己生产武器的补充是通常的做法。即使是"自己生产"的武器在某种程度上也还要依赖于进口部件或服务，例如，特殊材料、金属、图纸、软件、培训、维护、修理以及其他产品和服务。因此，贸易是现代军火工业中不可或缺的一部分。

完善的武器或武器系统一旦在一个国家生产出来后就会转移到另一个国家。"军火贸易"概念在这种情况下才有意义，在这里它通常指的是"整个武器"的军火贸易。然而，现在越来越多的与武器相关的零配件和服务贸易在整个体系中占据了主导地位［斯普拉格（Sprague，2004），英国政府（2004）］。"与其说是武器，倒不如说是人、观念和技术它们在跨越国界转移"［马尔库森（Markusen，1999，第40页）］。一国的某个公司可能只生产一个武器平台，然后由从另一个或其他更多国家得到的武器来装备。培训、维护和修理，甚至融资都是整个系统的不同部分，并且能够通过多种方式得到供给。现代军火生产和军火贸易如同其他全球化工业活动，如汽车工业一样，是一个被平等分割和跨国界的行业，许多发展中国家成为整个生产体系的一个组成部分［比特金格尔（Bitzinger，1994）］。马尔库森（2004）指出，被广泛引用的"军事工业联合体"一词应当被"国际军事工业联合体"所取代。举例来说，美国 F-16 战斗机在美国、韩国、中国台湾地区和土耳其组装，它的高科技零部件则由德国、以色列、日本和俄罗斯提供，而一些对价格敏感的商业零部件则来自巴西、波兰、西班牙和南非［马尔库森和迪乔瓦纳（Markusen & DiGiovanna，2003）］。

工业的国际化对军火生产和军火贸易的数据收集工作具有极为重要的含义。20年前，一笔来自任何一个国家的武器销售很有可能就产自那个国家。而今，一笔来自任何一个国家的武器销售可能仍然被打上那个国家的标签，但却可能在全世界很多个国家生产，其中也包括武器的购买国。一直就很贫乏的军火生产统计数据没有系统化地追踪这些"外包"。同样地，军火贸易的统计数据只是估算的价值量，并没有必然地反映出资金流量和经济负担。由政府和国际组织提供的军火生产和军火贸易的统计数据在覆盖面和细节方面也都很少，尽管国际标准工业分类（International Standard Industrial Classification，ISIC）法第3修订版包含了一个武器和军火生产目录，各国报告对此标准的遵守程度却不一致。从某个层面讲，与过去相比，现在更少包含有关交易量、地点和军火生产及军火贸易的流量（数据）［邓恩和萨里（Dunne & Surry，2006）］。①

另外一个困难在于当今许多发展中国家被两极化，这表现为既有极其发达的经济部门，也有极其落后的部门。例如包括巴西、中国、印度、俄罗斯、马来西亚、墨西哥和土耳其这些国家，他们潜在的或实际的军火生产水平达到或超过了澳大利亚、奥地利、比利时、加拿大、荷兰、瑞典和瑞士这些国家（见第2.2节）。此外，20~30年前根据人均收入标准被划归为发展中国家的国家，如希腊、以色列、韩国、西班牙和中国台湾地区，现在已被归为发达国家或高收入国家（地区）。与之相反，之前被划分为"工业化"的国家，包括阿尔巴尼亚和极其贫穷的一些苏联国家，如吉尔吉斯斯坦。这些国家在收入类型上的变化使得国家之间不同时间的比较更为复杂，这些困难，以及非常规武器和小型装备生产和交易活动的出现，已经引起经济学家的重视。本章采取了依据世界银行公布的2004年人均国民收入排名定义的非高收入国家和发展中国家。②

---

① 从另一方面看，也可以说涉及更多。例如，欧盟内部各个国家军火出口报告已经成为规范，尽管这些报告的质量总是无法满足研究者的要求。为了得到最新的资料，可以参考SIPRI有关军火转让的网站 www.sipri.org/contents/armstrad/atlinks_gov.html（2005年9月28日访问）。关于军火产业的定义、数据和透明度，还可以参考布劳尔（2006），哈特利（本《手册》）和萨里（2006）。

② 世界银行按照收入水平划分经济类型。根据2004年国民收入（GNI）的数据，人均国民收入小于等于825美元的经济为低收入经济。其他类型为中低收入经济（526~3 255美元），中高收入经济（3 255~10 065美元），以及高收入经济（高于10 065美元）。有55个政治实体属于高收入类型，包括安道尔、阿鲁巴岛、澳大利亚、奥地利、巴哈马群岛、巴林、比利时、百慕大群岛、文莱、加拿大、开曼群岛、海峡群岛、塞浦路斯、丹麦、法罗群岛、芬兰、法国、法属波利尼西亚、德国、希腊、格陵兰、关岛、中国香港、冰岛、爱尔兰、马恩岛、意大利、日本、韩国、科威特、列支敦士登、卢森堡公国、澳门、马耳他、摩纳哥、荷兰、荷属安德烈斯群岛、新喀里多尼亚、新西兰、挪威、葡萄牙、波多黎各、卡塔尔、圣马力诺、沙特阿拉伯、新加坡、斯洛文尼亚、西班牙、瑞典、瑞士、阿拉伯联合酋长国、英国、美国、美属威尔金群岛。世界银行没有对政治地位比较特殊的中国台湾地区进行排名，但它应该属于高收入经济体。传统上，学者将其他国家看作是"发展中"经济。

本章回顾了关于非高收入国家军火产业和军火贸易的研究成果。第2节讨论这些国家参与主要常规武器生产和交易，融入跨国军火产业，以及让这种融入成为可能的产业必备条件。这节还会提出一个新的军火生产理论，它可以解释冷战后所观察到的武器产地及构成变化。第3节介绍小型装备及轻型武器工业（small arms and light weapons，SALW）。它的高致命性，对个人安全、公共健康、基础设施和法律规章制度，并进而对工作激励和投资环境都产生了深远的负面影响。经济学家已经研究了内战［如，科利尔和桑巴尼斯（Collier & Sambanis, 2005）］，但却没有特别研究小型装备和轻型武器工业，而它们是刺激内战的因素。第4节考察了非高收入国家广泛参与大规模杀伤性武器（原子能、生物和化学武器）生产的现象，而经济学家对此几乎没有研究。第5节给出总结。③ 本《手册》第29章讨论了军火贸易和军备竞赛理论［加西亚·阿朗索和莱文（见本卷）］，第33章研究军火产业、采办和政策问题［哈特利（见本卷）］。与之不同，本章主要强调关于非高收入国家与数据相关的话题，尽管其中也介绍了一些理论。非国家实体的军火生产、采购、交易或使用则不在讨论范围内。④

2. 主要常规武器

2.1 军火转让

关于军火转让，有三个主要的数据来源可供使用。它们是：第一，每年由国会研究服务部（Congressional Research Service，CRS——下同，译者）为美国国会提供的名为"向发展中国家的常规武器转让"出版物（CRS, 2005）；第二，以前每年，但现在不定期发行的"世界军费和军火转让"（World Military Expenditures and Arms Transfers，WMEAT），其由美国国务院的下属机构——核查与信守局（the Bureau of Verification and Compliance，BVC）出版

---

③ 这里没有考虑所谓的非致命性武器。为本章写作所进行的探索性研究发现，它们的发展和部署仅局限于少数高收入国家［参见当多（2002，2005），戴维斯（2005），莱韦和戴维森（2005）］。还要注意的是非致命性武器并不一定是不致命的。比如，2002年10月23日发生在莫斯科的一起解救人质事件中，由于俄罗斯政府授权使用的非致命性化学药品（芬太尼）抑制呼吸，最终导致800名人质中有120人死亡。因此，所有武器运转起来都具有一定的致命性［莱韦和戴维森（2005，第49页）］。

④ 关于这部分内容，参见如科利尔和赫夫勒（本卷），恩德斯（本卷）和桑德勒和阿尔塞（本卷）的研究。

—354—

(BVC, 2002); 第三, 斯德哥尔摩国际和平研究所每年发布的《SIPRI 年鉴》(SIPRI, 2005)。⑤ 在这三个数据来源中, CRS 和 WMEAT 的数据衡量所有武器及武器相关物品和服务的资金价值。例如, CRS 把它的统计范围定义为"所有类型的武器和弹药、军备零件、军事建筑、军事援助和培训项目, 以及所有相关的服务"(CRS, 2005, 第2页)。主要常规武器的转让数据并没有和其他武器分离开来。SIPRI(斯德哥尔摩国际和平研究所——下同, 译者) 是世界上唯一的只提供主要常规武器的数据来源。

我们必须清楚, 军火转让的数量尽管以美元计量, 但并未反映出资金流量。因此 SIPRI 将它的数据命名为"趋势指示值"(trend-indicator values, TIVs), 一般来讲, 它指的是军火转让而不是军火贸易。SIPRI 的军火转让数据库跟踪 6 类主要常规武器的转让情况。它们是: 飞机、装甲车、炮、雷达系统、导弹和船只[精确的定义见 SIPRI (2005, 第523页)]。特别排除了小型装备和轻型武器、卡车、口径小于 100 毫米的炮、弹药、支持设备和配件以及服务和技术转让。图 30 – 1 显示了由 TIVs 计量的世界武器在 1950~2004 年间的转让量, 以 1990 年不变美元价格表示, 单位为百万美元。⑥ 由 SIPRI 跟踪的全球军火转让量在 1982 年达到顶点, 接近 420 亿美元(以 1990 年不变美元价格表示)。⑦

除 2000~2004 年间世界上 5 个最大的供应国之外, 表 30 – 1 还显示了目前或以前的非高收入国家中最大的几个武器供给国(不包括俄罗斯)的军火转让量。它们包括 5 个苏联共和国(白俄罗斯、格鲁吉亚、吉尔吉斯斯坦、乌克兰和乌兹别克斯坦), 均为非高收入国家; 4 个之前曾经是非高收入但现在是高收入的国家(以色列、新加坡、西班牙和韩国); 以及前 10 位的非高收入国家, 它们既非苏联国家, 也未发展为高收入经济体(用黑体字标明)。按照 SIPRI 的惯例, 所列国家均按照过去 5 年(2000~2004年)的总量高低进行排序。

---

⑤ 在经济学者中, WMEAT 和 SIPRI 是最经常使用的数据来源。由于前者已经不再定期发行(最后的数据结点为 1999 年), 这里就不再讨论它了。需要说明的是, WMEAT 的数据要发行一个新的版本, 它与之前版本的数据不具有可比性, 因为主要数据库的数值在 1997 年进行了调整。伦敦国际战略研究所 (International Institute for Strategic Studies, IISS) 每年公布"军力平衡"年鉴 [如 IISS (2004)]。但它并没有提供自己的军火贸易的数据, 而是重复了某些 CRS 中的数字。

⑥ 图 30 – 1 中的数据由 SIPRI 慷慨提供, 并且是首次发表。与之不同的是, 每年出版的 SIPRI 年鉴仅包含 10 年一次的统计数据。

⑦ 直到 1998 年, SIPRI 都没有尝试计算每年军火转让的"资金价值"。SIPRI 根据政府官方数据计算得到的 2003 年的这一价值在 380 亿~430 亿美元之间, 约为世界所有商品和服务贸易的 0.5~0.6 个百分点[SIPRI (2005, 第442页)], 是一个相对比较适度的数字, 这也是目前能够得到的最新的估计值。关于这方面的资料信息, 见 www.sipri.org/contents/armstrad/at_gov_ind_data.html 2005 年 9 月 28 日访问。

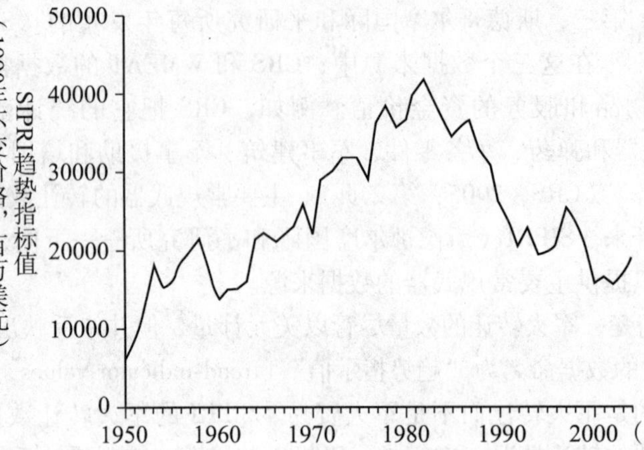

图 30 - 1　1950～2004 年世界军火转让量，以 1990 年不变美元价格表示，单位百万美元，SIPRI 趋势指标值

数据来源：SIPRI（未公开数据）。

按照表 30 - 1 所示，除俄罗斯外，非高收入国家作为"供给国"在世界军火市场中扮演了一个次要角色。总的来看，在 2000～2004 年间，之前和现在的前 10 位非高收入国家（乌克兰到印度尼西亚）仅支配世界主要常规武器市场的 8.8%。如果把以色列、西班牙和韩国从计算中除去，因为在 2004 年它们已成为高收入国家（而且如果把南非、土耳其和朝鲜增加进来，仍保持总共 10 个非高收入国家），这一比例会跌落至 6.8%。如果进一步排除现在已经独立的前苏联的非俄罗斯共和国国家，只考虑在整个 1950～2004 年期间内一直为非高收入的 10 个国家，那么从 2000～2004 年内，非高收入国家作为供应国参与军火转让的比例下跌至 2.7%，其中中国独自占据了 2/3。这和占据超过 80% 的世界前 5 大军火供应国形成了鲜明对比。这 55 年的情况总结在表 30 - 1 中，它清楚地表明，无论是之前还是现在的非高收入国家，在世界军火市场供应方面是微不足道的，唯一的例外是俄罗斯。按每 10 年所列的简表显示，只有中国和南非有连续军火出口的历史。其他非高收入国家的只有零星的记录且金额很小。巴西、印度尼西亚、韩国、土耳其、朝鲜、约旦、利比亚、黎巴嫩和印度在整个 55 年的期间内总共出口的主要常规武器大致相当于美国 2004 年一年的出口量。

表30-1 1950~2004年部分年份主要常规武器供给大国的世界排名和军火转让量
（1990年不变美元价格，百万美元，SIPRI趋势指标值）

国家排名/供给国	2000~2004年总计	1950	1960	1970	1980	1990	2000	2004	1950~2004年总计	
01/俄罗斯	26 925	0	0	0	0	0	4 016	6 197	49 169	[1992~2004]
02/美国	25 930	1 446	5 074	7 138	8 588	7 901	6 400	5 453	465 685	
03/法国	6 358	15	889	1 608	2 958	1 605	717	2 122	86 230	
04/联邦德国	4 878	0	135	1 096	1 249	1 468	1 195**	1 091**	47 640**	
05/英国	4 450	1 456	1 804	478	1 040	1 569	1 121	985	80 470	
†06/乌克兰	2 118	0	0	0	0	0	326	452	5 316	[1992~2004]
*08/中国	1 436	0	282	699	828	848	157	125	35 739	
‡10/以色列	1 258	0	0	13	227	46	272	283	5 598	[1993~2004]
†13/白俄罗斯	744	0	0	0	0	0	261	50	1 837	[2002~2004]
†14/乌兹别克斯坦	595	0	0	0	0	0	0	170	595	
‡15/西班牙	479	0	4	70	11	130	50	75	4 546	
‡19/韩国	313	0	0	0	71	44	6	50	1 328	
†21/格鲁吉亚	248	0	0	0	0	0	54	20	320	[1999~2004]
*24/巴西	131	0	2	0	158	65	0	100	2 578	
*25/印度尼西亚	130	0	0	5	4	0	0	50	443	
*27/南非	122	0	25	3	24	0	17	35	641	

续表

国家排名/供给国	2000~2004年总计	1950	1960	1970	1980	1990	2000	2004	1950~2004年总计
*28/土耳其	117	0	0	0	11	0	21	18	181
*29/朝鲜	96	0	0	0	5	4	0	0	1 996
†30/吉尔吉斯斯坦	92	0	0	0	0	0	0	0	153 (1995~2004)
‡33/新加坡	73	0	0	0	0	5	1	70	616
*34/约旦	72	0	0	0	0	0	0	72	435
*37/利比亚	50	0	0	0	65	36	0	0	919
*38/黎巴嫩	45	0	0	0	0	0	0	0	48
*39/印度	44	0	0	0	0	2	16	22	190
世界总和	84 479	6 358	14 006	22 069	36 744	26 053	15 838	19 156	1 341 671

数据来源：SIPRI（未公开数据）。

说明：国家名称前面的数字为2000~2004年间（在117个国家或政治实体中）武器出口量的排名。

* 表示之前属于苏联国家。
† 表示之前为非高收入国家。
‡ 表示高收入/非高收入国家。
§ 表示除俄罗斯外的非高收入国家。
¶ 表示统一后的德国。非高收入/高收入国家根据世界银行公布的2004年人均国民收入（GNI）排名确定。

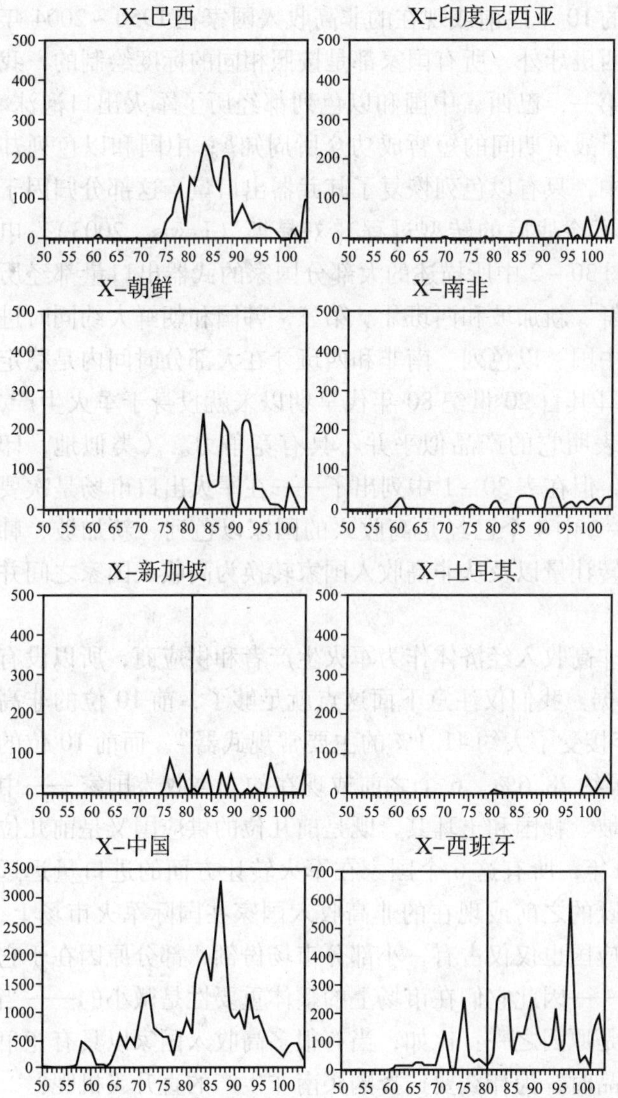

图 30-2 1950~2004 年部分非高收入国家武器供应量（除西班牙和中国外，所有数字按照相同的比例绘制），所有的数值为 SIPRI 趋势指标值，以 1990 年不变美元价格表示，单位百万美元

数据来源：SIPRI（未公开数据）。

说明：以色列（1983 年）、韩国（1995 年）、新加坡（1981 年）和西班牙（1980 年）的垂直线表示在那些年份这些国家的人均 GNP 足够高，使得它们可以名列工业化或高收入国家之列，在世界银行每年的《世界发展报告》中都有所体现。

图 30 -2 显示了挑选的 10 个之前或现在的非高收入国家在 1950~2004 年的武器出口量。除中国和西班牙外，所有国家都是按照相同的标度绘制的，我们可以观察到如下几点。第一，巴西、中国和以色列都经历了军火出口泡沫。巴西在 20 世纪 80 年代两伊战争期间的短暂成功众所周知[8]；中国和以色列却不是这样。在这三个国家中，只有以色列恢复了其武器出口量，这部分归因于它比其他国家更好地处理了冷战后的转型过程 [刘易斯（Lewis, 2003），申（Chen, 2003）]。第二，图 30 -2 中所描述的大部分国家的武器出口量都经历了剧烈震荡，如韩国、朝鲜、新加坡和西班牙。第三，韩国和朝鲜大约同时进入出口市场。第四，只有中国、以色列、南非和西班牙在大部分时间内是稳定的持续出口国。第五，土耳其自 20 世纪 80 年代早期以来就投身于军火生产，但其军火出口表现欠佳，表明它的产品似乎并不具有竞争力。（类似地，印度，未出现在图 30 -2 中，但在表 30 -1 中列出了——在军火出口市场是次要角色。）第六，对于图 30 -2 中 4 个已经是高收入的国家以色列、新加坡、韩国和西班牙而言，在军火转让量以及从非高收入国家转换为高收入国家之间并没有直接明显的关系。

因为本章主要关注于非高收入经济体作为军火生产者和供应商，所以没有提供武器"接受国"的数据。我们仅注意下面这点就足够了，前 10 位的非高收入国家在 2000~2004 年接受了大约 41.1% 的主要常规武器[9]，而前 10 位的高收入经济体[10]总共接受了约 28.6%。6 个之前或现在的非高收入国家——中国、印度、以色列、新加坡、韩国和土耳其，既是前几位的供应国又是前几位的接受国。从 2000~2004 年，所有这 6 个国家在军火转让方面的进口量远远超过了出口量。即使最活跃的之前或现在的非高收入国家在国际军火市场上，作为主要常规武器整机供应国也仅仅占有一小部分市场份额，部分原因在于它们的贫穷和国土面积较小——因此它们在市场上的整体重要性是微小的——当然产品缺乏国际竞争性也是原因之一：比如，当有很多高收入国家以具有竞争性的价格提供更先进的产品时，为什么要选择购买南非生产的直升飞机呢？

---

[8] 巴西军火产业和军火贸易从那之后就崩溃了。从 1985~1989 年，巴西的 TIV 为 13.85 亿美元，世界排名第 11 位 [SIPRI (1990, 第 221 页)]；从 1990~1994 年，下降到 2.62 亿美元，排名第 19 位 [SIPRI (1995 年，第 493 页)]；从 1995~1999 年仅为 0.99 亿美元，排名第 30 位 [SIPRI (2000 年，第 372 位)]。而 2000~2004 年为 1.31 亿美元，排名第 24 位，这主要得益于 2004 年一年的 TIV 为 1 亿美元。但有人也许会说，巴西在商用地区性客机生产方面的成功是以往军用飞机生产的派生结果 [珀洛·弗里曼 (2004)]。类似地，大约从 1975~1990 年，埃及在非高收入国家的武器出口中也是相当突出的，但在此之后就没落了。

[9] 它们是中国、印度、土耳其、埃及、巴基斯坦、伊朗、阿尔及利亚、也门、波兰和巴西。

[10] 希腊、英国、韩国、阿拉伯联合酋长国、澳大利亚、美国、以色列、加拿大、沙特阿拉伯和意大利。

尽管非高收入国家并不是非常成功的武器"出售国",他们作为军火"制造国"还是付出了相当的努力。这些努力和原因在后续的章节中将作讨论。

2.2 军火生产

国家制造武器表面上是为了防务,也就是要保卫领土完整和维护势力范围。在这一目标之下是敏感的或预防性的政治动机[布劳尔(Brauer,2002)]。但军火生产的特定形式和规模更多的是经济问题。第一,军火出口控制和供给约束造成的限制迫使原本进口武器的国家在国内生产武器零部件和整机,尽管这样做是缺乏经济效率的。供给约束只不过提高了实现目标的成本[加西亚·阿朗索和莱文(本卷)]。很多国家,比如巴西、中国、埃及、印度、伊朗、伊拉克、巴基斯坦、南非和土耳其都经历了这种导致成本不断上升的出口—供给限制。在竞争性市场模型中,供给限制体现为边际成本上升,这进而会提高主要常规武器的市场价格,因此无论是对受到供给限制影响的国家还是对其他进入市场后可以获利的国家而言,供给限制都会激励市场进入。

相关的,进入国内军火生产的第二点原因,是为了减轻或者消除由供应线的可靠性带来的不确定性,使中断供给的可信威胁失去破坏力。如果购买方转向其他供给国,也会受到来自于新供应者同样的威胁。在缺乏有效供应保证的情况下,购买国可能会选择自己生产少量的军火。注意上一段中提到的所有国家不是有或者曾经有成为区域性强权的野心(巴西、中国、埃及、南非、土耳其),就是曾经或正处于地区冲突当中(印度和巴基斯坦,伊朗和伊拉克),也就是说,所有的例子中供给限制都是相当有效的,因此刺激其自身努力发展本土军火生产。这前两个原因意味着军火生产和贸易是联合决定的[亚历山大,巴茨和米哈尔卡(Alexander, Butz & Mihalka, 1981)]。

第三,人们希望国内军火生产可以刺激本国经济。人们呼吁:(1)提高武器出口的收入潜力以及促进出口实现产业化;[①] (2)通过先前的武器进口及进口替代的工业化节约外汇储备;(3)通过国内军火生产(增长极工业化)实现就业效应;(4)结合联合生产协议促进军事或非军事技术转移,从而有利于整个国内经济发展(人力资本包含在技术中一同引进)。从经验事实看,这些目标还没能实现[布劳尔和邓恩(2004)]。

第四,武器需求是安全偏好、国民收入和武器价格及其互补品和替代品价

---

① 前捷克斯洛伐克总统瓦茨拉夫·哈维尔和南非总统纳尔逊·曼德拉在推翻其前任政府(分别在1991年和1994年)后,都用这一观点作为支持继续资助国内军火工业的论据[布劳尔(2002)]。

格的函数［加西亚·阿朗索和莱文（本卷）］。安全偏好对武器需求（进口）的影响在前面的内容中已经阐述过了。而国民收入对武器需求的影响并不明确。在缺少国内军火生产数据的情况下，研究只能测算对武器总需求中武器进口的影响。在近期的一项面板回归研究中，史密斯和塔西兰（2005）发现，收入对武器进口并没有系统性影响，反而军费支出（可代表一个国家的安全观）对武器进口有非线性影响。至于第三项价格，史密斯和塔西兰（Smith & Tasiran, 2005）还证明了武器进口对价格变化是敏感的，其程度为负一，即：价格上涨1%，武器进口的数量就会相应下降1%。不管是更高的武器交易价格导致了补偿性的自我生产或是合作生产（或者转向黑市交易），或者相反，价格的下降相应导致自己生产数量的减少等都还是没有得到很好研究的问题。⑫

对于主要常规武器转让，SIPRI也是世界上提供这些武器生产全面信息的主要来源。⑬ 然而，因为数据收集工作注重于世界最大的武器制造公司，⑭ 关于非高收入国家的数据是很少的，2003年列入SIPRI前100大武器制造商的非高收入国家只有俄罗斯（最早排名第29位）、印度（第35位）和南非（第80位）［SIPRI（2005，表9A.1）］。中国公司的数据不可获得，中国台湾地区也只有零星的数据。鲍尔（Bauer, 2006）提出了6条评估军火工业透明度的标准。它们分别是：可获得性、可靠性、全面性、可比性、可分解性和关联性，但萨里（Surry, 2006）做出的一项评估发现即便是对高收入国家而言，依据鲍尔的标准只有很少的军火工业数据是有用的，部分原因是政府并没有像要求其他行业那样要求武器制造商频繁上报数据。

即使如此，这些数据还是表明军火生产同武器交易一起发生了重大变化。在20世纪50年代和60年代，"第一世界"和"第二世界"国家制造出完整的武器，并将其过剩的部分卖给那些不能生产武器的国家（"第三世界"），至少在部分地区确立了其区域性影响。有几个基本的变化颠覆了这种曾经非常直接地从第一到第三世界，以及从第二到第三世界的关系。第一，在20世纪70年代和80年代，越来越多的非高收入国家经济发展了，这使得他们能够致力于在本国

---

⑫ 互补性商品和服务（如，武器训练）和替代性商品和服务（如，民主）的价格对武器进口需求的影响也是一个还未研究的问题。

⑬ 武器"产量"是一个流量指标，它不同于武器存量。根据BICC（2003，第158页），"工业化"国家持有的主要常规武器存量指标从1991年的183下降到2001年的100。与之相反的是，非高收入国家这些武器的存量基本保持不变：指标值在1991年为105，在2001年为100。从绝对数值看，非高收入国家主要常规武器存量为208800件，高于工业化国家持有的199500件。目前还没有一个考虑到武器"杀伤性"的合理的综合指标。这样的指标应当不仅包括武器本身潜在的致命程度，还要包括成功部署的可能性，后者与训练参加的军事人员有关。

⑭ 因此，当我们知道这些国家军火转让的数量时，我们也无法推测出它们的武器"保有量"，因为我们对这些国家军火"生产"的信息是不完全的。

生产主要常规武器。表30-2显示出从20世纪50~80年代,成为主要常规武器输出国的非高收入国家的数目变为之前的4倍。(表30-2中高收入国家数目的增长是这段时间内从以前的非高收入国家变成高收入国家的结果。)

表30-2　　　　　　　主要常规武器输出国数目(每10年)

	20世纪50年代	20世纪60年代	20世纪70年代	20世纪80年代	20世纪90年代*	21世纪00年代*(2000~2004年)
高收入国家	20	25	27	30	32 [32]	26 [26]
非高收入国家	9	23	38	37	27 [43]	21 [39]
总计	29	48	65	67	59 [75]	47 [65]
TIV值**	154 688	196 828	315 884	365 873	223 919	84 479

数据来源:根据SIPRI数据计算得到(未公布数据)。

* 括号前的数字排除了原属于前苏联的国家,捷克斯洛伐克和南斯拉夫,它们都被世界银行划分为非高收入国家(以2004年人均GNI为标准)。括号中的数据则包括后面这些国家。

** TIV以1990年不变美元价格表示,单位:百万美元。

第二,20世纪80年代生产武器的非高收入国家比20世纪50年代多。但在21世纪前10年武器供应国的数量要少于20世纪60年代,20世纪90年代的少于20世纪70年代和20世纪80年代。虽然关于这一点并没有明确的理论可以解释,但可能是由于从20世纪50年代到80年代非高收入军火生产国的"泡沫",加之提高自身军火生产能力,和冷战年代两极对峙刺激本国生产武器的紧急需要共同导致的,即使这样做毫无经济效率[马尔库森和迪乔瓦纳(2003,第10页)]。例如,创立于20世纪50年代的不结盟运动,包括埃及、印度、印度尼西亚、巴基斯坦以及前南斯拉夫,后来还包括中国。巴西,虽然从来不是这场运动的参与国,但表明过类似的政治立场。所有这些国家在冷战时期都投入巨大精力从事军火生产。

第三,随着冷战的结束,"本土化"的趋势还不稳固;固定成本驱使下的"结构性裁军"[邓恩和萨里(2006)]使得除美国之外的其他国家都负担不起完全在本国发展和生产主要常规武器。取而代之的是,产业全球化通过组件生产专业化、壁龛目标市场选择和供应链一体化来降低成本[邓恩和萨里(2006)]。军火补偿贸易日益增加,已经成为几乎所有军火贸易的一个标准特点,同时合作生产、许可证生产,特别是技术转让也都备受重视[布劳尔和邓恩(2004)]。激发本土军火生产的"理由"也从政治决定演变成由商业决定。尽管国家的国防工业基础主要由本国的主承包商和分承包商来定义[邓恩（2005）]，但冷战结束后变成由全球化的术语来定义，它通常包含一些本质为民品制造商的公司，比如信息技术公司[邓恩和萨里（2006）]。主要的军火生产商还是集中在英美，尤其是美国，但常常应购买国的要求将各个方面的生产进行外包（军火补偿贸易）。

与军火转让的数据相比，分国家的军火生产数据相对较少，这使一些学者们采取不同的方法来研究非高收入国家的军火生产。因为主要常规武器生产要求投入先进的人力和物质资本。肯尼迪（Kennedy，1974），伍尔夫（Wulf，1983）和布劳尔（1991，2000）构造了潜在国防能力（potential defense capacity，PDC）指数，这个指数以国际标准产业分类代码为依据，是反映军火生产定性的、分级排列的指标。包含20世纪70年代中期到90年代中期，布劳尔（1991，2000）的研究显示，一个国家生产武器的潜在能力越高，它在实际武器生产方面的排名就越高（斯皮尔曼等级相关系数为0.6）。引人注意的是，生产武器最多的非高收入国家的PDC指数超过了高收入国家指数的平均水平。甚至第二等级的非高收入军火生产国都达到了高收入国家10%以内的平均PDC指数（表30-3列出了部分国家的PDC指标）。

表30-3　部分高收入国家和非高收入国家的潜在国防能力（PDC）指数（1986~1995年）*

第1组**		第2组**		第3组**	
阿根廷	33.6	智利	19.4	澳大利亚	33.6
巴西	51.6	埃及	24.7	比利时	34.3
巴拉圭	53.7	匈牙利	68.6	加拿大	31.5
中国	32.5	印度	42.1	法国	59.7
捷克共和国	37.1	印度尼西亚	57.2	希腊	44.2
墨西哥	61.8	伊朗	18.0	韩国	54.4
巴基斯坦	13.1	罗马尼亚	60.8	荷兰	26.5
波兰	66.4	乌克兰	55.1	西班牙	86.2
俄罗斯	54.1	南斯拉夫	62.9	瑞典	59.0
南非	23.0			瑞士	10.3
土耳其	55.5			美国	64.7

数据来源：基于布劳尔（2000）未公开的数据。

* PDC指数是一个百分比，它度量了一个国家在任意一年（1986~1995年）在283个与军火生产有关的工业类别中有多少个行业有生产记录。这些工业类别包括9个主要的工业群：工业化学、其他化学、钢铁、不锈钢、金属制品、非电子机械、电子机械、运输设备、科学、测量、控制设备。

** 第1组为有持续高水平军火生产的非高收入国家；第2组是有持续低水平军火生产的非高收入国家；第3组为高收入武器制造国。

在非高收入国家中，如果比较持续低水平军火生产国和持续高水平军火生产国的 PDC 指数就会发现，它们在统计上是相等的，这意味着尽管其潜在生产能力相当，但在实际军火生产水平上是有差别的。这可以用诸如地域等因素来解释：前一组由地处相对比较"平静"地区的国家组成，而后者则处于相对"敌对"地区。沿着 20 世纪 70 年代到 90 年代的时间轨迹，研究进一步表明了非高收入国家在大力发展本国的军火产业，正如他们提高人力和物质资本一样，并使得 PDC 水平与高收入国家的平均值在同一水平上。一些非高收入国家有军火生产的潜力，但他们并未充分利用（例如墨西哥、土耳其），另外一些国家超过他们所能承受的限度而使得本地生产能力紧张（比如，印度、印度尼西亚），同时还有一些国家完全可以生产高于过去水平的武器（比如，希腊、新加坡，现在都属于高收入经济体）。

2.3　军火生产和贸易的国际化

在 20 世纪 90 年代中期，人们习惯于谈论军火生产的"等级"和军火生产"阶梯"，非高收入国家提高了本国的生产能力就能向上攀登［克劳斯（Krause，1992），比特金格尔（Bitzinger，1994）］。但随着冷战的结束，非高收入国家已经被卷入到全球化的体系中，这覆盖所有产品，其中也包括武器。能够表明这一点的全面性数据还无法获得。实际上，这种观点是在对许多国家、公司和产品特定的案例分析的基础上［布劳尔和邓恩（2002，2004），马尔库森，迪乔瓦纳和利里（2003），邓恩和萨里（2006）］得出的判断。我们会在第 2.4 节中提供一个理论解释。

一些非高收入国家只是简单地放弃了军火生产的愿望，例如阿根廷［卡维基亚（Cavicchia，2003），谢茨（Scheetz，2004）］，或者大张旗鼓地对军火产业进行了重组。20 世纪 90 年代发生的军转民则更为艰难，比如对非高收入国家的平台生产商来说，其转型要比子系统和部件生产商更为困难，因为后者能相对容易地进入武器部件的国际市场，或者转入世界商业市场，或者同时进入两个市场［参见马尔库森，迪乔瓦纳和利里（2003）给出的例子］。

尽管无法保证持续成功，目标技术转让和本土技术的发展使得通过竞争获得的零部件定制生产成为可能，这是军火生产扩散的关键［孔卡（Conca，1998），施瓦茨（Schwartz，1987），比特金格尔（1994）］。和"世界汽车"一样，"世界武器"［马尔库森（1999）］允许非高收入国家以部件供应商的形式进入该产业，这种进入成本要低于自己生产整机所需完整规模的成本。20世纪 90 年代也见证了制造业壮观的地域转移，从高收入国家转移到以前和现在的非高收入国家，引发了对技术转让和技能发展的巨大投资。世界制造业现在已经模块化和分散化，以及系统集成化。尽管程度不同，这种趋势也适用于世界军备市场。我们发现，一些非高收入国家，例如南非，放弃了某些完整的军火生产线，这有利于进入由高收入国家的国际化军火商控制的武器定制市场［邓恩和兰姆（Dunne & Lamb，2004）］。[15] 因此，传统控制武器设计和生产的两极，"西方"和"东方"（主要指美国和苏联）已经消逝了。武器设计仍然由高收入国家，特别是美国所控制，部分原因是必需的研究与开发（R&D——下同，译者）支出难以承受，而零部件、组装和完全独立生产（甚至是经过授权的）则转移到以前和现在的非高收入国家。这当然在美国，引起与军火补偿贸易相关的生产重新分配的争论，国会要求行政部门提供详细的，尤其是关于军火补偿贸易对美国经济和就业影响的年度报告。例如，2002年一年，由于该年度签订的补偿贸易协议，美国估计损失了25 450个工作机会［工业和安全局（BXA，2005），第3~2页］。

跨国生产增加了以货币价值衡量军火贸易的难度。这不是什么原则性的问题，但对军火工业确实如此［鲍尔（2006），萨里（2006）］。一笔武器生意可能由英国或美国接单并被给予一定的武器出口金额，但可能相当一部分是由进口国或其他一个或多个国家生产的。美国在2003年平均补偿贸易"协议"金额为武器出口合同金额的121.8%（BXA，2005，第v页）。[16] 那年的补偿贸易"额"——包括履行之前签订的合同——达到了36亿美元，是1993~2003年间的最高记录。在这个时间段里，美国公司报告了与46个国家合作的6 593项补偿贸易交易，总价值为271亿美元（BXA，2005，第vi页）。世界范围的数量还无法获得，但从每个洲收集的大量近期案例分析表明，冷战结束后，军火工业中的补偿贸易以惊人的速度增长，其形式有许可证生产、合作生产，以及同第二等级的高收入国家和非高收入国家进行其他贸易等［布劳尔和邓恩（2004）］。尽管实际的补偿协议在细节安排上富有创造性，但目前得到的证据显示，人们所期望的结果很少发生，如与武器进口相比的成本节约，通过新的和保持工作岗位创造就业机会，技术转让促进民用部门发展，并由此带动经济发展。强制性的军火补偿贸易会产生机会成本，强制或迫使本国军火工业发展的机会成本明显高于供应商和购买国之间自愿谈判达成军火补偿贸易的成本

---

[15] 其他一些国家，如印度，在抵制一体化，继续维持自冷战以来就未改变的本国军火生产计划，但也为抵制付出了沉重的经济和潜在军事力量的代价［马赫斯瓦里（2003），巴斯卡兰（2004）］。

[16] 这是由于那年对单独一个高价值合同异常高的要件造成的。从1993~2003年这11年中补偿贸易协议要件平均值为71.4%（709亿美元的武器出口合同中有价值507亿美元的补偿贸易条款）（工业和安全局（2005），表2-1，第2~2页），但存在着一个上升的趋势。

[(Markowski & Hall, 2004)]。

就军火生产而言，一些高收入的小国，例如奥地利和挪威，与非高收入的大国，例如印度尼西亚或两极化的国家，如南非几乎没有什么不同。高收入和非高收入国家一样，都一起被划分到"同样的第二等级"，都受制于处于第一等级的系统设计者［马尔库森（1999，2004），比特金格尔（2003）］。这种趋势很可能会延续下去。有能力但不愿意生产武器（例如墨西哥）的非高收入国家，和"停滞"而不是"发展"的国家（例如尼日利亚）形成了其他等级，后者在发展能力方面一直很落后。总之，之前在涉足军火生产的高收入国家和非高收入国家的严格区分是否应该继续保留现在还是一个问题。

我们也发现军火生产的"阶梯"模型不再适用了。"阶梯"上的点衡量了一个国家距离自己生产武器，甚至是自给自足还有多远。在冷战时期，当一个国家试图自己生产主要常规武器整机时，这个模型是非常有用的。但随着冷战的结束和军火工业的国际化，需要一个新的军火生产模型来分析武器相关技术转让的扩散，以及通过不同形式的补偿贸易而进行外国直接投资，也就是这个模型要围绕与规模经济、范围经济、产业积聚，说到底是成本而不是产地问题展开。高收入国家和非高收入国家一样对如何进入市场同样要"精挑细选"。第2.4节将提供一个理论来解释到目前为止所观察到的一些现象。

2.4 一个军火生产理论

关于军火生产与贸易理论模型的研究还相当少。安德顿（Anderton，1995）回顾了由亚历山大、巴茨和米哈尔卡（1981）提出的一个供给和需求模型，同时还回顾了基于新古典贸易理论的赫克歇尔—俄林模型、规模经济模型、学习经济（动态收益递增）模型、不完全竞争和军火贸易模型。安德顿（1996）还增加了一种带有外部性的供给—需求模型、小型博弈模型和一种产品周期模型。英国一个研究小组，包括邓恩，加西亚·阿朗索，莱文和史密斯，他们在过去十多年中进行了广泛的理论研究，加西亚·阿朗索和莱文（本卷）对这些研究工作进行了总结。根据所研究的问题，每种理论都有其自身的作用。本小结要简单介绍一个新的理论。它以"企业边界"方面的文献［威廉姆森（Williamson，1985）］[17]为基础，解释了我们观察到的军火生产地点转移和结构变化的情况，这一点在前文中已经提到了。

我们把军火生产环节中的"纵向一体化"定义为生产活动发生在单独一

---

[17] 在贝桑科等人（2004）的著作中提供一个教科书版本的论述。

个国家境内,而不是发生在单独一家企业内。那么生产决策就是关于将所有相关军火生产活动保留在这个国家境内(本国生产)的决策,购买决策是决定从国外采购全部或部分本国所需要的武器的决策(国外购买)。一个国家面临自己制造或购买决策的问题,这同一家企业面临的问题是一样的。

假设产出水平不变,进一步定义"技术效率"为一个国家以多大程度采取了最小化成本的"生产"过程——"两种生产成本的稳定不变的差额:一是(企业)根据自身需要生产某种产品的成本;二是从市场购买同一产品所花的成本"[威廉姆森(1985),第92页];定义"代理效率"为以多大程度在"交换"过程中最小化代理、协调和交易成本。例如,当购买决策会使一个国家承受巨大的敲竹杠的风险时,与纵向一体化组织中的交易(国内生产)相反,市场交换的代理成本在此时就无法达到最小化。市场需求集中供给在最小化生产成本方面有优势,这是规模经济、范围经济和产业聚集的结果,但代价是会产生潜在巨大的代理风险。与此相反,纵向一体化的优势在于减小代理成本[Coase, 1937)],但却丢掉了竞争市场体现在生产效率上的唯一优势。例如,从国外购买关键零部件可以提高技术有效性,因为世界市场所实现规模经济的程度要远远超过国内生产所能达到的水平,但或许也要承担相当大的签约成本,包括监督和执行合约的成本。相反地,纵向一体化可以对与代理相关的成本进行严格控制,但会失去大规模生产的效率。因此,需要对技术效率和代理效率进行平衡,将两种成本之和最小化。

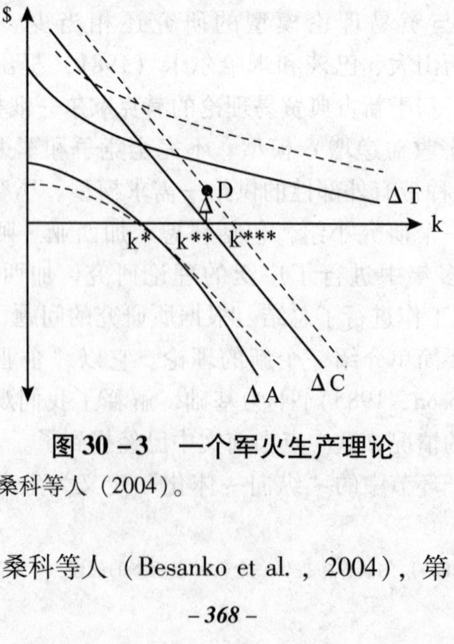

图 30 – 3　一个军火生产理论

资料来源:基于贝桑科等人(2004)。

图 30 – 3 [以贝桑科等人(Besanko et al., 2004),第 12 页为基础]纵轴

衡量了制造成本与采购成本之差。正（负）值表示制造决策的成本高（低）于购买决策，也就是说，国内生产活动的纵向一体化与购买国外产品相比花费更多（少）。横轴度量了资产专用性程度 k。资产可能是（1）专属于一个地点（例如，靠近机场和飞行训练地的飞机维修棚）；（2）专属于一个特定的生产目的（例如，为达到某种耐热性而经过处理的材料）；（3）专属于某种物资资产（例如，巡航导弹的生产设备）；以及（4）专属于人力资源（例如，为完成军事生产相关任务而在技术训练方面所做的投资）。资产专用性越强，其取值沿横轴走得就越远，资产重新配置到其他用途的适应性也就越小。

现在暂时不考虑所有的虚线，在图表中标记为 ΔT 的实线是所有制造减去购买技术效率成本最小值的包络线。同样，标记为 ΔA 的曲线是所有制造减去购买代理效率成本最小值的包络线。首先，ΔT 在资产专用性程度 k 值增加时减少。对于较低的 k 值，国内生产会遭遇成本惩罚，因为"标准化的交易由市场来通盘协调生产会大大地节省生产成本"［威廉姆森（1985），第 92 页］。因此在 k 值较低时，从国外采购是更好的选择。例如，竞争市场上专业生产高耐热性材料的厂商，可以把必需的研发成本分摊到多个客户（国家）上，这样与国内纵向一体化生产相比就有了成本优势。相反，如果资产专用性程度高（例如，弹头冲击波模块，它是生产爆炸类军需品所需的投入要素，或者为保证国家安全所需的核动力航母），那么对外部供给商而言，所使用投入品的专用性越高意味着销售渠道就越少。因此，规模经济、范围经济和产业积聚的优势逐渐消失，变得不再显著了。成本差异——ΔT——假定它是一个很小的正值，逐渐趋近于资产专用性轴。换句话说，国内生产相对于国外购买的成本劣势随着资产专用性程度 k 的变大而减小。在极端情况下，如果一种投入品只有这个企业（国家）在使用，那么市场的规模经济性就不存在了。[18] 其重要含义是企业（国家）"永远不要仅仅因为生产成本而进行一体化"［威廉姆森（1985），第 94 页］。代理成本促成一体化决定。

至于 ΔA——代理或治理成本——当资产专用性程度比较低时（$k < k^*$），纵向一体化生产比市场交换的代理成本高（ΔA 为正值）；当资产专用性程度比较高时（$k > k^*$），纵向一体化生产比市场交换的代理成本低。例如，当国内先进的技术转移到国外供应商那里来生产军用潜水艇推进器（一种专用性很高的资产）时，将重要的国家安全信息泄漏给第三方的风险也增加了。在决策者眼里，这会把 ΔA 假定为负值（通过市场交易的代理成本超过国内生产的代理成本），因此纵向一体化比外包更受偏爱。

---

[18] 即使在规模经济不存在的时候，市场中仍可能有范围经济和产业集聚的优势。

图 30 - 3 中最终曲线——ΔC——是在每个 k 水平上将 ΔT 和 ΔA 垂直加总得到的。因此，在 k^{**} 的左边，国内生产的技术和代理成本的总和超过国外生产的总成本（$\Delta C > 0$）。因此，对于专用性程度较低的情况，国家应当从国外进口投入品。[19] 在 k^{**} 的右边，使用资产专用性程度高的投入品就支持国内生产（$\Delta C < 0$）了。在 k^{**} 点，这是一个国内生产和国外采购无差别的点（$\Delta C = 0$）。ΔT、ΔA 和 ΔC 共同向下（向上）移动会引起 k^{**} 向左（右）移动，进而会减少（增加）国外采购的范围，并且会相应地增加（限制）倾向于国内生产的资产专用性程度。在极端情况下，如果 k^{**} 位于原点，对于所有可能的 k 值（因为 k 不能为负值）都有 $\Delta C \leq 0$。那么所有的军火生产将集中于国内。

考虑现在国际安全环境非常不好（例如，冷战期间），即使是盟友也不可以完全信任，国外交易的代理成本非常高昂，这反映出，比如，在另一个国家进行补偿贸易的生产中技术泄漏的风险很高，即使这个国家表面上是友好的。保持 ΔT 不变，ΔA 向下移动。这就刻画了这样一种情形，即一个国家会相信代理成本非常高，以至于没有任何可以信任的国外生产商来签订一份合同。于是信赖市场总被视为比在国内生产的成本更高昂。结果是，ΔC 也向下移动，且使 k^{**} 沿着 k 轴向左移动，将从国外进口投入品的资产专用性范围减少为 0。所有军火生产必需的专用性投入品都在国内生产。

技术和代理效率可能不是相互独立的。例如，自从 1982 年以来，对主要常规武器的需求，或者至少是贸易量，在全球范围内普遍下降，减少了规模经济的好处。与国外采购相比，国内生产缺乏优势，这导致在 k 的每个水平上 ΔT 都向上移动（在图中用虚线的 ΔT 表示）。但对于较低的资产专用性水平，$k < k^*$ 时，市场的代理效率优势可能没有那么明显，因为减小的生产规模会降低纵向一体化的代理成本，而增加更为依赖市场的代理成本。与此相反，对于较高的资产专用性水平，$k > k^*$ 时，国外采购相对于国内生产的代理优势将更加明显（例如，纵向一体化中的敲竹杠问题可能会更为严重，但存在大量潜在国外供给商时，是有可能避免市场上敲竹杠的问题的）。结果是，ΔA 围绕着 k^* 逆时针"旋转"（图中的虚线 ΔA），ΔC 的斜率更加陡峭，k^{**} 向右移动变为 k^{***}。因此，1982 年后需求的减少很可能预示着从国外采购所对应的资产专用性范围将增加。[20]

即使对所有的 k 来说代理效应是对称的，如果降低与市场交易相关的代理

---

[19] 这到底是指军火生产的零部件投入品还是生产国家安全的武器投入品在理论讨论中都不是关键问题。

[20] 对美国而言，特别是 2001 年 9 月 11 日之后，对与军事有关的商品和服务的需求增加了，因此我们可以得到相反的结论。

成本相对于纵向一体化的代理成本的大小，即将 ΔA 均匀向上移动，那么合并后的成本——虚线的 ΔC——将使 k^{**} 移动到 k^{***}。一个国家愿意从市场（国外）采购军火生产投入品的"门槛"就提高了。这通过比较 k^{**} 和 D 点也能看出来。对于一个"给定的" k 值，比如说 k^{**}，位于 ΔC 正值部分的 D 点代表生产成本超过购买成本。国内生产变得更加昂贵。尽管如此，坚持国内生产的人也仅强调国内军火生产努力的无效性，即使在冷战结束后，一些非高收入国家也还是这样认为。这就可以解释第 2.2 节和第 2.3 节中提到的某些现象，比如（1）在冷战后生产武器的非高收入国家的数量和地点已经改变（整机供应商更少了）；（2）仍旧进行军火生产的非高收入国家正在向供应链一体化，而不是纵向一体化的方向发展，即国内生产完整的主要常规武器。

尽管这个模型可能无法进行实证检验（例如，因为有些概念如"资产专用性"很难操作量化），但它的启示意义在于捕捉到涉及一个国家生产还是购买采办决策的相关因素。对于国防工业整体而言，特别是军火生产而言，代理效率、技术效率和资产专用性都会影响决策行为。

3. 小型装备和轻型武器

常规武器会展示出集中破坏的巨大潜能。因此政府很少使用此类武器。相反，小型装备和轻型武器（SALW）则常常被政府和非政府人士使用。如今它们是造成平民和军队人员伤亡的主要武器［伯恩（Bourne, 2005），第156页］。《小型装备调查》是一份由位于瑞士日内瓦的国际研究协会下一个同名项目年度报告，它估计，"每年至少有 500 000 人死于小型装备和轻型武器"，并且，该报告将这些武器称为"真正的大规模杀伤性武器"［SAS（2001），第1页］。与最近一次使用主要常规武器的大型战争——2003 年美国对伊拉克的战争相比，这一伤亡数量已赶上了每年进行一系列大型战争的伤亡数量。[21]

较之主要常规武器，SALW——如地雷——生产制造相对容易（即使是在国内或手工行业里也可生产），由于重量轻，它们更容易被运输、走私和藏匿。事实已经表明，小型装备技术的进步（更轻、更牢固耐用、更致命、更

---

[21] 2005 年小型装备调查（SAS, 2005）用了一章的篇幅估算了冲突死亡量（而不是所有与 SALW 有关的死亡）。使用冲突前后毛死亡率（CMRs）来计算"超额"死亡数，和直接与暴力武装冲突相关的死亡数估计值。我们发现，在 21 世纪 10 年代撒哈拉以南的非洲地区大约 25% 的冲突死亡是"直接的"，75% 是"间接的"死亡（由于和冲突有关的贫困）。反过来，所有"直接的"冲突死亡中有 60% ~ 90% 是由 SALW 造成的。每年全部冲突死亡人数（直接的和间接的）可能要大于 300 000 人。

简易、更低廉）正是导致征募和部署儿童士兵数量增加的原因之一［辛格（Singer，2005），第38页］。㉒ SALW 的滥用给非高收入国家造成了严重的短期和长期经济后果，主要通过微观经济影响健康、教育、工作激励及投资环境，而它们的积聚又恶化了宏观经济后果［科利尔等人（2003）］。并且通过制度的不确定性或失效放大了（如，涉及法律法规和司法部门），结果就是税收征收的滞后以及经济发展不充分［SAS（2003，2004），弗洛尔坎（Florquin，2005）］。这样由于小型装备的存在，私人及公共人道主义和发展援助就变得更为困难甚至完全不可能，正如诸多报道的实例一样，由于员工及所处团队受到了切实的威胁，私人慈善家和公共组织均从慈善工作地撤离了［戈德尼克、劳伦斯和斯托尔（Godnick，Laurance & Stohl，2005），SAS（2005），第251页］。因此在小型装备的成本中，我们就必须将仍然留在这个领域中私人慈善家和慈善组织所进行的避免、预防和自卫行为以及已经无法实现的预期利益考虑其中。同样，非高收入国家的私人企业也已经意识到了安全费用在增长，并且一个"私人军事公司"的新兴产业也成长了起来，并提供安全服务［利安德（Leander，2005）］。劳伦斯（2005）提供了新近兴起的关于小型武器研究领域的综述。

3.1 定义，数据及市场特征

小型装备是"连发左轮手枪和自装弹手枪、来复枪和卡宾枪、突击步枪、冲锋枪，以及轻机枪"。轻型武器是"重机枪、手持式管下榴弹发射器及固定式榴弹发射器、便携反坦克炮和便携防空炮、无后坐力来复枪、便携反坦克导弹系统发射器、便携防空导弹系统发射器、口径小于100毫米的迫击炮"［SAS（2001），第8页］。SALW 是一个长期的资本项目，因此，与每年军火生产和回收的流量相比，武器库存是很庞大的。相应的，轻型武器最明显的补给品——弹药市场也是庞大的（库存和弹药在第3.2节中进行讨论）。

小型装备调查组织是全世界首要的关于 SALW 数据的收集者和分析者，他们在小型装备方面扮演的角色就如同 SIPRI 在主要常规武器方面所扮演的角色一样。这一《调查报告》每年都会提供关于小型装备和轻型武器的产品、制造商、库存、贸易以及相关问题的最新信息。由于《调查报告》仅从2001年才开始发布，因此，可用于进行推断统计的时间序列数据尚不可得。

㉒ 同时，"劳动力大军"中的潜在儿童士兵也在增加，这是因为接连不断的战争和艾滋病的流行造成了数以百万计的孤儿。

SALW 产业是军火产业中分布最广泛的一部分。小型装备、轻型武器或者相关弹药制造商至少包含来自于 90 个国家以上的 1249 个公司 [SAS (2004)]，其中包括众多非高收入国家的公司。至少有 25 个国家有非法的（相对于合法或得到法律许可而言）小型装备生产基地，其中包括一些看似不太可能的国家，如特立尼达和多巴哥。手工及自制小型武器并非稀有之物，如在阿富汗和巴基斯坦就是这样。在南非，从 1994~1999 年间由政府部门收缴的非法持有的 106 000 件武器中，16% 的武器为自制武器。

冷战期间，SALW 市场呈现出双寡头垄断的形势，即被美国和苏联所控制。自此以后，该市场开始分化 [达菲尔德 (Duffield, 2001)，第 172 页]。现今，主要的生产商是一些高收入国家，如奥地利、比利时、法国、德国、英国、以色列、意大利、瑞士和美国以及一些非高收入国家，如俄罗斯，还可能包括中国。产业分化的确切原因尚未搞清楚，合理的假说可能包括，在需求方面，内战的爆发经常使用 SALW；同时，在供给方面，高收入国家武器产品追逐新的市场。20 世纪 80~90 年代，生产 SALW 的国家和公司的数量一直在增长。由于 SALW 的销售和购买行为已经由服从政治目标变为了经济目标 [穆辛顿 (Mussington, 1994)，第 163 页]，原有的在合法 SALW 市场中稳定的供求关系变得不再稳定了。即使是地下小型装备市场也已由全球性的供应商变为了地区供应商（如，从乌干达到卢旺达；从乌兹别克斯坦到塔吉克斯坦）。出现这一现象的经济原因之一是地下贸易带有政治风险（如，美国在 20 世纪 80 年代反伊朗军火贸易中的丑闻）。当武器通过其他国家和邻国流向处于冲突中的国家时能降低这种风险，而它们是实现军火流转的最佳地点。这些问题复杂性的另一个原因则与政权的安全性、安全服务的提供、使用暴力对自然资源的掠夺以及财富创造有关，这些都是高度本地化的问题并相应地激励了 SALW 贸易的"本地化"[达菲尔德 (2001)，库珀 (Cooper, 2006)]。

3.2 贸易额、产量、库存和价格

估算市场价值的是十分困难的，因为即使是市场中的合法部分也缺少透明度。一些合法 SALW 贸易的数据（包括弹药的数据）可从各国的出口报告及联合国的 COMTRADE 数据库获得，但这些数据来源都是依赖于各国主动提交的海关报告。这些数据存在着一个明显的问题，就是报告的合法贸易规模过于保守。北美及西欧的国家通常定期提交相关报告，但其他主要的 SALW 出口国和进口国并没有这样做。在 2001 年，有案可查的合法 SALW 出口额达到了

24亿美元[SAS（2004），第100页］。㉓ 这是以联合国的报告协调系统（HS）为基础的。另外一个针对2001年贸易额的估算，是基于联合国的SITC（标准工业贸易分类）代码，其数额达到了28亿美元[SAS（2004）第107页]，HS和SITC码所使用定义的细微差别造成了两者间的不同。这两种定义均比第3.1节开始部分给出的定义限制得更加严格。如果用一个定义包含额外SITC代码收集与小型装备相关的其他海关贸易，用这个定义估算，1994～2001年间，合法SALW的年均贸易额在50亿～70亿美元之间（用2001年不变美元价格表示），该数值接近于全世界运动鞋及冷冻鱼的年均贸易额[SAS（2004），第107页]。尽管这其中有可能包含了除SALW之外的其他军用及非军用武器，并可能因此夸大了合法的SALW贸易规模，但人们仍强烈怀疑有些国家政府在看似无伤大雅的SITC码中隐藏了大量的武器交易。例如，在SITC的"C2"类别中，除防空机枪、来复枪、手枪和警棍外还记录了剑、弯刀、刺刀、标枪及相关零件的海关交易量。如SITC交易记录显示的那样，荷兰、德国、英国及其他国家在1994～2001年间，进行了价值数亿美元的剑与刺刀的交易，这显然是不可信的。除每年价值50亿～70亿美元合法的SALW贸易外，隐藏市场、灰色市场及黑市被认为构成了额外10%～20%，即10亿美元[SAS（2001），第165～168页]的交易量。就总体贸易而言，据估算，全球每年的弹药市场贸易额比每年的武器市场本身贸易额还要高[SAS（2001），第15页]。

对SALW产量的估算表明，从1980～1998年间至少有1.2亿件武器被生产出来了[SAS（2001），第13页]。SALW产品的数量正在急剧增加，并且也引入了新的武器设计，这在一定程度上推动了冷战后军事武装的现代化。此外，冷战后军队规模的缩减，也造成了更多待售的剩余武器（在防务预算紧缩时代，可以补充国家收入），也因此催生了一个新兴的二级市场[SAS（2004），第57页]。有记录的AK47突击步枪的价格曾低至15美元[达菲尔德（2001），第172页]。㉔ 但与其他商品价格不同，武器价格没有被系统地收集，这也就排除了某些研究方法。一个受欢迎的例外是基利科特进行的数据收集工作[基利科特（Killicoat，2006）]，他的研究结果显示，从1990～2005年间，在处于内战痛苦泥沼的国家中，AK47的货币价格保持稳定不变（或实际价格有所下降），而在没有发生内战的国家中，其货币价格却有所上升（参见表30-4，部分国家黑市价格一览表）。

㉓ 小武器调查组织的成员基于挪威小军火转让问题研究机构（见 www.nisat.org）。
㉔ 一份阿拉伯的资料显示，在2003年的某个时点，在伊拉克南部的巴士拉AK47短暂以零价格"交易"过[SAS（2004），第48页]。

仅就小型装备而言（不考虑轻型武器），即使每年产品市场的规模和交易额都已下降，SALW 的全球库存数量仍已增加到了约 6.4 亿件［哈基和伍尔夫（Khakee & Welf, 2005）］。有意的武器征缴和销毁计划，如那些与裁军、复员及整编（DDR）有关的行动，征缴了相对很少的武器。[25] 有时候，DDR 的行动过程处置不当还造成了回收的武器再次流入市场的情况［SAS（2005）第 284 页］。武器库存的安全性也是异乎寻常的低。动乱国家的坍塌，如，1991~1992 年的索马里和 2003 年的伊拉克，导致了对数百万件军队、警察、戍边部队、情报部门及其他服役武器的抢夺。在 1997 年的阿尔巴尼亚，750 000 件武器遭到抢夺，这大约是国家武器库存的 80%［达菲尔德（2001），第 171 页］，这也是身处相邻地区科索沃的阿尔巴尼亚族人武装行动的一个重要序曲，此后即爆发了战争，并最终在 1999 年初以美国为首的北约组织为期 78 天的空袭行动结束。即使是在稳定但贫穷的国家里，每年也有数以十万计的武器因官员及相关内部人员的渎职和偷盗而损失掉［SAS（2004），第 56 页］。数量更多的武器在民间被偷走并再次进入黑市。政府部门仅只是缓慢地制定出改革措施来跟踪持有、占有和交易武器的行为。

表 30-4   部分国家 AK47 突击步枪的黑市美元价（1999~2005 年）*

国家/年份	1990	1995	2000	2005
阿富汗	80	100	100	150
阿尔及利亚	400	400	300	200
阿根廷	800	700	1 000	1 200
白俄罗斯	150	250	140	160
博茨瓦纳	200	250	200	200
哥伦比亚	609	800	350	400
刚果	200	215	120	50
科特迪瓦	180	100	100	120
克罗地亚	330	180	250	300
伊拉克	300	250	250	150
以色列	2 500	3 000	2 800	3 000
肯尼亚	500	100	200	150
利比里亚	100	100	100	45
莫桑比克	160	60	15	30

[25] 从 20 世纪 90 年代中期到 21 世纪 10 年代中期，6.4 亿件中只有 800 万件被征缴［见 SAS（2004），第 58 页］。

续表

国家/年份	1990	1995	2000	2005
巴基斯坦	120	200	200	280
菲律宾	250	300	300	328
塞拉里昂	270	150	120	100
新加坡	1 200	1 200	1 500	1 500
索马里	165	200	120	160
南非	160	200	195	180
苏丹	150	150	100	86
美国	420	450	480	500
津巴布韦	200	250	200	150
所有国家**	448	425	559	534
—内战国家	382	376	378	348
—非内战国家	530	464	669	655
—所有非洲国家	235	177	139	140

资料来源：基利科特（2006）。
* 表示数据由基利科特先生慷慨提供。
** 样本量每年发生变化。

同军火生产一样，弹药的生产也广泛地分布在世界各地。全世界至少有76个国家在生产小口径弹丸［SAS（2005），第13页］。生产弹药的厂家通常情况下并不会生产武器［SAS（2005），第13页］。这两个产业是相互分离的（就正如小型装备和轻型武器两个产业也是分离的一样）。小型装备弹药由雷管、推进器、射弹和金属套筒组成，每一种部件都是依次在不同的产业中进行生产；弹药工厂通常只不过是最终产品的装配线而已［SAS（2005），第一章］。从技术角度看，即使是在某种偏差范围内，弹药的生产通常也比相应的军火生产简单，其生产仅仅要求掌握简单的爆炸物知识和基本的金属加工技术。生产设备也可从广泛的世界制造业市场上获得。这意味着该行业进入成本低并且价格竞争的空间相当大。尽管如此，全世界雷管生产商的数量却很少，这主要是因为雷管的生产需要比生产其他武器部件更为复杂的技术及工具［SAS（2005），第13、30页］。如同主要常规武器的情况一样，有证据表明，一个国家的工业生产能力越强，该国就越有可能参与弹药生产。

3.3 供给技术及扩散

尽管年产量在持续下降，但SALW的生产正在更多的供应商和国家中扩散。生产所必备的技术通常很简单（与轻型武器相比，小型装备的情况更是如此），并且生产成本可以十分低廉。以 AK47 突击步枪为例，它设计于 1947 年，但直到 1999 年才得到了一个非常不受重视的专利权；该枪仅有 9 个可拆卸的部件，设计的简单性使许多地方都可以复制其设计，并且它能以每支低于 100 美元的成本生产出来 [SAS（2001），第 17 页]。关于基础生产技术与其在时间和地域上的扩散情况人们知之甚少。与主要常规武器相比而言，SALW 的许可生产已变得更为普遍了，在众多的实际情况中，这也导致了生产线向海外全部转移。举例来说，一个相对复杂的产品——便携式防空系统（MAN-PADS）业已通过演化、复制或授权生产的形式，从中国转移到巴基斯坦和朝鲜，从俄罗斯转移到中国、埃及、罗马尼亚、保加利亚、朝鲜、波兰和越南，以及从瑞典转移到巴基斯坦 [SAS（2004），表 3.2，第 82 页]。在突击步枪中，卡拉什尼科夫冲锋枪 AK 系列已经授权给了至少 19 个国家，黑克勒-科赫（Hechler & Koch）G3 至少授权给了 18 个国家，而赫斯塔尔轻型自动步枪（Herstal FN-FAL）则给了至少 15 个国家 [SAS（2001），表 1.4，第 20 页，当然，也可以找到更多的其他实例]。与主要常规武器的情况不同，大量非高收入国家已成为了成功的 SALW 授权生产的出口商 [SAS（2002），第 40～54 页]。

  经济学文献并没有对 SALW 的生产和扩散专门进行过理论分析。最初的假说简单地认为高收入国家的企业不符合"横向边界"理论。在国内生产已经充分挖掘了规模经济和范围经济的情况下，要实现利益最大化可能只能是将成熟的生产线转移到海外。[26] 最初的制造商得到了授权费，增加了对最初研发投资的回报，并且为新生产线释放了有限的设计和生产能力，还可以重新安排熟练员工到附加值更高的项目上。弗农（Vernon，1966）强调，成熟的生产线也可转移到国外，以便更好地收集当地市场中可得的信息，进而使产品适应当地的需求："……任何市场中的厂商都比其他地方的厂商更可能意识到在这个市场中引进新产品的可能性" [弗农（1966），第 192 页]。授权许可生产也可用于规避本国的出口限制，竞争海外的市场份额上。授权生产好处就在于，可使用经过检验的设计和技术进行国内生产，这样就减小了自己生产的经济风险或进口的经济成本。

  产品生命周期假说暗示了为什么关于小型装备技术业已达到了一定的技术高度，并且"很可能在未来很多年里停留在这一高度" [SAS（2004），第 20 页] 的说法可能是错误的。在 50 年的时间里，基本的枪炮平台或许没有太大

---

[26] 这就是弗农（1966）提出的产品生命周期假说。

的变化，但创新以及其附属品已经极大地提升了枪炮的轻便性、耐用性、射程、准确度和穿透能力［参见 SAS（2003），第 20～25 页］。在一项成熟的技术中，所采用的途径或许反而是一个额外的优势，这就类似于辅助电子装置方面的创新提高了如无人航空器的性能一样。在材料科学、精细生产流程及武器和弹药设计方面的重大进步包括声光抑制技术、夜视技术、穿甲弹药和武器装备部件化。此外，相关的附属装备，如射程测距机、激光瞄准以及快速开火装置也强化了武器性能。对武装力量来说，所有这些创新都与增加战场适应力和更高的单发"杀伤力"相关，但是对于 R&D 密集型的"厂商"而言，这些创新使用了稀缺资源而不是在维护成熟的生产线方面投入过多。因此这些创新一旦变得成熟，就极有可能从高收入国家的生产商转移到非高收入国家的厂商那里。除早先提到的突击步枪和 MANPAD 之外，另一个例子便是 RPG-7，它是一个有 40 多年历史，依靠火箭推进的榴弹发射器，其设计、变体以及衍生体和弹药现在正在被至少 11 个非高收入国家生产。该武器低廉的成本（二手武器：10 美元）、粗糙的设计、较轻的重量以及容易改装适用于多种便宜的弹药，都使其成为政府及相关非政府人员的首选武器。[27]

弹药是 SALW 的互补品。通常，弹药而不是武器是 SALW 使用、误用及滥用的限制因素［SAS（2005）］。譬如，在 1994 年卢旺达种族屠杀中，受害者们经常被武器捕获，而被冷兵器屠杀，这样可以节省弹药（也就是说，武器因为缺少互补品而导致使用其替代品）。其他地方的组织，如在马里，有证据显示，原料或手工生产的武器被用来补充失窃了的警察和军队库房。特别在许多非高收入国家中弹药储存于极端的环境条件下，都制约了弹药的储存寿命，如推进剂退化。同时，弹药作为一种消耗品，其成本可以迅速超过武器的成本。事实证明，对那些现金并不充裕的组织来说，弹药使用不当的后果非常严重［SAS（2005），第 18～20 页］。人们对 SALW 培训、保养及维修（TMR）的要求知之甚少，对 SALW 的互补品也是如此。人们或许可以预言，TMR 成本越高，SALW 在全世界范围内扩散和渗透就越少。很多轶事趣闻般的证据都可支持这一观点。比如，一个关于 MANPADS 的研究案例就表明，对正确操作的培训需求是十分普遍的［SAS（2004），第 85 页］。

供给国、中转国和接受国，或者这些国家的厂商，如果有的话，都需要应付不同涉及小型装备的相关法律法规。我们无法直接判断某笔特定的 SALW 交易是否是合法交易、地下交易、灰色交易或黑市交易。从一个国家到一个经

㉗ 生产 PRG-7 的非高收入国家有：保加利亚、中国、埃及、伊朗、伊拉克、巴基斯坦、波兰、罗马尼亚、俄罗斯、斯洛文尼亚和泰国［SAS（2004），第 35～37 页，特别是表 1.11］。

纪人的军火转让在转让国的法律规定下也许是合法的，但是经纪人接下来通过中间商的交易或许就不是那么好控制了（灰色市场），而且武器有可能完全被违法地进口到最终接受国（黑市）。一个评论家写道，市场对强有力的违法者和软弱法律制定者的依赖程度是一样多的［伯恩（2005）］。例如，仅有25个国家执行了明确的关于武器经纪行为的法律、法规［SAS（2004），第142、161页］，而且这些法律法规在上报要求、监督、核查、遵守及强制执行方面的差异很大。在国际层面上，仅在2001年7月一些联合国成员国达成了"从各个方面防止、打击和消除小型装备和轻型武器非法贸易的行动纲领"。在2003年和2005年，两年一届的国家级会议也在一致行动方面取得了一定的进展。整体的法规环境还很薄弱。有可能将发展成熟的关于其他全球性挑战的经济理论运用到国际军火贸易规制领域，比如说国际环境规制，但至目前还没有人这样做［参见桑德勒（1997）］。

3.4 小型装备和轻型武器需求

直到21世纪00年代中期，实际上几乎所有能看到的经济学论文都忽略了SALW的需求方，即使标准的消费者需求新古典理论完全能够作为理解需求方面的切入点。㉘ 对于单个消费者而言，需求的主要决定因素是对SALW的偏好、资源、SALW以及它们的互补品与替代品的价格。㉙ 要理解为什么人们需要小型装备与理解人们为什么不需要它们是同样重要的。从选择行为的差异上我们希望可以了解是什么促成了这种状态的转变。举例来说，1994年，在南非解除种族隔离的同时也解除了一些限制，这进而放纵了之前对于小型装备的"隐藏"需求的爆炸性增长。这已经难以逆转了。与此相反，一些社团对武器的需求程度很小。［例如，吉尔吉斯斯坦。参见SAS（2004年，第10章）］。

在防御性或掠夺性环境中，枪支是最"富有成效的"，因为它可以在几个使用者手中循环使用。但在群体中（家庭、家族、帮派、警察部队，等等）必须制定一个有效的内控机制以防止在群体中滥用枪支。探究团体如何保持内部凝聚力和防止内部滥用枪支，就可能为解开大型社会团体对SALW需求之谜提供线索。也可以利用犯罪经济学方面大量的研究成果来了解什么样的经验可以转移到小武器需求研究领域［参见库克和路德维格（Cook & Ludwig，2000），海明威（Hemenway，2004）］。

㉘ 这部分来自于布劳尔和穆加（2006）。
㉙ 科利尔等人（2003）讨论了如自然资源禀赋与内战关系等影响需求的因素和对小型装备的需求。

我们需要区分以自卫、娱乐或狩猎为目的的最终需求和将武器作为一种投入品来提供商品和服务的衍生需求,如商业狩猎、虫害防治、保安服务,或伤害性用途,如土匪。这两大类的需求不应混为一谈,不仅是因为根本的偏好不同,更是因为它们形成需求的方式差别极大。举例来说,我们估计枪支收藏家购买枪支的资金来源于收入所得或者用一种资产和另一种资产做交换,如为了收集枪支而将金融资产变现,希望后者升值快于前者。消费者需要权衡在枪支上与在其他商品和服务上的开销。因此,即使有很高的购买意愿,有限的资源和枪支(或弹药)的高价格都为购买枪支树起了一个有效的屏障。相比之下,例如那些带着犯罪目的,意图滥用小型装备的生产者,把枪支视为一项可以取得投资回报的工具。因此,我们预计由这两类动机形成的对小武器的需求会沿着截然不同的轨迹和动态过程运行。理论也暗示了武装暴力的制造者会比改良暴力技术的最终需求者更为积极地寻找更牢固、更轻巧、更易于隐蔽和更强大的武器装备。避免破坏或伤害的有效监管要求可行的和有效的实施措施,但恰恰是由于缺少这样的措施,才使暴力制造者有了持续存在的空间。

与需求相关的基本数据的收集和实证研究从21世纪最初10年的中期就已经开始了,主要是受小型装备调查机构委托的案例研究。已计划对一些非高收入国家,如布隆迪、刚果布拉柴维尔、马其顿和苏丹进行实地研究,对例如巴西、巴布亚新几内亚、所罗门群岛和南非等非高收入国家的初步研究业已完成[纳尔逊和穆加(Nelson & Muggah, 2004),穆加(2004),科尔斯腾等人(Kirsten et al., 2004),莱辛(Lessing, 2005)]。每个案例都从不同方面突出展示了动机和手段如何共同刺激或抑制对小型装备的购买或使用(滥用)。例如,在巴布亚新几内亚(PNG——下同,译者注)相当近的一次现代枪械的出现和使用已经使传统形式的暴力冲突升级到可能超过本地应对能力的水平。各种类型的枪支出奇的多样化,实地研究发现这种武器的数量相对适度,至少部分原因是弹药有着不寻常的高价格。这是一个有趣的发现,因为它指出了一种可能性,也就是至少在某些情况下不针对于枪械,而是针对于其供应链或互补性的产品和服务的政策干预才是最有效的[SAS(2005)第1章]。

实地研究还记录了本地小型装备贸易非常有趣的动态过程。在PNG,我们发现不同类型收入和资产(如猪,农作物和妇女)可以用来交换枪械。因此,获得小型装备的方式不仅指用收入购买武器,也包括用赠与、贷款和消耗非一般资产的方式。此外,在PNG主要调查显示了不仅是个人在采购武器,村庄或部落也是如此,调查还表明部落很乐意出租武器,或者作为雇佣军提供服务,以此继续与邻邦进行武装暴力冲突。在给定它们的动机程度和有限手段情况下,各部落在如何选择行动以实现其目标方面都十分老到。PNG部落特有的暴力性质可能会降低基于偏好和动机进行需求干预的成功的可能性。相反，在这个例子中，如果他们将资源集中于提高枪支、弹药以及相关维修和服务的价格，同时通过严格和有效的法律措施提高使用（滥用）枪支的成本，那么最初的做法会更为成功，这个策略在所罗门群岛似乎已经取得了一些成果[参见布劳尔和穆加（2006）]。

关于 SALW 在不同用户类别中分布情况的数据很难获得，主要因为估计未经登记或非法用户的所有量带有很大的不确定性。仅举一例，一项估算显示在 2003 年 11 个拉美国家中，正规武装力量（军队和警察）势力拥有 880 万支枪支。与此形成对比的是，注册的民用枪支为 1 160 万支，据估计还有 2 500 万至 6 000 万未登记的民用枪支 [SAS（2004），表 2.2，第 51 页]。类似地，事实上每一次估计得到的都是有偏的分布情况。总体而言，民用市场估计占整体市场的 80% 以上 [SAS（2004），第 21 页]。

总而言之，SALW 市场在理论和实证方面都没有得到很好的研究。当理论分析得到假说时，需要数据来检验，隐藏于这些数据背后的原始材料也同样没有得到很好的研究。至于其他武器类别，外交官的工作重点放在对供应方的监管上，例如军火贸易以及武器登记及不扩散计划。不幸的是，随着生产技术的移转，最没有能力创造和执行供应方监管的国家也正是存在 SALW 问题最多的国家。这并不会使供给方面的研究显得多余，更多地了解军火生产的扩散机制和贸易，以及相关的其他问题当然是非常有意义的——但是如果能够寻找到有效控制小型装备和暴力的政策，同研究供应链一起研究需求方面和中间市场，将比迄今为止的情况更有意义。

4. 非常规武器

4.1 原子武器

一些非高收入国家正在或者已经参与了生产原子武器、生物武器和化学武器——或者叫做 ABC 武器。[30] 除基本的总量数据以外的经济信息（谁生产了

---

[30] 原子武器属于范围更广的放射性武器。一种放射性武器是由任意的一种作用剂和散布装置组合而成，能够造成放射性污染。基于这个定义，通过任意散布装置（例如，甘油炸药）释放任何放射性物质（例如，在核医疗学中使用的材料）都可以算作是放射性武器。事实上，这类武器仍然仅限于原子武器，因此在本节中也限定在这些武器上。

什么）非常缺乏。比如说，一个典藏丰富的国防专业图书馆藏至少有一打关于巴基斯坦原子项目的图书，其中一半在巴基斯坦出版过，但是我们却无法从任何一本中发现关于项目成本或预算信息的合理推测。根据联合国武器调查特别委员会（UNSCOM）对伊拉克任务的数据进行估计，巴基斯坦始于1972年的项目，其年均经费约5亿~7亿美元，这不包括发射系统的费用［米安（Mian, 1995，第63页）］。即使在最新的大规模杀伤性武器的百科全书中［克罗蒂，沃茨和拉森（Croddy, Wirtz & Larsen, 2005）］，虽然有真实的武器、发射方式和技术的信息，但实际上仍然没有经济性内容。我们只能得出这样的结论，当国家声称拥有非常规武器时，他们就显然已经不计成本地实现武器产品化了。关于贸易，偶尔也有轰动的消息曝光，比如在2003年被发现的巴基斯坦阿卜杜勒·卡迪尔·汗的非法核武器扩散。至于主要常规武器，武器禁运刺激了寻找替代供应商的动力。比如，巴基斯坦首先接近美国以获得生产武器级钚的设备。遭到拒绝后，巴基斯坦转向其他国家并最终获得了中国和朝鲜的技术支持以及利比亚和沙特阿拉伯的经济援助（原文如此，不代表译者观点，下同）［拉沃伊（Lavoy, 2005），第275~276页］。阿卜杜勒·卡迪尔·汗在德国接受了培训，德国和加拿大提供了前期核技术［兰福德（Langford, 2004），第72页］。美国的F-16和法国的幻影-5喷气机提供了发射武器的能力。但是由于F-16在1990年被禁运，巴基斯坦又开始着手于弹道导弹计划来代替它们，这再次得到了中国和朝鲜的帮助。截至2005年，已经有超过20多个国家拥有了弹道导弹，尽管其设计陈旧，差不多有30个国家购买了飞毛腿导弹或者购买了相关技术以研制自己的导弹。

  类似的故事同样发生在南非，在禁止进行国际军火贸易的情况下，南非利用美国和法国的先行技术，发展了自己的原子武器生产能力。在1979年，美国发现在南非的海岸上空发生了一次低当量高空核爆炸，但是关于这次计划的细节，包括疑似与以色列有关的核贸易都是不得而知的。韩国同样也涉足了原子武器的生产，但是迫于美国的压力于1972年就放弃了。印度的原子能项目的建立，得到了加拿大、法国、俄罗斯和美国的前期支持。在南非事件中，它的很多科学家都在美国学习过［兰福德（2004），第70~72页］。在被驱逐出伊拉克之前，联合国武器调查特别委员会（UNSCOM）记录了伊拉克与原子武器有关设备交易的情况，还有物理上被毁坏或转移的48枚战役可运作导弹，6个军用可移动发射台，28个军用固定发射垫，32个建设中的固定发射垫和其他导弹支持设备及原料［西格尔（Segell, 2005），第390页］。尽管伊拉克的项目增加了它工业生产能力的负担，伊拉克还是能够通过贸易获得很多备用材料，虽然其成本多少并不清楚。

根据核威胁倡议，下面的现在或之前的非高收入国家或地区，已经或者早就已经有了与武器相关的原子项目，或者功能性原子武器，包括：阿根廷、白俄罗斯、巴西、中国、埃及、印度、伊朗、伊拉克、以色列、哈萨克斯坦、利比亚、朝鲜、巴基斯坦、俄罗斯、南非、韩国、中国台湾地区、乌克兰、乌兹别克斯坦和南斯拉夫。[31] 其中阿根廷、巴西、伊拉克、利比亚、南非、韩国和中国台湾地区已经放弃了各自的研究[32]；以色列从来没有公开承认此类生产；有很多关于伊朗的传闻，但是都没有得到证实；朝鲜已经宣称拥有原子武器，且似乎于 2006 年 10 月进行过实验性核爆炸；中国、印度和巴基斯坦都已经试验过核武器，并且众所周知拥有发射装置和制导技术。而后者——发射和制导——都是原子武器的补充装置，它构成了坚实的，难以逾越障碍（参见第 4.4 节）。

虽然关键投入技术的供应方控制减慢了武器的扩散，但是非扩散这一观念并没有真正起到作用。在可感知到的压迫或威胁下，即使缺少工业和人力资源，一些国家在生产这些武器方面也取得了明显的进步。进入这个行业是可能的，即使要支付未知但可能是相当巨大的成本，也许这也是为什么当国家的政治局势和威胁感知发生变化时，一些国家（巴西、利比亚和南非）会选择退出这个市场，或者放弃它们以前的项目（白俄罗斯、哈萨克斯坦和乌克兰）。

4.2 生物武器

关于生物武器，有 147 个国家签署了 1972 年的生物和毒素武器公约（BTWC）。该公约于 1975 年生效，禁止生物武器（BW）的发展、生产和储存。一些国家虽然已经签署了但并没有认可这个公约（BTWC），比如，叙利亚。和 CWC（见第 4.3 节）不同，BTWC 并未提供验证协议，预计在此后的 10 年或者 20 年内才会实现。这致使一些国家都参与到建立信任措施中，并开始投资于生物安全活动。建立信任的措施包括每年公布和报告高危设备、特殊疾病的爆发、相关研究的宣传和发表以及跨国学术交流。但从 1986 年开始，就只有不到 40 个国家仍然坚持定期发表该项申明，大多数非高收入国家都已经放

---

[31] 叙利亚有时也会被划归为这一类，但根据核威胁倡议却没有任何证据支持这个说法。关于埃及的事实仅仅稍微强一些。对于所有提及的国家，这些项目或者武器要么被公布于众要么有引人注目的事实证据。

[32] 在 2005 年 8 月 7 日，巴西前总统约塞·萨尔内公开宣称，巴西在军事化专政时期的 1964～1985 年，曾进行了一项积极的原子武器项目。这是巴西首次公开承认它以前的核计划（Andrew Hayes，路透社新闻，2005 年 8 月 8 日）。三周之后，巴西核能源委员会前主席何塞·路易斯·桑塔纳（Jose Luiz Santana）公开表示，在 1990 年 8 月这一项目被停止和拆除时，军队"正在准备一项测试爆破"（Michael Astoria，美联社新闻，2005 年 8 月 30 日）。

弃了［克罗蒂（Croddy, 2005a），第43~47页］。

我们知道，伊朗、伊拉克、利比亚、南非和苏联都有先进的或者已被使用过的生物武器。众所周知，印度拥有防御性生物武器的研究项目。中国、古巴、埃及和朝鲜据说也在进行BW活动。苏联解体后，白俄罗斯、乌克兰和乌兹别克斯坦已经或者正在清除一些BW站点。哈萨克斯坦的情况并不明确。㉝巴西、巴基斯坦和俄罗斯拥有无可置疑生产BW的潜力，但是没有明显证据证明这些国家已经研究或生产了BW介质。关于叙利亚和中国台湾地区生产BW的意图或能力，目前还没有一致的结论。

当今，唯一实用（有效的）大规模散播生物武器媒介（比如细菌、病毒和毒素）方式被认为是通过使用易传染易扩散的气雾剂。但是生物原料的这个过程要求直径为1~10微米，同时要保持存储和扩散时的生物活性，这是一个非常苛刻的"技术要求"［克罗蒂（2005b），第53页］。小规模生物武器生产可能并未超出某些非高收入国家的科学和工业能力，但和稀缺军事资源的其他用途相比，它几乎不具有军事和外交价值。

4.3 化学武器

禁止化学武器组织执行着1993年《关于禁止发展、生产、储存和使用化学武器及销毁此种武器的公约》（CWC）的规定。㉞ 到2004年12月31日为止，有167个国家正式批准了该条约。未签署条约的国家有埃及、伊拉克、朝鲜和叙利亚。其中，伊拉克和叙利亚（后者通过埃及）获取、生产及/或使用过化学武器的事实已经众所周知。利比亚也一样，但在2003年12月19日，利比亚宣布放弃生产和使用大规模杀伤性武器，并在2004年签署了CWC（但仍需要正式批准该条约）。以色列已签署但尚未批准该条约。CWC其中包括一条"任何时间、任何地点"进行检查的规定，截至2002年12月，对5237处公开的地点进行了1276次检查。5个国家宣布拥有化学武器储量，并将在未来10~15年里销毁。到2005年初，12个禁止化学武器公约成员国公开了60多个之前的化学武器生产设施；10个国家宣布拥有的"老的"，即1946年前的化学武器；3个国家报告藏匿了其他国家根据CWC"放弃"的储藏在本国

㉝ 美国资助它拆除这些站点，但它仍保持了"大规模的人、动物和植物病原体强毒株的收藏"（核威胁倡议；www.nti.org，2005年8月31日））。

㉞ 爆炸物当然也属于化学武器，但CWC没有涵盖它们。军事分析家认为，美国和苏联使用的温压型（燃料空气）爆炸物（例如在20世纪90年代分别在伊拉克和车臣使用）相当于低当量战术核武器［克拉克（2005）］。类似地，原子武器依赖于化学反应的物理性能（如冲击波），但也不被认为是化学武器。

的化学武器（最多的超过100万的弹药，是日本放在中国的。）㉟

虽然哪些必须申报的内容还有局限性，而且对于未来化学武器生产必须保持警惕，人们普遍认为，CWC在其监督、建议和检查方面做得很好。㊱ OPWC秘书处拥有约500位员工，并且2005年有7500万欧元的预算［哈特（Hart, 2005），第93~96页，SIPRI（2005），第13章］。尽管如此，一篇《科学》杂志中的报告关注了日新月异的生产技术，如"化学合成和生产的微型反应系统……体积从信用卡的大小到笔记本的大小不等"［源（Nguyen, 2005），第1021页）］。人们已经知道有几种致命的化合物就是用这种方法制造的。化学战剂分成窒息、水疱、血液（身体组织的）以及神经毒剂。其他的毒剂，如会暂时引起头晕、迷幻、瘫痪等反应的失能毒剂（防暴控制剂），在一定的剂量上被认为是非致命性的。CWC禁止在战争中使用它们。

我们对生物武器和化学武器生产和运输的成本几乎是未知的，但相比原子武器，一般认为它们生产起来更便宜也更容易。不过，这并不一定使运输这些武器更容易或更便宜。以远距离或洲际弹道导弹的使用为例，除了和原子武器一样要解决远距离运输的问题之外，生物战剂在重新进入以及随后的高速发射时，还需要适当的冷藏和防护。一次爆炸产生的热量能摧毁生物或化学战剂。为避免这种情况，复杂的喷雾喷洒方法是必需的。此外，不同于原子弹爆炸的情况，CBW战剂要达到预期效果必须有适宜的气象和地形条件。一些分析家据此认为，在一场国家之间的战争中，CBW对于一个国家的实际作用是值得商榷的［恩德斯和桑德勒（Enders & Sandler, 2006），戴维斯（Davis, 2005）第85页，施皮尔斯（Spiers, 2000），第57~75页］。在国家战争中一般不使用它们就是一种证明。㊲然而，对在有限地理环境（如部队登陆点）中小规模使用非常规武器的研究正突飞猛进，并且已公开发表。加上同样迅速发展的分子生物学、化学和运输技术工程知识，以及通过公开途径的科学知识的传播，分析家担心不对称武器作为替代品对非高收入国家和非政府部门是有吸引力的，甚至极具可能性。其潜在对手的常规力量越强，他就越有可能选择替代使用另外的武器装备。有约束力的制约因素似乎既不是成本，也不是生产的能

㉟ 被公开的储量在阿尔巴尼亚、美国、俄罗斯、印度和南非；之前的生产设备在波斯尼亚-黑塞哥维那、中国、法国、印度、伊朗、日本、利比亚、俄罗斯、塞尔维亚和黑山、韩国、英国、美国；拥有1946年前CWC的国家有澳大利亚、比利时、加拿大、法国、德国、意大利、日本、斯洛文尼亚、英国和美国；放弃CWC的国家是中国、意大利和巴拿马。

㊱ 比较顽固的国家如伊朗（原子武器）、伊拉克（原子、生物和化学武器）以及朝鲜（原子武器）明显地迟滞了检查制度的建立，这增加了信息情报的可靠性的要求。

㊲ 据报道，利比亚总理声称ABC项目的成本与使用这些武器预期能够获得的军事和政治利益相当，这也是这个国家于2003年12月19日放弃大规模杀伤性武器的原因；Gaddafi在2004年11月的《费加罗报》中也有类似的报道（SIPRI（2005），第633~634页）。

力，而是组织的和法律的限制：发展一个使用廉价、新颖、非常规武器新的战争理论，可能需要彻底的全面改变陆、海、空军的划分，很可能会要求正式退出 BTWC 和 CWC，这是大多数但不是全部国家已经签署并正式批准了的。

对国家的秘密行动而言，这种武器也是有吸引力的。南非的海岸计划（后来的 Jota 计划）包括一个 CW 和一个 BW 生产基地，前者有 120 名工作人员，后者是 70 名。工作重点是影响人生理功能的化学失能毒剂和生物调整剂。生产出来的毒剂被怀疑用在了莫桑比克和纳米比亚，以及南非的边境国家，但据称最直接的应用是将这种难以追踪的武器用于了个别"国家敌人"[贝尔（Bale，2005），第 268 页]。

4.4 导弹技术和基于太空的活动

尽管不是那么重要，对原子、生物和化学武器的一项补充工作是运输技术，尤其是不仅仅限于导弹和导弹技术。一些国家，如巴西、中国、印度、朝鲜、巴基斯坦、俄罗斯和南非已能在这一方面取得实质性的进展。其中的一些为另一些国家提供援助，如叙利亚一直在努力但始终未能利用本土资源制造出导弹。如果叙利亚同以色列卷入一场常规战争，其结果是可想而知的，因此叙利亚有动力发展替代的作战手段。然而尽管努力了 30 年，它显然还不具备经济能力去这样做。与叙利亚相比，一些国家取得了一定的成功，如伊拉克，即使是缺少具体的武器相关的成本和生产数据，人们至少能够定性地推断出其相关成功的起点。

我们无法可靠地获得弹道导弹成本（或出口收入）的资料。SIPRI 注意到一些零散的价格，大部分每件低于 200 万美元。这些导弹的最大装载量小而且定位错误率高。如果装上常规弹头，这些武器不适合作战，它们的价值可能是心理上的而非军事上的 [SIPRI（2004），第 554~555 页]。如果装有 ABC 武器，目标准确性就变得不那么重要了。但是，如果装有精确制导系统，装上常规弹头的弹道导弹就变得更有价值了。人们普遍认为，这种系统将很快以商业（即以市场为基础的竞争）价格被广为接受。尽管如此，导弹是复杂的设备，需要大量的投入，如特殊燃料、发动机、弹头、重返大气层飞行器与制导系统，所以，对非高收入国家而言在短期内还不能实现竞争性的出口。

相当多的资料反映了非高收入国家与太空有关的生产活动，但很分散、不系统。这方面的资料几乎没有关于成本的数据或者关于人力和物力投入要求的信息。只有三个国家——中国、俄罗斯和美国——有积极的军事航天计划，只有美国有能力将武器装载到卫星上。这需要昂贵的后勤支持，目前除了美国没有其他国家可以负担得起[联合国裁军研究所(2003),第6页]。然而,如同常规武器那样,"商业空间活动的快速增长和大部分空间系统内在的两用性质"[海斯(Hays,2003),第22页],将日益把宇宙空间纳入到规模经济和范围经济中,并因此,主要受制于经济性的而非政治性的机遇和制约因素。举例来说,高分辨率太空摄影技术已经可以轻松廉价地从商业部门获得,而仅仅几年前,此类智能资产的使用还限于当时的超级大国。因此,如果还没有空间武器化,太空军事化——将外层空间用于军事目的——已经发生了。

军事空间任务可以划分为以下类别:(1)空间支持;(2)武力增强;(3)空间控制,和(4)武力应用任务[海斯(2003)]。截至20世纪前10年中期,没有一个国家在太空部署武器,也没有国家断言说控制了外层空间(有能力抵制其他国家对太空的军事化用途)。但一些国家已经发展或者正在发展空间支持基础设施,以利用空间来增强武力,比如,增强综合战术预警和攻击检测,以及增强情报侦察与监视、勘测,当然也包括通信、位置、速度、时间和导航(GPS)的目的。

37个当前或之前的非高收入国家拥有与外层空间商用、民用或者军用有关的机构、公司或者设施。[38] 很多是用于通信、导航、地球观测,而不是军事目的,并使用了参股或合作经营的方式。举例来说,2003年9月,尼日利亚发射了第一颗卫星。虽然除了钱之外得到的不多,但它表明了这个市场全球化的性质,即可以购买英国建造的卫星,然后在俄罗斯发射。巴西在20世纪90年代初终止其弹道导弹的研究,转而加入了导弹武器技术控制制度,但继续研究航天运载器。虽然非高收入国家目前的空间活动没有敌意,但毫无疑问的是,至少目前的一些活动可以转换到军事目的。

4.5 ABC武器生产与进入/退出理论

在冷战背景下,理论研究基本上被核武器竞赛和其威胁性用途所左右,但这是以这些武器实际存在为基础的[参见,例如布里托和英特利盖特(1995)]。冷战结束后,关于非高收入国家原子武器的经济学论著相对薄弱。辛格和韦(Singh & Way, 2004)用一个模型检验了"扩散理论",他们的经验变量包括

---

[38] 它们是:阿尔及利亚、阿塞拜疆、巴西、中国、捷克斯洛伐克、埃及、匈牙利、印度、印度尼西亚、伊朗、伊拉克、(以色列)、黎巴嫩、马来西亚、摩洛哥、尼日利亚、朝鲜、巴基斯坦、菲律宾、秘鲁、波兰、(葡萄牙)、俄罗斯、(沙特阿拉伯)、(新加坡)、斯洛伐克、(斯洛文尼亚)、南非、(韩国)、(西班牙)、叙利亚、(中国台湾地区)、泰国、突尼斯、土耳其、乌克兰和乌拉圭。参见www.globalsecurity.org,2005年9月17日。前非高收入国家在括号中列出。

国内政治因素、外部安全环境和经济变量,如工业生产能力。他们没有使用二元因变量,而将"走向核武器"的选择分为了四个层次:(1)对原子能武器没有兴趣;(2)尝试一个原子武器的选择;(3)积极地获得原子武器;以及和(4)实际生产一个或多个原子武器。通过对 1945~2000 年 154 个国家和地区数据的分析,这个模型不仅完美地预测了那些对原子武器感兴趣的国家,还预测了任何特定国家发展核武器各个阶段的时间路径。尽管某些预测缺失了,这个模型在确认哪个国家在某个时间发展到什么阶段方面做了可靠的工作。尤其是,该模型将威胁感知(动机)和工业生产能力(方式)认定为决定获取原子武器的驱动力。并非全部有办法"走向核武器"的国家都有动机这么做;相反地,也是令人担忧的,一些有动机获得核武器的国家或许在将来会具备这些手段而获得核武器。

辛格和韦的论文只是关于进入而非退出的理论。一个国家为什么和怎样选择放弃核武器并未模型化[辛格和韦(2004),第 883 页]。退出确实被模型化了,即使只是顺便提及,比如在热耶尔、莫尔多瓦努和斯塔凯蒂(Jehiel, Moldovanu & Stacchetti, 1996)的论文中谈到了乌克兰的情况。乌克兰在处理其剩余核武器时,通过谈判迫使俄罗斯和美国提供拆除"援助"以抵补预计的维护成本,美国和俄罗斯这样做是为了避免其他国家提供资助造成潜在的核扩散。在一些垂直契约文献中,模型描述了这样一种情况"买方不喜欢其他代理人可能得到商品"[热耶尔,莫尔多瓦努和斯塔凯蒂(1996),第 815 页],且当最终的买家得到商品会对其他非买方产生负的外部性时,模型还讨论了最优的销售策略。例如,如果伊朗已经购买了乌克兰的原子武器,就会对其邻邦如伊拉克造成负的外部性。这个模型的一个结果就是卖方会可信地承诺根本不出售武器。而乌克兰会出售武器零件代替出售武器。这种情况至少表面上有点像环境保护组织购买排污限额以达到使它们不再流通的目的,或者生态保护社团购买成片的雨林以避免它们成为潜在的耕地。

尽管如此,基本没有哪一个理论著作讨论原子武器如何产生这种根本性的生产问题。有一篇论文[库比(Koubi, 1999)]——在商业研发及专利文献的基础上,发展了一个三阶段军事研发竞赛模型。这个模型的一个重要方面在于假定国家会根据他们在竞赛中的"相对"位置进行监控和做出反应,竞赛的结果预示着军事力量的分布。某些商业 R&D 竞赛中,获胜者全拿的结果可能导致失败的竞争者把资源转向"另外一个" R&D 项目,与之不同的是,在军事 R&D 竞赛中,失败者追赶获胜者也具有重要价值。因此,军事竞赛的动态过程不同于商业竞赛。在库比的模型中,失败者从来不退让。相反,他加强努力却落后更多。此外,只要最终的成功有利可图,不管达到终点的先后顺序如何，一个国家不会单方面撤出竞赛［库比（1999），第545页］。㊴ 一个有趣的应用涉及非高收入国家，如中国、印度和巴基斯坦，在核武器方面的努力。1998年，印—巴的核爆炸试验再一次把全世界的目光聚焦到这两个国家上，印度的政策被引导到了其他地方：他的目标并不在于拉开和巴基斯坦的差距，而是要赶上中国，而在此之后中国给巴基斯坦核武器发展援助更多了［辛格（1998）］。库比的模型意味着如果中国飞速追上了美国——可能以收复中国台湾地区作为战利品——那么印度就会赶上中国，巴基斯坦追赶上印度。正如很多文献所描述的那样，把军备竞赛看成是 n 个国家的竞赛，这里 $n=2$（如希腊—土耳其，或者印度—巴基斯坦）的代替，我们最好把这样的竞赛看成是 n 个国家的竞赛，但 $n>2$。

总之，虽然非高收入国家发展生物和化学武器的威胁仍然存在，主要的威胁在于连续不断的尝试研究、发展和在弹道导弹上部署原子武器。这个记述还太小，还不足以概括非高收入国家为此努力所付出的成本。但这个记述清楚地表明了几个方面的内容：(1) 与原子武器相关技术的扩散确实发生了；(2) 一些非高收入国家成功地进入了这个行业；(3) 非高收入国家两国或多国间的原子武器军备竞赛确实发生了；以及 (4) 一些非高收入国家退出了原子武器行业，很可能不再回来。目前为止，还没有一个已经成形的理论可以解释所有这四个事实［辛格和韦（2004）］。

5. 结 论

在前面的内容中出现了几个主题。第一，主要常规武器数据的可获得性很差，小型装备和轻型武器则更差，最差的是非常规武器。第二，关于非高收入国家军火生产和军火贸易活动的理论还没有得到很好的发展。在这里所做的努力表明，从国防经济学文献之外借鉴而来的模型可以用于分析这些课题：本章中使用的企业纵向边界理论、产品生命周期假说、垂直契约理论和 R&D 专利竞赛的例子都来自于企业理论方面的文献。也许也能够以类似的方式解析和引入其他领域的文献。第三，前非高收入国家，如希腊、以色列、葡萄牙、新加坡、韩国、西班牙和中国台湾地区，它们从低端常规武器生产逐渐发展成为相

㊴ 库比的模型没有考虑军事 R&D 的获胜者会先发制人，因为这与商业中获胜者全拿的情况是等价的。在这种情形下，失败者停止自己的努力并且把资源投向另一个竞赛是更好的选择。但是一个公开的并且是可信的先发制人的"策略"可能会打消落后者在竞赛中追赶的积极性，或者减弱了落后者努力的强度，这种情况可适用于中东［库比（1999），第551页］。

当复杂的平台、零件、武器和武器系统的制造商,和他们一样,现在很多非高收入国家也能够向生产类似的尖端武器的方向迈进,我们目前正处于这样一个门槛上。能够使这个过程暂停的因素是前面提到的这些国家固有的人口少,经济规模小,军事力量弱。相反,目前的非高收入国家,例如巴西、中国、印度、印度尼西亚、马来西亚、巴基斯坦、俄罗斯和南非具有更强大的经济和军事潜力。随着这些国家的国内市场现在可以与美国或者欧盟相竞争,其规模经济和范围经济可能在军火生产和贸易动态中比以前发挥更加重要的作用。第四,尽管非扩散政策已经延缓了武器(或先导技术)的扩散,但却无法使它停止。供给方限制无法抵消需求方的压力。我们观察到在所有武器类别中都有行业进入的现象,而且预计在将来会看到更多的非高收入国家参与进来,即使与今天的形式不同(例如,更多供应链的跨国一体化)。这是一国人力、物质和制度资本逐步发展的自然结果,如他们生产能力的发展。给定这些方式,所需要的不过是在本国生产武器的动机。第五,这给国际外交增加了更多的压力。斗争的工具越是容易获得,这些工具越是更多地转移到非高收入国家和非政府角色者手中,就越是迫切地需要研究和政策来重视冲突偏好的形成,并且去研究如何设计有效的自我保护或干预机制。第六,尽管所有国家都从共同维护共同安全中受益,只有在很少的情况下非高收入国家能够从军火生产和联合贸易中得到具体的经济利益。

参考文献

Alexander, A. J., Butz, W. P., Mihalka, M. (1981). "Modeling the production and international trade of arms: An economic framework for analyzing policy alternatives". RAND Note N-1555-FF/RC. RAND, St. Monica, CA.

Anderton, C. H. (1995). "Economics of arms trade". In: Hartley, K., Sandler, T. (Eds.), Handbook of Defense Economics, vol. 1. North-Holland, Amsterdam, pp. 523–561.

Anderton, C. H. (1996). "What can international trade theory say about conventional arms trade?". Peace Economics, Peace Science and Public Policy 4 (1–2), 9–31.

Bale, J. M. (2005). "South Africa: Chemical and biological weapons programs". In: Croddy, E. A., Wirtz, J. J., Larsen, J. A. (Eds.), Weapons of Mass Destruction: An Encyclopedia of Worldwide Policy, Technology, and History, vol. 1. ABC-Clio, Santa Barbara, CA, pp. 266–269.

Baskaran, A. (2004). "The role of offsets in Indian defense procurement policy". In: Brauer, J., Dunne, J. P. (Eds.), Arms Trade and Economic Development: Theory, Policy, and Cases in Arms Trade Offsets. Routledge, London, pp. 217–232.

Bauer, S. (2006). European Arms Export Policies and Democratic Accountability. Oxford University Press, Oxford.

Besanko, D., Dranove, D., Shanley, M., Schaeffer, S. (2004). Economics of Strategy. Wiley, New York.

[BICC] Bonn International Center for Conversion (2003). Conversion Survey. Nomos, Baden-Baden.

Bitzinger, R. A. (1994). "The globalization of the arms industry: The next proliferation challenge". International Security 19, 170 – 198.

Bitzinger, R. A. (2003). Towards a Brave New Arms Industry? Oxford University Press, Oxford.

Bourne, M. (2005). "The proliferation of small arms and light weapons". In: Krahmann, E. (Ed.), New Threats and New Actors in International Security. Palgrave, New York, pp. 155 – 176.

Brauer, J. (1991). "Arms production in developing nations: The relation to industrial structure, industrial diversification, and human capital formation". Defence Economics 2, 165 – 175.

Brauer, J. (2000). "Potential and actual arms production: Implications for the arms trade debate". Defence and Peace Economics 11, 461 – 480.

Brauer, J. (2002). "The arms industry in developing nations: History and post-cold war assessment". In: Brauer, J., Dunne, J. P. (Eds.), Arming the South: The Economics of Military Expenditure, Arms Production, and Arms Trade in Developing Countries. Palgrave, New York, pp. 101 – 127.

Brauer, J., Dunne, J. P. (Eds.) (2002). Arming the South: The Economics of Military Expenditure, Arms Production, and Arms Trade in Developing Countries. Palgrave, New York.

Brauer, J., Dunne, J. P. (Eds.) (2004). Arms Trade and Economic Development: Theory, Policy, and Cases in Arms Trade Offsets. Routledge, London.

Brauer, J., Muggah, R. (2006). "Small arms demand: Theory and initial evidence". Contemporary Security Policy 27 (1), 138 – 154.

Brito, D., Intriligator, M. (1995). "Arms races and proliferation". In: Hartley, K., Sandler, T. (Eds.), Handbook of Defense Economics, vol. 1. North-Holland, Amsterdam, pp. 109 – 163.

[BVC] Bureau of Verification and Compliance (2002). World Military Expenditures and Arms Transfers, 1999 – 2000. Bureau of Verification and Compliance, US Department of State, Washington, DC.

[BXA] Bureau of Industry and Security (2005). Offsets in Defense Trade, Ninth Study. Bureau of Industry and Security, US Department of Commerce, Washington, DC.

Cavicchia, G. P. (2003). "The dismantling of the Argentine defense industry". In: Markusen, A., DiGiovanna, S., Leary, M. C. (Eds.), From Defense to Development? International Perspectives on Realizing the Peace Dividend. Routledge, London, pp. 101 – 120.

Chen, S. (2003). "Defense conversion in China". In: Markusen, A., DiGiovanna, S., Leary, M. C. (Eds.), From Defense to Development? International Perspectives on Realizing the Peace Dividend. Routledge, London, pp. 201 – 223.

Clark, W. S. (2005). "Fuel-air explosive (FAE)". In: Croddy, E. A., Wirtz, J. J., Larsen, J. A. (Eds.), Weapons of Mass Destruction: An Encyclopedia of Worldwide Policy, Technology, and History, vol. 1. ABC-Clio, Santa Barbara, CA, pp. 136 – 137.

Coase, R. (1937). "The nature of the firm". Economica 4 (16), 386 – 405.

Collier, P., Hoeffler, A. (2007). "Civil war". In: Sandler, T., Hartley, K. (Eds.), Handbook of Defense Economics, vol. 2. North-Holland, Amsterdam. This volume.

Collier, P., Sambanis, N. (2005). Understanding Civil War: Evidence and Analysis. World Bank, Washington, DC.

Collier, P., et al. (2003). Breaking the Conflict Trap: Civil War and Development Policy. World Bank and Oxford University Press, Washington, DC.

Conca, K. (1998). "Between global markets and domestic politics: Brazil's military-industrial collapse". Review of International Studies 24, 499 – 513.

Cook, P., Ludwig, J. (2000). Gun Violence: The Real Costs. Oxford University Press, Oxford.

Cooper, N. (2006). "Peaceful warriors and warring peacemakers". Economics of Peace and Security Journal 1 (1), 20 – 24.

Croddy, E. A. (2005a). "Biological and toxin weapons convention (BTWC)". In: Croddy, E. A., Wirtz, J. J., Larsen, J. A. (Eds.), Weapons of Mass Destruction: An Encyclopedia of Worldwide Policy, Technology, and History, vol. 1. ABC-Clio, Santa Barbara, CA, pp. 43 – 47.

Croddy, E. A. (2005b). "Biological warfare". In: Croddy, E. A., Wirtz, J. J., Larsen, J. A. (Eds.), Weapons of Mass Destruction: An Encyclopedia of Worldwide Policy, Technology, and History, vol. 1. ABC-Clio, Santa Barbara, CA, pp. 50 – 59.

Croddy, E. A., Wirtz, J. J., Larsen, J. A. (Eds.) (2005). Weapons of Mass Destruction: An Encyclopedia of Worldwide Policy, Technology, and History. ABC-Clio, Santa Barbara, CA. 2 vols.

[CRS] Congressional Research Service (2005). Conventional Arms Transfers to Developing Nations, 1997 – 2004. Congressional Research Service, Washington, DC.

Dando, M. (2002). "Scientific and technological change and the future of the CWC: The problem of non-lethal weapons". Disarmament Forum 4, 33 – 44.

Dando, M. (2005). "The malign use of neuroscience". Disarmament Forum 1, 17 – 24.

Davis, M. (2005). "Chemical and biological munitions and military operations". In: Croddy, E. A., Wirtz, J. J., Larsen, J. A. (Eds.), Weapons of Mass Destruction: An Encyclopedia of Worldwide Policy, Technology, and History, vol. 1. ABC-Clio, Santa Barbara, CA, pp. 80 – 85.

Duffield, M. (2001). Global Governance and the New Wars: The Merging of Development and Security. Zed Books, London.

Dunne, J. P. (1995). "The defense industrial base". In: Hartley, K., Sandler, T. (Eds.), Handbook of Defense Economics, vol. 1. North-Holland, Amsterdam, pp. 399 – 429.

Dunne, J. P., Lamb, G. (2004). "Defense industrial participation: The South African experience". In: Brauer, J., Dunne, J. P. (Eds.), Arms Trade and Economic Development. Routledge, London, pp. 284 – 298.

Dunne, J. P., Surry, E. (2006). "Arms production". In: SIPRI Yearbook. Oxford University Press, Oxford, pp. 387 – 418.

Enders, W. (2007). "Terrorism: An empirical analysis". In: Sandler, T., Hartley, K. (Eds.), Handbook of Defense Economics, vol. 2. North-Holland, Amsterdam. This volume.

Enders, W., Sandler, T. (2006). The Political Economy of Terrorism. Cambridge University Press, Cambridge.

Florquin, N. (2005). "Guns in crime". HFG Review: 21 – 25. http://www.hfg.org/hfg_review/5/hfgsmallarms.pdf [accessed 11 September 2005].

García-Alonso, M., Levine, P. (2007). "Arms trade and arms races: A strategic analysis". In: Sandler, T., Hartley, K. (Eds.), Handbook of Defense Economics, vol. 2. North-Holland, Amsterdam. This volume.

Godnick, W., Laurance, E. J., Stohl, R., Small Arms Survey (2005). "Effects of small arms misuse". HFG Review: 10 – 20. http://www.hfg.org/hfg_review/5/hfgsmallarms.pdf [accessed 11 September 2005].

Hart, J. (2005). "Chemical weapons convention (CWC)". In: Croddy, E. A., Wirtz, J. J., Larsen, J. A. (Eds.), Weapons of Mass Destruction: An Encyclopedia of Worldwide Policy, Technology, and History, vol. 1. ABC-Clio, Santa Barbara, CA, pp. 93 – 96.

Hartley, K. (2007). "The arms industry, procurement and industrial policies". In: Sandler, T., Hartley, K., (Eds.), Handbook of Defense Economics, vol. 2. North-Holland, Amsterdam. This volume.

Hays, P. L. (2003). Current and future military uses of space. In: United Nations Institute for Disarmament Research, Outer Space and Global Security. UNIDIR, Geneva, pp. 21 – 64.

Hemenway, D. (2004). Private Guns, Public Health. The University of Michigan Press, Ann Arbor, MI.

[IISS] International Institute for Strategic Studies (2004). The Military Balance, 2004 – 2005. Oxford University Press, London.

Jehiel, P., Moldovanu, B., Stacchetti, E. (1996). "How (not) to sell nuclear weapons". American Economic Review 86 (4), 814 – 829.

Kennedy, G. (1974). The Military in the Third World. Scribner's, New York.

Khakee, A., Wulf, H. (2005). "Following the trail: Production, arsenals, and transfers of small arms". HFG Review: 26 – 30. http://www.hfg.org/hfg_review/5/hfgsmallarms.pdf [accessed 11 September 2005].

Killicoat, P. (2006). "Cheap guns, more war? The economics of small arms". MPhil Economics Thesis. Oxford University.

Kirsten, A., Mashike, L., Matshedisho, K. R., Cock, J. (2004). "Islands of safety in a sea of guns". Mimeo. Small Arms Survey, Geneva.

Koubi, V. (1999). "Military technology races". International Organization 53 (3), 537 – 565.

Krause, K. (1992). Arms and the State: Patterns of Military Production and Trade. Cambridge University Press, Cambridge.

Langford, R. E. (2004). Introduction to Weapons of Mass Destruction: Radiological, Chemical, and Biological. Wiley-Interscience, Hoboken, NJ.

Laurance, E. J. (2005). "Small arms research: where we are and where we need to go". HFG Review: 3 – 9. http://www.hfg.org/hfg_review/5/hfgsmallarms.pdf [accessed 11 September 2005].

Lavoy, P. (2005). "Syria: chemical and biological weapons programs". In: Croddy, E. A., Wirtz, J. J., Larsen, J. A. (Eds.), Weapons of Mass Destruction: An Encyclopedia of Worldwide Policy, Technology, and History, vol. 1. ABC-Clio, Santa Barbara, CA, pp. 275 – 277.

Leander, A. (2005). "The market for force and public security: The destabilizing consequences of private military companies". Journal of Peace Research 42, 605 – 622.

Lessing, B. (2005). "A case study on firearms demand in Rio de Janeiro". Mimeo. VivaRio, Rio de Janeiro.

Lewer, N., Davison, N. (2005). "Non-lethal technologies-an overview". Disarmament Forum 1, 37 – 51.

Lewis, D. A. (2003). "Diversification and niche market exporting: The restructuring of Israel's defense industry in the post-Cold War era". In: Markusen, A., DiGiovanna, S., Leary, M. C. (Eds.), From Defense to Development? International Perspectives on Realizing the Peace Dividend. Routledge, London, pp. 121 – 150.

Maheswhari, S. (2003). "Diversification of defense-based industries in India". In: Markusen, A., DiGiovanna, S., Leary, M. C. (Eds.), From Defense to Development? International Perspectives on Realizing the Peace Dividend. Routledge, London, pp. 179 – 200.

Markowski, S., Hall, P. (2004). "Mandatory defense offsets-conceptual foundations". In: Brauer, J., Dunne, J. P. (Eds.), Arms Trade and Economic Development: Theory, Policy, and Cases in Arms Trade Offsets. Routledge, London, pp. 44 – 53.

Markusen, A. (1999). "The rise of world weapons". Foreign Policy 114, 40 – 51.

Markusen, A. (2004). "Arms trade as illiberal trade". In: Brauer, J., Dunne, J. P. (Eds.), Arms Trade and Economic Development. Routledge, London, pp. 66 – 88.

Markusen, A., DiGiovanna, S. (2003). "From defense to development?". In: Markusen, A., DiGiovanna, S., Leary, M. C. (Eds.), From Defense to Development? International Perspectives on Realizing the Peace Dividend. Routledge, London, pp. 1 – 14.

Markusen, A., DiGiovanna, S., Leary, M. C. (2003). From Defense to Development? International Perspectives on Realizing the Peace Dividend. Routledge, London.

Mian, Z. (1995). "The costs of nuclear security". In: Mian, Z. (Ed.), Pakistan's Atomic Bomb and the Search for Security. Gautam Publishers, Lahore, pp. 39 – 81.

Muggah, R. (2004). "Diagnosing demand: Assessing the motivations and means for firearms acquisition in the Solomon Islands and Papua New Guinea". Technical Report Discussion Paper 2004/7. State Society and Governance in Melanesia Project, Research School of Pacific and Asian Studies. Australian National University, Canberra.

Mussington, D. (1994). Understanding Contemporary Arms Transfers. Brassey's, London.

Nelson, C., Muggah, R. (2004). Solomon Islands: Evaluating the Weapons Free Village Campaign. Small Arms Survey, Geneva.

Nguyen, T. H. (2005). "Microchallenges of chemical weapons proliferation". Science 309, 1021.

Perlo-Freeman, S. (2004). "Offsets and the development of the Brazilian arms industry". In: Brauer, J., Dunne, J. P. (Eds.), Arms Trade and Economic Development: Theory, Policy, and Cases in Arms Trade Offsets. Routledge, London, pp. 187 – 204.

Sandler, T. (1997). Global Challenges: An Approach to Environmental, Political, and Economic Problems. Cambridge University Press, Cambridge.

Sandler, T., Arce, D. G. (2007). "Terrorism: A game-theoretic approach". In: Sandler, T., Hartley, K. (Eds.), Handbook of Defense Economics, vol. 2. North-Holland, Amsterdam, This volume.

[SAS] Small Arms Survey (various years). "Small Arms Survey". Oxford University Press, Oxford.

Scheetz, T. (2004). "The Argentine defense industry: An evaluation". In: Brauer, J., Dunne, J. P. (Eds.), Arms Trade and Economic Development: Theory, Policy, and Cases in Arms Trade Offsets. Routledge, London, pp. 205 – 216.

Schwartz, A. N. (1987). "Arms transfers and the development of second-level arms industries". In: Louscher, D. J., Salomone, M. D. (Eds.), Marketing Security Assistance: New Perspectives on Arms Sales. Lexington Books, Lexington, MA, pp. 101 – 130.

Segell, G. (2005). "United Nations Special Commission on Iraq (UNSCOM)". In: Croddy, E. A., Wirtz, J. J., Larsen, J. A. (Eds.), Weapons of Mass Destruction: An Encyclopedia of Worldwide Policy, Technology, and History, vol. 2. ABC-Clio, Santa Barbara, CA, pp. 389 – 390.

Singer, P. (2005). Children at War. Pantheon, New York.

Singh, J. (1998). "Against nuclear apartheid". Foreign Affairs 77 (5), 41 – 52.

Singh, S., Way, C. R. (2004). "The correlates of nuclear proliferation". Journal of Conflict Resolution 48 (6), 859 – 885.

[SIPRI] Stockholm International Peace Research Institute (various years). SIPRI Yearbook: Armaments, Disarmament and International Security. Oxford University Press, Oxford.

Smith, R., Tasiran, A. (2005). "The demand for arms imports". Journal of Peace Research 42, 167 – 181.

Spiers, E. M. (2000). Weapons of Mass Destruction: Prospects for Proliferation. St. Martin's, New

York.

Sprague, O. (2004). Lock, Stock, and Barrel: How British Arms Components Add up to Deadly Weapons. Oxfam, London.

Surry, E. (2006). "Transparency in the arms industry". SIPRI Policy Paper No. 12. Stockholm International Peace Research Institute, Stockholm.

[UK Government] Foreign and Commonwealth Office (2004). Response to Sprague, 2004. http: //www. thedma. org. uk/Topical/tiDets. asp? ItemID = 159 [accessed 20 April 2005].

[UNIDIR] United Nations Institute for Disarmament Research (2003). Outer Space and Global Security. UNIDIR, Geneva.

Vernon, R. (1966). "International investment and international trade in the product cycle". Quarterly Journal of Economics 80 (2), 190 – 207.

Williamson, O. (1985). The Economic Institutions of Capitalism. Free Press, New York.

Wulf, H. (1983). "Developing countries". In: Ball, N., Leitenberg, M. (Eds.), The Structure of the Defence Industry: An International Survey. St. Martin's Press, New York, pp. 310 – 343.

第 31 章
贸易、和平及民主：一个二分体争端的分析

所罗门·W·波拉切克
（纽约州立大学宾汉姆顿分校经济学系和政治学系）

卡洛斯·西格利
（罗格斯大学经济学系）

摘要

至少从1750年德·孟得斯鸠男爵（Baron de Montesquieu）提出"和平对贸易具有实质性影响"以来，大量经济学家和政治学家都支持"国与国之间的贸易可以带来和平"的理念。生产一些具有比较优势的商品而不是其他商品，可以提高资源的利用效率。这种建立在比较优势基础上的专业化分工可以使人们从贸易中获益。如果因政治冲突而使贸易减少，那么冲突的成本至少应该把国家所损失的贸易收益计算在内。两个国家从贸易中获得的收益越多，双边冲突所带来的代价就越大。这个观念形成了孟得斯鸠男爵关于二分体争端理论的基础。这一章设计了一个分析框架来表明：两个贸易伙伴之间从贸易中获得的收益越高，它们之间发生冲突的可能性就越低。围绕这个问题，本章提供了一些必要的数据资料来检验这个假设，并对目前有关贸易冲突文献所取得的进展进行了概括；使用了各种具有代表性的相关政治互动的证据来证明：贸易国之间会出现更多的合作、更少的对抗，且贸易量增加一倍，会使好斗性减少20%。我们认为，基于各种详细资料所得出的结果是具有说服力的，使用截面和时间序列技术来修正因果关系也支持这个结果。此外，当使用双边进口需求弹性来进一步考察贸易所得时，贸易对冲突和合作的影响是强烈的。由于民主国家间的双边贸易和相互合作均多于非民主国家，所以可以用"民主的和平"来解释民主国家相互之间为什么很少出现对抗现象。

然后，这一章进一步研究了关于商品贸易、国外直接投资、关税、国外援助、国家接壤和多重互动的扩展贸易冲突模型。

关键词： 贸易　冲突　合作　相互依存　贸易收益　双边冲突　民主和平　民主国家

1. 引　言

1.1　背景：单体与二分体分析

1959年1月1日，通过革命罢黜富尔亨西奥·巴提斯塔后，菲尔德·卡斯特罗担任古巴领导人。一年多以后，时任苏联第一副总理的米高扬与失去美国物资支持的古巴进行贸易谈判。此后不久苏联与古巴便建立了外交关系。美国对此的反应是展开经济和政治攻势，并由此引起了猪湾事件，最终导致了古巴导弹危机。但是在古巴和美国关系恶化的期间，美国和加拿大则在经济上和政治上打得火热。

一转眼到了2005年，古巴和美国的经济和政治关系依然很糟糕，同时古巴在经济上和政治上对俄罗斯的依赖也很少。相比之下，自从20世纪90年代初期以来，古巴接受了加拿大的直接投资，并且继续着与加拿大自1959年以来的贸易，加拿大和古巴的政治关系也一直相当好。此外，美国与俄罗斯不仅经济关系得到改善，而且这两个国家之间的政治关系也变得更加合作。最后，加拿大与美国的关系继续得到加强。

从以上的事例中，人们可以知道些什么呢？第一，任何一个国家（比如美国、俄罗斯和古巴）在同一时间内可以既有合作国际关系也有冲突国际关系，也就是说，在同一时间内一国在国际上既有朋友也有敌人。第二，经济和政治关系是内在地缠结在一起的。在这一章，我们通过这两个方面来说明"贸易和冲突"的文献是有根据的。任何一个特定的国家在与一些国家开展合作的同时，可以与其他一些国家处于冲突状态。此外，经济和政治关系是手牵着手一道前行的。除了上面提到的国家外，还有数不清的其他例子。我们想要说明的问题是，为什么一个特定的国家，比如美国，它与加拿大有好的关系，而又与古巴有不好的关系？为什么一个国家，如古巴，它与加拿大有好的关系而与美国有坏的关系？为什么这样的情况发生在同一时间？这里我们清楚地看到，仅仅把一个国家看作是与世隔绝的，而不把与它组成双边关系（即二分体）的国家都看成是与世隔绝的，并不能回答问题的全部。体系的变量，也就是整个国际政治体系的一般变量，也不能提供一个答案。体系变量不能解释合作与冲突在系统的两个成员之间怎样同时共存。我们认为，合理地解释以上问题，最低限度必须关注二分体的研究而不能以国家为单位来考察。事实上，虽然目前已经有一些文献开始将其研究延伸到包含多边互动的情况，但二分体关系的研究确实是冲突—贸易研究的基本方法。[①]

1.2 定义和平：一个贸易理论角度[②]

在上述二分体的关系中，我们把冲突定义为贸易误入歧途的结果。众所周知，国家（或诸如家庭的其他经济组织）可以通过贸易来提高它们的福利（如果贸易前彼此面对不同的相对价格），原先自给自足的国家因贸易而带来的福利增加的部分称为"贸易收益"。收益来自生产的专业化，来自以更有利价格进行交换的能力。专业化和能力的提高，可以带来更高的收入水平和更多的消费机会，即使生产维持在贸易前的水平，也是如此。经验证据表明，来自贸易的收益是实质性的。例如，阿塞莫勒、约翰逊和罗宾森（2003）认为，进入大西洋是（西部）欧洲在1500年和1850年间崛起的原因，那些从事远距离海洋贸易的国家尤其是这样。

但是，如果当一个特定经济体的贸易收益没有其认为的那么高时，会发生什么情况呢？在这种情况下，这个实体经常使用武力，通过各种强迫的方法来实现利益的重新分配，而使用武力来胁迫就是冲突。由于冲突可以被看作为一种贸易形式（如果你不给我我想要的东西，我就使用暴力），所以冲突是一种贸易走入歧途的形式和征兆。因此，各方争夺经济租金时，冲突就会发生。如果冲突持续的时间很长，它就是持久冲突。从更规范的角度看，控制和消除冲突是一个有趣的领域，这是国防经济学和和平科学的领域。在这个领域的经济学家研究通过何种途径来消除冲突、实现和平，也研究诸如评估战争与和平的社会影响等更积极的方面。但是，为了控制和消除冲突，必须了解贸易收益不足是怎样出现的和为什么会出现。

[①] 后者的工作进展在波拉切克（Polachek）、罗伯斯特和昌（1999）的文献中有过报告。也可参见赫格雷（2003）对多国环境下贸易和冲突的分析。

[②] 这一部分建立在波拉切克（1994）论述的基础上，他把冲突描绘为贸易步入歧途。

1.3 和平需要：持续和平——一个稳定均衡的概念

消除敌意和促进合作是通向和平的重要一步。减少敌意和实现合作的一个方法是发表尊重法律的声明，这个声明往往由第三方开始。问题是，这种由其他人强加的和平可能具有先天的不稳定性，特别是在原本就相互隔绝、存在潜在分歧的国家间更是如此。因为这个原因，似乎可以合理地认为，可行的和平是建立在相互依存基础上的很自然的和平。在对凡尔赛条约的批判中，凯恩斯（Keynes，1920）指出，如果不允许德国与欧洲其他国家建立经济关系，和平的前景将是黯淡的。例如，他在《和平的经济后果》中写道："战后如果我们全面反对德国或俄国恢复其经济，……我们就必须做好准备面对这种感情上的后果。"我们同样认为，只有通过相互依存才能出现一个均衡，在这个均衡点上和平才是坚实和安全的，因为任何一方都没有改变现状的动机。由于相互依存使得冲突的成本高昂，因此相互依存增加了合作的刺激。相互依存的形式也可能会影响国际关系，在大量例子中，政治上的动机形成了相互依存的基础。1966年，维利·勃兰特（Willy Brandt）担任联邦德国的外交部长，他提出了新东方政策（Neue Ostpolitik），（东西欧和解），最后达成了承认柏林边界的1970年协议。亨利·基辛格（Henry Kissinger）开创的缓和政策，包括限制战略武器会谈、形成反苏中美联盟，使美国和苏联的关系得到相当程度的缓和。但是最具根本性的相互依存是经济上的考虑。维利·勃兰特寻求与东欧和苏联建立更紧密的贸易关系，这虽然有助于扶植薄弱的共产主义经济体制，但是也使东方和西方在贫穷和财富上形成了鲜明的对比。这一举措也许为德国的最终统一创造了条件。无疑地，从苏联的角度看，军备竞赛的减缓可以降低社会和经济资源枯竭的速度，但它对美国的脆弱处进行核打击的能力也同时在降低。从中国的角度看，基辛格和尼克松（Nixon）找到一个世界增长最快的贸易市场。最近，建立在经济上的相互依存成为欧洲国家走到一起的理由，最终形成了欧洲联盟。

在这一章中，我们集中讨论经济上的相互依存，特别地，我们要讨论政治学家在国际关系文献中所说的"脆弱的相互依存"［参见曼斯菲尔德和波林斯（Mansfield and Pollins，2001）的讨论］。这种形式的相互依存试图评估一国与另一国经济关系破裂的成本。事实上，由于经济方面更加容易度量，所以大多数相互依存和冲突的数量研究只关注经济方面。就像后面我们将要说明的那样，大多数研究使用双边贸易（或一些诸如贸易份额的相关贸易计量或贸易与GNP的相对统计）来评估相互依存，但即使这样，也有些简单化。在后面我们还将说明，从理论上预期"贸易收益"可能是一个与经济上的相互依存最为密切的指标。但是，因为衡量贸易收益的困难，几乎所有的研究者都使用一些贸易水平变量来计算相互经济依存。但是在我们进一步研究之前，我们先研究贸易（相互依存）的冲突模型。③

2. 贸易影响冲突和合作模型的构建

贸易阻止冲突的主张可以追溯到 16 世纪。首先，神学哲学家如伊拉兹马斯（Erasmus, 1981）[*Enchiridion Militis Christiani*，即《基督徒士兵手册》，初版于 1503 年] 认为，战争是"坏的"；此后，法国修道士克鲁斯（Crucé, 1623）求助国际机构来解决国际争端，这一观点后来被卢梭[（Rousseau, 2005），约初版于 1756 年] 接受。卢梭认为，利用组织设计来仲裁国际争端，将使争端国更密切地沟通。以马利·康德 [（Immanuel Kant, 1795），《永久的和平：一个哲学的素描》] 提出，永久和平可以达到。方法是通过适当的治理，使发动战争的所有手段得以禁止，以建立各国之间的相互信任。但是康德认为，相互信任必须通过立法，早在 45 年前的 1750 年，德·孟德斯鸠男爵提供了一个达到相互信任的经济学方法。他提出"和平对贸易具有实质性影响"，因为"两个国家彼此之间相互交易就成了相互依存"导致"它们的结合……建立在共同需要的基础上"（德·孟德斯鸠，1900，第 316 页）。再后来，英国政治家科布登 [（Cobden, 1995），初版于 1846 年]、布莱特（Bright, 1883）以及经济学家安杰尔（1913）和瓦伊纳（Viner, 1937）都支持这些观点。也许正是这个原因，赫希曼（Hirschman, 1945）提出了"外贸政治"概念。通过这一概念，他强调"在追求权力中……有可能利用贸易作为一种施加政治压力的手段"。出于政治原因削减现有的贸易会减少贸易收益，虽然可以找到其他贸易伙伴来弥补损失，但寻找其他贸易伙伴的代价是很高的。

2.1 "通过贸易达到和平"：一个自由主义假说的经济学模型

2.1.1 名词解释

有关相互依存如何导致和平的概念是可以确定的。单个的人不能生产他或

---

③ 参见布莱内（Blainey, 1988）、塞尔斯（Sayrs, 1990）、麦克米伦（1997）、巴比里和施奈德（Barbieri and Schneider, 1999）、鲁文尼（Reuveny, 1999）、曼斯菲尔德和波林斯（2001, 2003）和施奈德、巴比里、格莱迪奇（2003）对来自贸易（相互依存）- 冲突模型文献的最近考察。参见曼斯菲尔德（2004）关于这个专题的经典解读。

她所需要的所有产品。相反，每一个人都会发现专业化是有利的。当人们在其最擅长的领域从事产品生产工作，并且用这些产品换取他们生产起来相对比较昂贵的产品时，劳动分工就产生了。国际贸易出现的原因也与此相同，一个国家不能单独而有效率地生产它所需要的一切产品。当一个国家在某种特定商品的生产上相对更有效率时，我们就说它对另一个国家拥有比较优势。比较优势使得两个国家都能通过贸易来增加它们的福利，因此贸易可以促进福利的提高。

冲突是一国对另一国的一种不友好的政治行动，是一种敌意高到足以使第二国停止或至少是减少贸易的政治行动。一般而言，贸易损失意味着福利损失，而正是这个潜在的福利损失可以阻止冲突。更确切地说，以国际价格与另一个国家进行交换的国家，其境况必须比自给自足的情况要好，否则它将不会选择贸易而宁愿面对自给自足的价格。冲突减少一国的贸易并使其不得不面对近乎自给自足情况下的价格。因此，冲突导致的价格变化越是朝着贸易前的水平发展，国家越愿意避免冲突。简言之，这就是贸易-冲突模型的基础。

2.1.2 数学表达

波拉切克（1980，1992）建立了一个分析贸易-冲突关系的框架。在这个模型中，一国的偏好可以用效用函数来说明。在函数中，生产 m 商品的消耗为 C，生产在世界 k 个国家进行。同时，这些国家的每一个最初都可以与 $K-1$ 个国家冲突或合作，其强烈程度可以用一个 $1 \times (k-1)$ 的向量 Z 来表示。冲突或合作的偏好水平产生的结果很重要，因为一个国家对其产生了一个派生需求。同时，冲突对世界市场的贸易条件和价格有影响。

形式上，一个国家寻求其最大化：

$$U = U(C, Z) \tag{31-1}$$

$$C = \{c_1, c_2 \cdots c_n\} \text{ 和 } Z = \{z_1, z_2 \cdots z_{k-1}\}$$

为了简化分析，我们假设，在这个国家中只生产两种商品 q_1 和 q_2，其生产耗费及国内价格分别为 c_1、c_2 和 p_1、p_2。假定该国只与世界一个其他国家交往，我们用符号 Z 来表示其冲突的强烈程度。因此，该国决策者的效用函数为：

$$U(c_1, c_2, Z) \tag{31-1'}$$

假设这个效用函数取决于全体人口的偏好。[④]

[④] 在这里我们忽略特殊利益集团对贸易的影响。参见罗宾斯（1968）、格罗斯曼和赫尔普曼（2002）有价值的分析。

在一定时期中，这个国家的预算约束为

$$p_1c_2 + p_2c_2 + p_zz = p_1q_1 + p_2q_2 \tag{31-2}$$

这里用来制造冲突或进行合作的成本为 p_z。假定冲突影响价格，尤其是，

$$p_i = p_i(z, z^*) \tag{31-3}$$

式中，Z 是冲突或国家 1 侵犯国家 2 的强烈程度，而 Z^* 则是国家 2 对国家 1 的侵犯水平。假定国家 1 出口商品 1、进口商品 2，冲突以下列方式影响价格：

$$\frac{\partial p_1}{\partial z} \leq 0 \text{ 和 } \frac{\partial p_2}{\partial z} \geq 0 \tag{31-4}$$

换句话说，我们假定：针对其他国家的冲突，降低或不会影响其出口商品的价格，并提高或不会影响其进口商品的价格。行动国对目标国采取的更大冲突，要求行动国降低其出口商品的价格以使目标国购买这种商品，并且导致行动国以更高的价格从目标国进口商品。冲突中，国家越小，冲突对其价格的影响也越小，因为它的进口需求弹性更大。在极端的情况下，两个国家都是国际市场价格的接受者，其贸易转移的成本是微不足道的。

行动国的问题是，在资源和技术水平约束下，使方程（31-1'）最大化。图 31-1 描述了这个问题。在没有冲突的情况下，这个国家的生产可能性曲线为 AB，在消耗为 C^{**} 的条件下的生产量为 Q^{**}，当其面对的价格比为 p_1/p_2 时，效用水平为 U_1。如果行动国选择将 $Z>0$ 的资源用于冲突，由于可用来消费的资源更少，这个国家的消费可能性就下降到 $A'B'$，而且贸易条件也变得更坏。我们假定在 C_1C_2 组成的坐标中达到了一个新的均衡 U_2。这个国家在获取贸易收益和获取冲突收益两者之间进行权衡。那么冲突的隐含成本就是与贸易减少

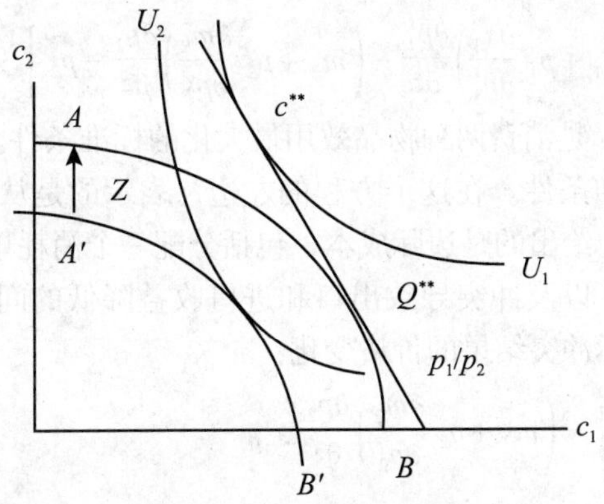

图 31-1 贸易收益

有关的贸易收益损失 $U_1 - U_2$。⑤ 很明显，福利损失越大，冲突的成本也就越大，合作的动因也就越大。这与国家先天的和平偏好关系不大。即使冲突并不直接导致贸易的减少而是导致贸易管制，也会最终影响贸易条件，相同的结果也适用。

在这种情况下，更不合意的贸易条件（图 31-1 中的贸易条件线更为平坦）意味着一个新的均衡和更低的福利，意味着冲突的代价是失去了福利，而福利的减少与冲突所带来的贸易的减少有密切关系。在数学表达上，行动国的问题是通过选择两种货物的消费量和对目标国的初始冲突水平，并在顾及其对价格影响的情况下，使下式最大化：

$$L = U(c_1, c_2, z) + \lambda [p_1 q_1 + p_2 q_2 - p_1 c_1 - p_2 c_2 - p_z z] \quad (31-5)$$

可以分两个阶段来解决这个问题。第一个阶段，个人决定不同商品的消费量，形成出口和进口的商品构成；第二个阶段，政府决定冲突的初始水平 Z。我们可以将这个问题改写为，

$$MAXL = U(c_1, c_2, z) + \lambda [p_1 x_1 + p_2 m_2 - p_z z] \quad (31-6)$$

式中，出口 $x_1 = q_1 - c_1$，进口 $m_2 = q_2 - c_2$。一阶条件为：

$$\frac{\partial U}{\partial c_1} - \lambda p_1 = 0 \quad (31-7)$$

$$\frac{\partial U}{\partial c_2} - \lambda p_2 = 0 \quad (31-8)$$

$$\frac{\partial U}{\partial z} + \lambda \left[\left(x_1 + p_1 \frac{\partial x_1}{\partial p_1} \right) \frac{\partial p_1}{\partial z} + \left(m_2 + p_2 \frac{\partial m_2}{\partial p_2} \right) \frac{\partial p_2}{\partial z} - p_z \right] = 0 \quad (31-9)$$

以上几式整理得：

$$\frac{\partial U}{\partial c_1} \bigg/ \frac{\partial U}{\partial c_2} = \frac{p_1}{p_2} \quad (31-10)$$

$$\frac{\partial U}{\partial z} = \lambda \left[p_z - \left(x_1 + p_1 \frac{\partial x_1}{\partial p_1} \right) \frac{\partial p_1}{\partial z} - \left(m_2 + p_2 \frac{\partial m_2}{\partial p_2} \right) \frac{\partial p_2}{\partial z} \right] \quad (31-11)$$

公式 (31-10) 是消费两种物品效用最大化的标准条件。而方程 (31-11) 则是必须满足的附加条件。在这个方程的左边，表示的是从冲突活动中获得的边际收益。方程左边给出的是边际成本，包括分配一个消耗单位给 Z 并以 Z、p_z 估价时的直接成本，以及冲突导致出口和进口收益降低的间接成本，这种收益的降低来自作为国际冲突结果的价格变化：

$$\left(x_1 + p_1 \frac{\partial x_1}{\partial p_1} \right) \frac{\partial p_1}{\partial z} - \left(m_2 + p_2 \frac{\partial m_2}{\partial p_2} \right) \frac{\partial p_2}{\partial z}$$

---

⑤ 在这一点，我们假定没有直接的冲突成本。

因此，方程（31-11）描述的是这样一个机制，通过这个机制，国家决定交战的程度（量）。由于方括号内的各项是显性成本，以及由于出口收益更少同时不得不为进口支付更多而带来的隐性成本，它代表了与敌对状态有关的成本（边际成本）。这一项可以通过图形来描述（见图31-2），它是一条向上倾斜的曲线，它的位置取决于进口 m_2 和出口 x_1 的水平。

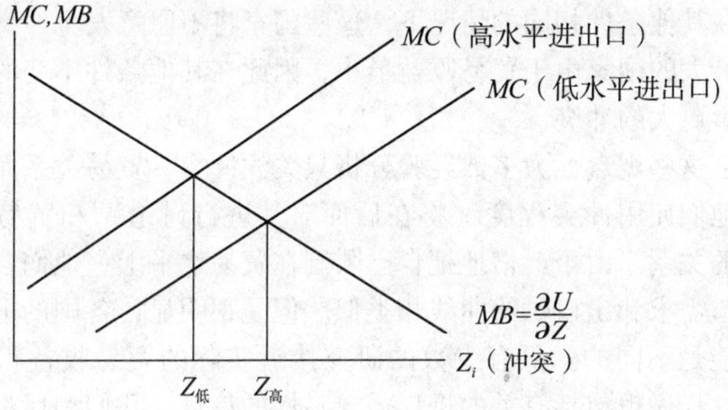

图 31-2　冲突均衡

作为均衡，敌对状态所产生的成本必须刚好与其增加的福利收益 $\frac{\partial U}{\partial z}$ 相等，$\frac{\partial U}{\partial z}$ 曲线和边际成本曲线的交叉点就是冲突/合作的均衡点。请注意，即使敌意或合作意味着没有福利的增加，即 $\frac{\partial U}{\partial z}=0$，各种冲突/合作水平的均衡仍然会出现。在这种情况下，最优的冲突水平取决于边际成本曲线与横轴的交点。如果进口或出口增加，边际成本曲线上移，这意味着冲突的水平较低。因此，

观点1：一个行动国与其目标国的贸易水平越大，则这个行动国与其目标国的冲突程度（量）将越小。

如果假定不存在国际借贷，那么冲突会引起最优进口和出口量的变化。冲突诱发的贸易相对价格越不合理，被迫增加的出口量就越多，进口量的减少也越多。从上面的论述中可以看出福利损失是很大的，进口和出口的需求和供给曲线更没有弹性。

观点2：一个行动国对一个目标国的进出口需求和供给更无（有）弹性，行动国对目标国所开始的冲突量将越小（大）。

还有一些其他的观点支持这个模型。然而，由于缺乏数据进行适当的统计检验，研究人员一般都关注这两个观点。它们构成了大多数冲突-贸易模型检验的基础。因此，我们假定在双边国际冲突和双边贸易所得福利收益之间存在一个关系。更确切地说，我们期待，福利收益越多，冲突的水平越小。由于福利收益的增加与贸易水平有关，而福利收益的降低与进出口需求供给弹性有关，我们认为，拥有最多贸易（和最大贸易收益）的国家，冲突对其带来的损失最大。在其他条件相同的情况下，这些国家将不愿意发生冲突。需求和供给曲线弹性最大的国家由于贸易收益最小，因此在其他条件不变的情况下，这些国家将从事更大的冲突。

为了验证这些观点，大多数经验分析只关注冲突-贸易关系而忽视贸易收益。例如，他们使用冲突程度（将在后面对其进行讨论）和贸易水平，并检验一个反比的关系。由于严格地把自己限制在贸易水平上，他们含蓄地假设每个国家的进口需求和出口供给曲线相类似。但是很明显，各国的进出口需求和供给曲线可能是不同的。只有少数的研究接近实际的贸易收益。虽然有些瑕疵，但他们这样做也包括有关的进口需求弹性的信息。我们稍后将更多地讨论评估中出现的问题。

2.1.3　走上歧途的贸易：贸易收益不足的三个原因

贸易收益不足，至少有三个原因。第一，国家应该进行贸易时，不去开展贸易。因为关税导致贸易减少就是一个例子。第二，两个没有贸易往来的国可能为同一宗贸易而开展竞争，由此而共同承担相同的经济租金。在石油销售上，因竞争而导致石油输出国组织成员国对卡特尔生产分配的欺骗，可能就是这种情况。第三，贸易伙伴可能认为，他们特定的贸易进出口交换比率是不公平的。当两个国家通过双边谈判来确定价格，但世界其他经济体按照汇率来决定时，这种情况通常会出现。

最后，我们应该看到，不是所有的理论家都支持贸易减少冲突的观点。在这些理论家当中，有些人质疑，是否贸易伙伴都确实能在许多国际交易中取得积极的贸易收益。如果没有获得贸易收益，那么冲突将不会缓和。另一些人则认为，贸易收益提供了一个真实资源的增加，可能有一个积极的收入效应，由此也提供了一个提高军费开支的推动力。最后，基于信息不对称，还有一些人认为贸易会导致冲突的增加。对以上观点，我们将依次进行考察。

2.2 可选择的冲突-贸易理论

2.2.1 以马克思主义为基础的理论⑥

马克思主义基础理论主张，殖民主义、帝国主义与贸易携手并进。他们认为国家基本上是使用武力来扩大贸易。在这样的框架下，贸易意味着一个国家是压迫者和一个国家是被压迫者，强大的压迫者剥削较弱的被压迫者。根据这一理论，由于贸易是使用或威胁使用武力所致，所以它就成为一种非自愿的、导致严重不对称的单边贸易收益行为。一方赢得所有，而另一方则在贸易中忍受着较大的经济和其他方面损失的痛苦。

很明显，基于非自愿剥削性贸易而失去资源的国家与从事互利的双边贸易的国家是完全不同的，因为后者能使两边都获利。这两种类型的国家，面对的情况也完全不一样。一个从贸易中获益，另一个在贸易中失去。甚至连自由主义的理论家也认为，一个国家因受剥削而导致贸易收益为负，并为此而奋起向剥削者开战，是合情合理的。在这样的情况下，马克思主义者与自由主义者没有相互矛盾之处。真正的问题是贸易是否是非自愿的，如果是，是否它剥削一个国家并由此导致贸易收益为负，就像马克思主义者声称的那样；或者反过来说，贸易是否如大多数经济学家所相信的那样，是互利的。只要前者的剥削是事实，贸易就可以导致冲突，但这种情况是一个实证问题——对自由假说来说，没有一个反例。因此不存在矛盾，只是需要研究者去评估贸易收益。但是，根据某些理论观点，即使是在新古典主义经济模型的背景下，积极的贸易收益也可以导致冲突。

2.2.2 贸易收益和军费开支

冲突-贸易模型使用一个李嘉图（1981，1817）框架来说明国家如何在合作中保护贸易收益，西格利（Seiglie，1992，1996，2005）和芬德利（2001）开创了另一种方法，采用贸易收益框架来表明冲突如何提升贸易。在后来的这些模型中，研究的是每个贸易伙伴都利用新近获取的贸易收益来购买更多的包括军事装备在内的各种各样的物品和服务，而不是研究贸易伙伴如何通过合作来保护贸易收益。更特别的是，随着经济开放程度和实际收入的提高，一个国家将在武器上花更多的钱，以保护这些成果。这体现在经验检验

---

⑥ 巴比利（Barbieri，2002）是这种方法的主要提倡者。

上，就导致了国际贸易规模（以贸易收益代替）与军费开支之间是否存在一个正的相关关系检验的出现。事实上，历史上各国发展海军来使自己免受海盗之害，就可能是海军存在的主要理由。另外，增加军费开支是为了保护贸易，或是为了增加其他方面的国家的安全，人们对此并不清楚，这就意味着存在更多的二分体冲突。

这些理论所说的军费开支，不一定等同于冲突。尽管用军费开支生产出来的军事装备经常在战斗中使用，但它也可以运用于其他目的，比如增强国家的安全。即使用于冲突的目的，但冲突也可能不会针对贸易伙伴，而更有可能针对保护贸易收益的第三方，这不是一个问题。这样，贸易收益诱导军费开支，不会违背自由主义者的贸易规模扩大有助于增进合作的贸易－冲突模型，因为任何交战，即使它存在，也最可能不是针对贸易伙伴。简而言之，军费开支是一个包括内容远多于二分体冲突的总体度量。事实上，贸易伙伴之间的双边互动应该改善，以保障贸易收益，这使部分的贸易收益用于提高军费开支，以确保更大的安全。因此，理论上的看法是，贸易引起更高的军费开支不与贸易－冲突模型相矛盾。就像接下来要说明的那样，博弈论模型得出的结果也与此相同。

2.2.3 博弈论：信号模型

在典型的博弈论模型中，各方在竞争性资源的分割上展开激烈竞争。就像已经指出的那样，贸易带来的收益，必须在两个（或多个）贸易伙伴之间分配。相应地，贸易收益成为竞争性资源，并且博弈论被引入来决定每一方在分配的决定上将采取怎样的行动。但是，在分配既定资源的过程中，明显地会出现一方赢而另一方输的情况，因此，这个过程本身就带有冲突的性质。实际上，谢林（1960）和后来的赫什利弗（1995）就是用这种方式来考察冲突。博弈论者的逻辑很简单：第一，贸易产生贸易收益；第二，贸易收益必须分配；第三，贸易收益的分配导致冲突。按照这样的逻辑，贸易导致冲突［参见穆罗（1997，1999）］。

再有，贸易比冲突产生更多的合作的说法与自由贸易－冲突模型不存在矛盾。这里涉及两个问题：（1）贸易收益分配是否必定与博弈论模型所意指那样会产生冲突，（2）贸易收益分割的冲突是否超过了保护贸易正常进行所需要的合作，因为贸易是产生收益的前提。

先讨论第一个问题。一国的产出可以通过生产可能性边界来说明，它代表在自给自足状态下一国所能生产的所有物品和服务。当不同生产要素或技术的相对成本存在差异时，就会产生相对优势。在这种情况下，出口生产效率最高的产品而进口生产效率较低的产品，对每个国家都有利。因此，如果 A 国在农业生产上具有相对优势而 B 国在制造业上具有相对优势，两国间就可以实行专业化生产，并且会提高两国的富裕程度。很明显，贸易使每个国家都有所获益，但其获益的程度取决于相对价格。在只有两个国家和有关它们偏好的信息不完全的情况下，为竭力维持较好的贸易条件，双方都可能发出一个信号来误导对方。这种虽不光明但不犯规的博弈方法在经验上可能导致冲突。但是，尽管如此，这种冲突也不会发展到阻止贸易的程度，因为这种限制贸易的行动将使贸易收益完全消失。这个结论实际上是克鲁格曼（1995）得出的。因此，即使上面的第一个问题是正确的，分配贸易收益也并不必然意味着冲突的扩大，即便存在冲突，也不会超出维持至关重要的贸易所必要的合作的程度。但是这一点，在经常用来分析贸易收益分割关系的博弈论中，体现得不是很明显。

贸易收益由价格决定。显然，出口价格越高，一国出售其产品的收益就越大，在商品的需求没有弹性的情况下尤其如此。因此，贸易收益较高，其他的就一切照常。在世界上，价格通常由市场来决定。市场决定价格意味着对于典型（小）国家来说，摆出自己在价格上好商量的姿态不是一个可行的选择，因为一个小国必须简单地接受市场的既定价格。在这种情况下不存在竞争的资源。既然从事贸易的伙伴不能改变世界市场的价格，那么贸易收益就是固定的。事实上，唯一的选择是到其他地方开展贸易，即到不是完全以市场为基础来决定价格的地方开展贸易。所以博弈论本质上是不适合的，因为除了拥有垄断势力的国家，都以市场决定价格。

总的来说，上述三个方面和冲突-贸易模型本身之间不存在真正的矛盾。正因为不存在矛盾，这三个模型不能用来解释不一般的、带有积极冲突-贸易关系的情况。为此，必须更好地理解冲突-贸易模型及其含义，以更好地理解有关贸易和冲突之间看似矛盾的结果。这一章余下的部分考察冲突-贸易文献的实证结果。

3. 理论检验

3.1 数据

3.1.1 冲突的度量

人们在思考冲突时，通常想到的是大的经济组织，如国家或国家集团。在相当大的组织之间发生的大规模冲突，其破坏程度是巨大的。第二次世界大战，导致了 3 400 多万人受伤，2 200 多万人死亡，超过 15 万亿美元（以 2004 年美元计）用于战争。然而，在军备竞赛模型的发明者、现代和平经济学研究的先行者理查森最初的冲突文献（1960）中，冲突的定义更为广泛，甚至包括日常的犯罪活动。理查森认为，冲突可以采取许多形式。

3.1.1.1 战争资料。由于战争可能导致毁灭性的后果，实际上它是比较少见和很难界定的。最近出现了许多有关战争资料的数据库。在这方面，也许最古老的是理查森（1960）的数据库，它包括了 1809~1949 年间 779 个致人死亡的争端数据。赖特 1942 年的《战争分析》中，收集了 1480~1941 年间约 300 场战争的资料。包括辛格和斯莫尔（1972）《战争代价》在内的其他研究，收集了 1816~1980 年间 79 场洲际战争（1 000 个以上人员死亡）的资料。这些资料在"战争项目比较"下得到了不断的更新，而且现在也包括了一些其他方面有关变量的信息。此外还有利维（1983）的主要国家战争研究、斯德哥尔摩国际和平研究所的资料（包括军备控制资料在内的一些资料可以从它的年度手册得到）、戈赫曼（Gochman）和毛兹（maoz）（1984）的包括有关威胁或实际使用武力的洲际事件的军事化争端资料。这些资料大多可以从互联网上查到。

3.1.1.2 军事洲际争端（MIDS）资料。一个问题是战争特别强烈，但比较少见。死亡或受伤人员的多少，视科技以及国家大小而定。类似战争的数据只处理极端的战争行动，而忽视比战争更小的敌意行动。对于合作的资料，他们也作这样的处理。军事洲际争端的数据来自战争比较（COW）项目包含 1816~2001 年间 2331 个洲际争端（冲突中，一个或多个国家威胁、展示或使用武力反对一个或多个其他国家）。其他数据，如国防开支可以表明一般的敌意水平，但国防开支并不必定反映所有敌意，因为这种开支可以被视为对其他国家的一个警告，从而更多地被用来衡量威慑。作为选择，国防开支也可以用来衡量对国内动乱的阻遏能力。同样地，用诸如联合国投票方面的数据来衡量往往也不合适，因为它们衡量的可能是政治态度或外国援助投资，而不是实际的国家冲突。

3.1.1.3 事件资料。为了弥补这些缺陷，一些学者采取了不同的做法——编制事件的数据。事件的数据包括报纸刊登的双边互动报道。然而，很显然，并非所有的互动都会被报纸报道，这类数据的优点是能够包括战争之外的矛盾互动，以及政治交易的合作类型。20 世纪 60 年代，麦克莱兰（McClelland，1999）首次编制事件数据，他的"世界事件互动调查"［World Events Interaction Survey（WEIS）］使用的资料完全来自《纽约时报》，麦克莱兰（1999）原来区分了 22 个等级和 7 个类型的双边行动［阿萨尔和本·达克（Azar and Ben-Dak，1975）］。此后不久，阿萨尔（1980）在他的"合作与和平数据库"［Cooperation and Peace Data Bank（COPDAB）］中，对来自世界各地的近50种报纸所报道的有关115个国家1948~1978年双边互动信息进行了分类。⑦ 最后，更多最近发生的事件的数据是用计算机操作的。他们使用电脑软件来阅读和用机器码来编辑通讯社报道，特别是路透社。由于堪萨斯大学最早开发出了这些技术，所以这些数据被称为堪萨斯事件数据研究［the Kansas Events Data Study（KEDS）］。

从1992年开始，以道格·邦德（Doug Bond）为首的哈佛大学国际事务中心的研究人员与堪萨斯大学的学者结合起来，形成了哈佛专家小组，这个小组制定了一个规范来分类事件，并把这个规范称之为非暴力直接行动评估规范［Protocol for the Assessment of Nonviolent Direct Action（PANDA）］。随后，1996年成立了虚拟研究联合公司（Virtual Research Associates, Inc.），后来又与几个以大学为基础的研究团队合作，扩大了原有的规范。第二代规范被称作为"事件分析综合数据"［Integrated Data for Events Analysis（IDEA）］。目前，哈佛－麻省理工学院的虚拟数据中心分发由虚拟研究联合公司开发的历史事件数据供研究者使用。

COPDAB：合作与和平数据库是一个从纵向广泛收集了1948~1978年间47种报纸、包含约100万个日常事件报道的数据库［阿萨尔（1980）］。这些事件按15个类别编码，代表各种不同的冲突与合作。合作与和平数据库事件类别1（自愿统一）到类别7（较少的官方往来）代表合作；类别9（表示不和谐的温和话语）到类别15（造成人员死亡的广泛战争行为）代表冲突。合作与和平数据库中的数据，是一个冲突与合作程度的加权数值，权数由18个国际关系学者和实际工作者确定。这些数值在表31-1中给出。为了提供一个综合的数目，波拉切克（Polachek, 1980）界定以NETF作为加权（摘自表31-1）冲突事件（处于类别9到15之间的事件）的频率，减去加权频率的合作事件（处于类别1到7之间的事件）。在这里，负的NETF意味着（加权）合作比冲突更多，因此，国际互动总的来说是合作大于敌对。由于该样本超过了105个国家，因此每年可能存在约11 000个二分体互动。

---

⑦ 在20世纪70年代晚期和80年代初期，美国国务院、国防部和各种各样的智力机构以及诸如CACI公司那样的私人政治咨询公司都在收集事件资料。在这方面，1971年美国外交部指标项目［the Department of State's Foreign Relations Indicator Project（FRIP）］编制了一部分国家的事件资料。同时，里根政府早期，五角大楼的国防高级研究项目局［the Pentagon's Defense Advanced Research Project Agency（DARPA）］和白宫国家安全委员会工作人员支持的一个大型项目，开发了危机预测的事件数据。这些努力显然对制订外交政策没有什么长期影响。鲁默尔（Rummel, 1975）、泰勒和赫德逊（1972）、赫尔曼等（1973）以及格尔（Gurr, 1974）也收集了国内和国际的事件资料。但是他们关注的范围是有限的［参见菲利浦·施罗特（Philip Schrodt, 1995）］。对于更完整的冲突资料清单参见 http://www.pcr.uu.se/research/UCDP/confliktdatasetcatalog.pdf。另一方面，对于在使用的事件数据出现的问题见凯格利（Kegley, 1975）。

表 31-1 COPDAB 权重值

类别	事件描述	权重值
15	广泛的战争行动	102
14	有限的战争行动	65
13	小规模的军事行动	50
12	政治-军事敌对活动	44
11	外交-经济敌对活动	29
10	强烈的敌对言论表示	16
9	温和的敌对言论表示	6
8	中立行动	1
7	较少的官方接触	6
6	官方言论支持	10
5	文化或科学协定	14
4	非军事协定	27
3	军事支持	31
2	主要战略联盟	47
1	自愿统一	92

资料来源：阿萨尔（1980）。

WEIS：世界事件互动调查是一个对《纽约时报》报道的、发生在1966~1992年间的国际双边互动调查资料的汇编。事件编码使用的是 IDEA（事件分析综合数据）。这个框架适合每个报道的事件，包括了22个大类，按照提供援助（代码7）到使用武力进行军事攻击（代码22）的顺序排列。在表31-2中的第二栏（以 IDEA 表示），给出了合作和冲突事件的具体说明。它们是在戈德斯坦（1992）比例的基础上加权的，戈德斯坦比例就是把 IDEA 代码转换成1，以更好地对每个事件的强度进行分类。为了与 COPDAB 一致起来，我们将戈德斯坦权数值乘以 -1，以使冲突事件为正值和合作事件为负值。因此，正如表31-2中所示，正的权重值代表冲突而负的权重值代表合作，零基本上是自然灾害和中立的社会活动。最高的正值是10，它对应于极端冲突的情况；负值意味着合作，最高的负值为 -8.3。由于规模包括55类，它不适合使用计数模型。把这些类别再分成更小的子类别是可能的，但问题是，如何捕捉每一类中的细微差异。一个更加有用的方法是按年计算每个二分体的所有事件的加权总和（事件形成的每个类型由修正的戈德斯坦比例加权）。鉴于它们的符号是区分冲突与合作的标志，加权总和为正则意味着净冲突。

VRA：虚拟研究联合资料的数据取自通讯社的二分体事件报道。他们获取资

料的方法是利用计算机的驱动程式分析每个新闻报道的第一句,而不是从报纸上阅读和转录。计算机从这些报道中的第一句话中,确定一个行动者、一个对象和一个活动[参见金和洛(King and Lowe, 2003)的例子及更多细节]。此事件数据库以 IDEA 编码,以便分类方案与世界事件互动调查所使用的相一致。与 WEIS 一样,按年计算每个二分体的所有事件的加权总和,事件的每个类型按戈德斯坦比例加权计算。因为比例代码与 VRA 和 WEIS 相同,使得它的比较冲突的方法与这两个数据库一样合理。为了这样做,我们使用戈德斯坦比例加权对冲突和合作的水平进行严格的平均加权,具体情况见表 31 - 2。请注意,WEIS 是 1966 ~ 1992 年的数据,VRA 是 1990 ~ 2001 年的数据。记录期内,WEIS 的平均值为 - 0.82,而 VRA 的平均值则为 0.55。对于 VRA 数据的情况来说,负值意味着冲突比合作更多,而正值表示有更多的合作。很显然,20 世纪 90 年代合作多于冲突。虽然冲突合作的规模不同,但同样的模式对于 COPDAB 来说也是如此。1948 ~ 1978 年也是如此,合作的报道也多于冲突。

表 31 - 2　　WEIS 和 VRA 事件报道中的戈德斯坦权重值

戈德斯坦	IDEA	说　明
- 8.3	072	持续的军事援助
- 7.6	074	集会支持
- 7.6	073	持续的人道主义援助
- 7.4	071	持续的经济援助
- 6.5	081	签订实质性协议
- 5.4	064	改善关系
- 5.2	0523	承诺人道主义支持
- 5.2	0522	承诺军事支持
- 5.2	0521	承诺经济支持
- 5.2	052	承诺物资支持
- 4.8	083	合作
- 4.8	08	赞同
- 4.7	05	承诺
- 4.5	051	承诺政治或物资支持
- 3.5	0432	原谅
- 3.5	04	背书和赞成
- 3.4	093	请求物资援助
- 3.4	092	恳求支持
- 3.4	043	移情

续表

戈德斯坦	IDEA	说 明
−3.4	041	赞美
−3	082	同意或接受
−2.9	065	停止制裁
−2.8	054	使确信
−2.8	033	举办会议
−2.5	062	持续邀请
−2.2	0655	放宽戒严
−2.2	0654	遣散军队
−2.2	0653	放宽行政制裁
−2.2	0652	放松审查
−2.2	0651	观察停战
−2.2	0632	疏散受害者
−2.2	063	提供庇护
−2.2	06	准许
−2.2	0431	道歉
−2	013	感谢
−1.9	066	释放或返还
−1.9	032	旅行迎接
−1.6	0933	要求人道主义援助
−1.6	0932	要求军事援助
−1.6	0931	要求经济援助
−1.6	09	请求
−1.5	1011	提出和平建议
−1.5	101	和平建议
−1.5	03	商议
−1.2	102	要求行动
−1.1	01	屈服
−1	031	讨论
−0.8	10	建议
−0.6	012	放弃职位
−0.6	011	放弃订货
−0.1	091	打听信息
−0.1	024	乐观评论
0	99	支持竞争
0	98	A 和 E 情况

第31章 贸易、和平及民主：一个二分体争端的分析

续表

戈德斯坦	IDEA	说　明
0	97	意外事件
0	96	自然灾害
0	95	人员死亡
0	94	人员疾病
0	72	动物死亡
0	27	经济地位
0	26	调整
0	25	投票
0	24	判决
0	2321	支付上的治理缺陷
0	2312	私人事务
0	2311	政府事务
0	231	事务
0	23	经济活动
0.1	094	要求保护
0.1	022	悲观评论
0.1	021	谢绝评论
0.1	02	评论
0.9	141	拒绝责任
1	14	拒绝
1.1	0631	给予庇护
2.2	192	减少公务活动
2.2	121	批评或指责
2.4	132	正式抱怨
2.4	131	非正式抱怨
2.4	13	抱怨
2.8	12	谴责
3	161	警告
3	16	警告
3.4	122	公开指责或诋毁
3.8	194	停止谈判
4	1134	违反法律
4	1132	公开情报
4	1131	政治飞行
4	113	不尊重准则

续表

戈德斯坦	IDEA	说　明
4	1123	否决
4	1122	审查媒体
4	1121	实施戒严
4	112	拒绝承诺
4	111	回绝建议
4	11	回绝
4.4	2122	政治逮捕和扣押
4.4	2121	犯罪逮捕和扣押
4.4	212	逮捕和扣押
4.4	171	不明确威胁
4.5	1963	行政制裁
4.5	1961	罢工
4.5	196	罢工和抵制
4.5	19	抵制
4.9	151	查问
4.9	15	查问
5	201	驱逐
5	20	驱逐
5.2	1813	反对毁损和艺术
5.2	1812	反对队伍
5.2	1811	反对障碍
5.2	181	示威游行
5.6	193	减少或停止援助
5.8	172	制裁威胁
6.4	175	非军事力量威胁
6.4	17	威胁
6.8	2112	游击队员扣押
6.8	2111	警察扣押
6.8	21	俘获
6.9	183	控制群众
6.9	1814	抗议利他主义
6.9	18	抗议
6.9	174	最后通牒
7	2231	军事冲突
7	195	关系破裂

续表

戈德斯坦	IDEA	说明
7	1734	威胁军事战争
7	1733	威胁军事占领
7	1732	威胁军事封锁
7	1731	威胁军事攻击
7	173	武装力量威胁
7.6	1827	边境军事侵犯
7.6	1826	边境军事防御工事
7.6	1825	军事动员
7.6	1824	军事部队展示
7.6	1823	海军力量展示
7.6	1821	军事警戒
7.6	182	军事演示
8.3	224	暴乱或政治混乱
8.7	221	轰炸
9.2	2236	军事俘获
9.2	2123	诱拐
9.2	211	占领领地
9.6	2228	暗杀
9.6	2227	游击
9.6	2226	准军事攻击
9.6	2225	刑讯
9.6	2224	性侵犯
9.6	2223	身体惩罚
9.6	2222	枪杀
9.6	2221	打击
9.6	222	人身攻击
9.6	22	武力
10	2237	使用生物武器
10	2235	袭击
10	2234	军事占领
10	2233	政变和兵变
10	2232	军事袭击
10	223	军事接触

注：戈德斯坦的权重是比例（即乘以）-1.0，以给冲突事件正值和合作事件负值。
资料来源：金和洛威（2003，第622~623页）。

另外，1966~1993 年的 WEIS 数据显示：冲突多于合作。为了给出年度冲突的一些指标，我们在图 31-3 中把这些数据按年度进行分解。我们注意到，1990~1993 年的 WEIS 和 VRA 的水平不同，但是移动的方向是相同的。我们认为这种差异是因为这两个数据库的新闻来源不同以及国家不同。由于 WEIS 使用《纽约时报》作为它的唯一国际关系信息来源，所以两个数据库在观察问题方面可能存在差异。比如，如果《纽约时报》在它的新闻中强调冲突多于合作或者如果《纽约时报》专心于一个比较窄的国家组合（最可能的是较大、人口较多的国家），那么冲突就有占优势的可能。这个潜在的偏见，可能会增加人们对于相关数据库是否具有可比性的担心。当使用以美国作为行动者的数据时，它与其他国家的互动如图 31-4 所示。从图 31-4 中我们可以看出，在相同的年份两个数据库在水平上存在一些差异，但在方向上则是一致的。

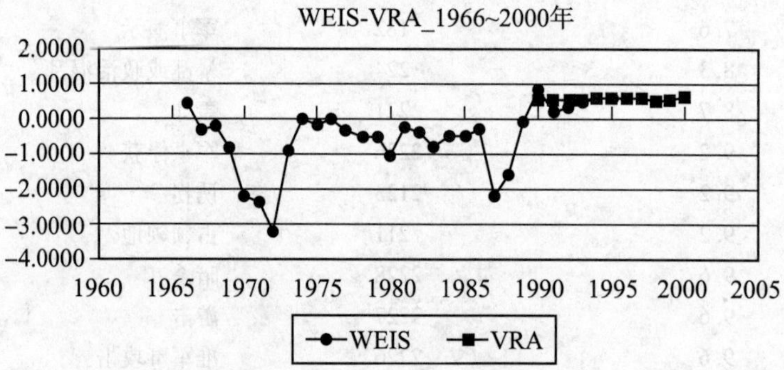

图 31-3 WEIS 和 VRA 总计冲突数据（按年）

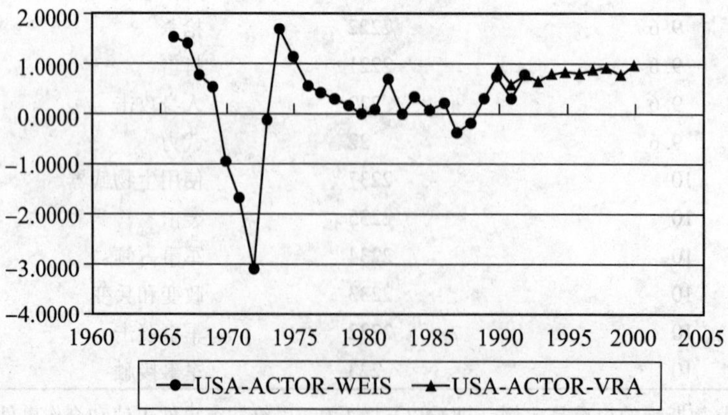

图 31-4 基于 WEIS 和 VRA 的美国冲突

3.1.2 贸易的度量

二分体贸易的变量通常以百万现值美元为单位来计量贸易量。二分体贸易一般指行动国和目标国之间进口和出口的总量。当用占一个国家 GDP 的比例来表示时，它试图衡量二分体之间的依赖程度。另一个衡量方法是二分体的贸易份额（二分体的贸易占一国贸易总额的比例）。经验检验表明，使用这些变量来解释是困难的。比如，人们不知道贸易份额变量出现一个负的系数，是因为分子（二分体贸易）和因变量（冲突）之间的负关系，还是因为分母（总贸易）和因变量之间的正关系。实际上，如果二分体和总贸易都与冲突相关，则系数趋向于零。我们认为最好是分别调整每个国家的属性变量，而不是使用像后者一样的复合变量。

3.1.3 国家其他属性的量化

在大多数贸易和冲突的实证研究中，许多其他变量是作为控制来用的。政治学家往往控制一个国家的权力和政体，经济学家通常控制发展水平。一个测量权力的方法，是为二分体内的每个国家设计一个基于比较战争（COW）军事能力指数的变量。举例来说，一个共同的做法是，在一个二分体内确定拥有最大权力的国家和拥有最小权力的国家，也就是确定更强大的国家和更弱小的国家。然后用这两个数值的比例来衡量较强国家的相对能力超过较弱国家多少。政治学理论家预言，国家间权力的不平衡越大，它们发生冲突的可能性就越小。一般来说，还包括一个分类变量，以明确二分体中是否包含一个主要力量。

其他变量包括政治体制的类型。确定政治体制类型的标准方法是使用贾格尔斯和格尔（Jaggers and Gurr，1995）指数。后来，为了更规范地确定国家政治体制类型，奥尼尔和拉西特（Oneal and Russett，1999）采取非负的计分方法，并把一个常数加到每个分值中。这个变量也可用来测试民主政体间是否具有更小的开战倾向。联合民主变量通过二分体间两个政权的分数相乘来确定。更高的分数表示二分体更民主。另一个控制变量是政治相异变量，这个变量建立在亨德森（Henderson，2002）"制度类型相似的国家构成的二分体可以共享和平"的基础之上，有助于人们研究专制国家是否也能像联合民主政体那样共享和平。政治相异的定义是两个国家之间制度类型的绝对差异。此外，许多人还对国家之间的空间距离进行了研究。研究通常采用的是接壤分类虚拟变量。这个变量衡量的是二分体中的两个国家是否共用一个陆地边界，或共用400英里或更少的一水之隔边境。目前，包括瓦斯克斯（Vasquez，1995）在内的很多研究认为,由两个邻近国家所构成的二分体的冲突更多。最后,一些研究人员,包括世界贸易组织(WTO)的成员的研究人员认为,由于世贸组织成员之间存在互利关系,有证据证明它们相互之间的冲突减少了。为此,在模型中,如果这两个国家都是 WTO 成员规定为 1,否则为零。

表 31-3 列出了许多变量的描述统计,这些变量跨越三个时期,包括了上述事件数据。与全球化趋势相一致,二分体的贸易也有上升趋势。在 1950~2000 年间,平均贸易从 2.05 亿美元上升到 24 亿美元。我们也看到了与全球化相关的两个长期趋势。

表 31-3　　　　　　描述统计(平均变量值)

变量	COPDAB (1948~1978 年)	WEIS (1966~1992 年)	VRA (1990~2000 年)
贸易	205.0965	2007.158	2376.502
最大权力	0.0274	0.0571	0.0311
最小权力	0.0029	0.0057	0.0041
联合民主政体	105.4562	144.09	229.0424
政治相异性	7.4171	8.7586	6.8849
接壤虚拟	0.1391	0.2321	0.1523
主要力量虚拟	0.1851	0.4656	0.2587
关贸协定/WTO 成员虚拟	0.3382	0.4295	0.5732
观察数据	76 705	15 702	36 434

注:计算的是 COPDAB、WEIS 和 VRA 所包含的国家对(二分体)的数据。
变量说明:
贸易:二分体贸易量以百万美元现值计算。
最大权力:二分体中较强国家的"国家能力综合指数"(Composite index of national capabilities, CINC)分值(取值范围 0~1) [参见《战争相关工程:国家物资能力资料文献》(Correlates of War Project National Material Capabilities Data Documentation),2005 年 5 月第 3 版]。
最小权力:二分体中较弱国家的国家能力综合指数。
联合民主政体:二分体(1-441)内政治体制类型分数的乘积。政治体制类型分数来自《政治组织Ⅳ调查》(the Polity Ⅳ Survey)。
政治相异:二分体内国家政治体制类型分值之间的距离。
接壤虚拟:当边界为陆地或水域在 400 英里以内为 1,否则为 0。
主要力量虚拟:如果二分体中有中国、法国、英国、苏联/俄罗斯或美国在内为 1,否则为 0。
关贸协定/WTO 虚拟:如果两国都是关贸协定/WTO 成员为 1,否则为 0。

首先,民主化的程度在提高。1948~1978 年间,联合民主政体的平均水平的分值为 105,而到了 1990~2000 年间,这一分值已经上升到 229。分值为

105 时,我们可以说国家政体平均处于轻微专制阶段,而分值为 229 时,则处于专制向民主发展的中期阶段。这说明,这个时期整个世界民主的总体水平有了实质性的提高。其次,关贸协定和世贸组织成员由 1945 ~ 1978 年间 COPDAB 的 34% 上升到 1990 ~ 2000 年间 VRA 的 57%。WEIS 数据中的国家在贸易上可能有点高估,因为 WEIS 数据只是依赖《纽约时报》一个来源,正如前面所提及的那样,这些国家可能在政治和经济上有更多的变化。

3.2 统计分析:贸易 - 冲突理论的检验

3.2.1 单一方程截面分析

波拉切克(1978)是这个模型的最早检验者。他以及目前的大多数研究者使用单一方程框架来分析冲突 - 贸易关系。具有代表性地,一些双边冲突的衡量回到了国家属性不变的双边贸易上来。波拉切克的模型为:

$$Z_{ij} = \alpha_0 + \alpha_1 X_{ij} + \alpha_2 A_i + \alpha_3 A_j + \varepsilon_{ij} \tag{31-12}$$

式(31 - 12)中,Z_{ij} 代表冲突从国家 i 到国家 j,X_{ij} 代表贸易从 i 到 j,A_i 和 A_j 反映每个国家的各种属性。这些属性包括人口密度、工业占 GDP 的百分比、公路交通、中学入学率、人均 GDP、人口的年度变化率、总进口和总出口以及大学入学率等。这些回归产生了一个强烈的反向关系。贸易提高 10%,相应的冲突降低约为 1.5%。

最近,有大量的论文提供的经验检验支持这个结果。这些检验都是单一方程,但采用的模型各种各样。从最小二乘法(OLS)到广义最小二乘法(GLS)、对数和概率以及 COX 回归模型。使用了冲突的各种计量和不同组合的独立变量。这些论文包括:瓦伦斯腾(1973)、多姆克(Domke,1988)、金(Kim,1995)、奥尼尔等(1996)、奥尼尔和雷(1997)、奥尼尔和拉西特(1996,1999)、塞尔斯(1990)、曼斯菲尔德(1994)、曼斯菲尔德和佩弗豪斯(Pevehouse,2000)、克雷申齐(Crescenzi,2000)、安德顿和卡特(Anderton and Carter,2001)、加尔茨克和利(Gartzke and Li,2001)、贝尔斯和费希尔(Bearce and Fisher,2002)、贝克(2003)、杰尔皮和格列科(Gelpi and Grieco,2003)、赫格雷(2003)、麦克唐纳(McDonald,2004)、贝尔斯和奥莫利(Bearce and Omori,2005)和马丁、迈耶(Mayer)、特尼希(Thoenig)(2005)。另一方面,仅有少数几篇文章不支持这种说法。它们包括:巴比里(1996,2002)、巴比里和利维(1999)、克什克、波林斯和鲁文尼(Keshk,Pollins and Reuveny,2004)和拉西特(1967)。

除波拉切克（1980）和阿拉德和赫希（Arad and Hirsch, 1981）外，这个模型在很大程度上没有探索其对立面，即冲突是否影响贸易，直到波林斯（1989a，1989b）的重要文章出现。波林斯对下面的模型进行了评估：

$$\ln M_{ijt} = \ln \beta_0 + \beta_1 \ln D_{ijt} + \beta_2 \ln D_{ijt-1} + \beta_3 \ln P_{ijt} + + \beta_4 \ln P_{it} + \beta_5 \ln Y_{it} + \beta_5 u_{ijt}$$

(31 – 13)

上式（31 – 13）表示，进口是当前和滞后外交合作（D）、双边和世界进口价格（P）以及经济活动总进口（Y）的函数。就每个国家而言，外交合作会强有力地促进贸易。从这里，波林斯得出了"国家调整贸易关系必须以满足安全以及经济福利为目标，一个正式的贸易政治经济学应该反映这个事实"的结论［波林斯（1989b，第737页）］。当然，这与冲突-贸易模型是一致的，因为这个模型提出，由于冲突导致贸易减少，贸易国之间会出现更少的冲突（更多的合作）。于是，为了保护贸易收益，贸易者会合作。因此，冲突-贸易关系是同时存在的：在冲突减少贸易的同时贸易减少冲突。问题是，单一方程模型不能区分是否两者都存在因果关系。现在人们已经采用联立方程技术来评估这种双重因果关系。

3.2.2 截面因果关系：贸易内生性处理的贸易-冲突关系

贸易减少冲突，还是冲突减少贸易，或是两者同时发生？为了说明这个问题，大量研究使用了一个联立方程来考察冲突-贸易关系。第一个进行这样研究的人是波拉切克（1980），他使用一个简单的二阶段最小二乘方法来评估方程（31 – 12）。这里，反方向的贸易冲突弹性高出一倍多，从0.15到0.35。因此，10%的贸易预期可以使冲突减少3.5%。后来，波拉切克利用三阶段最小二乘法来同时评估两个方程。在一个方程中他假定冲突影响贸易，而在另一个方程中他假定贸易影响冲突。但是，由于在选择外生变量来识别每个方程方面存在内在困难，这种方法受到了限制。于是，波拉切克使用国防开支来甄别冲突和合作，并使用发展型变量，如汽车人均拥有量、中学入学率和电器生产量来识别贸易。在这里，他发现，贸易增加10%，冲突就减少39%；但冲突增加10%，则对贸易不会产生什么实质性影响。但他并没有进行任何的稳健性分析。后来，联立性问题又被鲁文尼（Reuveny, 2001）及鲁文尼和康（Kang）（2003）作了进一步说明。他们分别为10个二分体建立了方程，结果发现，冲突和合作是决定贸易的重要因素，反过来贸易也是决定冲突和合作的重要因素。但这些因素在不同二分体中的影响效果不同。在这里，二分体之间的相互关系在很大程度上取决于外生变量，而在确定哪些外生变量可以用来更恰当地描述二分体关系的方面，就像通常的情况一样，几乎没有什么理论。因为这个原因，用时间序列框架来分析因果关系比用截面框架也更加有用。

3.2.3 时间序列分析⑧

时间序列数据之所以重要，源自两个原因。第一，这些数据可确定在截面分析中获得的反向的冲突－贸易关系在更长的时期内是否有效。第二，时间序列数据可以解决因果关系问题。如果贸易水平的变化与相应的政治行为变化有关，或者反之亦然，那么，可以把因果关系建立在超前和滞后的时间序列数据上。

3.2.3.1 一个案例：美国/华沙协定互动。为了说明问题，贡肖洛夫斯基（Gasiorowski）和波拉切克（1982）选择了美国/华沙协定国 1967～1979 年间的情况作为一个案例来研究。⑨ 这些国家和期间是重要的，因为在这个时间框架内美国和苏联的关系是波动的。记得在 20 世纪 60 年代末期和 70 年代初苏美敌对状态有所缓和，而在 20 世纪 70 年代中期后突然发生了逆转。

LEGEND: TRADE: ＊　US CONFLICT: ○　WARSAW PACT CONFLICT: ×

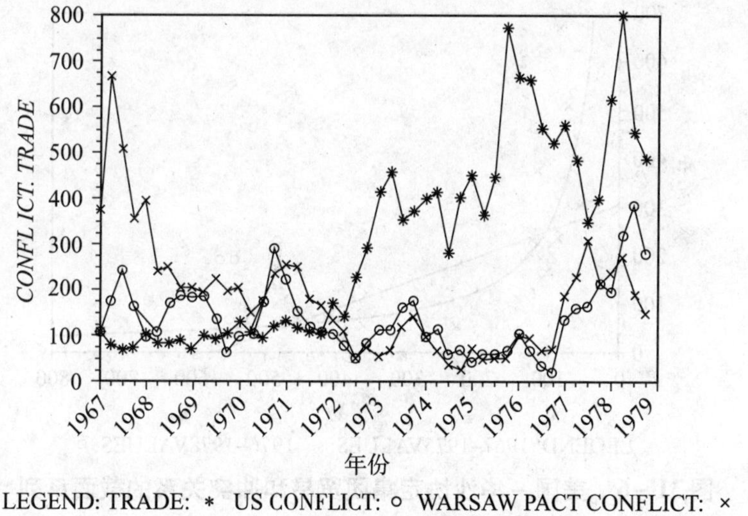

图 31－5　美国－华沙协定国贸易和冲突 1967～1978 年（季度资料）
资料来源：贡肖洛夫斯基和波拉切克（1982）。

图 31－5 给出的是 1967～1978 年间美国－华沙协定国贸易和冲突的时间系列数据。贸易由进出口总额组成，以实际季度美元计价。冲突的计量按冲突

---

⑧ 这一部分大量借用了贡肖洛夫斯基和波拉切克（1982）的分析，另外，波拉切克（2002a）对美国—中国的情况进行了相同的分析，得出了一致的结果。作为另外的证据，也可参见鲁文尼和康（1996）。
⑨ 他们也复制了我们和苏联情况的分析，但这些结果没有报告。

事件的强度加权,按季把 COPDAB 数据汇总(相对冲突的计量在时间序列分析中不需要,因为选择性问题只出现在每一个国家的报告中,但不会出现在一个国家的跨时间报告中)。趋势符合预测:1971~1972 年间,冲突随着贸易的增加而降低,由于贸易相当稳定,这种情况保持到了 1975 年底。1976 年前,两个集团的冲突与贸易呈现出相当强的逆向相关性。1968 年间,华沙协定国对美国的冲突指向特别明显,稳定高于美国对华沙国的冲突指向。这些逆向关系支持这样的观点:贸易水平越大,相应的冲突则越低。

当贸易和冲突的数据直接按照独立的时间序列绘制时,贸易/冲突的逆向关系则更为明显(见图 31-6)。纵轴为华沙协定国集团对美国的冲突,横轴为美国-华沙协定国的贸易;直线和双曲线描述的是 1967~1975 年间相应的数据。在这个图中,冲突与贸易之间的逆向关系表现得很明显。另外,很显然,这种关系是非直线性的,而大约是一种双曲线关系。

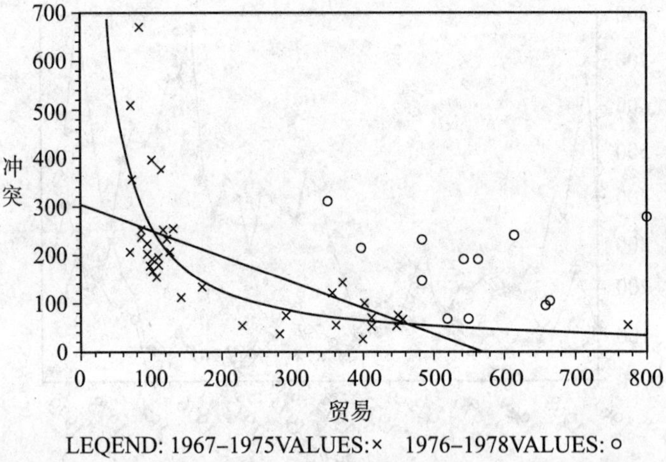

图 31-6 美国-华沙协定集团贸易和冲突关系的截面系列

资料来源:鲁文尼和康和波拉切克(1982)。

3.2.3.2 时间序列因果关系。时间序列可以用来计算格兰杰因果关系检验。这样做的目的是在时间期限上确定贸易是否会进一步影响冲突;反之亦然。简而言之,在一个冲突为贸易函数的回归,即从贸易到冲突运行的因果关系中,使用一个滞后的贸易值将会增加解释力。如果用 T 代表贸易,Z 代表冲突,并且前期的贸易值影响现期的冲突值,则存在格兰杰因果关系。因此,格兰杰方法涉及与假设当 $i=1$ 到 j 时,$c_{-i}=0$ 相结合的检验。在以下的方程中,c_{-i} 是滞后的第 i 期 T 的系数:

$$Z = c_0 + at + bt + (c_{-1}T_{-1} + \cdots + c_{-j}T_{-j}) + (d_{-1}Z_{-1} + \cdots + d_{-j}Z_{-j}) \quad (31-14)$$

式中，c_0 是常数项，t 是时间趋势，Z 和 T 是冲突值和滞后的贸易值，c 和 d 是系数。虚拟假设当 $i=1$ 到 j 时，$c_{-i}=0$ 意味着过去的贸易值不能预期（并且因此互为"因果"）现在的冲突。这个假设能用菲舍尔的 F-test 来检验。

拒绝这个假设意味着一些过去的贸易值 T 对现在的冲突值 Z 有显著影响。因此，格兰杰因果关系的条件是拒绝这个虚拟假设。通过同样的方式，也可以进行反向检验，即过去的冲突是否是现在贸易的"原因"，这时，可将上述方程重写如下：

$$T = T_0 + a't + b't + (c'_{-1}T_{-1} + \cdots + c'_{-j}T_{-j}) + (d'_{-1}Z_{-1} + \cdots + d'_{-j}Z_{-j})$$
$$(31-15)$$

在这个情况下，拒绝 $i=1$ 到 j 时，$d_{-i}=0$ 的虚拟假设是指过去的冲突影响现在的贸易。贸易没有导致冲突及冲突没有导致贸易的虚拟假设的格兰杰 F-tests 概率值，对于这个二分体 1967~1978 年间的关系来说，是与贸易影响冲突的假说一致的。同时，在这个关系中似乎存在复杂的滞后结构。此外，这些结果可以被看作是加强截面系列的结果。具体来说，可以利用滞后贸易值影响冲突值的方法，通过提高同期贸易的能力来预期冲突。因此，贸易和冲突之间的基本关系不是完全同期的，而是相当于一种分布滞后框架。进一步说，建立合适的滞后结构显然是必不可少的。鲁文尼和康（1996）的研究将这项工作扩展到 16 个二分体的格兰杰因果关系检验中。他们使用的是合作与和平数据库和世界事件互动调查资料评估 1960~1990 年间的冲突数据和国际货币基金组织的贸易数据。研究表明，因果关系一般在两个方向上都发挥着作用，但不同的二分体因果关系的强度也不同。因此，检验特定二分体的关系会使人思考：冲突-贸易关系是否是二分体所特有的。如果是，那么二分体的特有效应影响冲突-贸易关系就是可能的。

3.2.4 固定效应

求解上述二分体类型异质性的一般步骤是在经验模型中增加一个二分体特定常数。其线性形式为：

$$NCONF_{ijt} = x_{ijt}\beta + A_{it}\gamma_i + A_{jt}\gamma_j + \alpha_{ij} + \varepsilon_{ijt} \quad (31-16)$$

式中，β 是贸易的一般效应，α_{ij} 是难以观察的二分体特定效应，γ 是单个国家特性的效应。这个固定效应说明的一个问题是，它假设二分体的特定效应只有通过截距才能发挥作用。但固定效应也可以通过其他系数来发挥作用。例如，如果

$$NCONF_{ijt} = x_{ijt}\beta_{ij} + A_{it}\gamma_i + A_{jt}\gamma_j + \alpha_{ij} + \varepsilon_{ijt} \quad (31-17)$$

我们便可以评估二分体特定贸易变量 β 的系数。⑩ 一个可选择的方法是分别对每个二分体进行回归，特别是在所有系数可能因二分体的不同而有所不同的情况下更是如此。由于二分体的数目很多，我们提供了图 31-7，这个图来自波拉切克（2002），说明的是美国与 115 个国家 1948~1978 年间的冲突-贸易关系。每条直线（或曲线）代表在美国与某一特定国家和美国对每一个国家之间冲突的线性的和双曲线的双变量最佳拟合（建立在 R^2 的基础上）。纵轴表示美国对每个其他国家的冲突，横轴表示美国与每个特定目标国的贸易百分比。有趣的是，并不是所有冲突-贸易曲线的斜率都为负。虽然大多数二分体的贸易和冲突呈现出一个反方向的关系，但一些数据也显示出了一个正方向的迹象。难道这些固定效应（固定二分体）的结果与冲突-贸易模型相矛盾？

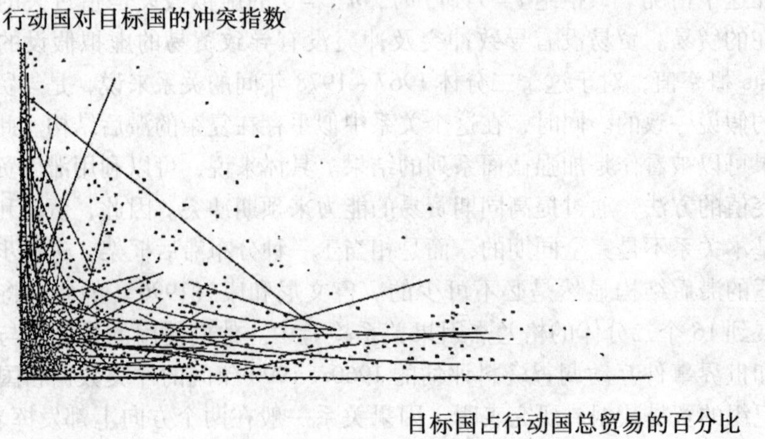

图 31-7　美国和其他国家的冲突-贸易关系

注：每条曲线描绘的是美国（作为行动者）和每个目标的国家冲突-贸易关系的拟合（直线或双曲线）。图中的点代表原始数据。

资料来源：波拉切克（2002b）。

一个可能性是贸易-冲突模型检验不适当。所有实证结果进行的是冲突对贸易水平的相关评估。而该理论涉及的是贸易收益，而非贸易水平。当一个国家的进口需求与出口供给曲线相似时，贸易水平与贸易收益是成比例的。但是，是否可以放心地假定进口需求和出口供给曲线会出现这样的相似，目前尚不清楚，特别是在涉及多个种类的国家时更是如此。把所有的实证工作建立在这样的关键假设基础之上可能是错误的。当然，这个假设并不否定理论，只是

---

⑩ 波拉切克和金（1994）为计算性别工资差异而开发的技术能用来评估这种特定个体的斜率系数。

否定实证的执行情况。因此,可以修正实证执行以摆脱这个假设分析。如果这样做,实证的结果将会得到显著加强。

3.2.5 贸易-冲突关系的双边进口需求弹性扩展[11]

回想冲突-贸易模型有关贸易引致的双边合作的增加和冲突的降低带来福利收益上升的假定。上述实证检验使用贸易水平来代表福利收益,但正如前面所指出的那样,贸易水平是福利收益的一个不完全估量,因为福利收益是每个贸易伙伴各自的生产者和消费者剩余的总量。确实,生产者和消费者剩余与贸易水平是呈比例关系的,但是它们也与进出口需求弹性和供给价格弹性成逆向相关关系。进口需求和出口供给函数越没有弹性,在贸易水平不变的条件下贸易收益就越大。错误地使用需求和供给弹性意味着出现了遗漏变数偏误,即使这种偏误的程度因无法预测贸易水平和贸易弹性之间的相关性而不可确定也是如此。忽略了这些弹性可能使目前的贸易冲突假设的检测中使用的统计工作出现偏差,从而使检测的结果不可靠。基于这个原因,如果纳入获得贸易收益的弹性来分析,则可以从上述的固定效果分析中发现一些荒谬的结果。

为把贸易收益评估结合起来,波拉切克和麦克唐纳(1992)通过纳入获得贸易收益的进口需求弹性的方法来扩展基本冲突-贸易方程(31-12)。以 g_{ij} 代表行动国 i 在与目标国 j 的贸易中所获得的贸易收益,他们重写的贸易-冲突方程为:

$$Z_{ij} = \alpha_0 + \alpha_1 g_{ij} + \alpha_2 A_i + \alpha_3 A_j + \varepsilon_{ij} \qquad (31-18)$$

这里,

$$g_{ij_0} = \int^{imports} p_m(m_{ij}) dm_{ij_0} + \int^{exports} p_x(x_{ij}) dx_{ij}$$

解这个积分可得,贸易收益与贸易水平成正比,但它与贸易弹性是一种反向关系。因此,在贸易收益与进出口总额成正比的基础上,还必须用与其成反比的进口需求和出口供应弹性加权,具体表示如下:

$$g_{ij} = m_{ij}/\varepsilon_{mij} + x_{ij}/\varepsilon_{xij}$$

评价贸易水平和贸易收益的价格弹性关系,就是把这些数据纳入冲突-贸易模型,表明贸易水平和冲突是一种反比关系,与前面观察到的情况一样。此外,冲突与进口需求(和出口供给)价格弹性呈正相关关系。因此,检测冲突-贸易假定应充分考虑这些弹性。

---

[11] 这一部分建立在朱迪思·麦克唐纳(Judith McDonald)研究的基础之上,参见波拉切克和麦克唐纳(1992)。

理想地，在检测中还必须考虑具体商品的弹性，以检验特定商品的贸易是否影响国际关系。但是，由于没有综合性的具体商品双边弹性的资料可用[12]，任何出口供给价格弹性也不容易得到，即使是总体水平上的也是如此，所以波拉切克和麦克唐纳（1992）致力于用从现有的国际贸易实证文献中得到的、马尔克斯（Marquez，1988，1990）和胡珀、约翰逊和马克斯（1998）计算的需求弹性来扩展冲突－贸易模型。采用戈尔茨坦和卡恩（Goldstein and Kahn，1985）的不完全替代模型，马克斯（1988，1990）利用他创立的世界贸易模型和1970~1984年的资料，评估了双边进口需求方程的收入和价格弹性。加入这些弹性，实证分析方程可以进一步修正如下：

$$Z_{ij} = \alpha_0 + \alpha_1 m_{ij} + \alpha_2 x_{ij} + \alpha_3 \varepsilon_{mij} + \alpha_4 \varepsilon_{xij} + \alpha_5 A_i + \alpha_6 T_j + \varepsilon_{ij} \qquad (31-19)$$

这里，m_{ij} 和 x_{ij} 代表二分体的进口和出口，ε_{mij} 和 ε_{xij} 代表进出口需求和供给弹性，A 和 T 分别代表行动国和目标国的属性。

为保持与1970~1984年马尔克斯的弹性在时间上的相容性，马尔克斯使用1973年国家贸易和属性数据，对考虑了弹性扩展因素的冲突－贸易模型进行了实证分析，回归结果见表31－4。结果表明，冲突与贸易成反比关系。但有趣的是影响的强度远远大于过去的估计。进口增加一倍导致冲突降低50%。同时，出口增加一倍带来冲突30%的下降（回想前面的评估只带来15%冲突的下降）。为了提高贸易收益，行动国－目标国国民生产总值（GNP）的差异是看作为要素禀赋差异的外生代理变量，如果行动国和目标国的GNP差异（GNPIF）指的是行动国－目标国要素禀赋上的差异，那么一个大的GNPIF值，表示贸易收益的增加和冲突的减少。这里的回归结果（－0.56）亦与贸易－冲突假说一致。

表31－4　　　　　　　贸易－冲突关系

变量	中间值[1]	系数[2]	弹性[3]
常数		－50.49 (3.12)	
二分体贸易弹性	0.83 (0.04)	37.62 (2.63)	0.47
出口（百万美元）	4.13 (0.67)	－4.49 (4.47)	0.28 0.28

---

[12] 哈斯（Haas）和特纳（Turner）（1988）提供了关于14个经合组织国家三个广泛的商品贸易类别的资料。我们下面将参考这些评估资料。

续表

变量	中间值[1]	系数[2]	弹性[3]
进口（百万美元）	4.02 (0.67)	-8.21 (-6.86)	0.50
GNP（行动国）	232.8 (26.1)	0.0178 (0.46)	
GNP（行动国）-GNP（目标国）接壤虚拟	3.93 (39.0)	-0.056 (2.20)	0.003
净冲突	-66.3 (9.66)	0.4656	0.2587
R^2		0.35	
观察样本		178	

注：独立变量为净冲突，按 COPDAB 的数据计算。
资料来源：波拉切克和麦克唐纳（1992）。
1. 小括号内为标准误差。
2. 小括号内为 t 值。
3. 按平均值计算。

进口需求弹性的结果最为重要。这里，就如前面所提及的那样，人们在理论上预期进口需求弹性与冲突之间是一种正相关关系。结果证明，这种关系的确存在。系数为 37.62 意味着一个多于 10% 无弹性需求与一个 4.7% 的低水平冲突联系在一起。显著的问题是，纳入进口需求弹性不仅产生了预期的符号，而且也强化了以前发现的关于贸易对冲突的效应。但是分析还可以扩展，甚至更进一步。

尽管只有 14 个最大的经合组织国家的数据，波拉切克和麦克唐纳（1992）利用国际货币基金组织（IMF）的世界贸易模型（WTM）来为三个重要的商品类别，即制成品、农产品和原材料制定进口和出口价格弹性［见哈斯和唐纳（1988）对该模型的说明］。世界贸易模型强调，对一个国家出口的需求，是其贸易伙伴进口的加权总和。进口需求函数取决于国内活动和相对价格，出口供给由国外市场大小、相对出口价格和生产能力的利用情况决定。这些函数对 1962～1983 年的有关数据进行了评估。利用阿明顿（Armington, 1969）概述的贸易份额矩阵方法可以得到双边贸易的弹性。根据阿明顿的研究，国家 i 在某种商品上对贸易伙伴国的需求弹性，应该与该商品的替代弹性和偏弹性的权重之和成正比。其中，替代弹性是指该商品在一个国家（在任何一对国家之间）的替代弹性，偏弹性指 i 国的购买者对该商品的一般的、不论供给来源的需求弹性。说得更确切些，就是：

$$N_{ij} = (1 - S_{ij})e_i + S_{ij}n_i$$

上式中，N_{ji} 等于 i 国的购买者对 j 国生产的商品需求的不完全弹性，S_{ij} 等于 j 国在这种商品上的消费占 i 国在这种商品上消费总额的份额，e_i 等于这种商品在 i 国市场和在其他任何一对国家（包括 i 国）市场上的替代弹性，n_i 等于 i 国购买者所具有的对这种商品的不论供给来源的需求弹性。当 $i \neq j$ 时，n_{ij} 为 i 国对 j 国的进口需求弹性。使用上面的方程，从 WTM 的世界贸易模中得到的需求弹性可以转变成双边弹性。份额 S_{ij} 可以通过一个由三种商品（重复一遍，三种商品是制成品、家产品和原材料）中的每一种所形成的矩形矩阵，并使用 OECD 贸易流量的详细信息来计算。通过使用马克斯（Marquez, 1988）提供的相关计算，便可得到替代弹性。

使用这种方法并专门计算制成品，表明贸易－冲突关系确实存在。所有的实证工作发现，符号与期望是一致的。此外，这个研究还表明，出口和进口弹性继续是净冲突的重要决定因素。然而，根据此计算说明，出口比进口在减少冲突方面似乎更为重要。使用双边弹性对原材料进行评估，所得出的冲突－贸易关系表明，在原材料弹性下的计算结果比在制成品弹性下的变化更小。一如以往，所有符号都与贸易－冲突假说一致。出口增加一倍将导致冲突减少43%；GDP 差异与较少的冲突联系紧密；当双边进口需求曲线更缺乏弹性时，阿明顿系数与较少的冲突密切相关。

4. 民主和平的应用：为什么民主政体不会相互开战[13]

4.1 问题的提出

自从 1979 年拉梅尔（1976b）引用巴布斯相对模糊的论文来分析赖特（1942）的"坚持选举的独立国家间没有战争"的战争资料以来，人们对"民主政体不会相互开战"这一命题进行检测的兴趣日增。早期的著作，例如赖特（1942）、格雷格斯和班克斯（Greggs and Banks, 1965）、哈斯（Haas, 1965）、拉西特和蒙森（Russett and Monsen, 1975）、斯莫尔和辛格（1976），甚至拉梅尔（1968）本人，都认为民主政体国家与其他国家一样，同样存有

---

[13] 这部分大量借鉴了波拉切克和罗伯斯特（1998）的观点。参见波拉切克（2002b）和波拉切克（2004）关于工会成员和罢工的一个应用。

战争倾向。在拉梅尔的主张提出后，一些研究者甚至立刻发表著作对其观点提出质疑。例如，威德（1984）通过20世纪60年代和70年代的资料证明，民主政体和战争"相互之间不存在稳定不变和非常显著的关系"。根据他的观点，只有在20世纪70年代后期——一个似乎相当例外的时期——民主政体确实成功地避免了陷入战争之中。多姆克（1988）运用格尔政治Ⅰ中的数据库来说明"在民主程度和战争可能性之间没有发现任何稳定的联系"[布雷默（Bremer，1992a，第316页）]。同样地，狄克逊（1989）在1816~1971年的时间跨度内，没有找到民主政体和战争频率之间的一致性。此外，文森特（Vincent，1987）提出回归方程并主张"在二分体的自由和二分体的冲突之间实际上没有关系"，其主张与拉梅尔（1987）的观点之间产生了激烈的争论。

与这种怀疑论相反，其他证据提供了大量理由来怀疑民主政体事实上可以遏制冲突。多伊尔（1986）后来追随赖特（1942）的主张，认为，基于政治理论可以追溯到康德（1795）的"因为它们依靠法律，所以民主必定有利于国际争端和平解决方式的发展"。另外，多伊尔（1986）引用了斯特赖特（Streit，1940）的经验证据来说明民主政体可以遏制冲突。为支持"需要一个15个民主政体的国家联盟作为促进和平的核心"的观点，斯特赖特指出："自比利时-荷兰1830年战争以来，15个民主政体国家之间没有任何两个国家相互开战。没有政治上的相似，就不能获得民主的成就，就不能在这15个强大、独立而又可能成为竞争对手的国家之间，在背负着获得民主以前所有争斗所遗留下来的仇恨和偏见的人口之间，维持如此长时间的和平"[斯特赖特（1940，第66~67页）]。沃特金斯（Watkins，1942）则进一步发现，在国际联盟中，民主政体间的合作压倒性地多于非民主政体间的合作，作为证据，他指出，在国际组织中，非民主政体中有23个国家（55%）有过合作方面的不好记录，而民主政体中只有一个国家（5%）可以归入它们的行列。

在一篇被广泛引用的论文中，钱（Chan，1984）纠正了关于民主政体能或不能阻止冲突这些似是而非的分歧。他主要是从方法论上来解决问题的：以单一国家作为观察单位所进行的一分体研究，不能支持"民主政体国家间很少进行战争"的观点；另外，使用二分体作为观察单位的研究，则明显支持这种观点。事实上，使用斯莫尔和辛格（1982）的战争相关性（COW）资料，钱发现，压倒性支持"两个国家越自由民主，相互之间暴力就越少"的观点。钱的研究因此而推动了大量以二分体为基础来对这个假说进行检测的研究。这些研究又进一步导致了对这种关系存在原因的研究的大量出现。这些研究包括：毛兹和阿卜杜拉利（Maoz and Abdelali，1989）、利维（1989）、摩根和坎贝尔（Morgan and Campbell，1991）、摩根和施韦巴克（1992）、西韦松和埃蒙斯（1991）、雷（Ray, 1993）、恩贝尔和拉西特（Ember and Russett, 1992）、布雷默（1992a, 1993）、拉西特和安特霍利斯（Antholis）（1992）、明茨和杰瓦（Mintz and Geva, 1993）、毛兹和拉西特（1993）、法伯和戈瓦（Farber and Gowa, 1997）、凯格利和赫尔曼（Kegley and Hermann, 1996）、艾尔曼和哈特（Eyerman and Hart, 1996）、汤普森和图克（Thompson and Tucker, 1997）、加尔茨克（1998）、狄克逊（1998）、穆索和希（1999）、塞德曼和佩努巴蒂（Cederman and Penubarti, 2001）、多伊尔（2005）、斯兰切夫、亚历山德罗娃和加尔茨克（Slantchev, Alexandrova and Gartzke, 2005）和金塞拉（2005）。其中，值得注意的是这些研究的一致性结果。与利维（1989）相似的大量研究认为，"民主政体很少开战"现象是一个"定律"；布雷默（1992b）指出："由布鲁斯·布埃诺·德梅斯基塔（Bruce Bueno de Mesquita）、史蒂夫·钱（Steve Chan）、T·克利夫顿·摩根（T. Clifton Morgan）、哈维·斯塔尔（Harvey Starr）、埃里克·威德（Eric Weede）……和本人组成的ISA亚特兰大专门小组，都一致支持这种观点"［布雷默（1992b，第1页）］。然而，上述研究显示，民主与战争之间关系的强度取决于如何定义战争（即，是否使用战争比较项目或军事洲际争端资料），取决于人们谈论的国家是发动一场战争抑或只是参与一场战争，取决于人们谈论的国家的"暗"活动，最后还取决于人们考虑的时期。

给定后面的这些限制条件，在论及比军事纠纷更不那么严重的冲突以及论及合作行为时，首先必须确定两国是怎样的一种关系。实际上，目前所有的研究中所使用的资料，不管是战争比较项目资料、军事洲际争端资料，还是联盟资料，都不能充分地回答这个问题，因为它们仅仅包括特定而又狭窄的冲突和合作类型。此外，这些战争资料中的冲突方向，即谁是侵略者，谁是防御者，往往很难辨别。虽然不是没有缺点，由于事件资料包含范围广泛的二分体的互动，则更适合用来测试民主政体的影响。这些资料既包括冲突的剧烈程度，也包括合作的范围，还包括每个事件的方向性。此外，由于在冲突程度上和二分体之间的全面合作上的相对变化较大，不仅可以考察民主政体和非民主政体，而且还可以把非民主政体从研究中分离出来，考察只有行动国是一个民主国家的案例、只有目标国是一个民主国家的案例以及民主政体国家既不是行动国也不是目标国的案例。基于这个理由，使用事件资料对于更广泛地考察"民主政体国家是否会相互'开战'"问题是颇有裨益的。

一旦民主政体相互之间存在更少冲突的观点得到数据资料的确定，我们就可以分析为什么民主政体战争更少这个深层次问题。对于这个问题的研究，目前也涌现了大量的文献。波拉切克（1997）在这方面的创新是为了表明，民主国家更为富裕，拥有更多的贸易。为了保卫这些财富，民主国家的冲突似乎更少而合作则相对地多。非民主国家由于需要保卫的财富较少，因而冲突较多而合作较少。这是我们较早前在来自于贸易收益论述中所强调的主题。

4.2 证据

4.2.1 民主的度量：托德·格尔的资料

格尔的资料的主要特点在于，把国家的结构性和体制性的特征以及它们随着时间的推移所产生的变化进行了编码。该资料主要衡量包括民主、专制和权力的集中几方面。目前已达成共识的度量民主的变量是"制度化的民主"，这一变量由三个独立因素构成：（1）公民对国家领导人表达意愿的能力；（2）政府机关彼此之间的相互制衡；（3）公民自由的保障程度。格尔提供了一个综合范围，这个范围用数字 1~10 排列，数值 10 代表最民主的国家。

大多数研究使用的是民主变量的二分规范，即民主国家或非民主国家。但是，我们认为，应该把民主变量看作是连续的，也就是说，在研究中似乎应该知道有关民主等级的相关信息，而不是将其丢弃。然而，为了把一个国家的性质与过去的研究联系起来，我们有时也需要利用二分的民主规范的研究成果。这里，我们推荐使用两个二分式规范：一个是严格的规范，即，如果一个国家的格尔指数达到了 7 或更高，那么它就可以归类为民主国家；一个是较宽松的规范，即，如果一个国家的格尔指数达到了 5 或更高，就把它归类为民主国家。需要注意的是，布雷默（1992a）使用的是较宽松的规范。而法伯和戈瓦（1997）用格尔指数 6 或更高来定义一个民主国家。一般地，在应该连续地还是二分地对待民主这一变量的问题上，结果只有很少的差异。同样地，对于两个二分式民主规范来说，几乎会出现相同的结果。

至于实证分析，回归结果支持这样的发现：在 COPDAB 数据库中，民主二分体比非民主二分体的冲突少 1.5 个单位；混合二分体（一个民主国家和一个非民主国家）比非民主二分体的冲突多 0.85~2.58 个单位，具体数值视乎二分体中的一对国家的具体情况而定：一个非民主的行动国和一个民主的目标国（2.58）还是一个民主的行动国和一个非民主的目标国（可比对照组）。值得注意的是，即使美国被限制为一个目标国，这些结果也得到支持。这意味着，美国宣泄的冲突不是驾驭结果，正如 20 世纪 60 年代已经预期的那样。

4.3 关于民主和平的贸易-冲突模型的结论

过去的研究给出了两个理论来解释"为什么民主政体很少相互开战"问题。第一个理论是文化规范上的，第二个理论则是结构上的。事实上，两者是有关联的，因为在某种程度上结构的决定因素可能是文化诱导的。文化规范理论以康德（1795）、赖特（1942）和多伊尔（1986）的研究为基础，并得到了拉西特（1989）和其他人的进一步深化推广。他们宣称，由于审判和谈判已经成为民主社会的规范，以致民主能够和平地解决争端，特别是解决与其他民主国家的争端（虽然逻辑是有点含糊：为什么民主国家不在反对非民主政体方面也做得更好）。摩根和坎贝尔（1991）所信奉的结构理论，以拉梅尔（1979a）、哈甘（Hagan，1987）、多姆克（1988）和布埃诺·德梅斯基塔及拉尔曼（Lalman，1992）等人的研究为基础，认为由于在民主决策的过程中有许多制衡，所以做出开战的决定是困难的，是不能掉以轻心的。虽然使用这个逻辑难以解释为何民主的行动者在反对非民主的目标国上不能比非民主国做得更好。非民主国家，如独裁统治，只需要较少的理由就可以走向战争。津内斯（Zinnes，2004）用命题演算来提供了一个基于规范和结构性因素的解释。

区分这两个理论，需要分离出可辨别的、界定决策制约因素的结构特征，并用其来解释为什么民主国家很少相互开战。找不到这些特征，将会使人们得出有利于民主政体固有文化/规范性特征的结论。在这方面，摩根和坎贝尔（1991）的研究发现，至少在主要大国具有"更高层次的决策约束，导致冲突升级为战争的概率较低"。为此，他们支持结构特征的解释。然而，由于受到"弱统计显著性"的困扰（1991，第206页），他们对其结论进行了变通，指出，文化规范也可能是有效的。相比之下，尽管毛兹和拉西特（1992，1993）认为"规范和结构模型都得到了数据资料的支持（1993，第624页）"，但他们做出了有利于文化的规范性理论的结论，因为民主政体在他们的统计分析中似乎有一个独立的影响，甚至后来成为一个决定性变量。他们在研究中使用的是美国的人均GDP（财富）、GDP变化百分比（增长）、接壤、COW联盟数据和格尔政治稳定性数据。

得出民主显著阻碍冲突结论的回归，并不排除寄生效应。事实上，得出民主显著性的结果，可能只是表明研究人员还没有找到合适的决定冲突的因素。在这种情况下，民主变量代替了数据资料中没有说明的各种潜在因素。正是在这种努力中，波拉切克（1997）试图以过去国际贸易与冲突相关理论为基础，形成一种对为什么"民主政体之间很少相互开战"的可能解释。波拉切克的解释与斯塔尔（1992）的解释不同，后者提出了一个鸽派和非鸽派的国家的博弈论模型；波拉切克的解释也与莱克（1992）的解释不同，莱克采用了一个公共选择型模型，在莱克的这个模型中，民主政体中的和平主义出现在对维护安全有兴趣的非帝国主义国家中。

在返回民主国家之间的冲突问题研究之前，我们将这个问题定格于过去有关贸易和冲突的结果：在适当的情况下，人们不得不表明，民主二分体比非民主二分体显示出更大的贸易（或更大的贸易收益）倾向。作为结果，更大的贸易有助于更大的合作和更少冲突。为保障因贸易而获得更大的福利水平的提升，民主国家将开展更多的合作和更少的冲突。通过合作而不是战争，贸易得到了保障，个人的福利因人均 GDP 的增加而得到提高，而人均 GDP 增加的部分原因则应归功于这些贸易收益。

检测上述情况的有效性，首先必须表明，民主的二分体事实上拥有更多的贸易；其次必须表明，更多的贸易与更少数量的冲突具有相关性。实际情况也是如此：民主二分体平均进口额为 3 410 亿美元、出口额为 3 141.3 亿美元；而非民主的二分体则只有 142 亿～156 亿美元。与上述假说一致，民主二分体呈现了一个大得多的贸易水平。混合二分体所拥有的贸易水平居中。这可能有点令人费解。根据上述假设，贸易与冲突是直接相关的，因为人们期望，冲突必须发生在纯粹民主和纯粹非民主二分体之间。然而，就像前面指出的那样，用贸易来度量贸易收益可能是不适当的。考察民主与贸易之间的相互关系，也支持这个结论。民主二分体会进行更多的贸易：贸易和格尔民主指数之间是一种取决于贸易指数的强烈正相关关系，其变化幅度在 0.12 和 0.36 之间。当使用二分民主指数时，这个正关系与其幅度大体相当：0.17 到 0.31 为民主的严格定义；0.23 和 0.32 为弱民主的定义。非民主二分体拥有较低数量的贸易水平。在这里，其相关关系为 -0.14。但是，贸易占 GDP 的份额对非民主的一对国家来说并不是很明显的低。相关关系在 -0.01 和 0.02 之间，与 0 一样没有统计上的差异。对于混合民主/非民主二分体，贸易无论在价值上还是在占 GDP 的比重上都低得多。因此，这些与贸易联系在一起的相关关系，潜在地成为民主政体之间较少相互开战的原因。也就是说，拥有更多贸易的国家对之间会出现较少的冲突，并且民主的国家对之间会有更多的贸易。因此，这样的说法是可信的：民主政体之间的更多贸易，是民主二分体更少冲突的潜在原因。同样地，混合民主/非民主国家之间更少的相对贸易，可能是这些混合国家之间更多冲突的原因。

回归分析的结果几乎是一致的。以冲突作为持续的民主分值函数建模，两个国家的格尔民主分值的乘积越高，二分体的民主程度越高并且其净冲突（-0.28）的水平越低。这也与以上冲突和贸易之间的反向关系相一致，因为人们逐渐发现贸易的系数呈显著的负值。因此，就像以前的研究所报告的那样，贸易阻止冲突，并且更民主的二分体显示出较少的冲突。有人可能会认为，如果民主代替了其他一些潜在因素，民主系数可能就是不真实的。例如，如果民主国家拥有更多的贸易，这可以反过来减少冲突，那么从分析中删去贸易就可能产生一个遗漏变量偏误。对这种情况进行检测的一个方法是考察冲突是否是由民主以及贸易共同决定。如果不是民主本身减少冲突，人们便可认定，更高的贸易水平引起更低水平的冲突，那么，一旦贸易包括在回归模型中，民主系数将微不足道。这种方法已使用，结果表明，当贸易被以直线型地引入时，民主系数大幅下降；而当贸易被以二次形式引入时，民主系数会进一步下降到统计上微不足道的水平。因此，引入贸易解释就会淡化民主的影响。

注意贸易系数仍然保持相同的规模和意义是很重要的。这与民主是贸易的代理而贸易不是民主的代理是一致的。对于使用分类民主变量而不是民主的连续度量来说，这一结果是不变的。就像以前所论述的那样，双方都是民主政体所构成的二分体之间冲突较少。此外，增加贸易这个因素将会降低民主系数的幅度和统计意义。注意贸易系数保持相同的幅度也很重要。这里需要再说一遍：民主是贸易的代理而不是相反。

很显然，贸易也可能不是一个独立的因素。或许较大的、更发达的国家是那些拥有更大贸易的国家。为测试这种可能性，必须引入行动国和目标国的国民生产总值（GNP）及人口，并舍弃与其相同的贸易系数；引入二分体的民主变量来提升二分体民主系数，并舍弃其没有变化的、统计上无意义的因素。当确切地说明国家大小（从经济及人口两方面）时，其结果是贸易减少二分体的冲突，但一对民主国家之间不再呈现出较低水平的冲突。事实上，可以认为，一旦控制了贸易和国家属性，民主政体间似乎呈现出更大的冲突。

然而，非民主国家应付来自民主国家的冲突比其应付来自非民主国家的冲突在数量上要多出 2.6 个单位。贸易本身只能解释这种冲突上的差异中的很微小的部分，但是如果贸易和财富差异结合起来，就可以解释这种差异的 54%；再加入与贸易呈非线性的 GNP，则几乎能解释整个差异。进一步，民主政体对非民主国家显示更大冲突水平的研究结果表明，非民主国家对民主国家比对非民主国家确实显示出更少的冲突。[14] 最后，将这些结果结合在一起则意味着

---

[14] 还有其他的解释。举例来说，利维和拉津（Razin, 2004）使用一个博弈模型表明，信息不对称和战略互补导致两个民主国家间的战略互动有别于任何其他二分体之间的互动。另外，曾（2004）利用博弈论表明，民主国家之间的贸易竞争，在国内形成了使用威胁战略的强大压力，并且说明了这些压力如何不断增加贸易战的风险。赫斯和阿萨纳西奥斯（Hess and Athanasios, 2001）认为，业绩不佳的现任领导人寻求抓住权力，从而产生了发起冲突的激励。

二分体内所有水平的冲突都可以得到解释。简言之，在解释冲突方面，民主不是相关变量，至少在使用事件数据库时是如此。二分体在冲突方面的差异通过跨国家的贸易和财富的差异，基本上可以得到充分地说明。鼓励自由贸易，通过"贸易收益"来增加每个国家财富，似乎是减少冲突和加强合作的关键。但是，并不是所有的政治学者都赞同贸易是民主和平的潜在基础的观点。举例来说，拉西特和奥尼尔（Oneal，2001）声称，因为国家能够更好地衡量建立在民主、贸易和国际政府组织及非政府组织作用增强基础之上的和平，"20世纪已经打上了一个充满希望的区域和平演进的烙印"。虽然民主和贸易有可能促进和平，但目前尚不清楚它们如何独立地发挥作用。由于民主国家比专制国家往往更加开放，并开展了更多的贸易，而更大的贸易又可能会诱使其发挥维护和平的作用。该理论主张认为，民主在很大程度上会更加趋于和平，但不能解释自由的国家为什么只能与其他的民主国家维持和平。[15] 因为这个原因，大量文章对民主的独立角色持怀疑态度。罗沙托（Rosato，2003）认为，民主国家之间存在和平，但这种和平不是其民主本质的结果。他声称，民主国家更加互不信任，当选的领导人并不是"爱好和平"者，民主国家动员起来并不是特别缓慢。他进一步宣称，民主国家与其他国家一样趋于避免泄露有关其解决纠纷的秘密信息。穆索（2005）强调，民主和平视发展水平而定。他认为，民主国家成为重要的战争遏制者，只在最富有的45%的二分体中得到体现。基于博弈论模型，布埃诺·德梅斯基塔、考克（Koch）和西韦松（2004）认为，不能先验地肯定民主国家的和平作用。一方面，讨价还价模型预测，民主政体延长争端，使外交官有时间寻找用非战争的手段解决争端；另一方面，民主国家选择参与争端的方式使两个民主国家间争端的时间变得更短暂。曾（2004）使用了一个两级博弈方法显示，美国的贸易战如何使其失去民主与和平。两个民主政体之间的贸易竞争很可能产生一个使用威胁的推动力，由此增加了贸易战爆发的可能性。

5. 冲突－贸易模型的扩展

　　影响贸易收益的因素很多。其中包括：贸易方式、国家大小、市场竞争、邻近国家、关税、国外援助以及相关国际体系中的国家数目。近来，在冲突－

---

　　[15] 参见麦克米伦（2003）对这个问题广泛的调查，这个调查涉及超过25篇关于这一主题的论文。

贸易关系的研究中，许多学者已经对其中的某些因素进行了考察。在这一部分，我们简要地论及这些问题。

5.1 商品贸易

大量的论文考察了不同商品交易将会对冲突－贸易关系带来什么影响。波拉切克（1980）认为，石油进口国更愿意与石油出口国开展合作。波拉切克和麦克唐纳（1992）提出，OECD 国家从事制成品与原材料的交易时，冲突就会减少。之所以出现这种情况，是因为这些进口没有更大的价格弹性，导致这种逆向关系得到增强。使用几个 OECD 国家 1963～1980 年间 5 种商品类别（农业－渔业、能源、矿物、制成品和杂项日常消费品）的贸易资料，鲁文尼和康（1996，1998）认为，冲突－贸易关系的强度取决于商品贸易。他们考察了 15 个贸易增加增进合作的案例以及 9 个贸易增加导致冲突的案例，研究发现：在农业－渔业和能源方面，贸易的增加会导致合作；而在矿石－矿物、制成品和杂项日常消费品方面，贸易额提高对合作的影响则是好坏参半。就像鲁文尼和康所建议的那样，这个领域值得进行更深入的研究。

5.2 国外直接投资

不仅贸易在日益增加，而且资本流动的规模也在不断扩大。随着全球一体化步伐的加快，国家已经步入一个更加复杂的相互依存网络。过去 10 年间，国外直接投资的年增长率已经超过国际贸易增长率。2000 年，国外直接投资的规模已经突破 1 万亿美元，这与 20 世纪 60 年代和 70 年代形成了鲜明的对比。那时许多国家担心的是，外国跨国公司的直接投资可能会削弱它们的国家主权；现在它们关心的是，国外直接投资的正面影响以及其他类型的资本流动对母国和东道国经济的影响。许多国家采取吸引国外直接投资的优惠政策，表明这一态度转变得更为彻底。这一事态的发展说明，直接投资在国际关系中的作用和重要性不断增强。

跨国公司（MNC）国外投资对国际体系影响的研究，在时间上比近来日益增多的全球化研究更早。更传统的文献［弗农（1971），吉尔平（Gilpin, 1975）和奈（Nye, 1974）］认为，跨国公司把自己的国家和其他民族国家联结在一起，依然是国际体系中的主要行动者。不过，正如吉尔平（2001）所指出的那样，如果考虑到在世界各地与其他企业展开竞争的跨国公司本质上是一个国家的企业，那么，人们便想知道，在跨国公司直接投资和其母国外交政策之间到底是一种什么样的相互关系？

虽然现在已有一部研究国外直接投资决定因素的文献。[16] 但是对国外直接投资对国际关系影响的研究仍然处于起步阶段。汤普森（Thompson，2003）认为，直接投资拉近了国家彼此之间的距离，因此降低了致命性冲突的可能性。在使用第二次世界大战后的数据进行实证分析后，他说明，互惠的国外直接投资的流入，使冲突发生得更少。考虑到当前的政治氛围，他认为，美国、中国、中国台湾地区的距离拉得更近，因为两个国家间直接投资的流动促使其必须维持稳定。通过第一次世界大战后的信息资料，汤普森发现，交战的国家很少或根本没有国外直接投资，这导致了一体化的减少。在某种意义上说，这一发现有助于解释这样的悖论：相互贸易国参加了第一次世界大战，而根据冲突－贸易理论，贸易本来应该遏制冲突活动。

波拉切克、西格利和相（Xiang）（2005）也考察了国外直接投资对冲突及合作的影响。他们引用了一个三阶段最小二乘联立方程模型，使用1990~2000年双边国外直接投资量和上面提到的VRA数据。一个方程把国外直接投资作为合作和国家属性的一个函数。其中，合作是行动国和目标国的合作（实际的净合作定义为，加权的合作减去行动国针对目标国的冲突）；国家属性主要包括：人口、中学升学率、电话干线和资本形成总额——所有这些衡量发展水平。另一个方程则把净合作作为外国直接投资、行动国和目标国的GDP、联合民主和接壤情况的一个函数。

根据其结果（见表31-5），国外直接投资对净合作变量有一个显著的积极作用（0.014）。在一个二分体中，国外直接投资每增加100万美元，平均净冲突将降低0.014单位（也就是说，净合作将增加0.014单位）。将这一数据转变成弹性来计量，结果为0.31，这意味着国外直接投资增加1%将平均带来0.31%合作的增加。净合作变量的系数（23.0，在第二栏）也证实，合作对国外直接投资有一个显著的积极影响。这个系数与国外直接投资促进二分体合作关系的结论是一致的。在这种情况下，一个单位净合作的变化将导致国外直接投资增加约2300万美元。这个关系的弹性为1.036。因此，净合作每增加1%，国外直接投资将增加1.04%。

5.3 国家的大小

阿莱西纳和斯波劳雷（2003）建立了一个影响很大但有些吝啬的模型，

---

[16] 参见弗鲁特（Froot，1995）、拉约梅（Rayome）和贝克（Baker）（1995）、萨吉（Saggi，2002）和布伦尼根（Blonigen，2005）对有关国外直接投资决定因素文献的调查。

这个模型能够令人信服地处理国家大小问题。他们界定国家作为有权力的实体,其主要目的是要确保本国公民的福祉。较大的国家允许规模经济,使每个公民承担的公共物品(如国防)的开支减少;但随着国家规模的逐渐变大,便会出现更多的异质性,使国家更难以驾驭。更大的人口意味着更加多样性,但多样性使领导人如何提供公共物品变得复杂化,因为一个范围广泛的公民或市民往往有利益冲突。在这两者之间进行权衡,也就是规模和异质性,决定了任何特定国家的大小。改变这种权衡的任何因素将会影响一个国家的大小。

作为一个例子,大国贸易不需要与小国一样多,因为其较大的规模带来了更多不同类型的资源和更多的自给自足。同时,较大的国家在保障强大的军队方面拥有规模经济。鼓励自由和开放贸易的世界环境,导致更多的贸易。

表31-5 FDI-冲突关系-FDI流入(括号内为百分比)的三阶段最小二乘评估

独立变量	独立变量总计(净合作)	FDI 流入
常数	-0.26 (-0.16)	-1827.978*** (-4.61)
FDI 流入	0.014*** (7.72)	
GDP(行动国)	9.03e-06*** (14.77)	-4.36e-05 (-1.35)
GDP(目标国)	6.18e-06*** (11.05)	-3.57e-07 (0.01)
力量比率	-0.142*** (-8.59)	
联合民主	-0.014*** (-3.68)	
接壤状况	7.103*** (4.67)	
总计(净合作)		23.000*** (8.59)
WTO		128.576* (1.97)
人口(行动国)		3.91e-04*** (3.36)

第31章 贸易、和平及民主：一个二分体争端的分析

续表

独立变量	独立变量总计（净合作）	FDI 流入
人口（目标国）		0.001 ***
		(4.03)
电话干线（行动国）		0.442 **
		(2.75)
电话干线（目标国）		0.357 *
		(2.35)
初级中学入学率（行动国）		4.169 *
		(2.02)
初级中学入学率（目标国）		1.772
		(0.83)
中学入学率（行动国）		3.231 **
		(2.87)
中学入学率（目标国）		5.873 ***
		(4.68)
资本形成总值（行动国）		-2.761
		(-0.83)
资本形成总值（目标国）		-5.200
		(-1.53)
R^2	0.2730	0.1756
N	5449	5449

资料来源：波拉切克、西格利和相（2005）。
* $p<0.05$；
** $p<0.01$；
*** $p<0.001$。

同时，较大的贸易意味着较小的自给自足满足能力，就像较小国家的结果一样[阿莱西纳和斯波劳雷（2003，第6章）]。相比之下，一个有更多冲突的、更好战的世界导致国家的军事需求更大。为了完成这个任务，国家寻求规模经济以为国防提供资金。这样，国家就变得相对较大[阿莱西纳和斯波劳雷（2003，第7章）]。根据阿莱西纳和斯波劳雷（2003，第127页）"一旦……[人们考虑]冲突和贸易之间的联系，这两个结果之间就会发生关联"。冲突诱致较大的国家和较少的贸易，但不足的贸易带来更多的冲突；另一方面，较小的国家贸易更多，但更大的贸易促进和平。

5.4 多边互动[17]

由于双边贸易不是独立于其他国家的,于是芬(Feng,1994)将贸易与联盟的冲突联系起来。他认为,贸易和联盟冲突之间的关系,取决于他所说的外部成本。外部成本意味着与盟国的朋友冲突比与敌人的朋友冲突的代价更高。这样,第二次世界大战后美国和盟友之间(例如,英国、加拿大、法国、西德、意大利和日本)的贸易在不断扩大,而冲突则在美国和苏联联盟之间发生。在持续不断的冲突下,围绕结盟的形式怎样、第三方如何干预等问题,形成了大量的政治学研究文献 [例如,参见阿尔特菲尔德和布埃诺·德梅斯基塔(1979)、霍普曼、霍尔斯蒂和沙利文(Holsti, Hopmann and Sullivan, 1973)、金(Kim, 1991)、萨布罗斯基(Sabrosky, 1980)、辛格和斯莫尔(1966a, 1966b)、西韦松和金(1979, 1980)]。在这种情况下,阿尔特菲尔德(Altfield, 1984)、莫罗(1991)、鲍威尔(1991)以及西蒙和加尔茨克(Gartzke)(1996)等认为,加入一个同盟是为了获取安全收益。为此,他们把联盟建立在这个基础之上。阿尔特菲尔德和布埃诺·德梅斯基塔(1979)使用一个期望收益模型来预期干预,认为干预取决于效用。也就是说,干预取决于从一方或另一方获胜中所取得的效用。这样,如果第三方能从一国获胜而不是另一国获胜中获得相当多的效用,干预就更有可能出现。

可以把多边互动与前面描述的冲突 – 贸易框架结合起来。回到一个国家的目标函数 [指定为公式(1)],简单地以 $i = 1, 2, \cdots, n$ 代表所有可能的目标,在这个框架内,现在我们假定行动国 A 的效用函数为:

$$U_A = U_A(C, Z_1, Z_2, \cdots, Z_n; U_1, U_2, \cdots, U_n) \qquad (31-20)$$

这里,$i = 1, \cdots, n$ 代表行动国 A 面对的世界 n 个国家中的每一个;变量 Z_i 表示 A 国与 i 国的冲突水平;变量 U_i 表示每个其他国家福利水平。正如前面所描述的那样,$\partial U_A/\partial Z_i > 0$ 表示从与 i 国的冲突中获得的福利,但是现在,$\partial U_A/\partial U_i$ 则是说明 i 国的福利如何影响行动国 A,$\partial U_A/\partial U_i > 0$ 意味着 i 国是一个朋友,而 $\partial U_A/\partial U_i < 0$ 则意味着 i 国是一个敌人。这样,一个行动国的福利越高,其朋友的福利也越高,行动国的福利越小,其敌人的福利越高。更一般地,对于任何两个国家 i 和 j,$\partial U_i/\partial U_j > 0$ 意味着 i 和 j 是朋友,$\partial U_i/\partial U_j < 0$ 则意味着 i 和 j 是敌人。

---

[17] 这一部分借鉴了波拉切克(2003)的许多观点。

第31章 贸易、和平及民主：一个二分体争端的分析

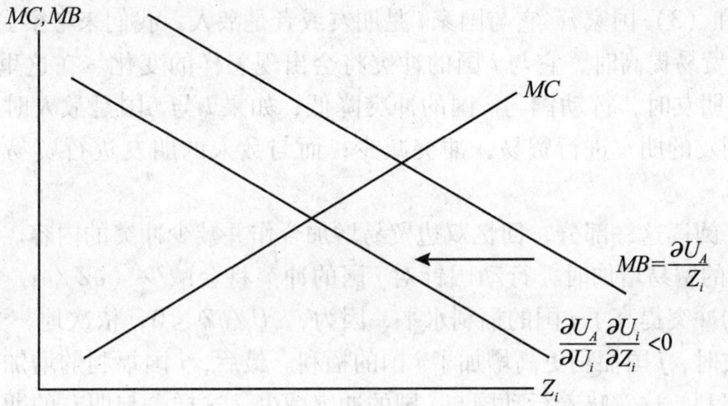

图 31-8 与朋友的互动

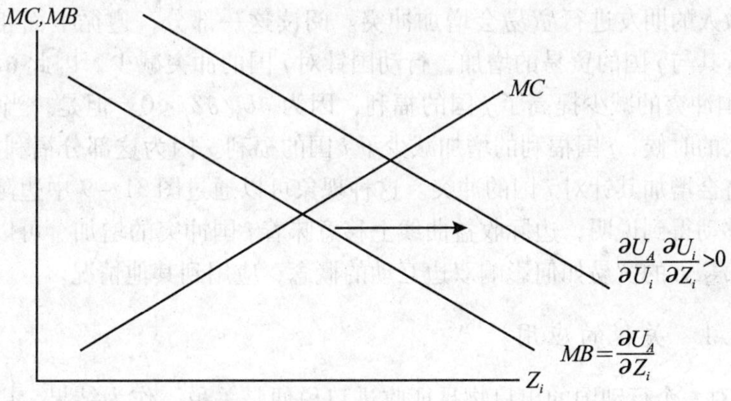

图 31-9 与对手的互动

但一个行动国针对国家 i 的冲突可以提高行动国的福利 $\partial U_A / \partial Z_i \geq 0$，由于没有哪个国家愿意成为冲突的接受者，这就最有可能减少目标国的福利，因此，$\partial U_i / \partial Z_i < 0$。基于这种不平衡性，可以认为，友谊减缓冲突而对抗增加冲突。为说明这个问题，回忆冲突的边际收益 $\partial U_A / \partial Z_i$ 等于 $\partial U_A / \partial U_i \cdot \partial U_i / \partial Z_i$。当行动国 A 和目标国 i 是朋友时，边际收益为负（$\partial U_A / \partial U_i > 0$ 和 $\partial U_i / \partial Z_i < 0$）。基于以前的分析，边际收益曲线下移，意味着朋友之间有较少的冲突（如图 31-8 所示）。反过来，当 A 和 i 是竞争对手时，边际收益曲线上移（如图 31-9 所示），将导致更多的冲突（$\partial U_A / \partial U_i < 0$ 和 $\partial U_i / \partial Z_i < 0$）。因此，友谊和对抗影响二分体的关系。

但是，友谊和对抗也影响多边互动。考虑三个国家：(1) 行动国 A，(2) 目

标国 i，和（3）国家 j，它与国家 i 是朋友或者是敌人。我们来考察当行动国 A 与 j 国的贸易提高时，它与 i 国的冲突将会出现怎样的变化。在这里，当 j 与 i 国是朋友时，行动国与 i 国的冲突降低；如果 i 与 j 国是敌人时，冲突增加。与朋友的朋友进行贸易，冲突减少；而与敌人的朋友进行贸易时，冲突增加。

为了阅读这一部分，回忆双边贸易增加合作并减少冲突的内容。因此，当其与 j 国的贸易增加时，行动国针对 j 国的冲突将会减少（$\partial Z_j / \partial x_j < 0$）。对 j 国较低的冲突提高了 j 国的福利水平，因为，$\partial U_j / \partial Z_j < 0$；依次地，当 i 国和 j 国是朋友时，j 国福利更高增加了 i 国的福利。最后，i 国福利的增加提高了行动国的福利，这意味着行动国与 i 国的冲突减少。这样，与朋友的朋友贸易会减少冲突。这可以在图 31-8 中得到说明，冲突的边际收益曲线向下移动，因此而减少了冲突。这种情况与敌人的朋友是相反的。

与敌人的朋友进行贸易会增加冲突。阅读这一部分，遵循上面相同的逻辑。随着其与 j 国的贸易的增加，行动国针对 j 国的冲突减少。因此 $\partial Z_j / \partial x_j < 0$。与 j 国冲突的减少提高了 j 国的福利，因为 $\partial U_j / \partial Z_j < 0$。但是，当 i 国和 j 国是敌人的时候，j 国福利的增加减少了 i 国的福利。因为这部分福利的减少，行动国将会增加其针对 i 国的冲突。这种现象可以通过图 31-9 中边际收益曲线向上移动得到说明，边际收益曲线上移意味着 i 国冲突的增加。可以把上述有关与第三方的贸易如何影响双边互动的概念，应用到其他情况。

5.4.1 关税的应用

i 国对一个行动国的出口物品征收进口税便是关税。作为结果，由于进口者需要支付更高的价格而导致贸易减少。基于前面的贸易收益分析，贸易的减少便是冲突的增加。但是关税可以影响第三方的冲突。然而，包括曼斯菲尔德（1995）、马丁（1992）以及马斯坦托诺（Mastanduno，1992）在内的多数文献，是在许多国家征收关税的情况下研究多边制裁问题的。在研究分析中，他们主要评估关税如何影响冲突，甚至评估关税如何影响不征收关税的国家。如上所示，行动国和目标国之间的贸易可以改变行动国和第三方之间的冲突。由于关税改变了行动国与目标国之间的贸易，它们也可能影响行动国和第三方之间的冲突。根据这个理论，行动-目标国的冲突取决于目标国与第三方的关系。回忆与敌人的朋友进行贸易增加冲突而与朋友的朋友进行贸易减少冲突。这样，如果目标国与第三方是敌人，第三方征收关税可以减少冲突；而如果目标国和第三方是朋友，冲突就可能增加。

5.4.2 国外援助的应用

国外援助如何影响政治关系往往是政治学家和经济学家考虑的一个主题[例如，阿贝冈林（Abegunrin，1990）、卡什尔·科尔多和克雷格（Cashel-Cordo and Craig，1997）、霍尔斯蒂（Holsti，1982）、奥尔（Orr，1989/1990）、理查森（1978）]。大部分研究设定一个双边框架来考察外国援助问题。在这个框架中，国外援助只是简单地被认为是一个国家向另一个国家的转移支付，但往往要求受援国进口援助提供国的商品。在这个意义上，外援只不过是对购买受益人（援助国）的一种补贴，人们可以通过其扩大贸易的作用来分析外援。可以再次运用增加贸易意味着减少冲突的分析，但正如关税一样，国外援助可以改变第三方的政治互动。在这里，必须再一次提醒读者注意图31-8和图31-9蕴涵的原理：行动国-目标国的冲突取决于目标国与第三方的关系，即：与敌人的朋友开展贸易将增加冲突，而与朋友的朋友开展贸易则会减少冲突。这样，如果目标国与第三方是敌人，第三方的国外援助可以增加冲突。而如果目标国和第三方是朋友，则会减少冲突。其程度取决于贸易收益和友好的程度。

5.4.3 邻国效应

许多人认为，邻国之间更容易发生战争［参见巴比里（1996）、布雷默（1992a）、迪尔（Diehl，1985）、格莱迪奇（1995）、戈赫曼（1991）以及格尔茨（Goertz）和迪尔（1992）]。确实，18世纪之前，人们很难找到非接壤国家间发生军事争端的例证。这种关系建立得是如此的好，以致当前人们将其研究定位在为什么邻国间会开战而不是它们是否会开战上［如，瓦斯克斯（1995）]。另一方面，众所周知，由于运输成本较小，周边国家将会进行更多的双边贸易［安德森（Anderson，1979）、阿拉德和赫希（1981）、迪尔多夫（Deardorff，1984）、戈瓦（Gowa，1994）、廷贝亨（Tinbergen，1962）]。按照贸易-冲突模型，较大的贸易导致较少的冲突，因此，在这个实证结果与邻国及其战争之间出现了矛盾。但是，与其说它们是一种相互矛盾的关系，不如说这两个模型是一种互补关系。

分析邻国间的影响之所以困难，是因为忽视贸易效应导致了遗漏变量偏误的出现。因此，必须将每个效应隔离开来，否则便要承担低估周边国家之间冲突的风险。尽管起初冲突烈度很高，但目前对冲突的度量可能会低估邻国之间真正的冲突程度，因为他们忽略了贸易减轻冲突的因素。因此，当邻国之间开战时，如果不是贸易的需要促使它们接近对方，它们本来会产生更大的冲突。

但与周边国家更大的贸易也可以影响更遥远国家间的关系。

回到第三方的分析。与朋友的朋友开展贸易使冲突更少，而与敌人的朋友开展贸易则会带来更多的冲突。这样，假定两个邻国之间出现了更大的贸易，一个行动国将会对其邻国的朋友带来较少的冲突，并且给邻国的敌人施加更多的冲突。

6. 结束语

国际贸易和经济相互依存一般会减少国家之间冲突的命题，在经济思想史上有着悠久的传统。论点提出的是，贸易导致福利的增加，国家不应该从事诸如战争或其他冲突形式的破坏贸易活动，以避免因危及贸易而蒙受损失。然而，直到最近，经济学家才运用一些现代经济学工具来探讨这一命题。这是不足为奇的。由于把资源转向一个纯粹掠夺性社会或转向一个以再分配而不是生产活动为目的的社会的巨大代价，由于世界大部分地区经济发展缓慢、遭受冲突的蹂躏以及收入与发达世界衔接的前景黯淡，似乎增强了人们探讨这个主题的紧迫感。

我们对有关冲突－贸易关系的实证文献考察表明，研究人员使用几种不同的历史数据库来衡量冲突。这些数据库包括：COW、MIDS、COPDAB和最近的VRA。在贸易的衡量上也存在不同的方法。然而，不论用什么来评估贸易收益和冲突，压倒性的证据表明：贸易减少冲突。我们倾向于使用事件数据，因为这种数据既包含两国冲突的信息，也包含它们合作的信息。这样，它使我们能够研究持续的国际互动，而不是仅仅探索一场完整战争的终点。

我们还得出结论，相当大程度上的实证证据表明，民主国家不大容易与另一个民主国家开战，这可以用民主国家之间拥有较大的贸易关系来解释。此外，最近的实证结果表明，国外直接投资在影响国际互动上扮演着与贸易相同的角色。更明确地说，我们发现，在20世纪80年代末和90年代的整个10年间，国外直接投资的流入不仅降低了国际冲突的程度，并且也推进了二分体之间的合作。这是一个特别重要的结果，因为全球化的主要特征之一就是减少了国际资本流动的障碍，其结果就是资本流动量有了巨大的扩张，远远超过了贸易流量的扩大。

我们发现的政策含义是，进一步加强国际合作消除贸易和资本流动两方面的障碍，以建立一个更加和平的世界。此外，在民主方面的努力尽管值得称道，但不应该预期邻国之间会出现实现和平的因素，除非同步建立适当的制度来促进国家间贸易和资本的流动。只有通过这种手段，才能使资源自由地流向国际体系中更迫切需要的地方。

参考文献

Abegunrin, O. (1990). Economic Dependence and Regional Cooperation in Southern Africa: SADCC and South Africa in Confrontation. Edwin Mellen Press, Lewiston, NY.

Acemoglu, D., Johnson, S., Robinson, J. (2003). "The rise of Europe: Atlantic trade, institutional change and economic growth". CEPR Discussion Papers. CEPR Discussion Papers: 3712.

Alesina, A., Spolaore, E. (2003). The Size of Nations. MIT Press, Cambridge, MA.

Altfield, M. (1984). "The decision to ally: A theory and test". Western Political Quarterly 37, 523–544.

Altfield, M., Bueno de Mesquita, B. (1979). "Choosing sides in wars". International Studies Quarterly 23, 87–112.

Anderson, J. (1979). "A theoretical foundation for the gravity equation". American Economic Review 69, 106–116.

Anderton, C. H., Carter, J. (2001). "The impact of war on trade: An interrupted time-series study". Journal of Peace Research 38, 445–457.

Angell, Sir N. (1913). The Great Illusion: A Study of the Relation of Military Power To National Advantage. Garland Publishing, New York.

Arad, R. W., Hirsch, S. (1981). "Peacemaking and vested interests: International economic transactions". International Studies Quarterly 25, 439–468.

Armington, P. (1969). "The geographic pattern of trade and the effects of price changes". IMF Staff Papers 16, 179–199.

Azar, E. (1980). "The conflict and peace data bank (COPDAB) project". Journal of Conflict Resolution 24, 143–152.

Azar, E., Ben-Dak, J. D. (1975). Theory and Practice of Events Research: Studies in Inter-nation Actions and Interactions. Gordon and Breach Science Publishers, New York.

Barbieri, K. (1996). "Economic interdependence: A path to peace or a source of interstate conflict?". Journal of Peace Research 33, 29–50.

Barbieri, K. (2002). The Liberal Illusion: Does Trade Promote Peace? University of Michigan Press, Ann Arbor.

Barbieri, K., Levy, J. S. (1999). "Sleeping with the enemy: The impact of war on trade". Journal of Peace Research 36, 463–479.

Barbieri, K., Schneider, G. (1999). "Globalization and peace: Assessing new directions in the study of trade and conflict". Journal of Peace Research 36, 387–404.

Bearce, D., Fisher, E. (2002). "Economic geography, trade, and war". Journal of Conflict Resolution 46, 365–393.

Bearce, D. H., Omori, S. (2005). "How do commercial institutions promote peace?". Journal of

Peace Research 42, 659 – 678.

Beck, N. (2003). "Modeling dynamics in the study of conflict: A comment on Oneal and Russett". In: Schneider, G., Barbieri, K., Gleditsch, P. (Eds.), Globalization and Armed Conflict. Rowman & Littlefield, New York.

Blainey, G. (1988). The Causes of War. Macmillan Press, Basingstoke.

Blonigen, B. (2005). "A review of the empirical literature on FDI determinants". NBER Working Paper No. 11299.

Bremer, S. (1992a). "Dangerous dyads: Conditions affecting the likelihood of interstate war, 1816 – 1965". Journal of Conflict Resolution 36, 309 – 341.

Bremer, S. (1992b). "Are democracies less likely to win wars?". Paper Presented at the Annual Meetings of the American Political Science Association, Chicago.

Bremer, S. (1993). "Democracy and militarized interstate conflict, 1816 – 1965". International Interactions 18, 231 – 249.

Bright, J. (1883). Speeches on Questions of Public Policy. Macmillan, London.

Bueno de Mesquita, B., Lalman, D. (1992). War and Reason: Domestic and International Imperatives. Yale University Press, New Haven.

Bueno de Mesquita, B., Koch, M. T., Siverson, R. M. (2004). "Testing competing institutional explanations of the democratic peace: The case of dispute duration". Conflict Management and Peace Science 21, 255 – 267.

Caruso, R. (2006). "A trade institution as a peaceful institution? A contribution to integrative theory". Conflict Management and Peace Science 23, 53 – 72.

Cashel-Cordo, P., Craig, S. G. (1997). "Donor preferences and recipient fiscal behavior: A simultaneous analysis of foreign aid". Economic Inquiry 35, 653 – 671.

Cederman, L. E., Penubarti, R. M. (2001). "Exploring the dynamics of the democratic peace". Journal of Conflict Resolution 45, 818 – 833.

Chan, S. (1984). "Mirror, mirror on the wall, are the freer countries more pacific?". Journal of Conflict Resolution 28, 617 – 648.

Cobden, R. (1995). The Political and Economic Works of Richard Cobden. Routledge/Thoemmes Press, London.

Crescenzi, M. (2000). "Exit stage market: Market structure, interstate economic interdependence and conflict". PhD Dissertation. University of Illinois, Urbana-Champaign.

Crucé, E. (1623). Le Nouveau Cynee, ou, Discours des Occasions et Moyens d'establir une Paix Generale et la Liberté du Commerce par tout le Monde. Chez Jacques Villery, Paris.

de Montesquieu, B. (1900). The Spirit of Laws, translated by Thomas Nugent. Collier Press, New York. (originally written in 1750).

Deardorff, A. V. (1984). "Testing trade theories and predicting trade flows". In: Jones, Ronald W., Kenen, Peter B. (Eds.), Handbook of International Economics. North-Holland, Amsterdam, pp. 467 – 517.

Diehl, P. F. (1985). "Contiguity and military escalation in major power rivalries, 1816 – 1980". Journal of Politics 47, 1203 – 1211.

Dixon, W. J. (1989). "Political democracy and war: A new look at an old problem". Paper presented at the International Studies Association Conference, London, England.

Dixon, W. J. (1998). "Dyads, disputes and the democratic peace". In: Wolfson, Murray (Eds.), The Political Economy of War and Peace. Kluwer Academic, Boston, pp. 103 – 126.

Domke, W. K. (1988). War and the Changing Global System. Yale University Press, New Haven.

Dorussen, H. (1999). "Balance of power revisited, multi-actor models of trade and conflict". Journal of Peace Research 36, 443 – 462.

Doyle, M. W. (1986). "Liberalism and world politics". American Political Science Review 80, 1151 – 1169.

Doyle, M. W. (2005). "Three pillars of the liberal peace". American Political Science Review 99, 463 – 466.

Ember, C., Ember, M., Russett, B. (1992). "Peace between participatory polities: A cross-cultural test of the democracies rarely fight each other hypothesis". World Politics 44, 573 – 599.

Erasmus, D. (1981). In: O'Donnell, A. M. (Ed.), Enchiridion militis Christiani: An English version. Published for the Early English Text Society by the Oxford University Press, Oxford.

Eyerman, J., Hart, R. (1996). "An empirical test of the audience cost proposition: Democracy speaks louder than words". Journal of Conflict Resolution 40, 597 – 616.

Farber, H., Gowa, J. (1997). "Common interests or common polities: Reinterpreting the democratic peace". Journal of Politics 59, 393 – 417.

Feng, Y. (1994). "Trade, conflict, and alliances". Defence and Peace Economics 5, 301 – 313.

Findlay, R. (2001). "Trade and conflict". Paper presented at the American Economic Association Annual Conference, New Orleans.

Froot, K. (1995). Foreign Direct Investment. University of Chicago Press, Chicago.

Gartzke, E. (1998). "Kant we all just get along? Opportunity, willingness, and the origins of the democratic peace". American Journal of Political Science 42, 1 – 27.

Gartzke, E., Li, Q. (2001). "War and the invisible hand: Positive political externalities of economic globalization". Paper presented on the International Relations Workshop, University of Michigan.

Gasiornwski, M., Polachek, S. (1982). "Conflict and interdependence: East-West trade and linkages in the era of detente". Journal of Conflict Resolution 26, 709 – 730.

Gelpi, C., Grieco, J. (2003). Economic interdependence, the democratic state, and the liberal peace. In: Mansfield, E., Pollins, B. (Eds.), Economic Interdependence and International Conflict: New Perspectives on an Enduring Debate. University of Michigan Press, Ann Arbor.

Gilpin, R. (1975). US Power and the Multinational Corporation: The Political Economy of Foreign

Direct Investment. Basic Books, New York.

Gilpin, R. (2001). Global Political Economy: Understanding the International Economic Order. Princeton University Press, Princeton.

Gleditsch, N. P. (1995). "Geography, democracy and peace". International Interactions 20, 297–324.

Gochman, C. S. (1991). "Interstate metrics: Conceptualizing, operationalizing and measuring the geographic proximity of states since the Congress of Vienna". International Interactions 17, 93–112.

Gochman, C. S., Maoz, Z. (1984). "Militarized interstate disputes, 1816–1976". Journal of Conflict Resolution 28, 585–615.

Goertz, G., Diehl, P. E (1992). Territorial Changes and International Conflict. Routledge, London.

Goldstein, J. S. (1992). "A conflict-cooperation scale for WEIS event data". Journal of Conflict Resolution 36, 369–385.

Goldstein, M., Kahn, M. (1985). "Income and price elasticities in foreign trade". In: Jones, T., Kenen, P. (Eds.), Handbook of International Trade, Vol. 2. North-Holland, Amsterdam.

Gowa, J. (1994). Allies, Adversaries, and International Trade. Princeton University Press, Princeton.

Greggs, P., Banks, A. (1965). "Dimensions of political systems: Factor analysis of a cross-polity survey". American Political Science Review, 602–614.

Grossman, G., Helpman, E. (2002). Interest Groups and Trade Policy. Princeton University Press, Princeton.

Gurr, T. R. (1974). Civil Strife Events, 1955–1970 (ICPSR 7531). Inter-University Consortium for Political and Social Research, Ann Arbor.

Haas, M. (1965). "Societal approaches to the study of war". Journal of Peace Research 2, 307–323.

Haas, R. D., Turner, A. G. (1988). "The world trade model: Revised estimates". International Monetary Fund Working Paper WP/8/850.

Hagan, J. (1987). "Regimes, political oppositions and the comparative analysis of foreign policy". In: Hermann, Charles, et al. (Eds.), New Directions in the Study of Foreign Policy. Allen and Unwin, Boston, pp. 339–365.

Hegre, H. (2003). "Development and the liberal peace: What does it take to be a trading state". In: Schneider, G., Barbieri, K., Gleditsch, N. P. (Eds.), Globalization and Armed Conflict. Rowman & Littlefield, New York, pp. 205–232.

Henderson, E. (2002). Democracy and War: The End of an Illusion? Lynne Rienner, Boulder, CO.

Hermann, C., East, M. A., Hermann, M. G., Salmore, B. G., Salmore, S. A. (1973). CREON: A Foreign Events Data Set. Sage Publications, Beverly Hills.

Hess, G. D., Athanasios, O. (2001). "War and democracy". Journal of Political Economy 109, 776–810.

Hirschman, A. O. (1945). National Power and the Struggle of Foreign Trade. University of California Press, Berkeley.

Hirshleifer, J. (1995). "Anarchy and its breakdown". Journal of Political Economy 103, 26–52.

Holsti, K. J. (1982). Why Nations Realign: Foreign Policy Restructuring in the Post War World. Allen and Unwin, Boston.

Holsti, O., Hopmann, T., Sullivan, J. (1973). Unity and Disintegration in International Alliances: Comparative Studies. Wiley, New York.

Hooper, P., Johnson, K., Marquez, J. (1998). "Trade elasticities for G-7 countries". International Finance Discussion Paper Number 609. Board of Governors of the Federal Reserve.

Jaggers, K., Gurr, T. (1995). "Tracking democracy's Third Wave with the Polity Ill data". Journal of Peace Research 32, 469–482.

Kant, I. (1795). Eternal Peace and Other International Essays. The World Peace Foundation, Boston. Translated by W. Hastie.

Kegley, C. (1975). International Events and the Comparative Analysis of Foreign Policy. University of South Carolina Press, Columbia.

Kegley, C. W. Jr., Hermann, M. (1996). "How democracies use intervention: A neglected dimension in studies of the democratic peace". Journal of Peace Research 33, 309–322.

Keshk, O., Pollins, B., Reuveny, R. (2004). "Trade still follows the flag: The primacy of politics in a simultaneous model of interdependence and armed conflict". The Journal of Politics 66, 1155–1179.

Keynes, J. M. (1920). The Economic Consequences of the Peace. Harcourt, Brace and Howe, New York.

Kim, C. H. (1991). "Third-party participation in wars". Journal of Conflict Resolution 35, 659–677.

Kim, S. Y. (1995). "Bilateral conflict and trade, 1948–86: The role of economic interdependence in conflict processes". Paper presented at the American Political Science Association Conference, Chicago, IL.

King, G., Lowe, W. (2003). "An automated information extraction tool for international conflict data with performance as good as human coders: A rare events evaluation design". International Organization 57, 617–642.

Kinsella, D. (2005). "No rest for the democratic peace". American Political Science Review 99, 453–457.

Krugman, P. (1995). "Economic conflicts among nations: Perceptions and reality". Paper presented at the AEA Convention, Washington, DC.

Lake, D. (1992). "Powerful pacifists: Democratic states and war". American Political Science Review 86, 24–37.

Levy, J. (1983). War in the Modern Great Power System, 1495–1975. University of Kentucky Press, Lexington.

Levy, J. (1989). "The causes of war: A review of theories and evidence". In: Tetlock, P. C., et al. (Eds.), Behavior, Society and Nuclear War, Vol. 1. Oxford University Press, Oxford, pp. 209 – 333.

Levy, G., Razin, R. (2004). "It takes two: An explanation for the democratic peace". Journal of the European Economic Association 2, 1 – 29.

MacMillan, J. (2003). "Beyond the separate democratic peace: Review essay". Journal of Peace Research 40, 233 – 243.

Mansfield, E. D. (1994). Power, Trade and War. Princeton University Press, Princeton.

Mansfield, E. D. (1995). "International institutions and economic sanctions". World Politics 47, 575 – 605.

Mansfield, E. D. (2004). International Conflict and the Global Economy. Cheltenham, UK.

Mansfield, E. D., Pevehouse, J. (2000). "Trade blocs, trade flows, and international conflict". International Organization 54, 775 – 808.

Mansfield, E. D., Pollins, B. M. (2001). "The study of interdependence and conflict: Recent advances, open questions, and directions for future research". Journal of Conflict Resolution 45, 834 – 859.

Mansfield, E. D., Pollins, B. M. (2003). New Perspectives on Economic Exchange and Armed Conflict. University of Michigan Press, Ann Arbor.

Maoz, Z., Abdelali, N. (1989). "Regime types and international conflict: 1816 – 1976". Journal of Conflict Resolution 33, 3 – 35.

Maoz, Z., Russett, B. (1992). "Alliances, contiguity, wealth, and political stability: Is the lack of conflict between democracies a statistical artifact?". International Interactions 17, 245 – 267.

Maoz, Z., Russett, B. (1993). "Normative and structural causes of democratic peace". American Political Science Review 87, 624 – 638.

Marquez, J. (1988). "Income and price elasticities of foreign trade flows: Econometric estimation and analysis of the US trade deficit". Board of Governors of the Federal Reserve System International Finance discussion Papers, No. 324.

Marquez, J. (1990). "Bilateral trade elasticities". Review of Economics and Statistics 72, 70 – 77.

Martin, L. (1992). Coercive Cooperation: Explaining Multilateral Economic Sanctions. Princeton University Press, Princeton.

Martin, P., Mayer, T., Thoenig, M. (2005). "Make trade not war?". CEPR Discussion Papers. CEPR Discussion Papers: 5218.

Mastanduno, M. (1992). Economic Containment: COCOM and the Politics of East-West Trade. Cornell University Press, Ithaca, NY.

McClelland, C. (1999). World Event/Interaction Survey (Weis) Project, 1966 – 1978 [computer file]. Conducted by Charles McClelland, University of Southern California, third ICPSR ed. Inter-university Consortium for Political and Social Research, Ann Arbor, MI.

McDonald, P. (2004). "Peace through trade or free trade?". Journal of Conflict Resolution 48, 547 – 572.

McMillan, S. (1997). "Interdependence and conflict". Mershon International Studies Review 41, 33 – 58.

Mintz, A., Geva, N. (1993). "Why don't democracies fight each other? An experimental study". Journal of Conflict Resolution 37, 484 – 503.

Morgan, T. C., Campbell, S. H. (1991). "Domestic structure, decisional constraints, and war". Journal of Conflict Resolution 35, 187 – 211.

Morgan, T. C., Schwebach, V. (1992). "Take two democracies and call me in the morning: A prescription for peace". International Interactions 17, 305 – 320.

Morrow, J. D. (1991). "Alliances and asymmetry: An alternative to the capability aggregation model of alliances". American Journal of Political Science 35, 904 – 933.

Morrow, J. D. (1997). "When do 'relative gains' impede trade?". Journal of Conflict Resolution 41, 12 – 37.

Morrow, J. D. (1999). "How could trade affect conflict?". Journal of Peace Research 36, 481 – 489.

Mousseau, M. (2005). "Comparing new theory with prior beliefs: Market civilization and the democratic peace". Conflict Management and Peace Science 22, 63 – 77.

Mousseau, M., Shi, Y. (1999). "A test for reverse causality in the democratic peace relationship". Journal of Peace Research 36, 639 – 663.

Nye, J. S. (1974). "Multinationals: The game and the rules: Multinational corporations in world politics". Foreign Affairs.

Oneal, J. R., Ray, J. L. (1997). "New tests of the democratic peace: Controlling for economic interdependence, 1950 – 1985". Political Research Quarterly 50, 751 – 775.

Oneal, J. R., Russett, B. M. (1996). "The classical liberals were right: Democracy, interdependence, and conflict, 1950 – 1985". International Studies Quarterly 41, 267 – 294.

Oneal, J. R., Russett, B. M. (1999). "Assessing the liberal peace with alternative specifications: Trade still reduces conflict". Journal of Peace Research 36, 423 – 442.

Oneal, J. R., Oneal, EH., Maoz, Z., Russett, B. (1996). "The liberal peace: Interdependence, democracy, and international conflict, 1950 – 86". Journal of Peace Research 33, 11 – 28.

Orr, R. M. (1989/1990). "Collaboration or conflict? Foreign aid and US-Japan relations". Pacific Affairs 62, 476 – 489.

Polachek, S. W. (1978). "Dyadic dispute: An economic perspective". Papers of the Peace Science Society 28, 67 – 80.

Polachek, S. W. (1980). "Conflict and trade". Journal of Conflict Resolution 24, 55 – 78.

Polachek, S. W. (1992). "Conflict and trade: An economics approach to political international interactions". In: Isard, W., Anderton, C. H. (Eds.), Economics of Arms Reduction and the

Peace Process. Elsevier Science Publishers, New York, pp. 89 – 120.

Polachek, S. W. (1994). "Peace economics: A trade theory perspective". Peace Economics, Peace Science and Public Policy 1, 12 – 15.

Polacbek, S. W. (1997). "Why democracies cooperate more and fight less: The relationship between international trade and cooperation". Review of International Economics 5, 295 – 309.

Polachek, S. W. (2002a). "Conflict and trade: An economics approach to political international interactions with special reference to US-China relations". Paper presented at the Sino-American Economic Relations under the WTO Conference, Lingnam University, Hong Kong.

Polachek, S. W. (2002b). "Trade-based interactions: An interdisciplinary perspective". Conflict Management and Peace Science 19, 1 – 21.

Polachek, S. W. (2003). "Multilateral interactions in the trade-conflict model". In: Schneider, G., Barbieri, K., Gleditsch, N. P. (Eds.), Globalization and Armed Conflict. Rowman & Littlefield, New York.

Polachek, S. W. (2004). "What can we learn about the decline in U. S. union membership from international data". In: Wunnava, P. V. (Ed.), The Changing Role of Unions. M. E. Sharpe, Armonk, NY, pp. 362 – 377.

Polachek, S. W., Kim, M. K. (1994). "Panel estimates of the gender earnings gap: Individual-specific intercept and individual-specific slope models". Journal of Econometrics 61, 23 – 42.

Polachek, S. W., McDonald, J. A. (1992). "Strategic trade and the incentive for cooperation". In: Chatterji, M., Forcey, L. (Eds.), Disarmament, Economic Conversion, and the Management of Peace. Praeger Press, New York, pp. 273 – 284.

Polachek, S. W., Robst, J. (1998). "Cooperation and conflict among democracies: Why do democracies cooperate more and fight less". In: Wolfson, M. (Ed.), The Political Economy of War and Peace. Kluwer, Boston, pp. 127 – 154.

Polachek, S. W., Robst, J., Chang, Y. C. (1999). "Liberalism and interdependence: Extending the trade-conflict model". Journal of Peace Research 36, 405 – 422.

Polachek, S., Seiglie, C., Xiang, J. (2005). "Globalization and international conflict: Can FDI increase peace?". Working Paper Rutgers University, Newark: 1 – 35.

Pollins, B. (1989a). "Does trade still follow the flag?". American Political Science Review 83, 465 – 480.

Pollins, B. (1989b). "Conflict cooperation and commerce: The effect of international political interactions". American Journal of Political Science 33, 737 – 761.

Powell, R. (1991). "Absolute and relative gains in international relations". American Political Science Review 85, 1303 – 1320.

Ray, J. L. (1993). "War between democracies: Rare or nonexistent?". International Interactions 18, 251 – 276.

Rayome, D., Baker, J. C. (1995). "Foreign direct investment: A review and analysis of the literature". International Trade Journal 9, 3–37.

Reuveny, R. (1999). "The trade conflict debate: A survey of theory, evidence and future research". Peace Economics, Peace Science and Public Policy 6, 23–49.

Reuveny, R. (2001). "Disaggregated trade and conflict: Eexploring propositions in a simultaneous framework". International Politics 38, 401–428.

Reuveny, R., Kang, H. (1996). "International trade, political conflict/cooperation, and granger causality". American Journal of Political Science 40, 943–970.

Reuveny, R., Kang, H. (1998). "Bilateral trade and political conflict/cooperation: Do goods matter?". Journal of Peace Research 35, 581–602.

Reuveny, R., Kang, H. (2003). "A simultaneous-equations model of trade, conflict, and cooperation". Review of International Economics 11, 279–295.

Ricardo, D. (1981). The Principles of Political Economy and Taxation. Cambridge University Press, Cambridge (originally published in 1817).

Richardson, L. E (1960). Arms and Insecurity, A Mathematical Study of the Causes and Origins of War. The Boxwood Press/Quadrangle Books, Pittsburgh/Chicago.

Richardson, N. R. (1978). Foreign Policy and Economic Dependence. The University of Texas Press, Austin.

Robbins, L. (1968). The Economic Causes of War. Howard Fertig Press, New York.

Rosato, S. (2003). "The flawed logic of democratic peace theory". American Political Science Review 97, 585–602.

Rousseau, J. J. (2005). The Plan for Perpetual Peace, On the Government of Poland, and Other Writings on History and Politics. Dartmouth College Press and University Press of New England, Hanover, N. H..

Rummel, R. (1968). "The relationship between national attributes and foreign conflict behavior". In: Singer, J. D. (Ed.), Quantitative International Politics: Insights and Evidence. Free Press. New York, pp. 187–214.

Rummel, R. J. (1975). National Attributes and Behavior. Sage Publications, Beverly Hills.

Rummel, R. J. (1979a). The Dimensions of Nations. Sage Publications, Beverly Hills.

Rummel, R. J. (1979b). "War, power, peace". In: Understanding Conflict and War, vol. 4. Sage Press, Beverly Hills.

Rummel, R. J. (1987). "On Vincent's view of freedom and international conflict". International Studies Quarterly 31, 113–117.

Russett, B. (1967). International Regions and the International System. Rand McNally, Chicago.

Russett, B. (1989). "Democracy and peace". In: Russett, B., et al. (Eds.), Choices in World Politics. W. H. Freeman, New York.

Russett, B., Antholis, W. (1992). "Do democracies fight each other? Evidence from the Peloponnesian War". Journal of Peace Research 29, 415–434.

Russett, B., Monsen, R. J. (1975). "Bureaucracy and polyarchy as predictors of performance: A cross-national examination". Comparative Political Studies 8, 5–31.

Russett, B., Oneal, J. (2001). Triangulating Peace: Democracy, Interdependence, and International Organizations. Norton, New York.

Sabrosky, A. N. (1980). "Interstate alliances: Their reliability and the expansion of war". In: Singer, J. David (Ed.), The Correlates of War: II. Free Press, New York, pp. 161–198.

Saggi, K. (2002). "Trade, foreign direct investment, and international technology transfer: A survey". World Bank Research Observer 17, 191–235.

Sayrs, L. W. (1990). "Expected utility and peace science: An assessment of trade and conflict". Conflict Management and Peace Science 11, 17–44.

Schelling, T. C. (1960). The Strategy of Conflict. Harvard University Press, Cambridge, MA.

Schneider, G., Barbieri, K., Gleditsch, N. P. (2003). "Does globalization contribute to peace? A critical survey of the literature". In: Schneider, G., Barbieri, K., Gleditsch, N. P. (Eds.), Globalization and Armed Conflict. Rowman & Littlefield, New York, pp. 3–29.

Schrodt, P. (1995). "Event data in foreign policy analysis". In: Neack, Laura, Hey, Jeanne A. K., Haney, Patrick J. (Eds.), Foreign policy analysis: Continuity and change in its second generation. Prentice Hall, Englewood Cliffs, NJ.

Seiglie, C. (1992). "Determinants of military expenditures". In: Isard, W., Anderton, C. (Eds.), Economics of Arms Reduction and the Peace Process. North-Holland, Amsterdam, pp. 183–202.

Seiglie, C. (1996). "The effects of trade on military spending". Paper presented at the PSSI meetings. Rice University, Houston.

Seiglie, C. (2005). "Openness of the economy, terms of trade and arms". Rutgers University Newark Working Paper #2005–008: 1–37.

Simon, M., Gartzke, E. (1996). "Political system similarity and the choice of allies". Journal of Conflict Resolution 40, 617–635.

Singer, J. D., Small, M. (1966a). "Formal alliances, 1815–1939: A qualitative description". Journal of Peace Research 3, 1–32.

Singer, J. D., Small, M. (1966b). "National alliance commitments and war involvement, 1815–1945". Peace Research Society (International) Papers 5, 109–140.

Singer, J. D., Small, M. (1972). The Wages of War, 1816–1965: A Statistical Handbook. Wiley, New York.

Siverson, R., Emmons, J. (1991). "Birds of a feather: Democratic political systems and alliance choices in the twentieth century". Journal of Conflict Resolution 35, 285–306.

Siverson, R., King, J. (1979). "Alliances and the expansion of war". In: Singer, J. David, Wallace, Michael D. (Eds.), To Augur Well: Early Warning Indicators in World Politics. Sage, Beverly Hills, CA, pp. 37–50.

Siverson, R., King, J. (1980). "Attributes of national alliance membership and war participation, 1815 – 1965". American Journal of Political Science 24, 1 – 15.

Slantchev, B., Alexandrova, A., Gartzke, E. (2005). "Probabilistic causality, selection bias, and the logic of the democratic peace". American Political Science Review 99, 459 – 462.

Small, M., Singer, J. D. (1976). "The war proneness of democratic regimes, 1816 – 1965". Jerusalem Journal of International Relations 1, 50 – 69.

Small, M., Singer, J. D. (1982). Resort to Arms: International and Civil Wars, 1816 – 1980. Sage Publications, Beverly Hills.

Start, H. (1992). "Democracy and war: Choice, learning, and security communities". Journal of Peace Research 29, 207 – 213.

Streit, C. (1940). Union Now: A Proposal for a Federal Union of the Leading Democracies. Harper Press, New York.

Taylor, C. L., Hudson, M. C. (1972). World Handbook of Political and Social Indicators, second ed. Yale University Press, New Haven, CT.

Thompson, P. G. (2003). "Foreign direct investment and war: Economic deterrence to armed conflict". PhD Dissertation, UCLA.

Thompson. W. R., Tucker, R. (1997). "A tale of two democratic peace critiques". Journal of Conflict Resolution 41, 428 – 454.

Tinbergen, J. (1962). Shaping the World Economy: Suggestions for an International Policy. Twentieth Century Fund, New York.

Vasquez, J. (1995). "Why do neighbors fight? Proximity, interaction, or territoriality". Journal of Peace Research 32, 277 – 293.

Vemon, R. (1971). Sovereignty at Bay: The Multinational Spread of US Enterprises. Basic Books, New York.

Vincent, J. (1987). "On Rummel's omnipresent theory". International Studies Quarterly 31, 119 – 126.

Viner, J. (1937). Studies in the Theory of International Trade, firsted. Harper & Brothers, New York.

Wallenstein, P. (1973). Structure and War: On International Relations 1920 – 1968. Raben and Sjögren, Stockholm.

Watkins, J. (1942). "Democracy and international organization: The experience of the League of Nations". American Political Science Review 36, 1136 – 1141.

Weede, E. (1984). "Democracy and war involvement". Journal of Conflict Resolution 28, 56 – 69.

Wright, Q. (1942). A Study of War. University of Chicago Press, Chicago.

Zeng, K. (2004). Trade Threats, Trade Wars: Bargaining, Retaliation, and American Coercive Diplomacy. University of Michigan Press, Ann Arbor.

Zinnes, D. A. (2004). "Constructing political logic: The democratic peace puzzle". Journal of Conflict Resolution 48, 430 – 454.

第32章
后冷战时代新国防人力经济学

贝丝·J·阿施　詹姆斯·R·霍谢克
(兰德公司)

约翰·T·沃纳
(克莱姆森大学)

摘要

自《国防经济学手册》第1卷出版以来，关键性事件已经改变了国防人力研究的议程，这呼唤对此研究的进一步深入，以帮助决策者应对由于这些因素变化所引发的挑战。一个事件是冷战的结束。冷战的结束使美国和其他国家可以大幅度裁减部队，并使许多北约成员国取消了征兵制。第二个事件是美国大学升学率的提高，使得尽管征募的需求下降，但新兵招募仍存在困难。第三个事件是美国武装力量国外行动节奏的加快。第四个事件是美国军事征募成本的增加和关于更多分享军事报酬的努力受阻。本章综述了经济学家近期回应这些事件所做的研究。研究分析了欧洲富有戏剧性的志愿兵役制趋势，并尽力解释为什么在一些国家取消了征兵制，而在其他国家则没有。关于美国征募供给的研究估计了大学升学率提高对征募的影响，并对减轻其影响的策略进行了评估。关于军事行动节奏研究方面，研究提供了军事行动节奏、超期服役和经验证据之间关系的新的理论见解。经过改进的模型将薪酬与超期服役联系了起来，而这些模型过去主要是用于解决薪酬结构中存在的问题。本章综述了这些研究以及其他关于国防人力文献的新发展。预备役力量依然是一个被忽略的研究领域。尽管近年来美国的海外军事行动很大程度上依赖于预备役力量，但却很少知道关于（预备役）激活预期如何变化，以及激活持续时间如何影响预备役征募和超期服役。而这些分析对于指导预备役薪酬和人事政策是必要的，这一主题代表了未来研究一个非常重要的领域。

关键词：军事　人力资源　征募供给　超期服役　征兵　征募　志愿兵　军事报酬　预备役　生产率　冷战　裁军　军事部署　动态规划　军事行动节奏

1. 引　言

自《国防经济学手册》第 1 卷出版以来，军事劳动力市场上需求和供给方的几个关键性因素已经影响了近期的国防人力研究议程，并呼唤相关研究以帮助决策者。需求方面的主要事件是冷战的结束，这使得美国及其他国家可以进行军事力量的大幅度削减。美国现役部队由 210 万人减至 130 万人，减少了 38%；北约国家的军事人力也进行了大致相同比例的削减。军事力量水平的削减使得许多欧洲国家得以取消征兵制，实施志愿兵役制。

美国（国防人力）的缩编是通过对现役和预备役力量角色和任务的重新组合来完成的，预备役部队被赋予许多以前由现役部队承担的任务和职能。但在完成缩减和重组后，20 世纪 90 年代中后期在波斯尼亚和科索沃的军事行动，以及紧接 2001 年 9·11 事件之后的阿富汗和伊拉克战争，给美国武装力量带来了压力，从而产生了美国军力缩减是否走得太远这样的疑问。

美国经济的一些趋向已经影响了美国武装力量的人员供给。趋向之一就是大学学位的回报增加，这使一大批青年人在高中毕业后更愿意去上大学获取学位，而不是立即服兵役。这一趋势使得在美国征募新兵愈发显得困难。对此趋向一个潜在的弥补是西班牙裔人口的增加。与其他人群相比，西班牙裔人更有在美军服役的嗜好，但却往往达不到美军的入伍要求。如何调整这些供给的变化，对美军事人事部门管理者来说，将是一个挑战。

本综述的目的在于总结自《国防经济学手册》第 1 卷出版以来军事人力经济学的相关文献，并把他们放在后冷战时代军事人力市场这一背景下考量。本综述这样安排：第 2 节总结征募供给的新近分析。鉴于后缩编（模型）的后果，军事人力供给的前缩编模型被扩展，以加上新环境的相关因素，如大学升学率提升对征募供给的影响，以及军事部署对超期服役的影响。第 3 节研究了后冷战时代的军事人力需求和人事管理，该节的主题是技术变迁的影响及其在人事管理上的应用。第 4 节讨论了在美国海外军事行动扩张的前提下，新近讨论比较多的薪酬管理问题。第 5 节讨论了征兵经济学的近期发展，考察了关于欧洲志愿兵役制的发展趋势。第 6 节对研究进行了小结。

2. 后冷战时代的国防人力供给

冷战的结束、20 世纪 90 年代非战争军事行动的增长，以及 2001 年 9·11 事件之后的反恐战争等，可能已经引起包括服役和再服役的军事人力供给发生了结构上的变化，同时，在任务发生巨大变化的前提下，那些新加入或已在军队的人对军事行动的价值进行了重新评估。如果用两部门（军事和民用）标准的职业选择理论来解释服役和延期服役决定的话 [罗森（Rosen, 1986），沃纳和阿施（Warner & Asch, 1995）]，则个人通过比较部门之间工资以及非货币收益，决定是否加入或者继续留在部队。如果 U^M 和 U^C 表示每一种选择的效用，W^M 和 W^C 分别表示军事和民事部门的薪水，τ^M 和 τ^C 表示各部门的非货币收益，则只有当 $U^M = W^M + \tau^M > U^C = W^C + \tau^C$，或者 $W^M - W^C > \tau^C - \tau^M$ 时，个人才会选择入伍。即只有当参军的效用超过在地方就业的效用，或者说薪水差额超过在地方生活净偏好 $\tau = \tau^C - \tau^M$ 时，个人才会选择入伍。相关人口中的 τ 分布决定了供给曲线水平及工资方面的弹性。对于大多数的新兵而言，非货币收益如为国服务等，对未来征募是积极因素，而诸如受伤、死亡等则是负面因素。由于军事雇用合同的特性，军事与民事服务的感觉是有天壤之别的。军事雇用中，其成员经常需要长而不规则的工作时间，执行任务时可能会几个星期甚至几个月远离家庭，随时准备被派往世界任何一个地方，面临着受伤和死亡的危险等。而且，由于驻地经常变化，甚至可能会被派往国外，从而使得现役军人和他们的家属每隔几年就要进行搬家。而且军事调动可能是经常的、长期的和不确定的。当然，服役还意味着要适应一种集体生活方式和与严格的等级制度相联系的纪律约束。

通过改变可观察的非货币收益值，国家安全形势的变化会使军事人员供给曲线发生移动。但移动的方向在理论上是不明确的。军事异质性偏好的增加意味着军事人力更高的 $\tau(\sigma^2)$ 方差和更低的供给曲线弹性。更一般地，冷战的结束意味着对军事薪金、广告、津贴、民用部门的机会，以及其他一些影响供给的弹性估计，使用 20 世纪 90 年代后的数据，与使用之前数据估计的结果不同。除了弹性变化之外，20 世纪 90 年代引起供给变化的因素，及其他一些因素，对军事人力供给产生了负面效应。首先，美国经济经历了非同寻常的繁荣和长期增长期，这一点可以通过地方失业率降到近 30 年来的最低水平看到，失业率从 1992 年的 7% 降到了 2000 年的 4%，其结果导致民用部门提供给"高质量"年轻人的就业机会大大提高。美军目标所要征募的高质量青年，是那些取得高中毕业文凭，又在军队资格考试（AFQT）分数分布中中等偏上的年轻人。在经济增长期，许多经济组织的实际工资都稳定增长［霍谢克和夏普（Hosek & Sharp, 2001）］。虽然军队的薪金也在增长，但1994~1999年，民用部门的工资增长率要快于军事部门的工资增长率。在过去的5年间，应征入伍（士兵）的工资比地方相类似的高中毕业生工资增长低6%，而与地方相类似的大学毕业生工资相比，军官工资的增长则要低8%。从2000年开始，美国经济增长开始放缓，失业率开始上升，16岁及以上人员失业率从4%上升到2003年7月的6.1%。自2003年开始失业率下降，尽管对16~19岁的青年人下降得更缓慢些。

其次，自20世纪80年代以来，作为新兵主要来源的高年级高中生和毕业12个月内的毕业生，其大学升学率以及对上大学的预期，在20世纪80年代一直稳步增长，并在20世纪90年代持续增长，虽然自2000年以来，增长有所减缓并趋于稳定。美国全日制高级中学中，男生12个月内毕业的毕业生的大学入学率由1980年的46.7%增至2003年的61.2%［美国教育部（2004，表183）］，女生这一比例则从51.8%增至66.5%。与此相对应，军队在吸引高质量年轻人，特别是女性年轻人方面与来自大学的竞争在不断增长。

另一个影响供给的因素是那些肯定欢迎军事服务的退伍军人的人口数量下降了。之所以这样，是由于冷战后军事人力需求的减少，这如同第二次世界大战那代人一样，导致了许多老兵退出现役，也由于患病使得大量老兵退伍。1987年，49%的34岁以上的美国男性有过当兵的经历，到2003年这一比例降至29%（作者由人口调查数据计算得出）。

其他变化比较快的影响因素是防务计划者用以进行（国防人力）供给管理的政策措施，这些措施包括军队工资、退役、津贴、补贴，以及征募中的广告、征兵人员、教育收益以及其他征募资源，等等。虽然没有征兵目标下降得那样快，但随着冷战后的规模压缩，在更小的军事力量需要规模下，这些资源也下降了。与此同时，20世纪90年代初期的经济衰退，使招募新兵的质量达到了前所未有的高度，大约72%的新兵达到了高质量的要求（图32-1）。但（管理）资源后来有所增长，这主要是由于20世纪90年代后期的征兵与超期服役目标都变得更加难以实现。新兵的质量依然很高，美国国防部要求60%以上的征募新兵应达到军队资格考试（AFQT）的中等偏上水平，至少90%要具备高中学历。然而，1999年陆军和空军均未能实现其征兵目标，海军和陆军在1998年也是如此。所有的兵种在保留专业技术领域有经验的人员方面都面临困难，空军和海军则与私人部门争夺飞行员。从一定意义上讲，这些困难反映了相对工资、退伍老兵人口减少所产生的负面效应，以及经济繁荣的潜在影响。征兵困难也反映了20世纪90年代中期以来征募目标的提高，当这一目标作为军事人力裁减战略的一部分时，就可能裁减掉那些不符合要求的人员，保持军事人力规模在一个相对稳定的状态。

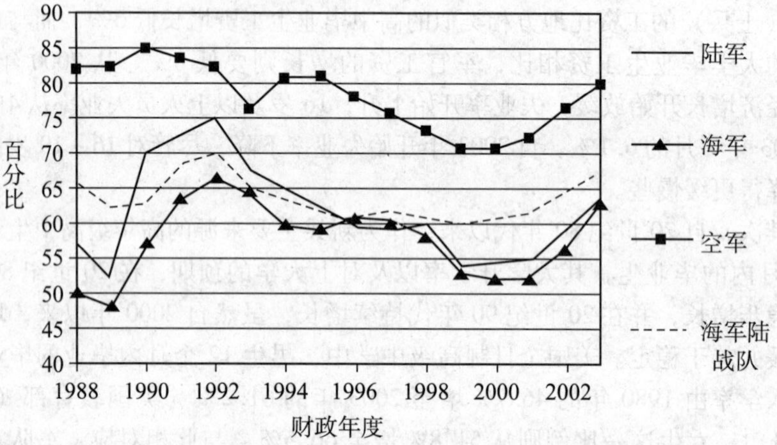

图 32-1　高质量人员比例，1988~2003 财政年度

在超期服役情况下，20世纪90年代后期，军队退役制度中与"同伴间公平"有关的问题开始显现。对于那些在1986年7月份以后入伍的人而言，他们享受一种递减的退役结构，也就是通常所知的REDUX（首字母缩写）。到20世纪90年代后期，在为部队服役了大约12年以后，当他们要决定是否继续服役至20年时，他们意识到在他们保留退役金权利的年龄，他们的退役所得要远少于那些仅比他们早几个月或几年入伍的人。最终，为了实现公平，通过让REDUX制度下的人员可以选择REDUX之前的退役结构（即"高-3"），或者服役15年每年给30 000美元的补助，作为交换，其要承诺继续再服役5年以上。之所以要进行这样的改变，并非有证据表明REDUX降低了国防人力配置及执行任务的效率，而是军队越来越多地认为REDUX削减士气，从而对超期服役及其接受力产生负面效应。

2.1　征募供给

如前所述，许多因素影响了冷战结束后的征募供给变化。其中特别需要关注的是，年轻人参军兴趣的降低会导致什么结果，这一点可以由国防部对美国青年人参军意愿所进行的调查来佐证。1990~1998年，高年级的高中男生中，明确表示参军或可能会参军的比例降低了1/3。沃纳、西蒙和佩恩（Warner, Simon & Payne, 2001, 2003b）分析认为，降低程度反映了个人偏好的改变，或者是由于其他因素，如国家经济、军队薪酬的变化、由征兵人员和广告所度量的征募努力、美国年轻人父母参军比例的下降以及其他一些与家庭相关的因素。利用国防部发布的青年人态度追踪研究调查数据，他们发现青年人的倾向并不强烈对应或反映征兵努力（这种努力通过广告补贴、支出与征兵人员数量等度量）。家庭背景，如其父亲是否大学毕业、地理位置，学历水平如高中几年级，对青年人的倾向具有更明显的影响。这些青年人态度的变化引发了这样的疑问，即是继续沿用20世纪80年代所用的征募模型，还是需要新的模型？

2.1.1 模型概述

一般使用两种类型的征募供给模型。第一种方法是针对个人参军决定的分对数（logit）或概率单位（probit）模型，该方法使用人口统计学特征（如年龄、家庭背景）和环境特征（如居住地）等，预测在与民事部门所提供的机会相比较时，适龄青年选择入伍的可能性。这些模型用个体水平的数据进行估计，对那些具有最大服役期望青年所进行的征募努力，如（配备的）征募者人数等十分有用。用该方法进行的早期研究是将国家纵向调查（National Longitudinal Survey）数据用于20世纪80年代的服役决定研究上，这包括霍谢克和彼得森（Hosek & Peterson, 1995a, 1990）、戈尔曼和托马斯（Gorman & Thomas, 1993）、基尔伯恩（Kilburn, 1992）等人的研究。基尔伯恩和克勒曼（Kilburn & Klerman, 1999）对霍谢克和彼得森（1985a）的模型进行了重估，估计采用冷战后的国家教育纵向调查数据（NELS）研究了20世纪90年代早期的服役决定，目的是想验证用最近的数据的研究与早期研究相比，征募特征是否相同。他们发现两个时期与服役有关的变量相似。对高年级高中生而言，在决定是否服役上，最大的变量均与上大学相关。在基尔伯恩和克勒曼的研究中，这些变量包括具有负效应的军队资格考试（AFQT）分数、母亲的受教育程度、家庭收入，以及具有正效应的兄弟姐妹数量。对高中毕业生而言，与在地方工作机会相关的变量则具有最强烈的影响力。这包括地方人员的工资和失业对服役决定的负效应。结婚对参军具有正效应，但孩子的存在则对其有负效应。基尔伯恩和克勒曼通过在国家教育纵向调查数据（NELS）中加入可能与服役决定有关的更多可获取变量，对霍谢克和彼得森模型进行了修正，这些（变量）包括父母是否在军队、英语是否是第一语言，以及是否吸食过大麻或被捕过，以及国立大学学费的平均水平等。对于高年级学生而言，只有英语非第一语言这一估计系数为负，且统计显著。对于毕业生而言，父母中有一人在军队和（本人）被捕过与服役决定具正相关性。

基尔伯恩和克勒曼还将选择集扩展到包括一个第三选择，即上大学。因此他们建立了一个包括服役决定、上大学与在地方工作的多项分对数模型。包含上大学选择的优点在于它可以使模型得以扩展，从而提供更多关于特定变量是否通过不同的选择对入伍者产生影响的更多信息，包括在入伍与上大学，或者在入伍与地方工作之间的选择。他们发现影响教育预期回报的变量，如 AFQT 分数、升入高年级时的年龄、母亲的受教育程度等，都会影响参军率，因为这些变量提高了他们上大学的可能性。那些与是否能够提供上大学费用相关的变量，是哪些高质量的人会上大学，哪些人会参军入伍的强的预示变量。一般而言，他们的分析表明，在高智能的青年人当中，上大学与参军之间具有较高的替代力，而对其他青年人而言，工作与参军之间具有较高的替代力。

另一个模拟征募供给的方法是用征募总量模型来说明。德尔图佐斯（Dertouzos，1985）开发了当前所使用的这种方法。征募供给模型由 $\ln H = \lambda \ln L + \beta \ln X + \ln E$ 给出，其中，H 为一定时期一定地区高质量应征入伍者的数量，L 是低质量应征入伍者的数量，X 表示决定征兵市场因素的变量向量，E 是招募者的努力。招募者面对每月的定额，Q_H 和 Q_L 分别表示相应的高质量和低质量的应征入伍者，设法通过激励性计划激发完成定额。低质量的（兵员）定额比高质量的（兵员）定额更容易完成，在征兵市场和潜在入伍者给定的情况下，征兵人员沿着生产可能性边界对低质量和高质量的应征入伍者进行权衡。如果由变量 X 表示征兵市场的潜力，征兵人员被假定通过选择 L 和 H，产出其最大化效用的努力水平。招募努力无法观察，假定其与定额有关，或者 $\ln E = \gamma_1 \ln(H/Q_H) + \gamma_2 \ln(L/Q_L)$。将 $\ln E$ 代入结构征募方程，看到 H 和 L 是由招募者约束优化问题联合决定的，由此给出以下两个征募者的联立方程：

$$\ln H = \alpha_1 \ln L + \alpha_2 \ln X + \alpha_3 \ln Q_H + \alpha_4 \ln Q_L$$
$$\ln L = \theta + \pi_1 \ln X + \pi_2 \ln Q_H + \pi_3 \ln Q_L \tag{32-1}$$

确定基本结构参数 λ 和 β，则上述联立方程可以给出 γ_1 和 γ_2 的系数估计。将第二个等式代入第一个等式，会得到简化形式的高质量征募方程。事实上，大多数对高质量征募供给的研究采用 $\ln H$ 的简化形式，而非方程组 (32-1) 那样的结构方程模型。

2.1.2 美国征募供给

表 32-1 给出了用冷战后的数据（除非特别指出）对美陆军征募弹性和效果的估计。为便于比较，表 32-1 还总结了冷战之前的估计（表中第二组），

表32-1 陆军高质量服役人员弹性估计

	征兵人员	自己的配额	广告C	津贴	教育收益	M/C工资	U型率	交叉勤务	大学	退伍军人	青年人口
1. 使用（军队）缩减后数据											
W&S[1]	0.41[a]						0.49				
W&S[1]	0.56[b]										
WS&P[2]	0.50	0.15	0.16	0.12	0.47	0.93	0.26	-0.12	-0.87	1.44	N/A
B&S[3]	0.14	N/A	N/A		0.08	1.05	0.19	N/A			
HDMM[4]	0.29	N/A	0.02(radio); 0.03(TV)		N/A	1.64	0.18	N/A			0.50
2. 使用（军队）缩减前数据						0.55					
WS&P文献回顾[2]	0.15~1.65	0.15~0.46	0.028~0.72	-0.19~0.09	-0.041~0.37	0.13~1.92	0.15~0.52				
WS&P文献回顾，平均	0.76	0.30	0.10	0.057	0.09	0.75	0.62				0.67
W&A文献[5]	0.15~1.15	0.19~0.41	0.07~0.72	-0.29~-0.46	-0.04~0.17	0.15~1.89	0.49~1.36				
W&A文献回顾，平均	0.65	0.29	0.22	0.09	0.11	0.64	0.77	N/A	N/A	N/A	N/A
3. 缩减前后比较											
WS&P[1]											
缩减前	0.55	0.2	N/A	N/A	N/A	N/A	0.22	-0.13	N/A	N/A	N/A
缩减后	0.41	0.07	N/A	N/A	N/A	N/A	0.34	-0.13	N/A	N/A	N/A
M&M[6]											
缩减前	0.51	0.16	N/A	N/A	0.07	0.19	0.11		N/A	N/A	0.08
缩减后	0.6	0.08	N/A	N/A	0.01	0.31	0.16		N/A	N/A	0.16
D&G[7]											
缩减前	0.166	-0.16	见后讨论	-0.07~-0.01	N/A	1.01	0.59				
缩减后	0.11	0.21				-0.36[d]	0.15				

[1] 沃纳和佩恩（2005）。[2] 沃纳、西蒙和佩恩（2001）。[3] 博恩和施米茨（1996）；使用海军征募区和月虚拟变量估计。[4] 霍根等（1996）；表示海军的中位数估计。
[5] 沃纳和阿施（1995）。[6] 默里和麦克唐纳（1999）。[7] 詹尔图佐斯图和加伯（2003）。
[a] 关于招募者增加的弹性。[b] 关于招募者减少的弹性。[c] 关于国防服务广告的弹性。[d] 关于地方人员工资的弹性。

主要引自于两篇文献,第一篇是沃纳和阿施(1995),第二篇是沃纳、西蒙和佩恩(2001,附表B)。另外,沃纳、西蒙和佩恩(2001)、默里和麦克唐纳(Murray and McDonald,1999)、德尔图佐斯和加伯(Dertouzos & Garber,2003)三篇研究则详细比较了20世纪80年代和90年代由于征募模型转换所带来的估计上的变化,这些结果均涵盖在表32－1中。

来自沃纳、西蒙和佩恩(2001,2003a)以及沃纳和西蒙(2005)的估计显示了冷战后的影响趋势,并为最近在伊拉克和阿富汗的军事行动的征募效果提供了初步估计。这些研究发现,大学升学率的上升、退伍老兵影响着人口的下降,以及在阿富汗和伊拉克战斗行动和伤亡,对高质量应征者在统计上具显著负效应。大学升学率由那些年龄在17～21岁的高中毕业生,能够进入大学的人数比例来度量。对陆军,大学升学率每提高10%,高质量应征入伍者就会降低8.7%。1987～1997年,大学升学率上升了11%,因此,他们估计高质量应征入伍者比例降低了9.8%。退伍者人口百分数弹性大且统计正显著,对陆军估计为1.44。也就是说,退伍者人口19%的下降,估计使高质量应征入伍者下降27.4%。有争议的是,这一估计有点大,过分夸大了退伍军人影响者人数下降的影响,这主要是因为其与该州固定效应的相关性而引起。那些退伍军人人口较多的州,同时也具备产生高质量应征者的文化和价值因素。一些关于不同文化价值的证据在沃纳和西蒙(2005)后来的分析中发现,他们将数据从1987年扩展至2005年。他们的研究显示,那些在2004年总统选举中由于支持共和党候选人乔治·布什而被称为"红色州"的州,在2004年和2005年比那些"蓝"州提供了更多的高质量的应征者。

伊拉克战争给(美)军征兵带来了相当大的损失,沃纳和西蒙(2005)的分析证实了这一点,其研究表明,伊拉克自由军事行动(OIF),以及该军事行动中每一季度的伤亡人数均呈负效应且统计显著。OIF估计减少了34%的高质量应征者,其中16%来自于OIF本身,而18%则源自平均每季度186名的人员伤亡。战斗行动扩展所带来的额外危险和压力也降低了高质量应征者的比例,并给未来军事行动扩展带来了问题。值得说明的是,2001年9月恐怖袭击之后初期,美国青年的参军倾向有所上升,而非洲裔美国青年人的参军倾向则有所降低。黑人青年2001年11月到2003年的入伍倾向有所上升,而随后在2003年11月至2004年则急剧下降。支持OIF战斗行动开始于2003年春季。男性应征者中非裔美国人的比例从2000年的20%降至2005年的10%。并不清楚这些降低是否是与服役的预期危险和军事行动所带来的压力有关,非裔美国人父母对战争的支持率更低——与59%白人父母建议不要参军相比,89%的非裔美国人父母建议不要参军——表明战争对入伍有负面的影响。

比较表32-1中第一和第二平行组冷战前后的陆军弹性估计可得,新近关于军队和地方工资弹性的估计并未超出美军缩减之前估计的范围,与近期对失业率的估计大致相同。沃纳和西蒙(2005)估计的工资弹性为0.93,而其之前对陆军分析[沃纳、西蒙、佩恩(2001)]得出估计为1.05。博恩和施米茨估计的弹性更高,为1.64;而霍根等(1996)估计的弹性更低,为0.55。这些估计均在沃纳、西蒙和佩恩(2001)综述的文献范围之内,此范围也在《国防经济学手册》第一卷进行了讨论。沃纳和西蒙(2005)估计从1996~2005年,相关工资增长了8%,暗指在该时期陆军应征者增长了7%。最近的失业弹性介于霍根等研究得出的0.117与沃纳、西蒙(2005)研究得出的0.49之间。后者估计,2003~2005年间,失业率下降了20%,也就意味着在该时期高质量应征者下降了10%。

冷战结束后的几年里,陆军征兵者的生产力明显有所下降。更近的对征兵者弹性的估计仍然没有超过早期研究所得出的范围,且一直处于较低水平的范围内。更进一步的研究中,沃纳、西蒙和佩恩(2001)、默里和麦克唐纳(1999)、德尔图佐斯和加伯(2003)均发现,冷战后的估计要低于冷战前。前者研究发现陆军征兵者的弹性为0.50,而后两者则发现这一弹性分别为0.139和0.28。沃纳、西蒙和佩恩(2001)通过对以往研究的回顾,发现征兵者的弹性估计范围介于0.15~1.647之间,其均值为0.763。沃纳和阿施(1995)总结的弹性均值则为0.648。默里和麦克唐纳(1999)研究发现,20世纪90年代陆军和空军征兵者的弹性均低于20世纪80年代的水平。正如他们所注的那样,导致其弹性下降的原因仍然不明。这也许是因为青年人服役兴趣下降、征兵者使用和管理方法的改变,或者仅仅是因为征兵者没有尽力,这是因为资源比征募目标在裁减的最初几年下降得更慢。以下讨论一下征兵者的管理问题。有趣的是,沃纳和西蒙使用样条曲线形式,从而可以使征兵者的弹性随着其数量的增减而改变。他们估计征兵者增加时征兵者的弹性为0.4,而征兵者减少时的弹性为0.6。因此,2001~2004年,陆军征兵者减少了30%,陆军高质量应征者的数量估计减少了18%。

征兵过程中另一个重要方面的投入是广告。表32-1也显示了冷战结束后,以2000年美元价格计算得出的陆军全国范围内广告的弹性估计,该估计仍然在冷战前的研究范围之内。沃纳、西蒙和佩恩(2001)估计陆军广告每增加10%,可以增加应征者1.63%;而霍根等发现弹性从无线广播的0.021到电视的0.028。以往的研究发现这一弹性的均值为0.10。

然而,德尔图佐斯和加伯(2003)认为广告在20世纪90年代非常地不一样,他们对过去和近期关于军事广告的研究均提出了疑问。他们认为以往关于广告效用的计量经济模型之所以有瑕疵,是因为对一些关键方面的限制过于严格。首先,其通常使用的对数函数形式假定不同水平的广告其弹性是相同的。但是,似如广告的投入过少,其作用是无效的。因为如果广告投入过少,是不足以对青年人参军态度产生影响的。同样,超过饱和点的广告支出同样是无效率的,因为年轻人接触到了太多同样的广告信息。其次,广告具有动态效用,随着时间的推移,当目标观众记不清广告最初的印象时,广告最初产生的效用就会大大降低。以往的一些研究用限制性函数形式来解决广告的动态特性。德尔图佐斯和加伯对基本征募供给模型进行了稍许修改,在广告潜在效果的(模型)设定上采用了一个可变函数形式,从而使得不同媒体的广告弹性随着广告规模而变化,并使广告的门限值与饱和点随媒体类型和时间的不同而变化。在他们的模型中,服役与广告效果之间是一种 S 形(增加)关系,其效应可以持续几个月,并且与给定媒体类型的参数估计组合有关。

德尔图佐斯和加伯使用 20 世纪 80 年代中期开始的数据,和 1993~1997 年的数据,并区分电视、无线广播和杂志等不同的广告类型来估计他们的模型。其估计表明,不同媒体的 S 曲线也不同。如果广告预算较少,例如每 1 000 个年轻男性平均 20 美元,杂志广告是最具费效比的媒介,因为在如此少的支出水平上,杂志广告所产生的征募效果是比较明显的。对于更高一些的广告支出水平,如每 1 000 个年轻男性平均 75 美元,同时采用杂志和无线广播进行广告是最好的选择。只有当广告预算很大时,电视广告才较为有效。

由于广告支出有门限效应,因此,广告预算过低比更多预算的效率更低。德尔图佐斯和加伯认为 20 世纪 80 年代的预算水平,(征兵)广告具有成本效益,但是 1993~1997 年的预算水平太低了,其位于 S 曲线中支出最大效果的边缘部分。由此,其相应的政策含义是,当征兵需求较低时,军方也不应过多减少其广告预算,以免使其处于 S 曲线最低效部分。

征兵活动的成功与否有赖于征兵者的努力激励及其生产率。德尔图佐斯(1985)和波利克、德尔图佐斯和普雷斯(Polich, Dertouzos & Press, 1986)研究发现如果征兵者减少他们的努力或薪金,或者其他征募资源如服役津贴等变化所引起的全市场扩展效应将不会实现,因为资源的扩展使得他们的工作更容易了。为了实现全效应,必须增加定额,并激励征兵者实现这一目标。更进一步,他们的研究显示,除非征兵者在征募高质量新兵所做的努力得到足够的奖励,否则他们会征募低质量新兵。军种已经采用了许多激励方案来激发征兵者的绩效。这些方案包括对那些达到定额的人员进行奖励,以及更快晋升等。这些方案因时间和军种而异,包括奖励是针对个人的还是集体绩效(如固定水平绩效)?绝对绩效还是关于另一组织或标准的相对绩效?是基于一个月还是一个更长时间水平的工作期绩效？以及那种类型的征募将会得到奖励等等。奥肯和阿施（Oken & Asch, 1997）对20世纪80～90年代晚期的这些方案的历史进行了回顾。

德尔图佐斯和加伯（2004）对陆军征兵人员管理的角色，尤其是征兵人员选择及分配、任务配置，以及征兵人员因征募所获奖励的效果等进行了研究，研究数据自1998～2003年。其研究发现，更年轻的征兵人员，及把其分配在与其种族、性别、籍贯等方面具有相似背景的地区其效率更高。例如，在城市征兵市场上，非裔的征兵人员会比非非裔征兵人员多征到10%的新兵。他们同样发现成功的征兵人员会得到提前晋级的奖励。相对表现较差的征兵人员走了与那些非征兵人员几乎相同的职业道路。他们同样发现，团队水平目标远大于个体水平目标的绩效，认为在团队激励方案下所产生的合作、分工以及压力分担等所得超过免费搭车所带来的任何损失。

对于教育收益和奖金的弹性估计也在20世纪80年代所估计的范围之内。沃纳、西蒙和佩恩（2001）估计当前奖金和教育收益现值的弹性分别为0.12和0.47。与以往研究发现一样，针对那些具备高难度技能服役者收益目标的（激励）具有明显的沟道效用（channeling effect），沃纳等发现了其在引导服役者更长时期服役方面效应的证据。沃纳和西蒙（2005）对与空军有6年服役合同的（服役者）所得奖金的沟道效应进行了研究。1999年之前，85%新兵均签订一个4年服役合同，而其中很少数会得到奖金。他们发现服役时期选择与4年和6年服役合同之间的奖金差异具有高关联度。2500美元的差别可以让6年服役合同提高15%。

汉森、威尔斯和里斯（Hansen, Wills & Reese, 2004）研究了海军核领域的特别补助项目。自20世纪80年代后期开始，美国海军对在核领域服役的新兵按入伍季节的不同给予不同的特别补助，汉森研究是否该项目已成功地吸引新兵流入训练。他发现特别补助越高，在受欢迎的月份流入的越少，较高的补贴事实上会促使入伍者在非高峰月份（off-peak months）加入海军。同时，汉森发现非高峰特别补助每提高1%，减少夏季高峰期进入海军核领域服役比例1.9%。由于1988～2002年间，37%的核领域服役者在入伍高峰季节到海军服役，因此，非高峰5.3%的特别补助增加使这一比例降到了33%，且产生水平加载季节性剖面图。季节性的补助项目减少了训练成本，这主要是通过吸引服役者流入年度训练科目中实现的。

为鉴定服役效果，表32-1的研究有赖于与服役有关的自然变动。然而，为评估新激励的效果，进行了可控的国家实验。在陆军"2+2+4"实验中，新兵会得到一份8000美元的陆军学院基金（ACF），受益的是在非战斗专业中服两年现役（包括训练时间），加上两年的指定预备役（the Selected Reserve），再加上四年的个人第一类预备役（the Individual Ready Reserve）。这一项目的对象是针对20%的高质量新兵，是对一项已建立的ACF项目的适度加强。毫不奇怪，随后布丁（Buddin，1991）对3%的男性高质量新兵的适度市场扩张效应进行了估计。他发现少有证据证明该项目促使新兵逃离更长服役期的军种，但却发现该项目使那些在复杂的非战斗技能领域的服役者增加了16%。因此，该项目具有技能沟道（skill-channeling）效应。在陆军"大学为先"实验中，那些在试验中表现优异的人可以优先选择上大学，而不是入伍。但参与该项试验的人员被要求在大学二年级时，加入延续入伍计划（the Delayed Entry Program）。即在完成两年的大学学习后，他们可以入伍，享受E-4级的工资待遇并带一份奖金支付。更进一步，这些新兵可以通过贷款偿付基金等激励用以偿付其上大学的学费。奥维斯和麦克唐纳（Orvis & McDonald, 2004）发现大学优先计划对高中毕业生，包括大学生等高质量兵员具有显著的市场扩张效应，对大学一年级学生尤其具有最大效应。

由于进行国家测试的方法既昂贵又只能对有限新奖励的征募效果进行测试，因此，对全国测试的替换方法是用调查的方法来询问那些潜在的应征者，假设当他们面对一系列广泛的新激励时，其偏好选择。基于享乐理论［罗森（1986）］，这一方法所产生的关于不同选择价值属性的信息，是以属性捆绑为特征的选择偏好基础上的。就如统计文献中的因子设计和市场研究文献中的相交分析一样，该调查方法包括提供给受访者大量多维选择，并要求受访者根据这些选择的特性，给出他们的选择和偏好。在服役案例中，以往的研究已经提供了在新的激励方案下未来新兵入伍的选择，并询问了他们对新选择的兴趣。条件分对数模型和有序分对数模型而后提供了不同新激励措施对服役者效应的估计。

克劳斯、格里菲斯和戈尔菲恩（Kraus, Griffis & Golfin, 2000）分析了另一种海军服役奖励，该奖励提供大学（学习的）信贷、服役补贴和海军学院基金，鼓励在海军工作和延长服役中选一。他们发现"中间倾向"的受访者对学院基金收益的相对偏好要强于那些高入伍倾向的受访者。而为海军训练提供大学信贷则对入伍倾向有较大的积极效应。相反，延长一年的服役则对入伍倾向有较大的负效应。阿施、舍恩劳和杜（Asch, Schonlau & Du, 2004）分析了另外的大学优先奖励设计。每一种假设的奖励都允许源自大学的新兵，先上大学然后再入伍。他们所考虑的这些项目可以提供较高的军队工资、入伍奖金、学费津贴和学生贷款偿还，但同时也要求接受该计划的新兵专业要与其以后在部队从事的职业相关，如医疗院的陆军医护兵/海军看护兵要选择医疗技术专业等。他们发现贷款偿还项目对高校青年市场中的入伍倾向有较大影响，其次是薪资和津贴收益。这里的高校市场是指那些肯定能入大学的高年级高中生、新入学的大学生，或者新退学的大学生。贷款偿还项目也被估计为最具成本效益，这主要是因为基于陆军以往的贷款偿还经验，每年平均的还贷额相对还是比较小的，其在2000年平均为16 000美元。

随着西班牙裔青年人口数量的增长以及符合条件的青年人对上大学预期的增加，研究更多地将注意力放在西班牙裔青年在高校征兵市场的征募潜力。经济学理论意味着军方在任务相同情况下，在传统征兵市场与非传统征兵市场上，对青年人征募的边际成本相等。这里的传统市场如高中毕业生市场，非传统市场则如高校市场等。阿施和基尔伯恩（2003）对高校市场中最有服役潜力的人群进行了研究。他们发现在家庭背景、人口和就业状况相同的前提下，上大学二年级的学生和辍学的二年级大学生具有最大的入伍可能。克劳斯等（2004）对二年级大学市场的研究得出了几乎相同的结论。

当大学生大多对军队表现出弱偏好时，与白人同伴相比，西班牙裔年轻人具有更高的服役倾向。尽管如此，西班牙裔青年在服役者中的代表性并不明显。18～24岁的居民人口中，17%是西班牙裔人，但只有15%符合入伍条件。更低的高中毕业率是导致西班牙裔青年不能达到入伍要求的主要原因。然而，阿施等发现，既使毕业率达到了，一部分西班牙裔和非裔美国年轻人仍无法通过美国军队资格考试（AFQT），或因体重超标而无法达到要求。大约1/3的西班牙裔年轻人体重超出标准在10磅之内，也就意味着会有一大部分人要远超过这一标准。虽然军方可以放弃一些规定并允许超重的青年入伍，但增加入伍的体重标准也与较高的损耗率有联系。而且，由于体重常与其他的不合格特征具有相关性，因此，放松体重标准，例如放松10%，并不必然使符合要求的应征者相应增加10%。对于AFQT分数导致不合格，大概西班牙裔年轻人会通过提高他们运用英语的熟练程度来提高他们的分数。通过加强对西班牙裔青年征兵人员的管理也可能提高西班牙裔青年的代表性。哈蒂安加迪、李和奎斯特（Hattiangadi, Lee & Quester, 2004）发现，海军陆战队比其他兵种在征募西班牙裔人方面要做的更好，这是因为除了其他行动外，海军陆战队征兵人员要与新兵的父母和家庭成员进行接触，并且在整个基础训练中，征兵人员被要求留下来与新兵及其父母始终保持联系。美国并非唯一的少数种族（入伍）代表性不足的国家。贝拉尼（Bellany, 2003）对英国陆军服役者中少数种族代表性不足的问题进行了分析，其所用数据从1987年至2000年。他发现，虽然少数种族的应用率较低，但是相对于白人分摊率，其对失业率和相对军事薪资的变化的反应更敏感。

相对于现役征兵活动，预备役征兵活动被关注的程度相对较少。阿尔克斯和基尔伯恩（Arkes & Kilburn, 2005）提供了一些关于冷战后预备役征募供给的发现。他们使用了一个现役—预备役联合模型，该模型将大学在地方工作机会中所发挥的角色合并作为服役的 1 个选择。他们发现失业具有较强的正效应：失业率 1 个百分点的增长，估计会使国家青年人中选择服现役的比例增加1.4 个百分点，选择服预备役的比例增加 7 个百分点。现役征兵人员被认为对预备役征兵具有正效应，但这仅仅是对处于某一点征兵人员而言的，当现役征兵人员处于一个较高水平的密度时，征兵人员估计对预备役征兵具有负效应。

自 2001 年 9 月份以来，预备役参与了更多的军事行动，并且部署的频率更加频繁，时间更长。而且，许多预备役人员面临伤害困扰，预备役中部分成员中的伤亡数量也是比较大的。关于执行任务和部署如何对预备役供给产生影响的研究才刚刚开始。

2.2 超期服役：模型与近期证据

2.2.1 模型概述

超期服役理论源于在超期服役经验分析中，需要系统解释现在和未来薪酬需要的情况下发展起来。然而，超期服役理论与可供选择的薪酬结构分析，及其在促进个人努力和自我选择（以与组织的目标相一致，如兵役）中的作用等方面的分析缠绕在一起。也就是说，薪酬政策已经成为超期服役分析的焦点问题。

超期服役的经验分析建立在几种模型之上，最常见的可能是单期模型，在该模型中，是否延长服役期限取决于军队与地方工资的对比，比如，目前的支付比例，或者年度退役成本（ACOF）的当期价值。沃纳和阿施对 ACOF 模型进行了详细讨论，有兴趣的读者可以回到这一讨论中。从理论上讲，该模型是与一次职业选择模型相一致的随机效用模型，在该模型中，个人对拟议中的各种职业道路下的当前工资与未来工资支付趋势进行对比考虑。在随机效用模型中，误差项可以被视为服兵役、短期冲击，或二者的多样化尝试。该模型非常适合横截面数据，包括时间序列横截面数据。运用普通软件，可以很容易地估计出该模型，并对许多解释变量进行处理，这些变量包括延长服役补贴的可得性及数量、失业率、工资级别的控制、职业特性、AFQT、教育水平、种族、民族、性别以及婚姻状况。

把 ACOL 模型推广到面板数据，ACOL-2 模型通过引入爱好（对军队偏好）和短期冲击的分离项，扩展了一期随机效用模型。面板数据对误差结构的确定十分必要。ACOL-2模型的魅力在于它对超期服役选择特性的解释能力：由于个人总是在不断地受到短时冲击的困扰，因此，只有那些对服兵役有更高喜好的人才会选择留下来。虽然对ACOL模型进行了改进，但ACOL-2模型仍然存在一些概念上的局限〔沃纳和阿施（1995）和戈德堡（Goldberg，2001）〕，因此，动态规划法受到重视。戈茨和麦考尔（Gotz & McCall, 1984）首次将动态规划引入到了超期服役研究中。他们开创性的工作建立了空军军官超期服役的理论模型，并对其参数进行了经验估计。他们的工作开了先河，随后动态规划模型被应用于许多经济学分支的主题的研究中，如退役、职业选择、职务任期及工资、工业结构（企业的进入、退出以及市场均衡），以及军队超期服役的进一步应用等。

关于超期服役的动态规划模型具有以下基本结构。按照贝尔科韦茨和斯特恩（Berkovec & Stern, 1991）的观点，定义 $V(M, t, s)$ 为在 s 时期入伍，t 时刻的值，$V(C, t, s)$ 为在 s 时期进入地方参加工作，t 时刻的值，β 为个人的折现系数 $[\beta = 1/(1+\rho)]$：

$$V(M, t, s) = W_t^M + \tau^m + \beta EZ_M(t, s) + \varepsilon_t^m \equiv \overline{V}(M, t, s) + \varepsilon_t^m,$$
$$V(C, t, s) = W_t^C + \tau^c + \beta EZ_C(t, s) + \varepsilon_t^c \equiv \overline{V}(C, t, s) + \varepsilon_t^c,$$
$$EZ_M(t, s) = E\text{Max}(\overline{V}(M, t+1, s) + \varepsilon_{t+1}^m, \overline{V}(C, t+1, t+1) + \varepsilon_{t+1}^c)$$
$$EZ_C(t, s) = E\text{Max}(\overline{V}(C, t+1, s) + \varepsilon_{t+1}^c, \overline{V}(M, t+1, t+1) + \varepsilon_{t+1}^m)$$

(32-2)

t 时刻如果 $\overline{V}(M, t, s) + \varepsilon_t^m > \overline{V}(C, t, t) + \varepsilon_t^c$，则个人会选择继续留在部队。上画线项是非随机的，而且不仅包括当期的薪资和喜好，也包括紧接下期最优规划的折现值。也就是说，个人再次能否达到最优取决于同期的条件，包括短期冲击的显示。如果在现期认识到这一点后，个人会在下期通过选择最优规划来实现其期望值，也就是说，个人获得最大化期望值。再次最优的机会一直会延续到最后一期的选择。结果，有限长度解式，诸如包含对末期条件定义（例如，个人服役满30年后必须在那个点转入地方）的离散选择动态规划，以及从最后期到当期反向递归的运用。这一递归产生了运动的最优规则，尤其是给出了各期和各状态下的 $\overline{V}$ 项的表达式。

冲击项通常被假定具有极值分布或正态分布。极值分布产生关于最大期望值以及留在部队概率的闭合形式表达式。特别地，极值分布为 $F(\varepsilon_t^i) = \exp(-\exp(-\varepsilon_t^i/s))$，这里 i 是对 $\{M, C\}$ 的选择，s 为形状参数，其与等式 $\sigma^2 = s^2 \pi^2/6$ 的方差有关。极值分布也有一个分布参数，在此以值函数（value function) 表示。最大期望值是：

$$E \operatorname*{Max}_{i}[\bar{V}_i + \varepsilon_i] = \iint \operatorname{Max}(\bar{V}_m + \varepsilon_m, \bar{V}_c + \varepsilon_c) \mathrm{d}F(\varepsilon)$$
$$= s(\gamma + \log[\exp(\bar{V}_m/s) + \exp(\bar{V}_c/s)]) \quad (32-3)$$

这里 γ 为欧拉常数（≈ 0.577216）。在现状给定的情况下，特定选择的概率是一个多项式分对数形式，这是因为 ε 服从极值分布。如某人 t 时刻留在部队概率给定的情况下，其在 $t-1$ 时期是否留在部队的逻辑函数形式为：

$$\frac{\exp(\bar{V}(M, t, s))}{\exp(\bar{V}(M, t, s)) + \exp(\bar{V}(C, t, t))}$$

类似可以得出各期的表达式，在 k 个连续期留在部队的概率即为 k 期这种概率的产出。单个人样本的概率可以被用来构造最大似然函数，并为模型参数估计扫清道路。

结构分析可能被引入动态规划模型以应对复杂多变的环境。一旦模型的关键参数被设定、校正，或者基于当前环境被估计，参数和模型就可能用来模拟替代性薪酬和人事政策。上述模型中的关键参数是指服兵役的净偏好 $\tau^m - \tau^c$ 的均值和方差，以及短期冲击 ε 的方差。至少对美军，对引入最明确的限制就是"不再进入"。除最低阶外，军队禁止军人在退伍之后再次服现役。这一限制以下述形式出现在随机动态规划模型中：退伍时工资的值等于现在地方工资的折现值、对地方（工作）的偏好以及退役收益。由于无法重新进入军队，军队工资不再出现。$\bar{V}(C, t, s)$ 可被以同样的方法定义。当然也可将上述 $EZ_c(t, s)$ 表达式中的 $V(M, t+1, t+1)$ 定义为负无穷集，从而地方人员会持续选择留在地方。是否将写为 V_{t+1}^M 的"晋升"概率作为期望值引入方程，取决于从当前的级别 r 晋升到级别 $r+1$ 的概率：$\pi_{r,r+1} V_{t+1}^M(r+1) + (1 - \pi_{r,r+1}) V_{t+1}^M(r)$（当级别降低时可以引入降职参数）。当模型被设计为追踪级别与入伍年限时，"提升或出局规则"就可能被引入。在这一规则下，当个人已经不被晋升时该规则就起作用，继续留在部队就被设为无限最小值，这就迫使转向地方的概率等于 1。

阿施和沃纳（2001b）通过加入个人能力和个人努力，以及不同薪酬结构选择效果的模拟、依据服役期望年限的结果定性、高能力人员的超期服役、尽力努力的激励和成本等对该模型进行了修补，阿施和沃纳（2001b），阿施、约翰逊和沃纳（1998）模拟了替代退役收益制度加上基础工资结构的变化。道拉和莫菲特（Daula & Moffitt, 1995）利用重复应用概率方式，进行了陆军超期服役动态规划模型的估计。霍谢克等（2002）向后扩展了该模型，加上了服役决定，加入了由于违约和提前退役（自然减员）所引起的转换成本，并考虑了与其在部队训练（主要指信息技术方面的训练）有关的地方工资等。阿施、霍谢克和克伦德宁（Asch, Hosek & Clendenning）（出版中）将模型扩展至包括退出现役后继续参加预备役方面。如其模型显示了现役、预备役人员薪资或退役收入变化如何影响现役军人的超期服役，以及现役退役的百分比排位、离开现役部队加入预备役部队、预备役超期服役、预备役退役的百分比排位等。

2.2.2 经验证据

对士兵超期服役研究的重点过去主要集中于第一期和第二期的服役期限延长，对军官超期服役的研究则集中于初次服务合约（服务 6~10 年）和晋升少校的时间（服务 10~12 年）。沃纳和阿施（1995）、戈德堡（2001）通过对 10 个士兵和 2 个军官超期服役的研究，对薪资弹性进行了估计。研究的数据主要来自 1975~1990 年。士兵薪资的弹性大多数落在 1.0~2.5 范围内，有个别较高或较低。军官的工资弹性介于 0.8~1.6 之间。更近的研究发现士兵工资弹性估计值有所降低，介于 0.5~1.5 之间。汉森和温格（Hansen & Wenger, 2005）提出了这样的问题，即近几年的工资弹性是否降低了（详见下文）。一些对士兵超期服役的研究也估计了延期服役补贴的影响［参见戈德堡（2001）的总结以及哈蒂安加迪、李和奎斯特（2004）的研究］。一些特定的军事专业（岗位）会有延期服役补贴，补贴的数额等于个人基础工资乘以延期年数，再乘以补贴乘数（从 1~6 的整数值）。由于延期合约时间的长短由个人选择，研究用了一个基于 4 年合同期的补贴变量。研究发现补贴乘数每增加 1 个等级，延期概率一般增加 0.02~0.03 点。该范围对一期和二期延长服役时间是相同的。一次性薪酬补贴比分批薪酬补贴具更高的效费比［霍谢克和彼得森（1985b），哈蒂安加迪、李和奎斯特（2004）］。

富勒顿（Fullerton, 2003）在他对空军飞行员超期服役研究中使用了两个军队工资变量。第一个变量是飞行员从现在向未来的预期寿命收益，其对从现在起离开部队并马上到航空公司工作，或在空军服役满 20 年以获得军队退役收益，然后再进入航空公司工作这两种情形进行比较。比较显示在 1999 年，服役 15 年或者更多一直服满 20 年退役，呆在空军中获得的报酬要比离开获得的报酬更高。因此，经验丰富的飞行员具有留在部队服役满 20 年的内在动力。但是通过对服役 15 年以上者其离开和加入航空公司的工资测算，发现初级飞行员具有离开的内在动力。然而，富勒顿的第二个工资变量却抵消了这两种内在动力。这一变量是飞行员在空军服役第 9 个年头退役并进入航空公司所产生的工资损失。造成这一损失的原因是，失去总额为 25 000 美元的飞行员补贴，且因为军队工资比航空公司初始工资要高一些。在富勒顿看来，飞行员面对的工资损失大约为6万美元，或者相当于其服役满9年后在航空公司第一年收入的60%。航空公司工资的增长比较快，然而在最初的几年，包括补贴其与军队工资持平。第二个变量可以被理解为一种转换成本。在富勒顿的超期服役回归中，两个变量均具有期望效应以及统计显著性。他还发现，如果用航空公司雇佣的飞行员数量占美国空军飞行员数量比例衡量的话，就如同用失业率来衡量经济运行一样，发现航空公司雇佣对空军飞行员的超期服役具有显著影响。航空公司就业每增加1个百分点，退役概率增长1.13个百分点，而男性失业率每增加1个百分点，则可使退役概率降低20%。富勒顿以相对美空军飞行员规模的军事部署飞行员比例测算行动节奏。执行任务频率22%的增加，差不多相当于在塞尔维亚和科索沃行动的增加，使退役概率增加3%。埃利奥特、卡普尔和格雷森斯（Elliot, Kapur & Gresenz, 2004）也发现航空公司雇佣的增加，加大了（空军）飞行员的离开。

汉森和温格（2005）感兴趣的是，20世纪90年代的军队工资弹性，与早些年的全志愿兵役制相比是否降低。最终他们发现没有证据支持降低，他们发现，工资弹性估计的明显差异，包括可能的弹性降低，可能因为方法的差异。这些差异包括是个体水平还是集体水平数据；如何界定军队工资（如当前军队与地方工资比率，ACOL）；使用那种模型进行估计（ACOL, ACOL-2，留队、退役还是继续服役，延期服役还是退役）；以及另外还需要哪些解释变量[如下期是否执行海上任务，是否提供退役激励—自愿退役奖励（VSI），以及90年代裁军时期所提供的特殊退役收益（SSB）；职业类型[在美国海军中被称为"（船员）等级"）]。延期服役条件（不符合的条件的包含/排除）。在他们的基准模型——一期分对数模型中，模型将3年或更长的延期与不延期情况进行了对比，汉森和温格估计的军队工资（以ACOL度量）弹性为1.6，在以前估计范围的中间。另外，一系列离散漂移（separate excursion）改变了军队工资的度量，包括延期、改变所含变量组合、使用分组数据，以及排除不符合条件人员的延期服役等，他们估计的弹性大致范围为0.3~2.8，与以往研究得出的范围基本相同。另外他们发现，基于ACOL工资变量模型预测的延期服役，要比基于军队/地方工资比率预测的"更精确"（P42）。

戈尔丁和格雷戈里（Golding & Gregory, 2002）分析了海上作业工资（CSP）与海员继续或延期服役意愿之间的关系。尽管2001财年海上作业工资CSP扩展涵盖E-1到E-3，他们用了E-4或更高级次的海上作业工资（CSP）数据。回归分析显示海上作业工资对完成一年海上巡弋任务以及鼓励继续服役具有正效应。每月海上作业工资增加50美元，48个月海上巡弋任务预计完成率增加3.3个百分点或11%，使参加48个月海上巡弋者延期服役增加2.9个百分点或5.8%。总之，每个月50美元可以为工作年（work-years）增加1 425个海军现役（人员）。工作年每增加（现役）一人产生的成本为31 600美元，少于海军下士或工资级别为E-4的成本（2002年该工资成本为37 200美元）。

克劳斯、利恩和奥姆（Klaus，Lien & Orme，2003）为海员服役的非货币收益方面的偏好提供了进一步证据。包括特殊类型勤务位置和分派的保证。调查回答显示，这一保证与在延期服役上增长4%~6%的工资往往产生相似的效果。对海员延期服役意愿产生负面影响的两个方面是"要求水手在海上作业停港时，仍然呆在船上或者集体住在一起，而不是住在地方居所内"。工资增长可以抵消延期服役意向降低，如对被要求居住在船上而不是地方居所的水手提高13%的工资，可以使其延期服役意向保持不变。

如上所述，教育受益也是一个有力的入伍激励。但是教育受益，如增加服役的"蒙哥马利GI法案"，如果一旦个人达到享受全额受益的条件（如服满现役24个月后），也产生离开现役的激励。然而，助学金（TA）—现役对大学成本的支付，预期会减少离开部队的激励。但是，布丁和卡普尔（Buddin & Kapur，2002）的研究发现，接受助学金的人与那些达到条件而没有使用的人相比，一期超期服役数更低。原因显然是与那些未接受助学金的人一样，助学金接受者同样享有GI法案收益，而接受助学金是对（上）大学更强偏好的信号，有了额外的资金资助，他们可能更快（退伍）成为地方全日制学生。

霍谢克等（2004）分析了已入伍信息技术人员（IT）的供给及超期服役情况。在IT业繁荣的20世纪90年代，军队无法与私人部门所提供的机会展开竞争。但实际上，尽管服役者在IT专业与其他专业之间并无特别的奖励（奖金，教育受益），军队仍然可以达到IT专业的征兵目标，并吸引高质量的新兵加入到军队IT专业中来。同样，即使对教育和AFQT进行一定控制，IT专业的损失也是较低的，而且在一期超期服役中，IT专业与非IT专业基本也是相同的。霍谢克等对该方面的研究成果进行了梳理，并发展出动态规划模型来解释。该模型通过包含服役决定，考虑IT人力资本积累（增加地方机会工资），且考虑如果在服满现役之前离队还包含一个转换成本等，扩展了戈茨/麦考尔模型。分析认为，由于许多军队专业（岗位）提供有价值的、通用的训练，提供职业前期培训，所以，军队可以与大学（例如，二年制学院）和提供在职培训的雇主竞争人力资源。

2.3 军事部署:理论和证据

2.3.1 军事部署和延期服役模型

作战的大范围增长提高了军事行动以及军事部署的步伐。一些模型[如霍谢克和托腾(Hosek & Totten,1998,2002),以及霍谢克、卡瓦纳和米勒(Hosek, Kavanagh & Miller, 2006)]解决军事部署如何影响延期服役这一问题。这些模型的核心是关于对外部署与留在所驻基地时间的个人偏好,以及影响个人意愿(对留在驻地和外派时间权衡)的相关因素。模型同样提出了这样的问题,即为何当前的军事部署将影响延期服役,将来那种(部署)会经常发生。如果现在的军事部署与某人的期望相一致,并且人员部署的抽取是独立的,可能人就会认为未来的延期服役是不可知的,因为在公平的掷硬币打赌游戏中,头朝上的结果是不会影响接受新赌局的意愿的,即便这个赌局是有争议的。

假设个人效用取决于收入和呆在驻地的时间(驻地时间),包括军事部署在内的驻外时间(部署时间)。在驻地的时间段为$(1-d)$,部署驻外的时间段为d。基础工资为m,让w代表个人整个时期均驻外所得到的军事部署工资总额,wd为只在d期驻外所得的工资。个人效用由收入$m+wd$、驻地时间$(1-d)$和军事部署时间d决定,即$U(m+wd,1-d,d)$[霍谢克和托腾(2002)在他们的模型中还包括了军事部署数量,但基本见解与这里分析的相同]。

假设军事部署时间在d_1和d_2之间均匀分配,也就是说,当军事部署发生时,其时间为d_1或更长,但不会超过d_2。定义$\delta=(d_1-d_2)/2$,则在部署给定时,平均部署时间为$\mu=d_1+\delta$。可以看出,在部署给定时,部署时间的方差为$\sigma^2=\delta^2/3$。

在驻地时其期望效用等于效用,其出现的概率为$(1-p)$,部署时期望效用出现的概率为p。部署时的期望效用等于各部署的时长乘该时长的可能性。对均匀分布,整个部署期内概率密度等于$1/(2\delta)$。因此,期望效用为:

$$EU=(1-p)U(m,1,0)+p\int_{\mu-\delta}^{\mu+\delta}\frac{1}{2\delta}U(m+wd,1-d,d)\mathrm{d}d. \quad (32-4)$$

δ的增加增加了部署时间的方差。为使方差的增加摆脱平均部署时间增加所带来的影响,假设d_2增加量与d_1的减少量相同。这样的话,虽然δ增加了,但平均部署时间未受影响。为了摆脱平均部署时间增加的影响,假设d_1

和 d_2 同量增长。这虽然会提高平均值，但保持两者差 $d_2 - d_1 = 2\delta$ 不变，从而使方差保持一致。

如果个人能选择，他将通过寻求 p^*，μ^* 和 δ^* 的最优值来最大化其期望效用。该事例的前景在于假定个人展望未来，事实上在军事部署分布下进行选择。个人从部署发生的高或低的概率、部署平均时长的长短、部署时长方差的大小等方面权衡期望效用。关于 p，μ 和 δ 的期望效用的导数为：

$$EU_p = -U(m, 1, 0) + \int_{\mu-\delta}^{\mu+\delta} \frac{1}{2\delta} U(m+wd, 1-d, d) \mathrm{d}d,$$

$$EU_\mu = \frac{p}{2\delta}[U(m+w(\mu+\delta), 1-(\mu+\delta), \mu+\delta) - U(m+w(\mu-\delta), 1-(\mu-\delta), \mu-\delta)],$$

$$EU_\delta = \frac{p}{2\delta}[U(m+w(\mu+\delta), 1-(\mu+\delta), \mu+\delta) + U(m+w(\mu-\delta), 1-(\mu-\delta), \mu-\delta) - \int_{\mu-\delta}^{\mu+\delta} \frac{1}{2\delta} U(m+wd, 1-d, d)\mathrm{d}d] \qquad (32-5)$$

p 期望效用的导数并不由 p 决定，而其最优值 p^* 必须由逻辑推理得出。如果导数是正的，部署的期望效用大于无部署的期望效用，因此宁可有一些部署而非没部署，即 $p^* = 1$。同理，如果其导数是负的，则无部署就比部署更受到欢迎。由于偏好不同，一些人偏好部署（$p^* = 1$），而一些人则偏好没有部署（$p^* = 0$），另外一些人可能没差别（$0 \leq p^* \leq 1$）。虽然军人无法控制自己将来是否被调派部署，但他们可以通过在入伍时选择与自己偏好相近的部门和职业领域来在一定程度上满足自身的偏好。

关于平均部署时间 μ 期望效用的导数，由最长部署时间的效用减去最短部署时间的效用决定。当两种效用相等时 μ 的最优值出现，该点的导数为 0（假设它是可以实现的）。由于驻地时间与部署在外时间的边际效用都是递减的，因此，效用随着部署时间的增加先增后减。例如，在较短的部署时间上，部署时间的边际效用是高的，而驻地时间的边际效用是低的，所以，当部署时间增加时，效用是增加的。反之亦然。在两者之间的点，期望效用达到最大值（$0 < \mu^* < 1$）。然而，由于偏好的原因，效用随部署时间单调递增，在这种情况下导数总是正的且 $\mu^* = 1$，或者效用随部署时间单调递减，即 $\mu^* = 0$。当 $\mu^* > 0$ 时，有 $p^* = 1$，当 $\mu^* = 0$ 时，$p^* = 0$。

第三个导数表示部署时间变化增加的影响。如果部署时间的效用是凹的，则个人对部署时间的变动是风险规避的，变化增加降低期望效用。凹性与军事部署低水平下的参数相一致，此时部署时间的增加会提高效用。而当部署时间处于高水平时，部署时间的增加会降低效用（即使增加也是较低的比例）。在凹性下，部署时间的基准变化为零（$\delta^* = 0$）。进一步，如果效用在无部署（$\mu^* = 0$）和全部署（$\mu^* = 1$）下最大化，则部署时间的任何变化都会使个人移向更低水平的期望效用。同样，最优变动为零。即使不能给出一个确切的时长，模型也意味着个人宁可拥有信息以降低变化。

在全志愿兵役制军队中，有理由推测，与无部署相比大多数成员偏好于一些军事部署。对于这些偏好部署的人而言，可能大多数更偏好于部署一段时间（$0 < \mu^* < 1$）。假设部署时间的效用是凹的（风险规避），部署时间的最优变化为零。在征兵制军队中，没有理由相信个人会参军并进入最接近其最优值 p^*，μ^* 和 δ^* 的职业。由于凹性，与志愿兵一样，征募兵也会偏好部署时长的无变异。然而，与志愿兵相比，同等水平的征募兵具有较低的 p^* 和 μ^* 值，这意味着对部署的偏好更低。

军队成员并不总能自由选择部署的参数，结果使得实际值并不等于最优值。任何部署概率最优值与实际值之间的差异、平均部署时长，以及部署过程长度的差异，都会降低相对于个人最优化的期望效用。

一般的军人可能会偏好部分时长的一些军事部署（$p^* = 1$，$0 < \mu^* < 1$）。如果是这样的话，那么超过中值 μ^* 的 μ 增长，会使越来越多军人的效用减少。例如，如果 μ^* 的分布位于个人（部署时间）内的 0.25（即部署在四分之一时间），该水平 μ 的增长往往加速军人期望效用的降低。这将使一部分人的期望效用低于其最佳选择的期望效用，他们将想离开部队。

通过增加基础工资、部署工资，或影响在外部署和驻地时间边际效用的因素等，军队可能有所反应。尤其是，部署工资可能根据部署情况做出，部署时间越长工资越高。方针手段也可能是影响部署时间边际效用的重要因素。例如部署训练、单位的领导能力、单位团结、生活条件、食品、回家的交通工具，给养和装备（如防护服）供应等。由于军人都是有家庭的，所以模型可以进一步扩展，从确保成员（他或她）的家庭被照顾等因素，考虑部署时间对军队成员边际效用的正效应。这些对部署军人的家庭照顾包括住房条件、入学、医疗、家庭支持、娱乐设施、日常看护以及配偶的工作机会［霍夫曼等（Huffman et al., 2005）］。另外，军方可能在晋升决定时更重视部署人员。

该模型可以进一步扩大，将驻地时间分为军事工作时间与"闲暇"时间。这一区分很重要，因为在军事部署高峰时期，那些未被部署人员经常工作更多的上班日，以支持部署行动的开展。这可能被认为会减少军事活动所费时间的边际效用，并减少其留在部队的意愿。这也可以通过实行家庭（优先）导向的政策以及高工资来弥补。尽管当前对那些工作异常辛苦的非部署人员，还没有给予更高的工资。该模型还可以沿两人工作闲暇模型线进行扩展，以考察军人工作时刻表的刚性,以及不确定性是如何影响其配偶的工作时间分配(包括劳动力参与、工作类型选择以及工作小时)。这一扩展与如何理解部署对军人家庭带来的影响有关——一个比部署如何影响延期服役更广的话题,这对现役和预备役家庭均适用。进一步,该模型可以嵌入超期服役动态规划模型之中,服役人员可被假定除了对服役的偏好外,也有对军事部署的偏好。

期望效用是独立于部署 d 的特殊量。这是因为关于 d 的期望效用导数为零。因此,当前部署的实施并不影响期望效用。尽管一些军人可能非常满意(或不满意)他们当前的部署,并坦率地表达出这一意愿,但这并不影响未来的期望效用,因此对超期服役也没有影响。

但是如果当前部署的实施使个人修正了对 p、μ 和 δ,或上述提到的其他因素的估计,期望效用将会改变[霍谢克和托腾(2002)用贝叶斯学习法对其进行了模型化]。例如,由于伊拉克和阿富汗的作战行动,美军士兵对部署频率及持续时间的期望可能已经有了明显改变。这反过来要求薪资政策的改变,以及部署管理(如重新进行组织排列以扩大轮换范围和稳定轮换模式)的改变,或武装力量规模的扩大。

实际部署经历也可能带来对偏好的修正。一个具体例子就是伤后压力综合征。这一点在首期服役人员和初级军官上表现尤为明显,因为入伍前,他们作为居民从未有过军事部署经历,其 p、μ 和 δ 以及部署时间和驻地时间的边际效用均是一篇空白。在对曾部署在伊拉克和阿富汗新入伍人员这一焦点群体评价的基础上,霍谢克、卡瓦纳夫和米勒(Hosek, Kavanagh & Miller, 2006)听到一些个人的反映,这些人中的一部分部署的频率和时间均多于他们的预期,而一些人期待如果他们继续服役,他们将来能被频繁部署。另外,许多人希望他们部署的起始和结束日期更确定,并对日期的改变和再改变感到奇怪。他们同样对执行未经训练的任务感到意外,如抓捕叛乱的士兵以及参与基础设施的重建。他们对无法得到便宜的、可靠的与家庭的通信渠道也感到苦恼。另外一些人尽管也发现部署任务是有意义的和充实的,但对如错过小孩出生,或小孩第一次走路等这些家庭事件也是比较痛苦的。个人也会为单位同伴由于共同承担危险任务而紧密的团结感到惊讶。

2.3.2 经验证据

研究已经发现军事部署对超期服役影响的正、负效应都存在。例如,在海军部署方面,戈尔丁和格里菲斯(2004)发现在"A区"(即服役1~6年)超期服役的海军人员,在沙漠风暴和沙漠盾牌行动中增加了。尽管部署时间比作战之前长了,然而,作战后的超期服役减少了,从而意味着这一增长是短期的，仅仅是延迟了人员的流出。库克、马库斯和奎斯特（Cooke，Marcus & Quester，1992）从在路上和军事部署时间中，区分出仅仅在海上巡弋的路上，而未部署任务的时间。观察1986年以前的延期服役情况，他们发现海员离开母港的时间越长，其超期服役率就越低，更长时间的部署对海员也是如此。然而，戈尔丁和格里菲斯（2004）研究得出的结论是1986年后，更长时期的部署并不反作用于延期服役率，至少在部署还不长到令人难以接受之前是这样。但是时间很快的再部署将肯定降低延期服役率。

霍谢克和托腾（1998，2002）研究了所有四个兵种，总体上发现部署对延期服役具有正或零效应。他们将部署区分为含有敌意的勤务和不含敌意的勤务。他们考察了1996~1999年的延期服役，并将延期定义为平均24个月或更长的新的服役合同。在延期服役决定前，3年期部署的时间段和月份加总超过3个月。部署的时间段和月份可以通过特殊工资，即家庭分居津贴以及对敌交火工资（hostile fire pay）推断得出。大部分的服役人员总共经过两次或更少的部署，例如，一次无敌意和零敌意，一次敌意和非零敌意，一次一个，或者两个都是敌意，或者两个都是无敌意。同样，46%的一期陆军士兵和57%的空军士兵没有经历过军事部署，与之相对，海员和海军陆战队士兵该项比例为24%和37%，而二期比例则基本相同。回归结果显示，一期延期服役会随着无敌意情况由零增长而增加。当敌意情况增加时，空军和陆战队的一期延期服役大致为常数，陆军延期由首次敌意情况的39%增至45%，而海军则从40%降至38%。相比一期，二期延期服役的回归结果显示，延期不但随无敌意情况的增加而增加，而且也随敌意情况的增加而增加。进一步分析显示一期人员是否延期取决于其在延期服役期间是否结婚。结婚对一期、二期延期人员军事部署的影响基本相同。而对那些未结婚的一期人员，是否有敌对情况的部署，对延期服役基本没有影响。对战士有一个例外，非敌意部署增加了未婚一期士兵的延期服役。军事部署对一期、二期人员的影响差别可能是因为自我选择出现的。要被部署的一期服役人员可能直接或从其他服役者的谈话中知道一些情况，这就可能使他们作决定时比刚入伍时具备更多的信息，而那些期望能被部署，或认为部署是他们军队生涯中非常有意义事的服役人员，则更可能选择继续留在部队。另外，部署对一期人员的正效应也可能代表个人选择，那些选择结婚（包括他们配偶）也可能对包括部署在内的军队生活感到舒适。

另一个对为何部署，特别是无敌意部署对延期服役具正效应的可能的假说是：部署加速了向更高军阶的提升，而更快提升增加了延期服役。霍谢克和托腾（2002）通过一个如布丁等（1992）曾用过的两方程模型对这一假说进行了分析，该方程对中士（或E-5工资级）的晋升和延期时间进行了研究。一期和二期延期应用不同的模型进行估计。结果显示非敌意部署加速向 E-5 晋级几个月（相对平均服役至 E-5 所需的 60 个月总时间），敌意部署几乎没有影响。然而，更快晋升的部署驱动效应，其对延期的影响尽管在统计上显著，但由于其太小在实践上并不重要。因此，其对部署会加快晋升，从而会增加延期服役这一假设并不支持。

弗里克（Fricker, 2002）用同样的数据分析了军事部署与军官职业生涯中两个主要阶段：初始服役义务的末期（初级军官大约在服役的 4~5 年），以及之后的阶段（中级军官在服役 5~10 年之间）之间的关系。与已对新入伍人员的分析相类似，弗里克发现在无敌意部署与军官超期服役之间存在正向联系。选择效应同样存在。对 3/4 的中级军官，敌意部署与超期服役之间的关系是正的。

经验研究的另一方面关注军事部署对预备役人员收入的影响。基于军事人员个人收入或损失的自我调查报告研究发现，许多预备役人员在收入上存在一个净损失。利用 2004 年 5 月《预备役成员职位调查》，克勒曼、洛克伦和马丁（Klerman, Loughran & Martin, 2005）判断 60% 的被调查的预备役人员报告有收入损失，其中 44% 的收入损失达 10% 或更多。这一估计基于受访者（部署）之前和近期（部署）行动中的每月收入比较。但这样的估计有可能因对再次征召的偏见、对个人月收入的了解不准确、因军事津贴享受有利税收待遇而引起的税收优惠的不完全或不准确调整（如分居津贴，生活津贴），以及在免税的战斗地点工作期间所获得的非征税性收入等这些原因而不够准确。为克服这些担心，克勒曼、洛克伦和马丁将服役人员记录与其社会安全管理（Social Security Administration, SSA）记录联结起来。SSA 记录既包括预备役人员的军事工资收入，也包括其从地方雇主那里取得的收入。在 SSA 记录中，使用卫生保健纳税收入意味着收入不能超过纳税线。使用 2001~2003 年数据，克勒曼、洛克伦和马丁发现只有 28% 的在役预备役人员收入受到了损失，其中 20% 损失等于或超过了 10%。从广义上讲，预备役人员部署时间越长，其才更有可能获得收入，收入也会越多。许多预备役人员收入在部署期间增长带来了一个更大的疑团：预备役人员的支出也增长了吗？即使收入提高了净支出，这一增长足够支持部署人员超期服役吗？这些问题有待进一步研究。

2.4 配偶及家庭：配偶收入的军事效应

大约一半的美国军人是已婚的。尽管过去对超期服役的研究并未把超期服役视为一个家庭决定过程，但是，近期的研究开始重视如军队服役如何影响军人家属的就业和收入，以及是否是因为军人家属收入较低导致了军人家庭收入较低等问题。霍谢克等（2002）、哈勒尔等（Harrell et al.，2004）、佩恩、沃纳和利特尔（Payne, Warner & Little，1992）对这些问题进行了研究。

　　霍谢克等（2002）所用的数据来自 1998～2000 年当年人口调查中，军人家庭与非军人家庭中妻子的就业和地方收入，每年所有军人与非军人家庭的子样本均经过处理，以便其能反映当年现役人员的性别、教育、种族/民族构成。研究发现，军人妻子与同等情况下的地方人员妻子相比，每年要少收入 5 640 美元。军人妻子收入较低主要是由于劳动力供给和工资率等方面的差别所引起的。通过建立回归框架以分析妻子劳动供给的不同方面，并估计有工作的妻子的工资模型，霍谢克等发现军人妻子一年中参加工作的机会可能更少（预测概率 0.74，而地方人员配偶预测概率为 0.82），能参加全职工作者可能更少（预测概率 0.48，地方人员配偶的预测概率 0.59），更少的工作周，或者工作周相似，但每周更少的工作小时。这些因素加在一起表示，军人家属每年工作的小时较少，周工资同样也较少。地方人员妻子全职工作一周的工资为 308 美元，而"似乎相同"情况下军人妻子的收入则为 268 美元。哈勒尔等（2002）使用 1990 年的人口普查数据也发现军人妻子的收入与就业水平更低，佩恩、沃纳和利特尔（1992）使用 1985 年人口调查中地方人员妻子的数据，以及 1985 年国防部关于军人妻子的人员调查数据研究，也得出类似的结论。

　　一些假说可能对这些军人配偶的结果进行解释，但与观察一致的可能解释是：军人妻子更低的工作兴趣是自我选择所致，并随着其丈夫军事职位的提升而增加。军人妻子清楚，由于她们要经常搬迁，因此可能更愿意接受更低报酬的工作，而不是用她们剩余时间来找高工资的工作。假使预期军人妻子无法在公司工作较长时间，同样雇主也可能不太愿意为其提供培训以及其他能产生更高工资的合约。另外，军队对其人员的时间也有要求，妻子的劳动供给就要考虑这一要求。此外，军队对军人妻子也有时间上的要求，军官妻子也可能被传召提供一些志愿支持活动。

　　与这些观点相一致，发现妻子一年中工作的概率随着其在部队的年头而降低，这在地方部门中并不存在。这种模式与妻子更受重视的家庭，选择离开部队进入劳动力市场相一致。同样，更多具有大学学历的军人妻子，其中大多数为军官妻子，其工作概率也是下降的。霍谢克等（2002），佩恩、沃纳和利特尔（1992）都发现对于那些有工作的妻子们，每年工作周数的不同是解释军人妻子收入较低的重要因素。毫无疑问，这种工作周数的不同源于军事轮换导致的军人家庭经常的长距离的迁移。霍谢克等发现军人家庭每年跨县搬迁的次数是地方普通家庭的 3 倍。与普通家庭搬迁的妻子相比，搬迁的军人妻子要承受更大的工资率与工作周损失（军人妻子3.8周，地方人员妻子1.2周），这是因为军人妻子要搬迁的距离更远，甚至包括海外。哈勒尔等使用1990年人口调查数据研究发现，与地方人员的妻子相比，国内的轮换降低了大多数陆军人员妻子雇佣的可能性，而跨国轮换则降低了大多数海军和空军人员妻子雇佣的可能性，该分析是在各军兵种允许下进行的。一个令人有点惊讶的结果是对于定居的军人和地方人员家庭而言，这一差别相对较小。通常认为军人家庭大多住在农村，但霍谢克等发现军人和地方人员家庭都更可能住在郊区而不是农村，然而有相当大比例的军人家庭并不住在其原居所处，这也反映了其执行任务的地点与其永久居住地并非同一个地点这一事实。

佩恩、沃纳和利特尔（1992）估计了更长时间轮换对军人妻子收入的影响，发现相对6年期的轮换政策，3年期的轮换政策相比在同一地点呆6年，军人配偶所得降低了40%。40%中15%是由于失去工作时间（因为更少的工作月份）造成的，而25%是由于失掉了工龄以及与较高工龄相联系的较高工资。

军人家属较低的工资和对劳动力较弱的依附，是否会对其丈夫超期服役的决定产生相反效应，有待将来继续研究。如果这些配偶劳动市场的结果反映的是随其丈夫职业升迁自我选择的结果，那么其对超期服役就不会产生影响。另外，如果相对她们的期望，军人妻子面对劳动力供应或更高工资壁垒的限制，这些结果应该就会对超期服役产生负效应。

最后，需要注明的是，军方有配偶就业资助项目，为（军人配偶）提供职业咨询和有限的工作安置。这些已实行项目的效果如何，要看其对配偶就业所产生的影响，或其对军人意愿，如超期服役所产生的影响来评价。

3. 后冷战时代的人力需求与军队管理

人力是军事战备力产出的关键组成部分。由于一些原因，理解军事人力是如何影响战备的，对军事战备最有效的人力和其他输入组合的估计，对研究者仍是一个巨大的挑战。第一个原因是因为人力需求是一种衍生需求，而其"最终产出"水平——军事战备，并不容易量化，尤其是在这样一个时代，一支军队必须有能力应对从传统战争到核、化学、生物战争，反恐战争到镇压叛乱等的宽频谱挑战时更不易。第二个原因是军事人力投入的许多方面是可以计量的，包括其经验、素质、技能（职业）。第三个原因，在全兵力（Total Force）时代，国防人力的界定必须扩展到包括预备役力量和文职替代人员。第四个原因是持续、快速的技术变迁往往减少对军事人力的总体需求，但却提高了对经验、素质和技能的需求。本节更新了过去十多年的研究，有助于我们理解战备的不同维度与人力投入之间的关系。

假设生产力关系给定，军队管理的目标是在具有多方面经验、素质、技术，以及现役、预备役和文职人员身份之间进行持续权衡，以在最小成本下实现最佳战备产出。在技术变革发展速度和威胁频谱给定的情况下，军事计划者从准备模式到战斗的特定类型均发生了变化，例如，由过去事先设定一两个敌手的持久战，转向更强调军事能力的创造，这样的转变要求其随时能融入总体中以应对突发事件。结果是，军队人事管理者必须在一个流动的、动态的环境中管理部队。本节同样探讨了自冷战末期已经出现的部队管理问题。这里的中心议题是，在一个快速变化的环境中，美军管理者需要提高管理的灵活性。但这却经常受到过时的"传统"制度的制约，人为因素也阻碍了向更有效率人力组合的转变。

3.1 人员生产力和高效力量组合

人员生产力研究突出表现在个体或者分队层次上实施。在个体层次上，研究将个体绩效（主管评价或技能资格测试）的大小与个体特征（军队经历、培训经费、受教育水平以及入伍测试成绩（AFQT））等联系起来。分队层次的研究将分队绩效与分队层次的人力资源大小（人员配备水平、平均阅历程度等）以及其他投入联系起来。在个体层面上，研究试图证明，由于经验和素质提高所产生的个人绩效的提高是否与成本相符。在分队层次上，研究试图回答什么样的投入组合是最有效的这一问题。①

沃纳和阿施（1995）综述了1995年之前关于人力和战备之间关系的研究文献。1995年以前的研究给出了下述结论：第一，经验是生产率的关键组成部分。个人生产率在一期服役期间快速增长，并在其后持续增长。分队具更多的高级别人员组合时其生产力会更高。第二，素质问题：个人绩效优劣与教育和入伍考试分数有明显关系。第三，经验水平和素质程度会导致生产率差异很大，执行任务越复杂的人员工作时装备越复杂，其生产力会越高。当复杂因素

---

① 分队水平的战备研究可以具体化为生产函数形式 $R = R(M, K; T)$，其中 R 为战备，M 为人力资源投入，K 为资本（装备）投入，函数是技术（T）的条件。人力和装备的最优资源组合（最低成本输出既定战备的组合）取决于投入的边际产量（如 $MP_M = \partial R/\partial M$ 和 $MP_K = \partial R/\partial K$）与边际成本（$MC_M$，$MC_K$）。最高效的（成本效益）组合发生在投入组合给定情况下，相对人力资源边际产出（MP_M/MP_K）等于相对边际成本（MC_M/MC_K）。当人力资源被分解成不同的人力资源投入类型（如经验水平）时，最优组合是各类型相对边际生产率等于其相对边际成本的点。

增长时，高级别人员和高素质人力的效费比更高。

1995 年以后的研究进一步强化了上述结论②。朱诺和维（Junor & Oi, 1996）对美国海军水面舰艇上的人员素质与不同战备指标（供给、装备的损坏和返修率、装备情况以及培训）之间的关系进行了研究，所用数据为美国海军资源现状和训练系统（SORTS）数据库中 1974～1994 年的数据。朱诺等（1997）利用 SQRTS 数据对海军航空中队进行了类似的分析。观察单位是年度季度的船舶或飞机中队。这些研究均开发了人员质量指数（Personnel Quality Index，PQI），其被界定为下述变量的第一主成分：单位中具有高中学历的人员百分比，单位中在 I - ⅢA 心理组中的人员百分比，单位中之前受到降职人员的百分比，单位中在服役第 4 年晋升到中士或工资达到 E - 5 级的人员百分比，以及在单位的平均服役年限。利用有限独立变量法，离散单位战备指标可由 PQI、单位人员配备（实际人员占授权配备人员的比率）、海员更替，以及对其他控制因素如时间段和单位特性（部署状态、年数以及舰艇或飞机等级）等回归得出。

对美国海军的舰艇和飞机而言，人员配备水平和 PQI，其对不同战备指标，无论在统计上还是规模效应上都是关系最大的两个因素。一些战备指标几乎与人员配备水平同比例，意味着人力投入数量水平的强效应—高水平的战备取决于舰艇的满编。另外，根据 PQI 看，美国海军人力素质自 1981 年以来有了显著的提升③。朱诺和维（1996）估计人员素质的提高使舰艇装备损坏率降低了 50%，装备维修时间减少了 36%。1995 年海军飞机的"全任务能力"率达到 68%。朱诺等（1997）估计，如果让 1982 年素质的人员来维护 1995 年的飞机，则其全任务能力率会降至 47%，减少 31%。尽管另一言外之意是，在人员配备水平给定的前提下，舰艇的战备更强地取决于人员素质。但这些研究结果表明，为保持战备水平不变，人员素质的不足可以由人员数量来弥补。然而，没有研究试图估计最高效的、效费比最高的人员配备和人员素质组合。

多伊尔（Doyle, 1998）利用效率分析法对人员配备和经验之间的权衡进行了研究。效率分析界定了需要完成的任务集，详细区分了这些不同任务的经验学习曲线。任务集包括训练、监督工作以及经常性工作。每一任务集中，包括一些由简至繁的必须完成的具体工作。经常性工作具有直接的军事价值。而只有当其有助于经常性工作完成时，培训和监督工作才具有价值。效率分析用线性规划来解决不同经验组合，在给定不同任务学习曲线下，该组合能够完成

---

② 见卡瓦纳（2005）对 1995 年前后生产率研究更为详细的讨论。

③ PQI 被归一化为均值为 0，标准离差为 1。1981 年一般美国海军舰艇的 PQI 值为 -1.5；1994 年一般舰艇的 PQI 值为 +2.5。

既定数量的经常性工作。

利用早期研究的学习曲线对美国空军服役人员进行估计，多伊尔估计人力组合要达到一个特定水平才能完成经常性工作，以及培训和监督任务。表 32-2 显示了有代表性的组合情况。因为更低级别的部队需要从更有经验人员那里获取更多的培训和监督，在军队规模一定的情况下，如果低级别的人员越多，其完成的经常性工作就越少，或者需要更多的人来完成同样的经常性工作。同样的任务，一个由 70% 职业军人组成的分队仅需要 95 人就能完成，而对由 70% 一期服役人员组成的分队，则需要 105 人才能完成。有经验的人员肯定比那些新近入伍的人完成任务更快，但多伊尔也发现当平均经验水平提高时，监督时间减少，因此可以考虑在总体上减少这部分人员的配备。

表 32-2　　　　　　　　　　不同经验组合

一期人员/职业人员组合	单位规模	服役 1~4 年的人数	服役 5~8 年的人数	服役 9~12 年的人数	服役 13 年及以上的人数
30~70	95	30	20	15	30
40~60	97	38	21	13	25
50~50	100	50	18	12	20
60~40	102	60	16	10	16
70~30	105	75	10	8	12

资料来源：多伊尔（1998），转自卡瓦纳（2005）。

任务越复杂，其学习曲线比不复杂任务的越陡峭（即学习持续更长时间），也就意味着阅历与部队规模之间在技能（职业）方面的替代更为明显，这是因为，相对于简单任务，该领域有更多的复杂任务。

穆尔、戈尔丁和格里菲斯（Moore, Golding & Griffis, 2000）与汉森等（Hansen et al., 2003）研究了美国海军一期人员和职业人员组合问题。20 世纪 90 年代晚期与 21 世纪初美国海军的延期服役飙升，从而使得工作阅历有了较明显的增长。与这一增长相对应，海军减少了新兵的征集。他们对研究提出了这样的疑问，即是否一期超期服役者太多了。他们构建出一期和二期人员的边际成本，对具有不同技能职业人员的相对边际成本进行了比较，同时估计出其相对边际生产力（详见下文讨论）。该研究引人注目的地方是考虑到了成本中的一些细节，以及纳入许多以前被忽略的"领售"成本。他们得出的结论是，海军许多技术领域中的一期延期服役太高了，因而，海军可以减少许多技能的延期服役补贴。只有那些以高训练成本和高生产率增长为特征的技能，其阅历组合比较合适。

然而这些结论还是有一些问题。首先，他们对经验-生产率关系的估计源自民用部门的经验-收益状况，而非源自军队。在阅历水平上，地方人员收益对军队人员边际生产力估计的价值并不明显。其次，他们的研究假设军队力量总体规模是一个常数，因此没有考虑当平均阅历水平增加时，保持一定战备水平，部队总体规模可能会降低。

迪特拉帕尼和基南（DiTrapani & Keenan，2005），克兰曼和汉森（2005）研究提供的证据显示，对海军舰艇，数量较少但经验丰富的海员比数量虽多但经验较少的海员生产力更高。当美国海军补给舰的海员（军人）由地方海员替代时，自然就进行了关于这方面的实验。地方海员的人数只有军队海员的一半，但却有更全面的经验（25%的地方海员有10年的工作经验，而军队海员的这一比例只有11%）。重要的是，在同样的经历水平上，地方海员比军队海员的水上经验更为丰富。这一研究发现人数更小的地方海员，在所有领域的工作绩效均等于或优于比其数量更多的军人海员。

3.2 后冷战时代的人事管理

3.2.1 美军缩编——部队管理的一个案例研究

美国在后冷战时代的军队缩编中，现役军队减少了38%，从210万减少到130万。如何将如此大规模裁减落到实处，给军队管理带来了难题。最初，美军方许多军种和国防部的许多部门想通过减少征兵来达到缩编的目标。但是执行这一战略所产生的新兵入伍降低将意味着，未来会导致更高级别和更有经验水平的人员数量的不足。于是，问题就变得比较清楚了，就是要在所有军阶和服役年限人群之间进行平衡削减。但是如何完成人力削减的平衡又是一个问题。那些未达到20年退役年限的职业军人将不愿意离开部队，而把他们非自愿地剥离出军队将被认为是对隐性契约的不守信用，特别是对那些在军队呆了10~19年的人更是如此。这样问题就产生了，即如何在不降低军队质量的前提下，促使人员自愿离开军队。

为诱导人员自愿退役，美国国防部最初设计了一个计划叫自愿退役激励（Voluntary Separation Incentive，VSI）。VSI为那些符合条件的人员提供一项年金支付，其计算方程是0.025×服役年限×个人现服役年份基础工资的两倍。符合VSI标准的人群是指军队中服役7~19年超编的人。群体由职业、军阶和兵种决定。陆军和空军比海军和陆战队有更多的人员符合VSI标准。随后，国会又增加了一项一次性选择支付，称之为选择性退役奖金（Selective Separation Bonus，SSB）。SSB 给予那些法定的非自愿退役者 1.5 倍的一支性工资总额的支付［见表 32-1 沃纳和普莱特（Warner & Pleeter，2001）对不同级别和年限人员 VSI 和 SSB 补偿收益的比较］。由于上述措施仍无法吸引那些服役超过 15 年的人员，最后，从 1993 年开始，国会允许那些服役超过 15 年的人员，如果提前退役的话，依然可以享受养老金的待遇。

这些削减计划在促使人们自愿退役方面有效吗？是否确实让该离开的人退役了？穆尔、格里菲斯和卡瓦卢佐（Moore, Griffis & Cavaluzzo, 1996），梅海和霍根（Mehay & Hogan, 1998）以及阿施和沃纳（2001a）的分析显示，这些计划成功地促进了应当退役的人离开军队，而且退役的数量也很恰当。由于那些不符合条件的人员也要求与那些符合条件的人一样的工资，因此，符合退役条件人员比例的增长，扩大了这些计划的效果。使用差别中的差别（difference-in-difference）方法，对比 1992 年和 1988 年陆军符合要求的退役比例变化，以及同期不符合要求的人员比例变化，阿施和沃纳估计这些计划使符合要求的人员退役增长了 16~20 个百分点。实际上，这些计划向那些即便没有该计划也要退役的人员支付了租金，但却在引致更高退役上很有效。

在研究 1992~1994 年海军二期留队人员时，穆尔、格里菲斯和卡瓦卢佐（1996）将达到退役支付的条件作为一个内生右变量，并开发了基于个人创造力和需求差异的工具。他们估计符合条件的人员退役率比那些不符合条件的人员退役率高 22 个百分点。将条件作为一个内生变量比将其作为外生变量得出的估计量要更大。

这些计划之所以有效的一个原因是，人们被告知，如果在既定的条件框架内无法实现足够的人员自愿退役的话，那么其中一些人将会被强制退役（只能得到 2/3 的 SSB 的退役支付），直到军方的目标得以实现。空军实际上印发了一个表格，使那些符合条件的人获得可能强制退役的有关信息，强制退役源于自愿退役计划无法达到足够的自愿退役。梅海和霍根（1998）估计该通告产生了显著效应：在那些具更高强制退役可能性的群体中，退役率明显提高。最后，这些计划达到了足够的自愿退役，结果没有人被强制退役。但的确存在着强制退役成分，因为许多退役的人清楚，他们自己其实就处于完全强制退役的危险之中。

有关退役计划一个潜在的问题是，它们可能引起了逆向选择，结果导致最好的和最聪明的人员离开了部队，而相对较差的则留下了。但阿施和沃纳（2001a）的研究发现，计划实际上是一种事后选择，它促进了低素质的人员的退役，使其退役率更高，所谓的低素质人员主要是通过受教育水平和 AFQT

分数来评定的。可以推测这部分人作出了理性的预测，因为如果不退役的话，将来他们可能会处于强制退役的危险中。

最后，缩编期间人员对一次性支付与年金支付的不同选择揭示了个人贴现率。沃纳和普莱特（2001）用缩编数据估计了个人贴现率，如果规划促使那些具有高贴现率的人以更高比率退役时，对潜在选择偏差的控制就可能出现。在一个退役和激励选择的序贯概率单位 t 模型中，通过对这种偏差进行控制，他们估计出一般军官的个人贴现率大约为 10%～12%，而士兵的个人贴现率则超过了 20%。贴现率随年龄、受教育程度以及 AFQT 分数的增长而降低，而且白人、女性以及无依靠的人较低。个人较低的贴现率源于其较高数额的选项，这也部分解释了军官与士兵贴现率的不同。

3.2.2 军队管理的新近进展

美军缩编证明了灵活军队管理工具的价值，即它能够有目的地快速实现供给调整以适应人力需求。然而不幸的是，许多法规政策，包括薪酬和人事政策，仍有待改进。美国军方对截至 2001 年 9 月 30 日尚未达到法律规定达到退役制度的"中间名利追求者"提供自愿退役支付，没有续期。但这种授权还有必要继续运用，因为海军和空军加起来在 2005 年减少了 30 000 人，这些兵种现在都面临力量失衡的问题。在缩编时期，这些兵种不太愿意剥离那些非自愿退役的"中间名利追求者"，所以如果没有足够的兵力管理手段，就只能再次求助于减少新兵入伍来达到削减目标。2005 财政年度，空军仅征募新兵 18 000 人，远低于前一年的 30 000 人。在未来几年中，可能将经历"军力中的黑洞"。

汉森和赫斯特德（Hansen & Husted，2005）研究了自愿退役支付选择，包括官方固定支付方案，如 VSI 和 SSB，以及拍卖方案，在拍卖中，个人可以通过竞拍（获取促使其退役的）支付，退役支付集是促使达到要求退役数量所提供的最高和次高价格。探索进行拍卖期权是美国海军 2003 年所实行的分派激励薪酬（Assignment Incentive Pay，AIP）制度的产物。历史看，到不同地区的军队分派就像一种博彩，其基于这样的哲学，即每个人都应当分担时常由于分派不好所带来的痛苦。但是，就像征兵，地区分派的随机选择无法充分照顾到个人偏好的异质性。霍根和麦凯（Hogan & Mackin，2003）研究了当时的海军分派制度，证明分派工资能替代延期服役奖金，而且当地区偏好不同时，还可以减少总的人力资源成本。

在 AIP 的发展中，存在着如何实行这一工资的问题。分派工资率可以由行政部门来规定。但更创新和更有效的解决方法是，由市场来决定分派工资率。早在 1999 年，经济学家就建议海军采用一种基于因特网的拍卖，在该种拍卖过程中，船员可以在线并就不同分派地区进行竞标，通过第一和第二次边际投标，确定不同地区的分派激励薪酬。戈尔丁和考可斯（Golding & Cox，2003）对拍卖制度设计问题进行了讨论。2003 年海军实行了一个互联网竞拍制度，在该制度中，船员可以在备选的海外地点分派中进行竞拍，海军计划进一步扩展这一制度，使其到 2007 年包括所有的位置地点④。初步结果显示，这一制度运行良好［戈尔菲恩、利恩和格雷戈里（Golfin, Lien & Gregory, 2004）］。在美军其他军兵种中仍然存在对这种基于市场激励的制度性抵制，尤其是空军，但随着海军 AIP 制度的成功，这种抵制会逐渐消失。

4. 薪酬问题

4.1 以足够的薪水吸引合格兵员

从效率的角度来看，工资是否恰当应由武装力量吸引、保留、发展、选拔、激励，以及最终人员高成效地退役的能力来判定。另外，面对越来越清楚的后冷战环境以及 9 · 11 事件之后的新的国家安全环境，也必须根据当威胁和适应这种威胁的人力需求更不确定时，方便灵活地使用和进行人事管理的能力来判定。20 世纪 90 年代早期，部队工资要落后于地方工资，因此 20 世纪 90 年代后期出现了征兵难题，超期服役也同样。为此，2000 年 1 月，军人薪酬得到全面提升。该年 7 月份，针对具体薪酬等级和服役年限的工资也有所提升，正如之前所讨论的，征兵和超期服役资源扩大了。至少直到 2005 年（军队入伍人员稍低于目标），其之前新兵征募和超期服役的结果一直在好转。除新兵供给外，从努力和选拔激励、提高管理灵活性、成本效益和改革可行性等角度看，自冷战结束后的军事薪酬适度问题也一直存在着。

按照经济理论，考虑努力和选拔激励，军队的基础工资结构已经变得更加偏斜。偏斜意味着随着级别差异的拉大，工资差别也大大拉大。表 32-3 复制自阿施等（2005），显示了基础工资如何随晋升而变化。1949 年的《职业工资法案》建立了工资表的一般结构。例如，2005 年 E-5（中士）的工资范围从 E-1

---

④ 目前 AIP 制度仅在备选海外地点中有 10 000 人左右时实施。尽管海军将于 2007 年全面使用该制度，但是不同分派地区的指挥官证实在他们所驻扎地区很难满足 AIP 制度所要求的条件。美国海军显然并不打算走向 AIP 制度的逻辑终点，该制度将要应用于所有地点和人员，并可能对合意的分派和不合意的分派给予同样的工资。

的56%（列兵）到E-9的224%（军士长）。除了因为预期1973年该法案会结束，1971年新入伍人员的工资提高了外，工资表结构一直相对稳定，特别是对军官。至于目标工资增长，与1995年相比，2005年工资结构更倾斜于士兵。2005年E-7的工资（一级军士）比E-5高51%，而在1995年该数值为48%。对E-9级工资，相应的值分别为124%和117%。2005年工资结构更类似于20世纪40年代所设计的工资结构。工资表的倾斜是否会产生更高的激励效应，仍有待于进一步进行实证分析，这一分析需要阐明下述问题，即随着晋升概率变化，如何努力。以及随工资级别，晋升概率如何变化。

表32-3 各薪酬等级基本工资所占E-3或O-3工资的比例

（百分比，每年）

薪酬等级	服役中间年	1949年	1958年	1971年	1981年	1995年	2000年7月	2005年
E-1	1	49	40	63	59	59	59	56
E-2	1	51	41	70	67	67	66	63
E-3	2	59	47	73	69	69	68	66
E-4	4	77	76	85	82	82	84	77
E-5	8	100	100	100	100	100	100	100
E-6	13	127	126	125	125	125	124	126
E-7	17	155	150	147	148	148	147	151
E-8	20	—	171	169	170	170	171	174
E-9	25	—	210	208	209	217	218	224
O-1	2	63	51	55	55	55	55	54
O-2	3	77	66	69	69	69	72	70
O-3	7	100	100	100	100	100	100	100
O-4	14	125	125	121	121	121	127	128
O-5	20	154	164	152	152	152	154	151
O-6	24	188	207	184	183	183	186	182

资料来源：国会预算办公室（1995，第41页），阿施、罗姆利和托腾（2005）。

直至2000年，有针对性的工资支付仍然增加得很少，但在2000年和2005年，按照一般经济理论，该类工资有所增加，如表32-3所示。起初，在2000年，有针对性支付的增长只是为修正工资表中的异常，如工资随自然资历的增长要比随晋升增长得更多等。也就是，工资增长的设定要确保对那些新入伍人员具有强激励，促使他们通过个人工作的努力追求晋升，而不是阻碍努力仅追求随自然资历增长的工资[（沃纳和阿施，1995）通过工资表结构总结了努力的激励理论]。随后，对一些中级和较高级人员的有针对性支付的增加开始受到重视，并开始注意到大多数应征人员具有大学经历（一般学过1~2年的大专课程），或者计划上大学，比其他高中毕业生具有更好的（获取）外部工资的机会。尽管大多数应征人员并不把当兵作为终身职业，但军队的规划者意识到，为了保持工资表偏斜度的一致性，则如果中等级人员的工资增长的话，那么高等级服役者的工资也将不得不随之增长。

军队薪酬是由一系列的工资和津贴组成的（见表32-4）。标准军队薪酬（RMC）是基本工资、基本住房补贴、基本生活补贴和获得这些津贴所享受的税收减免的加总，标准军队薪酬是军队工资可与地方工资相比的一个基本衡量标准。对应征者，其基本工资相当于其现金薪酬的60%，基本住房和生活补贴相当于其现金薪酬的28%。军官这两个数值则分别大致为68%和19%。

特殊工资、激励工资与奖金是政策变量，考虑因（部署）不同地方或不同勤务（如出海工资）、危险（如有毒燃料勤务工资）、技能（如外语工资）、军事行动中是否暴露在危险中（对敌交火工资）以及征兵或超期服役条件（服役和延期服役补贴）等的可获得性的不同，通过提供有效的薪酬水平变化方式，能促进管理的灵活性。尽管其提供了管理的灵活性，但事实上因为与奖金一样，事件及与之有关的特殊工资和激励工资的平均数额都很少，因此其总额仍相对较小，如表32-4所示。

表32-4　　美军平均军队薪酬（1999财政年度）

现金薪资分类	陆军	空军	海军陆战队	海军
士兵				
标准军队薪资	$30 509	$31 398	$28 241	$30 655
特别和激励工资	482	301	317	1 345
奖金	372	381	11	777
合计	32 195	33 095	29 355	33 743
军官				
标准军队薪资	$61 689	$61 599	$58 707	$59 761
特别和激励工资	927	2 810	1 889	3 134
奖金	673	1 695	756	2 172
杂项津贴和COLAs	837	779	810	872
合计	64.125	66 883	62 161	65 940

资料来源：阿施、霍谢克和马丁（2005）。

另外，这些工资在现金薪酬中变化最大。霍谢克等（2002）使用1999年的数据，构造了不同服役年限的军官和士兵总现金工资的百分图，发现各服役年限（YOS）的现金差别非常小。第一，它是跨兵种和职业的一般基础工资，称之为 RMC。如表 32-4 所示，士兵平均工资 32 000 美元（大约），其中 30 000 美元是 RMC。军官平均工资 64 000 美元（大约）中的 60 000 美元是 RMC。第二，尽管有不同的制度，军兵种却有相似的晋升标准。第三，特殊工资、激励工资和奖金的平均总数不会太大。第四，作为上述三个因素的结果，工资纵断面图显示，不同职位间的差别很小。这也是与职位有关的超期服役模式的一般结果。

阿施、霍谢克和沃纳（2001）给出了不同教育水平和经历的男性地方人员收入的百分图。在各水平上，地方工资的差异一般要大于军队工资的差异。造成这一区别的原因在于，地方工资是由许多在雇佣要求、产业条件等方面都不同的许多地方公司来加以平均的。而军队在影响收入因素等方面比民用经济在总体上可能具更大的同质性。不过，在经历年份等给定的情况下，地方人员收入的变化可能是由于能力、教育、培训和经验引起的。所以，民用经济中工资变化在源头上与军队形成了显著的对比，在军队，这一变化很小，这主要是军队各职业领域保持大致相同的稳定性。

4.2 增加工资灵活度所得

冷战结束以来，许多观察者，包括研究人员、委员会、研究团队以及军队高级领导人均注意到：由军队薪酬制度，尤其是退役制度所产生的军队职业一致性问题［阿施和沃纳（2001B），美国国防部（2000，2002），席尔莫等（Schirmer et al., 2004），罗斯特克尔（Rostker, 2002），沃纳（2006）］。军队实行的"20年退役"制度会使很大比例的中等职位人员呆到取得法律规定的20年退役权利，并促使他们（伴随严格的进出规则）一达到满20年退役制度的年金制度开始时就立即退役。这一退役制度在不同的职业领域产生了极度相似的职业生涯［霍谢克等（2002）］。这些观察者呼吁对军队人员实行更为灵活的管理，包括针对不同职位领域实行更灵活的超期服役模式和职业年限、更长的派驻和较少的轮换，以及进出制度的改革等。

例如，正如国防科学委员会报告（2000）中所指出的那样，20年并非所有军事职业领域的最优职业生涯。部分职业，如步兵，具有 12~14 年的生产性的职业生涯，而其他职业，如律师，其职业完全可以大大超过 20 年。另外，军事技能的获得来自于一系列工作所积累的广泛经验。冷战结束后对"联合"

任职的要求增加了，从而意味着在20年的职业生涯内更频繁的轮换，以及在一些关键位置更短的轮换，从而使其走向高级领导位置。较频繁的轮换会打破当前行动与其行动结果之间的联系，影响基于结果的人事效力评估。这也意味着在其他因素相同的条件下，个人更愿意去做那些看上去既不错、又容易，或者能够尽快出成果的行动，而不愿去做那些长远对一个单位或兵种非常有益的事。

由于进入退出原因，当前的制度并不能提供很好的任务分工，并没有考虑那些不想担任指挥职责的人在延长期内不继续留在作战岗位上。另外，在够条件人员晋升可能性缺乏变化的情况下，晋升制度和进入退出规定，仅作为军队高绩效的最初级激励。可预见工作行为（安全履职）的嵌入激励和个人记录上哪怕是很小污点都会使其处在不利的位置。也就是说，这一制度阻碍了冒险、创新和创业的愿望，而这些行为和技能正是9·11事件后国家安全环境（变化所要求的）军事转型所需要的。

利用所得增加管理的灵活性要求重构退役制度。这一制度重构应当考虑由军队需要来决定不同军种的服役年限和退役年龄，同时还要帮助那些在更大年龄退出劳动力市场的人员增加储蓄。为了满足成员为退役储蓄的需要，重构的退役制度应立法相对较早地赋予每个人，如服役5~10年的人员，有一笔老年年金。一些委员会如国防科学委员会主张，老年收益应当是一种定额交费计划。另一些人对联邦雇员退役制度中的两部分，即一个定额交费计划和一个基本定额给付金计划的好处进行了讨论。为了满足不同职业服役年限的需要，重构后的制度还应该以早期年金或一揽子支付的形式提供一份遣散（解雇）工资，首次支付的时间可以随技能不同而不同。这样，对于军队希望增加提前退役的技术人员如装甲兵，支付就可以提前。而对那些军人希望增加其延期服役的人员支付就可晚一些（或者不支付）。

分析发现，当重构薪酬制度"反加载"，越到职业后期薪金越多时，超期服役会降低。对具较高贴现率的一般年轻军人，"反加载"制度相对地方选择的价值更小。为了实现超期服役，现有薪资就必须增加。阿施和沃纳（2001b），阿施、约翰逊和沃纳（1998）建议，向基本工资倾斜增加以提高努力激励，提供一份现金离职费以使其向民用部门转移更容易些。正如阿施、约翰逊和沃纳（1998），沃纳（2006）所讨论的，退役制度的重构为人员的更灵活管理提供了机会，因为那些离职费的获得者可能在某些有针对的专业技能领域。随着法定退役年龄比20年更早，整个军队职业收益的增长会更平滑、更持续，如果希望比20年更长的职业期，那么该框架可以扩展超过20年，同样，如果希望一个较短的职业期，那么离职费就可以开始得更早一些。

过去对许多军队退役制度的改革主要集中于现役制度上。伊拉克战争和阿富汗战争中预备役力量的大量运用引发了关于预备役薪酬调整的问题。如果预备役人员比以前更频繁和更长时间地被征用，而且与现役人员一起使用的话，一些人认为，预备役人员应当获得与他们现役同伴一样的工资。事实上，在基本工资、津贴以及许多特殊补贴和激励补贴等方面（预备役人员与现役人员）已经基本相同，但在退役收益方面还不一样。现役成员当其服役满20年离开现役后会立即获得军队退役收益。虽然预备役人员法定20年服役满后也可退役，但他们必须等到满60岁才能得到军队退役收益。对当前制度的批评是因为担心，不平等的收益会损害公平，减少预备役供给，不利于将来的军队战斗力和战备水平。

美国国会提出了好几项提案，意在通过降低最初接受退役收益的年龄，使预备役人员的退役收益与现役人员的退役收益更匹配。例如，其中一项提案主张将初次接受退役收益的年龄，由60岁降至55岁，而另一项提案则建议服役超过20年以后，每服役两年可以减少1年接受退役收益年龄。阿施等（2005）应用现役—预备役动态超期服役模型对现役超期服役和退役效应、预备役归属、超期服役和退役效应，以及执行这些提案的基本工资和退役权责成本进行了模拟。他发现，从总体来看，降低初次接受退役金年龄的提案并不具有成本效益，因为这样做在增加成本的同时，对退出现役进入预备役进行再次服役的人员来说影响很小，相比当前制度，对预备役人员的超期服役具有负的或者极小的效应。之所以成本增加而超期服役并未增加的原因在于，预备役人员的年龄平均较年轻，他们的个人贴现率要高于政府的贴现率。预备役人员对其未来退役收益增长的评价，与政府为提供这一增加所费成本并不一样高。

阿施、霍谢克和克伦德宁（Asch, Hosek & Clendenning）也认为现役和预备役平等的概念不仅仅是一个规定退役年龄的问题。还应包括准备期内对现役服役的全时要求、部署、缺席次数、永久性的驻地变化、无法取得全职的地方工作，以及军队体制对家庭的影响和军人配偶在就业和收入机会上的负效应。而且，在决定退役收益的基本工资的计算上是有利于预备役人员的。预备役退役人员基本工资是指当其60岁时的基本工资的数值，而不是预备役人员退役时的基本工资的值加上至60岁的生活成本调整。之所以说这样做是对预备役人员有利的，是因为基本工资的增长往往要快于生活成本的增长。更进一步说，现役人员退役收益的一个目的是为了帮助现役人员退役后能在地方找一份工作，而预备役人员往往在地方已经有一份工作，而且他们的雇主对他们已经有了一个退役收益计划。

最后，阿施、霍谢克和克伦德宁认为对预备役人员退役收益如此慷慨的提高是低效率，其定位不好，是对预备役人员更广范围部署的一种不公平补偿。之所以说是定位不好是因为那些被"激活"使用的预备役人员主要集中于一些特殊的行业和预备役部分如国民警卫队（the Army National Guard），且并非所有的预备役人员都被"激活"。而之所以说不公平是因为并非所有的预备役人员能够达到 20 年的服役要求，从而满足预备役退役的要求。薪酬政策，如更高的补贴和直接针对那些喜欢被激活的预备役人员的特殊工资，都是费效比较高的管理工具。

4.3 军队退役人员的民事收入

现役军人退役后往往进入地方开始其"第二次职业"，直到其退出劳动力市场。一个有趣的问题是服役（经历）能否给他们在地方部门的工作产生回报。

沃纳和阿施（1995）的研究中对 20 世纪 70 年代以来的军队退役人员，其在军队服役对其地方所得回报的情况进行了讨论。博尔哈斯和韦尔奇（Borjas & Welch, 1986）对该问题进行了关键性的研究，其所用数据是 1977 年军队退役人员调查数据，以及 1977 年人口普查中有服役经历的地方人员相关数据。他们发现在刚开始其第二职业的时候，军队退役人员的收入要低于地方部门的同事，这可能是由于其一些人力资本属于军队所特有而造成。然而，经过一段时间之后，收入的差距集中于退役人员的"重组"情况，以及其所积累的民事部门人力资本情况。然而无论如何，跨入第二职业后，退役军官和士兵分别在民事部门中比其富有经验的同事还是少挣 14% 和 20%。

1996 年和 2003 年进行的两次军队退役者调查为服役后所得提供了更新的信息。运用博尔哈斯和韦尔奇同样的方法，卡德尔等（Cardell et al., 1997）对 1996 年的军队退役人员的调查数据进行了分析，并得出了与之相似的结果。特别是对士兵：退役人员要经历一个与地方部门有经验人员初始所得存在差距的一段过程，但最终这一差距会被赶上。洛克伦（Loughran, 2002）认为博尔哈斯、韦尔奇以及卡德尔等的结论都是他们没能对其截面数据的群组效应进行控制的结果。由于洛克伦将有关信息用于时间的两个点上——退役后第一份全职工作所得，以及 1995 年的收入报告，因此，他的分析可以对群组效应进行控制。他发现了群组效应的有力证据。特别是，在 20 世纪 90 年代新近退役的人员，其地方工资所得比那些没有退役的人员少挣 25%，而那些 20 世纪 70 年代离开部队的退役者所得与地方非退役人员所得基本一样。从而也就解释了卡德尔等人，以及博尔哈斯和韦尔奇所观察到的明显"追赶"现象。如果再加上年龄、教育、种族、婚姻状况、职业以及地理分布等条件，近期退役人员的工资会更低——比地方平均所得低32%。在控制了群组效应后，他没有发现收敛性证据。相比非退役者，年纪较大群组服役后在地方所得随时间而缓慢增长，但新近（退役人员）群组则在本质上没有改变。

最近，麦金和达林（Markin & Darling, 2005）使用2003年军队退役人员调查数据研究发现，并不存在（军队）退役人员相对地方人员存在收入差距这种情况，这是与以前研究不同的一个结果，然而，仍然不太清楚这一发现是表示军队退役人员地方收入的变动？还是年龄和群组效应的综合影响？

4.4 增加的应享权利成本

军事薪酬中的一大部分是以非现金形式出现的费用，尤其是卫生保健费用。总薪酬预算费用中平均大约57%为非现金薪酬，而卫生保健就占了总薪酬预算费用的27%［国会预算办公室（2004）］。自20世纪90年代起，军队卫生保健费用经历了一个变化：建立起了众所周知的TRICARE制度，为卫生保健选项菜单提供资金，分别向在私人部门工作的军人及其家属，以及退役人员及其家属提供卫生保健。军队卫生保健费用增长得很快。1998~2003年消除通胀因素后的成本每年增长4%，除了针对生命TRICARE费用的增加外，2002年又为年龄超过65岁的军队退役人员建立了医疗津贴［霍谢克（2005），国会预算办公室（2003）］。据霍谢克研究，该津贴的增长率与同期地方部门所经历的增长率基本相同。无论如何，如果没有其他改变的话，生命TRICARE——这一针对65岁以后的退役人员的项目将来其费用将会极大增加。国会预算办公室估计到2013年，生命TRICARE将会增加卫生保健费用的44%。

正如霍谢克（2005）一文所讨论的，按其所提供的费用，TRICARE总体上可以与地方医保计划相媲美。对于那些符合雇主受益的受益者，尤其65岁以下受雇于民事经济中的军队退役人员，TRICARE的优势主要在于其保险费平均低于地方保险费水平，而雇主计划对处方药的收费一般要比TRICARE高两倍。因此，低于65岁的军队退役者具有转向TRICARE的激励，因此低于65岁的军队医疗受益对地方医疗受益具有潜在的"挤出"效应。因为按照霍谢克的研究，72%的65岁以下军队退役人员为那些提供健康保险的雇主提供全职工作。在这些有条件进入雇主健康计划的人中，35%的交费加入TRICARE。如果退役人员及家属放弃了雇主提供的保险而使用TRICARE，那么在当前的保险率下，每年雇主会节省7 000美元，而雇员会节省2 500美元，国防部负担了两方面的成本。因此，TRICARE为65岁以下退役者所提供的医疗保健，相比退役人员，似乎对雇主更有利。正如霍谢克所注意的，如果这一趋势继续的话，国防部有成为其所有受益人的首要保险人的危险，其将不得不承担更多的费用份额。

军队退役人员医疗保健福利的增长表示了一种趋向，即军事薪酬中的较大份额被延期支付了。因为对那些初、中级现役军人和预备役人员，其更可能受有针对性的现金奖励的影响，所以对 65 岁之前或之后退役人员健康福利提高，对其超期服役或征募不可能产生影响。另外，无疑军队医疗保健福利的综合特征是要对军人和增加人们服役的吸引力有价值。因此，最近的研究建议提高军队健康福利的成本效益，可以通过引进成本分担制度，增加保费，以及就像现在对 65 岁以上退役人员所做的那样，用一个累积基金来为 65 岁以下的退役人员医疗保健提供资助，并引入税收优惠健康储蓄账户等。

如上所述，目前的现金薪酬预算费用占总军队薪酬成本不到一半。在私人部门，这一数值则接近 80%［劳动统计局（2000）］。可得到的私人部门情况显示，对雇主，1 美元在雇员看来，其平均福利费用值不到 0.50 美元［罗亚尔蒂（Royalty, 2000）］。经济理论得出结论，认为除非另有其他原因导致社会总福利提高，现金工资是最有效的，因为现金工资给予员工购买商品和服务的最多选择，实现了其最高价值。例如，实物福利可能会提高生产力（如照顾小孩或参加健康俱乐部），以愿望个性或降低成本吸引员工。虽然极少证据证明军队实物福利的效率，以及其对战备指标或生产力的影响，但是如果军人可以在福利与现金之间，以及延期薪酬与现期薪酬分配之间有更多选择的话，军队的薪酬可能更有效。

4.5 薪酬改革的主要障碍

阿施和霍谢克（2004）认为薪酬改革最大的障碍在于部分军兵种缺乏改革的需求。如注意到的，观察人员已经呼吁对军队薪酬和退役制度进行改革，尤其是允许对军队人员实行更加灵活的管理。然而，变化还是发生得很少。因此，阿施和霍谢克主张最优薪酬改革的推行，必须整合那些缺乏激励的特定兵种和人员来（激励）解决，以（使他们）支持改革，因为相对而言，他们更倾向于在现存的结构上实现平等。

为探索这些因素，阿施等（2005）采用了一个由得芒热和杰法德（Demange & Geoffard, 2003）开发的一个政治约束下的改革激励方案。该模型假设适用于三方：纳税人、军人和国会。军人其服役偏好是同质的。最好的薪酬方案是成员以实现三者总期望的联合福利最大化为目标选择效果和职业长度。

然而，如果目前的方案不是最佳的，可行的改革是这样的新方案，即它可以增加当前的效率（或至少不会降低），能使大部分军人从中受益而不致阻碍改革，以及平衡预算（税收之和应等于支付给军人所有费用的总额）。假定军人中支持改革的比率为 q，要求做出可行的改革。以边际军人数量代表军队中偏好改革的分布，则 q 比例的军人接受新方案，确定要"收买"以支持改革的薪酬变化。很清楚，一些军人可能会获得租金，因为他们愿意接受较小的"收买"，或改革可能使他们变得更好。

在一些点上，"收买"军人的总成本会超过更低水平纳税人和更高国防效率所得，在这一点上改革就不明智。考虑什么条件下进行改革是非常有用的，政治改革在"收买"的总成本比较小时，成功的可能性就越大。当军人政治权力较少、更具同质性，且其职业长度和效果对资金激励更敏感时，这种结果就可能出现。最后，假定成员同质，改革选择中，像自助食堂这样的计划就可能增加改革的可行性，减少必要的薪酬变化。

5. 征兵经济学的新贡献

冷战结束之前，除英国外，欧洲大部分国家均实行了征兵制［耶恩和塞尔登（Jehn & Selden, 2002）］。后冷战时代最显著的事件也许是许多欧洲国家结束征兵制的决定。耶恩和塞尔登（2002）认为不同国家结束征兵制是基于各自不同的原因，没有统一的原因来解释征兵制因何结束。且认为在他们的论文出版时，实行志愿兵役制趋势正在实现的进程中，但自 2000 年以来，6 个或更多的欧洲国家已经开始迈向志愿兵役制实施，分别是捷克共和国、匈牙利、拉脱维亚、罗马尼亚、斯洛伐克、斯洛文尼亚。因此，有必要对获得军事人力采购制度，以及对决定欧洲国家迈向志愿兵役制的相关因素进行分析。本节综述了近期征兵方面的文献，并对欧洲实行志愿兵役制这一趋势进行探讨。

5.1 近期贡献

在军事人力供给上，经济学家对志愿兵役制度有天生的偏爱。但是沃纳和阿施（1995）引述的 20 世纪 90 年代以前的著作显示，志愿兵优于义务兵却并不是不可打破的。对这些研究进行扩展，沃纳和阿施（1996, 2001）、沃纳和内格鲁沙（Warner & Negrusa, 2005）构建了一个模型，在该模型中军事力量的真正资源成本由以下四个单独成本加总而得：（1）武装力量中军事人员的机会成本；(2) 军事力量的征集和训练成本；(3) 个人试图逃避服役的成本以及政府为防止逃避服役的成本 (逃役成本)；(4) 税收的自有成本。

在兵力相等的情况下，志愿兵役的前三个成本往往少于义务兵役。考虑第一个机会成本。兵役的机会成本是指军人所放弃的地方工资和地方生活偏好成本。偏好包括军队生活与地方生活之间存在所有非货币差异，可以用消除军队和地方生活差异的必要的军队工资津贴来衡量。军队人员的供给曲线，通过其机会成本由最低点到最高点列阵分布在地方人口中，由于地方工资机会和非货币偏好因子的变异，该曲线是向上倾斜的。在志愿兵役中，所有的志愿兵都有低于或等于军队工资的机会成本。由于随机征的兵比边际志愿者具有更高的平均机会成本，因此，在规模相同的条件下，义务兵比志愿兵具有更高机会成本⑤。然而，如同允许征兵对象购买替代者，或通过支付一个交换费来免除服役一样，按照地方人员机会成本为标准的征兵（称"最低值优先征兵"）可以降低甚至消除义务兵和志愿兵机会成本之间的差别 [沃纳和阿施 (2001)]⑥。

在实行志愿兵役之后，美国军队的超期服役有了一个显著的提升。平均人员流动率由征兵制下的21%降为全志愿兵役制（AVF）下的15% [沃纳和阿施 (2001)]。这一结果具有更高的平均经历水平，更高的入伍人数增加（从4.7提高到6.5），而且军人的平均服役年龄也有所提高（从25到27.6）。较低的流动率减少了训练成本，得到更多的训练投资回报。然而，由于需要额外的征兵人员和广告，所以，志愿兵役制下的征兵成本可能更高些。

志愿兵役制下的逃役成本为零，征兵制下的该成本则可能比较显著。沃纳和内格鲁沙（2005）对逃役成本进行了正式分析。当逃役的预期收益大于逃役的预期成本时，个人就会试图逃避征兵。当服役的机会成本越高、当逃役越容易、当逃役的惩罚越小时，逃役的可能性越大。当服役期较短，或者当公民愿意接受一段时期的强制性服役时，逃役的可能性越低。⑦

逃役量的均衡不仅取决于个人逃役的成本和收益，还与政府为阻止逃役而花费的成本有关。个人通过地下或去他国移民实现逃避征兵越容易，政府努力阻止逃役的成本就越高。一些像地理隔离或更完善的政府追踪居民的制度等因

---

⑤ 尽管模型是静态的，但是服役的机会成本包括一生收入的长期和动态效应，正如以下几篇论文所证明的那样。

⑥ 第一次世界大战时期的美国征兵是一种最低值优先征兵模式。在独立战争和南北战争期间，雇人代替和允许选择交纳交换费代替服役在当时是很普遍的。最近美国的征兵是一种随机奖券（random lottery）式。马利根和施莱费尔（2004）发现，1998年13个实行征兵制的国家允许买断。

⑦ 这样的话，在冷战时期，欧洲的征兵制并未对逃役产生多少效应，因为服役期相对较短（一般少于一年），还因为由于要同苏联进行对抗而必须要有较高比例的男性公民参加军事训练的这一观念被广泛接受。与此相反，越战时期许多美国青年尽力想逃避服役，这是因为较长的义务兵役期（2年），以及他们认为越战对美国利益而言并不重要。

素可以降低逃役成本，提高征兵的可能性。如果加入其他国籍和越境比较容易，则会增加政府的防逃役成本，并降低征兵的可能性。

提供军事力量所产生的税收自有损失成本源自这样的事实，即政府必须提高税收收入以支付军事人员工资。税收会扭曲经济活动。美国每美元税收造成的自有损失估计为其收益的20%～30%［布朗宁（Browing，1987）］。由于军队人员的供给曲线向上倾斜，因此，志愿兵役下的军队工资单，也就是税收自有损失呈指数增长。而征兵制下的工资单则呈线性增长，这是因为在征兵条件下的人员增加其工资以固定工资形式增加。因此，征兵制比相同规模条件下的志愿兵制的税收自有损失要低。

既然志愿兵役的社会成本比同等规模的征兵制社会成本增长率快，那么就存在一个兵力规模 F^*，在该规模之下志愿兵役是便宜的，超过这一规模则志愿兵役制成本更高。然而军事人力采购制度的选择不应仅仅基于给定规模下的成本，而要基于一定兵力所提供的能力。沃纳和阿施（2001）的文献以及上述第三节显示，随着流动的降低和平均经历的增长，军事战备能力大大提高了。一个含义是志愿兵役制不需要用像征兵制那样大的军队规模来提供同等水平的军事能力。另外，关于经验的收益肯定有赖于军事硬件的复杂性，因此，志愿兵役制和征兵制生产力差异也由于军事装备的复杂性而有所不同。

当考虑生产率时，当要求的军事能力要求小于 F^* 的志愿兵规模时，志愿兵役制度较高的生产率增加了其更低的社会成本。而当要求的军事能力要求的志愿兵（或者征兵）规模大于 F^* 时，如果（更小的）志愿兵规模可以在较低的社会成本下提供一个给定的军事能力，那么志愿兵役制将仍然是一个优先选择的制度。将义务兵制作为主导两个条件是必需的：很大规模的军事力量需求；志愿兵与义务兵之间的生产率差别较小。

沃纳和阿施（1996）的比较有效静态研究显示，在军事力量规模一定的条件下，使征兵制为花费更少制度的 F^* 转换点随着劳动供给弹性的增长而增长（这也意味着可供征募人员的机会成本具有较小的离散度）。但是，由于非常规战争或民用部门生产力（工资）的增长而引起的供给曲线的向左移动，会降低 F^*。沃纳和内格鲁沙（2005）的研究显示，当逃役更容易或政府防止逃役成本增长时，F^* 通常会下降[8]。而每单位税收所引发的税收自有损失增加

---

[8] F^* 往往是下降的，这是因为在任何给定的军队规模，与志愿兵役相比，更容易的逃役，以及政府为防止逃役提高了征兵制的成本。然而，沃纳和内格鲁沙（2005）确认了一种特殊案例，在其中正好相反发生，如果军队人员供给是高度无弹性的就会发生这种现象，并且逃役会产生潜在的可招之即来（a potential pool）的义务兵，他们比那些没有逃役的可招之即来的义务兵具有更低的机会成本。详见沃纳和内格鲁沙（2005）。

时，也会引发 F^* 下降。

马利根和施莱费尔（2004）为在某一情况下，征兵制可能是更受到偏好的军事人力采购制度提供了另一种不同的解释。他们认为实行征兵制的成本——包括建立入伍中心、进行认证、打电话、建议新人入伍的屏幕广告，以及防止逃役所涉及的成本——这些都是固定成本。这一固定成本越高（相对志愿兵役制度成本，随军事力量规模不同而不同），则国家采用征兵制的可能性越小。但如果国家已经存在一个庞大的政府机构，如 19 世纪的法国，则在其管理制度中实行征兵制就会有一个较低的成本。

他们的分析有两个主要预测。第一个是与管制较松的经济体相比，伴随庞大政府官僚机构的高度管制的经济体更倾向于征兵制。第二，由于每一纳税人的征兵成本与人口数反向变动，人口更多的国家更倾向于实行征兵制。对军事人力更多的需求会增加实行征兵制的可能性，因为固定征兵成本可以在更多的被招募者之间进行分摊。他们的模型因此也预测：征兵制的可能性越大，军事人力需求越大。但导致这一结果的原因却与前面模型中所讨论的不同。

马利根和施莱费尔解释了在固定成本背景下免除服役和允许雇人代替服役的可行性。免除服役制度给征兵制增加了另外一项固定成本，而允许替代服役（买断）则增加了另一项固定管理成本。在某一人口规模下，由于更高的人均免除或替代服役的许可成本，所以征兵制将是普遍的或随机的。在这一人口规模和更高人口门槛之间，免服役制度将被采用（在人均成本足够下降后），但买断此时则不允许。最后，人口规模在后一人口门槛之上，买断与免除服役都将被允许。

为了验证他们的模型，马利根和施莱费尔开发了包含 130 个国家的数据库，并为军事人力采购制度模型进行了估计，模型包括以下要素：16~24 岁军人的相对规模、固定征兵成本的大小、总人口、人均实际 GDP、人口中大于 64 岁的人口比例，以及政治制度的类型[9]。研究发现，15~24 岁军人的相对规模与征兵制可能性之间存在着强的相关性，该结论支持了他们的模型，同时也符合前面其他人的分析。

马利根和施莱费尔还以国家是否是英语法系国家为准对征兵制的固定成本进行了测算。与其他国家相比，那些法律体系源自英语普通法的国家具有较小的政府官僚机构，因此现存管理机构的情况使实行征兵制有更大的成本。实际结果显示，英语法系国家实行征兵制的可能性降低了 50%，这是一个非常大

---

[9] 数据收据于 1985 年、1990 年和 1995 年，且每年的样本容量有所不同。详见马利根和施莱费尔（2004）的论述。

的影响。运用他们国家的大样本数据,人口因素被估计对征兵制实行可能性具有正效应,他们认为这一结果与固定征兵成本假说相一致。但对32个国家子集,其军队规模超过15~24岁男性人口10%的国家进行的分析,并没有发现人口与征兵制之间的关系。

人均实际GDP和大于65岁人口的比率被假设为税收自有损失的表征。但是对国家全样本的分析没有发现税收自有损失与征兵制之间的关系。但是对军事力量规模超过其14~25岁男性人口10%的32个国家子集的分析显示,国家的收入越高越不可能实行征兵制,而64岁以上的人口比例越大,国家越更可能实行征兵制。他们的推论是,当军事人力需求相对高时,税收自有损失越可能对兵役制度的选择产生影响。

一些理论认为,民主国家更倾向于志愿兵役制度。但另外一些理论的结论却恰恰相反[见马利根和施莱费尔(2004)的讨论]。在许多事件中,马利根和施莱费尔发现很少有证据支持政府类型对军事人力采购制度选择有影响。

马利根和施莱费尔发现,在49个英语法系国家样本中,仅有2个国家允许学生推迟服役,且没有一个国家允许免除服役、缩短服役、买断服役。而在86个非英语法系国家中,有43个国家允许学生推迟服役或者免除服役,有13个国家允许买断。他们把英语法系国家除纯随机征兵制外其他更低的可能性作为证据,证明这些国家实行非随机征兵的管理成本更高。

征兵制对应征者而言是一种隐性税收。最近的几项研究对征兵税的配置效应和分布效应进行了分析。目前对征兵税配置效应的讨论大多只是静态的。但是由于较低的军队工资(加上非货币微分 τ),在服役期间除了要支付征兵税外,军事服役可能还会有一个更长的持续性后果。劳、普特瓦拉和瓦格纳(Lau,Poutvaara & Wagener,2004)通过建立典型代理生命循环模型指出了这些长期后果,该模型对比了志愿兵役制与义务兵役制在劳动供给、消费、储蓄以及人力资本积累方面的影响。该模型把首个工作期服役的个人生命周期,与那些没有服役但通过交税来支付志愿兵服役的个人生命周期进行了比较。征兵税仅在服役期间支付,而志愿兵役制税的支付会延续在整个生命周期。这一分析显示,与明确的税收相比,征兵税更加扭曲,会引起人力资本积累、财富以及寿命效用的显著减少。当个人面对偿还约束,限制了其人力资本投资时,征兵税就会更加扭曲。

吉姆和弗兰克(Kim & Frank,2004)就征兵对美国长期人力资本影响进行了研究。吉姆利用了威斯康星州径向调查的面板数据,该调查对1957年威斯康星州高中毕业生及其兄弟姊妹的大样本进行了跟踪调查,通过在一些分析中运用兄弟姊妹作为控制工具,在另外一些分析中使用非征兵的老兵作为控制工具，力图控制由于军队进入标准所产生的选择偏差。被征入伍者要比他们的兄弟姊妹或非被征入伍者累计每年少接受 2/3 的教育，且一生中收入更少。针对已处理过的处理效应分析发现，1976 年被征入伍者收入要比那些非被征入伍的老兵少收入 11%，而比那些没有入伍经历的人少 6%（这些估计的不同可能是对由于军队准入标准所产生的正选择效应的一种反应）。截至 1992 年，被征入伍者与非被征入伍者之间的差异已经扩大到了 17%，且其差异基本上一直保持没变。吉姆总结了征兵对职业（选择）的破坏影响：被征入伍者更少可能进入他们服役前计划进入的职位（尤其是专业和管理职位）。

弗兰克（2004）对义务兵制的长期后果进行了新的分析，其方法是通过研究比较那些在 1970 年获得征兵抽彩券（draft lottery）和没有获得征兵抽彩券的公司高管之间，是否存在表现差异。每年公司的公共贸易报告以姓名和年龄将公司高管们划成四或五等级水平。弗兰克利用 everybirthday.com 网站来确定生于 1944~1947 年和 1948~1951 年期间高管们的具体生日。他接着将生日与应征序号进行匹配。进而发现 1948~1950 年期间出生而被征召过的人员在大公司的高管级别中不具充分代表性，而那些同期出生未被征召的人则代表性过度。而对 1944~1947 年出生的男性则无明显差异，这可能是因为 1948 年之前出生的符合服役要求的男性已经被征集入伍了。因此，弗兰克的分析表明征兵制对职业有一个长期影响。

伊姆本茨和范·德·克劳伍（Imbens & van der Klaauw, 1995）利用荷兰的数据展示了服役对人力资本影响方面的证据。他们并未对个体水平的收入进行观测，而仅仅是对那些入伍或未入伍个人收入进行了简单的加总。因为服役选择是内生的，他们用一些变量工具来衡量服役，这些变量工具包括服役中出生同批人员的比例，实际上组间是可变的。他们估计被应征入伍者要比那些非应征入伍者少挣 5%。由于荷兰的义务兵役为 1 年，所以服役的收入损失与其在劳动力市场一年的所失相似。

但是，通过对美国志愿兵役时期收入数据的详细分析，安格里斯特（Angrist, 1998）发现服役仅有很小的净人力资本效应。服役的收入效应由同批次个人的收入估计得出，包括在 1976~1982 年入伍的人，以及在此期间申请入伍但最终没有进入的人。收入数据来自于自 1991 年进入以来的社会安全收入记录。安格里斯特开发了几种工具变量估计策略来控制选择上的偏差，这些偏差是由以下事实造成的，即入伍的个人并非在年轻人中随机取样的。大多数的入伍者到 1988 年就离开了部队。安格里斯特发现在 1981~1991 年期间服过役与没服过役的个人之间在统计上仅存在小且不显著的收入差异〔关于按种族方面的详细估计，见安格里斯特（1998）］。

赫希和梅海（Hirsch & Mehay，2003）为服役对收入的影响提供了新的根据。在其较新的分析中，他们利用1986年和1992年的预备役构成调查，对那些退出现役后又进入预备役的老兵和那些从未进入现役的预备役人员的收入进行了比较。既然这两种类型的人具有非常相似的未观察特征，因此，利用未服过现役的预备役人员作为有现役经历的预备役人员的一个控制组，比起安格里斯特所用的申请但却未进入现役的个人作为控制组，可以更好地降低或消除选择偏误。利用回归和配对对比的方法，他们发现这两组的收入之间存在弱的整体差异。他们的结果反映了安格里斯特的发现。至少在美国，就如在地方一年的工作经历一样，在军队服役会增加未来在地方部门工作的收入。⑩ 在志愿兵役背景下，有入伍经历和无入伍经历人员之间不存在收入差异的原因可能是源于以下事实，即志愿兵的职业决定并不像应征入伍者职业决定那样被打乱。

应该由谁支付征兵税，在美国存在着诸多争论。伴随这一争论的问题是，志愿兵役制度是否从低收入阶层吸引了不成比例的入伍者。征兵制的倡议者认为志愿兵役将会使更多的收入阶层来承担服役负担（如征兵税），且会潜移默化地影响军队。更进一步，征兵制倡议者认为美国的志愿兵役制度不成比例地从低收入阶层中吸收了人员，结果造成了一个不具代表性的军队。（但）新近对美国数据的分析显示，美国的服役人员来自于各个收入阶层，应征人员并不是不成比例地来自低收入家庭（虽然更多的来自农村而不是城市，或者从地理上说，来自西部和南部的多于来自北部）［见甘（Kane，2005）］。

5.2 欧洲征兵制的终结

为什么一些欧洲国家结束了征兵制而另一些国家则没有呢？如同5.1节模型中所讨论的那样，主要的因素是由于对军事人力的需求。军事人力需求的降低增加了实行志愿兵役制度的可能性，因为志愿兵役制度是更具成本效益的军事人力采购制度。表32－5显示，自20世纪80年代以来，现在和未来北约国家军费支出占GDP的比例下降了。这一下降已经转化为国防人力（穿制服的军人和文职人员）占劳动力比例的下降。

---

⑩ 尽管安格里斯特（1998）与赫希和梅海（2003）没能在其研究中对军队职业进行控制，沃纳和阿施在对以往研究的综述中指出，军队服役后的回报与在军队时的职业有关。一些技能（如电子技术）比其他技能（如战斗人员）估计会提供更可转移的人力资本。

表 32 –5　　　　　　**所选北约成员国的防务力量**
（1980 ~ 1984 年，2003 年）

国家或地区	国防支出占 GDP 的比例		国防人力占劳动力的比例[a]	
	1980 ~ 1984 年	2003 年	1980 ~ 1984 年	2003 年
比利时	3.2	1.3	2.8	1.0
捷克共和国	//[b]	2.2	//	1.1
丹麦	2.4	1.6	1.5	1.0
法国	4.0	2.6	2.8	1.6
德国	3.3	1.4	2.4	0.9
希腊	5.4	4.2	6.1	5.1
匈牙利	//	1.9	//	1.4
意大利	2.1	1.9	2.5	1.5
卢森堡	1.0	0.9	0.9	0.8
荷兰	3.0	1.6	2.5	0.9
挪威	2.7	2.0	2.5	1.4
波兰	//	2.0	//	1.2
葡萄牙	2.9	2.1	2.5	1.4
西班牙	2.3	1.2	2.9	0.9
土耳其	4.0	4.8	4.6	3.9
英国	5.2	2.4	2.1	1.1
北约欧洲	3.5	2.2	2.8	1.6
加拿大	2.0	1.2	1.0	0.5
美国	5.3	3.5	2.9	1.5
北美洲	5.6	3.4	2.7	1.4
北约总和	4.5	2.7	2.7	1.5

a. 包括穿制服的军人和文职人员。
b. 表示其时非 NATO 成员国。
资料来源：NATO 网站 http：//www.nato.int/docu/pr/2003/table3.pdf。

对各个现在和未来的北约成员而言，图 32 –2 显示了根据各国入伍的心理和身体准入标准，现役军事力量占那些适合服役的 16 ~ 49 岁男性人口的比例。以 2005 年 12 月份各国当前和未来可能采取的军事人力征集方法进行了分组。图表提示了这样一个趋势：即相对其可征集的男性人口，军事人力需求较大的国家，希腊和土耳其最高，继续实行征兵制。在实行征兵制的国家中，军队力量占现有总的可征集的军事人员的平均百分比为 2.96。而那些已经实行或计划实行志愿兵役制的国家，该数值为 1.67。

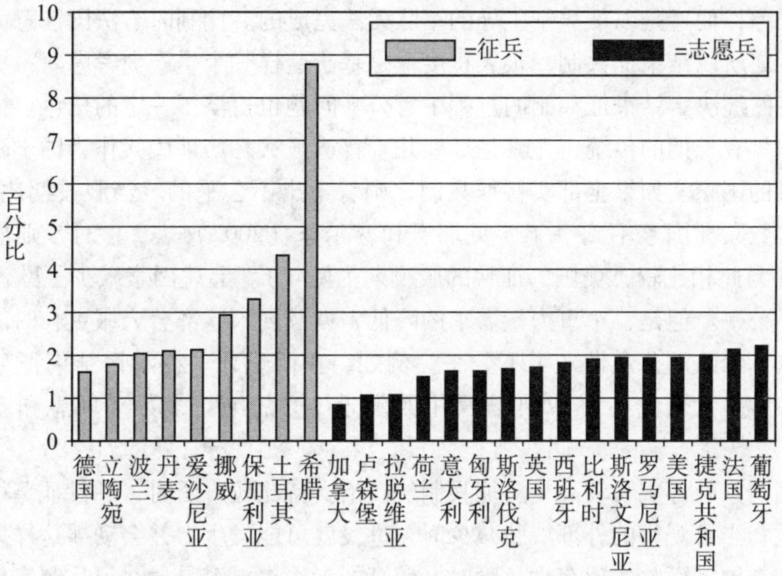

图32-2 现役人员占15~49岁之间适合服役人员的百分比

可是，很明显，冷战结束后的裁军并不是影响征兵制和全志愿兵役制（AVF）选择的唯一因素。图32-2显示一些决定坚持采用征兵制的国家比那些实行志愿兵役的国家，包括美国和英国（这两个国家的军队力量占其适合服役的男性人口比例均为2%），其军事人力需求相等甚至更低，一些之前所分析的其他因素对坚持或结束征兵制的决定也产生影响。

首先，也许是最为重要的，许多国家军队角色和任务的转变提高了志愿兵（相对义务兵）的生产力。在东欧剧变及苏联解体之前，北约中的斯堪的纳维亚成员国军事力量主要是以民兵力量为基础，其目的主要是为了本土防卫。与保持一个较大数量的现役军队不同，这些国家更愿意征招一大批男性年轻人进行短期培训，然后要求这些人定期接受重新培训直到中年。例如，挪威的预备役力量是其现役力量的10倍〔见表32-3，耶恩和塞尔登（2002）〕。这些国家的国土防卫力量大部分是地面战斗力，比较适合征兵制，把它们从征兵制转向志愿兵役制对其生产力提升并不明显。

尽管以民兵为基础的武装力量对防止潜在入侵的国土防卫是必要的，但却与最近几年北约所优先履行的角色与任务不相适应。除去许多欧洲国家不允许在其边界线外部署短期被征入伍士兵法律上的限制〔威廉斯（Williams, 2004）〕外，快速部署和维和活动所要求的培训和技能已经超出了征兵制的范围。更进一步，志愿兵役制可以使北约成员中的单个国家在整体任务之内执行特殊任务，而这是以征兵制主导的军队无法完成的。比利时、法国、意大利和西班牙之所以结束征兵制，很大程度上是基于这样一个生产力考虑。⑪

在欧洲决定结束征兵制的过程中，公平问题也扮演了一定的角色。征兵制在欧洲具有长期的传统，尤其是那些几乎普遍征兵，培训民兵作为国土防卫力量基础的国家。如果全部实行征兵制，则看不出不公平的。当服役期比较短，如大多数欧洲国家不到一年［见耶恩和塞尔登（2002）表2］时，则征兵税较少（与此相比较，美国的征兵的服役期为两年）。上述因素减少了欧洲征兵制的不公平。但是，军事力量需求的降低，以及要求这部分人服更长时间兵役的需求，给欧洲公众带来了不公平。例如，在西班牙，在承诺结束征兵制之后，帕蒂多大众党在1997年赢得了西班牙议会的绝对多数［耶恩和塞尔登（2002）］。⑫

当国家外部威胁较高且对征兵制的政治支持比较广泛时，逃役征募可能较少发生。当可观察的外部威胁减少时，逃役就可能发生，并会动摇这样一个信念，即在国家面临生死存亡危险时，较高的参军率更容易通过征兵制实现。在东欧剧变及苏联解体之后，整个欧洲所受到的威胁降低了。结果，无论是安全需要，还是公民有义务服兵役这样的道德信念都降低了，导致了逃役的更可能发生。进一步，那些具可穿越的边境从而使得移民更容易的国家——如像罗马尼亚这样北约东部的国家——发现防止逃役更难了，而那些移民较为困难的国家——如土耳其，则在征兵时具有更低的实施成本。

或许对国家军事人力采购制度选择影响最难以捉摸的因素是税收的自有损失。那些税制不发达的国家，税收的征收成本和源自税收的经济扭曲较高，从而征兵制的成本相比志愿兵役制更低。一些事例可以说明这一观点。两个计划继续实行征兵制的国家——丹麦和挪威，其税收水平已经很高了，在这些国家中由于额外的直接税而产生的税收自有损失可能会很高，从而使其不愿意实行志愿兵役。与此相反，由于其不发达的直接税收制度，以及直接税收征收的阻力，土耳其较多在依赖于通货膨胀税（通过印制钞票来给政府支出提供资金），并发现就像利用通货膨胀一样，实行征兵制所暗含的税收征收要比直接

---

⑪ 美国国防部于2004年6月15~17日，在比利时布鲁塞尔发起召开了结束欧洲征兵制的会议。会议论文中达斐克斯、麦迪纳和尼迪尔（Dafix, Medina & Nidier）关于法国征兵制的结束，戴尔茨（Diaz）关于西班牙征兵制的结束，以及威廉尼（Villani）关于意大利征兵制的结束中均强调北约成员军事力量的角色和任务转变问题，并强调应整合这些（不包括裁军）作为结束征兵制的主要原因。上述和其他作者的论文引自由辛迪·威廉斯（Cindy Williams）和克汀斯·格莱尔（Curtis Gilroy）编辑，由MIT出版社出版的著作［威廉斯和格莱尔（2006）］。

⑫ 北约会议论文之前的脚注中引证，所有与征兵制有关，而引起政治支持下降的因素是导致欧洲征兵制结束的驱动因素。

征税容易得多。

尽管马利根和施莱费尔通过大量的样本分析显示大国更可能坚持征兵制，但是对于22个欧洲大陆国家，其人口规模与结束征兵制的决定之间没有必然联系。与小国一样，大国也决定结束征兵制，军事人力要求、实际人均GDP和人口的函数的军事人力采购模型概率分析显示，只有军事人力占适合服役的男性人口比例是显著变量。[13] 如上所述，欧洲军事力量角色和任务的转变（这增加了志愿兵力的生产力），以及对征兵制政治支持的降低（主要是更多人意识到了只有少数人支付的征兵税是不公平的），在一些国家决定结束征兵制的过程中起着核心作用。

欧洲国家结束征兵制的基本问题是，当面对着人口开始明显下降时，志愿兵役是否能够持续下去。例如，在西班牙，预计2004~2020年其18~27岁的男性公民人口将减少20%。对年轻人的征募将会更加困难，军队的管理者不得不寻找适应人口下降的办法。幸运的是，有两个因素显示这一下降是可控的。首先，与美国相比，当前军事人力需求只是可征的男性人口的一小部分（见表32-5），而且在未来依然如此。其次，欧洲国家的军队比美国军队更年轻、经历更少。当这些国家拥有更多有经验的志愿兵力时，超期服役的增加自然推动生产力的提高，从而军队的总体规模和进入标准均可以降低。对人口下降时志愿兵力供给的相关观察源自这样的认识，即政府志愿兵力的成本与社会成本之间的比较。如果正像研究的那样，征兵制减少了一生所得而志愿兵役没有的话，即使实行志愿兵役会产生更高的税收负担而具有更高的政府成本，向志愿兵役转变也会创造社会所得。

6. 小　　结

最近十年志愿兵役制度在欧洲开始出现，而志愿兵役制在美国也继续实行。研究表明，志愿兵役制作为一种征募防卫力量的方法，其总体增长归因于几种因素。包括冷战的结束，这导致了世界范围内常规战争的减少以及对军事人力需求的减少，还有对这一更低水平需求的认识，以及志愿兵役制下的政府预算成本及社会成本比征兵制更低，等等。另外，实行全志愿兵役制美国积累的证据显示，志愿兵役制的成本效益不仅取决于最初的征募活动，其高低还取决于环境，且与超期服役及志愿兵的生产率有关。与义务兵相比，志愿兵的自

---

[13] 人口和单位资本实际GDP数据源自2000年宾夕法尼亚大学（Penn World Table）。

我选择导致了更低的初始消耗及更高的一期和二期超期服役。由于转换降低，这也产生了更高的超期服役，更团结的团队，其增效特点也增加了在军队的经验。更进一步，志愿兵役制成功地吸引了那些受过更好教育的人入伍——大约90%为高中毕业，并比其他年轻人具有较高的 AFQT 分数。研究也发现教育程度和 AFQT 成绩对绩效具有正的效应。经验、教育和 AFQT 分数的提高使武装力量具有更强的执行给定任务的能力、更多的执行一系列任务的技能，以及更强的在不确定情况下进行决策的能力。在超期服役和生产力方面的所得，可以看成是对最初倡导实行志愿兵役制的奖励。在20世纪60年代晚期和70年代早期，关于结束征兵制的争论与对越南战争的不满交织在一起：征兵税只是针对义务兵个人而非全社会是不公平的，当时实行的不公正的征兵制度以及其所导致的逃役行为，以及对在一个自由的社会中个人应当自由选择是否在军队服役，等等。但是，在超期服役和生产力方面的所得，与军事人力需求下降和对武装人员更多的专业化需求结合在一起，是考虑由征兵制向志愿兵役制转变的关键因素。

征兵和超期服役的研究对个体水平行为理解的重要性认识不足。职业选择经济模型形成了关于军事工资分析、服役奖金、教育受益、就业期间的选择和服役时间，以及广告作为影响个人决定入伍的因素。模型中包含的个体非齐性的形式，为理解下面的问题提供了解释，即为什么特定的激励只适合于特定的人而对其他人不适用，以及如果不太重要，公平对于理解自我选择作为一个支持更高超期服役的因素，在志愿兵与义务兵比较中的重要性。非齐性和自我选择还可解释为什么超期服役率会随着服役年限增加而增长，这一点在超期服役的 ACOL-2 和动态规划模型中都得到了利用。类似地，关于个人行为的经济模型在征兵者绩效和征募者结构激励研究中居于中心。最后，个人选择模型为理解军事薪酬的地位、人员管理以及退役福利制度对超期服役年限的影响等方面提供了基础。军兵种这些职业间制度的相似性，在解释职业间超期服役模式的相似性上经历了很长的路。依据同样的证据，现在可以理解如果军方需要更具变化的职业长度或一定职位中的个人，或者寻求保持一个特定技能水平的人员（如，能手级）更长时间的话，那么这些制度的变化将是必需的。与这种关心相关的方面是对预备役力量的使用。如果美国预测向"可执行的"预备役转变，就意味着预备役人员和潜在的预备役新兵现在应当确信会面临比以前更多的部署，预备役薪酬和退役福利也就需要相应进行调整。类似地，如果欧洲国家预计将更频繁地使用多国力量努力去解决小范围的突发事件，或对恐怖主义战斗，那么他们薪酬可能也将被调整。

在美国，志愿兵部队已经几乎成了家庭的部队。大概3/4的一期服役以上的军人已经结婚并有小孩。对军事配偶，尤其是军人妻子的研究发现，与地方人员妻子相比，她们收入和工作周数较少，并且工资率也低。但是，对其中大部分而言，配偶没有与对超期服役的分析结合在一起。尽管职业军人具有较高的结婚率，但超期服役无论是理论模型还是实证分析均没有从夫妻的角度加以研究。配偶的职业关心、小孩照顾、学校质量、卫生保健以及迁移的频率等，似乎都有可能对成员，如军人家庭留在部队的选择产生影响。然而，大多数数据库并未把这些家庭变量与军队成员的数据联系在一起。另外，家庭似乎还受到高执行任务率，以及其成员部署的频率和长度的影响。这些因素对现役人员超期服役的影响仍有待进一步研究，与此同时还有预备役人员及其家庭在这方面的研究。

最后，预备役力量现在被作为作战力量来使用，而并非只是作为一支紧急时刻的战略资源。自2001年9月份以来，一大批的美国预备役军人已被激活，许多人多次被投入现役，并且许多人投入现役时间超过了一年。结果，与2001年9月份之前相比，预备役人员被更经常和更长地被投入现役。国防部正在探索一种预备役人员职责的新概念，称之为"继续服役"，更快和更灵活地将一些技能引入到预备役当中。在这种概念下，基于需要，预备役人员在每年365天中间的任何时候都可能随时被征召。继续服役概念与传统的每月两天和每年两周的预备役服役概念具有明显的不同。任务期望的变化、伊拉克和阿富汗任务执行、新概念如何对预备役征集和超期服役结果产生影响，以及这些结果如何对9·11事件之后传统的预备役征募及超期服役资源产生影响，这些方面的研究才刚刚开始。的确需要这样的分析来指导预备役薪酬和人事政策，这些主题代表着未来研究的一个重要领域。

参考文献

Angrist, J. (1998). "Estimating the labor market impact of voluntary military service using social security data on military applicants". Econometrica 66, 249–288.

Arkes, J., Kilburn, M. R. (2005). Modeling Reserve Recruiting, MG-202-OSD. RAND, Santa Monica. CA.

Asch, B., Hosek, J. (2004). "Looking to the future: What does transformation mean for military manpower and personnel policy?". In: Bicksler, B., Gilroy, C., Warner, J. (Eds.), The All-Volunteer Force, Thirty Years of Service. Brassey's, Washington, DC, pp. 57–89.

Asch, B., Kilburn, M. (2003). "The enlistment potential of college students". In: Kilburn, M., Asch, B. (Eds.), Recruiting Youth in the College Market, Current Practices and Future Policy Options, MR-1093-OSD. RAND, Santa Monica, CA.

Asch, B., Warner, J. (2001a). An Examination of the Effects of Voluntary Separation Incentives. RAND. Santa Monica, CA.

Asch, B., Warner, J. (2001b). "A theory of compensation and personnel policy in hierarchical organizations with application to the U. S. military". Journal of Labor Economics 19, 523 – 562.

Asch, B., Johnson, R., Warner, J. (1998). Reforming the Military Retirement System, MR-748-OSD. RAND, Santa Monica, CA.

Asch, B., Hosek, J., Warner, J. (2001). An Analysis of Pay for Enlisted Personnel, DB-344-OSD. RAND, Santa Monica, CA.

Asch, B., Schonlau, M., Du, C. (2004). Policy Options for Military Recruiting in the College Market: Results from a National Survey, MG-105-OSD. RAND, Santa Monica, CA.

Asch, B., Hosek, J., Clendenning, D. (2007). A Policy Analysis of Reserve Retirement Reform, MG-378-OSD. RAND, Santa Monica, CA. In press.

Asch, B., Hosek, J., Martin, C. (2005). A Look at Cash Compensation for Active Duty Personnel, MR-1492-OSD. RAND, Santa Monica, CA.

Asch, B., Romley, J., Totten, M. (2005). The Quality of Personnel in the Enlisted Ranks, MG-324-OSD. RAND, Santa Monica, CA.

Asch, B., Buck, C., Klerman, J., Kleykamp, M., Loughran, D. (2005). What Factors Affect the Military Enlistment of Hispanic Youth? A Look at Enlistment Qualifications, DB-484-OSD. RAND, Santa Monica, CA.

Bellany, I. (2003). "Accounting for Army recruitment: White and non-white soldiers and the British army". Defence and Peace Economics 14, 281 – 292.

Berkovec, J., Stern, S. (1991). "Job exit behavior of older men". Econometrica 59, 189 – 210.

Bohn, D., Schmitz, E. (1996). The Expansion of the Navy College Fund: An Evaluation of the FY 1995 Program Impacts. Navy Recruiting Command, Arlington, VA.

Borjas, G., Welch, F. (1986). "The post-service earnings of military retirees". In: Gilroy, C. (Ed.), Army Manpower Economics. Westview Press, Boulder, CO, pp. 295 – 319.

Browning, E. (1987). "On the marginal welfare cost of taxation". American Economic Review 77, 11 – 23.

Buddin, R. (1991). Enlistment Effects of the 2 + 2 + 4 Recruiting Experiment, R-4097-A. RAND, Santa Monica, CA.

Buddin, R., Kapur, K. (2002). Tuition Assistance Usage and First-Term Military Retention. MR-1295-OSD. RAND, Santa Monica, CA.

Buddin, R., Levy, D., Hanley, J., Waldman, D. (1992). Promotion Tempo and Enlisted Retention, R-4135-FMP. RAND, Santa Monica, CA.

Bureau of Labor Statistics (2000). "Employer costs for employee compensation 1986 – 1999". Bulletin 2526. Bureau of Labor Statistics, Washington, DC.

Cardell, S., Lamoreaux, D., Stromsdorfer, E., Wang, B., Weeks, G. (1997). "The post-service earnings of military retirees: A comparison of the 1996 retired military personnel sample with a statistically comparable sample from the march 1994 Current Population Survey". Unpublished manuscript. Washington State University.

Congressional Budget Office (1995). Military Pay and the Rewards for Performance. Congressional Budget Office, Washington DC.

Congressional Budget Office (2003). Growth in Medical Spending by the Department of Defense. Congressional Budget Office, Washington, DC.

Congressional Budget Office (2004). "Military compensation: Balancing cash and noncash benefits". Economic and Budget Issue Brief. Congressional Budget Office, Washington, DC.

Cooke, T., Marcus, A., Quester, A. O. (1992). Personnel Tempo of Operations and Navy Enlisted Retention, CRM 91-150. Center for Naval Analyses, Alexandria, VA.

Daula, T., Moffit, R. (1995). "Estimating dynamic models of quit behavior: The case of military reenlistment". Journal of Labor Economics 13, 449-523.

Demange, G., Geoffard, P. (2003). Reforming Incentive Schemes Under Political Constraint: The Physician Agency. Centre for Economic, Policy Research. http://www, delta. ens. fr/demange/physicians. pdf.

Dertouzos, J. (1985). Recruiter Incentives and Enlistment Supply. R-3065-MIL. RAND, Santa Monica, CA.

Dertouzos, J., Garber, S. (2003). Is Military Advertising Effective? An Estimation Methodology and Applications to Recruiting in the 1980s and 1990s, MR-1591-OSD. RAND, Santa Monica, CA.

Dertouzos, J., Garber, S. (2004). Human Resource Management and Army Recruiting, Analyses of Policy Options, DRR-3305-A. RAND, Santa Monica, CA.

DiTrapani, A., Keenan, J. (2005). Applying Civilian Manning Practice to Navy Ships, Research Memorandum D0011501. Center for Naval Analyses, Alexandria, VA.

Doyle, M. (1998). Youth vs. Experience in the Enlisted Air Force: Productivity Estimates and Policy Analysis, RGSD-139. RAND, Santa Monica, CA.

Elliott, M., Kapur, K., Gresenz, C. (2004). Modeling the Departure of Military Pilots from the Service, MR-1327-OSD. RAND, Santa Monica, CA.

Frank, D. (2004). As Luck would Have It: The Effect of the Vietnam Draft Lottery on the Future Corporate Leaders of America. Kellogg School of Management, Northwestern University, Evanston, IL.

Fricker, R. (2002). The Effects of Perstempo on Officer Retention in the U. S. Military, MR-1556-OSD. RAND, Santa Monica, CA.

Fullerton, R. (2003). "An empirical assessment of us Air Force attrition". Defence and Peace Economics 14, 343-356.

Goldberg, M. (2001). A Survey of Enlisted Retention: Models and Findings, CRM D0004085. A2/Final. Center for Naval Analyses, Alexandria, VA.

Golding, H., Cox, G. (2003). Design and Implementation of AIP, CAB D0007827. Center for Naval Analyses, Alexandria, VA.

Golding, H., Gregory, D. (2002). Sailors' Willingness to Complete Sea Tours: Does Money Matter? CRM D0006886. A2/Final. Center for Naval Analyses, Alexandria, VA.

Golding, H., Griffis, H. (2004). How has Perstempo's Effect on Reenlistment Changed since the 1986 Navy Policy? CAB D0008863. Center for Naval Analyses, Alexandria, VA.

Golfin, P., Lien, D., Gregory, D. (2004). Evaluation of the Assignment Incentive Pay (ALP) System, CAB D0010240. A2/Final. Center for Naval Analyses, Alexandria, VA.

Gorman, L., Thomas, G. (1993). "General intellectual achievement, enlistment intentions, and racial representation in the US military". Armed Forces and Society 19, 611–624.

Gotz, G., McCall, J. (1984). A Dynamic Model Retention Model of Air Force Officer Retention: Theory and Estimation, R-03028-AF. RAND, Santa Monica, CA.

Hansen, M., Husted, T. (2005). The Case for Voluntary Separation Pay, CRM D0011959. A2/Final. Center for Naval Analyses, Alexandria, VA.

Hansen, M., Wenger, J. (2005). "Is the pay responsiveness of enlisted personnel decreasing?". Defense and Peace Economics 16, 29–43.

Hansen, M., Wenger, J., Monroe, A., Griffis, H. (2003). Is Enlisted Retention too High? CRM D0008594. A2/Final. Center for Naval Analyses, Alexandria, VA.

Hansen, M., Wills, J. K., Reese, D. (2004). Level-Loading of Enlisted Accessions, CRM D0010352. A2/Final. Center for Naval Analyses, Alexandria, VA.

Harrell, M., Lim, N., Werber Casteneda, L., Golinelli, D. (2004). Working Around the Military: Challenges to Military Spouse Employment and Education, MG-196-OSD. RAND, Santa Monica, CA.

Hattiangadi, A., Lee, G., Quester, A. (2004). Recruiting Hispanics: The Marine Corps Experience Final Report, CRM D0009071. A2/Final. Center for Naval Analyses, Alexandria, VA.

Hirsch, B., Mehay, S. (2003). "Evaluating the labor market performance of veterans using a matched comparison group design". Journal of Human Resources 38, 673–700.

Hogan, P., Mackin, P. (2003). "Volunteer assignments and economic efficiency". Presented at Western Economic Association Meetings, San Francisco, CA.

Hogan, P., Dali, T., Mackin, P., Mackie, C. (1996). An Econometric Analysis of Navy Television Advertising Effectiveness. Systems Analytic Group, Falls Church, VA.

Hosek, S. (2005). Military Health Benefits: Defense Advisory Committee on Military Compensation. RAND, Santa Monica, CA.

Hosek, J., Peterson, C. (1985a). Enlistment Decisions of Young Men, R-3238-MIL. RAND, Santa Monica, CA.

Hosek, J., Peterson, C. (1985b). Reenlistment Bonuses and Retention Behavior, R-3199-MIL. RAND, Santa Monica, CA.

Hosek, J., Peterson, C. (1990). Serving Her Country: An Analysis of Women's Enlistment. R-3853-FMP. RAND, Santa Monica, CA.

Hosek, J., Sharp, J. (2001). Keeping Military Pay Competitive: The Outlook for Civilian Wage Growth and its Consequences, IP – 205. RAND, Santa Monica, CA.

Hosek, J., Totten, M. (1998). Does Perstempo Hurt Reenlistment? The Effect of Long or Hostile Perstempo on Reenlistment, MR-990-OSD. RAND, Santa Monica, CA.

Hosek, J., Totten, M. (2002). Serving Away from Home: How Deployments Influence Reenlistment, MR-1594-OSD. RAND, Santa Monica, CA.

Hosek, J., Asch, B., Fair, C., Martin, C., Mattock, M. (2002). Married to the Military: The Employment and Earnings of Military Wives Compared with Those of Civilian Wives, MR-1565-OSD. RAND, Santa Monica, CA.

Hosek, J., Mattock, M., Fair, C., Kavanagh, J., Sharp, J., Totten, M. (2004). Attracting the Best: How the Military Competes for Information Technology Personnel, MG-108-OSD. RAND, Santa Monica, CA.

Hosek, J., Kavanagh, J., Miller, L. (2006). How Deployments Affect Service Members, MG-432-RC. RAND, Santa Monica, CA.

Huffman, A., Adler, A., Castro, C., Dolan, C. (2005). "The impact of operations tempo on turnovers intentions of Army personnel". Military Psychology 17, 175 – 202.

Imbens, G., van der Klaauw, W. (1995). "Evaluating the cost of conscription in the Netherlands". Journal of Business and Economic Statistics 13, 207 – 215.

Jehn, C., Selden, Z. (2002). "The end of conscription in Europe?". Contemporary Economic Policy 20, 93 – 100.

Junor, L., Oi, J. (1996). A New Approach for Modeling Ship Readiness, CRM 95 – 239. Center for Naval Analyses, Alexandria, VA.

Junor, L., Jondrow, J., Francis, P., Oi, J. (1997). Understanding Aircraft Readiness: An Empirical Approach, CRM 97 – 014. Center for Naval Analyses, Alexandria, VA.

Kane, T. (2005). Who Bears the Burden? Demographic Characteristics of U. S. Military Recruits Before and After 9/11, CDA05 – 08. The Heritage Foundation, Washington, DC.

Kavanagh, J. (2005). Determinants of Productivity for Military Personnel: A Review of Findings on the Contributions of Experience, Training, and Aptitude to Military Performance, TR – 193. RAND, Santa Monica, CA.

Kilburn, M. R. (1992). "Minority representation in the U. S. military". PhD dissertation, Department of Economics, University of Chicago, Chicago, IL.

Kilburn, R., Klerman, J. (1999). Enlistment Decisions in the 1990s: Evidence from Individual-Level Data, MR-944-OSD/A. RAND, Santa Monica, CA.

Kim, H. (2005). The Military Draft and Career Disruption. Department of Economics, University of Wisconsin at Madison, Madison, WI.

Kleinman, S., Hansen, M. (2005). Setting Military Compensation: When 50-Year-olds Decide What 20-Year-olds Want. DRM D0012938A1/Final. Center for Naval Analyses, Alexandria, VA.

Klerman, J., Loughran, D., Martin, C. (2005). Early Results on Activations and the Earnings of Reservists, TR-274-OSD. RAND, Santa Monica, CA.

Kraus, A., Griffis, H., Golfin, P. (2000). Choice-Based Conjoint Study of Recruitment Incentives, CRM D0001428. A2/Final. Center for Naval Analyses, Alexandria, VA.

Kraus, A., Lien, D., Orme, B. (2003). The Navy Survey on Reenlistment and Quality of Service: Using Choice-Based Conjoint to Quantify Relative Preferences for Pay and Nonpay Aspects of Naval Service, CRM D0008146. A2/Final. Center for Naval Analyses, Alexandria, VA.

Kraus, A., Wenger, J., Houck, L., Gregory, D. (2004). College Recruits in the Enlisted Navy: Navy Outcomes and Civilian Opportunities, CRM D0010405. A2/Final. Center for Naval Analyses, Alexandria, VA.

Lau, M., Poutvaara, P., Wagener, A. (2004). "Dynamic costs of the draft". German Economic Review 5, 381–406.

Loughran, D. (2002). Wage Growth in the Civilian Careers of Military Retirees, MR-1363-OSD. RAND, Santa Monica, CA.

Mackin, P., Darling, K. (2005). The Post-Service Earnings of Military Retirees: Evidence from the 2003 Survey of Retired Military, DMDC Report No. 2004–011. Defense Manpower Data Center, Arlington, VA.

Mehay, S., Hogan, P. (1998). "The effects of bonuses on voluntary quits: Evidence from the military's downsizing". Southern Economic Journal 65, 127–139.

Moore, C., Griffis, H., Cavaluzzo, L. (1996). A Predictive Model of Navy Second-term Retention, CRM 95-245. Center for Naval Analyses, Alexandria, VA.

Moore, C., Golding, S., Griffis, H. (2000). Manpower and Personnel IWAR 2000: Aging the Force. CNA Annotated Briefing D0003079. Center for Naval Analyses, Alexandria, VA.

Mulligan, C., Schleifer, A. (2004). "Conscription as regulation". NBER Working Paper. National Bureau of Economic Research, Cambridge, MA.

Murray, M., McDonald, L. (1999). Recent Recruiting Trends and Their Implications for Models of Enlistment Supply, MR-847-OSD/A. RAND, Santa Monica, CA.

Oken, C., Asch, B. (1997). Encouraging Recruiter Achievement: A Recent History of Military Recruiter Incentive Programs, MR-845-OSD/A. RAND, Santa Monica, CA.

Orvis, B., McDonald, L. (2004). Strengthening Army Recruiting: The College First and GED Plus Test, DRR-3426-A. RAND, Santa Monica, CA.

Payne, D., Warner, J., Little, R. (1992). "Tied migration decision and returns to human capital: The case of military wives". Social Science Quarterly 73, 324–339.

Polich, M., Dertouzos, J., Press, J. (1986). The Enlistment Bonus Experiment, R-3353-FMP. RAND, Santa Monica, CA.

Rosen, S. (1986). "The theory of equalizing differences". In: Ashenfelter, O., Layard, R. (Eds.), Handbook of Labor Economics. North-Holland, Amsterdam, pp. 641–692.

Rostker, B. (2002). Time for a Change: Developing a New Officer Military Personnel System for the 21st Century. RAND, Santa Monica, CA.

Royalty, A. (2000). "A discrete choice approach to estimating workers' marginal valuation of fringe benefits". Working paper. Indiana University, Purdue University, Indianapolis and Stanford University.

Schirmer, P., Levy, D., Thie, H., et al. (2004). New Paths to Success: Determining Career Alternatives for Field-grade Officers, MG-117. RAND, Santa Monica, CA.

US Department of Defense (2000). Report of the Defense Science Board Task Force on Human Resources Strategy. Office of the Under Secretary of Defense, Acquisition, Technology, and Logistics, Washington, DC.

US Department of Defense (2002). Report of the Ninth Quadrennial Review of Military Compensation. Office of the Under Secretary of Defense, Personnel and Readiness, Washington, DC.

US Department of Education (2004). Digest of Education Statistics. National Center for Education Statistics. http://nces.ed.gov/programs/digest/d04/tables/dt04_183.asp, accessed January 10, 2006.

Warner, J. (2006). Thinking About Military Retirement, CRM D0013583.A1/Final. Center for Naval Analyses, Alexandria, VA.

Warner, J., Asch, B. (1995). "The economics of military manpower". In: Hartley, K., Sandier, T. (Eds.), Handbook of Defense Economics, vol. 1. Elsevier, Amsterdam, pp. 347–398.

Warner, J., Asch, B. (1996). "The economic theory of conscription reconsidered". Defence and Peace Economics 7, 297–312.

Warner, J., Asch, B. (2001). "The record and prospects of the all-volunteer military in the United States". Journal of Economic Perspectives 15, 169–192.

Warner, J., Negrusa, S. (2005). "Evasion costs and the theory of conscription". Defence and Peace Economics 16, 83–100.

Warner, J., Pleeter, S. (2001). "The personal discount rate: Evidence from military downsizing programs". American Economic Review 91, 33–53.

Warner, J., Simon, C. (2005). "Estimates of army enlistment supply 1988–2005". Briefing presented to the military recruiting summit, November 2, 2005, Clemson University, SC, Arlington, VA.

Warner, J., Simon, C., Payne, D. (2001). "Enlistment supply in the 1990s: A study of the Navy college fund and other enlistment incentive programs". DMDC Report No. 2000–

015. Defense Manpower Data Center, Arlington, VA.

Warner, J., Simon, C., Payne, D. (2003a). "The military recruiting productivity slowdown: The roles of resources, opportunity cost, and tastes of youth". Defence and Peace Economics 14, 329–342.

Warner, J., Simon, C., Payne, D. (2003b). Propensity, Application, and Enlistment: Evidence from the Youth Attitudinal Tracking Study. Department of Economics, Clemson University, Clemson, SC.

Williams, C., (2004). "Filling NATO's ranks: Military personnel policies in transition". Report of transatlantic roundtable, 8–9 September 2003. Transatlantic Center of the German Marshall Fund of the United States, Brussels, Belgium.

Williams, C., Gilroy, C. (2006). Service to Country: Personnel Policy and the Transformation of Western Militaries. MIT Press, Cambridge, MA.

第 33 章
国防工业、采办与产业政策

基思·哈特利（KEITH HARTLEY）
（英国约克大学，国防经济研究中心，英国伦敦）

摘要

　　武器装备项目常常因成本超支、交付延迟、达不到军事要求而受到指责。批评的焦点是"军事－工业－政治联合体"的权力及其影响。本章将集中讨论这些备受争议的问题，包括：军工产业、竞争性采办政策和产业政策。本章将给出国防工业的定义并提供世界国防工业的相关统计数据。我们将国防工业作为经济学意义上的战略产业进行分析。对国防工业而言，研发与产量都非常重要，国防工业因此而成为成本递减的行业，呈现出规模效应和学习效应。本章将采用"结构—行为—绩效"框架进行分析。对市场行为的评价涉及国防研究与开发和"军事－产业－政治联合体"的作用等；对市场绩效的评价则涉及合同绩效、企业生产率、利润率和出口评估等。"政府"是理解军火市场和武器采办的核心，同时它也引发了诸多理论和政策问题，包括：委托代理、逆向选择、道德风险、风险分担和双边垄断等问题。合同类型多种多样，不同类型的合同，其效率激励各不相同。政府可以运用其采办权决定本国国防工业基础（DIB）的规模、结构和绩效。本章将评估国家国防工业基础的收益与成本，并对如下三个方面的政策问题及其面临的挑战进行分析：竞争在武器采办中的作用；竞争向军事外包的拓展；非竞争性合同的利润率。产业政策选择是武器采办面临的更深层面的问题。本章也将概述军事同盟防务产业政策的指导方针，并讨论欧洲合作项目。结论部分将展望国防工业的未来发展，提出该领域有待深入研究的问题。

关键词：军工产业　采办　产业政策　合同类型　国防工业基础　竞争　合作项目

1. 引　言

国防工业是一个富有争议的领域，对它的批评主要集中于"军事-工业和政治联合体"的权力及影响，以及它对目前和新增武器项目的影响。这些项目因为成本超预算、交付延期以及使用中性能表现不佳而受到批评。批评认为，国防工业效率低下，利润过高，采办部门项目管理不力。批评者谴责军工企业将军火出口到欠发达国家，导致了地区军备竞赛、国际争端与贫困，此外军工企业还背负着行贿与腐败的恶名。国防工业的产业政策也未能幸免指责，向本国国防产业采购可能被认为是某种形式的保护主义，即政府通过合法化的优先采购，从采办中获取巨大的经济和产业利益。其他国防工业政策，例如国际合作，也因为分工协作效率低下、官僚化管理和产业安排等问题而遭到批评。

美国军工企业主导着世界国防工业，家喻户晓的美国军工企业包括：波音（Boeing）、洛克希德-马丁（Lockheed Martin）和诺斯洛普·格鲁曼（Northrop Grumman）等。但是美国军工产业并不是竞争模式的典范。批评者把美国国防部的行事风格和武器采办方式比作苏联的中央计划模式。在美国国防工业中也存在着国有成分（例如，国家实验室、造船厂、仓库和兵工厂）；而私有部门则受到美国国防部产业政策和大量规章制度的限制。此外，美国国防工业生产能力过剩，美国军火市场也不向国外的竞争者开放。[伊兰（Eland，2001）]。

本章将讨论以上这些问题，通过经济分析和经验证据来检验这些神秘化的、感情用事的批评和特殊利益诉求。关于国防工业，我们了解什么？我们还不了解什么？有关国防工业的敏感争论和公共选择、采办政策和产业政策，我们还需要了解什么？这些问题都将作为各节的主题进行讨论。

2. 国 防 工 业

2.1 定义

"武器装备工业"或"国防工业"有多种定义。包括："国防工业基础由能为军事力量和国家安全提供关键要素的工业资产组成，对这些资产政府要予以特殊关照"[英国下议院文件（HCP）House of Commons Paper（HCP）(1986)]；或者，国防工业"包括所有为国家创造产值、就业、技术或智力资产的国防供应商。"[美国国防部（MoD），2002)]；或者，国防工业基础"由那些向国防部提供国防或国防相关设备的企业所组成"[邓恩（Dunne）(1995，第402页)]。

我们在实际使用和测度这些定义时却遇到了问题，例如，我们仅考虑其中一个简单的定义：国防工业由向国防部及军队提供武器（即杀伤性装备，如战斗机、坦克和战舰等）的企业组成。这个定义抓住了武器装备市场供给和需求两个方面，国防部和军方是购买方或采办代理方，而企业是国防部的供给方或承包商。但此后的问题就不再简单了，包括：企业所有权、企业的地理位置、向军队提供其他非武器类产品，以及国防部是否是军工产业的唯一用户等。这些企业可能是国有企业，也可能是私有企业；可能是本国企业也可能是外国企业，可能位于本土也可能位于海外。同样，除武器装备外，军方和国防部还购买了大量的其他产品与服务，所购买的产品包括：被装、食品、燃料、办公设备、计算机、家具和车辆；服务包括：饮食服务、清洁、建筑、咨询、设计、法律服务、装备维修和保养、科研、通信、培训和运输等。在这些商品和服务中，许多都是军民两用项目，它们在普通民用市场上买卖。还有一些军事外包服务的例子（即由私人承包商提供原来由军队内部提供的服务项目）。国防部也不是国防工业的唯一用户，武器装备向国外的国防部门出口，零部件也向国外的军工产业出口（例如，飞机发动机、电子产品等）。

在定义"国防工业"时还存在着更进一步的困难，该定义中还应该包括研究与开发活动、服务性支持、中期更新和销毁（例如，核武器）等内容。此外，也不应仅仅关注总承包商，总承包商还拥有一个广泛而复杂的供应商网络。研究国防工业供应链的文献非常少见，其中一项关于英国装甲战斗车的研究表明，总承包商大约有200个一级供应商，而每个一级供应商平均又有18家二级供应商；依次，每个二级供应商平均又有7家三级供应商；第三级供应商平均又有2~3家四级供应商，而很多二级和三级供应商并不知道到他们已涉足国防领域[如提供普通生产要素及原材料，如玻璃、橡胶、钢材的企业：哈特利（Hartley）等（1997)]。这个定义还容易造成误解，即认为国防工业是一个独立的、单纯的实体。实际上，防务市场的供给方包括各种数量不定的、规模不等的企业，这些企业既有国有企业，也有私有企业，它们对防务市场和民品市场的专业化依赖程度也各不相同。实际上，核武器和常规武器装备，以及海、陆、空系统，都有一系列相关的市场和企业提供服务，有些企业涉足多个市场，而有些企业则仅涉及某一市场门类或次级门类（例如，航空发动机、航空电子设备、防务电子、元件等）。如英国的 BEA 系统公司 [BAE Systems (UK)] 和美国的诺斯洛普·格鲁曼公司 [Northrop Grumman (USA)] 涉足飞行器、电子、导弹、小型武器/弹药和战舰；欧洲的 MBDA 公司 [MBDA (Europe)] 则专注于导弹领域；通用电气（General Electric）、美国普拉特惠特尼集团 [Pratt and Whitney (USA)] 和劳斯莱斯（Rolls-Royce）专注于航空发动机；从事于防务电子领域企业包括霍尼韦尔国际公司（Honeywell International）和美国国际电话电信公司（ITT）（见表33-2）。

各国的官方统计资料在统计质量和统计范围方面都存在着不同程度的问题。估计国防工业的产量及就业量需要识别组成国防工业基础的所有企业，包括应纳入次级承包商和原材料供应商、零部件供应商的供应商网络（即供应链），其中某些供应商可能并不知晓他们已涉足国防生产领域。在企业层次也存在同样的统计问题。甚至在总承包商层次，也很难获得企业涉及国防生产的劳动力比例数据。通常主防务承包商是生产多种军品和民品的多元化经营的大企业，当企业公布其防务产品销售数据时，它们通常只报告在国内、外市场上销售的系列军品数据。对其他从事两用技术开发和生产的企业来说，则难以确定其防务产品的产量。这样，对军工企业和国防工业下定义就必须确定军品和民品业务的边界，明确是否需要根据出售给国防部的绝对销售量，或根据武器销售占企业总销售量的比例，判断企业是否属于国防工业基础的组成部分。例如：只销售防务产品的企业显然属于国防工业基础；但是，国防工业基础是否还应当包括那些防务产品销量比例较低的企业（例如，低于10%）？这样低的比例标准仍可能将国防建设的重要组成部分排除在外，而这些部门在危机和战争时期具有重要作用，例如民航和商业船运等，它们为武装力量提供至关重要的补给能力。[哈特利（Hartley）与胡珀（Hooper）（1995）]。

历史上，军工企业和国防工业是随着新威胁和新技术的出现而不断变化的。19世纪末的大型军工企业，如阿姆斯壮（Armstrong）、格林（Gatling）、马克西姆（Maxim）、克虏伯（Krupp）和维克斯（Vickers）（产品包括机关枪、装甲车、战船等）等公司已经被波音公司（Boeing）、洛克希德－马丁公司（Lockheed Martin）、荷兰 EADS 公司（EADS）和英国 BAE 系统公司（BAE Systems）等企业（产品包括航空航天、导弹、电子）所取代。未来的军工企业也将发生类似的变革。今天的军工企业不同于1950年和1915年的军工企业。同理，2050年的军工企业也将不同于今天的军工企业。为了应对来自国际恐怖主义、失败及"无赖"国家的大规模杀伤性武器的新威胁，将产生对新式武器系统的需求，这些新式武器系统将由现有的或新进入国防领域的企业研制。应对恐怖主义需要情报与侦察系统、机场反恐安全设备（由安全设备生产厂商提供)、小型武器和眩迷弹,其中部分产品可由竞争性市场(相对战斗机、潜水艇采购而言)中的小型企业提供。而另外一些威胁则需要如弹道导弹防御系统,以及能够应对生物、化学威胁的企业(例如,化学和制药企业)。新技术还带来了进一步的变化和不确定性。例如,现代军事战略需要能够提供快速和精确信息交换的网络支持能力,以加快决策/行动周期。因此,情报、监测、侦察系统对防务电子工业的需求不断增加。电子技术在现代武器系统中的重要性日益提高,航空和航天工业就是例证。在20世纪60年代,航空电子设备占战斗机出厂价格的25%,80年代为33%,2005年则为35%~40%;预计对未来无人驾驶飞行器(UCAVs)而言,电子系统可能将占单位成本的50%[哈特利(Hartley),布拉登(Braddon)和多德尔(Dowdall)(2004)]。在国防工业的概念和测度中,应当反映这种技术和威胁的变化。[布拉登(2004),哈特利和桑德勒(2003)]。

2.2 世界国防工业

根据已公布的世界国防工业就业人数及最大的100家军火商雇员人数的资料,2003年全球国防工业就业人数近750万人,其中60%多集中于工业化国家。1990年冷战结束时,全球国防工业雇员人数超过1 600万人,此后则急剧下降。1990~2003年,世界主要国防工业大国中,乌克兰、俄罗斯和德国裁员人数最多。相比之下,美国国防工业裁员数量则较少,反映了美国世界强国的地位及"军事-工业-政治联合体"的影响。同期,在国防工业大国中,只有朝鲜没有裁减国防工业领域的职员[1]。目前,全球国防工业就业岗位仍集中在少数几个国家,2003年美国占世界国防工业就业总量的36%。全球范围内,前10位国家占据国防工业就业总量的近90%(见表33-1)。

对国防工业就业状况的评估与国防工业的定义以及所采用的估计方法密切相关。理想条件下,就业估计需要包括直接就业和间接就业(转换为相当于全日制意义上的直接就业)。直接就业包括那些直接与国防部签订合同企业的雇员人数,间接就业包括通过供应链向直接承包商供货的企业雇员人数,但并不包括因国防工业工人的消费乘数效应而产生的诱致性就业(例如,当地商店、饭店和车辆修厂的就业)。估计就业人数的方法也应予以明确,有多种估计方法可供采用,包括对个体军工企业的信息进行汇总、基于采办、出口数据

---

[1] 在1990年到2003年间,朝鲜国防工业就业人数有所增长,此后稳定保持在12万人的水平,而同时韩国则将国防工业就业人数从5万人减少到了4.5万人[波恩军转民国际中心(BICC),2001,2005]。

进行计算和国别案例研究。另外一种更为严格的方法是使用国家投入产出表,它假设同类产品具有同质性,即假设某一特定类别的产品(例如,飞机)具有相似的特征(例如,进口饱和度、中间产品与最终产品的关系等),总产量包括民品销量和军品销量两部分。根据每个全日制员工的单位营业额,通过每一部门的产量数据估计出直接就业人数,这里同样假设在每一类产品中,民品与军品是同质的[特纳(Turner),查默斯(Chalmers)与哈特利(Hartley)(2003)]。毫无疑问,根据不同的数据来源,将得出不同的估计结果。例如,表33-1显示,英国国防工业就业人数在2003年为20万人[波恩军转民国际中心BICC(2005);亦见斯德哥尔摩国际和平研究所(SIPRI, 2003,第404页)]。而同年英国官方公布的数据为30.5万人[包括,国防装备部的直接就业人数16.5万人,非装备防务开支领域及防务出口等部门的间接就业人数14万:国防部(MoD, 2005)]。

表33-1　　　　　　　　世界国防工业就业情况

国家/地区	1990年指数 (以2003年为100)	1990年人数(千人)	2003年人数(千人)
世界总数	217	16 230	7 479
发展中国家	181	5 012	2 769
工业化国家	239	11 257	4 710
10个主要国家:			
美国	115	3 105	2 700
中国	191	4 011	2 100
俄罗斯	326	2 543	780
法国	160	384	240
英国	220	440	200
乌克兰	666	1 199	180
印度	147	250	170
朝鲜	83	100	120
德国	300	240	80
日本	121	97	80

注:乌克兰为1992年指数;中国的数据可能不准确[波恩军转民国际中心(BICC),2005,第145页]。
资料来源:波恩军转民国际中心(BICC),2001年,2005年。

根据世界主要军工企业的数据,自1990年冷战结束后,国防工业领域发生了包括兼并和收购在内的重大结构调整,形成了规模更大的军工企业,也使防务市场不断趋于集中。特别是在美国和欧洲的部分国家（例如，英国），还出现了承担军事外包业务的军事服务公司。在伊拉克战争中，一些美国服务企业（如 KBR/Halliburton 公司）获得了外包合同，其中一些合同还引出了政府优先采购和优惠待遇等问题。1990~2003 年间，世界最大 100 家军工企业的武器销售总额从 1 626 亿美元上升到了 2 357 亿美元（以 2003 年不变价格计算），实际增长 45%。

表 33-2 显示了 1990~2003 年间世界最大军工企业的情况。最大的 10 家军工企业由美国企业占主导地位，但在此期间欧洲企业在最大 10 家企业中的比例也增加了一倍，从 1990 年的 20% 上升到 2003 年的 40%，美国企业的份额从 80% 下降至 60%（在 10 家世界最大军工企业中所占比例）。在 1990~2003 年间，前 10 家世界最大军工企业在排名、退出、新进入和产品系列等方面都发生了巨变。一些排名的变化是兼并与收购导致的结果。

表 33-2　世界最大 10 家军工企业（百万美元，以当期价格和汇率计算）

	1990 年				2003 年			
公司	部门	武器销售额	武器销售额占总销售额（%）		公司	部门	武器销售额	武器销售额占总销售额（%）
麦道公司	航空；电子；导弹	9 890	55		洛克希德-马丁公司	航空；电子；导弹；航天	24 910	78
通用动力	航空；电子；导弹；军用车辆；舰船	8 300	82		波音	航空；电子；导弹；航天	24 370	48
英国航天	航空；炮；电子；导弹；小型武器/法令	7 520	40		诺斯洛普·格鲁曼公司	航空；电子；导弹；小型武器/炮；舰船	22 720	87
洛克希德-马丁公司	航空	7 500	75		英国 BAE 系统公司	炮；航空；电子；导弹；小型武器/炮；舰船	15 760	77
通用汽车	航空；发动机；电子；导弹	7 380	6		雷神	电子；导弹	15 450	85

续表

1990 年				2003 年			
公 司	部 门	武器销售额	武器销售额占总销售额（%）	公 司	部 门	武器销售额	武器销售额占总销售额（%）
通用电气	发动机	6 450	11	通用动力	炮；电子；军用车辆；舰船	13 100	79
雷神	电子；导弹	5 500	57	法国泰雷兹公司	电子；导弹；小型武器/炮	8 350	70
法国汤姆逊-CSF	电子；导弹	5 250	77	美国联合技术公司	电子；发动机	6 210	20
波音	航空；电子；导弹	5 100	18	欧盟EADS	航空；电子；导弹；航天	8 010	24
诺斯洛普	航空	4 930	86	意大利芬梅卡尼卡集团	炮；航空；电子；军用车辆；导弹；小型武器/炮	5 290	57

注：a. 除欧洲、法国、意大利和英国企业外，其他均为美国企业。
b. 1990 年数据来自经合组织和发展中国家最大的 100 家军工企业；2003 年数据来自除中国以外最大的 100 家军工企业。
c. 如果列表扩大到包括前 12 家企业，则 2003 年第 12 名将为哈里伯顿（Halliburton）（一家军事服务企业，未列入 1990 年的前 12 名之内）。

相关的案例包括洛克希德（Lockheed）与马丁玛丽埃塔（Martin Marietta）的合并，以及收购洛勒尔（Loral）和通用动力（General Dynamics）的军用飞机的交易；波音（Boeing）收购麦道（McDonnell Douglas）和罗克韦尔（Rockwell）；而荷兰 EADS 公司（EADS）则是法国宇航马特拉公司（Aerospatiale Matra）、戴姆勒-克莱斯勒宇航空中客车有限公司（Daimler Chrysler Aerospace）（德国）和西班牙航空制造有限公司（CASA）三家企业跨国合并形成的新企业。同样，自 1990 年起，最大的前 10 家企业中，已不存在单一产品的企业，取而代之的是多产品的军工企业。与以往相比，每家企业研制出更多的防务产品。1990 年，前 10 家企业中，平均每家企业拥有 2.8 种产品；到 2003 年，则平均拥有 4.1 种产品。至 2003 年，部分企业能够提供系列的陆、海、空系统（例如，诺斯洛普格鲁曼，BAE），而在 1990 年，所有的前 10 家企业则主要集中于航空工业领域（即飞机、航空发动机和导弹）。在防务电子领域同样也取得了明显进步：在 1990 年前 10 家军工企业中，70% 的企业有电子部门；而在 2003 年，所有的前 10 家最大军工企业均进入了防务电子领域。

始自 1990 年的国防工业结构调整带来了军工企业的规模的进一步扩大，提高了产业集中度。1990~2003 年间，前 10 家企业中最大的企业的销售份额从 13.5% 上升到 17.2%，占前 100 家企业武器销售的份额从 7.8% 上升到 10.6%；类此，最大的三家企业占前 10 家企业份额从 37.2% 上升到 49.8%，占前 100 家企业中武器销售的份额从 21.5% 上升到 30.5%。当然，这种方法是非常规的测量集中度的方法，但它显示了集中度不断提高的趋势。在国内防务市场上，集中的趋势更加明显，某些产品显著地具有国内垄断、双头垄断或者寡头垄断的特征。

1990~2003 年间，前 10 家最大的军工企业对于国防的依赖程度不断提高：武器销售额占企业总销售额的比例从 1990 年的平均 23% 上升到 2003 年的 58%。前 100 家企业对国防的依赖程度也有所提高。1990 年，在最大的 100 家军工企业中，29 家企业的武器销售额超过了总销售额的 75%，而在 2003 年，则有 44 家企业的武器销售额超过了总销售额的 75%。2003 年，完全依赖武器销售的企业数量也在增加：1990 年只有 5 家企业 100% 地销售武器，而 2003 年则为 11 家，其中 4 家企业为机动车辆行业（包括附属企业）。

企业规模也在不断扩大。实际上，最大的前 10 家军工企业的平均销售额增加了 50%，但所有军工企业的实际平均销售额（如军品和民品企业中最大的 10 家企业）却下降了约 40%。表 33-3 显示了企业平均规模的排序以及企业规模扩大的趋势。1990~2003 年间，前 5 家军工企业的平均规模几乎翻了 1 倍，而前 20 家企业的平均规模则翻了 3 倍。同样，在最大的前 5 家企业中，美国企业和欧洲企业的平均规模都在扩大，同时二者间的差距也急剧拉大（1990 年前 5 家企业中美国企业的平均规模是欧洲企业的 1.6 倍，而 2003 年则为 2.5 倍）。这表明，如果欧洲国防工业想继续保持国际竞争力，就要在更大范围内进一步整合与重构。[曼廷（Mantin）与蒂施勒（Tishler）（2004），马尔库森（Markusen）与塞尔法迪（Serfati）（2000）]。

表 33-3　　　　1990~2003 年军工企业的平均规模

（10 亿美元，以 2003 年不变价格计算）

最大企业排名	1990 年	2003 年
前 5 名	11.2	20.7
前 10 名	9.4	14.5
前 20 名	2.6	8.7

续表

最大企业排名	1990 年	2003 年
前 50 名	2.4	4.2
前 100 名	1.6	2.4
美国前 5 名	10.9	20.1
欧洲前 5 名	6.9	8.1

注：a. 根据 1999 年经合组织和发展中国家最大的 100 家企业；2003 年除中国外最大的 100 家企业。

b. 不变价格根据 1990 年和 2003 年美国消费价格指数确定。

资料来源：斯德哥尔摩国际和平研究所（1992，2005）。

军工企业规模的扩大和产业集中度的提高在政策上有两层含义：第一，垄断和竞争的此消彼长。标准的新古典主义模型认为，垄断意味着更高的价格、超额利润和低效率。这里垄断的定义取决于如何界定"市场"。如果采办机构和政府不想让外国企业参加本国防务合同的竞争（例如，购买美国产品法；欧盟第 296 条），则采办机构通常会受制于垄断。第二，规模较大的军工企业应被视为"军事－工业－政治"联合体的主要生产集团。这类企业有很强的谈判实力，他们将利用这种实力去影响政府政策并从中获利（例如，授予采办合同，延续而非取消项目等）。少数大型军工企业的行为可以用博弈论模型进行分析，在参与采购合同竞争的企业之间，以及生产厂商和作为买方的政府之间，会发生策略性行为和互动。与竞争模型相比，博弈论认为，企业数量较少时，企业对个体利益的追求可能不会产生社会所期望的结果。在这种情况下，主要生产集团和采办机构之间将展开"勇敢者博弈"、"斗鸡博弈"和"针锋相对博弈"等类型的博弈。委托人（购买方）和代理人（承包商）双方的行为会受到不对称信息的影响，这种不对称信息为承包商的无效率和寻租提供了机会［拉丰特（Laffont）与蒂罗利（Tirole，1993）］。

2.3 国防工业经济学

国防工业通常被认为是经济学意义上的战略性产业，其特点是垄断/寡头垄断结构、成本递减、高强度研发及其相关的副产品。可能存在的垄断租金为政府寻租提供了条件。以上这些特征决定了国防工业具有以下主要经济特征：

（1）研究与开发（视为固定成本）的重要性。主要武器系统的研究与开发耗资巨大，而实际上此项开支仍不断增加。对诸如战斗机这样的武器系统来说，研究与开发周期很长，可长达 15 年之久。例如，美国 F/A－22 猛禽战斗机是世界上最先进的战斗机,自1986年项目启动之后,其成本大幅度增加,预期进度也大大延迟。至2004年,研究与开发成本预计为287亿美元,比1986年的预期成本增加了127%;研发周期也从预计的9年延长为19年;首次试飞时间也推迟了9年;预计单位采办成本已从1988年的6 900万美元增长到了2004年的15 300万美元,提高了122%(2006年的单位采办成本预计为每架17 430万美元)。因而,美国空军的采购计划从最初的750架到缩减为2006年的183架,就不足为奇了[GAO(2004),GAO(2006a,2006b)]。采办数量的减少意味着每架飞机固定成本中的研究与开发成本的上升,因为固定的研发费用将在数量更少的飞机中进行分摊。然而,新型武器的威力更强,一个F-22A飞机中队相当于两个F-15S中队,从而可以节约年度运营和维护成本[GAO(2006a)]。

(2)生产:数量、规模和学习经济的重要性。大规模生产可形成规模经济效应,而学习效应则可降低单位成本。从概念上说,规模与单位时间内一种产品的产量有关,而学习则与每一种产品累计产量有关②。虽然这在概念上是很清晰的,但是在实践中区分规模效应和学习效应尚存在一定的困难。研究表明,将规模从"最小有效规模"扩大到"理想规模"所节约的单位生产成本平均为10%~20%:坦克和战舰减少10%或更少,战斗机减少20%,常规军需品减少20%~30%,导弹约减少25%~40%[哈特利(Hartley)(2006a)]。传统上,学习效应与飞机制造有关,其学习曲线的斜率为75%~80%;但学习也适用于其他国防产业,例如飞机发动机、航空电子、电子、导弹、主战坦克和战舰等,其学习曲线斜率在75%~96%之间[桑德勒(Sandler)与哈特利(Hartley)(1995,p.125)]。虽然学习非常重要,但也受到现代生产方式、新型原材料和商业实践的影响。新的生产方式包括:计算机辅助设计与制造、资本密集型生产,例如数控激光校直系统,精益生产方式、供应链变化、总装前完成主要装配(所有的组件和电子设备已经"预先包装",在总装时不需要再进行安装)[兰德(Rand)(2002,p.10)]。对欧洲航空航天工业来说,目前典型的劳动力学习曲线为85%~90%,传统上为80%。此外,与20世纪50年代、60年代[此时美国已经开始了持续学习:哈特利(2006a)]在100个单位时"平坦"的学习曲线相比,欧盟的航空公司目前已在军用和民用飞机项目上实现了持续学习。图33-1显示了斜率为80%~90%的学习曲线的例子和一条在100单位后趋于平坦的学习曲线。虽然如此,在陆、海、空系统的

---

② 如,年度产量为10万辆坦克时会产生规模效应;学习效应产生于累计产量,因此如果坦克以每年10万辆的产量生产了10年后,累计产出为100万。本章采用的例证来自访问研究。规模曲线是基于从最小有效规模到理想规模时单位成本的递减的变化,在理想规模时,单位成本处于最低点。

产出规模方面，美国与欧盟的军工企业之间仍存在很大差异，美国企业更具有规模优势。例如联合攻击战斗机项目（洛克希德－马丁公司的F－35），最初计划的订单为3 002架，包括美国军方的2 852架和英国的150架。单位成本因规模效应和学习效应而降低，导致了大型企业的数量减少和工业集中度提高。

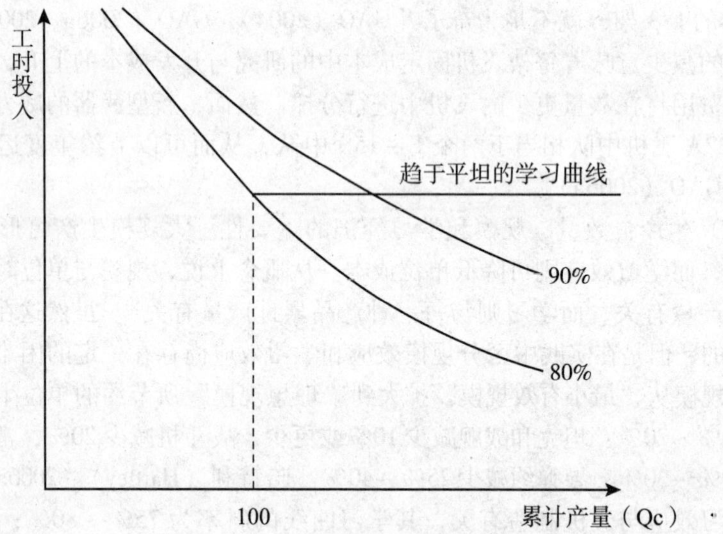

图33－1　劳动力学习曲线

（3）不完全竞争市场。对主要武器系统来说，国内军火市场的特点是供方垄断、双头垄断和寡头垄断。主要承包商也是绝对意义上的大型企业。此外，需求方是不完全竞争的，政府是主要购买方或垄断购买方（见第3节）。

（4）组织形式。主要军工企业为应对新的、不断变化的市场环境，发展出不同的组织形式。多产品企业取代了传统的单一产品企业，例如专业制造战斗机、海军飞机、大型飞机或主战坦克的企业。现代军工企业必须要应对有限的和不确定的国防预算，以及需要投入大量研究与开发资源的高新技术。企业将选择一种组织形式，从而能够根据这些市场的发展进行调整，形成比较优势，同时节约交易成本，充分发挥范围经济的作用。在主承包商中，出现了两种组织形式：第一种是国防专业型，提供一系列陆、海、空系统，包括防务电子产品，并且有能力在这些系统"服役"期间提供支持（例如通过军事外包等形式），例如，英国BAE系统公司、洛克希德－马丁公司和诺斯洛普格鲁曼公司，武器装备销售占这些企业总销售额的75%；第二种是多项选择型，主要为从事军用和民用飞机、直升机、空间系统和防务电子领域的航空公司所采用。如波音和荷兰 EADS 公司，每家企业都以大型的民用客机业务作为基础，武器销售低于总销售额的 50%［见表 33-2：海沃德（Hayward，2005）］。这些军民结合型企业并不依赖大型武器合同，民品业务支撑着其工业生产能力，使之在将来可重新进入防务市场。

2.4 市场行为：竞争与军事-工业联合体

国内市场的规模以及大型军工企业数量减少的趋势影响了竞争的形式和范围。在主要武器系统方面，欧洲是国家垄断，而美国则更多的是双头垄断或寡头垄断。在此类市场中，既有价格竞争，也有非价格竞争，竞争的相对重要性与武器采办过程中所处的阶段有关。在主要武器系统的开发阶段，采办方更关注承包商所提出的技术和性能（如设计方案满足军事要求的程度）。在此阶段，技术风险和不确定性是关键，因此初始的价格估算通常是不可靠的。一旦开发的技术风险开始降低（相对生产阶段而言），价格就成为更可靠的配置机制。对主承包商来说，在重要的高科技项目上，接受研究与开发阶段和生产阶段均为固定价格的合同，将要冒遭受损失甚至破产的风险。在一揽子采办中遭受损失的案例包括 20 世纪 70 年代早期美国格鲁曼公司（Grumman）的 F-14 战斗机和洛克希德-马丁公司的 C-5 运输机［伯内特（Burnett）与科瓦契奇（Kovacic）(1989)］。更近的例子还包括英国采购"猎迷"MR4 海上侦察歼击机的案例，这些案例表明了将开发与生产结合在一起的固定价格合同的财务风险。

1996 年，在一次国际性竞标中，英国航空（现 BAE 系统公司）获得了一项设计、开发和生产 21 架"猎迷"MR4 飞机的固定价格合同，合同中还包括对整个系统的培训和早期支持。但不断出现的技术和资金问题，引发了一连串的重新谈判与评估。最终，到 2003 年，英国国防部与 BEA 系统公司达成协议，将固定价格合同改为包括设计、开发和生产 3 架试验机在内的目标成本激励合同。根据修改后的合同，在满意的设计标准尚未明确前，暂停批量生产，计划采购数量被减少为 18 架，2004 年又进一步减少为 12 架。根据 2003 年的协议，BEA 还在初期获得的 3 亿英镑的拨款之外，又获得了 5 亿英镑的拨款。2005 年，该项目的预计成本为 38.1 亿英镑，而最初预计仅为 28 亿英镑，超支了 9.95 亿英镑；其预计服役期改为 2010 年 9 月，而不是最初的 2003 年 4 月，推后了 89 个月［NAO（2005）］。该项目的特征之一是将通过竞争决定的开发与生产固定合同，更改为仅包括设计与开发的目标成本加激励酬金合同，包括一份独立的飞机生产合同和对主承包商的财务处罚合同。此案例说明了竞争性采办是如何被最终改造为非竞争性采办的。

2.4.1 国防研究与开发

关注国防研究与开发是分析武器采办中非价格竞争的重要视角，问题在于我们对此项开支有何了解？国防研究与开发数据是了解一个国家的军事技术能力及其对本国国防工业基础重视程度的有价值的信息来源。国防研究与开发通过利用技术（质量）而不是增加武器数量来提高国家安全度，增强国家的军事力量。国防研究与开发同样也可能会带来技术军备竞赛，推动武器装备成本的上涨，从而增加了国防开支的压力。

来自美国和英国的证据表明，战斗机的实际单位生产成本每年提高约10%，相当于每10年提高2.5倍［柯克帕特里克（Kirkpatrick，1995）］。将类似的增长比例（10%）应用于其他武器装备，结果是，每7.25年单位生产成本将会翻倍。冷战结束对武器装备单位成本的增加没有任何影响［皮尤（Pugh）（1993，2006）］。图33-2显示了战斗机不断上涨的成本与时间的关系，同时也显示了与此趋势曲线不同的飞机案例［如旋风、台风：英国BAE系统公司（BAe，1997）］。成本上升反映了科技军备竞赛：下一代武器比其上一代威力更大，其发展趋势是需要支付更高的开发成本和单位生产成本。单位成本的提高意味着，在有限的国防预算下可购买的数量将会减少，从而导致军队武器装备数量的减少。将来，也许会出现一辆坦克的陆军、一艘舰船的海军和拥有太空飞船的空军。开发和生产成本的提高也将对国防工业产生影响，新项目将会减少，生产数量将会降低，从而减少了学习和规模经济的机会，提高了单位生产成本［柯克帕特里克（1995）］。现代战斗机及其发动机的开发成本与生产200架飞机的成本相当。但是，目前足以开发并生产200架飞机的经费可能还不足以完成其下一代飞机的开发（皮尤，2006）。采办效率和工业生产率的提高可以减轻单位成本增加所产生的影响，但这只在短期内有效。如，单位成本每年提高10%，而竞争性采办可使成本降低20%，但竞争性采办只能在23个月里缓解成本的提高。同样，无人驾驶飞行器的技术革新，也不可能打破这种成本增加的趋势，作战能力的迅速提高反映了相应的武器装备成本的急剧上升，最终变得难以承受［皮尤，2006）］。最终，单位成本成为军事能力和企业能力及其结构的主要决定性因素［皮尤（1993，第182页），皮尤（2006）］。单位成本的增加更主要是反映了军事竞赛的性质，而并非采办的无效率。

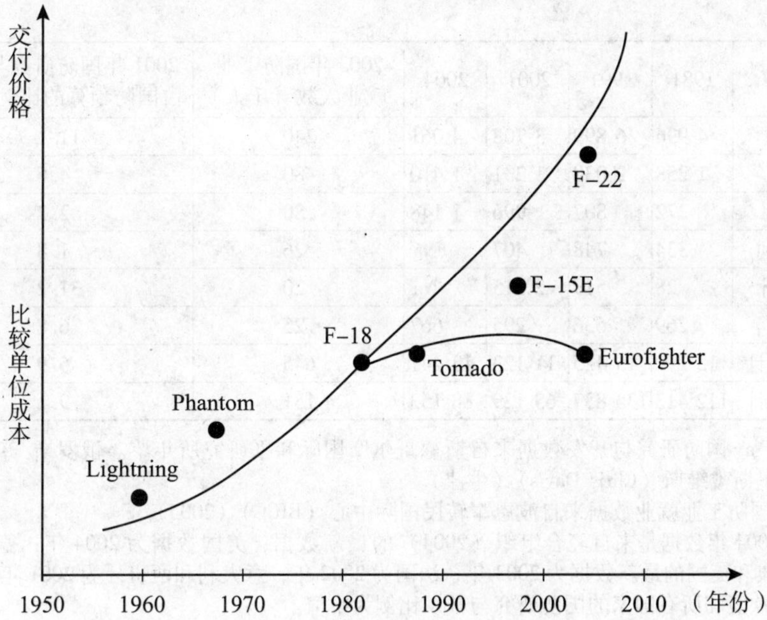

第33章 国防工业、采办与产业政策

图33-2 单位成本和时间趋势

表33-4显示了1981~2004年国防研发支出数据。这些数据来自政府资助的国防研究与开发，不包括私人投资的国防研究与开发。值得注意的是这里没有包括中国，但估计认为，2001年中国的国防研究与开发预算为29亿美元。在1981~1991年冷战期间，苏联的国防研究与开发支出处于领先地位。然而，冷战结束后，2001~2004年，美国成为国防研究与开发的支出大国，2001年，美国几乎占据世界国防研究与开发支出（包括中国在内）的70%。1990年冷战结束后，大多数西方国家都减少了国防研究与开发支出，特别是俄罗斯。显然，西班牙例外，其国防研究与开发支出长期显著地增加，主要是表现在航空和防务电子项目（如欧盟台风战斗机）方面。

表33-4 国防研究与开发，1981~2004年

（2001年价格，2001年购买力平价汇率，百万美元）

国家	1981	1991	2001	2004	2003年国防工业就业人数（千人）	2001年国防研究与开发占国防预算的比例（%）
美国	34 751	51 105	46 210	67 464	2 700	14.6
俄罗斯	64 100	68 500	4 800	6 100	780	11.5
英国	6 465	4 593	3 267	4 681	200	9.1

－535－

续表

国家	1981	1991	2001	2004	2003年国防工业就业人数（千人）	2001年国防研究与开发占国防预算的比例（%）
法国	4 936	6 899	3 708	4 061	240	11.1
德国	1 258	2 030	1 231	1 410	80	4.6
日本	272	807	996	1 148	80	2.2
意大利	334	748	407	Na	26	1.8
西班牙	28	519	2 215	Na	20	31.2
瑞典	269	636	295	667	25	6.8
欧盟总计	13 290	15 425	11 123	13 441	645	6.9
以上合计	112 413	135 837	63 129	88 153	4 151	9.1

注：a. 国防研究与开发数据来自斯德哥尔摩国际和平研究所年鉴。俄罗斯/苏联数据来自克里斯戴维斯（Chris Davis）（牛津）。
b. 国防工业就业数据来自波恩军转民国际中心（BICC）（2005）。
c. 2004年数据是来自经合组织（2004）的最新数据；美国数据为2004年；德国、日本、瑞典和英国的最新数据为2003年；法国为2002年；意大利和西班牙为2001年。
d. 欧盟和所有国家的国防研究与开发比例为中值。
资料来源：波恩军转民国际中心（BICC（2005），经合组织（2004））。

表33-4证实了美国和欧盟军工产业研究与开发的差别，表明国防研究与开发决定了技术能力与竞争。2001年，任何欧盟国家的国防研究与开发都没有达到美国水平的10%。各国国防预算中用于研究与开发的比例也不尽相同。2001年，美国为比例最高的国家，用于研究与开发的比例为15%，俄罗斯为11.5%，欧盟为7%。西班牙例外，为31%，反映了西班牙在发展国防工业基础方面所做出的努力。表33-4还显示了国防工业就业人数，它可能与国防研究与开发投入正相关。2001年国防研发开支和2003年国防工业就业人数秩相关系数为0.81，这在1%的水平上是显著的。

国防研究与开发经费购买的是装备能力，这可以看作是时间方面的领先优势，因而这也是国际竞争的决定因素。对10个国家的研究发现，装备能力和研究与开发支出之间为正相关，且收益递减，如图33-3所示。美国与法国和英国相比，在装备能力上具有约6年的领先优势，但这种优势是以10倍的国防研究与开发支出来获得的。此外，研究还发现武器装备的质量与10~15年前的研究与开发支出高度相关［米德尔顿（Middleton）等（2006）］。

2001年，全球国防研究与开发总支出近680亿美元，这进一步表明了研究与开发作为竞争过程中非价格因素的重要性［即，包括表33-4中的国家，加上中国、韩国、加拿大和其他OECD国家：哈特利（2006b）］。这种支出在利用稀缺的科技人才和资产方面具有明显的机会成本，这些人才和资产也可用于民用领域的研究，但通过技术溢出也有可能对民用经济产生有利的外部效应。此类溢出效应不乏例证，如军用飞机和发动机技术应用于民用飞机（如，空中客车和波音客机）、汽车工业（包括一级方程式赛车）及其供应链。虽然这些例证具有说服力，但它们不能代替基于市场溢出价值的统计数据分析。

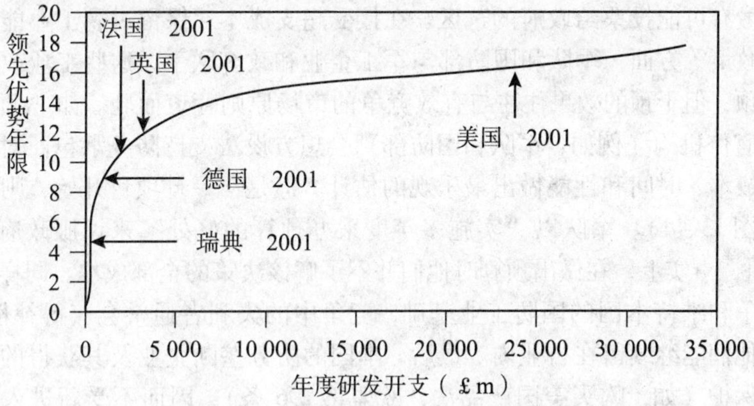

图 33-3　研究与开发和装备能力

在考虑与事实相反的情况时，我们会进一步提出这样的问题：如果没有国防研究与开发，技术溢出效应将会如何？对技术效益的评价必须要考虑到其传导机制，并考虑从研究与开发到国防项目上的长期时滞（例如，台风战斗机研发项目长达 18 年），以及这种技术在其他经济领域的应用。在传导机制上，国防技术通过人员流动、供应链以及大学的相关咨询活动（如一级方程式赛车企业）转移至其他部门。

2.4.2　军事-工业-政治联合体

根据公共选择理论的观点，"军事-工业-政治联合体"包括军队和国防部门的利益集团、主承包商生产集团和其支持者与国防开支利益相关的政客。这些组织为了既得利益游说政府，影响合同的授予，从而影响装备采办的竞争过程。

防务承包商的规模呈现出不断扩大的趋势，其中有些承包商成为本国的垄断企业，形成了更有实力与影响力的生产集团。这些组织将利用各种论据，竭力劝说政府按照他们的意愿分配合同，其论据包括：维持高失业率地区的就业岗位及工厂、支持国防工业基础、保留"关键"技术和新武器项目的出口潜力等，这些论据通常充斥着虚构、感情用事和诡辩，缺乏经济学分析、缺乏关键的评估和经验证据（详见下面第 3 节）。

从公共选择角度分析，在武器装备采办中，利益集团（而不是"效率"）对合同的授予起着决定性作用。为避免就业率下降，政客们不愿意关闭其选区内的军事基地和军工厂，从而导致了产业能力过剩。防务承包商的游说甚至取代了本来就有限的竞争。总承包商在分配次级合同时尽可能多地将政治选区（州）纳入，同时希望得票最大化的政府及其雇员则要将防务合同分配给支持者（州）和那些最有可能投票给政府的选区。在接受超支成本、保留过剩工业能力和推行工业政策等方面，军队和国防部与军工企业和政客联手，这些工业政策允许政府干预，但干预的效果往往与有效竞争的市场原则背道而驰。如"预算最大化"的官僚机构（例如，军队和国防部）会想方设法支持防务承包商对新武器项目的成本、时间和性能做出最乐观的估计。但是，一旦项目开始，则难以终止（见图 33-4）。军队以"实施多年度采办预算的好处"来说服政府［CBO (2006)］，事实上，在做出预算时他们并不了解该决策的全部成本。同样，为了保持竞争和维持本国的国防工业基础，竞争中的失利者通常会获得补偿业务，从而使他们能继续留在行业内。最后，本国的防务垄断企业及其获得的租金通常受到保护（如，购买美国产品法、欧盟第 296 条），因而不受新进入者的影响，无论新进入者是来自非国防部门的国内公司，还是来自国外的竞争者。结果政治化的市场取代了武器装备采办竞争［伊兰（Eland），2001］。

2.5 市场绩效

对军工企业绩效进行评估是基于标准的"结构—行为—绩效"范式。可采用多种指标衡量军工产业的绩效，包括绩效与合同的对比、劳动生产率、利润率和出口情况等。

2.5.1 合同绩效

现代武器项目耗资不菲，其特点是：成本严重超预算、交付延迟、达不到所要求的使用性能规范。表 33-5 列出了英国和美国的一些主要武器项目的例子。其中，英国的机敏级（Astute）核动力攻击潜艇和"猎迷"（Nimrod）大型反潜机项目成本增加了 35%，开发时间分别延期 43 个月和 89 个月。合作研制的台风军用飞机项目成本增加了 14%，延期与机敏级和"猎迷"相近。大体上，英国 19 个主要武器项目，平均成本增加近 10%，延期近 20 个月［NAO (2005)］。同样，美国总审计署的一份报告表明，26 个美国武器项目成本上涨了 37%，时间拖后近 17%，相当于 26 个月［GAO (2006b)］。成本严重超支意味着投入武器系统的美元购买力的下降,从而减少了可采购的数量。例如,美国 F-22A 猛禽战斗机最初计划采购 750 架,至 2006 年则预计购买 183 架;同样,美国的联合攻击战斗机项目,相应的数量分别为 2 852 架和 2 443 架。

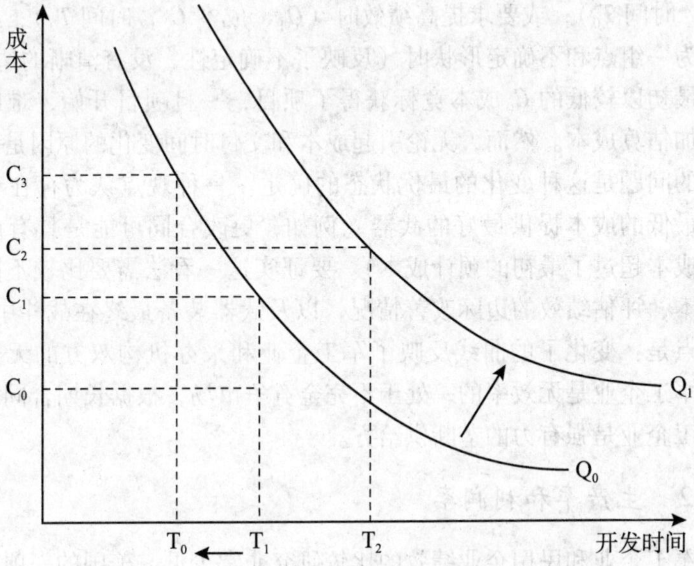

图 33-4 时间成本关系

表 33-5 成本增加和延期的案例:英国与美国的经验

项 目	最初估计成本 (10 亿美元)	2005 年估计成本 (10 亿美元)	延期(月)
A400M 运输机(7 国合作)	4.8	4.6	15
机敏核动力潜艇	4.5	6.1	43
"猎迷" MR4 飞机	4.9	6.7	89
45 型驱逐舰	9.6	10.3	18
欧盟台风战斗机(4 国合作)	29.2	33.3	54
美国 26 个武器项目样本:			
研究与开发成本	120.4	164.9	26
美国联合攻击战斗机	189.8	206.3	18
美国远程战斗机	8.1	11.1	Na

注:a. 英国最初估计成本是经批准的成本。所有英国的成本为 2004/2005 年价格,美国成本为 2006 年价格。
b. NAO 没有报告 2005 年台风的成本:估计成本源自 NAO(2005)。
资料来源:NAO(2005),美国审计总署(2006b)。

引起成本和交付时间变化的原因是什么呢？图 33-4 提供了一个框架来分析这些特征。每一条等产量线代表在既定绩效水平条件下，不同的"时间—成本"的组合。C_1 为某一主要武器预计开发成本，T_1 为预计完成时间。图 33-4 表明，成本在下述情况下将发生变化：当采办机构要求交货时间提前时（成本 C_3，时间 T_0）；或要求提高绩效时（Q_1，成本 C_2，时间 T_2）；或当等产量线可能为一组点和不确定形状时（反映了不确定性，没有清晰的边界），或当承包商最初以较低的 C_0 成本竞标获得了项目，一旦项目开始，难以终止之时，就增加估算成本。然而，无论引起成本和交付时间变化的原因是什么，一个更根本的问题是这种变化的最优状态的确定。一种观点认为存在着最优状态，即以最低的成本提供最好的武器（例如，更改合同可能是具有成本效益的，即使成本超过了最初的预计成本）。要证实这一看法需要比较不同的可选方案的成本，评估绩效的边际改善情况，以及武器装备最终在战斗中的效能。另一种观点是：变化了的曲线反映了军工企业和采办机构双方的无效率。在此，假定军工企业是无效率的，处于不完全竞争市场，根据长期合同供货，在合同中军工企业是强有力的垄断供给方。

2.5.2 生产率和利润率

有关军工企业和民用企业绩效的比较研究非常少见。美国的一项研究比较了同一产业中存在或不存在国防主承包商或次级承包商情况下，制造企业相近的生产过程。研究发现，在生产规模或产量方面，国防部门与商业部门的生产机构并无统计上的差异［沃特金斯（Watkins）、凯利（Kelley），2001］。

表 33-6 比较了军工企业与民用企业绩效数据。它显示了一组欧洲和美国航空和军工企业的生产率、研发和利润率的数据，用所有企业的平均值来代表民用企业。欧洲大多数航空和军工企业的生产率增加值都超过了所有企业的平均值。在欧洲企业集团中，达索系统公司（Dassault）达到了生产率增长的最高值。在劳动生产率（人均销售）和利润率方面，几乎所有的欧洲和美国航空和军工企业都低于所有企业的平均值。但是，如果利润率长期处于相对较低水平，问题是：为什么这些企业要留在国防部门？可能的原因也许是资产收益率更有吸引力（与销售利润相比）；或政府出资的国防研究与开发向防务承包商的其他业务提供了有价值的溢出。此外，研究与开发绩效指标证明，与所有企业的平均值相比，航空企业和军工企业是研究与开发密集的部门。当然，表 33-6 给出的企业横截面数据存在局限性，数据没有显示长期趋势，且只针对航空和军工企业。数据反映了企业的国防和民事业务总销售额（例如，波音和荷兰 EADS 公司的数据就包括了其民用飞机部分）；企业的军品业务所占比

例不同；研究与开发数据是基于企业披露的年度决算报告，但报告不包括政府提供的研究与开发资金，而这类资金是军事研发的主要来源。

表33-6 军工企业的生产率和利润率（2005年）

公司	人均销售（1000英镑）	人均增值（1000英镑）	研究与开发占销售额的比例（%）	人均研究与开发支出（1000英镑）	利润占销售额的比例（%）
欧洲航天和国防		57.7			4.5
荷兰EADS	203.2	67.2	7.2	14.7	1.9
英国BAE系统	131.1	60.0	12.2	16.0	5.1
法国泰雷兹公司（THALES）	131.3	54.1	4.2	5.6	2.3
英国劳斯莱斯	168.7	58.1	4.7	8.0	4.4
法国斯奈克玛（SNECMA）	136.0	48.6	11.1	15.1	6.0
意大利机械金融集团（Finmeccanica）	114.9	49.2	19.3	22.2	5.6
瑞典SAAB	115.5	58.5	4.5	5.2	7.1
达索系统公司（Dassault）航空	193.7	77.7	1.9	3.7	12.1
美国航空和国防：					
洛克希德-马丁公司（Lockheed Martin）	142.3	na	2.7	3.9	5.7
波音（Boeing）	171.8	na	3.6	6.2	4.3
雷锡恩公司（Raytheon）	133.5	na	2.4	3.2	4.5
诺斯洛普·格鲁门公司（Northrop Grumman）	124.0	na	1.7	2.1	6.7
所有公司平均	193.4	51.5	3.8	7.3	9.6

注释：a. 增加值数据中，只有DTI公布了欧洲前600家企业的数据。美国企业没有可比数据。所有企业的平均增加值数据是根据欧洲前600家企业数据得出的。

b. 研究与开发数据，劳动生产率和美国企业的利润率来自DTI（2005a），其他数据来自DTI（2005b）。

c. 除增加值数据外，所有企业的平均数据来自全球前1000家企业。

d. 斯奈克玛（SNECMA）现在已并入赛峰集团（SAFRAN）。达索的研究与开发数据是研究与开发加折旧。

资料来源：DTI（2005a，2005b）。

2.5.3 出口

出口通常被作为国际竞争力的指标,但军火出口经常受各种非经济因素的影响(如,武器禁运、盟国/友邦、地区冲突、人权因素:莱文(Levine)、森(Sen)和史密斯(Smith, 2000),第 29 章亦有论述)。虽然如此,我们仍可得到军火出口数据,并进行更广泛意义上的国际竞争力评估。表 33 – 7 显示了 2000 ~ 2004 年主要常规武器的前 10 家供应商。在此期间,俄罗斯和美国占世界军火出口的 60%,欧盟主要国家占 20%。与欧盟相比,美国国防工业的竞争优势反映了其在研究与开发以及生产规模方面的差别。军火出口引起了许多伦理和政治方面的争论。我们还将在讨论中引入经济学分析,讨论军火出口的成本收益,并对收益和成本进行识别和估计。关注此问题的一项研究表明,自 1998 ~ 1999 年,英国军火出口的平均水平减少了 50%。与这一领域的某些思辨式的研究不同,这一研究使用的是福利经济学框架和一般均衡模型,并仔细检验了所有相关假设,集中分析了四组因素调整的影响,即防务领域的工人、其他英国工人、英国股民和政府[查默斯(Chalmers)等, 2002]。

表 33 – 7　　　　　常规武器的主要供应商

(百万美元,以 1990 年美元价格计算)

供应商	2000 年	2004 年	2000 ~ 2004 年合计
俄罗斯	4 016	6 197	26 925
美国	6 400	5 453	25 930
法国	717	2 122	6 358
德国	1 195	1 091	4 878
英国	1 121	985	4 450
乌克兰	326	452	2 118
加拿大	124	543	1 692
中国	157	125	1 436
瑞典	280	260	1 290
以色列	272	283	1 258
全球合计	15 840	19 162	84 490

资料来源:斯德哥尔摩国际和平研究所(SIPRI), 2005。

军火出口可以给出口国带来经济利益,包括就业岗位、出口所得并维持国防工业能力。研究估计,英国防务出口减少 50%,可使英国财政一年净损失约 0.4 亿 ~ 1 亿英镑的收入。此外,出口的减少还带来了一次性的调整成本,估计累计为9亿~14亿英镑。如果考虑到可能的进出口交换比价，估计累计调整成本将增加到20亿~25亿英镑。接下来，最初的几年中就要承担如此巨大的损失。与其他产业相比，冷战结束后英国煤矿业和国防工业付出了更大的调整成本。综合分析，英国军火出口减少的经济成本相对较小，而且是一次性的［查默斯等（2002）］。

3. 采办：理论与政策问题

"政府"是理解武器装备市场的核心。政府是武器装备的主要购买者，有时甚至是垄断购买者，同时也是利润、出口等变量的调节者。政府购买能力决定了军工产业的规模、结构、行为、绩效和所有权。例如，国防支出的变化（如战争、裁军等因素）影响了国家国防工业基础的规模。政府通过允许或禁止并购以及控制市场准入与退出［如，提供财政资助：利斯顿·海斯（Liston-Heyes，1995）］，影响工业结构；通过规定竞争的形式和条件，决定市场行为；通过规定非竞争性合同的利润和控制军火出口（包括出口的数量和质量：见第29章），影响企业绩效；政府可以决定企业和产业的国有与私有。

购买武器涉及政府采办机构的一系列复杂的、不确定的选择。武器采办涉及的选择主要包括：

（1）产品需求：采购什么？需明确武器系统装备的性能要求。这些要求决定了采办项目的技术进步、风险和不确定性。一个极端的例子是采购适度竞争市场上已有的设备（例如，现货采办计算机、卡车、办公设备、运输机）。另一个极端的例子是采购市场上尚不存在的先进武器系统，需要为政府这一唯一用户进行特别开发，且只有一家或少数几家国内企业拥有技术能力和工业生产能力承担和完成该项目（例如，先进战斗机、导弹、核动力航空母舰和潜艇、卫星通信系统）。这样的市场环境，其特色就是买方和承包商之间存在着信息不对称，买卖双方之间的关系受不完全合同的主导［伯斯（Bos）(1996)］。如此，将会产生诸如"敲竹杠"等问题：由于项目所需的研究与开发及其他资源的成本高、专业性强，如果政府不购买就毫无价值（如果政府投入该项目，也可能会遭受类似的损失）。买卖双方的合同关系因逆向选择、道德风险和风险分担等问题而变得更加复杂。因为企业熟悉自己的技术和生产能力等私人信息，采购方在合同谈判中处于信息劣势（当企业对某些外生变量比采办机构掌握更多的信息时，就会产生逆向选择问题）；而且企业了解其投入到工作中努力的多少（道德风险是指采办机构没有发现的内生变量：［拉丰特（Laffont）、蒂罗利（Tirole），1993，第1页]。企业还了解可能发生的风险以及合同的最低供给价格。

（2）合同承包方：向谁购买？选择承包方可以通过完全竞争或与选定的供应商直接谈判来确定。竞争需要有更多的选择，备选企业名单可能是基于技术、财务状况和绩效标准而定。进一步，要确定竞争是限于本国企业抑或可以对外国企业开放；或者，是否基于价格和（或）非价格因素决定合同的授予。竞争可确定价格和合理的利润，而与选定的供应商进行谈判则要求买卖双方对价格和利润达成共识。作方垄断买方的政府与垄断卖方之间的双边垄断谈判有两个关键点，即买方的最高价格或愿意支付的最高价格与企业的最低供货价，低于这一价格企业就不愿承担这一项目。当最高采购价格超过最低供货价格时，双方就可以进行谈判。一般来说，在这样的谈判中，逆向选择会促使企业向作为购买方的政府寻租，道德风险促使企业采取可能影响产品成本或产品质量的任意行为（例如，没有尽最大努力，这可以体现为劳动力的"人浮于事"和工作空闲等方面）。

（3）合同类型：如何购买？采办机构需要选择合同类型，从极端的企业/固定价格和成本加成合同，到中间的目标成本激励合同。每一类型对买卖双方间的风险分担安排有所不同；每一类型合同的效率激励、租金、公正性也不相同；在合同谈判中，每一方采取策略行为的机会不同。伯斯（1996）研究了目标成本和固定价格合同的优化问题，分析表明目标成本定价法可以实现最优，而固定价格法和成本补偿法则不能。结论是：在不完全合同订立过程中，将几个规则结合起来，有时可实现合同的最优化，而如果将这几个规则单独运用则不能实现合同的最优化。

不同合同的激励特征不同。成本加成合同所提供的激励非常低，而固定价格合同所提供的激励最高。图33－5反映了各种类型合同及其激励特征。图33－5（a）显示了基于估计成本C_1的三种类型的合同：固定价格合同由估计成本加利润而形成，得到固定价格P_1，无论实际成本是多少，固定价格都保持不变；对成本加成合同来说，价格随实际成本和利润率的提高而上升；而目标成本激励合同则将低于或高于目标成本的部分由政府和承包商按照双方协议，在最高限价下进行分摊。图33－5（b）总结了这些合同的激励特征。

（4）时间：何时购买？在开发产品的生命周期中的某一时点，需要对所购买的装备类型做出决策。决策可以在最初设计阶段，或开发阶段，或样机阶段，或在生产之前做出。在这些不同的阶段，竞争一直延续（还可以持续到产品寿命中期的更新和服务支持阶段）。不同阶段做出决策，风险和效率也不相同。在最初设计阶段就选定工程和承包商会使项目的风险最大化，获得研发与生产合同的承包商就失去了效率激励。相反，推迟决策，保持竞争状态，降低了风险并产生了效率激励，但也会付出代价。例如，在最初设计阶段，可能会选择两个相互竞争的设计方案进入样机阶段的竞争，获胜者将得到开发合同，此项政策在样机阶段保持了竞争，但这是以政府资助竞争项目为代价的，而此后，获胜的企业将不再面临竞争。

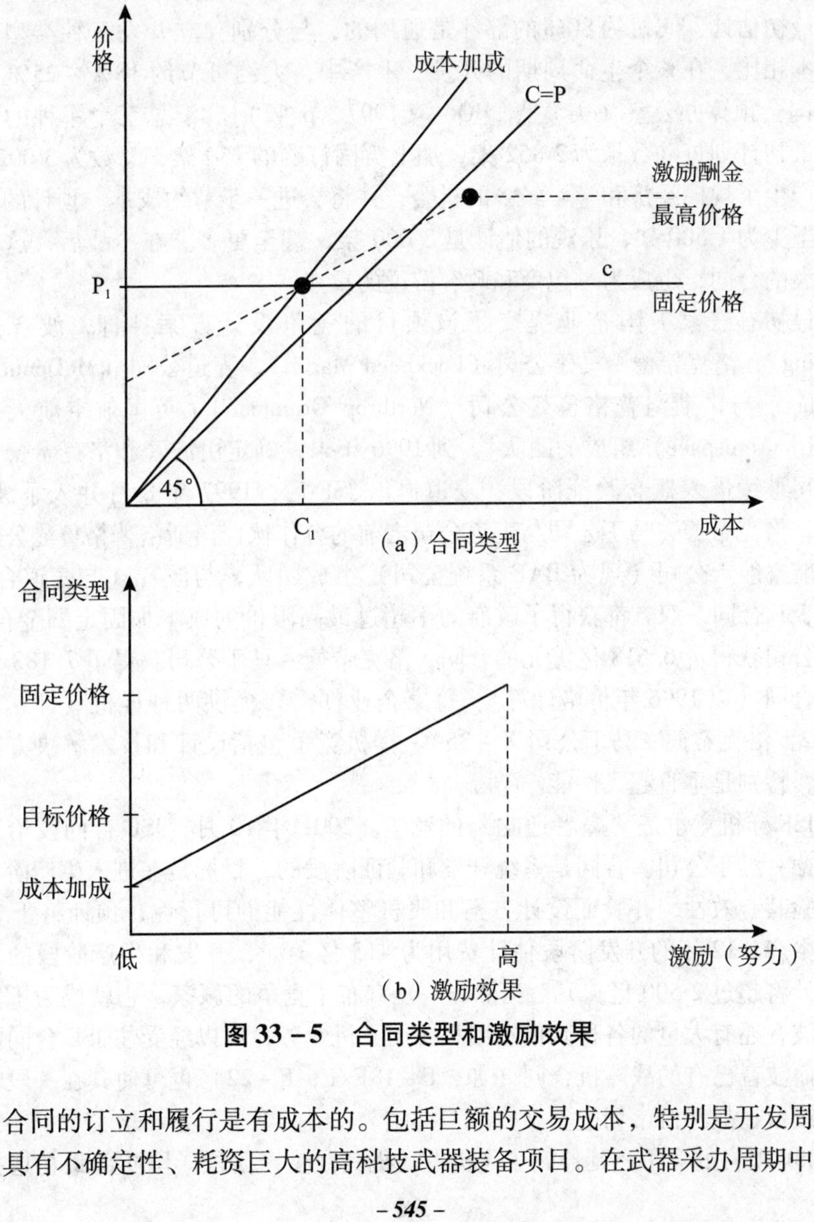

（a）合同类型

（b）激励效果

图 33－5　合同类型和激励效果 1164

合同的订立和履行是有成本的。包括巨额的交易成本，特别是开发周期较长、具有不确定性、耗资巨大的高科技武器装备项目。在武器采办周期中，研究与开发合同经常是不完善、不明确的，因为在项目的早期阶段，很难事先确定产品的所有细节。针对这种情况，增量采办允许买方获取信息，从而更详细地确定产品。

联合攻击战斗机（JSF）是"试飞后买"竞争性采办的典型案例，它对国防工业结构产生了影响。该项目的目标之一是设计满足三个军种（空军、海军和海军陆战队）要求且承担得起的战斗机，打破武器成本螺旋式上升的趋势。最初估计，飞机约80%的部件是通用的，与分别独立开发三种类型飞机的成本相比，在整个生命周期的开发、生产中，大约可节约18%～25%的成本［国会预算办公室（美）（CBO）（1997，p.42）］。汇总三个军种的需求后，最初计划订购数量为2 852架，加上英国订购的150架，总数为3 002架，这就产生了规模经济和学习经济的机会，并将会进一步节约成本。预计的出口数量至少为1 500架，乐观的估计是3 000架，甚至更多。在冷战后，这是一个庞大的合同，也成为承包商和政客游说的重点。

最初有三家美国企业提交了该项目的竞争设计方案［即，波音公司（Boeing），洛克希德 – 马丁公司（Lockheed Martin），麦道公司（McDonnell – Douglas）与诺斯洛普格鲁曼公司（Northrop Grumman）、英国航空航天公司（British Aerospace）组成的团队］，到1996年末，确定由波音和洛克希德 – 马丁公司继续进入概念验证阶段。麦道退出JSF后，1997年8月并入了波音。同时，洛克希德 – 马丁公司与麦道公司之前的合作伙伴诺斯洛普格鲁曼公司和英国航空航天公司（现为BAE系统公司）组成团队，与波音（与麦道合并）竞争JSF合同。双方都获得了政府的不超过最高限价的成本加固定酬金合同。波音公司获得了6.618亿美元的合同，洛克希德 – 马丁公司获得了7.188亿美元的合同（以1996年价格计算），每家企业都需要提供两种样机（即，波音X – 32，洛克希德 – 马丁公司X – 35）。样机竞争包括设计和技术解决方案的比较，特别是垂直起飞性能。

JSF样机竞争是"赢者通吃"的竞争。2001年10月，JSF合同授给了洛克希德 – 马丁公司。合同是系统开发和验证阶段的，目标是在进入生产阶段之前测验其有效性，并验证设计方案和飞机整体性能的可行性，预计将于2008年始生产。12年的开发阶段估计费用为415亿美元，开发和生产阶段的总成本估计将超过2 500亿美元。当然，一旦宣布了竞争的赢家，它就成为了垄断者。波音还有大量的各种其他军用和民用飞机业务，可以经受住JSF合同的损失。而波音已有的战斗机合同（如，F – 18E/F，F – 22）也可使其在一段时间内继续留在战斗机市场中。

JSF项目的竞争还延伸到了飞机发动机其及生产阶段。国防部最初选择的是普拉特惠特尼公司（Pratt and Whitney）的发动机，但 JSF 项目还开发了另一款发动机，即通用电气（General Electric）的 F-136 发动机。劳斯莱斯（Rolls-Royce）飞机发动机公司则与以上两款发动机的开发均有关联。通用电气的发动机作为备选，提供第二种供给来源，从而形成价格和质量方面的竞争，或者万一普拉特惠特尼公司遇到技术和操作方面的问题时，也可以提供保险。最初的计划是从生产第 72 架飞机开始，通用电气的发动机与普拉特惠特尼公司的发动机竞争。到 2005 年末，通用电气、劳斯莱斯联合获得了一份 24 亿美元的开发合同；但 2006 年初，通用电气被威胁要取消合同。国防部认为 JSF 项目的发动机竞争没有获得成本方面的收益或费用方面的节约，而且依赖一家发动机供应商的运行风险较低。对发动机竞争的批评（也包括来自普拉特惠特尼的批评）称，技术进步和可靠性的提高意味着不再需要另一款发动机作保障，开发另一款发动机的成本永远也收不回来；同时购买两款发动机，则哪一家供应商都不能得到规模经济带来的最大成本节约。而通用电气的观点则不同，它认为依赖单一来源将会产生垄断（短期节约 18 亿美元成本，而竞争的收益则约为 160 亿美元），取消合同会使通用电气退出战斗机发动机市场。GAO 的报告认为，国防部对取消合同的经济学分析是有误的。将来最可能购买的数量为 8 400 台，但五角大楼却假设只购买 3 036 台，因而五角大楼低估计了可节约的开支，仅仅计算了其中的 1/3。分析还忽略了整个生命周期中可节约的备件和维护成本。这种估计是国防部在希望立即节约预算经费的动机下做出的［GAO（2006a）］。

（5）选择标准。在选择项目和承包商时，采办机构需要决定其选择是基于军事标准（如，成本、质量和交货日期），拟或基于更广泛的经济标准和工业标准（如，就业、技术、出口）。另一个与此相关的问题是，谁来进行选择？采办机构？还是需要关注地方就业和下一轮选举的最终用户——政府？

（6）规制、腐败与对合同和军工企业的监督。武器采办涉及公共利益问题，纳税人代表对武器合同的效率和利润率非常关注。其结果是建立了监督军工企业、承包商和采办机构的规制体系。从正式的法规（其中，军工企业和采办机构需服从起诉和诉讼过程）到更多的针对个案的非正式的特别规定。涉及公共利益的武器合同丑闻通常发生于非竞争性合同，在这类合同中，缺乏竞争者，存在着"机构松懈"和"超额利润"的机会：当缺乏"合同谈判中的诚实性"时，这样的后果就会发生。但是，竞争并不意味着没有滋生腐败和不法行为的机会。授予合同的官员可能会受到如下因素的影响，包括：私下的好处费和/或赢得合同的主投标商承诺未来为这些官员提供待遇优厚的职位。作为维护购买程序的机制，一些采办制度允许承包商向法院提出上诉［阿罗史密斯（Arrowsmith）与哈特利（Hartley, 2002），朔纳（Schooner, 2001），拉丰特（Laffont）蒂罗利（Tirole, 1993）]。例如，美国就曾发生过采办中的违法行为，空军在国防部的主要代表的助理秘书［达琳·德鲁（Darleen Druyun）］承认，在关键的合同授予和谈判中做出了有利于波音公司的安排。一项2005年的官方调查发现，在这一案例中，在个人身上赋予了太多的职责、太多的控制和管理权，而又缺乏足够的监督。此人在合同订立过程中有特别的专家建议权且在该职位上任期过长，因为没有直接的监督者，几乎不存在监管，其决策存在着"幕后交易"，她的女儿及其未婚夫均就职于波音公司［DSB（2005）］。

3.1 评价国防工业：成本效益分析

通过利用其采购权，政府可以决定本国国防工业基础的规模和结构。政府支持本国国防工业基础可采取优先采购和/或优惠合同条款的形式（如基于成本的合同、有保证的且非正常的利润率）。本国的国防工业基础既带来了军事战略方面的利益，也产生了更广泛的经济和工业利益。军事利益包括供给与补给的独立性和安全性，尤其是在战争期间。在向外国采购时，本国的国防工业基础可以使采办机构掌握更加充分的信息，从而更具有讨价还价能力。本国国防工业在就业方面也带来更广泛的经济利益，其中许多职位是高技能而且也是高报酬的岗位；此外，国防工业基础还具有技术和溢出方面的利益；在出口所得和进口节约方面也可能会产生平衡贸易的作用。

但这些利益不是没有代价的。用于国防工业基础的资源也可用于其他领域，问题在于，国防工业基础上投入的资源对就业、科技和贸易平衡的贡献，是否比其他经济领域更大（例如，道路、建筑等建设项目等创造就业职位）？如果存在附加费用的话，支持国防工业基础的附加费用是什么（如单位成本中附加10%或20%）？社会认为国防工业基础的价值有多高（即愿支付多少）？实现国防工业基础的军事战略利益也还有其他的途径，如供给安全可以通过从海外购买，并为预防任何危机储备足够的存货而实现。因此，需要在国防工业基础的费用与进口、储备费用之间做出选择。同样，通过保持研发能力，可以提供对各种武器的科学评估，采办机构也可以成为信息充分的购买者，从而无需支持一个包括设计、开发和生产能力的庞大的国防工业基础。

关于国防工业基础的广泛的经济利益，还存在着更根本性的批评。代表性的批评意见认为，从标准的经济学视角，政府干预微观经济活动的情况是基于市场失灵，通常表现为市场的不完备和外部性，包括公共物品。国家在就业和贸易平衡上的干预，意味着在劳动力市场和外汇市场的双双失灵。但是，政策制定者很少说明这些市场失灵的原因以及以国防工业基础政策作为"更正"失灵手段的合理性。技术溢出为国家干预提供了更合理的经济学例证。研究与开发和技术市场会以向其他经济部门溢出的形式产生有益的外部性，而这将成为政府干预国防工业、"更正"市场失灵的基础。军事项目溢出的例子包括欧盟台风战斗机，其碳纤维技术、航空电子、飞机发动机技术及其他类似技术被应用于民用飞机、汽车（包括一级方程式赛车）和卫生部门（例如，外科、接合、探测飞机发动机的照相技术被用于口腔医学等）。然而，产生溢出效应还可能存在其他低成本的政策选项，而不是支持国防工业基础。但是，有一个显著的区别是，武器采办中的溢出是以"免费赠予"的形式从武器系统采办中产生的，因为采办的最初目的是国防和安全。

3.2 政策问题与挑战

对采办机构来说，面临着三个具有挑战性的政策问题，即：采办过程中竞争的作用、军事外包的范围和非竞争性合同利润的确定。企业规模不断扩大，市场缺陷也日渐增多，这种趋势对于武器采办中竞争作用的发挥产生了负面的影响。支持国内垄断，或者开放本国防务市场允许外国企业参与武器合同竞争，很多欧洲国家不得不在这二者之间做出选择。理论上，竞争促进了效率，较低了成本、提供了更好的产品和利润规范。实际上，企业可以使用各种策略，并且已经采取了各种不同的策略，阻碍竞争性采办的目标。例如，竞争性固定价格合同可以重新谈判，采办方可对合同条款做出重大变更（有些改变是承包商通过采办官员提出的，所以看上去是来自买方的改变）。或者，当技术风险和成本上升使承包商濒临破产时，特别是当承包商是"国内领先"的企业和重要的雇主时；或因为执行固定价格合同的成本上升，承包商威胁要退出防务市场时，就会对固定价格合同进行修改。在样机阶段仍然维持竞争的情况下，这些大承包商将勾结起来分摊任务，而不是进行"非得即失"的赌博。政府也可以通过允许外国企业参加本国防务合同的竞标，使本国的垄断者面临竞争压力。但这种政策并不是毫无代价的，在合同某些阶段，必须授予外国企业合同，因为如果看不到成功的希望，外国企业就不愿承担继续竞标主要武器合同的巨额开支。

竞争还存在更进一步的局限性。有时，它可能导致采购方和承包方都意识不到、也不希望出现的行为和后果，包括：过于乐观地估计成本、时间，以及在将来适时引入新技术时发生的潜在损失。另外，竞争的组织成本也很高，竞争的利益可能难以超出其代价。而且，竞争也可能难以维持本国国防工业的关键能力。美国联合攻击战斗机（JSF）的竞争就是"竞争及样机竞争"局限性的例证，尽管 JSF 的计划已经重新修订，为开发本项目增加了 70 亿美元并延期 18 个月，但自进入开发阶段之日起，JSF 项目就提高了预期成本，并推迟了交付时间。由于 JSF 开发过程中的不确定性，致使以固定价格为基础的成本补偿合同的定价过程遇到障碍，从而国防部承担了更多的成本风险［GAO（2006a）］。

对竞争局限性的关注引起了对武器采办替代方式的研究。替代方法之一是买卖双方合作，特别是当国家因军事战略等原因希望保留关键的国防工业能力时。在这种情况下，政府可以根据长期合作关系，为本国企业提供有保障的业务，在长期合作关系中，承包商同意分享成本资料，并接受收益分享机制，包括根据合同中所承担的工作类型，采取目标成本激励定价与风险调整利润率。伙伴合作关系要求合同双方本着开放、透明和信任的精神。然而，其结果将会产生国家垄断，这种垄断受到保护并且有市场保证，这就要求采办机构磋商达成的合同要能够提供效率激励，并对潜在的垄断利润进行控制（DIS，2005）。

3.2.1 军事外包

近年来，采办竞争已经扩展到军事外包领域。军事外包有多种形式，例如：确定承包商、以合同的形式将任务包出、激励私人投资和公私合作等。典型的军事外包是私有企业竞标原本由军方内部承担的工作，结果是传统的军队垄断项目置于竞争之中。为了改进技术和提高配置效率，允许采办机构对不同层次的服务重新签订合同。例如，由私人部门出资，根据长期合同出租给军方的培训、维修、保养、运输、空中加油服务和建筑物等［弗雷德兰德（Fredland），2004；哈特利，2002］。通常情况下，选择和权衡是不能回避的。私有企业具有较高的效率激励，但却存在交易成本；相反，公共机构提供较低的效率激励，但在诚信上具有优势（如自主交易）。

军事外包是公共采办的一个方面，它结合了经济学家和法学家的技能，其好处是节约成本、将风险从公共部门转移到私营部门，它鼓励私有企业进行革新。这里需要澄清一个谬论，当外包采取私人出资的形式代替公共出资时（例如为军队营造建筑物），如果使用的资源相同，就达不到提高效率的效果。因为，既然政府贷款总比私人部门更便宜，如果私营企业出资最终能够节约成本的话，私人部门出资的额外费用必然由项目中其他方面的节约所弥补（如在项目的整个生命周期中）。有趣的是，私人投资的出现的显示了私人出资和私人保障国防活动的机会。

某些军事外包合同是长期的（如 20~30 年）。英国的经验表明，军事外包节约了 5%~40% 的费用，但在如此漫长的合同期中，其可靠性很难评估。在起草和执行长期合同方面也存在问题，合同要求为将来未知、也不可能知道的或有事件，包括从和平到战争（在不同的地区与未知的敌人进行战争），提供一系列的、为军方所认可的服务。这样的合同需要买卖双方的信任、承诺和合作。而且，一旦获得了长期合同，企业将使用其垄断权力攫取垄断租金。结果，承包商就会想方设法压缩或省去合同中难以详细说明或难以执行（耗资巨大）的部分，这样的行为可能会对军事能力构成严重的隐患（关系到战争的胜败）③。原则上，军事外包对纳税人、企业、股东、金融家和律师是有利的。但如果外包的利益没有实现，则纳税人、军队和社会都将受损。

让私有企业进一步参加战争行动的提议更富有争议。它提出了更为一般性的问题，即军事外包的界限是什么？这需要根据其成本和收益进行评估。关于私有军工企业担负军事任务，需要解决的问题是为不可预见的或有事件和各种威胁签订并执行合同。企业并不知道合同所需要的资源是多少。当军事装备及训练在其他民用领域中几乎没有价值时，这就出现了资产专用性和"敲竹杠"问题。忠诚和信任也是不能忽略的，国家首脑需要确保军队的忠诚，私有企业则可能退出战斗合同，也可能改变立场，尽管如此行为会影响企业的信誉。最后，合同及其相关绩效指标会出现不可预料和不希望出现的结果。例如，私人承包商的成本最小化行为可能会造成巨大的连带损害和民事成本；会产生拖延战斗的动机；企业可能会尽量避免损失昂贵的资产（例如，昂贵的新型武器）。

3.2.2 非竞争性合同利润率的确定

竞争性采办并不总是可行且令人满意的。例如，当设计和开发武器系统的企业获得了生产合同时；当有紧急需求（例如战争）时，或当政府首选的供应商是国内垄断承包商时，或政府希望在核潜艇、航空母舰、轰炸机和主战坦克等领域保持本国工业能力时。在这些情况下，在确定非竞争性合同的价格和利润方面就产生了问题，这些都是国防经济学研究不足的领域。

理论认为，非竞争性合同的价格应当基于有效行为假定的估计成本和政府确定的利润率（反映了正常利润）。评估成本需要依靠评估技巧，否则可能由于评估错误，或使用了错误的数据而非效率的改进，定出"过高"的利润[哈特利（1969）]。另一项任务是评估企业是否是以成本最小化原则运营，这

---

③ 这里还有一个私人承包商的伤亡问题。在伊拉克，私人承包商的死亡并没有被算作士兵损失。这使得美国当局为了政治利益，以高出一个美国士兵多倍的成本，使用私人安全雇员。

里存在着信息不对称问题，因为私营承包商了解其生产能力的详情以及履行合同的努力程度。在这种情况下，采办机构通常需要买卖双方的"信息对称"，或者需要"诚实谈判"立法，以强化对于"事后成本"和/或重新谈判合同拥有的法定权利（如要求承包商向国防部退款）。

关于非竞争性合同的利润率，也需要予以明确。批评是难以避免的，批评者认为非竞争性合同的利润率"过高"，特别是那些从采办机构的角度看风险相对较小的项目，非竞争性合同不能给企业提供足够的效率激励。进一步的批评认为，非竞争性合同促成了采办机构、国防工业和管理主体之间的"舒适"关系（例如"俘获"）。在英国，非竞争性合同的利润按惯例是为承包商提供"合理"的资金回报，"合理"的回报率是指英国工业的平均回报率。应用这种可比原则，采用由一组在完全竞争环境中运作的英国产业和商业企业作为"参照组"，代表资本用于其他领域时的价值〔例如，1996年，根据历史成本核算，资金的目标收益回报率是19.3%；检查委员会（Review Board）（1996）〕。由于需要将资金的目标收益率转换为生产成本回报率，英国的利润公式变得更加复杂。

另一种英国利润公式是在资本加权平均成本的基础上确定回报率，包括股本成本和债务成本，其中股本成本是根据资本资产定价模型确定的。利用该模型，1998年加权资本成本估计为12.1%，与检查委员会推荐的非竞争性合同15.7%的资本目标收益回报率相比，相差3.6%。然而，2003年英国利润公式被修改，允许非竞争性合同的利润可以根据所使用的资本和生产成本计算（生产成本的目标利润率为5.67%）。修改后的利润公式可以反映采办环境的变化，提供了识别不同风险等级的机制，提出了确定资本和生产成本权重的方法，也反映了简化管理的需求〔检查委员会（2004）〕。

4. 工 业 政 策

我们还需考虑采办政策的另一方面，即工业政策的选择，采办决策需要在极端方案、居中方案之间做出选择，如支持国内国防工业基础？或进口国外武器（包括存在或不存在贸易补偿）？或过国际合作和许可/共同生产？对购买国而言，每一种选项都涉及不同的任务分担和技术分工及相应的价格选择〔哈特利（1995）〕。对于已经形成的军事联盟（例如北约），或正在形成中的军事联盟（例如欧盟），经济学理论提供了国防工业政策的指导方针。其中包括两个关键性的指导方针，即贸易方面的收益及规模经济和学习经济方面的收益。大多数北约和欧盟的防务市场受到优先购买和支持本国领先企业政策的保护（例如，购买美国产品法，欧盟条约第296条）。军事联盟成员国之间的自由贸易可以从基于比较优势的专业化贸易中获益，这需要废除成员国间的贸易壁垒、补贴和优先采购制度，允许自由进入并参与本国防务合同的竞争，允许成员国企业参与每个成员国国内防务合同的竞标。2005年末，欧盟成员国达成一项国防采办自主行为守则，鼓励在欧盟军事装备市场上进行竞争，在这个市场中，武器合同不受欧盟内部一般市场准则的限制［欧盟（2005）］。

国防工业中的成本递减产业（例如，航空）可以额外节约成本。更大的产量可以减少研究与开发的单位成本并产生规模经济、学习经济和范围经济效应，这样的经济效应在欧盟国家的小规模国内市场中无法实现，但是在一个包括所有军事联盟成员国的统一军火市场中就可以实现。估计认为，竞争可使单位成本节约10%~25%，规模经济和学习经济可使单位成本降低15%~25%［哈特利（2006a）］。

与所有政策一样，引入有效率的国防工业政策，既有受益者，也有受损者。潜在的获益者包括那些在市场竞争中赢得了固定价格合同的产业和私有企业；受损者可能是那些在受保护的市场中运营，接受政府补贴和成本加成合同的国有企业。转而建立一套更有效的工业政策将产生调整成本，也需要耗费时间，并将造成部分失业和资源闲置，如工作岗位的损失、工厂的关闭、企业退出本行业和地区性失业等。潜在的受损者将反对变革，游说政府进行"公平且有管理的"竞争，在公平回报的基础上分配任务，并保护国防工业联盟（例如，"欧洲堡垒"）。在这些来自生产集团的压力下，理想的有效国防工业政策却很快促成了企业联合、串通投标、缺乏竞争和低效结盟的国防产业。

在欧洲，国际合作成为国防工业政策中最大的特色，特别是在航空航天领域（如，三国合作研制的狂风战斗机，四国合作研制的欧盟台风战斗机）。理论上，完善的国际合作可以节约开发费用和单位生产成本。然而，实际上国际合作却背离了理想的情况，国际间的任务分摊是基于政治、公平和讨价还价等准则，而不是效率标准。这就导致了开发与生产的无效率，并且还拖延了开发时间。英国的一份官方研究提供的证据证明了国际合作的无效率，研究估计，合作项目的开发总成本高出国内类似项目140%，甚至接近200%，具体数字取决于参与合作的国家数目。英国在合作工程上的成本分摊大约占总开发成本的1/3。在生产方面，研究发现，合作实现的规模效应和学习经济效应是国内类似项目的一半，而且合作还要平均延期11个月［NAO（2001）］。表33-5

比较了4国合作研制的欧盟台风战斗机④和英国其他重要武器工程的成本上涨和延期情况。与台风战斗机相比，另外一些工程的成本增加幅度相当高，延期也相当长。成本增加和延期反映了订立国际合同的交易成本，包括合作工程的管理，协作产业的安排和订购数量的变化，以及合作国家的预算方面的约束和批准的延期［NAO（2001）］。

5. 结　　论

武器装备是军事生产函数中的一个输入变量。实现军事效率要求所投入的资本（武器）和人员（劳动力）被最大限度地转化为军事产出。在此，问题是如何激励军队和采办机构中的个人和群体，使其行为更有效率，此外，还包括产出的测量问题。军队决定着武器装备，包括新技术的需求，而作为军队代理人的采办机构则需要将这种需求转化为采办和对国防工业基础产生影响的工业政策。问题在于，军方的行为是否有效率？或他们是否是无效率的、预算最大化的官僚利益集团？该集团维护其传统的垄断产权（如空军总是要求提高战斗机的技术水平），在各个军种中，是否还有通过竞争提高效率的余地？

军工企业经历了多变和不确定性的漫长历史期间。新技术引发了武器装备和军队的革命。例如，20世纪出现了飞机、导弹和核武器。技术的变革和新威胁的出现（如国际恐怖主义：见第25章和26章）意味着未来的军工企业将不同于今天的军工企业。而今天的军工企业并非都能够继续生存下去并适应新的技术。未来的航空航天公司将从生产有人驾驶战斗机转为生产无人驾驶战斗机，导弹、太空系统和电子产业将更加重要，未来，将产生国防工业领域中下一代新的进入者、系统集成商及主承包商；将会出现新的产业组织形式，其主要特征是购买多于制造，通过在国际经济中利用国际供应链，将会出现更加国际化的军工企业［哈特利与桑德勒（2003）］。

昂贵的、专用的武器装备将给政府和国防工业基础带来进一步的挑战。例如，航空母舰、主战坦克、战略轰炸机和核潜艇。这些武器装备的购买数量都很少，在开发新一代装备之前，间隔时间很长。这些系统需要高度专业化的人力和物力资本，因此在开发间隔期就会出现维护问题及维护成本。缺乏竞争意

---

④ JSF是一项国际合作项目，包括美国和8个外国合作者（英国、意大利、荷兰、土耳其、丹麦、挪威、加拿大和澳大利亚）。合作方在开发阶段提供了不同的资金支持，以取得对该项目的参与权。然而，飞机是美国设计的，洛克希德－马丁公司是该项目的主要承包商。在任务被分配给外国合作方时，问题产生了，特别是先进技术的使用方面（技术转让）。

味这些武器的主要承包商需要被作为政府管控企业对待，采办机构需要评估其非竞争性合同的规制政策（如，规制自然垄断）。

在主承包商和供应商之间进行的持续的工业重组意味着国内市场将被更大的企业和垄断厂商所主导。竞争仍然是有效的"管理"机制，但需要政府愿意"开放"其国内防务市场，并允许外国企业参与武器合同竞标，但这可能会对本国国防工业基础产生不利影响。

未来，这一领域还有许多问题需要研究。有关军工企业在开发和生产中的成本结构以及规模经济、学习经济、范围经济效应的机会，都需要作更进一步的探索。需要鉴别和评估各种工业政策的优劣。需要对受规制的军工企业、非竞争性合同经济学和非竞争性合同的利润率作进一步的建模研究。需要比较军工企业的和民用企业的绩效。为了比较、对比和评估不同的采办政策，需要开展项目案例研究，研究需要包括每个国家的主要武器项目（例如，F-22A，JSF，台风，航空母舰，核潜艇）。最后，还有一个重要的研究议程，就是研究国防和民用部门的技术溢出、传导机制及其市场价值。

参考文献

Arrowsmith, S., Hartley, K. (Eds.) (2002). Public Procurement. International Library of Critical Writings in Economics, Vol. 144. Elgar, Cheltenham.

BAe (1997). British Aerospace Annual Report and Accounts 1997. British Aerospace, Registered Office, Farnborogh.

BICC (2001). Conversion Survey 2001. Bonn International Centre for Conversion, Nomos Verlagsgesellschaft, Baden-Baden.

BICC (2005). Conversion Survey 2005. Bonn International Centre for Conversion, Nomos Verlagsgesellschaft, Baden-Baden.

Bos, D. (1996). "Incomplete contracting and target-cost pricing". Defence and Peace Economics 7, 279-296.

Braddon, D. (2004). "The future of the defence firm". Defence and Peace Economics 15, 499-586.

Burnett, W. B., Kovacic, W. E. (1989). "Reform of United States weapons acquisition policy: Competition, teaming agreements and dual sourcing". Yale Journal on Regulation 6, 249-317.

CBO (1997). A Look at Tomorrow's Tactical Airforces. Congressional Budget Office, Washington, DC.

CBO (2006). The Air Force's Proposal for Procuring F-22 Fighters. Congressional Budget Office, Washington, DC (March).

Chalmers, M., Davies, N. V., Hartley, K., Wilkinson, C. (2002). "The economic costs and benefits of UK defence exports". Fiscal Studies 23, 343–368.

DIS (2005). Defence Industrial Strategy. Ministry of Defence, The Stationery Office, Cmnd 6697, London (December).

DSB (2005). Management Oversight in Acquisition in Organizations. Report of the Defense Science Board Task Force, Department of Defense, Washington, DC (March).

DTI (2005a). The 2005 R&D Scoreboard: The Top 750 UK and 1000 Global Companies by R&D Investment. Department of Trade and Industry, London.

DTI (2005b). The Value Added Scoreboard: The Top 800 UK and 600 European Companies by Value Added. Department of Trade and Industry, London.

Dunne, P. (1995). "The defense industrial base". In: Hartley, K., Sandler, T. (Eds.), Handbook of Defense Economics, Vol. 1. North-Holland, Amsterdam.

Eland, I. (2001). "Reforming a defense industry rife with socialism, industrial policy and excessive regulation". Policy Analysis 421, 1–18. December.

EU (2005). EU Governments Agree Voluntary Code for Cross-Border Competition in Defence Equipment Markets. European Defence Agency, Brussels. 21st November.

Fredland, J. E. (2004). "Outsourcing military force: a transaction cost perspective on the role of military companies". Defence and Peace Economics 15, 205–220.

GAO (2004). Tactical Aircraft: Changing Conditions Drive Need for New F/A-22 Business Case. US General Accounting Office, Washington, DC (March).

GAO (2006a). "Tactical aircraft. Recapitalization Goals are not Supported by Knowledge-Based F-22A and JSF Business Cases". US Government Accountability Office, Washington, DC (March).

GAO (2006b). Defence Acquisitions: Assessments of Selected Major Weapons Programs. US Government Accountability Office, Washington, DC (March).

Hartley, K. (1969). "Estimating military aircraft production outlays: The British experience". Economic Journal 79, 861–881.

Hartley, K. (1995). "Industrial policies in the defense sector". In: Hartley, K., Sandler, T. (Eds.), Handbook of Defense Economics, Vol. 1. North-Holland, Amsterdam, pp. 459–489.

Hartley, K. (2002). "The economics of military outsourcing". Public Procurement Law Review 5, 287–297.

Hartley, K. (2006a). "Defence industrial policy in a military alliance". Journal of Peace Research 43, 473–489.

Hartley, K. (2006b). "Defence R&D: Data issues". Defence and Peace Economics 17, 169–175.

Hartley, K., Hooper, N. (1995). Study of the Value of the Defence Industry to the UK Economy: A Statistical Analysis for DTI, MoD, SBAC and DMA. Centre for Defence Economics, University of York and DTI, London.

Hartley, K., Sandler, T. (2003). "The future of the defence firm". Kyklos 56, 361 – 380.

Hartley, K., Hooper, N., Sweeney, M., Matthews, R., Braddon, D., Dowdall, P., Bradley, J. (1997). Armored Fighting Vehicle Supply Chain Analysis. Centre for Defence Economics, University of York and DTI, London (September).

Hartley, K., Braddon, D., Dowdall, P. (2004). "The UK defence electronics industry: Adjusting to change". Defence and Peace Economics 15, 565 – 586.

Hayward, K. (2005). "I have seen the future and it works: The US defence industry transformation-Lessons for the UK defence industrial base". Defence and Peace Economics 16, 127 – 141.

HCP (1986). The Defence Implications of the Future of Westland plc. Defence Committee, House of Commons Paper, HMSO, London.

Kirkpatrick, D. L. (1995). "The rising unit cost of defence equipment-The reasons and results". Defence and Peace Economics 6, 263 – 288.

Laffont, J., Tirole, J. (1993). The Theory of Incentives in Procurement and Regulation. MIT Press, Cambridge, MA.

Levine, P., Sen, S., Smith, R. (2000). "Arms exports, controls and production". Defence and Peace Economics 11, 443 – 548.

Liston-Heyes, C. (1995). "Bailouts and defence contracting: A necessary evil?". Defence and Peace Economics 6, 289 – 294.

Mantin, B., Tishler, A. (2004). "The structure of the defence industry and the security needs of the country: A differentiated products model". Defence and Peace Economics 15, 397 – 419.

Markusen, A., Serfati, C. (2000). "Remaking the military industrial relationship: A French-American comparison". Defence and Peace Economics 11, 271 – 299.

Middleton, A., Bowns, S., Hartley, K., Reid, J. (2006). "The effects of defense R&D on military equipment quality". Defence and Peace Economics 17, 117 – 139.

MoD (2002). "Defence industrial policy". Policy Paper 5. Ministry of Defence, London.

MoD (2005). UK Defence Statistics 2005. DASA, Ministry of Defence, London.

NAO (2001). Maximising the Benefits of Defence Equipment Co-operation. National Audit Office, London, HC 300 (March).

NAO (2005). Ministry of Defence: Major Projects Report 2005. National Audit Office, The Stationery Office, London.

OECD (2004). Main Science and Technology Indicators. OECD, Paris.

Pugh, P. G. (1993). "The procurement nexus". Defence Economics 4, 179 – 194.

Pugh, P. G. (2006). "Retrospect and prospect: Trends in cost and their implications for UK aerospace". Lecture to Royal Aeronautical Society, London.

Rand (2002). Final Assembly and Checkout Alternatives for the Joint Strike Fighter. Rand Corporation, Santa Monica, CA.

Review Board (1996). Report on the 1996 General Review of the Profit Formula for Non-Competitive Government Contracts. Review Board for Government Contracts, The Stationery Office, London (March).

Review Board (2004). Report on the 2003 General Review of the Profit Formula for Non-Competitive Government Contracts. Review Board for Government Contracts, The Stationery Office, London (March).

Sandier, T., Hartley, K. (1995). The Economics of Defense. Cambridge University Press, Cambridge.

Schooner, S. (2001). "The fear of oversight: the fundamental failure of businesslike government". American University of Law Review 50, 627 – 722.

SIPRI (1992). SIPRI Yearbook 1992. Oxford University Press, Oxford.

SIPRI (1993). SIPRI Yearbook 1993. Oxford University Press, Oxford.

SIPRI (2003). SIPRI. Yearbook 2003. Oxford University Press, Oxford.

SIPRI (2005). SIPRI Yearbook 2005. Oxford University Press, Oxford.

Turner, A. J. W., Chalmers, M. G., Hartley, K. (2003). "Estimated UK employment dependent on ministry of defence expenditure and defence exports". Defence Statistics Bulletin No. 5. DASA, Ministry of Defence, London.

Watkins, T. A., Kelley, M. R. (2001). "Manufacturing scale, lot sizes and product complexity In defense and commercial manufacturing". Defence and Peace Economics 12, 229 – 247.

第34章
十年大裁军中军转民的成败

迈克尔．布若斯卡（MICHAEL BRZOSKA）
（德国汉堡大学和平研究与安全政策研究所）

摘要 从20世纪80年代中期到90年代后期，十年大裁军提供的充分证据显示了防务大萧条所带来的影响。本章首先简要地讨论了各种军转民概念，重点讨论了军转民资源重新利用的前景。随后几节，讨论测度资源军转民成败的方法，并将这些方法置于更广阔的改革与增长经济学理论视野中进行讨论。本章主要在分析与比较的基础上进行文献回顾和评论。这些文献讨论了六种资源重新利用的收益与成本问题。这六种资源是：政府支出、军事研究与开发设施、国防生产设施、军队和国防工业人力资源、军用土地和军事装备，包括化学武器和核原料。在本章的结尾，简要分析了各种旨在提高军转民成功率的政府政策。

关键词：军转民　分配效率　工业变革　劳动力与就业　土地利用　成本效益分析

1. 引　言

长期以来国防建设成就的标志就是不断增长的军费开支。在大战的备战和战争进行期间，国家动员了大量的资源支持国防。在大战或备战活动结束之后，被称为"军事部门"的军队及其配套的基础设施，开始逐渐削减。最近一次削减发生在20世纪80年代末。1986～1999年期间，世界军费开支锐减约34%，全球国防采购支出减少近一半，全球国防工业的就业人数则从1 700多万人下降到不足900万人，士兵人数则从2 900万人减少为2 200万人［波恩军转民国际中心（BICC）（2003，第151~153页）］。

随着国防需求的急剧降低，出现了大量可转化为民用的国防资源。然而，国防资源的重新利用既不会自动出现，也并不总是经济有效的，而且有时甚至是难以成功的。尽管如此，从20世纪80年代末到90年代初，很多国家都对"和平红利"抱有很大的希望，希望通过将资源从军用转为民用，促进经济与社会的发展。这些期望主要或至少部分是基于这样的直觉：早期尤其是第二次世界大战之后，发生在美苏两国的军事力量削减，曾经起到了促进经济发展的作用［阿尔布雷克特（Albrecht, 1979），亚历山大（Alexander, 1994）］。

大多数人对20世纪80年代中到90年代末的十年大裁军，即政府大规模削减军费开支的裁军普遍感到失望。裁军并没有带来预期的巨大经济利益。然而，这期间确实发生了国防资源转移，并取得了显著效益。对军转民的全面分析表明，军事资源的重新利用产生了不同的效果，它主要取决于资源种类、所研究的特定地区、国家以及资源转移的具体情况。总之，军用资源转为民用是成功的（尽管并不是处处都成功），但是并没有达到20世纪80年代末至90年代初许多人所期望的那种程度的成功。

本章是对十年大裁军中军转民文献的综述，我们仅挑选了一些重要的、成功的军转民个案。许多国家都有大量类似的军转民案例记录，但这些案例对于本章的研究重点，即更一般性地评估影响军转民成败的条件及要素，价值十分有限。因而，本章试图对20世纪80年代末到90年代初发生的事件进行全面评述，评估其发展前景及其选择，这可能对下一轮的军备削减非常有帮助。

第2节为第3节讨论特定资源军转民面临的挑战与后果奠定了基础。第2节首先简单地讨论了军转民的定义，继而详细分析了军转民是否不同于其他经济部门之间的重大资源转移。接下来讨论如何测度军转民的成败，基于更广泛的经济学视野阐述了分析军转民的重要性。第3节是文献综述，这些文献探讨了各种类型军转民的成败。大多数相关文献始自20世纪90年代，当时军转民问题吸引了众多的关注，其中包括来自学术研究领域的关注。随着十年大裁军的结束，人们对这一问题的关注开始骤减。第4节简要描述了影响军转民进程的各种政府政策。第5节为小结。

2. 分析军转民的若干要素

2.1 军转民的定义

军转民的核心是资源由军事部门向民用部门转移,这是普遍公认的观点。但是,过去却使用了各种不同的方式定义军转民,包括从非常狭义的定义到非常广义的定义。从经济分析的角度看,这些定义中最有价值的观点是:军转民是对投入到军事部门中的要素的重新利用。

在20世纪70年代后期和80年代早期,即冷战结束之后军事力量开始削减之前,主流的意见将军转民等同于产业军转民,或更准确地说,认为军转民就是企业以生产民品代替军品。很多西方国家的学者对国防工业转产民品的困难及可能的效果进行了研究。人们普遍预测军转民过程将是平稳的,并会产生经济收益〔库利 Cooley(1980),索尔森(Thorsson,1984),朔马赫(Schomacker)、威尔克(Wilke)和伍尔夫(Wulf,1987),梅尔曼(Melman,1988)〕。计划经济体制国家,例如苏联,则认为军转民只需中央经济部门一声令下,就会带来民品生产的大幅度提高。因为他们普遍认为,国防部门比民用部门更有效率,技术也更先进〔梅尔曼(1988),阿尔布雷克特(Albrecht,1979)〕。

20世纪80年代后期,军事力量削减正式启动之时,裁军很快就带来了很多明显的变化,不仅仅限于国防生产需求的改变。在资源从军用转为民用的过程中,其他潜在的和现实的问题开始引起包括经济学家在内的广泛关注。在以下三个领域尤为突出:

- 原军用土地重新转为民用,包括地面设施(基地)。
- 士兵复员并重新融入社会。
- 军事部门的研究力量和技术转为民用。

然而,相对工业军转民而言,对以上这些军转民要素的经济分析更加缺乏。整个90年代,虽然在实践中广泛存在着军用土地和人力资源的军转民活动,但是这并没有引起更多的注意,下文第3节将对此进行讨论。更多的文献研究了军事技术和研究力量重新应用于民用领域的问题,这些研究主要集中在美国和苏联,这两个国家在冷战期间取得了大量的国防研究成果。但是,国防工业军转民仍然是军转民研究的核心,部分原因是早期已有大量文献开始分析军转民的主要特点，例如，需要克服特定的军事"文化"障碍等；另一原因是，在许多国家，工业军转民会引发大量失业，从而引起政治领域对工业军转民的关注（见下文第 4 节）。然而，工业生产领域资源重新转为民用的比例仍低于其他类型的军转民。大量研究文献对军转民的关注，以及公众的对军转民的直觉，使军转民的负面形象更加突出，我们在第 1 节中曾提到过这个问题。

爱德华劳伦斯（Edward Laurance）和荷伯特沃尔夫（Herbert Wulf）首次将这些研究不同类型军转民的个别方法整合为一种综合方法［劳伦斯（Laurance）和伍尔夫（Wulf, 1995），亦见于布劳尔（Brauer）和马林（Marlin, 1992）和丰塔内尔（Fontanel, 1994）］。他们认为，军事部门可以利用这些资源生产军品，同样也可以用来生产民品和民事服务。他们所界定的资源包括：资金（政府支出）、技术、人力资源、土地和武器装备。显然，这与传统的经济学观点很相似，传统经济学认为，生产的必备要素包括：土地、劳动力、资金和技术。同时，对于不用于市场销售的公共产品或服务，由政府开支予以补贴。

研究军转民的更基本的方法无疑是由西摩·梅尔曼（Seymour Melman, 1988）和他的学生提出来的，如劳埃德·杜玛斯（Lloyd Dummas, 1995）和迈克尔·伦纳（Michael Renner, 1992）。梅尔曼认为，军品生产的特殊工作方式，例如，生产的长期计划性、有保障的利润、不存在竞争，已经影响了维持高水平军费开支国家的大部分产业和经济，例如苏联和美国。因此，仅仅进行国防工业军转民是不够的，也是不可能的，军转民应当包括所有产业以及受其影响的商业部门。虽然，梅尔曼对维持高水平军费开支的前社会主义经济进行了相当好的描述，但他的观点在 90 年代的西方市场经济中却没有得到证实。

甚至，关于军转民的研究进一步扩大到对"军转民"概念的讨论，包括信仰体系的转变（精神转轨）或武装力量的运作方式。这样宽泛的概念也许更接近"皈依"一词的原始用法，即一个人宗教信仰的改变，但这却不利于经济学分析［劳伦斯和伍尔夫（1995）］。对经济分析而言，军转民最好的定义，也就是这里所使用的定义，是指原军事部门使用的资源被重新转为民用。

2.2 冷战后的资源释放

全球用于军事部门的部分资源的数据是可以获得的。表 34-1 至表 34-3 分别列示了世界军费开支，军队中士兵的数量和就业。数据显示了"十年大裁军"资源释放程度，并根据军事资源使用情况和地理分布，按降序排列。

表34-1　　1987~2002年世界军费开支
（10亿美元，以1999年价格计算）

年　份	1987	1992	1997	2002
全球	1 109	844	723	802
美国	417	357	287	321
苏联/独联体	217	35	18	20
欧盟成员国	204	190	168	172
OPEC成员国	53	62	36	52
中国	14	19	27	40
亚洲国家	13	13	15	14

资料来源：BICC（1996，2004）。

表34-2　　1987~2002年武器生产领域的就业人数
（百万人）

年　份	1987	1992	1997	2002
全球	17.8	14.1	8.9	7.7
欧盟成员国	1.4	1.2	0.8	0.7
苏联/独联体	6.1	4.4	1.5	1.1
中国	4.5	4.0	3.1	2.3
美国	3.6	2.8	2.2	2.6

资料来源：BICC（1996，2004）。

表34-3　　1987~2002年军队人力
（百万人）

年　份	1987	1992	1997	2002
全球	28.8	25.8	22.1	20.5
亚洲（中国和印度除外）	7.4	7.8	7.2	7.2
中国	4.0	3.2	2.8	2.3
非洲	2.2	2.1	2.0	2.2
欧盟成员国	2.9	2.6	2.2	1.9
苏联/独联体（包括俄罗斯）	3.9	3.6	2.0	1.5
美国	2.3	1.9	1.5	1.5
印度	1.3	1.3	1.2	1.2
南美	1.2	0.9	1.0	0.9
东欧（苏联/独联体除外）	1.5	1.1	0.8	0.5

资料来源：BICC（1996，2004）。

表 34-1 显示了世界军费开支开始大幅下降。军费下降最主要原因是苏联国防开支的大幅度削减。其他一些地区的下降也非常明显,例如东欧和中东地区[波恩军转民国际中心(BICC)(1996,2003)],但削减军费并非普遍的做法,例如,中国就没有削减军事支出。

20 世纪 90 年代末,世界军费开支开始增长,这主要归因于自 1990 年以来美国军费的增长。一些主要国家,例如中国和俄罗斯,也在新的十年提高了军费开支,而其他很多国家则没有增加,例如,欧盟成员国和东盟则维持了原来的军费开支水平。

根据就业数据测度,20 世纪 80 年代末至 90 年代初,全球武器生产并没有像国防开支那样迅速下降(见表 34-2)。然而,在 20 世纪 90 年代中期,国防部门就业量的缩减明显大于其他军事资源领域。2002 年,全球国防部门就业人数还不到 1987 年的 40%。同样,苏联和东欧的削减非常明显。进入新的十年之后,所有主要武器生产国和地区,国防生产领域的就业量持续下降。军费数据表明,在 20 世纪 80 年代末至 90 年代初,国防工业的产量并没有随需求的下降同比例缩小。就业量继续下降的主要原因是劳动生产率的提高,特别是中国,欧盟成员国则略逊一筹。美国国防开支的增长导致了武器生产领域就业量的增加,中国军事需求的增长却与国防工业劳动力数量的减少同步出现。但是,某种程度上,中国的国防生产仍然过度膨胀,生产率很低。[布勒梅尔霍斯特(Brömmelhörster)和费兰肯斯坦(Frankenstein)(1997)]。

工业化国家和发展中国家的军事部门具有明显不同的资本劳动力比率。世界武装力量数量的变化趋势主要受亚洲地区形势发展的影响,其次是非洲,因为这些地区的士兵总量在 20 世纪 90 年代基本保持不变,全球的军人总数也没有随军费的减少而成比例地缩减。然而在许多国家,军队规模都大幅度地缩减了。苏联、东欧、欧盟成员国、美国,以及亚洲和非洲的部分国家,如中国和南非,都进行了大规模的削减。另外,在许多小国,尤其是局部战争结束之后,虽然削减的绝对数量不多,但相对其军队总规模而言,仍可视为大规模削减。在这些国家中,许多国家实施了"退伍士兵军转民项目"(见下文)。

我们可将 20 世纪 80 年代末到 90 年代初"十年大裁军"中军事部门资源使用量的下降,与其他军费大削减时期进行对照。第二次世界大战之后的缩减在几乎所有方面都要比冷战之后广泛得多。例如,在美国,与国防相关的民事部门雇员(政府官员和国营兵工厂的雇员)在 1945~1950 年间从 260 万人下降到了 70 万人,而 1987~1997 年则仅从 110 万人下降到 70 万人[http://www.gpoaccess.gov/usbudget/fy06/hist.html,表 17.2]。在西欧国家,这两个时期的对比结论也很相似。然而,在东欧,特别是苏联的情况则有所不同。第二次世界大战后,苏联军事资源的下降幅度低于西方国家,而冷战后削减的幅度则显著高于西方国家,如表34-1至表34-3所示。

表34-4　　1940~2005年美国国防负担的周期

	开始年份	开始年份的国防负担	结束年份	结束年份的国防负担
第二次世界大战	1940	1.7	1944	37.8
第二次世界大战后衰退	1945	37.5	1948	3.6
朝鲜战争	1949	4.9	1953	14.2
朝鲜战争后	1954	13.1	1965	7.4
越南战争	1966	7.7	1968	9.5
越南战争后	1969	8.7	1979	4.7
第二次冷战	1980	4.9	1986	6.2
冷战后	1987	6.1	1998	3.1
全球反恐	1999	3.0	2005	3.9

注:国防周期是根据国防负担的变化趋势定义的,国防负担是指国防开支占国民收入的比例。

资料来源:美国政府预算:2006财政年度历史数据,华盛顿,2005,http://www.gpoaccess.gov/usbudget/fy06/hist.html。

通过对美国国防开支周期的分析,表34-4进一步提供了20世纪90年代军事资源释放深度的数据。国防开支周期是通过国防开支占国民收入的比例,即国防负担的拐点确定的。第二次世界大战之后,1945~1948年,第一个国防力量削减期,国防负担下降了90%;第二个国防力量削减期发生在朝鲜战争之后,国防负担从13.1%减少到7.4%;越南战争结束之后,自1969~1979年,国防负担又下降了约40%。冷战后的"十年大裁军"(如表34-4中所示)是第四个国防力量削减期。以相对国防负担进行测度,这一时期削减的幅度大于朝鲜战争后与越南战争后时期,但低于第二次世界大战后时期。

2.3 军转民:一种类型的改革

以资源的重新利用定义军转民,使军转民相似于其他形式的资源转移,例如,资源从农业转移到工业。此种类型的转移一直在发生,因此也为经济活动的参与者所熟悉,并存在着标准的经济分析方法,那么我们为什么要对军用资源的重新定位予以特别关注呢?在回答这个问题以前,首先需要对资源重新利

用的概念作进一步的区分。资源的重新利用可以在各个分类层次发生,从某项资产到整个经济体。分析军转民主要分为以下几种层次:

基础层次是生产要素层次,即,土地、劳动力、技术和资本,体现于具体的资产、人员和特定的土地中。这些生产要素用于生产军事必需品,例如坦克和飞机;同样,这些生产要素也用于生产军事"安全",军事部门本身也参与了该生产过程。同样的要素,除武器之外,都可用于生产民品,如汽车和服务(包括健康服务),虽然投入比例和品质不同。

除了关注资产、人力和土地之外,研究人员还关注更高层次的资源类别,如企业、基地、经济部门,甚至是涉及整个经济领域。与资产、人力和土地层次的军转民不同,这些层次的军转民往往只是局部的。例如,一个企业的部分资产和雇员可能会转产民品,而企业则继续生产军品。在分析生产领域军转民的这种多样化时,军转民研究文献中出现了分歧。在本案例中,有的学者倾向于认为,只有企业的完全转变才构成军转民;而其他类型的转变则只能称为局部军转民。最终,这个问题成为语义学上的问题。

军转民文献中分析的另一个高层次的类别是关于政府支出方面的。实际上,军事部门依赖于政府支出。没有政府支出,所有国家的军事部门都无法购买所需要的生产要素。显然,如果金钱没有投入国防,就能够用于民用目的,如卫生保健等民事活动等方面。

现在让我们回到前文所提到的军转民与其他资源转移形式的差别问题。例如,一家武器生产厂转产为一家轮胎厂与一家鞋厂转为轮胎厂存在怎样的差别呢?

自20世纪50年代起,大量文献描述和分析了西方国家[亚力克(Alic)等(1992),马尔库森(Markusen)和尤德肯(Yudken,1992),甘斯勒(Gansler,1995)]与前社会主义国家[库珀(Cooper,1991),加迪(Gaddy,1996),萨皮尔(Sapir,2000)]之间,在军民品生产及服务等的差别。差别主要表现在如下几个方面:

(1)有些差别在生产要素层面可能非常显著。例如,包括武器生产企业工人的收入较高,这与培训、能力水平、军事土地的高污染,以及未爆弹药等危险品有关。与民用资产相比,军事资产(如武器)在技术上更为复杂,更加昂贵,经济价值也更低(例如,带有加密与安全措施的一般军事通信系统与一般民用电话系统相比)。根本原因是,在军事领域及受其影响的国防工业和其他军事部门要素中,性能和成本间的关系不同于民用部门(某些对性能实施奖励的民事部门除外,例如赛车),对军事部门而言,性能表现明显优先于成本,一架灵活性较高的战斗机在近距搏斗中将占有巨大的优势。

(2) 在生产单位和企业层面的差别也很显著。除了性能/成本关系外，这些差别主要源于军事部门的其他常见特征。差别之一是保密要求，这导致了工作区分和生产活动分离；另一差别是军品生产通常重视性能表现，但却不以节约成本为导向，不能通过市场来进行成本控制，而是由大型官僚机构来进行控制。结果，劳动力尤其其综合管理能力不同于民品生产部门。在生产单位层面，关于民用生产与军用生产差别的普遍性及其影响，学者之间仍存在分歧[凯利（Kelley）和沃特金斯（Watkins, 1995），沃特金斯（1998）]。在下文有关工业军转民文献中，这将是讨论的重点。

(3) 政府用于军事目的和民用目的的支出可能存在差异吗？在这一资源类别层面，答案更富有争议，它取决于政府支出对宏观经济总体效果的假设，以及投资与收益的关系。下文将讨论这一问题。

2.4 军转民的测度

在军转民文献中，有两种主要方法可以测度是否发生了军转民，一种方法是投入导向法，另一种是产出导向法。进一步，结合上文提到的三种类别层次，对于揭示不同军转民间的差别将十分有效。

(1) 在生产要素层面，投入导向方法更具有意义。当出现下列情形时，就已经发生了军转民：军用土地转为民用，无论土地是用于工业区还是作为自然保护区；原来从事军事职业的人员现从事民事工作；或者原用于生产坦克的机器设备现用于生产卡车。而当土地处于闲置、人员处于失业、机器正在生锈时，就没有发生军转民。

(2) 政府支出是一种具有更高可替代性的资源形式，在这一层面，分析的焦点一般集中于其改变的结果。削减军费意味着用于军事生产要素的减少。然而，这并不意味着军事部门原来占用的劳动力、土地、技术和资本将被用于民事部门，它们也可能处于闲置状态。政府支出的改变可能会增加对于未被利用的生产要素的需求，从而有利于经济发展。只要民用生产要素的生产率高于军事部门的生产率，这种情况就会发生。政府支出改变之后，提高了国民收入的增长率，即使生产要素没有从军用转向民用，也可以认为是成功地实行了军转民。

(3) 在生产单位或企业层面，有多种方法可以测度军转民。这里可以用关闭基地这一简单案例来说明。基地包括：土地、地面基础设施（如道路和建筑）、雇员（例如服役人员）。通常军用土地转为民用都伴随着至少部分基础设施的拆除、相关人员的裁减，但是土地利用效率的提高增强了经济的活力。什么是恰当的测度方法呢？实物资产的重新利用程度？原国防工业雇员重新就业比例？还是土地转为民用而产生的更高收入？

有两种测度军转民的方法：实物资产的重新使用、雇员的重新就业和产量的变化，这两种方法在分析成功军转民时都被采用过。这两种方法的所关注的内容存在部分差异，哪一种方法更好？研究文献中没有共识。对军事复员感兴趣的人更关注实物资产的重新利用，他们认为：即使并没有带来经济活动的增加，但减少军用土地本身就是军事力量缩减的指标。军事部门雇员及其工会最感兴趣的是个人的再就业。对整体经济而言，商品及服务的产出是最为重要的。正如前文所述，在生产效率方面，军事资源重新转为民用，其产出也许低于其他现有的生产要素，军品生产企业对生产要素的整合也不如其他形式的整合更有效率，这在工业军转民过程中最为明显。要将一家生产武器的工厂转变为一家完全生产民品的工厂可能需要彻底更新生产设备和劳动力。当资源的可重新利用率很低时，生产企业仍可以成功地从制造武器转为生产民品，事实上成功的概率相当高。但是，企业层面的军转民与生产要素层面的军转民并不同步进行。

当生产单位或企业仅部分转产民品时，如何正确地测度这种工业军转民？在20世纪90年代，人们对这个问题的争论十分热烈。引人注目的大规模"企业内局部军转民"的案例发生于中国国防工业。下面3.3节将讨论这一案例。仅从产量方面来看，生产领域的多元化在经济上是非常成功的。但是，即使没有对军工资产及人员的重新利用，没有因削减军品生产能力而引发的"军事复员"，此类转变也可能发生；"复员"决定论的军转民观点要求先削减军品生产，再付出代价恢复民品生产。"经济"决定论的军转民的观点则关注于企业在商业上的成就；"社会"决定论的军转民的观点则关注资产，特别是人员是否重新开始从事民品生产。除了提供学术争鸣方面的素材外，关于测度军转民的成就的各种观点对于公众和政府决策者理解军转民也十分重要，公众更倾向于"社会"决定论的军转民观点（这一问题将在第4节继续讨论）。

关于测度军民两用品生产工厂和企业军转民的观点是多种多样的，其深层次的问题更为重大且其重要性日益突出，即如何区分民事活动与军事活动？这是"军转民"概念的核心。两用技术的重要性的日益提高，军品生产性质的变化［哈特利和桑德勒（2003）］，以及军队任务的变化（维和与国土防卫更加重要），导致了在国防部采购预算中民品和民用技术的比例越来越大。军队越来越多地利用"现货供应"的民品，如电子产品。军队的许多任务，如后勤，原先是由军队独立完成的，现在也成功地进行了私营化［伍尔夫（Wulf），2005］。经济学家们普遍赞同这种军事活动的"商品化"。但是，也有人提出要警惕"私人垄断"取代公共垄断［马尔库森（Markusen）

(2003)]。当军民两用和多用品占据主导地位时,有关军转民过程中资源重新利用的观点就失去了其合理性。如果提供给军队的资源、资产和服务不再是军队专用品,削减国防开支仅有的交易成本或其他"摩擦"成本就只源于需求的转换。有趣的是,这与冷战期间关于计划经济中工业军转民的流行看法很相似,然而这已被证明是错误的,下节将阐述这一问题。

2.5 军转民与经济学的宏观理论

关于军转民及其成就的测度方法的讨论涉及更多的经济学争论,如资本的"陶土"性质及供需关系等。20世纪60年代至70年代,西方市场经济的军转民的指导思想是凯恩斯主义,主要考虑了需求减少所产生的影响。供给问题,例如,资源从军用转为民用的交易成本,则完全没有引起注意。

产生以上问题的原因之一就是美国和英国在第二次世界大战后的不同经历。战争结束之后,美国开始了新一轮的经济增长;而在英国,这一切却没有发生。两国之间存在的差异不能被简单地归结为供给问题,大西洋两岸的企业都深受军品生产的影响,美国与英国都开发了大量的新技术。但是,宏观经济层面的分析却是有说服力的,英国的消费者和政府缺乏资金,而在美国,强制储蓄的解除和资本市场的扩张可以使消费者被压抑商品需求得到满足。第二次世界大战结束之后,苏联的计划部门以命令的方式将企业从生产军品转为生产民品,也相当成功[亚历山大(1990,1994)]。

20世纪80年代中期,冷战结束后开始裁军之时,经济分析的主流转向了供给经济学的立场,体现在有关军转民困境的讨论中。例如,关于"和平红利"的分析很少关注因国防开支减少而引起的宏观经济不均衡。而且,尝试进行军转民的企业发现,它们无论在技术方面抑或在成本方面,在民用市场中都没有竞争力。军方想放弃的多数土地对民间投资者也没有吸引力,因为这些土地或者被污染,或者远离工业中心,而且没有良好的交通条件。而退役士兵则发现,社会几乎不需要他们的特殊技能。显然,军转民是需要付出代价的,但是,正如20世纪90年代早期广泛讨论的那样,成本不是来自宏观经济而是来自微观"摩擦"[布劳尔(Brauer)和马林(Marlin,1992),伊萨尔德(Isard)和安德顿(Anderton,1992),克莱因(Klein),洛(Lo)和麦基宾(McKibbin,1995),丰塔内尔(Fontanel,1994)]。

供给经济学的思想引发了"军转民"概念的重大创新,即,将军转民视为一个投资的过程[哈特利(Hartley)等(1993),丰塔内尔,萨姆森(Spalanzan)和斯帕兰扎尼(Spalanzani,1995),英特利盖特(Intriligator,

1996)]。显然，企业需要金钱和时间去调查民用市场，重新评估生产设施，重组设备，重新培训员工，而最重要的是打开产品市场并在民用市场上赢得信誉。此外，还需要清理土地，如果有必要的话，还要修建通往主要工业中心的道路，重新培训退役士兵。即使不实施严格的军转民，政府支出用于国防目的而非民事目的，也是非常重要的：裁军是一个耗资巨大的过程，特别是化学武器和核武器（见下文）。对这些所有投资而言，军转民成本会超过收益，但一段时间过后，军转民将有利于经济增长。

另一些学者采用政治经济学方法研究了主要行为体，特别是军工企业的行为。对军品生产者而言，通过投资改善生产要素，从而克服进入民用市场的其他障碍，并不是解决军事需求减少的唯一方式。另一种方式是，试图在缩减了的军品市场中占据更大的份额。在绝大多数国家，军品市场仍是高度政治化的，因此仍有游说的空间。避免转产民品所需付出的代价和努力，对这些企业来说还是很有吸引力的，他们可通过争取政治保护来攫取政治租金。这种情况在苏联非常普遍，包括在其最后的阶段，当领导人命令实行军转民时，至少部分苏联军工企业采取了似乎奇怪，但实际却是理性的行为 [加迪（Gaddy, 1996），贡沙（Gonchar, 2000）]。例如，虽然企业被命令转产婴幼儿车，企业也照章行事，但却使用了特殊钢材，使婴儿车既沉重又昂贵。通过证明无法生产有竞争力的产品，他们继续游说政府，以期获得更多的军品订单。在西方市场经济国家，我们也可以发现类似的寻租现象。有些军工企业发现，游说政治化的、封闭的防务市场，比努力将军品生产线转为民品生产线更有利可图 [萨波尔斯基（Sapolsky）和戈尔兹（Gholz, 1999），马尔库森（Markusen, 1999）]。在有些案例中，企业甚至为了集中于国防生产而关闭或出售了盈利的民品生产部门，即使在国防市场日渐萎缩的时期，他们仍如此行事 [萨波尔斯基和戈尔兹（1999）]。管理者们至少部分地接受了知名军工企业主管 [（例如，美国洛克希德马丁公司的诺曼·奥古斯丁（Norman Augustine）] 及一些私人顾问的意见，即认为军转民是完全失败的 [阿德尔曼和奥古斯丁（1992，第28页）]。而个别军工企业的专家则认为军转民的成败与否取决于其技术的市场空间及营销技能 [伦德奎斯特（1992）]。

3. 冷战后军转民的经济收益与成本

下面将根据上文所定义的军转民的几个主要层次，简要讨论冷战后的军转民问题。

3.1 政府预算的重新定位

20世纪80年代末和90年代初,军事预算的缩减,使很多国家的议会和政府对如何重新分配这些节约的开支有了多种选择。最常见的选择是用于减少政府的债务,继而增加其他民用预算项目,但通常不会选择减税政策。例如,联合国的一份研究表明,1985~1990年,36个国家降低了军费占国民收入的比例,而在这一时期只有7个国家增加了民用支出占国民收入的比例[美国(1995)]。后期的情况也基本如此[BICC(1996)]。在少数几个案例中,削减军费所节约的资金被用于特定的计划或项目。例如,德国每年用于支持东德经济和社会体系的政府资金超过1000亿美元,其中部分来源于削减了的国防支出。通过对美国预算及军费所占的比例的研究,戈尔德(Gold)估计,所削减的国防开支中,约60%用于减少预算赤字,约40%用于民事支出[戈尔德(2000)]。有些国家,特别是前社会主义国家,经济萎缩十分严重,以至于根本没有可用于重新分配的剩余资金。20世纪80年代末期和90年代早期,这些国家对"和平红利"用于诸如社会或发展补助等方面曾寄予厚望,此后主流意见又转向了其他方面。但是,这些国家不仅没有产生"和平红利",反而还受到了"和平惩罚",这是由经济活动减少而造成的[布勒梅尔霍斯特(Brömmelhörster)(2000)]。

将国民收入作为独立变量所进行的计量经济分析表明,削减国防开支会产生正面的贡献,但它高度依赖于所采用的模型。例外的情况主要发生在前社会主义国家集团,这些国家削减了军费,但却造成了整体经济的滑坡。

总结一系列的国家计量经济学研究发现[格莱迪奇(Gleditsch)等(1996)],大多数的研究采用了基于LINK的计量模型评估宏观经济关系,比耶克霍尔特(Bjerkholt)写道:"早期的一些研究倾向于夸大削减军费所带来的经济利益,但却低估了军转民面临的困难,对短期内将军品生产资源及设施转为民用所需进行的重新配置估计不足。正如基于国别进行的仿真研究所显示的那样:大多数国家从裁军中所获得的短期收益是非常有限的(甚至为负值!)"[比耶克霍尔特(1996,第19页)]。在总结了跨国研究与国际研究之后,史密斯补充认为:"与国家仿真分析相似,比较计量经济学研究和全球模拟研究也得出了相当正面的结论。在短期内军转民可能会出现调整成本,这些成本还可能会因私有部门和金融市场的前瞻性行为而降低。但从长期看,资源从军事部门到民事部让的重新配置,将会带来经济利益"[史密斯(1996,第357页)]。通过运用标准经济增长模型进行分析,国际货币基金的研究者们发现"最新军费数据表明,自 1985 年以来已经产生了相当大的和平红利。结果显示,大幅削减军费的国家,也降低了非国防开支和财政赤字,从而潜在地鼓励了私人投资。有间接证据显示,削减军费可使国家能够在整体开支缩减的情况下,维持或增加其社会支出。相反,增加军费的国家也增加了其他方面的支出并且大大扩大了赤字"[克莱门茨(Clements),古普塔(Gupta)和希夫(Schiff),1996;第 33 页,也可见巴尤米(Bayoumi),休伊特(Hewitt)和希夫(Schiff)(1995)以及奈特(Knight),洛艾斯(Loayza)和比利亚努埃瓦(Villanueva,1996)]。戈尔德以军事负担为变量估计了 20 世纪 90 年代美国的宏观经济关系,研究结果表明,20 世纪 90 年代美国收入增长的约 1/4 来源于将军费重新配置于其他民用支出门类,包括用于减少债务(戈尔德,2000)。

关于"和平红利"的比较经验研究表明,削减军费的效果主要是正面的,但这也高度依赖于整体经济环境与经济政策,军费的削减(20 世纪 80 年代中期到 90 年代中期全球平均约为国民收入的 3%)并非足以决定整个经济命脉。计量经济学研究还表明:在很多国家,削减军费都伴随着一定程度的国民收入的增长,通常在短期内增长幅度较小,但长期则较大。然而,由于研究的结论取决于所选用的模型及整体经济环境,所以难以得出准确可靠的数据。大部分的增长效果是通过削减政府预算产生的,而重新分配政府支出于民事目的,例如发展援助或社会支出,仍然非常罕见。

3.2 军事技术与研发设施的重新利用

在最近几十年中,大部分技术知识被用于军事目的。冷战期间,公共研究与开发经费的 20%~25% 被用于军事目的[阿尔布雷克特(Albrecht),1979]。研究设施、科学家和技术人员的比例也大致相似。大量的军事研究都集中于苏联和美国[格默特(Gummett)等(1996)]。

冷战之后,很多国家对军事技术的需求明显减少。在美国,从 20 世纪 80 年代末期到 90 年代末期,军事研发支出减少了约 30%(20 世纪 90 年代末又开始增长)。在俄罗斯,同一时期军事研发支出实际上骤降到不足原来的 10% [贡沙(2000)]。因此,我们自然会提出这样的问题:技术、设施和科学家能够被用于民用目的吗?如何进行利用呢?

下文将得出这几个问题的答案,并进行讨论。首先,军用与民用技术成就的比较。因为军用领域对保密的特殊要求,通常民用技术和军用技术是以不同的速度分别发展的;其次,军民技术之间的制度障碍。在这方面,冷战时期其障碍很高,冷战结束后,障碍得以解除,大量技术储备可以转为民用;再次,军用与民用研发方向的差异。通过军事投资取得的部分技术只能用于军事目的，而不能转为民用。最后，对民用技术知识的需求。这决定着军事设施的重新利用及研究人员重新受到雇用的情况。

20世纪80年代末，西方国家的实践经验表明，军事部门在某些技术领域是领先的，如复合纤维结构和镀金技术，而在其他的多数领域，民事部门则超过军事部门，尤其是在电子领域，也包括材料科学和航空的重要尖端领域。与现状形成鲜明对比的是，早期军事研究与开发曾占据显著优势，并产生了军用向民用领域的"溢出"效应，包括电子和航空领域［亚力克（Alic）等（1992）］。军民技术的差距的出现，主要起因于第二次世界大战结束之后西方民用研发支出大幅增长，其增长速度已经超过了军事研发［美国国会技术评估局(United States Congress Office of Technology Assessment, 1993)］。在苏联，军用研究普遍领先于民用，但苏联仅在部分军事技术领域可与西方相提并论［伯恩斯坦（Bernstein, 1994），萨皮尔（Sapir, 2000）］。

冷战期间，不同的技术种类、不同的经济部门和不同的国家，其军事研发和民事研发之间的障碍也不相同，这取决于保密要求和制度安排。例如，在德国多数军事研发都是由服务于军民两用市场的企业进行的。而在美国，军事研发则是军民分离占据主导地位，多数军事研究是在专门的政府研究机构中进行。在苏联计划经济中，军用与民用两个领域是严格区分的，军事研发在资源分配方面具有绝对优先权。军用研究与民用研究的严格分离，导致了军用研究中所产生的技术方案完全不考虑任何民用的可能性［贡沙（Gonchar）（1997）］。

20世纪70年代和80年代，在大多数西方国家，研究与开发更加一体化。为民用目的所开发的技术向军事应用的"溢出"尤为突出。因而，军事研发则重新定位，并更多地集中于几乎不可民用的技术领域［亚力克（Alic）等（1992）］。结果，在80年代，许多此类技术（即能够发挥军事研究设施优势的技术）都是国防专用技术。其中之一是隐形技术，它几乎没有什么民用价值［美国国会技术评估办公室（1993）］。苏联没有产生类似的"溢出"效应，在20世纪70年代至80年代，苏联的民用技术进步能力经历了日趋严重的下滑［萨皮尔（Sapir, 2000）］。

冷战期间，关于军用研发对民用研发的挤出效应一直存在争议［李顿勃格（Lichtenberg），1995］，20世纪90年代，许多国家放松了对民用研发的需求。俄罗斯最为典型，90年代公共研发支出下降到不足原来水平的一半［贡沙（2000）］，其他国家也存在这种情况。例如，在90年代早期，德国、日本和美国的民用研发支出占国民收入的比例曾大幅下降。与早期的军费削减周期相反，例如，第二次世界大战之后（将军用技术应用于民品），20 世纪 50 年代末朝鲜战争结束后及 70 年代初越南战争结束后的削减时期（电子技术、空间技术），90 年代则不存在类似的可带动民事研发需求急剧增加的大型新技术项目。90 年代早期，企图实施此类项目的政治努力，如节约能源技术，均以失败而告终［美国国会技术评估办公室（1993）］。

根据目前有限的经验判断，军事领域的知识、技术和研究设施的重新利用，以及原军事项目研究技术人员在民事部门的重新就职，其范围都是相当有限的，上文的分析有助于解释其中的原因。致力于为其研究开发寻找民用客户的机构，包括美国政府的研究机构，其努力的成效仍非常有限［BICC（1996，第 2 章）］，尽管这些机构曾承担过政府项目［如"合作研究与开发开发项目"（CRADA）］。此类的机构还包括：德国弗劳恩霍夫协会（Fraunhofer）和英国国防评估研究所（DERA），英国国防评估研究所在某种程度上更为成功，它被分割为一家纯粹的军事研究机构和一家以商业为导向的企业（QuinetiQ 公司）。在俄罗斯，原来的大型军事研发联合体只有一小部分找到了其民用空间，在整个 20 世纪 90 年代，技术人员失业都非常严重［贡沙（2000）］。

对于早期为国防目的而投资的技术而言，20 世纪 90 年代并不是将其成功地付诸民用的黄金时期。由于防务部门的特殊性质，而且在 80 年代末以前的几十年中，民用研发的巨大进步，国防研发取得的成就大大滞后于民事领域，或者说，国防研发高度集中于国防应用领域。对于苏联后期庞大的国防研发部门来说更是灾难性的，因为它很难找到有价值的民事应用领域。

3.3 企业层面的军转民

军转民本质上是工业结构的调整，但同时也存在许多其他困难。需要扩大民品生产，开发新的民品市场。然而，正如上文所述，自 20 世纪 50 年代起，大量文献对造成西方国家及前社会主义国家武器生产与民用工业差异的因素进行了探讨。保密要求、性能导向、忽视成本及有限市场，这些因素共同形成了一种"国防工业文化"，它虽然只是一种文化意识，但却变成了许多有代表性军工企业的组织特征［马尔库森（Markusen）（1992），和尤德肯（Yudken）（1992），甘斯勒（Gansler），1995］。典型的国防组织结构也为企业退出防务市场进入民品市场设置了很高的障碍。与民用企业相比，军工企业的研发与管理部门更加庞大，市场部门则相对较小，在以顾客为导向、节约成本的意识等方面严重落后。一些分析家认为，社会文化因素，如管理者和工人的预期，也是进行成功军转民的主要障碍［费尔德曼（Feldman），1998，1999］。

在典型的军工企业与民用企业之间的差异方面，一些国家要大于另外一些国家，这些差异是官僚程序和企业惯例的具体表现。正如前文所述，苏联的国防工业和民用工业普遍存在着分离的现象。在德国，自20世纪50年代之后，在没有取消对生产进行严格控制的前提下，政府试图鼓励在企业内部进行军民交流［布若斯卡（Brzoska），威尔克（Wilke）和伍尔夫（Wulf, 1999）］。在美国，人们对军工企业与民用企业之间的差异则存在不同的看法。大多数学者［马尔库森等（1991），伦德奎斯特（Lundquist, 1992），阿德尔曼（Adelman）和奥古斯丁（Augustine, 1992），甘斯勒（Gansler, 1995）］认为军品生产和民品生产是被"防火墙"隔离的。而凯莱（Kelley）和沃特金斯（Watkins, 1995）则坚持认为，二者几乎不存在什么差别，其生产在很大程度上是一体化的。产生这些不同观点的主要原因是他们所关注的对象不同，即所研究的是大型军工企业？还是小型的多元化经营的企业？马尔库森及其助手的大部分工作集中于研究五角大楼的主承包商，它们绝大多数都是在国防生产中占据很大份额的大型企业。而凯莱和沃特金斯（1995）的研究视野则更宽，他们多数的经验证据是来自较小的企业。

国防工业不同的部门以及处于供给链中不同位置的军工企业也存在明显差异。例如，因为军民两用技术的广泛普及，防务电子企业与该工业部门中的民用企业一般非常相似，至少比主要生产国防专用产品的火炮或重型武器装备的厂商更接近于民事企业［亚力克等（1992）］。沿供给链条从上而下，保密与行政要求也随之而降低，但成本意识却随之增强［费尔德曼（Feldman, 1997）］。

在从社会主义经济向市场经济过渡过程中，国防工业军转民还面临着另外的问题，特别是在国防工业部门高度军事化的俄罗斯、乌克兰与白俄罗斯。实行军转民的军工企业与民用企业一样，需要面对由社会主义经济向市场经济转轨所带来的同样问题：国内需求疲软，国际竞争激烈，法制环境不健全，政治结构不稳定以及政府支持力度低。此外，他们还须处理前文所述的冷战时期遗留下来的特殊问题。军工企业私有化一度被认为是解决这些结构性问题的最好方法。然而，由于社会及军事方面的原因，私有化通常是不完善和充满矛盾的，政府并不愿让私人企业家完全控制军工企业。组织上的矛盾、联合大企业的规模、军转民和防务生产政策的冲突，这些因素都助长了企业管理者的寻租行为。继续从事军火生产还是实施军转民？有时更多地取决于能够左右政策和支配资金的权威人士的意见，而不是经济上是否有效率。然而，这也创造出一种不同的军民结合形式。在西方国家，投资于军转民的力度通常更多地与继续从事武器生产有关，尤其是为出口而生产。结果，前社会主义国家的军工企业不但没有像在社会主义时期所期待的那样，带来民用经济的繁荣，反而成为其负担，仅有极少数情况例外，例如，俄罗斯技术先进的航天产业和航天企业，能够很快采用西方新技术以适应东欧市场［东欧的例子见基斯（Kiss，1997），俄罗斯：加迪（Gaddy，1996），萨皮尔（Sapir，2000），贡沙（Gonchar，2000）］。

大多数有关工业军转民的研究仅基于一个或几个案例。很多案例的研究成果发表于 20 世纪 90 年代［格莱迪奇（Gleditsch）等（1999）］，包括从军品生产转为民品生产加速企业的成长的案例，如美国得克萨斯电子器材公司，美国麦哲伦 GPS 系统升级公司，瑞士 Oerkikon-Bührle 公司和德国易宝系统有限公司（EPRO）［BICC（1997）］。许多企业经历了低谷甚至陷入了破产的境地，

表 34 –5   1990 ~ 1995 年最大的军工企业军品和民品销量的变化

企业集团	企业数量	1990 ~ 1995 年销量变化（单位为 10 亿美元，当年货币）	
		军用	民用
1990 ~ 1995 年武器销量减少的企业：			
增加的民品销量足以弥补军品销售损失的企业	27	-16	+155
增加的民品销量部分弥补军品销售损失的企业	10	-3	+1
军用和民品销售都遭受损失的企业	13	-13	-47
小计	50	-31	+109
1990 ~ 1995 年武器销量增加的企业：			
军品和民品销售都增加的企业	30	+13	+162
军品销售增加而民品销售损失的企业	10	+8	-14
小计	40	+20	+148
合计	90	-11	+257

注：斯德哥尔摩国际和平研究所国防工业数据库中对 1995 年世界前 100 家最大的武器生产企业中的 90 家有详细的数据。

例如德国的 Technik 系统公司和东欧的很多企业［BICC（1997）］。在大量资料基础上的定性研究很少，而定量研究则更少。主要原因是缺乏恰当的资料。马尔库森（Markusen）及其合作者收集了大量有关美国防务制造商的资料［马尔库森和尤德肯（Yudken，1992），奥登（Oden）和比沙克（Bischak，1995），费尔德曼（Feldman，1997），奥登（1999）］。他们发现，现实情况是多种多样的，既有进入民品市场进行多元化经营的军工企业，也有在日益缩小

的国防市场中集中于国防生产、仅活跃于国防市场中的"纯粹"军工企业。他们的分析强调经营抉择和美国政府所采取的激励措施。凯莱和沃特金斯（1995）从其称为"机械密集型耐用品部门"（包括所有主要的传统武器生产企业门类）中随机选择了1 000家企业作为样本，收集相关资料。根据这些资料，他们指出"如果我们从重机械耐用品部门得出的结论适用于整个制造业，那么对绝大多数需要进行军转民以进一步适应商业市场的军工企业来说，几乎不存在什么技术障碍或组织障碍"[凯利和沃特金斯（1995，第530页）]。分析企业层面军转民的另一类型数据是斯德哥尔摩国际和平研究所提供的全球最大的100家武器制造企业的数据[BICC（1996，1998），布若斯卡（Brzoska），威尔克（Wilke）和伍尔夫（Wulf, 1999），申斯（Sköns）和韦达切尔（Weidacher, 1999）]。根据这些数据，表34-5显示，在20世纪90年代前半期，企业民品销量提高了257%，而军用品销售量则减少了11%，该研究结论表明，军转民是非常成功的。但得出该结论尚为时过早。根据企业减少或增加武器生产，将1990~1995年间的企业销售数据进行汇总，表34-5显示，企业减少或增加军品销售额与民品销售额的影响并无显著的差别。40家武器销售额没有降低的企业，其民品销售额累计提高了148%，而50家降低了武器销售额的企业，其民品销售额只增长了109%。后者民品销售额增长低于前者，主要是受13家军民品销售额同时受到削弱的企业的影响。因而，扩大民品销售额的成功似乎并不是受企业军民品组成比例变化的影响，而是另有原因，下面将要讨论这些问题。

表34-6　俄罗斯国防工业部门的产能（1991~1999年）

	1999年产量与1991年产量的百分比	
	军品产量	民品产量
飞机	16	32
造船	50	39
无线电通信	34	33
通信	9	14
电子	7	23
弹药和特殊化学制品	17	16
空间	41	78
核能	34	104
总量	19	39

资料来源：波恩军转民国际中心（BICC，2001，第61页）。

仅有少数国家对军转民及相关指标进行了官方统计，这些国家的国防工业具有浓厚的行政色彩。俄罗斯公布了"军事工业联合体"的数据，"军事工业联合体"是官方认定的国防工业，俄罗斯对军品生产和民品生产做了区分。表 34-6 是 20 世纪 90 年代的数据，数据表明，军品生产和民品生产都在下降。1999 年的民品销售额仅为 1991 年总量的 39%，而国防产品销售额则下降到 1991 年的 19%。随着政府保护的终结，"军事工业联合体"在民品市场上几乎没有竞争力，特别是核与航天领域中的企业。

20 世纪 80 年代，中国建立了自己的军转民体系。中国已经公布了军转民的各个方面的官方数据，例如：军转民企业产品在特定市场中的份额，军工企业中民品的份额[布勒梅尔霍斯特（Brömmelhörster）和费兰肯斯坦（Frankenstein），1997]。根据这些数据，中国的军转民是相当成功的。1979 年军工企业的民品产量为 8%，而 1985 年则提高到了 40%。1997 年，中国宣布军工企业 80% 的产品是民品[威（Wic，1997）]。然而，我们并不十分清楚这些数字背后的内在含义[贝泰勒米（Berthélemy）和德格（Deger，1995），布勒梅尔霍斯特（Brömmelhörster）和费兰肯斯坦（Frankenstein）（1997）]。企业在军转民市场上的生产和销售一般都得到了国家的补贴。提供这种补贴的基本解释是维持战时急需扩张的生产能力，因此布勒梅尔霍斯特和费兰肯斯坦（1997）怀疑中国的军转民是军事工业维持高度战备水平的一种手段。

关于国防工业军转民的综合分析，马尔库森及其团队[比沙克（Bischak，1997），马尔库森和科斯蒂根（Costigan，1999），马尔库森，迪乔瓦纳（DiGiovanna）和利里（Leary，2003）]和 BICC [BICC（1998），布若斯卡（Brzoska，1999，2001）]的研究中提出的下列因素可以解释成功实施了工业军转民的国家、部门和企业之间的差异。

整体经济环境。作为一场全面的产业改革，军转民高度依赖于新出现的机会和市场，这也是经济健康成长的标志。

市场定位。在某些市场，武器生产企业具有优势地位——如政府市场（它与防务市场相似）或大型复杂系统的市场（例如航天）。技术方面的垄断是军工企业进入民品市场的显著优势。

先期进入民品市场。如果企业已具备民品市场的经验，这对其军转民无疑是有帮助的，表现在营销、管理及企业文化等方面，这与下列因素有关：企业研发技术的性质以及该技术是否可直接用于民用市场，或者仍需要耗费巨额资金进行调整。

适应性。既然组织结构、企业文化等必须作出改变，这就要求组织内部的这些方面具有较高的适应性。这种改变需要通过人员的变动来实现，例如，减少管理人员，增加市场人员。适应性通常被认为是影响军转民成功的主要因素。

投资。许多对国防工业军转民成败的详细分析证实了裁军是一个投资过程的观点［哈特利（Hartley）等（1993）］。军转民需要资金购买新机器、实施培训，也需要资金以渡过滞销期。通常军转民需要外部资金投入，因此银行等外部债权人是否愿意资助军转民就是至关重要的。在俄罗斯的军转民案例中，部分企业通过出口武器为军转民筹措资金。

参与。案例研究发现，管理者和员工的参与也具有重要意义。持反对立场、因意识形态而不愿进行军转民，或与企业的战略决策背道而驰，这些都极大地阻滞了军转民。

总之，至少从两重意义来看，20世纪90年代的工业军转民表现出了多元化的特点。第一，军转民结果的多样化，包括从企业破产到在民用市场上取得巨大成功；第二，几乎没有企业选择退出军事市场进行彻底的军转民。企业为弥补萎缩的军品销售而采取的最主要的手段是产品多元化。企业选择尽可能地留在国防市场上，并不排除企业为了进行耗费巨大而又旷日持久的军转民筹集资金。

3.4　士兵与军事人员的再就业

从服役到平民生活的重新安置使个人包括其家庭都经受了全面的剧变。不同国家的军队在其成员面对这种转变时遵循着不同的惯例。在大多数西方国家军队中，对绝大多数士兵来说，服役只是一种暂时就业，随后他们将从事民事工作，军队要为此做好人事方面的准备。关于服役如何影响个人后来在民事部门的收入，大量文献对此进行了研究。然而，并没有确定的结论［沃纳（Warner）和阿施（Asch，1995），洛克伦（Loughran，2002）］。通过实施相关的民事职业培训，帮助他们实现从军到民的职业跨越，似乎改善了士兵的就业前景［戈德堡（Goldberg）和沃纳（Warner，1987），拉哈尼（Lakhani，1998）］。在前社会主义国家以及许多发展中国家，专业士兵一般要在服役中度过其整个职业生涯。20世纪90年代，这种惯例被打破了。东西方国家的军队都开始大规模地裁减人员，包括提前中止合同。

在民事经济中再就业的机会取决于民事劳动力市场，同样也取决于退役人员的技能。有关西方工业化国家的研究发现，退役人员在相对较短的时期内找到民事工作的比例很高。胡珀（Hooper）和斯蒂芬斯（Stephens）在20世纪90年代中期对764名原陆军和海军的人员作过一项调查。调查发现，超过

80%的被调查者在6个月内找到了民事工作岗位（见表34－7）。然而，在军队中培养的技能只对大多数人非常有用，而不是所有受访者［胡珀和斯蒂芬斯（2000）］。尽管，据说东欧国家原军事人员的就业机会好于民事部门接受过类似培训的人员［保韦尔斯（Pauwels，2000），海涅曼·格鲁德（Heinemann-Grüder，2002)］，但事实上这些人的再就业前景已非常糟糕。

在发展中国家，战争结束之后，军转民要面对的特殊挑战是这些参战人员如何重新融入民事经济体系。很多国家在战后都设计并实施了"解除武装、复员和重返社会"（DDR）项目。对该项目的评估证实了改善整体经济状况的重要性，这是退役战士成功融入民事经济体系的首要条件［科莱塔（Colletta），科斯特纳（Kostner）和维德霍弗（Wiederhofer，1996），金马（Kingma，2000），保韦尔斯（Pauwels，2000）］。

表34－7　民事工作技能的来源，样本为英国前军事人员

民事职业与 军队职业比较	海军		陆军	
	数量	%	数量	%
不利用军事技能	40	20.7	86	24.1
利用一般的技能	38	19.2	133	37.2
利用特殊的技能	116	60.1	138	38.6
样本量	193	100.0	357	100.0

资料来源：胡珀和斯蒂芬斯（2000）。

3.5　基地军转民

关闭基地主要是为了精简基地结构，节约国防预算。例如，美国审计总署（2002，第42页）估计，至2002财年，通过四轮基地关闭行动，已节约了160亿美元。通常，因为关闭基地会给当地经济造成不利的后果，当地社会团体会强烈反对关闭基地。基地为当地提供了就业机会，当地的经济也受益于驻地士兵的购买力。因此，基地军转民的效果通常是通过其在就业和购买力方面对当地经济的贡献来衡量的。

重新利用军用土地及地面建筑物的成本与收益是军转民研究涉及最少的领域。不过，似乎可以有把握地断定，从军转民对经济增长的作用来看，在某些方面，至少对西方工业化国家而言，这是军转民最为成功的领域。对美国及西欧国家的研究表明［达尔迪亚（Dardia）等（1996），阿科尔迪诺（Accordino，2000）］以及西欧国家［尧西艾宁（Jauhiainen）等（1999），巴尔特斯（Baltes，

2004)]，军用土地重新转为民用具有很高的经济性，特别是在制造业和服务业领域。例如，在德国的北莱茵河州威斯特伐利亚地区，271个占地8 350公顷的基地在20世纪90年代被转为民用，这些基地上曾驻扎了84 000名士兵。除了需求减少对就业造成的间接影响外，关闭基地还直接减少了26 000个民事岗位。5年之内，原军用土地几乎全部被转作民用，包括从铁路试验机构到大学宿舍。在北莱茵河州，2000年对所有"军转民社区"所作的调查中，军转民地区创造了9 480个新工作岗位，并且随着更多的私人投资被吸引至各个基地，该项指标还将大幅提高。然而，基地军转民需要有足够的资金、合理的规划与分区、环境整治与基础设施重建，大约需要3亿资金。基地军转民的准确成本很难计算，因为在很多案例中，对房屋、改善地面建筑物的投入并不是军转民所必需的开支，但却提高了军转民土地的市场价值［希罗基（Schirowki，2000)]。美国的结论给我们留下了深刻的印象，美国审计总署证实，根据国防部的数据，在1998年之后的四轮的基地关闭过程中，到2001年，关闭大型基地所减少的129 649个职位中的约62%（79 740个职位）已经转换成功。这些数字不包括被整合或关闭基地周边地区减少或新增的职位［美国审计总署（2002，第42页），亦见达尔迪亚（Dardia）等（1996)]。胡克（Hooker）和克内特（Knetter）（1999）试图评估基地对就业造成的各方面的影响。他们使用"对照趋近法"，比较了实施军转民前后基地所在地县级层次的就业趋势。研究表明，统计上的差距并不明显，军事基地军转民并没有带来工作职位的净损失。波珀特（Poppert）和赫佐格（Herzog）（2003）使用私人非农场类就业增长模型（县级层次），研究了关闭大型基地对间接就业影响。他们的结论是，土地由军用转为民用既提高了原基地驻地的直接就业，也提高了周围社区的间接就业。这些效果在军用土地被实际释放之前就已开始生根，对此波珀特和赫佐格归因于"社区乐观主义"（下文将进行解释）和"联邦政府对基地调整和关闭（BRAC）的援助"（2003，第479~480页）。

在东欧和发展中国家，军用土地重新利用的进展要慢得多，主要是因为土地充足，而军用土地转为民用的成本通常很高［坎宁安（Cunningham）（1997），尧西艾宁（Jauhiainen）等（1999)]。然而，也存在例外情况，例如，美国位于菲律宾苏比克湾的前基地，现在已成为重要的贸易枢纽和生产区。还有美国在巴拿马海峡的前基地，也吸引了大量的投资［BICC（1996，第5章)]。

军转民的成功一般取决于整体经济状况，特别是所投资地区的资源稀缺情况，军用土地的重新利用就是其主要例证。当土地稀缺时，例如在西欧和美国基地周围的地区，在土地被释放为民用时，需求就很高。而在其他地区，军转民也可能成功，然而主要是地面建筑物（如房屋和港口设施等）被重新利用。

3.6 军转民的地区效应

传统上，基于各种安全性、政治性和功能性等的考虑，全球国防工业和基地均集中于特定的地区。例如，在德国，国防工业相对集中在巴登－弗腾堡（Baden-Württemberg）、巴伐利亚（Bavaria）和不来梅（Bremen），而基地则集中在石勒苏益格－荷尔斯坦（Schleswig-Holstein）、莱茵河地区的巴列丁奈特和下萨克森（Rhineland-Palatinate and Lower Saxony）。斯洛伐克的国防工业主要由集中于斯洛伐克中部的杜比尼卡（Dubnica）、代特瓦（Detva）和马丁（Martin）地区的大型企业组成的"军事三角区"。俄罗斯的国防工业集中于圣彼得堡、莫斯科周边和乌拉尔（Urals）地区。中国的国防工业则主要集中在北京市、河北省和辽宁省［马尔库森和奥登（Oden，1994），卡普斯坦（Kapstein）（1995）］。

国防相关活动与就业高度集中的社区，一方面受削减军费的影响过大，但是通常也可起到一定的缓冲作用，这取决于该地区的整体经济状况、劳动力市场的适应性和就业结构［埃尔斯纳（Elsner，1995），布若斯卡（Brzoska）和马尔库森（2000）］。有关区域军转民的经济研究集中于整体就业效果，一般包括，对当地次级承包商和地区供应商的就业影响，以及通过"地区乘数"对当地零售和服务业的第三级影响。据估计，在20世纪90年代，西方国家的地区乘数在1.5～2.0之间［欧洲社区委员会（Commission of the European Communities（1992，第97～98页），布勒梅尔霍斯特（Brömmelhörster，1994），布拉登（Braddon）和多德尔（Dowdall，1996）］。

学者们对国防部门人员的区域性再就业问题也进行了研究，包括对英国、德国、美国和俄罗斯等国家的研究。研究表明，原国防工业领域的工人再就业的成功率高于其他资质相似的工人［马尔库森和奥登（1994），布若斯卡（Brzoska）和马尔库森（2000）］。据观察，劳动力市场出现这种情况可能的原因包括，雇主直觉认为原国防工业雇员在高度行政化的环境中工作，操作的是先进的机器设备。然而，国防岗位所培养和所需的技能并不总能转用于新的岗位中。例如，一项关于英国东南地区国防工业过剩劳动力的研究的结论是，很少有人能够找到与他们早先所从事的国防岗位同类的职业，使他们能发挥其国防职业中获得的技能。特别就，该项研究发现，在国防关键技术领域的工程师和技术人员，例如金属加工机械、电子和金属加工等，有40%～60%的人就职于技能要求较低的岗位［胡珀（Hooper）等（1996）］。在美国，通过发展服务业，减轻了国防工业裁员对国防依赖度高的地区－如洛杉矶的长滩（Long Beach）和圣路易斯（St. Louis）的影响［奥登（1999）］。

3.7 销毁武器的净成本

冷战结束后，军费与武装力量削减造成了传统武器装备的大量冗余。此外，欧洲限制重型武器数量协议、全球消除化学武器和减少核武器开始生效和实施。处理这些多余的武器装备也成为"十年大裁军"全面军转民计划的一部分。

销毁常规武器的费用相对较低。小型武器，如步枪，可以用蒸汽压路机碾碎，甚至重型武器，例如坦克，耗费数千元就能拆毁。另外，由于使用了多种不同的原材料，出售销毁后的废金属，几乎毫无价值。销毁舰船则耗资更大，主要因为它们使用的多是危险材料，如石棉等，但这也有一定的废品价值。如一艘中型战舰，可以有几千吨钢铁废料。销毁武器的成本还取决于处置后对环境安全将会产生怎样的影响［伦纳（Renner，1996），BICC（1997），科普特（Kopte）和威尔克（Wilke，1998）］。

销毁化学和核武器则需要付出更高的代价。2004年，美国审计总署估计，20世纪90年代初期，美国兵工厂销毁31 000吨化学武器的总成本将累计超过2 500万美元［(2004a)］。俄罗斯的库存量更大，预计销毁所需费用约为这个数字的一半，但是俄罗斯的销毁才刚刚开始，成本估计也不如美国的可信。销毁化学武器的直接经济利益是非常有限的，如减少其保护设施的成本等，但是化学武器的减少也排除了潜在的因非法利用或无意泄漏所带来的高昂成本［帕特尔（Patel，2005）］。销毁核武器的成本无法准确估计，部分原因是核武器中钚和铀重新转为民用在技术上是可行的［威利特（Willett，2003）］。大量高浓缩铀可被稀释并用于民用动力反应堆，钚的利用前景则更为广阔。因为存在扩散的危险，政治当局不可能同意将钚用于除重要民用动力反应堆以外的民用核工业。然而，用于销毁核武器中钚的所有方法都是成本很高的［美国国家科学院（1994）］。与核武器相关的最大的开支是清理核武器生产设施的成本。位于华盛顿汉福德（Hanford）的美国最大的核武器设施，其清理成本估计高达560亿美元［美国审计总署（2004b）］。

4. 政府军转民政策

很多国家在20世纪90年代就实施了具体而详尽的军转民政策,在少数国家,例如中国和俄罗斯,军转民政策则一直延续到新世纪。西方国家也支持原华沙条约成员国进行军转民。全球军转民项目的根本原则是抵消因削减军费给当地和区域经济造成的负面影响,特别是其带来的后果。有趣的是,在西方国家,土地与退役士兵军转民比工业军转民常常得到更多的支持,而在前社会主义国家则恰恰相反。

关于政府应该在经济中扮演恰当角色的基本观点,也影响了对政府支持军转民项目的必要性、有效性或无效性的评估。政府对军转民进行合理干预是由于"裁军是一个投资过程",政府干预集中于军转民中高风险和公众认为私人部门不会提供足够资金的领域,例如将污染了的军用土地重新转为民用等。从政治经济学的角度分析,仅当在经济行为体寻求私人利益的领域中仍存在社会利益时,政府的介入才是合理的,例如在军工企业中将为军事技术目的开发的技术应用于民用领域。那些怀疑政府有能力纠正上述市场失灵的人,也对军转民政策持怀疑态度。20世纪80年代末和90年代,在大多数国家盛行的新自由主义经济政策,部分地解释了为什么军转民项目的进展仍非常有限(仅有极个别的例外情况)。

20世纪80年代末,苏联领导层将军转民作为工业政策的核心,但其效果很不理想[库珀(Cooper,1991),萨皮尔(Sapir,2000)]。军工企业为完成计划而生产的民品在民用市场上常常缺乏竞争力。俄罗斯与20世纪90年代早期的乌克兰,继续推行军转民项目,为国防工业确立了民品生产指标,但却没有提供实现这些指标所必需的资金[贡沙(Gonchar,1997,2000)]。如上所述,在全球范围内,中国是推广军转民项目最为广泛的国家,中国为国有军工企业制定规则,提供补贴,予以某些市场保护。中国军转民的成功率很高,虽然我们对其军转民所付出的代价并不清楚[布勒梅尔霍斯特和费兰肯斯坦(1997)]。

以资金规模而论,最大的技术军转民项目是由克林顿政府在1993年初启动的。其核心部分是"技术再投资项目",目的是帮助军工企业向民品市场推销其技术[比沙克(Bischak)(1997)]。其他国家也有类似的项目,但资金规模要小得多,例如英国于1998年建立了国防军转民局,法国政府支持建立了军转民协会,帮助企业开拓军事技术的民用市场[塞尔法迪(Serfati)等(2001)]。目前还没有对这些项目进行系统评估。有关文献[比沙克(1997),

雷派（Reppy，1999）］对此的正面评价主要来自于道听途说及对受益于这些项目的企业代表的访谈。

除国家层面的项目以外，还有支持军转民的地区项目。许多西方工业化国家都有一些对于因国防紧缩而陷入困境地区的支持项目，其资金来自国家或地方政府。这些项目中最大的是欧盟的项目（PERIFRA，KONVER I，KONVER II），在 1992~1999 年间，累计金额达 10 亿美元。这些项目能够通过各种措施减轻关闭基地所造成的部分影响，但对压缩国防工业规模的作用较小［布勒梅尔霍斯特（Brömmelhörster，1999）］。

对不同的军转民政策进行比较的研究非常少见，在西欧国家中，土地与工业设施的重新利用率，奉行较积极军转民政策的国家（例如法国和德国）似乎高于那些不太积极的国家（例如英国），［布勒梅尔霍斯特（Brömmelhörster，1999），布若斯卡（Brzoska），威尔克（Wilke）和伍尔夫（Wulf，1999）］。然而，我们并不清楚这是否由于当地劳动力市场更富有灵活性，从而抵消了对就业的部分影响。对美国奉行积极军转民政策与不太积极军转民政策的地区进行比较，也得出了相似的结论，一些案例研究结果表明，得到了政府援助地区的就业效果好于那些未得到援助地区［奥登（Oden，1999），阿科尔迪诺（Accordino，2000）］。我们对照中国和俄罗斯的情况，清楚地发现，中国的积极政策比俄罗斯 20 世纪 90 年代混乱的政策带来了更多的转变。然而，这也使中国经济付出了一定的代价［布勒梅尔霍斯特（Brömmelhörster）和费兰肯斯坦（Frankenstein，1997）］。

除了中国以外，20 世纪 90 年代的军转民项目都非常小，仅取得了一些少量的成果。不过这些项目却证明了在政府扶持项目中（例如，美国的军民两用项目和欧盟的 KONVER 项目）政府提供的援助越多，军转民效果也越好，特别是在经济欠发达地区。

5. 结　　论

20 世纪 80 年代末和 90 年代的军事力量削减（即"十年大裁军"）是第二次世界大战之后力度最大的一次裁军。这次裁军是全球性的。其中，东欧特别是苏联国家对原来的军事部门进行了最全面的精简。

与冷战期间的军费水平相比，冷战结束后世界军费开支的削减，节约了大量资金。从 20 世纪 80 年代中期到 90 年代末期，国防支出占全球国民收入的比例从略高于 6% 降低到仅略高于 3%。在许多国家，国防支出节约的资金可以用于民事目的，主要是减少政府开支和公共债务。然而，在另外一些国家，特别是在东欧和苏联国家，削减军费加速了经济的全面衰落。

军费和军队的大规模削减，释放了从土地到研发设施等各种类型的资源，这些资源可重新转为民用。总之，自20世纪80年代中期开始直至20世纪90年代末结束的十年大裁军，期间关于军转民的记录多种多样。军转民活动本身很少自发完成资源转移，在军事资源转为民用之前，需要对其进行投资，包括将土地转变为可重新利用的资源、重组工厂并重新训练员工。成功军转民的案例（即军事资源成功地重新用于民事目的）在进行基地军转民的地区比较明显。上百万的退伍士兵和军工企业雇员在民事部门找到了收入不菲的工作，通过重新利用这些以前用于生产军品的机器、土地和人员，许多企业扩大了民品销量。

20世纪80年代末和90年代初，人们曾预期军转民能带来一份很大的"和平红利"，或通过军事技术转为民用推动经济的发展，然而这种预期最终被证明是一种幻觉，军转民并不如预想的那样成功，更多的是正常的过渡，因而也更加依赖于整体经济环境。资源的重新利用在西方经济体中最为成功，尤其是美国，经济已开始了扩张。而在前社会主义国家则最不成功，在那里出现了经济收缩。在资源（例如土地）稀缺地区，军事资源就会被重新利用；而在资源富集的地区，或当军转民需要很多投资时，军事资源就会被放弃。与这些基本情况相比，在20世纪90年代，军转民的具体细节对其成功的影响微乎其微。

军转民研究在20世纪90年代达到了高潮，有关文献高质量地记述了"十年大裁军"过程中所发生的事情，但在分析军转民成败的原因等方面则有所欠缺。许多研究没有得出确定性结论的主要原因是，与其他转变（例如，前社会主义国家经济的转型和生产的全球化等）相比，国防工业军转民的规模相对较小。最终，在经过十余年的研究之后，甚至对一些基本问题，例如国防部门与其他经济部门的区别仍然存在争议。

尽管如此，20世纪90年代以来，军转民研究的部分结论仍将有助下一阶段的军备削减。除削减国防开支而节约的资金外，我们对将来可能取得的"和平红利"的期望值应低于20世纪80年代末与90年代初。尤其是，我们应当清楚地认识到，军事研究与军事技术转为民用，以及企业从生产军品到转产民品所获得的利益，将是非常有限的，它取决于良好的宏观经济环境、有保障的资金和改革者的强烈意愿。

"十年大裁军"结束之后，对军转民没有更新、更多的研究。但关于这一时期还存在着有待于进一步探索的领域，例如，削减军备对宏观经济的长期影响以及军转民企业的长期发展前景等，特别值得关注的是中国的军转民及基地关闭后军用土地的重新利用等问题。

参考文献

Accordino, J. (2000). Captives of the Cold War Economy. The Struggle for Defense Conversion in American Communities. Westport, Praeger.

Adelman, K. L., Augustine, N. R. (1992). "Defense conversion: Bulldozing the management". Foreign Affairs 71, 26 – 47.

Albrecht, U. (1979). Rüstungskonversionsforschung: Eine Literaturstudie mit Forschungsempfehlungen (Arms Conversion Research: A Literature Review with Recommendations for Research). Nomos, Baden-Baden.

Alexander, A. J. (1990). The Conversion of Soviet Defense Industry. RAND, Santa Monica.

Alexander, J. D. (1994). "Military conversion policies in the USA: 1940s and 1990s". Journal of Peace Research 31, 19 – 33.

Alic, J. A., Branscomb, L. M., Brooks, H., Carter, A. B., Epstein, G. L. (1992). Beyond Spinoff: Military and Commercial Technologies in a Changing World. Harvard Business School Press, Boston.

Baltes, P. T. (2004). Handlungsökonomie und neue Institutionenökonomie. Eine theoretische Auseinandersetzung anhand der Transktionsmechanismen zur Liegenschaftskonversion (Actor-oriented Economics and Institution Economics. A Theoretical Discussion Using the Example of Transaction Mechanisms in Site Conversion). BWV Berliner Wissenschafts-Verlag, Berlin.

Bayoumi, T., Hewitt, D. P., Schiff, J. (1995). "Economic consequences of lower military spending: Some simulation results". In: Klein, L. R., Lo, F., McKibbin, W. J. (Eds.), Arms Reduction: Economic Implications in the Post-Cold War Era. UNU Press, Tokyo, pp. 172 – 219.

Bernstein, D. (1994). Defense Industry Restructuring in Russia: Case Studies and Analysis. CISAC, Stanford University, Stanford, CA.

Berthélemy, J. C., Deger, S. (1995). Conversion of Military Industries in China. OECD Development Center, Paris.

BICC (Bonn International Center for Conversion) (annually 1996 – 1998). BICC Conversion Survey. Oxford University, Oxford.

BICC (Bonn International Center for Conversion) (annually from 1999). BICC Conversion Survey. Nomos, Baden-Baden.

Bischak, G. (1997). US Conversion after the Cold War, 1990 – 1997. BICC, Bonn.

Bjerkholt, O. (1996). "The National Peace Dividend". In: Gleditsch, N. P., et al. (Eds.), The Peace Dividend. Elsevier, Amsterdam, pp. 17 – 26.

Braddon, D., Dowdall, P. (1996). "Flexible networks and the restructuring of the regional defence industrial base: The case of South West England". Defence and Peace Economics 7, 47 – 59.

Brauer, J., Marlin, J. T. (1992). "Converting resources from military to non-military uses".

Journal of Economic Perspectives 6, 145 – 164.

Brömmelhörster, J. (1994). Ökonomie der Konversion: Wirkungen, Barrieren und Erfordernisse für die Bundesrepublik Deutschland (Economics of Conversion: Effects, Barriers and Requirements in the Federal Republic of Germany). Campus, Frankfurt.

Brömmelhörster, J. (1999). KONVER II -Fostering of Conversion by the European Union. BICC, Bonn.

Brömmelhörster, J. (Ed.) (2000). Paying the Peace Dividend: Declining Military Expenditures After the Cold War. Nomos, Baden-Baden.

Brömmelhörster, J., Frankenstein, J. (Eds.) (1997). Mixed Motives, Uncertain Outcomes: Defense Conversion in China. Lynne Rienner, Boulder.

Brzoska, M. (1999). "Military conversion: The balance sheet". Journal of Peace Research 36, 131 – 140.

Brzoska, M. (2001). "Defense industry conversion". In: Gleditsch, N. P., et al. (Eds.), Making Peace Pay-A Bibliography on Disarmament & Conversion. Regina Books, Claremont, pp. 133 – 156.

Brzoska, M., Markusen, A. R. (Eds.) (2000). "Military industrial conversion". International Regional Science Review (Special Issue) 23, 1 – 131.

Brzoska, M., Wilke, P., Wulf, H. (1999). "The changing civil-military production mix in Western Europe's Defense Industry". In: Markusen, A. R., Costigan, S. (Eds.), Arming the Future: A Defense Industry for the 21st Century. Council on Foreign Relations Press, New York, pp. 371 – 408.

Clements, B., Gupta, S., Schiff, J. (1996). "Worldwide military spending, 1990 – 1995". IMF Working Paper No. 96/64, Washington.

Colletta, N. J., Kostner, M., Wiederhofer, I. (1996). Case Studies in War-to-Peace Transition. The Demobilization and Reintegration of Ex-combatants in Ethiopia, Namibia, and Uganda. World Bank, Washington, D. C.

Commission of the European Communities (1992). The Economic and Social Impact of Reductions in Defence Spending and Military Forces on the Regions of the Community. Office for Official Publications of the European Communities, Luxembourg.

Cooley, M. (1980). Architect or Bee? The Human/Technology Relationship. Slough, Hand and Brain.

Cooper, J. (1991). "Military cuts and conversion in the defence industry". Soviet Economy 7, 121 – 135.

Cunnigham, K. (1997). Base Closure and Redevelopment in Central and Eastern Europe. BICC, Bonn.

Dardia, M., McCarthy, K., Malkin, J., Vernez, G. (1996). The Effects of Military Base Closures on Local Communities: A Short-Term Perspective. RAND, Santa Monica.

Dumas, L. J. (Ed.) (1995). The Socio-Economics of Conversion from War to Peace. Sharpe, Armonk, NY.

Elsner, W. (1995). "Instruments and institutions of industrial policy at the regional level in Germany: The example of industrial defense conversion". Journal of Economic Issues 29, 503 – 516.

Feldman, J. M. (1997). Diversification after the Cold War: Results of the National Defense Economy Survey. Center for Urban Policy Research, Rutgers University, New Brunswick, NJ.

Feldman, J. M. (1998). "The conversion of defense engineers' skills: Explaining success and failure through customer-based learning, teaming, and managerial integration". In: Susman, G. I., Sean O'Keefe, O. (Eds.), The Defense Industry in the Post-Cold War Era: Corporate Strategies and Public Policy Perspectives. Pergamon, Oxford, pp. 281 – 318.

Feldman, J. M. (1999). "Civilian diversification, learning, and institutional change: Growth through knowledge and power". Environment and Planning A 31, 1805 – 1824.

Fontanel, J. (1994). La conversionéconomique du secteur militaire (The Economic Conversion of the Military Sector). Economica, Paris.

Fontanel, J., Samson, I., Spalanzani, A. (1995). "Conversion for the 1990s: "Peace cost" against "peace dividend"". Defence and Peace Economics 6, 169 – 184.

Gaddy, C. (1996). The Price of the Past: Russia's Struggle With the Legacy of a Militarized Economy. Brookings, Washington, DC.

Gansler, J. S. (1995). Defense Conversion: Transforming the Arsenal of Democracy. MIT Press, Cambridge, MA.

Gleditsch, N. P., Bjerkholt, O., Cappelen, A., Smith, R. P., Dunne, J. P. (Eds.) (1996). The Peace Dividend. Elsevier, Amsterdam.

Gleditsch, N. P., Lindgren, G., Mouhleb, N., Smit, S., de Soysa, I. (Eds.) (1999). Making Peace Pay-A Bibliography on Disarmament & Conversion. Regina Books, Claremont.

Gold, D. (2000). "Whatever happened to the peace dividend? The economic consequences of the post-Cold War decline in military expenditures in the United States". In: Brömmelhörster, J. (Ed.), Paying the Peace Dividend: Declining Military Expenditures After the Cold War. Nomos, Baden-Baden, pp. 47 – 68.

Goldberg, M., Warner, J. (1987). "Military experience, civilian experience, and the earnings of veterans". Journal of Human Resources 22, 62 – 81.

Gonchar, K. (1997). Research and Development (R&D) Conversion in Russia. BICC, Bonn.

Gonchar, K. (2000). Russia's Defense Industry at the Turn of the Century. BICC, Bonn.

Gummett, P., et al. (Eds.) (1996). Military R&D After the Cold War: Conversion and Technology Transfer in Eastern and Western Europe. Kluwer, Dordrecht.

Hartley, K., Sandier, T. (2003). "The future of the defence firm". Kyklos 56, 361 – 380.

Hartley, K., et al. (1993). Economic Aspects of Disarmament: Disarmament as an Investment

Process. United Nations, New York.

Heinemann-Gruder, A. (2002). Becoming an Ex-military Man: Demobilization and Reintegration of Military Professionals in Eastern Europe. BICC, Bonn.

Hooker, M. A., Knetter, M. (1999). Measuring the Economic Effects of Military Base Closures. National Bureau of Economic Research, Cambridge.

Hooper, N., Stephens, E. (2000). "Civilian employment of service leavers". In: Pauwels, N. (Ed.), From War Force to Workforce. Nomos, Baden-Baden, pp. 121 – 144.

Hooper, N., et al. (1996). Defense Industry Redundancies in the South West Region. University of York, Centre for Defence Economics, Heslington.

Intriligator, M. D. (1996). "The peace dividend: Myth or reality?". In: Gleditsch, N. P., et al. (Eds.), The Peace Dividend. Elsevier, Amsterdam, pp. 1 – 16.

Isard, W., Anderton, C. H. (1992). "A survey of the peace economics literature". In: Isard, W., Anderton, C. H. (Eds.), Economics of Arms Reduction and the Peace Process: Contributions From Peace Economics and Peace Science. North-Holland, Amsterdam, pp. 1 – 55.

Jauhiainen, J. S., Mampaey, L., Schuster, J. S., de Penanros, R., Goudie, I. S., Tamás, P., Ferencz, Z. (1999). Post-Cold War Conversion in Europe: Defense Restructuring in the 1990s and the Regional Dimension. GRIP, Brussels.

Kapstein, E. B. (1995). "The economic transition in defense-dependent regions of Russia". Defence and Peace Economics 6, 253 – 261.

Kelley, M. R., Watkins, T. A. (1995). "In from the cold: Prospects for conversion of the defense industrial base". Science 268, 525 – 532.

Kingma, K. (Ed.) (2000). Demobilization in Sub-Saharan Africa: The Development and Security Impacts. Macmillan Publishers, Basingstoke.

Kiss, J. (1997). The Defence Industry in East-Central Europe: Restructuring and Conversion. Oxford University Press, Oxford.

Klein, L. R., Lo, F., McKibbin, W. J. (Eds.) (1995). Arms Reduction: Economic Implications in the Post-Cold War Era. UNU Press, Tokyo.

Knight, M., Loayza, D., Villanueva, N. (1996). "The peace dividend: Military spending cuts and economic growth". International Monetary Fund Staff Papers 43, 1 – 37.

Kopte, S., Wilke, P. (1998). "Disarmament and the disposal of surplus weapons: A Survey of the dismantling, destruction and transfer of surplus weapons and ammunition". In: Kaldor, M., Albrecht, U., Schméder, G. (Eds.), Restructuring the Global Military Sector: The End of Military Fordism. Pinter, London, pp. 67 – 100.

Lakhani, H. (1998). "The socioeconomic benefits of active military service to reservists". Armed Forces and Society 24, 549 – 565.

Laurance, E. J., Wulf, H. (1995). Conversion and the Integration of Economic and Security Dimensions. BICC, Bonn.

Lichtenberg, F. (1995). "Economics of defense r&d". In: Hartley, K., Sandler, T. (Eds.), Handbook of Defense Economics, Vol. 1. Elsevier, Amsterdam, pp. 431 – 457.

Loughran, D. (2002). Wage Growth in the Civilian Careers of Military Retirees David. RAND, Santa Monica.

Lundquist, J. T. (1992). "Shrinking fast and smart. Hang on to what you've got to have and throw the rest away". Harvard Business Review 70, 74 – 85.

Markusen, A. R. (1999). "The rise of world weapons". Foreign Policy 114, 130 – 152.

Markusen, A. R. (2003). "The case against privatizing national security". Governance 16, 471 – 502.

Markusen, A. R., Costigan, S. (Eds.) (1999). Arming the Future: A Defense Industry for the 21st Century. Council on Foreign Relations Press, New York.

Markusen, A. R., Oden, M. D. (1994). Regional Adjustment of Defense Dependent Regions in the Post-Cold War Era. OECD, Paris.

Markusen, A. R., Yudken, J. (1992). Dismantling the Cold War Economy. Basic Books, New York.

Markusen, A. R., Campbell, S., Hall, P., Deitrick, S. (1991). The Rise of the Gunbelt: The Military Remapping of Industrial America. Oxford University Press, New York.

Markusen, A. R., DiGiovanna, S., Leary, M. C. (2003). From Defense to Development? International Perspectives on Realizing the Peace Dividend. Routledge, London.

Melman, S. (1988). The Demilitarized Society: Disarmament and Conversion. Harvest House, Montreal.

Oden, M. D. (1999). "Cashing In, Cashing Out, and Converting: Restructuring of the Defense Industrial Base in the 1990s". In: Markusen, A. R., Costigan, S. (Eds.), Arming the Future: A Defense Industry for the 21st Century. Council on Foreign Relations Press, New York, pp. 74 – 105.

Oden, M. D., Bischak, G. A. (1995). Coming in From the Cold: Arms Industry Restructuring and Economic Conversion Policies in the United States, 1989 – 1993. ILO Employment Department, Geneva.

Patel, B. (2005). Peace Dividend through Chemical Weapons Disarmament. BICC, Bonn.

Pauwels, N. (Ed.) (2000). War Force to Work Force: Global Perspectives on Demobilization and Reintegration. Nomos, Baden-Baden.

Poppert, P. E., Herzog, H. W. Jr. (2003). "Force Reduction, Base Closure, and the Indirect Effects of Military Installations on Local Employment Growth". Journal of Regional Science 43, 459 – 481.

Renner, M. (Ed.) (1992). Economic Adjustment after the Cold War: Strategies for Conversion. Aldershot, Dartmouth.

Renner, M. (1996). Cost of Disarmament: An Overview of the Economic Costs of the Dismantlement of Weapons and the Disposal of Military Surplus. BICC, Bonn.

Reppy, J. (1999). "Dual-use technology: Back to the future". In: Markusen, A., Costigan, S. (Eds.), Arming the Future: A Defense Industry for the 21st Century. Council on Foreign Relations Press, New York, pp. 269 – 284.

Sapir, O. (2000). L'URSS au tournant. Une économie en transition (Turning the USSR Around. An Economy in Transition). Harmattan, Paris.

Sapolsky, H., Gholz, E. (1999). "Private arsenals: Americas post Cold War burden". In: Markusen, A., Costigan, S. (Eds.), Arming the Future A Defense Industry for the 21st Century. Council on Foreign Relations Press, New York.

Schirowki, U. (2000). Zehn Jahre Truppenabzug und Konversion in Nordrhein-Westfalen-Bilanz und Perspektiven (Ten Years of Troop Reduction and Conversion in North-Rhein Westphalia-Balance Sheet and Perspectives). Ministerium für Wirtschaft und Mittelstand, Energie und Verkehr des Landes Nordrhein-Westfalen, Düsseldorf.

Schomacker, K., Wilke, P., Wulf, H. (1987). Alternative Produktion statt Rüstung. Gewerkschaftliche Initiativen füt sinnvolle Arbeit und sozial niitzliche Produkte (Alternative Production Instead of Arms: Trade Union Initiatives for Meaningful Work and Socially Useful Products). Bund Verlag, Köln.

Serfati, C., Brzoska, M., Hagelin, B., Sköns, E., Smit, W. (Eds.) (2001). "The future of defence production". In: The Restructuring of the European Defence Industry. Publishing House of the European Commission, Luxembourg.

Sköns, E., Weidacher, R. (1999). "Arms Production". In: SIPRI Yearbook 1999. Armaments, Disarmament and International Security. Oxford University Press, Oxford, pp. 387 – 420.

Smith, R. (1996). "The international peace dividend". In: Gleditsch, N. P., et al. (Eds.), The Peace Dividend. Elsevier, Amsterdam, pp. 351 – 357.

Thorsson, I. (1984). In Pursuit of Disarmament. Conversion from Military to Civil Production in Sweden. Liber, Stockholm.

United Nations (1995). World Economic and Social Survey 1995. Current Trends and Policies in the World Economy. United Nations, New York.

United States Congress Office of Technology Assessment (1993). Defense Conversion: Redirecting R&D, OTA-ITE-552. Washington, DC, 1993.

United States General Accounting Office (2002). Military Base Closures: Progress in Completing Actions from Prior Realignments and Closures. GAO – 02 – 433, April 5.

United States General Accounting Office (2004a). Chemical Weapons: Destruction Schedule Delays and Cost Growth Continue to Challenge Program Management. GAO – 04 – 634T, April 1.

United States General Accounting Office (2004b). Nuclear Waste: Absence of Key Management Reforms on Hanford's Cleanup Project Adds to Challenges of Achieving Cost and Schedule Goals. GAO – 04 – 611, June 9.

United States National Academy of Sciences (1994). Management and Disposition of Excess Weapons Plutonium. National Academy Press, Washington, DC.

Warner, J., Asch, B. (1995). "The economics of military manpower". In: Hartley, K., Sandier, T. (Eds.), Handbook of Defense Economics, Vol. 1. Elsevier Science, Amsterdam.

Watkins, T. A. (1998). "Are defense and non-defense manufacturing industries really all that different?". In: Susman, G., O'Keefe, S. (Eds.), The Defense Industry in the Post Cold War Era. Elsevier Science, Oxford.

Wie, K. (1997). "Army re-tools commercial production". China Daily (Business Weekly) A17 – 23 (in FBIS – CHI – 97 – 230).

Willett, S. (2003). Costs of Disarmament-Disarming the Costs: Nuclear Arms Control and Nuclear Rearmament. UNIDIR, Geneva.

Wulf, H. (2005). Internationalizing and Privatizing War and Peace: The Bumpy Ride to Peace Building. Macmillan, London.

第35章
和平经济学概述

查尔斯·H·安德顿 约翰·R·卡特

(圣十字学院)

摘要

和平经济学可被定义为利用经济学来解释国际体系内暴力冲突的原因、影响以及避免、控制和解决冲突的方法的科学。本章综述了和平经济学的主要知识体系,突出强调了其目前以及不断发展的贡献。在近期的发展中一个尤为引人注目的贡献是,像战争相关性工程这样的大型数据库,是如何推动了基于相关大型跨国面板(数据)分析的计量经济学研究的快速成长的。

本章的研究主题包括:和平经济学和国防经济学及和平学之间的关系;国家间、国内和超国家冲突的数据来源及发展趋势;冲突的成本、冲突的生命周期;国家间军事冲突的决定因素,重点强调领土、经济发展和经济相互依存在其中的作用;军备对抗、扩散和军备控制,主要关注理查森、英特里盖特及布里托等人的基础模型;冲突的技术、地理因素,包括其与谢林的关于战争与和平内在习性的联系,各种兰切斯特战争模型及进攻-防御平衡;占有和交换理论,其中占有削弱了交换的安全性,同时交换产生了占有激励;和平经济学的实验,特别是20世纪50年代具有开拓性的实验——囚徒困境;以及该领域未来的发展方向。

关键词:战争 冲突周期 军备对抗 军备控制 扩散 进攻-防御平衡 占有 交换 博弈论 实验经济学

1. 引　言

　　虽然思想家和圣贤们已经用了数千年的时间来研究战争的起因和结果，但直到20世纪学者们才开始利用社会科学的规范方法来研究战争。在刘易斯·理查森（Lewis Richardson，1939，1960a，1960b）、皮蒂里姆·索洛金（Pitirim Sorokin, 1937）和昆西·赖特（Quincy Wright, 1942）等人的研究基础上，大约于20世纪60年代中期，在与"战争相关工程"、"国际和平科学协会"及《冲突解决》杂志等有关的一些学者和团体的推动下，战争的科学研究开始逐步发展起来。虽然早期参与战争科学研究的学者大多是政治学家，但是在这些先驱者中还是有一些经济学家，最为著名的比如肯尼斯·鲍尔丁（Kenneth Boulding）、沃尔特·伊萨尔德（Walter Isard）和托马斯·谢林（Thomas Schelling）等人。20世纪60年代后期，该领域出现了更多的经济学家，他们用经济学的相关方法来更好地理解和解释国际体系中暴力冲突的起因、影响和可能的改进。其留给我们的主要贡献是建立了近些年来被称之为"和平经济学"的一个经济学分支领域。和平经济学利用经济学的原理和方法来解释国际体系中冲突的起因、影响以及避免、控制与解决冲突的途径。

　　本章分析和平经济学的主要知识体系，突出其各领域的创新性贡献及最新研究成果。我们以和平经济学的定义、和平经济学和国防经济学及和平学的比较，以及国际体系中暴力冲突的频率和成本的实证研究为起点（第2节）。然后我们转入以下几方面的研究，包括：国家间军事冲突决定（第3节）；军备对抗、扩散与军备控制（第4节）；冲突的技术、地理等方面的特点（第5节）；占有和交换理论（第6节）；和平经济学实验（第7节）。有关和平经济学的其他主要议题则被省略或简单提及，因它们已在本《手册》的第1卷、第2卷中其他部分综述过。结论部分简单评述了和平经济学的研究现状和未来研究方向（第8节）。

2. 和平经济学的本质和范围

2.1　和平经济学定义

　　按照伊萨尔德（1994，第9页）的观点，和平经济学……主要涉及：(1) 在经济领域冲突的解决、控制和减少……；(2) 应用经济方法和政策应对和控制冲突……；以及 (3) 冲突对厂商、消费者、组织、政府和社会的经济行为福利的影响。中心议题是国家、地区和其他团体间的冲突分析……；控制军备竞赛和实现军事开支和武器减少的措施；节约资源以用于更具建设性目的的方案和政策……其借鉴了效用、生产、公共选择和福利理论……行为单位被认为从事掠夺性（如军事冒险）及生产性行动，战争经常被看作是决策者理性的、有目的的选择。

伊萨尔德确定和平经济学首要关切的是冲突的管理、减少和解决。他提出了多种组织间（国家间、地区间及社团间）冲突的形式及各种冲突的动因（经济的和非经济的）。强调冲突和经济学、经济学分析工具和理性假说之间的相互关联性，因此主张该领域的经济学焦点，及其定量与科学特性。最后，伊萨尔德承认在和平经济学领域工作的学者通常具有规范性承诺，期待得到其研究的支持（如削减军费）。

致力于冲突研究的另一个领域是国防经济学。在和平经济学和国防经济学之间存在着大量的重叠，但也存有差异。最重要的差异集中在规范性问题上。国防经济学的早期研究认为，"从某种意义上说，所有军事问题都是配置效率和资源利用的经济问题"［希奇和麦基恩（Hitch & McKean, 1960）］。因此，早期国防经济学关注的焦点在于军事部门的效率，包括军事开支、武器订购、军事人力征募，以及战争资源配置与类似问题的效率条件界定与实施。而和平经济学则通常致力于减少国防开支，以及致力于在国际事务中减少战争，以及应用经济学方法推进和平，而不是效率。我们认为，国防经济学在保持对军事效率问题历史兴趣的同时，其关注的焦点在不断扩展，已涵盖和平经济学者们感兴趣的诸多主题。

和平经济学与已知的和平学领域的研究有关联但也有区别。在为数不多的一本内容较宽泛的和平学教科书中，巴拉什（Barash, 1991, 第25页）论述到："事实上，和平学有清晰的价值取向：它反对战争且偏向于和平（尽管不是必然的和平主义）"。巴拉什（1991, 第67页）认为："军事开支减少了一国在其他更具有社会生产力方面的投资机会。"大多数和平经济学家赞同巴拉什关于战争和军事开支的价值取向，因此和平经济学与和平学联系紧密。

然而，和平经济学与和平学在三个重要方面存在差别：首先，就像伊萨尔德的定义显示的那样，在研究暴力冲突的起因、结果方面，尽管和平经济学在强调冲突经济属性的同时，借鉴了多学科的观点，但和平经济学更强调经济学的方法、原理和变量。因此，和平经济学被其许多支持者认为应是经济学的二级门类。与此不同，和平学则因为借鉴了多学科的工具和观点，所以其并不被视为是任何学科的二级学科。

第二个差别是和平学采纳了广义暴力的概念。在和平学中，和平的定义不仅是没有战争，而且也排除了结构性暴力，包括"否定人们重要的权力，例如经济机会、社会和政治平等、实现自我的价值等。"[巴拉什（1991，第8页）]。因此，饥饿、环境恶化、可预防的疾病、缺乏言论自由的问题以及使人民感到痛苦的其他伤害代表了"一种暴力，即使不使用子弹或者棍棒"[巴拉什（1991，第8页）]。很多和平经济学家对和平学的内容表示赞同，但是他们更倾向于将分析界定在关注组织之间的武力威胁和使用这样的有限范围内。我们猜想这种范围界定的主因在于能够保持比较清晰的（研究）边界，且有利于（围绕有限主题）分析的深度与知识的积累。

第三个差别是和平学既涉及学术又关乎行为。而和平经济学则基本致力于学术研究。当然，从提供政策规定的角度讲，所有的应用型学术研究都是行动主义的，但和平学中的实践行为包括抗议、和平游行、信件风暴等此类的事情，这是许多和平经济学家所不曾涉足的。

在伊萨尔德（1994）及其他学者和平与防务经济学研究的基础上，我们将和平经济学定义如下：和平经济学利用经济学方法和原理，来解释国际体系内的潜在或实际发生的暴力冲突的起因和后果，以及暴力冲突避免、管理和解决的途径。这个定义包含经济学方法（例如，数学、博弈论、统计推断和实验法）和原理（例如，稀缺性、机会成本、理性、均衡、战略依赖）[英特里盖特（Intriligator, 1982）]，同时突出和平经济学的主要目标，即确定和解释暴力冲突的起因和后果（例如，伤亡、难民、对贸易的影响，对经济增长的影响）。所研究的冲突通常指发生在国际体系内组织间（如国家间、非国家团体间）的冲突，而非个人之间的冲突（例如，如共同犯罪），其包括战争及引发战争的危机事件。最后，我们强调和平经济学的应用及政策目标，即寻找方法来减少威胁或减少现实组织间冲突的流行或恶化。

该定义与我们所认为的和平经济学方面的开创性贡献相吻合。在理查森（1960a）后，许多经济学家在冷战背景下发展了关于军备对抗和军备控制垄断的观点[鲍尔丁（1962），谢林和霍尔珀林（Schelling & Halperin, 1961），麦圭尔（McGuire, 1965），英特里盖特（1975）]。伊萨尔德（1969）利用经济学概念和方法开发了冲突管理程序，鲍尔丁（1962）则在冲突系统"行动-反应"过程的广义范围内作了同样的研究。谢林（1960，1966）将博弈论引入到对冲突升级、持续和衰退的研究中。其他的重要的贡献还包括奥尔森和泽克豪泽（Olson & Zeckhauser, 1966）、桑德勒和考利（Sandler & Cauley, 1975）关于联盟行为的研究、图洛克（Tullock, 1974）关于国家间冲突的研究，以及伯努瓦（Benoit，1975）关于发展中国家国防开支对经济影响的研究。伊萨尔德和鲍尔丁也因在20世纪60年代早期分别建立"和平科学学会"（最初为和平研究学会）及在1957年创办《冲突解决》期刊而在此领域声名鹊起。

2.2 国际体系内冲突的方式

国家间、国家内和超国家冲突构成了和平经济学最重要的研究议题。国家间冲突发生在两个或两个以上的国家之间。国家内冲突发生在被国际上承认的具有领土主权的国家内部的两个或两个以上的组织之间，包括民事冲突（civil conflict，政府和一个或一个以上的非政府参与者之间的冲突）和集体间冲突（inter-communal conflict，两个或两个以上非政府组织之间的冲突，其中任何一方都不是政府）。超国家冲突（extra-state）发生在国家和国界外的非政权独立团体间。

图35-1概括了和平研究中三个著名的冲突数据库。第一个是战争相关（correlate of war，COW）工程关于"战争"数据库（在图35-1中以"COW战争"标示）。第二个是由奥斯陆国际和平研究所（Peace Research Institute in Oslo，PRIO）和乌普萨拉数据项目（UCDP）联合开发的"武装冲突"数据库（以PRIO/UCDP武装冲突标示）。第三个是战争相关工程的"国际军事争端"数据库（以COW MID标示）。图表显示，三个数据库都界定死亡1 000人为战争与次战争—冲突之间的分界线。COW战争数据库和PRIO/UCDP武装冲突数据库记录了国家间、国家内及超国家的数据，同时PRIO/UCDP武装冲突数据库还覆盖了三种范围下非战争冲突的死亡人数在25~999之间的情况。而COW MID数据库仅包括国家间冲突，其死亡人数在0~999之间。三个数据库的时间段不同：COW战争数据库的时间段是1816~1997年；PRIO/UCDP武装冲突数据库的时间段是1946~2004年，COW MID数据库的时间段是1816~2001年间。

图35-1顶部概括了三个数据库之间的主要差别，底部的数据则显示了它们之间更多的细微差别。战争相关（COW）工程数据库和PRIO/UCDP武装冲突数据库，甚至COW内部在三种战争情况下伤亡的计量基础（军人死亡人数与军民死亡人数，每次战争或每年战争）都存在差异。COW和PRIO对国内战争的统计也不同：PRIO/UCDP仅统计一国政府与一个或多个国内组织之间战争的情况，而COW则也涵盖国内非政府组织间（政府非战斗方）的冲突情况。数据库定义的差别必然导致某些情况下统计数据的不同。例如，2001年9

月11日由拉登发动的对美国的恐怖袭击没有被COW所统计，因为COW的超国家战争冲突的定义仅统计军人死亡人数，而PRIO/UCDP则把该事件涵盖在超国家战争情况下，因为它不仅计算军人死亡也计算平民死亡数。

	次战争	战争	国家间	国家内部	超国家	时期
COW战争		→	X	X	X	1816~1997
PRIO/UCDP武装冲突	←	→	X	X	X	1946~2004
COW MID	←		X			1816~2001
	25	1 000 死亡人数				

图35－1　COW和PRIO/UCDP冲突数据库

COW战争：

国家间战争——对于整个战争而言，在卷入战争的所有国家中与作战有关的死亡（仅军人）至少为1 000人的国家间的战斗。

国家内战争——发生在被国际上承认的具有领土的国家内的两个或两个以上的组织之间的战斗，每年与作战有关的死亡人数至少为1 000（包括军队和平民的死亡，屠杀除外），国内战争包括民事冲突（政府和一个或一个以上的非政府角色之间的冲突）和集体间冲突（两个或两个以上组织之间的冲突，其中无任何一方是政府）。

超国家战争——发生在国家和其边界外的非主权实体间的战斗，其涉及方每年与作战有关的死亡人数至少为1 000（仅军人）。

PRIO/UCDP战争：

国家间战争——所有卷入战争的国家中，致使每年与作战有关的死亡（包括军人和平民）至少为1 000人的国家间的战斗。

国家内战争——发生在一国与一个或一个以上的国内组织之间的战斗，所有卷入方中每年与作战有关的死亡人数至少为1 000人（包括军人和平民）。

超国家战争——发生在国家和其边界外的非主权实体间的战斗，其卷入方每年与作战有关的死亡人数至少为1 000人（包括军人和平民）。

PRIO/UCDP武装冲突：

适于PRIO/UCDP对战争的界定，但与作战相关的伤亡人数（包括军人和平民）在25～999之间。

COW MIDS：

国家间军事争端——明显针对另一国政府、官方代表、军队、财产或领土的威胁、演示或动用军事力量的整个历史事件［琼斯、布雷默和辛格（1996），第168页］。

按照COW数据，表35－1显示了1816～1997年间，分战争类型所统计的战争发生的频率。战争发生系指定时间段内发生了战争。表35－1显示，1816～1997年间国际社会总共发生了400次战争。这其中超过半数的是国内战争（213次或53.3%），其次是超国家战争（108次或27.0%）和国家间战争（79次或19.8%）。表35－1显示，与19世纪相比，20世纪国家间战争和国内战争更加频繁。而超国家战争的频率则相对减少。据COW统计，近几十年，内战变得更加频繁，而超国家战争则几近消失。萨克斯、韦曼和辛格（Sarkees, Wayman & Singer, 2003）将超国家战争的减少归因于国际体系内殖民统治和附属国的减少。表35-1也表明伴随1989年冷战的结束，人们所期望的全球和平在20世纪90年代并没有成为现实。表35-1中只有3个时期的战争爆发次数高于1990~1997年时期。

表35-1　　依据战争类型所划分的从1816~1997年每十年战争发生的次数

时期（年）	国家间战争	国内战争	超国家战争	每期合计数
1816~1819	0	1	2	3
1820~1829	2	7	6	15
1830~1839	0	11	5	16
1840~1849	4	9	8	21
1850~1859	5	8	9	22
1860~1869	8	14	5	27
1870~1879	4	9	10	23
1880~1889	3	3	12	18
1890~1899	4	9	16	29
1900~1909	6	7	4	17
1910~1919	8	11	6	25
1920~1929	2	12	6	20
1930~1939	9	8	2	19
1940~1949	3	9	5	17
1950~1959	3	11	6	20
1960~1969	6	16	3	25
1970~1979	7	25	3	35
1980~1989	4	19	0	23
1990~1997	1	24	0	25
1816~1899	30	71	73	174
1900~1997	49	142	35	226
1816~1997	79	213	108	400

资料来源：萨克斯（2000）。

和平经济学家也关注可能引发战争、或可能导致相对低水平潜在或实际的暴力冲突。COW国家间军事争端有助于我们研究"国家间"的非战争冲突。对于国家间军事争端需强调两点：一方面，按照图35-1中COW的定义，MID（国家间军事争端）不是战争。威胁、军演或者动用武力构成了COW数据库中三大类非战争冲突。当国家间军事争端持续并引起1 000名战斗人员死亡这一基准线时，它就转化为国家间的战争［琼斯（Jones）、布雷默（Bremer）和辛格，1996，第168页］。另一方面，一些学者将国家间如果"动用"武力就看作国家间战争，哪怕是战斗人员死亡数少于1000这一临界值。

图35-2显示了1816~2000年间国际范围内每5年发生的MID（国家间军事争端）的频率，国家间军事争端发生系指给定一年内开始的MID。图35-2也显示了涉及到动用武力的国家间军事争端（以MIDs-Use-Force标示）的发生次数，以及最终升级为国家间战争的国家间军事争端（以MIDs-to-War标示）的发生次数。图35-2同时标注了国际关系史上的重要时段［高什曼和莫扎（Gochman & Moaz，1990，第198页）］。从图中可知，第一，20世纪国家间军事争端的频度高于19世纪：1816~2000年间共发生2297次国家间军事争端，其中86.5%发生在20世纪（1900~1999年）。第二，尽管比例随时间变化起伏较大，但涉及军事武力使用的国家间军事争端仍占了很大比例。在整个1816~2000年间，有71.6%的国家间军事争端与军事武力使用有关。俾斯麦（1871~1890年）时期，42.4%的国家间军事争端涉及军事武力的使用，而冷战时期（1946~1989年）这一值则达到了77.1%。第三，军事争端能跨越COW所定义的国家间战争临界值的比例则很少，在1816~2000年间所发生的2 297起国家间军事争端中，只有106起（4.6%）升级为（COW所定义的）战争。

在过去的几十年中，特别是自2001年9月11日以后，和平经济学家对恐怖主义的关注日渐增加。图35-3显示了国际恐怖主义事件和国内恐怖主义事件的时间路径（除以10）。按照数据来源，恐怖主义知识库（the Terrorism Knowledge Base，TKB）定义"国际恐怖主义包括罪犯到国外去攻击其目标、锁定与外国有关的国内目标（进行攻击），或通过攻击飞机上的乘客或设备来制造的国际事件"。国内恐怖主义被TKB定义为"本国国民攻击纯本国目标的事件行为"。例如1995年俄克拉荷马城默里联邦大厦炸弹袭击事件。因此我们可以观察到三点：第一，与人们的印象相反，整个1989~2004年间国际恐怖事件序列并无呈线性上升趋势的证据。但恐怖事件的数量在最近几年有所上升，且以每次事件死亡人数衡量的恐怖主义事件的严重程度在最近几年也有所上升［恩德斯（Enders）和桑德勒，2000］。第二，世界范围内，国内（恐怖主义）事件远远高于国际（恐怖主义）事件（近8倍），至少在1998~2004

年这一有限时间段内是这样。第三,每年国内恐怖事件与国际恐怖事件之间的发生次数呈正相关关系,该结论也只适用于获得数据的有限时间段。

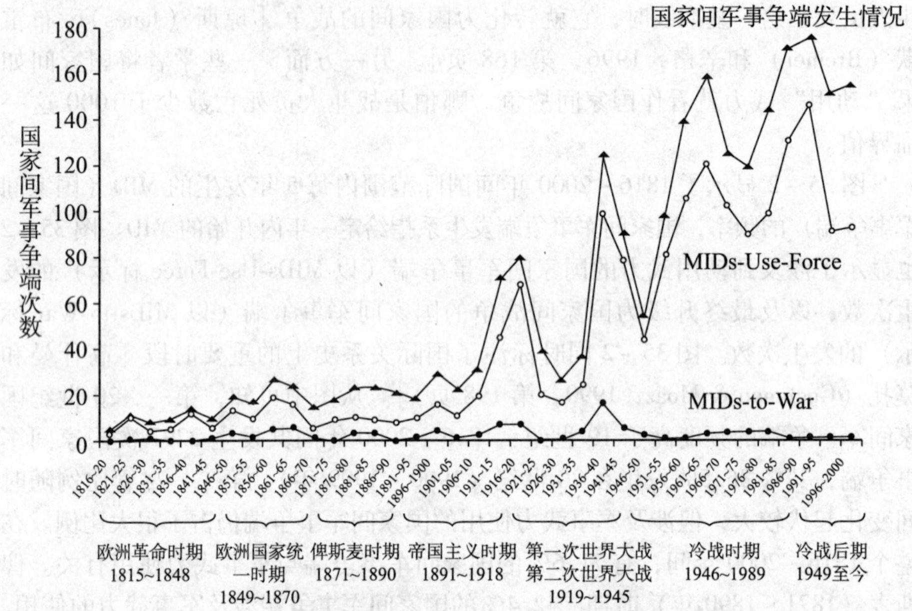

图 35-2 国家间军事争端、涉及动用武力的国家间军事争端以及最终升级为国家间战争的国家间军事争端发生次数,1816~2000 年

资料来源:戈恩. 帕尔默和布雷默(2004)。

表 35-1 和图 35-1 至图 35-3 概括了三种冲突的经济成本。第一,当国家和集体配置资源给冲突活动时,用那些资源生产物品的行动就被放弃了。潜在或发生国家冲突的机会成本用实际军事开支来粗略表示[布若斯卡(Brzoska,1995)]。我们注意到即便是无暴力的纯防务性冲突,这种经济成本也会产生。第二,当冲突转变成暴力时,资源(包括人力资本)被耗费,从而造成未来物品生产和服务的损失。哈里森(Harrison,2000)记录了二战期间同盟国和轴心国的人力与实物资本损耗。其他研究战争资产损耗的有哈里斯(Harris,1997)关于 1980~1988 年关于两伊战争、穆罕穆德(Mohammed,1997)关于 1983~1993 年期间苏丹内战、恩德斯和桑德勒(2006)关于美国 9·11 恐怖袭击等的研究。第三,当有冲突的危险或者冲突变成现实时,一些平常的生产和交换活动会转化为不经济从而造成损失。例如,安德顿和卡特

（Anderton & Carter，2003）和格利克和泰勒（Glick & Taylor，2005）记录了国家间战争所造成的巨大贸易损失，而拜尔和鲁珀特（Bayer & Rupert，2004）及尼奇和舒马赫（Nitsch & Schumacher，2004）对内战和恐怖主义的研究则也分别得出了相同的结论。其他有关研究也显示了战争对经济增长的影响［参见，如库比（Koub，2005）关于国家间战争的研究、默多克和桑德勒（Murdoch & Sandler，2004）关于内战的研究、布隆伯格、赫斯和维拉帕纳（Blomberg，Hess & Weerapana，2004）关于恐怖主义的研究］。

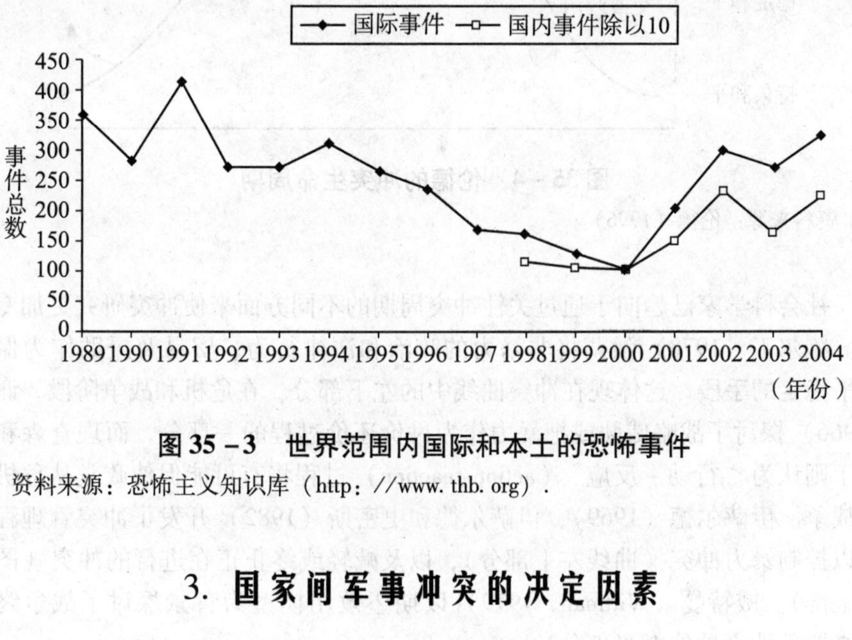

图 35 – 3　世界范围内国际和本土的恐怖事件

资料来源：恐怖主义知识库（http://www.thb.org）.

3. 国家间军事冲突的决定因素

3.1　冲突周期

　　冲突通常具有阶段性特征，伦德（Lund，1996）的生命周期图对此进行了细致的描绘（见图35 – 4）。上凸曲线描绘了一个典型的冲突随着对抗兴起至衰落的过程。最左侧部分表明从和平（持久、稳定和不稳定）到危机和战争的周期阶段。外围部分术语是用来表示第三方干涉的，"P系列"（预防外交，维和等）术语多见于联合国有关讨论中，"C系列"（冲突预防、冲突管理等）术语多用于学术文献［伦德（1996，第385页）］。曲线上面的箭头显示战争可以被制止、升级或复发。

```
和平和冲突的程度
战争         维护和平              和平实施
             （冲突管理）   停火    （减轻冲突）
危机         危机外交    暴动开始        维持和平
             （危机管理）        和解    （冲突终止）
不稳定和平   预防外交                    冲突后建立和平
             （冲突避免）                （冲突解决）
稳定和平     和平时期外
             交或政治
持久和平
```

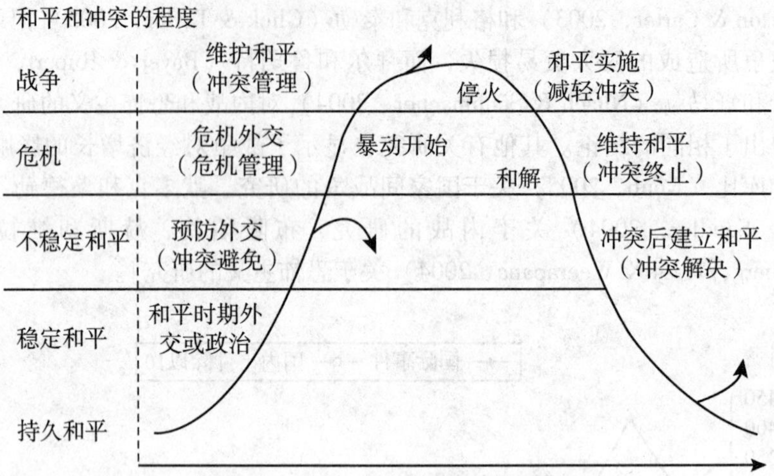

图 35-4 伦德的冲突生命周期

资料来源：伦德（1996）。

社会科学家已趋向于通过关注冲突周期的不同方面来使冲突研究更加专业化。鲍尔丁（1978）强调将非暴力的政治和法律行为、贸易及援助作为保持和平稳定的手段，这体现在冲突曲线中的左下部分。在危机和战争阶段，谢林（1966）探讨了战略威胁或把暴力作为讨价还价过程的一部分，而理查森和鲍尔丁则认为"行动-反应"（action-reaction）过程将有可能促使政党从危机转向战争。伊萨尔德（1969），伊萨尔德和史密斯（1982）开发了冲突管理程序用以控制暴力冲突（曲线左上部分），以及减轻或终止正在进行的冲突（图形右上部）。威特曼（Wittman，1979）以期望效用模型为背景探讨了战争终止的必要条件（曲线右半部分）。

3.2 威特曼的战争期望效用模型

威特曼（1979）的期望效用模型提供了一个（帮助人们）理解冲突周期各个方面的一般框架。包括战争开始、持续、终止及重新发生。这里我们聚焦于战争开始。假设两个国家 A 和 B 卷入一个潜在的暴力争端中，但他们双方都有达成这样一个结果的共同愿望——该结果不会对他们各自的利益造成太大的破坏性。这里假设把 A 和 B 之间的冲突看作是谢林（1960，第 5~6，89 页）所称之为的讨价还价或混合动态博弈模型的一部分。这种讨价还价在威特曼的模型中很明显，该模型中各种可能的和解都可以替代战争。我们以变量

s 代表 A 和 B 之间和解的可能性,例如,A、B 之间卷入领土纠纷。当 $s=0$ 时 B 总是默许(A 获得所有有争议的领土),而当 $s=1$ 时相反的极端情况出现。设 $U_i^t(s)$ 表示第 i 个参与方相对于和解 s 的效用贴现值,以 $EU_i^t(w)$ 代表第 i 个参与方为争议领土而战的期望效用。在效用函数中,上标 t 表明 t 时刻的效用评估,当争端展开或获得新的信息时 t 会发生变化。

图 35-5 中我们看到 A 和 B 的和解效用函数。和解在 X 轴上从 B 的完全让步一直到 A 的完全让步来度量。因此 $U_A^t(s)$ 是 s 的一个减函数,而 $U_B^t(s)$ 是 s 的增函数。从 Y 轴上我们可以看到每个参与方的战争期望效用。在这种情况下它们被假设与和解效用函数高度相关。在所有的解决方案中如果提供的效用少于 $EU_A^t(w)$,则 A 会更倾向于战争。因此,只有当在 s_A 左侧的时候 A 才会接受和解。同样的逻辑,只有当在 s_B 右侧的时候,B 才会接受和解。因为相互之间没有令人满意的和解协议存在,战争就成为可预期的结果,这些可以在图 35-5 的效用中看出。另一方面,我们可以看到,如果一个或两个参与方的期望效用相比相应的和解效用函数充分下降时,这时战争预期可以被避免。对期望效用方法的描述可以在布恩诺·德·梅斯奎塔(Bueno de Mesquita,2000)和辛格(Singer,2000)的文章中看到。

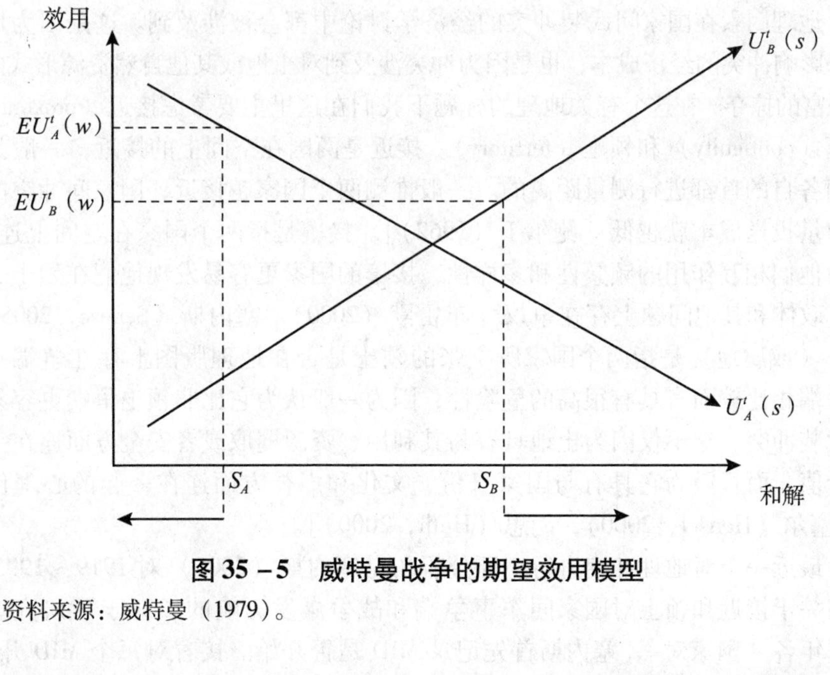

图 35-5 威特曼战争的期望效用模型

资料来源:威特曼(1979)。

在威特曼的模型中,从战争中想得到的更高期望效用和在和解下所能得到的更低期望效用（之间的反差）增加了战争爆发的可能性。问题很自然就出现了：是什么因素导致战争期望效用的增加和和解效用的减少，因而使得战争更可能发生。另一个问题是关于冲突管理，以及第三方调停者怎样在相反的方向上影响相同的效用，从而减少战争的可能性，或者终止一场正在进行中的战争。关于国家间军事冲突风险和关于冲突管理，以及冲突终止的相关文献，正试图提供这些或者其他问题的答案。

3.3 国家间武装冲突风险的评价

关于国家间武装冲突决定因素的经验文献有很多，有关这方面研究的文献数量现在很轻松就突破了 500 篇［盖勒（Geller）和辛格，1998］。在先进的数据资源、计算能力和计量经济学推动下，这些研究现已变得更精致和更具说服力。很多的案例应用回归方法对国家（单子）或"国家对"（对子）的混合时间序列进行了处理。根据其特定假设和关注点，他们选取的变量包括地理、经济、政治和军事能力等。

3.3.1 国家间冲突的地理因素

地理因素在国家间武装冲突的经济学讨论中都会被涉及到。这是因为地理可以影响冲突的经济成本，也是因为冲突涉及到对土地或其他自然资源形式的经济财富的掠夺。在这个有关地理的标题下我们在这里主要考虑接近（proximity）、接壤（contiguity）和领土（territory）。接近是两国在空间上的接近，一般是从他们各自的首都进行测量距离的。一般推测两个国家越接近，国家间冲突的军事力量投送成本就越低［鲍尔丁（1962）］。接壤是指两个国家在空间上连着，因为他们相互作用的频繁性和多样性，接壤的国家更容易发现他们在领土、政策、政体和其他问题上存在争议［布雷默（2000），塞内斯（Senese, 2005）］。领土（或属地）是指两个国家所主张的领土是否在地理版图上存在争端。领土争端相比较而言具有很高的危险性，因为一般认为它比非领土争端更容易导致武装冲突。这不仅因为土地具有与其利用、资源攫取或者安全方面连在一起的价值，而且因为它具有与国家身份、文化和声誉方面连在一起的心理价值［亨塞尔（Hensel, 2000），胡思（Huth, 2000）］。

最近一个对地理冲突进行实证分析的是塞内斯（2005）对 1919～1995 年期间关于接近和领土对国家间军事争端和战争爆发影响的"对于"研究。针对每年各"国家对"，塞内斯首先记录 MID 是否开始。接着对每个 MID 开始，记录其是否升级为战争。这个过程产生了两个定性因变量，其中一个量度 MID

开始，另一个量度战争开始。自变量包括接壤、领土争端指标，以及这两个指标的乘积。其他的变量控制了联盟、民主、主要大国地位、经济发展，以及相对能力决定。

基于包含 1348 起 MID 开始和 96 起战争的 494613 个"对年"样本为基础，该研究以离散概率来估计 MID 和战争开始，结果显示在 MID 开始方程中，"接壤"和"领土"都有直接的正面效应。如果再考虑到接壤－领土之间的相互作用，那么估计 MID 开始的风险会从没有领土争议、没有接壤"对"情况下的 0.001，增加到有领土争议和有接壤"对"情况下的 0.038。其混合"对"情况下的概率则有所下降。在战争开始的方程式中领土也有直接的正面效应。领土争议影响的估计在无接壤"对"情况下，会将战争爆发的几率从 0.03 增加到 0.282，在接壤"对"情况下则从 0.02 增加到 0.094。令人惊奇的是，接壤影响的估计值显示其减少了战争开始的几率。这对存有领土争议的国家"对"来说应该是个特例，此时的概率从 0.282 下降到 0.094。塞内斯对这最后一组概率的解释是，没有共同边界的领土国家间军事争端出现时，意味着诉诸短期战争的解决手段，会陷入更大的困难。对我们而言，我们想知道两个方程中，是否由于省略了两个国家间贸易的变量（其可能与"接壤"正相关，而与冲突负相关），"接壤"的影响均被低估。

3.3.2 经济发展

似乎对任何经济文献的回顾都会提到亚当·斯密。这里的问题也被《国富论》第Ⅴ卷、第一章所回答，该书里斯密（1976）对于经济发展对武装冲突的影响作出了富有见地的解释。斯密区分了游猎、游牧、农业、工业时代四种经济发展水平。在斯密的观点中，在最不发达的社会（游猎时代）和在最发达的社会（工业时代）里由于很高的机会成本，战争发起的可能性很低。在游猎社会里，军队的规模会受到限制，因为如果不去追逐猎物，他们的生活方式将面临严重的考验。在发达社会里，战士不得不从生产中分离出来，直接导致产出的重大损失。然而，在中度发达的游牧社会和农业社会里，按照斯密的观点，发动战争的机会成本相比较低。牧羊人可以使他们的牲畜跟随着自己去参加战斗，所以允许他们在战争期间仍保留一定的畜牧量。在农业社会，一旦种子种到田里，符合参军年龄的人员都可以去参战，因为将庄稼交给女人、小孩和老人来管理，造成的产出损失也很小。在这四种发展水平中，斯密认为经济发展水平与战争风险之间呈倒 U 型关系。

亚当·斯密对战争可能性的解释确实是不同凡响的。正如古德温（Goodwin, 1995, 第 25 页）所说："很震撼人心的是无论是在这个世纪，还是在基于宗教偏执的流血冲突和王朝更换（年间），欧洲确实经历了斯密所写的那个时代，他能为植根于仅经济增长结果的战争与和平可能性提供一个恰当的解释。"斯密的创见也被现代学术界过去所通常假定的发展与国家间冲突间线性关系的事实所证实［见，例如，伊斯特和格雷格（East & Gregg，1967），赫格雷（Hegre，2000）］。仅在最近博默尔和索贝克（Boehmer & Sobek，2005）的贡献才使现在（这方面）的思想赶上斯密关于其非线性关系的预期。

博默尔和索贝克（2005，第5页）假定发展和冲突之间呈倒U型关系，因为"从农业及采掘活动到最终以服务业为基础的经济定位的变化，改变了关于获得领土的成本－收益计算。"贫穷国家缺少军事资源，而发达国家缺少经济动力，这使得处于中间发展水平的国家更容易卷入国家间军事争端。博默尔和索贝克的研究以1870~1992年间所有国家其国家层面的数据来检验其假定。他们连续利用三个因变量，衡量一个国家是否发起了新的MID、是否在领土争端中卷入了新的MID，以及是否卷入带有伤亡的新的MID中。为便于表示发展的非线性效应，人均能量消耗以对数和对数平方的形式出现在方程中。控制变量包括民主、人口增长、密度、经济开放度和军事能力，分对数（Logit）结果显示，发展对武装冲突的三个量度都有显著和大的非线性效应。例如，当发展水平样本值从最低到最高的时候，发生MID的概率估计在降低到0.0088之前会从0.0014上升到0.0275。以他们的分析为依据，博默尔和索贝克预计在今天易于发生武装冲突的是那些中等发展水平的国家，如中国、印度、伊朗、巴基斯坦、尼日利亚等，随着诸如黎巴嫩、苏丹、刚果民主共和国等这些国家的持续发展，其未来发生冲突的风险也会不断增加。

3.3.3 经济依存

双边贸易会推动经济获利，当冲突使贸易中断时，那么因这种获利，武装冲突的机会成本当然增加。因此，按照自由和平假设，在其他情况类似或相同的情况下，贸易增加使得两个有贸易往来的国家之间武装冲突的可能性降低［波拉切克（Polachek，1980）］。全球化上升阶段，有关贸易和冲突的文献无论在数量还是在质量上都有很大的发展。我们这里简单看一下由拉西特和奥尼尔（Russett & Oneal，2001）提供的估计关于双边贸易影响的研究，他们的研究主要集中在这一领域。对其更全面的回顾参见施奈德、巴比里和格莱迪奇（Schneider, Barbieri & Gleditsch，2003）以及波拉切克和西格利（Seiglie）的文献（在本手册第31章）。

拉西特和奥尼尔（2001）使用跨1886~1992年间大部分年份的大约40000个"国家对－年"样本来检验自由和平假设。该样本受"国家对"限制，要求两国接壤或其中至少包含一个大国。冲突是用表示当年该"国家对"是否卷入国家间军事争端的定性因变量来测量。在这个"国家对"中，各国的经济依存度是由该"国家对"中，一国与另一国的贸易占本国 GDP 的多少来衡量的。在这个"国家对"中具有低依存性的国家被认为处于弱势一方。因此，依赖性被认为是军事争端可能性的决定因素。其他自变量包括民主、政府组织、联盟、距离和相关力量等。

以分对数分析为依据，拉西特和奥尼尔（2001，第 171 页）估计一般"国家对"卷入军事争端的风险是 0.03。从这一基线出发，他们发现当具有较少依赖性的国家，其贸易依存度相对样本平均值增加一个标准离差时，其卷入军事争端的风险大约下降 43%。作为对挑战的回应，奥尼尔和拉西特（2003a，2003b）报告了基于另外的识别方法，样本和估计方法估计的贸易的和平效应。这些风险减低估计值下降 20 到 40 个百分点。而当这些因变量从 MID 卷入收窄到带有伤亡的 MID 开始时，该估计值上升了 60% 或更高。

3.4 战争持续时间评估

战争持续时间涉及到图 35-4 中冲突周期上部冲突管理、缓解和终止的相应宽度。注意因为终止是持续时间的终结点，所以战争持续时间和终止在概念上是相联系的。战争结束可由军事、政治、经济或第三方干预因素所引起[马苏德（Massoud，1996）]。谢林（1960，1966）的经典著作将冲突开始、管理和终止作为混合动机讨价还价博弈中，很多参与者的期望形成来看待。伊萨尔德（1969），伊萨尔德与史密斯（1982）利用垄断原理发展出数个阻止、缩短和终止冲突的理论程序。赖法（Raiffa，1982）提出了管理商业冲突的实践步骤，它与国家间冲突明显相似。鲍尔丁（1962）探究了停止战争的多种方式。威特曼（1979）提出了停止战争的必要条件。克罗斯（Cross，1972）同时强调了冲突讨价还价中学习的作用。这些贡献都将冲突持续和终止看作是参与者在变化的环境和信息背景下，理性的成本收益计算结果。

与此相一致，斯兰切夫（Slantchev，2004）通过假设领导人"掂量他们能从战争中得到什么，并通过比较从战斗中所获得成本和收益来形成他们的预期"，开始了他对战争持续时间的经验研究。一旦战争开始，领导人更新他们关于相对强弱、解决几率和持续战争风险的信念。战争过程中源源不断地获得信息，直到与他们所期望的结果相一致，此时达成一个成功的解决方案。基于战争终止内生决定的视角，斯兰切夫的研究引申出一系列假定，如假定最初军事上的势均力敌会增加结果的不确定性，因此往往延长战争。他利用 1816~1991

年间104个国家之间的战争作为样本，应用风险与有序概率单位法（ordered probit）来检验其假设。斯兰切夫的研究发现最初的势均力敌、更加困难的战争态势、大量的国家被卷入战争等这些因素都会延长战争的期望持续时间，而接壤和民主国家发生的战争则减少战争期望时间。斯兰切夫的研究也发现长时间的战争，往往产生战争发起者打败对手或者迫使其作出让步的结果。由于发起者有战前的预备役部队和低伤亡率优势，因此它往往要求获得好一点的调解方案。

格雷格（Greig, 2001）研究了在持久的国家对抗中短期和长期成功调停的经验决定因素。利用风险和有序分对数分析，他分析了1946~1992年间的202个调停尝试，包括19场持久对抗。关于短期调停结果，格雷格的研究发现，当调停发生在对抗早期，当调停由一个或两个对手发起，或当纠纷涉及到领土问题时，部分或全部调停成功的几率就很大。格雷格的研究用下次争端的相对严重程度，以及到下一次包含武力的军事争端的时间间隔，来衡量长期调停的结果。他的研究发现当至少一个对手在过去两年内转向民主，或当对抗的早期争端以僵局收场，以及当他们早先的争端在敌对和伤亡等方面更严重时，长期调停就更容易获得成功。格雷格（2001，第70页）研究所得出的政策教训是"调停的努力最好能促进对抗关系的改善，当长期对抗者充分感受到这种高成本争端模式（的痛苦），且并没有在对抗中获得优势地位时，最具冲突性活动的频率就会减少。"

4. 军备对抗、扩散和军备控制

4.1 定义

产生于冷战时期的和平经济学长期关注军备对抗、扩散和军控问题。"军备对抗"是两方或多方当事人间武器数量和质量上的竞争性增长。这些当事人可能是国家，或国内团体（如叛乱方），或跨国团体（如恐怖组织）。虽然军备对抗和军备竞赛经常被等同使用，但"军备竞赛"更多地被认为是以超乎寻常的速率增加军备所凸显的军备对抗的一种特例。"扩散"则是指拥有大规模杀伤性武器（WMD）方数量的增加，如核武器、生物武器、化学武器和放射性武器。军备扩散通常由军备对抗所产生，且很容易引发新的军备对抗。

在谢林和霍尔珀林（1961，第2页）看来，"军备控制"是指潜在对手间的各种形式的军事合作，旨在减少（1）战争的风险，（2）战争所造成的破坏，和（3）军事准备的政治和经济成本。这种军备控制的概念认为对手之间存在共同利益，再次将战争和对抗放在混合动机博弈背景下。合作的形式则各不相同，包括通讯、军队部署、武器数量和技术含量，以及武器累积率等方面的变化。我们也注意到军备控制的三个目的之间是有区别的，这会增加它们之间权衡取舍的可能性。

4.2 军备对抗模型

在和平经济学中的许多基本贡献，都是部分或全部聚焦于军备对抗和军备控制。我们通过回顾军备对抗的四个开创性模型，来再次回到和平经济学的历史起源。这些模型无论在数学方法还是理论集中点方面都是非常卓越的。囚徒困境模型是用基本博弈理论分析具有战略依存的参与者之间军备对抗的混合动机特性。理查森（1960a）应用微分方程确定了军备对抗可能升级为不稳定军备竞赛的条件。英特里盖特和布里托（Brito）的导弹战动态模型，引出了不同军备对抗和军事控制的战略含义［英特里盖特（1975），英特里盖特和布里托（1986）］。麦圭尔（1965）在其最优化模型中引入寡头垄断理论来探究两个军备对抗者之间相互依存的资源配置决定。

4.2.1 军备对抗的囚徒困境解释

假定两个对手 A 和 B 选择低军备或高军备策略。每个对抗者都偏好拥有相对军备优势，但军备是昂贵的。图 35-6 给出了以序数收益形式显示的囚徒困境博弈。

		参与者 B	
		低军备	高军备
参与者 A	低军备	3, 3	1, 4
	高军备	4, 1	2, 2

图 35-6 军备竞赛的囚徒困境博弈

对每个参与者，最好的选择是不顾其他参与者的决定而选择高军备。如果两个参与者都选择他们的占优战略，支付结果为（2,2），该结果是一个纳什均衡，意味着没有一个参与者会有动力单方面转向低军备。该结果是帕累托无效的，这也是军控的原动力。如果 A 和 B 都遵守军备协议而维持低军备，则支付结果为（3,3）而不是（2,2），因为资源可以在相对优势不变的情况下用于非军事行动。注意资源从武器方面的转移，支持了谢林与霍尔珀林的第二和第三个军控目标：因为如果武器储备越低，战争爆发时的破坏性就越低，军事准备的成本也就被降低了。

如果囚徒困境证实这对军控推动是有效的，也就表示军控的祸害是欺骗。如果 A 增加其军备、B 遵守协议，则 A 的支付将会从 3 增加到 4。B 也有同样的欺骗动机。如果双方都欺骗的话，实际上就不会有军备协议存在，结果也就回到了纳什均衡。为了防止欺骗，多数军备控制协议包含着核查和信守措施。当基本的囚徒困境博弈扩展到考虑察觉欺骗，那么如果被察觉的几率很高的话，纳什均衡显示也可能包含着遵守［见，如，桑德勒和哈特利（1995，第 78~79 页）］。

军备对抗通常是包含着行动和再行动的周而复始的循环，这意味着合作的可能性比一次性囚徒困境大的多。例如，如果 A 在一次军备控制协议中进行欺骗且被发觉，B 就会在未来的循环中终止维持低军备，从而通过降低 A 的支付来惩罚 A。因此，A（同样逻辑，B）在进行状态和未确定关系长短情况下更不倾向于欺骗。在正式的未知长度的重复囚徒困境博弈中，会发现如果参与者认为未来足够的重要，就会在每一轮中存在着低军备（子博弈精炼）纳什均衡［见，如弗登伯格和马斯金（Fudenberg & Maskin, 1986）］。

囚徒困境本身没有提及谢林和霍尔珀林的第一个军控目标，也就是减少战争的风险。为了将战争风险和军备联系起来，我们必须把对手之间的武器积累和战争可能性联系起来，就像理查森所做的那样。

4.2.2 理查森模型

关于军备对抗的数学模型起源于理查森（1960a）的研究，是他发起并推动了军备对抗和战争的定量研究。关于包含 A 和 B 两个参与者的基本理查森模型由两个微分方程组成：

$$\dot{M}_A = kM_B - \alpha M_A + g \quad (35-1)$$

$$\dot{M}_B = rM_A - \beta M_B + h \quad (35-2)$$

理查森假设每个参与者军事能力的时间变化率 $\dot{M}_i (i = A, B)$，与对手军事储备正相关，与其自身的军事储备呈负相关。参数 k 和 r 是 A 和 B 的反应系数，其表示各国对另一国军事能力的敏感程度。参数 α 和 β 是疲劳系数（fatigue coefficients），反应参与者自身军事储备的经济和政治成本。参数 g 和 h 是委屈项，代表军事能力变化的来源独立于自身和对手的军事储备。当 $\dot{M}_A = \dot{M}_B = 0$ 时，军事能力的稳态均衡 (M_A^*, M_B^*) 为：

$$M_A^* = (kh + \beta g)/(\alpha\beta - kr) \tag{35-3}$$

$$M_B^* = (rg + \alpha h)/(\alpha\beta - kr) \tag{35-4}$$

该均衡当且仅当 $\alpha\beta > kr$ 情况下才是稳定的,这大致意味着系统的疲劳程度($\alpha\beta$)超过反应程度(kr)。

注意理查森模型缺少任何可能决定反应程度的战略性要素,且对于何时军备对抗可能导致战争没有提及。然而,从他的论文中我们可以清楚地看到理查森特别困惑的是关于稳定均衡不出现的可能性。没有稳定性,一个军备对抗可能变成真正的军备竞赛,同时加速军备引发恐慌和怀疑,有导致战争的危险 [理查森(1960a,第61页)]。因此,按理查森的观点,缓和不稳定的军备对抗可能对谢林和霍尔珀林军备控制的所有三个目标都有贡献。

鲍尔丁(1962,第2章)给出了对理查森模型的一个重要扩展。他概括了国家、非国家组织和个体的行动-反应过程等概念。参与者在其不同领域内行动,包含许多种可能的形式,包括敌对和友好等,而不仅仅是军备对抗。因此,鲍尔丁的著作认为理查森模型可以应用于非国家间的军备对抗,和冲突背景下更宽泛的行动—反应过程。对于理查森模型的其他扩展回顾,参见桑德勒和哈特利(1995,第82~89页)。

4.2.3 英特里盖特—布里托模型

理查森模型的主要关注点是军备对抗的稳定性,而英特里盖特和布里托则对危机的稳定性感兴趣,意指即使在对手间紧张程度升级(包括军备升级)的短时期内,发生战争的潜在风险仍然很低。英特里盖特-布里托($I-B$)模型因此重点关注对手导弹持有数量 $M_i(i=A, B)$ 所产生威慑与攻击能力的战略意义。这里我们给出 $I-B$ 模型的一个简化版 [英特里盖特(1975),英特里盖特和布里托(1986),沃尔夫森(1985)]。

由 B 国全力发起的攻击,能将 A 国 $f_B M_B$ 的导弹摧毁,这里 f_B 代表由 B 国一枚反导弹导弹击落的 A 国导弹的数量。如果 A 国有足够留存的导弹给 B 国造成难以承受的伤亡 $\overline{C}_B$,这样 B 国可能就会被威慑。A 国感知到的威慑 B 国需存留下的导弹数量为 $\overline{C}_B/v_A$,这里 v_A 代表一枚 A 国的攻击型导弹造成的 B 国伤亡数量。同样的逻辑也适用于 B 国对 A 国的威慑,可列出如下 A 和 B 的威慑条件:

$$M_A \geq f_B M_B + \overline{C}_B/v_A \tag{35-5}$$

$$M_B \geq f_A M_A + \overline{C}_A/v_B \tag{35-6}$$

假设 A 和 B 也考虑利用他们的导弹来攻击。在由 A 发起的全力攻击中,B 国 $f_A M_A$ 数量的导弹可能被摧毁。如果 B 国存留下来的导弹不能在报复时产生多

于 $\hat{C}_A$ 的伤亡,这时 A 国可能攻击。同样的逻辑也适于 B 国的攻击潜力,因此可列出 A 和 B 的攻击条件如下:

$$(M_B - f_A M_A) v_B \leq \hat{C}_A,\ 或等价于\ M_A \geq M_B/f_A - (\hat{C}_A/f_A v_B) \quad (35-7)$$

$$(M_A - f_B M_B) v_A \leq \hat{C}_B,\ 或等价于\ M_B \geq M_A/f_B - (\hat{C}_B/f_B v_A) \quad (35-8)$$

这里 $v_i (i = A, B)$ 是一枚攻击导弹 i 造成的伤亡数。

条件 (35-5)~(35-8) 对图 35-7 显示的可选导弹矢量图 (M_A, M_B) 具很多战略意义。M_A 和 M_B 组合在、或在"A 威慑"线的右边(在区域 1、2A 和 4A)时,导弹矢量图意味着 A 可能威慑 B。矢量对在、或在"B 威慑"线左边(区域 1、2B 和 4B)意味着 B 能威慑 A。阴影的部分(区域 1)是相互威慑区。M_A 和 M_B 组合对在或在"A 能攻击"线的右边(在 4A、5A 和 6 区域)意味着 A 能攻击 B,同样在、或在"B 能攻击"线左侧的点(在 4B、5B 和 6 区域)则意味着 B 能攻击 A,图 35-7 也显示了紧张威慑(区域 3),在那里 A 和 B 都不能攻击或者威慑对方。5A、5B、6 区域就是战争发起的区域。在 5A、5B 一方都能攻击对方,但都不能威慑对方。在区域 6 任何各方都能攻击但都不能威慑。

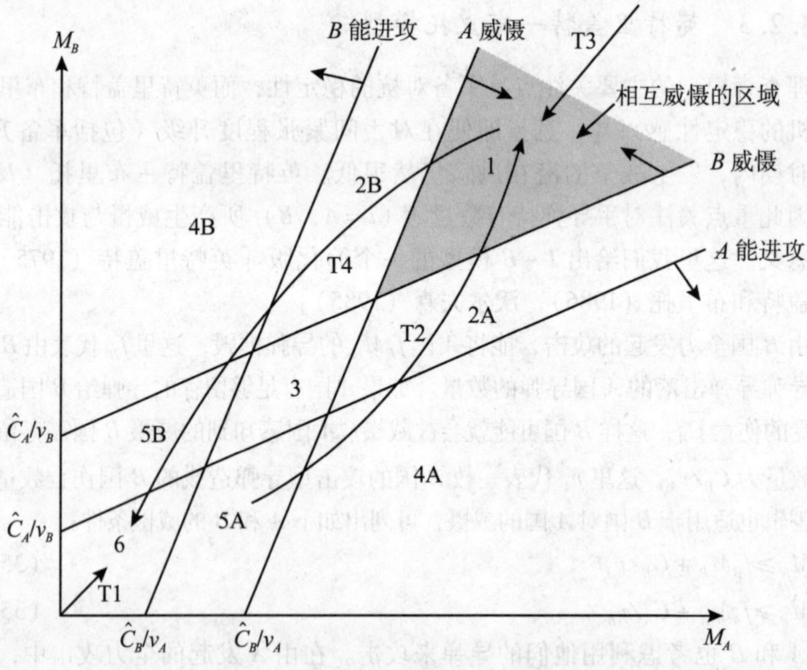

图 35-7 英特里盖特-布里托模型

I−B模型可以用于研究关于军备对抗和军备控制对战争风险的影响［英特里盖特和布里托，1986］。从图35−7的原点出发，武器轨迹T1驱使导弹矢量进入区域6，这里各方都能攻击但都不能威慑，从而导致战争的高风险性。轨迹T1与理查森军备对抗增加战争危险的观点是一致的。但理查森观点并非I−B模型唯一展现的观点。假设一个军备对抗沿着T2轨迹发生，英特里盖特和布里托相信，这对第二次世界大战后美国和苏联之间的军备对抗进行了合理的描述。军备对抗将导弹向量推向区域1，在这个区域双方都能威慑，从而降低了战争的风险。注意沿着轨迹T2，战争风险通过"武器增加"而降低了。同时，战争将造成的损失和军事准备的成本都更高，表示在一些情况下要在军备控制目标中权衡取舍。军备缩减轨迹T3推动导弹向量进一步向下到相互威慑区域，意指减少武器成本不会增加战争危险。轨迹T3也表示在战争中更小的破坏。然而，轨迹T4则是另一回事，因为大量武器减少推动导弹向量下降到危险区域6内，那里的战争风险高。

其他的情景也可以在I−B模型中研究，包括轨迹驱使导弹向量沿水平轴或者垂直轴移动时造成的武器扩散情况，导弹效率项f_i、v_i变化的情况，以及可接受的死亡人数$\bar{C}_i$、$\hat{C}_i$变化的情况。安德顿（1992）批评了I−B模型的攻击条件。他对I−B模型的改进认为在其他一样的情况下，低武器水平的导弹对抗不会与过高的战争风险联系在一起。

4.2.4 作为经济选择的军备对抗

麦圭尔（1965）军备对抗模型之所以重要，是因为其在理性选择的框架中嵌入了攻击和威慑的战略考虑。麦圭尔的基本模型假设国家A和B在满足资源约束条件下，最大化其各自的效用（其效用为安全和消费的函数）。安全由国家的攻击和威慑能力决定，而这些能力反过来取决于两个国家的武器存量，以及与之相伴的其他因素，如信息等。推导出反应函数，然后求解军备的古诺/纳什均衡。

麦圭尔关于军备对抗的理论研究范围相当宽广。在扩展研究中他探讨了双边军控中的契约曲线、单边军控中的斯塔克尔伯格解，以及生存/灭亡解。他也分析了信息（以及保密）所充当的角色，揭示不完全信息是如何从根本上改变军备对抗的速率和方向，以及双边都有益的军控机会。因为不确定性可能影响攻击和威慑的相对边际收益，麦圭尔坚持认为信息可以被单方面或多方面操控，从而使军备对抗转向低风险均衡中。最后，麦圭尔强调了军备对抗和军备控制的多元特性，总结了在武器数量、质量（如精度，效能等）和情报投入等方面的替代可能性。

4.3 军备对抗和扩散的主要经验研究

4.3.1 军备对抗和战争风险

理查森（1939，1960a）对第一次世界大战和第二次世界大战前的军事支出研究，使他确信扩充军备增加了战争的风险。直到 I–B 模型提出了有关理查森观点的一般性问题，才在和平经济学中产生了军备对抗和战争风险关系的争论。第一个关于这个问题的经验性检验是由华莱士（Wallace，1979）完成的，他发现主要国家之间的军备对抗，对军事争端逐步升级到战争产生强的正效应。该发现的强健性在随后的研究中被质疑［如，见迪尔（Diehl，1983）］。

建立在这一早期文献的基础上，桑普尔（Sample，2002）使用从 1816~1992 年的所有 MID"国家对"来研究扩充军备对战争升级可能性的影响。其因变量衡量 MID 是否升级为战争，其关键自变量表示在这个"国家对"中两个国家是否都卷入军备快速扩张。其他的自变量控制了一国或两国的相对军事能力、高防务负担、领土争端、接壤性和核能力等。与早期的研究相比，桑普尔的数据库既有大国也有小国。在 2304 个两国争端中，267 例涉及主要大国，1196 例涉及小国，841 例涉及一个大国和一个小国。

使用 1816~1992 年时期的所有"国家对"数据，桑普尔发现在军事扩张与战争升级之间有显著的正相关关系。基于分对数（logit）分析，有关快速扩张的"国家对"之间的冲突，在其他情况相等的情况下，估计会比大于平常的两倍可能升级为战争。在其他的重要影响中，桑普尔的研究也发现核武器的出现使升级为战争的可能性下降了大约一半左右。当她对这三种类型"国家对"模型分别进行估计的时候，她的研究再次发现扩张对含两个大国的"国家对"，以及含两个小国的"国家对"有大的显著影响，但对于大小混合的"国家对"则没有影响。当她将其分析限定在第二次世界大战后时，她发现在任何这三种类型的"国家对"之间，军事扩张都没有显著影响，而核能力在大国之间和混合类型"国家对"之间则继续有负面效应。按照桑普尔的观点，结果表明，混合类型"国家对"中争议者对另一方的军事扩张的理解，与均为大国"国家对"和均为小国"国家对"中争议者的理解是不同的，所有"国家对"关于威慑的认知，随着二战中核武器的使用而改变了。我们认为这个结果与理查森军备对抗导致两次世界大战的观点，和英特里盖特与布里托关于核武器威慑作用的理解是一致的。

4.3.2 核武器扩散的决定因素

当大多数的研究还局限在案例研究方法的时候，辛格和韦（Singh & Way, 2004）新近提供了一个有关核武器扩散风险因子的较大范围的精确分析。其研究是对和平经济学的重要补充，不仅是因为后者长期关注核扩散，也因为辛格和韦的研究发现经济变量对核扩散有重要影响。而且，他们的著作认为对其他大规模杀伤性武器（生物武器、化学武器、辐射性武器）扩散的定量研究在未来是可能的。

利用风险模型以及多项分对数模型，辛格和韦估计了不同经济和政治变量对核扩散可能性的影响。他们从界定四阶段或水平（没有兴趣、认真开发、项目启动、武器获得）扩散开始，在1945～2000年这个时间段的154个国家样本中，有23个国家认真地考虑了核选择，这其中有16个国家启动了项目建设，其中9个（包括南非在内）事实上获得了核武器。这三个进行期的示性变量作为因变量针对每个"国家-年"编排的。主要自变量包括：人均GDP、工业生产能力、安全、政治组织和贸易政策。辛格和韦的研究发现外部安全问题对核扩散有很强的影响。长久的对抗参与和频繁的国家间军事争端大大增加了国家倾向利用核武器的风险，而与拥有核武器的大国结盟则会降低这种危险。经济发展总体上有正效应，但在更高收入水平下扩散的可能性降低。最后，与自由和平假设相一致，贸易开放被发现会降低核扩散的危险。

5. 冲突的技术和地理因素

5.1 关于战争或和平的内在习性

谢林关于和平经济学早期著作的一个主题是在武器、地理和军事组织中存在一些内在特性，这些内在特性把对手推向和平或者战争。这并不取决于领导人的个性和目标，也不取决于和对手之间分歧的本质，以及误解对决心或敌意的误解［谢林（1960，第9章、第10章；1966，第6章），谢林和霍尔珀林（1961，第1、2章）］。谢林（1966，第234页）写道："随后，会有一些被我们称为'关于和平或战争的内在习性'的事物存在于武器、地理以及当时的军事组织中。军备和军事组织既不能被看作是在国际冲突中绝对的决定因素，也不能被看作是中立的。"注意谢林并没有过分夸大内在习性概念的适用性。

武器技术、地理以及组织等因素，不一定是解释战争风险的主导或最重要因素，但它们却并不是无关的。

5.2 兰切斯特理论和关于战争与和平的内在习性

理查森模型与军备对抗中的武器"积累"有关，而兰切斯特（1916）模型与战争中的武器"损耗"有关。在20世纪大部分时间里，兰切斯特模型构成了精确战争模型的基础［泰勒（Taylor, 1983）］。兰切斯特理论也受到战争建模者的批判［爱泼斯坦（Epstein, 1985），安克尔（Ancker, 1995, 第182页）］，但是它仍然被用在军事勤务部门评估战争的动态方面。

5.2.1 战争损耗的基本兰切斯特模型

假设参与者 A 和 B 发动一场战争，战争中 t 时刻他们的军事存量为 $M_i(t)$ $(i=A, B)$。基本兰切斯特模型用下面的微分方程描述双方的军事存量损耗：

$$\dot{M}_A = -\beta M_B \tag{35-9}$$

$$\dot{M}_B = -\alpha M_A \tag{35-10}$$

为方便分析，时间因素被弃除掉。参数 α 和 β 叫做损耗率系数，描述了 A 和 B 的军事存量在破坏对方军事存量方面的影响。这个系数可以反映武器的速度和精度、地理障碍或者战斗力增强能力，以及军事组织和人员训练的效率。给定战前或0时刻的存量为 M_i^0 $(i=A, B)$，等式（35-9）和（35-10）按照著名的兰切斯特平方律决定了在持续到底战争中的胜利者［泰勒（1983，第1卷，第72~74页）］：

$$\alpha(M_A^0)^2 > \beta(M_B^0)^2 \Rightarrow A \text{ 赢}$$

$$\alpha(M_A^0)^2 < \beta(M_B^0)^2 \Rightarrow B \text{ 赢} \tag{35-11}$$

举一个例子，我们假设 A 拥有1000个装备有攻击步枪的士兵，它的效率是 $\alpha = 0.02$，B 拥有500个装备有机关枪的士兵，它的效率是 $\beta = 0.01$。把这些系数值代入式（35-11）中，结果发现 B 将会在战争中战胜 A，尽管 B 的士兵数量仅为 A 的一半。

5.2.2 拥有动员优势和再供给的兰切斯特战争

我们通过引入动员优势和武器再供给两个因素，扩展基本的兰切斯特模型。武器技术、地理以及军事组织影响到是否存在先行动者攻击优势。如果存在的话，相对于他的对手，攻击者拥有一个超常态军事成功期，我们把它叫做动员优势期。假设参与者 A 假定，如果 B 进攻的话，B 的效能是 βa，且拥有一个持续 θ_B 单位时间意外的攻击优势。β_a 的下标表示 B 是攻击者。动员优势期指的是这样一个时期：B 可以攻击 A，但是 A 却不能还击 B。这是兰切斯特战争的第一阶段。一旦动员优势期结束了，此模型就进入到第二阶段，此时，A 以效能 α_d 反击 B，α_d 的下标表示是 A 是一个防御者。假定一旦进入第二阶段，双方都从本土的生产商或者军火市场上得到额外的武器 $P_i(i=A, B)$。

存在动员优势和武器再供给的两阶段兰切斯特模型是建立在 B 进行攻击的假设条件下的，因此：

阶段 1（$t=0$ 到 $t=\theta_B$）

$$\dot{M}_A = -\beta_a M_B$$
$$\dot{M}_B = 0 \tag{35-12}$$

阶段 2（$t=\theta_B$ 到 $t=$ 战争结束）

$$\dot{M}_A = -\beta_a M_B + P_A$$
$$\dot{M}_B = -\alpha_d M_A + P_B \tag{35-13}$$

在泰勒的（1983，第 2 卷，第 338~343 页）重置一般线形兰切斯特模型基础上，对模型进行数学变换，给定战前的军事存量，最终的战争获胜者由（35-12）和（35-13）式决定：

$$\alpha_d [M_A^0 - \beta_a \theta_B M_B^0 - (P_B/\alpha_d)]^2 > \beta_a [M_B^0 - (P_A/\beta_a)]^2 \Rightarrow A \text{ 赢}$$
$$\alpha_d [M_A^0 - \beta_a \theta_B M_B^0 - (P_B/\alpha_d)]^2 < \beta_a [M_B^0 - (P_A/\beta_a)]^2 \Rightarrow A \text{ 赢} \tag{35-14}$$

注意在战争期间如果动员优势和武器再供给不存在的话（即 $\theta_i = P_i = 0$，$i=A, B$），条件（35-14）就变成了（35-11）式基本兰切斯特模型的胜利条件。

5.2.3 兰切斯特进攻/防御模型

解出（35-14）式上半部分 M_A^0，将其定义为"A 防御"条件：

$$M_A^0 \geq [(\beta_a/\alpha_d)^{0.5} + \beta_a \theta_B] M_B^0 + \left(\frac{P_B}{\alpha_d} - \frac{P_A}{(\alpha_d \beta_a)^{0.5}}\right) \Rightarrow A \text{ 防御} \tag{35-15}$$

用类似方法我们给出"B 防御"的条件：

$$M_B^0 \geq [(\alpha_a/\beta_d)^{0.5} + \alpha_a \theta_A] M_A^0 + \left(\frac{P_A}{\beta_d} - \frac{P_B}{(\alpha_a \beta_d)^{0.5}}\right) \Rightarrow B \text{ 防御} \tag{35-16}$$

当（35-15）式的防御条件没有得到满足时，B 可能进攻且打败 A。同样地，当（35-16）式的条件未得到满足时，A 可能进攻且打败 B。（35-15）和

(35-16)式突出了四个影响战争参与者在战争中防御能力的因素：（1）自身和对手的武器存量 M_A^0 和 M_B^0；（2）武器性能（例如速度、精度）α 和 β；（3）动员优势 θ_A 和 θ_B；以及（4）再供给能力 P_A 和 P_B。

(35-15)式和(35-16)式条件下的各种情况可以在图中被表示出来，M_A 为水平线，M_B 为垂直线。把(35-16)式当作一个等式来处理，B 的防御线被描述为一条直线，这条直线的斜率相当于中括号里面的式子，而纵截距就是小括号里面的式子。B 可以在这条直线的各点或直线上方进行防御。同样类似地，可以从(35-15)式中得出 A 的防御线，但是它的斜率等于中括号里面式子的倒数，横截距等于小括号里面的式子。A 可以在这条直线上各点以及直线下方进行防御。

现在假设 A 和 B 之间的战争非常快，因此与武器再供给没关系（$P_i = 0$，$i = A, B$）。则如图 35-8 所示，两条防御线都通过原点。图 35-8a 中，B 的防御线斜率小于 A 的斜率，因此产生了一个相互防御区。在进行简单整理后，相互防御区的斜率条件可以用代数式表示如下：

$$[(\beta_a/\alpha_d)^{0.5} + \beta_a\theta_B][(\alpha_a/\beta_d)^{0.5} + \alpha_a\theta_A] < 1 \tag{35-17a}$$

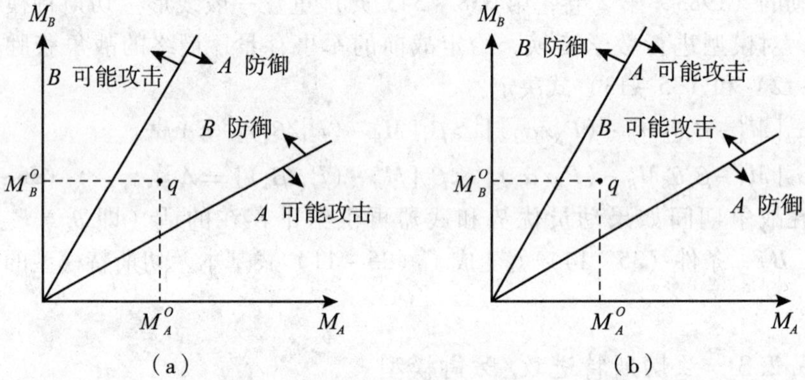

图 35-8 兰切斯特进攻/防御模型中互相防御区域和相互攻击区域

这种情况通常把技术、地理及组织因素结合起来，以带来较小的攻击参数 α_a 和 β_a，较高的防御参数 α_d 和 β_d，以及较低的动员优势 θ_A 和 θ_B。给定在 q 点的最初武器存量，双方都不能成功地进行攻击，这意味着战争的危险相对较小。按照谢林的术语，图 35-8a 描述了和平的内在习性。这和图 35-8b 形成了明显的比较。在图 35-8b 中，参数的相对大小正好相反，这就引起了相互攻击区条件的产生：

$$[(\beta_a/\alpha_d)^{0.5}+\beta_a\theta_B][(\alpha_a/\beta_d)^{0.5}+\alpha_a\theta_A]>1 \qquad (35-17b)$$

在图 35 – 8b 中，由于大家都知道先行动者将获胜，这就导致在 q 点出现问题。即使对手本来希望避免战争，但是还是被迫在他们的对手进行攻击之前进行攻击［谢林（1966，第 6 章）］。按谢林的术语，图 35 – 8b 描述了关于战争的内在习性［安德顿（1990）］。

图 35 – 8 强调了定性军备控制的重要性。在图 35 – 8b 中，武装力量在地理上变换阵地，或在参战双方间布置维和部队都会减少动员优势（更小的 θ_A 和 θ_B）。武器技术的重构，以及军事组织从进攻转向防御可能会减低攻击的相对效能（更小的 β_a/α_d 和 α_a/β_d）。这种定性的军备控制可能会使对抗双方从图 35 – 8b 中的战争的内在习性，完成向图 35 – 8a 中和平内在习性转变的实现。

在长期战争中，武器的再供给是可行的（$P_i>0$，$i=A$，B）。武器再供给能力大约与经济实力、军火市场的准入，或和这两者都有关系。在图 35 – 8 中，武器再供给对内在习性有许多可能的影响和意义。在其他条件相同的情况下，如果 P_B 远大于 P_A，防御线将有相同的斜率，但是却有一个负的纵截距，就像在（35 – 15）式和（35 – 16）式中表示的那样。如果武器再供给能力足够不对称的话，在图 35 – 8a 中武器的最初均衡点 q，B 可以进行防御，但 A 却不能。在这种方案下，预期 A 可能比 B 更反对削减武器，因为 B 在武器再供给上有相对优势。因此，更广泛看，相对经济实力可能是军备控制中一个很重要的因素。再看图 35 – 8b，在 B 的武器再供给相对优势下，防御线下移，这可能导致点 q 再次落入一个 B 可以防御，而 A 不能防御的区域。在这种方案下，在图中可能仍然存在相互攻击区，因而产生基于武器固有特性和地理因素的战争内在习性。然而，由于 B 较强的武器再供给能力，使得双方对相互攻击的恐惧消失了。

5.3 进攻防御理论及其证据

进攻 – 防御理论（ODT）指出，国际关系的特点受到进攻军事行动相对于防御军事行动难易程度的影响［林恩·琼斯（Lynn-Jones，2004，第 xi 页）］。进攻 – 防御理论（ODT）被运用到国际关系的许多方面，包括战争危险、联盟组建、军备控制、危机行为、国家规模以及国际体系的结构［亚当斯（Adams，2003/2004，第 46 页）］。进攻 – 防御理论的中心主张是在军事行动中，当进攻比防御有优势时，战争就很可能会爆发［埃弗里特（Van Evera，1999）］。在这里，我们把谢林提出的关于战争或和平的内在习性的概念分别比作进攻 – 防御均衡，以及防御 – 进攻均衡。

进攻-防御理论是国际关系中一个活跃且备受争议的研究话题［亚当斯（2003/2004），霍尔察克、哈夫泰尔和斯威尼（Gortzak, Haftel & Sweeney, 2005）］。争论的一个地方就是如何定义和测量进攻/防御均衡（ODB）［霍尔察克、哈夫泰尔和斯威尼（2005，第72页）］。埃弗里特（1998）把进攻/防御均衡这一概念广义定义为包括军事技术、地理、集体安全制度、防务联盟、中立国行为以及参与者的认识。亚当斯（2003/2004）把进攻/防御均衡仅狭义定义为军事技术。在上面的兰切斯特模型中，当把动员优势和武器再供给设为零时，进攻/防御均衡就被狭义定义为仅基于军事技术和组织，但是当把动员优势和武器再供给包含在内时，它的定义就要宽泛的多。谢林内在习性的最初概念相对而言是狭义的，它包括军事技术、军事组织和地理，但是不包括武器再供给以及埃弗里特拉所引入的其他因素。

进攻/防御均衡定义的广度将会影响到进攻-防御理论的解释范围。按照埃弗里特的广义定义，对他把进攻-防御看作是一个包含战争风险和其他国家关系现象的理论，就不会感到惊奇。事实上，埃弗里特（1999，第190页）称，应该把进攻-防御理论看作是"导致冲突的关键因素"。与埃弗里特的观点相反，谢林（1966，第234页）指出，决定关于战争或和平内在习性的因素"很难被看作是国际冲突的决定性因素。"谢林的更狭义的方法认为进攻/防御均衡只是解释战争风险的许多其他因素中的一个，实证研究的挑战就是要决定进攻/防御均衡的相对重要性。

亚当斯（2003/2004）在最近提供了一个和谢林的狭义方法相一致的进攻-防御理论的实证检验，他仅依据军事技术来定义进攻/防御均衡。在检验进攻/防御均衡效果时，亚当斯（2003/2004，第47页）指出，关注进攻和征服的发生，而不是战争的发生，是很重要的。因为进攻/防御理论可能预期，战争的发生要比进攻和征服的发生产生的争议更小。亚当斯也区分了进攻、防御和威慑。当一个国家使用武力征服另一个国家的领土，或者强迫另一个国家遵守其决策命令时，进攻军事行动就发生了。当一个国家使用武力反抗另一个国家的军事行动，以击退和限制对方进攻的军事行动对自己的破坏时，就出现了防御性军事行动。当一个国家准备或运用武力来显示破坏另一国非军事资产的能力，以阻碍该国发起或进行进攻性行动时，就出现了威慑性军事行动［亚当斯（2003/2004，第53页）］。亚当斯对这些概念的运用大多数和谢林（1966，第78~80页）对防御、威慑、进攻和强制的定义是一致的，尽管也存在一些差异。

基于对自1800年以来可用的最好技术的系统回顾，亚当斯指出在1800~1849年间和1934~1945年间，进攻占主要地位。在1850~1933年间，防御占主导地位。而对开始于1946年的核时代，威慑则占主导地位。她假定进攻和占领在进攻占主导地位的时期是经常出现的，在防御占主导地位的时期则不经常出现，而在威慑占主导地位的时期则很少出现。亚当斯通过一个她自己建立的从1800~1997年大国和核国家进行进攻和占领的数据库检验了这些假设。对每年各国，亚当斯都设置了三个因变量来表示该国的领土是否被占领，它是否攻击了另一个强国，以及它是否攻击了一个小国。最关键的自变量是进攻－防御－威慑平衡，亚当斯把这个变量在威慑占主导地位的时期设为0，在防御占主导地位的时期设为1，在进攻占主导地位的时期设为2。另外的变量包括相对军事实力、一国成为强国或核国家的年数以及时间趋势。运用分对数分析，亚当斯为她关于强国进攻和占领的"进攻－防御－威慑"均衡效果假设找到了强有力的支持。亚当斯（2003/2004，第76页）估计在进攻占主导地位时期（概率为0.156），每年对其他强国的进攻是防御占主导地位时期（概率为0.013）的12倍，而这一数值在防御占主导地位时期，则是威慑占主导地位时期（概率为0.001）的13倍。我们发现根据这种预测模式，征服和进攻对非强国具有更小但显著的影响。

亚当斯的研究看起来大致支持在图35－8中所描述的兰切斯特模型。当进攻/防御均衡有利于防御时，适用于图35－8a，强国进攻和占领相对而言发生的可能性较小。当进攻/防御均衡有利于进攻时，适用于图35－8b，强国进攻和占领很可能发生。除了进攻/防御均衡结果之外，亚当斯（2003/2004，第77页）发现实力最弱的强国（那些实力指数为10个百分点的国家），发动进攻的可能性（概率为0.006），比那些实力最强的强国（实力指数为90个百分点，概率为0.015）要小2.5倍。对于征服，她发现实力较弱的强国被占领的可能性（概率为0.008）比那些较强的强国被占领的可能性（概率为0.0002）要高40倍。这些关于相对能力的结果涉及图35－8中的初始武器向量的位置。当一个国家的相对实力比较弱时，它的初始武器存量处在一个它的对手可以进攻并获胜的区域。这种情况可能与进攻/防御均衡没有关系。因此，进攻/防御均衡仅是兰切斯特模型中影响进攻风险的一个因素。如亚当斯研究所发现的那样，对手的相对实力也是影响因素之一。

注意，进攻/防御均衡概念的一个折中是将谢林提出的战争的地理因素等包含在内。在兰切斯特模型中，动员优势的存在使攻击/防御的可能性向进攻转向。动员优势的一个方面是国家的地理远近，这由接近或接壤来衡量。实证研究显示接近或接壤是国家间战争的显著风险要素［见如，拉西特和奥尼尔（2001），塞内斯（2005）］。在我们看来，这为上面的兰切斯特行动提供了实证支持，也为在对进攻/防御均衡的界定中整合进地理因素提供了支持。

6. 占有和交换理论

这篇概述前面的部分已经强调了在理解战争、军备对抗、军备扩散、军备控制、冲突控制和终止等风险因素时，经济概念、变量和方法的作用。和平经济学的研究也评估了军事开支对经济的影响，以及冲突对经济变量，如贸易、增长以及投资的影响。在和平经济学继续提升我们对这些主题理解的同时，出现了一个新的研究分支，主要关注迥然不同的目标，即把占有的可能性引入到主流经济理论中。这个相关的新分支来源于布什（Bush, 1972），赫什利弗（Hirshleifer, 1988, 1991），加芬克尔（Garfinkel, 1990），什卡佩尔达斯（Skaperdas, 1992），和格罗斯曼和金（Grossman & Kim, 1995）的一系列著作，他们发展了占有和生产模型（见本手册 22 章的回顾）。有更多的新近著作已把占有引入到交换的经济模型中〔安德顿、安德顿和卡特（Anderton, Anderton & Carter, 1999），里德尔（Rider, 1999），豪斯肯（Hausken, 2004），安德森和马库伊勒（Anderson & Marcouiller, 2005）〕。这些文献的中心前提是占有，就像生产和交换一样，也是深深影响经济激励和产出经济行为的基本类别。这些模型揭示了冲突是如何影响并且如何被生产和交换这些传统经济活动所影响的。

6.1 脆弱贸易的埃奇沃斯盒状图模型

按照安德顿和卡特（2006）的研究，假设有两个参与者 A 和 B，其可能是个体也可能是团体（包括国家）。有两种商品 X 和 Y，商品的初始禀赋是 E_i^X 和 $E_i^Y (i = A, B)$。如果贸易发生，A 将进口 X，出口 Y。简单地说，假设 A 和 B 拥有相等的交叉禀赋（$E_A^X = E_B^Y$，且 $E_A^Y = E_B^X$）。这就出现了一个埃奇沃斯盒状图，以及在负对角线上的初始禀赋点，如图 35-9 中的 a 点。假设参与者对商品 X 和 Y 有相等和同质偏好，这样的话，契约曲线就是主对角线。同时假设两种商品在效用函数中的权重相等（$MRS|_{X=Y} = 1$）。正方形的埃奇沃斯盒状图、相等的同质偏好、等权重一起决定了图 35-9 中负对角线的绝对斜率就是商品 X 的相对世界价格，且等于 1（$P = P^X/P^Y = 1$）。在不存在占有的可能性时，参与者 A 进口 am 单位的 X，出口 me 单位的商品 Y（B 是贸易的另一方），消费发生在点 e。

为了把贸易脆弱性引入埃奇沃斯盒状图，假设用于贸易的物品服从占有，被称作总出口。占有之后的实际出口的叫实际出口，其按照瓦尔拉斯价格 P^X

第35章 和平经济学概述

和 P^Y 进行交换。为了分析简便，假设每一种被攻击成防卫的物品都来自这种商品初始禀赋。因此，参与者 A 用它 g_A^X 数量的 X 禀赋来占有 B 的 X 的总出口，B 通过调用其 h_B^X 数量的 X 禀赋来保护其出口。同样地，B 配置其 g_B^Y 的 Y 禀赋来占有 A 的总出口，A 通过其 h_A^Y 数量的 Y 禀赋来保护其出口。为了利于理解这些符号，我们把 g 看作是攻击用的枪支，而把 h 看作防御工事的高度。

假设每种贸易品的占有是由比率形式的竞争成功函数决定的，因此在交换中实现的出口在总出口中的比例，由防御和进攻的水平，以及脆弱性参数 $Z^j(j = X, Y)$ 决定。和其他对称性假设一起，给定等脆弱性（$Z^X = Z^Y$），每个参与者都将配置相同数量的资源来保护出口（$h_A^Y = h_B^X = h$），攻击进口（$g_A^X = g_B^Y = g$）。配置给防御和进攻的资源不能用于消费，因此，埃奇沃斯盒状图沿着各坐标轴缩小 $h+g$，形成了图 35-9 中的虚线图。用于防御和进攻的资源也使得禀赋点从 a 移到 b。鉴于对称假设，点 b 将处在缩小后的盒状图的负对角线上。埃奇沃斯图的缩小显示了贸易脆弱性的"资源成本效应"，它是由内生决定的。

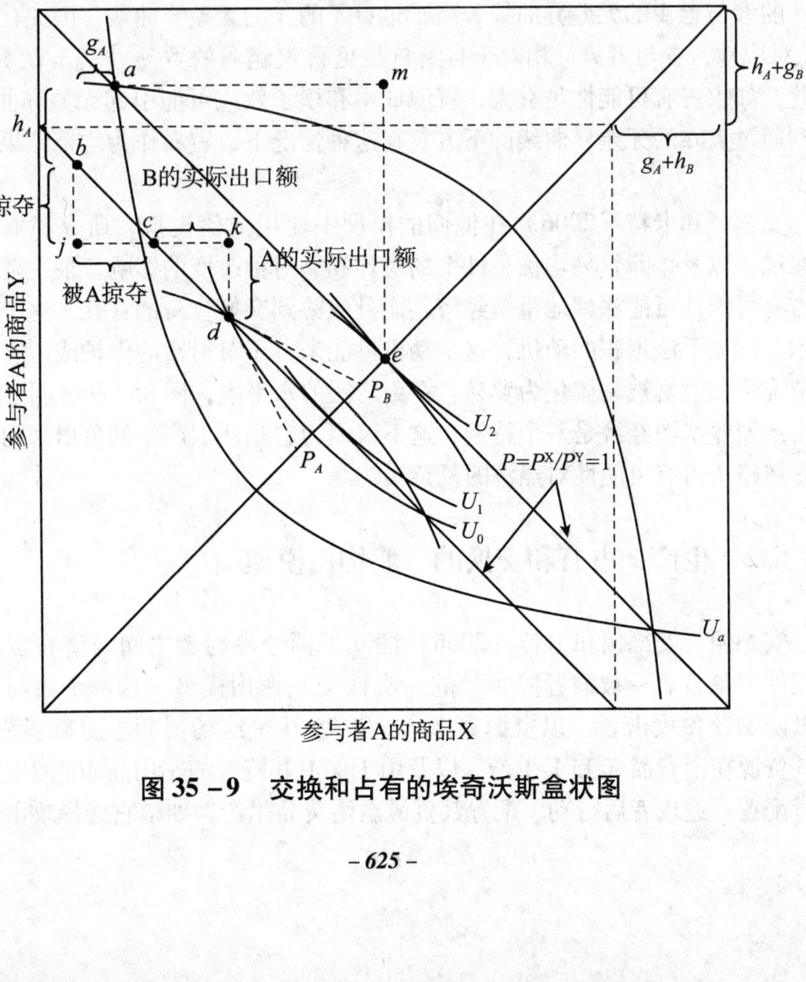

图 35-9 交换和占有的埃奇沃斯盒状图

占有和交换的两大基础性活动结合在一起决定了图 35 - 9 中的最终消费点 d。占有使经济从 b 移动到 c，实现的贸易推动经济从 c 到 d。参与者 A 商品 Y 的总出口包括被 B 掠夺的 bj 单位和卖给 B 的 kd 单位。对称地，同样的数量可应于参与者 B 的商品 X。因为 d 位于缩小后的盒状图的负对角线上，参与者有相同的交叉消费量，且 P 继续等于 1。点 c 和 d 的位置是内生决定的。

在图 35 - 9 中仍然在最终的消费量点 d 处有一个相互获利区。这反映了占有可能性的"楔子效应"，它防止 A 和 B 观测到的 X 有效相对价格收敛到一起。这是因为 Y 出口的预期海盗行为增加了 A 的有效相对价格 P_A，使 P_A 大于 1。同样 X 出口的预期海盗行为降低了 B 的有效相对价格 P_B，使 P_B 小于 1。因而，两个参与者的边际价值在均衡点 d 处并不相等，但是双方都没有进一步扩大贸易量的动机。简而言之，占有的可能性抑制了贸易，这和关税很像。

图 35 - 9 也显示了与资源成本和楔子效应有关的效用损失。我们看参与者 A，资源成本效应把效用从 U_2 降到 U_1，而楔子效应进一步把效用从 U_1 降到 U_0。对称地，参与者 B 也有同样的效用损失。在图 35 - 9 中，我们发现通过点 d 的参与者 A 的无差异曲线，高于过点 a 的 A 的无差异曲线。因此，参与者 A（对应地，参与者 B）相对于自给自足更喜欢脆弱的贸易（$U_0 > U_a$）。尽管如此，如果占有可能性足够大，资源成本和楔子效应可能引起无差异曲线 U_0，降到通过点 a 的无差异曲线的下方。在这种情况下，贸易作为均衡结果将不会发生。

安德顿和卡特（2006）在他们的模型中使用数值模拟，研究脆弱性、资源禀赋，以及排除贸易均衡条件下的对称和非对称改变的影响。最主要的启示是占有可能性可能深刻地重塑经济，而且威胁到交换自身的存在。这个模型也显示了冲突手法累积的动机，这个动机可能来自于对财富的保护或占有，在这种情况下，财富被具体化为贸易。在更广泛的水平上，图 35 - 9 证明了经典的埃奇沃斯盒状图经济是一个特例，这不仅因为它是从生产中抽象出来的，还因为它忽略了占有可能性对经济的复杂影响。

6.2 生产、占有和交换的一般均衡模型

安德顿、安德顿和卡特（2006）建立了两个参与者之间与潜在贸易者的序贯性"捕食者 - 被捕者博弈"的一次性交互作用模型。这两个参与者，被称做防御者和攻击者，以资源禀赋 R_D 和 R_A 开始这场博弈。防御者先行动，把其资源在消费品 X 和 Y 生产，以及用于保卫其资源的军用品 M_D 的生产之间进行配置。进攻者后行动，配置其资源至消费品生产，如果它选择攻击防卫者

的资源，则还配置给军用品 M_A 的生产。攻击者对资源的任何掠夺都妨碍了贸易的进行。因此，给定防卫者的防卫水平，攻击者或者生产军用品并参与占用，或者不生产军用品并选择贸易。防御者和进攻者的联合决定引致或者冲突或者贸易。作为先行动者，防卫者预测进攻者的反应，并选择一个军用水平，使得防御者在这种状态冲突式贸易下具有更高的效用水平。如果对防卫者冲突更好，那么他将战略性地选择 M_D，使得它在冲突世界中的效用最大化。如果贸易对防卫者更好，那么他将战略性地选择 M_D，这样的话，攻击者将进行贸易，并使攻击努力 M_A 为 0。安德顿、安德顿和卡特（2006）修改了格罗斯曼和金（1996）的生产和占有的"捕食者－被捕者"模型来界定冲突效用，他们还用标准的李嘉图生产和交换模型来说明贸易的效用。

安德顿、安德顿和卡特（2006）把他们分析集中在两个关键参数上：攻击对防御的相对技术优势 Z，以及相对资源禀赋 $R = R_D/R_A$。图35－10描述了 Z 和 R 如何联合起来决定冲突或贸易的产生。我们暂时不考虑粗体线，把注意力集中到细线上，它把 $Z-R$ 空间分成三个区域。这三个区域描述了在格罗斯曼－金冲突模型中，Z 和 R 联合起来引起攻击者配置零（没有掠夺行为）、一些（部分掠夺），或全部（完全掠夺）资源来攻击防卫者资源的情况。在这个模型中，不存在交换的可能性，因此中心议题是进攻者是否会配置资源来攻击防卫者的资源，如果配置了，那么进攻者是否会部分掠夺或者全部掠夺。直观地看，当 Z 比较高时，进攻比较有效。当 R 比较高时，防卫者是攻击的有利可图的目标。就像在图35－10中所显示的那样，当进攻效力和相对资源禀赋

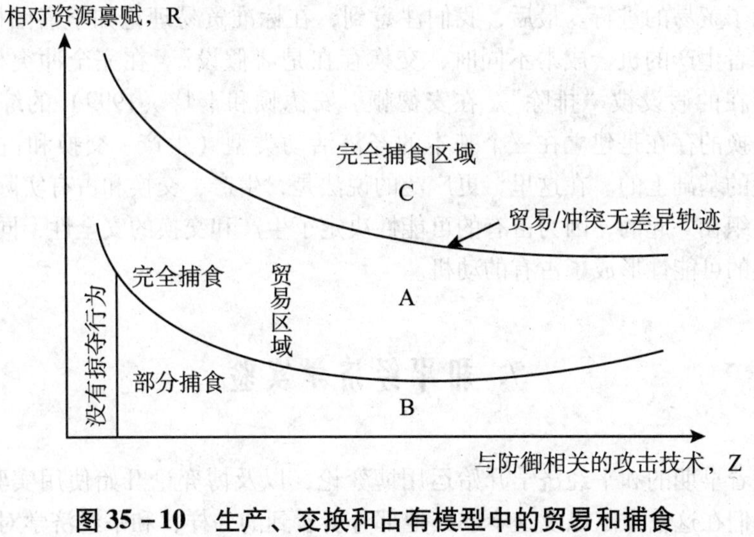

图35－10 生产、交换和占有模型中的贸易和捕食

（Z 和 R）都低时，防卫者较易完全震慑进攻者（无掠夺行为）。如果 Z 和 R 足够高的话，攻击者值得完全专于捕食（纯捕食）。对足够高水平 Z、中等水平 R，进攻者可能以不太大水平的武器来占有防御者的较大比例资源，留一些资源用于生产（部分捕食）[安德顿、安德顿和卡特（1999，第 171～172 页）]。

现在假设在防御者和进攻者之间存在专业化生产和交换的可能性。当这样做有利可图时，防御者将通过选择最低水平的武器，与进攻者可接受的贸易相一致，来诱使进攻者进行贸易。当进行贸易并不有利可图时，防卫者将选择一个使他遭受进攻者捕食的损失最小化的武器水平。图 35-10 中的粗黑体线描述了这个模型中出现的一个典型的"贸易/冲突无差异轨迹"。轨迹下方的 $Z-R$ 点（在贸易区域），将进行贸易而非冲突。而位于轨迹上方的 $Z-R$ 点（在完全捕食区域），将会出现完全捕食。对于轨迹上的点，防御者和进攻者在贸易和冲突之间没有什么差异[安德顿、安德顿和卡特（1999，第 172～174 页）]。

图 35-10 还有一些含义。第一，在大范围的相对攻击效力和相对资源禀赋结合下，交换抢在占有前面行动。图 35-10 显示了贸易点 $Z-R$ 或处于完全捕食区（区域 A），或处在部分捕食区（区域 B）。区域 A 和 B 证明了完全冲突模型是如何省去专业化生产和交换，减少冲突减少潜力的。图 35-10 也说明了忽略掉占有可能性的标准贸易模型，是如何夸大贸易潜力的。当防御者的相对进攻效力和相对资源足够高时，捕食的激励是如此强烈，以致造成了完全捕食，而专业化生产和交换则完全消失了。因此，占有的可能性在完全捕食区排除了贸易的进行。最后，我们注意到，在标准贸易理论如李嘉图模型中，当参与者生产的机会成本不同时，交换存在是"假设"。在完全冲突模型中，交换存在的假设被"排除"。在安德顿、安德顿和卡特（1999）的综合模型中，交换的存在是建立在三个基本的经济活动类型（生产、交换和占有）相互依赖的基础上的。在这里，更广泛的说法是，生产、交换和占有实际上是深深地交织在一起的，因为占有的可能性决定了生产和交换的安全性，同时生产和交换的可能性形成了占有的动机。

7. 和平经济学实验

随着早期的和平经济学开始运用博弈论，以及博弈论开始使用实验方法。就像我们在这篇文献以及这本书其他部分所看到的一样，和平经济学对合作与冲突的关注很自然地产生了博弈论模型的公式化表示。这些用公式表示出来的模型由行为假设（理性、利己主义偏好等）和博弈结构（参与者数目、可得行动、参与顺序，支付等）组成。清晰的博弈结构依次提供了大部分的设计，在此我们用实验来检验这些模型的预测。

7.1 实验方法

为了理解实证现象，经济学家从抽象的模型世界退出，而把那些认为是现象本质特征的东西假设成行为和结构。逻辑规则被用来提出假设和作出预测，随后用经验观察来检验这些预测。在实验室里，数据通常产生于程序，在这个程序里通过设计让结构性假设变成现实，因此把行为假设作为检验的目标。实验室产生数据的优点在于实验的两个基本特征：可操作性和可控性。在典型的实验中，我们用两种处理方法来促使一个外生变量发生变化，而让一个内生变量自由变化。这两个变量的时间次序对这两个变量之间的因果关系产生直接的影响。通过固定其他可观察变量以及使处理方法间的问题随机化，来控制外生变量的可能效果。结果是避免了计量经济学的问题，包括函数形式、多重共线性以及变量误差，这些都是在分析自然产生的数据中经常会出现的情况。对实验方法的进一步讨论请参照史密斯（1989）和辛格尔顿和斯特雷茨（Singleton & Straits，2005）的研究。

当根据一定原则设计和实施经济实验时，它将得到一些很有意义的数据。这些原则中的一些是所有学科共有的。例如，过程必须足够清楚使得其他人能够重复这个实验，并且在两种处理方式中，只有一个外生变量可以变化。在经济实验中更值得注意的是三个规则，一旦满足，就对主体的偏好进行控制。史密斯（1982）把这些规则叫做非饱和性、凸显性以及占优性。如果不正式地说，那么这些规则就是使实验的收益满足主体的效用，收益是由实验中的主体选择决定的，并且那些收益也在很大程度上决定了这些选择。进行经济学实验的实际应用包括使用现金报偿、使实验像模型要求的一样清晰简单、使用通用和价值中立的语言、为更复杂的决策任务提供更高的支付范围，以及保持主体的隐私等 [见弗里德曼和森德（Friedman & Sunder，1994）]。

7.2 早期的实验

在一定程度上，和平经济学、博弈论和实验方法的共有历史是由德雷希尔和弗勒德（Dresher & Flood）1950 年于兰德公司，就现在人们所熟知的囚徒困境实验开始的［弗勒德（1958）］。这个实验使得博弈论实验，尤其是囚徒困境实验取得了很大的发展。这些实验引起了关注和平与冲突的学者们的极大兴趣，这也使得《冲突解决》期刊的编辑们从1965年开始在其杂志上为博弈论开辟了一个专栏。早期囚徒困境实验主要是俄亥俄州州立大学［斯科德尔等（Scodel et al., 1959），米纳斯等（Minas et al., 1960）］和密歇根大学［皮利苏克和拉波波特（Pilisuk & Rapoport, 1963），皮利苏克等（1965），拉波波特和沙马（Rapoport & Chammah, 1965）］的研究团队所做的工作。

在基本的俄亥俄州的实验中［斯科德尔等（1959）］，确定的几对参与者在没有交流的情况下进行重复博弈。实验的次数等于50，并且参与者在实验之前就知道了这一情况。合作（C）或背叛（D）之间的选择被用按黑色或者红色的按钮来表示。在每一次实验结束之后，每一个参与者都得到现金支付。以便士表示的支付是（C，C）=（3，3），（D，C）=（5，0），（C，D）=（0，5），以及（D，D）=（1，1）。因此，在其他参与者合作的情况下，合作而非背叛的机会成本是2美分，而在其他参与者背叛的情况下则是1美分。在标准的假设条件之下，正式的反向归纳法预测主体将在所有实验中选择背叛。由博弈论专家卢斯和赖法（1957，第101页）所提出的这个供选的"直观"预测是：聪明的主体在重复实验中应该选择合作。实验的结果通常处在这两种预测之间，显示了合作与背叛的混合，而选择背叛的可能更频繁一些。同样，在超过50次的实验中，背叛的相对频率有所上升，这在接下来的实验中得到进一步证实［米纳斯等（1960）］。

密歇根的实验［皮利苏克和拉波波特（1963），皮利苏克等（1965）］尤其值得关注，因为他们对实验进行了一些修正，并且把其引入对裁军问题的研究。类似于在俄亥俄州的实验中的那种设计，研究者以有限次重复的囚徒困境开始研究。支付点分别是（C，C）=（20，20），（D，C）=（40，-20），（C，D）=（-20，40），以及（D，D）=（0，0），在这里每一个点代表0.2美分。第一个修正是考虑了合作的程度，因而把囚徒困境的博弈转换成现在被认为是可选贡献水平的公共品博弈。参与者在每个实验开始时都有20个彩色的筹码，正面是白色的，反面是蓝色的。随后，他们通过决定把多少个筹码翻成蓝色朝上来选择合作的水平。每一个参与者得到的点数等于另一个参与者蓝色筹码个数的两倍减去自己蓝色筹码的个数。结果产生一个21×21的支付矩阵，四个角的收益和上面所描述的是相等的。再一次，通过逆向归纳法，基本的预测是参与者将完全背叛，选择把所有的筹码都白色朝上。作为一个处理变量，在一些情况下，决策过程以裁军为框架清晰地表示出来：白色筹码印制导弹图案，被称作武器，蓝色筹码印制工厂的图案，被称作经济部门，实验的主体被告知模拟一个裁军问题。

第二个改动是把每一个实验分成一系列 20 个动作,每一个动作包含翻转两个筹码,或者从白色变成蓝色或者从蓝色变成白色。因为支付仅由实验结束时颜色的最终状态决定,这个改动并没有改变基本的博弈结构。尽管如此,这种动作的结合允许有额外的操作,也就是,实验者可以在行动次序中预先确定的时间点宣布他的筹码状态[皮利苏克和拉波波特(1963),皮利苏克等(1984)]。在裁军框架下,这种宣告构成武器核查,这可以是强制的也可以是随机的。因为现在的状态在以后的行动中仍然要变化,所以这些宣告不值得去讨论。

密歇根实验的结果并不容易归纳,因为它通过不同的处理变量产生了大量的实验条件。足可这样说,和俄亥俄州的实验相一致,对所有处理,观察到的游戏中包括了合作和背叛。同样,裁军框架比中性框架产生同样多或者更多的合作,并且核查往往减少合作,这显然是由于在检查行动后增加的军备。

一个更完整的综述将揭示,被恰当地放在和平经济学标题下的早期实验,其范围惊人地广泛。研究的质量的确受到原理和方法论新颖性的限制。当实验被设计来检验特定的预测时,他们有赖于猜想和直觉,而不是来自正规假设。设计和程序的相关细节往往被忽略,很少提供指导,结果也经常以粗略和不规则的方式展现出来。同样,在和上面的囚徒困境类似的多重实验中,参与者们仍然保持特定的分组,因此我们可以把学习和声誉的效果合并起来。也就是说,在早期的实验中有很多给人留下印象的东西。第一,也是最重要的,使用了以绩效为基础的现金支付,这经常被训练有素的心理学家所采用,而不是被经济学家所采用。第二,这些设计都是非常富有想象力的,就像在密歇根实验中所描述的一样,但是也是由程序化策略的广泛应用产生的。第三,研究人员问一些吸引实验者们兴趣的问题,就像做交流,例如,主体是如何学习的,以及利己主义行为假设是充分的吗。

7.3 近期的实验

和平经济学中的实验,和社会科学中的所有实验一样,在过去的半个世纪中一直持续不衰。由于计算机技术的辅助,实验已经在方法和领域上相当成熟。最重要的是,实验为理论和实际观察值之间的相互作用作出了巨大贡献。在这里我们要回顾两个实验,这两个实验被认为是与和平经济学相关的现代实验中最具说服力的。

为了了解从早期囚徒困境实验起,这门学科是如何发展的,我们考虑两个组面对争夺公共物品的军事化冲突。每个组都有一个占优战略——参与冲突，但是两个参与者都不参加比两个都参加时，两个组会更好。另外，因为最后的产出是公共产品，所以组内的每个都有一个占优战略——不参与，即使所有成员都参与比起没一个参与，所有成员都更好。因此，这就产生了一个组间的囚徒困境问题，因此会在两个组间或组内出现一个搭便车的激励。注意，所有个人的搭便车将导致两个组帕累托有效的结果。因此，降低团体内搭便车的努力，将可能使和平解决组间冲突的前景变得黯淡起来［博恩斯泰因（Bornstein，2000）］。

戈伦和博恩斯泰因（Goren & Bornstein, 2000）进行了一个存在以及不存在组内交流的，组间重复囚徒困境实验。确定的3人小组进行了60轮的重复博弈，他们的支付列在统计表中。对每一个团体，参与的水平等于组成员选择参与组的个数。因此，3人组的参与水平是0，1，2或者3。这个实验以中性框架来设计。因为主体不知道实验的轮数，逆向归纳的逻辑是不适用的，因此允许理论上的均衡包括合作参与。在没有交流的处理下，主体平均的参与率从前面几回合的40%下降到后面几回合的20%，这是重复囚徒困境实验的特征。在存在组内交流的情况下，平均参与率明显比较高，但是随着连续进行，参与率从80%下降到不到60%。有意思的是，随着实验的进行，组间参与率的差异不断增加。随着重复博弈的进行，大概有1/3的组成功地把组内交流和组间互惠结合起来，达到零参与率的帕累托有效，然而，有另外1/3使用交流来强化组间竞争以达到全部参与。因此，作者得出结论：组通常可以通过发出他们与另一个组互惠合作意愿的信号，来解决他们之间的冲突。

和本文献前面讨论的一样，人们或者组之间的冲突常常涉及占有。对这个基本事实的关注，产生了许多试图把占有与生产和/或交换机会结合起来的模型［见如，赫什利弗（1991），格罗斯曼和金（1995），以及安德顿、安德顿和卡特（1999）］。因为这些模型都是正规的，所以他们通常适于用对照实验来检验［见德拉姆、赫什利弗和史密斯（Durham, Hirshleifer, 1998），卡特和安德顿（2001），以及达菲和金（Duffy & Kim, 2005）］。可能最著名的要数赫什利弗（1991）的"权力悖论"模型了。这个模型假设两个参与者把他们各自的资源禀赋在生产性努力和斗争性努力间进行分割。他们的生产性努力合在一起产生了社会收入，按照他们的相对斗争性努力和冲突技术在两个参与者之间进行分割。冲突技术的中心是决定性参数 m，其度量收入分配在增加斗争性努力差距上的灵敏性。该模型在纳什均衡博弈条件下作出了两个预测。第一个是 m 的增加将会导致两个参与者斗争性努力的增加，因而减少了总收入。第二个给出了该模型名字所代表的含义：如果决定性参数不很大的话，最终收入的均衡比率将小于资源禀赋的比率，这意味着冲突将使贫穷变得相对更富一些。

德拉姆、赫什利弗和史密斯（1998）用一个大规模的实验来检验"权利悖论"模型，在该实验中，139 个主体小组进行了 16 轮阶段博弈。这个实验是按照中性条件设计的。所有的参与主体都不知道博弈的次数，获得支付用矩阵式表示。这个设计包括到由三个处理变量 - 匹配协议所形成的 12 个实验条件（这里的分组是固定或各轮不一样的）、决定性参数 m（1 或 4）和禀赋比率（1，1.67 或 4）。每一个处理下都有两组 10～12 对参与进行。经验结果在很大程度支持了模型的预测。平均斗争性努力接近纳什均衡水平，但在最后几轮实验中，背离合作和更少斗争比较明显，尤其是在那些分组确定的场次中。关于决定性参数增长会提高两个参与者斗争的预测得到强有力支持，在 48 个可获得的对照组中，45 个显示了预期的模式。关于"权力悖论"，禀赋和收入率之间符合一般准则的模式，在预测悖论成立的 12 个组中的 9 个中观察到。同等重要的是，在给定较高决定性参数及相对禀赋场次下，"悖论"在所有 4 个场次中都没有观察到。

8. 结语性评述

科学以理论和观察之间的相互作用为特征。理想情况下，实证问题激发理论，产生假设，进行检验，随之修正、扩展，进而提出更多的问题。实际上，科学的进程以各种各样的方式在进行。如有时候，不存在通用的理论，假设和似是而非的猜想没有什么区别。同样，当科学的进程是循环的时候，它的周期并不像一年四季那样有规律。对于长周期，关注点可能是理论和模型，而很少或者不进行实证检验；或者相反，尽管缺乏理论指导，经验研究可能枝繁叶茂。最后，科学可以是间断性的，在不同的时候它可能被有些事件所否定，也可能被新理论、数据资源或者方法向前推进。

这种对科学的描述也是对和平经济学的描述。和平经济学的一些领域，如对占有可能性的研究，在很大程度上是理论性的，只涉及相对很少的实证研究。其他领域，如国家间战争的决定因素，主要通过实证分析已取得了很大发展。还有其他的一些领域，像对恐怖主义的研究，既包括理论模型也包括实证分析。与科学的进程相一致，历史事件或者有发展性的贡献常会带动一个领域的发展。理查森（1960a，1960b）对军备竞赛的理论和实证分析与殊死争论，在冷战第一个紧张的十年被经济和政治科学家发现，对战争与和平的科学研究起到了巨大的推动作用，这种作用一直持续到今天。另一方面，对由战争相关工程（COW）和其他大型数据库的建立对实证分析所产生的推动尚不能过分夸大。当我们考虑和平经济学的未来时，我们预期还存在许多未开发的科学领域，在其中一些领域实证研究起着主导作用，而另外一些领域理论模型则起主导作用，一些催化性事件和贡献也将不断引发新的研究。

我们期望和平经济学在研究国家间、国内和超国家冲突（第 2 部分）时，继续用经济学假设、原理、方法和变量来进行。尽管和平经济学具有多学科特性，我们深信，更多的经济学研究生项目，和其他学科在冲突经济学领域所提供的专业知识，对确定和平经济学的专业定位非常重要。我们也受到和平经济学许多领域实证研究快速发展的鼓舞。除了 COW 和 PRIO/UCDP，现在还有超过 50 个的冲突数据库可以被研究者所使用［埃克（Eck，2004）］。缺憾是，我们还受到变量界定缺乏统一标准的困扰。例如在 COW 和 PRIO/UCDP 数据库中，对战争定义就存在很大的差别，甚至在 COW 内部，对不同类型战争的界定也存有差别。我们期望未来研究在定义和度量方面取得更多共识。

在研究国家间军事冲突决定时（第 3 部分），我们希望更正式的理论建模能够最终完善已经做过的令人印象深刻的实证研究。关于领土的实证文献以及关于占有可能性的理论文献还是分离的，但我们相信它们可能会以富有成效的方式结合起来。占有可能性文献把对包括领土在内的资源的攫取看作是一种基本的经济行为类型。占有模型可能对领土冲突的实证研究产生新的阐释，实证研究也可能给占有可能性理论提供一些相关数据和案例。关于经济发展，我们综述了博默尔和索贝克（2005）所提出的关于国家间战争风险的倒 U 型效应证据。有意思的是，我们注意到如在第四节所综述的，辛格和韦（2004）发现核扩散风险也有类似效应。另外，赫格雷、基辛格和格莱迪奇（Hegre，Gissinger & Gleditsch，2003）的研究发现人均 GDP 和内战风险之间的倒 U 型关系，同时也出现了关于可能更值得引起普遍关注的不同的冲突领域经验规律的观点。最后，考虑到经济相互依存性，自由和平的争论在和平经济学中仍然占主要地位。波拉切克（1994，第 12 页）曾经把冲突看作是"贸易失败的结果"。从他对贸易和国家间敌意影响深远的研究以来［波拉切克（1980）］，该方面已经产生了大量的文献，现在已经延伸到把国内冲突［赫格雷、基辛格和格莱迪奇（2003）］以及超国家冲突［利和肖布（Li & Schaub，2004）］也包括在内。

大部分对军备对抗、扩散、军备控制和进攻–防御均衡的研究都集中在国家间冲突上（第 4、5 部分）。尽管如此，许多当代冲突的一个重要方面是国内团体之间的对抗（国内对抗）、国家与跨国实体如恐怖主义组织或黑社会犯罪集团之间的对抗（超国家对抗），或者甚至是在它们自己的跨国实体之间进行的（跨国竞争）。大部分的非国家间对抗都涉及小型武器或轻武器的存储和潜在使用，尽管诸如"基地"这样的跨国组织可能获得大规模杀伤性武器（WMD）的风险越来越大［英特利盖特和图康（Intriligator & Toukan, 2005）］。预期在接下来的十年中，非国家间的对抗会进一步加剧。尽管在第四部分和第五部分中综述的文献主要聚焦在国家间冲突，但在那里出现的概念和方法已被广泛运用到非国家间的武装对抗中。非国家间武装对抗和冲突研究的最重要挑战，是建立关于非国家实体武器获取和积累的新数据库。这方面的努力已在进行中，例如轻武器交易的挪威倡议，有关轻武器国际研究的研究所（日内瓦），以及蒙特利学院防扩散研究中心的组建等。

正如在第7节综述的，有关战略互动的实验在和平经济学中一直有长而硕果累累的研究传统。随着正规模型和博弈论应用的持续发展，就像在占有可能性领域（第6部分），我们期待和平经济学领域的实验能不断增加。我们也期待能出现一些新的实验，以能够用多种方式回应和平经济学早期研究人员的关注。谢林（1960，第164页）认为人"能比纯粹的演绎博弈理论做出更好的预测，"自此后难以计数的囚徒困境和讨价还价实验已经证明了谢林是正确的。结果，许多令人兴奋的研究在诸如行为经济学和神经经济学等新领域不断做出，它们的见解自然会不断进入和平经济学的研究中［见如，史密斯（2003）］。

我们以对和平经济学的根本目的的最终思考来做结论。理查森（1939，1960a）认为他的研究对于理解第一次世界大战和第二次世界大战的爆发，以及为阻止这些战争所做的一切很重要。理查森之后的学者持续关注暴力冲突爆发的原因和结果，以及关于科学知识是如何推动作出暴力选择的。因此，可能与和平经济学的许多研究一样抽象和富含技术性，它的基本目标是形成一种可以影响帕累托改进方向的决策知识。对这种知识的传播，和平经济学一般可从谢林（1960，1966）、谢林和霍尔珀林（1961）以及鲍尔丁（1962），还有近期一些人的著作，如赖法（1982）、费希尔（1984）、伊萨尔德（1992）、桑德勒和哈特利（1995）、赫什利弗（2001）、科利尔等（2003）、库仑（2004）、瓦哈比（2004），以及恩德斯和桑德勒（2006）这些经典著作的论述中看到。我们期待随着和平经济学持续发展对暴力冲突原因、后果以及可能改善的认识，和平经济学有更强和更重要的研究前途。

参考文献

Adams, K. R. (2003/2004). "Attack and conquer International? anarchy and the offense-defense-deterrence balance". International Security 28, 45–83.

Ancker, C. J. (1995). "A proposed foundation for a theory of combat". In: Bracken, J., Kress,

M., Rosenthal, R. E. (Eds.), Warfare Modeling. Military Operations Research Society, pp. 165 – 197.

Anderson, J. E., Marcouiller, D. (2005). "Anarchy and autarky: Endogenous predation as a barrier to trade". International Economic Review 46, 189 – 213.

Anderton, C. H. (1990). "The inherent propensity toward peace or war embodied in weaponry". Defence and Peace Economics 1, 197 – 219.

Anderton, C. H. (1992). "A new look at the relationship among arms races, disarmament, and the probability of war". In: Chatterji, M., Forcey, L. R. (Eds.), Disarmament, Economic Conversion and Management of Peace. Praeger, New York, pp. 75 – 87.

Anderton, C. H., Carter, J. R. (2003). "Does war disrupt trade?". In: Schneider, G., Barbieri, K., Gleditsch, N. P. (Eds.), Globalization and Armed Conflict. Rowman & Littlefield, Boulder, pp. 299 – 310.

Anderton, C. H., Carter, J. R. (2006). "Vulnerable trade: The dark side of an Edgeworth box". Unpublished manuscript. College of the Holy Cross, Worcester, MA.

Anderton, C. H., Anderton, R. A., Carter, J. R. (1999). "Economic activity in the shadow of conflict". Economic Inquiry 37, 166 – 179.

Barash, D. P. (1991). Introduction to Peace Studies. Wadsworth, Belmont, CA.

Bayer, R., Rupert, M. C. (2004). "Effects of civil wars on international trade, 1950 – 1992". Journal of Peace Research 41, 699 – 713.

Benoit, E. (1973). Defense and Economic Growth in Developing Countries. D. C. Heath, Boston.

Blomberg, S. B., Hess, G. D., Weerapana, A. (2004). "Economic conditions and terrorism". European Journal of Political Economy 20, 463 – 478.

Boehmer, C. R., Sobek, D. (2005). "Violent adolescence: State development and the propensity for militarized interstate conflict". Journal of Peace Research 42, 5 – 26.

Bornstein, G. (1992). "The free-rider problem in intergroup conflicts over step-level and continuous public goods". Journal of Personality and Social Psychology 62, 597 – 606.

Boulding, K. E. (1962). Conflict and Defense: A General Theory. Harper, New York.

Boulding, K. E. (1978). Stable Peace. University of Texas Press, Austin.

Bremer, S. A. (2000). "Who fights whom, when, where, and why?". In: Vasquez, J. A. (Ed.), What Do We Know About War? Rowman & Littlefield, New York, pp. 23 – 36.

Brzoska, M. (1995). "World military expenditures". In: Hartley, K., Sandler, T. (Eds.), Handbook of Defense Economics, Vol. 1. Elsevier, New York, pp. 45 – 67.

Bueno de Mesquita, B. (1981). The War Trap. Yale University Press, New Haven.

Bush, W. C. (1972). "Individual welfare in anarchy". In: Tullock, G. (Ed.), Explorations in the Theory of Anarchy. Center for Study of Public Choice, Blacksburg, VA, pp. 5 – 18.

Carter, J. R., Anderton, C. H. (2001). "An experimental test of a predator-prey model of appropriation". Journal of Economic Behavior & Organization 45, 83 – 97.

Collier, P., Elliott, L., Hegre, H., Hoeffler, A., Reynal-Querol, M., Sambanis, N. (2003). Breaking the Conflict Trap: Civil War and Development Policy. Oxford University Press, New York.

Coulomb, F. (2004). Economic Theories of Peace and War. Routledge, New York.

Cross, J. G. (1977). "Negotiation as a learning process". Journal of Conflict Resolution 21, 581 – 606.

Diehl, P. F. (1983). "Arms races and escalation: A closer look". Journal of Peace Research 20, 205 – 212.

Duffy, J., Kim, M. (2005). "Anarchy in the laboratory (and the role of the state)". Journal of Economic Behavior & Organization 56, 297 – 329.

Durham, Y., Hirshleifer, J., Smith, V. L. (1998). "Do the rich get richer and the poor poorer? Experimental tests of a model of power". American Economic Review 88, 970 – 983.

East, M. A., Gregg, P. M. (1967). "Factors influencing cooperation and conflict in the international system". International Studies Quarterly 11, 244 – 269.

Eck, K. (2004). "Conflict dataset catalog". Mimeo. Department of Peace and Conflict Research. Uppsala University.

Enders, W., Sandler, T. (2000). "Is transnational terrorism becoming more threatening? A times series investigation". Journal of Conflict Resolution 44, 307 – 332.

Enders, W., Sandler, T. (2006). The Political Economy of Terrorism. Cambridge University Press, Cambridge, UK.

Epstein, J. M. (1985). The Calculus of Conventional War: Dynamic Analysis Without Lanchester Theory. The Brookings Institution, Washington, DC.

Fischer, D. (1984). Preventing War in the Nuclear Age. Rowman & Allanheld, Totowa, NJ.

Flood, M. M. (1958). "Some experimental games". Management Science 5, 5 – 26.

Friedman, D., Sunder, S. (1994). Experimental Methods: A Primer for Economists. Cambridge University Press, Cambridge.

Fudenberg, D., Maskin, E. (1986). "The folk theorem in repeated games with discounting or with incomplete information". Econometrica 54, 532 – 554.

Garfinkel, M. R. (1990). "Arming as a strategic investment in a cooperative equilibrium". American Economic Review 80, 50 – 68.

Geller, D. S., Singer, J. D. (1998). Nations at War: A Scientific Study of International Conflict. Cambridge University Press, Cambridge, UK.

Ghosn, F., Palmer, G., Bremer, S. A. (2004). "The MID3 data set, 1993 – 2001: Procedures, coding rules, and description". Conflict Management and Peace Science 21, 133 – 154.

Glick, R., Taylor, A. M. (2005). "Collateral damage: The economic impact of war, 1870 – 1997". Mimeo.

Gochman, C. S., Moaz, Z. (1990). "Militarized interstate disputes, 1816 – 1976". In: Singer,

J. D. , Diehl, P. F. (Eds.), Measuring the Correlates of War. University of Michigan Press, Ann Arbor, pp. 193 – 221.

Goodwin, C. D. (1991). "National security in classical political economy". In: Goodwin, C. D. (Ed.), Economics and National Security: A History of Their Interaction. Duke University Press, Durham, pp. 23 – 35.

Goren, H. , Bornstein, G. (2000). "The effects of intragroup communication on intergroup cooperation in the repeated intergroup prisoner's dilemma (IPD) game". Journal of Conflict Resolution 44, 700 – 719.

Gortzak, Y. , Haftel, Y. Z. , Sweeney, K. (2005). "Offense-defense theory: An empirical assessment". Journal of Conflict Resolution 49, 67 – 89.

Greig, J. M. (2001). "Moments of opportunity: Recognizing conditions of ripeness for international mediation between enduring rivals". Journal of Conflict Resolution 45, 691 – 718.

Grossman, H. I. , Kim, M. (1995). "Swords or plowshares? A theory of the security of claims to property". Journal of Political Economy 103, 1275 – 1288.

Grossman, H. I. , Kim, M. (1996). "Predation and production". In: Garfinkel, M. R. , Skaperdas, S. (Eds.), The Political Economy of Conflict and Appropriation. Cambridge University Press, New York, pp. 57 – 71.

Harris, G. (1997). "Estimates of the economic cost of armed conflict: The Iran-Iraq war and the Sri Lankan civil war". In: Brauer, J. , Gissy, W. G. (Eds.), Economics of Conflict and Peace. Avebury, Aldershot, pp. 269 – 291.

Harrison, M. (2000). "The economics of World War II: An overview". In: Harrison, M. (Ed.), The Economics of World War II. Cambridge University Press, Cambridge, UK, pp. 1 – 42.

Hausken, K. (2004). "Mutual raiding of production and the emergence of exchange". Economic Inquiry 42, 572 – 586.

Hegre, H. (2000). "Development and the liberal peace: What does it take to be a trading state?". Journal of Peace Research 37, 5 – 30.

Hegre, H. , Gissinger, R. , Gleditsch, N. P. (2003). "Globalization and internal conflict". In: Schneider, G. , Barbieri, K. , Gleditsch, N. P. (Eds.), Globalization and Armed Conflict. Rowman & Littlefield, Boulder, pp. 251 – 275.

Hensel, P. R. (2000). "Territory: Theory and evidence on geography and conflict". In: Vasquez, J. A. (Ed.), What Do We Know About War? Rowman & Littlefield, New York, pp. 57 – 84.

Hirshleifer, J. (1988). "The analytics of continuing conflict". Synthese 76, 201 – 233.

Hirshleifer, J. (1991). "The paradox of power". Economics and Politics 3, 177 – 200.

Hirshleifer, J. (2001). The Dark Side of the Force: Economic Foundations of Conflict Theory. Cambridge University Press, Cambridge, UK.

Hitch, C. J. , McKean, R. N. (1960). The Economics of Defense in the Nuclear Age. Harvard University Press, Cambridge.

Huth, P. K. (2000). "Territory: Why are territorial disputes between states a central cause of international conflict?". In: Vasquez, J. A. (Ed.), What Do We Know About War? Rowman & Littlefield, New York, pp. 85 – 110.

Intriligator, M. D. (1975). "Strategic consideration in the Richardson model of arms races". Journal of Political Economy 83, 339 – 353.

Intriligator, M. D. (1982). "Research on conflict theory: Analytic approaches and areas of application". Journal of Conflict Resolution 26, 307 – 327.

Intriligator, M. D., Brito, D. L. (1986). "Arms races and instability". Journal of Strategic Studies 9, 113 – 131.

Intriligator, M. D., Toukan, A. (2005). "Terrorism and weapons of mass destruction". Mimeo.

Isard, W. (1969). General Theory: Social, Political, Economic, and Regional with Particular Reference to Decision-Making Analysis. MIT Press, Cambridge, MA.

Isard, W. (1992). Understanding Conflict & the Science of Peace. Blackwell, Cambridge, MA.

Isard, W. (1994). "Peace economics: A topical perspective". Peace Economics, Peace Science, and Public Policy 1, 9 – 11.

Isard, W., Smith, C. (1982). Conflict Analysis and Practical Conflict Management Procedures. Ballinger, Cambridge, MA.

Jones, D. M., Bremer, S. A., Singer, J. D. (1996). "Militarized interstate disputes, 1816 – 1992: Rationale, coding rules, and empirical patterns". Conflict Management and Peace Science 15, 163 – 212.

Koubi, V. (2005). "War and economic performance". Journal of Peace Research 42, 67 – 82.

Lanchester, F. (1916). Aircraft in Warfare, the Dawn of the Fourth Arm. Constable, London.

Li, Q., Schaub, D. (2004). "Economic globalization and transnational terrorism: A pooled times-series analysis". Journal of Conflict Resolution 48, 230 – 258.

Luce, R. D., Raiffa, H. (1957). Games and Decisions. Wiley, New York.

Lund, M. S. (1996). "Early warning and preventive diplomacy". In: Crocker, C. A., Hampson, F. O., Aall, P. (Eds.), Managing Global Chaos: Sources of and Responses to International Conflict. US Institute of Peace, Washington, pp. 379 – 402.

Lynn-Jones, S. M. (2004). "Preface". In: Brown, M. E., Cote, O. R., Lynn-Jones, S. M., Miller, S. E. (Eds.), Offense, Defense, and War. MIT Press, Cambridge, MA, pp. xi-xxxvii.

Massoud, T. G. (1996). "War termination". Journal of Peace Research 33, 491 – 496.

McGuire, M. C. (1965). Secrecy and the Arms Race. Harvard University Press, Cambridge.

Minas, J. S., Scodel, A., Marlowe, D., Rawson, H. (1960). "Some descriptive aspects of two-person non-zerosum games II". Journal of Conflict Resolution 4, 193 – 197.

Mohammed, N. A. L. (1997). "The Sudan: The cost of the second civil war (1983 – 1993)". In: Brauer, J., Gissy, W. G. (Eds.), Economics of Conflict and Peace. Avebury, Aldershot, pp. 229 – 247.

Murdoch, J. C., Sandler, T. (2004). "Civil wars and economic growth: Spatial dispersion". American Journal of Political Science 48, 138 – 151.

Nitsch, V., Schumacher, D. (2004). "Terrorism and international trade: An empirical investigation". European Journal of Political Economy 20, 423 – 434.

Olson, M., Zeckhauser, R. Jr. (1966). "An economic theory of alliances". Review of Economics and Statistics 48, 25 – 48.

Oneal, J. R., Russett, B. M. (2003a). "Assessing the liberal peace with alternative specifications: Trade still reduces conflict". In: Schneider, G., Barbieri, K., Gleditsch, N. P. (Eds.), Globalization and Armed Conflict. Roman & Littlefield Publishers, Lanham, MD, pp. 143 – 163.

Oneal, J. R., Russett, B. M. (2003b). "Modeling conflict while studying dynamics: A response to Nathaniel Beck". In: Schneider, G., Barbieri, K., Gleditsch, N. P. (Eds.), Globalization and Armed Conflict. Roman & Littlefield Publishers, Lanham, MD, pp. 179 – 188.

Pilisuk, M. (1984). "Experimenting with the arms race". Journal of Conflict Resolution 28, 296 – 315.

Pilisuk, M., Rapoport, A. (1963). "A non-zero-sum game model of some disarmament problems". Peace Research Society (International), Papers 1, 57 – 78.

Pilisuk, M., Potter, P., Rapoport, A., Winter, J. A. (1965). "War hawks and peace doves: Alternative resolutions of experimental conflicts". Journal of Conflict Resolution 9, 491 – 508.

Polachek, S. W. (1980). "Conflict and trade". Journal of Conflict Resolution 24, 55 – 78.

Polachek, S. W. (1994). "Peace economics: A trade theory perspective". Peace Economics. Peace Science, and Public Policy 1, 12 – 15.

Raiffa, H. (1982). The Art and Science of Negotiation. Harvard University Press, Cambridge.

Rapoport, A., Chammah, A. M. (1965). Prisoner's Dilemma: A Study in Conflict and Cooperation. University of Michigan Press, Ann Arbor.

Richardson, L. F. (1939). Generalized Foreign Politics. Cambridge University Press, London.

Richardson, L. F. (1960a). Arms and Insecurity: A Mathematical Study of the Causes and Origins of War. Homewood, Pittsburgh.

Richardson, L. F. (1960b). Statistics of Deadly Quarrels. Boxwood Press, Pacific Grove, CA.

Rider, R. (1999). "Conflict, the sire of exchange". Journal of Economic Behavior & Organization 40, 217 – 232.

Russett, B. M., Oneal, J. R. (2001). Triangulating Peace: Democracy, Interdependence, and International Organization. Norton, New York.

Sample, S. G. (2002). "The outcomes of military buildups: Minor states vs. major powers". Journal of Peace Research 39, 669 – 691.

Sandler, T., Cauley, J. (1975). "On the economic theory of alliances". Journal of Conflict Resolution 19, 330 – 348.

Sandler, T., Hartley, K. (1995). The Economics of Defense. Cambridge University Press, Cambridge, UK.

Sarkees, M. R. (2000). "The correlates of war data on war: An update to 1997". Conflict Management and Peace Science 18, 123 – 144.

Sarkees, M. R., Wayman, F. W., Singer, J. D. (2003). "Inter-state, intra-state, and extra-state wars: A comprehensive look at their distribution over time, 1816 – 1997". International Studies Quarterly 47, 49 – 70.

Schelling, T. C. (1960). The Strategy of Conflict. Harvard University Press, Cambridge.

Schelling, T. C. (1966). Arms and Influence. Yale University Press, New Haven.

Schelling, T. C., Halperin, M. H. (1961). Strategy and Arms Control. Pergamon-Brassey's, London.

Schneider, G., Barbieri, K., Gleditsch, N. P. (2003). "Does globalization contribute to peace? A critical survey of the literature". In: Schneider, G., Barbieri, K., Gleditsch, N. P. (Eds.), Globalization and Armed Conflict. Roman & Littlefield Publishers, Lanham, MD, pp. 3 – 29.

Scodel, A., Minas, J. S., Ratoosh, P., Lipetz, M. (1959). "Some descriptive aspects of two-person non-zerosum games". Journal of Conflict Resolution 3, 114 – 119.

Senese, P. D. (2005). "Territory, contiguity, and international conflict: Assessing a new joint explanation". American Journal of Political Science 49, 769 – 779

Singer, J. D. (2000). "The etiology of interstate war: A natural history approach". In: Vasquez, J. A. (Ed.), What Do We Know About War? Rowman & Littlefield, New York, pp. 3 – 21.

Singh, S., Way, C. R. (2004). "The correlates of nuclear proliferation". Journal of Conflict Resolution 48, 859 – 885.

Singleton, R. A., Straits, B. C. (2005). Approaches to Social Research, fourth ed. Oxford University Press, New York.

Skaperdas, S. (1992). "Cooperation, conflict, and power in the absence of property rights". American Economic Review 82, 720 – 739.

Slantchev, B. L. (2004). "How initiators end their wars: The duration of warfare and the terms of peace". American Journal of Political Science 48, 813 – 829.

Smith, A. (1976). The Wealth of Nations. University of Chicago Press, Chicago.

Smith, V. L. (1982). "Microeconomic systems as an experimental science". American Economic Review 72, 923 – 955.

Smith, V. L. (1989). "Theory, experiment and economics". Journal of Economic Perspectives 3, 151 – 169.

Smith, V. L. (2003). "Constructivist and ecological rationality in economics". American Economic Review 93, 465 – 508.

Sorokin, P. (1937). Social and Cultural Dynamics. American Book Company, New York.

Taylor, J. G. (1983). Lanchester Models of Warfare, Volumes 1 and 2. Operations Research Society of America, Arlington.

Tullock, G. (1974). The Social Dilemma: The Economics of War and Revolution. Center for the Study of Public Choice, Blacksburg, VA.

Vahabi, M. (2004). The Political Economy of Destructive Power. Edward Elgar, Cheltenham.

Van Evera, S. (1998). "Offense, defense, and the causes of war". International Security 22, 5–43.

Van Evera, S. (1999). Causes of War: Power and the Roots of Conflict. Cornell University Press, Ithaca, NY.

Wallace, M. (1979). "Arms races and escalation: Some new evidence". Journal of Conflict Resolution 23, 3–16.

Wittman, D. (1979). "How a war ends: A rational model approach". Journal of Conflict Resolution 23, 743–763.

Wolfson, M. (1985). "Notes on economic warfare". Conflict Management and Peace Science 8, 1–20.

Wright, Q. (1942). A Study of War, Volumes 1 and 2. University of Chicago Press, Chicago.

作者索引

n 表示有引文脚注

Abadie, A. 854
Abdelali, N., *see* Maoz, Z. 1052

Abegunrin, O. 1064
Accordino, J. 1200, 1204
Acemoglu, D. 704, 905n, 1021
Adams, K. R. 1240, 1241
Addison, T. 724
Adelman, K. L. 1190, 1194
Adler, A., *see* Huffman, A. 1100

Al-Sowayel, D., *see* Bolks, S. M. 894, 894n, 895–897, 898n, 901–903
Albrecht, U. 1179, 1180, 1192
Alerassool, M. 888n, 898
Alesina, A. 633, 691n, 1059, 1061
Alexander, A. J. 983, 989, 1189
Alexander, J. D. 1179, 1189
Alexandrova, A., *see* Slantchev, B. 1052

Alic, J. A. 1185, 1192, 1193, 1195
Allen, S. H. 898n
Altfield, M. 1061
Amegashie, J. A. 764
Amin, M., *see* Findlay, R. 689

阿巴迪, A.
阿卜杜拉利, N.,
  参见毛兹, Z.

阿贝冈林, O.
阿科尔迪诺, J.
阿塞莫勒, D.
亚当斯, K. R.
艾迪生, T.
阿德尔曼, K. L.
阿德勒, A.,
  参见霍夫曼, A.

阿尔索沃尔, D.,
  参见博尔克斯, S. M.

阿尔布雷克特, U.
阿莱拉索尔, M.
阿莱西纳, A.
亚历山大, A. J.
亚历山大, J. D.
亚历山德罗娃, A.,
  参见斯兰切夫, B.

亚力克, J. A.
艾伦, S. H.
阿尔特非尔德, M.
阿梅加希, J. A.
阿明, M.,
  参见芬德利, R.

Anbarci, N. 672n, 676, 676n　　安巴尔西, N.
Ancker, C. J. 1236　　安克尔, C. J.
Anderson, J. 1064　　安德森, J.
Anderson, J. E. 685, 1242　　安德森, J. E.
Anderton, C. H. 628, 629, 685, 943, 959, 989, 1042, 1221, 1233, 1239, 1242, 1244–1246, 1251　　安德顿, C. H.
Anderton, C. H., see Carter, J. R. 1251　　安德顿, C. H., 参见卡特, J. R.
Anderton, C. H., see Isard, W. 1189　　安德顿, C. H., 参见伊萨尔德, W.
Anderton, R. A., see Anderton, C. H. 685, 1242, 1245, 1246, 1251　　安德顿, R. A., 参见安德顿, C. H.
Andreou, A. S. 916　　安德烈乌, A. S.
Angell, N. 627, 1023　　安杰尔, N.
Angrist, J. 1126, 1127n　　安格里斯特, J.
Antholis, W., see Russett, B. M. 1052　　安特霍利斯, W., 参见拉西特, B. M.
Arad, R. W. 1042, 1064　　阿拉德, R. W.
Arce, D. G. 778, 779, 782–785, 788, 789, 793, 810　　阿尔塞, D. G.
Arce, D. G., see Sandler, T. 782, 784, 789, 796, 977n　　阿尔塞, D. G., 参见桑德勒, T.
Arkes, J. 1091　　阿尔克斯, J.
Armington, P. 1050　　阿明顿, P.
Arquilla, J. 779　　阿尔奎拉, J.
Arreguin-Toft, I. 938　　阿雷金·托夫特, I.
Arrowsmith, S. 1166　　阿罗史密斯, S.
Asch, B. 1089, 1090, 1093, 1094, 1109, 1110, 1112–1116, 1120　　阿施, B.
Asch, B., see Hosek, J. 1094, 1103, 1104, 1114, 1115　　阿施, B., 参见霍谢克, J.
Asch, B., see Oken, C. 1088　　阿施, B., 参见奥肯, C.

作者索引

Asch, B. , see Warner, J. 1078, 1082, 1084, 1086, 1091, 1092, 1094, 1106, 1113, 1117, 1121 – 1123, 1127n, 1199

Askari, H. G. 871n

Athanasios, O. , see Hess, G. D. 1056n

Atkinson, S. E. 780

Augustine, N. R. , see Adelman, K. L. 1190, 1194

Axelrod, R. 676

Azam, J. -P. 677, 719, 733

Azar, E. 1032, 1033

Bai, J. 842, 843

Baik, K. H. 693

Bailey, M. J. 642

Baker, J. C. , see Rayome, D. 1058n

Baldwin, D. A. 871

Bale, J. M. 1007

Baliga, S. 920

Baltes, P. T. 1200

Banks, A. 730

Banks, A. , see Greggs, P. 1051

Barash, D. P. 1214, 1215

Barbieri, K. 898n, 1022n, 1028n, 1042, 1064

Barbieri, K. , see Schneider, G. 1022n, 1227

Barelli, P. 699, 699n

Baskaran, A. 987n

Basuchoudhary, A. 810

Bates, R. 722

Bauer, S. 976n, 984, 988

Baumol, W. J. 700

阿施, B. , 参见沃纳, J.

阿斯卡里, H. G.

阿萨纳西奥斯, O. , 参见赫斯, G. D.

阿特金森, S. E.

奥古斯丁, N. R. , 参见阿德尔曼, K. L.

阿克塞尔罗德, R.

阿藏, J. -P.

阿萨尔, E.

贝, J.

鲍伊克, K. H.

贝利, M. J.

贝克, J. C. , 参见拉约梅, D.

鲍得温, D. A.

贝尔, J. M.

巴利加, S.

巴尔特斯, P. T.

班克斯, A.

班克斯, A. , 参见格雷格斯, P.

巴拉什, D. P.

巴比里, K.

巴比里, K. , 参见施奈德, G.

巴雷利, P.

巴斯卡兰, A.

巴苏乔杜里, A.

贝茨, R.

鲍尔, S.

鲍莫尔, W. J.

Bayer, R. 1221　　　　　　　　　　　拜尔，R.
Bayoumi, T. 1191　　　　　　　　　　巴尤米，T.
Bearce, D. H. 1042　　　　　　　　　贝尔斯，D. H.
Beck, N. 1042　　　　　　　　　　　　贝克，N.
Becker, G. S. 832, 879n, 881－883　　贝克尔，G. S.
Becker, G. S., see Ehrlich, I. 643　　贝克尔，G. S.，
　　　　　　　　　　　　　　　　　　　参见埃利希，I.
Bellany, I. 1090　　　　　　　　　　　贝拉尼，I.
Ben-Dak, J. D., see Azar, E. 1032　　本·达克，J. D.，
　　　　　　　　　　　　　　　　　　　参见阿萨尔，E.
Benassy, J. P. 964　　　　　　　　　　贝纳西，J. P.
Benoit, E. 1215　　　　　　　　　　　贝努瓦，E.
Berbaum, M. L., see Oneal, J. R. 898n.　贝尔鲍姆 M. L.，
　　　　　　　　　　　　　　　　　　　参见奥尼尔，J. R.
Berkovec, J. 1092　　　　　　　　　　贝尔科韦茨，J.
Bernheim, B. D. 796　　　　　　　　　伯恩海姆，B. D.
Bernstein, D. 1193　　　　　　　　　　伯恩斯坦，D.
Berryman, J. 947　　　　　　　　　　　贝里曼，J.
Berthélemy, J. C. 1197　　　　　　　　贝泰勒米，J. C.
Besanko, D. 989n, 990　　　　　　　　贝桑科，D.
Bester, H. 670, 677, 678n　　　　　　　贝斯特尔，H.
Bhattacharya, R., see Gupta, S. 852, 853　巴塔查里亚，R.，
　　　　　　　　　　　　　　　　　　　参见古普塔，S.
Bier, V. 793　　　　　　　　　　　　　比尔，V.
Bischak, G. A. 1198, 1204　　　　　　比沙克，G. A.
Bischak, G. A., see Oden, M. D. 1196　比沙克，G. A.，
　　　　　　　　　　　　　　　　　　　参见奥登，M. D.
Bitzinger, R. A. 975, 987, 988　　　　　比特金格尔，R. A.
Bjerkholt, O. 1191　　　　　　　　　　比耶克霍尔特，O.
Bjerkholt, O., see Gleditsch, N. P. 1191　比耶克霍尔特，O.，
　　　　　　　　　　　　　　　　　　　参见格莱迪奇，N. P.
Black, P. A. 875n　　　　　　　　　　布莱克，P. A.
Blainey, G. 1022n　　　　　　　　　　布莱恩，G.

Blake, D., see Desai, M. 917.,	布莱克，D.，参见德赛，M.
Blanton, S. L. 950	布兰顿，S. L.
Blavatsky, P. 657, 658	布拉瓦茨基，P.
Bloch, F. 693, 698, 699	布洛克，F.
Blomberg, S. B. 726n, 850, 861, 864, 1221	布隆伯格，S. B.
Blonigen, B. 1058n	布伦尼根，B.
Blume, A. 957	布卢姆，A.
Bobrow, D. B. 749, 754, 759	博布罗，D. B.
Boehmer, C. R. 1226, 1252, 1253	博默尔，C. R.
Bohn, D. 1084	博恩，D.
Bolks, S. M. 894, 894n, 895–897, 898n, 901–903	博尔克斯，S. M.
Bonetti, S. 892, 892n, 893, 893n, 894, 896, 897	博内蒂，S.
Bonn International Center for Conversion (BICC) 984n, 1144n, 1145, 1154, 1179, 1182, 1183, 1190, 1194–1198, 1201, 1202	波恩军转民国际中心
Borjas, G. 1117	博尔哈斯，G.
Bornstein, G. 1250	博恩斯泰因，G.
Bornstein, G., see Goren, H. 1250	博恩斯泰因，G.，参见戈伦，H.
Bos, D. 1162	伯斯，D.
Boulding, K. E. 627, 1215, 1223, 1225, 1228, 1231, 1254	博尔丁，K. E.
Bourne, M. 993, 1000	伯恩，M.
Boutros-Ghali, B. 744, 745, 748, 752	布特罗斯·加利，B.
Bowns, S., see Middleton, A. 1155	鲍恩斯，S.，参见米德尔顿，A.
Boyer, M. A., see Bobrow, D. B. 749, 754, 759	博耶，M. A.，参见博布罗，D. B.
Braddon, D. 1144, 1202	布拉登，D.
Braddon, D., see Hartley, K. 1142, 1144	布拉登，D.，参见哈特利，K.

Bradley, J., see Hartley, K. 1142　　　　　　布拉德利, J.,
　　　　　　　　　　　　　　　　　　　　　　　参见哈特利, K.

Brady, L. J. 894　　　　　　　　　　　　　　布雷迪, L. J.

Branscomb, L. M., see Alic, J. A. 1185, 1192,　布兰斯科姆, L. M.,
　1193, 1195　　　　　　　　　　　　　　　　参见亚力克, J. A.

Brauer, J. 916, 919, 920, 926, 944n, 955,
　982, 983, 983n, 985 - 988, 1000n, 1002,
　1181, 1189　　　　　　　　　　　　　　　　布劳尔, J.

Bremer, S. A. 1051 - 1053, 1064, 1225　　　　布雷默, S. A.

Bremer, S. A., see Ghosn, F. 1220　　　　　　布雷默, S. A.,
　　　　　　　　　　　　　　　　　　　　　　　参见戈森, F.

Bremer, S. A., see Jones, D. M. 1219　　　　布雷默, S. A.,
　　　　　　　　　　　　　　　　　　　　　　　参见琼斯, D. M.

Bright, J. 1023　　　　　　　　　　　　　　　布赖特, J.

Brito, D. L. 617, 670, 677, 915, 923, 960, 1009　布里托, D. L.

Brito, D. L., see Intriligator, M. D. 915, 917,　布里托, D. L.,
　920, 1229, 1232　　　　　　　　　　　　　参见英特利盖特, M. D.

Brömmelhörster, J. 1183, 1191, 1197, 1198,
　1202, 1204　　　　　　　　　　　　　　　　布勒梅尔霍斯特, J.

Brooks, H., see Alic, J. A. 1185, 1192, 1193,　布鲁克斯, H.,
　1195　　　　　　　　　　　　　　　　　　　参见亚力克, J. A.

Browning, E. 1122　　　　　　　　　　　　　布朗宁, E.

Brzoska, M. 943n, 944n, 954, 1194, 1196,
　1198, 1201, 1202, 1204, 1219　　　　　　　布若斯卡, M.

Brzoska, M., see Serfati, C. 1204　　　　　　布若斯卡, M.,
　　　　　　　　　　　　　　　　　　　　　　　参见塞尔法迪, C.

Buck, C., see Asch, B. 1090, 1112, 1113,　　巴克, C.,
　1116, 1120　　　　　　　　　　　　　　　　参见阿施, B.

Buddin, R. 1089, 1096, 1102　　　　　　　　布丁, R.

Bueno de Mesquita, B. 899, 1054, 1057, 1223　布埃诺·德梅斯基塔, B.

Bueno de Mesquita, B., see Altfield, M. 1061　布埃诺·德梅斯基塔, B.,
　　　　　　　　　　　　　　　　　　　　　　　参见阿尔特非尔德, M.

Bueno de Mesquita, E. 779, 782, 797　　　　布埃诺·德梅斯基塔, E.

Buhaug, H. 718　　　　　　　　　　　　　　比海于格, H.

作者索引

Bureau of Economic Analysis 849	经济分析局［美］
Bureau of Industry and Security (BIS) 988	工业与安全局［美］
Bureau of Labor Statistics 1119	劳工统计局［美］
Bureau of Verification and Compliance (BVC) 977	武器查证与信守局［美］
Burnett, W. B. 1151	伯内特, W. B.
Bush, W. C. 1242	布什, W. C.
Butz, W. P., see Alexander, A. J. 983, 989	巴茨, W. P., 参见亚历山大, A. J.
Buzan, B. 951	布赞, B.
Cairns, E. 717	凯恩斯, E.
Campbell, S., see Markusen, A. R. 1194	坎贝尔, S., 参见马尔库森, A. R.
Campbell, S. H., see Morgan, T. C. 1052, 1054	坎贝尔, S. H., 参见摩根, T. C.
Cappelen, A., see Gleditsch, N. P. 1191	卡佩伦, A., 参见格莱迪奇, N. P.
Carballo, M. 728	卡巴洛, M.
Cardell, S. 1118	卡德尔, S.
Carment, D. 762	卡芒, D.
Carter, A. B., see Alic, J. A. 1185, 1192, 1193, 1195	卡特, A. B., 参见亚力克, J. A.
Carter, J. R. 1251	卡特, J. R.
Carter, J. R., see Anderton, C. H. 685, 1042, 1221, 1242, 1244–1246, 1251	卡特, J. R., 参见安德顿, C. H.
Caruso, R. 1024n	卡鲁索, R.
Cashel-Cordo, P. 1064	卡什尔·科尔多, P.
Castro, C., see Huffman, A. 1100	卡斯特罗, C., 参见霍夫曼, A.
Cauley, J., see Enders, W. 803	考利, J., 参见恩德斯, W.
Cauley, J., see Sandler, T. 778, 780, 1215	考利, J., 参见桑德勒, T.
Cavaluzzo, L., see Moore, C. 1109, 1110	卡瓦卢佐, L., 参见穆尔, C.

Cavicchia, G. P. 987	卡维基亚, G. P.
Cederman, L. E. 1052	塞德曼, L. E.
Chakravarti, S., see Gupta, S. 852, 853	查克拉瓦尔蒂, S., 参见古普塔, S.
Chalmers, M. G. 735, 951, 1161	查默斯, M. G.
Chalmers, M. G., see Turner, A. J. W. 1145	查默斯, M. G., 参见特纳, A. J. W.
Chammah, A. M., see Rapoport, A. 1248	沙马, A. M., 参见拉波波特, A.
Chan, S. 1052	钱, S.
Chang, Y. C., see Polachek, S. W. 1020n	昌, Y. C., 参见波拉切克, S. W.
Chen, A. H. 858	申, A. H.
Chen, S. 980	申, S.
Chwe, M. S. Y. 698	赫韦, M. S. Y.
Cingranelli, D. 730	钦戈拉内利, D.
Clark, D. J. 657	克拉克, D. J.
Clark, W. S. 1005n	克拉克, W. S.
Clements, B. 1191	克莱门茨, B.
Clements, B., see Gupta, S. 852, 853	克莱门茨, B., 参见古普塔, S.
Clendenning, D., see Asch, B. 1094	克伦德宁, D., 参见阿施, B.
Coase, R. 990	科阿斯, R.
Cobden, R. 1023	科布登, R.
Cock, J., see Kirsten, A. 1001	科克, J., 参见科尔斯腾, A.
Colletta, N. J. 1200	科莱塔, N. J.
Collier, P. 612, 690, 700, 704, 716, 720–725, 726n, 732–735, 902n, 932–934, 937, 938, 977, 977n, 994, 1000n, 1254	科利尔, P.
Commission of the European Communities 1202	欧共体委员会
Conca, K. 987	孔卡, K.

Congressional Budget Office (CBO) 1112,
  1118, 1156, 1164　　　　　　　　　　　国会预算办公室［美］
Congressional Research Service (CRS) 944,
  944n, 945, 946, 977, 978　　　　　　　国会研究服务机构［美］
Cook, P. 1000　　　　　　　　　　　　　库克, P.
Cooke, T. 1101　　　　　　　　　　　　　库克, T.
Cooley, M. 1180　　　　　　　　　　　　库利, M.
Cooper, H., see Black, P. A. 875n　　　　库珀, H.,
　　　　　　　　　　　　　　　　　　　　参见布莱克, P. A.
Cooper, J. 1185, 1204　　　　　　　　　库珀, J.
Cooper, N. 995　　　　　　　　　　　　　库珀, N.
Corbett, L. 730　　　　　　　　　　　　　科比特, L.
Cornes, R. 642, 793, 883, 883n　　　　　科尔内斯, R.
Cortright, D. 871n, 888n, 902, 903　　　科特赖特, D.
Cortright, D., see Lopez, G. A. 871n　　 科特赖特, D.,
　　　　　　　　　　　　　　　　　　　　参见洛佩斯, G. A.
Costigan, S., see Markusen, A. R. 1198　科斯蒂根, S.,
　　　　　　　　　　　　　　　　　　　　参见马尔库森, A. R.
Coulomb, F. 1254　　　　　　　　　　　　库仑, F.
Cox, D. G. 900, 903　　　　　　　　　　　考克斯, D. G.
Cox, G., see Golding, H. 1111　　　　　　考克斯, G.,
　　　　　　　　　　　　　　　　　　　　参见戈尔丁, H.
Craft, C. B. 917, 950　　　　　　　　　　克拉夫特, C. B.
Craig, S. G., see Cashel-Cordo, P. 1064　克雷格, S. G.,
　　　　　　　　　　　　　　　　　　　　参见卡什尔·科尔多, P.
Crescenzi, M. 1042　　　　　　　　　　　克雷申齐, M.
Croddy, E. A. 1003 – 1005　　　　　　　克罗蒂, E. A.
Cross, J. G. 1228　　　　　　　　　　　　克罗斯, J. G.
Crucé, E. 1023　　　　　　　　　　　　　克鲁塞, E.
Cunnigham, K. 1201　　　　　　　　　　　坎宁安, K.
Dadak, C. 871n　　　　　　　　　　　　　达达克, C.
Dajani, M. S., see Daoudi, M. S. 894　　达贾尼, M. S.,
　　　　　　　　　　　　　　　　　　　　参见达乌迪, M. S.
Dal Bo, E. 690　　　　　　　　　　　　　达尔·博, E.

Dal Bo, P., see Dal Bo, E. 690

Dali, T., see Hogan, P. 1084, 1086

Damrosch, L. F. 902, 903
Dando, M. 977n
Daoudi, M. S. 894
Dardia, M. 1200
Darling, K., see Mackin, P. 1118

Dashti-Gibson, J. 888n, 893, 894, 896–898
Daula, T. 1094
Davidson, J. 903n
Davies, N. V., see Chalmers, M. G. 951, 1161

Davis, C. 943n
Davis, D., see Woodcock, T. 771

Davis, M. 977n, 1006
Davis, P., see Dashti-Gibson, J. 888n, 893, 894, 896–898
Davison, N., see Lewer, N. 977n

De Mello, L., see Gupta, S. 947

de Montesquieu, B. 1023
de Penanros, R., see Jauhiainen, J. S. 1200, 1201
de Soysa, I., see Gleditsch, N. P. 1195

Deardorff, A. V. 1064
Defence Industrial Strategy (DIS) 1169
Defense Science Board (DSB) 1166
Deger, S. 927

达尔·博, P., 参见达尔·博, E.

达利, T., 参见霍根, P.

达姆罗施, L. F.
当多, M.
达乌迪, M. S.
达尔迪亚, M.
达林, K., 参见麦金, P.

达什蒂·吉布森, J.
道拉, T.
戴维森, J.
戴维斯, N. V., 参见查默斯, M. G.

戴维斯, C.
戴维斯, D., 参见伍德科克, T.

戴维斯, M.
戴维斯, P., 参见达什蒂·吉布森, J.

戴维森, N., 参见莱韦, N.

德梅洛, L., 参见古普塔, S.

德孟德斯鸠, B.
德珀南罗, R., 参见尧西艾宁, J. S.

德索伊萨, I., 参见格莱迪奇, N. P.

迪尔多夫, A. V.
国防工业战略 [英]
国防科学局 [美]
德格, S.

Deger, S., see Berthélemy, J. C. 1197　　德格, S., 参见贝泰勒米, J. C.

Dehejia, R. H. 893, 893n, 896, 897　　德赫贾, R. H.
Deitrick, S., see Markusen, A. R. 1194　　戴特里克, S., 参见马尔库森, A. R.

Demange, G. 1120　　得芒热, G.
Department of Trade and Industry (DTI) 1159　　贸易工业部［英］
DeRouen Jr., K. 764, 765　　小德鲁昂, K.
Dertouzos, J. 1082, 1084 – 1088　　德尔图佐斯, J.
Dertouzos, J., see Polich, M. 1087　　德尔图佐斯, J., 参见波利克, M.

Desai, M. 917　　德赛, M.
Diehl, P. F. 1064, 1234　　迪尔, P. F.
Diehl, P. F., see Goertz, G. 1064　　迪尔, P. F., 参见格尔茨, G.

DiGiovanna, S., see Markusen, A. R. 975, 985, 987, 1198　　迪乔瓦纳, S., 参见马尔库森, A. R.
DiTrapani, A. 1108　　迪特拉帕尼, A.
Dixit, A. K. 684, 963n　　迪克西, A. K.
Dixon, W. J. 898n, 1051, 1052　　狄克逊, W. J.
Dodd, R. 766　　多德, R.
Dolan, C., see Huffman, A. 1100　　多兰, C., 参见霍夫曼, A.

Dollery, B. E. 875n　　多莱里, B. E.
Domke, W. K. 1042, 1051, 1054　　多姆克, W. K.
Dorussen, H. 891n, 1020n　　多鲁森, H.
Dowdall, P., see Braddon, D. 1202　　多德尔, P., 参见布拉登, D.

Dowdall, P., see Hartley, K. 1142, 1144　　多德尔, P., 参见哈特利, K.

Doxey, M. P. 870n　　多克塞, M. P.
Doyle, M. 1107　　多伊尔, M.
Doyle, M. W. 746, 1051, 1052, 1054　　多伊尔, M. W.
Drakos, K. 856, 859　　德拉科斯, K.

Dranove, D., see Besanko, D. 989n, 990

Drezner, D. W. 890, 894, 903n

Drury, A. C. 893, 893n, 894, 896 – 898

Drury, A. C., see Cox, D. G. 900, 903

Du, C., see Asch, B. 1089

Duffield, M. 995, 996

Duffy, J. 1251

Dumas, L. J. 1181

Dunne, J. P. 918, 927, 934, 936, 948, 949, 953 – 957, 963, 966, 967, 976, 985, 987, 1141

Dunne, J. P., see Brauer, J. 944n, 983, 985, 987, 988

Dunne, J. P., see Gleditsch, N. P. 1191

Dunne, J. P., see Smith, R. P. 915

Durch, W. J. 747, 749

Durham, Y. 1251

East, M. A. 1226

East, M. A., see Hermann, C. 1032n

Eaton, J. 890 – 892, 895

Eck, K. 1252

Eckstein, Z. 853, 854, 864

Ehrlich, I. 643

Eland, I. 1141, 1156

Elbadawi, I. 723n

Eldor, R. 858

Ellingsen, T., see Hegre, H. 722

德拉诺夫，D.，
　　参见贝桑科，D.

德雷兹内，D. W.

德鲁里，A. C.

德鲁里，A. C.，
　　参见考克斯，D. G.

杜，C.，
　　参见阿施，B.

达菲尔德，M.

达菲，J.

杜马，L. J.

邓恩，J. P.

邓恩，J. P.，
　　参见布劳尔，J.

邓恩，J. P.，
　　参见格莱迪奇，N. P.

邓恩，J. P.，
　　参见史密斯，R. P.

杜尔克，W. J.

德拉姆，Y.

伊斯特，M. A.

伊斯特，M. A.，
　　参见赫尔曼，C.

伊顿，J.

埃克，K.

埃克斯坦，Z.

埃利希，I.

伊兰，I.

埃尔巴达维，I.

埃尔多尔，R.

埃林森，T.，
　　参见赫格雷，H.

Elliott, K. A. , *see* Hufbauer, G. C. 869, 871, 893, 893n, 894, 896–898

Elliott, M. 1095

Elliott, V. L. , *see* Collier, P. 612, 690, 700, 704, 732, 1254

Elsner, W. 1201

Ember, C. 1052

Ember, M. , *see* Ember, C. 1052

Emmons, J. , *see* Siverson, R. M. 899n, 1052

Enders, W. 610, 645, 778, 782, 798, 803, 810, 811, 817, 832–836, 839–842, 844, 845, 849, 852, 855, 856, 856n, 857, 863, 864, 977n, 1006, 1219, 1221, 1254

Enders, W. , *see* Sandler, T. 779, 799

Engers, M. , *see* Eaton, J. 890–892, 895

Enthoven, A. 630

Epstein, G. L. , *see* Alic, J. A. 1185, 1192, 1193, 1195

Epstein, J. M. 714, 1236

Erasmus, D. 1023

Eriksson, M. , *see* Gleditsch, N. P. 713–715, 717

Esteban, J. M. 660n, 662n, 692, 696n, 698, 703n

Eubank, W. L. , *see* Weinberg, L. B. 860

European Union（EU）1172

Everett, H. M. 645

Eyerman, J. 1052

Fair, C. , *see* Hosek, J. 1094, 1096, 1103,

埃利奥特，K. A. ，参见赫夫鲍尔，G. C.

埃利奥特，M.

埃利奥特，V. L. ，参见科利尔，P.

埃尔斯纳，W.

恩贝尔，C.

恩贝尔，M. ，参见恩贝尔，C.

埃蒙斯，J. ，参见西韦松，R. M.

恩德斯，W.

恩德斯，W. ，参见桑德勒，T.

恩格斯，M. ，参见伊顿，J.

昂托旺，A.

爱泼斯坦，G. L. ，参见亚力克，J. A.

爱泼斯坦，J. M.

伊拉斯谟，D.

埃里克松，M. ，参见格莱迪奇，N. P.

埃斯特班，J. M.

尤班克，W. L. ，参见温伯格，L. B.

欧洲联盟（EU）

埃弗里特，H. M.

艾尔曼，J.

费尔，C. ，

1104, 1114, 1115 参见霍谢克，J.
Farber, H. 1052, 1053 法伯，H.
Farnham, B. 899n 法纳姆，B.
Fearon, J. D. 677, 678, 713, 716, 721–723, 894, 901 费伦，J. D.
Feldman, J. M. 1194–1196 费尔德曼，J. M.
Felix, D. 753 费利克斯，D.
Feng, Y. 1061 芬，Y.
Ferencz, Z., see Jauhiainen, J. S. 1200, 1201 费伦茨，Z.，参见尧西艾宁，J. S.
Findlay, R. 689, 702, 887n, 1029 芬德利，R.
Fischer, D. 753n, 1239, 1254 费希尔，D.
Fischer, D., see Isard, W. 753n 费希尔，D.，参见伊萨尔德，W.
Fisher, E., see Bearce, D. H. 1042 费希尔，E.，参见贝尔斯，D. H.
Flemming, P., see Mickolus, E. F. 818 弗莱明，P.，参见米茨科鲁斯，E. F.
Flood, M. M. 1248 弗勒德，M. M.
Florquin, N. 994 弗洛尔坎，N.
Fontanel, J. 1181, 1189 丰塔内尔，J.
Forbes, J. F., see Sandler, T. 755 福布斯，J. F.，参见桑德勒，T.
Forrer, J., see Askari, H. G. 871n 福雷尔，J.，参见阿斯卡里，H. G.
Francis, P., see Junor, L. 1106, 1107 弗朗西斯，P.，参见朱诺，L.
Frank, D. 1125, 1126 弗兰克，D.
Frankenstein, J., see Brömmelhörster, J. 1183, 1197, 1198, 1204 费兰肯斯坦，J.，参见布勒梅尔霍斯特，J.
Fredland, E. 772 弗雷德兰德，E.
Fredland, J. E. 1169 弗雷德兰德，J. E.
Fricker, R. 1102 弗里克，R.
Friedman, D. 1248 弗里德曼，D.

Froot, K. 1058n   弗鲁特，K.
Fudenberg, D. 1230   富登伯格，D.
Fuertes, A. -M. 935   富尔特斯，A. -M.
Fullerton, R. 1094   富勒顿，R.
Gaddy, C. 1185, 1190, 1195   加迪，C.
Gadea, M. D. 936   加德亚，M. D.
Galtung, J. 869n, 870, 894n, 901   加尔通，J.
Gansler, J. S. 1185, 1194   甘斯勒，J. S.
Garber, S., see Dertouzos, J. 1084 – 1086, 1088   加伯，S.，参见德尔图佐斯，J.
García-Alonso, M. D. C. 950, 950n, 953, 954, 956, 968, 977, 982, 983, 989   加西亚·阿朗索，M. D. C.
García-Alonso, M. D. C., see Dunne, J. P. 918, 948, 949, 953 – 957, 963, 966, 967   加西亚·阿朗索，M. D. C.，参见邓恩，J. P.
Gardeazabal, J., see Abadie, A. 854   加德亚萨瓦尔，J.，参见阿巴迪，A.
Garfinkel, M. R. 629, 662n, 676n, 678, 678n, 685, 692n, 693n, 695n, 699, 1242   加芬克尔，M. R.
Gartzke, E. 899n, 1042, 1052   加尔茨克，E.
Gartzke, E., see Simon, M. 1061   加尔茨克，E.，参见西蒙，M.
Gartzke, E., see Slantchev, B. 1052   加尔茨克，E.，参见斯兰切夫，B.
Gasiorowski, M. 1043, 1043n, 1044, 1045   贡肖洛夫斯基，M.
Gates, S. 720   盖茨，S.
Gates, S., see Buhaug, H. 718   盖茨，S.，参见比海于格，H.
Gates, S., see Hegre, H. 722   盖茨，S.，参见赫格雷，H.
Geller, D. S. 1224   盖勒，D. S.
Gelpi, C. 1042   杰尔皮，C.
Genicot, G. 693n, 699n   热尼科，G.
Geoffard, P., see Demange, G. 1120   杰法德，P.，参见得芒热，G.

Gerges, F. A. 840　　　　　　　　　　　　　盖尔盖斯，F. A.
Geva, N., see Mintz, A. 1052　　　　　　　　杰瓦，N.，
　　　　　　　　　　　　　　　　　　　　　参见明茨，A.

Ghobarah, H., see Russett, B. M. 727, 730　　古巴拉赫，H.，
　　　　　　　　　　　　　　　　　　　　　参见拉西特，B. M.

Gholz, E., see Sapolsky, H. 1190　　　　　　戈尔兹，E.，
　　　　　　　　　　　　　　　　　　　　　参见萨波尔斯基，H.

Ghosn, F. 1220　　　　　　　　　　　　　　戈森，F.
Gibler, D. M. 915　　　　　　　　　　　　　吉布列尔，D. M.
Gibney, M., see Corbett, L. 730　　　　　　　吉布尼，M.，
　　　　　　　　　　　　　　　　　　　　　参见科比特，L.

Gilmore, E., see Lujala, P. 722　　　　　　　吉尔摩，E.，
　　　　　　　　　　　　　　　　　　　　　参见卢亚拉，P.

Gilpin, R. 1058　　　　　　　　　　　　　　吉尔平，R.
Gilroy, C., see Williams, C. 1129n　　　　　　吉尔罗伊，C.，
　　　　　　　　　　　　　　　　　　　　　参见威廉斯，C.

Gissinger, R., see Hegre, H. 1253　　　　　　基辛格，R.，
　　　　　　　　　　　　　　　　　　　　　参见赫格雷，H.

Gleditsch, N. P. 713 – 715, 717, 915, 1064,　　格莱迪奇，N. P.
　1191, 1195
Gleditsch, N. P., see Hegre, H. 722, 1253　　　格莱迪奇，N. P.，
　　　　　　　　　　　　　　　　　　　　　参见赫格雷，H.

Gleditsch, N. P., see Lacina, B. 716, 717　　　格莱迪奇，N. P.，
　　　　　　　　　　　　　　　　　　　　　参见拉齐纳，B.

Gleditsch, N. P., see Lujala, P. 722　　　　　格莱迪奇，N. P.，
　　　　　　　　　　　　　　　　　　　　　参见卢亚拉，P.

Gleditsch, N. P., see Schneider, G. 1022n, 1227　格莱迪奇，N. P.，
　　　　　　　　　　　　　　　　　　　　　参见施奈德，G.

Glick, R. 1221　　　　　　　　　　　　　　格利克，R.
Gochman, C. S. 1032, 1064, 1219　　　　　　戈赫曼，C. S.
Godnick, W. 994　　　　　　　　　　　　　戈德尼克，W.
Goertz, G. 1064　　　　　　　　　　　　　格尔茨，G.
Gold, D. 1190, 1191　　　　　　　　　　　　戈尔德，D.
Goldberg, M. 1092, 1094, 1199　　　　　　　戈德堡，M.

– 658 –

Golde, S. 955, 957	戈尔德，S.
Golding, H. 1096, 1101, 1111	戈尔丁，H.
Golding, S., see Moore, C. 1108	戈尔丁，S.，参见穆尔，C.
Goldstein, J. S. 1034	戈尔茨坦，J. S.
Goldstein, M. 1049	戈尔茨坦，M.
Golfin, P. 1111	戈尔菲恩，P.
Golfin, P., see Kraus, A. 1089	戈尔菲恩，P.，参见克劳斯，A.
Golinelli, D., see Harrell, M. 1103, 1104	戈利内利，D.，参见哈勒尔，M.
Gonchar, K. 1190, 1192–1195, 1204	贡沙，K.
Gonzalez, F. M. 699n, 700, 701	冈萨雷斯，F. M.
Goodwin, C. D. 1226	古德温，C. D.
Goren, H. 1250	戈伦，H.
Gorman, L. 1081	戈尔曼，L.
Gortzak, Y. 1240	霍尔察克，Y.
Gotz, G. 1092	戈茨，G.
Goudie, I. S., see Jauhiainen, J. S. 1200, 1201	戈迭，I. S.，参见尧西艾宁，J. S.
Gowa, J. 1064	戈瓦，J.
Gowa, J., see Farber, H. 1052, 1053	戈瓦，J.，参见法伯，H.
Gray, C. S. 610	格雷，C. S.
Gregg, P. M., see East, M. A. 1226	格雷格，P. M.，参见伊斯特，M. A.
Greggs, P. 1051	格雷格斯，P.
Gregory, D., see Golding, H. 1096	格雷戈里，D.，参见戈尔丁，H.
Gregory, D., see Golfin, P. 1111	格雷戈里，D.，参见戈尔菲恩，P.
Gregory, D., see Kraus, A. 1090	格雷戈里，D.，参见克劳斯，A.
Greif, A. 704	格赖夫，A.

Greig, J. M. 1228	格雷格，J. M.
Gresenz, C., see Elliott, M. 1095	格雷森斯，C.，参见埃利奥特，M.
Grieco, J., see Gelpi, C. 1042	格列科，J.，参见杰尔皮，C.
Griffis, H., see Golding, H. 1101	格里菲斯，H.，参见戈尔丁，H.
Griffis, H., see Hansen, M. 1108	格里菲斯，H.，参见汉森，M.
Griffis, H., see Kraus, A. 1089	格里菲斯，H.，参见克劳斯，A.
Griffis, H., see Moore, C. 1108 – 1110	格里菲斯，H.，参见穆尔，C.
Grossman, G. 1024n	格罗斯曼，G.
Grossman, H. I. 627, 629, 634, 657, 662n, 663n, 690, 699n, 702, 720, 1242, 1245, 1251	格罗斯曼，H. I.
Guha-Sapir, D. 727	古哈·萨皮尔，D.
Gummett, P. 1192	格默特，P.
Gupta, S. 852, 853, 947	古普塔，S.
Gupta, S., see Clements, B. 1191	古普塔，S.，参见克莱门茨，B.
Gurr, T. R. 722, 1032n	格尔，T. R.
Gurr, T. R., see Jaggers, K. 1040	格尔，T. R.，参见贾格尔斯，K.
Haas, M. 1051	哈斯，M.
Haas, R. D. 1048n, 1050	哈斯，R. D.
Haass, R. N. 888n	哈斯，R. N.
Haavelmo, T. 652, 662n, 704	哈韦尔莫，T.
Haftel, Y. Z., see Gortzak, Y. 1240	哈夫泰尔，Y. Z.，参见霍尔察克，Y.
Hagan, J. 1054	哈甘，J.
Hagelin, B., see Serfati, C. 1204	哈格林，B.，参见塞尔法迪，C.

Hall, P., *see* Markowski, S. 988 　　霍尔, P., 参见马尔科夫斯基, S.

Hall, P., *see* Markusen, A. R. 1194 　　霍尔, P., 参见马尔库森, A. R.

Halperin, M. H., *see* Schelling, T. C. 1215, 1229, 1236, 1254 　　霍尔珀林, M. H., 参见谢林, T. C.

Hamilton, J. D. 930 　　汉密尔顿, J. D.

Han, T., *see* Grossman, H. I. 634 　　哈恩, T., 参见格罗斯曼, H. I.

Hanley, J., *see* Buddin, R. 1102 　　汉利, J., 参见布丁, R.

Hanlon, J. 888n 　　汉隆, J.

Hansen, M. 1088, 1094, 1095, 1108, 1111 　　汉森, M.

Hansen, M., *see* Kleinman, S. 1108 　　汉森, M., 参见克兰曼, S.

Harkness, J. 875n 　　哈克尼斯, J.

Harrell, M. 1103, 1104 　　哈勒尔, M.

Harris, G. 1221 　　哈里斯, G.

Harrison, M. 1221 　　哈里森, M.

Hart, J. 1006 　　哈特, J.

Hart, R., *see* Eyerman, J. 1052 　　哈特, R., 参见艾尔曼, J.

Hart, R. A. 893, 893n, 894–897, 901n, 903 　　哈特, R. A.

Hartley, K. 613, 752, 754, 755n, 948, 976n, 977, 1142–1144, 1149, 1150, 1155, 1169–1173, 1188, 1189, 1198 　　哈特利, K.

Hartley, K., *see* Arrowsmith, S. 1166 　　哈特利, K., 参见阿罗史密斯, S.

Hartley, K., *see* Chalmers, M. G. 951, 1161 　　哈特利, K., 参见查默斯, M. G.

Hartley, K., *see* García-Alonso, M. D. C. 950n, 953 　　哈特利, K., 参见加西亚·阿朗索, M. D. C.

Hartley, K., *see* Middleton, A. 1155 　　哈特利, K., 参见米德尔顿, A.

Hartley, K., *see* Sandler, T. 610, 642, 691n, 916, 920, 948, 1149, 1230, 1231, 1254

Hartley, K., *see* Turner, A. J. W. 1145

Hattiangadi, A. 1090, 1094

Hattori, A., *see* Fischer, D. 753n

Hausken, K. 685, 1242

Hays, P. L. 1008

Hayward, K. 1151

Heal, G. 778, 789

Heal, G., *see* Kunreuther, H. 778

Hegre, H. 641, 722, 723, 1020n, 1042, 1226, 1253

Hegre, H., *see* Collier, P. 612, 690, 700, 704, 732, 1254

Heinemann-Grüder, A. 1199

Helpman, E., *see* Grossman, G. 1024n

Hemenway, D. 1000

Henderson, E. A. 900n, 1040

Henderson, H. 753

Hensel, P. R. 1225

Herbst, J. I. 717, 721

Hermann, C. 1032n

Hermann, M. G., *see* Kegley Jr., C. W. 1052

Hermann, M. G., *see* Hermann, C. 1032n

Herring, E., *see* Buzan, B. 951

Herzog Jr., H. W., *see* Poppert, P. E. 1201

哈特利, K., 参见桑德勒, T.

哈特利, K., 参见特纳, A. J. W.

哈蒂安加迪, A.

哈托里, A., 参见费希尔, D.

豪斯肯, K.

海斯, P. L.

海沃德, K.

希尔, G.

希尔, G., 参见孔鲁瑟, G.

赫格雷, H.

赫格雷, H., 参见科利尔, P.

海涅曼·格鲁德, A.

赫尔普曼, E., 参见格罗斯曼, G.

海明威, D.

亨德森, E. A.

亨德森, H.

亨塞尔, P. R.

赫布斯特, J. I.

赫尔曼, C.

赫尔曼, M. G., 参见小凯格利, C. W.

赫尔曼, M. G., 参见赫尔曼, C.

赫林, E., 参见布赞, B.

小赫佐格, H. W., 参见波珀特, P. E.

Hess, G. D. 693n, 700, 700n, 704, 900n, 1056n

Hess, G. D., see Blomberg, S. B. 726n, 850, 861, 864, 1221

Hewitt, D. P., see Bayoumi, T. 1191

Hickson, C., see Thompson, E. A. 628, 629

Hirsch, B. 1126, 1127n

Hirsch, S., see Arad, R. W. 1042, 1064

Hirschman, A. O. 1023

Hirshleifer, J. 611, 627, 641, 642, 654–656, 656n, 662n, 665, 699n, 701, 719, 762, 918, 1030, 1242, 1251, 1254

Hirshleifer, J., see Durham, Y. 1251

Hitch, C. J. 1214

Hoeffler, A., see Collier, P. 612, 690, 700, 704, 716, 721–725, 726n, 732–735, 902n, 932–934, 937, 938, 977n, 1254

Hoffman, B. 778, 779, 807, 810, 860

Hoffman, F. 871n

Hogan, P. 1084, 1086, 1111

Hogan, P., see Mehay, S. 1109, 1110

Holsti, K. J. 1064

Holsti, O. 1061

Hooker, M. A. 1201

Hooper, N. 1199, 1202

Hooper, N., see Hartley, K. 1142, 1143

Hooper, P. 1048

Hopmann, T., see Holsti, O. 1061

赫斯, G. D.

赫斯, G. D., 参见布隆伯格, S. B.

休伊特, D. P., 参见巴尤米, T.

希克森, C., 参见汤普森, E. A.

赫希, B.

赫希, S., 参见阿拉德, R. W.

赫希曼, A. O.

赫什利弗, J.

赫什利弗, J., 参见德拉姆, Y.

希契, C. J.

赫夫勒, A., 参见科利尔, P.

霍夫曼, B.

霍夫曼, F.

霍根, P.

霍根, P., 参见梅海, S.

霍尔斯蒂, K. J.

霍尔斯蒂, O.

胡克, M. A.

胡珀, N.

胡珀, N., 参见哈特利, K.

胡珀, P.

霍普曼, T., 参见霍尔斯蒂, O.

Horowitz, A. W. 690	霍罗威茨, A. W.
Hosek, J. 1078, 1081, 1094, 1096, 1097, 1100 – 1104, 1114, 1115	霍谢克, J.
Hosek, J., see Asch, B. 1094, 1114, 1120	霍谢克, J., 参见阿施, B.
Hosek, S. 1118, 1119	霍谢克, S.
Houck, L., see Kraus, A. 1090	霍克, L., 参见克劳斯, A.
House of Commons Paper (HCP) 1141	英国下议院文件
Hudson, M. C., see Taylor, C. L. 1032n	赫德森, M. C., 参见泰勒, C. L.
Hufbauer, G. C. 869, 871, 893, 893n, 894, 896 – 898, 904n	赫夫鲍尔, G. C.
Huffman, A. 1100	霍夫曼, A.
Humphreys, M. 722	汉弗莱斯, M.
Huntington, S. P. 640, 721	亨廷顿, S. P.
Husted, T., see Hansen, M. 1111	赫斯特德, T., 参见汉森, M.
Hutchison, M., see Gibler, D. M. 915	哈钦森, M., 参见吉布列尔, D. M.
Huth, P. K. 1225	胡思, P. K.
Huth, P. K., see Russett, B. M. 727, 730	胡思, P. K., 参见拉西特, B. M.
Ihori, T. 643	伊霍里, T.
Imbens, G. 1126	因本斯, G.
Ingram, P. 951	英格拉姆, P.
International Institute for Strategic Studies (IISS) 977n	国际战略研究所 [英]
International Policy Institute for Counterterrorism 824, 828	国际反恐怖主义政策研究所
Intriligator, M. D. 620, 915, 917, 920, 1189, 1215, 1229, 1232, 1253	英特利盖特, M. D.
Intriligator, M. D., see Brito, D. L. 617, 670, 677, 915, 923, 960, 1009	英特利盖特, M. D., 参见布里托, D. L.

Isard, W. 753n, 1189, 1213, 1215, 1223, 1228, 1254 伊萨尔德, W.

Isbister, R., see Ingram, P. 951 伊斯比斯特, R., 参见英格拉姆, P.

Isham, C., see Gerges, F. A. 840 艾沙姆, C., 参见盖尔盖斯, F. A.

Jaggers, K. 1040 贾格尔斯, K.

Jalalighajar, M., see Willett, T. D. 902n 贾拉利加扎尔, M., 参见威利特, T. D.

James, P. 899n 詹姆斯, P.

Jauhiainen, J. S. 1200, 1201 尧西艾宁, J. S.

Jehiel, P. 1009 热耶尔, P.

Jehn, C. 1120, 1121, 1129, 1130 耶恩, C.

Jia, H. 656 希亚, H.

Jing, C. 893n, 895–898 英, C.

Johansen, S. 926 约翰森, S.

Johnson, K., see Hooper, P. 1048 约翰逊, K., 参见胡珀, P.

Johnson, R., see Asch, B. 1094, 1116 约翰逊, R., 参见阿施, B.

Johnson, S. H., see Acemoglu, D. 704, 905n, 1021 约翰逊, S. H., 参见阿塞莫勒, D.

Jondrow, J., see Junor, L. 1106, 1107 容德劳, J., 参见朱诺, L.

Jones, D. M. 1219 琼斯, D. M.

Junor, L. 1106, 1107 朱诺, L.

Kaempfer, W. H. 869n, 872, 875, 875n, 876, 876n, 877n, 878, 879n, 883n, 886, 886n, 888, 888n, 889, 890n, 893n, 900n 肯普弗, W. H.

Kaempfer, W. H., see Jing, C. 893n, 895–898 肯普弗, W. H., 参见英, C.

Kaempfer, W. H., see Lowenberg, A. D. 877n, 878, 879n 肯普弗, W. H., 参见洛文伯格, A. D.

Kahn, H. 636 卡恩, H.

Kahn, M., see Goldstein, M. 1049

Kammler, H. 755n
Kane, T. 1127
Kang, H., see Reuveny, R. 1043, 1043n, 1046, 1058
Kant, I. 627, 1023, 1051, 1054
Kapstein, E. B. 1201
Kapur, K., see Buddin, R. 1096

Kapur, K., see Elliott, M. 1095

Kavanagh, J. 1106n, 1107
Kavanagh, J., see Hosek, J. 1096, 1097, 1100

Kay, A. F., see Henderson, H. 753

Keely, C. B. 727
Keenan, J., see DiTrapani, A. 1108

Kegley Jr., C. W. 1032n, 1052
Kelley, M. R. 1186, 1194, 1196
Kelley, M. R., see Watkins, T. A. 1158

Kennedy, G. 985
Keshk, O. 1042
Keynes, J. M. 1021
Khakee, A. 996
Khan, A., see Mack, A. 869n, 870

Khanna, J. 754 – 759, 761
Kilburn, M. R. 1081
Kilburn, M. R., see Arkes, J. 1091

卡恩,M.,
 参见戈尔茨坦,J. S.
卡姆勒,H.
甘,T.
康,H.,
 参见鲁文尼,R.
康德,I.
卡普斯坦,E. B.
卡普尔,K.,
 参见布丁,R.
卡普尔,K.,
 参见埃利奥特,M.
卡瓦纳,J.
卡瓦纳,J.,
 参见霍谢克,J.
凯,A. F.,
 参见亨德森,H.
基利,C. B.
基南,J.,
 参见迪特拉帕尼,A.
小凯格利,C. W.
凯利,M. R.
凯利,M. R.,
 参见沃特金斯,T. A.
肯尼迪,G.
克什克,O.
凯恩斯,J. M.
哈基,A.
坎,A.,
 参见麦克,A.
康纳,J.
基尔伯恩,M. R.
基尔伯恩,M. R.,
 参见阿尔克斯,J.

Kilburn, M. R., see Asch, B. 1090

Kilburn, R. 1081

Killicoat, P. 996, 997

Kim, C. H. 1061

Kim, H. 1125

Kim, M., see Duffy, J. 1251

Kim, M., see Grossman, H. I. 627, 629, 657, 662n, 663n, 699n, 1242, 1245, 1251

Kim, M. K., see Polachek, S. W. 1046n

Kim, S. Y. 1042

King, G. 1034, 1038

King, J., see Siverson, R. M. 1061

Kingma, K. 1200

Kinsella, D. 943n, 950n, 951, 1052

Kirkpatrick, D. L. 948n, 1152, 1153

Kirshner, J. 869n, 888n

Kirsten, A. 1001

Kiss, J. 1195

Klare, M. T. 685

Klein, H. 948, 968

Klein, L. R. 753, 754, 1189

Kleinman, S. 1108

Klerman, J. 1102

Klerman, J., see Asch, B. 1090, 1112, 1113, 1116, 1120

Klerman, J., see Kilburn, R. 1081

Kleykamp, M., see Asch, B. 1090, 1112, 1113, 1116, 1120

基尔伯恩, M. R., 参见阿施, B.

基尔伯恩, R.

基利科特, P.

金, C. H.

金, H.

金, M., 参见达菲, J.

金, M., 参见格罗斯曼, H. I.

金, M. K., 参见波拉切克, S. W.

金, S. Y.

金, G.

金, J., 参见西韦松, R. M.

金马, K.

金塞拉, D.

柯克帕特里克, D. L.

柯什纳, J.

科尔斯腾, A.

基斯, J.

克拉雷, M. T.

克莱因, H.

克莱因, L. R.

克兰曼, S.

克勒曼, J.

克勒曼, J., 参见阿施, B.

克勒曼, J., 参见基尔伯恩, R.

克利坎普, M., 参见阿施, B.

Knetter, M., see Hooker, M. A. 1201	克内特，M.，参见胡克，M. A.
Knight, M. 1191	奈特，M.
Koch, M. T., see Bueno de Mesquita, B. 1057	考克，M. T.，参见布埃诺·德梅斯基塔，B.
Konrad, K. A. 627, 655, 670n, 702, 703	康拉德，K. A.
Konrad, K. A., see Bester, H. 678n	康拉德，K. A.，参见贝斯特尔，H.
Koopmans, T. C., see Samuelson, P. A. 915n	库普曼斯，T. C.，参见塞缪尔森，P. A.
Kopte, S. 1202	科普特，S.
Kostner, M., see Colletta, N. J. 1200	科斯特纳，M.，参见科莱塔，N. J.
Koubi, V. 1009, 1010, 1010n, 1221	库比，V.
Kovacic, W. E., see Burnett, W. B. 1151	科瓦契奇，W. E.，参见伯内特，W. B.
Kraus, A. 1089, 1090, 1096	克劳斯，A.
Krause, K. 987	克劳斯，K.
Krueger, A. B. 860	克鲁格，A. B.
Krugman, P. 1030	克鲁格曼，P.
Kulve, H. 948, 968	库尔韦，H.
Kunreuther, H. 778	孔鲁瑟，G.
Kunreuther, H., see Heal, G. 778, 789	孔鲁瑟，G.，参见希尔，G.
Kuran, T. 714, 720, 887n	库兰，T.
Kutan, A. M., see Drakos, K. 856	库兰，A. M.，参见德拉科斯，K.
Kutsoati, E., see Amegashie, J. A. 764	库特索阿迪，E.，参见阿梅加希，J. A.
La Porta, R. 905n	拉·波特，R.
Lacina, B. 716, 717	拉齐纳，B.
Lacy, D. 891, 895	莱西，D.
Laffont, J. J. 956n, 1148, 1162, 1166	拉丰特，J. J.

Laitin, D., *see* Fearon, J. D. 713, 721, 723

Lake, D. 1054

Lakhani, H. 1199

Lalman, D., *see* Bueno de Mesquita, B. 1054

Lam, S. L. 892n, 893, 893n, 896, 897

Lamb, G., *see* Dunne, J. P. 987

Lamoreaux, D., *see* Cardell, S. 1118

Lanchester, F. 620, 1236

Landes, W. M. 798

Langford, R. E. 1003

Lapan, H. E. 779, 781, 782, 803, 806, 807, 810

Lapan, H. E., *see* Sandler, T. 781, 789, 793, 811

Larsen, J. A., *see* Croddy, E. A. 1003

Lau, M. 1125

Laurance, E. J. 994, 1181

Laurance, E. J., *see* Godnick, W. 994

Lavoy, P. 1003

Leander, A. 994

Leary, M. C., *see* Markusen, A. R. 987, 1198

Lebovic, J. H. 919

Lee, D. R. 781, 793

Lee, G., *see* Hattiangadi, A. 1090, 1094

Lee, J. 699n, 700

莱廷, D., 参见费伦, J. D.

莱克, D.

拉哈尼, H.

拉尔曼, D., 参见布埃诺·德梅斯基塔, B.

拉姆, S. L.

兰姆, G., 参见邓恩, J. P.

拉莫雷奥, D., 参见卡德尔, S.

兰彻斯特, F.

兰德斯, W. M.

兰福德, R. E.

拉潘, H. E.

拉潘, H. E., 参见桑德勒, T.

拉森, J. A., 参见克罗蒂, E. A.

劳, M.

劳伦斯, E. J.

劳伦斯, E. J., 参见戈德尼克, W.

拉沃伊, P.

利安德, A.

利里, 参见马尔库森, A. R.

莱博维奇, J. H.

李, D. R.

李, G., 参见哈蒂安加迪, A.

李, J.

Lee, S., *see* Baik, K. H. 693	李，S.， 参见鲍伊克，K. H.
Lehman, J. A., *see* Kaempfer, W. H. 886n	莱曼，J. A.， 参见肯普弗，W. H.
Leibbrandt, M. V., *see* Dollery, B. E. 875n	莱布兰特，M. V.， 参见多莱里，B. E.
Leitzel, J. 892	莱茨尔，J.
Lektzian, D. 899, 900, 900n, 901, 901n, 902n, 903	莱克奇安，D.
Lessing, B. 1001	莱辛，B.
Levine, P. 920, 922, 948, 953, 954, 954n, 955, 957, 959, 960, 960n, 962, 963, 970, 1160	莱文，P.
Levine, P., *see* Brauer, J. 955	莱文，P.， 参见布劳尔，J.
Levine, P., *see* Dunne, J. P. 918, 948, 949, 953–957, 963, 966, 967	莱文，P.， 参见邓恩，J. P.
Levine, P., *see* García-Alonso, M. D. C. 953, 954, 956, 977, 982, 983, 989	莱文，P.，参见 加西亚·阿朗索，M. D. C.
Levine, P., *see* Sandler, T. 953, 962	莱文，P.， 参见桑德勒，T.
Levine, P., *see* Smith, R. P. 951, 953	莱文，P.， 参见史密斯，R. P.
Levitt, M. 800	莱维特，M.
Levitt, S. D. 737	莱维特，S. D.
Levy, D., *see* Buddin, R. 1102	利维，D.， 参见布丁，R.
Levy, D., *see* Schirmer, P. 1115	利维，D.， 参见席尔莫，P.
Levy, G. 1056n	利维，G.
Levy, J. S. 1031, 1052	利维，J. S.
Levy, J. S., *see* Barbieri, K. 1042	利维，J. S.， 参见巴比里，K.
Lewer, N. 977n	卢尔，N.
Lewis, D. A. 980	刘易斯，D. A.

Leyton-Brown, D. 870, 870n, 894, 894n 莱顿·布朗, D.
Li, Q. 779, 860, 1253 利, Q.
Li, Q., see Gartzke, E. 1042 利, Q., 参见加尔茨克, E.
Li, Q., see Reuveny, R. 899n 利, Q., 参见鲁文尼, R.
Lichtenberg, F. 1193 利希腾贝格, F.
Lien, D., see Golfin, P. 1111 利恩, D., 参见戈尔菲恩, P.
Lien, D., see Kraus, A. 1096 利恩, D., 参见克劳斯, A.
Lim, N., see Harrell, M. 1103, 1104 利姆, N., 参见哈勒尔, M.
Lindgren, G., see Gleditsch, N. P. 1195 林格伦, G., 参见格莱迪奇, N. P.
Lipetz, M., see Scodel, A. 1248 利佩茨, M., 参见斯科德尔, A.
Liston-Heyes, C. 1161 利斯顿·海斯, C.
Little, R., see Payne, D. 1103, 1104 利特尔, R., 参见佩恩, D.
Liu, P., see Seiglie, C. 925 利乌, P., 参见西格利, C.
Lo, F., see Klein, L. R. 1189 洛, F., 参见克莱因, L. R.
Loayza, D., see Knight, M. 1191 洛艾斯, D., 参见奈特, M.
Lopez, G. A. 871n, 888n 洛佩斯, G. A.
Lopez, G. A., see Cortright, D. 871n, 888n, 902, 903 洛佩斯, G. A., 参见科特赖特, D.
Lopez-de-Silanes, F., see La Porta, R. 905n 洛佩斯·德西拉内斯, F., 参见拉·波特, R.
Loughran, D. 1118, 1199 洛克伦, D.
Loughran, D., see Asch, B. 1090, 1112, 1113, 1116, 1120 洛克伦, D., 参见阿施, B.

Loughran, D., see Klerman, J. 1102

Lowe, W., see King, G. 1034, 1038

Lowenberg, A. D. 877n, 878, 879n
Lowenberg, A. D., see Jing, C. 893n, 895–898

Lowenberg, A. D., see Kaempfer, W. H. 869n, 872, 875, 875n, 876, 876n, 877n, 878, 879n, 883n, 886, 886n, 888, 888n, 889, 890n, 893n, 900n

Luce, R. D. 655, 1248
Ludwig, J., see Cook, P. 1000

Lujala, P. 722
Lund, M. S. 1221–1223
Lundahl, M., see Findlay, R. 887n

Lundborg, P. 870
Lundquist, J. T. 1190, 1194
Lynn-Jones, S. M. 1240
MacCulloch, R., see Pezzini, S. 722

Mack, A. 869n, 870
Mackie, C., see Hogan, P. 1084, 1086

Mackin, P. 1118
Mackin, P., see Hogan, P. 1084, 1086, 1111

MacMillan, J. 1057n
Maheswhari, S. 987n
Major, S. 888n, 900
Maleckova, J., see Krueger, A. B. 860

洛克伦, D., 参见克勒曼, J.

洛, 参见金, G.

洛文伯格, A. D.
洛文伯格, A. D., 参见英, C.

洛文伯格, A. D., 参见肯普弗, W. H.

卢斯, R. D.
路德维格, J., 参见库克, P.

卢亚拉, P.
伦德, M. S.
伦达尔, M., 参见芬德利, R.

伦德伯格, P.
伦德奎斯特, J. T.
林恩·琼斯, S. M.
麦卡洛克, R., 参见佩齐尼, S.

麦克, A.
麦凯, C., 参见霍根, P.

麦金, P.
麦金, P., 参见霍根, P.

麦克米伦, J.
马赫斯瓦里, S.
梅杰, S.
马莱奇科瓦, J., 参见克鲁格, A. B.

Malkin, J., see Dardia, M. 1200

Mampaey, L., see Jauhiainen, J. S. 1200, 1201

Mansfield, E. D. 1022, 1022n, 1042, 1063

Mantin, B. 955, 957, 1147

Maoz, Z. 1052, 1054

Maoz, Z., see Gochman, C. S. 1032

Maoz, Z., see Oneal, J. R. 1042

Marcouiller, D., see Anderson, J. E. 685, 1242

Marcus, A., see Cooke, T. 1101

Marinov, N. 902n

Markose, S. M. 917, 938

Markowski, S. 988

Markusen, A. R. 943n, 950, 975, 985, 987, 988, 1147, 1185, 1188, 1190, 1194–1196, 1198, 1201, 1202

Markusen, A. R., see Brzoska, M. 1201, 1202

Marlin, J. T., see Brauer, J. 1181, 1189

Marlowe, D., see Minas, J. S. 1248

Marquez, J. 1048–1050

Marquez, J., see Hooper, P. 1048

Marshall, M., see Gurr, T. R. 722

Martin, C., see Asch, B. 1114

马尔金，J.，
参见达尔迪亚，M.

曼佩，L.，
参见尧西艾宁，J. S.

曼斯菲尔德，E. D.

曼廷，B.

毛兹，Z.

毛兹，Z.，
参见戈赫曼，C. S.

毛兹，Z.，
参见奥尼尔，J. R.

马库伊勒，D.，
参见安德森，J. E.

马库斯，A.，
参见库克，T.

马里诺夫，N.

马科斯，S. M.

马尔科夫斯基，S.

马尔库森，A. R.

马尔库森，A. R.，
参见布若斯卡，M.

马林，J. T.，
参见布劳尔，J.

马洛，D.，
参见米纳斯，J. S.

马克斯，J.

马克斯，J.，
参见胡珀，P.

马歇尔，M.，
参见格尔，T. R.

马丁，C.，
参见阿施，B.

Martin, C. , see Hosek, J. 1094, 1103, 1104, 1114, 1115	马丁，C. ，参见霍谢克，J.
Martin, C. , see Klerman, J. 1102	马丁，C. ，参见克勒曼，J.
Martin, L. L. 894, 894n, 1063	马丁，L. L.
Martin, P. 1024n, 1042	马丁，P.
Martin, S. 951	马丁，S.
Marwah, K. , see Klein, L. R. 753, 754	马尔瓦，K. ，参见克莱因，H.
Mashike, L. , see Kirsten, A. 1001	马希克，L. ，参见科尔斯腾，A.
Maskin, E. , see Fudenberg, D. 1230	马斯金，E. ，参见富登伯格，D.
Massoud, T. G. 1228	马苏德，T. G.
Mastanduno, M. 1063	马斯坦托诺，M.
Mateou, N. H. , see Andreou, A. S. 916	马特奥，N. H. ，参见安德烈乌，A. S.
Matshedisho, K. R. , see Kirsten, A. 1001	马切迪舍，K. R. ，参见科尔斯腾，A.
Matthews, R. , see Hartley, K. 1142	马修斯，R. ，参见哈特利，K.
Mattock, M. , see Hosek, J. 1094, 1096, 1103, 1104, 1114, 1115	马托克，M. ，参见霍谢克，J.
Maxwell, J. W. , see Reuveny, R. 701n	马克斯韦尔，J. W. ，参见鲁文尼，R.
Mayall, J. 870	梅奥尔，J.
Mayer, T. , see Martin, P. 1024n, 1042	迈耶，T. ，参见马丁，P.
McBride, M. 678n	麦克布赖德，M.
McCall, J. , see Gotz, G. 1092	麦考尔，J. ，参见戈茨，G.
McCarthy, K. , see Dardia, M. 1200	麦卡锡，K. ，参见达尔迪亚，M.
McClelland, C. 1032	麦克莱兰，C.

McDonald, J. A. , see Polachek, S. W. 1047n, 1048 - 1050, 1058	麦克唐纳, J. A. , 参见波拉切克, S. W.
McDonald, L. 730	麦克唐纳, L.
McDonald, L. , see Murray, M. 1084 - 1086	麦克唐纳, L. , 参见默里, M.
McDonald, L. , see Orvis, B. 1089	麦克唐纳, L. , 参见奥维斯, B.
McDonald, P. 1042	麦克唐纳, P.
McFadden, D. L. 656n	麦克法登, D. L.
McGann, A. J. , see Major, S. 888n, 900	麦甘恩, A. J. , 参见梅杰, S.
McGillivray, F. 899, 900, 900n	麦吉利夫雷, F.
McGuire, M. C. 627, 628, 642, 644, 702, 917, 1215, 1229, 1234	麦圭尔, M. C.
McGuire, M. C. , see Ihori, T. 643	麦圭尔, M. C. , 参见伊霍里, T.
McKean, R. N. , see Hitch, C. J. 1214	麦基恩, R. N. , 参见希契, C. J.
McKibbin, W. J. , see Klein, L. R. 1189	麦基宾, W. J. , 参见克莱因, H.
McMillan, S. 1022n	麦克米伦, S.
McNamara, R. S. 610, 752	麦克拉马拉, R. S.
Mehay, S. 1109, 1110	梅海, S.
Mehay, S. , see Hirsch, B. 1126, 1127n	梅海, S. , 参见赫希, B.
Mehlum, H. 662n, 690	梅勒姆, H.
Melman, S. 1180, 1181	梅尔曼, S.
Melnick, R. , see Eldor, R. 858	梅尔尼克, R. , 参见埃尔多尔, R.
Mendez, R. P. 753	门德斯, R. P.
Mendoza, J. , see Grossman, H. I. 627	门多萨, J. , 参见格罗斯曼, H. I.
Mertens, W. , see Kaempfer, W. H. 889	梅尔腾斯, W. , 参见肯普弗, W. H.

Mesnard, A., *see* Azam, J.-P. 677	梅纳尔, A., 参见阿藏, J.-P.
Mian, Z. 1003	米安, Z.
Mickolus, E. F. 799, 818	米茨科鲁斯, E. F.
Middleton, A. 1155	米德尔顿, A.
Miers, A. C. 893n	迈尔斯, A. C.
Miers, A. C., *see* Morgan, T. C. 894, 895	迈尔斯, A. C., 参见摩根, T. C.
Miguel, E. 721	米格尔, E.
Mihalka, M., *see* Alexander, A. J. 983, 989	米哈尔卡, M., 参见亚历山大, A. J.
Milgrom, P. 667	米尔格龙, P.
Millar, A., *see* Cortright, D. 888n	米勒, A., 参见科特赖特, D.
Miller, L., *see* Hosek, J. 1097, 1100	米勒, L., 参见霍谢克, J.
Minas, J. S. 1248	米纳斯, J. S.
Minas, J. S., *see* Scodel, A. 1248	米纳斯, J. S., 参见斯科德尔, A.
Ministry of Defence (MoD) 1141, 1145	国防部 (MoD)
Mintz, A. 1052	明茨, A.
Miyagawa, M. 893, 894, 894n	米亚贾瓦, M.
Mo, J., *see* Dorussen, H. 891n	莫, J., 参见多鲁森, H
Moaz, Z., *see* Gochman, C. S. 1219	莫兹, Z., 参见戈赫曼, C. S.
Moene, K., *see* Mehlum, H. 662n, 690	莫尼, K., 参见梅勒姆, H.
Moffett, M. H., *see* Kaempfer, W. H. 877n	莫菲特, M. H., 参见肯普弗, W. H.
Moffit, R., *see* Daula, T. 1094	莫菲特, R., 参见道拉, T.
Mohammed, N. A. L. 1221	穆罕默德, N. A. L.

Moldovanu, B., see Jehiel, P. 1009

Monroe, A., see Hansen, M. 1108

Monsen, R. J., see Russett, B. M. 1051

Moore, C. 1108 – 1110
Morga, A., see García-Alonso, M. D. C. 956

Morgan, T. C. 875n, 888, 892n, 894, 895, 903, 1052, 1054
Morgan, T. C., see Miers, A. C. 893n

Morgan, T. C., see Palmer, G. 903

Morrison, A. 752, 753
Morrow, J. D. 1030, 1061
Morrow, J. D., see Bueno de Mesquita, B. 899

Moselle, B. 702
Mouhleb, N., see Gleditsch, N. P. 1195

Mousseau, M. 898n, 899n, 1052, 1057
Mouzakis, F. 955
Mouzakis, F., see Levine, P. 948, 955, 960, 963

Mueller, D. 643
Muggah, R. 1001
Muggah, R., see Brauer, J. 1000n, 1002

Muggah, R., see Nelson, C. 1001

Mulligan, C. 1122n, 1123, 1124n, 1125
Murdoch, J. C. 609, 726n, 915, 923, 933, 1221

莫尔多瓦努, B., 参见热耶尔, P.

门罗, A., 参见汉森, M.

蒙森, R. J., 参见拉西特, B. M.

穆尔, C.
莫尔加, A., 参见加西亚·阿朗索, M. D. C.

摩根, T. C.

摩根, T. C., 参见迈尔斯, A. C.

摩根, T. C., 参见帕尔默, G.

莫里森, A.
莫罗, J. D.
莫罗, J. D., 参见布埃诺·德梅斯基塔, B.

莫塞勒, B.
穆赫莱布, N., 参见格莱迪奇, N. P.

穆索, M.
穆扎基斯, F.
穆扎基斯, F., 参见莱文, P.

米勒, D.
穆加, R.
穆加, R., 参见布劳尔, J.

穆加, R., 参见纳尔逊, C.

马利根, C.
默多克, J. C.

Murdoch, J. C., see Sandler, T. 755n 默多克, J. C., 参见桑德勒, T.

Murdock, J. M., see Mickolus, E. F. 799, 818 默多克, J. C., 参见米茨科鲁斯, E. F.

Murray, M. 1084 – 1086 默里, M.

Murshed, S. M., see Addison, T. 724 穆尔希德, S. M., 参见艾迪生, T.

Mussington, D. 995 穆辛顿, D.

Muthoo, A. 674 穆托, A.

Nalebuff, B. 637 纳尔布夫, B.

National Audit Office (NAO) 950n, 1152, 1157, 1158, 1173 国家审计署

National Memorial Institute for the Prevention of Terrorism 824 美国国家防止恐怖主义纪念协会

NATO 609, 619 北大西洋公约组织

Navarro, P. 849 纳瓦罗, P.

Neal, L. 634 尼尔, L.

Neary, H. M. 663n 内亚里, H. M.

Negrusa, S., see Warner, J. 1121 – 1123, 1123n 内格鲁沙, S., 参见沃纳, J.

Nelson, C. 1001 纳尔逊, C.

Nguyen, T. H. 1006 源, T. H.

Nikolaidou, E., see Dunne, J. P. 927 尼古拉多, E., 参见邓恩, J. P.

Nikolaidou, E., see Smith, R. P. 915 尼古拉多, E., 参见史密斯, R. P.

Nincic, M. 894 宁契奇, M.

Niou, E. M. S. 693n 尼乌, E. M. S.

Niou, E. M. S., see Lacy, D. 891, 895 尼乌, E. M. S., 参见莱西, D.

Nitsch, V. 857, 864, 1221 尼奇, V.

Nitzan, S. 655, 659 尼灿, S.

Njolstad, O., see Gleditsch, N. P. 915 恩约尔斯达德, O., 参见格莱迪奇, N. P.

Noh, S. J. 691, 692n, 693, 698	内, S. J.
Noh, S. J. , see Grossman, H. I. 702	内, S. J. , 参见格罗斯曼, H. I.
Nooruddin, I. 894, 895, 895n, 896, 897, 901, 902, 902n, 903	努尔丁, I.
Nordhaus, W. 640	诺德豪斯, W.
North, D. C. 704	诺思, D. C.
Nossal, K. R. 871n, 902, 903	诺萨尔, K. R.
Nye, J. S. 1058	奈, J. S.
Ocal, N. 927	奥贾尔, N.
Oden, M. D. 1196, 1202, 1204	奥登, M. D.
Oden, M. D. , see Markusen, A. R. 1201, 1202	奥登, M. D. , 参见马尔库森, A. R.
Oi, J. , see Junor, L. 1106, 1107	维, J. , 参见朱诺, L.
Oken, C. 1088	奥肯, C.
Oliveros, S. , see Bier, V. 793	奥利韦罗斯, S. , 参见比尔, V.
Olson, M. 627, 633, 691, 691n, 881, 1215	奥尔森, M.
Olson, M. , see McGuire, M. C. 627, 702	奥尔森, M. , 参见麦圭尔, M. C.
Omond, R. , see Hanlon, J. 888n	奥蒙, R. , 参见汉隆, J.
Omori, S. , see Bearce, D. H. 1042	奥莫利, S. , 参见贝尔斯, D. H.
Oneal, F. H. , see Oneal, J. R. 1042	奥尼尔, F. H. , 参见奥尼尔, J. R.
Oneal, J. R. 898n, 1040, 1042, 1227	奥尼尔, J. R.
Oneal, J. R. , see Russett, B. M. 898n, 1057, 1227, 1242	奥尼尔, J. R. , 参见拉西特, B. M.
O'Neill, B. 637	奥尼尔, B.
Organization for Economic Cooperation and Development (OECD) 1154	经济合作与开发组织

Orme, B., *see* Kraus, A. 1096	奥姆，B.， 参见克劳斯，A.
Orphanides, A., *see* Blomberg, S. B. 850, 864	奥法奈兹，A.， 参见布隆伯格，S. B.
Orphanides, A., *see* Hess, G. D. 693n, 900n	奥法奈兹，A.， 参见赫斯，G. D.
Orr, R. M. 1064	奥尔，R. M.
Orvis, B. 1089	奥维斯，B.
Osborne, M. J. 674	奥斯本，M. J.
O'Sullivan, M. L. 871n	沙利文，M. L.
Overgaard, P. B. 779, 782, 806, 807	奥弗高，P. B.
Paarlberg, R. 894	帕尔伯格，R.
Palmer, G. 903	帕尔默，G.
Palmer, G., *see* Ghosn, F. 1220	帕尔默，G.， 参见戈森，F.
Palmer, G., *see* Morgan, T. C. 903	帕尔默，G.， 参见摩根，T. C.
Palmer, G., *see* Partell, P. J. 901n	帕尔默，G.， 参见帕特尔，P. J.
Panofsky, W. 950n	帕诺夫斯基，W.
Pape, R. A. 871, 902, 902n, 903	佩普，R. A.
Parai, L. 753, 768	帕劳伊，L.
Pardos, E., *see* Gadea, M. D. 936	帕尔多斯，E.， 参见加德亚，M. D.
Parise, G. F., *see* Enders, W. 855, 856n	帕里塞，G. F.， 参见恩德斯，W.
Partell, P. J. 901n	帕特尔，P. J.
Patel, B. 1203	帕特尔，B.
Pauwels, N. 1199, 1200	保韦尔斯，N.
Payne, D. 1103, 1104	佩恩，D.
Payne, D., *see* Warner, J. 1080, 1082, 1084–1086, 1088	佩恩，D.， 参见沃纳，J.
Peltzman, S. 879n, 882	佩尔茨曼，S.

Penubarti, R. M., see Cederman, L. E. 1052

Perez-Forniez, C., see Gadea, M. D. 936

Perlo-Freeman, S. 980n
Perlo-Freeman, S., see Dunne, J. P. 934, 936

Perron, P., see Bai, J. 842, 843

Pesaran, M. H. 916, 934, 936
Pessoa, S. D., see Barelli, P. 699, 699n

Peterson, C., see Hosek, J. 1081, 1094

Pevehouse, J., see Mansfield, E. D. 1042

Pezzini, S. 722
Pilisuk, M. 1248, 1249
Pindyck, R. S., see Dixit, A. K. 963n

Pleeter, S., see Warner, J. 1109, 1110

Polachek, S. W. 627, 1020n, 1021n, 1024n, 1033, 1041–1043, 1043n, 1046, 1046n, 1047, 1047n, 1048–1050, 1051n, 1053, 1054, 1058, 1059, 1060, 1061n, 1227, 1253
Polachek, S. W., see Gasiorowski, M. 1043, 1043n, 1044, 1045
Polak, B., see Moselle, B. 702

Polich, M. 1087
Pollins, B. M. 1042

佩努巴蒂, R. M.,
　参见塞德曼, L. E.
佩雷斯·福尼兹, C.,
　参见加德亚, M. D.
珀洛·弗里曼, S.
珀洛·弗里曼, S.,
　参见邓恩, J. P.
佩龙, P.,
　参见贝, J.
佩萨兰, M. H.
佩索阿, S. D.,
　参见巴雷利, P.
彼得森, C.,
　参见霍谢克, J.
佩弗豪斯, J.,
　参见曼斯菲尔德, E. D.
佩齐尼, S.
皮利苏克, M.
平代克, R. S.,
　参见迪克西, A. K.
普莱特, S.,
　参见沃纳, J.

波拉切克, S. W.
波拉切克, S. W.,
　参见贡肖洛夫斯基, M.
波拉克, B.,
　参见莫塞勒, B.
波利克, M.
波林斯, B. M.

Pollins, B. M., *see* Keshk, O. 1042

Pollins, B. M., *see* Mansfield, E. D. 1022, 1022n

Poppert, P. E. 1201

Porter, R. C. 878, 885n

Potter, P., *see* Pilisuk, M. 1248

Poutvaara, P., *see* Lau, M. 1125

Powell, R. 676, 678, 1061

Press, J., *see* Polich, M. 1087

Pugh, G. E. 645

Pugh, P. G. 1152, 1153

Quester, A. O., *see* Cookc, T. 1101

Quester, A. O., *see* Hattiangadi, A. 1090, 1094

Radcliff, B., *see* Dashti-Gibson, J. 888n, 893, 894, 896–898

Raiffa, H. 1228, 1254

Raiffa, H., *see* Luce, R. D. 1248

Rajan, R. G. 667

Rapoport, A. 1248

Rapoport, A., *see* Pilisuk, M. 1248, 1249

Ratoosh, P., *see* Scodel, A. 1248

Rawson, H., *see* Minas, J. S. 1248

Ray, D. 698

波林斯,B. M.,参见克什克,O.

波林斯,B. M.,参见曼斯菲尔德,E. D.

波珀特,P. E.

波特,R. C.

波特,P.,参见皮利苏克,M.

普特瓦拉,P.,参见劳,M.

鲍威尔,R.

普雷斯,J.,参见波利克,M.

皮尤,G. E.

皮尤,P. G.

奎斯特,A. O.,参见库克,T.

奎斯特,A. O.,参见哈蒂安加迪,A.

拉德克利夫,B.,参见达什蒂·吉布森,J.

赖法,H.

赖法,H.,参见卢斯,R. D.

拉詹,R. G.

拉波波特,A.

拉波波特,A.,参见皮利苏克,M.

拉图什,P.,参见斯科德尔,A.

罗森,H.,参见米纳斯,J. S.

雷,D.

Ray, D., *see* Esteban, J. M. 660n, 662n, 696n

Ray, J. L. 1052

Ray, J. L., *see* Oneal, J. R. 1042

Rayome, D. 1058n

Razin, R., *see* Levy, G. 1056n

Razzolini, L., *see* Basuchoudhary, A. 810

Reed, H. E., *see* Keely, C. B. 727

Reese, D., *see* Hansen, M. 1088

Regan, P. M. 718n, 764, 765

Reid, J., *see* Middleton, A. 1155

Reiter, D. 918, 938

Renner, M. 1181, 1202

Renwick, R. 870, 870n, 894n

Reppy, J. 1204

Reuveny, R. 701n, 899n, 1022n, 1043, 1043n, 1046, 1058

Reuveny, R., *see* Keshk, O. 1042

Review Board 1171

Reynal-Querol, M. 722, 723n

Reynal-Querol, M., *see* Collier, P. 612, 690, 700, 704, 732, 1254

Ricardo, D. 1029

Richards, D., *see* Cingranelli, D. 730

Richardson, L. F. 620, 920, 924, 1031, 1213, 1215, 1223, 1229, 1231, 1234, 1252, 1253

雷, D., 参见埃斯特班, J. M.

雷, J. L.

雷, J. L., 参见奥尼尔, J. R.

拉约梅, D.

拉津, R., 参见利维, G.

拉佐利尼, L., 参见巴苏乔杜里, A.

里德, H. E., 参见基利, C. B.

里斯, D., 参见汉森, M.

里甘, P. M.

里德, 参见米德尔顿, A.

赖特, D.

伦纳, M.

伦威克, R.

雷派, J.

鲁文尼, R.

鲁文尼, R., 参见克什克, O.

检查委员会

雷纳尔·克罗尔, M.

雷纳尔·克罗尔, M., 参见科利尔, P.

里卡多, D.

理查兹, D., 参见钦戈拉内利, D.

理查森, L. F.

Richardson, N. R. 1064	理查森，N. R.
Rider, R. 685, 1242	里德尔，R.
Rider, T. J., see Gibler, D. M. 915	里德尔，T. J.，参见吉布列尔，D. M.
Riis, C., see Clark, D. J. 657	里斯，C.，参见克拉克，D. J.
Riley, J., see Hirshleifer, J. 656	赖利，J.，参见赫什利弗，J.
Robbins, L. 1024n	罗宾斯，L
Robinson, J. A. 702, 722	鲁滨逊，J. A.
Robinson, J. A., see Acemoglu, D. 704, 905n, 1021	鲁滨逊，J. A.，参见阿塞莫勒，D.
Robson, A. J. 916	罗布森，A. J.
Robst, J., see Polachek, S. W. 1020n, 1051n	罗布斯特，J.，参见波拉切克，S. W.
Rodrik, D. 905n	罗德里克，D.
Roemer, J. E. 719	罗默，J. E.
Rogers, E. S. 871n	罗杰斯，E. S.
Rogers, E. S., see Cortright, D. 888n	罗杰斯，E. S.，参见科特赖特，D.
Romley, J., see Asch, B. 1112	罗姆利，J.，参见阿施，B.
Ronfeldt, D., see Arquilla, J. 779	龙费尔特，D.，参见阿尔奎拉，J.
Rosato, S. 900n, 1057	罗萨托，S.
Rosen, S. 1078, 1089	罗森，S.
Rosendorff, B. P. 638, 641, 704, 782, 788, 789	罗森多夫，B. P.
Rosh, R. M. 932	罗什，R. M.
Ross, M. 724	罗斯，M.
Rostker, B. 1115	罗斯特克尔，B.
Rotte, R. 918	罗特，R.
Rousseau, J. J. 1023	鲁莱，J. J.
Rowe, D. M. 876n	罗，D. M.

Rowlands, D., *see* Carment, D. 762　　罗兰兹, D., 参见卡芒, D.

Royalty, A. 1119　　罗亚尔蒂, A.

Rubinstein, A., *see* Osborne, M. J. 674　　鲁宾斯坦, A., 参见奥斯本, M. J.

Rummel, R. J. 1032n, 1051, 1054　　拉梅尔, R. J.

Rupert, M. C., *see* Bayer, R. 1221　　鲁珀特, M. C., 参见拜尔, R.

Russett, B. M. 727, 730, 898n, 1042, 1051, 1052, 1054, 1057, 1227, 1242　　拉西特, B. M.

Russett, B. M., *see* Ember, C. 1052　　拉西特, B. M., 参见恩贝尔, C.

Russett, B. M., *see* Maoz, Z. 1052, 1054　　拉西特, B. M., 参见毛兹, Z.

Russett, B. M., *see* Oneal, J. R. 898n, 1040, 1042, 1227　　拉西特, B. M., 参见奥尼尔, J. R.

Sabrosky, A. N. 1061　　萨布罗斯基, A. N.

Sageman, M. 860　　萨格曼, M.

Saggi, K. 1058n　　萨吉, K.

Sákovics, J., *see* Esteban, J. M. 692, 698, 703n　　沙科维奇, J., 参见埃斯特班, J. M.

Sala-i-Martin, X. 723　　萨拉·伊·马丁, X.

Salmore, B. G., *see* Hermann, C. 1032n　　萨尔莫尔, B. G., 参见赫尔曼, C.

Salmore, S. A., *see* Hermann, C. 1032n　　萨尔莫尔, S. A., 参见赫尔曼, C.

Sambanis, N. 716, 723　　桑巴尼斯, N.

Sambanis, N., *see* Collier, P. 612, 690, 700, 704, 732, 977, 1254　　桑巴尼斯, N., 参见科利尔, P.

Sambanis, N., *see* Doyle, M. W. 746, 764　　桑巴尼斯, N., 参见多伊尔, M. W.

Sambanis, N., *see* Elbadawi, I. 723n　　桑巴尼斯, N., 参见埃尔巴达维, I.

Sambanis, N., *see* Hegre, H. 723	桑巴尼斯，N.，参见赫格雷，H.
Sample, S. G. 1234	桑普尔，S. G.
Samson, I., *see* Fontanel, J. 1189	萨姆森，I.，参见丰塔内尔，J.
Samuelson, L., *see* Bier, V. 793	塞缪尔森，L.，参见比尔，V.
Samuelson, P. A. 915n	塞缪尔森，P. A.
Sánchez-Pagés, S. 677	桑切斯·帕热斯，S.
Sánchez-Pagés, S., *see* Bloch, F. 693, 699	桑切斯·帕热斯，S.，参见布洛克，F.
Sandler, T. 610, 627, 642, 691n, 736, 755, 755n, 778–782, 784, 789–791, 793, 795–797, 799, 802, 811, 916, 920, 948, 953, 962, 977n, 1000, 1149, 1215, 1230, 1231, 1254	桑德勒，T.
Sandler, T., *see* Arce, D. G. 778, 779, 782–785, 788, 789, 793, 810	桑德勒，T.，参见阿尔塞，D. G.
Sandler, T., *see* Atkinson, S. E. 780	桑德勒，T.，参见阿特金森，S. E.
Sandler, T., *see* Cornes, R. 642, 793, 883, 883n	桑德勒，T.，参见科尔内斯，R.
Sandler, T., *see* Enders, W. 610, 645, 778, 782, 798, 803, 810, 811, 817, 832–836, 839–842, 844, 845, 849, 852, 855, 856n, 857, 863, 864, 1006, 1219, 1221, 1254	桑德勒，T.，参见恩德斯，W.
Sandler, T., *see* Hartley, K. 613, 754, 755n, 948, 1144, 1173, 1188	桑德勒，T.，参见哈特利，K.
Sandler, T., *see* Hegre, H. 641	桑德勒，T.，参见赫格雷，H.
Sandler, T., *see* Khanna, J. 754–759, 761	桑德勒，T.，参见康纳，J.
Sandler, T., *see* Lapan, H. E. 779, 781, 782, 803, 806, 807, 810	桑德勒，T.，参见拉潘，H. E.

Sandler, T., *see* Lee, D. R. 781, 793

Sandler, T., *see* Mickolus, E. F. 799, 818

Sandler, T., *see* Murdoch, J. C. 609, 726n, 923, 933, 1221

Sandler, T., *see* Rosendorff, B. P. 638, 641, 782, 788, 789

Sandler, T., *see* Shimizu, H. 749, 749n, 751, 760

Sandler, T., *see* Siqueira, K. 798

Sanjian, G. S. 950
Sapir, O. 1185, 1193, 1195, 1204
Sapolsky, H. 1190
Sargent, K., *see* Sandler, T. 802

Sarkees, M. R. 1218
Satyanath, S., *see* Miguel, E. 721

Sayrs, L. W. 1022n, 1042
Schaeffer, S., *see* Besanko, D. 989n, 990

Schaub, D., *see* Li, Q. 1253

Scheetz, T. 987
Schelling, T. C. 627, 645, 1030, 1215, 1223, 1228, 1229, 1236, 1239 – 1241, 1253, 1254
Schiff, J., *see* Bayoumi, T. 1191

Schiff, J., *see* Clements, B. 1191

Schirmer, P. 1115
Schirowki, U. 1200

桑德勒, T., 参见李, D. R.

桑德勒, T., 参见米茨科鲁斯, E. F.

桑德勒, T., 参见默多克, J. C.

桑德勒, T., 参见罗森多夫, B. P.

桑德勒, T., 参见希米祖, H.

桑德勒, T., 参见西凯拉, K.

桑吉安, G. S.
萨皮尔, O.
萨波尔斯基, H.
萨金特, K., 参见桑德勒, T.

萨克斯, M. R.
萨蒂亚纳, S., 参见米格尔, E.

塞尔斯, L. W.
谢弗, S., 参见贝桑科, D.

肖布, D., 参见利, Q.

谢茨, T.
谢林, T. C.

希夫, J., 参见巴尤米, T.

希夫, J., 参见克莱门茨, B.

席尔莫, P.
希罗基, U.

Schleifer, A., see Mulligan, C. 1122n, 1123, 1124n, 1125

Schlesinger, H., see Konrad, K. A. 670n

Schmalensee, R. 655

Schmidt, C. M., see Rotte, R. 918

Schmitz, E., see Bohn, D. 1084

Schneider, G. 1022n, 1227

Schneider, G., see Barbieri, K. 1022n

Schomacker, K. 1180

Schonlau, M., see Asch, B. 1089

Schooner, S. 1166

Schott, J. J., see Hufbauer, G. C. 869, 871, 893, 893n, 894, 896–898

Schrodt, P. 1032n

Schumacher, P., see Nitsch, V. 857, 864, 1221

Schuster, J. S., see Jauhiainen, J. S. 1200, 1201

Schwartz, A. N. 987

Schwebach, V. L., see Morgan, T. C. 875n, 888, 892n, 1052

Scodel, A. 1248

Scodel, A., see Minas, J. S. 1248

Segell, G. 1003

Seiglie, C. 749, 761–765, 925, 1029

Seiglie, C., see Polachek, S. W. 1059, 1060

Selden, Z. 870, 885n, 888n, 898

施莱费尔，A.，参见马利根，C.

施莱辛格，H.，参见康拉德，K. A.

施马伦泽，R.

施米特，C. M.，参见罗特，R.

施米茨，E.，参见博恩，D.

施奈德，G.

施奈德，G.，参见巴比里，K.

朔马赫，K.

舍恩劳，M.，参见阿施，B.

朔纳，S.

肖特，J. J.，参见赫夫鲍尔，G. C.

施罗特，P.

舒马赫，P.，参见尼奇，V.

舒斯特，J. S.，参见尧西艾宁，J. S.

施瓦茨，A. N.

施韦巴克，V. L.，参见摩根，T. C.

斯科德尔，A.

斯科德尔，A.，参见米纳斯，J. S.

西格尔，G.

西格利，C.

西格利，C.，参见波拉切克，S. W.

塞尔登，Z.

Selden, Z., see Jehn, C. 1120, 1121, 1129, 1130	塞尔登, Z., 参见耶恩, C.
Selten, R. 780, 789	塞尔腾, R.
Sen, A. K. 721	森, A. K.
Sen, S., see Deger, S. 927	森, S., 参见德格, S.
Sen, S., see Levine, P. 962, 1160	森, S., 参见莱文, P.
Senese, P. D. 900n, 1225, 1242	塞内斯, P. D.
Senese, P. D., see Dixon, W. J. 898n	塞内斯, P. D., 参见狄克逊, W. J.
Serfati, C. 1204	塞尔法迪, C.
Serfati, C., see Markusen, A. R. 1147	塞尔法迪, C., 参见马尔库森, A. R.
Sergenti, E., see Miguel, E. 721	塞尔真蒂, E., 参见米格尔, E.
Setter, O. 964, 964n	塞特, O.
Shambaugh, G., see Davidson, J. 903n	香博, G., 参见戴维森, J.
Shanley, M., see Besanko, D. 989n, 990	尚利, M., 参见贝桑科, D.
Sharan, R., see Gupta, S. 947	沙兰, R., 参见古普塔, S.
Sharp, J., see Hosek, J. 1078, 1096	夏普, J., 参见霍谢克, J.
Shefi, Y. 947, 955n	谢菲, Y.
Shi, Y., see Mousseau, M. 899n, 1052	希, Y., 参见穆索, M.
Shimizu, H. 749, 749n, 751, 760, 761	希米祖, H.
Shimizu, H., see Khanna, J. 754–759, 761	希米祖, H., 参见康纳, J.
Shleifer, A., see La Porta, R. 905n	施莱费尔, A., 参见拉·波特, R.

Siems, T. F., see Chen, A. H. 858	西姆斯, T. F., 参见申, A. H.
Simon, C., see Warner, J. 1080, 1082, 1084–1086, 1088	西蒙, C., 参见沃纳, J.
Simon, M. 1061	西蒙, M.
Singer, D. J. 713	辛格, D. J.
Singer, J. D. 1031, 1061, 1223	辛格, J. D.
Singer, J. D., see Geller, D. S. 1224	辛格, J. D., 参见盖勒, D. S.
Singer, J. D., see Jones, D. M. 1219	辛格, J. D., 参见琼斯, D. M.
Singer, J. D., see Sarkees, M. R. 1218	辛格, J. D., 参见萨克斯, M. R.
Singer, J. D., see Small, M. 713, 1051, 1052	辛格, J. D., 参见斯莫尔, M.
Singer, P. 993	辛格, P.
Singh, J. 1010	辛格, J.
Singh, S. 1009, 1010, 1235, 1253	辛格, S.
Singleton, R. A. 1247	辛格尔顿, R. A.
Siqueira, K. 762–764, 796, 798	西凯拉, K.
Siqueira, K., see Sandler, T. 781, 789–791, 793, 795	西凯拉, K., 参见桑德勒, T.
Siverson, R. M. 899n, 1052, 1061	西韦松, R. M.
Siverson, R. M., see Bueno de Mesquita, B. 899, 1057	西韦松, R. M., 参见布埃诺·德梅斯基塔, B.
Sjostrom, T., see Baliga, S. 920	舍斯特伦, T., 参见巴利加, S.
Skaperdas, S. 629, 655, 661n–664n, 665, 666n, 667n, 670n, 676, 678n, 685, 689, 691, 692, 692n, 698, 1242	什卡佩尔达斯, S.
Skaperdas, S., see Anbarci, N. 672n, 676, 676n	什卡佩尔达斯, S., 参见安巴尔西, N.
Skaperdas, S., see Garfinkel, M. R. 629, 678, 678n, 685	什卡佩尔达斯, S., 参见加芬克尔, M. R.

Skaperdas, S., *see* Genicot, G. 693n, 699n   什卡佩尔达斯, S.,
参见热尼科, G.

Skaperdas, S., *see* Konrad, K. A. 627, 702, 703   什卡佩尔达斯, S.,
参见康拉德, K. A.

Skaperdas, S., *see* Lee, J. 699n, 700   什卡佩尔达斯, S.,
参见李, J.

Skaperdas, S., *see* McBride, M. 678n   什卡佩尔达斯, S.,
参见麦克布赖德, M.

Sköns, E. 1196   申斯, E.

Sköns, E., *see* Serfati, C. 1204   申斯, E.,
参见塞尔法迪, C.

Slantchev, B. L. 1052, 1228   斯兰切夫, B. L.

Smaldone, J. P., *see* Craft, C. B. 950   斯莫尔登, J. P.,
参见克拉夫特, C. B.

Small Arms Survey (SAS) 993, 993n, 994–996, 996n, 997–999, 999n, 1000–1002   《轻型武器调查》

Small, M. 713, 1051, 1052   斯莫尔, M.

Small, M., *see* Singer, D. J. 713   斯莫尔, M.,
参见辛格, D. J.

Small, M., *see* Singer, J. D. 1031, 1061   斯莫尔, M.,
参见辛格, J. D.

Smit, S., *see* Gleditsch, N. P. 1195   斯米特, S.,
参见格莱迪奇, N. P.

Smit, W. A., *see* Kulve, H. 948, 968   斯米特, W. A.,
参见库尔韦, H.

Smit, W. A., *see* Serfati, C. 1204   斯米特, W. A.,
参见塞尔法迪, C.

Smith, A. 888n, 895, 1226   史密斯, A.

Smith, A., *see* Bueno de Mesquita, B. 899   史密斯, A., 参见布埃诺·德梅斯基塔, B.

Smith, A., *see* McGillivray, F. 899, 900   史密斯, A.,
参见麦吉利夫雷, F.

Smith, C., *see* Isard, W. 1223, 1228   史密斯, C.,
参见伊萨尔德, W.

Smith, R. P. 915, 919, 923, 929, 935, 945, 948, 951, 953, 962, 983, 1191　　史密斯, R. P.

Smith, R. P., see Brauer, J. 955　　史密斯, R. P., 参见布劳尔, J.

Smith, R. P., see Dunne, J. P. 918, 927, 948, 949, 953–957, 963, 966, 967　　史密斯, R. P., 参见邓恩, J. P.

Smith, R. P., see Fuertes, A.-M. 935　　史密斯, R. P., 参见富尔特斯, A.-M.

Smith, R. P., see García-Alonso, M. D. C. 950n　　史密斯, R. P., 参见加西亚·阿朗索, M. D. C.

Smith, R. P., see Gleditsch, N. P. 1191　　史密斯, R. P., 参见格莱迪奇, N. P.

Smith, R. P., see Levine, P. 920, 922, 948, 953, 954, 954n, 955, 957, 959, 960, 960n, 962, 963, 970, 1160　　史密斯, R. P., 参见莱文, P.

Smith, R. P., scc Pesaran, M. H. 916, 934, 936　　史密斯, R. P., 参见佩萨兰, M. H.

Smith, V. L. 1247, 1253　　史密斯, V. L.

Smith, V. L., see Durham, Y. 1251　　史密斯, V. L., 参见德拉姆, Y.

Smith, W. Y., see Enthoven, A. 630　　史密斯, W. Y., 参见昂托旺, A.

Sobek, D., see Boehmer, C. R. 1226, 1252, 1253　　索贝克, D., 参见博默尔, C. R.

Sobel, R. S. 766, 767, 769　　索贝尔, R. S.

Söderbom, M., see Collier, P. 716, 723–725, 734　　瑟德布姆, M., 参见科利尔, P.

Sola, M., see Smith, R. P. 915, 929　　索拉, M., 参见史密斯, R. P.

Solberg, E., see James, P. 899n　　索尔伯格, E., 参见詹姆斯, P.

Solby, S., see Carballo, M. 728　　索尔比, S., 参见卡巴洛, M.

Sollenberg, M., *see* Gleditsch, N. P. 713 – 715, 717 索伦伯格，M.，参见格莱迪奇，N. P.

Solomon, B. 746, 754, 766 – 769, 771 所罗门，B.

Solomon, B., *see* Parai, L. 768 所罗门，B.，参见帕劳伊，L.

Sorokin, P. 1213 索罗金，P.

Soubeyran, R., *see* Bloch, F. 693, 699 苏贝朗，R.，参见布洛克，F.

Souva, M. 905, 905n 苏瓦，M.

Souva, M., *see* Lektzian, D. 899, 900, 900n, 901, 901n, 902n, 903 苏瓦，M.，参见莱克奇安，D.

Spagnolo, F., *see* Smith, R. P. 915, 929 斯帕尼奥洛，F.，参见史密斯，R. P.

Spalanzani, A., *see* Fontanel, J. 1189 斯帕兰扎尼，A.，参见丰塔内尔，J.

Spencer, A., *see* Navarro, P. 849 斯潘塞，A.，参见纳瓦罗，P.

Spiers, E. M. 1006 施皮尔斯，E. M.

Spolaore, E., *see* Alesina, A. 633, 691n, 1059, 1061 斯波劳雷，E.，参见阿莱西纳，A.

Sprague, O. 975 斯普拉格，O.

Stacchetti, E., *see* Jehiel, P. 1009 斯塔凯蒂，E.，参见热耶尔，P.

Stam, A. C., *see* McGillivray, F. 900n 斯塔姆，A. C.，参见麦吉利夫雷，F.

Starr, H. 1054 斯塔尔，H.

Starr, H., *see* Russett, B. M. 898n 斯塔尔，H.，参见拉西特，B. M.

Stephens, *see* Hooper, N. 1199 斯蒂芬斯，E.，参见胡珀，N.

Stern, S., *see* Berkovec, J. 1092 斯特恩，S.，参见贝尔科韦茨，J.

Stewart, F. 722 斯图尔特，F.

Stigler, G. J. 879n, 881 施蒂格勒，G. J.

Stockholm International Peace Research Institute (SIPRI) 919, 945, 977, 978, 978n, 980n, 984, 1006n, 1007, 1145, 1146, 1148, 1160　斯德哥尔摩国际和平研究所

Stohl, R., see Godnick, W. 994　斯托尔，R.，
　　参见戈德尼克，W.

Stone, J. R. N., see Samuelson, P. A. 915n　斯通，J. R. N.，
　　参见塞缪尔森，P. A.

Stowsky, J. 951, 968　斯托斯凯，J.

Straits, B. C., see Singleton, R. A. 1247　斯特雷茨，B. C.，
　　参见辛格尔顿，R. A.

Strand, H., see Gleditsch, N. P. 713 - 715, 717　斯特兰德，H.，
　　参见格莱迪奇，N. P.

Streit, C. 1051, 1052　斯特赖特，C.

Stromsdorfer, E., see Cardell, S. 1118　斯特罗姆斯多弗，E.，
　　参见卡德尔，S.

Sturzenegger, F. 699, 699n, 701　斯图尔曾尼格，F.

Subramanian, A., see Rodrik, D. 905n　苏布拉马尼安，A.，
　　参见罗德里克，D.

Sullivan, J., see Holsti, O. 1061　沙利文，J.，
　　参见霍尔斯蒂，O.

Sunder, S., see Friedman, D. 1248　森德，S.，
　　参见弗里德曼，D.

Surry, E. 976n, 984, 988　萨里，E.

Surry, E., see Dunne, J. P. 976, 985, 987　萨里，E.，
　　参见邓恩，J. P.

Sweeney, K., see Gortzak, Y. 1240　斯威尼，K.，
　　参见霍尔察克，Y.

Sweeney, M., see Hartley, K. 1142　斯威尼，K.，
　　参见哈特利，K.

Syropoulos, C., see Anbarci, N. 672n, 676, 676n　瑟罗普洛斯，C.，
　　参见安巴尔西，N.

Syropoulos, C., see Garfinkel, M. R. 685　瑟罗普洛斯，C.，
　　参见加芬克尔，M. R.

Syropoulos, C., see Skaperdas, S. 629, 661n, 663n, 664n, 665, 666n, 667n, 676, 678n, 685, 689

Szymanski, S. 655

Tabellini, G. 905n

Tamás, P., see Jauhiainen, J. S. 1200, 1201

Tan, G., see Niou, E. M. S. 693n

Tanzi, V. 627

Tasiran, A., see Smith, R. P. 935, 945, 948, 983

Tavares, J. 851, 864

Taylor, A. M., see Glick, R. 1221

Taylor, C. L. 1032n

Taylor, J. G. 1236, 1237

Teegen, H., see Askari, H. G. 871n

Thie, H., see Schirmer, P. 1115

Thoenig, M., see Martin, P. 1024n, 1042

Thomas, G., see Gorman, L. 1081

Thompson, E. A. 628, 629

Thompson, P. G. 1058

Thompson, W. R. 1052

Thorsson, I. 1180

Tinbergen, J. 1064

Tirole, J., see Laffont, J. J. 1148, 1162, 1166

Tishler, A., see Blume, A. 957

瑟罗普洛斯，C.，参见什卡佩尔达斯，S.

希曼斯基，S.

塔贝利尼，G.

陶马什，P.，参见尧西艾宁，J. S.

塔恩，G.，参见尼乌，E. M. S.

坦齐，V.

塔西兰，A.，参见史密斯，R. P.

塔瓦雷斯，J.

泰勒，A. M.，参见格利克，R.

泰勒，C. L.

泰勒，J. G.

蒂根，H.，参见阿斯卡里，H. G.

蒂，H.，参见席尔莫，P.

特尼希，M.，参见马丁，P.

托马斯，G.，参见戈尔曼，L.

汤普森，E. A.

汤普森，P. G.

汤普森，W. R.

索尔森，I.

廷贝亨，J.

蒂罗利，J.，参见拉丰特，J. J.

蒂施勒，A.，参见布卢姆，A.

Tishler, A., see Golde, S. 955, 957

蒂施勒, A., 参见戈尔德, S.

Tishler, A., see Mantin, B. 955, 957, 1147

蒂施勒, A., 参见曼廷, B.

Tishler, A., see Setter, O. 964, 964n

蒂施勒, A., 参见塞特, O.

Tishler, A., see Shefi, Y. 947, 955n

蒂施勒, A., 参见谢菲, Y.

Tommasi, M., see Sturzenegger, F. 699, 699n, 701

托马西, M., 参见斯图尔曾尼格, F.

Torbat, A. E. 888n

托尔巴特, A. E.

Torvik, R., see Mehlum, H. 662n, 690

托维克, R., 参见梅勒姆, H.

Torvik, R., see Robinson, J. A. 722

托维克, R., 参见鲁滨逊, J. A.

Totten, M., see Asch, B. 1112

托腾, M., 参见阿施, B.

Totten, M., see Hosek, J. 1096, 1097, 1100 – 1102

托腾, M., 参见霍谢克, J.

Toukan, A., see Intriligator, M. D. 1253

图康, A., 参见英特利盖特, M. D.

Tschirhart, J., see Atkinson, S. E. 780

奇尔哈特, J., 参见阿特金森, S. E.

Tschirhart, J., see Sandler, T. 778, 780

奇尔哈特, J., 参见桑德勒, T.

Tsebelis, G. 870, 870n

策伯利斯, G.

Tsiddon, D., see Eckstein, Z. 853, 854, 864

齐东, D., 参见埃克斯坦, Z.

Tucker, R., see Thompson, W. R. 1052

图克, R., 参见汤普森, E. A.

Tullock, G. 627, 655, 882n, 886, 1215

塔洛克, G.

Turner, A. G., see Haas, R. D. 1048n, 1050

特纳, A. G., 参见哈斯, R. D.

Turner, A. J. W. 1145

特纳, A. J. W.

Udis, B., *see* Smith, R. P. 951, 953	尤迪斯，B.， 参见史密斯，R. P.
United Kingdom Government: Foreign and Commonwealth Office 975	英国政府：外交和联邦事务部
United Kingdom Parliament 869n	英国议会
United Nations 743, 745, 747, 748, 750, 768, 1190	联合国
United Nations General Assembly 768	联合国大会
United Nations High Commissioner for Refugees (UNHCR) 729	联合国难民事务高级专员办事处
United Nations Institute for Disarmament Research (UNIDIR) 1008	联合国裁军研究所
United Nations Security Council 746	联合国安全理事会
United States Congress Office of Technology Assessment 1192, 1193	美国国会技术评估局
United States Department of Commerce 634	美国商务部
United States Department of Defense 1115	美国国防部
United States Department of Education 1079	美国教育部
United States Department of State 828	美国国务院
United States General Accounting Office 1149, 1157, 1158, 1166, 1168, 1200, 1203	美国总审计署
United States National Academy of Sciences 1203	美国国家科学院
Vahabi, M. 1254	瓦哈比，M.
van Bergeijk, P. A. G. 875n, 892, 892n, 893, 893n, 894, 896, 897	范贝格艾克，P. A. G.
van der Klaauw, W., *see* Imbens, G. 1126	范德克劳，W.， 参见因本斯，G.
Van Evera, S. 1240	范埃弗拉，S.
van Panhuis, W. G., *see* Guha-Sapir, D. 727	范潘胡伊斯，W. G.， 参见古哈·萨皮尔，D.
Vasquez, J. 1040, 1064	瓦斯克斯，J.
Venkatesh, S. A., *see* Levitt, S. D. 737	文卡特斯，S. A.， 参见莱维特，S. D.
Verdier, D. 871n, 904n	维迪尔，D.

Verdier, T. , *see* Robinson, J. A. 722

Vernez, G. , *see* Dardia, M. 1200

Vernon, R. 998, 998n, 1058

Villanueva, N. , *see* Knight, M. 1191

Vincent, J. 1051

Viner, J. 1023

Vishny, R. , *see* La Porta, R. 905n

Vohra, R. , *see* Ray, D. 698

Wagener, A. , *see* Lau, M. 1125

Wait, T. , *see* Parai, L. 768

Waldman, D. , *see* Buddin, R. 1102

Waldman, R. J. , *see* Keely, C. B. 727

Wall Street Journal 876n

Wallace, M. 1234

Wallensteen, P. 1042

Wallensteen, P. , *see* Gleditsch, N. P. 713 – 715, 717

Wallensteen, P. , *see* Nincic, M. 894

Walter, B. F. 716, 725

Wang, B. , *see* Cardell, S. 1118

Wang, T. Y. 950

Warner, J. 1078, 1080, 1082, 1084 – 1086, 1088, 1091, 1092, 1094, 1106, 1109, 1110, 1113,

维迪尔, T. , 参见鲁滨逊, J. A.

韦尔内, G. , 参见达尔迪亚, M.

弗农, R.

比利亚努埃瓦, N. , 参见奈特, M.

文森特, J.

瓦伊纳, J.

维什尼, R. , 参见拉·波特, R.

沃赫拉, R. , 参见雷, D.

瓦格纳, A. , 参见劳, M.

韦特, T. , 参见帕劳伊, L.

沃尔德曼, D. , 参见布丁, R.

沃尔德曼, R. J. , 参见基利, C. B.

华尔街日报

华莱士, M.

瓦伦斯腾, P.

瓦伦斯腾, P. , 参见格莱迪奇, N. P.

瓦伦斯腾, P. , 参见宁契奇, M.

沃尔特, B. F.

旺, B. , 参见卡德尔, S.

旺, T. Y.

1115-1117, 1121-1123, 1123n, 1127n, 1199
Warner, J., see Asch, B. 1093, 1094, 1109, 1110, 1114-1116
Warner, J., see Goldberg, M. 1199
Warner, J., see Payne, D. 1103, 1104
Wärneryd, K. 677n, 692
Wärneryd, K., see Bester, H. 670, 677
Watkins, J. 1052
Watkins, T. A. 1158, 1186
Watkins, T. A., see Kelley, M. R. 1186, 1194, 1196
Way, C. R., see Singh, S. 1009, 1010, 1235, 1253
Wayman, F. W., see Sarkees, M. R. 1218
Weede, E. 898n, 899n, 1051
Weeks, G., see Cardell, S. 1118
Weerapana, A., see Blomberg, S. B. 861, 1221
Weidacher, R., see Sköns, E. 1196
Weinberg, L. B. 860
Weingast, B., see North, D. C. 704
Weinstein, J. M. 720, 722
Weiss, T. G. 888n
Welch, F., see Borjas, G. 1117
Wenger, J., see Hansen, M. 1094, 1095, 1108

沃纳, J.
沃纳, J., 参见阿施, B.
沃纳, J., 参见戈德堡, M.
沃纳, J., 参见佩恩, D.
韦内吕德, K.
韦内吕德, K., 参见贝斯特尔, H.
沃特金斯, J.
沃特金斯, T. A.
沃特金斯, T. A., 参见凯利, M. R.
韦, C. R., 参见辛格, S.
韦曼, F. W., 参见萨克斯, M. R.
威德, E.
克威斯, G., 参见卡德尔, S.
维拉帕纳, A., 参见布隆伯格, S. B.
韦达切尔, R., 参见申斯, E.
温伯格, L. B.
温加斯特, B., 参见诺思, D. C.
温斯坦, J. M.
韦斯, T. G.
韦尔奇, 参见博尔哈斯, G.
温格, J., 参见汉森, M.

-699-

Wenger, J., see Kraus, A. 1090	温格, J., 参见克劳斯, A.
Werber Casteneda, L., see Harrell, M. 1103, 1104	韦贝尔·卡斯泰内达, L., 参见哈勒尔, M.
Whinston, M., see Bernheim, B. D. 796	惠恩斯顿, M., 参见伯恩海姆, B. D.
White, J. R. 778	怀特
White House 800, 840	白宫
Wie, K. 1197	威, K.
Wiederhofer, I., see Colletta, N. J. 1200	维德霍弗, I., 参见科莱塔, N. J.
Wilke, P., see Brzoska, M. 1194, 1196, 1204	威尔克, P., 参见布若斯卡, M.
Wilke, P., see Kopte, S. 1202	威尔克, P., 参见科普特, S.
Wilke, P., see Schomacker, K. 1180	威尔克, P., 参见朔马赫, K.
Wilkinson, C., see Chalmers, M. G. 951, 1161	威尔金森, C., 参见查默斯, M. G.
Wilkinson, P. 779	威尔金森, P.
Willett, S. 1203	威利特, S.
Willett, T. D. 902n	威利特, T. D.
Williams, C. 1129, 1129n	威廉斯, C.
Williamson, O. 989, 991	威廉森, O.
Wills, J. K., see Hansen, M. 1088	威尔斯, J. K., 参见汉森, M.
Winter, J. A., see Pilisuk, M. 1248	温特, J. A., 参见皮利苏克, M.
Wintrobe, R. 889	温特罗布, R.
Wirtz, J. J., see Croddy, E. A. 1003	沃茨, J. J., 参见克罗蒂, E. A.
Wittman, D. 662n, 1223, 1224, 1228	威特曼, D.
Wohlander, S. B., see Palmer, G. 903	沃兰德, S. B.
Wolfson, M. 1232	沃尔夫森, M.

Wolfson, M., *see* James, P. 899n	沃尔夫森，M.， 参见詹姆斯，P.
Wood, B., *see* Dehejia, R. H. 893, 893n, 896, 897	伍德，B.， 参见德赫贾，R. H.
Woodcock, T. 771	伍德科克，T.
World Health Organization（WHO）727n	世界卫生组织（WHO）
World Bank 849	世界银行
Wright, Q. 1031, 1051, 1054, 1213	赖特，Q.
Wulf, H. 985, 1188	
Wulf, H., *see* Brzoska, M. 1194, 1196, 1204	伍尔夫，H.， 参见布若斯卡，M.
Wulf, H., *see* Khakee, A. 996	伍尔夫，H.， 参见哈基，A.
Wulf, H., *see* Laurance, E. J. 1181	伍尔夫，H.， 参见劳伦斯，E. J.
Wulf, H., *see* Schomacker, K. 1180	伍尔夫，H.， 参见朔马赫，K.
Xiang, J., *see* Polachek, S. 1059, 1060	相，J.， 参见波拉切克，S. W.
Yang, J., *see* Askari, H. G. 871n	扬，J.， 参见阿斯卡里，H. G.
Yi, S. -S. 698	伊，S. -S.
Yudken, J., *see* Markusen, A. R. 1185, 1194 – 1196	尤德肯，J.， 参见马尔库森，A. R.
Zak, P. J. 690, 699n	扎克，P. J.
Zeckhauser, R., *see* Olson, M. 627, 691n, 1215	泽克豪泽，R.， 参见奥尔森，M.
Zeng, K. 1056n, 1057	曾，K.
Zingales, L., *see* Rajan, R. G. 667	津盖尔斯，L.， 参见拉詹，R. G.
Zinnes, D. A. 898n, 1054	津内斯，D. A.
Zombanakis, G. A., *see* Andreou, A. S. 916	宗巴纳基斯，G. A.， 参见安德烈乌，A. S.

主题索引

9/11 831, 840-845, 848, 849, 858, 859, 863	"9·11事件"
ability to pay 747, 761	支付能力
action-reaction processes 924, 1215, 1223	行动-反应程序
adjustment costs 1161, 1172	调整成本
adverse selection 1162	逆向选择
aerospace 1154, 1160, 1172, 1173	航空航天
Afghanistan 749	阿富汗
Afghanistan and Pakistan 747	阿富汗和巴基斯坦
Africa 1182, 1183	非洲
African Union 754	非洲联盟
agent 1148	代理人
aid 721, 728, 731, 733-735	援助
aircraft carriers 1174	航空母舰
al-Qaida 840, 842, 863	基地组织
all-volunteer force 1131	全志愿兵制军队
alliances 624, 628, 635, 637, 638, 640, 642, 643, 1215	军事联盟
alternative uses 1167	选择性用途
America, South 1182	美国南部
ammunition 976, 978, 994-997, 999, 1001, 1002	军火
anarchy 658, 661, 662, 668, 669, 676, 701	混乱状态
appropriation 762, 1213, 1242	占有
Armed Forces 613-615, 619, 620, 1181	武装力量
-monopolies 1169	——垄断
-personnel 1183	——人员
arms agreement 1230	军备协议
arms companies 1143, 1158, 1174	军工企业

arms control 960, 1213	军备控制
Arms Control and Disarmament Agency (ACDA) 945	军备控制与裁军署
arms exports 950, 1141	军火出口
arms export's tax 954	军火出口税
arms industries 610, 615, 618, 955, 976, 977, 984, 988, 994, 1141	军工产业
arms inspections 1249	武器装备检查
arms markets 1161	武器市场
arms procurement 1161	装备采购
arms production 975, 976, 982–989, 992, 993, 1010, 1011, 1183	军工生产
arms proliferation 957	军备扩散
arms race between India and Pakistan 927	印度与巴基斯坦的军备竞赛
arms races 610, 611, 614, 615, 617, 920, 937, 952, 1213	军备竞赛
arms rivalry 1213	军备竞赛
arms trade 610, 611, 613, 615, 618, 975–978, 983, 984, 988, 989, 995, 1000, 1002, 1003, 1010	军火贸易
arms trade offsets 985, 988	军火贸易补偿
arms transfers 944, 945, 977, 978	军火转让
arms-producing countries 952	武器生产国
Article 296 of EU Treaty 1148, 1156, 1172	欧盟条约第296款
ASEAN 1182, 1183	东南亚国家联盟
Asia 1183	亚洲
assessment scale 747	评估范围
asset specificity 1170	资产属性
assistance in kind 761	实物援助
assurance game 785, 788, 789, 800–803	置信性博弈
asymmetric information 779, 782, 806–812, 917, 949, 954, 956, 1161, 1170	不对称信息
asymptotic analysis 935	渐进分析
attack 1232	攻击

autarky 1244	自给自足
average size of arms company 1147	军工企业的平均规模
backward induction 1248	反向归纳
Baden-Württemberg 1201	巴登-符滕堡
BAE Systems 1142, 1151, 1152, 1165	英国BAE系统公司
bail-outs 1161	财政资助
balance of trade 767	贸易平衡
bankruptcy 1168	破产
bargaining 652, 653, 657, 673, 674, 676–678, 689, 703, 1223	讨价还价
Bavaria 1201	巴伐利亚
behavioral assumptions 1247	行为假定
Beijing 1201	北京
Belarus 1195	白俄罗斯
benefit principle 761	效益原则
benefit-cost analysis 1166, 1228	成本收益分析
benefits and costs of arms exports 1160	军火出口的成本收益
benefits and costs of maintaining UK defense exports 951	英国维持军火出口的本益
benefits of coordination 957	协调收益
biased intervention 763	偏向干预
bilateral monopoly 1162	双边卖主垄断
Boeing 1147, 1151, 1160, 1164	波音
Bonn International Centre for Conversion (BICC) 1144, 1145, 1179, 1190, 1202	波恩军转民国际中心
Bosnia 749	波斯尼亚
Boutros-Ghali 744, 748, 752	布特罗斯·加利
Brazil 955	巴西
bribery and corruption 947	贿赂和腐败
British Aerospace 1164	英国航空航天公司
budget constraints 968	预算约束
budget-maximizing bureaucracies 1156, 1173	预算最大化的官僚主义
burden sharing 744, 760	负担分摊
Buy American Act 1148, 1156, 1172	美国采购条例

C-5 transport aircraft 1151	C-5 运输机
Canada 750	加拿大
cancellation 1166	取消
capital asset pricing model (CAPM) 1171	资产定价模型
capture 1171	捕获
cartel agreements 954, 961	卡特尔协议
cartels, collusive tendering 1172	卡特尔，串通性投标
case studies 766	案例研究
Central Intelligence Agency 919	美国中央情报局
cheap talk 1249	空谈
cheating 1230	欺骗
chemical weapons 1202, 1203	化学武器
China 915, 928, 932, 1182, 1183, 1197, 1198, 1203, 1204	中国
Chinese defense industry 1188, 1201	中国国防工业
choice criteria 1166	选择标准
civil airlines 1143	民用航线
civil wars 713-721, 723-728, 730-734, 736, 737, 762, 765, 1216	内战
civilian markets 1142	民用市场
civilian reemployment 1193	社会再就业
Clinton Administration 1204	克林顿政府
club good 750	俱乐部产品
cointegration 926	共合体
Cold War 743, 748, 750, 765, 915, 934, 937, 943, 948, 949, 951, 1077, 1078, 1082, 1085, 1086, 1105, 1109, 1112, 1115, 1120-1122, 1218	冷战
Cold War arms race 917	冷战时期的军备竞赛
collaboration 947, 1172	合作
collective action problems 609, 610, 617, 618, 620, 961, 962	集体行动问题
collusion 771	串通
command economies 1188	计划经济（或命令经济）

company accounts 1160	公司账目
compellence 1241	胁迫
competition 1148, 1151, 1162, 1164, 1168, 1174	竞争
competition effects 1172	竞争效应
competitive procurement 1170	竞争性采购
competitively-determined fixed price contracts 1152, 1168, 1172	竞争型固定价格合同
concentration in the defense industry 943, 956	国防工业的集中
cone of mutual deterrence 1232	相互威胁的锥形区域
conflict 611–616, 618–620, 624–626, 627, 629–635, 638–641, 645, 1020–1034, 1038, 1040, 1042–1059, 1061–1065, 1213	冲突
-civil wars 765	——内战
-management 765	——管理
-Gulf War I 765	——海湾战争
-inter-state 765	——国家之间
-intra-state 765	——国家内部
-Korea 765	——朝鲜
conflict cycle 1221	冲突周期
conflict management procedures 1214, 1215, 1221, 1223	冲突管理程序
conflict prevention 1221	冲突预防
conflict technology 655, 658, 660, 661, 663, 664, 672, 674, 682, 687, 691, 694, 695, 698, 701	冲突技术
conflict-cooperation 1027, 1038	冲突-合作
conglomerates 1143	联合大企业
Congo 748	刚果
conscription 1076, 1077, 1121–1132	招募兵员
conscription-adjusted data 755	招募兵员修正数据
contest success function 1243	竞争成功函数
contestable-income production function 762	竞争-收入生产函数
contiguity 1225	邻近

contract curve 1234	合同曲线
contract performance 1157	合同绩效
contracting-out 1169	以合同形式将工作包出
contracts 944	合同
contributor-specific benefits 761	贡献者专享收益
contributor-specific damage 761	贡献者特有损害
conversion 1180, 1187	军转民
cooperation 1020 – 1025, 1027, 1029, 1030, 1032 – 1034, 1038, 1042, 1043, 1052, 1053, 1055, 1057 – 1059, 1063, 1065	合作
cooperative agreements 954	合作协议
Cooperative Research and Development Agreements (CRADA) 1194	《合作研究开发协议》
Correlates of War Project 1213	战争项目比较（CWP）
corruption 1141, 1166	腐败
cost escalation 1141, 1152, 1153, 1156, 1157, 1173	成本升级
cost of violent conflict 1213	激烈冲突成本
cost reimbursement contracts 1168	成本补偿合同
cost structure 1174	成本结构
cost-time relationship 1152	成本 – 时间关系
cost-effectiveness 956	成本效率
cost-minimizer 1170	成本最小化控制者
cost-plus contracts 1162, 1163	成本加价合同
costs 713, 716, 717, 719, 720, 724 – 728, 730, 732 – 735, 737	成本
counter-factual evidence 771	相互估算的事实根据
counter-interventions 765	反干预
counterterrorism 782, 785, 789, 795 – 798, 806, 811, 817, 818, 832, 840, 842, 863	反恐怖主义
countertrade 944	实物贸易
country-specific benefits 750	国家特有收益
covariance 934	协方差
credibility of commitment 962	承诺可信性

crisis stability 1231	危机稳定性
Croatia 748	克罗地亚
cross-section regressions 932–934, 938	截面回归
data 947	数据
-collection 713, 714	——数据收集
-for arms race 916	——军备竞赛数据
-for arms trade 968	——军火贸易数据
-for conflicts 771	——冲突数据
-on defense R&D spending 1153	——国防研发费用数据
-problems 1143	——数据问题
-sets 817–819, 824, 828, 831, 832, 844, 851, 857, 862, 863, 1216	——数据集
debt 624, 634, 635	债务
decreasing cost industries 1148, 1150, 1172	成本递减产业
defection 1248	背信
Defence Diversification Agency 1204	军工企业多元化经营署
Defence Evaluation and Research Agency (DERA, UK) 1194	英国国防评估与研究署
defense and civilian firms 1159	军工企业与民用企业
defense burdens 1234	防务负担
Defense Departments 1156	国防部
defense economics 1214	国防经济学
defense electronics industry 1143, 1147, 1151, 1154, 1195	国防电子工业
defense employment 1183	国防部门就业
defense firms 1143, 1160, 1173	军工企业
defense industrial base 619, 1143	国防工业基础
-definition of the defense industry 1141, 1142	——国防工业的定义
-defense industry culture 1194	——国防工业文化
-defense industry employment 1144, 1154	——国防工业就业
-defense industrial policy 1171	——国防产业政策
defense industries 610, 611, 613, 619, 620, 948, 1180, 1202	国防工业
defense R&D 1152	国防研究与开发

defense spending 1181, 1183, 1184, 1191	国防开支
defense-related employees 1184	与国防相关的雇员
defensive measures 779, 781–783, 787, 788, 791, 793, 811	防御性举措
delays in delivery 1157, 1173	交货延迟
demand for weapons 947, 948	武器需求
demand functions 934, 960	需求函数
Demobilization, Disarmament and Reintegration (DDR) 1199	复员、裁军与再合并项目
democracies 1040, 1041, 1051–1057, 1059, 1065, 1225	民主政治
democracy/non-democracy 1055	民主政治与非民主政治
democratic peace 1054, 1057	民主和平
deployments 1077, 1078, 1091, 1095, 1097–1102, 1117, 1129, 1133	部署
detection 1230	辨别
determinants of interstate armed conflict 1224	国家间武装冲突的决定
deterrence 624, 632, 637, 640, 783, 784, 785, 787, 789–793, 795, 804, 805, 810	威慑
Deutsche System Technik 1195	德国系统技术公司（DST）
developing states 975, 976	发展中国家
development 722, 723, 725, 728, 733–735	发展
development contract 1164	开发合同
diminishing returns 1155	收益递减
direct negotiation 1162	直接谈判
disarmament 1189, 1205, 1248	裁军
disruption to trade 1221	贸易中断
Dixit-Stiglitz CES utility function 963	Dixit-Stiglitz 环境研究中心效用函数
domestic monopoly 1147	国内垄断
domestic procurement 949, 964	国内采购
domestic production 963	国内生产
domestic terrorism 832, 850, 855, 857, 863	国内恐怖主义
dominance 1248	优势

dominant strategy 1230	优势战略
downsizing 1077	缩减规模
draft 1120 – 1122，1125，1126，1132	征兵
drawdown 1077	削减
dual-use technologies 951，1142，1143，1188，1205	两用技术
duopoly 1147	双头卖主垄断
dyadic conflict 1029，1030	二分体冲突
dynamic game 921	动态博弈
dynamic models 935	动态模型
dynamic programming 1092 – 1094，1096，1100	动态规划
dynamics 937	动态
EADS 1147，1151，1160	荷兰 EADS 公司
Eastern Europe 1184	东欧
econometrics 915	计量经济学
economic and industrial benefits 1141	经济和产业效益
economic consequences 817	经济影响
economic dependence 1227	经济依赖
economic development 1225	经济发展
economic growth 654，701，702，704，1221	经济增长
economic impacts of terrorism	恐怖主义的经济影响
-direct 769	——直接影响
-indirect 768	——间接影响
-induced 768	——引致影响
economic methods 1214	经济方法
economic openness 1226	经济开放
economic sanctions 869，871，872，883，888，900，902，905	经济制裁
economically strategic industries 948，1148	战略经济产业
economics of arms industries 1148	军工经济学
economies of scope 1151	范围经济学
Edgeworth box 1242	埃奇沃思模型
efficiency incentive 1156，1162，1168，1214	效率激励
efficient defense industrial policy 1172	有效的国防工业政策

elasticity of substitution 923, 958	替代弹性
electronics industry 1173	电子工业
employment 1144	就业
endogenous policy 872, 879, 880, 884, 888	内生政策
enduring interstate rivals 1228	长期的国家间竞赛
enlistment supply 1076, 1077, 1080 – 1082, 1087	兵员供给
entry 1161	进入
EPRO 1195	德国 EPRO 公司
equality of information 1170	信息对称
equilibrium 1215	均衡
equipment capability 1154	装备能力
equity 1162	公正
estimating costs 1170	成本评估
EU defense equipment market 1172	欧盟军事装备市场
EU KONVER program 1205	欧盟 KONVER 计划
EU members 1182	欧盟成员国
EU PERIFRA program 1204	欧盟 PERIFRA 计划
Euler equation 922	欧拉方程
Eurofighter Typhoon 1154	欧洲台风式战斗机
Europe 957	欧洲
Europe, East, except USSR/CIS 1182	欧洲、东欧（除苏联和独联体）
European aerospace industries 1150	欧洲航空航天工业
European Union (EU) 750, 1183	欧盟
excess industrial capacity 1156	产业剩余能力
excessive profits 1141, 1170	超额利润
exchange 652, 653, 682 – 685, 690, 1213	交易
exchange rate 767	汇率
-floating 767	——浮动汇率
exit 1161	退出
expected utility model 1223	效用预期模型
experiments 1213	实验
export control policies 943, 954, 955, 957	出口控制政策
export earnings 1161	出口所得

export subsidies 943, 950, 954	出口补贴
exports 1160	出口
exports tax 954	出口税
externalities 778, 779, 781, 782, 789, 790, 792, 795–799, 811, 1155, 1167	外部性
extra-state conflict 1216	超国家冲突
F–14 combat aircraft 1151	F–14 战斗机
F–22A Raptor 1149, 1157, 1174	F–22A 猛禽式战斗机
'fair and managed' competition 1172	"公平和有管理的"竞争
fatigue coefficients 1231	疲劳系数
favorable contract terms 1166	优惠的合同条件
financial penalties 1152	金融处罚
financial sanctions 888, 895, 897, 898, 901	金融制裁
firm/fixed prices 1162	约定或固定价格
fiscal balance 767	财政平衡
fixed price contract 1151, 1163	固定价格合同
fixed-proportion technology 756	固定比率技术
'fly-before-you-buy' competitive procurement 1164	"试飞后买"的竞争性采购
for-profit firms 772	营利性公司
foreign aid 755	外国援助
foreign direct investment 818, 857	海外直接投资
former Yugoslavia 746, 960	前南斯拉夫国家
free gift 1167	免费赠予
free riding 752, 755, 1250	搭便车
gains from scale and learning economies 1172	规模经济和学习经济收益
gains from trade 1021, 1022, 1028, 1029, 1047, 1048, 1053, 1055, 1056, 1172	贸易收益
game theory 719, 889, 890, 929, 930, 932, 949, 1148, 1215	博弈论
-complete information 764	——完全信息
-incomplete information 764	——不完全信息
General Electric 1142, 1165	通用电气
general equilibrium 762	一般均衡
geography 1224	地理

German Fraunhofer Institute 1194	德国 Fraunhofer 研究所
Germany 760, 1190, 1194, 1202	德国
global arms trade models 952	世界军火贸易模型
global military spending 1179, 1183	世界军费开支
globalization 609, 610, 615, 617–620, 624, 627, 630–633, 641, 938	全球化
globalized arms trade market 948	全球化的军火贸易市场
governance 624, 627, 629, 630, 633, 637, 641, 654, 659, 690, 691, 700–705	统治
government statistics 1143	政府统计
GPS-system 1195	全球定位系统
Granger causality 771, 925	格兰杰因果性
Greece 915, 930–932, 938	希腊
Greece and Turkey 958	希腊与土耳其
Greek-Turkish arms race 916, 919, 920, 926, 929	希腊-土耳其军备竞赛
grievance 1231	委屈
group formation 653, 654, 659, 660, 691, 696–699, 705	集团构成
Gulf War 960	海湾战争
habit forming 760	习惯形成
Haiti 742, 768, 769	海地
health costs 726–728, 730, 731, 736	健康成本
heterogeneity 935	非纯一性
heterogeneous panel model 936	非纯一性专题研究模型
highly-enriched uranium 1203	高浓缩铀
hold-up problem 1162, 1170	阻滞问题
Honeywell International 1143	Honeywell 跨国公司
hostage-taking events 779–781, 803–806	扣押人质事件
human and physical capital 1221	人力资本和实物资本
human military capital 918	军事人力资本
illegal actions 1166	违法行为
imperfectly competitive 943, 1150, 1158, 1167, 1168	不完全竞争

import 947	进口
importing foreign arms 1171	进口外国军火
impure public good 754	非纯粹公共产品
incentives 761, 762, 953, 956, 1162, 1173	激励
income distribution function 762	收入分配函数
incomplete contracting 1162	不完全合同
incomplete information 797	不完全信息
incremental acquisition 1164	增量采办
India 915, 927, 938, 1182	印度
India and Pakistan 958	印度和巴基斯坦
indifference curves 959	差异曲线
indirect export subsidy 950	间接出口补贴
industrial concentration 1147, 1148	产业集中
industrial organization 943, 1161, 1173	产业组织
industrial policies 943, 950, 951, 1171, 1174	产业政策
industry supply chains 1142	产业供给链
inefficiencies 1141	无效率
inefficiencies of collaboration 1173	合作无效
inefficient alliance defense industries 1172	低效的联盟防务产业
inflation 767	通货膨胀
information 1228	信息
information asymmetries	
see asymmetric information	信息不对称（见不对称信息）
inherent propensity toward peace or war 1236	和平或战争的内在倾向
input-output (I-O) model 766	投入产出模型
-tables 1144	——投入产出表
instrumental variable estimators 936	工具变量估计量
inter-communal conflict 1216	社团或集团间的冲突
interdependence 1022, 1065	相互依赖
interdependent risks 789, 798	相互依赖风险
interest groups 872, 879, 880, 882-890, 900, 1156	利益集团
intergovernmental organizations 1227	政府间组织
international collaboration 1141, 1171	国际合作

international competitiveness 1160	国际竞争
international contracting 1173	订立国际契约
international cooperation 779, 799–803, 811	国际合作
International Monetary Fund 1191	国际货币基金组织
International Peace Research Institute in Oslo 1216	奥斯陆国际和平研究所
international supply chains 1173	国际供给链
international terrorism 1143	国际恐怖主义
interstate armed conflict 1213	国家间的军事冲突
interventions 717, 718, 733–736	干预
intrastate conflict 1215, 1216	国内冲突
investment 1198	投资
irreversible investment 963	不可撤回的投资
iso-quant 1157	等量
ITT 1143	美国国际电话电信公司
Japan 760	日本
jobs 1161	工作
Joint Strike Fighter aircraft 1150, 1157, 1164, 1168, 1174	联合攻击战斗机
joint-product model 755	联合产品模型
juste retour 1172, 1173	合理偿还
KBR/Halliburton 1145	KBR/Halliburton 公司
Keynesian 1188	凯恩斯主义者
KONVER I 1204	欧洲 KONVER 计划 I
KONVER II 1204	欧洲 KONVER 计划 II
Korean War 1184	朝鲜战争
Kosovo 749	科索沃
Lanchester model 1236	兰彻斯特模型
larger defense contractors 1148, 1156, 1168, 1174	大军工承包商
leader-follower model 923	领导–追随者模型
learning and scale economies 1149, 1152, 1228	学习和规模经济
Lebanon 748, 767	黎巴嫩
Letter of Assistance (LOA) 748	援助函
liberal peace hypothesis 1227	自由主义的和平假定

license systems 947	许可证系统
licensed/co-production 1171	许可/共同生产
life-cycle 1166	生命周期
likelihood ratio tests 932	概率比例检验
limits to military outsourcing 1170	限制军品外购
LINK-associated models 1191	LINK 相关模型
lobby 1172, 1156	议会院外集团
Lockheed Martin 1151, 1164, 1190	洛克希德-马丁公司
Long Beach 1202	长海滩
long decade of disarmament 1179	十年大裁军
long duration contracts 1169	长期合同
Los Angeles 1202	洛杉矶
Lower Saxony 1201	Lower Saxony
Lucas Critique 923	卢卡斯批评
macroeconomic costs 818, 851, 855, 863, 864	宏观经济成本
Magellan 1195	麦哲伦
maintenance of defense industrial capacity 1161	维持国防工业的能力
major conventional weapons 976, 978, 980, 982, 984, 985, 992–994, 997, 998, 1003, 1010	主要常规武器
major power 1225	主要大国
marginal constituencies 1156	边际选民
market conduct 1151, 1161	市场导向
market failure 1167	市场失灵
market performance 1156	市场绩效
Markov processes 916, 920	Markov 方法
matching protocol 1251	匹配方案
mathematical statistics 916	数理统计
mathematical war modeling 1236	战争数理模型
Matra-BAE Dynamics-Alenia (MBDA) 1142	
McDonnell-Douglas 1164	麦克唐纳-道格拉斯
measure of arms 916	军备的测度
measures of conversion 1186, 1188	军转民的测度
median voter 762	中位选民

mediation 1228　　　仲裁调停
merchant shipping 1143　　　商船运输
mergers and acquisitions 1145, 1161　　　兼并与采办
middle power 750　　　中等国家
militarized interstate disputes 1216　　　军事化国家间的争端
military 1076 – 1082, 1085 – 1087, 1089 – 1095, 1099, 1103 – 1105, 1108, 1111 – 1119, 1121 – 1128, 1131, 1133　　　军事
military alliance 1172　　　军事联盟
military benefits 1167　　　军事利益
military budgets 1190　　　军事预算
military capability 918, 1226　　　军事能力
military compensation 1076, 1112, 1113, 1115, 1118 – 1120, 1132　　　军事赔偿
military cultures 1181　　　军事文化
military expenditures 918, 1214　　　军费
military labor 1214　　　军事劳动力
military manpower 1076 – 1078, 1105, 1106, 1121, 1123 – 1125, 1127, 1128, 1130 – 1132　　　军事人力
military organization 1236　　　军事组织
military outsourcing 1142, 1169　　　军火外购
military production function 1173　　　军事生产函数
military retention 1077, 1092　　　超期服役
military service companies 1145　　　军事服务公司
military-civilian partnerships 951　　　军事–民用协作关系
military-industrial-political complex 1141, 1144, 1148, 1156, 1197　　　军事–工业–政治联合体
misperceptions 1236　　　误解
Missile Technology Control Regime 955　　　导弹技术控制制度
mission creep 746　　　使命延伸
-horizontal 746　　　——水平延伸
-vertical 746　　　——垂直延伸
mixed motive game 1223　　　复杂动机博弈
mixed strategies 929　　　混合战略

mobilization advantage 1237	动员优势
monitoring of contracts 1166	合同监测
monopolistic competition 965	垄断性竞争
monopoly 1148, 1158, 1174	垄断
-power 1169	——垄断力
-rents 1148	——垄断租金
monopsony buyers 1161	买家垄断的买主
moral hazard 1162	道德风险
Moscow 1201	莫斯科
multi-product firms 1150	多元化经营公司
multilateral interventions 765	多边干预
multiple equilibria 960	多重均衡
multiple stage games 952	多阶段博弈
Nash equilibrium 757, 921, 959, 960, 962, 1230	纳什均衡
national champions 943, 956, 1168	国家主义拥护者
national defense industrial base 1152, 1167	国防工业基础
national monopolies 1169	国家垄断
national security 943	国家安全
national welfare 951	国民福利
natural monopolies 1174	自然垄断
natural resources 721, 722, 724	自然资源
NBC 944	核生化武器（NBC）
negotiations 805, 806	谈判
Nepal 933	尼伯尔
neutral policy 763	中立政策
new technologies 609, 610, 613, 614, 619, 1143, 1173	新技术
New Trade literature 952	新贸易理论文献
new trade theory 943	新贸易理论
Nimrod MR4 1151, 1157	新贸易理论
non-competitive 1174	非竞争性
-contracts 1170	——非竞争性合同
non-conventional weapons 1003, 1006, 1010	非常规武器

non-cooperation 967	非合作
non-cooperative equilibrium 953	非合作均衡
non-excludable 960	非排他性的
Non-Governmental Organizations (NGO) 746	非政府组织
non-linear reaction functions 923, 925	非线性反应函数
non-price rivalry 1152, 1155	非价格竞争
non-rival 961	非竞争
non-satiation 1247	非饱和
non-UN-financed missions 751	非联合国资助任务
normal good 758	常规产品
Norman Augustine 1190	诺曼·奥古斯丁
North Atlantic Treaty Organization (NATO) 751, 756, 758	北大西洋公约组织
North Korea 915	北朝鲜
North-Rhine Westphalia 1200	北莱茵河威斯特伐利亚
Northrop Grumman 1142, 1151, 1164	诺斯罗伯－格鲁曼公司
Norway 750	挪威
nuclear weapons 1202, 1203	核武器
nuclear weapons proliferation *see* proliferation	核武器扩散，见扩散
nuclear-powered submarines 1174	核动力潜艇
observer mission 770	观察员使命
offense-defense theory 1240	攻防理论
offsets 944, 988, 1171	补偿
oligopoly 1147, 1148, 1215, 1229	求过于供的市场情况
OPEC members 1182	石油输出国组织成员国
open conflict 653, 668–678	公开的冲突
operational tempo 1076, 1095, 1133	作战行动速度
Operations and Maintenance (O&M) 768	运行与维持 (O&M)
opportunity costs 1155, 1215	机会成本
organization 1150	组织
Pakistan 915, 927, 938	巴基斯坦
Panama Canal Zone 1201	巴拿马运河地区
panel estimates 721, 733, 932, 935, 936, 938	面板数据估计
paradox-of-power 1251	权力的悖论

Pareto efficient 1250	帕累托效率
Pareto inefficient 1230	帕累托非效率
partnership 1168, 1169	伙伴关系
peace agreement 948	和平协议
peace building 745	和平构建
peace dividend 752, 1179, 1205	和平红利
peace enforcement 746	和平维护
peace making 744	和平调解
Peace Science Society 1213	和平学会（PSS）
peace studies 1214	和平研究
peacekeeping 610 – 613, 615, 616, 619	维和
-financing 744	——维和筹资
-operations 744	——维和行动
-multi-dimensional 764	——多重使命维和
-spill-ins 758	——维和溢入效应
peacemaking 1221	调停
performance measures 766, 1161	绩效度量
PERIFRA 1204	PERIFRA 计划
perverse incentives 769	不正当激励
Philippines 1201	菲律宾
plutonium 1203	钚
political-economy calculation 919	从政治经济学角度的思考
pooled static panel 937	混合静态面板数据
population growth 1226	人口增长
post-Cold War 934, 937, 951, 960, 1180	冷战后时期
post-conflict 713, 721, 725 – 728, 731 – 733, 735 – 737, 754	冲突后时期
"post-cost" and/or renegotiate contracts 1171 power 652, 658 – 660, 662, 665, 667, 673, 674, 702 – 704	"后成本"及再谈判契约
predator-prey game 1245	捕获者 – 牺牲者博弈
preferences 1242	偏好
preferential purchasing 1141, 1166, 1172	偏好性购买
prevention 728, 733, 734	预防

preventive diplomacy 1221	防御性外交
price contract 1168	价格合同
price estimates 1151	价格估计
prime contractors 1142, 1150－1152, 1156, 1173	主承包商
principal 1148	委托人
Prisoner's dilemma 781, 783, 784, 785, 802, 920, 929, 1229	囚徒困境
-repeated 1248	——重复的
private benefits 759	私人收益
private finance initiatives 1169	私人经济激励
private military firms 1170	私有军工企业
private security provision 772	私人安全提供
privatization 751, 1195	私有化
proactive measures 778, 779, 782, 787, 788, 798, 799	主动性举措
procurement 610, 611, 613, 619, 620, 943	采购
procurement rules 952	采购规则
procurement: theory and policy issues 967, 1161	采购：理论与政策问题
producer groups 1148, 1156, 1172	生产集团
production 950, 1214	生产
productivity 1087, 1105, 1106, 1108, 1119, 1123, 1128, 1129, 1131, 1132, 1159	生产力
profit rates on non-competitive contracts 1171	非竞争性合同的收益率
profitability 1159	收益率
proliferation 1213, 1235	扩散
prototype competition 1164	样品竞争
proximity 1225	睦邻
public benefits 760	公共收益
public choice 760, 1155, 1214	公共选择
public good 759, 770, 943, 1250	公共产品
-pure 744	——纯粹公共产品
public interest 1166	公共利益
public-goods game 1249	公共产品博弈
public-private partnerships 1169	公共－私人关系

publicly-owned 949	私人所有的
qualitative and asymmetric arms race 917, 938	性能与不对称军备竞赛
qualitative arms control 1239	军火出口性能控制
qualitative export controls 950, 954	出口产品性能控制
quality of weapons 953	武器的性质
quantitative export controls 950	出口量控制
quantitative symmetric arms races 917, 938	数量不对称军备竞赛
QuinetiQ 1194	QuinetiQ 公司
R&D 918, 948, 950, 952, 954, 956, 964, 966, 968, 1149, 1159, 1192 – 1194	研究与开发
-subsidies 951, 953	——研发补贴
-intensity 1148	——研发强度
Rand Corporation 1150, 1248	兰德公司
rational-actor model 832, 863	理性行为者模型
rationality 1214	合理性
re-deployments 1101	置换
reaction coefficients 1231	反应系数
reaction functions 925, 1234	反应函数
-linear 959	——线性反应函数
real option theory 963	实际选择理论
real unit production costs 1152	实际单位生产成本
rebel groups 764	起义集团
reciprocity 1250	互惠
reduced form 925	简化式
refugees 728 – 730	难民
regimes 931	政权制度
regional conversion effects 1201	军转民的地区效应
regional multipliers 1202	地区乘数
regulated firms 1174	管控企业
regulating the arms industry 950	调整与军工产业
regulation 943, 1166	规制
relative capability 1225	相对能力
rent-seeking 763	寻租
rents 1162, 1169	租金

repeated game without communication 1248	无交流的重复博弈
reputational equilibria 962	名誉均衡
reserve forces 1076, 1077, 1091, 1094, 1105, 1116, 1132, 1133	预备役部队
reserve retention 1094	预备役超期服役
resettlement 1199	重新安置
residual contribution 759	残差贡献
resource cost effect 1244	资源成本效应
retention 1091, 1092, 1094, 1096, 1101–1104, 1108, 1110, 1114, 1116, 1117, 1122, 1131–1133	超期服役
Review Board 1171	检查委员会
revised profit formula 1171	利润矫正方程
Ricardian model 1245	里卡迪恩模型
Richardson model 917, 922–924, 926, 928, 929	理查森模型
rising costs of defense equipment 1152	军事装备成本的攀升
risk aversion 762	风险厌恶
risk sharing 1162	风险分摊
risk-adjusted profit rates 1168	风险调整利润率
risks 624, 629, 635, 636, 638, 641, 643, 645	风险
Rolls-Royce 1142, 1165	罗尔斯罗伊斯
Russia 946, 1179, 1180, 1183, 1192–1195, 1197, 1202–1204	俄罗斯
saliency 1248	卓越
sanctions 767	制裁
scale and learning economies 1149, 1172, 1173	规模与学习成本
scale of output 1150	产出规模
scarcity 1215	稀缺
Schleswig-Holstein 1201	石勒苏益格-荷尔斯
scientific study of war 1213	战争的科学研究
security 1234	安全
Security Council 745	联合国安全理事会
security perceptions 943	安全认知

security sensitive products 944	安全敏感产品
Security Web 932	安全网络
shadow of the future 676, 677, 681, 682, 705	未来的影响
Sierra Leone 748	塞拉利昂
signaling 1250	释放信号
SIPRI 931, 945, 1145	斯德哥尔摩国际和平研究所
Slovakia 1201	斯洛文尼亚
small arms and light weapons 977, 978, 993, 994, 1000, 1010, 1202, 1253	小型装备和轻型武器
societées de conversion 1204	"社会主义的转轨"
Somalia 748	索马里
South Africa 767, 1183	南非
South Korea 915	韩国
Southwest England 1202	英格兰西南部
Soviet military spending 919	苏联军费开支
Soviet Union 915, 943, 1180 – 1184, 1190, 1192 – 1194, 1204, 1205	苏联
spillovers 757 – 759, 933, 938, 1155	溢出
spinoffs 769, 1148	有益的溢出效果
spurious regression 925	伪回归
St. Louis 1202	圣路易斯
St. Petersburg 1201	圣彼得堡
stable 1231	稳定的
Stackelberg solution 1234	Stackelberg 解
Stalemate 1228	僵局
Stand-by Forces High Readiness Brigade (SHIRBRIG) 753	待命部队高度警备旅
statistical inference 1215	统计推论
stock of arms 958	武器存货
strategic context 924	战略背景
strategic interaction 943, 949, 952, 1215	战略互动
strategic trade theory 967	战略贸易理论
structural breaks 928, 936	结构性突变
structural instability of arms race models 923	军备竞赛结构不稳定性模型

structural shocks 924, 925	结构性冲击
structural stability 923, 937	结构稳定性
structural violence 1215	结构性暴力
structure of the defense industry 943, 948	国防工业结构
structure of the global arms industry 957	世界军火贸易结构
Subic Bay 1201	苏比克湾
subsidies 749, 967	补贴
substitution possibilities 1234	替代可能性
supplier cartels 951	供应商卡特尔
supply chain 1143	供给链
supply side regulation 957	供给方规制
support for a national DIB 1171	支持国防工业基础发展
switching 931	转换
symmetric equilibrium 966	对称性均衡
tailored response 764	特定反应
Taiwan 915	台湾
target cost incentive contracts 1152, 1162, 1163, 1168	目标成本激励合同
target rate of return 1171	目标收益汇报率
taste-shifting parameter 757	偏好转换参数
taxation policy 761	税收政策
taxation schemes 753	征税方案
technical and allocative efficiency 1169	技术和配置效率
technological arms race 1152	技术军备竞赛
technological change 612	技术变化
technology 948, 951	技术
technology of conflict 654, 655, 657, 658, 668, 685	冲突的技术
Technology Reinvestment Program (TRP) 1204	技术再投资计划(TRP)
technology spillovers 1155, 1167, 1174	技术溢出
technology-intensive 761	技术密集型的
terms of trade 961, 1161	进出口交换比率
territorial dispute 1223	领土争端
territory 1225	疆域

terrorism 610 – 617, 620, 778 – 780, 782, 787, 789, 792, 793, 797 – 799, 803, 811, 1219　　恐怖主义
Texas Instruments 1195　　得克萨斯仪器公司
theoretical 920　　理论的
theory of arms races 915　　军备竞赛理论
thinning of benefits 759　　收益下降
third-party intervention 744　　第三方干预
threats 624, 631, 632, 635 – 637, 639 – 641, 644, 645, 948　　威胁
tied-aid 752　　限制性援助
time-lags 1155　　时滞
time-series analysis 759, 917　　时间序列分析
tit for tat 929, 932　　针锋相对
Tobin Tax 753　　托宾税
top 100 largest arms producing companies 1144　　军工企业100强
total package procurement 1151　　一揽子采购
tourism 818, 855, 856　　旅游
tradable obligations 761　　交易性契约规定
trade 615, 618, 758, 1020 – 1031, 1039 – 1050, 1053 – 1059, 1061, 1063 – 1065　　贸易
trade and conflict 1020, 1027 – 1031, 1041 – 1043, 1044, 1046 – 1051, 1054, 1057 – 1059, 1064, 1065　　贸易与冲突
trade gains 1022　　贸易收益
trade (interdependence) 1022　　贸易（相互依赖）
trade sanctions 869, 872, 875, 892, 895, 897, 898, 900, 901　　贸易制裁
trade-offs 949, 966, 968, 1148, 1169, 1174　　平衡
trade/conflict indifference locus 1246　　贸易/冲突无差别轨迹
transaction costs 772, 1151, 1164, 1169, 1173　　交易成本
transfer function modeling 769　　转移函数模型构建
transition matrices 930　　转换矩阵
transmission mechanism 1155　　传导机制
transparency 956, 1169　　透明度

troop contribution 749	军人贡献
trust 1023, 1169	信任
truth in negotiations 1170	真实谈判
Turkey 915, 930-932, 938	土耳其
two-agent two-choice games 929	两主体双选择博弈
Typhoon 1155, 1157, 1167, 1173, 1174	台风
UAVs 1153	无人驾驶机
UK defense industry employment 1145	英国军工部门就业
UK profit formula 1171	英国利润公式
UK weapons projects 1157	英国武器装备项目
Ukraine 1195, 1204	乌克兰
UN 743, 1190	联合国
-charter 745	——宪章
-Mission in Haiti 766	——在海底的使命
-peacekeeping 743	——维和
-peacekeeping budget 750	——维和预算
-reimbursement 749	——补偿
-scale of assessments 747	——评估规模
-standing force 753	——常备力量
-financial arrangements 761	——财务安排
-Protection Force 746	——保护部队
unbalanced panel 937	非均衡数据集
uncertainty 949, 957, 963	不确定性
unit root tests 926	单位根检验
United Kingdom 1189, 1202	英国
United States 915, 946, 957, 1179-1184, 1189, 1191-1193, 1195, 1200, 1202	美国
United States defense industry 1141	美国国防工业
United States General Accounting Office 1200, 1202	美国总审计署
unstable arms race 1229, 1231	非稳定性军备竞赛
Uppsala Conflict Data Program 1216	乌普萨拉冲突数据规划
Ural 1201	乌拉尔
US weapons programs 1157	美国武器规划

utility 1214	效用
utility function 966	效用函数
VAR（Vector Autoregression）925-927	向量自回归
VECM（Vector Error Correction Model）923-925，927，928	向量错误矫正模型
verification and compliance measures 1230	核查与服从措施
Vietnam War 1184，1193	越南战争
voluntary code of conduct 1172	自主行为守则
voluntary contributions 758	自愿捐款
volunteer forces 1076，1077，1095，1099，1121-1123，1126，1130-1132	志愿部队
vote-maximizing governments 1156	票决最大化政府
war 1213	战争
war onset, duration, termination, and recurrence 1223	战争的发端、延续、终止和复发
warring factions 770	敌对派别
Warsaw Treaty 1203	华沙条约
warship 1202	军舰
weapons contracting 1214	武器削减
weapons costs 1164	武器成本
weapons of mass destruction（WMD）944，977，993，1003，1005，1229	大规模杀伤性武器
weapons programs 1141	武器规划
weapons re-supply 1237	武器再供给
wedge effect 1244	楔入效应
welfare of importer countries 954，955，1214	进口国福利
Western Europe 957，1184	西欧
Western market economies 1181	西方市场经济国家
wider economic benefits 1167	更广泛的经济利益
'winner-takes-all' competition 1165	"赢者通吃"性竞争
within and between regressions 935	一国内和两国间的回归
world arms exports 1160	世界军火出口
World Gross Product（WGP）754	世界生产总值
World Military Expenditures and Arms Transfers	

（WMEAT） 919，945　　　　　　世界军事开支与军火转让
world power status 1144　　　　　　世界大国地位
World Trade Organization （WTO） 950，954　　　世界贸易组织
World War II 1183，1184，1189，1192，1193　　　第二次世界大战
world's defense industries 1144　　　　世界军工业
world's leading arms companies 1145　　　世界顶尖级军工商
zone of mutual defense 1238　　　　　相互提供防护区

图书在版编目（CIP）数据

国防经济学手册. 第2卷/（美）托德·桑德勒，（英）基斯·哈特利著；姜鲁鸣等译.—北京：经济科学出版社，2009.11
（经济学手册）
ISBN 978-7-5058-8765-7

Ⅰ.国… Ⅱ.①桑…②哈…③姜… Ⅲ.国防经济学 - 手册 Ⅳ.E0-054

中国版本图书馆 CIP 数据核字（2009）第 200252 号

责任编辑：刘怡斐
责任校对：王苗苗　徐领弟
版式设计：代小卫
技术编辑：王世伟

国防经济学手册（第2卷）
——全球化进程中的国防
［美］托德·桑德勒
［英］基斯·哈特利　主编

经济科学出版社出版、发行　新华书店经销
社址：北京市海淀区阜成路甲28号　邮编：100142
总编部电话：88191217　发行部电话：88191540
网址：www.esp.com.cn
电子邮件：esp@esp.com.cn
北京汉德鼎有限公司印刷
三佳装订厂装订
787×1092　16开　47.25印张　880000字
2011年3月第1版　2011年3月第1次印刷
印数：0001－2000册
ISBN 978-7-5058-8765-7　定价：238.00元
（图书出现印装问题，本社负责调换）
（版权所有　翻印必究）